王振芬　孟憲實　榮新江　主编

旅順博物館藏新疆出土漢文文獻

總目索引　下

中華書局

THE CATALOGUE AND INDEX OF CHINESE TEXTS FROM XINJIANG IN THE LUSHUN MUSEUM

III

Edited by

Wang Zhenfen

Meng Xianshi

Rong Xinjiang

ZHONGHUA BOOK COMPANY

BEIJING

2020

經册六十

LM20-1509-C1498a 《救疾經》

作者不詳，CBETA，T85，no.2878，p.1362，b2-3，"惡病"作"病"。高昌國時期。

參：馬俊傑 2019，232。

LM20-1509-C1498b 殘片

有雙行小字注。唐時期。

LM20-1509-C1498c 《佛說灌頂經》卷一〇

東晉帛尸梨蜜多羅譯，CBETA，T21，no.1331，p.528，b18-22，"竊"作"盜"。唐時期。

LM20-1509-C1498d 《不空罥索神咒心經》

唐玄奘譯，CBETA，T20，no.1094，p.405，a5-8。唐時期。

LM20-1509-C1498e 《大般涅槃經》卷三八

北涼曇無讖譯，CBETA，T12，no.374，p.586，c25-27。高昌郡時期。

LM20-1509-C1499a 陀羅尼

高昌國時期。

LM20-1509-C1499b 《大般若波羅蜜多經》卷五三四

唐玄奘譯，CBETA，T07，no.220，p.741，a4-5。唐時期。

LM20-1509-C1499c 《妙法蓮華經》卷七

姚秦鳩摩羅什譯，CBETA，T09，no.262，p.56，b20-22。唐時期。

LM20-1509-C1499d 《妙法蓮華經》卷六

姚秦鳩摩羅什譯，CBETA，T09，no.262，p.50，c20-24。唐時期。

LM20-1509-C1499e 無字殘片

殘地腳。

LM20-1509-C1499f 陀羅尼

高昌國時期。

LM20-1509-C1500a 《大般涅槃經》卷二三

北涼曇無讖譯，CBETA，T12，no.374，p.502，a7-10。高昌國時期。

LM20-1509-C1500b 《佛說觀藥王藥上二菩薩經》

劉宋畺良耶舍譯，CBETA，T20，no.1161，p.664，c7-9。唐時期。

LM20-1509-C1500c 殘片

唐時期。

LM20-1509-C1500d 《放光般若經》卷一三

西晉無羅叉譯，CBETA，T08，no.221，p.88，c29-p.89，a1。唐時期。

LM20-1509-C1500e 《賢愚經》卷一三

元魏慧覺等譯，CBETA，T04，no.202，p.438，c23-26。唐時期。

LM20-1509-C1501a 《大般涅槃經》卷三

北涼曇無讖譯，CBETA，T12，no.374，p.380，c18-20。高昌國時期。

LM20-1509-C1501b 佛典殘片

第1行原在紙縫上，兩紙脫離後有半行殘字。高昌郡時期。

LM20-1509-C1501c 《金剛般若波羅蜜經》

元魏菩提流支譯，CBETA，T08，no.236a，p.755，a14-16。唐時期。

LM20-1509-C1501d 殘片

西州回鶻時期。

LM20-1509-C1501e 殘片

唐時期。

LM20-1509-C1502a 佛典殘片

高昌郡時期。

LM20-1509-C1502b 《妙法蓮華經》卷七

姚秦鳩摩羅什譯，CBETA，T09，no.262，p.60，b24。唐時期。

LM20-1509-C1502c 佛典殘片

唐時期。

LM20-1509-C1502d 佛典殘片

高昌國時期。

LM20-1509-C1503a 《四分律比丘戒本》

姚秦佛陀耶舍譯，CBETA，T22，no.1429，p.1016，a5-7。唐時期。

LM20-1509-C1503b 《雜阿毘曇心論》卷一〇

劉宋僧伽跋摩譯，CBETA，T28，no.1552，p.957，b24-27。高昌國時期。

LM20-1509-C1503c 《金剛般若波羅蜜經》

姚秦鳩摩羅什譯，CBETA，T08，no.235，p.749，c10-11。唐時期。

LM20-1509-C1503d 《阿毘達磨俱舍釋論》卷一六

陳真諦譯，CBETA，T29，no.1559，p.269，c10-13。唐時期。

LM20-1509-C1503e 《佛說觀藥王藥上二菩薩經》

劉宋畺良耶舍譯，CBETA，T20，no.1161，p.664，b9-11。唐時期。

LM20-1509-C1503f 佛典殘片

高昌郡時期。

LM20-1509-C1504a 《大般涅槃經》卷一七

北涼曇無讖譯，CBETA，T12，no.374，p.463，c23-25。高昌國時期。

LM20-1509-C1504b 佛典殘片

高昌國時期。

LM20-1509-C1504c 《妙法蓮華經》卷三

姚秦鳩摩羅什譯，CBETA，T09，no.262，p.26，b26-c1。高昌郡時期。

LM20-1509-C1504d 《大般涅槃經》卷三

北涼曇無讖譯，CBETA，T12，no.374，p.383，c9-11。高昌郡時期。

LM20-1509-C1504e 佛典殘片

高昌國時期。

LM20-1509-C1505a 佛典殘片

唐時期。

LM20-1509-C1505b 《摩訶般若波羅蜜經》卷一五

姚秦鳩摩羅什譯，CBETA，T08，no.223，p.330，a22-23，"人"作"重"。高昌郡時期。

LM20-1509-C1505c 《觀無量壽經義疏》

隋慧遠撰，CBETA，T37，no.1749，p.186，b8-10。唐時期。

LM20-1509-C1505d 《觀無量壽經義疏》

隋慧遠撰，CBETA，T37，no.1749，p.186，b7-8。唐時期。

LM20-1509-C1505e 《大般涅槃經》卷一八

北涼曇無讖譯，CBETA，T12，no.374，p.469，b18-20。唐時期。

LM20-1509-C1505f 《佛頂尊勝陀羅尼經》

唐佛陀波利譯，CBETA，T19，no.967，p.349，c29-p.350，a1。唐時期。

LM20-1509-C1506a 佛典殘片

唐時期。

LM20-1509-C1506b 佛典殘片

唐時期。

LM20-1509-C1506c 《觀世音經讚》

題金剛藏菩薩撰，據 LM20-1506-C0871c+LM20-1502-C0032 首題定名，參 BD3351。

唐時期。

參：嚴世偉 2019，304-340。

LM20-1509-C1506d 《大般涅槃經》卷二〇

北涼曇無讖譯，CBETA，T12，no.374，p.482，a11-13。高昌國時期。

LM20-1509-C1507a 《佛說觀普賢菩薩行法經》

劉宋曇無蜜多譯，CBETA，T09，no.277，p.393，b29-c3。高昌國時期。

LM20-1509-C1507b 《佛頂尊勝陀羅尼經》

唐佛陀波利譯，CBETA，T19，no.967，p.351，b20-21。唐時期。

LM20-1509-C1507c 《勝天王般若波羅蜜經》卷三

陳月婆首那譯，CBETA，T08，no.231，p.701，a5-6。高昌國時期。

LM20-1509-C1507d 《大般若波羅蜜多經》

唐玄奘譯，此段文字多處可見。唐時期。

LM20-1509-C1507e 佛典殘片

高昌國時期。

LM20-1509-C1508a 無字殘片

殘地腳。

LM20-1509-C1508b 《大般涅槃經》卷八

北涼曇無讖譯，CBETA，T12，no.374，p.414，a6-7。高昌國時期。

LM20-1509-C1508c 佛典殘片

唐時期。

LM20-1509-C1508d 佛典殘片

高昌國時期。

LM20-1509-C1509a 《救疾經》

作者不詳，CBETA，T85，no.2878，p.1361，b17-21。唐時期。

參：王宇、王梅 2006a，104；馬俊傑 2019，241。

LM20-1509-C1509b 《金光明經》卷二

北涼曇無讖譯，CBETA，T16，no.663，p.344，a20-21。唐時期。

LM20-1509-C1509c 佛典殘片

高昌國時期。

LM20-1509-C1509d 佛典殘片

唐時期。

LM20-1509-C1509e 《妙法蓮華經》卷四

姚秦鳩摩羅什譯，CBETA，T09，no.262，p.28，b22-25。唐時期。

LM20-1509-C1510a 《賢愚經》卷九

元魏慧覺等譯，CBETA，T04，no.202，p.410，c20-22。高昌郡時期。

LM20-1509-C1510b 文書殘片

唐時期。

LM20-1509-C1510c 佛典殘片

唐時期。

LM20-1509-C1510d 《金光明經》卷一

北涼曇無讖譯，CBETA，T16，no.663，p.339，a20-24。唐時期。

LM20-1509-C1510e 《四分律比丘戒本》

姚秦佛陀耶舍譯，CBETA，T22，no.1429，p.1019，c3-4。唐時期。

LM20-1509-C1511a 佛典殘片

唐時期。

LM20-1509-C1511b 佛典殘片

高昌國時期。

LM20-1509-C1511c 佛典殘片

高昌國時期。

LM20-1509-C1511d 《放光般若經》卷二

西晉無羅叉譯，CBETA，T08，no.221，p.15，a26-28。唐時期。

LM20-1509-C1511e 佛典殘片

唐時期。

LM20-1509-C1512a 《妙法蓮華經》卷一

姚秦鳩摩羅什譯，CBETA，T09，no.262，p.3，c29-p.4，a1。高昌國時期。

LM20-1509-C1512b 《法華義疏》卷三

隋吉藏撰，CBETA，T34，no.1721，p.496，c24-25。高昌國時期。

LM20-1509-C1512c 《妙法蓮華經》卷六

姚秦鳩摩羅什譯，CBETA，T09，no.262，p.47，c3-4。唐時期。

LM20-1509-C1512d 《大方等陀羅尼經》卷三

北涼法衆譯，CBETA，T21，no.1339，p.654，b14-17，"長"作"者"。高昌國時期。

LM20-1509-C1512e 佛典殘片

唐時期。

LM20-1509-C1513a 《維摩詰所說經》卷下

姚秦鳩摩羅什譯，CBETA，T14，no.475，p.553，c10-14。唐時期。

參：王梅 2006，157。

LM20-1509-C1513b 《大般涅槃經》卷一〇

北涼曇無讖譯，CBETA，T12，no.374，p.423，c25-27。唐時期。

LM20-1509-C1513c 殘片

高昌郡時期。

LM20-1509-C1513d 《妙法蓮華經》卷二

姚秦鳩摩羅什譯，CBETA，T09，no.262，p.18，a19-20。唐時期。

LM20-1509-C1513e 《金光明最勝王經》卷八

唐義浄譯，CBETA，T16，no.665，p.441，a10-13，"應"作"應誦"。唐時期。

LM20-1509-C1514 《般若波羅蜜多心經》

唐玄奘譯，CBETA，T08，no.251，p.848，c22。唐時期。

LM20-1509-C1515 《金光明經懺悔滅罪傳》

作者不詳，CBETA，T16，no.663，p.358，c22-28。唐時期。

LM20-1509-C1516 《四分律比丘戒本》

姚秦佛陀耶舍譯，CBETA，T22，no.1429，p.1017，a15-20。唐時期。

LM20-1509-C1517 《妙法蓮華經》卷四

姚秦鳩摩羅什譯，CBETA，T09，no.262，p.29，b15-20。唐時期。

LM20-1509-C1518 《雜阿含經》卷三一

劉宋求那跋陀羅譯，CBETA，T02，no.99，p.222，a23-28。唐時期。

LM20-1509-C1519 《妙法蓮華經》卷五

姚秦鳩摩羅什譯，CBETA，T09，no.262，p.40，b29-c4。唐時期。

LM20-1509-C1520 佛典殘片

唐時期。

LM20-1509-C1521 《妙法蓮華經》卷二

姚秦鳩摩羅什譯，CBETA，T09，no.262，p.16，b20-26。唐時期。

LM20-1509-C1522 《佛說灌頂經》卷一二

東晉帛尸梨蜜多羅譯，CBETA，T21，no.1331，p.532，c13-23。唐時期。

LM20-1509-C1523 《妙法蓮華經》卷二

姚秦鳩摩羅什譯，CBETA，T09，no.262，p.12，c23。唐時期。

LM20-1509-C1524 《大般若波羅蜜多經》卷五九一

唐玄奘譯，CBETA，T07，no.220，p.1058，a7-10。唐時期。

LM20-1509-C1525 《大般若波羅蜜多經》卷二七九

唐玄奘譯，CBETA，T06，no.220，p.415，b6-14。唐時期。

LM20-1509-C1526 《無量大慈教經》

作者不詳，CBETA，T85，no.2903，p.1445，c26-28。唐時期。

LM20-1509-C1527 《妙法蓮華經》卷七

姚秦鳩摩羅什譯，CBETA，T09，no.262，p.58，a2-9。唐時期。

LM20-1509-C1528 《大般涅槃經》卷二七

北涼曇無讖譯，CBETA，T12，no.374，p.527，c10-15。高昌國時期。

LM20-1509-C1529 《正法華經》卷二

西晉竺法護譯，CBETA，T09，no.263，p.74，a15-22。高昌郡時期。

參:《旅博選粹》，14。

经册六十

LM20-1509-C1530a 《佛本行集經》卷五

隋闍那崛多譯，CBETA，T03，no.190，p.674，c15-17。唐時期。

参：段真子 2019，150、164。

LM20-1509-C1530b 《大般涅槃經》卷八

北涼曇無讖譯，CBETA，T12，no.374，p.411，a24-29。唐時期。

LM20-1509-C1531 《妙法蓮華經》卷五

姚秦鳩摩羅什譯，CBETA，T09，no.262，p.41，c10-13。唐時期。

LM20-1509-C1532 《合部金光明經》卷三

梁真諦譯，隋寶貴合，CBETA，T16，no.664，p.377，a29-b5。唐時期。

LM20-1509-C1533 《佛說觀藥王藥上二菩薩經》

劉宋畺良耶舍譯，CBETA，T20，no.1161，p.662，b26-c2。唐時期。

LM20-1509-C1534a 佛名經

唐時期。

LM20-1509-C1534b 佛名經

唐時期。

LM20-1509-C1534c 佛名經

高昌國時期。

LM20-1509-C1534d 佛名經

西州回鶻時期。

LM20-1509-C1535a 《佛說灌頂經》卷一二

東晉帛尸梨蜜多羅譯，CBETA，T21，no.1331，p.530，a14-16。唐時期。

LM20-1509-C1535b 《大般若波羅蜜多經》

唐玄奘譯，此段文字多處可見。唐時期。

LM20-1509-C1535c 《妙法蓮華經》卷七

姚秦鳩摩羅什譯，CBETA，T09，no.262，p.58，a22-24。唐時期。

LM20-1509-C1535d 《放光般若經》卷一五

西晉無羅叉譯，CBETA，T08，no.221，p.104，a29-b1。高昌國時期。

LM20-1509-C1535e 《放光般若經》卷九

西晉無羅叉譯，CBETA，T08，no.221，p.65，c15-17。高昌郡時期。

LM20-1509-C1536a 《金光明經》卷二

北涼曇無讖譯，CBETA，T16，no.663，p.341，c27-29。唐時期。

LM20-1509-C1536b 《大智度論》卷九四

姚秦鳩摩羅什譯，CBETA，T25，no.1509，p.717，c2-4。高昌國時期。

LM20-1509-C1536c 《妙法蓮華經》卷七

姚秦鳩摩羅什譯，此段文字多處可見。唐時期。

LM20-1509-C1536d 《佛本行集經》卷四三

隋闍那崛多譯，CBETA，T03，no.190，p.853，c27-29。唐時期。

参：段真子 2019，169。

LM20-1509-C1536e 佛典殘片

高昌國時期。

LM20-1509-C1537a 《四分律》卷三二

姚秦佛陀耶舍、竺佛念等譯，CBETA，T22，no.1428，p.787，b2-5。唐時期。

LM20-1509-C1537b 《大方廣佛華嚴經》卷五（五十卷本）

東晉佛陀跋陀羅譯，《中華大藏經》第 12 册，55c10-12；参 CBETA，T09，no.278，p.430，b7-9。高昌國時期。

LM20-1509-C1537c 佛典殘片

高昌國時期。

LM20-1509-C1537d 《維摩詰所說經》卷上

姚秦鳩摩羅什譯，CBETA，T14，no.475，p.537，c5-6。唐時期。

LM20-1509-C1537e 《觀世音經讚》

題金剛藏菩薩撰，據 LM20-1506-C0871c+LM20-1502-C0032 首題定名，参 BD3351。唐時期。

参：嚴世偉 2019，301-340。

LM20-1509-C1538a 佛典殘片

唐時期。

LM20-1509-C1538b 《十誦律》卷一四

姚秦弗若多羅譯，CBETA，T23，no.1435，p.101，c3-6。高昌國時期。

LM20-1509-C1538c 佛典殘片

参隋慧遠撰《維摩義記》卷四，CBETA，T38，no.1776，p.507，c24-27。唐時期。

LM20-1509-C1538d 《陀羅尼雜集》卷四

譯者不詳，CBETA，T21，no.1336，p.600，b19-22，第 1 行"其形如"作"形如"。唐時期。

LM20-1509-C1538e 《金光明最勝王經》卷二

唐義净譯，CBETA，T16，no.665，p.411，a17-20。唐時期。

LM20-1509-C1539a 《大般若波羅蜜多經》

唐玄奘譯，此段文字多處可見。唐時期。

LM20-1509-C1539b 《大般涅槃經》卷七

北涼曇無讖譯，CBETA，T12，no.374，p.408，a12-13，"盧"作"膚"。高昌國時期。

LM20-1509-C1539c 《長阿含經》卷一四

姚秦佛陀耶舍、竺佛念譯，CBETA, T01, no.1, p.90, c15-16; 姚秦曇摩耶舍、曇摩崛多等譯《舍利弗阿毘曇論》卷二〇，CBETA, T28, no.1548, p.657, b13。高昌國時期。

LM20-1509-C1539d 《大智度論》卷六九

姚秦鳩摩羅什譯，CBETA, T25, no.1509, p.542, a7。高昌國時期。

LM20-1509-C1539e 《大般涅槃經》卷六

北涼曇無讖譯，CBETA, T12, no.374, p.401, b2-3。高昌國時期。

LM20-1509-C1540a 佛典殘片

高昌國時期。

LM20-1509-C1540b 佛典殘片

高昌國時期。

LM20-1509-C1540c 《摩訶般若波羅蜜經》卷六

姚秦鳩摩羅什譯，CBETA, T08, no.223, p.257, b15-16。高昌國時期。

LM20-1509-C1540d 《大般涅槃經》卷二二

北涼曇無讖譯，CBETA, T12, no.374, p.497, a17-19。高昌國時期。

LM20-1509-C1540e 《妙法蓮華經》卷二

姚秦鳩摩羅什譯，CBETA, T09, no.262, p.12, b16-17。唐時期。

LM20-1509-C1541a 《思益梵天所問經》卷一

姚秦鳩摩羅什譯，CBETA, T15, no.586, p.38, c21-23。高昌國時期。

LM20-1509-C1541b 《摩訶般若波羅蜜經》卷二

姚秦鳩摩羅什譯，CBETA, T08, no.223, p.225, b8-9。唐時期。

LM20-1509-C1541c 《十誦律》卷六一

東晉卑摩羅叉譯，CBETA, T23, no.1435, p.457, b3-4。唐時期。

LM20-1509-C1541d 佛典殘片

唐時期。

LM20-1509-C1541e 《妙法蓮華經》卷五

姚秦鳩摩羅什譯，CBETA, T09, no.262, p.41, a27-28。高昌國時期。

LM20-1509-C1542a 《妙法蓮華經》卷七

姚秦鳩摩羅什譯，CBETA, T09, no.262, p.58, b19-21。有雙行小字注。唐時期。

LM20-1509-C1542b 《妙法蓮華經》卷四

姚秦鳩摩羅什譯，CBETA, T09, no.262, p.30, a12-17, 唐時期。

LM20-1509-C1542c 佛典殘片

高昌國時期。

LM20-1509-C1542d 《金剛般若波羅蜜經》

姚秦鳩摩羅什譯，CBETA, T08, no.235, p.749, a23-24。唐時期。

旅順博物館藏新疆出土漢文文獻

LM20-1509-C1542e 《大般涅槃經》卷一四

北涼曇無讖譯, CBETA, T12, no.374, p.448, c2-3。唐時期。

LM20-1509-C1543a 《大般涅槃經》卷二七

北涼曇無讖譯, CBETA, T12, no.374, p.526, b19-21。高昌國時期。

LM20-1509-C1543b 《佛說菩薩行方便境界神通變化經》卷下

劉宋求那跋陀羅譯, CBETA, T09, no.271, p.316, b6-8。唐時期。

LM20-1509-C1543c 《大般涅槃經》卷二六

北涼曇無讖譯, CBETA, T12, no.374, p.520, b21-23。高昌國時期。

LM20-1509-C1543d 佛典殘片

唐時期。

LM20-1509-C1543e 《大般若波羅蜜多經》卷五七二

唐玄奘譯, CBETA, T07, no.220, p.956, a28-b1。唐時期。

LM20-1509-C1544a 佛典殘片

唐時期。

LM20-1509-C1544b 佛典殘片

高昌國時期。

LM20-1509-C1544c 《大般涅槃經》卷一五

北涼曇無讖譯, CBETA, T12, no.374, p.455, b4。唐時期。

LM20-1509-C1544d 佛典殘片

參北涼浮陀跋摩、道泰等譯《阿毘曇毘婆沙論》卷二九, CBETA, T28, no.1546, p.209, b25。高昌國時期。

LM20-1509-C1544e 《妙法蓮華經》卷四

姚秦鳩摩羅什譯, CBETA, T09, no.262, p.29, b6-7。高昌國時期。

LM20-1509-C1545a 《佛說藥師如來本願經》

隋達摩笈多譯, CBETA, T14, no.449, p.401, b25-28。唐時期。

LM20-1509-C1545b 《佛說灌頂經》卷一二

東晉帛尸梨蜜多羅譯, CBETA, T21, no.1331, p.532, c21-24。唐時期。

LM20-1509-C1545c 《合部金光明經》卷一

北涼曇無讖譯, 隋寶貴合, CBETA, T16, no.664, p.361, a6-8。唐時期。

LM20-1509-C1545d 佛典殘片

參譯者不詳《大方便佛報恩經》卷二, CBETA, T03, no.156, p.130, b25-27。唐時期。

LM20-1509-C1545e 《大般涅槃經》卷三〇

北涼曇無讖譯, CBETA, T12, no.374, p.546, b10-12。高昌國時期。

LM20-1509-C1546a 《妙法蓮華經》卷四

姚秦鳩摩羅什譯，CBETA，T09，no.262，p.33，a21-23，"變"作"更變"。唐時期。

LM20-1509-C1546b　佛典殘片

高昌國時期。

LM20-1509-C1546c　《大般涅槃經》卷二四

北涼曇無讖譯，CBETA，T12，no.374，p.504，b13。高昌國時期。

LM20-1509-C1546d　佛典殘片

參姚秦鳩摩羅什譯《集一切福德三昧經》卷中，CBETA，T12，no.382，p.996，b10-11。高昌國時期。

LM20-1509-C1546e　佛典殘片

參譯者不詳《十方千五百佛名經》，CBETA，T14，no.442，p.315，b16-17。高昌國時期。

LM20-1509-C1547a　《妙法蓮華經》卷一

姚秦鳩摩羅什譯，CBETA，T09，no.262，p.4，b29-c9。高昌國時期。

LM20-1509-C1547b　《大般涅槃經》注疏

與LM20-1472-13-02等爲同一寫本，據此定名。高昌國時期。

LM20-1509-C1547c　《妙法蓮華經》卷七

姚秦鳩摩羅什譯，CBETA，T09，no.262，p.59，b19-20。唐時期。

LM20-1509-C1547d　佛名經

高昌國時期。

LM20-1509-C1547e　《梵網經》卷下

姚秦鳩摩羅什譯，CBETA，T24，no.1484，p.1005，c25-p.1006，a2。唐時期。

LM20-1509-C1548a　《妙法蓮華經》卷四

姚秦鳩摩羅什譯，CBETA，T09，no.262，p.27，c10-11。唐時期。

LM20-1509-C1548b　《大般若波羅蜜多經》

唐玄奘譯，此段文字多處可見。唐時期。

LM20-1509-C1548c　佛典殘片

高昌國時期。

LM20-1509-C1548d　佛典殘片

高昌國時期。

LM20-1509-C1548e　《大般若波羅蜜多經》卷五七二

唐玄奘譯，CBETA，T07，no.220，p.957，a19。唐時期。

LM20-1509-C1549a　《金光明經》卷一

北涼曇無讖譯，CBETA，T16，no.663，p.336，b11-13。唐時期。

LM20-1509-C1549b　佛典殘片

唐時期。

旅顺博物馆藏新疆出土汉文文献

LM20-1509-C1549c 《大般涅槃經》卷一一

北凉曇無讖譯，CBETA，T12，no.374，p.432，b3-4。高昌國時期。

LM20-1509-C1550a 佛典殘片

高昌國時期。

LM20-1509-C1550b 《妙法蓮華經》卷七

姚秦鳩摩羅什譯，CBETA，T09，no.262，p.61，a17。高昌國時期。

参：《旅博選粹》，42。

LM20-1509-C1550c 《大智度論》卷五七

姚秦鳩摩羅什譯，CBETA，T25，no.1509，p.465，c21-22。高昌國時期。

LM20-1509-C1550d 佛典殘片

高昌國時期。

LM20-1509-C1550e 《鞞婆沙論》卷四

符秦僧伽跋澄譯，CBETA，T28，no.1547，p.446，b14-16，"種"作"終"。高昌郡時期。

LM20-1509-C1551a 《佛說觀佛三昧海經》卷六

東晉佛陀跋陀羅譯，CBETA，T15，no.643，p.676，c27-29。高昌國時期。

LM20-1509-C1551b 《合部金光明經》卷一

北凉曇無讖譯，隋寶貴合，CBETA，T16，no.664，p.361，a8-13。唐時期。

LM20-1509-C1551c 《佛說灌頂經》卷一二

東晉帛尸梨蜜多羅譯，CBETA，T21，no.1331，p.533，a5-6。唐時期。

LM20-1509-C1551d 《妙法蓮華經》卷七

姚秦鳩摩羅什譯，CBETA，T09，no.262，p.55，b19-23。唐時期。

LM20-1509-C1551e 《妙法蓮華經》卷一

姚秦鳩摩羅什譯，CBETA，T09，no.262，p.7，c5-7。唐時期。

LM20-1509-C1552a 《妙法蓮華經》卷三

姚秦鳩摩羅什譯，CBETA，T09，no.262，p.23，a12-14。唐時期。

LM20-1509-C1552b 《妙法蓮華經》卷六

姚秦鳩摩羅什譯，CBETA，T09，no.262，p.51，a5-6。唐時期。

LM20-1509-C1552c 《妙法蓮華經》卷五

姚秦鳩摩羅什譯，CBETA，T09，no.262，p.38，b11-12。唐時期。

LM20-1509-C1552d 《佛本行集經》卷五

隋闍那崛多譯，CBETA，T03，no.190，p.674，b11-13。唐時期。

参：段真子 2019，163。

LM20-1509-C1552e 佛典殘片

高昌國時期。

经册六十

LM20-1509-C1553a 《大般涅槃經》卷一五

北凉曇無讖譯，CBETA，T12，no.374，p.452，a18-19。高昌國時期。

LM20-1509-C1553b 《大般涅槃經》卷一

北凉曇無讖譯，CBETA，T12，no.374，p.366，a11-14。唐時期。

LM20-1509-C1553c 《大般涅槃經》卷三一

北凉曇無讖譯，CBETA，T12，no.374，p.552，b12-15。第3行間夾寫小字"无"。高昌國時期。

LM20-1509-C1553d 《金剛般若波羅蜜經》

元魏菩提流支譯，CBETA，T08，no.236a，p.756，b17-23。高昌國時期。

LM20-1509-C1554a 《妙法蓮華經》卷一

姚秦鳩摩羅什譯，CBETA，T09，no.262，p.7，b8-11。唐時期。

LM20-1509-C1554b 《大方等大集經菩薩念佛三昧分》卷四

隋達摩笈多譯，CBETA，T13，no.415，p.843，c9-12。唐時期。

LM20-1509-C1554c 《妙法蓮華經》卷二

姚秦鳩摩羅什譯，CBETA，T09，no.262，p.14，c15-18。唐時期。

LM20-1509-C1554d 《妙法蓮華經》卷二

姚秦鳩摩羅什譯，CBETA，T09，no.262，p.14，c28-p.15，a2。唐時期。

LM20-1509-C1554e 《大般涅槃經》卷一四

北凉曇無讖譯，CBETA，T12，no.374，p.448，a1-3。唐時期。

LM20-1509-C1554f 《妙法蓮華經》卷三

姚秦鳩摩羅什譯，CBETA，T09，no.262，p.25，b5-6。唐時期。

LM20-1509-C1555a 《大般涅槃經》卷一四

北凉曇無讖譯，CBETA，T12，no.374，p.446，b20-22。唐時期。

LM20-1509-C1555b 《大般涅槃經》卷一九

北凉曇無讖譯，CBETA，T12，no.374，p.475，c9-12。高昌國時期。

LM20-1509-C1555c 《金剛般若波羅蜜經》

元魏菩提流支譯，CBETA，T08，no.236a，p.756，b14-16。唐時期。

LM20-1509-C1555d 《大般若波羅蜜多經》

唐玄奘譯，此段文字多處可見。唐時期。

LM20-1509-C1555e 《大般若波羅蜜多經》卷三八一

唐玄奘譯，CBETA，T06，no.220，p.969，b17-20。唐時期。

LM20-1509-C1555f 《大般若波羅蜜多經》

唐玄奘譯，此段文字多處可見。唐時期。

LM20-1509-C1556a 佛典殘片

唐時期。

LM20-1509-C1556b 《正法念處經》卷四六

姚秦鳩摩羅什譯，CBETA，T17，no.721，p.275，b6-9。唐時期。

LM20-1509-C1556c 《大般涅槃經》卷三

北涼曇無讖譯，CBETA，T12，no.374，p.379，c28-p.380，a2。唐時期。

LM20-1509-C1556d 《金剛般若波羅蜜經》

姚秦鳩摩羅什譯，CBETA，T08，no.235，p.750，b9-11。唐時期。

LM20-1509-C1556e 《妙法蓮華經》卷三

姚秦鳩摩羅什譯，CBETA，T09，no.262，p.22，b29-c3。唐時期。

LM20-1509-C1557a 《佛說灌頂經》卷一二

東晉帛尸梨蜜多羅譯，CBETA，T21，no.1331，p.535，a19-23。唐時期。

LM20-1509-C1557b 《勝思惟梵天所問經論》卷四

元魏菩提流支譯，CBETA，T26，no.1532，p.355，a8-9。唐時期。

LM20-1509-C1557c 《大智度論》卷六七

姚秦鳩摩羅什譯，CBETA，T25，no.1509，p.532，b24-26。高昌國時期。

LM20-1509-C1557d 《大般若波羅蜜多經》卷五一

唐玄奘譯，CBETA，T05，no.220，p.287，c17-19。唐時期。

LM20-1509-C1557e 《要行捨身經》

作者不詳，CBETA，T85，no.2895，p.1415，c5-8。唐時期。

LM20-1509-C1558a 《佛說灌頂經》卷一二

東晉帛尸梨蜜多羅譯，CBETA，T21，no.1331，p.535，b14-16。唐時期。

LM20-1509-C1558b 《四分律》卷七

姚秦佛陀耶舍、竺佛念等譯，CBETA，T22，no.1428，p.612，c23-2。唐時期。

LM20-1509-C1558c 《大般涅槃經》卷二八

北涼曇無讖譯，CBETA，T12，no.374，p.532，a26-b2。高昌國時期。

LM20-1509-C1559a 《大般涅槃經》卷一

北涼曇無讖譯，CBETA，T12，no.374，p.366，a17-19。唐時期。

LM20-1509-C1559b 《妙法蓮華經》卷四

姚秦鳩摩羅什譯，CBETA，T09，no.262，p.29，a18-21。唐時期。

LM20-1509-C1559c 無字殘片

存殘筆畫。

LM20-1509-C1559d 《大般涅槃經》卷二五

北涼曇無讖譯，CBETA，T12，no.374，p.511，a14-16。高昌國時期。

LM20-1509-C1560a 《中阿含經》卷三

東晉僧伽提婆譯，CBETA，T01，no.26，p.440，b2-3。唐時期。

经册六十

LM20-1509-C1560b 《大般涅槃经》卷二六

北凉昙无谶译，CBETA，T12，no.374，p.518，c29-p.519，a2。唐时期。

LM20-1509-C1560c 《妙法莲华经》卷一

姚秦鸠摩罗什译，CBETA，T09，no.262，p.6，c8-10。唐时期。

LM20-1509-C1560d 《添品妙法莲华经》序、卷一

隋阇那崛多、达摩笈多等译，CBETA，T09，no.264，p.134，c22-p.135，a2。唐时期。

LM20-1509-C1561a 《大般涅槃经》卷二七

北凉昙无谶译，CBETA，T12，no.374，p.528，a2-3。高昌郡时期。

LM20-1509-C1561b 《大般若波罗蜜多经》卷四九一

唐玄奘译，CBETA，T07，no.220，p.498，a20-23。唐时期。

LM20-1509-C1561c 《佛说宝雨经》卷八

唐达摩流支译，CBETA，T16，no.660，p.316，a18-20。唐时期。

LM20-1509-C1561d 《放光般若经》卷一二

西晋无罗叉译，CBETA，T08，no.221，p.87，a9-11。高昌国时期。

LM20-1509-C1562a 《摩诃般若波罗蜜经》卷一一

姚秦鸠摩罗什译，CBETA，T08，no.223，p.301，a2-3；姚秦鸠摩罗什译《大智度论》卷六一，CBETA，T25，no.1509，p.494，a11-12。高昌国时期。

LM20-1509-C1562b 《摩诃般若波罗蜜经》卷一七

姚秦鸠摩罗什译，CBETA，T08，no.223，p.346，b20-21。唐时期。

LM20-1509-C1562c 《大比丘三千威仪》卷下

后汉安世高译，CBETA，T24，no.1470，p.922，a11-12。唐时期。

LM20-1509-C1562d 佛典残片

唐时期。

LM20-1509-C1562e 佛典残片

高昌国时期。

LM20-1509-C1563a 《妙法莲华经》卷六

姚秦鸠摩罗什译，CBETA，T09，no.262，p.54，c19-22。唐时期。

LM20-1509-C1563b 《十方千五百佛名经》

译者不详，CBETA，T14，no.442，p.313，a14-15；姚秦鸠摩罗什译《佛说华手经》卷五，CBETA，T16，no.657，p.163，c24-25。高昌国时期。

LM20-1509-C1563c 《坐禅三昧经》卷下

姚秦鸠摩罗什译，CBETA，T15，no.614，p.286，a8-10。高昌国时期。

LM20-1509-C1563d 《佛说护身命经》

作者不详，CBETA，T85，no.2865，p.1325，c8-10。上有一层贴附，可见"厌"字，下有两层贴附，無法揭取。高昌國時期。

參：孟彥弘 2018，51。

LM20-1509-C1563e 《大般若波羅蜜多經》卷三九八

唐玄奘譯，CBETA，T06，no.220，p.1060，a8-9。唐時期。

LM20-1509-C1564a 佛典殘片

高昌國時期。

LM20-1509-C1564b 《妙法蓮華經》卷二

姚秦鳩摩羅什譯，CBETA，T09，no.262，p.13，b16-17。唐時期。

LM20-1509-C1564c 佛典殘片

唐時期。背面有字，無法揭取拍攝。

LM20-1509-C1564d 佛典殘片

參姚秦鳩摩羅什譯《大智度論》卷一二，CBETA，T25，no.1509，p.150，a5-7。高昌國時期。

LM20-1509-C1564e 佛典殘片

參譯者不詳《佛說未曾有經》，CBETA，T16，no.688，p.781，b22-26。高昌國時期。

LM20-1509-C1565a 佛典殘片

唐時期。

LM20-1509-C1565b 《大方廣佛華嚴經》卷一六（五十卷本）

東晉佛陀跋陀羅譯，《中華大藏經》第 12 册，199c18-21；參 CBETA，T09，no.278，p.522，b6-8。高昌國時期。

LM20-1509-C1565c 《妙法蓮華經》卷六

姚秦鳩摩羅什譯，CBETA，T09，no.262，p.53，b26-27。唐時期。

LM20-1509-C1565d 佛典殘片

高昌國時期。

LM20-1509-C1565e 佛典殘片

高昌國時期。

LM20-1509-C1565f 《過去現在因果經》卷三

劉宋求那跋陀羅譯，CBETA，T03，no.189，p.636，c4-6。唐時期。

LM20-1509-C1565g 《金剛般若波羅蜜經》

元魏菩提流支譯，CBETA，T08，no.236a，p.756，b12-13。唐時期。

LM20-1509-C1565h 佛典殘片

高昌國時期。

LM20-1509-C1565i 《妙法蓮華經》卷四

姚秦鳩摩羅什譯，CBETA，T09，no.262，p.36，c8-12。唐時期。

LM20-1509-C1565j 《大般涅槃經》卷一二

北涼曇無讖譯，CBETA，T12，no.374，p.434，b19-20。高昌國時期。

LM20-1509-C1565k　佛典殘片

西州回鶻時期。

LM20-1509-C1566a　佛典殘片

欄外有"患口"等字。唐時期。

LM20-1509-C1566b　佛典殘片

高昌國時期。

LM20-1509-C1566c　佛典殘片

唐時期。

LM20-1509-C1566d　殘片

唐時期。

LM20-1509-C1566e　《妙法蓮華經》卷五

姚秦鳩摩羅什譯，CBETA，T09，no.262，p.42，b5-6。唐時期。

LM20-1509-C1566f　《大般若波羅蜜多經》卷三九三

唐玄奘譯，CBETA，T06，no.220，p.1035，a14-16。唐時期。

LM20-1509-C1566g　《摩訶般若波羅蜜經》卷二一

姚秦鳩摩羅什譯，CBETA，T08，no.223，p.369，a11-12。西州回鶻時期。

LM20-1509-C1566h　佛典殘片

欄外有"上戶"等字。唐時期。

LM20-1509-C1566i　佛典殘片

唐時期。

LM20-1509-C1566j　佛典殘片

唐時期。

LM20-1509-C1567a　佛典殘片

高昌國時期。

LM20-1509-C1567b　《妙法蓮華經》卷一

姚秦鳩摩羅什譯，CBETA，T09，no.262，p.5，b8-10。唐時期。

LM20-1509-C1567c　佛典殘片

西州回鶻時期。

LM20-1509-C1567d　《放光般若經》卷一〇

西晉無羅叉譯，CBETA，T08，no.221，p.73，b13-14。唐時期。

LM20-1509-C1567e　佛典殘片

唐時期。

LM20-1509-C1567f　佛典殘片

唐時期。

LM20-1509-C1567g 佛典殘片

參唐地婆訶羅譯《方廣大莊嚴經》卷一，CBETA, T03, no.187, p.545, a19-20。唐時期。

LM20-1509-C1567h 佛典殘片

唐時期。

LM20-1509-C1567i 佛典殘片

唐時期。

LM20-1509-C1567j 殘片

唐時期。

LM20-1509-C1568a 佛典殘片

參東晉佛陀跋陀羅譯《大方廣佛華嚴經》卷五六，CBETA, T09, no.278, p.760, a20-25。唐時期。

LM20-1509-C1568b 《妙法蓮華經》卷一

姚秦鳩摩羅什譯，CBETA, T09, no.262, p.7, b11-12。唐時期。

LM20-1509-C1568c 《大方等大集經》卷二

北涼曇無讖譯，CBETA, T13, no.397, p.10, b11。高昌國時期。

LM20-1509-C1568d 佛典殘片

高昌國時期。

LM20-1509-C1568e 佛典殘片

高昌郡時期。

LM20-1509-C1568f 佛典殘片

唐時期。

LM20-1509-C1568g 佛典殘片

唐時期。

LM20-1509-C1568h 《添品妙法蓮華經》卷二

隋闍那崛多、達摩笈多譯，CBETA, T09, no.264, p.146, a18-20。唐時期。

LM20-1509-C1568i 《大般若波羅蜜多經》卷五七七

唐玄奘譯，CBETA, T07, no.220, p.982, b17-18。唐時期。

LM20-1509-C1568j 《過去現在因果經》卷三

劉宋求那跋陀羅譯，CBETA, T03, no.189, p.636, c3-4。唐時期。

LM20-1509-C1569a 佛典殘片

唐時期。

LM20-1509-C1569b 《大般若波羅蜜多經》卷三三二

唐玄奘譯，CBETA, T06, no.220, p.705, a28-b1。唐時期。

经册六十

LM20-1509-C1569c 佛典注疏

唐時期。

LM20-1509-C1569d 《大般涅槃經》卷一一

北凉曇無讖譯，CBETA，T12，no.374，p.430，c15-16。高昌郡時期。

LM20-1509-C1569e 佛典殘片

唐時期。

LM20-1509-C1569f 《太上洞玄靈寶昇玄内教經》卷九

作者不詳，與敦煌本 P.2750 第 62-63 行同。唐時期。

参：趙洋 2017a，188；趙洋 2017b，204-205。

LM20-1509-C1569g 佛典殘片

唐時期。

LM20-1509-C1569h 藥方殘片

唐時期。

LM20-1509-C1569i 佛典殘片

唐時期。

LM20-1509-C1569j 《大般若波羅蜜多經》卷五七二

唐玄奘譯，CBETA，T07，no.220，p.956，a29-b2。唐時期。

LM20-1509-C1570 《唯識論》

元魏般若流支譯，CBETA，T31，no.1588，p.69，c16-18。高昌國時期。

LM20-1509-C1571a 佛典殘片

唐時期。

LM20-1509-C1571b 《大般涅槃經》卷一四

北凉曇無讖譯，CBETA，T12，no.374，p.446，a2-4。高昌國時期。

LM20-1509-C1571c 《唐開元律疏·名例》

舊編號爲 LM20-1509-1580。参《唐律疏議》卷三《名例律》，中華書局，1983 年，74 頁。唐時期。

参：《旅博選粹》，202；《旅博研究》，177-178；榮新江 2009，7；辻正博 2012，268；岡野誠 2013，86-91；陳燁軒 2016，181-202；岡野誠 2019，120-122。

LM20-1509-C1571d 佛典殘片

唐時期。

LM20-1509-C1571e 《十地經論》卷二

姚秦鳩摩羅什譯，CBETA，T26，no.1522，p.132，c9-12。高昌國時期。

LM20-1509-C1572 《梵網經》卷下

姚秦鳩摩羅什譯，CBETA，T24，no.1484，p.1003，a28-b2，"得"作"悔"。唐時期。

旅顺博物馆藏新疆出土汉文文献

LM20-1509-C1573 《妙法莲华经》卷一

姚秦鸠摩罗什译，CBETA，T09，no.262，p.7，a22-27。唐时期。

LM20-1509-C1574a 佛典残片

唐时期。

LM20-1509-C1574b 佛典残片

唐时期。

LM20-1509-C1574c 佛典残片

唐时期。

LM20-1509-C1574d 《金刚般若波罗蜜经》

姚秦鸠摩罗什译，CBETA，T08，no.235，p.750，c28-p.751，a1。唐时期。

LM20-1509-C1574e 残片

有朱丝栏。西州回鹘时期。

LM20-1509-C1574f 《净名经集解关中疏》卷上

唐道液集，CBETA，T85，no.2777，p.446，c19-20。唐时期。

LM20-1509-C1574g 《大般涅槃经》卷三四

北凉昙无谶译，CBETA，T12，no.374，p.564，c27-28。唐时期。

LM20-1509-C1574h 《摩诃般若波罗蜜经》卷二四

姚秦鸠摩罗什译，CBETA，T08，no.223，p.398，b18-20。唐时期。

LM20-1509-C1574i 残片

有贴附残片，无法揭取。唐时期。

LM20-1509-C1575a 《妙法莲华经》卷五

姚秦鸠摩罗什译，CBETA，T09，no.262，p.46，b6-10。唐时期。

LM20-1509-C1575b 佛典残片

高昌国时期。

LM20-1509-C1575c 佛典残片

高昌国时期。

LM20-1509-C1575d 佛典残片

高昌国时期。背面有字，无法揭取拍摄。

LM20-1509-C1575e 佛典残片

高昌国时期。

LM20-1509-C1575f 《妙法莲华经》卷七

姚秦鸠摩罗什译，CBETA，T09，no.262，p.56，b16-17。唐时期。

LM20-1509-C1575g 残片

唐时期。

经册六十

LM20-1509-C1575h 《金光明經》卷四

北凉曇無讖譯，CBETA，T16，no.663，p.356，c23-24。唐時期。

LM20-1509-C1575i 佛典殘片

唐時期。

LM20-1509-C1575j 佛典殘片

唐時期。

LM20-1509-C1576a 佛典殘片

唐時期。

LM20-1509-C1576b 《大方等陀羅尼經》卷四

北凉法衆譯，CBETA，T21，no.1339，p.659，a20-21。高昌國時期。

LM20-1509-C1576c 佛典殘片

唐時期。

LM20-1509-C1576d 佛典殘片

唐時期。

LM20-1509-C1576e 《佛說五王經》

譯者不詳，CBETA，T14，no.523，p.797，a21-22。唐時期。

LM20-1509-C1576f 佛典殘片

唐時期。

LM20-1509-C1576g 《妙法蓮華經》卷二

姚秦鳩摩羅什譯，CBETA，T09，no.262，p.17，a28-29。唐時期。

LM20-1509-C1576h 佛典殘片

高昌國時期。

LM20-1509-C1576i 《正法念處經》卷三一

元魏般若流支譯，CBETA，T17，no.721，p.182，a26-b1。高昌國時期。背面有字，無法揭取拍攝。

LM20-1509-C1576j 佛典殘片

唐時期。

LM20-1509-C1577a 《大般涅槃經》卷一

北凉曇無讖譯，CBETA，T12，no.374，p.369，b29-c1。唐時期。

LM20-1509-C1577b 《過去莊嚴劫千佛名經》

譯者不詳，CBETA，T14，no.446a，p.365，b9-10。唐時期。

LM20-1509-C1577c 佛典殘片

唐時期。

LM20-1509-C1577d 佛典殘片

高昌國時期。

LM20-1509-C1577e　佛典殘片

高昌國時期。

LM20-1509-C1578a　《曼無德律部雜揭磨》

曹魏康僧鎧譯，CBETA，T22，no.1432，p.1041，c10-12。高昌國時期。

LM20-1509-C1578b　《大般涅槃經》卷二〇

北涼曇無讖譯，CBETA，T12，no.374，p.482，c8-11。高昌國時期。

LM20-1509-C1578c　《十誦律》卷二

姚秦弗若多羅譯，CBETA，T23，no.1435，p.13，b4-6。高昌國時期。

LM20-1509-C1578d　《金光明經》卷三

北涼曇無讖譯，CBETA，T16，no.663，p.348，c21-24。高昌國時期。

LM20-1509-C1579a　《大方等大集經》卷七

北涼曇無讖譯，CBETA，T13，no.397，p.42，a10-14。高昌國時期。

LM20-1509-C1579b　佛典殘片

唐時期。

LM20-1509-C1579c　《注維摩詰經》卷七

姚秦僧肇撰，CBETA，T38，no.1775，p.392，b17-18。唐時期。

LM20-1509-C1579d　《請觀世音菩薩消伏毒害陀羅尼兒經》

東晉竺難提譯，CBETA，T20，no.1043，p.36，c23-25。唐時期。

LM20-1509-C1580a　《大般涅槃經》卷一一

北涼曇無讖譯，CBETA，T12，no.374，p.431，a1-5。高昌國時期。

LM20-1509-C1580b　《妙法蓮華經》卷二

姚秦鳩摩羅什譯，CBETA，T09，no.262，p.18，a6-7。唐時期。

LM20-1509-C1580c　佛典殘片

唐時期。

LM20-1509-C1580d　佛典注疏

高昌國時期。

LM20-1509-C1581a　《妙法蓮華經》卷四

姚秦鳩摩羅什譯，CBETA，T09，no.262，p.28，a4-6。唐時期。

LM20-1509-C1581b　《摩訶般若波羅蜜經》卷一四

姚秦鳩摩羅什譯，CBETA，T08，no.223，p.324，c26-28。高昌國時期。

LM20-1509-C1581c　《阿毘達磨品類足論》卷二

唐玄奘譯，CBETA，T26，no.1542，p.697，b6-8。唐時期。

LM20-1509-C1581d　《佛說法句經》

作者不詳，CBETA，T85，no.2901，p.1433，a3-8。唐時期。

LM20-1509-C1582a 《佛說灌頂經》卷一二

東晉帛尸梨蜜多羅譯，CBETA，T21，no.1331，p.535，c21-24。西州回鶻時期。

LM20-1509-C1582b 佛典殘片

唐時期。

LM20-1509-C1582c 《大般涅槃經》卷三三

北涼曇無讖譯，CBETA，T12，no.374，p.562，c18-20。唐時期。

LM20-1509-C1582d 《大般若波羅蜜多經》卷五一一

唐玄奘譯，CBETA，T07，no.220，p.609，b21-24。唐時期。

LM20-1509-C1582e 《老子道德經序訣》

舊題吴葛玄造，與敦煌本 S.75 同。唐時期。

參：游自勇 2017，155-157。

LM20-1509-C1583a 《菩薩地持經》卷三

北涼曇無讖譯，CBETA，T30，no.1581，p.904，c10-11。唐時期。

LM20-1509-C1583b 《妙法蓮華經》卷七

姚秦鳩摩羅什譯，CBETA，T09，no.262，p.56，c7-10。唐時期。

LM20-1509-C1583c 佛典殘片

唐時期。

LM20-1509-C1583d 《佛說灌頂經》卷一二

東晉帛尸梨蜜多羅譯，CBETA，T21，no.1331，p.534，c24-26。唐時期。

LM20-1509-C1584a 《金光明經》卷三

北涼曇無讖譯，CBETA，T16，no.663，p.346，c10-16。高昌郡時期。

LM20-1509-C1584b 《十方千五百佛名經》

譯者不詳，CBETA，T14，no.442，p.317，c8-11。高昌國時期。

LM20-1509-C1584c 《大方廣佛華嚴經》卷六（五十卷本）

東晉佛陀跋陀羅譯，《中華大藏經》第 12 册，b7b13-15；參 CBETA，T09，no.278，p.437，a24-26。高昌國時期。

LM20-1509-C1584d 《大方廣佛華嚴經》卷五（五十卷本）

東晉佛陀跋陀羅譯，《中華大藏經》第 12 册，55b23-c3；參 CBETA，T09，no.278，p.430，a28-b2。高昌國時期。

LM20-1509-C1585a 《大般若波羅蜜多經》

唐玄奘譯，此段文字多處可見。唐時期。

LM20-1509-C1585b 佛典殘片

高昌國時期。

LM20-1509-C1585c 《大般若波羅蜜多經》卷二八四

唐玄奘譯，CBETA，T06，no.220，p.445，a26-28。唐時期。

LM20-1509-C1585d 《南陽和尚問答雜徵義》

唐劉澄集。唐時期。

參：胡適 1968，403-490；張娜麗 2003，56-109；李昀 2018，285-256、300。

LM20-1509-C1586a 《摩訶般若波羅蜜經》

姚秦鳩摩羅什譯，此段文字多處可見。唐時期。

LM20-1509-C1586b 《金剛般若波羅蜜經》

姚秦鳩摩羅什譯，CBETA，T08，no.235，p.750，c12-13。唐時期。

LM20-1509-C1586c 《增壹阿含經》卷五

東晉僧伽提婆譯，CBETA，T02，no.125，p.567，b17-18。唐時期。

LM20-1509-C1586d 《大智度論》卷六六

姚秦鳩摩羅什譯，CBETA，T25，no.1509，p.523，b28-30。唐時期。

LM20-1509-C1587a 《金光明經》卷四

北涼曇無讖譯，CBETA，T16，no.663，p.356，b25-27。唐時期。

LM20-1509-C1587b 《大般涅槃經》卷一四

北涼曇無讖譯，CBETA，T12，no.374，p.447，c18-20，"入"作"人"。高昌國時期。

LM20-1509-C1587c 戒律殘片（？）

西州回鶻時期。

LM20-1509-C1587d 《摩訶般若波羅蜜經》卷二四

姚秦鳩摩羅什譯，CBETA，T08，no.223，p.400，a7-9。唐時期。

LM20-1509-C1587e 《大般若波羅蜜多經》卷五二九

唐玄奘譯，CBETA，T07，no.220，p.717，b2-6。唐時期。

LM20-1509-C1588a 佛典殘片

參東晉僧伽提婆譯《增壹阿含經》卷三二，CBETA，T02，no.125，p.723，c27-p.724，a3。西州回鶻時期。

LM20-1509-C1588b 《太上洞玄靈寶智慧上品大戒》

作者不詳，約出於東晉，與敦煌本 P.2461 第 8-9 行同。《正統道藏》第 3 册，391a9-11。唐時期。

LM20-1509-C1588c 《大般涅槃經》卷一〇

北涼曇無讖譯，CBETA，T12，no.374，p.424，a28-b2。高昌國時期。

LM20-1509-C1588d 佛典殘片

高昌國時期。

LM20-1509-C1588e 佛典殘片

唐時期。

经册六十

LM20-1509-C1588f 《妙法蓮華經》卷一

姚秦鳩摩羅什譯，CBETA，T09，no.262，p.4，b22-28。高昌國時期。

LM20-1509-C1589a 佛典殘片

唐時期。

LM20-1509-C1589b 《妙法蓮華經》卷六

姚秦鳩摩羅什譯，CBETA，T09，no.262，p.54，b18-20。唐時期。

LM20-1509-C1589c 《妙法蓮華經》卷四

姚秦鳩摩羅什譯，CBETA，T09，no.262，p.27，b23-24。高昌國時期。

LM20-1509-C1589d 《四分律》卷五

姚秦佛陀耶舍、竺佛念等譯，CBETA，T22，no.1428，p.599，c21-23。唐時期。

LM20-1509-C1590a 《大般若波羅蜜多經》

唐玄奘譯，此段文字多處可見。唐時期。

LM20-1509-C1590b 《妙法蓮華經》卷四

姚秦鳩摩羅什譯，CBETA，T09，no.262，p.33，c5-7。唐時期。

LM20-1509-C1590c 《大般涅槃經》卷一八

北涼曇無讖譯，CBETA，T12，no.374，p.468，b19-21。高昌國時期。

LM20-1509-C1590d 《摩訶般若波羅蜜經》卷一一

姚秦鳩摩羅什譯，CBETA，T08，no.223，p.300，c6-7。上有貼附殘片，可見"天王"二字，無法揭取。高昌國時期。

LM20-1509-C1590e 《大般涅槃經》卷一

北涼曇無讖譯，CBETA，T12，no.374，p.365，c7-9。高昌國時期。

LM20-1509-C1591a 佛典殘片

唐時期。

LM20-1509-C1591b 《妙法蓮華經》卷五

姚秦鳩摩羅什譯，CBETA，T09，no.262，p.41，b17-23。唐時期。

LM20-1509-C1591c 佛典殘片

參姚秦鳩摩羅什譯《摩訶般若波羅蜜經》卷二，CBETA，T08，no.223，p.232，b4-6。高昌郡時期。

LM20-1509-C1591d 佛典注疏

唐時期。

LM20-1509-C1592a 《大方便佛報恩經》卷一

譯者不詳，CBETA，T03，no.156，p.124，c24-28，"地"作"底"。唐時期。

LM20-1509-C1592b 《五分戒本》

劉宋佛陀什等譯，CBETA，T22，no.1422b，p.202，a22-24。高昌國時期。

LM20-1509-C1592c 《大般涅槃經》卷二九

北涼曇無讖譯，CBETA，T12，no.374，p.539，c28-29。唐時期。

LM20-1509-C1592d 《摩訶般若波羅蜜經》卷一一

姚秦鳩摩羅什譯，CBETA，T08，no.223，p.300，a25-28。高昌國時期。

LM20-1509-C1593a 《佛說灌頂經》卷一二

東晉帛尸梨蜜多羅譯，CBETA，T21，no.1331，p.534，c3-5。唐時期。

LM20-1509-C1593b 《佛說佛名經》卷一一

元魏菩提流支譯，CBETA，T14，no.440，p.178，a16。唐時期。

LM20-1509-C1593c 《大般涅槃經》卷二二

北涼曇無讖譯，CBETA，T12，no.374，p.493，b28-c1。高昌國時期。

LM20-1509-C1593d 《摩訶僧祇律》卷二四

東晉佛陀跋陀羅、法顯譯，CBETA，T22，no.1425，p.424，a27-b8。第3、4行間夾寫"聽"。高昌郡時期。

參:《旅博選粹》，57。

LM20-1509-C1593e 《妙法蓮華經》卷二

姚秦鳩摩羅什譯，CBETA，T09，no.262，p.11，c21-25。唐時期。

LM20-1509-C1594a 《大般涅槃經》卷五

北涼曇無讖譯，CBETA，T12，no.374，p.391，a6-7。高昌國時期。

LM20-1509-C1594b 《藥師琉璃光如來本願功德經》

唐玄奘譯，CBETA，T14，no.450，p.408，a12-14。唐時期。

LM20-1509-C1594c 《道行般若經》卷二

後漢支婁迦讖譯，CBETA，T08，no.224，p.433，b7-8，高昌國時期。

LM20-1509-C1594d 《金剛般若波羅蜜經》

元魏菩提流支譯，CBETA，T08，no.236a，p.755，c7-8。唐時期。

LM20-1509-C1594e 《大般涅槃經》卷三一

北涼曇無讖譯，CBETA，T12，no.374，p.551，c4-5。高昌國時期。

LM20-1509-C1595a 《妙法蓮華經》卷四

姚秦鳩摩羅什譯，CBETA，T09，no.262，p.27，b17-20。唐時期。

LM20-1509-C1595b 佛典殘片

唐時期。

LM20-1509-C1595c 佛典殘片

唐時期。

LM20-1509-C1595d 《金光明最勝王經》卷六

唐義淨譯，CBETA，T16，no.665，p.427，c15-18。唐時期。

经册六十

LM20-1509-C1595e 《金刚般若波羅蜜經》

元魏菩提流支譯，CBETA，T08，no.236a，p.753，b27-28。唐時期。

LM20-1509-C1596a 《大辯邪正經》

作者不詳，CBETA，T85，no.2893，p.1412，c9-12。唐時期。

LM20-1509-C1596b 佛典殘片

高昌國時期。

LM20-1509-C1596c 佛典殘片

高昌國時期。

LM20-1509-C1596d 《大般涅槃經》卷六

北涼曇無讖譯，CBETA，T12，no.374，p.401，b5-7。高昌國時期。

LM20-1509-C1596e 佛典殘片

高昌國時期。

LM20-1509-C1597a 《妙法蓮華經》卷六

姚秦鳩摩羅什譯，CBETA，T09，no.262，p.46，c14-16。唐時期。

LM20-1509-C1597b 《金光明經》卷四

北涼曇無讖譯，CBETA，T16，no.663，p.357，a22-23。唐時期。

LM20-1509-C1597c 《妙法蓮華經》卷四

姚秦鳩摩羅什譯，CBETA，T09，no.262，p.27，c8-10。唐時期。

LM20-1509-C1597d 《金光明經》卷四

北涼曇無讖譯，CBETA，T16，no.663，p.357，a27-b1，"時"作"照"。唐時期。

LM20-1509-C1597e 《大般涅槃經》卷八

北涼曇無讖譯，CBETA，T12，no.374，p.409，c3-7。高昌國時期。

LM20-1509-C1598a 《妙法蓮華經》卷四

姚秦鳩摩羅什譯，CBETA，T09，no.262，p.34，a26-27。唐時期。

LM20-1509-C1598b 《大方等陀羅尼經》卷四

北涼法衆譯，CBETA，T21，no.1339，p.658，c20-21。高昌國時期。

LM20-1509-C1598c 《佛頂尊勝陀羅尼經》

唐佛陀波利譯，CBETA，T19，no.967，p.351，c17-19。唐時期。

LM20-1509-C1598d 《大般涅槃經》卷六

北涼曇無讖譯，CBETA，T12，no.374，p.397，b1-2，"魔梵"作"天魔梵"。唐時期。

LM20-1509-C1598e 《佛本行集經》卷一六

隋闍那崛多譯，CBETA，T03，no.190，p.726，c10-12。高昌國時期。

參：段真子 2019，160。

LM20-1509-C1599a 《摩訶般若波羅蜜經》卷六

姚秦鳩摩羅什譯，CBETA，T08，no.223，p.257，b14-17。高昌國時期。

LM20-1509-C1599b 《妙法蓮華經》卷二

姚秦鳩摩羅什譯，CBETA，T09，no.262，p.11，c2-4。唐時期。

LM20-1509-C1599c 佛典殘片

唐時期。

LM20-1509-C1599d 《大般若波羅蜜多經》卷四〇五

唐玄奘譯，CBETA，T07，no.220，p.26，c13-16。唐時期。

LM20-1509-C1599e 《妙法蓮華經》卷六

姚秦鳩摩羅什譯，CBETA，T09，no.262，p.52，a8-10。唐時期。

LM20-1509-C1600a 《金光明經》卷一

北涼曇無讖譯，CBETA，T16，no.663，p.338，a21-22。唐時期。

LM20-1509-C1600b 《妙法蓮華經》卷一

姚秦鳩摩羅什譯，CBETA，T09，no.262，p.8，a2-6。唐時期。

LM20-1509-C1600c 《大般涅槃經》卷一二

北涼曇無讖譯，CBETA，T12，no.374，p.434，b4-6。高昌國時期。

LM20-1509-C1600d 佛典殘片

唐時期。

LM20-1509-C1600e 《大般涅槃經》卷一三

北涼曇無讖譯，CBETA，T12，no.374，p.442，c14-17。高昌國時期。

LM20-1509-C1601a 《大般涅槃經》卷三三

北涼曇無讖譯，CBETA，T12，no.374，p.561，b19-20。高昌國時期。

LM20-1509-C1601b 《大寶積經》卷九三

姚秦鳩摩羅什譯，CBETA，T11，no.310，p.532，a11-14。唐時期。

LM20-1509-C1601c 《佛說觀佛三昧海經》卷二

東晉佛陀跋陀羅譯，CBETA，T15，no.643，p.653，b3-6。唐時期。

LM20-1509-C1601d 佛典殘片

高昌郡時期。

LM20-1509-C1601e 《雜阿含經》卷三一

劉宋求那跋陀羅譯，CBETA，T02，no.99，p.222，a29-b1。唐時期。

LM20-1509-C1602a 《佛說陀羅尼集經》卷九

唐阿地瞿多譯，CBETA，T18，no.901，p.862，a28-b2。唐時期。

LM20-1509-C1602b 佛典殘片

高昌國時期。

LM20-1509-C1602c 《大智度論》卷九四

經冊六十

姚秦鳩摩羅什譯，CBETA，T25，no.1509，p.717，c2。高昌國時期。

LM20-1509-C1602d 《妙法蓮華經》卷五

姚秦鳩摩羅什譯，CBETA，T09，no.262，p.38，b16-18。唐時期。

LM20-1509-C1602e 《妙法蓮華經》卷二

姚秦鳩摩羅什譯，CBETA，T09，no.262，p.16，a26-b1。高昌國時期。

LM20-1509-C1603a 《大般涅槃經》卷三八

北涼曇無讖譯，CBETA，T12，no.374，p.587，c13-14。高昌國時期。

LM20-1509-C1603b 《妙法蓮華經》卷七

姚秦鳩摩羅什譯，CBETA，T09，no.262，p.58，a18-25。唐時期。

LM20-1509-C1603c 《金剛般若波羅蜜經》

元魏菩提流支譯，CBETA，T08，no.236a，p.754，c1-3。唐時期。

LM20-1509-C1603d 《妙法蓮華經》卷六

姚秦鳩摩羅什譯，CBETA，T09，no.262，p.54，a27-28。唐時期。

LM20-1509-C1603e 《大般若波羅蜜多經》

唐玄奘譯，此段文字多處可見。唐時期。

LM20-1509-C1604a 《金剛般若波羅蜜經》

姚秦鳩摩羅什譯，CBETA，T08，no.235，p.749，b27-29。唐時期。

LM20-1509-C1604b 《大般涅槃經》卷一

北涼曇無讖譯，CBETA，T12，no.374，p.369，a5-7。高昌國時期。

LM20-1509-C1604c 佛典殘片

唐時期。

LM20-1509-C1604d 《妙法蓮華經》卷四

姚秦鳩摩羅什譯，CBETA，T09，no.262，p.36，a6-7。唐時期。

LM20-1509-C1604e 《摩訶僧祇律》卷三

東晉佛陀跋陀羅譯，CBETA，T22，no.1425，p.251，b16-20。高昌國時期。

LM20-1509-C1605a 《長阿含經》卷一〇

姚秦佛陀耶舍、竺佛念譯，CBETA，T01，no.1，p.61，b17-20。高昌郡時期。

LM20-1509-C1605b 《維摩詰所說經》卷中

姚秦鳩摩羅什譯，CBETA，T14，no.475，p.546，c21-24。唐時期。

LM20-1509-C1605c 《佛說灌頂經》卷一二

東晉帛尸梨蜜多羅譯，CBETA，T21，no.1331，p.533，a19-21。唐時期。

LM20-1509-C1605d 《放光般若經》卷一三

西晉無羅叉譯，CBETA，T08，no.221，p.90，a3-4。高昌國時期。

LM20-1509-C1606a 《佛本行集經》卷五九

旅顺博物馆藏新疆出土汉文文献

隋闍那崛多譯，CBETA，T03，no.190，p.927，b4–6。唐時期。

參：段真子 2019，170。

LM20-1509-C1606b 《法門名義集》

唐李師政撰，CBETA，T54，no.2124，p.201，c18–27。有雙行小字注。唐時期。

參：《旅博選粹》，152。

LM20-1509-C1606c 《妙法蓮華經》卷一

姚秦鳩摩羅什譯，CBETA，T09，no.262，p.9，b18–22。唐時期。

LM20-1509-C1606d 《十誦律》卷五一

姚秦弗若多羅譯，CBETA，T23，no.1435，p.371，b8–10。唐時期。

LM20-1509-C1606e 《妙法蓮華經》卷七

姚秦鳩摩羅什譯，CBETA，T09，no.262，p.57，c16–19。唐時期。

LM20-1509-C1607a 《妙法蓮華經》卷四

姚秦鳩摩羅什譯，CBETA，T09，no.262，p.35，a12–14。唐時期。

LM20-1509-C1607b 《大方廣佛華嚴經》卷四六

唐實叉難陀譯，CBETA，T10，no.279，p.242，b1–2。唐時期。

LM20-1509-C1607c 《妙法蓮華經》卷四

姚秦鳩摩羅什譯，CBETA，T09，no.262，p.28，c20–25。唐時期。

LM20-1509-C1607d 《妙法蓮華經》卷三

姚秦鳩摩羅什譯，CBETA，T09，no.262，p.22，b12–19。唐時期。

LM20-1509-C1608a 《妙法蓮華經》卷二

姚秦鳩摩羅什譯，CBETA，T09，no.262，p.15，b7–11。唐時期。

LM20-1509-C1608b 《佛說灌頂經》卷一二

東晉帛尸梨蜜多羅譯，CBETA，T21，no.1331，p.533，a22–24，"于之"作"名字"。唐時期。

LM20-1509-C1608c 《大般涅槃經》卷三六

北涼曇無識譯，CBETA，T12，no.374，p.576，a24–28。高昌郡時期。

LM20-1509-C1608d 《摩訶般若波羅蜜經》卷五

姚秦鳩摩羅什譯，CBETA，T08，no.223，p.253，c15–17。高昌國時期。

LM20-1509-C1609a 《法句經》卷上

吳維祇難等譯，CBETA，T04，no.210，p.566，c8–11。高昌郡時期。

參：《旅博選粹》，8。

LM20-1509-C1609b 《大明度經》卷三

吳支謙譯，CBETA，T08，no.225，p.488，b21–23。高昌郡時期。

參：《旅博選粹》，32。

LM20-1509-C1609c 《摩訶般若波羅蜜經》卷五

姚秦鳩摩羅什譯，CBETA，T08，no.223，p.255，b11-13。高昌郡時期。

參：《旅博選粹》，29。

LM20-1509-C1609d 《大智度論》卷二九

姚秦鳩摩羅什譯，CBETA，T25，no.1509，p.272，c19-22。高昌郡時期。

參：《旅博選粹》，21。

LM20-1509-C1609e 《大般涅槃經》卷二八

北涼曇無讖譯，CBETA，T12，no.374，p.529，a6-9。高昌郡時期。

參：《旅博選粹》，18。

LM20-1509-C1610a 《妙法蓮華經》卷五

姚秦鳩摩羅什譯，CBETA，T09，no.262，p.37，b15-17。唐時期。

LM20-1509-C1610b 《妙法蓮華經》卷一

姚秦鳩摩羅什譯，CBETA，T09，no.262，p.6，c14-17。唐時期。

LM20-1509-C1610c 《妙法蓮華經》卷二

姚秦鳩摩羅什譯，CBETA，T09，no.262，p.12，b7-10。唐時期。

LM20-1509-C1610d 《佛說佛地經》

唐玄奘譯，CBETA，T16，no.680，p.722，c10-13。唐時期。

LM20-1509-C1610e 《妙法蓮華經》卷一

姚秦鳩摩羅什譯，CBETA，T09，no.262，p.2，c13-17。唐時期。

LM20-1509-C1611a 《十方千五百佛名經》

譯者不詳，CBETA，T14，no.442，p.313，a28-b2。高昌國時期。

LM20-1509-C1611b 《十方千五百佛名經》

譯者不詳。參《十方千五百佛名經》全文，188頁。高昌國時期。

LM20-1509-C1611c 唐律令

參《唐律疏議》卷二八《捕亡律》，中華書局，1983年，532頁。唐時期。

LM20-1509-C1611d 《摩訶般若波羅蜜經》卷一二

姚秦鳩摩羅什譯，CBETA，T08，no.223，p.308，a26-28。高昌國時期。

LM20-1509-C1611e 佛名經

高昌國時期。

LM20-1509-C1612a 佛典殘片

唐時期。背面有字，無法揭取拍攝。

LM20-1509-C1612b 《大般若波羅蜜多經》卷五七五

唐玄奘譯，CBETA，T07，no.220，p.970，b16-18。唐時期。

LM20-1509-C1612c 《大般涅槃經》卷一三

北涼曇無讖譯，CBETA，T12，no.374，p.443，c2-3。唐時期。

LM20-1509-C1612d 《大般涅槃經》卷三〇

北涼曇無讖譯，CBETA，T12，no.374，p.547，b16-18。唐時期。

LM20-1509-C1612e 《佛説無量壽經》卷上

曹魏康僧鎧譯，CBETA，T12，no.360，p.269，a25-27。高昌國時期。

參：《旅博選粹》，114；《浄土集成》，11。

LM20-1509-C1613a 《梵網經》卷下

姚秦鳩摩羅什譯，CBETA，T24，no.1484，p.1004，b20-22。唐時期。

LM20-1509-C1613b 《合部金光明經》卷一

北涼曇無讖譯，隋寶貴合，CBETA，T16，no.664，p.362，a1-5。唐時期。

LM20-1509-C1613c 《佛説護身命經》

作者不詳，CBETA，T85，no.2865，p.1325，b27-c1。唐時期。

參：孟彦弘 2018，51。

LM20-1509-C1613d 《金光明最勝王經》卷二

唐義浄譯，CBETA，T16，no.665，p.409，a8-10。唐時期。

LM20-1509-C1613e 《大般涅槃經》卷三七

北涼曇無讖譯，CBETA，T12，no.374，p.585，b26-29。高昌國時期。

LM20-1509-C1614a 《摩訶僧祇律大比丘戒本》

東晉佛陀跋陀羅譯，CBETA，T22，no.1426，p.554，a22-26。高昌國時期。

LM20-1509-C1614b 《大智度論》卷二四

姚秦鳩摩羅什譯，CBETA，T25，no.1509，p.240，a20-22。高昌國時期。

LM20-1509-C1614c 《金光明經》卷一

北涼曇無讖譯，CBETA，T16，no.663，p.338，a20-21。唐時期。

LM20-1509-C1614d 《金剛般若波羅蜜經》

姚秦鳩摩羅什譯，CBETA，T08，no.235，p.751，b17-18。唐時期。

LM20-1509-C1614e 《大般涅槃經》卷二

北涼曇無讖譯，CBETA，T12，no.374，p.374，a15-17。唐時期。背面有字，無法揭取拍攝。

LM20-1509-C1615a 《摩訶般若波羅蜜經》卷九

姚秦鳩摩羅什譯，CBETA，T08，no.223，p.287，c11-14。高昌郡時期。

參：《旅博選粹》，9。

LM20-1509-C1615b 佛典殘片

高昌郡時期。

LM20-1509-C1615c 佛典殘片

高昌國時期。

经册六十　　1347

LM20-1509-C1615d　佛典残片

高昌郡时期。

LM20-1509-C1615e　《阿毗曇毗婆沙論》卷四一

北凉浮陀跋摩、道泰譯，CBETA，T28，no.1546，p.303，c2-6，"問何"作"問曰何"。高昌郡時期。

LM20-1509-C1616a　《金剛般若波羅蜜經》

姚秦鳩摩羅什譯，CBETA，T08，no.235，p.749，b27-c1。唐時期。

LM20-1509-C1616b　《妙法蓮華經》卷五

姚秦鳩摩羅什譯，CBETA，T09，no.262，p.43，b29-c4。高昌國時期。

LM20-1509-C1616c　《大般若波羅蜜多經》卷五七二

唐玄奘譯，CBETA，T07，no.220，p.956，a24-26。唐時期。

LM20-1509-C1616d　佛典残片

唐時期。

LM20-1509-C1616e　《金剛般若波羅蜜經》

姚秦鳩摩羅什譯，CBETA，T08，no.235，p.749，a27-29。唐時期。

LM20-1509-C1617a　《古文尚書·湯誓》孔安國傳

有雙行小字注。參顧頡剛、顧廷龍輯《尚書文字合編》第1册，上海古籍出版社，1996年，612頁，"不用我命"作"不用命"。唐時期。

LM20-1509-C1617b　《四分僧戒本》

姚秦佛陀耶舍譯，CBETA，T22，no.1430，p.1024，a15-15。唐時期。

LM20-1509-C1617c　《無量大慈教經》

作者不詳，CBETA，T85，no.2903，p.1445，a27-28。西州回鶻時期。

LM20-1509-C1617d　佛典残片

唐時期。

LM20-1509-C1617e　佛典注疏

唐時期。

LM20-1509-C1618a　《大般涅槃經》卷一四

北涼曇無讖譯，CBETA，T12，no.374，p.448，c13-15。高昌國時期。

LM20-1509-C1618b　《金剛般若波羅蜜經》

元魏菩提流支譯，CBETA，T08，no.236a，p.756，a8-13。高昌國時期。

LM20-1509-C1618c　《妙法蓮華經》卷七

姚秦鳩摩羅什譯，CBETA，T09，no.262，p.57，b20-21。唐時期。

LM20-1509-C1618d　《出曜經》卷二八

姚秦竺佛念譯，CBETA，T04，no.212，p.761，a6-9。唐時期。

LM20-1509-C1618e 《佛說灌頂經》卷一二

東晉帛尸梨蜜多羅譯, CBETA, T21, no.1331, p.535, b15-17。唐時期。

LM20-1509-C1619 空號

LM20-1509-C1620a 《金剛般若波羅蜜經》

姚秦鳩摩羅什譯, CBETA, T08, no.235, p.749, b25-27。唐時期。

LM20-1509-C1620b 《妙法蓮華經》卷六

姚秦鳩摩羅什譯, CBETA, T09, no.262, p.53, a18-20。唐時期。

LM20-1509-C1620c 《妙法蓮華經》卷三

姚秦鳩摩羅什譯, CBETA, T09, no.262, p.19, b11-14。唐時期。

LM20-1509-C1620d 《金光明最勝王經》卷四

唐義淨譯, CBETA, T16, no.665, p.422, a16-18, "咸"作"減"; 梁真諦譯, 隋寶貴合《合部金光明經》卷三, CBETA, T16, no.664, p.377, a3-5。唐時期。

LM20-1509-C1620e 《妙法蓮華經》卷五

姚秦鳩摩羅什譯, CBETA, T09, no.262, p.40, a4-8。高昌國時期。

LM20-1509-C1621a 《大寶積經》卷二〇

唐菩提流志譯, CBETA, T11, no.310, p.112, b9-12。唐時期。

LM20-1509-C1621b 《妙法蓮華經》卷三

姚秦鳩摩羅什譯, CBETA, T09, no.262, p.25, a23-25。唐時期。

LM20-1509-C1621c 《維摩詰所說經》卷上

姚秦鳩摩羅什譯, CBETA, T14, no.475, p.543, b27-c1。唐時期。

LM20-1509-C1621d 佛典殘片

高昌國時期。

LM20-1509-C1621e 《金剛般若波羅蜜經》

姚秦鳩摩羅什譯, CBETA, T08, no.235, p.750, a16-19。唐時期。

LM20-1509-C1622a 《佛說無量壽經》卷上

曹魏康僧鎧譯, CBETA, T12, no.360, p.269, a1-3, "天人"作"人天"。高昌國時期。參:《旅博選粹》, 114;《淨土集成》, 9。

LM20-1509-C1622b 佛名經

參譯者不詳《十方千五百佛名經》, CBETA, T14, no.442, p.312, b23-27。高昌國時期。

LM20-1509-C1622c 佛典殘片

唐時期。

LM20-1509-C1622d 《佛說無量壽經》卷上

曹魏康僧鎧譯, CBETA, T12, no.360, p.269, a19-22。高昌國時期。

參:《旅博選粹》, 114;《淨土集成》, 9。

經册六十

LM20-1509-C1622e 《摩訶般若波羅蜜經》卷一七

姚秦鳩摩羅什譯，CBETA，T08，no.223，p.347，b17-20。唐時期。

LM20-1509-C1622f 《佛說無量壽經》卷上

曹魏康僧鎧譯，CBETA，T12，no.360，p.268，c29-p.269，a2。高昌國時期。

LM20-1509-C1623a 《佛說法句經》

作者不詳，CBETA，T85，no.2901，p.1435，a6-10。唐時期。

LM20-1509-C1623b 《大寶積經》卷一一五

梁曼陀羅仙譯，CBETA，T11，no.310，p.651，c16-17。唐時期。

LM20-1509-C1623c 《大般若波羅蜜多經》卷五六五

唐玄奘譯，CBETA，T07，no.220，p.916，a20-22。唐時期。

LM20-1509-C1623d 《佛說灌頂經》卷一二

東晉帛尸梨蜜多羅譯，CBETA，T21，no.1331，p.533，c5-6，"德"作"得"。唐時期。

LM20-1509-C1623e 《大智度論》卷八六

姚秦鳩摩羅什譯，CBETA，T25，no.1509，p.664，a6-7。高昌國時期。

LM20-1509-C1624a 《金剛般若波羅蜜經》

元魏菩提流支譯，CBETA，T08，no.236a，p.754，c9-10。唐時期。

LM20-1509-C1624b 《妙法蓮華經》卷二

姚秦鳩摩羅什譯，CBETA，T09，no.262，p.16，c14-15。唐時期。

LM20-1509-C1624c 《大般涅槃經後分》卷下

唐若那跋陀羅譯，CBETA，T12，no.377，p.908，a14-15。唐時期。

LM20-1509-C1624d 《大般涅槃經》卷三三

北涼曇無讖譯，CBETA，T12，no.374，p.563，b4。高昌郡時期。

LM20-1509-C1624e 《佛說灌頂經》卷一二

東晉帛尸梨蜜多羅譯，CBETA，T21，no.1331，p.535，b27-29。唐時期。

LM20-1509-C1625a 《妙法蓮華經》卷五

姚秦鳩摩羅什譯，CBETA，T09，no.262，p.42，c3-4。唐時期。

LM20-1509-C1625b 《金剛般若波羅蜜經》

姚秦鳩摩羅什譯，CBETA，T08，no.235，p.750，b14-16；元魏菩提流支譯《金剛般若波羅蜜經》，CBETA，T08，no.236a，p.754，c2-3。唐時期。

LM20-1509-C1625c 《妙法蓮華經》卷五

姚秦鳩摩羅什譯，CBETA，T09，no.262，p.43，b7-9。唐時期。

LM20-1509-C1625d 《唐律·斷獄律》

參唐長孫無忌撰《唐律疏議》卷二九《斷獄律》，中華書局，1983年，546頁。唐時期。參：陳燁軒 2016，181-202。

LM20-1509-C1625e 佛典殘片

高昌國時期。

LM20-1509-C1626 《妙法蓮華經》卷七

姚秦鳩摩羅什譯，CBETA，T09，no.262，p.57，b7-9。唐時期。

LM20-1509-C1627a 《大智度論》卷七六

姚秦鳩摩羅什譯，CBETA，T25，no.1509，p.598，a19-23。高昌國時期。

LM20-1509-C1627b 《十方千五百佛名經》

譯者不詳，CBETA，T14，no.442，p.313，b7-9。高昌國時期。

LM20-1509-C1627c 《道行般若經》卷五

後漢支婁迦讖譯，CBETA，T08，no.224，p.450，b10-13。高昌國時期。

參：孫傳波 2006，175。

LM20-1509-C1627d 《妙法蓮華經》卷二

姚秦鳩摩羅什譯，CBETA，T09，no.262，p.14，b4-8。唐時期。

LM20-1509-C1628 《金剛般若波羅蜜經》

姚秦鳩摩羅什譯，CBETA，T08，no.235，p.750，a2-7。唐時期。

LM20-1509-C1629 《大般涅槃經》卷三六

北涼曇無讖譯，CBETA，T12，no.374，p.578，c3-7。唐時期。

LM20-1509-C1630a 《勝天王般若波羅蜜經》卷四

陳月婆首那譯，CBETA，T08，no.231，p.708，c8-11。高昌國時期。

LM20-1509-C1630b 《陀羅尼雜集》卷四

譯者不詳，CBETA，T21，no.1336，p.604，a5-7。高昌國時期。

LM20-1509-C1630c 《坐禪三昧經》卷下

姚秦鳩摩羅什譯，CBETA，T15，no.614，p.284，c14-16。唐時期。

LM20-1509-C1631a 《大般涅槃經》卷一六

北涼曇無讖譯，CBETA，T12，no.374，p.462，a17-20。唐時期。

LM20-1509-C1631b 《妙法蓮華經》卷四

姚秦鳩摩羅什譯，CBETA，T09，no.262，p.33，a27-29。唐時期。

LM20-1509-C1631c 《妙法蓮華經》卷三

姚秦鳩摩羅什譯，CBETA，T09，no.262，p.19，b1-2。唐時期。

LM20-1509-C1631d 佛典殘片

唐時期。

LM20-1509-C1632a 《妙法蓮華經》卷三

姚秦鳩摩羅什譯，CBETA，T09，no.262，p.22，b22-26。唐時期。

LM20-1509-C1632b 《大般涅槃經》卷三四

北涼曇無讖譯，CBETA，T12，no.374，p.568，b22-25。唐時期。

LM20-1509-C1632c 《妙法蓮華經》卷一

姚秦鳩摩羅什譯，CBETA，T09，no.262，p.7，b8-11。唐時期。

LM20-1509-C1632d 《維摩詰所說經》卷上

姚秦鳩摩羅什譯，CBETA，T14，no.475，p.537，a27-b2。唐時期。

LM20-1509-C1633a 《大般涅槃經》卷二

北涼曇無讖譯，CBETA，T12，no.374，p.372，c13-18。高昌國時期。

LM20-1509-C1633b 《一切經音義》卷一八

唐玄應撰，CBETA，C057，no.1163，p.31，a1-6，"曜"作"羅"。唐時期。

LM20-1509-C1633c 《妙法蓮華經》卷四

姚秦鳩摩羅什譯，CBETA，T09，no.262，p.31，b22-25。唐時期。

LM20-1509-C1633d 《大般涅槃經》卷六

北涼曇無讖譯，CBETA，T12，no.374，p.398，b23-25。高昌國時期。

LM20-1509-C1634a 《妙法蓮華經》卷二

姚秦鳩摩羅什譯，CBETA，T09，no.262，p.13，a10-12。唐時期。

LM20-1509-C1634b 《大方廣佛華嚴經》卷七（五十卷本）

東晉佛陀跋陀羅譯，《中華大藏經》第12册，87c13-15；參 CBETA，T09，no.278，p.451，b23-24，"悕"作"希"。高昌國時期。

LM20-1509-C1634c 《虛空藏菩薩神咒經》

劉宋曇摩蜜多譯，CBETA，T13，no.407，p.662，c24-26。高昌國時期。

LM20-1509-C1635a 《妙法蓮華經》卷五

姚秦鳩摩羅什譯，CBETA，T09，no.262，p.39，a22-23。唐時期。

LM20-1509-C1635b 《妙法蓮華經》卷一

姚秦鳩摩羅什譯，CBETA，T09，no.262，p.7，a24-25，"知"作"之"。唐時期。

LM20-1509-C1635c 《大般涅槃經》卷二五

北涼曇無讖譯，CBETA，T12，no.374，p.510，c16-18。高昌國時期。

LM20-1509-C1636a 《四分僧戒本》

姚秦佛陀耶舍譯，CBETA，T22，no.1430，p.1023，c2-7。唐時期。

LM20-1509-C1636b 《金光明經》卷一

北涼曇無讖譯，CBETA，T16，no.663，p.337，c20-23。高昌國時期。

LM20-1509-C1637a 佛典殘片

高昌國時期。

LM20-1509-C1637b 佛典殘片

唐時期。

LM20-1509-C1637c　佛典殘片

唐時期。

LM20-1509-C1638a　《妙法蓮華經》卷四

姚秦鳩摩羅什譯，CBETA，T09，no.262，p.30，b14-16。唐時期。

LM20-1509-C1638b　佛典殘片

唐時期。

LM20-1509-C1638c　《大方廣佛華嚴經》卷四一

東晉佛陀跋陀羅譯，CBETA，T09，no.278，p.656，c26-p.657，a1。唐時期。

LM20-1509-C1639a　《金剛般若波羅蜜經》

姚秦鳩摩羅什譯，CBETA，T08，no.235，p.749，a10-12。唐時期。

LM20-1509-C1639b　《妙法蓮華經》卷二

姚秦鳩摩羅什譯，CBETA，T09，no.262，p.15，c25-p.16，a1。唐時期。

LM20-1509-C1640　空號

LM20-1509-C1641a　《十方千五百佛名經》

譯者不詳，相當於敦煌本 BD02275 第 56-59 行。高昌國時期。

LM20-1509-C1641b　《妙法蓮華經》卷一

姚秦鳩摩羅什譯，CBETA，T09，no.262，p.7，a8-10。高昌國時期。

LM20-1509-C1641c　《大般涅槃經》卷九

北涼曇無讖譯，CBETA，T12，no.374，p.418，b26-29。高昌國時期。

LM20-1509-C1641d　《妙法蓮華經》卷六

姚秦鳩摩羅什譯，CBETA，T09，no.262，p.51，b25-26。高昌國時期。

LM20-1509-C1642a　《大般涅槃經》卷二二

北涼曇無讖譯，CBETA，T12，no.374，p.497，b21-24。高昌郡時期。

參：《旅博選粹》，51。

LM20-1509-C1642b　佛名經

唐時期。

LM20-1509-C1642c　《妙法蓮華經》卷二

姚秦鳩摩羅什譯，CBETA，T09，no.262，p.14，a26-28。唐時期。

LM20-1509-C1643a　《妙法蓮華經》卷四

姚秦鳩摩羅什譯，CBETA，T09，no.262，p.29，c28-p.30，a2。唐時期。

LM20-1509-C1643b　《妙法蓮華經》卷七

姚秦鳩摩羅什譯，CBETA，T09，no.262，p.58，c10-14。高昌國時期。

LM20-1509-C1644a　《金光明經》卷四

北涼曇無讖譯，CBETA，T16，no.663，p.355，b20-21。唐時期。

经册六十

LM20-1509-C1644b 《金光明經》卷四

北凉曇無讖譯，CBETA，T16，no.663，p.354，b13-16。高昌國時期。

LM20-1509-C1644c 《攝大乘論》卷下

陳真諦譯，CBETA，T31，no.1593，p.128，a12-13。唐時期。

LM20-1509-C1645a 《佛說仁王般若波羅蜜經》卷上

姚秦鳩摩羅什譯，CBETA，T08，no.245，p.829，b18-21。高昌國時期。

LM20-1509-C1645b 《佛說仁王般若波羅蜜經》卷上

姚秦鳩摩羅什譯，CBETA，T08，no.245，p.829，c10-13。高昌國時期。

LM20-1509-C1645c 《維摩詰所說經》卷上

姚秦鳩摩羅什譯，CBETA，T14，no.475，p.543，a4-7。高昌國時期。

LM20-1509-C1646a 《金剛般若波羅蜜經》

元魏菩提流支譯，CBETA，T08，no.236a，p.754，b6-9。唐時期。

LM20-1509-C1646b 《勝天王般若波羅蜜經》卷三

陳月婆首那譯，CBETA，T08，no.231，p.701，c7-9。高昌國時期。

LM20-1509-C1647a 《大般涅槃經》卷一一

北凉曇無讖譯，CBETA，T12，no.374，p.431，c3-4。高昌國時期。

LM20-1509-C1647b 《大方等陀羅尼經》卷一

北凉法衆譯，CBETA，T21，no.1339，p.644，c27-28，"敷"作"數"。高昌國時期。

LM20-1509-C1648a 《菩薩善戒經》卷七

劉宋求那跋摩譯，CBETA，T30，no.1582，p.998，b5-6。高昌國時期。

LM20-1509-C1648b 《菩薩善戒經》卷七

劉宋求那跋摩譯，CBETA，T30，no.1582，p.998，b9-11。高昌國時期。

LM20-1509-C1649a 佛典殘片

唐時期。

LM20-1509-C1649b 佛典殘片

唐時期。

LM20-1509-C1649c 《大般涅槃經》卷三五

北凉曇無讖譯，CBETA，T12，no.374，p.570，b4-7。高昌國時期。

LM20-1509-C1649d 《金光明經》卷二

北凉曇無讖譯，CBETA，T16，no.663，p.342，c5-7。唐時期。

LM20-1509-C1650a 《大智度論》卷一六

姚秦鳩摩羅什譯，CBETA，T25，no.1509，p.177，c4-6。唐時期。

LM20-1509-C1650b 《般若波羅蜜多心經》

唐玄奘譯，CBETA，T08，no.251，p.848，c8-10。唐時期。

LM20-1509-C1650c 《佛本行集經》卷一

隋闍那崛多譯，CBETA，T03，no.190，p.655，c1-3。唐時期。

參：段真子 2019，162。

經册六十一

LM20-1510-C1651 《救疾經》

作者不詳，CBETA，T85，no.2878，p.1361，c5-8。唐時期。

参：王宇、王梅 2006a，108；馬俊傑 2019，246。

LM20-1510-C1652 《大般若波羅蜜多經》卷五七一

唐玄奘譯，CBETA，T07，no.220，p.951，c1-3。唐時期。

LM20-1510-C1653 《摩訶般若波羅蜜經》卷一七

姚秦鳩摩羅什譯，CBETA，T08，no.223，p.347，c10-13。高昌國時期。

LM20-1510-C1654 《合部金光明經》卷四

梁真諦譯，隋寶貴合，CBETA，T16，no.664，p.380，c14-19。高昌國時期。

LM20-1510-C1655 《妙法蓮華經》卷六

姚秦鳩摩羅什譯，CBETA，T09，no.262，p.47，a23-27。唐時期。

LM20-1510-C1656 佛典注疏

高昌國時期。

LM20-1510-C1657 《金光明經》卷二

北涼曇無讖譯，CBETA，T16，no.663，p.340，c29-p.341，a7。唐時期。

LM20-1510-C1658 《大般涅槃經》卷二五

北涼曇無讖譯，CBETA，T12，no.374，p.511，a20-b4。高昌國時期。

LM20-1510-C1659 《妙法蓮華經》卷二

姚秦鳩摩羅什譯，CBETA，T09，no.262，p.11，a9-18。唐時期。

LM20-1510-C1660 《金光明最勝王經》卷六

唐義浄譯，CBETA，T16，no.665，p.428，a3-9，"瞻"作"瞻"。唐時期。

LM20-1510-C1661 《妙法蓮華經》卷五

姚秦鳩摩羅什譯，CBETA，T09，no.262，p.39，c19-25。唐時期。

LM20-1510-C1662 《大般涅槃經》卷六

北涼曇無讖譯，CBETA，T12，no.374，p.396，c18-23。高昌國時期。

LM20-1510-C1663 《讚僧功德經》

作者不詳，CBETA，T85，no.2911，p.1457，c6-11。唐時期。

LM20-1510-C1664 《大般涅槃經》卷二五

北凉曇無讖譯, CBETA, T12, no.374, p.511, a8-20。高昌國時期。

LM20-1510-C1665 《妙法蓮華經》卷四

姚秦鳩摩羅什譯, CBETA, T09, no.262, p.31, a14-24, "持經者"作"養持者"。唐時期。

LM20-1510-C1666 《妙法蓮華經》卷七

姚秦鳩摩羅什譯, CBETA, T09, no.262, p.56, c3-10。唐時期。

LM20-1510-C1667 《十方千五百佛名經》

譯者不詳, CBETA, T14, no.442, p.312, a23-28。高昌國時期。

LM20-1510-C1668 《大方等大集經》卷一五

北凉曇無讖譯, CBETA, T13, no.397, p.107, a23-b3。高昌國時期。

LM20-1510-C1669 《救疾經》

作者不詳, CBETA, T85, no.2878, p.1361, c1-6。唐時期。

參: 王宇、王梅 2006a, 108; 馬俊傑 2019, 249。

LM20-1510-C1670 《四分比丘尼戒本》

姚秦佛陀耶舍譯, CBETA, T22, no.1431, p.1038, c27-p.1039, a4, "不善我"作"所不應爲我"。唐時期。

LM20-1510-C1671 《大般涅槃經》卷一二

北凉曇無讖譯, CBETA, T12, no.374, p.439, b8-16。高昌國時期。

LM20-1510-C1672 《妙法蓮華經》卷五

姚秦鳩摩羅什譯, CBETA, T09, no.262, p.41, b8-28, 第8行"界下"作"世界"。高昌國時期。

LM20-1510-C1673 《大般涅槃經》卷三九

北凉曇無讖譯, CBETA, T12, no.374, p.594, b28-c5。高昌國時期。

LM20-1510-C1674 《合部金光明經》卷三

梁真諦譯, 隋寶貴合, CBETA, T16, no.664, p.377, a27-b3。唐時期。

LM20-1510-C1675 《大般涅槃經》卷二五

北凉曇無讖譯, CBETA, T12, no.374, p.510, c26-p.511, a8。高昌國時期。

LM20-1510-C1676 《四分律比丘尼戒本》

姚秦佛陀耶舍譯, CBETA, T22, no.1431, p.1039, a4-9, 第1行"是"作"此", 第4行"抄衣人"作"反抄衣行人", 第5行"抄衣人"作"反抄衣入白", 第6行"左披衣"作"反抄衣"。唐時期。

LM20-1510-C1677 題記

西州回鶻時期。

參:《旅博選粹》, 160。

LM20-1510-C1678 《佛說灌頂經》卷一二

東晉帛尸梨蜜多羅譯，CBETA，T21，no.1331，p.535，c10-16，"語言"作"言語"。唐時期。

LM20-1510-C1679 《妙法蓮華經》卷七并題記

姚秦鳩摩羅什譯，CBETA，T09，no.262，p.59，b25-c2，"廿六"作"二十七"。高昌郡時期。

參:《旅博選粹》，13。

LM20-1510-C1680 《大通方廣懺悔滅罪莊嚴成佛經》卷下

作者不詳，CBETA，T85，no.2871，p.1355，b21-23。高昌國時期。

LM20-1510-C1681 《妙法蓮華經》卷七

姚秦鳩摩羅什譯，CBETA，T09，no.262，p.57，c2-5。高昌國時期。

LM20-1510-C1682 《大智度論》卷三五

姚秦鳩摩羅什譯，CBETA，T25，no.1509，p.314，c12-18。高昌國時期。

LM20-1510-C1683 《放光般若經》卷二〇

西晉無羅叉譯，CBETA，T08，no.221，p.145，c1-6。高昌國時期。

LM20-1510-C1684 《金光明最勝王經》卷五

唐義淨譯，CBETA，T16，no.665，p.422，c17-18。唐時期。

LM20-1510-C1685 佛教戒律

參唐道宣撰《四分律刪繁補闕行事鈔》卷上，CBETA，T40，no.1804，p.36，b5-6。第1行夾寫小字"下□"。西州回鶻時期。背面有字，無法揭取拍攝。

LM20-1510-C1686a 佛典殘片

西州回鶻時期。

LM20-1510-C1686b 《金光明經》卷三

北涼曇無讖譯，CBETA，T16，no.663，p.348，c24-26。高昌國時期。

LM20-1510-C1686c 《金光明經》卷三

北涼曇無讖譯，CBETA，T16，no.663，p.349，a22-23。高昌國時期。

LM20-1510-C1686d 《金光明經》卷三

北涼曇無讖譯，CBETA，T16，no.663，p.348，c27-p.349，a1。高昌國時期。

LM20-1510-C1686e 《金光明經》卷三

北涼曇無讖譯，CBETA，T16，no.663，p.349，a2-5。高昌國時期。

LM20-1510-C1686f 《金光明經》卷三

北涼曇無讖譯，CBETA，T16，no.663，p.349，a9-10。高昌國時期。

LM20-1510-C1686g 《金光明經》卷三

北涼曇無讖譯，CBETA，T16，no.663，p.349，a19-22。高昌國時期。

LM20-1510-C1686h 《金光明經》卷三

北涼曇無讖譯，CBETA，T16，no.663，p.349，a11-13。高昌國時期。

LM20-1510-C1686i 《金光明經》卷三

北涼曇無讖譯, CBETA, T16, no.663, p.349, a14-15。高昌國時期。

LM20-1510-C1686j 《金光明經》卷三

北涼曇無讖譯, CBETA, T16, no.663, p.349, a17-18。高昌國時期。

LM20-1510-C1687 佛典殘片

參西秦聖堅譯《太子須大拏經》, CBETA, T03, no.171, p.422, b27-c2。第6行夾寫小字"語"。西州回鶻時期。

LM20-1510-C1688 《千手千眼觀世音菩薩廣大圓滿無礙大悲心陀羅尼經》

西秦聖堅譯, CBETA, T20, no.1060, p.110, a29-b7, "若量"作"若白量"。西州回鶻時期。

經册六十二

LM20-1511-CB0001 《妙法蓮華經》卷七
姚秦鳩摩羅什譯，CBETA，T09，no.262，p.56，a3-6。唐時期。

LM20-1511-CB0002a 《妙法蓮華經》卷七
姚秦鳩摩羅什譯，CBETA，T09，no.262，p.55，b26-27。唐時期。

LM20-1511-CB0002b 《妙法蓮華經》卷七
姚秦鳩摩羅什譯，CBETA，T09，no.262，p.55，b25-26。唐時期。

LM20-1511-CB0003 《妙法蓮華經》卷七
姚秦鳩摩羅什譯，CBETA，T09，no.262，p.56，c2-5。唐時期。

LM20-1511-CB0004 《妙法蓮華經》卷七
姚秦鳩摩羅什譯，CBETA，T09，no.262，p.56，a9-11。唐時期。

LM20-1511-CB0005 《妙法蓮華經》卷七
姚秦鳩摩羅什譯，CBETA，T09，no.262，p.55，c28-p.56，a2。唐時期。

LM20-1511-CB0006 《妙法蓮華經》卷七
姚秦鳩摩羅什譯，CBETA，T09，no.262，p.55，b24-c1。唐時期。

LM20-1511-CB0007 《妙法蓮華經》卷七
姚秦鳩摩羅什譯，CBETA，T09，no.262，p.56，a16-18。唐時期。

LM20-1511-CB0008 《妙法蓮華經》卷七
姚秦鳩摩羅什譯，CBETA，T09，no.262，p.56，a24-28。唐時期。

LM20-1511-CB0009 《妙法蓮華經》卷七
姚秦鳩摩羅什譯，CBETA，T09，no.262，p.56，b28-c1。唐時期。

LM20-1511-CB0010 《妙法蓮華經》卷七
姚秦鳩摩羅什譯，CBETA，T09，no.262，p.56，a20-22。唐時期。

LM20-1511-CB0011 《妙法蓮華經》卷七
姚秦鳩摩羅什譯，CBETA，T09，no.262，p.55，b29-c7。唐時期。

LM20-1511-CB0012 《妙法蓮華經》卷七
姚秦鳩摩羅什譯，CBETA，T09，no.262，p.55，c13-21。唐時期。

LM20-1511-CB0013 《妙法蓮華經》卷七
姚秦鳩摩羅什譯，CBETA，T09，no.262，p.55，c28-p.56，a7。唐時期。

LM20-1511-CB0014 《妙法蓮華經》卷七

姚秦鳩摩羅什譯，CBETA, T09, no.262, p.55, c17-21。唐時期。

LM20-1511-CB0015 《妙法蓮華經》卷七

姚秦鳩摩羅什譯，CBETA, T09, no.262, p.56, b22-28。唐時期。

LM20-1511-CB0016 《妙法蓮華經》卷七

姚秦鳩摩羅什譯，CBETA, T09, no.262, p.56, a10-12。唐時期。

LM20-1511-CB0017 《妙法蓮華經》卷七

姚秦鳩摩羅什譯，CBETA, T09, no.262, p.56, b10-14。唐時期。

LM20-1511-CB0018 《妙法蓮華經》卷七

姚秦鳩摩羅什譯，CBETA, T09, no.262, p.56, b16-19。唐時期。

LM20-1511-CB0019 《妙法蓮華經》卷七

姚秦鳩摩羅什譯，CBETA, T09, no.262, p.55, c4-9。唐時期。

LM20-1511-CB0020 《妙法蓮華經》卷七

姚秦鳩摩羅什譯，CBETA, T09, no.262, p.56, c2-5。唐時期。背面有回鶻文，無法揭取拍攝。

LM20-1511-CB0021a 《妙法蓮華經》卷七

姚秦鳩摩羅什譯，CBETA, T09, no.262, p.55, c16-19。唐時期。

LM20-1511-CB0021b 《妙法蓮華經》卷七

姚秦鳩摩羅什譯，CBETA, T09, no.262, p.55, c29-p.56, a3。唐時期。背面有回鶻文，無法揭取拍攝。

LM20-1511-CB0022 《妙法蓮華經》卷七

姚秦鳩摩羅什譯，CBETA, T09, no.262, p.56, b2-12。高昌國時期。

LM20-1511-CB0023 《妙法蓮華經》卷七

姚秦鳩摩羅什譯，CBETA, T09, no.262, p.56, b9-27。唐時期。

LM20-1511-CB0024 《妙法蓮華經》卷七

姚秦鳩摩羅什譯，CBETA, T09, no.262, p.56, a3-8。唐時期。背面有回鶻文，無法揭取拍攝。

LM20-1511-CB0025 佛典殘片

高昌國時期。

LM20-1511-CB0026 《妙法蓮華經》卷四

姚秦鳩摩羅什譯，CBETA, T09, no.262, p.28, a3-7。唐時期。

LM20-1511-CB0027 《大智度論》卷八六

姚秦鳩摩羅什譯，CBETA, T25, no.1509, p.664, a22-27。高昌國時期。

LM20-1511-CB0028 《妙法蓮華經》卷四

姚秦鳩摩羅什譯，CBETA，T09，no.262，p.29，a17-23。唐時期。

LM20-1511-CB0029 《金剛仙論》卷二

元魏菩提流支譯，CBETA，T25，no.1512，p.811，c16-19。唐時期。

LM20-1511-CB0030 《佛說灌頂經》卷一二

東晉帛尸梨蜜多羅譯，CBETA，T21，no.1331，p.535，a3-9，"白"作"問"。唐時期。

LM20-1511-CB0031 《妙法蓮華經》卷三

姚秦鳩摩羅什譯，CBETA，T09，no.262，p.22，c5-9。唐時期。

LM20-1511-CB0032 《妙法蓮華經》卷一

姚秦鳩摩羅什譯，CBETA，T09，no.262，p.7，c1-6。唐時期。

LM20-1511-CB0033a 《妙法蓮華經》卷四

姚秦鳩摩羅什譯，CBETA，T09，no.262，p.32，b20-24。唐時期。

LM20-1511-CB0033b 殘片

唐時期。

LM20-1511-CB0034 《大智度論》卷八六

姚秦鳩摩羅什譯，CBETA，T25，no.1509，p.664，a1-7。高昌國時期。

LM20-1511-CB0035 《妙法蓮華經》卷二

姚秦鳩摩羅什譯，CBETA，T09，no.262，p.15，c13-21。唐時期。

LM20-1511-CB0036 《妙法蓮華經》卷五

姚秦鳩摩羅什譯，CBETA，T09，no.262，p.41，c2-7。唐時期。

LM20-1511-CB0037 《金剛般若波羅蜜經論》卷上

元魏菩提流支譯，CBETA，T25，no.1511，p.782，a6-11。唐時期。

LM20-1511-CB0038 《維摩詰所說經》卷中

姚秦鳩摩羅什譯，CBETA，T14，no.475，p.545，b29-c5。唐時期。

參：王梅 2006，153。

LM20-1511-CB0039 《妙法蓮華經》卷七

姚秦鳩摩羅什譯，CBETA，T09，no.262，p.57，b21-25。高昌國時期。

LM20-1511-CB0040 《雜阿毘曇心論》卷一

劉宋僧伽跋摩等譯，CBETA，T28，no.1552，p.874，c17-23。高昌國時期。

LM20-1511-CB0041 《大般涅槃經》卷六

北涼曇無讖譯，CBETA，T12，no.374，p.396，c29-p.397，a4。高昌國時期。

LM20-1511-CB0042 《妙法蓮華經》卷一

姚秦鳩摩羅什譯，CBETA，T09，no.262，p.1，c19-23。唐時期。

LM20-1511-CB0043 《十方千五百佛名經》

譯者不詳，CBETA，T14，no.442，p.317，c19-21，"惠自在王佛"作"自在王佛"。高昌國時期。

LM20-1511-CB0044 《大般涅槃經》卷二一

北凉曇無讖譯, CBETA, T12, no.374, p.490, c21-27。高昌郡時期。

LM20-1511-CB0045 《佛說灌頂經》卷一二

東晉帛尸梨蜜多羅譯, CBETA, T21, no.1331, p.534, b21-26, "牟尼"作"文佛"。唐時期。

LM20-1511-CB0046 《妙法蓮華經》卷四

姚秦鳩摩羅什譯, CBETA, T09, no.262, p.29, b11-19。唐時期。

LM20-1511-CB0047 《大通方廣懺悔滅罪莊嚴成佛經》卷下

作者不詳, CBETA, T85, no.2871, p.1352, b26-c1。唐時期。

LM20-1511-CB0048 《佛說仁王般若波羅蜜經》卷上

姚秦鳩摩羅什譯, CBETA, T08, no.245, p.827, c28-p.828, a2。高昌國時期。

LM20-1511-CB0049 《金光明經》卷二

北凉曇無讖譯, CBETA, T16, no.663, p.341, b4-7。唐時期。

LM20-1511-CB0050 《大智度論》卷八六

姚秦鳩摩羅什譯, CBETA, T25, no.1509, p.664, a3-7, "波羅蜜"作"佛"。高昌國時期。

LM20-1511-CB0051 《妙法蓮華經》卷五

姚秦鳩摩羅什譯, CBETA, T09, no.262, p.45, c1-5。唐時期。

LM20-1511-CB0052 《大般涅槃經》卷一〇

北凉曇無讖譯, CBETA, T12, no.374, p.423, c8-12。唐時期。

LM20-1511-CB0053a 佛典殘片

高昌國時期。

LM20-1511-CB0053b 佛典注疏

有雙行小字注。唐時期。

LM20-1511-CB0054a 《阿彌陀經疏》

唐窺基撰, CBETA, T37, no.1757, p.320, c10-22。唐時期。

參:《净土集成》, 111。

LM20-1511-CB0054b 佛典注疏

高昌國時期。

LM20-1511-CB0055a 《成實論》卷一

姚秦鳩摩羅什譯, CBETA, T32, no.1646, p.240, a6-9。高昌國時期。

LM20-1511-CB0055b 佛典論疏

參符秦僧伽跋澄譯《鞞婆沙論》卷五, CBETA, T28, no.1547, p.450, b26-c1。有雙行小字注。高昌郡時期。

LM20-1511-CB0056a 《妙法蓮華經》卷四

姚秦鳩摩羅什譯, CBETA, T09, no.262, p.33, a18-22。高昌國時期。

經册六十二

LM20-1511-CB0056b 《大智度論》卷五四

姚秦鳩摩羅什譯，CBETA，T25，no.1509，p.447，b13-17。高昌國時期。

LM20-1511-CB0057a 佛典殘片

高昌國時期。

LM20-1511-CB0057b 《摩訶僧祇律》卷二七

東晉佛陀跋陀羅、法顯譯，CBETA，T22，no.1425，p.444，b16-18。高昌郡時期。

LM20-1511-CB0057c 《妙法蓮華經》卷一

姚秦鳩摩羅什譯，CBETA，T09，no.262，p.2，b19-21。唐時期。

LM20-1511-CB0058 《佛説佛名經》卷五

元魏菩提流支譯，CBETA，T14，no.440，p.139，a27-b5。唐時期。

LM20-1511-CB0059 《妙法蓮華經》卷七

姚秦鳩摩羅什譯，CBETA，T09，no.262，p.58，c4-11。唐時期。

LM20-1511-CB0060 《寶雲經》卷一

梁曼陀羅仙譯，CBETA，T16，no.658，p.210，c27-28。唐時期。

LM20-1511-CB0061a 《妙法蓮華經》卷三

姚秦鳩摩羅什譯，CBETA，T09，no.262，p.23，c12-16。唐時期。

LM20-1511-CB0061b 《大通方廣懺悔滅罪莊嚴成佛經》卷中

作者不詳，CBETA，T85，no.2871，p.1347，c8-9。唐時期。

LM20-1511-CB0062 《佛説法句經》

作者不詳，CBETA，T85，no.2901，p.1435，a8-11。唐時期。

LM20-1511-CB0063 《妙法蓮華經》卷四

姚秦鳩摩羅什譯，CBETA，T09，no.262，p.33，a18-20。唐時期。

LM20-1511-CB0064 《妙法蓮華經》卷五

姚秦鳩摩羅什譯，CBETA，T09，no.262，p.42，c23-25。唐時期。

LM20-1511-CB0065 《妙法蓮華經》卷六

姚秦鳩摩羅什譯，CBETA，T09，no.262，p.46，c16-20。唐時期。

LM20-1511-CB0066 《悲華經》卷七

北涼曇無讖譯，CBETA，T03，no.157，p.214，c20-24；《悲華經》卷八，CBETA，T03，no.157，p.216，a19-23。高昌郡時期。

LM20-1511-CB0067 《大般若波羅蜜多經》卷二七

唐玄奘譯，CBETA，T05，no.220，p.151，c4-8。唐時期。

LM20-1511-CB0068 《佛説灌頂經》卷一二

東晉帛尸梨蜜多羅譯，CBETA，T21，no.1331，p.534，b23-26。唐時期。

LM20-1511-CB0069 維摩義記

参《维摩义记》卷四，CBETA，T38，no.1776，p.500，c16。高昌国时期。

LM20-1511-CB0070 《妙法莲华经》卷五

姚秦鸠摩罗什译，CBETA，T09，no.262，p.45，b20-22。唐时期。

LM20-1511-CB0071 《大智度论》卷一九

姚秦鸠摩罗什译，CBETA，T25，no.1509，p.200，b14-17。高昌国时期。

LM20-1511-CB0072 《佛说佛名经》卷一六

译者不详，CBETA，T14，no.441，p.247，a21-22；作者不详《大通方广忏悔灭罪庄严成佛经》卷上，CBETA，T85，no.2871，p.1342，c6-8。高昌国时期。

LM20-1511-CB0073 《大智度论》卷一九

姚秦鸠摩罗什译，CBETA，T25，no.1509，p.200，b16-20。高昌国时期。

LM20-1511-CB0074 《大般涅槃经》卷二九

北凉昙无谶译，CBETA，T12，no.374，p.540，c2-5。唐时期。

LM20-1511-CB0075 《放光般若经》经题

西晋无罗叉译。西州回鹘时期。

LM20-1511-CB0076 《大般涅槃经》卷二四

北凉昙无谶译，CBETA，T12，no.374，p.508，a29-b3。唐时期。

LM20-1511-CB0077 《妙法莲华经》卷三

姚秦鸠摩罗什译，CBETA，T09，no.262，p.22，c29-p.23，a7。西州回鹘时期。

LM20-1511-CB0078 《大般涅槃经》卷一二

北凉昙无谶译，CBETA，T12，no.374，p.438，b28-c3。唐时期。背面有字，无法揭取拍摄。

LM20-1511-CB0079 《大唐龙兴三藏圣教序》

唐中宗撰。唐时期。

参：王衛平 2019，262；李红揚 2020，72-73。

LM20-1511-CB0080 《摩诃般若波罗蜜经》卷七

姚秦鸠摩罗什译，CBETA，T08，no.223，p.274，a24-28。高昌国时期。

LM20-1511-CB0081 《佛说大乘造像功德经》卷上

唐提云般若译，CBETA，T16，no.694，p.790，c22-25。唐时期。

LM20-1511-CB0082 《杂宝藏经》卷一

元魏吉迦夜、昙曜译，CBETA，T04，no.203，p.448，b4-6。唐时期。

LM20-1511-CB0083 《佛说咒魅经》

作者不详，CBETA，T85，no.2882，p.1384，b17-23。唐时期。

参：《旅博選粹》，155。

LM20-1511-CB0084 《妙法莲华经》卷五

姚秦鸠摩罗什译，CBETA，T09，no.262，p.43，b1-6。高昌郡时期。

参:《旅博選粹》，13。

LM20-1511-CB0085 佛典注疏

高昌國時期。

LM20-1511-CB0086 《大唐龍興三藏聖教序》

唐中宗撰。有朱筆句讀。唐時期。

参：王衛平 2019，263；李紅揚 2020，72-73。

LM20-1511-CB0087 《妙法蓮華經》卷一

姚秦鳩摩羅什譯，CBETA，T09，no.262，p.5，c14-22，"解"作"可"。唐時期。

LM20-1511-CB0088 《妙法蓮華經》卷一

姚秦鳩摩羅什譯，CBETA，T09，no.262，p.2，c2-7。唐時期。

LM20-1511-CB0089 《佛說呪魅經》

作者不詳，CBETA，T85，no.2882，p.1384，b16-23。唐時期。

LM20-1511-CB0090 《十誦律》（別本）

参姚秦弗若多羅譯《十誦律》卷一一，CBETA，T23，no.1435，p.156，a3-11。高昌國時期。

LM20-1511-CB0091 佛教經録

西州回鶻時期。

参:《旅博選粹》，186。

LM20-1511-CB0092 《大般涅槃經》卷六

北涼曇無識譯，CBETA，T12，no.374，p.397，c14-27。高昌國時期。

LM20-1511-CB0093 《妙法蓮華經》卷六

姚秦鳩摩羅什譯，CBETA，T09，no.262，p.48，a9-24。唐時期。

LM20-1511-CB0094 《妙法蓮華經》卷六

姚秦鳩摩羅什譯，CBETA，T09，no.262，p.47，c11-20，"天"作"處"。唐時期。

LM20-1511-CB0095 《佛說無常經》

唐義浄譯，CBETA，T17，no.801，p.745，b10-20。西州回鶻時期。

LM20-1511-CB0096 《根本說一切有部毗奈耶雜事》卷三

唐義浄譯，CBETA，T24，no.1451，p.216，a13-24，"教利默"作"教利喜默"。唐時期。

LM20-1511-CB0097 《摩訶般若波羅蜜經》卷五

姚秦鳩摩羅什譯，此段文字多處可見。有多層貼附，無法揭取。此據倒貼之上層定名。高昌國時期。

LM20-1511-CB0098 《妙法蓮華經》卷一

姚秦鳩摩羅什譯，CBETA，T09，no.262，p.2，a13-20。唐時期。

LM20-1511-CB0099 《妙法蓮華經》卷六

姚秦鳩摩羅什譯，CBETA，T09，no.262，p.51，c22-p.52，a1。唐時期。

LM20-1511-CB0100 《摩訶般若波羅蜜經》卷一一

姚秦鳩摩羅什譯, CBETA, T08, no.223, p.303, b24-c6, "亦不作非"作"不作非"。高昌國時期。

LM20-1511-CB0101 《大智度論》卷八六

姚秦鳩摩羅什譯, CBETA, T25, no.1509, p.664, a1-8。高昌國時期。

LM20-1511-CB0102 《佛說離垢施女經》

西晉竺法護譯, CBETA, T12, no.338, p.89, b26-c3。唐時期。

LM20-1511-CB0103 《金剛般若波羅蜜經論》卷上

元魏菩提流支譯, CBETA, T25, no.1511, p.782, a8-13。唐時期。

LM20-1511-CB0104 《佛說灌頂經》卷一二

東晉帛尸梨蜜多羅譯, CBETA, T21, no.1331, p.534, b21-25。唐時期。

LM20-1511-CB0105 《佛說仁王般若波羅蜜經》卷上

姚秦鳩摩羅什譯, CBETA, T08, no.245, p.825, b27-c2。高昌國時期。

LM20-1511-CB0106 《四分律比丘戒本》

姚秦佛陀耶舍譯, CBETA, T22, no.1429, p.1020, c15-18。西州回鶻時期。

LM20-1511-CB0107 《金光明經》卷二

北涼曇無讖譯, CBETA, T16, no.663, p.344, a17-21。唐時期。

LM20-1511-CB0108 《妙法蓮華經》卷四

姚秦鳩摩羅什譯, CBETA, T09, no.262, p.36, b13-17。唐時期。

LM20-1511-CB0109 《妙法蓮華經》卷四

姚秦鳩摩羅什譯, CBETA, T09, no.262, p.33, a21-29。高昌國時期。

參:《旅博選粹》, 38。

LM20-1511-CB0110 《放光般若經》卷一六

西晉無羅叉譯, CBETA, T08, no.221, p.113, a9-15。高昌國時期。

LM20-1511-CB0111 《妙法蓮華經》卷五

姚秦鳩摩羅什譯, CBETA, T09, no.262, p.38, c9-12。唐時期。

LM20-1511-CB0112 《大方廣佛華嚴經》卷七

東晉佛陀跋陀羅譯, CBETA, T09, no.278, p.442, b12-17。唐時期。

LM20-1511-CB0113 《妙法蓮華經》卷四

姚秦鳩摩羅什譯, CBETA, T09, no.262, p.32, c23-28。唐時期。

LM20-1511-CB0114 《大般涅槃經》卷一〇

北涼曇無讖譯, CBETA, T12, no.374, p.426, a28-b3。高昌國時期。

LM20-1511-CB0115 《佛說灌頂經》卷一二

東晉帛尸梨蜜多羅譯, CBETA, T21, no.1331, p.532, c15-19。唐時期。

LM20-1511-CB0116 《妙法蓮華經》卷六

姚秦鳩摩羅什譯，CBETA，T09，no.262，p.50，b18-22。唐時期。

LM20-1511-CB0117 《妙法蓮華經》卷三

姚秦鳩摩羅什譯，CBETA，T09，no.262，p.20，a29-b7。唐時期。

經册六十三

LM20-1512-CT0001 《佛說佛名經》卷一

元魏菩提流支譯，CBETA，T14，no.440，p.118，a2-6。唐時期。

LM20-1512-CT0002 《佛說佛名經》卷三

元魏菩提流支譯，CBETA，T14，no.440，p.127，a6-12。唐時期。

LM20-1512-CT0003 《佛說佛名經》卷七

元魏菩提流支譯，CBETA，T14，no.440，p.155，a3-5。唐時期。

LM20-1512-CT0004 佛名經

唐時期。

LM20-1512-CT0005 《千手千眼觀世音菩薩廣大圓滿無礙大悲心陀羅尼經》

唐伽梵達摩譯，此段文字多處可見。唐時期。

LM20-1512-CT0006 《佛說佛名經》卷一〇

元魏菩提流支譯，CBETA，T14，no.440，p.172，b26-c1。西州回鶻時期。

LM20-1512-CT0007 《佛說佛名經》卷一

元魏菩提流支譯，CBETA，T14，no.440，p.118，a3-7。西州回鶻時期。

LM20-1512-CT0008 《佛說佛名經》卷三

元魏菩提流支譯，CBETA，T14，no.440，p.130，c3-7。唐時期。

LM20-1512-CT0009 佛名經

西州回鶻時期。

LM20-1512-CT0010 《佛說佛名經》卷二九

譯者不詳，CBETA，T14，no.441，p.295，b10-14。高昌國時期。

LM20-1512-CT0011a 《賢愚經》卷七

元魏慧覺等譯，CBETA，T04，no.202，p.399，a12-14，"將造"作"造"。唐時期。

LM20-1512-CT0011b 《賢愚經》卷七

元魏慧覺等譯，CBETA，T04，no.202，p.399，a10-11。唐時期。

LM20-1512-CT0011c 佛名經

唐時期。

LM20-1512-CT0012a 《佛說佛名經》

元魏菩提流支譯。此段文字多處可見。唐時期。

LM20-1512-CT0012b　佛典殘片

唐時期。

LM20-1512-CT0012c　《佛說佛名經》卷三

元魏菩提流支譯，CBETA，T14，no.440，p.131，a17-18。唐時期。

LM20-1512-CT0013a　無字殘片

LM20-1512-CT0013b　《佛說華手經》卷五

姚秦鳩摩羅什譯，CBETA，T16，no.657，p.164，a25-27。高昌國時期。

LM20-1512-CT0014a　佛名經

有貼附殘片，無法揭取。唐時期。

LM20-1512-CT0014b　《佛說佛名經》卷五

元魏菩提流支譯，CBETA，T14，no.440，p.139，b10-12。有貼附殘片，無法揭取。唐時期。

LM20-1512-CT0015a　《十方千五百佛名經》

譯者不詳。參《十方千五百佛名經》全文，203頁。唐時期。

LM20-1512-CT0015b　《十方千五百佛名經》

譯者不詳。參《十方千五百佛名經》全文，193頁。唐時期。

LM20-1512-CT0015c　《佛說佛名經》卷三

元魏菩提流支譯，CBETA，T14，no.440，p.128，c23-27，"一切衆生巖佛"作"一切衆生佛"，"善放"作"普放"。高昌國時期。

LM20-1512-CT0016　《藥師琉璃光佛本願功德經》

參東晉帛尸梨蜜多羅譯《佛說灌頂經》卷一二，CBETA，T21，no.1331，p.532，b11-13。唐時期。

LM20-1512-CT0017　《佛說佛名經》卷二九

譯者不詳，CBETA，T14，no.441，p.295，c27-p.296，a4。唐時期。

LM20-1512-CT0018　佛名經

唐時期。

LM20-1512-CT0019a　佛典殘片

高昌國時期。

LM20-1512-CT0019b　《十方千五百佛名經》

譯者不詳，CBETA，T14，no.442，p.313，a9-11。高昌國時期。

LM20-1512-CT0019c　無字殘片

LM20-1512-CT0020　《佛說佛名經》卷三〇

譯者不詳，CBETA，T14，no.441，p.308，b27-28。高昌國時期。

LM20-1512-CT0021　佛名經

唐時期。

LM20-1512-CT0022　《佛說佛名經》卷一

元魏菩提流支譯，CBETA，T14，no.440，p.114，b8-11。有捺印佛像。唐時期。

LM20-1512-CT0023　佛典殘片

唐時期。

LM20-1512-CT0024　佛名經

唐時期。

LM20-1512-CT0025　佛名經

唐時期。

LM20-1512-CT0026　《十方千五百佛名經》

譯者不詳。參《十方千五百佛名經》全文，189頁。高昌國時期。

LM20-1512-CT0027　《十方千五百佛名經》

譯者不詳，CBETA，T14，no.442，p.316，a28-b1。高昌國時期。

LM20-1512-CT0028　《十方千五百佛名經》

譯者不詳。參《十方千五百佛名經》全文，189頁。高昌國時期。

LM20-1512-CT0029　《佛說佛名經》卷六

元魏菩提流支譯，CBETA，T14，no.440，p.147，b19-23。唐時期。

LM20-1512-CT0030　《佛說佛名經》卷七

元魏菩提流支譯，CBETA，T14，no.440，p.149，c22-26。唐時期。

LM20-1512-CT0031a　佛名經

唐時期。

LM20-1512-CT0031b　《佛說佛名經》卷五

元魏菩提流支譯，CBETA，T14，no.440，p.139，b6-8。唐時期。

LM20-1512-CT0032a　《佛說佛名經》卷五

元魏菩提流支譯，此段文字多處可見。唐時期。

LM20-1512-CT0032b　佛名經

唐時期。

LM20-1512-CT0033a　《佛說佛名經》卷二二

譯者不詳，CBETA，T14，no.441，p.275，c7-9。高昌國時期。

LM20-1512-CT0033b　佛名經

參西晉竺法護譯《賢劫經》卷六，CBETA，T14，no.425，p.49，b11-14。高昌國時期。

LM20-1512-CT0034a　《佛說佛名經》卷三

元魏菩提流支譯，CBETA，T14，no.440，p.129，c21-23。有捺印佛像。唐時期。

LM20-1512-CT0034b　《佛說佛名經》卷五

元魏菩提流支譯，CBETA，T14，no.440，p.139，b10-11。唐時期。

LM20-1512-CT0035a　《佛說佛名經》卷二

元魏菩提流支譯，CBETA，T14，no.440，p.125，c7-9。唐時期。

LM20-1512-CT0035b　佛名經

與 LM20-1515-CT0079 可以綴合，據此定名。唐時期。

LM20-1512-CT0036a　佛典殘片

唐時期。

LM20-1512-CT0036b　《佛說佛名經》卷三

元魏菩提流支譯，CBETA，T14，no.440，p.129，c8-11。唐時期。

LM20-1512-CT0037　《佛說佛名經》卷六

元魏菩提流支譯，CBETA，T14，no.440，p.142，c8-11。唐時期。

LM20-1512-CT0038　《十方千五百佛名經》

譯者不詳。參《十方千五百佛名經》全文，191頁。高昌國時期。

LM20-1512-CT0039　《佛說佛名經》卷一一

元魏菩提流支譯，CBETA，T14，no.440，p.178，a27-b1。唐時期。

LM20-1512-CT0040　《佛說佛名經》卷三

元魏菩提流支譯，CBETA，T14，no.440，p.131，a14-16。唐時期。

LM20-1512-CT0041　《大通方廣懺悔滅罪莊嚴成佛經》卷上

作者不詳，CBETA，T85，no.2871，p.1342，a13-16。唐時期。

LM20-1512-CT0042　《佛說佛名經》卷一

元魏菩提流支譯，CBETA，T14，no.440，p.114，c11-19，第 8 行"若人"作"善女人"。西州回鶻時期。

LM20-1512-CT0043　佛名經

唐時期。

LM20-1512-CT0044　佛名經

唐時期。

LM20-1512-CT0045　佛名經

唐時期。

LM20-1512-CT0046　《大通方廣懺悔滅罪莊嚴成佛經》卷上

作者不詳，CBETA，T85，no.2871，p.1344，b16-18。高昌國時期。

LM20-1512-CT0047　佛名經

高昌國時期。

LM20-1512-CT0048　佛名經

高昌國時期。

LM20-1512-CT0049　《大通方廣懺悔滅罪莊嚴成佛經》卷上

作者不詳，CBETA，T85，no.2871，p.1343，a1-4。高昌國時期。

旅順博物館藏新疆出土漢文文獻

LM20-1512-CT0050 《佛說佛名經》卷三

元魏菩提流支譯，CBETA，T14，no.440，p.131，a15-17。唐時期。

LM20-1512-CT0051 《佛說佛名經》卷八

元魏菩提流支譯，CBETA，T14，no.440，p.157，a12-16。高昌國時期。

LM20-1512-CT0052 《佛說佛名經》卷三

元魏菩提流支譯，CBETA，T14，no.440，p.131，a17-18。唐時期。

LM20-1512-CT0053 《佛說佛名經》卷八

元魏菩提流支譯，CBETA，T14，no.440，p.156，c7-11。中間脫漏一行。唐時期。

LM20-1512-CT0054 《佛說佛名經》卷三

元魏菩提流支譯，CBETA，T14，no.440，p.131，a19-20。唐時期。

LM20-1512-CT0055 《十方千五百佛名經》

譯者不詳，CBETA，T14，no.442，p.312，b12-17，"知"作"智"，"純寶藏佛"作"純珍寶藏佛"。唐時期。

LM20-1512-CT0056 《佛說佛名經》卷一八

譯者不詳，CBETA，T14，no.441，p.258，b7-9。唐時期。

LM20-1512-CT0057 《佛說佛名經》

元魏菩提流支譯，此段文字多處可見。有捺印佛像。唐時期。

LM20-1512-CT0058 佛名經

高昌國時期。

LM20-1512-CT0059 《像法決疑經》

作者不詳，CBETA，T85，no.2870，p.1337，a8-11。唐時期。

LM20-1512-CT0060 《佛說佛名經》卷四

譯者不詳，CBETA，T14，no.441，p.200，b20-23。唐時期。

LM20-1512-CT0061 《大通方廣懺悔滅罪莊嚴成佛經》卷上

作者不詳，CBETA，T85，no.2871，p.1342，a30-b4。高昌國時期。

LM20-1512-CT0062 佛名經

地腳有墨書小字"四千三百"。唐時期。

LM20-1512-CT0063 《大通方廣懺悔滅罪莊嚴成佛經》卷上

作者不詳，CBETA，T85，no.2871，p.1342，b4-5。高昌國時期。

LM20-1512-CT0064 《佛說佛名經》卷一一

元魏菩提流支譯，CBETA，T14，no.440，p.177，c1-2。唐時期。

LM20-1512-CT0065 《佛說佛名經》卷一〇

元魏菩提流支譯，CBETA，T14，no.440，p.172，a15-16。唐時期。

LM20-1512-CT0066 佛名經

經册六十三

高昌國時期。

LM20-1512-CT0067 佛名經

有捺印佛像。唐時期。

LM20-1512-CT0068 《十方千五百佛名經》

譯者不詳。參《十方千五百佛名經》全文，204頁。唐時期。

LM20-1512-CT0069a 佛名經

唐時期。

LM20-1512-CT0069b 《大通方廣懺悔滅罪莊嚴成佛經》卷上

作者不詳，CBETA，T85，no.2871，p.1342，a22。唐時期。

LM20-1512-CT0070a 佛名經

高昌國時期。

LM20-1512-CT0070b 佛名經

唐時期。

LM20-1512-CT0071a 《十方千五百佛名經》

譯者不詳。參《十方千五百佛名經》全文，201頁。高昌國時期。

LM20-1512-CT0071b 《佛說佛名經》卷一六

譯者不詳，CBETA，T14，no.441，p.247，b12-13。高昌國時期。

LM20-1512-CT0072 《十方千五百佛名經》

譯者不詳，CBETA，T14，no.442，p.313，c6-10。高昌國時期。

LM20-1512-CT0073 《佛說佛名經》卷二

元魏菩提流支譯，CBETA，T14，no.440，p.122，a6-10。唐時期。

LM20-1512-CT0074 《佛說百佛名經》

隋那連提耶舍譯，CBETA，T14，no.444，p.355，a20-22。唐時期。

LM20-1512-CT0075 佛名經

高昌國時期。

LM20-1512-CT0076 《佛說佛名經》卷九

元魏菩提流支譯，CBETA，T14，no.440，p.167，a26-28。唐時期。

LM20-1512-CT0077 《佛說佛名經》卷一一

元魏菩提流支譯，CBETA，T14，no.440，p.178，b5-6。唐時期。

LM20-1512-CT0078 《佛說佛名經》卷三

元魏菩提流支譯，CBETA，T14，no.440，p.131，a25-26。唐時期。

LM20-1512-CT0079 佛名經

唐時期。

LM20-1512-CT0080 佛名經

唐時期。

LM20-1512-CT0081 《佛說佛名經》卷二

譯者不詳，CBETA，T14，no.441，p.192，c27-p.193，a2，"留"作"面"。唐時期。

LM20-1512-CT0082 《十方千五百佛名經》

譯者不詳，CBETA，T14，no.442，p.315，b17-19。唐時期。

LM20-1512-CT0083 佛名經

高昌國時期。

LM20-1512-CT0084 《佛說佛名經》卷一一

元魏菩提流支譯，CBETA，T14，no.440，p.177，b15-17。有捺印佛像。唐時期。

LM20-1512-CT0085 佛名經

高昌國時期。

LM20-1512-CT0086 佛典殘片

參唐菩提流志譯《大寶積經》卷九〇，CBETA，T11，no.310，p.516，a7-13，"決空"作"決定"。有雙行小字注。唐時期。

LM20-1512-CT0087 《佛說佛名經》卷一一

元魏菩提流支譯，CBETA，T14，no.440，p.177，a2-5。唐時期。

LM20-1512-CT0088 《大通方廣懺悔滅罪莊嚴成佛經》卷上

作者不詳，CBETA，T85，no.2871，p.1342，c28-p.1343，a7，"南无迦那牟尼佛"作"南无迦那含牟尼佛"，"南无雲自在佛"作"南无雲雷自在佛"。高昌國時期。

LM20-1512-CT0089 《佛說佛名經》卷二七

譯者不詳，CBETA，T14，no.441，p.289，c15-18。唐時期。

LM20-1512-CT0090 《十方千五百佛名經》

譯者不詳，CBETA，T14，no.442，p.317，a14-19，"三"作"二"，"音王佛"作"音尊王佛"，"益"作"番"。高昌國時期。

LM20-1512-CT0091 《佛說佛名經》卷二

元魏菩提流支譯，CBETA，T14，no.440，p.121，c22-26。唐時期。

LM20-1512-CT0092 《佛說佛名經》卷三

元魏菩提流支譯，CBETA，T14，no.440，p.128，c19-22。唐時期。

LM20-1512-CT0093 《佛說佛名經》卷五

元魏菩提流支譯，CBETA，T14，no.440，p.139，b13-15。唐時期。

LM20-1512-CT0094 佛名經

唐時期。

LM20-1512-CT0095 佛名經

高昌國時期。

經冊六十三

LM20-1512-CT0096 佛名經

參譯者不詳《十方千五百佛名經》, CBETA, T14, no.442, p.317, c17-21。高昌國時期。

LM20-1512-CT0097 佛名經

高昌國時期。

LM20-1512-CT0098 《佛說佛名經》卷一一

元魏菩提流支譯, CBETA, T14, no.440, p.177, c15-16。唐時期。

LM20-1512-CT0099 《佛說佛名經》卷四

元魏菩提流支譯, CBETA, T14, no.440, p.134, b7-9, 第2行"從此以上"CBETA 無。西州回鶻時期。

LM20-1512-CT0100 《佛說佛名經》卷四（十六卷本）

作者不詳。參《七寺經》3, 199頁, 434-437行。唐時期。

LM20-1512-CT0101 《佛說佛名經》卷四

元魏菩提流支譯, CBETA, T14, no.440, p.134, b8-12。唐時期。

LM20-1512-CT0102 《佛說佛名經》卷五

元魏菩提流支譯, CBETA, T14, no.440, p.139, c21-26。唐時期。

LM20-1512-CT0103 《佛說佛名經》卷五

元魏菩提流支譯, CBETA, T14, no.440, p.141, a14-16。高昌國時期。

LM20-1512-CT0104 《佛說佛名經》卷三

元魏菩提流支譯, CBETA, T14, no.440, p.131, a23-24。唐時期。

LM20-1512-CT0105 佛名經

參譯者不詳《十方千五百佛名經》, CBETA, T14, no.442, p.315, c29-p.316, a1。高昌國時期。

LM20-1512-CT0106 《十方千五百佛名經》

譯者不詳, CBETA, T14, no.442, p.313, c18-25, "流"作"琉"。唐時期。

LM20-1512-CT0107 《十方千五百佛名經》

譯者不詳。參《十方千五百佛名經》全文, 188頁。高昌國時期。

LM20-1512-CT0108 《十方千五百佛名經》

譯者不詳, CBETA, T14, no.442, p.315, b18-23。高昌國時期。

LM20-1512-CT0109 佛名經

參譯者不詳《十方千五百佛名經》, CBETA, T14, no.442, p.313, c29-5。高昌國時期。

LM20-1512-CT0110 《佛說佛名經》卷一一

元魏菩提流支譯, CBETA, T14, no.440, p.177, c17-19。唐時期。

LM20-1512-CT0111 《佛說佛名經》卷五

元魏菩提流支譯, CBETA, T14, no.440, p.141, b6-9。唐時期。

旅順博物館藏新疆出土漢文文獻

LM20-1512-CT0112 《佛說佛名經》卷六

元魏菩提流支譯，CBETA，T14，no.440，p.145，c8-9。唐時期。

LM20-1512-CT0113 《佛說佛名經》卷一〇

元魏菩提流支譯，CBETA，T14，no.440，p.169，a16-23。高昌國時期。

LM20-1512-CT0114 《佛說佛名經》卷一五

譯者不詳，CBETA，T14，no.441，p.243，c18-19。高昌國時期。

LM20-1512-CT0115 《佛說佛名經》卷三

元魏菩提流支譯，CBETA，T14，no.440，p.130，c1-c4。唐時期。

LM20-1512-CT0116 佛名經

唐時期。

LM20-1512-CT0117 《佛說佛名經》卷一〇

元魏菩提流支譯，CBETA，T14，no.440，p.169，a22-27。高昌國時期。

LM20-1512-CT0118 《佛說佛名經》卷六

元魏菩提流支譯，CBETA，T14，no.440，p.143，a14-15。唐時期。

LM20-1512-CT0119 《佛說佛名經》卷四

元魏菩提流支譯，CBETA，T14，no.440，p.132，c24-27。天頭有捺印佛像。唐時期。

LM20-1512-CT0120 佛名經

唐時期。

LM20-1512-CT0121 《大通方廣懺悔滅罪莊嚴成佛經》卷上

作者不詳，CBETA，T85，no.2871，p.1344，b15-19。高昌國時期。

LM20-1512-CT0122a 《佛說佛名經》卷一

元魏菩提流支譯，CBETA，T14，no.440，p.118，a9-11。唐時期。

LM20-1512-CT0122b 《佛說佛名經》卷五

元魏菩提流支譯，此段文字多處可見。唐時期。

LM20-1512-CT0122c 《十方千五百佛名經》

譯者不詳。參《十方千五百佛名經》全文，193頁。高昌國時期。

LM20-1512-CT0123a 《佛說華手經》卷二

姚秦鳩摩羅什譯，CBETA，T16，no.657，p.135，a19-20。高昌國時期。

LM20-1512-CT0123b 《大般涅槃經》卷三〇

北涼曇無讖譯，CBETA，T12，no.374，p.546，b16-17。唐時期。

LM20-1512-CT0124 佛名經

參譯者不詳《十方千五百佛名經》，CBETA，T14，no.442，p.315，c29-p.316，a2。高昌國時期。

LM20-1512-CT0125 《佛說佛名經》卷一〇

元魏菩提流支譯，CBETA，T14，no.440，p.171，c5-8。唐時期。

LM20-1512-CT0126 《佛說佛名經》卷一九

譯者不詳，CBETA，T14，no.441，p.263，c11-16。唐時期。

LM20-1512-CT0127 《十方千五百佛名經》

譯者不詳，CBETA，T14，no.442，p.313，a25-27，"净光佛出法無"作"净光佛香尊王佛出法無"。高昌國時期。

LM20-1512-CT0128 《十方千五百佛名經》

譯者不詳。參《十方千五百佛名經》全文，188頁。高昌國時期。

LM20-1512-CT0129 《佛說佛名經》卷一〇

元魏菩提流支譯，CBETA，T14，no.440，p.171，c15-18。唐時期。

LM20-1512-CT0130 《佛說佛名經》卷三〇

譯者不詳，CBETA，T14，no.441，p.308，c13-16。唐時期。

LM20-1512-CT0131 《十方千五百佛名經》

譯者不詳，CBETA，T14，no.442，p.315，c1-8，"沙呵主"作"姿訶王"，"無导光王佛"作"無礙光佛"，"善思嚴佛"作"善思嚴相佛"。高昌國時期。

LM20-1512-CT0132 《十方千五百佛名經》

譯者不詳。參《十方千五百佛名經》全文，189頁。唐時期。

LM20-1512-CT0133 《十住毘婆沙論》卷五

姚秦鳩摩羅什譯，CBETA，T26，no.1521，p.43，a5-8。高昌國時期。

參：《旅博選粹》，145；《净土集成》，99。

LM20-1512-CT0134 《佛說佛名經》卷一九

譯者不詳，CBETA，T14，no.441，p.263，c10-13。西州回鶻時期。

LM20-1512-CT0135 《十方千五百佛名經》

譯者不詳，CBETA，T14，no.442，p.317，a7-22，"八音聲稱佛"作"八聲稱佛"，"七十不可思議意佛"作"七不可思議音佛"，"三山"作"二山"，"智山力"作"智生力"。高昌國時期。

LM20-1512-CT0136 《佛說佛名經》卷六

元魏菩提流支譯，CBETA，T14，no.440，p.142，c5-9。唐時期。

LM20-1512-CT0137 《佛說佛名經》卷一

元魏菩提流支譯，CBETA，T14，no.440，p.114，c9-15。西州回鶻時期。

LM20-1512-CT0138 《佛說佛名經》卷四（十六卷本）

作者不詳，參《七寺經》3，210-211頁，582-587行。行間後人雜寫回鶻文六行。唐時期。

LM20-1512-CT0139 《大方廣佛華嚴經》卷四八（五十卷本）

東晉佛陀跋陀羅譯，《中華大藏經》第12册，588c6-12；參 CBETA，T09，no.278，p.764，a21-28。高昌國時期。

参:《旅博選粹》, 113。

LM20-1512-CT0140 佛名經

西州回鶻時期。

LM20-1512-CT0141 《佛說佛名經》卷六

元魏菩提流支譯, CBETA, T14, no.440, p.147, c5-7, "勝智"作"智勝"。西州回鶻時期。

LM20-1512-CT0142 《十方千五百佛名經》

譯者不詳, CBETA, T14, no.442, p.312, b14-21。高昌國時期。

LM20-1512-CT0143 《現在十方千五百佛名並雜佛同號》

作者不詳, CBETA, T85, no.2905, p.1447, a8-10。唐時期。

LM20-1512-CT0144 《佛說佛名經》卷二八

譯者不詳, CBETA, T14, no.441, p.293, c24-28。高昌國時期。

LM20-1512-CT0145 《佛說佛名經》卷五

元魏菩提流支譯, CBETA, T14, no.440, p.140, a7-9。唐時期。

LM20-1512-CT0146 《十方千五百佛名經》

譯者不詳。參《十方千五百佛名經》全文, 188 頁。高昌國時期。

LM20-1512-CT0147 佛名經

唐時期。

LM20-1512-CT0148 《佛說佛名經》卷六

元魏菩提流支譯, CBETA, T14, no.440, p.144, b17-22, "無般若"作"無起般若"。唐時期。

LM20-1512-CT0149 佛名經

唐時期。

LM20-1512-CT0150 《佛說佛名經》卷七

元魏菩提流支譯, CBETA, T14, no.440, p.150, b8-11。西州回鶻時期。

LM20-1512-CT0151 《佛說佛名經》卷一一

元魏菩提流支譯, CBETA, T14, no.440, p.178, b6-8。唐時期。

LM20-1512-CT0152 佛名經

高昌國時期。

LM20-1512-CT0153 佛名經

高昌國時期。

LM20-1512-CT0154 《佛說佛名經》卷五

元魏菩提流支譯, CBETA, T14, no.440, p.139, a17-21。唐時期。

LM20-1512-CT0155 《佛說佛名經》卷九

元魏菩提流支譯, CBETA, T14, no.440, p.164, b21-23。唐時期。

經册六十三

LM20-1512-CT0156 《十方千五百佛名經》

譯者不詳。參《十方千五百佛名經》全文，187頁。高昌國時期。

LM20-1512-CT0157 《佛說佛名經》卷一二

元魏菩提流支譯，CBETA，T14，no.440，p.180，c7-8。唐時期。

LM20-1512-CT0158 《十方千五百佛名經》

譯者不詳。參《十方千五百佛名經》全文，189頁。高昌國時期。

LM20-1512-CT0159 《佛說佛名經》卷一〇

元魏菩提流支譯，CBETA，T14，no.440，p.172，a7。唐時期。

LM20-1512-CT0160 佛教經録

唐時期。

LM20-1512-CT0161 《十方千五百佛名經》

譯者不詳，CBETA，T14，no.442，p.313，c10-12。西州回鶻時期。

LM20-1512-CT0162 《金光明最勝王經》卷八

唐義浄譯，CBETA，T16，no.665，p.439，b20-24。唐時期。

LM20-1512-CT0163 佛名經

唐時期。

LM20-1512-CT0164 《佛說佛名經》卷八

元魏菩提流支譯，CBETA，T14，no.440，p.155，b26-c1。唐時期。

LM20-1512-CT0165 《佛說佛名經》卷一〇

元魏菩提流支譯，CBETA，T14，no.440，p.172，a7。唐時期。

LM20-1512-CT0166 《佛說佛名經》卷一一

元魏菩提流支譯，CBETA，T14，no.440，p.175，b29-c2。唐時期。

LM20-1512-CT0167 《十方千五百佛名經》

譯者不詳，CBETA，T14，no.442，p.313，c15-21，"音道英佛"作"音道央佛"。高昌國時期。

LM20-1512-CT0168 佛名經外題

唐時期。

LM20-1512-CT0169 佛名經

高昌國時期。

LM20-1512-CT0170 《佛說佛名經》卷四

元魏菩提流支譯，CBETA，T14，no.440，p.134，b28-c2。唐時期。

LM20-1512-CT0171 《佛說佛名經》卷六

元魏菩提流支譯，CBETA，T14，no.440，p.148，a16-21。唐時期。

LM20-1512-CT0172 《十方千五百佛名經》

譯者不詳。參《十方千五百佛名經》全文，193頁。高昌國時期。

LM20-1512-CT0173 佛名經

有捺印佛像。唐時期。

LM20-1512-CT0174 《佛說佛名經》卷一二

元魏菩提流支譯，CBETA，T14，no.440，p.179，a19-20。高昌國時期。

LM20-1512-CT0175 《佛說佛名經》卷一一

元魏菩提流支譯，CBETA，T14，no.440，p.178，a27-28。唐時期。

LM20-1512-CT0176 《佛說佛名經》卷一一

元魏菩提流支譯，CBETA，T14，no.440，p.175，b2-3。唐時期。

LM20-1512-CT0177 《佛說佛名經》卷五

元魏菩提流支譯，CBETA，T14，no.440，p.139，c4-8，"聲揚佛"作"聲幢揚佛"。唐時期。

LM20-1512-CT0178 《佛說佛名經》卷九

元魏菩提流支譯，CBETA，T14，no.440，p.167，a26-28。唐時期。

LM20-1512-CT0179 《十方千五百佛名經》

譯者不詳，CBETA，T14，no.442，p.316，a10-13，"德光佛"作"德光相佛"，"彌樓健陀佛"作"彌樓乾那佛"。高昌國時期。

LM20-1512-CT0180 佛名經

有貼附殘片，無法揭取。唐時期。

LM20-1512-CT0181 佛名經

唐時期。

LM20-1512-CT0182 《佛說佛名經》卷一二

元魏菩提流支譯，CBETA，T14，no.440，p.180，a1-4。西州回鶻時期。

LM20-1512-CT0183 佛名經

欄外及卷後有別筆"南无佛"、"佛名經"。唐時期。

LM20-1512-CT0184 《佛說佛名經》卷四（十六卷本）

作者不詳。參《七寺經》3，211頁，588-581行。唐時期。背面有回鶻文，無法揭取拍攝。

LM20-1512-CT0185 《佛說佛名經》卷三

元魏菩提流支譯，CBETA，T14，no.440，p.127，c2-4。西州回鶻時期。背面有回鶻文，無法揭取拍攝。

LM20-1512-CT0186 《佛說佛名經》卷二

元魏菩提流支譯，CBETA，T14，no.440，p.120，a24-29，第2行"火燃燈佛"作"大然燈佛"。唐時期。

LM20-1512-CT0187 《十方千五百佛名經》

譯者不詳，CBETA，T14，no.442，p.312，b9-13，"懷魔賊佛"作"懷怨賊佛"，"優波羅德佛"作"憂鉢德佛"。高昌國時期。

經册六十四

LM20-1513-CT0188 《般若波羅蜜多心經》

唐玄奘譯，CBETA，T08，no.251，p.848，c7–14。唐時期。

LM20-1513-CT0189 《妙法蓮華經》卷五

姚秦鳩摩羅什譯，CBETA，T09，no.262，p.39，c29–p.40，a8。唐時期。

LM20-1513-CT0190 《金剛般若波羅蜜經》

姚秦鳩摩羅什譯，CBETA，T08，no.235，p.752，a1–8。唐時期。

LM20-1513-CT0191 《金剛般若波羅蜜經》

元魏菩提流支譯，CBETA，T08，no.236a，p.754，a6–9。有朱筆句讀。唐時期。

LM20-1513-CT0192 《放光般若經》卷六

西晉無羅叉譯，CBETA，T08，no.221，p.40，a24–27。唐時期。

LM20-1513-CT0193 《大般若波羅蜜多經》卷五四三

唐玄奘譯，CBETA，T07，no.220，p.790，c22–26。唐時期。

LM20-1513-CT0194a 《放光般若經》卷二

西晉無羅叉譯，CBETA，T08，no.221，p.13，a24–26。高昌國時期。

LM20-1513-CT0194b 《文殊師利所說摩訶般若波羅蜜經》卷上

梁曼陀羅仙譯，CBETA，T08，no.232，p.727，c25–29。高昌國時期。

LM20-1513-CT0195 《道行般若經》卷二

後漢支婁迦讖譯，CBETA，T08，no.224，p.437，c7–13。高昌郡時期。背面有字，無法揭取拍攝。

參:《旅博選粹》，11。

LM20-1513-CT0196 《大般若波羅蜜多經》卷二八九

唐玄奘譯，CBETA，T06，no.220，p.469，b13–17。唐時期。

LM20-1513-CT0197 《妙法蓮華經》卷四

姚秦鳩摩羅什譯，CBETA，T09，no.262，p.27，c5–11。唐時期。

LM20-1513-CT0198 《金剛般若波羅蜜經》

姚秦鳩摩羅什譯，CBETA，T08，no.235，p.751，c3–9。唐時期。

LM20-1513-CT0199 空號

LM20-1513-CT0200 《大般若波羅蜜多經》卷四八四

唐玄奘譯，CBETA，T07，no.220，p.455，a2-10。唐時期。

LM20-1513-CT0201a 佛典殘片

唐時期。

LM20-1513-CT0201b 《大般若波羅蜜多經》

唐玄奘譯，此段文字多處可見。唐時期。

LM20-1513-CT0202 《金剛般若波羅蜜經》

姚秦鳩摩羅什譯，CBETA，T08，no.235，p.751，c8-11。唐時期。

LM20-1513-CT0203 《文殊師利所說摩訶般若波羅蜜經》卷上

梁曼陀羅仙譯，CBETA，T08，no.232，p.726，a25-26，第2行"分第一"CBETA 無。唐時期。

LM20-1513-CT0204 《大智度論》卷四六

姚秦鳩摩羅什譯，CBETA，T25，no.1509，p.393，b1-9。高昌國時期。

LM20-1513-CT0205 《金剛般若波羅蜜經》

元魏菩提流支譯，CBETA，T08，no.236a，p.753，b21-28。唐時期。

LM20-1513-CT0206 《金剛般若波羅蜜經》

元魏菩提流支譯，CBETA，T08，no.236a，p.756，c15-25。唐時期。

LM20-1513-CT0207 《大方廣佛華嚴經》卷五（五十卷本）

東晉佛陀跋陀羅譯，《中華大藏經》第12册，59c19-22；參 CBETA，T09，no.278，p.433，c8-11。高昌國時期。

LM20-1513-CT0208 《佛說灌頂經》卷一二

東晉帛尸梨蜜多羅譯，CBETA，T21，no.1331，p.533，a1-5。唐時期。

LM20-1513-CT0209 《金剛般若波羅蜜經》

姚秦鳩摩羅什譯，CBETA，T08，no.235，p.750，b19-21。唐時期。

LM20-1513-CT0210 《小品般若波羅蜜經》卷四

姚秦鳩摩羅什譯，CBETA，T08，no.227，p.553，a16-19，"輪"作"輪轉"，"波若"作"波羅蜜"，"於一切法中"作"蜜所謂於一切法無"。高昌國時期。

LM20-1513-CT0211 《摩訶般若波羅蜜經》卷二六

姚秦鳩摩羅什譯，CBETA，T08，no.223，p.407，b15-18。高昌國時期。

LM20-1513-CT0212 《金剛般若波羅蜜經》

姚秦鳩摩羅什譯，CBETA，T08，no.235，p.751，b27-c7，"不應以色"作"不應以具足色"。唐時期。

LM20-1513-CT0213 《金剛般若波羅蜜經》

姚秦鳩摩羅什譯，CBETA，T08，no.235，p.751，a26-b1。唐時期。

LM20-1513-CT0214 《佛說仁王般若波羅蜜經》卷上

姚秦鳩摩羅什譯，CBETA，T08，no.245，p.829，b18-c9。高昌國時期。

LM20-1513-CT0215 《金剛般若波羅蜜經》

元魏菩提流支譯，CBETA，T08，no.236a，p.754，a29-b4。唐時期。

LM20-1513-CT0216 《摩訶般若波羅蜜經》卷一六

姚秦鳩摩羅什譯，CBETA，T08，no.223，p.339，c10-13。唐時期。

LM20-1513-CT0217 《金剛般若波羅蜜經》

姚秦鳩摩羅什譯，CBETA，T08，no.235，p.749，a5-11，"若非"作"非"。唐時期。

LM20-1513-CT0218 《佛說仁王般若波羅蜜經》卷下

姚秦鳩摩羅什譯，CBETA，T08，no.245，p.829，c25-p.830，a3。高昌國時期。

LM20-1513-CT0219 《佛藏經》卷中

姚秦鳩摩羅什譯，CBETA，T15，no.653，p.790，b4-10。高昌國時期。

LM20-1513-CT0220a 《摩訶般若波羅蜜經》卷一二

姚秦鳩摩羅什譯，CBETA，T08，no.223，p.312，a13-17。高昌國時期。

參：《旅博選粹》，143。

LM20-1513-CT0220b 《大智度論》卷六七

姚秦鳩摩羅什譯，CBETA，T25，no.1509，p.528，a12-b23。高昌國時期。

參：《旅博選粹》，143。

LM20-1513-CT0221 《增壹阿含經》卷三八

東晉僧伽提婆譯，CBETA，T02，no.125，p.759，c20-23。唐時期。

LM20-1513-CT0222 《金剛般若波羅蜜經》

元魏菩提流支譯，CBETA，T08，no.236a，p.752，c30-p.753，a3。唐時期。

LM20-1513-CT0223 《小品般若波羅蜜經》卷一

姚秦鳩摩羅什譯，CBETA，T08，no.227，p.538，c12-19，"惡過"作"過惡"。高昌國時期。

LM20-1513-CT0224 《摩訶般若波羅蜜經》卷七

姚秦鳩摩羅什譯，CBETA，T08，no.223，p.271，b29-c6。高昌國時期。

LM20-1513-CT0225 《妙法蓮華經》卷六

姚秦鳩摩羅什譯，CBETA，T09，no.262，p.52，b10-12。唐時期。

LM20-1513-CT0226 《金剛般若波羅蜜經》

姚秦鳩摩羅什譯，CBETA，T08，no.235，p.750，b13-28，第11行"應住"作"不應住"。唐時期。

LM20-1513-CT0227 《小品般若波羅蜜經》卷一〇

姚秦鳩摩羅什譯，CBETA，T08，no.227，p.586，b24-27，"屬累"作"囑累"。高昌郡時期。

參：《旅博選粹》，36。

LM20-1513-CT0228 《摩訶般若波羅蜜經》卷一三

姚秦鸠摩罗什譯，CBETA，T08，no.223，p.319，c29-p.320，a2。高昌國時期。

LM20-1513-CT0229 《摩訶般若波羅蜜經》卷二五

姚秦鸠摩罗什譯，CBETA，T08，no.223，p.404，b26-c4，"法可"作"法性可"，"般若"作"是般若"，"是受識"作"受想行識"。高昌國時期。

LM20-1513-CT0230 金剛經注疏

參元魏菩提流支譯《金剛般若波羅蜜經》，CBETA，T08，no.236a，p.754，b9-11。第5行欄外有"經"字，第8行欄外有"傳"字。唐時期。

參:《旅博選粹》，186。

LM20-1513-CT0231 殘片

唐時期。

LM20-1513-CT0232 《大般若波羅蜜多經》卷一一九

唐玄奘譯，CBETA，T05，no.220，p.654，b27-c2。唐時期。

LM20-1513-CT0233 《放光般若經》卷二

西晉無羅叉譯，CBETA，T08，no.221，p.12，c21-26，"滅"作"消滅"。高昌國時期。

LM20-1513-CT0234 《光讚經》卷七

西晉竺法護譯，CBETA，T08，no.222，p.196，b7-9。唐時期。

LM20-1513-CT0235 《妙法蓮華經》卷五

姚秦鸠摩罗什譯，CBETA，T09，no.262，p.38，b6-13，"說法"作"諸法"。唐時期。

LM20-1513-CT0236 《金剛般若波羅蜜經》

元魏菩提流支譯，CBETA，T08，no.236a，p.755，c10-16。唐時期。

LM20-1513-CT0237 《摩訶般若波羅蜜經》卷三

姚秦鸠摩罗什譯，CBETA，T08，no.223，p.235，c29-p.236，a5。高昌國時期。

LM20-1513-CT0238 《大般涅槃經》卷三九

北涼曇無讖譯，CBETA，T12，no.374，p.591，a16-20。高昌國時期。

LM20-1513-CT0239 《金剛般若波羅蜜經》

元魏菩提流支譯，CBETA，T08，no.236a，p.753，b28-c2。唐時期。

LM20-1513-CT0240 《金剛般若波羅蜜經》

姚秦鸠摩罗什譯，CBETA，T08，no.235，p.751，a5-8。唐時期。

LM20-1513-CT0241 《金剛般若波羅蜜經》外題

唐時期。

LM20-1513-CT0242 《佛說仁王般若波羅蜜經》卷下

姚秦鸠摩罗什譯，CBETA，T08，no.245，p.830，a1-5。高昌國時期。

LM20-1513-CT0243 《大智度論》卷九六

姚秦鸠摩罗什譯，CBETA，T25，no.1509，p.730，b24-28，"佛言"作"佛如"。高昌國時期。

經册六十四

LM20-1513-CT0244a 《菩薩瓔珞本業經》卷上

姚秦竺佛念譯，CBETA，T24，no.1485，p.1014，c3-7。唐時期。

LM20-1513-CT0244b 《摩訶般若波羅蜜經》卷一二

姚秦鳩摩羅什譯，CBETA，T08，no.223，p.309，c8-11。高昌國時期。

LM20-1513-CT0245 《摩訶般若波羅蜜經》卷六

姚秦鳩摩羅什譯，CBETA，T08，no.223，p.262，c7-10。唐時期。

LM20-1513-CT0246 《摩訶般若波羅蜜經》卷二五

姚秦鳩摩羅什譯，CBETA，T08，no.223，p.403，b18-20。高昌國時期。

LM20-1513-CT0247 《金剛般若波羅蜜經》

姚秦鳩摩羅什譯，CBETA，T08，no.235，p.749，c3-8。唐時期。

LM20-1513-CT0248 《大般若波羅蜜多經》卷五一〇

唐玄奘譯，CBETA，T07，no.220，p.603，c27-p.604，a3。唐時期。

LM20-1513-CT0249 《金剛般若波羅蜜經》

元魏菩提流支譯，CBETA，T08，no.236a，p.753，b23-28。高昌國時期。

LM20-1513-CT0250 《大般若波羅蜜多經》卷七

唐玄奘譯，CBETA，T05，no.220，p.34，a2-8。唐時期。

LM20-1513-CT0251 《金剛般若波羅蜜經》

姚秦鳩摩羅什譯，CBETA，T08，no.235，p.749，a8-13。唐時期。

LM20-1513-CT0252 《摩訶般若波羅蜜經》卷六外題

姚秦鳩摩羅什譯。唐時期。

LM20-1513-CT0253 《金剛般若波羅蜜經論》卷上

元魏菩提流支譯，CBETA，T25，no.1511，p.781，b17-22。唐時期。

LM20-1513-CT0254 《金剛般若波羅蜜經》

姚秦鳩摩羅什譯，CBETA，T08，no.235，p.749，a8-12。唐時期。

LM20-1513-CT0255a 《金剛般若波羅蜜經》

姚秦鳩摩羅什譯，CBETA，T08，no.235，p.749，b10-13。唐時期。

LM20-1513-CT0255b 《金剛般若波羅蜜經》

元魏菩提流支譯，CBETA，T08，no.236a，p.753，b5-7。唐時期。

LM20-1513-CT0256 《修行道地經》卷二

西晉竺法護譯，CBETA，T15，no.606，p.190，c25-p.191，a4。唐時期。

LM20-1513-CT0257 《摩訶般若波羅蜜經》卷一二

姚秦鳩摩羅什譯，CBETA，T08，no.223，p.312，b4-7。高昌國時期。

LM20-1513-CT0258 《妙法蓮華經》卷二

姚秦鳩摩羅什譯，CBETA，T09，no.262，p.16，b7-11。唐時期。

旅顺博物馆藏新疆出土汉文文献

LM20-1513-CT0259a 《妙法莲华经》卷三

姚秦鸠摩罗什译，CBETA，T09，no.262，p.19，c13-17。唐时期。

LM20-1513-CT0259b 《金刚般若波罗蜜经》

姚秦鸠摩罗什译，CBETA，T08，no.235，p.750，a11-13。唐时期。

LM20-1513-CT0260 《大般若波罗蜜多经》

唐玄奘译，此段文字多处可见。唐时期。

LM20-1513-CT0261 《放光般若经》卷一〇

西晋无罗叉译，CBETA，T08，no.221，p.70，a6-11。高昌国时期。

LM20-1513-CT0262 佛典残片

唐时期。

LM20-1513-CT0263 《放光般若经》卷一六

西晋无罗叉译，CBETA，T08，no.221，p.112，b9-14，"若佛"作"然佛"。第2、3行间脱漏一行。高昌国时期。

LM20-1513-CT0264 《金刚般若波罗蜜经》

姚秦鸠摩罗什译，CBETA，T08，no.235，p.751，b19-23。唐时期。

LM20-1513-CT0265 《摩诃般若波罗蜜经》卷二五

姚秦鸠摩罗什译，CBETA，T08，no.223，p.404，b6-11，"以"作"时以"，"即照"作"则照"。高昌国时期。

LM20-1513-CT0266 《摩诃般若波罗蜜经》卷一三

姚秦鸠摩罗什译，CBETA，T08，no.223，p.318，b13-16。高昌国时期。

LM20-1513-CT0267 《大般若波罗蜜多经》卷三三五

唐玄奘译，CBETA，T06，no.220，p.720，c24-29。唐时期。

LM20-1513-CT0268 《大般若波罗蜜多经》卷二七七

唐玄奘译，CBETA，T06，no.220，p.403，a14-24。唐时期。

参：《旅博选粹》，88。

LM20-1513-CT0269a 《放光般若经》卷一〇

西晋无罗叉译，CBETA，T08，no.221，p.73，b21-25。高昌郡时期。

参：《旅博选粹》，28。

LM20-1513-CT0269b 《大般涅槃经》卷一

北凉昙无谶译，CBETA，T12，no.374，p.369，b9-11。唐时期。

LM20-1513-CT0270 《佛说灌顶经》卷一二

东晋帛尸梨蜜多罗译，CBETA，T21，no.1331，p.534，b25-c2。唐时期。

LM20-1513-CT0271 《金刚般若波罗蜜经》

元魏菩提流支译，CBETA，T08，no.236，p.752，c21-27。唐时期。

经册六十四

LM20-1513-CT0272 《般若波羅蜜多心經》

唐玄奘譯，CBETA，T08，no.251，p.848，c18-24。唐時期。

LM20-1513-CT0273 《放光般若經》卷九外題

西晉無羅叉譯。唐時期。

LM20-1513-CT0274 《道行般若經》卷七

後漢支婁迦讖譯，CBETA，T08，no.224，p.463，a16-23。高昌國時期。

LM20-1513-CT0275a 佛典殘片

高昌郡時期。

參:《旅博選粹》，24。

LM20-1513-CT0275b 《菩薩地持經》卷八

北涼曇無讖譯，CBETA，T30，no.1581，p.932，c20-23。高昌國時期。

LM20-1513-CT0276 《大智度論》卷五五

姚秦鳩摩羅什譯，CBETA，T25，no.1509，p.455，b27-c2。高昌國時期。

LM20-1513-CT0277 《金剛般若波羅蜜經》

姚秦鳩摩羅什譯，CBETA，T08，no.235，p.751，b2-4。唐時期。

LM20-1513-CT0278 《金剛般若波羅蜜經》

元魏菩提流支譯，CBETA，T08，no.236a，p.753，c10-15。唐時期。

LM20-1513-CT0279 《大般若波羅蜜多經》卷三二一

唐玄奘譯，CBETA，T06，no.220，p.637，b5-10。唐時期。

LM20-1513-CT0280 《大般涅槃經》卷二八

北涼曇無讖譯，CBETA，T12，no.374，p.530，a10-18。唐時期。

LM20-1513-CT0281a 《道行般若經》注疏

參後漢支婁迦讖譯《道行般若經》卷四，CBETA，T08，no.224，p.446，a2-5。有雙行小字注。高昌郡時期。

LM20-1513-CT0281b 《金剛般若波羅蜜經》

姚秦鳩摩羅什譯，CBETA，T08，no.235，p.750，a17-18。唐時期。

LM20-1513-CT0282 《大般若波羅蜜多經》卷三〇一

唐玄奘譯，CBETA，T06，no.220，p.531，b4-9。唐時期。

LM20-1513-CT0283 《大般若波羅蜜多經》卷三七

唐玄奘譯，CBETA，T05，no.220，p.205，a4-7。唐時期。

LM20-1513-CT0284 《摩訶般若波羅蜜經》卷一二

姚秦鳩摩羅什譯，CBETA，T08，no.223，p.313，a20-24。高昌郡時期。

參:《旅博選粹》，10。

LM20-1513-CT0285 《摩訶般若波羅蜜經》卷二五

姚秦鳩摩羅什譯，CBETA，T08，no.223，p.403，a2-8。唐時期。

LM20-1513-CT0286 《佛說希有挍量功德經》

隋闍那崛多譯，CBETA，T16，no.690，p.784，a4-12。唐時期。

LM20-1513-CT0287a 《大般涅槃經》卷一一

北涼曇無讖譯，CBETA，T12，no.374，p.429，c14-17。高昌國時期。

LM20-1513-CT0287b 《摩訶般若波羅蜜經》卷二一

姚秦鳩摩羅什譯，CBETA，T08，no.223，p.369，a15-17。高昌國時期。

LM20-1513-CT0288 《道行般若經》卷二

後漢支曼迦讖譯，CBETA，T08，no.224，p.435，b28-c4，"恒陁"作"恒薩"。唐時期。

參：孫傳波 2006，171。

LM20-1513-CT0289 《大般涅槃經》卷四〇

北涼曇無讖譯，CBETA，T12，no.374，p.600，b4-8。唐時期。

LM20-1513-CT0290 《中阿含經》卷四八

東晉僧伽提婆譯，CBETA，T01，no.26，p.725，a10-14。唐時期。

LM20-1513-CT0291 《金剛般若波羅蜜經》

元魏菩提流支譯，CBETA，T08，no.236a，p.753，c24-27。唐時期。

LM20-1513-CT0292a 《放光般若經》卷一三

西晉無羅叉譯，CBETA，T08，no.221，p.89，b8-10。高昌國時期。

LM20-1513-CT0292b 《大般若波羅蜜多經》

唐玄奘譯，此段文字多處可見。唐時期。

LM20-1513-CT0293 《金剛般若波羅蜜經》

元魏菩提流支譯，CBETA，T08，no.236a，p.753，c7-13。唐時期。

LM20-1513-CT0294 《妙法蓮華經》卷六

姚秦鳩摩羅什譯，CBETA，T09，no.262，p.54，b10-17。唐時期。

LM20-1513-CT0295 《合部金光明經》卷二

梁真諦譯，隋寶貴合，CBETA，T16，no.664，p.370，a13-17。唐時期。

LM20-1513-CT0296 《金剛般若波羅蜜經》

元魏菩提流支譯，CBETA，T08，no.236a，p.756，c18-21。唐時期。

LM20-1513-CT0297 《大智度論》卷六七

姚秦鳩摩羅什譯，CBETA，T25，no.1509，p.528，b22-29。高昌國時期。

LM20-1513-CT0298 《金剛般若波羅蜜經》

元魏菩提流支譯，CBETA，T08，no.236a，p.754，b13-17。唐時期。

LM20-1513-CT0299 《大般若波羅蜜多經》卷七

唐玄奘譯，CBETA，T05，no.220，p.39，b5-9。唐時期。

經冊六十四

LM20-1513-CT0300 《大般若波羅蜜多經》外題

唐玄奘譯。唐時期。

LM20-1513-CT0301a 《金剛般若波羅蜜經》

元魏菩提流支譯，CBETA，T08，no.236a，p.754，b28-c1。唐時期。

LM20-1513-CT0301b 《合部金光明經》卷四

梁真諦譯，隋寶貴合，CBETA，T16，no.664，p.380，b23-26。唐時期。

LM20-1513-CT0302a 《妙法蓮華經》卷三

姚秦鳩摩羅什譯，CBETA，T09，no.262，p.25，a19-20。唐時期。

LM20-1513-CT0302b 《妙法蓮華經》卷三

姚秦鳩摩羅什譯，CBETA，T09，no.262，p.25，c17-18。唐時期。

LM20-1513-CT0303a 《金剛般若波羅蜜經》

姚秦鳩摩羅什譯，CBETA，T08，no.235，p.751，a19-20。唐時期。

LM20-1513-CT0303b 《大般若波羅蜜多經》卷五六七

唐玄奘譯，CBETA，T07，no.220，p.926，a22-26。唐時期。

LM20-1513-CT0304a 《大般若波羅蜜多經》卷五七〇

唐玄奘譯，CBETA，T07，no.220，p.942，b2-7。唐時期。

LM20-1513-CT0304b 《金剛般若波羅蜜經》

姚秦鳩摩羅什譯，CBETA，T08，no.235，p.750，a22-25。唐時期。

LM20-1513-CT0305a 《摩訶般若波羅蜜經》卷二一

姚秦鳩摩羅什譯，CBETA，T08，no.223，p.373，b4-5。高昌國時期。

LM20-1513-CT0305b 《佛本行集經》卷五〇

隋闍那崛多譯，CBETA，T03，no.190，p.886，b18-21。高昌國時期。

參：段真子 2019，161。

LM20-1513-CT0306a 佛典殘片

高昌國時期。

LM20-1513-CT0306b 《金剛般若波羅蜜經》

姚秦鳩摩羅什譯，CBETA，T08，no.235，p.750，b8-10。唐時期。

LM20-1513-CT0307a 《光讚經》經題

西晉竺法護譯。唐時期。

LM20-1513-CT0307b 佛經外題

唐時期。

LM20-1513-CT0308a 《大般若波羅蜜多經》外題

唐玄奘譯。唐時期。

LM20-1513-CT0308b 《大般若波羅蜜多經》外題

唐玄奘譯。唐時期。

LM20-1513-CT0309a 《大般若波羅蜜多經》外題

唐玄奘譯。唐時期。

LM20-1513-CT0309b 《妙法蓮華經》卷三

姚秦鳩摩羅什譯，CBETA, T09, no.262, p.19, c17-24。唐時期。

LM20-1513-CT0310a 《金剛般若波羅蜜經》

姚秦鳩摩羅什譯，CBETA, T08, no.235, p.752, a17-22。唐時期。

LM20-1513-CT0310b 《佛說廣博嚴浄不退轉輪經》卷一

劉宋智嚴譯，CBETA, T09, no.268, p.255, a5-6。高昌國時期。

LM20-1513-CT0311 《小品般若波羅蜜經》卷二

姚秦鳩摩羅什譯，CBETA, T08, no.227, p.543, c24-27。高昌國時期。

參：孫傳波 2006，185。

LM20-1513-CT0312a 《佛說廣博嚴浄不退轉輪經》卷一

劉宋智嚴譯，CBETA, T09, no.268, p.255, a9-10。高昌國時期。

LM20-1513-CT0312b 《大智度論》卷六五

姚秦鳩摩羅什譯，CBETA, T25, no.1509, p.517, b17-21。高昌國時期。

LM20-1513-CT0313a 佛典殘片

唐時期。

LM20-1513-CT0313b 《金剛般若波羅蜜經》

姚秦鳩摩羅什譯，CBETA, T08, no.235, p.749, c1-3。唐時期。

LM20-1513-CT0314a 《金剛般若波羅蜜經》

姚秦鳩摩羅什譯，CBETA, T08, no.235, p.750, a2-4。唐時期。

LM20-1513-CT0314b 佛典殘片

高昌國時期。

LM20-1513-CT0314c 佛典殘片

高昌國時期。

LM20-1513-CT0315a 《金剛般若波羅蜜經》

姚秦鳩摩羅什譯，CBETA, T08, no.235, p.749, a10-12。唐時期。

LM20-1513-CT0315b 《金剛般若波羅蜜經》

姚秦鳩摩羅什譯，CBETA, T08, no.235, p.749, c17-19。唐時期。

LM20-1513-CT0316a 《佛說廣博嚴浄不退轉輪經》卷一

劉宋智嚴譯，CBETA, T09, no.268, p.255, a2-4。高昌國時期。

LM20-1513-CT0316b 《佛說廣博嚴浄不退轉輪經》卷一

劉宋智嚴譯，CBETA, T09, no.268, p.254, c24-26。高昌國時期。

經册六十四

LM20-1513-CT0317a 《大般若波羅蜜多經》經題

唐玄奘譯。唐時期。

LM20-1513-CT0317b 佛典殘片

高昌國時期。

LM20-1513-CT0318a 《放光般若經》卷五

西晉無羅叉譯，CBETA，T08，no.221，p.35，a5-6。高昌國時期。

LM20-1513-CT0318b 《放光般若經》卷五

西晉無羅叉譯，CBETA，T08，no.221，p.35，a9-10。高昌國時期。

LM20-1513-CT0319a 《大般若波羅蜜多經》卷五〇八外題

唐玄奘譯。唐時期。

LM20-1513-CT0319b 《大般若波羅蜜多經》外題

唐玄奘譯。唐時期。

LM20-1513-CT0320a 《道行般若經》卷七

後漢支婁迦讖譯，CBETA，T08，no.224，p.463，b1-5，"提佛"作"佛"。高昌郡時期。

參:《旅博選粹》，33；孫傅波 2006，177-178。

LM20-1513-CT0320b 《金剛般若波羅蜜經》

元魏菩提流支譯，CBETA，T08，no.236a，p.753，b27-c1。唐時期。

LM20-1513-CT0321 《妙法蓮華經》卷二

姚秦鳩摩羅什譯，CBETA，T09，no.262，p.17，b11-15。唐時期。

LM20-1513-CT0322a 佛典殘片

唐時期。

LM20-1513-CT0322b 《摩訶般若波羅蜜經》卷一一

姚秦鳩摩羅什譯，CBETA，T08，no.223，p.304，b14-17。唐時期。

LM20-1513-CT0323a 《大般涅槃經》卷一

北涼曇無讖譯，CBETA，T12，no.374，p.371，b7-9。高昌國時期。

LM20-1513-CT0323b 《金剛般若波羅蜜經》

姚秦鳩摩羅什譯，CBETA，T08，no.235，p.750，a7-10。唐時期。

LM20-1513-CT0324a 《妙法蓮華經》卷一

姚秦鳩摩羅什譯，CBETA，T09，no.262，p.3，c25-28。唐時期。

LM20-1513-CT0324b 《妙法蓮華經》卷一

姚秦鳩摩羅什譯，CBETA，T09，no.262，p.5，b12-18。唐時期。

LM20-1513-CT0325a 《金剛般若波羅蜜經》

元魏菩提流支譯，CBETA，T08，no.236a，p.755，a7-11。唐時期。

LM20-1513-CT0325b 《金剛般若波羅蜜經》

姚秦鳩摩羅什譯，CBETA，T08，no.235，p.749，c15-16。唐時期。

LM20-1513-CT0326a　佛典殘片

唐時期。

LM20-1513-CT0326b　《摩訶般若波羅蜜經》卷二三

姚秦鳩摩羅什譯，CBETA，T08，no.223，p.387，c6-8。高昌國時期。

LM20-1513-CT0327　《金剛般若波羅蜜經》

元魏菩提流支譯，CBETA，T08，no.236a，p.756，a29-b5。唐時期。

LM20-1513-CT0328　《小品般若波羅蜜經》卷四

姚秦鳩摩羅什譯，CBETA，T08，no.227，p.552，a23-27。高昌國時期。

參：孫傅波 2006，187。

LM20-1513-CT0329　《大般若波羅蜜多經》卷一七四

唐玄奘譯，CBETA，T05，no.220，p.936，c1-4。唐時期。

LM20-1513-CT0330　《大智度論》卷六七

姚秦鳩摩羅什譯，CBETA，T25，no.1509，p.528，a5-12。高昌國時期。

LM20-1513-CT0331　《金剛般若波羅蜜經》

姚秦鳩摩羅什譯，CBETA，T08，no.235，p.749，a22-25。唐時期。

LM20-1513-CT0332　《大般若波羅蜜多經》卷二五

唐玄奘譯，CBETA，T05，no.220，p.141，a24-27。唐時期。

LM20-1513-CT0333　《摩訶般若波羅蜜經》卷一一

姚秦鳩摩羅什譯，CBETA，T08，no.223，p.302，b20-27。高昌國時期。

LM20-1513-CT0334　《大通方廣懺悔滅罪莊嚴成佛經》卷上

作者不詳，CBETA，T85，no.2871，p.1343，a7-11，"跋"作"拔"。高昌國時期。

LM20-1513-CT0335　《金剛般若波羅蜜經》

元魏菩提流支譯，CBETA，T08，no.236a，p.754，a6-10。唐時期。

LM20-1513-CT0336　《摩訶般若波羅蜜經》卷二三

姚秦鳩摩羅什譯，CBETA，T08，no.223，p.385，a15-19，"戒不得可"作"是皆不可得"。高昌國時期。

LM20-1513-CT0337　《金剛般若波羅蜜經》

元魏菩提流支譯，CBETA，T08，no.236a，p.754，a5-10。唐時期。

LM20-1513-CT0338　《金剛般若波羅蜜經》

元魏菩提流支譯，CBETA，T08，no.236a，p.753，a6-10。唐時期。

LM20-1513-CT0339a　《摩訶般若波羅蜜經》卷一六

姚秦鳩摩羅什譯，CBETA，T08，no.223，p.335，c12-15。高昌國時期。

LM20-1513-CT0339b　《大般若波羅蜜多經》

唐玄奘譯，此段文字多處可見。唐時期。

LM20-1513-CT0340 《阿毗達磨藏顯宗論》卷二五

姚秦鳩摩羅什譯，CBETA，T29，no.1563，p.895，a26-b2。唐時期。

LM20-1513-CT0341 《小品般若波羅蜜經》卷一〇

姚秦鳩摩羅什譯，CBETA，T08，no.227，p.585，b17-22。第2、3行間脫漏一行。高昌國時期。

LM20-1513-CT0342a 《妙法蓮華經》卷二

姚秦鳩摩羅什譯，CBETA，T09，no.262，p.10，c28-p.11，a1。唐時期。

LM20-1513-CT0342b 《合部金光明經》卷六

北涼曇無讖譯，隋寶貴合，CBETA，T16，no.664，p.386，c7-9。唐時期。

LM20-1513-CT0343 《般若波羅蜜多心經》

唐玄奘譯，CBETA，T08，no.251，p.848，c14-19。唐時期。

LM20-1513-CT0344 《道行般若經》卷八

後漢支婁迦讖譯，CBETA，T08，no.224，p.466，c26-29。唐時期。

參：孫傳波 2006，181。

LM20-1513-CT0345 《道行般若經》卷八

後漢支婁迦讖譯，CBETA，T08，no.224，p.463，c26-p.464，a3。唐時期。

參：《旅博選粹》，94；孫傳波 2006，179。

LM20-1513-CT0346 《金光明經》卷二

北涼曇無讖譯，CBETA，T16，no.663，p.342，b25-c8。唐時期。

LM20-1513-CT0347 《摩訶般若波羅蜜經》卷二一

姚秦鳩摩羅什譯，CBETA，T08，no.223，p.373，a21-b6。高昌國時期。

LM20-1513-CT0348 《金剛般若波羅蜜經》

姚秦鳩摩羅什譯，CBETA，T08，no.235，p.749，b22-c2。唐時期。

LM20-1513-CT0349 《大般若波羅蜜多經》卷四一二

唐玄奘譯，CBETA，T07，no.220，p.63，c19-22。唐時期。

LM20-1513-CT0350 《金剛般若波羅蜜經》

姚秦鳩摩羅什譯，CBETA，T08，no.235，p.751，b5-8。唐時期。

經册六十五

LM20-1514-CT0351 《放光般若經》卷一六

西晉無羅叉譯, CBETA, T08, no.221, p.112, b4-7。高昌國時期。

LM20-1514-CT0352 《妙法蓮華經》卷三

姚秦鳩摩羅什譯, CBETA, T09, no.262, p.25, b5-6。唐時期。

LM20-1514-CT0353 《妙法蓮華經》卷三

姚秦鳩摩羅什譯, CBETA, T09, no.262, p.25, a27-28。唐時期。

LM20-1514-CT0354 《放光般若經》卷一六

西晉無羅叉譯, CBETA, T08, no.221, p.112, b2-4。高昌國時期。

LM20-1514-CT0355 《道行般若經》卷五

後漢支婁迦讖譯, CBETA, T08, no.224, p.448, c22-24。高昌國時期。

LM20-1514-CT0356 《大般若波羅蜜多經》卷四七〇外題

唐玄奘譯。唐時期。

LM20-1514-CT0357 《大般若波羅蜜多經》卷三〇〇

唐玄奘譯, CBETA, T06, no.220, p.526, a2-5。唐時期。

LM20-1514-CT0358 《大方等陀羅尼經》卷二

北涼法衆譯, CBETA, T21, no.1339, p.648, c15-19, "方大"作"方界大"。高昌國時期。

LM20-1514-CT0359 《大智度論》卷六五

姚秦鳩摩羅什譯, CBETA, T25, no.1509, p.520, a25-28。唐時期。

LM20-1514-CT0360 《摩訶般若波羅蜜經》卷一〇

姚秦鳩摩羅什譯, CBETA, T08, no.223, p.290, c26-p.291, a4。高昌郡時期。

LM20-1514-CT0361 《大般若波羅蜜多經》卷二〇五

唐玄奘譯, CBETA, T06, no.220, p.22, a8-11。唐時期。背面爲回鶻文, 無法揭取拍攝。

LM20-1514-CT0362 《阿毗曇毗婆沙論》卷三五

北涼浮陀跋摩、道泰譯, CBETA, T28, no.1546, p.258, c28-p.259, a15, 第6行"僞"作"惢", "倒"作"到", 第9行"度形說"作"度說"。高昌國時期。

LM20-1514-CT0363 《金剛般若波羅蜜經》

姚秦鳩摩羅什譯, CBETA, T08, no.235, p.749, c17-26。唐時期。

LM20-1514-CT0364 《金光明經》卷四

北凉曇無讖譯，CBETA，T16，no.663，p.354，c10-19，第2行"死諸怖"作"死怖"。高昌國時期。

LM20-1514-CT0365 《摩訶般若波羅蜜經》卷二

姚秦鳩摩羅什譯，CBETA，T08，no.223，p.230，c24-p.231，a4。唐時期。

LM20-1514-CT0366 《小品般若波羅蜜經》卷五

姚秦鳩摩羅什譯，CBETA，T08，no.227，p.557，c4-11，第3行"示諸薩"作"示薩"。高昌國時期。

LM20-1514-CT0367 《大般若波羅蜜多經》卷二三三外題

唐玄奘譯。唐時期。

LM20-1514-CT0368 《小品般若波羅蜜經》卷八

姚秦鳩摩羅什譯，CBETA，T08，no.227，p.573，a7-16。高昌郡時期。

參：孫傳波 2006，190。

LM20-1514-CT0369 《摩訶般若波羅蜜經》卷二六

姚秦鳩摩羅什譯，CBETA，T08，no.223，p.409，a5-12。高昌國時期。

LM20-1514-CT0370 《小品般若波羅蜜經》卷四

姚秦鳩摩羅什譯，CBETA，T08，no.227，p.552，a1-8，第6行"他人發"作"他化人"。高昌國時期。

參：孫傳波 2006，187。

LM20-1514-CT0371 《摩訶般若波羅蜜經》卷一二

姚秦鳩摩羅什譯，CBETA，T08，no.223，p.311，c15-24，"羅蜜十五"作"羅蜜品"。高昌國時期。

LM20-1514-CT0372 《大智度論》卷四八

姚秦鳩摩羅什譯，CBETA，T25，no.1509，p.407，b21-27。高昌國時期。

LM20-1514-CT0373 《大智度論》卷四八

姚秦鳩摩羅什譯，CBETA，T25，no.1509，p.407，c6-11。高昌國時期。

LM20-1514-CT0374 《大智度論》卷四八

姚秦鳩摩羅什譯，CBETA，T25，no.1509，p.407，c13-17，"故愛"作"故亦愛"。高昌國時期。

LM20-1514-CT0375 《摩訶般若波羅蜜經》卷五

姚秦鳩摩羅什譯，CBETA，T08，no.223，p.256，a25-28。高昌國時期。

LM20-1514-CT0376 《大般若波羅蜜多經》卷四二〇

唐玄奘譯，CBETA，T07，no.220，p.107，b24-29。唐時期。

LM20-1514-CT0377 《小品般若波羅蜜經》卷八

姚秦鳩摩羅什譯，CBETA，T08，no.227，p.573，a17-21。高昌國時期。

參：孫傳波 2006，190。

LM20-1514-CT0378 《大般涅槃經》卷三

北涼曇無讖譯，CBETA，T12，no.374，p.382，b28-c4，"陶集"作"修習"。高昌國時期。

LM20-1514-CT0379 《御注金剛般若波羅蜜經》

唐玄宗注，CBETA，F03，no.100，p.333，a7-8。有雙行小字注。唐時期。

LM20-1514-CT0380 《金剛般若波羅蜜經》

姚秦鳩摩羅什譯，CBETA，T08，no.235，p.750，b16-21。唐時期。

LM20-1514-CT0381 《阿毘曇毘婆沙論》卷四三

北涼浮陀跋摩、道泰譯，CBETA，T28，no.1546，p.326，a2-7，"故是故"作"色是故"。高昌國時期。

LM20-1514-CT0382 《道行般若經》卷二

後漢支婁迦讖譯，CBETA，T08，no.224，p.435，c5-10，第2行"天人"作"天上"，第4行"在坐"作"不坐"。高昌國時期。

LM20-1514-CT0383 《大般若波羅蜜多經》卷三〇六

唐玄奘譯，CBETA，T06，no.220，p.560，a19-23。西州回鶻時期。

LM20-1514-CT0384 《摩訶般若波羅蜜經》卷五

姚秦鳩摩羅什譯，CBETA，T08，no.223，p.255，c12-16。高昌國時期。

LM20-1514-CT0385 《大智度論》卷八一

姚秦鳩摩羅什譯，CBETA，T25，no.1509，p.626，b14-18。唐時期。

LM20-1514-CT0386 《金剛般若波羅蜜經》

姚秦鳩摩羅什譯，CBETA，T08，no.235，p.751，b23-28。唐時期。

LM20-1514-CT0387 《大智度論》卷四八

姚秦鳩摩羅什譯，CBETA，T25，no.1509，p.407，c20-24。高昌國時期。

LM20-1514-CT0388 《摩訶般若波羅蜜經》卷二

姚秦鳩摩羅什譯，CBETA，T08，no.223，p.228，b2-7。有朱點。唐時期。

LM20-1514-CT0389 《放光般若經》卷一六

西晉無羅叉譯，CBETA，T08，no.221，p.116，a4-9。高昌國時期。

LM20-1514-CT0390 《維摩詰所說經》卷中

姚秦鳩摩羅什譯，CBETA，T14，no.475，p.551，c19-26。唐時期。

LM20-1514-CT0391 《道行般若經》卷五

後漢支婁迦讖譯，CBETA，T08，no.224，p.450，c8-12。高昌國時期。

LM20-1514-CT0392 《金剛般若波羅蜜經》

姚秦鳩摩羅什譯，CBETA，T08，no.235，p.749，b21-26。唐時期。

LM20-1514-CT0393 《大般涅槃經》卷三〇

北涼曇無讖譯，CBETA，T12，no.374，p.546，a27-b6，"是故"作"是義故"。高昌國時期。

LM20-1514-CT0394 《阿毘曇毘婆沙論》卷四三

北凉浮陀跋摩、道泰譯，CBETA，T28，no.1546，p.325，c22-p.326，a1，"可爾"作"不爾"，"不動"作"不勤"。高昌國時期。

LM20-1514-CT0395 《摩訶般若波羅蜜經》卷二五

姚秦鳩摩羅什譯，CBETA，T08，no.223，p.404，b12-17。高昌國時期。

LM20-1514-CT0396 《藥師琉璃光七佛本願功德經》卷上

唐義淨譯，CBETA，T14，no.451，p.411，c12-17。唐時期。

LM20-1514-CT0397 《大般若波羅蜜多經》卷一一三

唐玄奘譯，CBETA，T05，no.220，p.623，b8-13。西州回鶻時期。

LM20-1514-CT0398 《大智度論》卷九八

姚秦鳩摩羅什譯，CBETA，T25，no.1509，p.744，b25-c6，"深生著"作"深生愛著"，"故自"作"故能自"。高昌國時期。

LM20-1514-CT0399 《摩訶般若波羅蜜經》卷六

姚秦鳩摩羅什譯，CBETA，T08，no.223，p.259，c12-21，"廿"作"二十一"，"出至阿處"作"出至何處"。高昌國時期。

LM20-1514-CT0400 《金剛般若波羅蜜經》

姚秦鳩摩羅什譯，CBETA，T08，no.235，p.749，b20-c6。唐時期。

LM20-1514-CT0401 《金剛般若波羅蜜經》

元魏菩提流支譯，CBETA，T08，no.236a，p.754，c20-28。高昌國時期。

LM20-1514-CT0402 《光讚經》卷五

西晉竺法護譯，CBETA，T08，no.222，p.179，b29-c6。高昌國時期。

LM20-1514-CT0403 《大智度論》卷六三

姚秦鳩摩羅什譯，CBETA，T25，no.1509，p.504，b3-15。高昌郡時期。

LM20-1514-CT0404 《大般若波羅蜜多經》卷二〇〇

唐玄奘譯，CBETA，T05，no.220，p.1073，b15-26。唐時期。

LM20-1514-CT0405 《大般若波羅蜜多經》卷五一〇

唐玄奘譯，CBETA，T07，no.220，p.603，c29-p.604，a14。唐時期。

LM20-1514-CT0406 《大智度論》卷六五

姚秦鳩摩羅什譯，CBETA，T25，no.1509，p.518，c27-p.519，a11。高昌國時期。

LM20-1514-CT0407 《金剛般若波羅蜜經》

姚秦鳩摩羅什譯，CBETA，T08，no.235，p.751，c8-29，此本無"爾時慧命須菩提……非衆生是名衆生"等4行冥司偈。唐時期。

LM20-1514-CT0408 《小品般若波羅蜜經》卷七

姚秦鳩摩羅什譯，CBETA，T08，no.227，p.567，b14-22。高昌郡時期。

參：孫傳波 2006，190。

LM20-1514-CT0409 《勝天王般若波羅蜜經》卷三

陳月婆首那譯，CBETA，T08，no.231，p.701，a7–15。高昌國時期。

LM20-1514-CT0410 《春秋經傳集解·昭公二十四年》

參西晉杜預撰《春秋經傳集解》，上海古籍出版社，1988 年，1524、1528、1529 頁。有雙行小字注。唐時期。

參：《旅博選粹》，202，236；《旅博研究》，177；岡野誠 2013，86；朱月仁 2018，23–24。

LM20-1514-CT0411 《金剛般若波羅蜜經》

姚秦鳩摩羅什譯，CBETA，T08，no.235，p.752，b8–20。唐時期。

LM20-1514-CT0412 《摩訶般若波羅蜜經》卷一〇

姚秦鳩摩羅什譯，CBETA，T08，no.223，p.294，c18–25，第 1 行"令"作"念"，第 7 行"義分別開"作"義開示分別"。高昌國時期。

LM20-1514-CT0413 《金剛般若波羅蜜經》

姚秦鳩摩羅什譯，CBETA，T08，no.235，p.750，a20–b4。唐時期。

LM20-1514-CT0414 《妙法蓮華經》卷三

姚秦鳩摩羅什譯，CBETA，T09，no.262，p.25，b19–c2。高昌國時期。

LM20-1514-CT0415 《大般涅槃經》卷三

北涼曇無讖譯，CBETA，T12，no.374，p.384，c27–p.385，a5，"修集"作"修習"。唐時期。

LM20-1514-CT0416 《放光般若經》卷一〇

西晉無羅叉譯，CBETA，T08，no.221，p.69，a25–b4，第 4 行"善知識"作"真知識"。高昌國時期。

LM20-1514-CT0417 《光讚經》卷四

西晉竺法護譯，CBETA，T08，no.222，p.173，b5–8。高昌國時期。

LM20-1514-CT0418 《大智度論》卷七七

姚秦鳩摩羅什譯，CBETA，T25，no.1509，p.605，b1–5。唐時期。

LM20-1514-CT0419 《金剛般若波羅蜜經》

姚秦鳩摩羅什譯，CBETA，T08，no.235，p.749，c18–24。唐時期。

LM20-1514-CT0420 《小品般若波羅蜜經》卷四

姚秦鳩摩羅什譯，CBETA，T08，no.227，p.552，a17–22。高昌國時期。

參：孫傳波 2006，187。

LM20-1514-CT0421 《摩訶般若波羅蜜經》卷六

姚秦鳩摩羅什譯，CBETA，T08，no.223，p.259，c7–11。高昌國時期。

LM20-1514-CT0422 《摩訶般若波羅蜜經》卷一三

姚秦鳩摩羅什譯，CBETA，T08，no.223，p.314，c27-p.315，a4。高昌國時期。

LM20-1514-CT0423 《金剛般若波羅蜜經》

元魏菩提流支譯，CBETA，T08，no.236a，p.754，c27-p.755，a2。唐時期。

LM20-1514-CT0424 《摩訶般若波羅蜜經》卷二〇

姚秦鳩摩羅什譯，CBETA，T08，no.223，p.362，b19-22。唐時期。

LM20-1514-CT0425 《金剛般若波羅蜜經》

元魏菩提流支譯，CBETA，T08，no.236a，p.752，c24-29。唐時期。

LM20-1514-CT0426 《小品般若波羅蜜經》卷一〇

姚秦鳩摩羅什譯，CBETA，T08，no.227，p.581，c15-21。高昌國時期。

LM20-1514-CT0427a 佛典殘片

唐時期。

LM20-1514-CT0427b 《金剛般若波羅蜜經》

元魏菩提流支譯，CBETA，T08，no.236a，p.755，a27-b8。唐時期。

LM20-1514-CT0428 《大智度論》卷一八

姚秦鳩摩羅什譯，CBETA，T25，no.1509，p.196，b26-c3。高昌國時期。

LM20-1514-CT0429 《十地經論》卷一二

元魏菩提流支譯，CBETA，T26，no.1522，p.195，b15-18。唐時期。

LM20-1514-CT0430 《妙法蓮華經》卷六

姚秦鳩摩羅什譯，CBETA，T09，no.262，p.53，b13-18。高昌國時期。

LM20-1514-CT0431 《大智度論》卷五一

姚秦鳩摩羅什譯，CBETA，T25，no.1509，p.425，c14-18。高昌國時期。

LM20-1514-CT0432 《大般若波羅蜜多經》

唐玄奘譯，此段文字多處可見。唐時期。

LM20-1514-CT0433 《大般若波羅蜜多經》卷二一一

唐玄奘譯，CBETA，T06，no.220，p.53，c24-29。唐時期。

LM20-1514-CT0434 《摩訶般若波羅蜜經》卷五

姚秦鳩摩羅什譯，CBETA，T08，no.223，p.255，c24-29。高昌國時期。

LM20-1514-CT0435 《金剛般若波羅蜜經》

姚秦鳩摩羅什譯，CBETA，T08，no.235，p.749，a12-15。唐時期。

LM20-1514-CT0436 金剛經注疏

參姚秦鳩摩羅什譯《金剛般若波羅蜜經》，CBETA，T08，no.235，p.748，c24-25。第1行爲朱筆。唐時期。

LM20-1514-CT0437 《大般涅槃經》卷四〇

北涼曇無讖譯，CBETA，T12，no.374，p.601，b15-22。高昌郡時期。

旅顺博物馆藏新疆出土汉文文献

LM20-1514-CT0438 《胜天王般若波罗蜜经》卷四

陈月婆首那译，CBETA，T08，no.231，p.710，b20-24。高昌国时期。

LM20-1514-CT0439 《摩诃般若波罗蜜经》卷一二

姚秦鸠摩罗什译，此段文字多处可见。高昌国时期。

LM20-1514-CT0440 《佛说仁王般若波罗蜜经》卷下

姚秦鸠摩罗什译，CBETA，T08，no.245，p.832，c7-10。高昌国时期。

LM20-1514-CT0441 《金刚般若波罗蜜经》

姚秦鸠摩罗什译，CBETA，T08，no.235，p.751，c13-22，此本无"尔时慧命须菩提……非众生是名众生"等4行冥司偈。唐时期。

LM20-1514-CT0442 《大般若波罗蜜多经》

唐玄奘译，此段文字多处可见。唐时期。

LM20-1514-CT0443 《大般涅槃经》卷二二

北凉昙无谶译，CBETA，T12，no.374，p.493，c1-6。高昌国时期。

LM20-1514-CT0444 《大般涅槃经》卷一五

北凉昙无谶译，CBETA，T12，no.374，p.452，b10-16。高昌国时期。

LM20-1514-CT0445 《大智度论》卷八六

姚秦鸠摩罗什译，CBETA，T25，no.1509，p.663，c15-19。高昌郡时期。

LM20-1514-CT0446 《大般涅槃经》卷三七

北凉昙无谶译，CBETA，T12，no.374，p.583，b6-25。唐时期。

LM20-1514-CT0447 佛经外题

唐时期。

LM20-1514-CT0448 《大般若波罗蜜多经》卷一八四

唐玄奘译，CBETA，T05，no.220，p.990，a18-23。唐时期。

LM20-1514-CT0449 《大般若波罗蜜多经》卷一八四

唐玄奘译，CBETA，T05，no.220，p.990，a25-b3。唐时期。

LM20-1514-CT0450 《妙法莲华经》卷六

姚秦鸠摩罗什译，CBETA，T09，no.262，p.52，a9-15。唐时期。

LM20-1514-CT0451 《大般若波罗蜜多经》卷五四四

唐玄奘译，CBETA，T07，no.220，p.800，a21-25。唐时期。

LM20-1514-CT0452 《大般若波罗蜜多经》卷五三三

唐玄奘译，CBETA，T07，no.220，p.740，a18-23。唐时期。

LM20-1514-CT0453 《大方等无想经》卷五

北凉昙无谶译，CBETA，T12，no.387，p.1099，c27-p.1100，a1。高昌国时期。

LM20-1514-CT0454 《放光般若经》卷二

經册六十五

西晉無羅叉譯，CBETA，T08，no.221，p.12，c26-p.13，a2。高昌國時期。

LM20-1514-CT0455 《金剛般若波羅蜜經》

元魏菩提流支譯，CBETA，T08，no.236a，p.754，a10-14。唐時期。

LM20-1514-CT0456 《小品般若波羅蜜經》卷八

姚秦鳩摩羅什譯，CBETA，T08，no.227，p.572，b28-c3。高昌國時期。

LM20-1514-CT0457 《金剛般若波羅蜜經》

姚秦鳩摩羅什譯，CBETA，T08，no.235，p.749，a15-19。唐時期。

LM20-1514-CT0458 《大般涅槃經》卷二五

北涼曇無讖譯，CBETA，T12，no.374，p.511，b4-8。高昌國時期。

LM20-1514-CT0459 《道行般若經》卷三

後漢支婁迦讖譯，CBETA，T08，no.224，p.438，a15-19。高昌國時期。

LM20-1514-CT0460 《妙法蓮華經》卷五

姚秦鳩摩羅什譯，CBETA，T09，no.262，p.38，b2-7。唐時期。

LM20-1514-CT0461 《妙法蓮華經》卷七

姚秦鳩摩羅什譯，CBETA，T09，no.262，p.57，b12-15。西州回鶻時期。

LM20-1514-CT0462 《金剛般若波羅蜜經》

姚秦鳩摩羅什譯，CBETA，T08，no.235，p.749，a13-17。西州回鶻時期。

LM20-1514-CT0463 《小品般若波羅蜜經》卷四

姚秦鳩摩羅什譯，CBETA，T08，no.227，p.553，b7-13，"處无污"作"處不污"。高昌國時期。

LM20-1514-CT0464 《大威德陀羅尼經》卷一八

隋闍那崛多譯，CBETA，T21，no.1341，p.833，a12-18。唐時期。

LM20-1514-CT0465a 《放光般若經》卷一五

西晉無羅叉譯，CBETA，T08，no.221，p.107，a1-4。高昌國時期。

LM20-1514-CT0465b 《大寶積經》卷一〇一

唐菩提流志譯，CBETA，T11，no.310，p.568，b14-16。唐時期。

LM20-1514-CT0466 《金剛般若波羅蜜經》

姚秦鳩摩羅什譯，CBETA，T08，no.235，p.749，c21-25。唐時期。

LM20-1514-CT0467 《大般若波羅蜜多經》

唐玄奘譯，此段文字多處可見。唐時期。

LM20-1514-CT0468 《要行捨身經》

作者不詳，CBETA，T85，no.2895，p.1415，b2-6。唐時期。

LM20-1514-CT0469a 《大智度論》卷六七

姚秦鳩摩羅什譯，CBETA，T25，no.1509，p.528，c7-9。高昌國時期。

旅順博物館藏新疆出土漢文文獻

LM20-1514-CT0469b 《大智度論》卷六七

姚秦鳩摩羅什譯，CBETA，T25，no.1509，p.528，c10-12。高昌國時期。

LM20-1514-CT0470 《摩訶般若波羅蜜經》卷一八

姚秦鳩摩羅什譯，CBETA，T08，no.223，p.355，a3-13，"法自姓"作"法自性"。高昌國時期。

LM20-1514-CT0471 《摩訶般若波羅蜜經》卷一一

姚秦鳩摩羅什譯，CBETA，T08，no.223，p.305，b24-29，"般深若"作"深般若"。高昌郡時期。

LM20-1514-CT0472 《大般若波羅蜜多經》卷四七八

唐玄奘譯，CBETA，T07，no.220，p.421，a26-b2。唐時期。

LM20-1514-CT0473 《摩訶般若波羅蜜經》卷二六

姚秦鳩摩羅什譯，CBETA，T08，no.223，p.410，a19-22。高昌國時期。

LM20-1514-CT0474 《大智度論》卷三一

姚秦鳩摩羅什譯，CBETA，T25，no.1509，p.289，c1-3。高昌國時期。

LM20-1514-CT0475 《金剛般若波羅蜜經》

姚秦鳩摩羅什譯，CBETA，T08，no.235，p.752，a27-b3。唐時期。

LM20-1514-CT0476 《佛説阿彌陀經》

姚秦鳩摩羅什譯，CBETA，T12，no.366，p.347，a7-10。唐時期。

參：《净土集成》，69。

LM20-1514-CT0477 《小品般若波羅蜜經》卷三

姚秦鳩摩羅什譯，CBETA，T08，no.227，p.551，a6-8。高昌國時期。

LM20-1514-CT0478 《摩訶般若波羅蜜經》卷八

姚秦鳩摩羅什譯，CBETA，T08，no.223，p.276，a27-b1。高昌國時期。

LM20-1514-CT0479 《出曜經》卷二二

姚秦竺佛念譯，CBETA，T04，no.212，p.726，c11-14。唐時期。

LM20-1514-CT0480a 《大智度論》卷六七

姚秦鳩摩羅什譯，CBETA，T25，no.1509，p.528，c20-21。高昌國時期。

LM20-1514-CT0480b 《大智度論》卷六七

姚秦鳩摩羅什譯，CBETA，T25，no.1509，p.529，a17-20。高昌國時期。

LM20-1514-CT0480c 《大智度論》卷六七

姚秦鳩摩羅什譯，CBETA，T25，no.1509，p.528，b29-c6。高昌國時期。

LM20-1514-CT0481 《摩訶般若波羅蜜經》卷一三

姚秦鳩摩羅什譯，CBETA，T08，no.223，p.317，a20-22。高昌國時期。

LM20-1514-CT0482 《大智度論》卷六七

經册六十五

姚秦鳩摩羅什譯，CBETA，T25，no.1509，p.528，c22-24。高昌國時期。

LM20-1514-CT0483　《摩訶般若波羅蜜經》卷八

姚秦鳩摩羅什譯，CBETA，T08，no.223，p.276，b11-14。高昌國時期。

LM20-1514-CT0484　《妙法蓮華經》卷一

姚秦鳩摩羅什譯，CBETA，T09，no.262，p.4，b7-9。唐時期。

LM20-1514-CT0485　《大智度論》卷六七

姚秦鳩摩羅什譯，CBETA，T25，no.1509，p.528，c28-p.529，a2。高昌國時期。

LM20-1514-CT0486　《摩訶般若波羅蜜經》卷二五

姚秦鳩摩羅什譯，CBETA，T08，no.223，p.407，b1-3。存殘尾題。高昌國時期。

LM20-1514-CT0487　《大智度論》卷六七

姚秦鳩摩羅什譯，CBETA，T25，no.1509，p.528，c16-19。高昌國時期。

LM20-1514-CT0488　《大般若波羅蜜多經》經題

唐玄奘譯。唐時期。

LM20-1514-CT0489　《金剛般若波羅蜜經》

元魏菩提流支譯，CBETA，T08，no.236a，p.756，a26-28。唐時期。

LM20-1514-CT0490　《金剛般若波羅蜜經》

姚秦鳩摩羅什譯，CBETA，T08，no.235，p.751，c20-24。唐時期。

LM20-1514-CT0491　《金剛般若波羅蜜經》

姚秦鳩摩羅什譯，CBETA，T08，no.235，p.749，b2-6。唐時期。

LM20-1514-CT0492　《光讚經》卷一〇

西晉竺法護譯，CBETA，T08，no.222，p.210，c19-23。高昌國時期。

LM20-1514-CT0493a　《大智度論》卷八五

姚秦鳩摩羅什譯，CBETA，T25，no.1509，p.655，a16-18。唐時期。

LM20-1514-CT0493b　《文殊師利所說摩訶般若波羅蜜經》卷上

梁曼陀羅仙譯，CBETA，T08，no.232，p.727，b19-20。唐時期。

LM20-1514-CT0494　《大般涅槃經》卷二二

北涼曇無讖譯，CBETA，T12，no.374，p.497，c12-15。高昌國時期。

LM20-1514-CT0495　《大般涅槃經》卷二三

北涼曇無讖譯，CBETA，T12，no.374，p.501，b1-4。唐時期。

LM20-1514-CT0496　《金剛般若波羅蜜經》

姚秦鳩摩羅什譯，CBETA，T08，no.235，p.749，a21-24。唐時期。

LM20-1514-CT0497　《摩訶般若波羅蜜經》卷一三

姚秦鳩摩羅什譯，CBETA，T08，no.223，p.316，c23-25，"留難一"作"留難是"。高昌國時期。

旅順博物館藏新疆出土漢文文獻

LM20-1514-CT0498 《大智度論》卷三

姚秦鳩摩羅什譯，CBETA，T25，no.1509，p.75，c22-p.76，a2。高昌郡時期。

LM20-1514-CT0499 《金剛般若波羅蜜經》

姚秦鳩摩羅什譯，CBETA，T08，no.235，p.749，a24-27。唐時期。

LM20-1514-CT0500 《金剛般若波羅蜜經》

元魏菩提流支譯，CBETA，T08，no.236a，p.754，a19-23。唐時期。

LM20-1514-CT0501 《金剛般若波羅蜜經》

元魏菩提流支譯，CBETA，T08，no.236a，p.754，b15-17。高昌國時期。

LM20-1514-CT0502 《般若波羅蜜多心經》

唐玄奘譯，CBETA，T08，no.251，p.848，c14-18。唐時期。

LM20-1514-CT0503 《大般涅槃經》卷四〇

北涼曇無讖譯，CBETA，T12，no.374，p.603，c7-9。高昌國時期。

LM20-1514-CT0504 《摩訶般若波羅蜜經》卷一三

姚秦鳩摩羅什譯，CBETA，T08，no.223，p.316，c29-p.317，a2。高昌國時期。

LM20-1514-CT0505a 《大智度論》卷六七

姚秦鳩摩羅什譯，CBETA，T25，no.1509，p.529，a24-27。高昌國時期。

LM20-1514-CT0505b 佛典殘片

高昌國時期。

LM20-1514-CT0505c 佛典殘片

高昌國時期。

LM20-1514-CT0505d 《大智度論》卷六七

姚秦鳩摩羅什譯，CBETA，T25，no.1509，p.528，c1-2。高昌國時期。

LM20-1514-CT0506a 佛典殘片

唐時期。

LM20-1514-CT0506b 佛典殘片

唐時期。

LM20-1514-CT0506c 《金剛般若波羅蜜經》

元魏菩提流支譯，CBETA，T08，no.236a，p.756，b11-13。唐時期。

LM20-1514-CT0506d 《大般若波羅蜜多經》三六九

唐玄奘譯，此段文字多處可見。唐時期。

LM20-1514-CT0507a 《大方廣佛華嚴經》卷五

東晉佛陀跋陀羅譯，CBETA，T09，no.278，p.426，c8-12。唐時期。

LM20-1514-CT0507b 《妙法蓮華經》卷一

姚秦鳩摩羅什譯，CBETA，T09，no.262，p.4，a23-25。唐時期。

經冊六十五

LM20-1514-CT0508a 《佛說首楞嚴三昧經》卷下

姚秦鳩摩羅什譯，CBETA，T15，no.642，p.641，b25-27。高昌國時期。

LM20-1514-CT0508b 佛典殘片

唐時期。

LM20-1514-CT0509a 《佛說仁王般若波羅蜜經》卷上

姚秦鳩摩羅什譯，CBETA，T08，no.245，p.828，c20-23。高昌國時期。

LM20-1514-CT0509b 《金剛般若波羅蜜經》

姚秦鳩摩羅什譯，CBETA，T08，no.235，p.749，b29-c1。唐時期。

LM20-1514-CT0510 《放光般若經》卷三

西晉無羅叉譯，CBETA，T08，no.221，p.17，b9-11。高昌國時期。

LM20-1514-CT0511a 《大智度論》卷六七

姚秦鳩摩羅什譯，CBETA，T25，no.1509，p.529，a29-b1。高昌國時期。

LM20-1514-CT0511b 《佛說廣博嚴净不退轉輪經》卷一

劉宋智嚴譯，CBETA，T09，no.268，p.254，c22-24。高昌國時期。

LM20-1514-CT0511c 《大智度論》卷六五

姚秦鳩摩羅什譯，CBETA，T25，no.1509，p.516，b3-4。高昌國時期。

LM20-1514-CT0512a 《大寶積經》卷一〇一

唐菩提流志譯，CBETA，T11，no.310，p.568，b16-18。唐時期。

LM20-1514-CT0512b 佛典殘片

高昌國時期。

LM20-1514-CT0512c 《摩訶般若波羅蜜經》卷二二

姚秦鳩摩羅什譯，CBETA，T08，no.223，p.379，a9-11。唐時期。

LM20-1514-CT0512d 佛典殘片

高昌國時期。

LM20-1514-CT0513a 佛典殘片

唐時期。

LM20-1514-CT0513b 《大般涅槃經》卷六

北涼曇無讖譯，CBETA，T12，no.374，p.399，a2-4。唐時期。

LM20-1514-CT0514a 《中邊分別論》卷下

陳真諦譯，CBETA，T31，no.1599，p.462，a7-9。唐時期。

LM20-1514-CT0514b 《摩訶般若波羅蜜經》卷一二

姚秦鳩摩羅什譯，CBETA，T08，no.223，p.312，a22-24。高昌國時期。

LM20-1514-CT0515a 《摩訶般若波羅蜜經》卷一三

姚秦鳩摩羅什譯，CBETA，T08，no.223，p.316，c13-14。高昌國時期。

旅顺博物馆藏新疆出土汉文文献

LM20-1514-CT0515b 《金刚般若波罗蜜经》

姚秦鸠摩罗什译，CBETA，T08，no.235，p.749，c13-16。高昌国时期。

LM20-1514-CT0516 《金刚般若波罗蜜经》

姚秦鸠摩罗什译，CBETA，T08，no.235，p.751，c27-p.752，a2。唐时期。

LM20-1514-CT0517a 《大方等陀罗尼经》卷四

北凉法众译，CBETA，T21，no.1339，p.660，a8-10。高昌国时期。

LM20-1514-CT0517b 《阿毗昙毗婆沙论》卷四三

北凉浮陀跋摩、道泰等译，CBETA，T28，no.1546，p.325，c26-p.326，a1。高昌国时期。

LM20-1514-CT0518 《大般若波罗蜜多经》卷九五

唐玄奘译，CBETA，T05，no.220，p.527，a1-3。唐时期。

LM20-1514-CT0519 《妙法莲华经》卷三

姚秦鸠摩罗什译，CBETA，T09，no.262，p.22，b26-27。唐时期。

LM20-1514-CT0520 《大般涅槃经》卷三六

北凉昙无谶译，CBETA，T12，no.374，p.575，b14-15。唐时期。

LM20-1514-CT0521a 佛典残片

高昌国时期。

LM20-1514-CT0521b 佛典残片

高昌国时期。

LM20-1514-CT0522a 《四分律》卷一二

姚秦佛陀耶舍、竺佛念等译，CBETA，T22，no.1428，p.646，b20-24，"重屋"作"重阁"。高昌国时期。

LM20-1514-CT0522b 《金刚般若波罗蜜经》

元魏菩提流支译，CBETA，T08，no.236a，p.755，a26-28，"或"作"惑"。高昌国时期。

LM20-1514-CT0523 《佛说无垢贤女经》

西晋竺法护译，CBETA，T14，no.562，p.913，c17-20。唐时期。

LM20-1514-CT0524a 《金刚般若波罗蜜经》

姚秦鸠摩罗什译，CBETA，T08，no.235，p.749，b21-23。唐时期。

LM20-1514-CT0524b 《光讃经》卷七

西晋竺法护译，CBETA，T08，no.222，p.197，a15-18。高昌国时期。

LM20-1514-CT0525r 《金刚般若波罗蜜经》

姚秦鸠摩罗什译，CBETA，T08，no.235，p.749，c25-p.750，a19。唐时期。

LM20-1514-CT0525v 《佛说佛名经》卷二

元魏菩提流支译，CBETA，T14，no.440，p.122，b16-c13。唐时期。

LM20-1514-CT0526a 《大般涅槃经》卷二二

北凉曇無讖譯，CBETA，T12，no.374，p.493，c7-8。高昌郡時期。

LM20-1514-CT0526b 《摩訶般若波羅蜜經》卷二三

姚秦鳩摩羅什譯，CBETA，T08，no.223，p.387，c4-5。高昌國時期。

LM20-1514-CT0527r 《金剛般若波羅蜜經》

姚秦鳩摩羅什譯，CBETA，T08，no.235，p.750，b10-21。唐時期。

LM20-1514-CT0527v 唐名籍

有朱筆點勘符號。唐時期。

LM20-1514-CT0528r 《大般若波羅蜜多經》卷三三六

唐玄奘譯，CBETA，T06，no.220，p.724，a26-b19。唐時期。

參：Yoshida2017，117。

LM20-1514-CT0528v 粟特文殘片

西州回鶻時期。

參：Yoshida 2017，117；Yoshida 2019，153。

LM20-1514-CT0529r 《大般涅槃經》卷二八

北凉曇無讖譯，CBETA，T12，no.374，p.532，b20-24。高昌國時期。

LM20-1514-CT0529v 胡語殘片

西州回鶻時期。

LM20-1514-CT0530r 佛教戒律

西州回鶻時期。

LM20-1514-CT0530v 攝大乘論疏

參作者不詳《攝大乘講疏》卷五，CBETA，T85，no.2805，p.982，c8-16。唐時期。

經册六十六

LM20-1515-CC0001 《藥師琉璃光如來本願功德經》

唐玄奘譯, CBETA, T14, no.450, p.406, c14-17。唐時期。

LM20-1515-CC0002 《阿毘曇毘婆沙論》卷三七

北涼浮陀跋摩、道泰譯, CBETA, T28, no.1546, p.277, b4-7。唐時期。

LM20-1515-CC0003 《阿毘曇毘婆沙論》卷三七

北涼浮陀跋摩、道泰譯, CBETA, T28, no.1546, p.277, b7-10。唐時期。

LM20-1515-CC0004 《妙法蓮華經》卷五

姚秦鳩摩羅什譯, CBETA, T09, no.262, p.37, c12-17。唐時期。

LM20-1515-CC0005 《悲華經》卷二

北涼曇無讖譯, CBETA, T03, no.157, p.180, c3-7。高昌郡時期。背面有回鶻文, 無法揭取拍攝。

LM20-1515-CC0006 《道行般若經》卷七

後漢支婁迦讖譯, CBETA, T08, no.224, p.462, a26-29。高昌國時期。

LM20-1515-CC0007 《金剛般若波羅蜜經》

姚秦鳩摩羅什譯, CBETA, T08, no.235, p.750, b7-10。有貼附殘片, 無法揭取。唐時期。

LM20-1515-CC0008 《妙法蓮華經》卷二

姚秦鳩摩羅什譯, CBETA, T09, no.262, p.13, c3-6。唐時期。

LM20-1515-CC0009 《妙法蓮華經》卷三

姚秦鳩摩羅什譯, CBETA, T09, no.262, p.23, a29-b2。唐時期。

LM20-1515-CC0010 《維摩詰所說經》卷下

姚秦鳩摩羅什譯, CBETA, T14, no.475, p.556, a2-8。高昌國時期。

參: 王梅 2006, 156。

LM20-1515-CC0011 《大般涅槃經》卷二四

北涼曇無讖譯, CBETA, T12, no.374, p.509, a2-7。高昌國時期。

LM20-1515-CC0012 《妙法蓮華經》卷五

姚秦鳩摩羅什譯, CBETA, T09, no.262, p.39, c24-28。唐時期。

LM20-1515-CC0013 《光讚經》卷七

西晉竺法護譯, CBETA, T08, no.222, p.197, a18-22。高昌國時期。

LM20-1515-CC0014r 典籍殘片

參《禮記·奔喪》,《禮記正義》卷五六，中華書局，1980 年，1653 頁。唐時期。

LM20-1515-CC0014v 張衡《歸田賦》習字

參《文選》卷一五《張平子歸田賦》，上海古籍出版社，1986 年，693 頁。字跡稍大。無法揭取拍攝。

LM20-1515-CY0001 《妙法蓮華經》卷五

姚秦鳩摩羅什譯，CBETA，T09，no.262，p.44，a18-20。唐時期。

LM20-1515-CY0002 《大方廣佛華嚴經》卷三一（五十卷本）

東晉佛陀跋陀羅譯，《中華大藏經》第 12 册，378b1-5；參 CBETA，T09，no.278，p.634，b2-7。高昌國時期。

LM20-1515-CY0003 《妙法蓮華經》卷五

姚秦鳩摩羅什譯，CBETA，T09，no.262，p.44，c19-27。唐時期。

LM20-1515-CY0004 《妙法蓮華經》卷六

姚秦鳩摩羅什譯，CBETA，T09，no.264，p.182，a12-16。唐時期。

LM20-1515-CY0005 《妙法蓮華經》卷五

姚秦鳩摩羅什譯，CBETA，T09，no.262，p.43，c19-26。唐時期。

經册六十七

LM20-1516-CK0001 《妙法蓮華經》卷七
姚秦鳩摩羅什譯, CBETA, T09, no.262, p.57, a26-28。唐時期。

LM20-1516-CK0002 《妙法蓮華經》卷七
姚秦鳩摩羅什譯, CBETA, T09, no.262, p.57, a8-11。唐時期。

LM20-1516-CK0003 《妙法蓮華經》卷七
姚秦鳩摩羅什譯, CBETA, T09, no.262, p.56, c22-25。唐時期。

LM20-1516-CK0004 《妙法蓮華經》卷七
姚秦鳩摩羅什譯, CBETA, T09, no.262, p.57, b26-c1。唐時期。

LM20-1516-CK0005 《妙法蓮華經》卷七
姚秦鳩摩羅什譯, CBETA, T09, no.262, p.57, c20-22。唐時期。

LM20-1516-CK0006 《妙法蓮華經》卷七
姚秦鳩摩羅什譯, CBETA, T09, no.262, p.57, a9-12。唐時期。

LM20-1516-CK0007 《妙法蓮華經》卷七
姚秦鳩摩羅什譯, CBETA, T09, no.262, p.57, b3-6。唐時期。

LM20-1516-CK0008 《妙法蓮華經》卷七
姚秦鳩摩羅什譯, CBETA, T09, no.262, p.56, c18-22。唐時期。

LM20-1516-CK0009 《妙法蓮華經》卷七
姚秦鳩摩羅什譯, CBETA, T09, no.262, p.57, a25-b6。唐時期。

LM20-1516-CK0010 《妙法蓮華經》卷七
姚秦鳩摩羅什譯, CBETA, T09, no.262, p.56, c20-p.57, a2。唐時期。

LM20-1516-CK0011 《妙法蓮華經》卷七
姚秦鳩摩羅什譯, CBETA, T09, no.262, p.56, c14-16。西州回鶻時期。
參:《旅博選粹》, 179。

LM20-1516-CK0012 《妙法蓮華經》卷七
姚秦鳩摩羅什譯, CBETA, T09, no.262, p.57, c24-p.58, a1。唐時期。

LM20-1516-CK0013 《妙法蓮華經》卷七
姚秦鳩摩羅什譯, CBETA, T09, no.262, p.57, b15-18。唐時期。

LM20-1516-CK0014 《妙法蓮華經》卷七

姚秦鳩摩羅什譯，CBETA，T09，no.262，p.57，a18-20。唐時期。

LM20-1516-CK0015 《妙法蓮華經》卷七

姚秦鳩摩羅什譯，CBETA，T09，no.262，p.57，a20-24。西州回鶻時期。

LM20-1516-CK0016 《妙法蓮華經》卷七

姚秦鳩摩羅什譯，CBETA，T09，no.262，p.57，c5-7。唐時期。

LM20-1516-CK0017 《妙法蓮華經》卷七

姚秦鳩摩羅什譯，CBETA，T09，no.262，p.56，c5-7。高昌國時期。

參：《旅博選粹》，41。

LM20-1516-CK0018 《妙法蓮華經》卷七

姚秦鳩摩羅什譯，CBETA，T09，no.262，p.56，c29-p.57，a3。唐時期。

LM20-1516-CK0019 《妙法蓮華經》卷七

姚秦鳩摩羅什譯，CBETA，T09，no.262，p.56，c26-p.57，a1。唐時期。

LM20-1516-CK0020 《妙法蓮華經》卷七

姚秦鳩摩羅什譯，CBETA，T09，no.262，p.57，b10-15。唐時期。

LM20-1516-CK0021 《妙法蓮華經》卷七

姚秦鳩摩羅什譯，CBETA，T09，no.262，p.57，a6-8。唐時期。

LM20-1516-CK0022 《妙法蓮華經》卷七

姚秦鳩摩羅什譯，CBETA，T09，no.262，p.57，a15-17。唐時期。

LM20-1516-CK0023 《妙法蓮華經》卷七

姚秦鳩摩羅什譯，CBETA，T09，no.262，p.57，a12-15。唐時期。

LM20-1516-CK0024 《妙法蓮華經》卷七

姚秦鳩摩羅什譯，CBETA，T09，no.262，p.56，c14-19。唐時期。

LM20-1516-CK0025 《妙法蓮華經》卷七

姚秦鳩摩羅什譯，CBETA，T09，no.262，p.56，c2-6。唐時期。

LM20-1516-CK0026 《妙法蓮華經》卷七

姚秦鳩摩羅什譯，CBETA，T09，no.262，p.57，a28-b5。唐時期。

LM20-1516-CK0027 《妙法蓮華經》卷七

姚秦鳩摩羅什譯，CBETA，T09，no.262，p.57，b25-c1。西州回鶻時期。

LM20-1516-CK0028 《妙法蓮華經》卷七

姚秦鳩摩羅什譯，CBETA，T09，no.262，p.57，a11-13。唐時期。

LM20-1516-CK0029a 《妙法蓮華經》卷七

姚秦鳩摩羅什譯，CBETA，T09，no.262，p.56，c26-29。唐時期。

LM20-1516-CK0029b 《妙法蓮華經》卷七

姚秦鳩摩羅什譯，CBETA，T09，no.262，p.57，a17-19。唐時期。

旅順博物館藏新疆出土漢文文獻

LM20-1516-CK0030a 《妙法蓮華經》卷七

姚秦鳩摩羅什譯，CBETA，T09，no.262，p.56，c21-22。西州回鶻時期。

LM20-1516-CK0030b 《妙法蓮華經》卷七

姚秦鳩摩羅什譯，CBETA，T09，no.262，p.56，c2-4。唐時期。

LM20-1516-CK0031 《妙法蓮華經》卷七

姚秦鳩摩羅什譯，CBETA，T09，no.262，p.57，a10-14。唐時期。

LM20-1516-CK0032 《妙法蓮華經》卷七

姚秦鳩摩羅什譯，CBETA，T09，no.262，p.57，b18-21。唐時期。

LM20-1516-CK0033a 《妙法蓮華經》卷七

姚秦鳩摩羅什譯，CBETA，T09，no.262，p.57，a6-9。唐時期。

LM20-1516-CK0033b 《妙法蓮華經》卷七

姚秦鳩摩羅什譯，CBETA，T09，no.262，p.56，c24-26。唐時期。

LM20-1516-CK0034 《妙法蓮華經》卷七

姚秦鳩摩羅什譯，CBETA，T09，no.262，p.57，c6-7。唐時期。

LM20-1516-CK0035 《妙法蓮華經》卷七

姚秦鳩摩羅什譯，CBETA，T09，no.262，p.57，b17-23。唐時期。

LM20-1516-CK0036 《妙法蓮華經》卷七

姚秦鳩摩羅什譯，CBETA，T09，no.262，p.57，b5-12。唐時期。

LM20-1516-CK0037 《妙法蓮華經》卷七

姚秦鳩摩羅什譯，CBETA，T09，no.262，p.56，c24-29。唐時期。

LM20-1516-CK0038 《妙法蓮華經》卷七

姚秦鳩摩羅什譯，CBETA，T09，no.262，p.57，c5-11。唐時期。

LM20-1516-CK0039 《妙法蓮華經》卷七

姚秦鳩摩羅什譯，CBETA，T09，no.262，p.57，a18-24。唐時期。

LM20-1516-CK0040 《妙法蓮華經》卷七

姚秦鳩摩羅什譯，CBETA，T09，no.262，p.57，a29-b6。唐時期。

LM20-1516-CK0041 《妙法蓮華經》卷七

姚秦鳩摩羅什譯，CBETA，T09，no.262，p.56，c7-13。唐時期。

LM20-1516-CK0042 《妙法蓮華經》卷七

姚秦鳩摩羅什譯，CBETA，T09，no.262，p.57，a4-9。唐時期。

LM20-1516-CK0043 《妙法蓮華經》卷七

姚秦鳩摩羅什譯，CBETA，T09，no.262，p.57，b5-10。唐時期。

LM20-1516-CK0044 《妙法蓮華經》卷七

姚秦鳩摩羅什譯，CBETA，T09，no.262，p.56，c28-p.57，a2。唐時期。

LM20-1516-CK0045 《妙法蓮華經》卷七

姚秦鳩摩羅什譯，CBETA，T09，no.262，p.56，c14-21。唐時期。

LM20-1516-CK0046 《妙法蓮華經》卷七

姚秦鳩摩羅什譯，CBETA，T09，no.262，p.56，c5-9。唐時期。

LM20-1516-CK0047 《妙法蓮華經》卷七

姚秦鳩摩羅什譯，CBETA，T09，no.262，p.57，a24-28。唐時期。

LM20-1516-CK0048 《妙法蓮華經》卷七

姚秦鳩摩羅什譯，CBETA，T09，no.262，p.56，c4-7。唐時期。

LM20-1516-CK0049 《妙法蓮華經》卷七

姚秦鳩摩羅什譯，CBETA，T09，no.262，p.57，a18-21。唐時期。

LM20-1516-CK0050 《妙法蓮華經》卷七

姚秦鳩摩羅什譯，CBETA，T09，no.262，p.57，a10-12。唐時期。

LM20-1516-CK0051 《妙法蓮華經》卷七

姚秦鳩摩羅什譯，CBETA，T09，no.262，p.57，b12-16。唐時期。

LM20-1516-CK0052 《妙法蓮華經》卷七

姚秦鳩摩羅什譯，CBETA，T09，no.262，p.57，a4-15。唐時期。

LM20-1516-CK0053 《妙法蓮華經》卷七

姚秦鳩摩羅什譯，CBETA，T09，no.262，p.57，a16-23。唐時期。

LM20-1516-CK0054 《妙法蓮華經》卷七

姚秦鳩摩羅什譯，CBETA，T09，no.262，p.56，c19-26。唐時期。

參：《旅博選粹》，108。

LM20-1516-CK0055 《妙法蓮華經》卷七

姚秦鳩摩羅什譯，CBETA，T09，no.262，p.57，a2-9。唐時期。

LM20-1516-CK0056 《妙法蓮華經》卷七

姚秦鳩摩羅什譯，CBETA，T09，no.262，p.56，c29-p.57，a8，"巍巍"作"魏魏"。西州回鶻時期。

LM20-1516-CK0057 《妙法蓮華經》卷七

姚秦鳩摩羅什譯，CBETA，T09，no.262，p.57，a11-18。唐時期。

LM20-1516-CK0058 《妙法蓮華經》卷七

姚秦鳩摩羅什譯，CBETA，T09，no.264，p.191，c17-18。唐時期。

LM20-1516-CK0059 《妙法蓮華經》卷七

姚秦鳩摩羅什譯，CBETA，T09，no.262，p.57，b1-7。唐時期。

LM20-1516-CK0060 《妙法蓮華經》卷七

姚秦鳩摩羅什譯，CBETA，T09，no.262，p.57，b24-c2。唐時期。

LM20-1516-CK0061 《妙法莲华经》卷七

姚秦鸠摩罗什译，CBETA，T09，no.262，p.57，a27-b2。唐时期。

LM20-1516-CK0062 《妙法莲华经》卷七

姚秦鸠摩罗什译，CBETA，T09，no.262，p.60，a26-28。唐时期。

参:《旅博选粹》，112。

LM20-1516-CK0063 《大方广佛华严经》卷四五

唐实叉难陀译，CBETA，T10，no.279，p.237，b29-c9。唐时期。

LM20-1516-CK0064 《妙法莲华经度量天地品》

作者不详。参 BD2463(《国家图书馆藏敦煌遗书》第34册，302页)。唐时期。

LM20-1516-CK0065 《梵网经》卷下

姚秦鸠摩罗什译，CBETA，T24，no.1484，p.1005，a13-20，"失转轮王位亦失百官位"作"位转轮王位"。西州回鹘时期。

参:《旅博选粹》，140。

LM20-1516-CK0066 《金刚般若波罗蜜经》

元魏菩提流支译，CBETA，T08，no.236a，p.756，b4-11。唐时期。

LM20-1516-CK0067 《大般涅槃经》卷四〇

北凉昙无谶译，CBETA，T12，no.374，p.601，c10-17。高昌国时期。

LM20-1516-CK0068 《合部金光明经》卷六

隋阇那崛多译，隋宝贵合，CBETA，T16，no.664，p.386，b10-21。唐时期。

LM20-1516-CK0069 《小品般若波罗蜜经》卷九

姚秦鸠摩罗什译，CBETA，T08，no.227，p.576，a9-21。高昌国时期。

LM20-1516-CK0070 《妙法莲华经》卷四

姚秦鸠摩罗什译，CBETA，T09，no.262，p.34，a21-b6。唐时期。

LM20-1516-CK0071 《大般若波罗蜜多经》卷一八四

唐玄奘译，CBETA，T05，no.220，p.989，c19-28。唐时期。

LM20-1516-CK0072 《大方广佛华严经》卷八〇

唐实叉难陀译，CBETA，T10，no.279，p.441，a9-22。唐时期。

LM20-1516-CK0073 《十地经论》卷一一

元魏菩提流支译，CBETA，T26，no.1522，p.188，c2-7。唐时期。

LM20-1516-CK0074 《小品般若波罗蜜多经》卷五

姚秦鸠摩罗什译，CBETA，T08，no.227，p.557，b23-27。高昌国时期。

参：孙传波 2006，188。

LM20-1516-CK0075 《大般若波罗蜜多经》卷一八四

唐玄奘译，CBETA，T05，no.220，p.990，b6-12。唐时期。

經册六十七

LM20-1516-CK0076 《金剛般若波羅蜜經》

元魏菩提流支譯，CBETA，T08，no.236a，p.754，b23-c2。高昌國時期。

LM20-1516-CK0077 《放光般若經》卷五

西晉無羅叉譯，CBETA，T08，no.221，p.32，c11-17，"故譬"作"譬"。唐時期。

LM20-1516-CK0078 《妙法蓮華經度量天地品》

作者不詳，參 BD2463（《國家圖書館藏敦煌遺書》第 34 册），302 頁。唐時期。

LM20-1516-CK0079 《大般涅槃經》卷一六

北涼曇無讖譯，CBETA，T12，no.374，p.459，a24-b2。高昌國時期。

LM20-1516-CK0080 《大般涅槃經》卷一六

北涼曇無讖譯，CBETA，T12，no.374，p.462，b9-15。高昌國時期。

LM20-1516-CK0081 《大般涅槃經》卷一六

北涼曇無讖譯，CBETA，T12，no.374，p.459，b1-6。高昌國時期。

LM20-1516-CK0082 《大般若波羅蜜多經》卷一八四

唐玄奘譯，CBETA，T05，no.220，p.989，b24-c1。唐時期。

LM20-1516-CK0083 《大般若波羅蜜多經》卷一八四

唐玄奘譯，CBETA，T05，no.220，p.990，b3-6。唐時期。

LM20-1516-CK0084 寶積經

參姚秦鳩摩羅什譯《大寶積經》卷七七，CBETA，T11，no.310，p.439，a21-b2。高昌郡時期。

參：《旅博選粹》，47。

LM20-1516-CK0085 佛典論疏

高昌國時期。

參：《旅博選粹》，174。

LM20-1516-CK0086 《大般若波羅蜜多經》卷四六〇

唐玄奘譯，CBETA，T07，no.220，p.324，b11-15。唐時期。

LM20-1516-CK0087 《放光般若經》卷一五

西晉無羅叉譯，CBETA，T08，no.221，p.104，a21-29，"所問"作"所說問"，"相"作"想"。

高昌國時期。

LM20-1516-CK0088 《金光明經》卷四

北涼曇無讖譯，CBETA，T16，no.663，p.355，a10-19，"夢如"作"夢乳"。高昌國時期。

LM20-1516-CK0089 《大威德陀羅尼經》卷一八

隋闍那崛多譯，CBETA，T21，no.1341，p.833，a7-12。唐時期。

LM20-1516-CK0090a 《妙法蓮華經》卷一

姚秦鳩摩羅什譯，CBETA，T09，no.262，p.2，a22-27。唐時期。

LM20-1516-CK0090b 《妙法蓮華經》卷二

姚秦鸠摩罗什译，CBETA，T262，no.2，p.13，b25-26。唐时期。

LM20-1516-CK0091 《无所有菩萨经》卷三

隋阇那崛多等译，CBETA，T14，no.485，p.691，a4-6。唐时期。

LM20-1516-CK0092 《放光般若经》卷五

西晋无罗叉译，CBETA，T08，no.221，p.32，c9-15，"衆生皆仰"作"衆生望"，"见故须"作"见须"。唐时期。

LM20-1516-CK0093 《十地经论》卷一一

元魏菩提流支译，CBETA，T26，no.1522，p.188，b21-27。唐时期。

LM20-1516-CK0094 《小品般若波罗蜜经》卷五

姚秦鸠摩罗什译，CBETA，T08，no.227，p.557，b15-21，"留难"作"如是"，"为魔"作"新发"。高昌国时期。

LM20-1516-CK0095 《小品般若波罗蜜经》卷五

姚秦鸠摩罗什译，CBETA，T08，no.227，p.557，b25-c2，"若五若十若……五十若百若千若万若十"作"若十若百乃至十万"，"是念"作"是愿"。高昌国时期。

LM20-1516-CK0096 《胜思惟梵天所问经》卷一

元魏菩提流支译，CBETA，T15，no.587，p.65，c20-25，"十方"作"十方世界"。唐时期。

LM20-1516-CK0097 《大般若波罗蜜多经》卷四六〇

唐玄奘译，CBETA，T07，no.220，p.326，b29-c4。唐时期。

LM20-1516-CK0098 《大般若波罗蜜多经》外题

唐玄奘译。唐时期。

LM20-1516-CK0099 《大般若波罗蜜多经》卷九九

唐玄奘译，CBETA，T05，no.220，p.547，a9-16。唐时期。

LM20-1516-CK0100 《摩诃般若波罗蜜经》卷二

姚秦鸠摩罗什译，CBETA，T08，no.223，p.230，c20-25。唐时期。

LM20-1516-CK0101a 《大般若波罗蜜多经》卷四六〇

唐玄奘译，CBETA，T07，no.220，p.324，b25-c2。唐时期。

LM20-1516-CK0101b 佛典残片

高昌国时期。

LM20-1516-CK0102 《妙法莲华经》卷三

姚秦鸠摩罗什译，CBETA，T09，no.262，p.27，a18-b3。唐时期。

LM20-1516-CK0103 《小品般若波罗蜜经》卷五

姚秦鸠摩罗什译，CBETA，T08，no.227，p.557，b28-c4，"廿若卅若册若"作"若十若百"。高昌国时期。

LM20-1516-CK0104a 《大般若波罗蜜多经》卷一八四

唐玄奘譯，CBETA，T05，no.220，p.989，b25-29。唐時期。

LM20-1516-CK0104b 《合部金光明經》卷一

北涼曇無讖譯，隋寶貴合，CBETA，T16，no.664，p.362，b24-25。唐時期。

LM20-1516-CK0105 《摩訶般若波羅蜜經》注

正文參姚秦鳩摩羅什譯《摩訶般若波羅蜜經》卷二一，CBETA，T08，no.223，p.371，c17-p.372，a2；雙行小字注參姚秦鳩摩羅什譯《大智度論》卷八二，CBETA，T25，no.1509，p.639，a8-13。高昌國時期。

參：《旅博選粹》，92。

經册六十八

LM20-1517-0001a 佛典殘片
　唐時期。

LM20-1517-0001b 《妙法蓮華經》卷一
　姚秦鳩摩羅什譯，CBETA，T09，no.262，p.6，c22-23。唐時期。

LM20-1517-0001c 佛典殘片
　唐時期。

LM20-1517-0001d 佛典殘片
　唐時期。

LM20-1517-0002a 《放光般若經》卷一四
　西晉無羅叉譯，CBETA，T08，no.221，p.99，a18-19。高昌國時期。

LM20-1517-0002b 佛典殘片
　唐時期。

LM20-1517-0002c 《金剛般若波羅蜜經》
　姚秦鳩摩羅什譯，CBETA，T08，no.235，p.750，b4-5。唐時期。

LM20-1517-0002d 《大寶積經》卷一六
　西晉竺法護譯，CBETA，T11，no.310，p.88，b26-28。唐時期。

LM20-1517-0002e 《金光明經》卷四
　北涼曇無讖譯，CBETA，T16，no.663，p.357，a22-23。唐時期。

LM20-1517-0003a 殘片
　唐時期。

LM20-1517-0003b 《優婆塞戒經》卷三
　北涼曇無讖譯，CBETA，T24，no.1488，p.1051，b14-16。高昌國時期。

LM20-1517-0003c 佛典殘片
　唐時期。

LM20-1517-0004a 佛典殘片
　唐時期。

LM20-1517-0004b 佛典殘片
　唐時期。

經册六十八

LM20-1517-0005a 《請觀世音菩薩消伏毒害陀羅尼咒經》

東晉竺難提譯，CBETA，T20，no.1043，p.34，b29-c1。高昌國時期。

LM20-1517-0005b 《大般涅槃經》卷二一

北涼曇無讖譯，CBETA，T12，no.374，p.489，b3-4。高昌國時期。

LM20-1517-0005c 佛典殘片

唐時期。

LM20-1517-0005d 佛典殘片

高昌國時期。

LM20-1517-0005e 佛典殘片

高昌郡時期。

LM20-1517-0006a 《妙法蓮華經》卷三

姚秦鳩摩羅什譯，CBETA，T09，no.262，p.19，b15-16。高昌國時期。

LM20-1517-0006b 佛典殘片

參元魏菩提流支譯《十地經論》卷一〇，CBETA，T26，no.1522，p.180，c6-9。高昌國時期。

LM20-1517-0006c 佛典殘片

唐時期。

LM20-1517-0006d 佛典殘片

唐時期。

LM20-1517-0006e 《阿毘曇八犍度論》

符秦僧伽提婆、竺佛念譯，此段文字多處可見。唐時期。

LM20-1517-0007a 佛典殘片

唐時期。

LM20-1517-0007b 佛典殘片

唐時期。

LM20-1517-0007c 佛典殘片

唐時期。

LM20-1517-0007d 佛典殘片

唐時期。

LM20-1517-0007e 佛典殘片

高昌國時期。

LM20-1517-0008a 佛典殘片

高昌國時期。

LM20-1517-0008b 佛典殘片

高昌國時期。

LM20-1517-0008c 佛典殘片

高昌國時期。

LM20-1517-0008d 佛典殘片

高昌國時期。

LM20-1517-0008e 佛典殘片

唐時期。

LM20-1517-0009a 佛典殘片

唐時期。

LM20-1517-0009b 《妙法蓮華經》卷一

姚秦鳩摩羅什譯，CBETA，T09，no.262，p.3，b18-20。唐時期。

LM20-1517-0009c 佛典殘片

唐時期。

LM20-1517-0009d 佛典殘片

唐時期。

LM20-1517-0009e 佛典殘片

高昌國時期。

LM20-1517-0010a 佛典殘片

唐時期。

LM20-1517-0010b 佛典殘片

唐時期。

LM20-1517-0010c 佛典殘片

唐時期。

LM20-1517-0010d 《梵網經》卷下

姚秦鳩摩羅什譯，CBETA，T24，no.1484，p.1004，c19-21。唐時期。

LM20-1517-0010e 佛典殘片

唐時期。

LM20-1517-0011a 佛典殘片

唐時期。

LM20-1517-0011b 《金光明經》卷一

北涼曇無讖譯，CBETA，T16，no.663，p.336，b23-26。唐時期。

LM20-1517-0012 佛典殘片

唐時期。

LM20-1517-0013a 《佛說仁王般若波羅蜜經》卷上

经册六十八

姚秦鸠摩罗什译，CBETA，T08，no.245，p.825，a17-18。高昌国时期。

LM20-1517-0013b 《大方广佛华严经》卷四七（五十卷本）

东晋佛陀跋陀罗译，《中华大藏经》第12册，573a17-18；参 CBETA，T09，no.278，p.753，c22-23。高昌国时期。

LM20-1517-0014 《大般涅槃经》卷三七

北凉昙无谶译，CBETA，T12，no.374，p.581，a27-29。高昌国时期。

LM20-1517-0015 《维摩诘所说经》卷上

姚秦鸠摩罗什译，CBETA，T14，no.475，p.538，a26-28。唐时期。

LM20-1517-0016 《妙法莲华经》卷五

姚秦鸠摩罗什译，CBETA，T09，no.262，p.40，a14-16。唐时期。

LM20-1517-0017a 佛典残片

唐时期。

LM20-1517-0017b 宝积经

参唐菩提流志译《大宝积经》卷九七，CBETA，T11，no.310，p.543，b29-c1。高昌国时期。

LM20-1517-0018a 《大般涅槃经》卷二八

北凉昙无谶译，CBETA，T12，no.374，p.534，b23-25。高昌国时期。

LM20-1517-0018b 佛典残片

高昌国时期。

LM20-1517-0019a 佛典残片

唐时期。

LM20-1517-0019b 《佛说孟兰盆经》

西晋竺法护译，CBETA，T16，no.685，p.779，c8-11。唐时期。

LM20-1517-0020a 佛典残片

高昌国时期。

LM20-1517-0020b 佛典残片

唐时期。

LM20-1517-0020c 佛典残片

唐时期。

LM20-1517-0020d 佛典残片

高昌国时期。

LM20-1517-0020e 《妙法莲华经马明菩萨品第三十》

作者不详，CBETA，T85，no.2899，p.1430，c11-12。唐时期。

LM20-1517-0021 佛典残片

参姚秦鸠摩罗什译《摩诃般若波罗蜜经》卷一二，CBETA，T08，no.223，p.312，c8-11。

高昌郡時期。

LM20-1517-0022 《佛說仁王般若波羅蜜經》卷下

姚秦鳩摩羅什譯，CBETA，T08，no.245，p.831，b23-25。高昌國時期。

LM20-1517-0023 《佛說灌頂經》卷一二

東晉帛尸梨蜜多羅譯，CBETA，T21，no.1331，p.534，c28-p.535，a1。唐時期。

LM20-1517-0024a 《妙法蓮華經》卷一

姚秦鳩摩羅什譯，CBETA，T09，no.262，p.9，a15。唐時期。

LM20-1517-0024b 《佛說灌頂經》卷一二

東晉帛尸梨蜜多羅譯，CBETA，T21，no.1331，p.535，c28-29。唐時期。

LM20-1517-0025a 《大般涅槃經》卷三〇

北涼曇無讖譯，CBETA，T12，no.374，p.547，b12-13。高昌國時期。

LM20-1517-0025b 《大般涅槃經》卷八

北涼曇無讖譯，CBETA，T12，no.374，p.412，a19-20。唐時期。

LM20-1517-0025c 佛典殘片

高昌國時期。

LM20-1517-0025d 《妙法蓮華經》卷七

姚秦鳩摩羅什譯，CBETA，T09，no.262，p.57，a2-4。唐時期。

LM20-1517-0025e 佛典殘片

高昌國時期。

LM20-1517-0026 佛典殘片

高昌國時期。

LM20-1517-0027 《佛說無量壽經》卷下

曹魏康僧鎧譯，CBETA，T12，no.360，p.275，a6-7。高昌國時期。

LM20-1517-0028 《妙法蓮華經》卷七

姚秦鳩摩羅什譯，CBETA，T09，no.262，p.58，b22-25。唐時期。

LM20-1517-0029 《金剛般若波羅蜜經》

姚秦鳩摩羅什譯，CBETA，T08，no.235，p.749，c16-18。疑脫一行。唐時期。

LM20-1517-0030 佛典殘片

唐時期。

LM20-1517-0031 《妙法蓮華經》卷五

姚秦鳩摩羅什譯，CBETA，T09，no.262，p.38，b25-27。唐時期。

LM20-1517-0032 《妙法蓮華經》卷一

姚秦鳩摩羅什譯，CBETA，T09，no.262，p.6，a8-10。唐時期。

LM20-1517-0033 《金剛經疏》

參作者不詳《金剛經疏》, CBETA, T85, no.2737, p.122, a10-14。第2行欄外有點記。有貼附殘片，無法揭取。唐時期。

LM20-1517-0034 《大般涅槃經》卷二五

北涼曇無讖譯, CBETA, T12, no.374, p.516, b15-17。高昌國時期。

LM20-1517-0035 《妙法蓮華經》卷七

姚秦鳩摩羅什譯, CBETA, T09, no.262, p.59, b10-11。唐時期。

LM20-1517-0036 《悲華經》卷六

北涼曇無讖譯, CBETA, T03, no.157, p.202, c24-25。唐時期。

LM20-1517-0037 《大方廣佛華嚴經》卷三三

唐實叉難陀譯, CBETA, T10, no.279, p.174, c10-11。唐時期。

LM20-1517-0038 佛典殘片

唐時期。

LM20-1517-0039 《放光般若經》卷四

西晉無羅叉譯, CBETA, T08, no.221, p.22, c8-9;《放光般若經》卷一四, CBETA, T08, no.221, p.100, a29-b1。高昌國時期。

LM20-1517-0040a 佛典殘片

唐時期。

LM20-1517-0040b 佛典殘片

唐時期。

LM20-1517-0041a 佛典殘片

高昌國時期。

LM20-1517-0041b 《妙法蓮華經》卷六

姚秦鳩摩羅什譯, CBETA, T09, no.262, p.53, c29-p.54, a1。唐時期。

LM20-1517-0042 《摩訶般若波羅蜜經》卷一

姚秦鳩摩羅什譯, CBETA, T08, no.223, p.218, a13-14。高昌國時期。

LM20-1517-0043 《金光明經》卷二

北涼曇無讖譯, CBETA, T16, no.663, p.343, a24-25。唐時期。

LM20-1517-0044 佛典注疏

高昌國時期。

LM20-1517-0045 《放光般若經》卷六

西晉無羅叉譯, CBETA, T08, no.221, p.40, b7-10。唐時期。

LM20-1517-0046 《出曜經》卷七

姚秦竺佛念譯, CBETA, T04, no.212, p.644, c12-13。唐時期。

LM20-1517-0047 《妙法蓮華經》卷六

姚秦鳩摩羅什譯，CBETA，T09，no.262，p.52，c21–23。唐時期。

LM20-1517-0048 《大般涅槃經》卷七

北涼曇無讖譯，CBETA，T12，no.374，p.406，a25–26。高昌國時期。

LM20-1517-0049a 佛典殘片

高昌國時期。

LM20-1517-0049b 佛典殘片

唐時期。

LM20-1517-0050 《注維摩詰經》卷六

姚秦僧肇撰，CBETA，T38，no.1775，p.385，a22–24，"羅什"作"什"。有雙行小字注。唐時期。

LM20-1517-0051 《大般涅槃經》卷一八

北涼曇無讖譯，CBETA，T12，no.374，p.471，a10–12。高昌國時期。

LM20-1517-0052a 佛典殘片

唐時期。

LM20-1517-0052b 佛典殘片

唐時期。

LM20-1517-0053 《大般涅槃經》卷一〇

北涼曇無讖譯，CBETA，T12，no.374，p.424，c11–15。高昌國時期。

LM20-1517-0054 《佛說救護身命經》

作者不詳，CBETA，T85，no.2865，p.1325，c28–29。高昌國時期。

參：孟彥弘 2018，51。

LM20-1517-0055 佛典殘片

唐時期。

LM20-1517-0056 《妙法蓮華經》卷四

姚秦鳩摩羅什譯，CBETA，T09，no.262，p.33，a17–19。唐時期。

LM20-1517-0057 佛典殘片

唐時期。

LM20-1517-0058 佛典殘片

唐時期。

LM20-1517-0059 佛典殘片

唐時期。

LM20-1517-0060 《維摩詰所說經》卷下

姚秦鳩摩羅什譯，CBETA，T14，no.475，p.554，c19–21，"已"作"以"。唐時期。

LM20-1517-0061 《佛說稱揚諸佛功德經》卷下

经册六十八

元魏吉迦夜譯，CBETA，T14，no.434，p.99，a9-10。唐時期。

LM20-1517-0062　佛典殘片

唐時期。

LM20-1517-0063　《大般涅槃經》卷三五

北涼曇無讖譯，CBETA，T12，no.374，p.573，b8-9。唐時期。

LM20-1517-0064　《妙法蓮華經》卷一

姚秦鳩摩羅什譯，CBETA，T09，no.262，p.2，b23-25。唐時期。

LM20-1517-0065　佛典殘片

高昌國時期。

LM20-1517-0066　佛名經

唐時期。

LM20-1517-0067　《妙法蓮華經》卷四

姚秦鳩摩羅什譯，CBETA，T09，no.262，p.35，b9-13。唐時期。

LM20-1517-0068　《大般涅槃經》卷三五

北涼曇無讖譯，CBETA，T12，no.374，p.572，a15-16。唐時期。

LM20-1517-0069　佛典殘片

唐時期。

LM20-1517-0070　《妙法蓮華經》卷二

姚秦鳩摩羅什譯，CBETA，T09，no.262，p.10，c20-22。唐時期。

LM20-1517-0071　《佛說法王經》

作者不詳，CBETA，T85，no.2883，p.1389，b16-17。唐時期。

LM20-1517-0072　《大般若波羅蜜多經》卷三六七

唐玄奘譯，CBETA，T06，no.220，p.890，b20-21。唐時期。

LM20-1517-0073　《妙法蓮華經》卷四

姚秦鳩摩羅什譯，CBETA，T09，no.262，p.28，b2-6。高昌國時期。

LM20-1517-0074　佛典殘片

唐時期。

LM20-1517-0075　《大般若波羅蜜多經》卷五四六

唐玄奘譯，CBETA，T07，no.220，p.810，a9-12。印本。西州回鶻時期。

LM20-1517-0076　《大般涅槃經》卷三一

北涼曇無讖譯，CBETA，T12，no.374，p.549，b27-29。高昌國時期。

LM20-1517-0077　《佛說灌頂經》卷一二

東晉帛尸梨蜜多羅譯，CBETA，T21，no.1331，p.532，c28-p.533，a1。唐時期。

LM20-1517-0078　《妙法蓮華經》卷四

姚秦鳩摩羅什譯，CBETA，T09，no.262，p.27，c8-9。唐時期。

LM20-1517-0079 《大般涅槃經》卷三五

北涼曇無讖譯，CBETA，T12，no.374，p.572，c17-18。高昌國時期。

LM20-1517-0080 《妙法蓮華經》卷二

姚秦鳩摩羅什譯，CBETA，T09，no.262，p.14，c17-20。高昌國時期。

LM20-1517-0081a 《過去現在因果經》卷三

劉宋求那跋陀羅譯，CBETA，T03，no.189，p.637，b23-25。高昌國時期。

LM20-1517-0081b 佛典殘片

高昌國時期。

LM20-1517-0081c 《净名經關中釋抄》卷上

唐道液撰，CBETA，T85，no.2778，p.517，a1-5。唐時期。

LM20-1517-0081d 佛典殘片

高昌國時期。

LM20-1517-0081e 佛典殘片

高昌國時期。

LM20-1517-0082a 佛典殘片

唐時期。

LM20-1517-0082b 《大智度論》卷四九

姚秦鳩摩羅什譯，CBETA，T25，no.1509，p.412，a12-13。高昌國時期。

LM20-1517-0082c 《十地經論》卷四

元魏菩提流支譯，CBETA，T26，no.1522，p.146，c5-6。唐時期。

LM20-1517-0082d 佛典殘片

高昌國時期。

LM20-1517-0082e 佛典殘片

唐時期。

LM20-1517-0083a 《妙法蓮華經》卷二

姚秦鳩摩羅什譯，CBETA，T09，no.262，p.12，c1-2。唐時期。

LM20-1517-0083b 《佛藏經》卷下

姚秦鳩摩羅什譯，CBETA，T15，no.653，p.804，a3。唐時期。

LM20-1517-0083c 《妙法蓮華經》卷二

姚秦鳩摩羅什譯，CBETA，T09，no.262，p.14，a23-24。唐時期。

LM20-1517-0083d 《佛說灌頂拔除過罪生死得度經》

參東晉帛尸梨蜜多羅譯《佛說灌頂經》卷一二，CBETA，T21，no.1331，p.533，c24-25。高昌國時期。

經册六十八

LM20-1517-0083e 佛典殘片

高昌國時期。

LM20-1517-0084a 佛典殘片

高昌國時期。

LM20-1517-0084b 佛典殘片

高昌國時期。

LM20-1517-0084c 佛典殘片

唐時期。

LM20-1517-0084d 佛典殘片

唐時期。

LM20-1517-0085a 《妙法蓮華經》卷二

姚秦鳩摩羅什譯，CBETA，T09，no.262，p.11，b18-19。唐時期。

LM20-1517-0085b 佛典殘片

唐時期。

LM20-1517-0085c 佛典殘片

唐時期。

LM20-1517-0085d 無字殘片

LM20-1517-0085e 佛典殘片

LM20-1517-0085f 佛典殘片

唐時期。

LM20-1517-0085g 《妙法蓮華經》卷六

姚秦鳩摩羅什譯，CBETA，T09，no.262，p.50，c14-15。唐時期。

LM20-1517-0086a 齋願文（？）

西州回鶻時期。

LM20-1517-0086b 《妙法蓮華經》卷七

姚秦鳩摩羅什譯，CBETA，T09，no.262，p.61，c7-9。唐時期。

LM20-1517-0086c 佛典殘片

唐時期。

LM20-1517-0086d 佛典殘片

唐時期。

LM20-1517-0087a 佛典殘片

高昌國時期。

LM20-1517-0087b 《瑜伽師地論》卷四三

唐玄奘譯，CBETA，T30，no.1579，p.531，c4-5。唐時期。

旅順博物館藏新疆出土漢文文獻

LM20-1517-0087c 佛典殘片

唐時期。

LM20-1517-0087d 殘片

唐時期。

LM20-1517-0087e 佛典殘片

唐時期。

LM20-1517-0088a 佛典殘片

唐時期。

LM20-1517-0088b 佛典殘片

高昌國時期。

LM20-1517-0088c 佛典注疏

高昌國時期。

LM20-1517-0088d 《摩訶般若波羅蜜經》卷九

姚秦鳩摩羅什譯，CBETA，T08，no.223，p.289，c13-15。唐時期。

LM20-1517-0088e 佛典殘片

高昌國時期。

LM20-1517-0089a 佛典殘片

唐時期。

LM20-1517-0089b 《妙法蓮華經》卷五

姚秦鳩摩羅什譯，CBETA，T09，no.262，p.38，a15-16。唐時期。

LM20-1517-0089c 佛典殘片

唐時期。

LM20-1517-0089d 佛典殘片

唐時期。

LM20-1517-0089e 佛典殘片

唐時期。

LM20-1517-0090a 佛典殘片

西州回鶻時期。

LM20-1517-0090b 《金剛般若波羅蜜經》

姚秦鳩摩羅什譯，CBETA，T08，no.235，p.751，c24-25。唐時期。

LM20-1517-0090c 佛典殘片

參劉宋佛陀什等譯《五分戒本》，CBETA，T22，no.1422b，p.202，a13-15。高昌國時期。

LM20-1517-0090d 佛典殘片

唐時期。

经册六十八

LM20-1517-0091a 佛典残片

唐時期。

LM20-1517-0091b 《妙法蓮華經》卷七

姚秦鳩摩羅什譯，CBETA，T09，no.262，p.61，c16-19。唐時期。

LM20-1517-0091c 佛典残片

唐時期。

LM20-1517-0091d 佛典残片

高昌國時期。

LM20-1517-0092a 佛典残片

唐時期。

LM20-1517-0092b 陀羅尼

參譯者不詳《陀羅尼雜集》卷九，CBETA，T21，no.1336，p.629，c5-7。唐時期。

LM20-1517-0092c 佛典残片

唐時期。

LM20-1517-0092d 佛典残片

高昌國時期。

LM20-1517-0093a 《大通方廣懺悔滅罪莊嚴成佛經》卷下

作者不詳，CBETA，T85，no.2871，p.1354，c29-p.1355，a1。高昌國時期。

LM20-1517-0093b 佛教戒律

參劉宋佛陀什等譯《五分戒本》，CBETA，T22，no.1422b，p.202，a9-11。高昌國時期。

LM20-1517-0093c 佛典残片

西州回鶻時期。

LM20-1517-0093d 佛典残片

西州回鶻時期。

LM20-1517-0094a 佛典残片

唐時期。

LM20-1517-0094b 《佛說咒魅經》

作者不詳，此段文字多處可見。唐時期。

LM20-1517-0094c 《悲華經》卷三

北涼曇無讖譯，CBETA，T03，no.157，p.182，a26-29。唐時期。

LM20-1517-0094d 佛典残片

唐時期。

LM20-1517-0095a 《佛本行集經》卷一二

隋闍那崛多譯，CBETA，T03，no.190，p.709，c19-20。有雙行小字注。唐時期。

参：段真子 2019，160。

LM20-1517-0095b 佛典殘片

唐時期。

LM20-1517-0095c 佛典殘片

唐時期。

LM20-1517-0096a 《寶誌和尚大乘讚》

参北宋道原纂《景德傳燈録》卷二九，CBETA，T51，no.2076，p.449，c4-7。西州回鶻時期。

LM20-1517-0096b 佛典殘片

唐時期。

LM20-1517-0096c 《大方等大集經》卷五六

高齊那連提耶舍譯，CBETA，T13，no.397，p.378，b8。唐時期。

LM20-1517-0096d 《維摩詰所説經》卷上

姚秦鳩摩羅什譯，CBETA，T14，no.475，p.541，b10-13。唐時期。

LM20-1517-0097a 佛典殘片

唐時期。

LM20-1517-0097b 佛教戒律

高昌國時期。

LM20-1517-0097c 佛典殘片

唐時期。

LM20-1517-0097d 《菩薩瓔珞經》卷六

姚秦竺佛念譯，CBETA，T16，no.656，p.50，c8-10。唐時期。

LM20-1517-0097e 《大莊嚴論經》卷一一

姚秦鳩摩羅什譯，CBETA，T04，no.201，p.319，b4-6。高昌國時期。

LM20-1517-0098a 佛典殘片

唐時期。

LM20-1517-0098b 《阿毘達磨倶舍釋論》卷二一

陳真諦譯，CBETA，T29，no.1559，p.301，c21-22。唐時期。

LM20-1517-0098c 佛典殘片

唐時期。

LM20-1517-0098d 《大般若波羅蜜多經》卷五八八

唐玄奘譯，CBETA，T07，no.220，p.1042，b21-23。唐時期。

LM20-1517-0099a 《大般涅槃經》卷二三

北涼曇無讖譯，CBETA，T12，no.374，p.499，a5-6。高昌國時期。

LM20-1517-0099b 佛典殘片
　唐時期。

LM20-1517-0099c 佛典殘片
　唐時期。

LM20-1517-0099d 佛典殘片
　唐時期。

LM20-1517-0099e 佛典殘片
　唐時期。

LM20-1517-0100a 佛典殘片
　高昌國時期。

LM20-1517-0100b 《妙法蓮華經》卷二
　姚秦鳩摩羅什譯，CBETA，T09，no.262，p.14，a1-3。唐時期。

LM20-1517-0100c 佛典殘片
　唐時期。

LM20-1517-0100d 佛典殘片
　唐時期。

LM20-1517-0101 佛典殘片
　唐時期。

LM20-1517-0102 佛典殘片
　唐時期。

LM20-1517-0103 《佛說無量壽經》卷下
　曹魏康僧鎧譯，CBETA，T12，no.360，p.275，b7-9。高昌國時期。

LM20-1517-0104a 佛典殘片
　參元魏般若流支譯《正法念處經》卷二八，CBETA，T17，no.721，p.163，c12-14。唐時期。

LM20-1517-0104b 佛典殘片
　唐時期。

LM20-1517-0105 佛典殘片
　高昌國時期。

LM20-1517-0106 佛典殘片
　高昌國時期。

LM20-1517-0107 佛典殘片
　高昌國時期。

LM20-1517-0108 《金光明經》卷四
　北涼曇無讖譯，CBETA，T16，no.663，p.356，c27-p.357，a2，"光"作"明"。高昌國時期。

旅順博物館藏新疆出土漢文文獻

LM20-1517-0109 《小品般若波羅蜜經》卷七

姚秦鳩摩羅什譯, CBETA, T08, no.227, p.570, c11-14。唐時期。

LM20-1517-0110 《大般涅槃經》卷二五

北涼曇無讖譯, CBETA, T12, no.374, p.511, a7-9。高昌國時期。

LM20-1517-0111 佛典殘片

唐時期。

LM20-1517-0112a 《法華經疏義纘》卷五

唐智度述, CBETA, X29, no.594, p.87, b8-10。有雙行小字注。唐時期。

LM20-1517-0112b 佛典殘片

高昌國時期。

LM20-1517-0112c 《一切經音義》卷一三

唐玄應撰, CBETA, C056, no.1163, p.1015, c12-14。唐時期。

參: 趙洋 2018, 36。

LM20-1517-0113 《妙法蓮華經》卷七

姚秦鳩摩羅什譯, CBETA, T09, no.262, p.56, a23-24。唐時期。

LM20-1517-0114 《妙法蓮華經》卷二

姚秦鳩摩羅什譯, CBETA, T09, no.262, p.17, b19-21。唐時期。

LM20-1517-0115 《佛說八正道經》

後漢安世高譯, CBETA, T02, no.112, p.505, b12-13。高昌國時期。

LM20-1517-0116r 《金剛三昧經》

譯者不詳, CBETA, T09, no.273, p.368, a17-19。第3行夾寫小字"處"。唐時期。

LM20-1517-0116v 《金剛三昧經》

譯者不詳, CBETA, T09, no.273, p.368, a19-21。唐時期。無法揭取拍攝。

LM20-1517-0117 《道行般若經》卷五

後漢支婁迦讖譯, CBETA, T08, no.224, p.450, c15-18, "計"作"量", "諦"作"議"。高昌國時期。

LM20-1517-0118 《妙法蓮華經》卷三

姚秦鳩摩羅什譯, CBETA, T09, no.262, p.22, b20-23。唐時期。

LM20-1517-0119 《大智度論》卷五四

姚秦鳩摩羅什譯, CBETA, T25, no.1509, p.448, b7-9。高昌國時期。

LM20-1517-0120a 佛典殘片

高昌國時期。

LM20-1517-0120b 佛典殘片

唐時期。

经册六十八

LM20-1517-0121a 佛典残片

高昌國時期。

LM20-1517-0121b 佛典残片

高昌國時期。

LM20-1517-0122 《妙法蓮華經》卷四

姚秦鳩摩羅什譯, CBETA, T09, no.262, p.31, b11-15。唐時期。

LM20-1517-0123 《大般涅槃經》卷一四

北涼曇無讖譯, CBETA, T12, no.374, p.449, c13-14。高昌國時期。

LM20-1517-0124 《金剛般若波羅蜜經》

姚秦鳩摩羅什譯, CBETA, T08, no.235, p.752, b28-c1。唐時期。

LM20-1517-0125 《放光般若經》卷三

西晉無羅叉譯, CBETA, T08, no.221, p.19, b3-6。高昌國時期。

LM20-1517-0126 《佛說佛名經》卷一

元魏菩提流支譯, CBETA, T14, no.440, p.117, a8-10。唐時期。

LM20-1517-0127 《大般涅槃經》卷二〇

北涼曇無讖譯, CBETA, T12, no.374, p.482, a11-13。高昌國時期。

LM20-1517-0128 《大方廣佛華嚴經》卷一七（五十卷本）

東晉佛陀跋陀羅譯,《中華大藏經》第 12 册, 215b13-14; 參 CBETA, T09, no.278, p.531, c8-9。高昌國時期。

LM20-1517-0129 《摩訶般若波羅蜜經》卷一三

姚秦鳩摩羅什譯, CBETA, T08, no.223, p.318, a28-b1。唐時期。

LM20-1517-0130a 佛典残片

高昌國時期。

LM20-1517-0130b 《佛說佛名經》卷七

元魏菩提流支譯, CBETA, T14, no.440, p.152, a12-13。唐時期。

LM20-1517-0131 《大般涅槃經》卷三六

北涼曇無讖譯, CBETA, T12, no.374, p.575, b7-9。高昌國時期。

LM20-1517-0132 佛教戒律

高昌國時期。

LM20-1517-0133a 佛名經

高昌國時期。

LM20-1517-0133b 《佛說觀佛三昧海經》卷三

東晉佛陀跋陀羅譯, CBETA, T15, no.643, p.659, c11-13。唐時期。

LM20-1517-0134a 佛名經

高昌國時期。

LM20-1517-0134b 《金光明經》卷四

北凉曇無讖譯，CBETA，T16，no.663，p.355，b25-27。唐時期。

LM20-1517-0135 《大方等大集經菩薩念佛三昧分》卷六

隋達磨笈多譯，CBETA，T13，no.415，p.851，b6-7。唐時期。

LM20-1517-0136a 佛典殘片

唐時期。

LM20-1517-0136b 佛典殘片

高昌國時期。

LM20-1517-0137a 《妙法蓮華經》卷二

姚秦鳩摩羅什譯，CBETA，T09，no.262，p.13，a23-24。高昌國時期。

LM20-1517-0137b 佛典殘片

唐時期。

LM20-1517-0138a 《賢劫經》卷一

西晉竺法護譯，CBETA，T14，no.425，p.7，c22-24。唐時期。

LM20-1517-0138b 《金光明經》卷一

北凉曇無讖譯，CBETA，T16，no.663，p.340，b17-19。高昌國時期。

LM20-1517-0139 《妙法蓮華經》卷四

姚秦鳩摩羅什譯，CBETA，T09，no.262，p.30，c12-13。唐時期。

LM20-1517-0140a 《十住毘婆沙論》卷二

姚秦鳩摩羅什譯，CBETA，T26，no.1521，p.29，a6-8；卷一二，CBETA，T26，no.1521，p.89，b7-9。西州回鶻時期。

LM20-1517-0140b 《佛本行集經》卷三〇

隋闍那崛多譯，CBETA，T03，no.190，p.792，c11-12。唐時期。

參：段真子 2019，161。

LM20-1517-0141a 《梵網經》卷下

姚秦鳩摩羅什譯，CBETA，T24，no.1484，p.1008，c15-19，"拜"作"三"。唐時期。

LM20-1517-0141b 《一切經音義》卷八

唐玄應撰，CBETA，C056，no.1163，p.937，c5-7。西州回鶻時期。

LM20-1517-0141c 《佛說佛名經》卷一一

譯者不詳，CBETA，T14，no.441，p.229，b27-28。西州回鶻時期。

LM20-1517-0142a 佛典殘片

唐時期。

LM20-1517-0142b 佛典殘片

經册六十八

唐時期。

LM20-1517-0143 《妙法蓮華經》卷三

姚秦鳩摩羅什譯，CBETA，T09，no.262，p.19，a27-b1。唐時期。

LM20-1517-0144 《佛說廣博嚴淨不退轉輪經》卷三

劉宋智嚴譯，CBETA，T09，no.268，p.264，b5-8。唐時期。

LM20-1517-0145 《妙法蓮華經》卷六

姚秦鳩摩羅什譯，CBETA，T09，no.262，p.54，b20-22。唐時期。

LM20-1517-0146 《妙法蓮華經》卷二

姚秦鳩摩羅什譯，CBETA，T09，no.262，p.17，b13-15，"所"作"此"。高昌郡時期。

參：《旅博選粹》，12。

LM20-1517-0147 《大方等陀羅尼經》卷二

北涼法衆譯，CBETA，T21，no.1339，p.649，b16-17，"得"作"獲得"。高昌國時期。

LM20-1517-0148a 《大般涅槃經》卷二二

與 LM20-1517-0148b 爲同一寫本，據此定名。高昌國時期。

LM20-1517-0148b 《大般涅槃經》卷二二

北涼曇無讖譯，CBETA，T12，no.374，p.495，c4-5。高昌國時期。

LM20-1517-0149 佛典殘片

高昌國時期。

LM20-1517-0150 《四分律開宗記》卷五

唐懷素撰，CBETA，X42，no.735，p.457，c1-4。唐時期。

LM20-1517-0151 《十誦律》卷二八

姚秦弗若多羅譯，CBETA，T23，no.1435，p.202，b24-26。高昌國時期。

LM20-1517-0152 佛典殘片

唐時期。

LM20-1517-0153a 佛典殘片

高昌國時期。

LM20-1517-0153b 《金光明經》卷二

北涼曇無讖譯，CBETA，T16，no.663，p.345，a5-6。唐時期。

LM20-1517-0154 佛名經

參譯者不詳《十方千五百佛名經》，CBETA，T14，no.442，p.317，b28-c1。西州回鶻時期。

LM20-1517-0155a 佛典殘片

唐時期。

LM20-1517-0155b 《妙法蓮華經》卷七

姚秦鳩摩羅什譯，CBETA，T09，no.262，p.56，c2-3。唐時期。

旅順博物館藏新疆出土漢文文獻

LM20-1517-0156　佛典殘片

高昌國時期。

LM20-1517-0157　《佛說觀佛三昧海經》卷五

東晉佛陀跋陀羅譯，CBETA，T15，no.643，p.671，a22-24。高昌國時期。

LM20-1517-0158a　《決罪福經》卷下

作者不詳，CBETA，T85，no.2868，p.1332，a7-10，"佛言"作"佛"。唐時期。

LM20-1517-0158b　佛典殘片

唐時期。

LM20-1517-0159　《菩薩地持經》卷二

北涼曇無讖譯，CBETA，T30，no.1581，p.895，b17-21。西州回鶻時期。

LM20-1517-0160a　《金剛般若波羅蜜經》

姚秦鳩摩羅什譯，CBETA，T08，no.235，p.749，a13-15。唐時期。

LM20-1517-0160b　《金光明經》卷一

北涼曇無讖譯，CBETA，T16，no.663，p.336，b19-22。唐時期。

LM20-1517-0161　《中阿含經》卷二八

東晉僧伽提婆譯，CBETA，T01，no.26，p.605，a11-14。高昌國時期。

LM20-1517-0162a　佛典殘片

高昌國時期。

LM20-1517-0162b　《大般涅槃經》卷一

北涼曇無讖譯，CBETA，T12，no.374，p.366，b19-20。高昌國時期。

LM20-1517-0163　《阿毘曇毘婆沙論》卷一

北涼浮陀跋摩、道泰譯，CBETA，T28，no.1546，p.2，a25-27。高昌國時期。

LM20-1517-0164　《大般涅槃經》卷二六

北涼曇無讖譯，CBETA，T12，no.374，p.520，c26-29。高昌國時期。

LM20-1517-0165a　佛名經

唐時期。

LM20-1517-0165b　《阿毘達磨順正理論》卷五一

唐玄奘譯，CBETA，T29，no.1562，p.630，c8-9。唐時期。

LM20-1517-0166　《妙法蓮華經》卷三

姚秦鳩摩羅什譯，CBETA，T09，no.262，p.24，c19-23。高昌國時期。

LM20-1517-0167a　《妙法蓮華經》卷七

姚秦鳩摩羅什譯，CBETA，T09，no.262，p.56，c13-15。唐時期。

LM20-1517-0167b　《金剛般若波羅蜜經》

姚秦鳩摩羅什譯，CBETA，T08，no.235，p.750，b29-c2。唐時期。

经册六十八

LM20-1517-0168a　佛典殘片

唐時期。

LM20-1517-0168b　《大般涅槃經》卷三四

北涼曇無讖譯，CBETA，T12，no.374，p.565，c22-23。高昌國時期。

LM20-1517-0169　《大般涅槃經》卷一六

北涼曇無讖譯，CBETA，T12，no.374，p.461，c3-5。唐時期。

LM20-1517-0170　《摩訶般若波羅蜜經》卷二六

姚秦鳩摩羅什譯，CBETA，T08，no.223，p.409，a9-11。高昌國時期。

LM20-1517-0171　佛典殘片

參梁真諦譯，隋寶貴合《合部金光明經》卷二，CBETA，T16，no.664，p.370，a25。高昌國時期。

LM20-1517-0172　《大般涅槃經》卷九

北涼曇無讖譯，CBETA，T12，no.374，p.417，c29-p.418，a2。高昌國時期。

LM20-1517-0173　《大般涅槃經》卷二〇

北涼曇無讖譯，CBETA，T12，no.374，p.483，a26-29。高昌國時期。

LM20-1517-0174　《大般涅槃經》卷四〇

北涼曇無讖譯，CBETA，T12，no.374，p.603，c14-15。高昌國時期。

LM20-1517-0175　佛典殘片

高昌國時期。

LM20-1517-0176　《華嚴經行願品疏鈔》卷四

唐澄觀撰，宗密述，CBETA，X05，no.229，p.288，b14-15，"處"作"地"。唐時期。

LM20-1517-0177　《大智度論》卷七二

姚秦鳩摩羅什譯，CBETA，T25，no.1509，p.569，c7-9。高昌國時期。

LM20-1517-0178　《大般若波羅蜜多經》

唐玄奘譯，此段文字多處可見。唐時期。

LM20-1517-0179　《雜阿含經》卷二八

劉宋求那跋陀羅譯，CBETA，T02，no.99，p.204，c28-p.205，a1。唐時期。

LM20-1517-0180　佛典殘片

高昌國時期。

LM20-1517-0181　《妙法蓮華經》卷四

姚秦鳩摩羅什譯，CBETA，T09，no.262，p.35，b3-5。唐時期。

LM20-1517-0182　《大般涅槃經》卷四

北涼曇無讖譯，CBETA，T12，no.374，p.385，c6-9。高昌國時期。

LM20-1517-0183　佛典殘片

高昌國時期。

旅順博物館藏新疆出土漢文文獻

LM20-1517-0184 《彌沙塞部和醯五分律》卷一

劉宋佛陀什、竺道生等譯，CBETA，T22，no.1421，p.1，a8-11。高昌國時期。

LM20-1517-0185 佛典殘片

唐時期。

LM20-1517-0186 佛典殘片

高昌國時期。

LM20-1517-0187 《大般涅槃經》卷一

北涼曇無讖譯，CBETA，T12，no.374，p.365，c29-p.366，a1。高昌國時期。

LM20-1517-0188 《妙法蓮華經》卷五

姚秦鳩摩羅什譯，CBETA，T09，no.262，p.42，b13-15。唐時期。

LM20-1517-0189a 《大般若波羅蜜多經》

唐玄奘譯，此段文字多處可見。唐時期。

LM20-1517-0189b 《妙法蓮華經》卷六

姚秦鳩摩羅什譯，CBETA，T09，no.262，p.54，a26-27。高昌國時期。

LM20-1517-0190a 《大般涅槃經》卷三五

北涼曇無讖譯，CBETA，T12，no.374，p.570，a21-23。高昌國時期。

LM20-1517-0190b 《大般若波羅蜜多經》卷四六九

唐玄奘譯，CBETA，T07，no.220，p.373，a4-5。唐時期。

LM20-1517-0191 《賢愚經》卷一

元魏慧覺等譯，CBETA，T04，no.202，p.349，a15-16。高昌國時期。

LM20-1517-0192 《佛說阿彌陀經》

姚秦鳩摩羅什譯，此段文字多處可見。唐時期。

LM20-1517-0193 《金光明經》卷三

北涼曇無讖譯，CBETA，T16，no.663，p.351，b7-9。唐時期。

LM20-1517-0194a 佛典殘片

高昌國時期。

LM20-1517-0194b 佛典殘片

唐時期。

LM20-1517-0195 《大般涅槃經》卷一

北涼曇無讖譯，CBETA，T12，no.374，p.367，a25-26。高昌國時期。

LM20-1517-0196 佛教戒律

參姚秦弗若多羅譯《十誦律》卷三九，CBETA，T23，no.1435，p.285，b17-18。高昌國時期。

LM20-1517-0197 《摩訶般若波羅蜜經》卷一二

經册六十八

姚秦鳩摩羅什譯，CBETA，T08，no.223，p.310，a2-4。高昌郡時期。

參：《旅博選粹》，30。

LM20-1517-0198 《觀世音三昧經》

作者不詳，CBETA，D11，no.8817，p.3，a1-3。高昌國時期。

LM20-1517-0199 《大智度論》卷七二

姚秦鳩摩羅什譯，CBETA，T25，no.1509，p.565，a9-11。高昌國時期。

LM20-1517-0200 《思益梵天所問經》卷三

姚秦鳩摩羅什譯，CBETA，T15，no.586，p.51，c25-27。高昌郡時期。

LM20-1517-0201 《佛說灌頂經》卷一一

東晉帛尸梨蜜多羅譯，CBETA，T21，no.1331，p.530，c8-10。唐時期。

LM20-1517-0202 《光讚經》卷六

西晉竺法護譯，CBETA，T08，no.222，p.185，a14-16。高昌國時期。

LM20-1517-0203 《摩訶般若波羅蜜經》卷一八

姚秦鳩摩羅什譯，CBETA，T08，no.223，p.350，b26-28。高昌國時期。

LM20-1517-0204 《大般涅槃經》卷一六

北涼曇無讖譯，CBETA，T12，no.374，p.460，c3-6。高昌國時期。

LM20-1517-0205 《摩訶般若波羅蜜經》卷一六

姚秦鳩摩羅什譯，CBETA，T08，no.223，p.336，b10-13。高昌國時期。背面有字，無法揭取拍攝。

LM20-1517-0206 《大方等大集經》卷八

北涼曇無讖譯，CBETA，T13，no.397，p.50，a1-4。高昌國時期。

LM20-1517-0207 《優婆塞戒經》卷二

北涼曇無讖譯，CBETA，T24，no.1488，p.1043，c10-12。高昌郡時期。

LM20-1517-0208 《十住經》卷四

姚秦鳩摩羅什譯，CBETA，T10，no.286，p.532，a11-13。高昌郡時期。

參：《旅博選粹》，46。

LM20-1517-0209 《大般涅槃經》卷一九

北涼曇無讖譯，CBETA，T12，no.374，p.478，c22-23。高昌國時期。

LM20-1517-0210 《大般涅槃經》卷四〇

北涼曇無讖譯，CBETA，T12，no.374，p.601，a11-15。高昌國時期。

LM20-1517-0211 《放光般若經》卷八

西晉無羅叉譯，CBETA，T08，no.221，p.55，b16-18。高昌郡時期。

LM20-1517-0212 佛典殘片

高昌國時期。

LM20-1517-0213 佛典殘片

高昌國時期。

LM20-1517-0214 佛典殘片

唐時期。

LM20-1517-0215a 佛典殘片

高昌國時期。

LM20-1517-0215b 佛典殘片

唐時期。

LM20-1517-0216a 佛典殘片

高昌國時期。

LM20-1517-0216b 佛典殘片

唐時期。

LM20-1517-0217 《菩薩瓔珞本業經》卷下

姚秦竺佛念譯, CBETA, T24, no.1485, p.1018, b29-c2。高昌國時期。

LM20-1517-0218 《妙法蓮華經》卷二

姚秦鳩摩羅什譯, CBETA, T09, no.262, p.17, c10-11。細字寫本。唐時期。

LM20-1517-0219 《大般涅槃經》卷六

北涼曇無讖譯, CBETA, T12, no.374, p.398, a10-11。西州回鶻時期。

LM20-1517-0220 佛典殘片

唐時期。

LM20-1517-0221 《大方廣佛華嚴經》卷三六

東晉佛陀跋陀羅譯, CBETA, T09, no.278, p.630, c26-27。唐時期。

LM20-1517-0222 《妙法蓮華經》卷四

姚秦鳩摩羅什譯, CBETA, T09, no.262, p.28, a25-b2。唐時期。

LM20-1517-0223 《十誦律》卷二五

姚秦弗若多羅譯, CBETA, T23, no.1435, p.178, b15-18。唐時期。

LM20-1517-0224 佛典殘片

唐時期。

LM20-1517-0225 佛典殘片

參唐玄奘譯《阿毘達磨藏顯宗論》卷三〇, CBETA, T29, no.1563, p.920, b23-25; 唐玄奘譯《阿毘達磨順正理論》卷六〇, CBETA, T29, no.1562, p.677, a27-29。唐時期。

LM20-1517-0226 《大般涅槃經》卷一八

北涼曇無讖譯, CBETA, T12, no.374, p.473, c25-26。高昌國時期。

LM20-1517-0227 《大般涅槃經》卷三〇

北凉曇無讖譯，CBETA，T12，no.374，p.542，c3-4。高昌郡時期。

LM20-1517-0228　佛典殘片

高昌郡時期。

LM20-1517-0229　《佛頂尊勝陀羅尼經》

唐佛陀波利譯，CBETA，T19，no.967，p.350，b12-13。唐時期。

LM20-1517-0230　《大智度論》卷九五

姚秦鳩摩羅什譯，CBETA，T25，no.1509，p.724，c25-27。高昌國時期。

LM20-1517-0231　《佛說觀無量壽佛經》

劉宋畺良耶舍譯，CBETA，T12，no.365，p.342，b17-20。高昌國時期。

LM20-1517-0232　《大般涅槃經》卷一五

北凉曇無讖譯，CBETA，T12，no.374，p.453，a16-17。唐時期。

LM20-1517-0233　佛典殘片

參西晉無羅叉譯《放光般若經》卷一七，CBETA，T08，no.221，p.121，c6-7。高昌郡時期。

LM20-1517-0234a　佛典殘片

印本。西州回鶻時期。

LM20-1517-0234b　佛典殘片

唐時期。

LM20-1517-0235　《小品般若波羅蜜經》卷六

姚秦鳩摩羅什譯，CBETA，T08，no.227，p.561，c6-7。高昌國時期。

LM20-1517-0236　《大般涅槃經》卷三〇

北凉曇無讖譯，CBETA，T12，no.374，p.546，b11-12。高昌郡時期。

LM20-1517-0237　《大般涅槃經》卷二一

北凉曇無讖譯，CBETA，T12，no.374，p.489，c5-7。高昌國時期。

LM20-1517-0238　《方廣大莊嚴經》卷八

唐地婆訶羅譯，CBETA，T03，no.187，p.585，a20-21。唐時期。

LM20-1517-0239　佛典殘片

高昌郡時期。

LM20-1517-0240　《摩訶般若波羅蜜經》卷六

姚秦鳩摩羅什譯，CBETA，T08，no.223，p.258，a9-13。高昌國時期。

LM20-1517-0241　《佛本行集經》卷四六

隋闍那崛多譯，CBETA，T03，no.190，p.865，b13-14。唐時期。

參：段真子 2019，169。

LM20-1517-0242　《十誦律》卷八

姚秦弗若多羅譯，CBETA，T23，no.1435，p.60，c28-p.61，a1；卷一〇，CBETA，T23，

no.1435, p.71, c27-29。高昌國時期。

LM20-1517-0243 《大方等無想經》卷五

北涼曇無讖譯，CBETA, T12, no.387, p.1099, c18-21。高昌郡時期。

LM20-1517-0244 《佛說觀佛三昧海經》卷六

東晉佛陀跋陀羅譯，CBETA, T15, no.643, p.676, c3-5。高昌國時期。

LM20-1517-0245 《妙法蓮華經》卷二

姚秦鳩摩羅什譯，CBETA, T09, no.262, p.15, b29-c2。唐時期。

LM20-1517-0246 《佛說彌勒下生成佛經》

姚秦鳩摩羅什譯，CBETA, T14, no.454, p.425, a20-23。唐時期。

LM20-1517-0247 《十誦律》卷二五

姚秦弗若多羅譯，CBETA, T23, no.1435, p.179, a3-4。高昌郡時期。

LM20-1517-0248 《大般涅槃經》卷六

北涼曇無讖譯，CBETA, T12, no.374, p.398, b19-20。高昌國時期。

LM20-1517-0249 《佛說佛名經》

元魏菩提流支譯，此段文字多處可見。唐時期。

LM20-1517-0250 佛名經

唐時期。

LM20-1517-0251 佛典殘片

唐時期。

LM20-1517-0252 《大般涅槃經》卷一六

北涼曇無讖譯，CBETA, T12, no.374, p.459, a12-14。唐時期。

LM20-1517-0253 《大方廣佛華嚴經》卷四四（五十卷本）

東晉佛陀跋陀羅譯，《中華大藏經》第12册，538b10-11；參 CBETA, T09, no.278, p.733, a9-11，"屬聞"作"屬悉聞"。高昌國時期。

LM20-1517-0254 《佛說十一面觀世音神咒經》

北周耶舍崛多譯，CBETA, T20, no.1070, p.151, a2-4。高昌國時期。

LM20-1517-0255a 寶積經

參高齊那連提耶舍譯《大寶積經》卷七六，CBETA, T11, no.310, p.432, a7-9。高昌國時期。

LM20-1517-0255b 佛典殘片

有朱點。高昌國時期。

LM20-1517-0256 《妙法蓮華經》卷五

姚秦鳩摩羅什譯，CBETA, T09, no.262, p.38, b2-3。唐時期。

LM20-1517-0257 佛典殘片

高昌郡時期。

LM20-1517-0258 《大智度論》卷一二

姚秦鳩摩羅什譯，CBETA，T25，no.1509，p.148，b14-18。第3、4行間夾寫小字"如"。高昌郡時期。

LM20-1517-0259 《金剛般若波羅蜜經》

姚秦鳩摩羅什譯，CBETA，T08，no.235，p.751，b27-29。唐時期。

LM20-1517-0260 《摩訶般若波羅蜜經》卷一一

姚秦鳩摩羅什譯，CBETA，T08，no.223，p.303，c14-16。高昌國時期。

LM20-1517-0261 佛典殘片

參唐良賁造《仁王護國般若波羅蜜多經疏》卷上，CBETA，T33，no.1709，p.453，c6-8。唐時期。

LM20-1517-0262 《大般若波羅蜜多經》卷四五四

唐玄奘譯，CBETA，T07，no.220，p.293，a13-15。西州回鶻時期。

LM20-1517-0263a 佛典殘片

唐時期。

LM20-1517-0263b 佛典殘片

高昌郡時期。

LM20-1517-0264 《金剛般若波羅蜜經》

元魏菩提流支譯，CBETA，T08，no.236a，p.753，c17-18。唐時期。

LM20-1517-0265 《大般若波羅蜜多經》

唐玄奘譯，此段文字多處可見。唐時期。

LM20-1517-0266 《妙法蓮華經》卷六

姚秦鳩摩羅什譯，CBETA，T09，no.262，p.47，c29-p.48，a2。唐時期。

LM20-1517-0267 《妙法蓮華經》卷六

姚秦鳩摩羅什譯，CBETA，T09，no.262，p.51，c23-26。唐時期。

LM20-1517-0268 《妙法蓮華經》卷二

姚秦鳩摩羅什譯，CBETA，T09，no.262，p.13，c5-8。唐時期。

LM20-1517-0269 《添品妙法蓮華經》卷五

隋闍那崛多、達摩笈多譯，CBETA，T09，no.264，p.175，c5-7。唐時期。

LM20-1517-0270 《妙法蓮華經》卷一

姚秦鳩摩羅什譯，CBETA，T09，no.262，p.5，c11-12。唐時期。

LM20-1517-0271 《大般涅槃經》卷二〇

北涼曇無讖譯，CBETA，T12，no.374，p.485，c10-11。高昌國時期。

LM20-1517-0272 《大智度論》卷七八

姚秦鳩摩羅什譯，CBETA，T25，no.1509，p.608，b22-24。高昌國時期。

LM20-1517-0273 《大般涅槃經》卷三三

北涼曇無讖譯，CBETA，T12，no.374，p.563，a25-26。高昌郡時期。

LM20-1517-0274 佛典殘片

高昌國時期。

LM20-1517-0275r 《文選·七命》李善注

參《六臣注文選》卷三五，中華書局，1987年，654頁。有雙行小字注。唐時期。

參：李昀 2017，88、92、99、103、110。

LM20-1517-0275v 金剛經疏

參唐道氤集《御注金剛般若波羅蜜經宣演》，CBETA，T85，no.2733，p.23，a29-b4。有雙行小字注。唐時期。

參：李昀 2017，88、92、99-102。

LM20-1517-0276 《注維摩詰經》卷二

姚秦僧肇撰，CBETA，T38，no.1775，p.346，c16-21。有雙行小字注。唐時期。

LM20-1517-0277 《妙法蓮華經》卷四

姚秦鳩摩羅什譯，CBETA，T09，no.262，p.34，a9-13。唐時期。

LM20-1517-0278 《摩訶般若波羅蜜經》卷三

姚秦鳩摩羅什譯，CBETA，T08，no.223，p.237，a23-25。高昌國時期。

LM20-1517-0279 《十地經論》卷一〇

元魏菩提流支譯，CBETA，T26，no.1522，p.181，b6-8。高昌國時期。

LM20-1517-0280 《放光般若經》

西晉無羅叉譯，此段文字多處可見。高昌國時期。

LM20-1517-0281a 《大般涅槃經》卷一八

北涼曇無讖譯，CBETA，T12，no.374，p.470，c1-2。高昌國時期。

LM20-1517-0281b 佛典殘片

高昌國時期。

LM20-1517-0282 《大般涅槃經》卷二三

北涼曇無讖譯，CBETA，T12，no.374，p.499，b13-15。高昌國時期。

LM20-1517-0283 《大般涅槃經》卷一

北涼曇無讖譯，CBETA，T12，no.374，p.370，a4-6。唐時期。

LM20-1517-0284 《大般涅槃經》卷三六

北涼曇無讖譯，CBETA，T12，no.374，p.580，b27-28。唐時期。

LM20-1517-0285 《佛說觀無量壽佛經》

劉宋畺良耶舍譯，CBETA，T12，no.365，p.342，a3-4。唐時期。

经册六十八

LM20-1517-0286 《妙法莲华经》卷六

姚秦鸠摩罗什译，CBETA，T09，no.262，p.47，a1-4。唐时期。

LM20-1517-0287 《大般若波罗蜜多经》卷三五七

唐玄奘译，CBETA，T06，no.220，p.840，c1-3。唐时期。

LM20-1517-0288 《四分律比丘含注戒本》卷下

唐道宣述，CBETA，T40，no.1806，p.457，b23-24。有双行小字注。唐时期。

LM20-1517-0289 《大般涅槃经》卷一九

北凉昙无谶译，CBETA，T12，no.374，p.473，b9-10。高昌郡时期。

LM20-1517-0290 《大般涅槃经》卷一八

北凉昙无谶译，CBETA，T12，no.374，p.469，a17。高昌国时期。

LM20-1517-0291 佛典残片

唐时期。

LM20-1517-0292 《佛说佛名经》卷四

译者不详，此段文字多处可见。唐时期。

LM20-1517-0293a 佛典残片

高昌国时期。

LM20-1517-0293b 佛典残片

唐时期。

LM20-1517-0294 《妙法莲华经》卷一

姚秦鸠摩罗什译，CBETA，T09，no.262，p.3，b27-c1。唐时期。

LM20-1517-0295 《妙法莲华经》卷三

姚秦鸠摩罗什译，CBETA，T09，no.262，p.21，b24-27。唐时期。

LM20-1517-0296 《金光明经》卷四

北凉昙无谶译，CBETA，T16，no.663，p.355，b4-6。高昌国时期。

LM20-1517-0297 《大般涅槃经》卷一

北凉昙无谶译，CBETA，T12，no.374，p.370，a24-26。唐时期。

LM20-1517-0298 《大般若波罗蜜多经》

唐玄奘译，此段文字多处可见。唐时期。

LM20-1517-0299 《佛说仁王般若波罗蜜经》卷上

姚秦鸠摩罗什译，CBETA，T08，no.245，p.829，c16-18。高昌国时期。

LM20-1517-0300 《大般涅槃经》卷三六

北凉昙无谶译，CBETA，T12，no.374，p.580，a8-10。高昌国时期。

LM20-1517-0301 佛典残片

唐时期。

LM20-1517-0302a 《大方廣佛華嚴經》

唐實叉難陀譯，此段文字多處可見。唐時期。

LM20-1517-0302b 《金光明經》卷四

北涼曇無讖譯，CBETA，T16，no.663，p.353，b9-12。高昌國時期。

LM20-1517-0303 陀羅尼集

參譯者不詳《陀羅尼雜集》卷二，CBETA，T21，no.1336，p.585，c6-10。高昌國時期。

參：磯邊友美 2006，114；磯邊友美 2006，206-208，216。

LM20-1517-0304 《妙法蓮華經》卷二

姚秦鳩摩羅什譯，CBETA，T09，no.262，p.17，b5-8。唐時期。

LM20-1517-0305 《佛說觀藥王藥上二菩薩經》

劉宋畺良耶舍譯，CBETA，T20，no.1161，p.665，b24-26。唐時期。

LM20-1517-0306 《佛說阿閦世王經》卷上

後漢支婁迦讖譯，CBETA，T15，no.626，p.389，c8-11。上欄外有墨筆點記。高昌郡時期。

參：《旅博選粹》，24。

LM20-1517-0307a 《大般涅槃經》卷三七

北涼曇無讖譯，CBETA，T12，no.374，p.581，c5-7。高昌國時期。

LM20-1517-0307b 《大般涅槃經》卷二五

北涼曇無讖譯，CBETA，T12，no.374，p.516，a21-22。高昌國時期。

LM20-1517-0308a 《大般若波羅蜜多經》卷五七七

唐玄奘譯，CBETA，T07，no.220，p.985，c22-23。唐時期。

LM20-1517-0308b 佛典殘片

唐時期。

LM20-1517-0308c 《妙法蓮華經》卷七

姚秦鳩摩羅什譯，CBETA，T09，no.262，p.58，b16-18。唐時期。

LM20-1517-0309 《大般涅槃經》卷二七

北涼曇無讖譯，CBETA，T12，no.374，p.523，b9-12。唐時期。

LM20-1517-0310a 《摩訶般若波羅蜜經》卷八

姚秦鳩摩羅什譯，CBETA，T08，no.223，p.277，a10-12。高昌國時期。

LM20-1517-0310b 《大方廣佛華嚴經》卷二

東晉佛陀跋陀羅譯，CBETA，T09，no.278，p.404，b13-15。唐時期。

LM20-1517-0311a 佛典殘片

唐時期。

LM20-1517-0311b 《大佛頂如來密因修證了義諸菩薩萬行首楞嚴經》卷九

唐般剌蜜帝譯，CBETA，T19，no.945，p.148，a3-5。唐時期。

经册六十八

LM20-1517-0312a 《维摩詰所說經》卷上

姚秦鳩摩羅什譯，CBETA，T14，no.475，p.540，c14-16。唐時期。

LM20-1517-0312b 《大般涅槃經》卷二五

北涼曇無讖譯，CBETA，T12，no.374，p.514，c23-25。高昌國時期。

LM20-1517-0313a 《金光明最勝王經》卷四

唐義淨譯，此段文字多處可見。唐時期。

LM20-1517-0313b 佛典殘片

唐時期。

LM20-1517-0314a 《妙法蓮華經》卷三

姚秦鳩摩羅什譯，CBETA，T09，no.262，p.20，b20-21。唐時期。

LM20-1517-0314b 《大般涅槃經》卷三二

北涼曇無讖譯，CBETA，T12，no.374，p.558，b27-28。高昌國時期。

LM20-1517-0315 《大般涅槃經》卷三一

北涼曇無讖譯，CBETA，T12，no.374，p.551，a5-6。高昌國時期。

LM20-1517-0316 《大方等大集經》卷九

北涼曇無讖譯，CBETA，T13，no.397，p.53，b8-10。唐時期。

LM20-1517-0317 《大般涅槃經》卷四

北涼曇無讖譯，CBETA，T12，no.374，p.389，a1-3。高昌國時期。

LM20-1517-0318 《彌沙塞部和醯五分律》卷二三

劉宋佛陀什、竺道生等譯，CBETA，T22，no.1421，p.156，a23-25；a28-b1。高昌國時期。

LM20-1517-0319a 《妙法蓮華經》卷七

姚秦鳩摩羅什譯，CBETA，T09，no.262，p.57，c23-27，第2行"被"作"值"、"遠"作"繞"。第2行爲小字。唐時期。

LM20-1517-0319b 《俱舍論頌疏論本》卷二

唐圓暉述，CBETA，T41，no.1823，p.826，c8-12。唐時期。

LM20-1517-0320a 《大般涅槃經》卷二〇

北涼曇無讖譯，CBETA，T12，no.374，p.482，a7-8。唐時期。

LM20-1517-0320b 佛典殘片

唐時期。

LM20-1517-0321 《大般涅槃經》卷二二

北涼曇無讖譯，CBETA，T12，no.374，p.495，c10-11。高昌國時期。

LM20-1517-0322 《妙法蓮華經》卷六

姚秦鳩摩羅什譯，CBETA，T09，no.262，p.51，b1-3。高昌國時期。

LM20-1517-0323 《妙法蓮華經》卷四

姚秦鸠摩罗什译，CBETA，T09，no.262，p.29，a1-3。唐时期。

LM20-1517-0324a 《妙法莲华经》卷五

姚秦鸠摩罗什译，CBETA，T09，no.262，p.41，a5-7。唐时期。

LM20-1517-0324b 《大般涅槃经》卷二〇

北凉昙无谶译，CBETA，T12，no.374，p.485，c21-23。唐时期。

LM20-1517-0325 《大般涅槃经》卷二五

北凉昙无谶译，CBETA，T12，no.374，p.510，c20-21。高昌国时期。

LM20-1517-0326 《大般涅槃经》卷三五

北凉昙无谶译，CBETA，T12，no.374，p.569，c10-11。高昌国时期。

LM20-1517-0327 佛典残片

唐时期。

LM20-1517-0328 《大般涅槃经》卷三一

北凉昙无谶译，CBETA，T12，no.374，p.549，a13-15。高昌国时期。

LM20-1517-0329 佛典残片

高昌国时期。

LM20-1517-0330 《大般若波罗蜜多经》

唐玄奘译，此段文字多处可见。唐时期。

LM20-1517-0331 《金光明最胜王经》卷一〇

唐义净译，CBETA，T16，no.665，p.451，b6-10。唐时期。

LM20-1517-0332 《合部金光明经》卷二

梁真谛译，隋宝贵合，CBETA，T16，no.664，p.368，c10-13。唐时期。

LM20-1517-0333 《金光明经》卷一

北凉昙无谶译，CBETA，T16，no.663，p.339，a8-9。唐时期。

LM20-1517-0334 佛典残片

唐时期。

LM20-1517-0335a 《妙法莲华经》卷七

姚秦鸠摩罗什译，CBETA，T09，no.262，p.60，b8-10。唐时期。

LM20-1517-0335b 《佛说罗摩伽经》卷上

西秦圣坚译，CBETA，T10，no.294，p.856，c13-15。唐时期。

LM20-1517-0336a 佛典残片

高昌国时期。

LM20-1517-0336b 佛典残片

唐时期。

LM20-1517-0337a 《阿毗达磨俱舍论》卷三〇

唐玄奘譯，CBETA，T29，no.1558，p.156，a7–8。唐時期。

LM20-1517-0337b 《妙法蓮華經》卷一

姚秦鳩摩羅什譯，CBETA，T09，no.262，p.10，a15–17。唐時期。

LM20-1517-0338 《大智度論》卷四〇

姚秦鳩摩羅什譯，CBETA，T25，no.1509，p.349，a9–11。唐時期。

LM20-1517-0339 《大智度論》卷五五

姚秦鳩摩羅什譯，CBETA，T25，no.1509，p.451，a15–17。高昌國時期。

LM20-1517-0340 《悲華經》卷四

北涼曇無讖譯，CBETA，T03，no.157，p.189，b8。高昌郡時期。

參：《旅博選粹》，7；陰會蓮 2006，106、109，112–113，圖一。

LM20-1517-0341 《大般涅槃經》卷二三

北涼曇無讖譯，CBETA，T12，no.374，p.499，c11–13。高昌國時期。

LM20-1517-0342 佛典注疏

高昌國時期。背面有字，無法揭取拍攝。

LM20-1517-0343 佛典殘片

高昌國時期。

LM20-1517-0344 佛典殘片

高昌國時期。

LM20-1517-0345 《妙法蓮華經》卷四

姚秦鳩摩羅什譯，CBETA，T09，no.262，p.31，a1。唐時期。

LM20-1517-0346 《放光般若經》卷二

西晉無羅叉譯，CBETA，T08，no.221，p.9，a17–20。高昌國時期。

LM20-1517-0347 《妙法蓮華經》卷七

姚秦鳩摩羅什譯，CBETA，T09，no.262，p.56，b28–29。唐時期。

LM20-1517-0348 佛典殘片

高昌國時期。

LM20-1517-0349 《大智度論》卷五八

姚秦鳩摩羅什譯，CBETA，T25，no.1509，p.469，a11–14。高昌國時期。

LM20-1517-0350 佛典殘片

唐時期。

LM20-1517-0351 《大般若波羅蜜多經》卷一一六

唐玄奘譯，CBETA，T05，no.220，p.636，b17–19；b6–8。唐時期。

LM20-1517-0352 《金光明經》卷一

北涼曇無讖譯，CBETA，T16，no.663，p.338，b1–4。唐時期。

旅顺博物馆藏新疆出土汉文文献

LM20-1517-0353 《妙法莲华经》卷二

姚秦鸠摩罗什译，CBETA，T09，no.262，p.11，b20-21。唐时期。

LM20-1517-0354a 《大般涅槃经》卷一八

北凉昙无谶译，CBETA，T12，no.374，p.469，a2-3。唐时期。

LM20-1517-0354b 《摩诃般若波罗蜜经》卷七

姚秦鸠摩罗什译，CBETA，T08，no.223，p.275，a22-24。高昌国时期。

LM20-1517-0355 《放光般若经》卷七

西晋无罗叉译，CBETA，T08，no.221，p.54，a23-24。唐时期。

LM20-1517-0356 佛典残片

高昌郡时期。

LM20-1517-0357 《大般涅槃经》卷三

北凉昙无谶译，CBETA，T12，no.374，p.385，a28-b1。高昌国时期。

LM20-1517-0358a 《杂阿含经》卷四

刘宋求那跋陀罗译，CBETA，T02，no.99，p.24，c6-8。唐时期。

LM20-1517-0358b 佛典残片

唐时期。

LM20-1517-0359 《妙法莲华经》卷四

姚秦鸠摩罗什译，CBETA，T09，no.262，p.27，c12-13。唐时期。

LM20-1517-0360 佛教戒律

唐时期。

LM20-1517-0361 《大般若波罗蜜多经》卷九五

唐玄奘译，CBETA，T05，no.220，p.530，c16-18；卷九七，CBETA，T05，no.220，p.538，b4-6。唐时期。

LM20-1517-0362 《摩诃般若波罗蜜经》卷二

姚秦鸠摩罗什译，CBETA，T08，no.223，p.232，b26-27。高昌国时期。

LM20-1517-0363 《金光明经》卷一

北凉昙无谶译，CBETA，T16，no.663，p.339，b5-9。唐时期。

LM20-1517-0364a 《大方等大集经》卷三四

隋那连提耶舍译，CBETA，T13，no.397，p.236，a23-25。唐时期。

LM20-1517-0364b 《大般涅槃经》卷七

北凉昙无谶译，CBETA，T12，no.374，p.405，c25-27。唐时期。

LM20-1517-0364c 佛典残片

唐时期。

LM20-1517-0365a 《大方广佛华严经》卷三

經册六十八

唐實叉難陀譯，CBETA，T10，no.279，p.14，a7-8。唐時期。

LM20-1517-0365b 《大般涅槃經》卷一二

北涼曇無讖譯，CBETA，T12，no.374，p.436，a4-5。高昌國時期。

LM20-1517-0366a 《佛說灌頂經》卷一二

東晉帛尸梨蜜多羅譯，CBETA，T21，no.1331，p.534，a3-4。唐時期。

LM20-1517-0366b 《大唐內典録》卷一

唐道宣撰，CBETA，T55，no.2149，p.219，c26-p.220，a1。唐時期。

參：《旅博選粹》，152；王振芬、孟彦弘 2017，192。

LM20-1517-0366c 《勝鬘經》注疏

有雙行小字注。高昌國時期。

LM20-1517-0367a 《妙法蓮華經》卷四

姚秦鳩摩羅什譯，CBETA，T09，no.262，p.27，b22-23。唐時期。

LM20-1517-0367b 殘片

唐時期。

LM20-1517-0368 佛典殘片

唐時期。

LM20-1517-0369 《摩訶般若波羅蜜經》卷七

姚秦鳩摩羅什譯，CBETA，T08，no.223，p.273，a10-11。高昌國時期。

LM20-1517-0370 《天地八陽神咒經》

唐義净譯，CBETA，T85，no.2897，p.1424，b13-14。唐時期。背面有字，無法揭取拍攝。

LM20-1517-0371 《大般涅槃經》卷三一

北涼曇無讖譯，CBETA，T12，no.374，p.549，a15-17。高昌國時期。

LM20-1517-0372 《放光般若經》卷一九

西晉無羅叉譯，CBETA，T08，no.221，p.138，a19-21。高昌國時期。

LM20-1517-0373 《大般涅槃經》卷四

北涼曇無讖譯，CBETA，T12，no.374，p.389，a29-23。高昌國時期。

LM20-1517-0374a 佛典殘片

高昌國時期。

LM20-1517-0374b 《大智度論》卷六八

姚秦鳩摩羅什譯，CBETA，T25，no.1509，p.535，b6-7。高昌國時期。

LM20-1517-0375a 《金光明經》卷二

北涼曇無讖譯，CBETA，T16，no.663，p.341，c26-28。高昌國時期。

LM20-1517-0375b 《妙法蓮華經》卷一

姚秦鳩摩羅什譯，CBETA，T09，no.262，p.2，b28-c1。唐時期。

LM20-1517-0376a 佛典殘片

唐時期。

LM20-1517-0376b 佛典殘片

高昌國時期。

LM20-1517-0377a 《金光明經》卷一

北涼曇無讖譯，CBETA，T16，no.663，p.340，a26-29。唐時期。

LM20-1517-0377b 《大般涅槃經》卷五

北涼曇無讖譯，CBETA，T12，no.374，p.394，a7-8。高昌國時期。

LM20-1517-0378a 佛典殘片

唐時期。

LM20-1517-0378b 《金剛般若波羅蜜經》

姚秦鳩摩羅什譯，CBETA，T08，no.235，p.750，a9-11。唐時期。

LM20-1517-0379 《大般涅槃經》卷三八

北涼曇無讖譯，CBETA，T12，no.374，p.588，a1-3。高昌國時期。

LM20-1517-0380 佛典殘片

高昌郡時期。

LM20-1517-0381 佛典殘片

唐時期。

LM20-1517-0382 佛典殘片

唐時期。

LM20-1517-0383 《大般涅槃經》卷三二

北涼曇無讖譯，CBETA，T12，no.374，p.554，a23-24。高昌國時期。

LM20-1517-0384 《阿毘達磨順正理論》卷二八

唐玄奘譯，CBETA，T29，no.1562，p.501，a5-6。唐時期。

LM20-1517-0385 《金剛般若波羅蜜經》

姚秦鳩摩羅什譯，CBETA，T08，no.235，p.752，b9-11。唐時期。

LM20-1517-0386 《大般涅槃經》

北涼曇無讖譯，此段文字多處可見。高昌國時期。

LM20-1517-0387 《大般涅槃經》卷一七

北涼曇無讖譯，CBETA，T12，no.374，p.466，b14-15。高昌國時期。

LM20-1517-0388a 《佛說觀藥王藥上二菩薩經》

劉宋畺良耶舍譯，CBETA，T20，no.1161，p.666，a19-21。唐時期。

LM20-1517-0388b 佛典注疏

高昌國時期。

經册六十八

LM20-1517-0389 《摩訶般若波羅蜜經》卷二〇

姚秦鳩摩羅什譯，CBETA，T08，no.223，p.364，a3-6。高昌郡時期。

LM20-1517-0390 《大般涅槃經》卷一〇

北涼曇無讖譯，CBETA，T12，no.374，p.426，c6-8。高昌國時期。

LM20-1517-0391 《合部金光明經》卷三

梁真諦譯，隋寶貴合，CBETA，T16，no.664，p.375，b5-7。唐時期。

LM20-1517-0392 《大般涅槃經》卷三一

北涼曇無讖譯，CBETA，T12，no.374，p.549，a11-13。高昌國時期。

LM20-1517-0393a 《大般涅槃經》卷二七

北涼曇無讖譯，CBETA，T12，no.374，p.526，c6-7。唐時期。

LM20-1517-0393b 《金剛般若波羅蜜經》

姚秦鳩摩羅什譯，CBETA，T08，no.235，p.748，c28-p.749，a4。唐時期。

LM20-1517-0393c 《妙法蓮華經》卷七

姚秦鳩摩羅什譯，CBETA，T09，no.262，p.57，a8-10。唐時期。

LM20-1517-0394 《小品般若波羅蜜經》卷九

姚秦鳩摩羅什譯，CBETA，T08，no.227，p.576，b6-8。高昌國時期。

LM20-1517-0395 《大方廣佛華嚴經》卷五一

唐實叉難陀譯，CBETA，T10，no.279，p.272，a22-24，"地"作"堇"。唐時期。

LM20-1517-0396 《大般涅槃經》卷七

北涼曇無讖譯，CBETA，T12，no.374，p.404，b10-12。唐時期。

LM20-1517-0397 《妙法蓮華經》卷二

姚秦鳩摩羅什譯，CBETA，T09，no.262，p.13，a7-10。唐時期。

LM20-1517-0398 《大智度論》卷一九

姚秦鳩摩羅什譯，CBETA，T25，no.1509，p.199，c19-22。高昌國時期。

LM20-1517-0399 《光讚經》卷三

西晉竺法護譯，CBETA，T08，no.222，p.167，a24-27。高昌國時期。

LM20-1517-0400 《現在十方千五百佛名並雜佛同號》

作者不詳，CBETA，T85，no.2905，p.1449，b11-15。唐時期。

LM20-1517-0401 《大方等大集經》卷一二

北涼曇無讖譯，CBETA，T13，no.397，p.81，a27-28。高昌國時期。

LM20-1517-0402 《放光般若經》卷一三

西晉無羅叉譯，CBETA，T08，no.221，p.92，a8-9。高昌國時期。

LM20-1517-0403 《妙法蓮華經》卷三

姚秦鳩摩羅什譯，CBETA，T09，no.262，p.21，b21。唐時期。

旅順博物館藏新疆出土漢文文獻

LM20-1517-0404　佛典殘片

唐時期。

LM20-1517-0405　佛典殘片

唐時期。

LM20-1517-0406　《大通方廣懺悔滅罪莊嚴成佛經》卷下

作者不詳, CBETA, T85, no.2871, p.1354, c21-23。唐時期。

LM20-1517-0407　佛典殘片

高昌國時期。

LM20-1517-0408　《大智度論》卷一五

姚秦鳩摩羅什譯, CBETA, T25, no.1509, p.170, c14-16。高昌國時期。

LM20-1517-0409　佛典殘片

唐時期。

LM20-1517-0410　《大般涅槃經》卷三〇

北涼曇無讖譯, CBETA, T12, no.374, p.542, c5-7。唐時期。

LM20-1517-0411　佛教戒律

唐時期。

LM20-1517-0412　《大般涅槃經》卷三

北涼曇無讖譯, CBETA, T12, no.374, p.384, c27-28。高昌國時期。

LM20-1517-0413　《佛說灌頂經》卷一二

東晉帛尸梨蜜多羅譯, CBETA, T21, no.1331, p.533, a10-11。唐時期。

LM20-1517-0414　佛典殘片

唐時期。

LM20-1517-0415　《大智度論》卷八六

姚秦鳩摩羅什譯, CBETA, T25, no.1509, p.664, a1。高昌國時期。

LM20-1517-0416　佛典殘片

西州回鶻時期。

LM20-1517-0417　《妙法蓮華經》卷五

姚秦鳩摩羅什譯, CBETA, T09, no.262, p.42, b13-15。唐時期。

LM20-1517-0418　《摩訶般若波羅蜜經》卷一八

姚秦鳩摩羅什譯, CBETA, T08, no.223, p.352, a28-b1。高昌國時期。

LM20-1517-0419　《妙法蓮華經》卷五

姚秦鳩摩羅什譯, CBETA, T09, no.262, p.43, b8-10。高昌國時期。

LM20-1517-0420　《大智度論》卷一〇〇

姚秦鳩摩羅什譯, CBETA, T25, no.1509, p.753, b19-21。高昌國時期。

經冊六十八

LM20-1517-0421 《妙法蓮華經》卷二

姚秦鳩摩羅什譯，CBETA，T09，no.262，p.13，a6-10。唐時期。

LM20-1517-0422 《勝天王般若波羅蜜經》卷五

陳月婆首那譯，CBETA2019.Q3，T08，no.231，p.712，b21-22。唐時期。

LM20-1517-0423 《大般涅槃經》卷二五

北涼曇無讖譯，CBETA，T12，no.374，p.510，b26-27。高昌國時期。

LM20-1517-0424 《金剛般若波羅蜜經》

姚秦鳩摩羅什譯，CBETA，T08，no.235，p.749，c28-p.750，a1。唐時期。

LM20-1517-0425 《妙法蓮華經》卷四

姚秦鳩摩羅什譯，CBETA，T09，no.262，p.29，b17-21。唐時期。

LM20-1517-0426 佛典殘片

高昌國時期。

LM20-1517-0427 《佛說觀無量壽佛經》

劉宋畺良耶舍譯，CBETA，T12，no.365，p.343，c20-22。唐時期。

參：《旅博選粹》，118；《净土集成》，44-45。

LM20-1517-0428 《大般涅槃經》卷二九

北涼曇無讖譯，CBETA，T12，no.374，p.541，a15-18。高昌國時期。

LM20-1517-0429 《放光般若經》卷一八

西晉無羅叉譯，CBETA，T08，no.221，p.128，c12-13。唐時期。

LM20-1517-0430 《佛說輪轉五道罪福報應經》

劉宋求那跋陀羅譯，CBETA，T17，no.747b，p.564，b21-23。唐時期。

LM20-1517-0431 《優婆塞戒經》卷二

北涼曇無讖譯，CBETA，T24，no.1488，p.1045，b16-19。唐時期。

LM20-1517-0432 《佛說婦人遇辜經》

西秦聖堅譯，CBETA，T14，no.571，p.944，a19-20。唐時期。

LM20-1517-0433 《金光明經》卷一

北涼曇無讖譯，CBETA，T16，no.663，p.340，b28-c2。唐時期。

LM20-1517-0434 佛典殘片

高昌國時期。

LM20-1517-0435 《佛說灌頂經》卷一二

東晉帛尸梨蜜多羅譯，CBETA，T21，no.1331，p.533，a12-15。唐時期。

LM20-1517-0436 《妙法蓮華經》卷六

姚秦鳩摩羅什譯，CBETA，T09，no.262，p.52，a28-b2。唐時期。

LM20-1517-0437 《大智度論》卷七三

姚秦鸠摩罗什译，CBETA，T25，no.1509，p.576，c20-22。高昌国时期。

LM20-1517-0438 《妙法莲华经》卷二

姚秦鸠摩罗什译，CBETA，T09，no.262，p.16，a23-27。高昌国时期。

LM20-1517-0439 《大般涅槃经》卷二六

北凉昙无谶译，CBETA，T12，no.374，p.517，c24-25。高昌国时期。

LM20-1517-0440 《大般涅槃经》卷四

北凉昙无谶译，CBETA，T12，no.374，p.385，b14-16。高昌国时期。

LM20-1517-0441 《佛说灌顶经》卷一二

东晋帛尸梨蜜多罗译，CBETA，T21，no.1331，p.535，b22-24。唐时期。

LM20-1517-0442 《阿毗昙毗婆沙论》卷三〇

北凉浮陀跋摩、道泰译，CBETA，T28，no.1546，p.220，b8-10。高昌郡时期。

LM20-1517-0443 《金光明最胜王经》卷四

唐义净译，CBETA，T16，no.665，p.421，a11-12。唐时期。

LM20-1517-0444 佛典残片

西州回鹘时期。

LM20-1517-0445 《大般涅槃经》卷一二

北凉昙无谶译，CBETA，T12，no.374，p.436，b6-7。高昌国时期。

LM20-1517-0446 《光赞经》卷四

西晋竺法护译，CBETA，T08，no.222，p.171，b6-8。高昌国时期。

LM20-1517-0447 《妙法莲华经》卷五

姚秦鸠摩罗什译，CBETA，T09，no.262，p.38，b8-10。高昌国时期。

LM20-1517-0448 《阿毗昙八犍度论》卷一六

符秦僧伽提婆、竺佛念译，CBETA，T26，no.1543，p.846，b14-15，"身口"作"身非口"。唐时期。

LM20-1517-0449 《大般涅槃经》卷二五

北凉昙无谶译，CBETA，T12，no.374，p.511，a12-13。高昌国时期。

LM20-1517-0450 《妙法莲华经》卷七

姚秦鸠摩罗什译，CBETA，T09，no.262，p.57，c12-16。唐时期。

LM20-1517-0451 《胜天王般若波罗蜜经》卷五

陈月婆首那译，CBETA，T08，no.231，p.716，b7-9。高昌国时期。

LM20-1517-0452 佛典残片

唐时期。

LM20-1517-0453 《大乘庄严经论》卷四

唐波罗颇蜜多罗译，CBETA，T31，no.1604，p.610，a3-5。唐时期。

经册六十八

LM20-1517-0454 《大智度論》卷一三

姚秦鳩摩羅什譯，CBETA，T25，no.1509，p.154，a19-22。高昌郡時期。

LM20-1517-0455 佛典殘片

高昌國時期。

LM20-1517-0456 《妙法蓮華經》卷二

姚秦鳩摩羅什譯，CBETA，T09，no.262，p.16，a15-17。唐時期。

LM20-1517-0457 《四分律》卷二三

姚秦佛陀耶舍、竺佛念等譯，CBETA，T22，no.1428，p.728，b3-6。唐時期。

LM20-1517-0458 《金剛般若波羅蜜經》

姚秦鳩摩羅什譯，CBETA，T08，no.235，p.749，a6-8。唐時期。

LM20-1517-0459 《妙法蓮華經》卷二

姚秦鳩摩羅什譯，CBETA，T09，no.262，p.15，c23-24。唐時期。

LM20-1517-0460 《金剛般若波羅蜜經》

姚秦鳩摩羅什譯，CBETA，T08，no.235，p.751，b3-5。唐時期。

LM20-1517-0461 《大般涅槃經》卷九

北涼曇無讖譯，CBETA，T12，no.374，p.417，b16-17。高昌國時期。

LM20-1517-0462 佛典殘片

參姚秦鳩摩羅什譯《妙法蓮華經》卷三，CBETA，T09，no.262，p.26，a14-15。高昌國時期。

LM20-1517-0463 佛典殘片

高昌國時期。

LM20-1517-0464 《舍利弗阿毗曇論》卷六

姚秦曇摩耶舍、曇摩崛多等譯，CBETA，T28，no.1548，p.568，b16-18；卷五，CBETA，T28，no.1548，p.560，c17-19。高昌郡時期。

LM20-1517-0465 《合部金光明經》卷八

隋闍那崛多譯，隋寶貴合，CBETA，T16，no.664，p.401，a6-7。唐時期。

LM20-1517-0466 《增壹阿含經》卷一六

東晉僧伽提婆譯，CBETA，T02，no.125，p.624，c26-27。唐時期。

LM20-1517-0467 《大般若波羅蜜多經》卷八六

唐玄奘譯，CBETA，T05，no.220，p.479，c5-7。唐時期。

LM20-1517-0468 佛典殘片

唐時期。

LM20-1517-0469 《金剛般若波羅蜜經》

姚秦鳩摩羅什譯，CBETA，T08，no.235，p.750，b3-7。高昌郡時期。

LM20-1517-0470 佛典殘片

高昌郡時期。

LM20-1517-0471 佛典殘片

高昌國時期。

LM20-1517-0472 《佛說觀藥王藥上二菩薩經》

劉宋畺良耶舍譯, CBETA, T20, no.1161, p.666, a8-10。唐時期。

LM20-1517-0473 《佛本行集經》卷三〇

隋闍那崛多譯, CBETA, T03, no.190, p.792, b23-24。唐時期。

參: 段真子 2019, 161。

LM20-1517-0474 《大般涅槃經》卷二一

北涼曇無讖譯, CBETA, T12, no.374, p.492, c20-22。唐時期。

LM20-1517-0475 《金光明經》卷一

北涼曇無讖譯, CBETA, T16, no.663, p.337, a2-4。高昌國時期。

LM20-1517-0476 《佛說仁王般若波羅蜜經》卷下

姚秦鳩摩羅什譯, CBETA, T08, no.245, p.832, a18-20。高昌國時期。

LM20-1517-0477 《四分律》卷五三

姚秦佛陀耶舍、竺佛念等譯, CBETA, T22, no.1428, p.961, b15。高昌國時期。

LM20-1517-0478 《小品般若波羅蜜經》卷二

姚秦鳩摩羅什譯, CBETA, T08, no.227, p.544, a1-4。高昌國時期。

LM20-1517-0479 《大智度論》卷八四

姚秦鳩摩羅什譯, CBETA, T25, no.1509, p.648, b1-3。高昌國時期。

LM20-1517-0480 《妙法蓮華經》卷一

姚秦鳩摩羅什譯, CBETA, T09, no.262, p.7, c11-14。唐時期。

LM20-1517-0481 《大方等大集經》卷七

北涼曇無讖譯, CBETA, T13, no.397, p.45, b13-15。高昌國時期。

LM20-1517-0482 《大般涅槃經》卷二六

北涼曇無讖譯, CBETA, T12, no.374, p.521, c21-23。高昌國時期。

LM20-1517-0483 《大般涅槃經》卷一三

北涼曇無讖譯, 此段文字多處可見。高昌國時期。

LM20-1517-0484 佛典殘片

高昌國時期。

LM20-1517-0485 佛典殘片

高昌國時期。

LM20-1517-0486 《請觀世音菩薩消伏毒害陀羅尼咒經》

經册六十八

東晉竺難提譯，CBETA，T20，no.1043，p.34，b22–25。高昌國時期。

LM20-1517-0487 《佛本行集經》卷二八

隋闍那崛多譯，CBETA，T03，no.190，p.782，a27–28。唐時期。

參：段真子 2019，169。

LM20-1517-0488 佛典殘片

高昌國時期。

LM20-1517-0489 《摩訶般若波羅蜜經》卷二五

姚秦鳩摩羅什譯，CBETA，T08，no.223，p.401，a6–7。高昌國時期。

LM20-1517-0490 《雜阿毗曇心論》卷一

劉宋僧伽跋摩等譯，CBETA，T28，no.1552，p.874，b3–5。唐時期。

LM20-1517-0491 佛典殘片

高昌國時期。

LM20-1517-0492 《大般涅槃經》卷三一

北涼曇無讖譯，CBETA，T12，no.374，p.548，c8–9。高昌國時期。

LM20-1517-0493 《菩薩地持經》卷七

北涼曇無讖譯，CBETA，T30，no.1581，p.930，a3–4。唐時期。

LM20-1517-0494 《大般涅槃經》卷三一

北涼曇無讖譯，CBETA，T12，no.374，p.548，a2–3。高昌國時期。

LM20-1517-0495 佛典殘片

高昌國時期。

LM20-1517-0496 《大般涅槃經》卷二三

北涼曇無讖譯，CBETA，T12，no.374，p.499，c19–20。高昌國時期。

LM20-1517-0497 《大方廣佛華嚴經》卷二五

東晉佛陀跋陀羅譯，CBETA，T09，no.278，p.561，b26–27。唐時期。

LM20-1517-0498 《齋法清净經》

作者不詳，CBETA，T85，no.2900，p.1432，a8–11。高昌國時期。

LM20-1517-0499 《佛說灌頂經》卷一一

東晉帛尸梨蜜多羅譯，CBETA，T21，no.1331，p.530，b8–10。西州回鶻時期。

LM20-1517-0500 《大般涅槃經》卷二四

北涼曇無讖譯，CBETA，T12，no.374，p.508，b8–10。唐時期。

LM20-1517-0501 《究竟一乘寶性論》卷一

元魏勒那摩提譯，CBETA，T31，no.1611，p.814，c10–12。西州回鶻時期。

LM20-1517-0502 《放光般若經》卷一

西晉無羅叉譯，CBETA，T08，no.221，p.1，b5–8。高昌國時期。

旅順博物館藏新疆出土漢文文獻

LM20-1517-0503 《金剛般若波羅蜜經》

姚秦鳩摩羅什譯，CBETA，T08，no.235，p.749，a22-24。唐時期。

LM20-1517-0504 佛典殘片

高昌國時期。

LM20-1517-0505 佛典殘片

唐時期。

LM20-1517-0506 《合部金光明經》卷六

隋闍那崛多譯，隋寶貴合，CBETA，T16，no.664，p.386，a29-b1。唐時期。

LM20-1517-0507 《妙法蓮華經》卷六

姚秦鳩摩羅什譯，CBETA，T09，no.262，p.54，c19-21。唐時期。

LM20-1517-0508 佛典殘片

唐時期。

LM20-1517-0509 《妙法蓮華經》卷五

姚秦鳩摩羅什譯，CBETA，T09，no.262，p.39，b9-13。高昌郡時期。

LM20-1517-0510 《佛說灌頂經》卷一二

東晉帛尸梨蜜多羅譯，CBETA，T21，no.1331，p.536，a6-7。唐時期。

LM20-1517-0511 《大智度論》卷八〇

姚秦鳩摩羅什譯，CBETA，T25，no.1509，p.624，b19。西州回鶻時期。

LM20-1517-0512 《維摩詰所說經》卷下

姚秦鳩摩羅什譯，CBETA，T14，no.475，p.553，a7。高昌國時期。

LM20-1517-0513 佛典殘片

唐時期。

LM20-1517-0514 《妙法蓮華經》卷二

姚秦鳩摩羅什譯，CBETA，T09，no.262，p.16，b25-28，"如"作"若"。唐時期。

LM20-1517-0515 《妙法蓮華經》卷四

姚秦鳩摩羅什譯，CBETA，T09，no.262，p.35，c23-25。唐時期。

LM20-1517-0516 佛典殘片

高昌國時期。

LM20-1517-0517 佛典殘片

唐時期。

LM20-1517-0518 《佛說佛名經》卷六

元魏菩提流支譯，CBETA，T14，no.440，p.146，b17-18；譯者不詳。《佛說佛名經》卷一四，CBETA，T14，no.441，p.238，c19-20。唐時期。

LM20-1517-0519 《大般若波羅蜜多經》卷一九八

经册六十八

唐玄奘译，CBETA，T05，no.220，p.1059，a22-24。西州回鹘时期。

LM20-1517-0520 《大般涅槃经》卷一六

北凉昙无谶译，CBETA，T12，no.374，p.457，b26-28。高昌国时期。

LM20-1517-0521 《大般涅槃经》卷一九

北凉昙无谶译，CBETA，T12，no.374，p.475，a28-b1。高昌国时期。

LM20-1517-0522 《妙法莲华经》卷二

姚秦鸠摩罗什译，CBETA，T09，no.262，p.12，b10-11。唐时期。

LM20-1517-0523 文书残片

唐时期。

LM20-1517-0524 佛典残片

唐时期。

LM20-1517-0525 《大通方广忏悔灭罪庄严成佛经》卷上

作者不详，CBETA，T85，no.2871，p.1345，a4-5。高昌国时期。

LM20-1517-0526 《大般涅槃经》卷三一

北凉昙无谶译，CBETA，T12，no.374，p.552，b1-2。唐时期。

LM20-1517-0527 佛典残片

唐时期。

LM20-1517-0528 佛名经

西州回鹘时期。

LM20-1517-0529 《大乘起信论》

梁真谛译，CBETA，T32，no.1666，p.577，a15-16，"於续"作"於相续"。唐时期。

LM20-1517-0530 《大般若波罗蜜多经》卷五九

唐玄奘译，此段文字多处可见。唐时期。

LM20-1517-0531 《大般涅槃经》卷三二

北凉昙无谶译，CBETA，T12，no.374，p.558，c27-p.559，a1。高昌国时期。

LM20-1517-0532 《妙法莲华经》卷二

姚秦鸠摩罗什译，CBETA，T09，no.262，p.13，a4-5。高昌国时期。

LM20-1517-0533 《妙法莲华经》卷一

姚秦鸠摩罗什译，CBETA，T09，no.262，p.10，b3-7。唐时期。

LM20-1517-0534 《大智度论》卷二七

姚秦鸠摩罗什译，CBETA，T25，no.1509，p.259，a17-18。高昌国时期。

LM20-1517-0535 《佛说灌顶经》卷一二

东晋帛尸梨蜜多罗译，CBETA，T21，no.1331，p.534，b8-10。唐时期。

LM20-1517-0536 佛典残片

唐時期。

LM20-1517-0537 《佛本行集經》卷一二

隋闍那崛多譯，CBETA，T03，no.190，p.709，b15-18。唐時期。

參：段真子 2019，168。

LM20-1517-0538 《大般涅槃經》卷一九

北涼曇無讖譯，CBETA，T12，no.374，p.475，b8-9。高昌國時期。

LM20-1517-0539 《大般涅槃經》卷二〇

北涼曇無讖譯，CBETA，T12，no.374，p.480，c5-6。高昌國時期。

LM20-1517-0540 佛典殘片

唐時期。

LM20-1517-0541 佛典殘片

高昌國時期。

LM20-1517-0542 《維摩詰所說經》卷上

姚秦鳩摩羅什譯，CBETA，T14，no.475，p.538，b1-4。唐時期。

LM20-1517-0543 佛典殘片

唐時期。

LM20-1517-0544 佛典殘片

高昌國時期。

LM20-1517-0545 《大般涅槃經》卷五

北涼曇無讖譯，CBETA，T12，no.374，p.395，a11-12。唐時期。

LM20-1517-0546 《大般若波羅蜜多經》卷二六

唐玄奘譯，此段文字多處可見。唐時期。

LM20-1517-0547a 《佛本行集經》卷二三

隋闍那崛多譯，CBETA，T03，no.190，p.758，b22-23。唐時期。

參：段真子 2019，169。

LM20-1517-0547b 《大般涅槃經》卷四

北涼曇無讖譯，CBETA，T12，no.374，p.388，b10-12。唐時期。

LM20-1517-0548 《大般涅槃經》卷三三

北涼曇無讖譯，CBETA，T12，no.374，p.562，a11-13。高昌國時期。

LM20-1517-0549 《阿毘達磨大毘婆沙論》卷一八七

唐玄奘譯，CBETA，T27，no.1545，p.936，c15-18。唐時期。

LM20-1517-0550 《大唐内典録》卷一

唐道宣撰，CBETA，T55，no.2149，p.219，c28-p.220，a5。唐時期。

參：《旅博選粹》，152；王振芬、孟彦弘 2017，191、192。

經册六十八

LM20-1517-0551 《救疾經》

作者不詳，CBETA，T85，no.2878，p.1362，b1-3。高昌國時期。

參：馬俊傑 2019，232。

LM20-1517-0552 《維摩詰所說經》卷上

姚秦鳩摩羅什譯，CBETA，T14，no.475，p.539，b9-11。唐時期。

LM20-1517-0553 《大般若波羅蜜多經》卷五七七

唐玄奘譯，CBETA，T07，no.220，p.985，a19-22。唐時期。

LM20-1517-0554a 《妙法蓮華經》卷五

姚秦鳩摩羅什譯，CBETA，T09，no.262，p.45，c23-26。高昌國時期。

LM20-1517-0554b 佛典殘片

唐時期。

LM20-1517-0555 《大通方廣懺悔滅罪莊嚴成佛經》卷上

作者不詳，CBETA，T85，no.2871，p.1340，a23-24。高昌國時期。

LM20-1517-0556a 《佛說七女觀經》

作者不詳，CBETA，T85，no.2913，p.1459，b20-22。唐時期。

LM20-1517-0556b 《合部金光明經》卷一

北涼曇無讖譯，隋寶貴合，CBETA，T16，no.664，p.361，a7-8。唐時期。

LM20-1517-0557a 佛典殘片

高昌國時期。

LM20-1517-0557b 《佛本行集經》卷一二

隋闍那崛多譯，CBETA，T03，no.190，p.709，c19-21。高昌國時期。

參：段真子 2019，160。

LM20-1517-0558 佛典殘片

高昌郡時期。

LM20-1517-0559 《大方等陀羅尼經》卷三

北涼法衆譯，CBETA，T21，no.1339，p.653，c13-16。欄外有勾。高昌國時期。

LM20-1517-0560 《佛說觀藥王藥上二菩薩經》

劉宋畺良耶舍譯，CBETA，T20，no.1161，p.665，c18-21。唐時期。

LM20-1517-0561a 《大般若波羅蜜多經》

唐玄奘譯，此段文字多處可見。唐時期。

LM20-1517-0561b 佛典殘片

西州回鶻時期。

LM20-1517-0562 《妙法蓮華經》卷五

姚秦鳩摩羅什譯，CBETA，T09，no.262，p.42，c12-16。西州回鶻時期。

旅顺博物馆藏新疆出土汉文文献

LM20-1517-0563 《大般涅槃經》卷二七

北凉曇無讖譯，CBETA，T12，no.374，p.527，b20-22。高昌國時期。

LM20-1517-0564 《大般涅槃經》卷四

北凉曇無讖譯，CBETA，T12，no.374，p.385，c28-p.386，a2。唐時期。

LM20-1517-0565 佛典殘片

唐時期。背面有"可汝"二字，無法揭取拍攝。

LM20-1517-0566a 《大般涅槃經》卷二三

北凉曇無讖譯，CBETA，T12，no.374，p.502，b5-7。高昌國時期。

LM20-1517-0566b 佛典殘片

高昌國時期。

LM20-1517-0567a 《妙法蓮華經》卷四

姚秦鳩摩羅什譯，CBETA，T09，no.262，p.28，c5-6。唐時期。

LM20-1517-0567b 佛典殘片

唐時期。

LM20-1517-0568 《妙法蓮華經》卷二

姚秦鳩摩羅什譯，CBETA，T09，no.262，p.16，b15-18。高昌郡時期。

LM20-1517-0569a 《大般涅槃經》卷一七

北凉曇無讖譯，CBETA，T12，no.374，p.467，b22-23。高昌國時期。

LM20-1517-0569b 《大般涅槃經》卷二〇

北凉曇無讖譯，CBETA，T12，no.374，p.482，a10-12。高昌國時期。

LM20-1517-0570a 佛名經

高昌國時期。

LM20-1517-0570b 《佛説蕤嚬醯經》

西晉法炬譯，CBETA，T02，no.119，p.511，b17-18。高昌國時期。

LM20-1517-0571a 佛典殘片

唐時期。

LM20-1517-0571b 《大般若波羅蜜多經》卷五四八

唐玄奘譯，CBETA，T07，no.220，p.823，c22-23。唐時期。

LM20-1517-0571c 佛典殘片

高昌國時期。

LM20-1517-0572a 《佛頂尊勝陀羅尼經》

唐佛陀波利譯，CBETA，T19，no.967，p.351，a26-27。唐時期。

LM20-1517-0572b 《佛説觀無量壽佛經》

劉宋畺良耶舍譯，CBETA，T12，no.365，p.341，c18-19。唐時期。

经册六十八

LM20-1517-0573a 《大般涅槃經》卷一九

北凉曇無讖譯，CBETA，T12，no.374，p.479，c23-24。高昌國時期。

LM20-1517-0573b 《金剛般若波羅蜜經》

姚秦鳩摩羅什譯，CBETA，T08，no.235，p.749，b20-21。唐時期。

LM20-1517-0574a 《妙法蓮華經》卷三

姚秦鳩摩羅什譯，CBETA，T09，no.262，p.23，b7-9。西州回鶻時期。

LM20-1517-0574b 佛典殘片

西州回鶻時期。

LM20-1517-0575a 《金光明最勝王經》卷四

唐義淨譯，CBETA，T16，no.665，p.421，c8-12。唐時期。

LM20-1517-0575b 佛典殘片

唐時期。

LM20-1517-0576 《大般若波羅蜜多經》卷一九五

唐玄奘譯，此段文字多處可見。西州回鶻時期。

LM20-1517-0577 《大般涅槃經》卷四

北凉曇無讖譯，CBETA，T12，no.374，p.389，b19-20。高昌郡時期。

參：《旅博選粹》，48。

LM20-1517-0578 《大般涅槃經》卷二四

北凉曇無讖譯，CBETA，T12，no.374，p.506，a13-14。高昌國時期。

LM20-1517-0579 《大方廣佛華嚴經》卷二二

唐實叉難陀譯，CBETA，T10，no.279，p.116，b23-24。唐時期。

LM20-1517-0580 《妙法蓮華經》卷一

姚秦鳩摩羅什譯，CBETA，T09，no.262，p.2，c5-7。唐時期。

LM20-1517-0581 《大般涅槃經》卷一四

北凉曇無讖譯，CBETA，T12，no.374，p.448，c25-27。高昌國時期。

LM20-1517-0582 《大悲經》卷四

高齊那連提耶舍譯，CBETA，T12，no.380，p.967，a16-18。高昌國時期。

LM20-1517-0583 《四分律》卷二四

姚秦佛陀耶舍、竺佛念等譯，CBETA，T22，no.1428，p.735，c1-3。唐時期。

LM20-1517-0584 《金剛般若波羅蜜經》

元魏菩提流支譯，CBETA，T08，no.236a，p.753，c20-24。唐時期。

LM20-1517-0585 《阿毘達磨大毘婆沙論》卷一五

唐玄奘譯，CBETA，T27，no.1545，p.73，b24-26。西州回鶻時期。

LM20-1517-0586 《妙法蓮華經》卷二

姚秦鳩摩羅什譯，CBETA，T09，no.262，p.12，c8-12。細字寫本。唐時期。

LM20-1517-0587a 佛典殘片

高昌國時期。

LM20-1517-0587b 佛典殘片

高昌國時期。

LM20-1517-0587c 佛典殘片

高昌國時期。

LM20-1517-0588 唐僧籍

唐時期。背面有字，無法揭取拍攝。

参：孟憲實 2019a，61。

LM20-1517-0589 《妙法蓮華經》卷六

姚秦鳩摩羅什譯，CBETA，T09，no.262，p.51，c10-12。西州回鶻時期。

LM20-1517-0590a 《大智度論》卷二九

姚秦鳩摩羅什譯，CBETA，T25，no.1509，p.272，c7-8。高昌國時期。

LM20-1517-0590b 佛典殘片

高昌國時期。

LM20-1517-0591a 《大方便佛報恩經》卷三

譯者不詳，CBETA，T03，no.156，p.136，b19-21。西州回鶻時期。

LM20-1517-0591b 《金光明經》卷二

北涼曇無讖譯，CBETA，T16，no.663，p.342，c2-3。唐時期。

LM20-1517-0592a 佛典殘片

高昌國時期。

LM20-1517-0592b 《金光明經》卷四

北涼曇無讖譯，CBETA，T16，no.663，p.356，b27-c3。高昌郡時期。

LM20-1517-0593a 《大般涅槃經》卷一〇

北涼曇無讖譯，CBETA，T12，no.374，p.428，a11-12。高昌國時期。

LM20-1517-0593b 佛典殘片

高昌國時期。

LM20-1517-0594a 《佛本行集經》卷四三

隋闍那崛多譯，CBETA，T03，no.190，p.855，a5-6。唐時期。

参：段真子 2019，169。

LM20-1517-0594b 佛典殘片

参姚秦鳩摩羅什譯《維摩詰所說經》卷上，CBETA，T14，no.475，p.539，a10-13。高昌國時期。背面有字，無法揭取拍攝。

经册六十八

LM20-1517-0595a 《大般涅槃經》卷一

北涼曇無讖譯，CBETA，T12，no.374，p.369，b9-11。唐時期。

LM20-1517-0595b 《大般涅槃經》卷八

北涼曇無讖譯，CBETA，T12，no.374，p.411，a16-18。唐時期。

LM20-1517-0596a 佛典殘片

高昌國時期。

LM20-1517-0596b 《大般涅槃經》卷四

北涼曇無讖譯，CBETA，T12，no.374，p.390，a22-25。高昌國時期。

LM20-1517-0597a 佛典注疏

高昌國時期。

LM20-1517-0597b 《大般涅槃經》卷二五

北涼曇無讖譯，CBETA，T12，no.374，p.517，a9-12。高昌國時期。

LM20-1517-0598a 《梵網經》卷下

姚秦鳩摩羅什譯，CBETA，T24，no.1484，p.1006，a1-3。西州回鶻時期。

LM20-1517-0598b 《大般涅槃經》卷三八

北涼曇無讖譯，CBETA，T12，no.374，p.587，b28-29。高昌國時期。

LM20-1517-0599a 佛典殘片

唐時期。

LM20-1517-0599b 《大智度論》卷二一

姚秦鳩摩羅什譯，CBETA，T25，no.1509，p.219，a17-18。高昌國時期。

LM20-1517-0600a 《佛說灌頂經》卷一二

東晉帛尸梨蜜多羅譯，CBETA，T21，no.1331，p.533，a26-28。唐時期。

LM20-1517-0600b 《大方廣佛華嚴經》（五十卷本）

東晉佛陀跋陀羅譯，此段文字多處可見。高昌國時期。

LM20-1517-0601 佛典注疏

高昌國時期。

LM20-1517-0602 《金剛般若波羅蜜經》

元魏菩提流支譯，CBETA，T08，no.236a，p.753，b24-27。唐時期。

LM20-1517-0603 《金剛般若波羅蜜經》

姚秦鳩摩羅什譯，CBETA，T08，no.235，p.748，c26-28。唐時期。

LM20-1517-0604 《大般涅槃經》卷四

北涼曇無讖譯，CBETA，T12，no.374，p.382，c4-7。唐時期。

LM20-1517-0605 《大般涅槃經》卷一

北涼曇無讖譯，CBETA，T12，no.374，p.366，b1-2。唐時期。

旅順博物館藏新疆出土漢文文獻

LM20-1517-0606 佛典殘片

西州回鶻時期。

LM20-1517-0607 《佛說佛名經》

元魏菩提流支譯，此段文字多處可見。唐時期。

LM20-1517-0608 《大般涅槃經》卷二八

北涼曇無讖譯，CBETA, T12, no.374, p.530, a12。高昌國時期。

LM20-1517-0609 《金光明最勝王經》卷四

唐義净譯，CBETA, T16, no.665, p.422, a11-12。唐時期。

LM20-1517-0610 《大智度論》卷二四

姚秦鳩摩羅什譯，CBETA, T25, no.1509, p.236, a10-12。高昌郡時期。

LM20-1517-0611 《金光明經》卷二

北涼曇無讖譯，CBETA, T16, no.663, p.345, b13-15。高昌國時期。

LM20-1517-0612 佛典注疏

高昌國時期。

LM20-1517-0613 《添品妙法蓮華經》卷七

隋闍那崛多、達摩笈多譯，CBETA, T09, no.264, p.195, b2-3。唐時期。

LM20-1517-0614 《金剛般若波羅蜜經》

姚秦鳩摩羅什譯，CBETA, T08, no.235, p.752, a24-28。唐時期。

LM20-1517-0615 醫書殘片

唐時期。

LM20-1517-0616 佛典殘片

唐時期。

LM20-1517-0617 佛名經

高昌國時期。

LM20-1517-0618 佛典殘片

高昌郡時期。

LM20-1517-0619 《大日經疏指心鈔》卷一

唐一行撰，CBETA, D18, no.8863, p.38, b3-4。唐時期。

LM20-1517-0620 《大方廣佛華嚴經》卷一八（五十卷本）

東晉佛陀跋陀羅譯，《中華大藏經》第 12 册, 226a17-18; 參 CBETA, T09, no.278, p.537, b11-12。高昌國時期。

LM20-1517-0621a 佛典殘片

唐時期。

LM20-1517-0621b 《大般若波羅蜜多經》卷八八

唐玄奘譯，此段文字多處可見。唐時期。

LM20-1517-0622 《大般涅槃經》卷三一

北涼曇無讖譯，CBETA，T12，no.374，p.550，c8-9。高昌國時期。

LM20-1517-0623 佛典殘片

唐時期。

LM20-1517-0624 《佛說灌頂經》卷一二

東晉帛尸梨蜜多羅譯，CBETA，T21，no.1331，p.532，c21-22。唐時期。

LM20-1517-0625 《金光明經》卷二

北涼曇無讖譯，CBETA，T16，no.663，p.341，a29。高昌國時期。

LM20-1517-0626 《顯揚聖教論》卷三

唐玄奘譯，CBETA，T31，no.1602，p.491，c28-p.492，a1。唐時期。

LM20-1517-0627 佛典殘片

唐時期。

LM20-1517-0628 《四分律》卷四〇

姚秦佛陀耶舍、竺佛念等譯，CBETA，T22，no.1428，p.853，a17-18。高昌國時期。

LM20-1517-0629 佛典殘片

唐時期。

LM20-1517-0630 《大般涅槃經》卷二九

北涼曇無讖譯，CBETA，T12，no.374，p.541，b6。唐時期。

LM20-1517-0631 《佛說五王經》

譯者不詳，CBETA，T14，no.523，p.797，a19。高昌國時期。

LM20-1517-0632 《大悲經》卷二

高齊那連提耶舍譯，CBETA，T12，no.380，p.952，a8-11。唐時期。

LM20-1517-0633 佛典殘片

高昌國時期。

LM20-1517-0634 佛典殘片

唐時期。

LM20-1517-0635 佛典殘片

唐時期。

LM20-1517-0636 《妙法蓮華經》卷六

姚秦鳩摩羅什譯，CBETA，T09，no.262，p.51，c6-7。唐時期。

LM20-1517-0637a 《佛說觀無量壽佛經》

劉宋畺良耶舍譯，CBETA，T12，no.365，p.343，c8-10。高昌國時期。

LM20-1517-0637b 《維摩詰所說經》卷上

姚秦鳩摩羅什譯，CBETA，T14，no.475，p.540，a20－21。唐時期。

LM20-1517-0638　佛典殘片

唐時期。

LM20-1517-0639　《佛垂般涅槃略説教誡經》

姚秦鳩摩羅什譯，CBETA，T12，no.389，p.1111，a18－19。唐時期。

LM20-1517-0640　佛典殘片

高昌國時期。

LM20-1517-0641　佛典殘片

高昌郡時期。

LM20-1517-0642　《妙法蓮華經》卷六

姚秦鳩摩羅什譯，CBETA，T09，no.262，p.53，a23－27。高昌國時期。

LM20-1517-0643　《合部金光明經》卷二

梁真諦譯，隋寶貴合，CBETA，T16，no.664，p.372，a25－26。唐時期。

LM20-1517-0644a　《賢愚經》卷八

元魏慧覺等譯，CBETA，T04，no.202，p.404，b12－13。高昌國時期。

LM20-1517-0644b　捺印佛像殘片

朱色版畫。

LM20-1517-0645a　《大般若波羅蜜多經》卷五四五

唐玄奘譯，CBETA，T07，no.220，p.805，b21－22。唐時期。

LM20-1517-0645b　佛典殘片

高昌國時期。

LM20-1517-0646　《佛説十一面觀世音神咒經》

北周耶舍崛多譯，CBETA，T20，no.1070，p.151，a7－9。高昌國時期。

LM20-1517-0647a　《大般涅槃經》卷一四

北涼曇無讖譯，CBETA，T12，no.374，p.449，a14－15。高昌國時期。

參：《旅博選粹》，37。

LM20-1517-0647b　《妙法蓮華經》卷二

姚秦鳩摩羅什譯，CBETA，T09，no.262，p.17，a26－29。高昌郡時期。

參：《旅博選粹》，37。

LM20-1517-0648a　《大智度論》卷八二

姚秦鳩摩羅什譯，CBETA，T25，no.1509，p.636，a23－25。唐時期。

LM20-1517-0648b　《大般涅槃經》卷一

北涼曇無讖譯，CBETA，T12，no.374，p.365，c8－10。西州回鶻時期。

LM20-1517-0649a　佛典殘片

唐時期。

LM20-1517-0649b　佛典殘片

唐時期。

LM20-1517-0650　《大方廣佛華嚴經》卷五六

唐實叉難陀譯，CBETA，T10，no.279，p.295，a24-27。唐時期。

LM20-1517-0651a　《佛説觀藥王藥上二菩薩經》

劉宋畺良耶舍譯，CBETA，T20，no.1161，p.662，b1-2。唐時期。

LM20-1517-0651b　《大方等大集經》卷五五

北涼曇無讖譯，此段文字多處可見。唐時期。

LM20-1517-0652　《阿毗曇八犍度論》卷一八

符秦僧伽提婆、竺佛念譯，此段文字多處可見。唐時期。

LM20-1517-0653　《金剛般若波羅蜜經》

元魏菩提流支譯，CBETA，T08，no.236a，p.756，c18-21。唐時期。

經册六十九

LM20-1518-01-01 《長阿含經》卷一〇

姚秦佛陀耶舍、竺佛念譯, CBETA, T01, no.1, p.65, c7-14。唐時期。

LM20-1518-01-02 《般泥洹經》卷上

譯者不詳, CBETA, T01, no.6, p.180, a15-17。唐時期。

LM20-1518-01-03 《人本欲生經》

後漢安世高譯, CBETA, T01, no.14, p.244, a1-3。唐時期。

LM20-1518-01-04 《人本欲生經》

後漢安世高譯, 此段文字多處可見。唐時期。

LM20-1518-01-05 《別譯雜阿含經》卷一二

譯者不詳, CBETA, T02, no.100, p.453, b28-c1。唐時期。

LM20-1518-01-06 《別譯雜阿含經》卷一二

譯者不詳, CBETA, T02, no.100, p.454, b9-11。唐時期。

LM20-1518-01-07 《央掘魔羅經》卷二

劉宋求那跋陀羅譯, CBETA, T02, no.120, p.522, b24-26。唐時期。

LM20-1518-01-08 《增壹阿含經》卷二二

東晉僧伽提婆譯, CBETA, T02, no.125, p.663, c14-19。高昌郡時期。

LM20-1518-01-09 《大方便佛報恩經》卷一

譯者不詳, CBETA, T03, no.156, p.127, c13-16。西州回鶻時期。

LM20-1518-01-10 《大方便佛報恩經》卷四

譯者不詳, CBETA, T03, no.156, p.147, a16-19。唐時期。

LM20-1518-01-11 《大方便佛報恩經》卷七

譯者不詳, CBETA, T03, no.156, p.163, b17-18。唐時期。

LM20-1518-01-12 《悲華經》卷一

北涼曇無讖譯, CBETA, T03, no.157, p.173, b27-28。高昌國時期。

LM20-1518-01-13 《悲華經》卷二

北涼曇無讖譯, CBETA, T03, no.157, p.176, a20-22。高昌國時期。

LM20-1518-01-14 《悲華經》卷六

北涼曇無讖譯, CBETA, T03, no.157, p.203, c26-27。高昌國時期。

經冊六十九

LM20-1518-01-15a 《悲華經》卷八

北涼曇無讖譯，CBETA，T03，no.157，p.217，a29-b5。高昌郡時期。

LM20-1518-01-15b 《悲華經》卷八

北涼曇無讖譯，CBETA，T03，no.157，p.217，a28-b1。高昌郡時期。

LM20-1518-01-16 《悲華經》卷九

北涼曇無讖譯，CBETA，T03，no.157，p.227，c13-16。高昌國時期。

LM20-1518-01-17 《悲華經》卷一〇

北涼曇無讖譯，CBETA，T03，no.157，p.228，a9-13。高昌郡時期。

LM20-1518-01-18 《悲華經》卷一〇

北涼曇無讖譯，CBETA，T03，no.157，p.232，a12-14。高昌國時期。

LM20-1518-02-01 《一切智光明仙人慈心因緣不食肉經》

譯者不詳，CBETA，T03，no.183，p.458，a16-18。唐時期。

LM20-1518-02-02 《過去現在因果經》卷三

劉宋求那跋陀羅譯，CBETA，T03，no.189，p.637，b25-27。高昌國時期。

LM20-1518-02-03 《佛本行集經》卷一

隋闍那崛多譯，CBETA，T03，no.190，p.655，b28-c1。唐時期。

LM20-1518-02-04 《佛本行集經》卷二

隋闍那崛多譯，CBETA，T03，no.190，p.659，b22-24。唐時期。

LM20-1518-02-05 《佛本行集經》卷五

隋闍那崛多譯，CBETA，T03，no.190，p.675，c27-28。唐時期。

LM20-1518-02-06 《佛本行集經》卷一二

隋闍那崛多譯，CBETA，T03，no.190，p.709，c17-18。唐時期。

LM20-1518-02-07 《佛本行集經》卷一六

隋闍那崛多譯，CBETA，T03，no.190，p.726，c10-13。高昌國時期。

LM20-1518-02-08 《佛本行集經》卷二〇

隋闍那崛多譯，CBETA，T03，no.190，p.744，c28-p.745，a1。唐時期。

LM20-1518-02-09 《佛本行集經》卷二一

隋闍那崛多譯，CBETA，T03，no.190，p.750，b19-21。唐時期。

LM20-1518-02-10 《佛本行集經》卷二七

隋闍那崛多譯，CBETA，T03，no.190，p.778，a21-23。高昌國時期。

LM20-1518-02-11 《佛本行集經》卷四六

隋闍那崛多譯，CBETA，T03，no.190，p.865，b18-22。唐時期。

LM20-1518-02-12 《佛本行集經》卷五〇

隋闍那崛多譯，CBETA，T03，no.190，p.884，a22-26。高昌國時期。

旅順博物館藏新疆出土漢文文獻

LM20-1518-02-13 《佛本行集經》卷五〇

隋闍那崛多譯，CBETA，T03，no.190，p.884，b7-8。高昌國時期。

LM20-1518-02-14 《佛本行集經》卷六〇

隋闍那崛多譯，CBETA，T03，no.190，p.928，a25-29。高昌國時期。

LM20-1518-02-15 佛典殘片

唐時期。

LM20-1518-03-01 《撰集百緣經》卷四

吳支謙譯，CBETA，T04，no.200，p.217，c27-29。唐時期。

LM20-1518-03-02 《大莊嚴論經》卷五

姚秦鳩摩羅什譯，CBETA，T04，no.201，p.285，c5-6。唐時期。

LM20-1518-03-03 《賢愚經》卷八

元魏慧覺等譯，CBETA，T04，no.202，p.403，c4-6。唐時期。

LM20-1518-03-04 《賢愚經》卷九

元魏慧覺等譯，CBETA，T04，no.202，p.416，b28-29。高昌國時期。

LM20-1518-03-05 《賢愚經》卷九

元魏慧覺等譯，CBETA，T04，no.202，p.416，c1-3。唐時期。

LM20-1518-03-06 《賢愚經》卷一一

元魏慧覺等譯，CBETA，T04，no.202，p.426，b21-24。高昌國時期。

LM20-1518-03-07 《雜寶藏經》卷四

元魏吉迦夜、曇曜譯，CBETA，T04，no.203，p.468，a2-4。高昌國時期。

LM20-1518-03-08 《大般若波羅蜜多經》卷二

唐玄奘譯，CBETA，T05，no.220，p.11，b10-13。唐時期。

LM20-1518-03-09 《大般若波羅蜜多經》

唐玄奘譯，此段文字多處可見。唐時期。

LM20-1518-03-10 《大般若波羅蜜多經》

唐玄奘譯，此段文字多處可見。唐時期。

LM20-1518-03-11 《大般若波羅蜜多經》卷四〇五

唐玄奘譯，CBETA，T07，no.220，p.27，a12-13，"窮"作"窮"。唐時期。

LM20-1518-03-12 《大般若波羅蜜多經》

唐玄奘譯，此段文字多處可見。唐時期。

LM20-1518-03-13 佛典殘片

高昌國時期。

LM20-1518-03-14 《大般若波羅蜜多經》卷三二

唐玄奘譯，CBETA，T05，no.220，p.176，a19-20。唐時期。

經册六十九

LM20-1518-03-15 《大般若波羅蜜多經》卷三六

唐玄奘譯，CBETA，T05，no.220，p.200，b13。唐時期。

LM20-1518-03-16 《大般若波羅蜜多經》卷三六

唐玄奘譯，此段文字多處可見。唐時期。

LM20-1518-03-17 《大般若波羅蜜多經》卷四三

唐玄奘譯，此段文字多處可見。唐時期。

LM20-1518-04-01 《大般若波羅蜜多經》卷四七

唐玄奘譯，CBETA，T05，no.220，p.268，a29-b3。唐時期。

LM20-1518-04-02 《大般若波羅蜜多經》

唐玄奘譯，此段文字多處可見。唐時期。

LM20-1518-04-03 《大般若波羅蜜多經》

唐玄奘譯，此段文字多處可見。唐時期。

LM20-1518-04-04 《大般若波羅蜜多經》

唐玄奘譯，此段文字多處可見。唐時期。

LM20-1518-04-05 《大般若波羅蜜多經》卷八二

唐玄奘譯，CBETA，T05，no.220，p.462，c4-7。唐時期。

LM20-1518-04-06 《大般若波羅蜜多經》卷九九

唐玄奘譯，CBETA，T05，no.220，p.550，c12-15。唐時期。

LM20-1518-04-07 《大般若波羅蜜多經》卷一二四

唐玄奘譯，此段文字多處可見。唐時期。

LM20-1518-04-08 《大般若波羅蜜多經》

唐玄奘譯，此段文字多處可見。唐時期。

LM20-1518-04-09 《大般若波羅蜜多經》

唐玄奘譯，此段文字多處可見。唐時期。

LM20-1518-04-10 《大般若波羅蜜多經》

唐玄奘譯，此段文字多處可見。唐時期。

LM20-1518-04-11 《大般若波羅蜜多經》卷一七八

唐玄奘譯，此段文字多處可見。唐時期。

LM20-1518-04-12 《大般若波羅蜜多經》

唐玄奘譯，此段文字多處可見。唐時期。

LM20-1518-04-13 《大般若波羅蜜多經》

唐玄奘譯，此段文字多處可見。有朱點。唐時期。

LM20-1518-04-14 《大般若波羅蜜多經》

唐玄奘譯，此段文字多處可見。唐時期。

LM20-1518-04-15 《大般若波羅蜜多經》

唐玄奘譯，此段文字多處可見。唐時期。

LM20-1518-04-16 《大般若波羅蜜多經》

唐玄奘譯，此段文字多處可見。唐時期。

LM20-1518-04-17 《大般若波羅蜜多經》

唐玄奘譯，此段文字多處可見。唐時期。

LM20-1518-05-01 《大般若波羅蜜多經》

唐玄奘譯，此段文字多處可見。唐時期。

LM20-1518-05-02 《大般若波羅蜜多經》

唐玄奘譯，此段文字多處可見。唐時期。

LM20-1518-05-03 《大般若波羅蜜多經》

唐玄奘譯，此段文字多處可見。西州回鶻時期。

LM20-1518-05-04 《大般若波羅蜜多經》

唐玄奘譯，此段文字多處可見。唐時期。

LM20-1518-05-05 《大般若波羅蜜多經》卷二八八

唐玄奘譯，CBETA，T06，no.220，p.463，c26-28。唐時期。

LM20-1518-05-06 《大般若波羅蜜多經》

唐玄奘譯，此段文字多處可見。唐時期。

LM20-1518-05-07 《大般若波羅蜜多經》卷三〇〇

唐玄奘譯，CBETA，T06，no.220，p.525，a18-20。唐時期。

LM20-1518-05-08a 《大般若波羅蜜多經》

唐玄奘譯，此段文字多處可見。唐時期。

LM20-1518-05-08b 《大般若波羅蜜多經》

唐玄奘譯，此段文字多處可見。唐時期。

LM20-1518-05-09 《大般若波羅蜜多經》

唐玄奘譯，此段文字多處可見。唐時期。

LM20-1518-05-10 《大般若波羅蜜多經》

唐玄奘譯，此段文字多處可見。唐時期。

LM20-1518-05-11 《正法念處經》卷五八

元魏般若流支譯，CBETA，T17，no.721，p.346，b26-27。高昌國時期。

LM20-1518-05-12 《大般若波羅蜜多經》卷三三七

唐玄奘譯，CBETA，T06，no.220，p.731，b1-2。唐時期。

LM20-1518-05-13 《大般若波羅蜜多經》

唐玄奘譯，此段文字多處可見。唐時期。

經册六十九

LM20-1518-05-14 《大般若波羅蜜多經》卷三五二

唐玄奘譯，CBETA，T06，no.220，p.809，c26-29。唐時期。

LM20-1518-06-01 《大般若波羅蜜多經》卷三六四

唐玄奘譯，CBETA，T06，no.220，p.879，b5-8。唐時期。

LM20-1518-06-02 《大般若波羅蜜多經》卷三八一

唐玄奘譯，CBETA，T06，no.220，p.971，a28-b3。唐時期。

LM20-1518-06-03 《大般若波羅蜜多經》

唐玄奘譯，此段文字多處可見。唐時期。

LM20-1518-06-04 《大般若波羅蜜多經》

唐玄奘譯，此段文字多處可見。印本。西州回鶻時期。

參：陳耕 2019，355。

LM20-1518-06-05 《大般若波羅蜜多經》

唐玄奘譯，此段文字多處可見。唐時期。

LM20-1518-06-06 《大般若波羅蜜多經》卷四四八

唐玄奘譯，CBETA，T07，no.220，p.264，a3-7。印本。西州回鶻時期。

LM20-1518-06-07 《大般若波羅蜜多經》卷四六〇

唐玄奘譯，CBETA，T07，no.220，p.323，c6-9。唐時期。

LM20-1518-06-08 《大般若波羅蜜多經》卷四六〇

唐玄奘譯，CBETA，T07，no.220，p.324，a4-6。唐時期。

LM20-1518-06-09 《大般若波羅蜜多經》卷四六一

唐玄奘譯，CBETA，T07，no.220，p.329，a15-17。唐時期。

LM20-1518-06-10 《大般若波羅蜜多經》卷四六二

唐玄奘譯，CBETA，T07，no.220，p.334，c13-15。唐時期。

LM20-1518-06-11 《大般若波羅蜜多經》卷四六八

唐玄奘譯，CBETA，T07，no.220，p.366，c1-3。唐時期。

LM20-1518-06-12 《大般若波羅蜜多經》卷四六八

唐玄奘譯，CBETA，T07，no.220，p.366，c1-3。唐時期。

LM20-1518-06-13 《般若波羅蜜多心經》

唐玄奘譯，CBETA，T08，no.251，p.848，c8-11。西州回鶻時期。

LM20-1518-06-14 《大般若波羅蜜多經》卷四八五

唐玄奘譯，CBETA，T07，no.220，p.465，c21-23。唐時期。

LM20-1518-07-01 《大般若波羅蜜多經》

唐玄奘譯，此段文字多處可見。唐時期。

LM20-1518-07-02 《大般若波羅蜜多經》卷五一一

唐玄奘譯，CBETA，T07，no.220，p.607，c27-29。印本。西州回鶻時期。

LM20-1518-07-03 《大般若波羅蜜多經》卷五二七

唐玄奘譯，CBETA，T07，no.220，p.703，c22-23。唐時期。

LM20-1518-07-04 《大般若波羅蜜多經》

唐玄奘譯，此段文字多處可見。唐時期。

LM20-1518-07-05 《大般若波羅蜜多經》卷五三六

唐玄奘譯，CBETA，T07，no.220，p.755，b29-c2。唐時期。

LM20-1518-07-06 《大般若波羅蜜多經》

唐玄奘譯，此段文字多處可見。唐時期。

LM20-1518-07-07 空號

LM20-1518-07-08 《大般若波羅蜜多經》卷五四三

唐玄奘譯，此段文字多處可見。唐時期。

LM20-1518-07-09 《勝天王般若波羅蜜經》卷六

陳月婆首那譯，CBETA，T08，no.231，p.717，b12-14。高昌國時期。

LM20-1518-07-10 《大般若波羅蜜多經》卷五七七

唐玄奘譯，CBETA，T07，no.220，p.980，b6-8。唐時期。

LM20-1518-07-11 《大般若波羅蜜多經》卷五七七

唐玄奘譯，CBETA，T07，no.220，p.980，c28-p.981，a3。西州回鶻時期。

LM20-1518-07-12 《大般若波羅蜜多經》卷五七七

唐玄奘譯，CBETA，T07，no.220，p.981，b1-3。唐時期。

LM20-1518-07-13 《金剛般若波羅蜜經》

姚秦鳩摩羅什譯，CBETA，T08，no.235，p.751，a17-19。唐時期。

LM20-1518-07-14 《大般若波羅蜜多經》卷五八九

唐玄奘譯，CBETA，T07，no.220，p.1044，b27-28。唐時期。

LM20-1518-07-15 《大般若波羅蜜多經》卷五九八

唐玄奘譯，CBETA，T07，no.220，p.1094，a4-6。唐時期。

LM20-1518-08-01 《摩訶般若波羅蜜經》卷一

姚秦鳩摩羅什譯，CBETA，T08，no.223，p.218，b29-c1。高昌國時期。

LM20-1518-08-02 《摩訶般若波羅蜜經》卷一

姚秦鳩摩羅什譯，CBETA，T08，no.223，p.221，b22-25。高昌國時期。

LM20-1518-08-03 《摩訶般若波羅蜜經》卷一

姚秦鳩摩羅什譯，CBETA，T08，no.223，p.224，c14-15，"合"作"合眼"。高昌國時期。

LM20-1518-08-04 《摩訶般若波羅蜜經》卷二

姚秦鳩摩羅什譯，CBETA，T08，no.223，p.230，a8-11。高昌國時期。

經冊六十九

LM20-1518-08-05 《摩訶般若波羅蜜經》卷三

姚秦鳩摩羅什譯，CBETA，T08，no.223，p.235，c17-19。高昌國時期。

LM20-1518-08-06 《摩訶般若波羅蜜經》卷三

姚秦鳩摩羅什譯，CBETA，T08，no.223，p.235，c17-19。唐時期。

LM20-1518-08-07 《摩訶般若波羅蜜經》卷三

姚秦鳩摩羅什譯，CBETA，T08，no.223，p.235，c19-20。唐時期。

LM20-1518-08-08 《摩訶般若波羅蜜經》卷四

姚秦鳩摩羅什譯，CBETA，T08，no.223，p.241，c23-24。高昌國時期。

LM20-1518-08-09 《摩訶般若波羅蜜經》卷四

姚秦鳩摩羅什譯，CBETA，T08，no.223，p.243，c18-21。唐時期。

LM20-1518-08-10 《般若波羅蜜多心經》

唐玄奘譯，CBETA，T08，no.251，p.848，c8。唐時期。

LM20-1518-08-11 《道行般若經》卷一

後漢支婁迦讖譯，CBETA，T08，no.224，p.428，c24-26。高昌郡時期。

LM20-1518-08-12 《摩訶般若波羅蜜經》卷七

姚秦鳩摩羅什譯，CBETA，T08，no.223，p.268，a19-20。唐時期。

LM20-1518-08-13 《摩訶般若波羅蜜經》卷七

姚秦鳩摩羅什譯，CBETA，T08，no.223，p.275，b23-25。高昌國時期。

LM20-1518-08-14 《摩訶般若波羅蜜經》卷七

姚秦鳩摩羅什譯，CBETA，T08，no.223，p.276，a7-9。唐時期。

LM20-1518-09-01 《摩訶般若波羅蜜經》卷八

姚秦鳩摩羅什譯，CBETA，T08，no.223，p.278，b25-27。高昌國時期。

LM20-1518-09-02 《摩訶般若波羅蜜經》卷九

姚秦鳩摩羅什譯，CBETA，T08，no.223，p.287，b4-5。高昌國時期。

LM20-1518-09-03 《摩訶般若波羅蜜經》卷九

姚秦鳩摩羅什譯，CBETA，T08，no.223，p.289，b4-6。高昌國時期。

LM20-1518-09-04 《摩訶般若波羅蜜經》卷一〇

姚秦鳩摩羅什譯，CBETA，T08，no.223，p.294，c22-24。高昌國時期。

LM20-1518-09-05 《摩訶般若波羅蜜經》卷一一

姚秦鳩摩羅什譯，CBETA，T08，no.223，p.305，c22-24。高昌國時期。

LM20-1518-09-06 《摩訶般若波羅蜜經》卷一二

姚秦鳩摩羅什譯，CBETA，T08，no.223，p.308，a1-2。唐時期。

LM20-1518-09-07 《摩訶般若波羅蜜經》卷一五

姚秦鳩摩羅什譯，CBETA，T08，no.223，p.332，b1-2。高昌國時期。

LM20-1518-09-08 《摩訶般若波羅蜜經》卷一五

姚秦鳩摩羅什譯，CBETA，T08，no.223，p.315，a11-13。高昌國時期。

LM20-1518-09-09 《摩訶般若波羅蜜經》卷一三

姚秦鳩摩羅什譯，CBETA，T08，no.223，p.318，b10-13。唐時期。

LM20-1518-09-10 《摩訶般若波羅蜜經》卷一四

姚秦鳩摩羅什譯，CBETA，T08，no.223，p.321，b21-22。高昌國時期。

LM20-1518-09-11 《摩訶般若波羅蜜經》卷一六

姚秦鳩摩羅什譯，CBETA，T08，no.223，p.334，c25-27。高昌國時期。

LM20-1518-09-12 《摩訶般若鈔經》卷五

姚秦曇摩蜱、竺佛念譯，CBETA，T08，no.226，p.534，c19-21。高昌國時期。

LM20-1518-09-13 《摩訶般若波羅蜜經》卷一六

姚秦鳩摩羅什譯，CBETA，T08，no.223，p.336，b2-3。高昌國時期。

LM20-1518-09-14 《摩訶般若波羅蜜經》卷一六

姚秦鳩摩羅什譯，CBETA，T08，no.223，p.340，a28-b1。高昌國時期。

LM20-1518-09-15 《摩訶般若波羅蜜經》卷一七

姚秦鳩摩羅什譯，CBETA，T08，no.223，p.344，c5-7。高昌國時期。

LM20-1518-10-01 《摩訶般若波羅蜜經》卷一八

姚秦鳩摩羅什譯，CBETA，T08，no.223，p.350，c2-4。高昌國時期。

LM20-1518-10-02 《摩訶般若波羅蜜經》卷一九

姚秦鳩摩羅什譯，CBETA，T08，no.223，p.356，b2-3。高昌國時期。

LM20-1518-10-03 《摩訶般若波羅蜜經》卷一九

姚秦鳩摩羅什譯，CBETA，T08，no.223，p.358，b22-23。高昌國時期。

LM20-1518-10-04 《摩訶般若波羅蜜經》卷二〇

姚秦鳩摩羅什譯，CBETA，T08，no.223，p.366，a4-6。唐時期。

LM20-1518-10-05 《摩訶般若波羅蜜經》卷二一

姚秦鳩摩羅什譯，CBETA，T08，no.223，p.370，b1-4。高昌國時期。

LM20-1518-10-06 《摩訶般若波羅蜜經》卷二一

姚秦鳩摩羅什譯，CBETA，T08，no.223，p.370，c6-8。高昌國時期。

LM20-1518-10-07 《摩訶般若波羅蜜經》卷二四

姚秦鳩摩羅什譯，CBETA，T08，no.223，p.396，c15-18。高昌國時期。

LM20-1518-10-08 《摩訶般若波羅蜜經》卷二四

姚秦鳩摩羅什譯，CBETA，T08，no.223，p.397，b17-20。高昌國時期。

LM20-1518-10-09 《摩訶般若波羅蜜經》卷二六

姚秦鳩摩羅什譯，CBETA，T08，no.223，p.407，c20-22。唐時期。

经册六十九

LM20-1518-10-10 《摩訶般若波羅蜜經》卷二六

姚秦鳩摩羅什譯，CBETA，T08，no.223，p.411，b27-29。高昌國時期。

LM20-1518-10-11 《摩訶般若波羅蜜經》卷二七

姚秦鳩摩羅什譯，CBETA，T08，no.223，p.416，c8-9。高昌國時期。

LM20-1518-10-12 《摩訶般若波羅蜜經》卷二七

姚秦鳩摩羅什譯，CBETA，T08，no.223，p.417，a9-13。高昌郡時期。

LM20-1518-10-13 《摩訶般若波羅蜜經》卷二七

姚秦鳩摩羅什譯，CBETA，T08，no.223，p.419，c14-16。高昌國時期。

LM20-1518-10-14 《摩訶般若波羅蜜經》卷二七

姚秦鳩摩羅什譯，CBETA，T08，no.223，p.422，c14-18。高昌國時期。

LM20-1518-11-01 《光讚經》卷一

西晉竺法護譯，CBETA，T08，no.222，p.148，a7-9。高昌國時期。

LM20-1518-11-02 《光讚經》卷一

西晉竺法護譯，CBETA，T08，no.222，p.148，a27-29。高昌國時期。

LM20-1518-11-03 《光讚經》卷二

西晉竺法護譯，CBETA，T08，no.222，p.160，b29-c1。高昌國時期。

LM20-1518-11-04 《光讚經》卷三

西晉竺法護譯，CBETA，T08，no.222，p.165，b9-11。唐時期。

LM20-1518-11-05 《光讚經》卷三

西晉竺法護譯，CBETA，T08，no.222，p.165，c21-24。高昌國時期。

LM20-1518-11-06 《光讚經》卷四

西晉竺法護譯，CBETA，T08，no.222，p.171，c2-5。唐時期。

LM20-1518-11-07 《光讚經》卷四

西晉竺法護譯，CBETA，T08，no.222，p.174，c3-7。高昌郡時期。

LM20-1518-11-08 《光讚經》卷七

西晉竺法護譯，CBETA，T08，no.222，p.195，a26-28。高昌國時期。

LM20-1518-11-09 《光讚經》卷九

西晉竺法護譯，CBETA，T08，no.222，p.207，c19-21。高昌國時期。

LM20-1518-11-10 《金剛般若波羅蜜經》

姚秦鳩摩羅什譯，CBETA，T08，no.235，p.749，c5-7。唐時期。

LM20-1518-11-11 《道行般若經》卷二

後漢支婁迦讖譯，CBETA，T08，no.224，p.432，b17-18。高昌郡時期。

參：孫傳波 2006，168。

LM20-1518-11-12 《道行般若經》卷三

後漢支婁迦讖譯，CBETA，T08，no.224，p.439，b13-15。高昌國時期。

LM20-1518-11-13 《道行般若經》卷三

後漢支婁迦讖譯，CBETA，T08，no.224，p.440，a13-14。唐時期。

LM20-1518-11-14 《道行般若經》卷三

後漢支婁迦讖譯，CBETA，T08，no.224，p.440，c4-8。高昌國時期。

LM20-1518-11-15 《道行般若經》卷四

後漢支婁迦讖譯，CBETA，T08，no.224，p.445，a13-15。高昌郡時期。

參：孫傳波 2006，173。

LM20-1518-12-01 《道行般若經》卷四

後漢支婁迦讖譯，CBETA，T08，no.224，p.443，b27。高昌郡時期。

LM20-1518-12-02 《道行般若經》卷五

後漢支婁迦讖譯，CBETA，T08，no.224，p.448，c25-28。唐時期。

LM20-1518-12-03 《道行般若經》卷五

後漢支婁迦讖譯，CBETA，T08，no.224，p.450，b16-17。唐時期。

參：孫傳波 2006，175。

LM20-1518-12-04 《道行般若經》卷六

後漢支婁迦讖譯，CBETA，T08，no.224，p.454，c7-9。高昌國時期。

LM20-1518-12-05 《道行般若經》卷九

後漢支婁迦讖譯，CBETA，T08，no.224，p.470，c4-7。高昌國時期。

LM20-1518-12-06 《道行般若經》卷九

後漢支婁迦讖譯，CBETA，T08，no.224，p.472，b12-16。唐時期。

參：孫傳波 2006，182。

LM20-1518-12-07 《金剛般若波羅蜜經》

元魏菩提流支譯，CBETA，T08，no.236a，p.752，c26-28。唐時期。

LM20-1518-12-08 《金剛般若波羅蜜經》

元魏菩提流支譯，CBETA，T08，no.236a，p.752，c13-15。唐時期。

LM20-1518-12-09 《金剛般若波羅蜜經》

姚秦鳩摩羅什譯，CBETA，T08，no.235，p.748，c23-26。唐時期。

LM20-1518-12-10 佛典殘片

唐時期。

LM20-1518-12-11 《金剛般若波羅蜜經》

姚秦鳩摩羅什譯，CBETA，T08，no.235，p.748，c28-p.749，a1。唐時期。

LM20-1518-12-12 《金剛般若波羅蜜經》

姚秦鳩摩羅什譯，CBETA，T08，no.235，p.749，b2-4。唐時期。

經册六十九

LM20-1518-12-13 《金剛般若波羅蜜經》

姚秦鳩摩羅什譯，CBETA，T08，no.235，p.749，a7-11。唐時期。

LM20-1518-12-14 《金剛般若波羅蜜經》

姚秦鳩摩羅什譯，CBETA，T08，no.235，p.749，a5-6。唐時期。

LM20-1518-12-15 《金剛般若波羅蜜經》

姚秦鳩摩羅什譯，CBETA，T08，no.235，p.749，a8-12。西州回鶻時期。

LM20-1518-13-01 《金剛般若波羅蜜經》

姚秦鳩摩羅什譯，CBETA，T08，no.235，p.749，a21-23。西州回鶻時期。

LM20-1518-13-02 《金剛般若波羅蜜經》

姚秦鳩摩羅什譯，CBETA，T08，no.235，p.749，a23-26。唐時期。

LM20-1518-13-03 《金剛般若波羅蜜經》

姚秦鳩摩羅什譯，CBETA，T08，no.235，p.749，a19-26。唐時期。

LM20-1518-13-04 《金剛般若波羅蜜經》

姚秦鳩摩羅什譯，CBETA，T08，no.235，p.749，a27-b1。唐時期。

LM20-1518-13-05 《金剛般若波羅蜜經》

姚秦鳩摩羅什譯，CBETA，T08，no.235，p.749，b28-c1。唐時期。

LM20-1518-13-06 《金剛般若波羅蜜經》

姚秦鳩摩羅什譯，CBETA，T08，no.235，p.749，c1-3。唐時期。

LM20-1518-13-07 《金剛般若波羅蜜經》

姚秦鳩摩羅什譯，CBETA，T08，no.235，p.749，c16-17。唐時期。

LM20-1518-13-08 《金剛般若波羅蜜經》

姚秦鳩摩羅什譯，CBETA，T08，no.235，p.749，c20-23。唐時期。

LM20-1518-13-09 《金剛般若波羅蜜經》

姚秦鳩摩羅什譯，CBETA，T08，no.235，p.749，c25-27。唐時期。

LM20-1518-13-10 《金剛般若波羅蜜經》

姚秦鳩摩羅什譯，CBETA，T08，no.235，p.750，a8-10。唐時期。

LM20-1518-13-11 《金剛般若波羅蜜經》

姚秦鳩摩羅什譯，CBETA，T08，no.235，p.750，a13-14。唐時期。

LM20-1518-13-12 《金剛般若波羅蜜經》

姚秦鳩摩羅什譯，CBETA，T08，no.235，p.750，a28-29。唐時期。

LM20-1518-13-13 《金剛般若波羅蜜經》

姚秦鳩摩羅什譯，CBETA，T08，no.235，p.750，a29-b3。唐時期。

LM20-1518-13-14 《金剛般若波羅蜜經》

姚秦鳩摩羅什譯，CBETA，T08，no.235，p.751，b3-4。唐時期。

旅順博物館藏新疆出土漢文文獻

LM20-1518-14-01 《金剛般若波羅蜜經》

姚秦鳩摩羅什譯，CBETA，T08，no.235，p.750，b2-5。唐時期。

LM20-1518-14-02 《金剛般若波羅蜜經》

姚秦鳩摩羅什譯，CBETA，T08，no.235，p.750，b16-21。唐時期。

LM20-1518-14-03 《金剛般若波羅蜜經》

姚秦鳩摩羅什譯，CBETA，T08，no.235，p.750，b19-20。唐時期。

LM20-1518-14-04 《金剛般若波羅蜜經》

姚秦鳩摩羅什譯，CBETA，T08，no.235，p.750，b23-24。唐時期。

LM20-1518-14-05 《金剛般若波羅蜜經》

姚秦鳩摩羅什譯，CBETA，T08，no.235，p.750，c16-22。高昌國時期。

LM20-1518-14-06a 《金剛般若波羅蜜經》

姚秦鳩摩羅什譯，CBETA，T08，no.235，p.750，c23-24。唐時期。

LM20-1518-14-06b 《金剛般若波羅蜜經》

姚秦鳩摩羅什譯，CBETA，T08，no.235，p.750，c23。唐時期。

LM20-1518-14-07 《金剛般若波羅蜜經》

姚秦鳩摩羅什譯，CBETA，T08，no.235，p.750，c29-p.751，a1。唐時期。

LM20-1518-14-08 《金剛般若波羅蜜經》

姚秦鳩摩羅什譯，CBETA，T08，no.235，p.751，a1-4。唐時期。

LM20-1518-14-09 《金剛般若波羅蜜經》

姚秦鳩摩羅什譯，CBETA，T08，no.235，p.751，a4-6。唐時期。

LM20-1518-14-10 《金剛般若波羅蜜經》

姚秦鳩摩羅什譯，CBETA，T08，no.235，p.751，b3-4。唐時期。

LM20-1518-14-11 《金剛般若波羅蜜經》

姚秦鳩摩羅什譯，CBETA，T08，no.235，p.751，b21-23。唐時期。

LM20-1518-14-12 《金剛般若波羅蜜經》

姚秦鳩摩羅什譯，CBETA，T08，no.235，p.751，c5-6。唐時期。

LM20-1518-14-13 《金剛般若波羅蜜經》

姚秦鳩摩羅什譯，CBETA，T08，no.235，p.752，b10-13。唐時期。

LM20-1518-14-14 《金剛般若波羅蜜經》

姚秦鳩摩羅什譯，CBETA，T08，no.235，p.752，a22-24。唐時期。

LM20-1518-15-01 《金剛般若波羅蜜經》

姚秦鳩摩羅什譯，CBETA，T08，no.235，p.752，b26-28。唐時期。

LM20-1518-15-02 《金剛般若波羅蜜經》

姚秦鳩摩羅什譯，CBETA，T08，no.235，p.749，a2-5。唐時期。

經册六十九

LM20-1518-15-03 《金剛般若波羅蜜經》

元魏菩提流支譯，CBETA，T08，no.236a，p.753，a3-8。唐時期。

LM20-1518-15-04 《金剛般若波羅蜜經》

元魏菩提流支譯，CBETA，T08，no.236a，p.753，b27-29。唐時期。

LM20-1518-15-05 《金剛般若波羅蜜經》

元魏菩提流支譯，CBETA，T08，no.236a，p.753，c1-4。唐時期。

LM20-1518-15-06a 《金剛般若波羅蜜經》

元魏菩提流支譯，CBETA，T08，no.236a，p.754，c1-3。唐時期。

LM20-1518-15-06b 《金剛般若波羅蜜經》

元魏菩提流支譯，CBETA，T08，no.236a，p.754，c1-2。唐時期。

LM20-1518-15-07 《金剛般若波羅蜜經》

元魏菩提流支譯，CBETA，T08，no.236a，p.754，c22-25。唐時期。

LM20-1518-15-08 《金剛般若波羅蜜經》

元魏菩提流支譯，CBETA，T08，no.236a，p.754，c27-29。唐時期。

LM20-1518-15-09 《金剛般若波羅蜜經》

元魏菩提流支譯，CBETA，T08，no.236a，p.755，a19-21。唐時期。

LM20-1518-15-10 《金剛般若波羅蜜經》

元魏菩提流支譯，CBETA，T08，no.236a，p.755，a22-23。唐時期。

LM20-1518-15-11 《金剛般若波羅蜜經》

元魏菩提流支譯，CBETA，T08，no.236a，p.756，a13-15。唐時期。

LM20-1518-15-12 《金剛般若波羅蜜經》

元魏菩提流支譯，CBETA，T08，no.236a，p.756，b11-12。高昌國時期。

LM20-1518-15-13 《金剛般若波羅蜜經》

姚秦鳩摩羅什譯，CBETA，T08，no.235，p.751，b9-11。唐時期。

LM20-1518-15-14 《金剛般若波羅蜜經》

元魏菩提流支譯，CBETA，T08，no.236a，p.754，a27-b2。唐時期。

LM20-1518-16-01 《小品般若波羅蜜經》卷二

姚秦鳩摩羅什譯，CBETA，T08，no.227，p.544，b7-9。高昌國時期。

參：孫傳波 2006，185。

LM20-1518-16-02 《小品般若波羅蜜經》卷二

姚秦鳩摩羅什譯，CBETA，T08，no.227，p.546，a2-3。高昌國時期。

LM20-1518-16-03 《小品般若波羅蜜經》卷三

姚秦鳩摩羅什譯，CBETA，T08，no.227，p.546，b20-23。高昌國時期。

LM20-1518-16-04 《小品般若波羅蜜經》卷三

姚秦鳩摩羅什譯，CBETA，T08，no.227，p.548，b28-c1。高昌國時期。

LM20-1518-16-05 《小品般若波羅蜜經》卷四

姚秦鳩摩羅什譯，CBETA，T08，no.227，p.553，b19-21。高昌國時期。

LM20-1518-16-06 《小品般若波羅蜜經》卷四

姚秦鳩摩羅什譯，CBETA，T08，no.227，p.554，b13-15。高昌國時期。

LM20-1518-16-07 《小品般若波羅蜜經》卷五

姚秦鳩摩羅什譯，CBETA，T08，no.227，p.557，b16。高昌國時期。

LM20-1518-16-08 《小品般若波羅蜜經》卷五

姚秦鳩摩羅什譯，CBETA，T08，no.227，p.556，c5-6。高昌國時期。

LM20-1518-16-09 《小品般若波羅蜜經》卷五

姚秦鳩摩羅什譯，CBETA，T08，no.227，p.556，c14-17。高昌國時期。

參：孫傳波 2006，188。

LM20-1518-16-10 《小品般若波羅蜜經》卷五

姚秦鳩摩羅什譯，CBETA，T08，no.227，p.557，c12-14。唐時期。

LM20-1518-16-11 《小品般若波羅蜜經》卷五

姚秦鳩摩羅什譯，CBETA，T08，no.227，p.557，c20-22。高昌國時期。

LM20-1518-16-12 《小品般若波羅蜜經》卷六

姚秦鳩摩羅什譯，CBETA，T08，no.227，p.561，c8-9。高昌國時期。

LM20-1518-16-13 《小品般若波羅蜜經》卷六

姚秦鳩摩羅什譯，CBETA，T08，no.227，p.563，c24-26。唐時期。

LM20-1518-16-14 《小品般若波羅蜜經》卷八

姚秦鳩摩羅什譯，CBETA，T08，no.227，p.571，b23-27。唐時期。

LM20-1518-16-15 《小品般若波羅蜜經》卷四

姚秦鳩摩羅什譯，CBETA，T08，no.227，p.553，a27-29。高昌國時期。

LM20-1518-16-16 《小品般若波羅蜜經》卷一〇

姚秦鳩摩羅什譯，CBETA，T08，no.227，p.584，b2-5。高昌國時期。

LM20-1518-16-17 《小品般若波羅蜜經》卷五

姚秦鳩摩羅什譯，CBETA，T08，no.227，p.557，a16-17。高昌國時期。

參：孫傳波 2006，188。

LM20-1518-17-01 《佛說仁王般若波羅蜜經》卷上

姚秦鳩摩羅什譯，CBETA，T08，no.245，p.825，a17-18。高昌國時期。

LM20-1518-17-02 《佛說仁王般若波羅蜜經》卷上

姚秦鳩摩羅什譯，CBETA，T08，no.245，p.825，b7-9。高昌國時期。

LM20-1518-17-03 《佛說仁王般若波羅蜜經》卷上

姚秦鳩摩羅什譯，CBETA，T08，no.245，p.825，b10-12。高昌國時期。

LM20-1518-17-04　《佛說仁王般若波羅蜜經》卷上

姚秦鳩摩羅什譯，CBETA，T08，no.245，p.825，b23-26。高昌國時期。

LM20-1518-17-05　《佛說仁王般若波羅蜜經》卷上

姚秦鳩摩羅什譯，CBETA，T08，no.245，p.825，b26-27。高昌國時期。

LM20-1518-17-06　《佛說仁王般若波羅蜜經》卷上

姚秦鳩摩羅什譯，CBETA，T08，no.245，p.825，c21-24。高昌國時期。

LM20-1518-17-07　《佛說仁王般若波羅蜜經》卷上

姚秦鳩摩羅什譯，CBETA，T08，no.245，p.826，c26-29。高昌國時期。

LM20-1518-17-08　《佛說仁王般若波羅蜜經》卷上

姚秦鳩摩羅什譯，CBETA，T08，no.245，p.827，b29-c1。高昌國時期。

LM20-1518-17-09　《佛說仁王般若波羅蜜經》卷下

姚秦鳩摩羅什譯，CBETA，T08，no.245，p.830，b15-16，"常"作"尚"。高昌國時期。

LM20-1518-17-10　《妙法蓮華經》

姚秦鳩摩羅什譯，此段文字多處可見。唐時期。

LM20-1518-17-11　《勝天王般若波羅蜜經》卷二

陳月婆首那譯，CBETA，T08，no.231，p.694，c29-p.695，a1。高昌國時期。

LM20-1518-17-12　《勝天王般若波羅蜜經》卷二

陳月婆首那譯，CBETA，T08，no.231，p.695，a25-27。高昌國時期。

LM20-1518-17-13　《勝天王般若波羅蜜經》卷三

陳月婆首那譯，CBETA，T08，no.231，p.700，c9-10。高昌國時期。

LM20-1518-17-14　《勝天王般若波羅蜜經》卷三

陳月婆首那譯，CBETA，T08，no.231，p.705，c20-21。高昌國時期。

LM20-1518-18-01　《放光般若經》卷一

西晉無羅叉譯，CBETA，T08，no.221，p.2，c14-18。唐時期。

LM20-1518-18-02　《大智度論》卷三五

姚秦鳩摩羅什譯，CBETA，T25，no.1509，p.317，a29-b2。高昌國時期。

LM20-1518-18-03　《放光般若經》卷三

西晉無羅叉譯，CBETA，T08，no.221，p.18，a13-14。高昌國時期。

LM20-1518-18-04　《放光般若經》卷四

西晉無羅叉譯，CBETA，T08，no.221，p.26，b24-26。高昌國時期。

LM20-1518-18-05　《放光般若經》卷四

西晉無羅叉譯，CBETA，T08，no.221，p.27，a18-20。高昌國時期。

LM20-1518-18-06　《放光般若經》卷四

西晉無羅叉譯, CBETA, T08, no.221, p.27, c27-30。高昌國時期。

LM20-1518-18-07 《放光般若經》卷四

西晉無羅叉譯, CBETA, T08, no.221, p.29, c15-17。高昌國時期。

LM20-1518-18-08 《放光般若經》卷四

西晉無羅叉譯, CBETA, T08, no.221, p.30, c2-4。高昌郡時期。

LM20-1518-18-09 《放光般若經》卷七

西晉無羅叉譯, CBETA, T08, no.221, p.47, b9-10。高昌國時期。

LM20-1518-18-10 《放光般若經》卷七

西晉無羅叉譯, CBETA, T08, no.221, p.54, a15-17。高昌國時期。

LM20-1518-18-11 《放光般若經》卷八

西晉無羅叉譯, CBETA, T08, no.221, p.55, c8-10。高昌國時期。

LM20-1518-18-12 《摩訶般若波羅蜜經》卷一三

姚秦鳩摩羅什譯, CBETA, T08, no.223, p.314, c23-26。高昌國時期。

LM20-1518-18-13 《摩訶般若波羅蜜經》卷一一

姚秦鳩摩羅什譯, CBETA, T08, no.223, p.301, b11-13。唐時期。

LM20-1518-18-14 《放光般若經》卷一三

西晉無羅叉譯, CBETA, T08, no.221, p.89, a19-21。高昌國時期。

LM20-1518-18-15 《放光般若經》卷一四

西晉無羅叉譯, CBETA, T08, no.221, p.99, a3-6。高昌國時期。

LM20-1518-18-16 《放光般若經》卷一四

西晉無羅叉譯, CBETA, T08, no.221, p.99, c28-p.100, a1。唐時期。

LM20-1518-18-17 《放光般若經》卷一七

西晉無羅叉譯, CBETA, T08, no.221, p.117, c21-22; 姚秦竺佛念譯《菩薩從兜術天降神母胎說廣普經》卷五, CBETA, T12, no.384, p.1039, c6。唐時期。

LM20-1518-18-18 《放光般若經》卷一七

西晉無羅叉譯, CBETA, T08, no.221, p.119, a27-29。唐時期。

LM20-1518-18-19 《放光般若經》卷一七

西晉無羅叉譯, CBETA, T08, no.221, p.124, a19-20。高昌國時期。

LM20-1518-18-20 《放光般若經》卷一八

西晉無羅叉譯, CBETA, T08, no.221, p.126, a11-14。高昌國時期。

LM20-1518-18-21 《放光般若經》卷二〇

西晉無羅叉譯, CBETA, T08, no.221, p.141, b9-11。高昌國時期。

LM20-1518-18-22 《放光般若經》卷二〇

西晉無羅叉譯, CBETA, T08, no.221, p.144, a10-12。高昌國時期。

經冊六十九

LM20-1518-19-01 《妙法蓮華經》卷一
姚秦鳩摩羅什譯，CBETA，T09，no.262，p.1，c19-22。唐時期。

LM20-1518-19-02 《妙法蓮華經》卷一
姚秦鳩摩羅什譯，CBETA，T09，no.262，p.1，c25-28。唐時期。

LM20-1518-19-03 《妙法蓮華經》卷一
姚秦鳩摩羅什譯，CBETA，T09，no.262，p.2，a1-3。唐時期。

LM20-1518-19-04 《妙法蓮華經》卷一
姚秦鳩摩羅什譯，CBETA，T09，no.262，p.2，a13-18。唐時期。

LM20-1518-19-05 《妙法蓮華經》卷一
姚秦鳩摩羅什譯，CBETA，T09，no.262，p.2，a19-22。唐時期。

LM20-1518-19-06 《妙法蓮華經》卷一
姚秦鳩摩羅什譯，CBETA，T09，no.262，p.2，b2-5。唐時期。

LM20-1518-19-07 《妙法蓮華經》卷一
姚秦鳩摩羅什譯，CBETA，T09，no.262，p.2，b4-5。唐時期。

LM20-1518-19-08 《妙法蓮華經》卷一
姚秦鳩摩羅什譯，CBETA，T09，no.262，p.2，b9-10。唐時期。

LM20-1518-19-09 《妙法蓮華經》卷一
姚秦鳩摩羅什譯，CBETA，T09，no.262，p.2，b13-15。唐時期。

LM20-1518-19-10 《妙法蓮華經》卷一
姚秦鳩摩羅什譯，CBETA，T09，no.262，p.2，b23-24。高昌國時期。

LM20-1518-19-11 《妙法蓮華經》卷一
姚秦鳩摩羅什譯，CBETA，T09，no.262，p.2，b29-c2。唐時期。

LM20-1518-19-12 《妙法蓮華經》卷一
姚秦鳩摩羅什譯，CBETA，T09，no.262，p.6，c5-8。高昌國時期。

LM20-1518-19-13 《妙法蓮華經》卷一
姚秦鳩摩羅什譯，CBETA，T09，no.262，p.2，c4-5。唐時期。

LM20-1518-19-14 《妙法蓮華經》卷一
姚秦鳩摩羅什譯，CBETA，T09，no.262，p.3，a3-4。唐時期。

LM20-1518-19-15 《妙法蓮華經》卷一
姚秦鳩摩羅什譯，CBETA，T09，no.262，p.3，a7-10。高昌國時期。

LM20-1518-19-16 《妙法蓮華經》卷一
姚秦鳩摩羅什譯，CBETA，T09，no.262，p.3，a16-18。唐時期。

LM20-1518-20-01 《妙法蓮華經》卷一
姚秦鳩摩羅什譯，CBETA，T09，no.262，p.3，a22-25。唐時期。

旅順博物館藏新疆出土漢文文獻

LM20-1518-20-02 《妙法蓮華經》卷一

姚秦鳩摩羅什譯，CBETA，T09，no.262，p.3，c2-3。唐時期。

LM20-1518-20-03 《妙法蓮華經》卷一

姚秦鳩摩羅什譯，CBETA，T09，no.262，p.3，c4-7。唐時期。

LM20-1518-20-04 《妙法蓮華經》卷一

姚秦鳩摩羅什譯，CBETA，T09，no.262，p.3，c5-9。唐時期。

LM20-1518-20-05 《妙法蓮華經》卷一

姚秦鳩摩羅什譯，CBETA，T09，no.262，p.3，c6-8。唐時期。

LM20-1518-20-06 《妙法蓮華經》卷一

姚秦鳩摩羅什譯，CBETA，T09，no.262，p.4，a3-4。唐時期。

LM20-1518-20-07 《妙法蓮華經》卷一

姚秦鳩摩羅什譯，CBETA，T09，no.262，p.4，a8-10。唐時期。

LM20-1518-20-08 《妙法蓮華經》卷一

姚秦鳩摩羅什譯，CBETA，T09，no.262，p.4，a9-10。唐時期。

LM20-1518-20-09 《妙法蓮華經》卷四

姚秦鳩摩羅什譯，CBETA，T09，no.262，p.36，c1-5。唐時期。

LM20-1518-20-10 《妙法蓮華經》卷一

姚秦鳩摩羅什譯，CBETA，T09，no.262，p.4，a20-22。唐時期。

LM20-1518-20-11 《妙法蓮華經》卷一

姚秦鳩摩羅什譯，CBETA，T09，no.262，p.4，a25-28。唐時期。

LM20-1518-20-12 《妙法蓮華經》卷一

姚秦鳩摩羅什譯，CBETA，T09，no.262，p.4，a27-b2。高昌國時期。

LM20-1518-20-13 《妙法蓮華經》卷一

姚秦鳩摩羅什譯，CBETA，T09，no.262，p.4，a28-b2。唐時期。

LM20-1518-20-14 《妙法蓮華經》卷一

姚秦鳩摩羅什譯，CBETA，T09，no.262，p.4，a27-b1。高昌國時期。

LM20-1518-20-15 《妙法蓮華經》卷一

姚秦鳩摩羅什譯，CBETA，T09，no.262，p.4，a28-b1。高昌國時期。

LM20-1518-20-16 《妙法蓮華經》卷一

姚秦鳩摩羅什譯，CBETA，T09，no.262，p.4，a28-b2。高昌國時期。

LM20-1518-21-01 《妙法蓮華經》卷一

姚秦鳩摩羅什譯，CBETA，T09，no.262，p.4，b3-6。唐時期。

LM20-1518-21-02 《妙法蓮華經》卷一

姚秦鳩摩羅什譯，CBETA，T09，no.262，p.4，b13-16。唐時期。

LM20-1518-21-03 《妙法蓮華經》卷一

姚秦鳩摩羅什譯，CBETA，T09，no.262，p.4，c2-7。唐時期。

LM20-1518-21-04 《妙法蓮華經》卷一

姚秦鳩摩羅什譯，CBETA，T09，no.262，p.4，c3-7。唐時期。

LM20-1518-21-05 《妙法蓮華經》卷一

姚秦鳩摩羅什譯，CBETA，T09，no.262，p.5，a11-13。高昌國時期。

LM20-1518-21-06 《妙法蓮華經》卷一

姚秦鳩摩羅什譯，CBETA，T09，no.262，p.5，a13-19。高昌國時期。

LM20-1518-21-07 《妙法蓮華經》卷一

姚秦鳩摩羅什譯，CBETA，T09，no.262，p.5，b7-13。唐時期。

LM20-1518-21-08 《妙法蓮華經》卷一

姚秦鳩摩羅什譯，CBETA，T09，no.262，p.5，b16-20。唐時期。

LM20-1518-21-09 《妙法蓮華經》卷一

姚秦鳩摩羅什譯，CBETA，T09，no.262，p.5，b23-26。高昌國時期。

LM20-1518-21-10 《妙法蓮華經》卷一

姚秦鳩摩羅什譯，CBETA，T09，no.262，p.5，c2-3。唐時期。

LM20-1518-21-11 《妙法蓮華經》卷一

姚秦鳩摩羅什譯，CBETA，T09，no.262，p.5，c14-18。唐時期。

LM20-1518-21-12 《妙法蓮華經》卷一

姚秦鳩摩羅什譯，CBETA，T09，no.262，p.6，a11-15。唐時期。

LM20-1518-21-13 《妙法蓮華經》卷一

姚秦鳩摩羅什譯，CBETA，T09，no.262，p.6，b4-9。唐時期。

LM20-1518-21-14 《妙法蓮華經》卷一

姚秦鳩摩羅什譯，CBETA，T09，no.262，p.6，c26-28。唐時期。

LM20-1518-21-15 《妙法蓮華經》卷一

姚秦鳩摩羅什譯，CBETA，T09，no.262，p.7，a15-16。唐時期。

LM20-1518-22-01 《妙法蓮華經》卷一

姚秦鳩摩羅什譯，CBETA，T09，no.262，p.7，b1-3。唐時期。

LM20-1518-22-02 《妙法蓮華經》卷二

姚秦鳩摩羅什譯，CBETA，T09，no.262，p.12，b9-10。高昌國時期。

LM20-1518-22-03 《妙法蓮華經》卷一

姚秦鳩摩羅什譯，CBETA，T09，no.262，p.7，b28-c3。高昌國時期。

LM20-1518-22-04 《妙法蓮華經》卷一

姚秦鳩摩羅什譯，CBETA，T09，no.262，p.7，c10-11。唐時期。

旅顺博物馆藏新疆出土汉文文献

LM20-1518-22-05 《妙法莲华经》卷一

姚秦鸠摩罗什译，CBETA，T09，no.262，p.7，c11-17。唐时期。

LM20-1518-22-06 《妙法莲华经》卷一

姚秦鸠摩罗什译，CBETA，T09，no.262，p.7，c17-21。高昌国时期。

LM20-1518-22-07 《妙法莲华经》卷一

姚秦鸠摩罗什译，CBETA，T09，no.262，p.8，b23-c4。唐时期。

LM20-1518-22-08 《妙法莲华经》卷一

姚秦鸠摩罗什译，CBETA，T09，no.262，p.9，a4-6。唐时期。

LM20-1518-22-09 《妙法莲华经》卷一

姚秦鸠摩罗什译，CBETA，T09，no.262，p.9，a7-11。唐时期。

LM20-1518-22-10 《妙法莲华经》卷一

姚秦鸠摩罗什译，CBETA，T09，no.262，p.9，a12-14。唐时期。

LM20-1518-22-11 《妙法莲华经》卷一

姚秦鸠摩罗什译，CBETA，T09，no.262，p.9，a17-21。唐时期。

LM20-1518-22-12 《妙法莲华经》卷一

姚秦鸠摩罗什译，CBETA，T09，no.262，p.9，b23-25。唐时期。

LM20-1518-22-13 《妙法莲华经》卷一

姚秦鸠摩罗什译，CBETA，T09，no.262，p.9，c9-11。唐时期。

LM20-1518-22-14 《妙法莲华经》卷一

姚秦鸠摩罗什译，CBETA，T09，no.262，p.9，c18-22。高昌国时期。

LM20-1518-22-15 《妙法莲华经》卷一

姚秦鸠摩罗什译，CBETA，T09，no.262，p.9，c18-22。高昌国时期。

LM20-1518-22-16 《妙法莲华经》卷一

姚秦鸠摩罗什译，CBETA，T09，no.262，p.10，a11-13。唐时期。

LM20-1518-22-17 《妙法莲华经》卷一

姚秦鸠摩罗什译，CBETA，T09，no.262，p.10，a8-15。唐时期。

LM20-1518-22-18 《妙法莲华经》卷一

姚秦鸠摩罗什译，CBETA，T09，no.262，p.10，a3-b19。高昌国时期。

LM20-1518-23-01 《妙法莲华经》卷二

姚秦鸠摩罗什译，CBETA，T09，no.262，p.10，c11-13。唐时期。

LM20-1518-23-02 《妙法莲华经》卷二

姚秦鸠摩罗什译，CBETA，T09，no.262，p.10，c10-12。唐时期。

LM20-1518-23-03 《妙法莲华经》卷二

姚秦鸠摩罗什译，CBETA，T09，no.262，p.10，c11-12。唐时期。

經册六十九

LM20-1518-23-04 《妙法蓮華經》卷二
姚秦鳩摩羅什譯，CBETA，T09，no.262，p.10，c13-16。唐時期。

LM20-1518-23-05 《妙法蓮華經》卷二
姚秦鳩摩羅什譯，CBETA，T09，no.262，p.10，c15-17。唐時期。

LM20-1518-23-06 《妙法蓮華經》卷二
姚秦鳩摩羅什譯，CBETA，T09，no.262，p.10，c16-21。唐時期。

LM20-1518-23-07 《妙法蓮華經》卷二
姚秦鳩摩羅什譯，CBETA，T09，no.262，p.10，c27-29。唐時期。

LM20-1518-23-08 《妙法蓮華經》卷二
姚秦鳩摩羅什譯，CBETA，T09，no.262，p.11，a1-3。唐時期。

LM20-1518-23-09 《妙法蓮華經》卷二
姚秦鳩摩羅什譯，CBETA，T09，no.262，p.11，a2-6。唐時期。

LM20-1518-23-10 《妙法蓮華經》卷二
姚秦鳩摩羅什譯，CBETA，T09，no.262，p.11，a20-25。唐時期。

LM20-1518-23-11 《妙法蓮華經》卷二
姚秦鳩摩羅什譯，CBETA，T09，no.262，p.11，b23-28。唐時期。

LM20-1518-23-12 《妙法蓮華經》卷二
姚秦鳩摩羅什譯，CBETA，T09，no.262，p.11，b28-c2。唐時期。

LM20-1518-23-13 《妙法蓮華經》卷二
姚秦鳩摩羅什譯，CBETA，T09，no.262，p.11，b28-c1。唐時期。

LM20-1518-23-14 《妙法蓮華經》卷二
姚秦鳩摩羅什譯，CBETA，T09，no.262，p.11，b24-25。唐時期。

LM20-1518-23-15 《妙法蓮華經》卷二
姚秦鳩摩羅什譯，CBETA，T09，no.262，p.11，b26-28。唐時期。

LM20-1518-23-16 《妙法蓮華經》卷二
姚秦鳩摩羅什譯，CBETA，T09，no.262，p.12，a23-25。唐時期。

LM20-1518-24-01a 《妙法蓮華經》卷二
姚秦鳩摩羅什譯，CBETA，T09，no.262，p.12，b4-5。唐時期。

LM20-1518-24-01b 《妙法蓮華經》卷二
姚秦鳩摩羅什譯，CBETA，T09，no.262，p.12，b1-3。唐時期。

LM20-1518-24-02 《妙法蓮華經》卷二
姚秦鳩摩羅什譯，CBETA，T09，no.262，p.12，b9-11。唐時期。

LM20-1518-24-03 《妙法蓮華經》卷二
姚秦鳩摩羅什譯，CBETA，T09，no.262，p.12，b18-20。唐時期。

旅順博物館藏新疆出土漢文文獻

LM20-1518-24-04 《妙法蓮華經》卷二

姚秦鳩摩羅什譯，CBETA，T09，no.262，p.12，c1-2。唐時期。

LM20-1518-24-05 《妙法蓮華經》卷二

姚秦鳩摩羅什譯，CBETA，T09，no.262，p.12，c20-24。唐時期。

LM20-1518-24-06 《妙法蓮華經》卷二

姚秦鳩摩羅什譯，CBETA，T09，no.262，p.13，a13-14。唐時期。

LM20-1518-24-07 《妙法蓮華經》卷二

姚秦鳩摩羅什譯，CBETA，T09，no.262，p.13，b2-4。唐時期。

LM20-1518-24-08 《妙法蓮華經》卷二

姚秦鳩摩羅什譯，CBETA，T09，no.262，p.14，a2-4。唐時期。

LM20-1518-24-09 《妙法蓮華經》卷二

姚秦鳩摩羅什譯，CBETA，T09，no.262，p.14，a9-10。唐時期。

LM20-1518-24-10 《妙法蓮華經》卷二

姚秦鳩摩羅什譯，CBETA，T09，no.262，p.14，a14-18。唐時期。

LM20-1518-24-11 《妙法蓮華經》卷二

姚秦鳩摩羅什譯，CBETA，T09，no.262，p.14，a24-27。唐時期。

LM20-1518-24-12 《妙法蓮華經》卷二

姚秦鳩摩羅什譯，CBETA，T09，no.262，p.14，a26-b2。高昌國時期。

LM20-1518-24-13 《妙法蓮華經》卷二

姚秦鳩摩羅什譯，CBETA，T09，no.262，p.14，b11-14。高昌郡時期。

LM20-1518-24-14 《妙法蓮華經》卷二

姚秦鳩摩羅什譯，CBETA，T09，no.262，p.15，a28-b2。唐時期。

LM20-1518-24-15 《妙法蓮華經》卷二

姚秦鳩摩羅什譯，CBETA，T09，no.262，p.15，b21-24。唐時期。

LM20-1518-24-16 《妙法蓮華經》卷二

姚秦鳩摩羅什譯，CBETA，T09，no.262，p.15，c18-22。唐時期。

LM20-1518-25-01 《妙法蓮華經》卷二

姚秦鳩摩羅什譯，CBETA，T09，no.262，p.15，c20-24。唐時期。

LM20-1518-25-02 《妙法蓮華經》卷二

姚秦鳩摩羅什譯，CBETA，T09，no.262，p.15，c29-p.16，a3。高昌國時期。

LM20-1518-25-03 《妙法蓮華經》卷二

姚秦鳩摩羅什譯，CBETA，T09，no.262，p.16，a9-14。高昌國時期。

LM20-1518-25-04 《妙法蓮華經》卷二

姚秦鳩摩羅什譯，CBETA，T09，no.262，p.16，a19-20，"净"作"清"。高昌國時期。

經册六十九

LM20-1518-25-05 《妙法蓮華經》卷二
姚秦鳩摩羅什譯，CBETA，T09，no.262，p.16，b7-9。唐時期。

LM20-1518-25-06 《妙法蓮華經》卷二
姚秦鳩摩羅什譯，CBETA，T09，no.262，p.16，b10-12。唐時期。

LM20-1518-25-07 《妙法蓮華經》卷二
姚秦鳩摩羅什譯，CBETA，T09，no.262，p.16，b21-22。唐時期。

LM20-1518-25-08 《妙法蓮華經》卷二
姚秦鳩摩羅什譯，CBETA，T09，no.262，p.16，b24-26。唐時期。

LM20-1518-25-09 《妙法蓮華經》卷二
姚秦鳩摩羅什譯，CBETA，T09，no.262，p.16，c4-6。唐時期。

LM20-1518-25-10 《妙法蓮華經》卷二
姚秦鳩摩羅什譯，CBETA，T09，no.262，p.16，c14-15。唐時期。

LM20-1518-25-11 《妙法蓮華經》卷二
姚秦鳩摩羅什譯，CBETA，T09，no.262，p.16，c21-23。唐時期。

LM20-1518-25-12 《妙法蓮華經》卷二
姚秦鳩摩羅什譯，CBETA，T09，no.262，p.16，c29-p.17，a3。唐時期。

LM20-1518-25-13 《妙法蓮華經》卷二
姚秦鳩摩羅什譯，CBETA，T09，no.262，p.17，a16-18。高昌國時期。

LM20-1518-25-14 《妙法蓮華經》卷二
姚秦鳩摩羅什譯，CBETA，T09，no.262，p.17，a21-25。唐時期。

LM20-1518-25-15 《妙法蓮華經》卷二
姚秦鳩摩羅什譯，CBETA，T09，no.262，p.17，b11-12。唐時期。

LM20-1518-25-16 《妙法蓮華經》卷二
姚秦鳩摩羅什譯，CBETA，T09，no.262，p.17，b20-21。唐時期。

LM20-1518-26-01 《妙法蓮華經》卷二
姚秦鳩摩羅什譯，CBETA，T09，no.262，p.17，b23-24。唐時期。

LM20-1518-26-02 《妙法蓮華經》卷二
姚秦鳩摩羅什譯，CBETA，T09，no.262，p.17，c24-28。高昌國時期。

LM20-1518-26-03 《妙法蓮華經》卷二
姚秦鳩摩羅什譯，CBETA，T09，no.262，p.17，b25-27。高昌國時期。

LM20-1518-26-04 《妙法蓮華經》卷二
姚秦鳩摩羅什譯，CBETA，T09，no.262，p.17，c29-p.18，a5。唐時期。

LM20-1518-26-05 《妙法蓮華經》卷二
姚秦鳩摩羅什譯，CBETA，T09，no.262，p.18，b19-20。唐時期。

旅順博物館藏新疆出土漢文文獻

LM20-1518-26-06 《妙法蓮華經》卷二

姚秦鳩摩羅什譯，CBETA，T09，no.262，p.18，c1-6。唐時期。

LM20-1518-26-07 《妙法蓮華經》卷二

姚秦鳩摩羅什譯，CBETA，T09，no.262，p.18，c6-8。唐時期。

LM20-1518-26-08 《妙法蓮華經》卷二

姚秦鳩摩羅什譯，CBETA，T09，no.262，p.18，a12-15。唐時期。

LM20-1518-26-09 《妙法蓮華經》卷三

姚秦鳩摩羅什譯，CBETA，T09，no.262，p.19，a19-20。唐時期。

LM20-1518-26-10 《妙法蓮華經》卷三

姚秦鳩摩羅什譯，CBETA，T09，no.262，p.19，a20-21。唐時期。

LM20-1518-26-11 《妙法蓮華經》卷三

姚秦鳩摩羅什譯，CBETA，T09，no.262，p.19，b5-8。唐時期。

LM20-1518-26-12 《妙法蓮華經》卷三

姚秦鳩摩羅什譯，CBETA，T09，no.262，p.19，b7-10。唐時期。

LM20-1518-26-13 《妙法蓮華經》卷三

姚秦鳩摩羅什譯，CBETA，T09，no.262，p.19，b20-21。唐時期。

LM20-1518-26-14 《妙法蓮華經》卷三

姚秦鳩摩羅什譯，CBETA，T09，no.262，p.19，c9-10。唐時期。

LM20-1518-26-15 《妙法蓮華經》卷三

姚秦鳩摩羅什譯，CBETA，T09，no.262，p.20，a13-15。唐時期。

LM20-1518-26-16a 《妙法蓮華經》卷三

姚秦鳩摩羅什譯，CBETA，T09，no.262，p.20，a16-19。唐時期。

LM20-1518-26-16b 《妙法蓮華經》卷三

姚秦鳩摩羅什譯，CBETA，T09，no.262，p.20，a15-17。唐時期。

LM20-1518-27-01a 殘片

唐時期。

LM20-1518-27-01b 《妙法蓮華經》卷三

姚秦鳩摩羅什譯，CBETA，T09，no.262，p.20，a20-22。唐時期。

LM20-1518-27-02 《妙法蓮華經》卷三

姚秦鳩摩羅什譯，CBETA，T09，no.262，p.20，a20-22。唐時期。

LM20-1518-27-03 《妙法蓮華經》卷三

姚秦鳩摩羅什譯，CBETA，T09，no.262，p.20，b6-9。唐時期。

LM20-1518-27-04 《妙法蓮華經》卷三

姚秦鳩摩羅什譯，CBETA，T09，no.262，p.20，b8-11。唐時期。

經册六十九

LM20-1518-27-05 《妙法蓮華經》卷三

姚秦鳩摩羅什譯，CBETA，T09，no.262，p.21，a26-28。唐時期。

LM20-1518-27-06 《妙法蓮華經》卷三

姚秦鳩摩羅什譯，CBETA，T09，no.262，p.21，b13-14。唐時期。

LM20-1518-27-07 《妙法蓮華經》卷三

姚秦鳩摩羅什譯，CBETA，T09，no.262，p.22，a3-4。唐時期。

LM20-1518-27-08 《妙法蓮華經》卷三

姚秦鳩摩羅什譯，CBETA，T09，no.262，p.22，a19-21。唐時期。

LM20-1518-27-09a 《妙法蓮華經》卷三

姚秦鳩摩羅什譯，CBETA，T09，no.262，p.22，a27-b1。唐時期。

LM20-1518-27-09b 殘片

唐時期。

LM20-1518-27-10 《妙法蓮華經》卷三

姚秦鳩摩羅什譯，CBETA，T09，no.262，p.22，b6-8。唐時期。

LM20-1518-27-11 《妙法蓮華經》卷三

姚秦鳩摩羅什譯，CBETA，T09，no.262，p.22，b10-14。唐時期。

LM20-1518-27-12 《妙法蓮華經》卷三

姚秦鳩摩羅什譯，CBETA，T09，no.262，p.22，b11-15。唐時期。

LM20-1518-27-13 《妙法蓮華經》卷三

姚秦鳩摩羅什譯，CBETA，T09，no.262，p.22，b13-15。唐時期。

LM20-1518-27-14 《妙法蓮華經》卷三

姚秦鳩摩羅什譯，CBETA，T09，no.262，p.22，b20-21。唐時期。

LM20-1518-27-15 《妙法蓮華經》卷三

姚秦鳩摩羅什譯，CBETA，T09，no.262，p.22，b29-c3。唐時期。

LM20-1518-27-16 《妙法蓮華經》卷三

姚秦鳩摩羅什譯，CBETA，T09，no.262，p.22，c1-3。唐時期。

LM20-1518-27-17 《妙法蓮華經》卷三

姚秦鳩摩羅什譯，CBETA，T09，no.262，p.22，c2-3。唐時期。

LM20-1518-28-01 《妙法蓮華經》卷三

姚秦鳩摩羅什譯，CBETA，T09，no.262，p.22，c27-p.23，a1。唐時期。

LM20-1518-28-02 《妙法蓮華經》卷三

姚秦鳩摩羅什譯，CBETA，T09，no.262，p.23，a19-22。唐時期。

LM20-1518-28-03 《妙法蓮華經》卷三

姚秦鳩摩羅什譯，CBETA，T09，no.262，p.23，c5-9。唐時期。

LM20-1518-28-04 《妙法蓮華經》卷三

姚秦鳩摩羅什譯，此段文字多處可見。唐時期。

LM20-1518-28-05 《妙法蓮華經》卷三

姚秦鳩摩羅什譯，CBETA, T09, no.262, p.25, b21-23。唐時期。

LM20-1518-28-06 《妙法蓮華經》卷三

姚秦鳩摩羅什譯，CBETA, T09, no.262, p.24, c12-15。唐時期。

LM20-1518-28-07 《妙法蓮華經》卷三

姚秦鳩摩羅什譯，CBETA, T09, no.262, p.24, c14-16。唐時期。

LM20-1518-28-08 《妙法蓮華經》卷三

姚秦鳩摩羅什譯，CBETA, T09, no.262, p.24, c18-23。高昌國時期。

LM20-1518-28-09 《妙法蓮華經》卷三

姚秦鳩摩羅什譯，CBETA, T09, no.262, p.25, a5-6。唐時期。

LM20-1518-28-10a 殘片

唐時期。

LM20-1518-28-10b 《妙法蓮華經》卷三

姚秦鳩摩羅什譯，CBETA, T09, no.262, p.25, a23-24。唐時期。

LM20-1518-28-11 《妙法蓮華經》卷三

姚秦鳩摩羅什譯，CBETA, T09, no.262, p.25, c3-4。唐時期。

LM20-1518-28-12 《妙法蓮華經》卷三

姚秦鳩摩羅什譯，CBETA, T09, no.262, p.25, c12-19。高昌郡時期。

LM20-1518-28-13 《妙法蓮華經》卷三

姚秦鳩摩羅什譯，CBETA, T09, no.262, p.26, a1-3。唐時期。

LM20-1518-28-14 《妙法蓮華經》卷三

姚秦鳩摩羅什譯，CBETA, T09, no.262, p.26, a4-6。唐時期。

LM20-1518-28-15 《妙法蓮華經》卷三

姚秦鳩摩羅什譯，CBETA, T09, no.262, p.26, b17-22。唐時期。

LM20-1518-28-16 《妙法蓮華經》卷三

姚秦鳩摩羅什譯，CBETA, T09, no.262, p.27, a24-28。唐時期。

LM20-1518-28-17 《妙法蓮華經》卷三

姚秦鳩摩羅什譯，CBETA, T09, no.262, p.27, a28-b1。唐時期。

LM20-1518-29-01 《妙法蓮華經》卷四

姚秦鳩摩羅什譯，CBETA, T09, no.262, p.27, b26-28。高昌國時期。

LM20-1518-29-02 《妙法蓮華經》卷四

姚秦鳩摩羅什譯，CBETA, T09, no.262, p.27, b27-29。唐時期。

經冊六十九

LM20-1518-29-03 《妙法蓮華經》卷四
姚秦鳩摩羅什譯，CBETA，T09，no.262，p.27，b28-c1。唐時期。

LM20-1518-29-04 《妙法蓮華經》卷四
姚秦鳩摩羅什譯，CBETA，T09，no.262，p.27，c9-13。唐時期。

LM20-1518-29-05 《妙法蓮華經》卷四
姚秦鳩摩羅什譯，CBETA，T09，no.262，p.27，c20-22。高昌國時期。

LM20-1518-29-06 《妙法蓮華經》卷四
姚秦鳩摩羅什譯，CBETA，T09，no.262，p.28，a11-16。唐時期。

LM20-1518-29-07 《妙法蓮華經》卷四
姚秦鳩摩羅什譯，CBETA，T09，no.262，p.28，a22-24。唐時期。

LM20-1518-29-08 《妙法蓮華經》卷四
姚秦鳩摩羅什譯，CBETA，T09，no.262，p.28，a26-28。唐時期。

LM20-1518-29-09 《妙法蓮華經》卷四
姚秦鳩摩羅什譯，CBETA，T09，no.262，p.28，c8-10。唐時期。

LM20-1518-29-10 《妙法蓮華經》卷四
姚秦鳩摩羅什譯，CBETA，T09，no.262，p.29，a4-7。唐時期。

LM20-1518-29-11 《妙法蓮華經》卷四
姚秦鳩摩羅什譯，CBETA，T09，no.262，p.29，c16-25。高昌國時期。

LM20-1518-29-12 《妙法蓮華經》卷四
姚秦鳩摩羅什譯，CBETA，T09，no.262，p.29，c17-20。高昌國時期。

LM20-1518-29-13 《妙法蓮華經》卷四
姚秦鳩摩羅什譯，CBETA，T09，no.262，p.29，c18-22。高昌國時期。

LM20-1518-29-14 《妙法蓮華經》卷四
姚秦鳩摩羅什譯，CBETA，T09，no.262，p.29，c24。高昌國時期。

LM20-1518-29-15 《妙法蓮華經》卷四
姚秦鳩摩羅什譯，CBETA，T09，no.262，p.30，a2-4。唐時期。

LM20-1518-29-16 《妙法蓮華經》卷四
姚秦鳩摩羅什譯，CBETA，T09，no.262，p.30，a4-6。唐時期。

LM20-1518-30-01 《妙法蓮華經》卷四
姚秦鳩摩羅什譯，CBETA，T09，no.262，p.30，a26-28。唐時期。

LM20-1518-30-02 《妙法蓮華經》卷四
姚秦鳩摩羅什譯，CBETA，T09，no.262，p.30，b7-9。高昌國時期。

LM20-1518-30-03 《妙法蓮華經》卷四
姚秦鳩摩羅什譯，CBETA，T09，no.262，p.30，c29-p.31，a2。唐時期。

LM20-1518-30-04 《妙法蓮華經》卷四

姚秦鳩摩羅什譯，CBETA, T09, no.262, p.31, b29-c2。唐時期。

LM20-1518-30-05 《妙法蓮華經》卷四

姚秦鳩摩羅什譯，CBETA, T09, no.262, p.32, b18-21。唐時期。

LM20-1518-30-06 《妙法蓮華經》卷四

姚秦鳩摩羅什譯，CBETA, T09, no.262, p.32, b23-26。西州回鶻時期。

LM20-1518-30-07 《妙法蓮華經》卷四

姚秦鳩摩羅什譯，CBETA, T09, no.262, p.32, b24-26。唐時期。

LM20-1518-30-08 《妙法蓮華經》卷四

姚秦鳩摩羅什譯，CBETA, T09, no.262, p.32, c5-6。唐時期。

LM20-1518-30-09 《妙法蓮華經》卷四

姚秦鳩摩羅什譯，CBETA, T09, no.262, p.32, c14-16。唐時期。

LM20-1518-30-10 《妙法蓮華經》卷四

姚秦鳩摩羅什譯，CBETA, T09, no.262, p.33, a7-9。唐時期。

LM20-1518-30-11 《妙法蓮華經》卷四

姚秦鳩摩羅什譯，CBETA, T09, no.262, p.33, a28-b1。唐時期。

LM20-1518-30-12 《妙法蓮華經》卷四

姚秦鳩摩羅什譯，CBETA, T09, no.262, p.33, b8-10。唐時期。

LM20-1518-30-13 《妙法蓮華經》卷四

姚秦鳩摩羅什譯，CBETA, T09, no.262, p.33, b24-26。唐時期。

LM20-1518-30-14 《妙法蓮華經》卷四

姚秦鳩摩羅什譯，CBETA, T09, no.262, p.33, b28-c1。唐時期。

LM20-1518-30-15 《妙法蓮華經》卷四

姚秦鳩摩羅什譯，CBETA, T09, no.262, p.33, c10-12。唐時期。

LM20-1518-30-16 《妙法蓮華經》卷四

姚秦鳩摩羅什譯，CBETA, T09, no.262, p.33, c17-20。唐時期。

LM20-1518-31-01 《妙法蓮華經》卷四

姚秦鳩摩羅什譯，CBETA, T09, no.262, p.34, a11-14。唐時期。

LM20-1518-31-02 《妙法蓮華經》卷四

姚秦鳩摩羅什譯，CBETA, T09, no.262, p.34, a17。唐時期。

LM20-1518-31-03 《妙法蓮華經》卷四

姚秦鳩摩羅什譯，CBETA, T09, no.262, p.34, b24-27。唐時期。

LM20-1518-31-04 《妙法蓮華經》卷四

姚秦鳩摩羅什譯，CBETA, T09, no.262, p.34, c8。唐時期。

经册六十九

LM20-1518-31-05 《妙法蓮華經》卷四

姚秦鳩摩羅什譯，CBETA，T09，no.262，p.34，c11-13。唐時期。

LM20-1518-31-06 《妙法蓮華經》卷四

姚秦鳩摩羅什譯，CBETA，T09，no.262，p.35，a25-28。唐時期。

LM20-1518-31-07 《妙法蓮華經》卷四

姚秦鳩摩羅什譯，CBETA，T09，no.262，p.35，b5-6。唐時期。

LM20-1518-31-08 《妙法蓮華經》卷四

姚秦鳩摩羅什譯，CBETA，T09，no.262，p.36，a1-5。唐時期。

LM20-1518-31-09 《妙法蓮華經》卷四

姚秦鳩摩羅什譯，CBETA，T09，no.262，p.36，b18-20。唐時期。

LM20-1518-31-10 《大般涅槃經》卷二二

北涼曇無讖譯，CBETA，T12，no.374，p.493，b20-21。唐時期。

LM20-1518-31-11 《妙法蓮華經》卷六

姚秦鳩摩羅什譯，CBETA，T09，no.262，p.51，c2-5。唐時期。

LM20-1518-31-12 《妙法蓮華經》卷五

姚秦鳩摩羅什譯，CBETA，T09，no.262，p.38，a14-15。唐時期。

LM20-1518-31-13 《妙法蓮華經》卷五

姚秦鳩摩羅什譯，CBETA，T09，no.262，p.38，b4-5。高昌國時期。

LM20-1518-31-14 《妙法蓮華經》卷五

姚秦鳩摩羅什譯，CBETA，T09，no.262，p.38，b16-18。唐時期。

LM20-1518-31-15 《妙法蓮華經》卷五

姚秦鳩摩羅什譯，CBETA，T09，no.262，p.38，c5-6。唐時期。

LM20-1518-31-16 《妙法蓮華經》卷五

姚秦鳩摩羅什譯，CBETA，T09，no.262，p.38，c18-20。唐時期。

LM20-1518-32-01 《妙法蓮華經》卷五

姚秦鳩摩羅什譯，CBETA，T09，no.262，p.38，c29-p.39，a1。唐時期。

LM20-1518-32-02 《妙法蓮華經》卷五

姚秦鳩摩羅什譯，CBETA，T09，no.262，p.39，a10-14。唐時期。

LM20-1518-32-03 《妙法蓮華經》卷五

姚秦鳩摩羅什譯，CBETA，T09，no.262，p.39，a13。唐時期。

LM20-1518-32-04 《妙法蓮華經》卷五

姚秦鳩摩羅什譯，CBETA，T09，no.262，p.39，a14-17。唐時期。

LM20-1518-32-05 《妙法蓮華經》卷五

姚秦鳩摩羅什譯，CBETA，T09，no.262，p.39，c24。唐時期。

旅順博物館藏新疆出土漢文文獻

LM20-1518-32-06 《妙法蓮華經》卷五

姚秦鳩摩羅什譯, CBETA, T09, no.262, p.39, c28-29。唐時期。

LM20-1518-32-07 《妙法蓮華經》卷五

姚秦鳩摩羅什譯, CBETA, T09, no.262, p.39, c29-p.40, a1。唐時期。

LM20-1518-32-08 《妙法蓮華經》卷五

姚秦鳩摩羅什譯, CBETA, T09, no.262, p.40, a4-6。唐時期。

LM20-1518-32-09 《妙法蓮華經》卷五

姚秦鳩摩羅什譯, CBETA, T09, no.262, p.40, a8-10。高昌國時期。

LM20-1518-32-10 《妙法蓮華經》卷五

姚秦鳩摩羅什譯, CBETA, T09, no.262, p.40, a10-11。唐時期。

LM20-1518-32-11 《妙法蓮華經》卷五

姚秦鳩摩羅什譯, CBETA, T09, no.262, p.40, a12-14。西州回鶻時期。

LM20-1518-32-12 《妙法蓮華經》卷五

姚秦鳩摩羅什譯, CBETA, T09, no.262, p.40, b13-16。高昌國時期。

LM20-1518-32-13 《妙法蓮華經》卷五

姚秦鳩摩羅什譯, CBETA, T09, no.262, p.40, c17-19。高昌國時期。

LM20-1518-32-14 《妙法蓮華經》卷五

姚秦鳩摩羅什譯, CBETA, T09, no.262, p.40, b27-c2。唐時期。

LM20-1518-32-15 《妙法蓮華經》卷五

姚秦鳩摩羅什譯, CBETA, T09, no.262, p.41, a9-12。唐時期。

LM20-1518-32-16 《妙法蓮華經》卷五

姚秦鳩摩羅什譯, CBETA, T09, no.262, p.41, a22-26。唐時期。

LM20-1518-33-01 《妙法蓮華經》卷五

姚秦鳩摩羅什譯, CBETA, T09, no.262, p.41, c8-10。唐時期。

LM20-1518-33-02 《妙法蓮華經》卷五

姚秦鳩摩羅什譯, CBETA, T09, no.262, p.41, c26-28。唐時期。

LM20-1518-33-03 《妙法蓮華經》卷五

姚秦鳩摩羅什譯, CBETA, T09, no.262, p.42, c7-9。唐時期。

LM20-1518-33-04 《妙法蓮華經》卷五

姚秦鳩摩羅什譯, CBETA, T09, no.262, p.42, b6-8。唐時期。

LM20-1518-33-05a 《妙法蓮華經》卷五

姚秦鳩摩羅什譯, CBETA, T09, no.262, p.42, c12-13。唐時期。

LM20-1518-33-05b 《妙法蓮華經》卷五

姚秦鳩摩羅什譯, CBETA, T09, no.262, p.42, c12。唐時期。

LM20-1518-33-06 《妙法蓮華經》卷五

姚秦鳩摩羅什譯，CBETA，T09，no.262，p.43，a29-b3。唐時期。

LM20-1518-33-07 《妙法蓮華經》卷五

姚秦鳩摩羅什譯，CBETA，T09，no.262，p.43，b1-3。唐時期。

LM20-1518-33-08 《妙法蓮華經》卷五

姚秦鳩摩羅什譯，CBETA，T09，no.262，p.43，b4-7。高昌國時期。

LM20-1518-33-09 《妙法蓮華經》卷五

姚秦鳩摩羅什譯，CBETA，T09，no.262，p.43，b7-8。唐時期。

LM20-1518-33-10 《妙法蓮華經》卷五

姚秦鳩摩羅什譯，CBETA，T09，no.262，p.43，c9-13。高昌國時期。

LM20-1518-33-11 《妙法蓮華經》卷五

姚秦鳩摩羅什譯，CBETA，T09，no.262，p.44，a11-12。唐時期。

LM20-1518-33-12 《妙法蓮華經》卷五

姚秦鳩摩羅什譯，CBETA，T09，no.262，p.44，a13。唐時期。

LM20-1518-33-13 《妙法蓮華經》卷五

姚秦鳩摩羅什譯，CBETA，T09，no.262，p.44，a16-18。高昌國時期。

LM20-1518-33-14 《妙法蓮華經》卷五

姚秦鳩摩羅什譯，CBETA，T09，no.262，p.44，a25-27。唐時期。

LM20-1518-33-15 《妙法蓮華經》卷五

姚秦鳩摩羅什譯，CBETA，T09，no.262，p.44，a26-b1。唐時期。

LM20-1518-33-16 《妙法蓮華經》卷五

姚秦鳩摩羅什譯，CBETA，T09，no.262，p.44，a29-b3。高昌國時期。

LM20-1518-34-01 《妙法蓮華經》卷五

姚秦鳩摩羅什譯，CBETA，T09，no.262，p.44，c13-15。唐時期。

LM20-1518-34-02 《妙法蓮華經》卷五

姚秦鳩摩羅什譯，CBETA，T09，no.262，p.45，a12-18。高昌國時期。

LM20-1518-34-03 《妙法蓮華經》卷五

姚秦鳩摩羅什譯，CBETA，T09，no.262，p.45，a24-26。唐時期。

LM20-1518-34-04 《妙法蓮華經》卷五

姚秦鳩摩羅什譯，CBETA，T09，no.262，p.45，b17-18。高昌國時期。

LM20-1518-34-05 《妙法蓮華經》卷五

姚秦鳩摩羅什譯，CBETA，T09，no.262，p.45，c4-7。唐時期。

LM20-1518-34-06 《妙法蓮華經》卷五

姚秦鳩摩羅什譯，CBETA，T09，no.262，p.45，c15-17。唐時期。

LM20-1518-34-07 《妙法蓮華經》卷六

姚秦鳩摩羅什譯，CBETA，T09，no.262，p.46，b27-c1。唐時期。

LM20-1518-34-08 《妙法蓮華經》卷六

姚秦鳩摩羅什譯，CBETA，T09，no.262，p.46，b28-c3。高昌國時期。

LM20-1518-34-09 《妙法蓮華經》卷六

姚秦鳩摩羅什譯，CBETA，T09，no.262，p.46，c1-4。唐時期。

LM20-1518-34-10 《妙法蓮華經》卷六

姚秦鳩摩羅什譯，CBETA，T09，no.262，p.46，c2-5。唐時期。

LM20-1518-34-11 《妙法蓮華經》卷六

姚秦鳩摩羅什譯，CBETA，T09，no.262，p.46，c3-6。唐時期。

LM20-1518-34-12 《妙法蓮華經》卷六

姚秦鳩摩羅什譯，CBETA，T09，no.262，p.46，c9-12。高昌郡時期。

LM20-1518-34-13 《妙法蓮華經》卷六

姚秦鳩摩羅什譯，CBETA，T09，no.262，p.46，c22-24。唐時期。

LM20-1518-34-14 《妙法蓮華經》卷六

姚秦鳩摩羅什譯，CBETA，T09，no.262，p.46，c25-28。唐時期。

LM20-1518-34-15 《妙法蓮華經》卷六

姚秦鳩摩羅什譯，CBETA，T09，no.262，p.47，a6-8。唐時期。

LM20-1518-34-16 《妙法蓮華經》卷六

姚秦鳩摩羅什譯，CBETA，T09，no.262，p.47，c28-p.48，a1。高昌國時期。

LM20-1518-35-01 《妙法蓮華經》卷六

姚秦鳩摩羅什譯，CBETA，T09，no.262，p.47，c27-29。唐時期。

LM20-1518-35-02 《妙法蓮華經》卷六

姚秦鳩摩羅什譯，CBETA，T09，no.262，p.47，c10-12。高昌國時期。

LM20-1518-35-03 《妙法蓮華經》卷六

姚秦鳩摩羅什譯，CBETA，T09，no.262，p.47，c7-8。唐時期。

LM20-1518-35-04 《妙法蓮華經》卷六

姚秦鳩摩羅什譯，CBETA，T09，no.262，p.47，b22-28。唐時期。

LM20-1518-35-05 《妙法蓮華經》卷六

姚秦鳩摩羅什譯，CBETA，T09，no.262，p.47，a18-19。唐時期。

LM20-1518-35-06 《妙法蓮華經》卷六

姚秦鳩摩羅什譯，CBETA，T09，no.262，p.48，a4-7。唐時期。

LM20-1518-35-07 《妙法蓮華經》卷六

姚秦鳩摩羅什譯，CBETA，T09，no.262，p.48，a6-8。唐時期。

經冊六十九

LM20-1518-35-08 《妙法蓮華經》卷六
姚秦鳩摩羅什譯，CBETA，T09，no.262，p.48，a19-23。唐時期。

LM20-1518-35-09 《妙法蓮華經》卷六
姚秦鳩摩羅什譯，CBETA，T09，no.262，p.48，a20-24。唐時期。

LM20-1518-35-10 《妙法蓮華經》卷六
姚秦鳩摩羅什譯，CBETA，T09，no.262，p.48，c12-14。高昌國時期。

LM20-1518-35-11 《妙法蓮華經》卷六
姚秦鳩摩羅什譯，CBETA，T09，no.262，p.49，c2-5。唐時期。

LM20-1518-35-12 《妙法蓮華經》卷六
姚秦鳩摩羅什譯，CBETA，T09，no.262，p.49，c6-8。高昌國時期。

LM20-1518-35-13 《妙法蓮華經》卷六
姚秦鳩摩羅什譯，CBETA，T09，no.262，p.49，c21-23。高昌國時期。

LM20-1518-35-14 《妙法蓮華經》卷六
姚秦鳩摩羅什譯，CBETA，T09，no.262，p.49，c24-27。唐時期。

LM20-1518-35-15 《妙法蓮華經》卷六
姚秦鳩摩羅什譯，CBETA，T09，no.262，p.50，a16-19。高昌國時期。

LM20-1518-35-16 《妙法蓮華經》卷六
姚秦鳩摩羅什譯，CBETA，T09，no.262，p.50，a19-24。高昌國時期。

LM20-1518-36-01 《妙法蓮華經》卷六
姚秦鳩摩羅什譯，CBETA，T09，no.262，p.50，a23-25。唐時期。

LM20-1518-36-02 《妙法蓮華經》卷六
姚秦鳩摩羅什譯，CBETA，T09，no.262，p.50，a27-b1。高昌國時期。

LM20-1518-36-03 《妙法蓮華經》卷六
姚秦鳩摩羅什譯，CBETA，T09，no.262，p.50，c8-10。高昌國時期。

LM20-1518-36-04 《妙法蓮華經》卷六
姚秦鳩摩羅什譯，CBETA，T09，no.262，p.50，b11-13。唐時期。

LM20-1518-36-05 《妙法蓮華經》卷六
姚秦鳩摩羅什譯，CBETA，T09，no.262，p.51，a1-2。唐時期。

LM20-1518-36-06 《妙法蓮華經》卷六
姚秦鳩摩羅什譯，CBETA，T09，no.262，p.51，a7。唐時期。

LM20-1518-36-07 《妙法蓮華經》卷六
姚秦鳩摩羅什譯，CBETA，T09，no.262，p.51，b16-18。唐時期。

LM20-1518-36-08 《妙法蓮華經》卷六
姚秦鳩摩羅什譯，CBETA，T09，no.262，p.51，b20-22。唐時期。

旅順博物館藏新疆出土漢文文獻

LM20-1518-36-09 《妙法蓮華經》卷六

姚秦鳩摩羅什譯，CBETA，T09，no.262，p.51，b24-27。高昌國時期。

LM20-1518-36-10 《妙法蓮華經》卷六

姚秦鳩摩羅什譯，CBETA，T09，no.262，p.51，b24-27。唐時期。

LM20-1518-36-11 《妙法蓮華經》卷六

姚秦鳩摩羅什譯，CBETA，T09，no.262，p.51，b25-c3。高昌國時期。

LM20-1518-36-12 《妙法蓮華經》卷六

姚秦鳩摩羅什譯，CBETA，T09，no.262，p.51，c1-3。唐時期。

LM20-1518-36-13 《妙法蓮華經》卷六

姚秦鳩摩羅什譯，CBETA，T09，no.262，p.51，c10-11。唐時期。

LM20-1518-36-14 《妙法蓮華經》卷六

姚秦鳩摩羅什譯，CBETA，T09，no.262，p.51，c24-26。唐時期。

LM20-1518-36-15 《妙法蓮華經》卷六

姚秦鳩摩羅什譯，CBETA，T09，no.262，p.51，c25-26。唐時期。

LM20-1518-36-16 《妙法蓮華經》卷六

姚秦鳩摩羅什譯，CBETA，T09，no.262，p.51，c22-24。唐時期。

LM20-1518-37-01 《妙法蓮華經》卷六

姚秦鳩摩羅什譯，CBETA，T09，no.262，p.52，a8-10。唐時期。

LM20-1518-37-02 《妙法蓮華經》卷六

姚秦鳩摩羅什譯，CBETA，T09，no.262，p.52，b16-18。唐時期。

LM20-1518-37-03 《妙法蓮華經》卷六

姚秦鳩摩羅什譯，CBETA，T09，no.262，p.52，b16-18。唐時期。

LM20-1518-37-04 《妙法蓮華經》卷六

姚秦鳩摩羅什譯，CBETA，T09，no.262，p.52，b21-23。唐時期。

LM20-1518-37-05 《妙法蓮華經》卷六

姚秦鳩摩羅什譯，CBETA，T09，no.262，p.52，b23-29。唐時期。

LM20-1518-37-06 《妙法蓮華經》卷六

姚秦鳩摩羅什譯，CBETA，T09，no.262，p.52，c14-15。唐時期。

LM20-1518-37-07 《妙法蓮華經》卷六

姚秦鳩摩羅什譯，CBETA，T09，no.262，p.53，a13-15。唐時期。

LM20-1518-37-08 《妙法蓮華經》卷六

姚秦鳩摩羅什譯，CBETA，T09，no.262，p.53，a20-22。唐時期。

LM20-1518-37-09 《妙法蓮華經》卷六

姚秦鳩摩羅什譯，CBETA，T09，no.262，p.53，a27-b1。唐時期。

經册六十九

LM20-1518-37-10 《妙法蓮華經》卷六
姚秦鳩摩羅什譯，CBETA，T09，no.262，p.53，b14-15。唐時期。

LM20-1518-37-11 《妙法蓮華經》卷六
姚秦鳩摩羅什譯，CBETA，T09，no.262，p.53，b19-21。高昌國時期。

LM20-1518-37-12 《妙法蓮華經》卷六
姚秦鳩摩羅什譯，CBETA，T09，no.262，p.53，b26-29。唐時期。

LM20-1518-37-13 《妙法蓮華經》卷六
姚秦鳩摩羅什譯，CBETA，T09，no.262，p.53，c1-2。唐時期。

LM20-1518-37-14 《妙法蓮華經》卷六
姚秦鳩摩羅什譯，CBETA，T09，no.262，p.53，c12-15。高昌國時期。

LM20-1518-37-15 《妙法蓮華經》卷六
姚秦鳩摩羅什譯，CBETA，T09，no.262，p.53，c18-20。高昌國時期。

LM20-1518-37-16 《妙法蓮華經》卷六
姚秦鳩摩羅什譯，CBETA，T09，no.262，p.54，a2-4。高昌國時期。

LM20-1518-38-01 《妙法蓮華經》卷六
姚秦鳩摩羅什譯，CBETA，T09，no.262，p.54，a15-18。高昌國時期。

LM20-1518-38-02 《妙法蓮華經》卷六
姚秦鳩摩羅什譯，CBETA，T09，no.262，p.54，a21-23。高昌郡時期。

LM20-1518-38-03 《妙法蓮華經》卷六
姚秦鳩摩羅什譯，CBETA，T09，no.262，p.54，b10-13。唐時期。

LM20-1518-38-04 《妙法蓮華經》卷六
姚秦鳩摩羅什譯，CBETA，T09，no.262，p.54，b19-20。唐時期。

LM20-1518-38-05 《妙法蓮華經》卷六
姚秦鳩摩羅什譯，CBETA，T09，no.262，p.54，b26-29。唐時期。

LM20-1518-38-06 《妙法蓮華經》卷六
姚秦鳩摩羅什譯，CBETA，T09，no.262，p.54，c2-3。唐時期。

LM20-1518-38-07 《大方廣佛華嚴經》卷六
東晉佛陀跋陀羅譯，CBETA，T09，no.278，p.432，b26-27。唐時期。

LM20-1518-38-08 《妙法蓮華經》卷七
姚秦鳩摩羅什譯，CBETA，T09，no.262，p.55，a20-24。高昌國時期。

LM20-1518-38-09 《妙法蓮華經》卷七
姚秦鳩摩羅什譯，CBETA，T09，no.262，p.55，b23-26。唐時期。

LM20-1518-38-10 《妙法蓮華經》卷七
姚秦鳩摩羅什譯，CBETA，T09，no.262，p.55，c3-4。唐時期。

LM20-1518-38-11 《妙法蓮華經》卷七

姚秦鳩摩羅什譯，CBETA，T09，no.262，p.55，c25-27。唐時期。

LM20-1518-38-12 《妙法蓮華經》卷七

姚秦鳩摩羅什譯，CBETA，T09，no.262，p.56，a23-25。唐時期。

LM20-1518-38-13 《妙法蓮華經》卷七

姚秦鳩摩羅什譯，CBETA，T09，no.262，p.56，a26-27。高昌國時期。

LM20-1518-38-14 《妙法蓮華經》卷七

姚秦鳩摩羅什譯，CBETA，T09，no.262，p.56，b21-24。高昌國時期。

LM20-1518-38-15 《觀世音經讚》

題金剛藏菩薩撰，據 LM20-1506-C0871c+LM20-1502-C0032 首題定名，參 BD3351。有雙行小字注。唐時期。

參：嚴世偉 2019，304-340。

LM20-1518-38-16 《妙法蓮華經》卷七

姚秦鳩摩羅什譯，CBETA，T09，no.262，p.56，c9-12。唐時期。

LM20-1518-38-17 《妙法蓮華經》卷七

姚秦鳩摩羅什譯，CBETA，T09，no.262，p.56，c12-15。唐時期。

經册七十

LM20-1519-01-01 《妙法蓮華經》卷七

姚秦鳩摩羅什譯，CBETA，T09，no.262，p.56，c21-23。唐時期。

LM20-1519-01-02 《觀世音經讚》

題金剛藏菩薩撰，據 LM20-1506-C0871c+LM20-1502-C0032 首題定名，參 BD3351。唐時期。

參：嚴世偉 2019，304-340。

LM20-1519-01-03 《妙法蓮華經》卷七

姚秦鳩摩羅什譯，CBETA，T09，no.262，p.57，a7-9。高昌國時期。

LM20-1519-01-04 《觀世音經讚》

題金剛藏菩薩撰，據 LM20-1506-C0871c+LM20-1502-C0032 首題定名，參 BD3351。有雙行小字注。唐時期。

參：嚴世偉 2019，304-340。

LM20-1519-01-05 《妙法蓮華經》卷七

姚秦鳩摩羅什譯，CBETA，T09，no.262，p.57，a17-18。西州回鶻時期。

LM20-1519-01-06 《妙法蓮華經》卷七

姚秦鳩摩羅什譯，CBETA，T09，no.262，p.57，a19-21。唐時期。

LM20-1519-01-07 《妙法蓮華經》卷七

姚秦鳩摩羅什譯，CBETA，T09，no.262，p.57，a20-21。唐時期。

LM20-1519-01-08 《妙法蓮華經》卷七

姚秦鳩摩羅什譯，CBETA，T09，no.262，p.57，a21-25。唐時期。

LM20-1519-01-09 《妙法蓮華經》卷七

姚秦鳩摩羅什譯，CBETA，T09，no.262，p.57，a24-26。唐時期。

LM20-1519-01-10 《妙法蓮華經》卷七

姚秦鳩摩羅什譯，CBETA，T09，no.262，p.57，a27-b1。唐時期。

LM20-1519-01-11 《妙法蓮華經》卷七

姚秦鳩摩羅什譯，CBETA，T09，no.262，p.57，b4-6。唐時期。

LM20-1519-01-12 《妙法蓮華經》卷七

姚秦鳩摩羅什譯，CBETA，T09，no.262，p.57，b4-6。唐時期。

LM20-1519-01-13 《妙法蓮華經》卷七

姚秦鳩摩羅什譯，CBETA，T09，no.262，p.57，b23-24。唐時期。

LM20-1519-01-14 《觀世音經讚》

題金剛藏菩薩撰，據 LM20-1506-C0871c+LM20-1502-C0032 首題定名，參 BD3351。有雙行小字注。唐時期。

參：嚴世偉 2019，304-340。

LM20-1519-01-15 《妙法蓮華經》卷七

姚秦鳩摩羅什譯，CBETA，T09，no.262，p.57，b26-c1。高昌國時期。

LM20-1519-01-16 《妙法蓮華經》卷七

姚秦鳩摩羅什譯，CBETA，T09，no.262，p.57，b26-c1。唐時期。

LM20-1519-02-01 《妙法蓮華經》卷七

姚秦鳩摩羅什譯，CBETA，T09，no.262，p.57，b28-c3。唐時期。

LM20-1519-02-02 《妙法蓮華經》卷七

姚秦鳩摩羅什譯，CBETA，T09，no.262，p.57，b28-c3。高昌國時期。

LM20-1519-02-03 《妙法蓮華經》卷七

姚秦鳩摩羅什譯，CBETA，T09，no.262，p.57，c4-7。唐時期。

LM20-1519-02-04 《妙法蓮華經》卷七

姚秦鳩摩羅什譯，CBETA，T09，no.262，p.57，c24-28。唐時期。

LM20-1519-02-05 《妙法蓮華經》卷七

姚秦鳩摩羅什譯，CBETA，T09，no.262，p.57，c24。唐時期。

LM20-1519-02-06 《妙法蓮華經》卷七

姚秦鳩摩羅什譯，CBETA，T09，no.262，p.57，c29-p.58，a4，"咀"作"詛"。唐時期。

LM20-1519-02-07 《妙法蓮華經》卷七

姚秦鳩摩羅什譯，CBETA，T09，no.262，p.58，a4-8。唐時期。

LM20-1519-02-08 《妙法蓮華經》卷七

姚秦鳩摩羅什譯，CBETA，T09，no.262，p.58，a19-21。唐時期。

LM20-1519-02-09 《妙法蓮華經》卷七

姚秦鳩摩羅什譯，CBETA，T09，no.262，p.58，a22-26。唐時期。

LM20-1519-02-10 《妙法蓮華經》卷七

姚秦鳩摩羅什譯，CBETA，T09，no.262，p.58，a25-29。唐時期。

LM20-1519-02-11 《妙法蓮華經》卷七

姚秦鳩摩羅什譯，CBETA，T09，no.262，p.58，b6-7。唐時期。

LM20-1519-02-12 《妙法蓮華經》卷七

姚秦鳩摩羅什譯，CBETA，T09，no.262，p.58，c6-9。唐時期。

经册七十

LM20-1519-02-13 《妙法蓮華經》卷七
姚秦鳩摩羅什譯，CBETA，T09，no.262，p.58，c9-11。唐時期。

LM20-1519-02-14 《妙法蓮華經》卷七
姚秦鳩摩羅什譯，CBETA，T09，no.262，p.59，a9-10。第2行間有小字"一"。唐時期。

LM20-1519-02-15 《妙法蓮華經》卷七
姚秦鳩摩羅什譯，CBETA，T09，no.262，p.59，a21-24。唐時期。

LM20-1519-02-16 《妙法蓮華經》卷七
姚秦鳩摩羅什譯，CBETA，T09，no.262，p.59，b8-9。唐時期。

LM20-1519-02-17 《妙法蓮華經》卷七
姚秦鳩摩羅什譯，CBETA，T09，no.262，p.59，a24-25。唐時期。

LM20-1519-02-18 《妙法蓮華經》卷七
姚秦鳩摩羅什譯，CBETA，T09，no.262，p.59，b11-12。高昌國時期。

LM20-1519-03-01 《妙法蓮華經》卷七
姚秦鳩摩羅什譯，CBETA，T09，no.262，p.59，b14-17。唐時期。

LM20-1519-03-02 《妙法蓮華經》卷七
姚秦鳩摩羅什譯，CBETA，T09，no.262，p.59，c13-15。高昌國時期。

LM20-1519-03-03 《妙法蓮華經》卷七
姚秦鳩摩羅什譯，CBETA，T09，no.262，p.60，a12-14。唐時期。

LM20-1519-03-04 《妙法蓮華經》卷七
姚秦鳩摩羅什譯，CBETA，T09，no.262，p.60，b21-23。高昌國時期。

LM20-1519-03-05 《妙法蓮華經》卷七
姚秦鳩摩羅什譯，CBETA，T09，no.262，p.60，b23-27。唐時期。

LM20-1519-03-06 《妙法蓮華經》卷七
姚秦鳩摩羅什譯，CBETA，T09，no.262，p.60，b29-c2。唐時期。

LM20-1519-03-07 《妙法蓮華經》卷七
姚秦鳩摩羅什譯，CBETA，T09，no.262，p.60，c12-14。唐時期。

LM20-1519-03-08 《妙法蓮華經》卷七
姚秦鳩摩羅什譯，CBETA，T09，no.262，p.60，c25-28。唐時期。

LM20-1519-03-09 《妙法蓮華經》卷七
姚秦鳩摩羅什譯，CBETA，T09，no.262，p.61，a15-17，"千尊"作"世尊"。唐時期。

LM20-1519-03-10 《妙法蓮華經》卷七
姚秦鳩摩羅什譯，CBETA，T09，no.262，p.61，a17-19。唐時期。

LM20-1519-03-11 《妙法蓮華經》卷七
姚秦鳩摩羅什譯，CBETA，T09，no.262，p.61，a20-22。高昌郡時期。

参:《旅博选粹》, 42。

LM20-1519-03-12a 《妙法莲华经》卷七

姚秦鸠摩罗什译, CBETA, T09, no.262, p.61, b25-27。第1行间有小字"七"。唐时期。

LM20-1519-03-12b 《妙法莲华经》卷七

姚秦鸠摩罗什译, CBETA, T09, no.262, p.61, b26。唐时期。

LM20-1519-03-13 《妙法莲华经》卷七

姚秦鸠摩罗什译, CBETA, T09, no.262, p.61, c2-4。高昌国时期。

LM20-1519-03-14 《妙法莲华经》卷七

姚秦鸠摩罗什译, CBETA, T09, no.262, p.61, c6-8。高昌国时期。

LM20-1519-03-15 《妙法莲华经》卷七

姚秦鸠摩罗什译, CBETA, T09, no.262, p.61, c15-17。唐时期。

LM20-1519-03-16 《妙法莲华经》卷七

姚秦鸠摩罗什译, CBETA, T09, no.262, p.61, c18-19。唐时期。

LM20-1519-04-01 《普曜经》卷二

西晋竺法护译, CBETA, T03, no.186, p.490, b18-24。高昌国时期。

LM20-1519-04-02 《正法华经》卷九

西晋竺法护译, CBETA, T09, no.263, p.127, a5-7。唐时期。

LM20-1519-04-03 《添品妙法莲华经序》

作者不详, CBETA, T09, no.264, p.134, c9-11。唐时期。

LM20-1519-04-04 《妙法莲华经》卷一

姚秦鸠摩罗什译, CBETA, T09, no.262, p.2, b16-20。唐时期。

LM20-1519-04-05 《妙法莲华经》卷一

姚秦鸠摩罗什译, CBETA, T09, no.262, p.3, b13-16。唐时期。

LM20-1519-04-06 《妙法莲华经》卷一

姚秦鸠摩罗什译, CBETA, T09, no.262, p.3, c11-14。高昌国时期。

LM20-1519-04-07 《妙法莲华经》卷二

姚秦鸠摩罗什译, CBETA, T09, no.262, p.13, c4-6。唐时期。

LM20-1519-04-08 《妙法莲华经》卷二

姚秦鸠摩罗什译, CBETA, T09, no.262, p.14, c28-p.15, a2, "是以"作"以是"。唐时期。

LM20-1519-04-09 《妙法莲华经》卷二

姚秦鸠摩罗什译, CBETA, T09, no.262, p.16, b3-6。高昌郡时期。

LM20-1519-04-10 《妙法莲华经》卷三

姚秦鸠摩罗什译, CBETA, T09, no.262, p.21, b4-7。唐时期。

LM20-1519-04-11 《妙法莲华经》卷四

經册七十

姚秦鳩摩羅什譯，CBETA，T09，no.262，p.30，c8-10。唐時期。

LM20-1519-04-12 《妙法蓮華經》卷四

姚秦鳩摩羅什譯，CBETA，T09，no.262，p.33，b12-13。唐時期。

LM20-1519-04-13 《妙法蓮華經》卷五

姚秦鳩摩羅什譯，CBETA，T09，no.262，p.40，a1-3。唐時期。

LM20-1519-04-14 《妙法蓮華經》卷五

姚秦鳩摩羅什譯，CBETA，T09，no.262，p.42，a27-b1。高昌國時期。

LM20-1519-04-15 《妙法蓮華經》卷六

姚秦鳩摩羅什譯，CBETA，T09，no.262，p.48，c7-10。西州回鶻時期。

LM20-1519-04-16 《妙法蓮華經》卷六

姚秦鳩摩羅什譯，CBETA，T09，no.262，p.50，a1-3。唐時期。

LM20-1519-05-01 《妙法蓮華經》卷七

姚秦鳩摩羅什譯，CBETA，T09，no.262，p.56，c13-16。唐時期。

LM20-1519-05-02 《妙法蓮華經》卷七

姚秦鳩摩羅什譯，CBETA，T09，no.262，p.56，b3-5。唐時期。

LM20-1519-05-03 《妙法蓮華經》卷七

姚秦鳩摩羅什譯，CBETA，T09，no.262，p.56，b3-6。唐時期。

LM20-1519-05-04 《妙法蓮華經》卷七

姚秦鳩摩羅什譯，CBETA，T09，no.262，p.56，c29-p.57，a1。唐時期。

LM20-1519-05-05 《妙法蓮華經》卷七

姚秦鳩摩羅什譯，CBETA，T09，no.262，p.57，a4-5。唐時期。

LM20-1519-05-06 《妙法蓮華經》卷七

姚秦鳩摩羅什譯，CBETA，T09，no.262，p.57，a28-b1。唐時期。

LM20-1519-05-07 《妙法蓮華經》卷七

姚秦鳩摩羅什譯，CBETA，T09，no.262，p.59，c18-p.60，a1。唐時期。

LM20-1519-05-08 《妙法蓮華經》卷七

姚秦鳩摩羅什譯，CBETA，T09，no.262，p.60，c25-27。唐時期。

LM20-1519-05-09 《妙法蓮華經》卷七

姚秦鳩摩羅什譯，CBETA，T09，no.262，p.61，c10-12。唐時期。

LM20-1519-05-10 《金剛般若波羅蜜經》

姚秦鳩摩羅什譯，CBETA，T08，no.235，p.749，b4-7。高昌國時期。

LM20-1519-05-11 《大般涅槃經》卷三七

北涼曇無讖譯，CBETA，T12，no.374，p.581，a20-21。高昌國時期。

LM20-1519-05-12 《佛說廣博嚴淨不退轉輪經》卷六

劉宋智嚴譯，CBETA, T09, no.268, p.281, c21-25。高昌國時期。

LM20-1519-05-13 《大方廣佛華嚴經》卷二（五十卷本）

東晉佛陀跋陀羅譯，《中華大藏經》第 12 册，17a5-9；參 CBETA, T09, no.278, p.404, b22-24。高昌國時期。

LM20-1519-05-14 《大方廣佛華嚴經》卷三

東晉佛陀跋陀羅譯，CBETA, T09, no.278, p.412, b5-8。唐時期。

LM20-1519-05-15a 《大方廣佛華嚴經》卷五（五十卷本）

東晉佛陀跋陀羅譯，《中華大藏經》第 12 册，55a8-12；參 CBETA, T09, no.278, p.429, c11-14。高昌國時期。

LM20-1519-05-15b 殘片

高昌國時期。

LM20-1519-06-01 《大方廣佛華嚴經》卷五（五十卷本）

東晉佛陀跋陀羅譯，《中華大藏經》第 12 册，55c5-12；參 CBETA, T09, no.278, p.430, a26-28。高昌國時期。

LM20-1519-06-02 《大方廣佛華嚴經》卷五（五十卷本）

東晉佛陀跋陀羅譯，《中華大藏經》第 12 册，55b20-23；參 CBETA, T09, no.278, p.430, b10-12。高昌國時期。

LM20-1519-06-03 《大方廣佛華嚴經》卷六

東晉佛陀跋陀羅譯，CBETA, T09, no.278, p.431, a4-5。唐時期。

LM20-1519-06-04 《大方廣佛華嚴經》卷一四（五十卷本）

東晉佛陀跋陀羅譯，《中華大藏經》第 12 册，172a6-10；參 CBETA, T09, no.278, p.505, c25-29。細字寫本。高昌國時期。

LM20-1519-06-05 《大方廣佛華嚴經》卷一四

東晉佛陀跋陀羅譯，CBETA, T09, no.278, p.485, b22-24。唐時期。

LM20-1519-06-06 《大方廣佛華嚴經》卷一四（五十卷本）

東晉佛陀跋陀羅譯，《中華大藏經》第 12 册，167c6-8；參 CBETA, T09, no.278, p.502, c9-11。高昌國時期。

LM20-1519-06-07 《大方廣佛華嚴經》卷一四（五十卷本）

東晉佛陀跋陀羅譯，《中華大藏經》第 12 册，168b8-11；參 CBETA, T09, no.278, p.503, a24-27。高昌國時期。

LM20-1519-06-08 《大方廣佛華嚴經》卷一六（五十卷本）

東晉佛陀跋陀羅譯，《中華大藏經》第 12 册，200a22-b2；參 CBETA, T09, no.278, p.522, b29-c5。高昌國時期。

LM20-1519-06-09 《大方廣佛華嚴經》卷一六（五十卷本）

東晉佛陀跋陀羅譯,《中華大藏經》第 12 册, 200b3-7; 參 CBETA, T09, no.278, p.522, c3-7。高昌國時期。

LM20-1519-06-10 《大方廣佛華嚴經》卷一六（五十卷本）

東晉佛陀跋陀羅譯,《中華大藏經》第 12 册, 200b7-10; 參 CBETA, T09, no.278, p.522, c7-10。高昌國時期。

LM20-1519-06-11 《大方廣佛華嚴經》卷一九（五十卷本）

東晉佛陀跋陀羅譯,《中華大藏經》第 12 册, 235b16-18; 參 CBETA, T09, no.278, p.542, c17-19。高昌國時期。

LM20-1519-06-12 《大方廣佛華嚴經》卷二〇（五十卷本）

東晉佛陀跋陀羅譯,《中華大藏經》第 12 册, 249b8-9; 參 CBETA, T09, no.278, p.551, c23-24。高昌國時期。

LM20-1519-06-13 《大方廣佛華嚴經》卷二二（五十卷本）

東晉佛陀跋陀羅譯,《中華大藏經》第 12 册, 285a1-4; 參 CBETA, T09, no.278, p.576, c17-21。高昌郡時期。

參:《旅博選粹》, 45。

LM20-1519-06-14 《大方廣佛華嚴經》卷二六（五十卷本）

東晉佛陀跋陀羅譯,《中華大藏經》第 12 册, 318a4-6; 參 CBETA, T09, no.278, p.595, c16-17。高昌國時期。

LM20-1519-06-15 《大方廣佛華嚴經》卷二六（五十卷本）

東晉佛陀跋陀羅譯,《中華大藏經》第 12 册, 325b9-12; 參 CBETA, T09, no.278, p.600, c19-21。高昌郡時期。

參:《旅博選粹》, 45。

LM20-1519-07-01 《大方廣佛華嚴經》卷三〇（五十卷本）

東晉佛陀跋陀羅譯,《中華大藏經》第 12 册, 363b18-20; 參 CBETA, T09, no.278, p.624, a7-9。高昌國時期。

LM20-1519-07-02 《大方廣佛華嚴經》卷三二（五十卷本）

東晉佛陀跋陀羅譯,《中華大藏經》第 12 册, 393b12-13; 參 CBETA, T09, no.278, p.643, b9-10。高昌國時期。

LM20-1519-07-03 《大方廣佛華嚴經》卷三四（五十卷本）

東晉佛陀跋陀羅譯,《中華大藏經》第 12 册, 411c10-13; 參 CBETA, T09, no.278, p.653, c8-10。高昌國時期。

LM20-1519-07-04 《大方廣佛華嚴經》卷四四

東晉佛陀跋陀羅譯, CBETA, T09, no.278, p.677, b7-10。唐時期。

LM20-1519-07-05 《大方廣佛華嚴經》卷三八（五十卷本）

東晉佛陀跋陀羅譯,《中華大藏經》第 12 册, 458c20-21; 參 CBETA, T09, no.278, p.685, c4-5。高昌國時期。

LM20-1519-07-06 《大方廣佛華嚴經》卷四〇（五十卷本）

東晉佛陀跋陀羅譯,《中華大藏經》第 12 册, 487a6-7; 參 CBETA, T09, no.278, p.702, b16-17。高昌國時期。

LM20-1519-07-07 《大方廣佛華嚴經》卷四〇（五十卷本）

東晉佛陀跋陀羅譯,《中華大藏經》第 12 册, 490a4-7; 參 CBETA, T09, no.278, p.704, b17-19。高昌國時期。

LM20-1519-07-08 《大方廣佛華嚴經》卷四一（五十卷本）

東晉佛陀跋陀羅譯,《中華大藏經》第 12 册, 497a4-6; 參 CBETA, T09, no.278, p.708, a5-8。高昌國時期。

LM20-1519-07-09 《大方廣佛華嚴經》卷四二（五十卷本）

東晉佛陀跋陀羅譯,《中華大藏經》第 12 册, 504a9-11; 參 CBETA, T09, no.278, p.711, a2-4。高昌國時期。

LM20-1519-07-10 《大方廣佛華嚴經》卷四四（五十卷本）

東晉佛陀跋陀羅譯,《中華大藏經》第 12 册, 530b19-c2; 參 CBETA, T09, no.278, p.726, b15-19。高昌郡時期。

參:《旅博選粹》, 46。

LM20-1519-07-11 《大方廣佛華嚴經》卷四六（五十卷本）

東晉佛陀跋陀羅譯,《中華大藏經》第 12 册, 561a3-5; 參 CBETA, T09, no.278, p.747, a25-27。高昌國時期。

LM20-1519-07-12 《大方廣佛華嚴經》卷四七（五十卷本）

東晉佛陀跋陀羅譯,《中華大藏經》第 12 册, 575b2-4; 參 CBETA, T09, no.278, p.755, b27-29。高昌國時期。

LM20-1519-07-13 《大方廣佛華嚴經》卷四八（五十卷本）

東晉佛陀跋陀羅譯,《中華大藏經》第 12 册, 589a13-15; 參 CBETA, T09, no.278, p.764, b20-22。高昌國時期。

LM20-1519-07-14 《大方廣佛華嚴經》卷四八（五十卷本）

東晉佛陀跋陀羅譯,《中華大藏經》第 12 册, 596a7-8; 參 CBETA, T09, no.278, p.769, b28-29。高昌國時期。

LM20-1519-07-15 《大方廣佛華嚴經》卷五八

東晉佛陀跋陀羅譯, CBETA, T09, no.278, p.770, c19-21。唐時期。

LM20-1519-08-01 《金剛般若波羅蜜經》

元魏菩提流支譯, CBETA, T08, no.236a, p.755, a29-b3。唐時期。

經册七十

LM20-1519-08-02 《佛說菩薩本業經》

吳支謙譯，CBETA，T10，no.281，p.450，c14-17。高昌郡時期。

參:《旅博選粹》，14。

LM20-1519-08-03 《十住經》卷二

姚秦鳩摩羅什譯，CBETA，T10，no.286，p.510，c10-14。高昌國時期。

LM20-1519-08-04 《十住經》卷四

姚秦鳩摩羅什譯，CBETA，T10，no.286，p.528，a6-12。高昌國時期。

LM20-1519-08-05 《十住經》

姚秦鳩摩羅什譯，此段文字多處可見。高昌國時期。

LM20-1519-08-06 《一切經音義》卷一

唐玄應撰，CBETA，C056，no.1163，p.815，c9-12。唐時期。

LM20-1519-08-07 《金光明經》卷一

北涼曇無讖譯，CBETA，T16，no.663，p.337，a26-28。高昌國時期。

LM20-1519-08-08 《大方廣佛華嚴經》卷五

唐實叉難陀譯，CBETA，T10，no.279，p.23，a17-19。唐時期。

LM20-1519-08-09 《大方廣佛華嚴經》卷一六

唐實叉難陀譯，CBETA，T10，no.279，p.85，c23-24。唐時期。

LM20-1519-08-10 《大方廣佛華嚴經》卷三〇

唐實叉難陀譯，CBETA，T10，no.279，p.162，b25-28。唐時期。

LM20-1519-08-11 《大方廣佛華嚴經》卷三三

唐實叉難陀譯，CBETA，T10，no.279，p.175，b20-22。唐時期。

LM20-1519-08-12 《大方廣佛華嚴經》卷三九

唐實叉難陀譯，CBETA，T10，no.279，p.207，b14。唐時期。

LM20-1519-08-13 《大方廣佛華嚴經》卷四五

唐實叉難陀譯，CBETA，T10，no.279，p.237，b12-13。唐時期。

LM20-1519-08-14 《大方廣佛華嚴經》卷五六

唐實叉難陀譯，CBETA，T10，no.279，p.295，a26-29。唐時期。

LM20-1519-08-15 《大方廣佛華嚴經》卷六三

唐實叉難陀譯，CBETA，T10，no.279，p.337，c14-15。唐時期。

LM20-1519-08-16 《大方廣佛華嚴經》卷六四

唐實叉難陀譯，CBETA，T10，no.279，p.347，c13-16。唐時期。

LM20-1519-08-17 《大方廣佛華嚴經》卷八〇

唐實叉難陀譯，CBETA，T10，no.279，p.441，a1-3。唐時期。

LM20-1519-09-01 《大寶積經》卷二

唐菩提流志譯，CBETA，T11，no.310，p.6，b22-23。唐時期。

LM20-1519-09-02 《請觀世音菩薩消伏毒害陀羅尼兒經》

東晉竺難提譯，CBETA，T20，no.1043，p.38，a3-5。高昌國時期。

LM20-1519-09-03 《大寶積經》卷九

西晉竺法護譯，CBETA，T11，no.310，p.48，c21-23。唐時期。

LM20-1519-09-04 《大寶積經》卷一六

西晉竺法護譯，CBETA，T11，no.310，p.89，b3-4。唐時期。

LM20-1519-09-05 《大寶積經》卷二〇

唐菩提流志譯，CBETA，T11，no.310，p.108，a20-21。唐時期。

LM20-1519-09-06 《大寶積經》卷三六

唐玄奘譯，CBETA，T11，no.310，p.206，c7-11。唐時期。

LM20-1519-09-07 寶積經

參東晉竺難提譯《大寶積經》卷一〇六，CBETA，T11，no.310，p.597，c6-8。高昌國時期。

LM20-1519-09-08 《大寶積經》卷四五

唐玄奘譯，CBETA，T11，no.310，p.265，a5-7。唐時期。

LM20-1519-09-09 《大寶積經》卷四五

唐玄奘譯，CBETA，T11，no.310，p.267，a29-b1。唐時期。

LM20-1519-09-10 《大寶積經》卷五二

唐玄奘譯，CBETA，T11，no.310，p.304，c6-10。唐時期。

LM20-1519-09-11 《大寶積經》卷六四

高齊那連提耶舍譯，CBETA，T11，no.310，p.368，c25-27。唐時期。

LM20-1519-09-12 《大寶積經》卷一一二

譯者不詳，CBETA，T11，no.310，p.632，a21-23。唐時期。

LM20-1519-09-13 寶積經

參北涼道龔譯《大寶積經》卷一一四，CBETA，T11，no.310，p.645，c11-15。高昌國時期。

LM20-1519-09-14 寶積經

參梁曼陀羅仙譯《大寶積經》卷一一五，CBETA，T11，no.310，p.651，b25-27。高昌國時期。

LM20-1519-09-15 《大方便佛報恩經》卷四

譯者不詳，CBETA，T03，no.156，p.148，a25-26。唐時期。

LM20-1519-10-01 《大般涅槃經》卷三一

北涼曇無讖譯，CBETA，T12，no.374，p.548，c22-24。高昌國時期。

LM20-1519-10-02 《妙法蓮華經》卷一

姚秦鳩摩羅什譯，CBETA，T09，no.262，p.5，a12-14。唐時期。

LM20-1519-10-03 《慧上菩薩問大善權經》卷下

西晉竺法護譯，CBETA，T12，no.345，p.162，a23-24。唐時期。

LM20-1519-10-04　《慧上菩薩問大善權經》卷下

西晉竺法護譯，CBETA，T12，no.345，p.163，a12-18，"禮儀"作"禮義"。唐時期。

LM20-1519-10-05　《慧上菩薩問大善權經》卷下

西晉竺法護譯，CBETA，T12，no.345，p.163，a18-20。唐時期。

LM20-1519-10-06　《勝鬘師子吼一乘大方便方廣經》

劉宋求那跋陀羅譯，CBETA，T12，no.353，p.218，b7-10。高昌國時期。

LM20-1519-10-07　《勝鬘師子吼一乘大方便方廣經》

劉宋求那跋陀羅譯，CBETA，T12，no.353，p.222，c6-11。高昌國時期。

LM20-1519-10-08　《金剛般若波羅蜜經》

姚秦鳩摩羅什譯，CBETA，T08，no.235，p.749，a6-7。唐時期。

LM20-1519-10-09　《僧伽吒經》卷二

元魏月婆首那譯，CBETA，T13，no.423，p.965，c17-20。唐時期。

LM20-1519-10-10　《金剛般若波羅蜜經》

姚秦鳩摩羅什譯，CBETA，T08，no.235，p.749，a5-8。唐時期。

LM20-1519-10-11　《摩訶般若波羅蜜經》卷一六

姚秦鳩摩羅什譯，CBETA，T08，no.223，p.340，a25-27。高昌國時期。

LM20-1519-10-12　《佛說阿彌陀三耶三佛薩樓佛檀過度人道經》卷下

吴支謙譯，CBETA，T12，no.362，p.310，b13-15。唐時期。

參：《旅博選粹》，116；《净土集成》，28-29。

LM20-1519-10-13　《佛說阿彌陀經》

姚秦鳩摩羅什譯，CBETA，T12，no.366，p.347，a7-9。唐時期。

參：《净土集成》，68-69。

LM20-1519-10-14　《佛說阿彌陀經》

姚秦鳩摩羅什譯，CBETA，T12，no.366，p.348，a2-5。唐時期。

參：《旅博選粹》，125；《净土集成》，89。

LM20-1519-11-01　《佛說觀無量壽佛經》

劉宋畺良耶舍譯，CBETA，T12，no.365，p.341，b29-c3。唐時期。

參：《旅博選粹》，116；《净土集成》，30-31。

LM20-1519-11-02　《佛說觀無量壽佛經》

劉宋畺良耶舍譯，CBETA，T12，no.365，p.342，b8-10。高昌國時期。

參：《旅博選粹》，117；《净土集成》，34-35。

LM20-1519-11-03　《佛說觀無量壽佛經》

劉宋畺良耶舍譯，CBETA，T12，no.365，p.343，c6-7。高昌國時期。

参:《旅博選粹》，118;《净土集成》，42-43。

LM20-1519-11-04 《大般涅槃經》卷三四

北涼曇無讖譯，CBETA，T12，no.374，p.568，c25-27。高昌國時期。

LM20-1519-11-05 《佛說無量壽經》卷上

曹魏康僧鎧譯，CBETA，T12，no.360，p.269，b26-c1。高昌國時期。

参:《旅博選粹》，47;《净土集成》，10-11。

LM20-1519-11-06 《佛說無量壽經》卷下

曹魏康僧鎧譯，CBETA，T12，no.360，p.278，c20-22。高昌國時期。

参:《旅博選粹》，47;《净土集成》，22-23。

LM20-1519-11-07 《佛說無量壽經》卷下

曹魏康僧鎧譯，CBETA，T12，no.360，p.275，a27-29。高昌國時期。

参:《净土集成》，14-15。

LM20-1519-11-08 《佛說灌頂經》卷一二

東晉帛尸梨蜜多羅譯，CBETA，T21，no.1331，p.532，b15-17。唐時期。

LM20-1519-11-09 《大般涅槃經》卷三

北涼曇無讖譯，CBETA，T12，no.374，p.379，a25-26。唐時期。

LM20-1519-11-10 《大般涅槃經》卷三

北涼曇無讖譯，CBETA，T12，no.374，p.379，c15-21。唐時期。

LM20-1519-11-11 《大般涅槃經》卷三

北涼曇無讖譯，CBETA，T12，no.374，p.383，c14-17。高昌國時期。

LM20-1519-11-12 《大般涅槃經》卷三

北涼曇無讖譯，CBETA，T12，no.374，p.384，b27-29。高昌國時期。

LM20-1519-11-13 《大般涅槃經》卷三

北涼曇無讖譯，CBETA，T12，no.374，p.380，a22-25。唐時期。

LM20-1519-12-01 《大般涅槃經》卷一

北涼曇無讖譯，CBETA，T12，no.374，p.366，a15-17; b14-16。唐時期。

LM20-1519-12-02 《大般涅槃經》卷一

北涼曇無讖譯，CBETA，T12，no.374，p.366，b16-18。唐時期。

LM20-1519-12-03 《大般涅槃經》卷一

北涼曇無讖譯，CBETA，T12，no.374，p.366，b23-26。唐時期。

LM20-1519-12-04 《大般涅槃經》卷一

北涼曇無讖譯，CBETA，T12，no.374，p.366，b28-c1。唐時期。

LM20-1519-12-05 《大般涅槃經》卷一

北涼曇無讖譯，CBETA，T12，no.374，p.367，a27-29。唐時期。

经册七十

LM20-1519-12-06 《大般涅槃經》卷一

北涼曇無讖譯，CBETA，T12，no.374，p.367，c21-24。高昌國時期。

LM20-1519-12-07 《大般涅槃經》卷一

北涼曇無讖譯，此段文字多處可見。高昌國時期。

參:《旅博選粹》，47。

LM20-1519-12-08 《大般涅槃經》卷一

北涼曇無讖譯，CBETA，T12，no.374，p.369，a2-3。高昌國時期。

LM20-1519-12-09 《大般涅槃經》卷一

北涼曇無讖譯，CBETA，T12，no.374，p.370，a2-4。高昌國時期。

LM20-1519-12-10 《大般涅槃經》卷一

北涼曇無讖譯，CBETA，T12，no.374，p.370，a23-25。唐時期。

LM20-1519-12-11 《大般涅槃經》卷一

北涼曇無讖譯，CBETA，T12，no.374，p.370，a26-27。高昌國時期。

LM20-1519-12-12 《大般涅槃經》卷一

北涼曇無讖譯，CBETA，T12，no.374，p.371，a13-18。高昌國時期。

LM20-1519-12-13 《大般涅槃經》卷一

北涼曇無讖譯，CBETA，T12，no.374，p.371，b5-8。高昌國時期。

LM20-1519-12-14 《大般涅槃經》卷一

北涼曇無讖譯，CBETA，T12，no.374，p.368，c28-p.369，a1。唐時期。

LM20-1519-13-01 《大般涅槃經》卷二

北涼曇無讖譯，CBETA，T12，no.374，p.371，c15-20。高昌國時期。

LM20-1519-13-02 《大般涅槃經》卷二

北涼曇無讖譯，CBETA，T12，no.374，p.372，b20。高昌國時期。

LM20-1519-13-03 《大般涅槃經》卷二

北涼曇無讖譯，CBETA，T12，no.374，p.373，a21-24。高昌國時期。

LM20-1519-13-04 《大般涅槃經》卷二

北涼曇無讖譯，CBETA，T12，no.374，p.373，c3-5。唐時期。

LM20-1519-13-05 《大般涅槃經》卷二

北涼曇無讖譯，CBETA，T12，no.374，p.375，b21-24。高昌國時期。

LM20-1519-13-06 《大般涅槃經》卷二

北涼曇無讖譯，CBETA，T12，no.374，p.375，b26。唐時期。

LM20-1519-13-07 《大般涅槃經》卷二

北涼曇無讖譯，CBETA，T12，no.374，p.378，c21-24。唐時期。

LM20-1519-13-08 《大般涅槃經》卷二

北凉曇無讖譯，CBETA，T12，no.374，p.378，c26-28。唐時期。

LM20-1519-13-09 《大般涅槃經》卷四

北凉曇無讖譯，CBETA，T12，no.374，p.387，a2-4。高昌國時期。

LM20-1519-13-10 《大般涅槃經》卷四

北凉曇無讖譯，CBETA，T12，no.374，p.387，b3-5。高昌國時期。

LM20-1519-13-11 《大般涅槃經》卷四

北凉曇無讖譯，CBETA，T12，no.374，p.387，b10-12。高昌國時期。

LM20-1519-13-12a 《大般涅槃經》卷三

北凉曇無讖譯，CBETA，T12，no.374，p.379，a9-13；卷四，CBETA，T12，no.374，p.385，b9-13。高昌國時期。

LM20-1519-13-12b 《大般涅槃經》卷三

北凉曇無讖譯，CBETA，T12，no.374，p.379，a9-13；卷四，CBETA，T12，no.374，p.385，b9-13。高昌國時期。

LM20-1519-13-13a 佛典殘片

唐時期。

LM20-1519-13-13b 《大般涅槃經》卷四

北凉曇無讖譯，CBETA，T12，no.374，p.386，b1-2。高昌國時期。

LM20-1519-13-14 《大般涅槃經》卷四

北凉曇無讖譯，CBETA，T12，no.374，p.386，b17-19，"抓"作"爪"。高昌國時期。

LM20-1519-13-15 《大般涅槃經》卷四

北凉曇無讖譯，CBETA，T12，no.374，p.387，c14-15。高昌國時期。

LM20-1519-13-16 《大般涅槃經》卷四

北凉曇無讖譯，CBETA，T12，no.374，p.389，c12-13。唐時期。

LM20-1519-13-17 《妙法蓮華經》卷二

姚秦鳩摩羅什譯，CBETA，T09，no.262，p.16，a17-18。高昌國時期。

LM20-1519-14-01 《大般涅槃經》卷五

北凉曇無讖譯，CBETA，T12，no.374，p.391，b16-19。高昌郡時期。

參：《旅博選粹》，15；王宇、王梅 2006b，53。

LM20-1519-14-02 《大般涅槃經》卷五

北凉曇無讖譯，CBETA，T12，no.374，p.391，c13-15。高昌國時期。

LM20-1519-14-03 《大般涅槃經》卷五

北凉曇無讖譯，CBETA，T12，no.374，p.392，b24-26。高昌國時期。

LM20-1519-14-04 《大般涅槃經》卷五

北凉曇無讖譯，CBETA，T12，no.374，p.392，c13-15。高昌國時期。

经册七十

LM20-1519-14-05 《大般涅槃經》卷五
北涼曇無讖譯，CBETA，T12，no.374，p.395，b24-26。高昌國時期。

LM20-1519-14-06 《大般涅槃經》卷六
北涼曇無讖譯，CBETA，T12，no.374，p.397，a15-17。高昌國時期。

LM20-1519-14-07 《大般涅槃經》卷六
北涼曇無讖譯，CBETA，T12，no.374，p.398，a8-9。唐時期。

LM20-1519-14-08 《大般涅槃經》卷六
北涼曇無讖譯，CBETA，T12，no.374，p.398，c16-19。高昌國時期。

LM20-1519-14-09 《大般涅槃經》卷六
北涼曇無讖譯，CBETA，T12，no.374，p.399，c18-19。唐時期。

LM20-1519-14-10 《大般涅槃經》卷六
北涼曇無讖譯，CBETA，T12，no.374，p.400，c6-8。唐時期。

LM20-1519-14-11 《大般涅槃經》卷六
北涼曇無讖譯，CBETA，T12，no.374，p.402，a11-12。高昌國時期。

LM20-1519-14-12 《大般涅槃經》卷六
北涼曇無讖譯，CBETA，T12，no.374，p.402，b3-4。高昌國時期。

LM20-1519-14-13 《大般涅槃經》卷六
北涼曇無讖譯，CBETA，T12，no.374，p.402，c2-4。高昌國時期。

LM20-1519-14-14 《大般涅槃經》卷六
北涼曇無讖譯，CBETA，T12，no.374，p.397，b4-6，"形"作"身"。高昌國時期。

LM20-1519-15-01 《大般涅槃經》卷七
北涼曇無讖譯，CBETA，T12，no.374，p.404，a25-27。高昌國時期。

LM20-1519-15-02 《大般涅槃經》卷七
北涼曇無讖譯，CBETA，T12，no.374，p.404，b11-14。高昌國時期。

LM20-1519-15-03 《大般涅槃經》卷七
北涼曇無讖譯，CBETA，T12，no.374，p.404，b21-23。高昌國時期。

LM20-1519-15-04 《大般涅槃經》卷七
北涼曇無讖譯，CBETA，T12，no.374，p.407，c12-15。高昌國時期。

LM20-1519-15-05 《大般涅槃經》卷七
北涼曇無讖譯，CBETA，T12，no.374，p.408，a26-29。唐時期。

LM20-1519-15-06 《大般涅槃經》卷七
北涼曇無讖譯，CBETA，T12，no.374，p.408，b19-22。唐時期。

LM20-1519-15-07 《大般涅槃經》卷八
北涼曇無讖譯，CBETA，T12，no.374，p.410，a6-7。高昌國時期。

旅順博物館藏新疆出土漢文文獻

LM20-1519-15-08 《大般涅槃經》卷八

北涼曇無讖譯, CBETA, T12, no.374, p.411, a15-17。高昌國時期。

LM20-1519-15-09 《大般涅槃經》卷八

北涼曇無讖譯, CBETA, T12, no.374, p.411, c11-14。高昌國時期。

LM20-1519-15-10 《大般涅槃經》卷八

北涼曇無讖譯, CBETA, T12, no.374, p.412, a17-19。高昌國時期。

LM20-1519-15-11 《大般涅槃經》卷八

北涼曇無讖譯, CBETA, T12, no.374, p.415, a25-27。唐時期。

LM20-1519-15-12 《大般涅槃經》卷九

北涼曇無讖譯, CBETA, T12, no.374, p.417, a10-12。唐時期。

LM20-1519-15-13 《大般涅槃經》卷九

北涼曇無讖譯, CBETA, T12, no.374, p.417, b1-5。高昌國時期。

LM20-1519-15-14 《大般涅槃經》卷九

北涼曇無讖譯, CBETA, T12, no.374, p.417, b6-8。高昌國時期。

LM20-1519-15-15 《大般涅槃經》卷九

北涼曇無讖譯, CBETA, T12, no.374, p.418, a9-11。高昌國時期。

LM20-1519-15-16 《大般涅槃經》卷九

北涼曇無讖譯, CBETA, T12, no.374, p.419, b12-14。高昌國時期。

LM20-1519-15-17 《大般涅槃經》卷九

北涼曇無讖譯, CBETA, T12, no.374, p.420, c27-28。高昌國時期。

LM20-1519-15-18 《大般涅槃經》卷九

北涼曇無讖譯, CBETA, T12, no.374, p.421, c6-7。高昌國時期。

LM20-1519-15-19 《大般涅槃經》卷九

北涼曇無讖譯, CBETA, T12, no.374, p.421, c26-28。高昌國時期。

LM20-1519-16-01 《大般涅槃經》卷一〇

北涼曇無讖譯, CBETA, T12, no.374, p.422, c15-18。高昌國時期。

LM20-1519-16-02 《大般涅槃經》卷一〇

北涼曇無讖譯, CBETA, T12, no.374, p.424, c17-19。唐時期。

LM20-1519-16-03 《大般涅槃經》卷一〇

北涼曇無讖譯, CBETA, T12, no.374, p.424, c18-20。高昌國時期。

LM20-1519-16-04 《大般涅槃經》卷一〇

北涼曇無讖譯, CBETA, T12, no.374, p.425, a22-24。高昌國時期。

LM20-1519-16-05 《大般涅槃經》卷一〇

北涼曇無讖譯, CBETA, T12, no.374, p.425, c10-11。唐時期。

经册七十

LM20-1519-16-06 《大般涅槃經》卷一〇

北涼曇無讖譯，CBETA，T12，no.374，p.428，a14-15。高昌國時期。

LM20-1519-16-07 《大般涅槃經》卷一〇

北涼曇無讖譯，CBETA，T12，no.374，p.425，b17-19，"立"作"正"。高昌國時期。

LM20-1519-16-08 《大般涅槃經》卷一〇

北涼曇無讖譯，CBETA，T12，no.374，p.426，b15-16。高昌國時期。

LM20-1519-16-09 《大般涅槃經》卷一一

北涼曇無讖譯，CBETA，T12，no.374，p.429，a5-7。唐時期。

LM20-1519-16-10 《大般涅槃經》卷一一

北涼曇無讖譯，CBETA，T12，no.374，p.430，a25-27，"雷"作"雷音"。唐時期。

LM20-1519-16-11 《大般涅槃經》卷一一

北涼曇無讖譯，CBETA，T12，no.374，p.431，a5-8。高昌國時期。

LM20-1519-16-12 《大般涅槃經》卷一一

北涼曇無讖譯，CBETA，T12，no.374，p.432，a14-16。唐時期。

LM20-1519-16-13 《大般涅槃經》卷一一

北涼曇無讖譯，CBETA，T12，no.374，p.432，a27-29。高昌國時期。

LM20-1519-16-14 《大般涅槃經》卷一一

北涼曇無讖譯，CBETA，T12，no.374，p.433，c3-5。高昌國時期。

LM20-1519-16-15 《大般涅槃經》卷一二

北涼曇無讖譯，CBETA，T12，no.374，p.434，a17-18。高昌國時期。

LM20-1519-16-16 《大般涅槃經》卷一二

北涼曇無讖譯，CBETA，T12，no.374，p.439，b9-12。高昌國時期。

LM20-1519-17-01 《大般涅槃經》卷一二

北涼曇無讖譯，CBETA，T12，no.374，p.435，a6-11。唐時期。

LM20-1519-17-02 《大般涅槃經》卷一二

北涼曇無讖譯，CBETA，T12，no.374，p.435，a8-10。高昌國時期。

LM20-1519-17-03 《大般涅槃經》卷一二

北涼曇無讖譯，CBETA，T12，no.374，p.439，a25-26。高昌國時期。

LM20-1519-17-04 《大般涅槃經》卷一二

北涼曇無讖譯，CBETA，T12，no.374，p.439，c22-23。高昌國時期。

LM20-1519-17-05 《大般涅槃經》卷一三

北涼曇無讖譯，此段文字多處可見。高昌郡時期。

LM20-1519-17-06 《大般涅槃經》卷一三

北涼曇無讖譯，CBETA，T12，no.374，p.441，a25-27。高昌國時期。

LM20-1519-17-07 《大般涅槃經》卷一三

北涼曇無識譯，CBETA，T12，no.374，p.442，a24-27。第1，2行間夾寫"草火"二字。高昌國時期。

LM20-1519-17-08 《大般涅槃經》卷一三

北涼曇無識譯，CBETA，T12，no.374，p.444，c3-6。高昌國時期。

LM20-1519-17-09 《大般涅槃經》卷一三

北涼曇無識譯，CBETA，T12，no.374，p.445，a9-10。唐時期。

LM20-1519-17-10 《大般涅槃經》卷一三

北涼曇無識譯，CBETA，T12，no.374，p.445，a28-b2。高昌國時期。

LM20-1519-17-11 《大般涅槃經》卷一四

北涼曇無識譯，CBETA，T12，no.374，p.446，b16-21。唐時期。

LM20-1519-17-12 《大般涅槃經》卷一四

北涼曇無識譯，CBETA，T12，no.374，p.448，b7-11。高昌國時期。

LM20-1519-17-13 《大般涅槃經》卷一四

北涼曇無識譯，CBETA，T12，no.374，p.449，c7-8。唐時期。

LM20-1519-17-14 《大般涅槃經》卷一四

北涼曇無識譯，CBETA，T12，no.374，p.450，c23-25。高昌國時期。

LM20-1519-17-15 《大般涅槃經》卷一四

北涼曇無識譯，CBETA，T12，no.374，p.449，a28-b1。唐時期。

LM20-1519-17-16 《大般涅槃經》卷一四

北涼曇無識譯，CBETA，T12，no.374，p.450，c11-16。唐時期。

LM20-1519-17-17 《大般涅槃經》卷一四

北涼曇無識譯，CBETA，T12，no.374，p.448，b15-17。高昌國時期。

LM20-1519-17-18 《大般涅槃經》卷一四

北涼曇無識譯，CBETA，T12，no.374，p.448，c26-29。唐時期。

LM20-1519-18-01 《大般涅槃經》卷一五

北涼曇無識譯，CBETA，T12，no.374，p.451，c8-9。唐時期。

LM20-1519-18-02 《大般涅槃經》卷一五

北涼曇無識譯，CBETA，T12，no.374，p.451，c8-12。高昌國時期。

LM20-1519-18-03 《大般涅槃經》卷一五

北涼曇無識譯，CBETA，T12，no.374，p.451，c19-23。唐時期。

LM20-1519-18-04 《大般涅槃經》卷一五

北涼曇無識譯，CBETA，T12，no.374，p.452，c18-19。唐時期。

LM20-1519-18-05 《大般涅槃經》卷一六

经册七十

北凉曇無讖譯，CBETA，T12，no.374，p.461，b6-9。高昌國時期。

LM20-1519-18-06 《大般涅槃經》卷一六

北凉曇無讖譯，CBETA，T12，no.374，p.462，b28-c1。高昌國時期。

LM20-1519-18-07 《大般涅槃經》卷一六

北凉曇無讖譯，CBETA，T12，no.374，p.457，c23-25。唐時期。

LM20-1519-18-08 《大般涅槃經》卷一六

北凉曇無讖譯，CBETA，T12，no.374，p.458，b14-17。唐時期。

LM20-1519-18-09 《大般涅槃經》卷一六

北凉曇無讖譯，CBETA，T12，no.374，p.459，a18-19。唐時期。

LM20-1519-18-10 《大般涅槃經》卷一六

北凉曇無讖譯，CBETA，T12，no.374，p.459，b2-4。高昌國時期。

LM20-1519-18-11 《大般涅槃經》卷一六

北凉曇無讖譯，CBETA，T12，no.374，p.459，b11-14。高昌國時期。

LM20-1519-18-12 《大般涅槃經》卷一六

北凉曇無讖譯，CBETA，T12，no.374，p.459，c18-21。唐時期。

LM20-1519-18-13 《大般涅槃經》卷一六

北凉曇無讖譯，CBETA，T12，no.374，p.460，a13-17，"胞"作"捉"。高昌國時期。

LM20-1519-18-14 《大般涅槃經》卷一六

北凉曇無讖譯，CBETA，T12，no.374，p.460，a27-28。唐時期。

LM20-1519-18-15 《大般涅槃經》卷一六

北凉曇無讖譯，CBETA，T12，no.374，p.460，c19-21。高昌國時期。

LM20-1519-18-16 《大般涅槃經》卷一六

北凉曇無讖譯，CBETA，T12，no.374，p.460，c28-p.461，a1。唐時期。

LM20-1519-18-17 《大般涅槃經》卷一七

北凉曇無讖譯，CBETA，T12，no.374，p.467，a1-4。高昌國時期。

LM20-1519-19-01 《大般涅槃經》卷一七

北凉曇無讖譯，CBETA，T12，no.374，p.463，a15-16。高昌國時期。

LM20-1519-19-02 《大般涅槃經》卷一七

北凉曇無讖譯，CBETA，T12，no.374，p.465，b28-c2。高昌國時期。

LM20-1519-19-03 《大般涅槃經》卷一七

北凉曇無讖譯，CBETA，T12，no.374，p.465，b28-c1。唐時期。

LM20-1519-19-04 《大般涅槃經》卷一九

北凉曇無讖譯，CBETA，T12，no.374，p.474，c19-22。唐時期。

LM20-1519-19-05 《大般涅槃經》卷一八

北涼曇無讖譯，CBETA，T12，no.374，p.468，b7-10。高昌國時期。

LM20-1519-19-06　《大般涅槃經》卷一八

北涼曇無讖譯，CBETA，T12，no.374，p.469，b11-14。高昌國時期。

LM20-1519-19-07　《大般涅槃經》卷一八

北涼曇無讖譯，CBETA，T12，no.374，p.470，a24-25。高昌國時期。

LM20-1519-19-08　《大般涅槃經》卷一八

北涼曇無讖譯，CBETA，T12，no.374，p.470，b2-4。高昌國時期。

LM20-1519-19-09　《大般涅槃經》卷一八

北涼曇無讖譯，CBETA，T12，no.374，p.470，b18-21。高昌國時期。

LM20-1519-19-10　《大般涅槃經》卷一八

北涼曇無讖譯，CBETA，T12，no.374，p.470，b20-24。高昌國時期。

LM20-1519-19-11　《大般涅槃經》卷一八

北涼曇無讖譯，CBETA，T12，no.374，p.471，a26-28。高昌國時期。

LM20-1519-19-12　《大般涅槃經》卷一八

北涼曇無讖譯，CBETA，T12，no.374，p.472，a27-29。高昌國時期。

LM20-1519-19-13　《大般涅槃經》卷一八

北涼曇無讖譯，CBETA，T12，no.374，p.473，b7-10。高昌國時期。

LM20-1519-20-01　《大般涅槃經》卷一九

北涼曇無讖譯，CBETA，T12，no.374，p.478，b11-15，"宜"作"一"。高昌郡時期。

LM20-1519-20-02　《大般涅槃經》卷一九

北涼曇無讖譯，此段文字多處可見。高昌國時期。

LM20-1519-20-03　《大般涅槃經》卷一九

北涼曇無讖譯，CBETA，T12，no.374，p.475，a5-8。高昌國時期。

LM20-1519-20-04　《大般涅槃經》卷一九

北涼曇無讖譯，CBETA，T12，no.374，p.476，c24-26。唐時期。

LM20-1519-20-05　《大般涅槃經》卷一九

北涼曇無讖譯，CBETA，T12，no.374，p.477，c7-11。高昌國時期。

LM20-1519-20-06　《大般涅槃經》卷一九

北涼曇無讖譯，CBETA，T12，no.374，p.477，c20-23。唐時期。

LM20-1519-20-07　《大般涅槃經》卷一九

北涼曇無讖譯，CBETA，T12，no.374，p.480，a18-21。高昌國時期。

LM20-1519-20-08　《大般涅槃經》卷一九

北涼曇無讖譯，CBETA，T12，no.374，p.480，a21-22。高昌國時期。

LM20-1519-20-09　《大般涅槃經》卷一九

經册七十

北涼曇無讖譯，CBETA，T12，no.374，p.480，a23-24，"橘"作"橘"。高昌國時期。

LM20-1519-20-10 《大般涅槃經》卷二〇

北涼曇無讖譯，CBETA，T12，no.374，p.484，c22-26。高昌國時期。

LM20-1519-20-11 《大般涅槃經》卷二〇

北涼曇無讖譯，CBETA，T12，no.374，p.484，c26-29。高昌國時期。

LM20-1519-20-12 《大般涅槃經》卷二〇

北涼曇無讖譯，CBETA，T12，no.374，p.481，c3-5，"猫"作"狸"。高昌國時期。

LM20-1519-20-13 《大般涅槃經》卷二〇

北涼曇無讖譯，CBETA，T12，no.374，p.481，c15-19，"唯"作"雖"。高昌國時期。

LM20-1519-20-14 《大般涅槃經》卷二〇

北涼曇無讖譯，CBETA，T12，no.374，p.485，b2-3。高昌國時期。

LM20-1519-20-15 《大般涅槃經》卷二〇

北涼曇無讖譯，CBETA，T12，no.374，p.482，c3-5。高昌國時期。

LM20-1519-20-16 《大般涅槃經》卷二〇

北涼曇無讖譯，CBETA，T12，no.374，p.485，c9-11。高昌國時期。

LM20-1519-21-01 《大般涅槃經》卷二二

北涼曇無讖譯，CBETA，T12，no.374，p.493，b28-c1。高昌國時期。

LM20-1519-21-02 《大般涅槃經》卷二二

北涼曇無讖譯，CBETA，T12，no.374，p.494，a14-16。高昌國時期。

LM20-1519-21-03 《大般涅槃經》卷二二

北涼曇無讖譯，CBETA，T12，no.374，p.494，a26-28。高昌國時期。

LM20-1519-21-04 《大般涅槃經》卷二二

北涼曇無讖譯，CBETA，T12，no.374，p.495，c16-17。高昌國時期。

LM20-1519-21-05 《大般涅槃經》卷二二

北涼曇無讖譯，CBETA，T12，no.374，p.495，c22-23。高昌國時期。

LM20-1519-21-06 《大般涅槃經》卷二二

北涼曇無讖譯，CBETA，T12，no.374，p.496，b28-c1。高昌國時期。

LM20-1519-21-07 《大般涅槃經》卷二二

北涼曇無讖譯，CBETA，T12，no.374，p.496，c29-p.497，a2。唐時期。

LM20-1519-21-08a 《大般涅槃經》卷二四

北涼曇無讖譯，CBETA，T12，no.374，p.508，a16-20。唐時期。

LM20-1519-21-08b 佛典殘片

唐時期。

LM20-1519-21-09 《大般涅槃經》卷二四

北凉曇無讖譯，CBETA，T12，no.374，p.509，b11-14。高昌郡時期。

LM20-1519-21-10 《大般涅槃經》卷二一

北凉曇無讖譯，CBETA，T12，no.374，p.487，c9-11，"知□一"作"知一"。高昌郡時期。

参:《旅博選粹》，50。

LM20-1519-21-11 《大般涅槃經》卷二一

北凉曇無讖譯，CBETA，T12，no.374，p.487，c19-22。高昌郡時期。

参:《旅博選粹》，50。

LM20-1519-21-12 《大般涅槃經》卷二一

北凉曇無讖譯，CBETA，T12，no.374，p.488，a13-14。唐時期。

LM20-1519-21-13 《大般涅槃經》卷二一

北凉曇無讖譯，CBETA，T12，no.374，p.488，c4-5。高昌國時期。

LM20-1519-21-14 《大般涅槃經》卷二一

北凉曇無讖譯，CBETA，T12，no.374，p.490，c19-22。高昌國時期。

LM20-1519-21-15 《大般涅槃經》卷二一

北凉曇無讖譯，CBETA，T12，no.374，p.492，a6-9。高昌國時期。

LM20-1519-21-16 《大般涅槃經》卷二一

北凉曇無讖譯，CBETA，T12，no.374，p.492，c4-8。高昌國時期。

LM20-1519-21-17 《大般涅槃經》卷二一

北凉曇無讖譯，CBETA，T12，no.374，p.493，a23-26。高昌國時期。

LM20-1519-21-18 《大般涅槃經》卷二一

北凉曇無讖譯，CBETA，T12，no.374，p.493，a16-18。高昌國時期。

LM20-1519-21-19 《大般涅槃經》卷二一

北凉曇無讖譯，CBETA，T12，no.375，p.743，b16-17。高昌國時期。

LM20-1519-22-01 《大般涅槃經》卷二三

北凉曇無讖譯，CBETA，T12，no.374，p.499，a25-28。高昌國時期。

LM20-1519-22-02 《大般涅槃經》卷二三

北凉曇無讖譯，CBETA，T12，no.374，p.501，b7-8。高昌國時期。

LM20-1519-22-03 《大般涅槃經》卷二三

北凉曇無讖譯，CBETA，T12，no.374，p.503，b29-c3。高昌國時期。

LM20-1519-22-04 《大般涅槃經》卷二三

北凉曇無讖譯，CBETA，T12，no.374，p.499，b15-17。高昌國時期。

LM20-1519-22-05 《大般涅槃經》卷二三

北凉曇無讖譯，CBETA，T12，no.374，p.499，c5。高昌國時期。

LM20-1519-22-06a 《大般涅槃經》卷二三

經册七十

北凉曇無讖譯，CBETA，T12，no.374，p.501，a11-12。唐時期。

LM20-1519-22-06b　《大般涅槃經》卷二三

北凉曇無讖譯，CBETA，T12，no.374，p.501，a12。唐時期。

LM20-1519-22-07　《大般涅槃經》卷二三

北凉曇無讖譯，CBETA，T12，no.374，p.503，c12-14。唐時期。

LM20-1519-22-08　《大般涅槃經》卷二四

北凉曇無讖譯，CBETA，T12，no.374，p.507，a27-29。唐時期。

LM20-1519-22-09　《大般涅槃經》卷二四

北凉曇無讖譯，CBETA，T12，no.374，p.508，a21-25。唐時期。

LM20-1519-22-10　《大般涅槃經》卷二四

北凉曇無讖譯，CBETA，T12，no.374，p.508，b1-5。唐時期。

LM20-1519-22-11　《大般涅槃經》卷二四

北凉曇無讖譯，CBETA，T12，no.374，p.508，c5-7。唐時期。

LM20-1519-22-12　《大般涅槃經》卷二四

北凉曇無讖譯，CBETA，T12，no.374，p.508，c15-18。高昌國時期。

LM20-1519-22-13　《大般涅槃經》卷二四

北凉曇無讖譯，CBETA，T12，no.374，p.509，c9-11。唐時期。

LM20-1519-23-01　《大般涅槃經》卷二五

北凉曇無讖譯，CBETA，T12，no.374，p.510，c11-14。唐時期。

LM20-1519-23-02　《大般涅槃經》卷二五

北凉曇無讖譯，CBETA，T12，no.374，p.510，c13-14。高昌國時期。

LM20-1519-23-03　《大般涅槃經》卷二五

北凉曇無讖譯，CBETA，T12，no.374，p.510，c18-20。唐時期。

LM20-1519-23-04　《大般涅槃經》卷二五

北凉曇無讖譯，CBETA，T12，no.374，p.510，c21-24。高昌國時期。

LM20-1519-23-05　《大般涅槃經》卷二五

北凉曇無讖譯，CBETA，T12，no.374，p.511，c5-7。高昌國時期。

LM20-1519-23-06　《大般涅槃經》卷二五

北凉曇無讖譯，CBETA，T12，no.374，p.512，a21-23。唐時期。

LM20-1519-23-07　《大般涅槃經》卷二五

北凉曇無讖譯，CBETA，T12，no.374，p.512，b5-9。高昌國時期。

LM20-1519-23-08　《大般涅槃經》卷二五

北凉曇無讖譯，CBETA，T12，no.374，p.515，c15-17。高昌國時期。

LM20-1519-23-09　《大般涅槃經》卷二五

北涼曇無讖譯，CBETA，T12，no.374，p.515，c4-8。高昌國時期。

LM20-1519-23-10 《大般涅槃經》卷二五

北涼曇無讖譯，CBETA，T12，no.374，p.516，a13-14。高昌國時期。

LM20-1519-23-11 《大般涅槃經》卷二五

北涼曇無讖譯，CBETA，T12，no.374，p.516，a16-20。高昌國時期。

LM20-1519-23-12 《大般涅槃經》卷二五

北涼曇無讖譯，CBETA，T12，no.374，p.516，b16-19。高昌國時期。

LM20-1519-23-13 《大般涅槃經》卷二七

北涼曇無讖譯，CBETA，T12，no.374，p.527，b24-27。高昌國時期。

LM20-1519-23-14 《大般涅槃經》卷二六

北涼曇無讖譯，CBETA，T12，no.374，p.518，b17-19。高昌國時期。

LM20-1519-23-15 《大般涅槃經》卷二六

北涼曇無讖譯，CBETA，T12，no.374，p.518，b17-20，"者"作"性者"。高昌國時期。

LM20-1519-23-16 《大般涅槃經》卷二六

北涼曇無讖譯，CBETA，T12，no.374，p.518，c10-12。高昌國時期。

LM20-1519-23-17 《大般涅槃經》卷二七

北涼曇無讖譯，CBETA，T12，no.374，p.528，a17-18。高昌國時期。

LM20-1519-23-18 《大般涅槃經》卷二八

北涼曇無讖譯，CBETA，T12，no.374，p.530，c19-22。高昌國時期。

LM20-1519-23-19 《大般涅槃經》卷二八

北涼曇無讖譯，CBETA，T12，no.374，p.534，c20-26。高昌國時期。

LM20-1519-24-01 《大般涅槃經》卷二七

北涼曇無讖譯，CBETA，T12，no.374，p.523，a25-29。高昌國時期。

LM20-1519-24-02 《大般涅槃經》卷二七

北涼曇無讖譯，CBETA，T12，no.374，p.524，c27-28。高昌國時期。

LM20-1519-24-03 《大般涅槃經》卷二七

北涼曇無讖譯，CBETA，T12，no.374，p.525，a7-10。高昌國時期。

LM20-1519-24-04 《大般涅槃經》卷二七

北涼曇無讖譯，CBETA，T12，no.374，p.525，a17-18。高昌國時期。

LM20-1519-24-05 《大般涅槃經》卷二七

北涼曇無讖譯，CBETA，T12，no.374，p.526，b21-23。高昌國時期。

LM20-1519-24-06 《大般涅槃經》卷二七

北涼曇無讖譯，CBETA，T12，no.374，p.526，c2-5。高昌國時期。

LM20-1519-24-07 《大般涅槃經》卷二七

經册七十

北涼曇無讖譯，CBETA，T12，no.374，p.527，c25-28。高昌國時期。

LM20-1519-24-08　《大般涅槃經》卷二七

北涼曇無讖譯，CBETA，T12，no.374，p.528，a5-9。高昌國時期。

LM20-1519-24-09　《大般涅槃經》卷二七

北涼曇無讖譯，CBETA，T12，no.374，p.528，a14-17。高昌國時期。

LM20-1519-24-10　《大般涅槃經》卷二七

北涼曇無讖譯，CBETA，T12，no.374，p.528，b14-16。高昌國時期。

LM20-1519-24-11　《妙法蓮華經》卷三

姚秦鳩摩羅什譯，CBETA，T09，no.262，p.22，b18-21。唐時期。

LM20-1519-24-12　《大般涅槃經》卷二八

北涼曇無讖譯，CBETA，T12，no.374，p.531，a24-26。高昌國時期。

LM20-1519-24-13　《大般涅槃經》卷二八

北涼曇無讖譯，CBETA，T12，no.374，p.531，c17-18。高昌國時期。

LM20-1519-24-14　《大般涅槃經》卷二八

北涼曇無讖譯，CBETA，T12，no.374，p.532，a23-28。高昌國時期。

LM20-1519-24-15　《大般涅槃經》卷二八

北涼曇無讖譯，CBETA，T12，no.374，p.532，c9-13。唐時期。背面有回鶻文，無法揭取拍攝。

LM20-1519-24-16a　無字殘片

LM20-1519-24-16b　《大般涅槃經》卷二八

北涼曇無讖譯，CBETA，T12，no.374，p.533，c14-16。唐時期。

LM20-1519-24-17　《大般涅槃經》卷二八

北涼曇無讖譯，CBETA，T12，no.374，p.534，b19-21。高昌郡時期。

LM20-1519-24-18　《大般涅槃經》卷二八

北涼曇無讖譯，CBETA，T12，no.374，p.535，a9-14。高昌國時期。

LM20-1519-25-01　《大般涅槃經》卷二九

北涼曇無讖譯，CBETA，T12，no.374，p.535，c19-21。唐時期。

LM20-1519-25-02　《大般涅槃經》卷二九

北涼曇無讖譯，CBETA，T12，no.374，p.536，b16-19。高昌國時期。

LM20-1519-25-03　《大般涅槃經》卷二九

北涼曇無讖譯，CBETA，T12，no.374，p.536，c12-15。高昌國時期。

LM20-1519-25-04　《大般涅槃經》卷二九

北涼曇無讖譯，CBETA，T12，no.374，p.536，c19-21。高昌國時期。

LM20-1519-25-05　《大般涅槃經》卷二九

北涼曇無讖譯，CCBETA，T12，no.374，p.538，c23-24。高昌郡時期。

旅順博物館藏新疆出土漢文文獻

LM20-1519-25-06 《大般涅槃經》卷二九

北涼曇無讖譯，CBETA，T12，no.374，p.539，b6-8。高昌國時期。

LM20-1519-25-07 《大般涅槃經》卷二九

北涼曇無讖譯，CBETA，T12，no.374，p.541，a9-10。高昌國時期。

LM20-1519-25-08 《大般涅槃經》卷三一

北涼曇無讖譯，CBETA，T12，no.374，p.553，a15-17。高昌國時期。

LM20-1519-25-09 《大般涅槃經》卷三〇

北涼曇無讖譯，CBETA，T12，no.374，p.542，c3-5。高昌國時期。

LM20-1519-25-10 《大般涅槃經》卷三〇

北涼曇無讖譯，CBETA，T12，no.374，p.542，c18-19。唐時期。

LM20-1519-25-11 《大般涅槃經》卷三〇

北涼曇無讖譯，CBETA，T12，no.374，p.542，c21-24。高昌國時期。

LM20-1519-25-12 《大般涅槃經》卷三〇

北涼曇無讖譯，CBETA，T12，no.374，p.545，c6-9。高昌國時期。

LM20-1519-25-13 《大般涅槃經》卷三〇

北涼曇無讖譯，CBETA，T12，no.374，p.547，a3-7。高昌國時期。

LM20-1519-25-14 《大般涅槃經》卷三〇

北涼曇無讖譯，CBETA，T12，no.374，p.547，b19-20。唐時期。

LM20-1519-26-01 《大般涅槃經》卷三一

北涼曇無讖譯，CBETA，T12，no.374，p.552，c1-3。高昌郡時期。

LM20-1519-26-02 《大般涅槃經》卷三一

北涼曇無讖譯，CBETA，T12，no.374，p.553，a13-15。高昌國時期。

LM20-1519-26-03 《大般涅槃經》卷三一

北涼曇無讖譯，CBETA，T12，no.374，p.547，c23-24。唐時期。

LM20-1519-26-04 《大般涅槃經》卷三一

北涼曇無讖譯，CBETA，T12，no.374，p.547，c21-25。唐時期。

LM20-1519-26-05 《大般涅槃經》卷三一

北涼曇無讖譯，CBETA，T12，no.374，p.548，a15-17。高昌國時期。

LM20-1519-26-06 《大般涅槃經》卷三一

北涼曇無讖譯，CBETA，T12，no.374，p.548，a22-24。高昌國時期。

LM20-1519-26-07 《大般涅槃經》卷三一

北涼曇無讖譯，CBETA，T12，no.374，p.550，c18-20。高昌國時期。

LM20-1519-26-08 《大般涅槃經》卷三一

北涼曇無讖譯，CBETA，T12，no.374，p.551，c12-14。唐時期。

经册七十

LM20-1519-26-09 《大般涅槃經》卷三一

北涼曇無讖譯，CBETA，T12，no.374，p.552，b4-6。高昌國時期。

LM20-1519-26-10 《大般涅槃經》卷三一

北涼曇無讖譯，CBETA，T12，no.374，p.552，c25-27。高昌國時期。

LM20-1519-26-11 《大般涅槃經》卷三一

北涼曇無讖譯，CBETA，T12，no.374，p.549，a23-24。高昌國時期。

LM20-1519-26-12 《大般涅槃經》卷三一

北涼曇無讖譯，CBETA，T12，no.374，p.549，c21-22。高昌國時期。

LM20-1519-26-13 《大般涅槃經》卷三二

北涼曇無讖譯，CBETA，T12，no.374，p.554，b29-c3。高昌國時期。

LM20-1519-26-14 《大般涅槃經》卷三二

北涼曇無讖譯，CBETA，T12，no.374，p.555，b5-7。高昌國時期。

LM20-1519-26-15 《大般涅槃經》卷三二

北涼曇無讖譯，CBETA，T12，no.374，p.558，b26-c1。高昌國時期。

LM20-1519-26-16 《大般涅槃經》卷三二

北涼曇無讖譯，CBETA，T12，no.374，p.558，c8-11。唐時期。

LM20-1519-26-17 《大般涅槃經》卷三二

北涼曇無讖譯，CBETA，T12，no.374，p.558，c17-19。高昌國時期。

LM20-1519-26-18 《大般涅槃經》卷三二

北涼曇無讖譯，CBETA，T12，no.374，p.559，a14-17。唐時期。

LM20-1519-27-01 《大般涅槃經》卷三三

北涼曇無讖譯，CBETA，T12，no.374，p.563，c4-8。高昌國時期。

LM20-1519-27-02 《大般涅槃經》卷三三

北涼曇無讖譯，CBETA，T12，no.374，p.563，a27-29，"修集"作"修習"。高昌國時期。

LM20-1519-27-03 《大般涅槃經》卷三三

北涼曇無讖譯，CBETA，T12，no.374，p.561，a26-28。高昌國時期。

LM20-1519-27-04 《大般涅槃經》卷三三

北涼曇無讖譯，CBETA，T12，no.374，p.561，a13-17。唐時期。

LM20-1519-27-05 《大般涅槃經》卷三三

北涼曇無讖譯，CBETA，T12，no.374，p.561，b9-12。高昌國時期。

LM20-1519-27-06 《大般涅槃經》卷三三

北涼曇無讖譯，CBETA，T12，no.374，p.563，c15-17。高昌國時期。

LM20-1519-27-07 《大般涅槃經》卷三六

北涼曇無讖譯，CBETA，T12，no.374，p.580，b25-29。唐時期。

旅順博物館藏新疆出土漢文文獻

LM20-1519-27-08 《大般涅槃經》卷三四

北涼曇無讖譯，CBETA, T12, no.374, p.565, c3-7。高昌國時期。

LM20-1519-27-09 《大般涅槃經》卷三四

北涼曇無讖譯，CBETA, T12, no.374, p.567, b12-15。高昌國時期。

LM20-1519-27-10 《大般涅槃經》卷三四

北涼曇無讖譯，CBETA, T12, no.374, p.567, c2-5。高昌國時期。

LM20-1519-27-11 《大般涅槃經》卷三四

北涼曇無讖譯，CBETA, T12, no.374, p.568, b5-8。高昌國時期。

LM20-1519-27-12 《大般涅槃經》卷三五

北涼曇無讖譯，CBETA, T12, no.374, p.569, c8-11。高昌國時期。

LM20-1519-27-13 《大般涅槃經》卷三五

北涼曇無讖譯，CBETA, T12, no.374, p.571, b8-9。高昌國時期。

LM20-1519-27-14 《大般涅槃經》卷三五

北涼曇無讖譯，CBETA, T12, no.374, p.570, b22-25。高昌國時期。

LM20-1519-27-15 《大般涅槃經》卷三五

北涼曇無讖譯，CBETA, T12, no.374, p.570, b29-c3。高昌國時期。

LM20-1519-27-16 《大般涅槃經》卷三五

北涼曇無讖譯，CBETA, T12, no.374, p.573, a10-12。高昌國時期。

LM20-1519-28-01 《大般涅槃經》卷三六

北涼曇無讖譯，CBETA, T12, no.374, p.574, c25-28。有朱筆句讀。高昌郡時期。

LM20-1519-28-02 《大般涅槃經》卷三六

北涼曇無讖譯，CBETA, T12, no.374, p.575, b27-c1。高昌郡時期。

LM20-1519-28-03 《大般涅槃經》卷三六

北涼曇無讖譯，CBETA, T12, no.374, p.576, a4-5。高昌國時期。

LM20-1519-28-04 《大般涅槃經》卷三六

北涼曇無讖譯，CBETA, T12, no.374, p.576, a28-b2。高昌國時期。

LM20-1519-28-05 《大般涅槃經》卷三六

北涼曇無讖譯，CBETA, T12, no.374, p.577, c18-21。高昌國時期。

LM20-1519-28-06 《大般涅槃經》卷三六

北涼曇無讖譯，CBETA, T12, no.374, p.578, c19-20。高昌國時期。

LM20-1519-28-07 《大般涅槃經》卷三六

北涼曇無讖譯，CBETA, T12, no.374, p.579, b14-17。唐時期。

LM20-1519-28-08 《大般涅槃經》卷三六

北涼曇無讖譯，CBETA, T12, no.374, p.579, c14-18。高昌國時期。

经册七十

LM20-1519-28-09a 《大般涅槃經》不分卷

北涼曇無讖譯，CBETA，T12，no.374，p.590，b22-c6。高昌國時期。

LM20-1519-28-09b 《大般涅槃經》卷三八

北涼曇無讖譯，CBETA，T12，no.374，p.590，b24-25。高昌國時期。

LM20-1519-28-09c 無字殘片

LM20-1519-28-10 《大般涅槃經》卷三九

北涼曇無讖譯，CBETA，T12，no.374，p.590，c6-10。高昌國時期。

LM20-1519-28-11 《大般涅槃經》卷三九

北涼曇無讖譯，CBETA，T12，no.374，p.591，b6-8。高昌國時期。

LM20-1519-28-12 《大般涅槃經》卷三九

北涼曇無讖譯，CBETA，T12，no.374，p.591，c15-16，"滿"作"軟"。高昌國時期。

LM20-1519-28-13 《大般涅槃經》卷三九

北涼曇無讖譯，CBETA，T12，no.374，p.592，a12-14。高昌國時期。

LM20-1519-28-14 《大般涅槃經》卷三九

北涼曇無讖譯，CBETA，T12，no.374，p.596，a21-22。高昌國時期。

LM20-1519-28-15 《大般涅槃經》卷三九

北涼曇無讖譯，CBETA，T12，no.374，p.592，a27-b1。高昌國時期。

LM20-1519-28-16 《大般涅槃經》卷三九

北涼曇無讖譯，CBETA，T12，no.374，p.592，c3-6。高昌國時期。

LM20-1519-28-17 《大般涅槃經》卷三九

北涼曇無讖譯，CCBETA，T12，no.374，p.593，a17-19。高昌國時期。

LM20-1519-28-18 《大般涅槃經》卷三九

北涼曇無讖譯，CBETA，T12，no.374，p.595，c15-19。高昌國時期。

LM20-1519-29-01 《大般涅槃經》卷三七

北涼曇無讖譯，CBETA，T12，no.374，p.581，a10-13。高昌國時期。

LM20-1519-29-02 《大般涅槃經》卷三七

北涼曇無讖譯，CBETA，T12，no.374，p.581，a10-13。高昌國時期。

LM20-1519-29-03 《大般涅槃經》卷三七

北涼曇無讖譯，CBETA，T12，no.374，p.581，b19-21。高昌國時期。

LM20-1519-29-04 《大般涅槃經》卷三七

北涼曇無讖譯，CBETA，T12，no.374，p.581，c26-29。高昌國時期。

LM20-1519-29-05 《大般涅槃經》卷三七

北涼曇無讖譯，CBETA，T12，no.374，p.582，c5-9。唐時期。

LM20-1519-29-06 《大般涅槃經》卷三七

北凉曇無讖譯，CBETA, T12, no.374, p.582, c24-28。高昌國時期。

LM20-1519-29-07 《大般涅槃經》卷三七

北凉曇無讖譯，CBETA, T12, no.374, p.583, c4-5。高昌國時期。

LM20-1519-29-08 《大般涅槃經》卷三七

北凉曇無讖譯，CBETA, T12, no.374, p.584, b11-14，"復善"作"復次善"。高昌國時期。

LM20-1519-29-09 《大般涅槃經》卷三七

北凉曇無讖譯，CBETA, T12, no.374, p.584, c1-3。高昌國時期。

LM20-1519-29-10 《大般涅槃經》卷三七

北凉曇無讖譯，CBETA, T12, no.374, p.584, c12-14。高昌國時期。

LM20-1519-29-11 《大般涅槃經》卷三七

北凉曇無讖譯，CBETA, T12, no.374, p.585, a15-17。高昌國時期。

LM20-1519-29-12 《大般涅槃經》卷三七

北凉曇無讖譯，CBETA, T12, no.374, p.585, a20-24。高昌國時期。

LM20-1519-29-13 《大般涅槃經》卷三七

北凉曇無讖譯，CBETA, T12, no.374, p.585, c29-p.586, a2。高昌國時期。

LM20-1519-29-14 《大般涅槃經》卷三八

北凉曇無讖譯，CBETA, T12, no.374, p.586, c27-p.587, a1。高昌國時期。

LM20-1519-29-15 《大般涅槃經》卷三八

北凉曇無讖譯，CBETA, T12, no.374, p.587, b15-17。高昌郡時期。

LM20-1519-29-16 《大般涅槃經》卷三八

北凉曇無讖譯，CBETA, T12, no.374, p.589, a8-13。高昌郡時期。

LM20-1519-29-17 《大般涅槃經》卷三八

北凉曇無讖譯，CBETA, T12, no.374, p.589, a13-15。高昌國時期。

LM20-1519-30-01 《大般涅槃經》卷四〇

北凉曇無讖譯，CBETA, T12, no.374, p.597, c24-27。高昌國時期。

LM20-1519-30-02 《大般涅槃經》卷四〇

北凉曇無讖譯，CBETA, T12, no.374, p.598, b22-24。高昌國時期。

LM20-1519-30-03 《大般涅槃經》卷四〇

北凉曇無讖譯，CBETA, T12, no.374, p.598, c16-19。高昌國時期。

LM20-1519-30-04 《大般涅槃經》卷四〇

北凉曇無讖譯，CBETA, T12, no.374, p.599, a2-4。高昌國時期。

LM20-1519-30-05 《大般涅槃經》卷四〇

北凉曇無讖譯，CBETA, T12, no.374, p.599, a25-26。高昌國時期。

LM20-1519-30-06 《大般涅槃經》卷四〇

經册七十

北涼曇無讖譯，CBETA，T12，no.374，p.599，a27-b1。高昌國時期。

LM20-1519-30-07 《大般涅槃經》卷四〇

北涼曇無讖譯，CBETA，T12，no.374，p.601，b3-4。高昌國時期。

LM20-1519-30-08 《大般涅槃經》卷四〇

北涼曇無讖譯，CBETA，T12，no.374，p.599，b7-11。高昌國時期。

LM20-1519-30-09 《大般涅槃經》卷四〇

北涼曇無讖譯，CBETA，T12，no.374，p.601，c7-10。唐時期。

LM20-1519-30-10 《大般涅槃經》卷四〇

北涼曇無讖譯，CBETA，T12，no.374，p.601，c17-18。高昌國時期。背面有回鶻文，無法揭取拍攝。

LM20-1519-30-11 《大般涅槃經》卷四〇

北涼曇無讖譯，CBETA，T12，no.374，p.602，c7-9。高昌國時期。

LM20-1519-30-12 《大般涅槃經》卷四〇

北涼曇無讖譯，CBETA，T12，no.374，p.603，b7-9。高昌國時期。

LM20-1519-30-13 《大般涅槃經後分》卷上

唐若那跋陀羅譯，CBETA，T12，no.377，p.901，c16-18。唐時期。

LM20-1519-30-14 《大般涅槃經後分》卷下

唐若那跋陀羅譯，CBETA，T12，no.377，p.909，a26-27，"齊"作"臍"。唐時期。

LM20-1519-30-15 《維摩詰所說經》卷上

姚秦鳩摩羅什譯，CBETA，T14，no.475，p.539，b17-20。唐時期。

LM20-1519-30-16 《藥師經疏》

作者不詳，CBETA，T85，no.2767，p.317，c15-17。唐時期。

LM20-1519-30-17 《佛垂般涅槃略說教誡經》

姚秦鳩摩羅什譯，CBETA，T12，no.389，p.1110，c26-28。唐時期。

LM20-1519-31-01 《大方等大集經》卷六

北涼曇無讖譯，CBETA，T13，no.397，p.39，c26-28。唐時期。

LM20-1519-31-02 《大方等大集經》卷六

北涼曇無讖譯，CBETA，T13，no.397，p.40，a29-b2。高昌國時期。

LM20-1519-31-03 《大方等大集經》卷一二

北涼曇無讖譯，CBETA，T13，no.397，p.81，a16-19。高昌郡時期。

LM20-1519-31-04 《大方等大集經》卷一三

北涼曇無讖譯，CBETA，T13，no.397，p.86，c25-29。高昌郡時期。

LM20-1519-31-05 《大方等大集經》卷一五

北涼曇無讖譯，CBETA，T13，no.397，p.107，b3-8。高昌國時期。

旅順博物館藏新疆出土漢文文獻

LM20-1519-31-06 《大方等大集經》卷二三

北涼曇無讖譯，CBETA，T13，no.397，p.162，c16-19。高昌國時期。

LM20-1519-31-07 《大方等大集經》卷二一

北涼曇無讖譯，CBETA，T13，no.397，p.144，b13-15。高昌國時期。

LM20-1519-31-08 《大方等大集經》卷二五

北涼曇無讖譯，CBETA，T13，no.397，p.174，b8-10。高昌國時期。

LM20-1519-31-09 《大方廣十輪經》卷四

譯者不詳，CBETA，T13，no.410，p.699，a19-23。高昌國時期。

LM20-1519-31-10 《大乘大集地藏十輪經》卷六

唐玄奘譯，CBETA，T13，no.411，p.751，c8-9。唐時期。

LM20-1519-31-11 《大乘大集地藏十輪經》卷六

唐玄奘譯，CBETA，T13，no.411，p.751，c10-12。唐時期。

LM20-1519-31-12 《大乘大集地藏十輪經》卷六

唐玄奘譯，CBETA，T13，no.411，p.751，c15-19。唐時期。

LM20-1519-31-13 《僧伽吒經》卷二

元魏月婆首那譯，CBETA，T13，no.423，p.965，c21-25。唐時期。

LM20-1519-31-14 《僧伽吒經》卷四

元魏月婆首那譯，CBETA，T13，no.423，p.972，c18-20。唐時期。

LM20-1519-32-01 《十方千五百佛名經》

譯者不詳，CBETA，T14，no.442，p.312，c20-23，"十"作"千"。高昌國時期。

LM20-1519-32-02 《佛說佛名經》卷三

元魏菩提流支譯，CBETA，T14，no.440，p.128，c12-15；c23-26。唐時期。

LM20-1519-32-03 佛名經外題

唐時期。

LM20-1519-32-04 《佛說佛名經》卷一一

元魏菩提流支譯，CBETA，T14，no.440，p.177，c10-12。唐時期。

LM20-1519-32-05 《佛說佛名經》卷八

譯者不詳，CBETA，T14，no.441，p.217，b7-10。唐時期。

LM20-1519-32-06 《佛說佛名經》卷三〇

譯者不詳，CBETA，T14，no.441，p.311，a24-27；譯者不詳《現在賢劫千佛名經》，CBETA，T14，no.447a，p.380，b13-16。唐時期。

LM20-1519-32-07 《觀世音經》經題

唐時期。

LM20-1519-32-08 《現在十方千五百佛名並雜佛同號》

经册七十

作者不詳，CBETA，T85，no.2905，p.1447，a8-10。唐時期。

LM20-1519-32-09 《佛說佛名經》卷六

元魏菩提流支譯，CBETA，T14，no.440，p.144，b14-16；譯者不詳《佛說佛名經》卷一四，CBETA，T14，no.441，p.237，b24-26。唐時期。

LM20-1519-32-10 佛名經

唐時期。

LM20-1519-32-11 《佛說佛名經》卷一〇

元魏菩提流支譯，CBETA，T14，no.440，p.169，b7-11；譯者不詳《佛說佛名經》卷二二，CBETA，T14，no.441，p.274，a18-21。唐時期。

LM20-1519-32-12 《十方千五百佛名經》

譯者不詳，CBETA，T14，no.442，p.312，b23-27。高昌國時期。

LM20-1519-32-13 《十方千五百佛名經》

譯者不詳，CBETA，T14，no.442，p.312，b26-28。高昌國時期。

LM20-1519-32-14 《十方千五百佛名經》

譯者不詳，CBETA，T14，no.442，p.316，c24-28。高昌國時期。

LM20-1519-32-15 《佛說藥師如來本願經》

隋達摩笈多譯，CBETA，T14，no.449，p.401，c12-14。唐時期。

LM20-1519-32-16 《佛說彌勒下生成佛經》

姚秦鳩摩羅什譯，CBETA，T14，no.454，p.424，a24-28。唐時期。

LM20-1519-33-01 佛典殘片

唐時期。

LM20-1519-33-02 《南陽和尚問答雜徵義》

唐劉澄集。唐時期。背面有字，無法揭取拍攝。

參：李昀 2019，282、286、300。

LM20-1519-33-03 《維摩詰所說經》卷上

姚秦鳩摩羅什譯，CBETA，T14，no.475，p.537，a8-11。唐時期。

LM20-1519-33-04 《維摩詰所說經》卷上

姚秦鳩摩羅什譯，CBETA，T14，no.475，p.538，a26-b2。高昌國時期。

LM20-1519-33-05 《維摩詰所說經》卷上

姚秦鳩摩羅什譯，CBETA，T14，no.475，p.538，a29-b3。高昌國時期。

LM20-1519-33-06 《維摩詰所說經》卷上

姚秦鳩摩羅什譯，CBETA，T14，no.475，p.539，a14。唐時期。

LM20-1519-33-07 《維摩詰所說經》卷上

姚秦鳩摩羅什譯，CBETA，T14，no.475，p.539，a27-b1。高昌國時期。

LM20-1519-33-08 《維摩詰所說經》卷上

姚秦鳩摩羅什譯，CBETA，T14，no.475，p.540，c24-27。唐時期。背面有回鶻文，無法揭取拍攝。

LM20-1519-33-09 《維摩詰所說經》卷上

姚秦鳩摩羅什譯，CBETA，T14，no.475，p.541，c21-23。唐時期。

LM20-1519-33-10 《維摩詰所說經》卷上

姚秦鳩摩羅什譯，CBETA，T14，no.475，p.542，a1-4。唐時期。

LM20-1519-33-11 《維摩詰所說經》卷上

姚秦鳩摩羅什譯，CBETA，T14，no.475，p.542，a7-10。唐時期。

LM20-1519-33-12 《維摩詰所說經》卷上

姚秦鳩摩羅什譯，CBETA，T14，no.475，p.542，b25-29。唐時期。

LM20-1519-33-13 《維摩詰所說經》卷上

姚秦鳩摩羅什譯，CBETA，T14，no.475，p.543，a26-b2。高昌國時期。

LM20-1519-33-14 《維摩詰所說經》卷中

姚秦鳩摩羅什譯，CBETA，T14，no.475，p.544，b2-3。唐時期。

LM20-1519-33-15 《維摩詰所說經》卷中

姚秦鳩摩羅什譯，CBETA，T14，no.475，p.544，b21-23。唐時期。

LM20-1519-34-01 《維摩詰所說經》卷中

姚秦鳩摩羅什譯，CBETA，T14，no.475，p.545，a17-19。高昌國時期。

LM20-1519-34-02 《維摩詰所說經》卷中

姚秦鳩摩羅什譯，CBETA，T14，no.475，p.545，b17-20。高昌國時期。

LM20-1519-34-03 《維摩詰所說經》卷中

姚秦鳩摩羅什譯，CBETA，T14，no.475，p.545，c17-20。唐時期。背面有回鶻文，無法揭取拍攝。

參：松井太 2012，56。

LM20-1519-34-04 《維摩詰所說經》卷中

姚秦鳩摩羅什譯，CBETA，T14，no.475，p.547，c6-8。唐時期。

LM20-1519-34-05 《維摩詰所說經》卷中

姚秦鳩摩羅什譯，CBETA，T14，no.475，p.548，a10-13。唐時期。

LM20-1519-34-06 《維摩詰所說經》卷中

姚秦鳩摩羅什譯，CBETA，T14，no.475，p.550，b3-8。高昌國時期。

LM20-1519-34-07 《維摩詰所說經》卷中

姚秦鳩摩羅什譯，CBETA，T14，no.475，p.551，a10-13。高昌國時期。

LM20-1519-34-08 《佛說維摩詰經》卷下

吴支谦譯，CBETA，T14，no.474，p.529，b27-c1。高昌國時期。

LM20-1519-34-09 《維摩詰所說經》卷下

姚秦鳩摩羅什譯，CBETA，T14，no.475，p.552，c24-25。高昌國時期。

LM20-1519-34-10 《維摩詰所說經》卷下

姚秦鳩摩羅什譯，CBETA，T14，no.475，p.554，a12-14。唐時期。

LM20-1519-34-11 《維摩詰所說經》卷下

姚秦鳩摩羅什譯，CBETA，T14，no.475，p.555，b4-7。唐時期。

LM20-1519-34-12 《維摩詰所說經》卷下

姚秦鳩摩羅什譯，CBETA，T14，no.475，p.556，c24-27。唐時期。

LM20-1519-34-13 《維摩詰所說經》卷下

姚秦鳩摩羅什譯，CBETA，T14，no.475，p.555，c8-9。唐時期。

LM20-1519-34-14 《維摩詰所說經》卷下

姚秦鳩摩羅什譯，CBETA，T14，no.475，p.555，c20-24。唐時期。

LM20-1519-34-15 佛典殘片

唐時期。

LM20-1519-34-16 《樂瓔珞莊嚴方便品經》

姚秦曇摩耶舍譯，CBETA，T14，no.566，p.937，b27-c7，"向"作"向大德"。唐時期。

LM20-1519-35-01 《思益梵天所問經》卷一

姚秦鳩摩羅什譯，CBETA，T15，no.586，p.34，a29-b3。唐時期。

LM20-1519-35-02 《勝思惟梵天所問經》卷二

元魏菩提流支譯，CBETA，T15，no.587，p.70，a3-7。唐時期。

LM20-1519-35-03 《天請問經》

唐玄奘譯，CBETA，T15，no.592，p.124，c12-14。唐時期。

LM20-1519-35-04 《天請問經》

唐玄奘譯，CBETA，T15，no.592，p.124，c26。唐時期。

LM20-1519-35-05 《修行道地經》卷二

西晉竺法護譯，CBETA，T15，no.606，p.190，b5-8。唐時期。

LM20-1519-35-06 《出曜經》卷一二

姚秦竺佛念譯，CBETA，T04，no.212，p.675，b9-12。唐時期。

LM20-1519-35-07 《月燈三昧經》卷六

高齊那連提耶舍譯，CBETA，T15，no.639，p.589，c10-12。唐時期。

LM20-1519-35-08 《佛說首楞嚴三昧經》卷下

姚秦鳩摩羅什譯，CBETA，T15，no.642，p.641，b23-25。高昌國時期。

LM20-1519-35-09a 《佛說首楞嚴三昧經》卷下

姚秦鳩摩羅什譯，CBETA，T15，no.642，p.641，b26-28。高昌國時期。

LM20-1519-35-09b 《佛說首楞嚴三昧經》卷下

姚秦鳩摩羅什譯，CBETA，T15，no.642，p.641，b26。高昌國時期。

LM20-1519-35-10 《佛說觀佛三昧海經》卷一

東晉佛陀跋陀羅譯，CBETA，T15，no.643，p.646，c28-p.647，a2。高昌國時期。

LM20-1519-35-11 《佛說相好經》

作者不詳，CBETA，ZW03，no.31e，p.441，a16-18。西州回鶻時期。

LM20-1519-35-12 《佛說相好經》

作者不詳，CBETA，ZW03，no.316，p.418，a12-13。西州回鶻時期。

LM20-1519-35-13 《佛說觀佛三昧海經》卷二

東晉佛陀跋陀羅譯，CBETA，T15，no.643，p.651，c12-16。高昌國時期。

LM20-1519-35-14 《佛說觀佛三昧海經》卷三

東晉佛陀跋陀羅譯，CBETA，T15，no.643，p.662，b23-29，"當"作"常"。高昌國時期。

LM20-1519-35-15 《佛說觀佛三昧海經》卷三

東晉佛陀跋陀羅譯，CBETA，T15，no.643，p.659，b24-26。高昌國時期。

LM20-1519-35-16 《佛說觀佛三昧海經》卷三

東晉佛陀跋陀羅譯，CBETA，T15，no.643，p.660，c28-p.661，a2。高昌國時期。

LM20-1519-35-17 《佛說觀佛三昧海經》卷五

東晉佛陀跋陀羅譯，CBETA，T15，no.643，p.671，b28-c2。高昌國時期。

LM20-1519-35-18 《佛說觀佛三昧海經》卷八

東晉佛陀跋陀羅譯，CBETA，T15，no.643，p.686，c23-24，"仙人"作"仙士"。高昌國時期。

LM20-1519-36-01 《菩薩瓔珞經》卷一四

姚秦竺佛念譯，CBETA，T16，no.656，p.121，c14-17。西州回鶻時期。

LM20-1519-36-02 《十方千五百佛名經》

譯者不詳，CBETA，T14，no.442，p.312，c2-5，"明德"作"明德佛"。高昌國時期。

LM20-1519-36-03 《佛說華手經》卷六

姚秦鳩摩羅什譯，CBETA，T16，no.657，p.169，a6-8，"在"作"謂"。唐時期。

LM20-1519-36-04 《佛說華手經》卷九

姚秦鳩摩羅什譯，CBETA，T16，no.657，p.193，a5-10。高昌郡時期。

LM20-1519-36-05 《佛說寶雨經》卷四

唐達摩流支譯，CBETA，T16，no.660，p.298，c3-4。唐時期。

LM20-1519-36-06 《佛說寶雨經》卷五

唐達摩流支譯，CBETA，T16，no.660，p.302，a20-23。唐時期。

LM20-1519-36-07 《金光明經》卷一

經册七十

北涼曇無讖譯，CBETA，T16，no.663，p.335，c11-13。高昌國時期。

LM20-1519-36-08　《金光明經》卷一

北涼曇無讖譯，CBETA，T16，no.663，p.338，c15-18。唐時期。

LM20-1519-36-09　《金光明經》卷一

北涼曇無讖譯，CBETA，T16，no.663，p.339，b6-11。高昌國時期。

LM20-1519-36-10　《金光明經》卷一

北涼曇無讖譯，CBETA，T16，no.663，p.339，b24-27。高昌國時期。

LM20-1519-36-11　《金光明經》卷一

北涼曇無讖譯，CBETA，T16，no.663，p.339，c29-p.340，a5。高昌國時期。

LM20-1519-36-12　《金光明經》卷二

北涼曇無讖譯，CBETA，T16，no.663，p.341，a9-12。高昌國時期。

LM20-1519-36-13　《金光明經》卷二

北涼曇無讖譯，CBETA，T16，no.663，p.341，c4-7。高昌國時期。

LM20-1519-36-14　《金光明經》卷二

北涼曇無讖譯，CBETA，T16，no.663，p.341，c9-10。高昌國時期。

LM20-1519-36-15　《金光明經》卷二

北涼曇無讖譯，CBETA，T16，no.663，p.342，a15-18。高昌國時期。

LM20-1519-36-16　《金光明經》卷二

北涼曇無讖譯，CBETA，T16，no.663，p.342，b5-8。唐時期。

LM20-1519-37-01　《金光明經》卷二

北涼曇無讖譯，CBETA，T16，no.663，p.343，b2-5。唐時期。

LM20-1519-37-02　《金光明經》卷二

北涼曇無讖譯，CBETA，T16，no.663，p.343，c15-17。高昌國時期。

LM20-1519-37-03　《金光明經》卷二

北涼曇無讖譯，CBETA，T16，no.663，p.344，a7-10。唐時期。

LM20-1519-37-04　《金光明經》卷二

北涼曇無讖譯，CBETA，T16，no.663，p.345，b25-29。唐時期。

LM20-1519-37-05　《金光明經》卷三

北涼曇無讖譯，CBETA，T16，no.663，p.346，c9-13。高昌國時期。

LM20-1519-37-06　《金光明經》卷三

北涼曇無讖譯，CBETA，T16，no.663，p.348，c21-23。高昌國時期。

LM20-1519-37-07　《金光明經》卷三

北涼曇無讖譯，CBETA，T16，no.663，p.349，b17-19。唐時期。

LM20-1519-37-08　《金光明經》卷三

旅順博物館藏新疆出土漢文文獻

北涼曇無讖譯，CBETA，T16，no.663，p.349，b17-19。高昌國時期。

LM20-1519-37-09 《金光明經》卷三

北涼曇無讖譯，CBETA，T16，no.663，p.350，a25-28。高昌國時期。

LM20-1519-37-10 《金光明經》卷三

北涼曇無讖譯，CBETA，T16，no.663，p.350，c20-23。高昌國時期。

LM20-1519-37-11 《金光明經》卷四

北涼曇無讖譯，CBETA，T16，no.663，p.352，c26-29。高昌郡時期。

LM20-1519-37-12 《金光明經》卷四

北涼曇無讖譯，CBETA，T16，no.663，p.353，c11-12。高昌國時期。

LM20-1519-37-13 《金光明經》卷四

北涼曇無讖譯，CBETA，T16，no.663，p.354，c14-17。高昌國時期。

LM20-1519-37-14 《金光明經》卷四

北涼曇無讖譯，CBETA，T16，no.663，p.356，a20-23。高昌國時期。

LM20-1519-37-15 《金光明經》卷四

北涼曇無讖譯，CBETA，T16，no.663，p.357，c6-8。高昌國時期。

LM20-1519-37-16 《金光明經》卷四

北涼曇無讖譯，CBETA，T16，no.663，p.358，c25-28。高昌國時期。

LM20-1519-37-17 《合部金光明經》卷一

北涼曇無讖譯，隋寶貴合，CBETA，T16，no.664，p.361，b2-4。高昌國時期。

LM20-1519-37-18 《合部金光明經》卷一

梁真諦譯，隋寶貴合，CBETA，T16，no.664，p.363，b28-c1。唐時期。

LM20-1519-38-01 《合部金光明經》卷一

北涼曇無讖譯，隋寶貴合，CBETA，T16，no.664，p.360，c23-25。唐時期。背面有回鶻文，無法揭取拍攝。

參：松井太 2012，56。

LM20-1519-38-02 《合部金光明經》卷二

梁真諦譯，隋寶貴合，CBETA，T16，no.664，p.368，c28-p.369，a2。唐時期。

LM20-1519-38-03 《合部金光明經》卷二

梁真諦譯，隋寶貴合，CBETA，T16，no.664，p.371，c18-20。唐時期。

LM20-1519-38-04 《合部金光明經》卷三

梁真諦譯，隋寶貴合，CBETA，T16，no.664，p.372，c18-21。唐時期。

LM20-1519-38-05 《金光明最勝王經》卷四

唐義浄譯，CBETA，T16，no.665，p.418，a15-18；梁真諦譯，隋寶貴合《合部金光明經》卷三，CBETA，T16，no.664，p.372，c26-28。唐時期。

經册七十

LM20-1519-38-06 《合部金光明經》卷三

梁真諦譯，隋寶貴合，CBETA，T16，no.664，p.373，a8-12。唐時期。

LM20-1519-38-07 《合部金光明經》卷三

梁真諦譯，隋寶貴合，CBETA，T16，no.664，p.373，c9-12。唐時期。

LM20-1519-38-08 《合部金光明經》卷三

梁真諦譯，隋寶貴合，CBETA，T16，no.664，p.377，b2-4。唐時期。

LM20-1519-38-09 《合部金光明經》卷三

梁真諦譯，隋寶貴合，CBETA，T16，no.664，p.377，b4-5。唐時期。

LM20-1519-38-10 《合部金光明經》卷四

北涼曇無讖譯，隋寶貴合，CBETA，T16，no.664，p.378，b18-20，"豪"作"毫"。唐時期。

LM20-1519-38-11 《合部金光明經》卷四

梁真諦譯，隋寶貴合，CBETA，T16，no.664，p.381，a2-5。高昌國時期。

LM20-1519-38-12 《合部金光明經》卷六

隋闍那崛多譯，隋寶貴合，CBETA，T16，no.664，p.386，b18-19。唐時期。

LM20-1519-38-13 《合部金光明經》卷六

隋闍那崛多譯，隋寶貴合，CBETA，T16，no.664，p.388，a22-25。唐時期。

LM20-1519-38-14 《合部金光明經》卷六

隋闍那崛多譯，隋寶貴合，CBETA，T16，no.664，p.388，c5-6。唐時期。

LM20-1519-38-15 《合部金光明經》卷七

北涼曇無讖譯，隋寶貴合，CBETA，T16，no.664，p.394，b9-12。唐時期。背面有回鶻文，無法揭取拍攝。

參：松井太 2012，57。

LM20-1519-38-16 《合部金光明經》卷七

北涼曇無讖譯，隋寶貴合，CBETA，T16，no.664，p.394，c14-16。高昌國時期。

LM20-1519-38-17 《金光明經》卷三

北涼曇無讖譯，CBETA，T16，no.663，p.351，c20-22。高昌國時期。

LM20-1519-38-18 《金光明經》卷四

北涼曇無讖譯，CBETA，T16，no.663，p.353，c7-10。高昌國時期。

LM20-1519-38-19 《合部金光明經》卷八

北涼曇無讖譯，隋寶貴合，CBETA，T16，no.664，p.398，a12-14。唐時期。

LM20-1519-38-20 《合部金光明經》卷八

北涼曇無讖譯，隋寶貴合，CBETA，T16，no.664，p.399，c25-26。高昌國時期。

經册七十一

LM20-1520-01-01 《金光明最勝王經》卷四

唐義淨譯，CBETA，T16，no.665，p.420，a5-8。唐時期。

LM20-1520-01-02 《金光明最勝王經》卷七

唐義淨譯，CBETA，T16，no.665，p.437，c5-6。唐時期。

LM20-1520-01-03 《金光明最勝王經》卷八

唐義淨譯，CBETA，T16，no.665，p.438，a29-b4，"辯力"作"辯才"。唐時期。

LM20-1520-01-04 《金光明最勝王經》卷八

唐義淨譯，CBETA，T16，no.665，p.440，a1-2。唐時期。

LM20-1520-01-05 《南陽和尚問答雜徵義》

唐劉澄集。唐時期。背面爲佛教戒律，無法揭取拍攝。

參：李昀 2019，282、286、300。

LM20-1520-01-06 《入楞伽經》卷二

元魏菩提留支譯，CBETA，T16，no.671，p.522，a3-6。高昌國時期。

LM20-1520-01-07 《佛說佛地經》

唐玄奘譯，CBETA，T16，no.680，p.722，b20-21。唐時期。

LM20-1520-01-08 《大乘密嚴經》卷上

唐地婆訶羅譯，CBETA，T16，no.681，p.729，b1-3。唐時期。

LM20-1520-01-09 《佛說孟蘭盆經》

西晉竺法護譯，CBETA，T16，no.685，p.779，a28-b2。高昌國時期。

LM20-1520-01-10 《佛說孟蘭盆經》

西晉竺法護譯，CBETA，T16，no.685，p.779，a29-b3。唐時期。

LM20-1520-01-11 《佛說造塔功德經》

唐地婆訶羅譯，CBETA，T16，no.699，p.801，b2-3。唐時期。

LM20-1520-01-12a 《佛說造塔功德經》

唐地婆訶羅譯，CBETA，T16，no.699，p.801，b14-15。唐時期。

LM20-1520-01-12b 《佛說造塔功德經》

唐地婆訶羅譯，CBETA，T16，no.699，p.801，b15。唐時期。

LM20-1520-02-01 《正法念處經》

经册七十一

元魏般若流支譯，此段文字多處可見。唐時期。

LM20-1520-02-02 《分別業報略經》

劉宋僧伽跋摩譯，CBETA，T17，no.723，p.448，c19-21。唐時期。

LM20-1520-02-03 《佛說四願經》

吴支謙譯，CBETA，T17，no.735，p.536，b18-21。唐時期。

LM20-1520-02-04 《佛說孝經抄》

吴支謙譯，CBETA，T17，no.790，p.733，a6-7。高昌國時期。

LM20-1520-02-05 《佛說無常經》

唐義浄譯，CBETA，T17，no.801，p.745，c26-28。唐時期。

LM20-1520-02-06 《大莊嚴法門經》卷上

隋那連提耶舍譯，CBETA，T17，no.818，p.825，c6-8。唐時期。

LM20-1520-02-07 《大莊嚴法門經》卷上

隋那連提耶舍譯，CBETA，T17，no.818，p.826，c18-20。唐時期。

LM20-1520-02-08 《妙法蓮華經》卷一

姚秦鳩摩羅什譯，CBETA，T09，no.262，p.7，c3-4。唐時期。

LM20-1520-02-09 佛典殘片

唐時期。

LM20-1520-02-10 《妙法蓮華經》卷一

姚秦鳩摩羅什譯，CBETA，T09，no.262，p.1，c23-24。唐時期。

LM20-1520-02-11 《佛頂尊勝陀羅尼經序》

唐志静述，CBETA，T19，no.967，p.349，b16-20。唐時期。

LM20-1520-02-12 《佛頂尊勝陀羅尼經》

唐佛陀波利譯，CBETA，T19，no.967，p.350，a13-15。唐時期。

LM20-1520-02-13 《佛頂尊勝陀羅尼經》

唐佛陀波利譯，CBETA，T19，no.967，p.350，a19-20。唐時期。

LM20-1520-02-14 《佛頂尊勝陀羅尼經》

唐佛陀波利譯，CBETA，T19，no.967，p.350，b1-3。唐時期。

LM20-1520-02-15 《佛頂尊勝陀羅尼經》

唐佛陀波利譯，CBETA，T19，no.967，p.351，a2-3。唐時期。

LM20-1520-03-01 《請觀世音菩薩消伏毒害陀羅尼咒經》

東晋竺難提譯，CBETA，T20，no.1043，p.35，b9-12。高昌國時期。

LM20-1520-03-02 《請觀世音菩薩消伏毒害陀羅尼咒經》

東晋竺難提譯，CBETA，T20，no.1043，p.35，b17-18。唐時期。

LM20-1520-03-03 《佛說十一面觀世音神咒經》

北周耶舍崛多譯, CBETA, T20, no.1070, p.150, b10-11。唐時期。

LM20-1520-03-04 《佛說七俱胝佛母心大准提陀羅尼經》

唐地婆訶羅譯, CBETA, X59, no.1077, p.223, a19-21。唐時期。

LM20-1520-03-05 《佛本行集經》卷五三

隋闍那崛多譯, CBETA, T03, no.190, p.897, c12-13。唐時期。

參: 段真子 2019, 170。

LM20-1520-03-06 《不空罥索神咒心經》

唐玄奘譯, CBETA, T20, no.1094, p.403, b22-25。唐時期。

LM20-1520-03-07 《佛說觀藥王藥上二菩薩經》

劉宋畺良耶舍譯, CBETA, T20, no.1161, p.660, c17-19。高昌國時期。

LM20-1520-03-08 《佛說觀藥王藥上二菩薩經》

劉宋畺良耶舍譯, CBETA, T20, no.1161, p.661, a26-29。唐時期。

LM20-1520-03-09 《佛說觀藥王藥上二菩薩經》

劉宋畺良耶舍譯, CBETA, T20, no.1161, p.661, b17-19。唐時期。

LM20-1520-03-10 《佛說觀藥王藥上二菩薩經》

劉宋畺良耶舍譯, CBETA, T20, no.1161, p.661, c16-18。高昌國時期。

LM20-1520-03-11 《佛說觀藥王藥上二菩薩經》

劉宋畺良耶舍譯, CBETA, T20, no.1161, p.661, c18-21。高昌國時期。

LM20-1520-03-12 《佛說觀藥王藥上二菩薩經》

劉宋畺良耶舍譯, CBETA, T20, no.1161, p.662, a5-6。高昌國時期。

LM20-1520-03-13 《佛說觀藥王藥上二菩薩經》

劉宋畺良耶舍譯, CBETA, T20, no.1161, p.662, a7-10。唐時期。

LM20-1520-03-14 《佛說觀藥王藥上二菩薩經》

劉宋畺良耶舍譯, CBETA, T20, no.1161, p.662, c16-19。高昌國時期。

LM20-1520-03-15 《佛說觀藥王藥上二菩薩經》

劉宋畺良耶舍譯, CBETA, T20, no.1161, p.663, a9-11。唐時期。

LM20-1520-03-16 《佛說觀藥王藥上二菩薩經》

劉宋畺良耶舍譯, CBETA, T20, no.1161, p.665, a29-b2。高昌國時期。

LM20-1520-03-17 《佛說觀藥王藥上二菩薩經》

劉宋畺良耶舍譯, CBETA, T20, no.1161, p.666, a26-27。高昌國時期。

LM20-1520-03-18 佛典殘片

參北宋天息災譯《大方廣菩薩藏文殊師利根本儀軌經》卷一五, CBETA, T20, no.1191, p.890, a18-19。西州回鶻時期。

LM20-1520-04-01 《佛說灌頂經》卷二

經册七十一　　1551

東晉帛尸梨蜜多羅譯，CBETA，T21，no.1331，p.500，a15-17。唐時期。

LM20-1520-04-02　《佛說灌頂經》卷四

東晉帛尸梨蜜多羅譯，CBETA，T21，no.1331，p.505，b20-23。唐時期。

LM20-1520-04-03　《佛說灌頂經》卷一一

東晉帛尸梨蜜多羅譯，CBETA，T21，no.1331，p.529，a24-25。唐時期。

LM20-1520-04-04　《佛說灌頂經》卷一一

東晉帛尸梨蜜多羅譯，CBETA，T21，no.1331，p.530，b6-7。唐時期。

LM20-1520-04-05　《佛說灌頂經》卷一一

東晉帛尸梨蜜多羅譯，CBETA，T21，no.1331，p.530，a6-8。唐時期。

LM20-1520-04-06　《佛說灌頂經》卷一一

東晉帛尸梨蜜多羅譯，CBETA，T21，no.1331，p.530，b24-26。唐時期。

LM20-1520-04-07　《佛說灌頂經》卷一一

東晉帛尸梨蜜多羅譯，CBETA，T21，no.1331，p.531，a5-6。唐時期。

LM20-1520-04-08　《佛說灌頂經》卷一一

東晉帛尸梨蜜多羅譯，CBETA，T21，no.1331，p.531，c3-5。唐時期。

LM20-1520-04-09　《佛說灌頂經》卷一一

東晉帛尸梨蜜多羅譯，CBETA，T21，no.1331，p.532，a18-20。唐時期。

LM20-1520-04-10　《佛說灌頂拔除過罪生死得度經》

參東晉帛尸梨蜜多羅譯《佛說灌頂經》卷一二，CBETA，T21，no.1331，p.533，c17-18。高昌國時期。

LM20-1520-04-11　《佛說灌頂經》卷一二

東晉帛尸梨蜜多羅譯，CBETA，T21，no.1331，p.532，c9-12。唐時期。

LM20-1520-04-12　《佛說灌頂經》卷一二

東晉帛尸梨蜜多羅譯，CBETA，T21，no.1331，p.532，c15-17。唐時期。

LM20-1520-04-13　《佛說灌頂經》卷一二

東晉帛尸梨蜜多羅譯，CBETA，T21，no.1331，p.533，b9-11。唐時期。

LM20-1520-04-14　《佛說灌頂經》卷一二

東晉帛尸梨蜜多羅譯，CBETA，T21，no.1331，p.533，b27-c2。唐時期。

LM20-1520-04-15　《佛說灌頂經》卷一二

東晉帛尸梨蜜多羅譯，CBETA，T21，no.1331，p.533，c10-13。唐時期。

LM20-1520-04-16　《佛說灌頂經》卷一二

東晉帛尸梨蜜多羅譯，CBETA，T21，no.1331，p.534，b4-7。唐時期。

LM20-1520-05-01　《佛說灌頂拔除過罪生死得度經》

參東晉帛尸梨蜜多羅譯《佛說灌頂經》卷一二，CBETA，T21，no.1331，p.534，b24-26，"說是流"作"說是藥師瑠"。高昌國時期。

LM20-1520-05-02　《佛說灌頂經》卷一二

東晉帛尸梨蜜多羅譯，CBETA，T21，no.1331，p.534，b25-29。唐時期。

LM20-1520-05-03　《佛說灌頂拔除過罪生死得度經》

參東晉帛尸梨蜜多羅譯《佛說灌頂經》卷一二，CBETA，T21，no.1331，p.534，b29-c2。高昌國時期。

LM20-1520-05-04　《佛說灌頂經》卷一二

東晉帛尸梨蜜多羅譯，CBETA，T21，no.1331，p.534，b28-c2。唐時期。

LM20-1520-05-05　《佛說灌頂經》卷一二

東晉帛尸梨蜜多羅譯，CBETA，T21，no.1331，p.535，a2-5。唐時期。

LM20-1520-05-06　《佛說灌頂經》卷一二

東晉帛尸梨蜜多羅譯，CBETA，T21，no.1331，p.535，a16-19。唐時期。

LM20-1520-05-07　《佛說灌頂拔除過罪生死得度經》

參東晉帛尸梨蜜多羅譯《佛說灌頂經》卷一二，CBETA，T21，no.1331，p.535，c7-10。高昌國時期。

LM20-1520-05-08　《佛說灌頂拔除過罪生死得度經》

參東晉帛尸梨蜜多羅譯《佛說灌頂經》卷一二，CBETA，T21，no.1331，p.535，c15-19。高昌國時期。

LM20-1520-05-09　《佛說灌頂經》卷一二

東晉帛尸梨蜜多羅譯，CBETA，T21，no.1331，p.536，a8-10。唐時期。

LM20-1520-05-10　《七佛八菩薩所說大陀羅尼神咒經》卷一

譯者不詳，CBETA，T21，no.1332，p.537，b18-23。高昌國時期。

參：磯邊友美 2006，212、217。

LM20-1520-05-11　《大方等陀羅尼經》卷二

北涼法衆譯，CBETA，T21，no.1339，p.650，b18-21。西州回鶻時期。

LM20-1520-05-12　《大法炬陀羅尼經》卷五

隋闍那崛多譯，CBETA，T21，no.1340，p.682，b10-11。唐時期。

LM20-1520-05-13　《大法炬陀羅尼經》卷五

隋闍那崛多譯，CBETA，T21，no.1340，p.682，c20-21。唐時期。

LM20-1520-05-14　《大法炬陀羅尼經》卷五

隋闍那崛多譯，CBETA，T21，no.1340，p.683，b9-10。唐時期。

LM20-1520-05-15　《大法炬陀羅尼經》卷一二

隋闍那崛多譯，CBETA，T21，no.1340，p.715，c25-28。唐時期。

LM20-1520-05-16　《大法炬陀羅尼經》卷一二

隋闍那崛多譯，CBETA，T21，no.1340，p.716，a1-3。唐時期。

LM20-1520-05-17 《大法炬陀羅尼經》卷一五

隋闍那崛多譯，CBETA，T21，no.1340，p.731，b3-5。唐時期。

LM20-1520-05-18 《大威德陀羅尼經》卷一三

隋闍那崛多譯，CBETA，T21，no.1341，p.809，b18-21。唐時期。

LM20-1520-06-01 《彌沙塞五分戒本》

劉宋佛陀什等譯，CBETA，T22，no.1422a，p.197，a21-23。西州回鶻時期。

LM20-1520-06-02 《摩訶僧祇律》卷七

東晉佛陀跋陀羅、法顯譯，CBETA，T22，no.1425，p.281，c8-10。唐時期。

LM20-1520-06-03 《摩訶僧祇律大比丘戒本》

東晉佛陀跋陀羅譯，CBETA，T22，no.1426，p.550，a23-24。高昌國時期。

LM20-1520-06-04 《摩訶僧祇律大比丘戒本》

東晉佛陀跋陀羅譯，CBETA，T22，no.1426，p.552，b7-9。高昌國時期。

LM20-1520-06-05 《四分律》卷一

姚秦佛陀耶舍、竺佛念等譯，CBETA，T22，no.1428，p.574，a14-18。唐時期。

LM20-1520-06-06 《四分律》卷二

姚秦佛陀耶舍、竺佛念等譯，CBETA，T22，no.1428，p.576，b28-29。唐時期。

LM20-1520-06-07 《四分律》卷一一

姚秦佛陀耶舍、竺佛念等譯，CBETA，T22，no.1428，p.635，a29-b2。高昌國時期。

LM20-1520-06-08 《四分律》卷一三

姚秦佛陀耶舍、竺佛念等譯，CBETA，T22，no.1428，p.656，b21-22。唐時期。

LM20-1520-06-09 《四分律》卷一五

姚秦佛陀耶舍、竺佛念等譯，CBETA，T22，no.1428，p.664，c3-5。唐時期。

LM20-1520-06-10 《四分律》

姚秦佛陀耶舍、竺佛念等譯，此段文字多處可見。西州回鶻時期。

LM20-1520-06-11 《四分律》卷二五

姚秦佛陀耶舍、竺佛念等譯，CBETA，T22，no.1428，p.735，c29-p.736，a3。唐時期。

LM20-1520-06-12 《法句經序》

作者不詳，CBETA，T55，no.2145，p.50，a13-15。高昌郡時期。

LM20-1520-06-13 《四分律》卷四〇

姚秦佛陀耶舍、竺佛念等譯，CBETA，T22，no.1428，p.857，a27-28。唐時期。

LM20-1520-06-14 《四分律》卷四八

姚秦佛陀耶舍、竺佛念等譯，此段文字多處可見。唐時期。

LM20-1520-06-15 《四分律》卷五六

姚秦佛陀耶舍、竺佛念等譯，CBETA，T22，no.1428，p.979，b18-19。高昌國時期。

LM20-1520-07-01 《四分律》卷八

姚秦佛陀耶舍、竺佛念等譯，CBETA，T22，no.1428，p.617，a5-7。唐時期。

LM20-1520-07-02 《四分律比丘戒本》

姚秦佛陀耶舍譯，CBETA，T22，no.1429，p.1015，b7-9。唐時期。

LM20-1520-07-03 《四分律比丘戒本》

姚秦佛陀耶舍譯，CBETA，T22，no.1429，p.1016，a29-b5。唐時期。

LM20-1520-07-04 佛教戒律

參姚秦佛陀耶舍譯《四分律比丘戒本》，CBETA，T22，no.1429，p.1019，a17-22。唐時期。

LM20-1520-07-05 《四分僧戒本》

姚秦佛陀耶舍譯，CBETA，T22，no.1430，p.1028，c3-5。唐時期。背面有回鶻文，無法揭取拍攝。

參：松井太 2012，56-57。

LM20-1520-07-06 《四分比丘尼戒本》

姚秦佛陀耶舍譯，CBETA，T22，no.1431，p.1032，a28-b2。高昌國時期。

LM20-1520-07-07 《十誦律》卷三三

姚秦弗若多羅譯，此段文字多處可見。高昌國時期。

LM20-1520-07-08 《梵網經》卷下

姚秦鳩摩羅什譯，CBETA，T24，no.1484，p.1003，b15-17。西州回鶻時期。

LM20-1520-07-09 《梵網經》卷下

姚秦鳩摩羅什譯，CBETA，T24，no.1484，p.1004，b23-25。唐時期。

LM20-1520-07-10 《梵網經》卷下

姚秦鳩摩羅什譯，CBETA，T24，no.1484，p.1004，b26-29。唐時期。背面有回鶻文，無法揭取拍攝。

LM20-1520-07-11 《梵網經》卷下

姚秦鳩摩羅什譯，CBETA，T24，no.1484，p.1004，c10-13。唐時期。

LM20-1520-07-12 《梵網經》卷下

姚秦鳩摩羅什譯，CBETA，T24，no.1484，p.1005，a12-13。唐時期。

LM20-1520-07-13 《梵網經》卷下

姚秦鳩摩羅什譯，CBETA，T24，no.1484，p.1006，a1-4。唐時期。背面有回鶻文，無法揭取拍攝。

參：松井太 2012，56-57。

LM20-1520-07-14 《梵網經》卷下

姚秦鳩摩羅什譯，CBETA，T24，no.1484，p.1006，a21-23。唐時期。

经册七十一

LM20-1520-08-01 《善見律毗婆沙》卷一〇

萧齐僧伽跋陀罗译，CBETA，T24，no.1462，p.743，c12-14。唐时期。

LM20-1520-08-02 《受十善戒經》

譯者不詳，CBETA，T24，no.1486，p.1023，b22-24。高昌國時期。

LM20-1520-08-03 《優婆塞戒經》卷一

北涼曇無讖譯，CBETA，T24，no.1488，p.1037，c6-7。高昌郡時期。

LM20-1520-08-04 《優婆塞戒經》卷一

北涼曇無讖譯，此段文字多處可見。唐時期。

LM20-1520-08-05 《優婆塞戒經》卷一

北涼曇無讖譯，CBETA，T24，no.1488，p.1038，b6-8。高昌國時期。

LM20-1520-08-06 《優婆塞戒經》卷二

北涼曇無讖譯，CBETA，T24，no.1488，p.1044，b15-17。高昌國時期。

LM20-1520-08-07 《優婆塞戒經》卷二

北涼曇無讖譯，CBETA，T24，no.1488，p.1044，b25-27。高昌國時期。

LM20-1520-08-08 《金剛般若波羅蜜經》

元魏菩提流支譯，CBETA，T08，no.236a，p.753，c3-5。唐時期。

LM20-1520-08-09 《金剛般若波羅蜜經》

姚秦鳩摩羅什譯，CBETA，T08，no.235，p.749，c28-p.750，a1。唐時期。

LM20-1520-08-10 《金剛般若波羅蜜經》

姚秦鳩摩羅什譯，CBETA，T08，no.235，p.750，a11-13。唐時期。

LM20-1520-08-11 《金剛般若波羅蜜經》

元魏菩提流支譯，CBETA，T08，no.236a，p.754，c17-20。唐時期。

LM20-1520-08-12 《金剛仙論》卷八

元魏菩提流支譯，CBETA，T25，no.1512，p.859，b19-21。高昌國時期。

LM20-1520-09-01 《大智度論》卷三

姚秦鳩摩羅什譯，CBETA，T25，no.1509，p.83，a20。唐時期。

LM20-1520-09-02 《大智度論》卷四

姚秦鳩摩羅什譯，CBETA，T25，no.1509，p.90，c21-22。高昌國時期。

LM20-1520-09-03 《大智度論》卷四

姚秦鳩摩羅什譯，CBETA，T25，no.1509，p.92，a12-13。高昌國時期。

LM20-1520-09-04 《大智度論》卷五

姚秦鳩摩羅什譯，CBETA，T25，no.1509，p.95，a15-16。唐時期。

LM20-1520-09-05 《大智度論》卷七

姚秦鳩摩羅什譯，CBETA，T25，no.1509，p.108，c24-p.109，a1。高昌郡時期。

LM20-1520-09-06 《大智度論》卷九

姚秦鳩摩羅什譯，CBETA, T25, no.1509, p.122, c2-4。唐時期。

LM20-1520-09-07 《大智度論》卷一〇

姚秦鳩摩羅什譯，CBETA, T25, no.1509, p.128, c17-19。高昌國時期。

LM20-1520-09-08 《大智度論》卷一七

姚秦鳩摩羅什譯，CBETA, T25, no.1509, p.185, c4-8。高昌國時期。

LM20-1520-09-09 《大智度論》卷一八

姚秦鳩摩羅什譯，CBETA, T25, no.1509, p.190, a27-b1。高昌國時期。

LM20-1520-09-10 《大智度論》卷一九

姚秦鳩摩羅什譯，CBETA, T25, no.1509, p.197, c16-17。高昌國時期。

LM20-1520-09-11 《大智度論》卷一九

姚秦鳩摩羅什譯，CBETA, T25, no.1509, p.200, b13-14。高昌國時期。

LM20-1520-09-12 《大智度論》卷二〇

姚秦鳩摩羅什譯，CBETA, T25, no.1509, p.213, b20-25。高昌郡時期。

LM20-1520-09-13 《大智度論》卷二四

姚秦鳩摩羅什譯，CBETA, T25, no.1509, p.235, c25-29。高昌郡時期。

參:《旅博選粹》，59。

LM20-1520-09-14 《大智度論》卷二六

姚秦鳩摩羅什譯，CBETA, T25, no.1509, p.247, c19-24。高昌國時期。

LM20-1520-09-15 《大智度論》卷三〇

姚秦鳩摩羅什譯，CBETA, T25, no.1509, p.281, b24-27。高昌國時期。

LM20-1520-09-16 《大智度論》卷三一

姚秦鳩摩羅什譯，CBETA, T25, no.1509, p.291, a24-25。高昌國時期。

LM20-1520-10-01 《大智度論》卷三四

姚秦鳩摩羅什譯，CBETA, T25, no.1509, p.310, c14-16。唐時期。

LM20-1520-10-02 《大智度論》卷四四

姚秦鳩摩羅什譯，CBETA, T25, no.1509, p.376, c26-29。唐時期。

LM20-1520-10-03 《大智度論》卷三七

姚秦鳩摩羅什譯，CBETA, T25, no.1509, p.330, b23-26。高昌國時期。

LM20-1520-10-04 《大智度論》卷四八

姚秦鳩摩羅什譯，CBETA, T25, no.1509, p.406, a4-8。高昌郡時期。

LM20-1520-10-05 《大智度論》卷四九

姚秦鳩摩羅什譯，CBETA, T25, no.1509, p.415, a17-20。高昌國時期。

LM20-1520-10-06 《大智度論》卷五四

姚秦鳩摩羅什譯，CBETA，T25，no.1509，p.446，c28-29。高昌國時期。

LM20-1520-10-07 《大智度論》卷五四

姚秦鳩摩羅什譯，CBETA，T25，no.1509，p.448，b15-17。高昌國時期。

LM20-1520-10-08 《大智度論》卷五七

姚秦鳩摩羅什譯，CBETA，T25，no.1509，p.465，a9-12。高昌國時期。

LM20-1520-10-09 《大智度論》卷五八

姚秦鳩摩羅什譯，CBETA，T25，no.1509，p.470，a10-19。高昌國時期。

LM20-1520-10-10 《大智度論》卷六一

姚秦鳩摩羅什譯，CBETA，T25，no.1509，p.496，a9-11。唐時期。

LM20-1520-10-11 《摩訶般若波羅蜜經》卷一一

姚秦鳩摩羅什譯，CBETA，T08，no.223，p.305，b6-9。唐時期。

LM20-1520-10-12 《大智度論》卷六五

姚秦鳩摩羅什譯，CBETA，T25，no.1509，p.519，a12-13。高昌國時期。

LM20-1520-10-13 《大智度論》卷六五

姚秦鳩摩羅什譯，CBETA，T25，no.1509，p.519，c18-20，"想"作"相"。高昌國時期。

LM20-1520-10-14 《大智度論》卷七〇

姚秦鳩摩羅什譯，CBETA，T25，no.1509，p.552，a2-3。高昌國時期。

LM20-1520-10-15 《摩訶般若波羅蜜經》卷一六

姚秦鳩摩羅什譯，CBETA，T08，no.223，p.336，a11-13。高昌國時期。

LM20-1520-10-16 《大智度論》卷七二

姚秦鳩摩羅什譯，CBETA，T25，no.1509，p.567，c18-20。高昌國時期。

LM20-1520-11-01 《大智度論》卷七二

姚秦鳩摩羅什譯，CBETA，T25，no.1509，p.569，c19-20。高昌國時期。

LM20-1520-11-02 《大智度論》卷七三

姚秦鳩摩羅什譯，CBETA，T25，no.1509，p.574，a20-22。高昌國時期。

LM20-1520-11-03 《大智度論》卷七四

姚秦鳩摩羅什譯，CBETA，T25，no.1509，p.581，c12-14。高昌國時期。

LM20-1520-11-04 《大智度論》卷七八

姚秦鳩摩羅什譯，CBETA，T25，no.1509，p.610，c22-24。唐時期。

LM20-1520-11-05 《大智度論》卷八〇

姚秦鳩摩羅什譯，CBETA，T25，no.1509，p.624，b20-21。高昌國時期。

LM20-1520-11-06 《大智度論》卷八〇

姚秦鳩摩羅什譯，CBETA，T25，no.1509，p.625，a15-18，"忌"作"廢"。有朱筆校改。高昌郡時期。

旅順博物館藏新疆出土漢文文獻

LM20-1520-11-07 《大智度論》卷八一

姚秦鳩摩羅什譯，CBETA，T25，no.1509，p.631，b17-20。高昌國時期。

LM20-1520-11-08 《大智度論》卷八八

姚秦鳩摩羅什譯，CBETA，T25，no.1509，p.683，b12-13。高昌國時期。

LM20-1520-11-09 《摩訶般若波羅蜜經》卷二四

姚秦鳩摩羅什譯，CBETA，T08，no.223，p.396，c8-10。高昌國時期。

LM20-1520-11-10 《大智度論》卷九〇

姚秦鳩摩羅什譯，CBETA，T25，no.1509，p.693，b3-4。高昌國時期。

LM20-1520-11-11 《大智度論》卷九一

姚秦鳩摩羅什譯，CBETA，T25，no.1509，p.703，b27-c2。唐時期。

LM20-1520-11-12 《大智度論》卷九二

姚秦鳩摩羅什譯，CBETA，T25，no.1509，p.705，b27-29。唐時期。

LM20-1520-11-13 《摩訶般若波羅蜜經》卷二六

姚秦鳩摩羅什譯，CBETA，T08，no.223，p.410，c25-27。高昌國時期。

LM20-1520-11-14 《大智度論》卷九六

姚秦鳩摩羅什譯，CBETA，T25，no.1509，p.730，b13-16。高昌國時期。

LM20-1520-11-15 《大智度論》卷九三

姚秦鳩摩羅什譯，CBETA，T25，no.1509，p.711，c20-23。高昌國時期。

LM20-1520-12-01 《十地經論》卷四

元魏菩提流支譯，CBETA，T26，no.1522，p.149，b23-25。唐時期。

LM20-1520-12-02 《十地經論》卷一二

元魏菩提流支譯，CBETA，T26，no.1522，p.200，a6-8。高昌國時期。

LM20-1520-12-03 《無量壽經優波提舍願生偈》

元魏菩提流支譯，CBETA，T26，no.1524，p.232，b21-23。唐時期。

參：《旅博選粹》，145；《净土集成》，105。

LM20-1520-12-04 《無量壽經優波提舍願生偈》

元魏菩提流支譯，CBETA，T26，no.1524，p.232，b23-24。唐時期。

參：《旅博選粹》，145；《净土集成》，105。

LM20-1520-12-05 《彌勒菩薩所問經論》卷九

元魏菩提流支譯，CBETA，T26，no.1525，p.271，a16-19。唐時期。

LM20-1520-12-06 《勝思惟梵天所問經論》卷二

元魏菩提流支譯，CBETA，T26，no.1532，p.343，c23-25。唐時期。

LM20-1520-12-07 《阿毘曇八犍度論》卷七

符秦僧伽提婆、竺佛念譯，CBETA，T26，no.1543，p.800，a6-7。有雙行小字注。唐時期。

經册七十一 1559

LM20-1520-12-08 《十住毘婆沙論》卷一〇

姚秦鳩摩羅什譯，CBETA，T26，no.1521，p.73，c5-8。高昌郡時期。

參：《旅博選粹》，61；《净土集成》，103。

LM20-1520-12-09 《阿毘達磨大毘婆沙論》卷九四

唐玄奘譯，CBETA，T27，no.1545，p.485，c21-25。唐時期。

LM20-1520-12-10 《舍利弗阿毘曇論》卷八

姚秦曇摩耶舍、曇摩崛多譯，CBETA，T28，no.1548，p.584，c28-p.585，a2。高昌郡時期。

參：《旅博選粹》，63；片山章雄 2016，46。

LM20-1520-12-11 《尊婆須蜜菩薩所集論》卷七

符秦僧伽跋澄等譯，CBETA，T28，no.1549，p.771，b16-19。唐時期。

LM20-1520-12-12 《尊婆須蜜菩薩所集論》卷九

符秦僧伽跋澄等譯，CBETA，T28，no.1549，p.792，b5-7。唐時期。

LM20-1520-12-13 《阿毘曇心論》卷二

東晉僧伽提婆、惠遠譯，CBETA，T28，no.1550，p.816，a20-22。細字寫本。高昌郡時期。

參：《旅博選粹》，21。

LM20-1520-12-14 《阿毘曇心論》卷三

東晉僧伽提婆、惠遠譯，CBETA，T28，no.1550，p.825，b14-17。高昌國時期。

LM20-1520-12-15 《阿毘曇心論》卷四

東晉僧伽提婆、惠遠譯，CBETA，T28，no.1550，p.828，a2-4。高昌國時期。

LM20-1520-12-16 《阿毘曇毘婆沙論》卷三六

北涼浮陀跋摩、道泰譯，CBETA，T28，no.1546，p.265，a26-b1。唐時期。

LM20-1520-13-01 《雜阿毘曇心論》卷三

劉宋僧伽跋摩等譯，CBETA，T28，no.1552，p.890，c8-10。唐時期。

LM20-1520-13-02 《雜阿毘曇心論》卷一

劉宋僧伽跋摩等譯，CBETA，T28，no.1552，p.874，b3-11。高昌國時期。

LM20-1520-13-03 《雜阿毘曇心論》卷一

劉宋僧伽跋摩等譯，CBETA，T28，no.1552，p.876，c29-p.877，a2。唐時期。

LM20-1520-13-04 《阿毘達磨俱舍釋論》卷一六

陳真諦譯，CBETA，T29，no.1559，p.269，c14-17。唐時期。

LM20-1520-13-05 《阿毘達磨俱舍論本頌》

唐玄奘譯，CBETA，T29，no.1560，p.310，c29-p.311，a2。唐時期。

LM20-1520-13-06a 《阿毘達磨順正理論》卷五四

唐玄奘譯，CBETA，T29，no.1562，p.642，b29-c2。唐時期。

LM20-1520-13-06b 《阿毘達磨順正理論》卷五四

唐玄奘译，CBETA，T29，no.1562，p.642，b29-c2。唐时期。

LM20-1520-13-07 《阿毗达磨顺正理论》卷六〇

唐玄奘译，CBETA，T29，no.1562，p.673，a11-12。唐时期。

LM20-1520-13-08 《阿毗达磨顺正理论》卷六〇

唐玄奘译，CBETA，T29，no.1562，p.673，a13-15。唐时期。

LM20-1520-13-09 《中论》卷二

姚秦鸠摩罗什译，CBETA，T30，no.1564，p.15，c23-26。高昌国时期。

参：《旅博选粹》，146。

LM20-1520-13-10 《中论》卷三

姚秦鸠摩罗什译，CBETA，T30，no.1564，p.23，a26-b1，"诸恼"作"诸烦恼"。唐时期。

参：《旅博选粹》，146。

LM20-1520-13-11a 《菩萨地持经》卷三

北凉昙无谶译，CBETA，T30，no.1581，p.904，c2-4。高昌国时期。

LM20-1520-13-11b 《菩萨地持经》卷三

北凉昙无谶译，CBETA，T30，no.1581，p.904，c3。高昌国时期。

LM20-1520-13-12 《菩萨地持经》卷三

北凉昙无谶译，CBETA，T30，no.1581，p.905，b18-22。高昌郡时期。

参：《旅博选粹》，64。

LM20-1520-13-13 《菩萨地持经》卷三

北凉昙无谶译，CBETA，T30，no.1581，p.905，b28-c3。高昌郡时期。

参：《旅博选粹》，64。

LM20-1520-13-14 《菩萨地持经》卷八

北凉昙无谶译，CBETA，T30，no.1581，p.933，a25-28。高昌国时期。

LM20-1520-13-15 《菩萨地持经》卷一〇

北凉昙无谶译，CBETA，T30，no.1581，p.953，c15-19。高昌国时期。

LM20-1520-13-16 《菩萨善戒经》卷七

刘宋求那跋摩译，CBETA，T30，no.1582，p.998，c3-4。唐时期。

LM20-1520-14-01 《摄大乘论释》卷一二

陈真谛译，CBETA，T31，no.1595，p.238，c26-29。唐时期。

LM20-1520-14-02 《成实论》卷六

姚秦鸠摩罗什译，CBETA，T32，no.1646，p.286，c14-16。高昌郡时期。

参：《旅博选粹》，67。

LM20-1520-14-03 佛典残片

唐时期。

经册七十一

LM20-1520-14-04 佛典残片

唐時期。

LM20-1520-14-05 《金剛般若波羅蜜經》

姚秦鳩摩羅什譯，CBETA，T08，no.235，p.749，c29-p.750，a2。唐時期。

LM20-1520-14-06 佛典残片

高昌國時期。

LM20-1520-14-07 《金剛般若波羅蜜經》

元魏菩提流支譯，CBETA，T08，no.236a，p.753，b1-4。唐時期。

LM20-1520-14-08 《金剛般若波羅蜜經》

姚秦鳩摩羅什譯，CBETA，T08，no.235，p.750，a18-20。唐時期。

LM20-1520-14-09 《金剛般若波羅蜜經》

元魏菩提流支譯，CBETA，T08，no.236a，p.754，b6-9。唐時期。

LM20-1520-14-10 《金剛般若波羅蜜經》

元魏菩提流支譯，CBETA，T08，no.236a，p.755，b29-c1。唐時期。

LM20-1520-14-11 《金剛般若波羅蜜經》

元魏菩提流支譯，CBETA，T08，no.236a，p.755，c26-28。唐時期。

LM20-1520-14-12 《金剛般若波羅蜜經》

姚秦鳩摩羅什譯，CBETA，T08，no.235，p.751，c29-p.752，a1。唐時期。

LM20-1520-14-13 《金剛般若波羅蜜經》

元魏菩提流支譯，CBETA，T08，no.236a，p.756，c23-24。高昌國時期。

LM20-1520-15-01 《佛說仁王般若波羅蜜經》卷上

姚秦鳩摩羅什譯，CBETA，T08，no.245，p.825，b6-8。高昌國時期。

參：史睿 2019，76。

LM20-1520-15-02 《佛說仁王般若波羅蜜經》卷上

姚秦鳩摩羅什譯，CBETA，T08，no.245，p.825，c19-21。高昌國時期。

參：史睿 2019，76。

LM20-1520-15-03 《佛說仁王般若波羅蜜經》卷下

姚秦鳩摩羅什譯，CBETA，T08，no.245，p.830，a18-19。高昌國時期。

參：史睿 2019，76。

LM20-1520-15-04 《佛說仁王般若波羅蜜經》卷下

姚秦鳩摩羅什譯，CBETA，T08，no.245，p.833，c6-9。唐時期。

參：史睿 2019，76。

LM20-1520-15-05 《佛說仁王般若波羅蜜經》卷下

姚秦鳩摩羅什譯，CBETA，T08，no.245，p.834，a3-8。高昌國時期。

参：史睿 2019，76。

LM20-1520-15-06　佛典残片

高昌國時期。

LM20-1520-15-07　《摩訶般若波羅蜜經》卷二七

姚秦鳩摩羅什譯，CBETA，T08，no.223，p.417，c12-15。高昌國時期。

参：《旅博選粹》，67。

LM20-1520-15-08　《金剛般若波羅蜜經》

姚秦鳩摩羅什譯，CBETA，T08，no.235，p.750，c8-11。唐時期。

LM20-1520-15-09　《金剛般若波羅蜜經》

姚秦鳩摩羅什譯，CBETA，T08，no.235，p.750，b16-18。唐時期。

LM20-1520-15-10　《金剛般若波羅蜜經》

姚秦鳩摩羅什譯，CBETA，T08，no.235，p.750，c4-5。唐時期。

LM20-1520-15-11　《妙法蓮華經》卷一

姚秦鳩摩羅什譯，CBETA，T09，no.262，p.4，b28-c2。唐時期。

LM20-1520-15-12　《妙法蓮華經》卷七

姚秦鳩摩羅什譯，CBETA，T09，no.262，p.55，c25-28。唐時期。

LM20-1520-16-01　《大方廣佛華嚴經隨疏演義鈔》卷一八

唐澄觀述，CBETA，T36，no.1736，p.143，a12。唐時期。

LM20-1520-16-02　《妙法蓮華經》卷三

姚秦鳩摩羅什譯，CBETA，T09，no.262，p.20，b1-3。唐時期。

LM20-1520-16-03　《維摩詰所說經》卷上

姚秦鳩摩羅什譯，CBETA，T14，no.475，p.541，b14-17。唐時期。

LM20-1520-16-04　《大般涅槃經》卷一九

北涼曇無讖譯，CBETA，T12，no.374，p.476，b16-18。唐時期。

LM20-1520-16-05　《妙法蓮華經》卷四

姚秦鳩摩羅什譯，CBETA，T09，no.262，p.29，a7-10。高昌郡時期。

参：《旅博選粹》，67。

LM20-1520-16-06　《佛說彌勒下生成佛經》

姚秦鳩摩羅什譯，CBETA，T14，no.454，p.423，c5-9。唐時期。

LM20-1520-16-07　《佛說彌勒下生成佛經》

姚秦鳩摩羅什譯，CBETA，T14，no.454，p.425，a17-20。唐時期。

LM20-1520-16-08　《大唐開元釋教廣品歷章》卷七

唐玄逸撰，CBETA，A098，no.1276，p.70，b4-6。唐時期。

LM20-1520-16-09　《佛說阿彌陀經》

姚秦鳩摩羅什譯，CBETA，T12，no.366，p.347，b24-28。唐時期。

參：《淨土集成》，82-83。

LM20-1520-16-10 《大般涅槃經》卷二七

北涼曇無讖譯，CBETA，T12，no.374，p.526，b28-29。高昌國時期。

LM20-1520-16-11 《注維摩詰經》卷七

姚秦僧肇撰，CBETA，T38，no.1775，p.391，b15-21。有雙行小字注。高昌國時期。

LM20-1520-16-12 《維摩詰所說經》卷中

姚秦鳩摩羅什譯，CBETA，T14，no.475，p.550，b9-13。高昌國時期。

LM20-1520-16-13 《維摩詰所說經》卷中

姚秦鳩摩羅什譯，CBETA，T14，no.475，p.551，c14。唐時期。

LM20-1520-16-14 《注維摩詰經》卷一〇

姚秦僧肇撰，CBETA，T38，no.1775，p.419，a26-28。高昌國時期。

LM20-1520-16-15 《維摩義記》卷一

隋慧遠撰，CBETA，T38，no.1776，p.422，b7-8。唐時期。

LM20-1520-17-01 《金剛般若波羅蜜經》

姚秦鳩摩羅什譯，CBETA，T08，no.235，p.749，b2-4。唐時期。

LM20-1520-17-02 《維摩經義疏》卷二

隋吉藏撰，CBETA，T38，no.1781，p.925，a12-16。唐時期。

LM20-1520-17-03 《維摩詰所說經》卷下

姚秦鳩摩羅什譯，CBETA，T14，no.475，p.556，a27-b3。高昌郡時期。

參：《旅博選粹》，22。

LM20-1520-17-04 《金光明最勝王經》卷七

唐義淨譯，CBETA，T16，no.665，p.434，a14-16。唐時期。

LM20-1520-17-05 《大通方廣懺悔滅罪莊嚴成佛經》卷上

作者不詳，CBETA，T85，no.2871，p.1345，a14-16。高昌國時期。

LM20-1520-17-06 《妙法蓮華經》卷七

姚秦鳩摩羅什譯，CBETA，T09，no.262，p.61，c12-14。唐時期。

LM20-1520-17-07 《四分律刪繁補闕行事鈔》卷上

唐道宣撰，CBETA，T40，no.1804，p.32，c5-9。唐時期。

LM20-1520-17-08 《四分律刪繁補闕行事鈔》卷中

唐道宣撰，CBETA，T40，no.1804，p.73，c21-24。唐時期。

LM20-1520-17-09 《四分律刪繁補闕行事鈔》卷中

唐道宣撰，CBETA，T40，no.1804，p.86，a22-25。有雙行小字注。唐時期。

LM20-1520-17-10 丁谷寺題名

唐時期。

参:《旅博研究》，238。

LM20-1520-17-11 《梵網經》卷下

姚秦鳩摩羅什譯，CBETA，T24，no.1484，p.1007，c22-24。唐時期。

LM20-1520-17-12 《阿毘達磨大毘婆沙論》

唐玄奘譯，此段文字多處可見。唐時期。

LM20-1520-17-13 佛典注疏

高昌郡時期。

LM20-1520-17-14 《釋净土群疑論》卷六

唐懷感撰，CBETA，T47，no.1960，p.64，a14-15。西州回鶻時期。

LM20-1520-18-01 《維摩詰所説經》卷上

姚秦鳩摩羅什譯，CBETA，T14，no.475，p.538，a22-26。唐時期。

LM20-1520-18-02 《釋净土群疑論》卷六

唐懷感撰，CBETA，T47，no.1970，p.274，c15-17。西州回鶻時期。

LM20-1520-18-03 《佛說觀無量壽佛經》

劉宋畺良耶舍譯，CBETA，T12，no.365，p.345，c20-23。高昌國時期。

LM20-1520-18-04r 《集諸經禮懺儀》卷下

唐智昇撰，善導集記，CBETA，T47，no.1982，p.468，b13-17。西州回鶻時期。

LM20-1520-18-04v 《得道梯橙錫杖經》

譯者不詳，CBETA，T17，no.785，p.725，b27-c2，"須彌山頂中"作"須彌山中央"。唐時期。無法揭取拍攝。

LM20-1520-18-05 《大般若波羅蜜多經》卷五四二

唐玄奘譯，此段文字多處可見。唐時期。

LM20-1520-18-06 《過去現在因果經》卷一

劉宋求那跋陀羅譯，CBETA，T03，no.189，p.623，b8-9。高昌國時期。背面有回鶻文，無法揭取拍攝。

LM20-1520-18-07 《大般涅槃經》卷一一

北涼曇無讖譯，CBETA，T12，no.374，p.428，b24-27，"利"作"痢"。高昌國時期。

LM20-1520-18-08r 唐西州户籍

唐時期。

LM20-1520-18-08v 典籍殘片

唐時期。

LM20-1520-18-09 《經律異相》卷二七

梁寶唱等集，CBETA，T53，no.2121，p.148，b15-17。高昌國時期。

经册七十一

LM20-1520-18-10 《经律异相》卷四三

梁宝唱等集，CBETA，T53，no.2121，p.223，c9-13。高昌国时期。

LM20-1520-18-11 《一切经音义》卷八

唐玄应撰，CBETA，C056，no.1163，p.937，c5-7。西州回鹘时期。

LM20-1520-18-12 历日残片

有朱点。唐时期。

LM20-1520-18-13 《众经目录》卷二

隋彦琮撰，CBETA，T55，no.2147，p.161，b8-12。唐时期。

LM20-1520-18-14 《金光明经》卷四

北凉昙无谶译，CBETA，T16，no.663，p.352，c5-7，"子闻"作"子问"。高昌国时期。

LM20-1520-19-01 《佛说七女观经》

作者不详，CBETA，T85，no.2913，p.1459，a17-19。唐时期。

LM20-1520-19-02 《妙法莲华经马明菩萨品第三十》

作者不详，CBETA，T85，no.2899，p.1427，a25-27。唐时期。

LM20-1520-19-03 《救疾经》

作者不详，CBETA，T85，no.2878，p.1361，b21-23。高昌国时期。

参：马俊杰 2019，248。

LM20-1520-19-04 《救疾经》

作者不详，CBETA，T85，no.2878，p.1362，a25-27。唐时期。

参：马俊杰 2019，245。

LM20-1520-19-05 《救疾经》

作者不详，CBETA，T85，no.2878，p.1362，b3-5。唐时期。

参：马俊杰 2019，245。

LM20-1520-19-06 《救疾经》

作者不详，CBETA，T85，no.2878，p.1362，c3-6。高昌国时期。

参：马俊杰 2019，248。

LM20-1520-19-07 《御注金刚般若波罗蜜经》

唐玄宗注，CBETA，T85，no.2739，p.137，a1-3。唐时期。

LM20-1520-19-08 《维摩经疏》卷六

作者不详，CBETA，T85，no.2772，p.399，b17-20。高昌国时期。

LM20-1520-19-09 《讃僧功德经》

作者不详，CBETA，T85，no.2911，p.1457，b8-12。西州回鹘时期。

LM20-1520-19-10 《注维摩诘经序》

姚秦僧肇撰，CBETA，T38，no.1775，p.327，a14-17，"妙绝"作"绝妙"。唐时期。

旅順博物館藏新疆出土漢文文獻

LM20-1520-19-11 《天地八陽神咒經》

唐義浄譯, CBETA, T85, no.2897, p.1425, a13-17。西州回鶻時期。

LM20-1520-19-12 《天地八陽神咒經》

唐義浄譯, CBETA, T85, no.2897, p.1425, a17-20。西州回鶻時期。

LM20-1520-19-13 《要行捨身經》

作者不詳, CBETA, T85, no.2895, p.1415, a5-7。唐時期。

LM20-1520-19-14 《要行捨身經》

作者不詳, CBETA, T85, no.2895, p.1415, a26-28。唐時期。

LM20-1520-19-15 《要行捨身經》

作者不詳, CBETA, T85, no.2895, p.1415, b21-22。唐時期。

LM20-1520-20-01a 《現在十方千五百佛名並雜佛同號》

作者不詳, 此段文字多處可見。高昌國時期。

LM20-1520-20-01b 《現在十方千五百佛名並雜佛同號》

作者不詳, 此段文字多處可見。高昌國時期。

LM20-1520-20-02 《十方千五百佛名經》

譯者不詳。參《十方千五百佛名經》全文, 190 頁。高昌國時期。

LM20-1520-20-03 《現在十方千五百佛名並雜佛同號》

作者不詳, CBETA, T85, no.2905, p.1447, b29-c1。高昌國時期。

LM20-1520-20-04 《律戒本疏》

作者不詳, CBETA, T85, no.2788, p.631, b23-27。高昌國時期。

LM20-1520-20-05r 《春秋經傳集解·襄公三十一年》

參西晉杜預撰《春秋經傳集解》, 上海古籍出版社, 1988 年, 1156 頁。有朱點句讀。唐時期。

參: 朱玉麒、孟彥弘 2019, 43。

LM20-1520-20-05v 《大乘無生方便門》

作者不詳, CBETA, T85, no.2834, p.1275, a19-23。西州回鶻時期。

LM20-1520-20-06 《放光般若經》卷一一

西晉無羅叉譯, CBETA, T08, no.221, p.79, c21-23。高昌國時期。

LM20-1520-20-07 《善惡因果經》

作者不詳, CBETA, T85, no.2881, p.1381, a15-17。唐時期。

LM20-1520-20-08 《善惡因果經》

作者不詳, CBETA, T85, no.2881, p.1382, a3-6。唐時期。

LM20-1520-20-09r 《佛說法王經》

作者不詳, CBETA, T85, no.2883, p.1386, c16-19。細字寫本。唐時期。

LM20-1520-20-09v 《佛說法王經》

作者不詳，CBETA，T85，no.2883，p.1386，c20-23。唐時期。無法揭取拍攝。

LM20-1520-20-10 《佛性海藏智慧解脫破心相經》

作者不詳，CBETA，T85，no.2885，p.1396，b14-17。唐時期。

LM20-1520-20-11 《示所犯者瑜伽法鏡經》

唐室利末多譯，CBETA，T85，no.2896，p.1421，b17-20。唐時期。

LM20-1520-20-12 《佛說七千佛神符經》

作者不詳，CBETA，T85，no.2904，p.1446，b25-27。唐時期。

LM20-1520-21-01 佛典殘片

高昌國時期。

LM20-1520-21-02 《大通方廣懺悔滅罪莊嚴成佛經》卷上

作者不詳，CBETA，T85，no.2871，p.1342，c20-23。高昌國時期。

LM20-1520-21-03 《大通方廣懺悔滅罪莊嚴成佛經》卷上

作者不詳，CBETA，T85，no.2871，p.1343，a7-11。高昌國時期。

LM20-1520-21-04 《大通方廣懺悔滅罪莊嚴成佛經》卷上

作者不詳，CBETA，T85，no.2871，p.1343，b23-26。高昌國時期。

LM20-1520-21-05 《大通方廣懺悔滅罪莊嚴成佛經》卷上

作者不詳，CBETA，T85，no.2871，p.1343，c10-11。高昌國時期。

LM20-1520-21-06 《大通方廣懺悔滅罪莊嚴成佛經》卷中

作者不詳，CBETA，T85，no.2871，p.1345，a50-51。高昌國時期。

LM20-1520-21-07 《大通方廣懺悔滅罪莊嚴成佛經》卷下

作者不詳，CBETA，T85，no.2871，p.1350，b9-11。高昌國時期。

LM20-1520-21-08 《大通方廣懺悔滅罪莊嚴成佛經》卷下

作者不詳，CBETA，T85，no.2871，p.1350，b8-11。高昌國時期。

LM20-1520-21-09 《大通方廣懺悔滅罪莊嚴成佛經》卷下

作者不詳，CBETA，T85，no.2871，p.1350，b18-20。高昌國時期。

LM20-1520-21-10 《大通方廣懺悔滅罪莊嚴成佛經》卷下

作者不詳，CBETA，T85，no.2871，p.1354，b24-27。高昌國時期。

LM20-1520-21-11 《佛說咒魅經》

作者不詳，CBETA，T85，no.2882，p.1384，b14-17。唐時期。

LM20-1520-21-12 《佛說無常經》

唐義淨譯，CBETA，T17，no.801，p.745，c19-21；作者不詳《無常三啓經》，CBETA，T85，no.2912，p.1458，b27-29。唐時期。

LM20-1520-21-13 《妙法蓮華經馬明菩薩品第三十》

作者不詳，CBETA，T85，no.2899，p.1429，c8-10，"禪"作"善"。唐時期。

旅顺博物馆藏新疆出土汉文文献

LM20-1520-22-01 《大方等陀羅尼經》卷三

北凉法眾譯，CBETA，T21，no.1339，p.652，c11-14。高昌國時期。

LM20-1520-22-02 《大智度論》卷二三

姚秦鳩摩羅什譯，CBETA，T25，no.1509，p.233，b28-c4。高昌國時期。

LM20-1520-22-03 《大般涅槃經》卷二二

北凉曇無讖譯，CBETA，T12，no.374，p.494，a6-8。高昌國時期。

LM20-1520-22-04 《摩訶般若波羅蜜經》卷二七

姚秦鳩摩羅什譯，CBETA，T08，no.223，p.421，b7-8。高昌國時期。

LM20-1520-22-05 《菩薩善戒經》卷三

劉宋求那跋摩譯，CBETA，T30，no.1582，p.975，c26-28；CBETA，T30，no.1582，p.1009，b18-21。高昌郡時期。

LM20-1520-22-06 佛典殘片

唐時期。

LM20-1520-22-07 揭磨文

高昌國時期。

LM20-1520-22-08 《阿毘曇八犍度論》卷四

符秦僧伽提婆、竺佛念譯，CBETA，T26，no.1543，p.789，a18-22。高昌郡時期。

參：《旅博選粹》，24。

LM20-1520-22-09 《大般涅槃經》卷六

北凉曇無讖譯，CBETA，T12，no.374，p.402，a7-11。高昌國時期。

LM20-1520-22-10 佛典殘片

唐時期。背面有回鶻文及漢字，無法揭取拍攝。

LM20-1520-22-11 佛經音義（？）

有雙行小字注。唐時期。

LM20-1520-22-12 《佛說灌頂經》卷一二

東晉帛尸梨蜜多羅譯，CBETA，T21，no.1331，p.535，c14-16。唐時期。

LM20-1520-22-13 《大般涅槃經》卷九

北凉曇無讖譯，CBETA，T12，no.374，p.417，c17-21。高昌國時期。

LM20-1520-22-14 《彌沙塞部和醯五分律》卷一二

劉宋佛陀什、竺道生等譯，CBETA，T22，no.1421，p.83，a26-29。高昌國時期。

LM20-1520-22-15 《金剛般若波羅蜜經》

元魏菩提流支譯，CBETA，T08，no.236a，p.755，a5-6。唐時期。

LM20-1520-22-16 《佛說首楞嚴三昧經》注疏

參姚秦鳩摩羅什譯《佛說首楞嚴三昧經》卷下，CBETA，T15，no.642，p.638，c12。有雙行小字注。高昌國時期。

LM20-1520-22-17 《佛說佛名經》卷一

元魏菩提流支譯，CBETA，T14，no.440，p.116，b3-5。唐時期。

LM20-1520-22-18 《長阿含經》卷一六

姚秦佛陀耶舍、竺佛念譯，CBETA，T01，no.1，p.105，b25-c2。高昌國時期。

LM20-1520-23-01 《佛說相好經》

作者不詳，CBETA，ZW03，no.31b，p.418，a14-19。唐時期。

LM20-1520-23-02 《妙法蓮華經》卷一

姚秦鳩摩羅什譯，CBETA，T09，no.262，p.8，b19-23。唐時期。

LM20-1520-23-03 《佛本行集經》卷一

隋闍那崛多譯，CBETA，T03，no.190，p.658，b12-13。唐時期。

參：段真子 2019，162。

LM20-1520-23-04 《妙法蓮華經》卷三

姚秦鳩摩羅什譯，CBETA，T09，no.262，p.21，a23-26。高昌郡時期。

參：《旅博選粹》，37。

LM20-1520-23-05 《妙法蓮華經》卷四

姚秦鳩摩羅什譯，CBETA，T09，no.262，p.28，b19-21。唐時期。

LM20-1520-23-06 《金剛般若波羅蜜經》

姚秦鳩摩羅什譯，CBETA，T08，no.235，p.750，a2-6。唐時期。

LM20-1520-23-07 《妙法蓮華經》卷二

姚秦鳩摩羅什譯，CBETA，T09，no.262，p.11，a17-21。唐時期。

LM20-1520-23-08 《大佛頂如來密因修證了義諸菩薩萬行首楞嚴經》卷四

唐般刺蜜帝譯，CBETA，T19，no.945，p.119，c9-10。唐時期。

LM20-1520-23-09 《十方千五百佛名經》

譯者不詳，CBETA，T14，no.442，p.317，a28；參《十方千五百佛名經》全文，204頁。高昌國時期。

LM20-1520-23-10 《妙法蓮華經》卷七

姚秦鳩摩羅什譯，CBETA，T09，no.262，p.58，c14-p.59，a2。唐時期。背面有字，無法揭取拍攝。

LM20-1520-23-11 《一切經音義》卷一

唐玄應撰，CBETA，C56，no.1163，p.817，a1-8。唐時期。

LM20-1520-23-12 佛典殘片

高昌國時期。

LM20-1520-23-13 佛典注疏

高昌國時期。

LM20-1520-23-14 《妙法蓮華經》卷七

姚秦鳩摩羅什譯，CBETA，T09，no.262，p.60，c9-12。高昌郡時期。

參：《旅博選粹》，42。

LM20-1520-23-15 《大通方廣懺悔滅罪莊嚴成佛經》卷上

作者不詳，CBETA，T85，no.2871，p.1343，a1-3。高昌國時期。

LM20-1520-23-16 《大般涅槃經》卷一

北涼曇無讖譯，CBETA，T12，no.374，p.371，a10-13。高昌國時期。

LM20-1520-23-17 《大方廣佛華嚴經》卷七（五十卷本）

東晉佛陀跋陀羅譯，《中華大藏經》第12册，87b8-c3；參 CBETA，T09，no.278，p.451，b4-15。細字寫本。高昌國時期。

LM20-1520-23-18 《妙法蓮華經》卷一

姚秦鳩摩羅什譯，CBETA，T09，no.262，p.4，c9-15，"流離"作"琉璃"。高昌國時期。

LM20-1520-24-01 佛典殘片

西州回鶻時期。

LM20-1520-24-02 佛名經

有朱色捺印佛像。唐時期。

LM20-1520-24-03 題記（？）

高昌國時期。

LM20-1520-24-04 佛典注疏

高昌國時期。

LM20-1520-24-05 佛典殘片

唐時期。

LM20-1520-24-06 《大智度論》卷二

姚秦鳩摩羅什譯，CBETA，T25，no.1509，p.67，a10-13。唐時期。

LM20-1520-24-07 典籍殘片

唐時期。背面有字，無法揭取拍攝。

LM20-1520-24-08 佛典殘片

參東晉僧伽提婆譯《增壹阿含經》卷一六，CBETA，T02，no.125，p.627，b9-10。唐時期。

LM20-1520-24-09 《佛説華手經》卷五

姚秦鳩摩羅什譯，CBETA，T16，no.657，p.162，a1-2。唐時期。背面有回鶻文，無法揭取拍攝。

參：松井太 2012，57。

LM20-1520-24-10 涅槃經疏

参隋灌顶撰，唐湛然再治《涅槃经会疏》卷二六，CBETA，X36，no.659，p.693，c11-13。高昌国时期。

LM20-1520-24-11 《请观世音菩萨消伏毒害陀罗尼咒经》

东晋竺难提译，CBETA，T20，no.1043，p.35，a1-3。高昌国时期。

LM20-1520-24-12 残片

高昌国时期。

LM20-1520-24-13 《老子道经上》

参敦煌本 P.2584。唐时期。

参：游自勇 2017，143-144。

LM20-1520-24-14 《十方千五百佛名经》

译者不详。参《十方千五百佛名经》全文，189 页。唐时期。

LM20-1520-24-15 《大方等无想经》卷三

北凉昙无谶译，CBETA，T12，no.387，p.1089，c19-21。高昌国时期。

LM20-1520-24-16 《阿弥陀经义述》

唐慧净述，CBETA，T37，no.1756，p.308，c7-10。唐时期。

LM20-1520-24-17 残片

唐时期。

LM20-1520-25-01 《摩诃僧祇律》卷三九

东晋佛陀跋陀罗、法显译，CBETA，T22，no.1425，p.536，b21-23。高昌国时期。背面有字，无法揭取拍摄。

LM20-1520-25-02 《杂阿毗昙心论》卷一

刘宋僧伽跋摩等译，CBETA，T28，no.1552，p.879，a23-27。高昌国时期。

LM20-1520-25-03 《佛说阿弥陀佛根本秘密神咒经》

元魏菩提流支译，CBETA，X02，no.205，p.888，c9-11。唐时期。

LM20-1520-25-04 《四分戒本疏》卷二

作者不详，CBETA，T85，no.2787，p.586，a1-5，"满足戒文本"作"满足文"。唐时期。

LM20-1520-25-05 《大般涅槃经》卷二五

北凉昙无谶译，CBETA，T12，no.374，p.510，c20-22。高昌国时期。

LM20-1520-25-06 《大智度论》卷三二

姚秦鸠摩罗什译，CBETA，T25，no.1509，p.302，a15-17。高昌国时期。

LM20-1520-25-07 《摩诃般若波罗蜜经》卷一一

姚秦鸠摩罗什译，CBETA，T08，no.223，p.301，b17-20。高昌郡时期。

LM20-1520-25-08 《道行般若经》卷九

后汉支娄迦谶译，CBETA，T08，no.224，p.472，b9-12。高昌郡时期。

LM20-1520-25-09 《大般涅槃經》卷三二

北涼曇無讖譯，此段文字多處可見。高昌國時期。

LM20-1520-25-10 《大方廣佛華嚴經》卷二一

東晉佛陀跋陀羅譯，此段文字多處可見。唐時期。

LM20-1520-25-11 佛典殘片

高昌國時期。

LM20-1520-25-12 《阿育王息壞目因緣經》

符秦曇摩難提譯，CBETA, T50, no.2045, p.181, c20-21。唐時期。

LM20-1520-25-13r 《賢愚經》卷二

元魏慧覺等譯，CBETA, T04, no.202, p.357, b19-28。唐時期。

LM20-1520-25-13v 《賢愚經》卷三

元魏慧覺等譯，CBETA, T04, no.202, p.367, c8-14。唐時期。無法揭取拍攝。

LM20-1520-25-14 《摩訶般若波羅蜜經》卷一九

姚秦鳩摩羅什譯，CBETA, T08, no.223, p.361, b24-27。高昌國時期。

LM20-1520-25-15 佛典殘片

唐時期。

LM20-1520-25-16 《大方廣佛華嚴經》卷三一（五十卷本）

東晉佛陀跋陀羅譯，《中華大藏經》第12册，377a16-17；參 CBETA, T09, no.278, p.633, b14-16。高昌國時期。

LM20-1520-25-17 《妙法蓮華經》卷七

姚秦鳩摩羅什譯，CBETA, T09, no.262, p.56, c11-13。唐時期。

LM20-1520-25-18 《大般涅槃經》卷四〇

北涼曇無讖譯，CBETA, T12, no.374, p.599, b12-14。高昌國時期。

LM20-1520-26-01 《妙法蓮華經》卷六

姚秦鳩摩羅什譯，CBETA, T09, no.262, p.54, a20-24。唐時期。

LM20-1520-26-02 《四分律刪繁補闕行事鈔》卷中

唐道宣撰，CBETA, T40, no.1804, p.74, c25-28。唐時期。

LM20-1520-26-03 《妙法蓮華經》卷六

姚秦鳩摩羅什譯，CBETA, T09, no.262, p.50, b24-26。唐時期。

LM20-1520-26-04 《佛說無常經》

唐義净譯，CBETA, T17, no.801, p.745, c3-6。唐時期。

LM20-1520-26-05 《妙法蓮華經》卷三

姚秦鳩摩羅什譯，CBETA, T09, no.262, p.23, a26-28。唐時期。背面有回鶻文，無法揭取拍攝。

經册七十一

LM20-1520-26-06 《毛詩·周頌·閔予小子》鄭氏箋

參《毛詩》卷一九,《四部叢刊初編》,商務印書館,1919 年,葉 13a。有雙行小字注。唐時期。

LM20-1520-26-07 《妙法蓮華經》卷一

姚秦鳩摩羅什譯,CBETA,T09,no.262,p.1,c25-27。唐時期。

LM20-1520-26-08 《洞玄靈寶天尊說十戒經》

作者不詳,與敦煌本 S.6454 第 23-25 行同。唐時期。

參：趙洋 2017a,189；趙洋 2017b,199。

LM20-1520-26-09 《大般若波羅蜜多經》卷五九二

唐玄奘譯,CBETA,T07,no.220,p.1060,c9-12。唐時期。

LM20-1520-26-10 《净土五會念佛誦經觀行儀》卷中

唐法照撰,CBETA,T85,no.2827,p.1244,a25-29,"牙生得"作"牙生證"。唐時期。

LM20-1520-26-11 佛典注疏

高昌國時期。

LM20-1520-26-12 佛名經

參譯者不詳《十方千五百佛名經》,CBETA,T14,no.442,p.312,a12-22。高昌國時期。

LM20-1520-26-13r 《十誦律》卷五六

姚秦弗若多羅譯,CBETA,T23,no.1435,p.417,c18-21,"利"作"梨","弟子"作"上座"。高昌郡時期。

LM20-1520-26-13v 佛典殘片

參唐玄奘譯《阿毘達磨俱舍論》卷一,CBETA,T29,no.1558,p.1,c1-4。唐時期。無法揭取拍攝。

LM20-1520-26-14 《金剛般若波羅蜜經》

姚秦鳩摩羅什譯,CBETA,T08,no.235,p.750,b27-29。西州回鶻時期。

LM20-1520-26-15 《放光般若經》卷一八

西晉無羅叉譯,CBETA,T08,no.221,p.132,a2-4。唐時期。

LM20-1520-26-16 《妙法蓮華經》卷二

姚秦鳩摩羅什譯,CBETA,T09,no.262,p.11,a29-b7。高昌國時期。

LM20-1520-26-17 殘片

西州回鶻時期。

LM20-1520-26-18 《觀世音經讚》

題金剛藏菩薩撰,據 LM20-1506-C0871c+LM20-1502-C0032 首題定名,參 BD3351。有雙行小字注。唐時期。

參：嚴世偉 2019,304-340。

LM20-1520-26-19a 《妙法蓮華經》卷一

姚秦鳩摩羅什譯，CBETA，T09，no.262，p.9，b25-27。高昌國時期。多紙疊壓，無法揭取拍攝。

LM20-1520-26-19b 《妙法蓮華經》卷一

姚秦鳩摩羅什譯，CBETA，T09，no.262，p.9，b21-23。高昌國時期。

LM20-1520-26-19c 《妙法蓮華經》卷一

姚秦鳩摩羅什譯，CBETA，T09，no.262，p.9，b15-19。高昌國時期。

LM20-1520-26-19d 《妙法蓮華經》卷一

姚秦鳩摩羅什譯，CBETA，T09，no.262，p.9，b11-13。高昌國時期。

LM20-1520-26-19e 《妙法蓮華經》卷一

姚秦鳩摩羅什譯，CBETA，T09，no.262，p.8，c1-3。高昌國時期。

LM20-1520-27-01 佛典注疏

西州回鶻時期。

LM20-1520-27-02 《佛說首楞嚴三昧經》卷上

姚秦鳩摩羅什譯，CBETA，T15，no.642，p.631，b8-11，"不絶於"作"不絶發"。高昌國時期。

LM20-1520-27-03 佛典殘片

高昌國時期。

LM20-1520-27-04 《大通方廣懺悔滅罪莊嚴成佛經》卷中

作者不詳，CBETA，T85，no.2871，p.1345，a36。唐時期。

LM20-1520-27-05 《寶誌和尚大乘讚》

與 LM20-1459-17-01 爲同一寫卷，據此定名。唐時期。

LM20-1520-27-06 佛典殘片

唐時期。

LM20-1520-27-07 佛典殘片

高昌國時期。

LM20-1520-27-08 《大方廣佛華嚴經》卷七（五十卷本）

東晉佛陀跋陀羅譯，《中華大藏經》第 12 册，87c11-19；參 CBETA，T09，no.278，p.451，b21-28。細字寫本。高昌國時期。

LM20-1520-27-09 《道行般若經》卷二

後漢支婁迦讖譯，CBETA，T08，no.224，p.431，c29。唐時期。

LM20-1520-27-10 殘片

高昌國時期。背面有字，無法揭取拍攝。

LM20-1520-27-11 佛典注疏

唐時期。

LM20-1520-27-12 佛典殘片

高昌國時期。

LM20-1520-27-13 《佛說十地經》卷一

唐尸羅達摩譯，CBETA，T10，no.287，p.535，c27-29。唐時期。

LM20-1520-27-14 《老子道德經序訣》

舊題吴葛玄撰，與敦煌本 S.75 第 21-23 行同。唐時期。

參：游自勇 2017，157。

LM20-1520-27-15 佛典殘片

高昌國時期。

LM20-1520-27-16 《太上洞玄靈寶無量度人上品妙經》

作者不詳，約出於東晉，與敦煌本 P.2606 第 11-15 行同。唐時期。

參：趙洋 2017a，187；趙洋 2017b，191-192。

LM20-1520-27-17 佛典殘片

高昌國時期。

LM20-1520-27-18 佛典殘片

唐時期。

LM20-1520-27-19 涅槃經疏

參北涼曇無讖譯《大般涅槃經》卷二五，CBETA，T12，no.374，p.516，a3-7。高昌國時期。

LM20-1520-27-20 佛典殘片

高昌國時期。

LM20-1520-28-01a 佛典殘片

高昌國時期。

LM20-1520-28-01b 佛典殘片

高昌國時期。

LM20-1520-28-02 《大般涅槃經》卷一九

北涼曇無讖譯，CBETA，T12，no.374，p.480，a19-21。高昌國時期。

LM20-1520-28-03 涅槃經疏

參北涼曇無讖譯《大般涅槃經》卷二五，CBETA，T12，no.374，p.516，a16-17。高昌國時期。

LM20-1520-28-04 《摩訶般若波羅蜜經》卷一二

姚秦鳩摩羅什譯，CBETA，T08，no.223，p.311，b6-8。高昌國時期。

LM20-1520-28-05 《大般涅槃經》卷二四

北涼曇無讖譯，CBETA，T12，no.374，p.507，c17-20。唐時期。

LM20-1520-28-06 《妙法蓮華經》卷六

姚秦鳩摩羅什譯，CBETA，T09，no.262，p.54，a19-22。唐時期。背面爲佛典殘片，無法揭取拍攝。

旅顺博物馆藏新疆出土汉文文献

LM20-1520-28-07 涅槃经疏

與 LM20-1520-27-19 爲同一寫本，據此定名。高昌國時期。

LM20-1520-28-08 《四分律刪繁補闕行事鈔》卷中

唐道宣撰，CBETA，T40，no.1804，p.73，c5-7。有貼附殘片，下層爲文書殘片，無法揭取。

西州回鶻時期。

LM20-1520-28-09 佛典殘片

高昌國時期。

LM20-1520-28-10 涅槃經疏

與 LM20-1520-27-19 爲同一寫本，據此定名。高昌國時期。

LM20-1520-28-11a 《大般涅槃經》卷一九

北涼曇無讖譯，CBETA，T12，no.374，p.480，a24-25。高昌國時期。

LM20-1520-28-11b 無字殘片

LM20-1520-28-12 《勝鬘義記》卷中

與《西域考古圖譜》下卷"佛典附録"(1)-(5)爲同一寫本，據此件尾題定名。高昌國時期。

參：《旅博選粹》，77；橘堂晃一 2007，280-281；橘堂晃一 2010，92。

LM20-1520-28-13 涅槃經疏

參北涼曇無讖譯《大般涅槃經》卷二五，CBETA，T12，no.374，p.516，b24-28。高昌國時期。

LM20-1520-28-14 《救疾經》

作者不詳，CBETA，T85，no.2878，p.1361，b24-27。唐時期。

參：馬俊傑 2019，232。

LM20-1520-28-15 《四分律刪繁補闕行事鈔》卷中

唐道宣撰，CBETA，T40，no.1804，p.73，c11-13，"一水"作"失一水"。有朱筆句讀。有

貼附殘片，下層爲文書殘片，無法揭取。西州回鶻時期。

LM20-1520-28-16 《四分律刪繁補闕行事鈔》卷中

唐道宣撰，CBETA，T40，no.1804，p.73，b27-c1。有朱筆句讀。有貼附殘片，下層爲文書殘片，

無法揭取。西州回鶻時期。

LM20-1520-28-17 《金光明經》卷三

北涼曇無讖譯，CBETA，T16，no.663，p.350，c10-13。唐時期。

LM20-1520-28-18 殘片

高昌國時期。

LM20-1520-29-01a 《藥師琉璃光如來本願功德經》

唐玄奘譯，CBETA，T14，no.450，p.406，a13-17。西州回鶻時期。

LM20-1520-29-01b 《藥師琉璃光如來本願功德經》

唐玄奘譯，CBETA，T14，no.450，p.406，a20-22。西州回鶻時期。

经册七十一

LM20-1520-29-02 《大般若波羅蜜多經》經題

唐玄奘譯。唐時期。

LM20-1520-29-03 勝鬘經疏

參劉宋求那跋陀羅譯《勝鬘師子吼一乘大方便方廣經》，CBETA，T12，no.353，p.222，a29-b3。有雙行小字注。高昌郡時期。

LM20-1520-29-04 《大般若波羅蜜多經》

唐玄奘譯，此段文字多處可見。唐時期。

LM20-1520-29-05 佛典殘片

西州回鶻時期。

LM20-1520-29-06 《太上洞玄靈寶真文度人本行妙經》

作者不詳，與敦煌本 P.3022v 第 31-33 行同。唐時期。

參：趙洋 2017a，187；趙洋 2017b，194。

LM20-1520-29-07 《金剛般若波羅蜜經》

姚秦鳩摩羅什譯，CBETA，T08，no.235，p.750，a6-7。唐時期。

LM20-1520-29-08 《佛說觀無量壽佛經》

劉宋畺良耶舍譯，CBETA，T12，no.365，p.343，a28-b3。高昌國時期。

LM20-1520-29-09 殘片

高昌國時期。

LM20-1520-29-10 佛典殘片

高昌國時期。

LM20-1520-29-11 《大般若波羅蜜多經》

唐玄奘譯，此段文字多處可見。唐時期。

LM20-1520-29-12 回鶻文殘片

雙面書寫。西州回鶻時期。背面無法揭取拍攝。

參：松井太 2012，57。

LM20-1520-29-13 《大般涅槃經》卷四〇

北涼曇無讖譯，CBETA，T12，no.374，p.602，a18-20。高昌國時期。

LM20-1520-29-14 涅槃經疏

與 LM20-1520-27-19 爲同一寫本，據此定名。高昌國時期。

LM20-1520-29-15 《大般涅槃經》卷一五

北涼曇無讖譯，CBETA，T12，no.374，p.456，b22-24。高昌國時期。

LM20-1520-29-16 《優婆塞戒經》卷二

北涼曇無讖譯，CBETA，T24，no.1488，p.1040，c22-25。高昌國時期。

LM20-1520-29-17 《妙法蓮華經》卷二

姚秦鳩摩羅什譯，CBETA，T09，no.262，p.10，c13-15。唐時期。

LM20-1520-29-18 《佛說藥師如來本願經》

隋達摩笈多譯，CBETA，T14，no.449，p.403，a19-20。唐時期。

LM20-1520-30-01 《大般涅槃經》卷一二

北涼曇無讖譯，CBETA，T12，no.374，p.437，a8-9。高昌國時期。

LM20-1520-30-02 《優婆塞戒經》卷一

北涼曇無讖譯，CBETA，T24，no.1488，p.1037，b18-20。高昌國時期。

LM20-1520-30-03 《大般涅槃經》卷二

北涼曇無讖譯，CBETA，T12，no.374，p.374，c13-18。高昌郡時期。

LM20-1520-30-04 佛典殘片

高昌國時期。

LM20-1520-30-05 《摩訶般若波羅蜜經》卷二七

姚秦鳩摩羅什譯，CBETA，T08，no.223，p.416，b18-22。高昌國時期。

LM20-1520-30-06 《大方等大集經》卷七

北涼曇無讖譯，CBETA，T13，no.397，p.44，c7-9。高昌國時期。

LM20-1520-30-07 《摩訶般若波羅蜜經》卷一三

姚秦鳩摩羅什譯，CBETA，T08，no.223，p.318，a26-28。高昌國時期。

LM20-1520-30-08 《大方廣佛華嚴經》卷一六（五十卷本）

東晉佛陀跋陀羅譯，《中華大藏經》第12册，200a19-20；參 CBETA，T09，no.278，p.522，b26-27。高昌國時期。

LM20-1520-30-09 《大般涅槃經》卷二八

北京曇無讖譯，CBETA，T12，no.374，p.534，c2-3。西州回鶻時期。

LM20-1520-30-10 《觀世音經讚》

題金剛藏菩薩撰，據 LM20-1506-C0871c+LM20-1502-C0032 首題定名，參 BD3351。有雙行小字注。唐時期。

參：嚴世偉 2019，304-340。

LM20-1520-30-11 《金剛般若波羅蜜經》

姚秦鳩摩羅什譯，CBETA，T08，no.235，p.750，b27-c1。唐時期。

LM20-1520-30-12 《金剛般若波羅蜜經》

姚秦鳩摩羅什譯，CBETA，T08，no.235，p.749，c4-6。唐時期。

LM20-1520-30-13 《大般涅槃經》卷五

北涼曇無讖譯，CBETA，T12，no.374，p.391，b3-5。高昌國時期。

LM20-1520-30-14 《洞玄靈寶長夜之府九幽玉匱明真科》

作者不詳，約出於東晉，與敦煌本 P.2730 第 31 行同。唐時期。

參：趙洋 2017a，186；趙洋 2017b，197。

LM20-1520-30-15　佛典殘片

高昌國時期。

LM20-1520-30-16　《合部金光明經》卷三

梁真諦譯，隋寶貴合，CBETA，T16，no.664，p.374，c10-12。高昌國時期。

LM20-1520-30-17　《妙法蓮華經》卷二

姚秦鳩摩羅什譯，CBETA，T09，no.262，p.11，b8-10。唐時期。

LM20-1520-30-18　《大般涅槃經》卷四〇

北涼曇無讖譯，CBETA，T12，no.374，p.599，b26-c1。高昌郡時期。

LM20-1520-31-01　《妙法蓮華經》卷七

姚秦鳩摩羅什譯，CBETA，T09，no.262，p.57，b6-9。唐時期。

LM20-1520-31-02　《金光明經》卷一

北涼曇無讖譯，CBETA，T16，no.663，p.338，c15-18。高昌國時期。

LM20-1520-31-03　《梵網經》卷中

姚秦鳩摩羅什譯，CBETA，T24，no.1484，p.1007，c1-3。唐時期。

LM20-1520-31-04　《大般涅槃經》卷一六

北涼曇無讖譯，CBETA，T12，no.374，p.462，c10-12。高昌國時期。

LM20-1520-31-05　《金剛般若波羅蜜經》

姚秦鳩摩羅什譯，CBETA，T08，no.235，p.749，b27-29。唐時期。

LM20-1520-31-06　《大方廣佛華嚴經》卷六五

唐實叉難陀譯，CBETA，T10，no.279，p.352，a10-12。唐時期。

LM20-1520-31-07　《雜阿毘曇心論》卷一

劉宋僧伽跋摩等譯，CBETA，T28，no.1552，p.874，a13-18，"說界即"作"說界界即"。高昌國時期。

LM20-1520-31-08　《大般涅槃經義記》卷一

隋慧遠述，CBETA，T37，no.1764，p.622，a13-17。高昌國時期。

LM20-1520-31-09　《雜阿毘曇心論》卷五

劉宋伽跋摩等譯，CBETA，T28，no.1552，p.910，b3-5。高昌國時期。

LM20-1520-31-10　《大智度論》卷二二

姚秦鳩摩羅什譯，CBETA，T25，no.1509，p.227，b27-c1。高昌國時期。

LM20-1520-31-11　《大般若波羅蜜多經》

唐玄奘譯，此段文字多處可見。唐時期。

LM20-1520-31-12　佛典殘片

唐時期。

旅顺博物馆藏新疆出土汉文文献

LM20-1520-31-13 《道行般若經》卷八

后汉支婁迦讖譯，CBETA，T08，no.224，p.467，b4-5，"不本浄"作"不恐本浄"。高昌郡時期。

LM20-1520-31-14 《十方千五百佛名經》

譯者不詳，CBETA，T14，no.442，p.315，c2-4。高昌國時期。

LM20-1520-31-15 佛典殘片

第3、4行間夾寫"養諸"二字。唐時期。

LM20-1520-31-16 《大智度論》卷六二

姚秦鳩摩羅什譯，CBETA，T25，no.1509，p.499，a18-20。唐時期。

LM20-1520-31-17 《大智度論》卷六六

姚秦鳩摩羅什譯，CBETA，T25，no.1509，p.525，a1-4。唐時期。

LM20-1520-31-18 《最勝問菩薩十住除垢斷結經》卷六

姚秦竺佛念譯，CBETA，T10，no.309，p.1008，b10-11。唐時期。

LM20-1520-32-01 《大般涅槃經》卷三七

北涼曇無讖譯，CBETA，T12，no.374，p.581，a15-16。高昌國時期。

LM20-1520-32-02 《佛頂尊勝陀羅尼經》

唐佛陀波利譯，CBETA，T19，no.967，p.351，c26-27，"照"作"照曜"。唐時期。

LM20-1520-32-03 《最勝問菩薩十住除垢斷結經》卷六

姚秦竺佛念譯，CBETA，T10，no.309，p.1008，b12-14。高昌國時期。

LM20-1520-32-04 佛典殘片

高昌國時期。

LM20-1520-32-05 佛典注疏

高昌國時期。

LM20-1520-32-06 《放光般若經》卷一三

西晉無羅叉譯，CBETA，T08，no.221，p.89，a29-b2。高昌國時期。

LM20-1520-32-07 佛典殘片

高昌國時期。背面有字，無法揭取拍攝。

LM20-1520-32-08 《金剛般若波羅蜜經》

姚秦鳩摩羅什譯，CBETA，T08，no.235，p.750，c12-15。唐時期。

LM20-1520-32-09a 《思益梵天所問經》卷一

姚秦鳩摩羅什譯，CBETA，T15，no.586，p.34，b5-8。西州回鶻時期。

LM20-1520-32-09b 佛典殘片

西州回鶻時期。

LM20-1520-32-10 《思益梵天所問經》卷一

姚秦鸠摩罗什译，CBETA，T15，no.586，p.34，a23-26，"萨善问难"作"萨善能问难"。西州回鹘时期。

LM20-1520-32-11 《大般涅槃经》卷六

北凉昙无谶译，CBETA，T12，no.374，p.402，c1-2。高昌国时期。

LM20-1520-32-12 《大般涅槃经》卷一五

北凉昙无谶译，CBETA，T12，no.374，p.452，a28-b2。高昌郡时期。

LM20-1520-32-13 残片

高昌国时期。

LM20-1520-32-14a 佛典残片

唐时期。

LM20-1520-32-14b 《大般涅槃经》卷三六

北凉昙无谶译，CBETA，T12，no.374，p.574，c27-p.575，a1。唐时期。

LM20-1520-32-15 佛典残片

西州回鹘时期。

LM20-1520-32-16 佛典注疏

高昌国时期。

LM20-1520-32-17 《摩诃般若波罗蜜经》卷九

姚秦鸠摩罗什译，CBETA，T08，no.223，p.287，a29-b2。高昌国时期。

LM20-1520-32-18 《大般若波罗蜜多经》卷三一八

唐玄奘译，CBETA，T06，no.220，p.622，c22。唐时期。

LM20-1520-33-01 《佛说仁王般若波罗蜜经》卷下

姚秦鸠摩罗什译，CBETA，T08，no.245，p.831，c21-22。高昌国时期。

LM20-1520-33-02 《观世音经赞》

题金刚藏菩萨撰，据 LM20-1506-C0871c+LM20-1502-C0032 首题定名，参 BD3351。有双行小字注。唐时期。

参：严世伟 2019，304-340。

LM20-1520-33-03 《阿毗昙心论经》卷四

高齐那连提耶舍译，CBETA，T28，no.1551，p.854，b19-22。唐时期。

LM20-1520-33-04 《妙法莲华经》卷六

姚秦鸠摩罗什译，CBETA，T09，no.262，p.46，c24-26。唐时期。

LM20-1520-33-05 《十诵律》卷二一

姚秦弗若多罗译，CBETA，T23，no.1435，p.148，c2-4，"呵"作"诃"，"和上"作"和尚"。高昌国时期。

LM20-1520-33-06 《大通方广忏悔灭罪庄严成佛经》卷上

作者不詳，CBETA，T85，no.2871，p.1339，b13-15。高昌國時期。

LM20-1520-33-07 《大般涅槃經》卷二

北涼曇無讖譯，CBETA，T12，no.374，p.375，a8-9。高昌國時期。

LM20-1520-33-08 《妙法蓮華經》卷二

姚秦鳩摩羅什譯，CBETA，T09，no.262，p.12，c20-26。細字寫本。唐時期。

LM20-1520-33-09 《十地經論義記》卷二

隋慧遠撰，CBETA，X45，no.753，p.63，a18-21。高昌國時期。

LM20-1520-33-10 《思益梵天所問經》卷三

姚秦鳩摩羅什譯，CBETA，T15，no.586，p.48，c16-18。唐時期。

LM20-1520-33-11 佛典殘片

唐時期。

LM20-1520-33-12 《佛說灌頂經》卷一一

東晉帛尸梨蜜多羅譯，此段文字多處可見。唐時期。

LM20-1520-33-13 《十住經》卷二

姚秦鳩摩羅什譯，CBETA，T10，no.286，p.510，a14-18。高昌國時期。

LM20-1520-33-14 佛教戒律

高昌國時期。

LM20-1520-33-15 字書

有雙行小字注。唐時期。背面亦爲字書，有朱點，無法揭取拍攝。

LM20-1520-33-16 《道行般若經》卷三

後漢支婁迦讖譯，CBETA，T08，no.224，p.441，a5-6。高昌國時期。

LM20-1520-33-17 佛典殘片

高昌國時期。

LM20-1520-33-18 《四分律刪繁補闕行事鈔》卷下

唐道宣撰，CBETA，T40，no.1804，p.129，b19-23。唐時期。

LM20-1520-34-01 《金剛般若波羅蜜經》

姚秦鳩摩羅什譯，CBETA，T08，no.235，p.749，c29-p.750，a2。唐時期。

LM20-1520-34-02 《合部金光明經》卷三

梁真諦譯，隋寶貴合，CBETA，T16，no.664，p.373，a7-10。高昌國時期。

LM20-1520-34-03 《觀世音經讚》

題金剛藏菩薩撰，據 LM20-1506-C0871c+LM20-1502-C0032 首題定名，參 BD3351。有雙行小字注。唐時期。

參：嚴世偉 2019，304-340。

LM20-1520-34-04 《道行般若經》卷三

後漢支婁迦讖譯，CBETA，T08，no.224，p.441，a10-12。高昌國時期。

LM20-1520-34-05 《春秋經傳集解·襄公二十一年》

參西晉杜預撰《春秋經傳集解》，上海古籍出版社，1988年，972，975頁。有雙行小字注。唐時期。

LM20-1520-34-06 《俱舍論頌疏論本》卷二

唐圓暉述，CBETA，T41，no.1823，p.828，c11-15。有雙行小字注。有朱筆句讀。唐時期。

LM20-1520-34-07 佛典注疏

高昌國時期。

LM20-1520-34-08 佛典注疏

有雙行小字注。有貼附殘片，無法揭取。唐時期。

LM20-1520-34-09 《十誦律》卷五九

姚秦弗若多羅譯，CBETA，T23，no.1435，p.439，b26-c1。高昌國時期。背面有殘字，磨損嚴重，無法揭取拍攝。

LM20-1520-34-10 《妙法蓮華經》卷四

姚秦鳩摩羅什譯，CBETA，T09，no.262，p.28，b25-28，"我當"作"我今當"。高昌郡時期。

LM20-1520-34-11 《大智度論》卷七二

姚秦鳩摩羅什譯，CBETA，T25，no.1509，p.569，c16-17。高昌國時期。

LM20-1520-34-12 《合部金光明經》卷三

梁真諦譯，隋寶貴合，CBETA，T16，no.664，p.377，b9-14，"無明是"作"無明作因是"。唐時期。

LM20-1520-34-13 佛典殘片

高昌國時期。

LM20-1520-34-14 《老子道經上》

與敦煌本 P.2584 同。唐時期。

參：游自勇 2017，142-143。

LM20-1520-34-15 《妙法蓮華經》卷二

姚秦鳩摩羅什譯，CBETA，T09，no.262，p.12，b21-23。唐時期。

LM20-1520-34-16 《妙法蓮華經》卷四

姚秦鳩摩羅什譯，CBETA，T09，no.262，p.28，a5-8。高昌國時期。

LM20-1520-34-17 《妙法蓮華經》卷二

姚秦鳩摩羅什譯，CBETA，T09，no.262，p.13，c19-22。唐時期。

LM20-1520-34-18 《大般涅槃經》卷八

北涼曇無讖譯，CBETA，T12，no.374，p.412，b19-20。高昌國時期。

LM20-1520-35-01 《妙法蓮華經》卷七

姚秦鳩摩羅什譯，CBETA，T09，no.262，p.61，b24-29。唐時期。

LM20-1520-35-02 佛典殘片

參東晉佛陀跋陀羅譯《大方廣佛華嚴經》卷三二，CBETA，T09，no.278，p.606，c8-11。唐時期。背面有字，無法揭取拍攝。

LM20-1520-35-03 《金光明經》卷四

北涼曇無讖譯，CBETA，T16，no.663，p.354，c14-15。高昌郡時期。

LM20-1520-35-04 佛典殘片

唐時期。

LM20-1520-35-05 《觀世音經讚》

題金剛藏菩薩撰，據 LM20-1506-C0871c+LM20-1502-C0032 首題定名，參 BD3351。有雙行小字注。唐時期。

參：嚴世偉 2019，304-340。

LM20-1520-35-06 殘片

高昌國時期。

LM20-1520-35-07a 《妙法蓮華經》卷五

姚秦鳩摩羅什譯，CBETA，T09，no.262，p.37，b22-24。唐時期。

LM20-1520-35-07b 《妙法蓮華經》卷五

姚秦鳩摩羅什譯，CBETA，T09，no.262，p.37，b26-29。唐時期。

LM20-1520-35-08 佛典殘片

高昌國時期。

LM20-1520-35-09 佛典殘片

高昌國時期。

LM20-1520-35-10 佛典殘片

高昌國時期。背面有字，無法揭取拍攝。

LM20-1520-35-11 佛典注疏

唐時期。

LM20-1520-35-12 《大般涅槃經》卷二一

北涼曇無讖譯，CBETA，T12，no.374，p.490，a15-16。唐時期。

LM20-1520-35-13 《金剛般若波羅蜜經》

姚秦鳩摩羅什譯，CBETA，T08，no.235，p.748，c26-29。唐時期。

LM20-1520-35-14 《大方廣佛華嚴經》卷五六

東晉佛陀跋陀羅譯，CBETA，T09，no.278，p.757，b24-28。唐時期。

LM20-1520-35-15 《妙法蓮華經》卷六

姚秦鳩摩羅什譯，CBETA，T09，no.262，p.48，a19-23。唐時期。

經册七十一

LM20-1520-35-16 《妙法蓮華經》卷四

姚秦鳩摩羅什譯，CBETA，T09，no.262，p.29，c23-25。高昌郡時期。

LM20-1520-35-17 《大般涅槃經》卷六

北涼曇無讖譯，CBETA，T12，no.374，p.397，b2-5，"間"作"滿"，"如"作"月"。高昌國時期。

LM20-1520-35-18 《中阿含經》卷二六

東晉僧伽提婆譯，CBETA，T01，no.26，p.590，c18。唐時期。

LM20-1520-36-01 佛典殘片

西州回鶻時期。背面有户籍類文書，無法揭取拍攝。

LM20-1520-36-02 佛典殘片

高昌郡時期。

LM20-1520-36-03 佛典殘片

高昌國時期。

LM20-1520-36-04 《南陽和尚問答雜徵義》

唐劉澄集。唐時期。背面有字，無法揭取拍攝。

參：李昀 2019，282，285，300。

LM20-1520-36-05 佛典注疏

高昌國時期。

LM20-1520-36-06 《十方千五百佛名經》

譯者不詳，CBETA，T14，no.442，p.314，c8-13。高昌國時期。

LM20-1520-36-07 殘片

西州回鶻時期。

LM20-1520-36-08r 《讚僧功德經》

作者不詳，CBETA，T85，no.2911，p.1457，c2-5，"窮"作"努"。唐時期。

LM20-1520-36-08v 《讚僧功德經》

作者不詳，CBETA，T85，no.2911，p.1457，c7-10。唐時期。無法揭取拍攝。

LM20-1520-36-09 《妙法蓮華經》卷三

姚秦鳩摩羅什譯，CBETA，T09，no.262，p.19，b23-26。唐時期。

LM20-1520-36-10 《妙法蓮華經》卷四

姚秦鳩摩羅什譯，CBETA，T09，no.262，p.28，a13-19。唐時期。

LM20-1520-36-11 殘片

唐時期。

LM20-1520-36-12 《元始五老赤書玉篇真文天書經》卷上

作者不詳，約出於東晉，參《正統道藏》第 1 册，782b3-4。唐時期。

參：趙洋 2017a，186；趙洋 2017b，190-191。

LM20-1520-36-13 《大般涅槃經》卷三七

北涼曇無讖譯，CBETA，T12，no.374，p.581，a10-12。高昌國時期。

LM20-1520-36-14 《唐律・斷獄律》

參唐長孫無忌等撰《唐律疏議》，中華書局，1983年，551頁。唐時期。

LM20-1520-36-15 《大般泥洹經》卷二

東晉法顯譯，CBETA，T12，no.376，p.865，c24-p.866，a2。高昌國時期。

LM20-1520-36-16 《維摩詰所說經》卷上

姚秦鳩摩羅什譯，CBETA，T14，no.475，p.540，c22-25。高昌國時期。

LM20-1520-36-17 《大般涅槃經》卷三五

北涼曇無讖譯，CBETA，T12，no.374，p.570，c24-25。唐時期。

LM20-1520-36-18 《太上洞玄靈寶智慧罪根上品大戒經》卷下

作者不詳，約出於東晉。此段文字多處可見。唐時期。

參：趙洋 2017a，186；趙洋 2017b，196。

LM20-1520-37-01 《金剛般若波羅蜜經》

元魏菩提流支譯，CBETA，T08，no.236a，p.753，b7-10。唐時期。

LM20-1520-37-02 道經殘片

唐時期。

參：趙洋 2017a，192；趙洋 2017b，213。

LM20-1520-37-03 佛典殘片

參唐法聰撰《釋觀無量壽佛經記》，CBETA，X22，no.405，p.249，a16-17。唐時期。背面有字，無法揭取拍攝。

LM20-1520-37-04 《勝鬘義疏本義》

梁僧旻撰。高昌國時期。

參：橘堂晃一 a，88。

LM20-1520-37-05 《妙法蓮華經》卷三

姚秦鳩摩羅什譯，CBETA，T09，no.262，p.23，a5-6。唐時期。

LM20-1520-37-06 佛典殘片

唐時期。

LM20-1520-37-07 《摩訶般若波羅蜜經》卷一三

姚秦鳩摩羅什譯，CBETA，T08，no.223，p.314，c19-22。高昌國時期。

LM20-1520-37-08 《觀世音經讚》

題金剛藏菩薩撰，據 LM20-1506-C0871c+LM20-1502-C0032 首題定名，參 BD3351。有雙行小字注。唐時期。

参：嚴世偉 2019，304-340。

LM20-1520-37-09 《十方千五百佛名經》

譯者不詳，CBETA，T14，no.442，p.312，a23-25，"吾"作"悟"。唐時期。

LM20-1520-37-10 殘片

唐時期。

LM20-1520-37-11 《太上洞玄靈寶真文度人本行妙經》

作者不詳，與敦煌本 P.3022v 第 45-47 行同。唐時期。

参：趙洋 2017a，187；趙洋 2017b，194。

LM20-1520-37-12 佛典殘片

高昌國時期。

LM20-1520-37-13 願文

唐時期。

LM20-1520-37-14 《黃仕强傳》

作者不詳，與敦煌本浙敦 026 第 1-2 行同。唐時期。

LM20-1520-37-15 佛典殘片

高昌國時期。

LM20-1520-37-16 佛典殘片

高昌國時期。

LM20-1520-37-17 佛典殘片

西州回鶻時期。

LM20-1520-37-18 《合部金光明經》卷三

梁真諦譯，隋寶貴合，CBETA，T16，no.664，p.377，a6-7。唐時期。

LM20-1520-38-01 《春秋經傳集解·昭公二十五年》

參西晉杜預撰《春秋經傳集解》，上海古籍出版社，1988 年，1517，1520 頁。有雙行小字注。唐時期。

LM20-1520-38-02 《金剛般若波羅蜜經》

元魏菩提流支譯，CBETA，T08，no.236a，p.755，a26-29；姚秦鳩摩羅什譯《金剛般若波羅蜜經》，CBETA，T08，no.235，p.751，a5-8。唐時期。背面爲佛典殘片，無法揭取拍攝。

LM20-1520-38-03 《救疾經》

作者不詳，CBETA，T85，no.2878，p.1361，b26-c1，"人來"作"人汝何而來"。唐時期。

参：馬俊傑 2019，232。

LM20-1520-38-04 《妙法蓮華經》卷七

姚秦鳩摩羅什譯，CBETA，T09，no.262，p.60，c7-10。唐時期。

LM20-1520-38-05 《佛說佛名經》卷一〇

元魏菩提流支譯，CBETA，T14，no.440，p.169，c10-13，"不空佛"作"不空王佛"；譯者不詳《佛說佛名經》卷二二，CBETA，T14，no.441，p.274，b20-22。高昌國時期。

LM20-1520-38-06 佛典殘片

唐時期。背面有字，無法揭取拍攝。

LM20-1520-38-07 《光讚經》卷四

西晉竺法護譯，CBETA，T08，no.222，p.175，a9-12。高昌國時期。

LM20-1520-38-08 《大般涅槃經》卷一九

北涼曇無讖譯，CBETA，T12，no.374，p.479，c16-18。"獨令出"作"獨爲出"。高昌國時期。

LM20-1520-38-09 殘片

唐時期。

LM20-1520-38-10 殘片

西州回鶻時期。

LM20-1520-38-11 《大般涅槃經》卷三〇

北涼曇無讖譯，CBETA，T12，no.374，p.547，a16-18。唐時期。

LM20-1520-38-12 《净土五會念佛誦經觀行儀》卷下

唐法照撰，CBETA，T85，no.2827，p.1265，c8-11。唐時期。

LM20-1520-38-13 《佛說無量壽經》卷下

曹魏康僧鎧譯，CBETA，T12，no.360，p.274，c13-16。高昌國時期。

LM20-1520-38-14 佛典殘片

唐時期。背面有字，無法揭取拍攝。

LM20-1520-38-15 佛典殘片

西州回鶻時期。

LM20-1520-38-16 佛典殘片

高昌國時期。

LM20-1520-38-17 《摩訶般若波羅蜜經》卷二

姚秦鳩摩羅什譯，CBETA，T08，no.223，p.231，b21-23，"檀波羅蜜尸波羅蜜"作"檀那波羅蜜尸羅波羅蜜"。高昌國時期。

LM20-1520-38-18 《妙法蓮華經》卷六

姚秦鳩摩羅什譯，CBETA，T09，no.262，p.52，b27-c2。高昌郡時期。

LM20-1520-38-19 《大般若波羅蜜多經》卷一

唐玄奘譯，此段文字多處可見。唐時期。

經册七十二

LM20-1521-01-01 《妙法蓮華經》卷四

姚秦鳩摩羅什譯，CBETA，T09，no.262，p.33，b8-10。唐時期。

LM20-1521-01-02 《妙法蓮華經》卷七

姚秦鳩摩羅什譯，CBETA，T09，no.262，p.55，a17-19。高昌國時期。

LM20-1521-01-03 《佛說觀無量壽佛經》

劉宋畺良耶舍譯，CBETA，T12，no.365，p.341，b22-24。高昌國時期。

LM20-1521-01-04 《大佛頂如來密因修證了義諸菩薩萬行首楞嚴經》卷七

唐般剌蜜帝譯，CBETA，T19，no.945，p.139，a17-20，"恒"作"漢"，"南南"作"喃南"。西州回鶻時期。

LM20-1521-01-05 《大般涅槃經》卷八

北涼曇無讖譯，CBETA，T12，no.374，p.410，b9-11。高昌國時期。

LM20-1521-01-06 《俱舍論疏》卷五

唐法寶撰，CBETA，T41，no.1822，p.552，b16-19。西州回鶻時期。

LM20-1521-01-07 佛典殘片

參姚秦弗若多羅譯《十誦律》卷一七，CBETA，T23，no.1435，p.124，b2-6。唐時期。

LM20-1521-01-08 《樂瓔珞莊嚴方便品經》

姚秦鳩摩羅什譯，CBETA，T14，no.566，p.935，c24-26。唐時期。

LM20-1521-01-09 佛典殘片

西州回鶻時期。背面有字，無法揭取拍攝。

LM20-1521-01-10 殘片

高昌國時期。

LM20-1521-01-11 佛名經

西州回鶻時期。

LM20-1521-01-12 佛典殘片

唐時期。

LM20-1521-01-13 佛典殘片

唐時期。

LM20-1521-01-14 《妙法蓮華經》卷六

姚秦鳩摩羅什譯，CBETA，T09，no.262，p.52，a17-19。唐時期。

LM20-1521-01-15 《大智度論》卷六七

姚秦鳩摩羅什譯，CBETA，T25，no.1509，p.532，c2-4。高昌國時期。

LM20-1521-01-16 《大智度論》卷六七

姚秦鳩摩羅什譯，CBETA，T25，no.1509，p.532，c4-6。高昌國時期。

LM20-1521-01-17 《十方千五百佛名經》

譯者不詳，CBETA，T14，no.442，p.315，b24-27。高昌國時期。

LM20-1521-01-18 《大般涅槃經》卷三四

北涼曇無讖譯，CBETA，T14，no.442，p.315，b24-27。高昌國時期。

LM20-1521-01-19 《妙法蓮華經》卷三

姚秦鳩摩羅什譯，CBETA，T09，no.262，p.19，b27-c2。細字寫本。唐時期。背面有字，無法揭取拍攝。

LM20-1521-01-20 《救疾經》

作者不詳，CBETA，T85，no.2878，p.1362，a3-4，"廣"作"厚"。唐時期。

LM20-1521-02-01 《大薩遮尼乾子所說經》卷二

元魏菩提留支譯，CBETA，T09，no.272，p.324，b14-16。唐時期。

LM20-1521-02-02 殘片

西州回鶻時期。

LM20-1521-02-03 《妙法蓮華經》卷七

姚秦鳩摩羅什譯，CBETA，T09，no.262，p.62，a6-8。唐時期。

LM20-1521-02-04 《大智度論》卷八〇

姚秦鳩摩羅什譯，CBETA，T25，no.1509，p.624，c1-4。高昌國時期。

LM20-1521-02-05 《金剛般若波羅蜜經》

姚秦鳩摩羅什譯，CBETA，T08，no.235，p.749，c13-14。唐時期。

LM20-1521-02-06 佛典注疏

有雙行小字注。西州回鶻時期。

LM20-1521-02-07 《雜阿含經》卷三六

劉宋求那跋陀羅譯，CBETA，T02，no.99，p.261，a2-3。高昌國時期。

LM20-1521-02-08 佛教戒律

有雙行小字注。唐時期。

LM20-1521-02-09 《妙法蓮華經》卷二

姚秦鳩摩羅什譯，CBETA，T09，no.262，p.13，a7-9。高昌郡時期。

LM20-1521-02-10 《妙法蓮華經》卷四

姚秦鳩摩羅什譯，CBETA，T09，no.262，p.36，c25-27。高昌國時期。

经册七十二

LM20-1521-02-11 《大方廣佛華嚴經》卷八〇

唐實叉難陀譯，CBETA，T10，no.279，p.440，c28-p.441，a1。唐時期。

LM20-1521-02-12 藥方殘片

唐時期。

LM20-1521-02-13 《金光明經》卷一

北涼曇無讖譯，CBETA，T16，no.663，p.338，a21-26。高昌國時期。

LM20-1521-02-14 《大方廣佛華嚴經》卷一九

唐實叉難陀譯，CBETA，T10，no.279，p.103，b18-19，唐時期。

LM20-1521-02-15 祿命書

唐時期。

LM20-1521-02-16 《大方廣佛華嚴經》卷五（五十卷本）

東晉佛陀跋陀羅譯，《中華大藏經》第12册，56a19-21；參CBETA，T09，no.278，p.430，c6-8。高昌國時期。

LM20-1521-02-17 佛名經

高昌國時期。

LM20-1521-02-18 《唐護法沙門法琳別傳》卷中

唐彥琮撰，CBETA，T50，no.2051，p.204，c25-27。唐時期。

LM20-1521-02-19 《勝天王般若波羅蜜經》卷二

陳月婆首那譯，CBETA，T08，no.231，p.694，a24-26。高昌國時期。

LM20-1521-02-20 《金光明經》卷二

北涼曇無讖譯，CBETA，T16，no.663，p.341，b9-13，"者汝等四"作"經汝等亦"。高昌郡時期。

LM20-1521-03-01 《大般涅槃經》卷一一

北涼曇無讖譯，CBETA，T12，no.374，p.430，b14-17。高昌國時期。

LM20-1521-03-02 佛典殘片

唐時期。

LM20-1521-03-03 《大方等大集經》卷一二

北涼曇無讖譯，CBETA，T13，no.397，p.76，a24-26。高昌郡時期。

LM20-1521-03-04 《光讚經》卷五

西晉竺法護譯，CBETA，T08，no.222，p.183，b25-27，"云"作"芸"。高昌國時期。

LM20-1521-03-05 《大般涅槃經》卷三七

北涼曇無讖譯，CBETA，T12，no.374，p.581，c27-28。高昌國時期。

LM20-1521-03-06 《金光明經》卷一

北涼曇無讖譯，CBETA，T16，no.663，p.337，a25-28。唐時期。

旅順博物館藏新疆出土漢文文獻

LM20-1521-03-07 《大般若波羅蜜多經》

唐玄奘譯，此段文字多處可見。唐時期。

LM20-1521-03-08 《般泥洹經》卷下

譯者不詳，CBETA，T01，no.6，p.187，c20-22。高昌郡時期。

LM20-1521-03-09 《妙法蓮華經》卷一

姚秦鳩摩羅什譯，CBETA，T09，no.262，p.5，b18-23。高昌國時期。

LM20-1521-03-10 《妙法蓮華經》卷三

姚秦鳩摩羅什譯，CBETA，T09，no.262，p.23，a27-29。唐時期。

LM20-1521-03-11 《佛說法集經》卷一

元魏菩提流支譯，CBETA，T17，no.761，p.613，b9-11，"法如是"作"法是"。高昌國時期。

LM20-1521-03-12 《佛說無常經》

唐義淨譯，CBETA，T17，no.801，p.746，a9-13。西州回鶻時期。

LM20-1521-03-13 《大智度論》卷八一

姚秦鳩摩羅什譯，CBETA，T25，no.1509，p.629，c5-7。高昌國時期。

LM20-1521-03-14 佛典殘片

高昌國時期。

LM20-1521-03-15 《大乘百法明門論疏》卷下

唐義忠述，CBETA，U205，no.1368，p.274，b11-p.275，a5，"違名"作"返名"，"集聚"作"聚集"。唐時期。

LM20-1521-03-16 佛典論疏

唐時期。背面爲戒律，無法揭取拍攝。

LM20-1521-03-17 佛典注疏

高昌國時期。

LM20-1521-03-18 《妙法蓮華經》卷七

姚秦鳩摩羅什譯，CBETA，T09，no.262，p.57，a28-b2。唐時期。

LM20-1521-03-19 《大方廣佛華嚴經》卷六三

唐實叉難陀譯，CBETA，T10，no.279，p.337，c16-18。唐時期。

LM20-1521-03-20 《妙法蓮華經》卷二

姚秦鳩摩羅什譯，CBETA，T09，no.262，p.18，a1-3，"庸"作"傭"。唐時期。

LM20-1521-04-01 《增壹阿含經》卷一六

東晉僧伽提婆譯，CBETA，T02，no.125，p.630，b4-7。高昌國時期。

LM20-1521-04-02 《妙法蓮華經》卷六

姚秦鳩摩羅什譯，CBETA，T09，no.262，p.52，a29-b4。唐時期。

LM20-1521-04-03 《大般若波羅蜜多經》

唐玄奘譯，此段文字多處可見。唐時期。

LM20-1521-04-04 《妙法蓮華經》卷七

姚秦鳩摩羅什譯，CBETA，T09，no.262，p.61，c15-20。唐時期。

LM20-1521-04-05 《光讚經》卷九

西晉竺法護譯，CBETA，T08，no.222，p.207，c1-3。高昌國時期。

LM20-1521-04-06 佛名經

高昌國時期。

LM20-1521-04-07 佛典殘片

唐時期。

LM20-1521-04-08 《大智度論》卷五四

姚秦鳩摩羅什譯，CBETA，T25，no.1509，p.444，b1-3。高昌國時期。

LM20-1521-04-09 靈驗記

參唐唐臨撰《冥報記》，中華書局，1992 年，92-93 頁。唐時期。

LM20-1521-04-10 《净名經集解關中疏》卷上

唐道液撰，CBETA，T85，no.2777，p.443，b7-9。西州回鶻時期。

LM20-1521-04-11 《道行般若經》卷二

後漢支婁迦讖譯，CBETA，T08，no.224，p.431，c24-26，"若人"作"若鬼神"，"禽狩"作"禽獸"。高昌國時期。

LM20-1521-04-12 《佛說觀藥王藥上二菩薩經》

劉宋畺良耶舍譯，CBETA，T20，no.1161，p.660，c10-13。唐時期。

LM20-1521-04-13 《佛說七千佛神符經》

作者不詳，CBETA，T85，no.2904，p.1446，a15-18。唐時期。

LM20-1521-04-14 《妙法蓮華經》卷四

姚秦鳩摩羅什譯，CBETA，T09，no.262，p.36，a23-25。高昌國時期。

LM20-1521-04-15 器物帳

唐時期。

LM20-1521-04-16a 《妙法蓮華經》卷六

姚秦鳩摩羅什譯，CBETA，T09，no.262，p.52，b7-13。高昌國時期。

LM20-1521-04-16b 《妙法蓮華經》卷六

姚秦鳩摩羅什譯，CBETA，T09，no.262，p.52，b15。唐時期。

LM20-1521-04-17 《摩訶般若波羅蜜經》卷一二

姚秦鳩摩羅什譯，CBETA，T08，no.223，p.310，a14-15。高昌國時期。

LM20-1521-05-01 《大般涅槃經》卷二九

北涼曇無讖譯，CBETA，T12，no.374，p.538，c13-15。高昌國時期。

旅順博物館藏新疆出土漢文文獻

LM20-1521-05-02 佛典殘片

參唐栖復集《法華經玄贊要集》卷二六，CBETA，X34，no.638，p.731，c13-16。唐時期。

LM20-1521-05-03 《佛說迴向輪經》

唐尸羅達摩譯，CBETA，T19，no.998，p.577，c25-27。唐時期。

LM20-1521-05-04 佛典殘片

高昌國時期。

LM20-1521-05-05 《大般涅槃經》卷一三

北涼曇無讖譯，CBETA，T12，no.374，p.442，c8-9。高昌國時期。

LM20-1521-05-06 佛典殘片

唐時期。

LM20-1521-05-07 佛典殘片

唐時期。

LM20-1521-05-08 殘片

唐時期。背面有回鶻文，無法揭取拍攝。

LM20-1521-05-09 佛典殘片

唐時期。

LM20-1521-05-10 殘片

唐時期。

LM20-1521-05-11 《雜阿含經》卷一八

劉宋求那跋陀羅譯，CBETA，T02，no.99，p.132，c19-21。高昌國時期。

LM20-1521-05-12 《妙法蓮華經》卷一

姚秦鳩摩羅什譯，CBETA，T09，no.262，p.2，c2-4。唐時期。

LM20-1521-05-13 《大般涅槃經》卷下

東晉法顯譯，CBETA，T01，no.7，p.204，a14-15。高昌國時期。

LM20-1521-05-14 《妙法蓮華經》卷二

姚秦鳩摩羅什譯，CBETA，T09，no.262，p.15，a11-13。唐時期。

LM20-1521-05-15 《大般若波羅蜜多經》

唐玄奘譯，此段文字多處可見。唐時期。

LM20-1521-05-16 佛典注疏

唐時期。

LM20-1521-05-17 《大般涅槃經》卷二一

北涼曇無讖譯，CBETA，T12，no.374，p.489，c3-6。高昌國時期。

LM20-1521-05-18 《賢愚經》卷八

元魏慧覺等譯，CBETA，T04，no.202，p.403，c5-6。高昌國時期。

經册七十二

LM20-1521-05-19　佛典殘片

高昌郡時期。

LM20-1521-05-20　《大般涅槃經》卷三

北涼曇無讖譯，CBETA，T12，no.374，p.379，c5-7。唐時期。

LM20-1521-06-01　《攝大乘論釋》卷一一

陳真諦譯，CBETA，T31，no.1595，p.232，b5-7。唐時期。

LM20-1521-06-02　《摩訶般若波羅蜜經》卷一三

姚秦鳩摩羅什譯，CBETA，T08，no.223，p.316，c22-25。高昌國時期。

LM20-1521-06-03　《大方等大集經》卷九

北涼曇無讖譯，CBETA，T13，no.397，p.54，a8-11。高昌國時期。

LM20-1521-06-04　《佛說一向出生菩薩經》

隋闍那崛多譯，CBETA，T19，no.1017，p.698，c28-p.699，a1。高昌國時期。

LM20-1521-06-05　《妙法蓮華經》卷一

姚秦鳩摩羅什譯，CBETA，T09，no.262，p.3，b15-17。高昌國時期。

LM20-1521-06-06　《菩薩善戒經》卷二

劉宋求那跋摩譯，CBETA，T30，no.1582，p.973，a11-13。高昌郡時期。

LM20-1521-06-07　佛典殘片

高昌國時期。

LM20-1521-06-08　《大智度論》卷二七

姚秦鳩摩羅什譯，CBETA，T25，no.1509，p.256，b18-21。唐時期。

LM20-1521-06-09　《佛說觀藥王藥上二菩薩經》

劉宋畺良耶舍譯，CBETA，T20，no.1161，p.666，b19-21。唐時期。

LM20-1521-06-10　禮懺文（？）

高昌國時期。

LM20-1521-06-11　《菩薩本緣經》卷上

吳支謙譯，CBETA，T03，no.153，p.55，c18-20。高昌郡時期。背面有字，無法揭取拍攝。

LM20-1521-06-12　《御製道德真經疏》卷七

唐玄宗撰，參《正統道藏》第11册，791b9-10。唐時期。

參：游自勇 2017，151。

LM20-1521-06-13　《金剛般若波羅蜜經》

姚秦鳩摩羅什譯，此段文字多處可見。唐時期。

LM20-1521-06-14　《大通方廣懺悔滅罪莊嚴成佛經》卷中

作者不詳，CBETA，T85，no.2871，p.1345，b7-9。高昌國時期。

LM20-1521-06-15　《大般涅槃經》卷三八

北凉曇無識譯，CBETA，T12，no.374，p.587，c12-14。高昌國時期。

LM20-1521-06-16 《净名經關中釋抄》卷上

唐道液撰，CBETA，T85，no.2778，p.505，c1-4。第1，2行間夾寫"不"字。唐時期。

LM20-1521-06-17 佛典論疏

高昌國時期。

LM20-1521-07-01 《文殊師利佛土嚴净經》卷下

西晉竺法護譯，CBETA，T11，no.318，p.901，c7-10。高昌國時期。

LM20-1521-07-02 佛典殘片

西州回鶻時期。

LM20-1521-07-03 《妙法蓮華經》卷四

姚秦鳩摩羅什譯，CBETA，T09，no.262，p.36，a16-17。唐時期。

LM20-1521-07-04 《妙法蓮華經》卷六

姚秦鳩摩羅什譯，CBETA，T09，no.262，p.53，a29-b1。唐時期。

LM20-1521-07-05 《金剛般若波羅蜜經》

姚秦鳩摩羅什譯，CBETA，T08，no.235，p.749，c4-6。唐時期。

LM20-1521-07-06 佛典殘片

唐時期。

LM20-1521-07-07 《佛說觀藥王藥上二菩薩經》

劉宋畺良耶舍譯，CBETA，T20，no.1161，p.664，b21-22。唐時期。

LM20-1521-07-08 《四分戒本疏》卷二

作者不詳，CBETA，T85，no.2787，p.588，c18-20。有朱筆句讀。唐時期。背面有字，無法揭取拍攝。

LM20-1521-07-09 佛典殘片

高昌國時期。

LM20-1521-07-10 《增壹阿含經》卷一二

東晉僧伽提婆譯，CBETA，T02，no.125，p.605，a22-25。高昌郡時期。

LM20-1521-07-11 《大方廣佛華嚴經》卷四

唐實叉難陀譯，CBETA，T10，no.279，p.19，b17-18。唐時期。

LM20-1521-07-12 《金剛般若波羅蜜經》

姚秦鳩摩羅什譯，CBETA，T08，no.235，p.749，c8-10。唐時期。

LM20-1521-07-13 《妙法蓮華經》卷一

姚秦鳩摩羅什譯，CBETA，T09，no.262，p.6，a8-14。唐時期。

LM20-1521-07-14 《增壹阿含經》卷三五

東晉僧伽提婆譯，CBETA，T02，no.125，p.744，a15-17。高昌郡時期。

LM20-1521-07-15 佛典殘片

高昌國時期。

LM20-1521-07-16 《妙法蓮華經》卷六

姚秦鳩摩羅什譯，CBETA，T09，no.262，p.46，b27-28。唐時期。

LM20-1521-07-17 佛典殘片

高昌國時期。

LM20-1521-07-18 《大般若波羅蜜多經》

唐玄奘譯，此段文字多處可見。唐時期。

LM20-1521-07-19 《四分律》

姚秦佛陀耶舍、竺佛念等譯，此段文字多處可見。唐時期。

LM20-1521-07-20 陀羅尼

西州回鶻時期。

LM20-1521-08-01 《妙法蓮華經》卷六

姚秦鳩摩羅什譯，CBETA，T09，no.262，p.47，c29-p.48，a1。高昌國時期。

LM20-1521-08-02 《大般涅槃經》卷二

北涼曇無讖譯，CBETA，T01，no.7，p.197，a15-17。高昌國時期。

LM20-1521-08-03 佛典殘片

高昌國時期。

LM20-1521-08-04 《合部金光明經序》

隋彥琮撰，CBETA，T16，no.664，p.359，b20-22。唐時期。

LM20-1521-08-05 佛典殘片

唐時期。

LM20-1521-08-06 《放光般若經》卷五

西晉無羅叉譯，CBETA，T08，no.221，p.36，c2-4。唐時期。

LM20-1521-08-07 《大般涅槃經》卷一三

北涼曇無讖譯，CBETA，T12，no.374，p.441，b24-25。高昌國時期。

LM20-1521-08-08 《長阿含經》卷一九

姚秦佛陀耶舍、竺佛念譯，CBETA，T01，no.1，p.122，c22-24，"切"作"毒"。西州回鶻時期。

LM20-1521-08-09 佛典殘片

唐時期。

LM20-1521-08-10 《大般若波羅蜜多經》

唐玄奘譯，此段文字多處可見。唐時期。

LM20-1521-08-11 《佛說佛名經》卷一一

元魏菩提流支譯，CBETA，T14，no.440，p.178，a16。高昌國時期。

旅順博物館藏新疆出土漢文文獻

LM20-1521-08-12 佛典殘片

唐時期。

LM20-1521-08-13 《金剛般若波羅蜜經》

姚秦鳩摩羅什譯，CBETA，T08，no.235，p.750，c12-14。高昌國時期。

LM20-1521-08-14 寫經題記

高昌國時期。

LM20-1521-08-15 《放光般若經》卷一〇

西晉無羅叉譯，CBETA，T08，no.221，p.73，b26-27。唐時期。

LM20-1521-08-16 《妙法蓮華經》卷七

姚秦鳩摩羅什譯，CBETA，T09，no.262，p.57，c17-19。唐時期。

LM20-1521-08-17 佛典殘片

高昌國時期。

LM20-1521-08-18 《妙法蓮華經》卷七

姚秦鳩摩羅什譯，CBETA，T09，no.262，p.58，a3-9。唐時期。

LM20-1521-08-19 《金剛般若波羅蜜經》

姚秦鳩摩羅什譯，CBETA，T08，no.235，p.749，b14-16。唐時期。

LM20-1521-08-20 佛典殘片

高昌國時期。

LM20-1521-09-01 《妙法蓮華經》卷二

姚秦鳩摩羅什譯，CBETA，T09，no.262，p.11，a9-13。唐時期。

LM20-1521-09-02 《大方等無想經》卷三

北涼曇無讖譯，CBETA，T12，no.387，p.1092，c18-20。高昌國時期。

LM20-1521-09-03 《摩訶般若波羅蜜經》卷四

姚秦鳩摩羅什譯，CBETA，T08，no.223，p.243，b16-18。高昌國時期。

LM20-1521-09-04 《一切經音義》卷一

唐玄應撰，CBETA，C56，no.1163，p.816，b11-14。唐時期。

LM20-1521-09-05 《大寶積經》卷八一

隋闍那崛多譯，CBETA，T11，no.310，p.469，b21-23。唐時期。

LM20-1521-09-06r 《阿毘曇八犍度論》卷一三

符秦僧伽提婆、竺佛念譯，CBETA，T26，no.1543，p.832，a5-14，"智知"疑作"智七知"。細字寫本。高昌國時期。背面有字，無法揭取拍攝。

LM20-1521-09-06v 《阿毘曇八犍度論》卷一三

符秦僧伽提婆、竺佛念譯，CBETA，T26，no.1543，p.832，c11-18，"二"作"三"。高昌國時期。無法揭取拍攝。

经册七十二

LM20-1521-09-07 佛名經

高昌國時期。

LM20-1521-09-08 佛典殘片

高昌國時期。

LM20-1521-09-09 佛典殘片

高昌國時期。

LM20-1521-09-10 佛典殘片

有朱筆句讀。唐時期。

LM20-1521-09-11 《妙法蓮華經》卷七

姚秦鳩摩羅什譯，CBETA，T09，no.262，p.60，a4-6。唐時期。

LM20-1521-09-12 佛名經

唐時期。

LM20-1521-09-13 佛典殘片

高昌郡時期。

LM20-1521-09-14 佛典殘片

唐時期。

LM20-1521-09-15 《阿毘曇毘婆沙論》卷三

北涼浮陀跋摩、道泰譯，CBETA，T28，no.1546，p.20，a23-26。高昌郡時期。

LM20-1521-09-16 佛典注疏

有雙行小字注。高昌國時期。

LM20-1521-09-17 《妙法蓮華經》卷三

姚秦鳩摩羅什譯，CBETA，T09，no.262，p.27，a28-b3。唐時期。

LM20-1521-09-18 殘片

唐時期。

LM20-1521-09-19 《大般涅槃經》卷三一

北涼曇無讖譯，CBETA，T12，no.374，p.549，a7-8。高昌國時期。

LM20-1521-09-20 《大般涅槃經》卷二一

北涼曇無讖譯，CBETA，T12，no.374，p.487，a3-6。高昌國時期。

LM20-1521-10-01 《大般涅槃經》卷四

北涼曇無讖譯，CBETA，T12，no.374，p.385，c3-5。高昌國時期。

LM20-1521-10-02 《金剛般若波羅蜜經》

姚秦鳩摩羅什譯，CBETA，T08，no.235，p.750，c27-28。唐時期。

LM20-1521-10-03 佛典殘片

唐時期。

LM20-1521-10-04 《妙法蓮華經》卷六

姚秦鳩摩羅什譯，CBETA, T09, no.262, p.52, a7-8。唐時期。

LM20-1521-10-05 《金剛般若波羅蜜經》

姚秦鳩摩羅什譯，CBETA, T08, no.235, p.751, b10-11。唐時期。

LM20-1521-10-06 《佛說觀佛三昧海經》卷六

東晉佛陀跋陀羅譯，CBETA, T15, no.643, p.676, c12-14。高昌國時期。

LM20-1521-10-07 《佛說轉女身經》

劉宋曇摩蜜多譯，CBETA, T14, no.564, p.917, b1-3。高昌國時期。

LM20-1521-10-08 佛典殘片

高昌國時期。

LM20-1521-10-09 文書殘片

唐時期。背面有字，無法揭取拍攝。

LM20-1521-10-10 《大般涅槃經》卷三

北涼曇無讖譯，CBETA, T12, no.374, p.385, a6-7。高昌國時期。

LM20-1521-10-11 《龍王兄弟經》

吳支謙譯，CBETA, T15, no.597, p.131, b23-24。高昌國時期。

LM20-1521-10-12 《合部金光明經序》

隋彥琮撰，CBETA, T16, no.664, p.359, b21-22。高昌國時期。

LM20-1521-10-13 佛名經

高昌國時期。

LM20-1521-10-14 《大般涅槃經》卷三二

北涼曇無讖譯，CBETA, T12, no.374, p.558, b17-22。高昌國時期。

LM20-1521-10-15 《大般涅槃經》卷一四

北涼曇無讖譯，CBETA, T12, no.374, p.448, b16-18。高昌國時期。

LM20-1521-10-16 唐名籍

唐時期。

LM20-1521-10-17 《請觀世音菩薩消伏毒害陀羅尼咒經》

東晉竺難提譯，CBETA, T20, no.1043, p.37, b16-17。高昌國時期。

LM20-1521-10-18 《中阿含經》卷二四

東晉僧伽提婆譯，CBETA, T01, no.26, p.579, c6-7。高昌國時期。

LM20-1521-10-19 《悲華經》卷一

北涼曇無讖譯，CBETA, T03, no.157, p.167, b6-7。唐時期。

LM20-1521-10-20 《金光明經》卷二

北涼曇無讖譯，CBETA, T16, no.663, p.344, b20-21。唐時期。

經册七十二

LM20-1521-11-01 《金光明最勝王經》卷四

唐義淨譯，CBETA，T16，no.665，p.420，b7-10。唐時期。

LM20-1521-11-02 佛典殘片

唐時期。

LM20-1521-11-03 《十誦律》卷二八

姚秦弗若多羅譯，CBETA，T23，no.1435，p.201，c20-22。高昌國時期。

LM20-1521-11-04 《大般涅槃經》卷二

北涼曇無讖譯，CBETA，T12，no.374，p.375，a29-b4。唐時期。

LM20-1521-11-05 《妙法蓮華經》卷六

姚秦鳩摩羅什譯，CBETA，T09，no.262，p.46，b28-c1。唐時期。

LM20-1521-11-06 佛典殘片

唐時期。

LM20-1521-11-07 佛教戒律

參劉宋僧璩譯《十誦羯磨比丘要用》，CBETA，T23，no.1439，p.498，b2-6。高昌國時期。

LM20-1521-11-08 佛名經

有朱色捺印佛像。唐時期。

LM20-1521-11-09 《大般涅槃經》卷三

北涼曇無讖譯，CBETA，T12，no.374，p.382，c10-12。高昌郡時期。背面有字，無法揭取拍攝。

LM20-1521-11-10 《古文尚書·湯誓》孔安國傳

參顧頡剛、顧廷龍《尚書文字合編》，上海古籍出版社，1996 年，608 頁。有雙行小字注。唐時期。

LM20-1521-11-11 《十地經論義記》卷二

隋慧遠撰，CBETA，X45，no.753，p.62，b24-c5。唐時期。

LM20-1521-11-12 《大般涅槃經》卷一一

北涼曇無讖譯，CBETA，T12，no.374，p.433，c1-5。高昌國時期。

LM20-1521-11-13 《大般涅槃經》卷九

北涼曇無讖譯，CBETA，T12，no.374，p.418，a12-15。高昌國時期。

LM20-1521-11-14 《大方等大集經》卷一七

北涼曇無讖譯，CBETA，T13，no.397，p.119，b12-16。高昌國時期。

LM20-1521-11-15 佛典殘片

西州回鶻時期。

LM20-1521-11-16 《觀世音經讚》

題金剛藏菩薩撰，據 LM20-1506-C0871c+LM20-1502-C0032 首題定名，參 BD3351。

有雙行小字注。唐時期。

參：嚴世偉 2019，304-340。

LM20-1521-12-01 《妙法蓮華經》卷二

姚秦鳩摩羅什譯，CBETA，T09，no.262，p.12，a11-12。唐時期。

LM20-1521-12-02 字書

有雙行小字注。唐時期。

LM20-1521-12-03 《觀世音經讚》

題金剛藏菩薩撰，據 LM20-1506-C0871c+LM20-1502-C0032 首題定名，參 BD3351。有雙行小字注。唐時期。

參：嚴世偉 2019，304-340。

LM20-1521-12-04 《妙法蓮華經》卷三

姚秦鳩摩羅什譯，CBETA，T09，no.262，p.20，a4-7。唐時期。

LM20-1521-12-05 佛典殘片

唐時期。

LM20-1521-12-06 佛典殘片

唐時期。背面有字，無法揭取拍攝。

LM20-1521-12-07 《大方廣佛花嚴經修慈分》經題

唐提雲般若等譯。唐時期。

LM20-1521-12-08 《大智度論》卷七〇

姚秦鳩摩羅什譯，CBETA，T25，no.1509，p.552，a17-19。高昌國時期。

LM20-1521-12-09 佛典殘片

唐時期。

LM20-1521-12-10 佛典殘片

唐時期。背面有回鶻文，無法揭取拍攝。

參：松井太 2012，57。

LM20-1521-12-11r 《切韻》

有雙行小字注。唐時期。

參：徐維焱 2018，15-16。

LM20-1521-12-11v 《切韻》

有雙行小字注。唐時期。

LM20-1521-12-12 《十誦律》卷二一

姚秦弗若多羅譯，CBETA，T23，no.1435，p.155，c26-29。高昌國時期。

LM20-1521-12-13 《大般涅槃經》卷九

北涼曇無讖譯，CBETA，T12，no.374，p.422，a18-20。唐時期。

LM20-1521-12-14 《悲華經》

北凉曇無讖譯，此段文字多處可見。唐時期。

LM20-1521-12-15 《六度集經》卷七

吴康僧會譯，CBETA，T03，no.152，p.39，b28-c1。唐時期。

LM20-1521-12-16 《大般涅槃經》卷一七

北凉曇無讖譯，CBETA，T12，no.374，p.463，c2-4。唐時期。

LM20-1521-12-17 佛典殘片

高昌國時期。

LM20-1521-12-18 《妙法蓮華經》卷七

姚秦鳩摩羅什譯，CBETA，T09，no.262，p.57，c25-29，"因"作"囙"。唐時期。

LM20-1521-12-19 《放光般若經》

西晉無羅叉譯，此段文字多處可見。唐時期。

LM20-1521-12-20 佛典殘片

第2、3行間夾寫小字"從樹枝下□"。高昌郡時期。

LM20-1521-13-01 佛典殘片

高昌國時期。

LM20-1521-13-02 《妙法蓮華經》卷二

姚秦鳩摩羅什譯，CBETA，T09，no.262，p.11，c4-6。唐時期。

LM20-1521-13-03 維摩詰經注疏

參姚秦鳩摩羅什譯《維摩詰所說經》卷中，CBETA，T14，no.475，p.546，b5-7。西州回

鶻時期。

LM20-1521-13-04 《金光明經》卷一

北凉曇無讖譯，CBETA，T16，no.663，p.340，c7-9。高昌國時期。

LM20-1521-13-05 《佛頂尊勝陀羅尼經》

唐佛陀波利譯，CBETA，T19，no.967，p.350，a12-14。唐時期。

LM20-1521-13-06 《大方等無想經》卷五

北凉曇無讖譯，CBETA，T12，no.387，p.1099，c10-11。高昌郡時期。

LM20-1521-13-07 《大般涅槃經》卷二四

北凉曇無讖譯，CBETA，T12，no.374，p.507，a25-29。高昌郡時期。

LM20-1521-13-08 《妙法蓮華經》卷七

姚秦鳩摩羅什譯，CBETA，T09，no.262，p.60，b24-26。高昌國時期。

LM20-1521-13-09 《佛說除蓋障菩薩所問經》卷二〇

劉宋法顯譯，CBETA，T14，no.489，p.751，b1-4。高昌國時期。

LM20-1521-13-10 《央掘魔羅經》卷四

劉宋求那跋陀羅譯，CBETA，T02，no.120，p.538，a27-b1。唐時期。

LM20-1521-13-11　佛典殘片

唐時期。

LM20-1521-13-12　《大般涅槃經》卷六

北涼曇無讖譯，CBETA，T12，no.374，p.399，c27-29。高昌國時期。

LM20-1521-13-13　《大般涅槃經》卷三

北涼曇無讖譯，CBETA，T12，no.374，p.385，a7-9。高昌郡時期。

LM20-1521-13-14　《梵網經菩薩戒序》

姚秦僧肇撰，CBETA，T24，no.1484，p.1003，a20-23。唐時期。

LM20-1521-13-15　《妙法蓮華經》卷二

姚秦鳩摩羅什譯，CBETA，T09，no.262，p.16，a24-25。唐時期。

LM20-1521-13-16　殘片

高昌國時期。

LM20-1521-13-17　佛典殘片

唐時期。

LM20-1521-14-01　《大智度論》卷九六

姚秦鳩摩羅什譯，CBETA，T25，no.1509，p.728，b18-23。西州回鶻時期。背面有字，無法揭取拍攝。

LM20-1521-14-02　佛典殘片

高昌國時期。

LM20-1521-14-03　《悲華經》卷八

北涼曇無讖譯，CBETA，T03，no.157，p.220，c2-4。高昌國時期。

LM20-1521-14-04　《金光明經》卷二

北涼曇無讖譯，CBETA，T16，no.663，p.343，a8-9。唐時期。

LM20-1521-14-05　《妙法蓮華經》卷四

姚秦鳩摩羅什譯，CBETA，T09，no.262，p.31，c19-20。高昌郡時期。

LM20-1521-14-06　殘片

唐時期。背面有字，無法揭取拍攝。

LM20-1521-14-07　佛典殘片

唐時期。

LM20-1521-14-08　《大般若波羅蜜多經》

唐玄奘譯，此段文字多處可見。唐時期。

LM20-1521-14-09　藥方殘片

唐時期。

经册七十二

LM20-1521-14-10 佛典残片

高昌國時期。

LM20-1521-14-11 佛典論疏

有朱筆句讀。唐時期。

LM20-1521-14-12 《大般若波羅蜜多經》

唐玄奘譯，此段文字多處可見。唐時期。

LM20-1521-14-13 残片

唐時期。

LM20-1521-14-14 《大般若波羅蜜多經》卷四二六

唐玄奘譯，CBETA，T07，no.220，p.140，a5-7。唐時期。

LM20-1521-14-15 《悲華經》卷七

北涼曇無讖譯，CBETA，T03，no.157，p.214，c19-22；卷八，CBETA，T03，no.157，p.216，a19-21。高昌國時期。

LM20-1521-14-16 《道行般若經》卷八

後漢支婁迦讖譯，CBETA，T08，no.224，p.463，c29-p.464，a2。唐時期。

LM20-1521-14-17 《大般若波羅蜜多經》卷一一七

唐玄奘譯，CBETA，T05，no.220，p.643，a3-5。唐時期。

LM20-1521-14-18 佛典残片

高昌國時期。

LM20-1521-14-19 佛名經

唐時期。

LM20-1521-14-20 《金光明經》卷二

北涼曇無讖譯，CBETA，T16，no.663，p.342，a29-b1。高昌國時期。

LM20-1521-15-01 《妙法蓮華經》卷一

姚秦鳩摩羅什譯，CBETA，T09，no.262，p.4，a21-24。高昌國時期。

LM20-1521-15-02 《十方千五百佛名經》

譯者不詳，CBETA，T14，no.442，p.312，b20-21。有水浸痕跡。高昌國時期。

LM20-1521-15-03 《妙法蓮華經》卷七

姚秦鳩摩羅什譯，CBETA，T09，no.262，p.56，a18-19。唐時期。

LM20-1521-15-04 《十方千五百佛名經》

譯者不詳，CBETA，T14，no.442，p.312，b16-17。有水浸痕跡。高昌國時期。

LM20-1521-15-05 《十方千五百佛名經》

譯者不詳，CBETA，T14，no.442，p.312，b4-5。有水浸痕跡。高昌國時期。

LM20-1521-15-06 《十方千五百佛名經》

譯者不詳，CBETA，T14，no.442，p.314，c19-20，"德"作"香"。有水浸痕跡。高昌國時期。

LM20-1521-15-07 《十方千五百佛名經》

譯者不詳，CBETA，T14，no.442，p.312，b20-22。有水浸痕跡。高昌國時期。

LM20-1521-15-08 《雜阿毘曇心論》卷二

劉宋僧伽跋摩等譯，CBETA，T28，no.1552，p.886，b28-c1。高昌國時期。背面有字，無法揭取拍攝。

LM20-1521-15-09 《妙法蓮華經》卷四

姚秦鳩摩羅什譯，CBETA，T09，no.262，p.27，c5。唐時期。

LM20-1521-15-10 佛典殘片

西州回鶻時期。

LM20-1521-15-11 佛典殘片

唐時期。

LM20-1521-15-12 《大般涅槃經》卷上

東晉法顯譯，CBETA，T01，no.7，p.193，c5-6。高昌國時期。

LM20-1521-15-13 殘片

唐時期。

LM20-1521-15-14 佛典殘片

西州回鶻時期。

LM20-1521-15-15 佛典殘片

唐時期。

LM20-1521-15-16 佛典殘片

印本。有貼附殘片，無法揭取。西州回鶻時期。

LM20-1521-15-17 殘片

唐時期。

LM20-1521-15-18 佛典殘片

唐時期。

LM20-1521-15-19 佛典殘片

唐時期。

LM20-1521-15-20 佛典殘片

唐時期。

LM20-1521-15-21 佛典殘片

西州回鶻時期。背面有字，無法揭取拍攝。

LM20-1521-15-22 佛典殘片

高昌國時期。

经册七十二

LM20-1521-15-23 佛典残片
唐時期。

LM20-1521-15-24 佛典残片
高昌國時期。

LM20-1521-16-01 佛典残片
高昌國時期。

LM20-1521-16-02 佛典残片
西州回鶻時期。

LM20-1521-16-03 佛典残片
西州回鶻時期。

LM20-1521-16-04 佛典残片
唐時期。

LM20-1521-16-05 佛典残片
高昌國時期。

LM20-1521-16-06 佛典残片
高昌國時期。

LM20-1521-16-07 佛典残片
高昌國時期。

LM20-1521-16-08 《南陽和尚問答雜徵義》
唐劉澄集。唐時期。背面有字，無法揭取拍攝。
参：李昀 2019，282、286-287、301。

LM20-1521-16-09 佛典残片
高昌國時期。

LM20-1521-16-10 佛典残片
高昌郡時期。

LM20-1521-16-11 《妙法蓮華經》卷六
姚秦鳩摩羅什譯，CBETA，T09，no.262，p.47，b17-19。唐時期。

LM20-1521-16-12 佛典残片
高昌國時期。

LM20-1521-16-13 佛典残片
西州回鶻時期。背面有字，無法揭取拍攝。

LM20-1521-16-14 佛典残片
唐時期。

LM20-1521-16-15 《大般涅槃經》卷三五

北凉曇無讖譯，CBETA，T12，no.374，p.569，c24-25。唐時期。

LM20-1521-16-16　佛典殘片

高昌國時期。

LM20-1521-16-17　《摩訶般若波羅蜜經》卷一六

姚秦鳩摩羅什譯，CBETA，T08，no.223，p.337，c29-p.338，a1。高昌國時期。

LM20-1521-16-18　《大般涅槃經》卷一〇

北凉曇無讖譯，CBETA，T12，no.374，p.426，c17-18。高昌國時期。

LM20-1521-16-19　《中阿含經》卷二九

東晉僧伽提婆譯，CBETA，T01，no.26，p.610，a5。唐時期。背面有字，無法揭取拍攝。

LM20-1521-16-20　佛典殘片

高昌國時期。

LM20-1521-16-21　佛典殘片

唐時期。

LM20-1521-16-22　佛典殘片

高昌國時期。

LM20-1521-16-23　《妙法蓮華經》卷五

姚秦鳩摩羅什譯，CBETA，T09，no.262，p.41，a19-21。唐時期。

LM20-1521-16-24　《佛說無量壽經》卷上

曹魏康僧鎧譯，CBETA，T12，no.360，p.270，c9。高昌國時期。

LM20-1521-17-01　佛典殘片

唐時期。背面有回鶻文，無法揭取拍攝。

參：松井太 2012，57-58。

LM20-1521-17-02　《妙法蓮華經》卷三

姚秦鳩摩羅什譯，CBETA，T09，no.262，p.26，c1-3。唐時期。

LM20-1521-17-03　殘片

唐時期。

LM20-1521-17-04　佛典殘片

高昌郡時期。

LM20-1521-17-05　佛典殘片

唐時期。

LM20-1521-17-06　殘片

唐時期。

LM20-1521-17-07　佛典殘片

唐時期。

LM20-1521-17-08 捺印佛像残片

唐時期。

LM20-1521-17-09 残片

唐時期。

LM20-1521-17-10 佛典残片

高昌國時期。背面有回鶻文，無法揭取拍攝。

參：松井太 2012，57-58。

LM20-1521-17-11 《大般涅槃經》卷三八

北涼曇無讖譯，CBETA，T12，no.374，p.589，a13-14。高昌國時期。

LM20-1521-17-12 佛典残片

唐時期。

LM20-1521-17-13 《大般涅槃經》卷二二

北涼曇無讖譯，CBETA，T12，no.374，p.496，c10-11。高昌國時期。

LM20-1521-17-14 佛典残片

高昌國時期。

LM20-1521-17-15 佛典残片

高昌國時期。

LM20-1521-17-16 《中阿含經》卷三〇

東晉僧伽提婆譯，CBETA，T01，no.26，p.622，b7。唐時期。

LM20-1521-17-17 佛典残片

高昌郡時期。

LM20-1521-17-18 《合部金光明經》卷二

梁真諦譯，隋寶貴合，CBETA，T16，no.664，p.371，a3-5。唐時期。

LM20-1521-17-19 佛典残片

參唐伽梵達摩譯《千手千眼觀世音菩薩廣大圓滿無礙大悲心陀羅尼經》，CBETA，T20，no.1060，p.110，b9-12。西州回鶻時期。

LM20-1521-17-20 《摩訶般若波羅蜜經》

姚秦鳩摩羅什譯，此段文字多處可見。高昌國時期。

LM20-1521-17-21 《法華經義記》卷六

梁法雲撰，CBETA，T33，no.1715，p.641，b4-6。高昌國時期。

LM20-1521-17-22 佛典残片

唐時期。

LM20-1521-17-23 佛典残片

唐時期。

LM20-1521-17-24 佛典残片

唐時期。

LM20-1521-18-01 《維摩詰所說經》卷下

姚秦鳩摩羅什譯，CBETA，T14，no.475，p.556，c2-3。高昌國時期。背面有字，無法揭取拍攝。

LM20-1521-18-02 佛典殘片

唐時期。

LM20-1521-18-03 《大般涅槃經》卷三一

北涼曇無識譯，CBETA，T12，no.374，p.548，c20-22。高昌國時期。

LM20-1521-18-04 《佛爲心王菩薩説頭陀經》

作者不詳，CBETA，ZW01，no.8，p.282，a8-9。唐時期。

LM20-1521-18-05 佛典殘片

高昌國時期。

LM20-1521-18-06 佛典殘片

唐時期。

LM20-1521-18-07 佛典殘片

高昌郡時期。

LM20-1521-18-08 《佛說佛名經》卷四

譯者不詳，CBETA，T14，no.441，p.204，c26-27。西州回鶻時期。

LM20-1521-18-09 佛典殘片

唐時期。

LM20-1521-18-10 佛典注疏

高昌國時期。

LM20-1521-18-11 佛典殘片

唐時期。

LM20-1521-18-12 佛典殘片

唐時期。

LM20-1521-18-13 佛典殘片

唐時期。

LM20-1521-18-14 《寶雲經》卷二

梁曼陀羅仙譯，CBETA，T16，no.658，p.219，c27-29。高昌國時期。

LM20-1521-18-15 佛典殘片

唐時期。

LM20-1521-18-16 佛典殘片

唐時期。

LM20-1521-18-17 佛典殘片

高昌國時期。

LM20-1521-18-18 《妙法蓮華經》卷六

姚秦鳩摩羅什譯，CBETA，T09，no.262，p.47，b13-15。高昌郡時期。背面有字，無法揭取拍攝。

LM20-1521-18-19 佛典殘片

高昌國時期。

LM20-1521-18-20 佛典殘片

高昌國時期。

LM20-1521-18-21 佛典殘片

高昌國時期。

LM20-1521-18-22 《大智度論》卷二四

姚秦鳩摩羅什譯，CBETA，T25，no.1509，p.238，a19-20。高昌國時期。

LM20-1521-18-23 佛典殘片

唐時期。

LM20-1521-18-24 殘片

高昌國時期。

LM20-1521-19-01 《小品般若波羅蜜經》卷九

姚秦鳩摩羅什譯，CBETA，T08，no.227，p.578，b1-3。高昌國時期。

LM20-1521-19-02 佛典殘片

唐時期。

LM20-1521-19-03 《妙法蓮華經》卷二

姚秦鳩摩羅什譯，CBETA，T09，no.262，p.13，c11-13。唐時期。

LM20-1521-19-04 佛典殘片

西州回鶻時期。

LM20-1521-19-05 《出曜經》卷九

姚秦竺佛念譯，CBETA，T04，no.212，p.657，a5-6。唐時期。

LM20-1521-19-06 《大般涅槃經》卷一九

北涼曇無讖譯，CBETA，T12，no.374，p.474，b9-10。唐時期。

LM20-1521-19-07 佛典殘片

西州回鶻時期。

LM20-1521-19-08 佛典殘片

唐時期。

LM20-1521-19-09 佛典殘片

高昌國時期。

LM20-1521-19-10 殘片

唐時期。

LM20-1521-19-11 佛典殘片

高昌國時期。

LM20-1521-19-12 《觀世音經讚》

題金剛藏菩薩撰，據 LM20-1506-C0871c+LM20-1502-C0032 首題定名，參 BD3351。有雙行小字注。唐時期。

參：嚴世偉 2019，304-340。

LM20-1521-19-13 《觀世音經讚》

題金剛藏菩薩撰，據 LM20-1506-C0871c+LM20-1502-C0032 首題定名，參 BD3351。有雙行小字注。唐時期。

參：嚴世偉 2019，304-340。

LM20-1521-19-14 佛典殘片

唐時期。

LM20-1521-19-15 《大般涅槃經》卷一〇

北涼曇無讖譯，CBETA，T12，no.374，p.428，a11-13。唐時期。

LM20-1521-19-16 《大般若波羅蜜多經》卷四三

唐玄奘譯，CBETA，T05，no.220，p.241，a8-10。唐時期。

LM20-1521-19-17 《佛說華手經》

姚秦鳩摩羅什譯，此段文字多處可見。高昌郡時期。

LM20-1521-19-18r 《妙法蓮華經》卷五

姚秦鳩摩羅什譯，CBETA，T09，no.262，p.46，a26-b3。西州回鶻時期。

LM20-1521-19-18v 《妙法蓮華經》卷六

姚秦鳩摩羅什譯，CBETA，T09，no.262，p.46，b23-28。無法揭取拍攝。

LM20-1521-19-19 《中阿含經》卷四〇

東晉僧伽提婆譯，CBETA，T01，no.26，p.684，c3-4。唐時期。

LM20-1521-19-20 佛典殘片

唐時期。

LM20-1521-19-21 藥方殘片

唐時期。

LM20-1521-19-22 佛典殘片

唐時期。

经册七十二

LM20-1521-19-23　佛典残片
　唐時期。

LM20-1521-19-24　《佛說觀佛三昧海經》卷九
　東晉佛陀跋陀羅譯，CBETA，T15，no.643，p.687，b23-25。西州回鶻時期。

LM20-1521-20-01　佛典残片
　西州回鶻時期。

LM20-1521-20-02　《妙法蓮華經》卷二
　姚秦鳩摩羅什譯，CBETA，T09，no.262，p.11，c12-13。唐時期。

LM20-1521-20-03　《佛說灌頂經》卷一二
　東晉帛尸梨蜜多羅譯，CBETA，T21，no.1331，p.532，c12-13。唐時期。

LM20-1521-20-04　殘片
　唐時期。

LM20-1521-20-05　佛典殘片
　唐時期。

LM20-1521-20-06　佛典殘片
　西州回鶻時期。

LM20-1521-20-07　佛典殘片
　唐時期。

LM20-1521-20-08　佛典殘片
　唐時期。

LM20-1521-20-09　《維摩詰所說經》卷上
　姚秦鳩摩羅什譯，CBETA，T14，no.475，p.541，c25-26。唐時期。

LM20-1521-20-10　佛典殘片
　唐時期。

LM20-1521-20-11　佛典殘片
　唐時期。

LM20-1521-20-12　佛典殘片
　唐時期。

LM20-1521-20-13　佛典殘片
　高昌國時期。

LM20-1521-20-14　捺印佛像殘片
　西州回鶻時期。

LM20-1521-20-15　佛典殘片
　高昌國時期。

旅順博物館藏新疆出土漢文文獻

LM20-1521-20-16 《大般若波羅蜜多經》卷五一〇

唐玄奘譯，CBETA，T07，no.220，p.603，b24-25。唐時期。

LM20-1521-20-17 佛典殘片

唐時期。

LM20-1521-20-18 佛典殘片

唐時期。

LM20-1521-20-19 佛典殘片

唐時期。

LM20-1521-20-20 佛典殘片

唐時期。

LM20-1521-20-21 佛典殘片

唐時期。

LM20-1521-20-22 佛典殘片

高昌國時期。

LM20-1521-20-23 《大智度論》卷九〇

姚秦鳩摩羅什譯，CBETA，T25，no.1509，p.695，c9-10。高昌國時期。

LM20-1521-20-24 《妙法蓮華經》卷七

姚秦鳩摩羅什譯，CBETA，T09，no.262，p.61，a18-20。高昌郡時期。

LM20-1521-21-01 佛典殘片

高昌國時期。

LM20-1521-21-02 《妙法蓮華經》卷四

姚秦鳩摩羅什譯，CBETA，T09，no.262，p.33，b27-28。唐時期。

LM20-1521-21-03 佛典殘片

高昌國時期。

LM20-1521-21-04 《摩訶般若波羅蜜經》卷九

姚秦鳩摩羅什譯，CBETA，T08，no.223，p.287，b5-6。高昌國時期。

LM20-1521-21-05 《大般若波羅蜜多經》

唐玄奘譯，此段文字多處可見。唐時期。

LM20-1521-21-06 佛典殘片

唐時期。

LM20-1521-21-07 佛典殘片

唐時期。

LM20-1521-21-08 佛典殘片

高昌國時期。

經册七十二

LM20-1521-21-09 《佛頂尊勝陀羅尼經》

唐佛陀波利譯，CBETA，T19，no.967，p.350，a19-20。唐時期。

LM20-1521-21-10 《大般涅槃經》卷四〇

北涼曇無讖譯，CBETA，T12，no.374，p.603，b9-11。高昌國時期。

LM20-1521-21-11 《大般涅槃經》卷一〇

北涼曇無讖譯，CBETA，T12，no.374，p.424，a12-14。高昌國時期。

LM20-1521-21-12 佛典殘片

高昌國時期。

LM20-1521-21-13 《妙法蓮華經》卷七

姚秦鳩摩羅什譯，CBETA，T09，no.262，p.57，c24-26。唐時期。

LM20-1521-21-14 《大般涅槃經》卷三二

北涼曇無讖譯，CBETA，T12，no.374，p.558，c3-6。高昌國時期。

LM20-1521-21-15 《大般若波羅蜜多經》

唐玄奘譯，此段文字多處可見。唐時期。

LM20-1521-21-16 《大般若波羅蜜多經》卷五八五

唐玄奘譯，此段文字多處可見。唐時期。

LM20-1521-21-17 《注維摩詰經》卷九

姚秦僧肇撰，CBETA，T38，no.1775，p.404，b26-29。有雙行小字注。唐時期。

LM20-1521-21-18 《大方廣佛華嚴經》卷一七（五十卷本）

東晉佛陀跋陀羅譯，《中華大藏經》第12册，210c13-15；參 CBETA，T09，no.278，p.528，b18-20。高昌國時期。

LM20-1521-21-19 佛典殘片

高昌國時期。

LM20-1521-21-20 《妙法蓮華經》卷二

姚秦鳩摩羅什譯，CBETA，T09，no.262，p.11，b16-17。唐時期。

LM20-1521-21-21 《大般涅槃經》卷一一

北涼曇無讖譯，CBETA，T12，no.374，p.431，b26-27。唐時期。

LM20-1521-21-22 《佛説無量壽經》卷下

曹魏康僧鎧譯，CBETA，T12，no.360，p.275，b14-16。高昌國時期。

LM20-1521-21-23 佛典殘片

高昌國時期。

LM20-1521-21-24 《佛説七千佛神符經》

作者不詳，CBETA，T85，no.2904，p.1446，b25。唐時期。

LM20-1521-22-01 《妙法蓮華經》卷七

姚秦鸠摩罗什译，CBETA，T09，no.262，p.61，c8-10，"术"作"率"。高昌國時期。

LM20-1521-22-02 《大方廣佛華嚴經》卷四四（五十卷本）

東晉佛陀跋陀羅譯，《中華大藏經》第12册，538a17-19；參CBETA，T09，no.278，p.732，c26-27。高昌郡時期。

LM20-1521-22-03 佛典殘片

唐時期。

LM20-1521-22-04 《大般涅槃經》卷二

北涼曇無讖譯，CBETA，T12，no.374，p.377，b3-5。高昌郡時期。

LM20-1521-22-05 《大智度論》卷七五

姚秦鳩摩羅什譯，CBETA，T25，no.1509，p.590，b27-c1。高昌國時期。

LM20-1521-22-06 《金剛般若波羅蜜經》

元魏菩提流支譯，CBETA，T08，no.236a，p.754，c9-11。唐時期。

LM20-1521-22-07 《大般涅槃經》卷一六

北涼曇無讖譯，CBETA，T12，no.374，p.459，c18-20。高昌國時期。

LM20-1521-22-08 佛典殘片

高昌國時期。

LM20-1521-22-09 《長阿含經》卷一五

姚秦佛陀耶舍、竺佛念譯，CBETA，T01，no.1，p.96，b14-18。印本。西州回鶻時期。

LM20-1521-22-10 佛典注疏

唐時期。

LM20-1521-22-11 佛典殘片

唐時期。

LM20-1521-22-12 佛典殘片

高昌國時期。

LM20-1521-22-13 佛典殘片

印本。西州回鶻時期。

LM20-1521-22-14 佛典殘片

唐時期。

LM20-1521-22-15 佛典注疏

西州回鶻時期。

LM20-1521-22-16 佛典殘片

高昌國時期。

LM20-1521-22-17 《十方千五百佛名經》

譯者不詳，CBETA，T14，no.442，p.312，c1-3。有水浸痕跡。高昌國時期。

經册七十二

LM20-1521-23-01 《佛說法集經》卷一

元魏菩提流支譯，CBETA，T17，no.761，p.614，a27-29。唐時期。

LM20-1521-23-02 《金剛般若波羅蜜經論》卷中

元魏菩提流支譯，CBETA，T25，no.1511，p.789，c7-9。高昌國時期。

LM20-1521-23-03 佛典殘片

西州回鶻時期。

LM20-1521-23-04 佛典殘片

高昌國時期。

LM20-1521-23-05 《觀世音經讚》

題金剛藏菩薩撰，據 LM20-1506-C0871c+LM20-1502-C0032 首題定名，參 BD3351。有雙行小字注。唐時期。

參：嚴世偉 2019，304-340。

LM20-1521-23-06 《小品般若波羅蜜經》卷七

姚秦鳩摩羅什譯，CBETA，T08，no.227，p.567，c1-3。高昌國時期。

LM20-1521-23-07 佛典殘片

西州回鶻時期。

LM20-1521-23-08 《大般若波羅蜜多經》卷一八四

唐玄奘譯，CBETA，T05，no.220，p.989，b28-29，"足"作"行"。唐時期。

LM20-1521-23-09 佛典殘片

唐時期。

LM20-1521-23-10 佛典殘片

唐時期。

LM20-1521-23-11 佛典殘片

唐時期。

LM20-1521-23-12 《維摩詰所說經》卷上

姚秦鳩摩羅什譯，CBETA，T14，no.475，p.543，b15-18。唐時期。

LM20-1521-23-13 《佛說灌頂拔除過罪生死得度經》

參東晉帛尸梨蜜多羅譯《佛說灌頂經》卷一二，CBETA，T21，no.1331，p.535，c3-5。高昌國時期。

LM20-1521-23-14 《觀世音經讚》

題金剛藏菩薩撰，據 LM20-1506-C0871c+LM20-1502-C0032 首題定名，參 BD3351。有雙行小字注。唐時期。

參：嚴世偉 2019，304-340。

LM20-1521-23-15 《佛說灌頂拔除過罪生死得度經》

东晋帛尸梨蜜多罗译《佛说灌顶经》卷一二，CBETA, T21, no.1331, p.535, a8-10，"诵读"作"读"。高昌国时期。

LM20-1521-23-16 《大般涅槃经》卷二一

北凉昙无谶译，CBETA, T12, no.374, p.490, a25-26。高昌国时期。

LM20-1521-23-17 佛典残片

唐时期。

LM20-1521-23-18 《妙法莲华经》卷五

姚秦鸠摩罗什译，CBETA, T09, no.262, p.42, b18-20。唐时期。

LM20-1521-23-19 佛典残片

唐时期。

LM20-1521-23-20 《大般涅槃经》卷三五

北凉昙无谶译，CBETA, T12, no.374, p.569, a22-24。唐时期。

LM20-1521-23-21 佛典残片

高昌国时期。背面有字，无法揭取拍摄。

LM20-1521-23-22 佛典残片

高昌国时期。背面有字，无法揭取拍摄。

LM20-1521-23-23 《妙法莲华经》卷六

姚秦鸠摩罗什译，CBETA, T09, no.262, p.53, a2-4。唐时期。

LM20-1521-23-24 《大般若波罗蜜多经》

唐玄奘译，此段文字多处可见。唐时期。

LM20-1521-24-01 《妙法莲华经》卷五

姚秦鸠摩罗什译，CBETA, T09, no.262, p.45, c10-12。高昌国时期。

LM20-1521-24-02 《三无性论》卷上

陈真谛译，CBETA, T31, no.1617, p.871, a22-25。西州回鹘时期。

LM20-1521-24-03 佛典残片

唐时期。

LM20-1521-24-04 佛典残片

唐时期。

LM20-1521-24-05 佛典残片

高昌国时期。

LM20-1521-24-06 佛典残片

唐时期。

LM20-1521-24-07 《妙法莲华经》卷二

姚秦鸠摩罗什译，CBETA, T09, no.262, p.12, c9-10。唐时期。

LM20-1521-24-08 《妙法蓮華經》卷一

姚秦鳩摩羅什譯，CBETA，T09，no.262，p.2，b13-15。高昌國時期。

LM20-1521-24-09 《大智度論》卷二

姚秦鳩摩羅什譯，CBETA，T25，no.1509，p.71，a10-13。唐時期。

LM20-1521-24-10 佛典殘片

高昌郡時期。

LM20-1521-24-11 佛典殘片

唐時期。

LM20-1521-24-12 殘片

唐時期。

LM20-1521-24-13 《妙法蓮華經》卷一

姚秦鳩摩羅什譯，CBETA，T09，no.262，p.8，c3-7。唐時期。

LM20-1521-24-14 《大般涅槃經》卷二三

北涼曇無讖譯，CBETA，T12，no.374，p.503，b20-22。高昌國時期。

LM20-1521-24-15 《佛本行集經》卷五〇

隋闍那崛多譯，CBETA，T03，no.190，p.886，b21-24。高昌國時期。

參：段真子 2019，170。

LM20-1521-24-16 《金剛般若波羅蜜經》

元魏菩提流支譯，CBETA，T08，no.236，p.755，b29-c1。唐時期。

LM20-1521-24-17 《大般涅槃經》卷二〇

北涼曇無讖譯，CBETA，T12，no.374，p.481，a15-17。高昌國時期。

LM20-1521-25-01 《合部金光明經》卷四

北涼曇無讖譯，隋寶貴合，CBETA，T16，no.664，p.381，c14-15。唐時期。

LM20-1521-25-02 佛典殘片

高昌國時期。

LM20-1521-25-03 《金剛般若波羅蜜經》

姚秦鳩摩羅什譯，CBETA，T08，no.235，p.751，b14-15。唐時期。

LM20-1521-25-04a 《大般涅槃經》卷三五

北涼曇無讖譯，CBETA，T12，no.374，p.572，b8-9。高昌國時期。

LM20-1521-25-04b 佛典殘片

高昌國時期。

LM20-1521-25-05 佛典殘片

高昌國時期。

LM20-1521-25-06 佛典殘片

唐時期。

LM20-1521-25-07 《金光明經》卷四

北凉曇無讖譯，CBETA，T16，no.663，p.357，b6-10。高昌國時期。

LM20-1521-25-08r 佛典殘片

有雙行小字注。西州回鶻時期。

LM20-1521-25-08v 唐西州户籍

唐時期。

LM20-1521-25-09 《佛說維摩詰經》卷上

吴支謙譯，CBETA，T14，no.474，p.521，c12-14。唐時期。

LM20-1521-25-10 佛典殘片

高昌國時期。

LM20-1521-25-11 《大般若波羅蜜多經》

唐玄奘譯，此段文字多處可見。唐時期。

LM20-1521-25-12 佛典殘片

唐時期。

LM20-1521-25-13 《妙法蓮華經》卷七

姚秦鳩摩羅什譯，CBETA，T09，no.262，p.60，a22-26，"婆"作"鉢"。唐時期。

LM20-1521-25-14 佛典殘片

高昌國時期。

LM20-1521-25-15 《妙法蓮華經》卷一

姚秦鳩摩羅什譯，CBETA，T09，no.262，p.9，b5-7。高昌國時期。

LM20-1521-25-16 《金剛般若波羅蜜經》

姚秦鳩摩羅什譯，CBETA，T08，no.235，p.750，a7-8。唐時期。

LM20-1521-25-17 《一切經音義》卷三

唐玄應撰，CBETA，C056，no.1163，p.858，b18-20。唐時期。

LM20-1521-25-18 佛典殘片

高昌國時期。

LM20-1521-25-19 《賢愚經》卷一三

元魏慧覺等譯，CBETA，T04，no.202，p.441，c15-19。西州回鶻時期。背面有字，無法揭取拍攝。

LM20-1521-25-20 佛典殘片

高昌國時期。

LM20-1521-25-21 佛典殘片

高昌郡時期。

LM20-1521-25-22 《太上洞玄靈寶業報因緣經》卷九

作者不詳，與敦煌本 S.861 第 7-9 行同。唐時期。

參：趙洋 2017a，189；趙洋 2017b，199，201。

LM20-1521-25-23 佛典殘片

高昌國時期。

LM20-1521-25-24 佛典殘片

唐時期。

LM20-1521-26-01 《佛本行集經》卷五七

隋闍那崛多譯，CBETA，T03，no.190，p.916，b26-28。高昌國時期。

LM20-1521-26-02 佛典殘片

西州回鶻時期。

LM20-1521-26-03 《佛說灌頂經》卷一二

東晉帛尸梨蜜多羅譯，CBETA，T21，no.1331，p.532，c18-19。唐時期。

LM20-1521-26-04 《佛說灌頂經》卷一二

東晉帛尸梨蜜多羅譯，CBETA，T21，no.1331，p.534，a7-9。唐時期。

LM20-1521-26-05 佛典殘片

高昌郡時期。背面有字，無法揭取拍攝。

LM20-1521-26-06 佛典殘片

高昌國時期。

LM20-1521-26-07 佛典殘片

西州回鶻時期。

LM20-1521-26-08 《妙法蓮華經》卷五

姚秦鳩摩羅什譯，CBETA，T09，no.262，p.39，b9-12。唐時期。

LM20-1521-26-09 佛典殘片

唐時期。

LM20-1521-26-10 佛典殘片

高昌國時期。

LM20-1521-26-11 《雜寶藏經》卷二

元魏吉伽夜、曇曜譯，CBETA，T04，no.203，p.459，c15-17。高昌國時期。

LM20-1521-26-12 佛典殘片

西州回鶻時期。

LM20-1521-26-13 佛典殘片

唐時期。

LM20-1521-26-14 佛典殘片

唐時期。

LM20-1521-26-15ar　残片

唐時期。

LM20-1521-26-15av　残片

唐時期。

LM20-1521-26-15br　残片

唐時期。

LM20-1521-26-15bv　残片

唐時期。

LM20-1521-26-16　《佛本行集經》卷三七

隋闍那崛多譯，CBETA，T03，no.190，p.827，a18-19。唐時期。

参：段真子 2019，166。

LM20-1521-26-17　《大智度論》卷八五

姚秦鳩摩羅什譯，CBETA，T25，no.1509，p.652，b16-17。高昌國時期。

LM20-1521-26-18　《大般涅槃經》卷三

北涼曇無讖譯，CBETA，T12，no.374，p.383，b27-c1。高昌郡時期。

LM20-1521-26-19　《大般涅槃經》卷六

北涼曇無讖譯，CBETA，T12，no.374，p.400，b15-16。唐時期。

LM20-1521-26-20　《大般涅槃經》卷一二

北涼曇無讖譯，CBETA，T12，no.374，p.439，c4-6。唐時期。

LM20-1521-27-01　《大般涅槃經》卷一〇

北涼曇無讖譯，CBETA，T12，no.374，p.424，a14-15。高昌國時期。

LM20-1521-27-02　佛典残片

高昌國時期。

LM20-1521-27-03　佛典残片

高昌國時期。

LM20-1521-27-04　《佛說五無反復經》

劉宋沮渠京聲譯，CBETA，T17，no.751a，p.573，a12-13。唐時期。

LM20-1521-27-05　《大般若波羅蜜多經》卷五八四

唐玄奘譯，CBETA，T07，no.220，p.1022，b12-13。印本。西州回鶻時期。

LM20-1521-27-06　《成實論》卷二

姚秦鳩摩羅什譯，CBETA，T32，no.1646，p.252，c9-12。唐時期。

LM20-1521-27-07　《妙法蓮華經》卷一

姚秦鳩摩羅什譯，CBETA，T09，no.262，p.2，a28。唐時期。

经册七十二

LM20-1521-27-08 《一切經音義》卷六

唐玄應撰，CBETA，C56，no.1163，p.912，b16-c10。西州回鹘時期。背面有回鹘文，無法揭取拍攝。

LM20-1521-27-09 《佛說成具光明定意經》

後漢支曜譯，CBETA，T15，no.630，p.455，c9-10。高昌國時期。背面有字，無法揭取拍攝。

LM20-1521-27-10 佛典殘片

高昌國時期。

LM20-1521-27-11 《大莊嚴論經》卷五

姚秦鳩摩羅什譯，CBETA，T04，no.201，p.286，b18-21。唐時期。

LM20-1521-27-12 《妙法蓮華經》卷四

姚秦鳩摩羅什譯，CBETA，T09，no.262，p.35，b15-18。唐時期。

LM20-1521-27-13 《大般涅槃經》卷三二

北凉曇無讖譯，CBETA，T12，no.374，p.554，a24-25。高昌國時期。

LM20-1521-27-14 《大般涅槃經》卷二五

北凉曇無讖譯，CBETA，T12，no.374，p.517，c3-4。唐時期。

LM20-1521-27-15 《妙法蓮華經》卷一

姚秦鳩摩羅什譯，CBETA，T09，no.262，p.7，b26-27。唐時期。

LM20-1521-27-16 佛典殘片

唐時期。

LM20-1521-27-17 《大寶積經》卷九三

姚秦鳩摩羅什譯，CBETA，T11，no.310，p.529，a26-28。唐時期。

LM20-1521-27-18 《太上洞玄靈寶真文度人本行妙經》

作者不詳，與敦煌本 P.3022v 第 31-33 行同。唐時期。

參：趙洋 2017a，187；趙洋 2017b，194。

LM20-1521-27-19 《大般涅槃經》卷一〇

北凉曇無讖譯，CBETA，T12，no.374，p.424，c13-16。唐時期。

LM20-1521-27-20 《金光明經》卷二

北凉曇無讖譯，CBETA，T16，no.663，p.344，b1-5。高昌郡時期。

LM20-1521-28-01 佛典殘片

高昌國時期。

LM20-1521-28-02 佛典殘片

唐時期。

LM20-1521-28-03 佛典殘片

唐時期。

LM20-1521-28-04 《合部金光明經》卷三

梁真諦譯，隋寶貴合，CBETA，T16，no.664，p.372，c11-13。唐時期。

LM20-1521-28-05 佛典殘片

唐時期。

LM20-1521-28-06 《大般涅槃經》卷一五

北涼曇無讖譯，CBETA，T12，no.374，p.455，c4-7。高昌郡時期。

LM20-1521-28-07 《梵網經》卷下

姚秦鳩摩羅什譯，CBETA，T24，no.1484，p.1003，a21-22。唐時期。

LM20-1521-28-08 佛典殘片

高昌國時期。

LM20-1521-28-09 殘片

高昌國時期。

LM20-1521-28-10 佛典殘片

西州回鶻時期。

LM20-1521-28-11 《大方廣佛華嚴經》卷五（五十卷本）

東晉佛陀跋陀羅譯，《中華大藏經》第12冊，55a15-17；參 CBETA，T09，no.278，p.429，c17-20。高昌國時期。

LM20-1521-28-12 《大般涅槃經》卷七

北涼曇無讖譯，CBETA，T12，no.374，p.405，a2-4。高昌國時期。

LM20-1521-28-13 《大般涅槃經》卷二一

北涼曇無讖譯，CBETA，T12，no.374，p.487，c2-3。唐時期。

LM20-1521-28-14 佛典殘片

高昌國時期。

LM20-1521-28-15 佛典殘片

唐時期。

LM20-1521-28-16 佛典殘片

高昌國時期。

LM20-1521-28-17 佛典殘片

高昌國時期。

LM20-1521-28-18 佛典殘片

高昌國時期。

LM20-1521-29-01 佛典殘片

高昌國時期。

LM20-1521-29-02 《妙法蓮華經》卷二

姚秦鳩摩羅什譯，CBETA，T09，no.262，p.18，c6-8。高昌國時期。

LM20-1521-29-03　《妙法蓮華經》卷七

姚秦鳩摩羅什譯，CBETA，T09，no.262，p.56，c2-4。唐時期。

LM20-1521-29-04　佛典殘片

高昌國時期。

LM20-1521-29-05　殘片

西州回鶻時期。背面有字，無法揭取拍攝。

LM20-1521-29-06　《大般涅槃經》卷三

北涼曇無讖譯，CBETA，T12，no.374，p.381，a29-b1。高昌國時期。

LM20-1521-29-07　《妙法蓮華經》卷一

姚秦鳩摩羅什譯，CBETA，T09，no.262，p.2，b13-14。高昌國時期。

LM20-1521-29-08　《大方等大集經》卷一三

北涼曇無讖譯，CBETA，T13，no.397，p.91，c5-7。唐時期。

LM20-1521-29-09　《大般涅槃經》

北涼曇無讖譯，此段文字多處可見。高昌國時期。

LM20-1521-29-10　佛典殘片

參藏川述《佛說預修十王生七經》，CBETA，X01，no.21，p.408，c3-4。西州回鶻時期。

LM20-1521-29-11r　佛典殘片

高昌國時期。

LM20-1521-29-11v　《律戒本疏》

作者不詳，CBETA，T85，no.2788，p.641，c25-p.642，a2。唐時期。無法揭取拍攝。

LM20-1521-29-12　《金剛般若波羅蜜經》

姚秦鳩摩羅什譯，CBETA，T08，no.235，p.749，b22-26。唐時期。

LM20-1521-29-13　佛典殘片

唐時期。

LM20-1521-29-14　《佛說灌頂經》卷一二

東晉帛尸梨蜜多羅譯，CBETA，T21，no.1331，p.534，c1-4。唐時期。

LM20-1521-29-15　文書殘片

西州回鶻時期。

LM20-1521-29-16　《大般涅槃經》卷二

北涼曇無讖譯，CBETA，T12，no.374，p.375，c12-15。高昌國時期。

LM20-1521-29-17　佛典殘片

參元魏菩提流支譯《無字寶篋經》，CBETA，T17，no.828，p.872，b10-11。西州回鶻時期。

LM20-1521-30-01　《大般涅槃經》卷二一

北凉曇無識譯，CBETA，T12，no.374，p.493，a19–20。高昌國時期。

LM20-1521-30-02 《金光明經》卷四

北凉曇無識譯，CBETA，T16，no.663，p.355，b6。高昌國時期。

LM20-1521-30-03 《大般涅槃經》卷三三

北凉曇無識譯，CBETA，T12，no.374，p.561，a28–b2。高昌國時期。

LM20-1521-30-04 《大方廣佛華嚴經》卷五（五十卷本）

東晉佛陀跋陀羅譯，《中華大藏經》第12册，56a20–22；參 CBETA，T09，no.278，p.430，c7–9。高昌郡時期。

LM20-1521-30-05 《妙法蓮華經》卷二

姚秦鳩摩羅什譯，CBETA，T09，no.262，p.18，c9–13。高昌國時期。

LM20-1521-30-06 《法華經玄贊攝釋》卷四

唐智周撰，CBETA，X34，no.636，p.111，c7–11。西州回鶻時期。

LM20-1521-30-07 《古文尚書·湯誓》孔安國傳

參顧頡剛、顧廷龍《尚書文字合編》，上海古籍出版社，1996年，608–609頁。有雙行小字注。唐時期。

LM20-1521-30-08 《維摩詰所說經》卷中

姚秦鳩摩羅什譯，CBETA，T14，no.475，p.549，a26–28。唐時期。

LM20-1521-30-09 《妙法蓮華經》卷二

姚秦鳩摩羅什譯，CBETA，T09，no.262，p.16，c19–23。高昌郡時期。

LM20-1521-30-10 《華嚴經疏注》卷八八

唐澄觀述，CBETA，X07，no.234，p.863，b13–14。唐時期。

LM20-1521-30-11 佛教戒律

高昌國時期。

LM20-1521-30-12 佛典殘片

唐時期。

LM20-1521-30-13 佛典殘片

西州回鶻時期。

LM20-1521-30-14 佛典殘片

唐時期。

LM20-1521-30-15 《妙法蓮華經》卷四

姚秦鳩摩羅什譯，CBETA，T09，no.262，p.28，a15–19。唐時期。

LM20-1521-30-16 《阿毘達磨大毘婆沙論》卷一五〇

唐玄奘譯，CBETA，T27，no.1545，p.764，c15–17。唐時期。

LM20-1521-30-17 佛名經

唐時期。

LM20-1521-31-01 佛典殘片

唐時期。

LM20-1521-31-02 《大般涅槃經》卷三二

北涼曇無讖譯，CBETA，T12，no.374，p.554，b27-28。唐時期。

LM20-1521-31-03 《大般涅槃經》卷一九

北涼曇無讖譯，CBETA，T12，no.374，p.480，a24-26。高昌國時期。

LM20-1521-31-04 《阿毘曇八犍度論》卷二六

符秦僧伽提婆、竺佛念譯，CBETA，T26，no.1543，p.892，a12-14。唐時期。

LM20-1521-31-05 《金剛般若波羅蜜經》

姚秦鳩摩羅什譯，CBETA，T08，no.235，p.749，b26-28。唐時期。

LM20-1521-31-06 《金剛般若波羅蜜經》

姚秦鳩摩羅什譯，CBETA，T08，no.235，p.749，b26-28。高昌國時期。

LM20-1521-31-07 《佛說無量壽經》卷下

曹魏康僧鎧譯，CBETA，T12，no.360，p.275，b10-12。第2、3行間有夾寫。高昌國時期。

LM20-1521-31-08 佛典殘片

高昌國時期。

LM20-1521-31-09 《妙法蓮華經》卷六

姚秦鳩摩羅什譯，CBETA，T09，no.262，p.54，b21-22。高昌國時期。

LM20-1521-31-10 《大般涅槃經》卷二七

北涼曇無讖譯，CBETA，T12，no.374，p.522，c13-15。高昌郡時期。

LM20-1521-31-11 佛典殘片

高昌國時期。

LM20-1521-31-12 《妙法蓮華經》卷四

姚秦鳩摩羅什譯，CBETA，T09，no.262，p.31，b1-3。唐時期。

LM20-1521-31-13 《妙法蓮華經》卷四

姚秦鳩摩羅什譯，CBETA，T09，no.262，p.33，a5-6。唐時期。背面有回鶻文，無法揭取拍攝。

參：松井太 2012，58。

LM20-1521-31-14 《妙法蓮華經》卷四

姚秦鳩摩羅什譯，CBETA，T09，no.262，p.33，a4。唐時期。背面有回鶻文，無法揭取拍攝。

參：松井太 2012，58。

LM20-1521-31-15 《維摩詰所說經》卷中

姚秦鳩摩羅什譯，CBETA，T14，no.475，p.547，c20-21。唐時期。背面有回鶻文，無法揭取拍攝。

参：松井太 2012，58。

LM20-1521-31-16 《大智度論》卷一三

姚秦鳩摩羅什譯，CBETA，T25，no.1509，p.154，b14-17。高昌郡時期。

LM20-1521-31-17 《大方等大集經》卷七

北涼曇無讖譯，CBETA，T13，no.397，p.44，a17-19。高昌國時期。

LM20-1521-31-18 《妙法蓮華經》卷四

姚秦鳩摩羅什譯，CBETA，T09，no.262，p.34，a23-25。高昌國時期。

LM20-1521-31-19 《大般涅槃經》卷二七

北涼曇無讖譯，CBETA，T12，no.374，p.527，b14。高昌國時期。

LM20-1521-31-20 佛典殘片

高昌國時期。

LM20-1521-31-21 佛典殘片

唐時期。

LM20-1521-31-22 《妙法蓮華經》卷四

姚秦鳩摩羅什譯，CBETA，T09，no.262，p.32，c19-20。唐時期。

LM20-1521-31-23 佛典殘片

高昌國時期。

LM20-1521-31-24 《大般涅槃經》卷三〇

北涼曇無讖譯，CBETA，T12，no.374，p.546，a12-14。高昌國時期。

LM20-1521-32-01 佛典殘片

高昌郡時期。

LM20-1521-32-02 《大般若波羅蜜多經》

唐玄奘譯，此段文字多處可見。唐時期。

LM20-1521-32-03 《大般若波羅蜜多經》卷三五三

唐玄奘譯，CBETA，T06，no.220，p.817，a12-14。唐時期。

LM20-1521-32-04 《大般涅槃經》卷一六

北涼曇無讖譯，CBETA，T12，no.374，p.459，c7-9。高昌國時期。

LM20-1521-32-05 《妙法蓮華經》卷一

姚秦鳩摩羅什譯，CBETA，T09，no.262，p.3，a17-18。唐時期。

LM20-1521-32-06 《大般若波羅蜜多經》卷二七

唐玄奘譯，CBETA，T05，no.220，p.151，c5-7。唐時期。

LM20-1521-32-07 佛典殘片

唐時期。

经册七十二

LM20-1521-32-08 佛典残片

唐时期。

LM20-1521-32-09 《摩诃僧祇律》卷五

东晋佛陀跋陀罗、法显译，CBETA，T22，no.1425，p.267，a1-3。高昌国时期。

LM20-1521-32-10r 佛典残片

西州回鹘时期。

LM20-1521-32-10v 文书残片

唐时期。

LM20-1521-32-11 佛典残片

高昌国时期。

LM20-1521-32-12 《合部金光明经》卷一

梁真谛译，隋宝贵合，CBETA，T16，no.664，p.363，a24-28。唐时期。

LM20-1521-32-13 《大般涅槃经》卷四

北凉昙无谶译，CBETA，T12，no.374，p.601，a9-10。唐时期。

LM20-1521-32-14 《妙法莲华经》卷六

姚秦鸠摩罗什译，CBETA，T09，no.262，p.49，a10-12。唐时期。

LM20-1521-32-15 《大般涅槃经》卷八

北凉昙无谶译，CBETA，T12，no.374，p.415，a19-22。高昌国时期。

LM20-1521-32-16 佛典残片

唐时期。

LM20-1521-32-17 《金刚般若波罗蜜经》

姚秦鸠摩罗什译，CBETA，T08，no.235，p.751，a3-5。唐时期。

LM20-1521-32-18 佛典残片

唐时期。

LM20-1521-32-19 佛典残片

唐时期。

LM20-1521-32-20 《大般涅槃经》卷一五

北凉昙无谶译，CBETA，T12，no.374，p.451，c22-23。唐时期。

LM20-1521-32-21 《阿难陀目佉尼呵离陀经》

刘宋求那跋陀罗译，CBETA，T19，no.1013，p.687，c1-2；元魏佛陀扇多译《佛说阿难陀目佉尼呵离陀邻尼经》，CBETA，T19，no.1015，p.694，c2-3。高昌郡时期。背面有字，无法揭取拍摄。

LM20-1521-32-22 佛典残片

唐时期。

旅順博物館藏新疆出土漢文文獻

LM20-1521-32-23 《十方千五百佛名經》

譯者不詳。參《十方千五百佛名經》全文，201頁。高昌國時期。

LM20-1521-32-24 《妙法蓮華經》卷五

姚秦鳩摩羅什譯，CBETA，T09，no.262，p.42，a3-5。唐時期。

LM20-1521-33-01 《佛說佛名經》卷二

元魏菩提流支譯，此段文字多處可見。唐時期。

LM20-1521-33-02 《金光明經》卷三

北涼曇無讖譯，CBETA，T16，no.663，p.351，b8-9。唐時期。

LM20-1521-33-03 《妙法蓮華經》卷三

姚秦鳩摩羅什譯，CBETA，T09，no.262，p.23，c3-4。唐時期。

LM20-1521-33-04 佛典殘片

唐時期。

LM20-1521-33-05 《金光明經》卷二

北涼曇無讖譯，CBETA，T16，no.663，p.341，a22。唐時期。

LM20-1521-33-06 佛典殘片

高昌國時期。

LM20-1521-33-07 回鶻文殘片

西州回鶻時期。

LM20-1521-33-08 婆羅謎文殘片

西州回鶻時期。

LM20-1521-33-09 佛典殘片

唐時期。

LM20-1521-33-10 《大智度論》卷三〇

姚秦鳩摩羅什譯，CBETA，T25，no.1509，p.278，b8。高昌國時期。

LM20-1521-33-11 《優婆塞戒經》卷五

北涼曇無讖譯，CBETA，T24，no.1488，p.1058，c7-10。高昌郡時期。

LM20-1521-33-12 佛典殘片

高昌國時期。

LM20-1521-33-13 佛典殘片

唐時期。

LM20-1521-33-14 《廣弘明集》卷一七

唐道宣撰，CBETA，T52，no.2103，p.216，b24-25。唐時期。

LM20-1521-33-15 佛典殘片

高昌國時期。

经册七十二

LM20-1521-33-16 《妙法蓮華經》卷一

姚秦鳩摩羅什譯，CBETA，T09，no.262，p.6，b5-8。唐時期。

LM20-1521-33-17 《佛說轉女身經》

劉宋曇摩蜜多譯，CBETA，T14，no.564，p.921，a24-25。高昌國時期。

LM20-1521-33-18 佛經經題

唐時期。

LM20-1521-33-19 佛典殘片

高昌國時期。

LM20-1521-33-20 佛典殘片

高昌國時期。

LM20-1521-33-21 《阿毗曇八犍度論》卷一五

符秦僧伽提婆、竺佛念譯，CBETA，T26，no.1543，p.842，a11-14。高昌郡時期。

LM20-1521-33-22 佛典注疏

西州回鶻時期。背面有字，無法揭取拍攝。

LM20-1521-33-23 《妙法蓮華經》卷二

姚秦鳩摩羅什譯，CBETA，T09，no.262，p.17，b25-26。唐時期。

LM20-1521-33-24 佛典殘片

唐時期。

LM20-1521-34-01 《妙法蓮華經》卷二

姚秦鳩摩羅什譯，CBETA，T09，no.262，p.18，c19-25。高昌郡時期。

LM20-1521-34-02 《大智度論》卷一二

姚秦鳩摩羅什譯，CBETA，T25，no.1509，p.148，b12-15。高昌郡時期。

LM20-1521-34-03 佛典殘片

高昌國時期。

LM20-1521-34-04 《大般涅槃經》卷三

北涼曇無讖譯，CBETA，T12，no.374，p.379，a15-17。高昌國時期。

LM20-1521-34-05 《大方等陀羅尼經》外題

北涼法衆譯。高昌國時期。

LM20-1521-34-06 《大般涅槃經》卷二一

北涼曇無讖譯，CBETA，T12，no.374，p.492，b14-16。高昌郡時期。

LM20-1521-34-07 《妙法蓮華經》卷七

姚秦鳩摩羅什譯，CBETA，T09，no.262，p.58，a1-3。唐時期。

LM20-1521-34-08 佛典殘片

高昌國時期。

旅順博物館藏新疆出土漢文文獻

LM20-1521-34-09 《佛說灌頂經》卷一二

東晉帛尸梨蜜多羅譯，CBETA，T21，no.1331，p.535，c13-15。唐時期。

LM20-1521-34-10 《維摩詰所說經》卷上

姚秦鳩摩羅什譯，CBETA，T14，no.475，p.543，c27-p.544，a1。唐時期。

LM20-1521-34-11 《御注金剛般若波羅蜜經宣演》卷下

唐道氤撰，CBETA，T85，no.2733，p.36，a7-11，"乃其究竟"作"狹其究竟"。唐時期。

LM20-1521-34-12 《妙法蓮華經》卷四

姚秦鳩摩羅什譯，CBETA，T09，no.262，p.36，a24-28。唐時期。

LM20-1521-34-13 《金剛般若波羅蜜經》

姚秦鳩摩羅什譯，CBETA，T08，no.235，p.750，b21-23。唐時期。

LM20-1521-34-14 《佛說羅摩伽經》卷中

西秦聖堅譯，CBETA，T10，no.294，p.862，a27-28。唐時期。

LM20-1521-34-15 《十方千五百佛名經》

譯者不詳，CBETA，T14，no.442，p.317，a28-b1。高昌國時期。

LM20-1521-34-16 佛名經

唐時期。

LM20-1521-34-17 《天請問經》

唐玄奘譯，CBETA，T15，no.592，p.124，c4-8。西州回鶻時期。

LM20-1521-34-18 《賢愚經》卷九

元魏慧覺等譯，CBETA，T04，no.202，p.413，a11-12。高昌國時期。

LM20-1521-35-01 《大般涅槃經》卷三八

北涼曇無讖譯，CBETA，T12，no.374，p.587，b13-14。高昌國時期。

LM20-1521-35-02 《佛說灌頂經》卷一二

東晉帛尸梨蜜多羅譯，CBETA，T21，no.1331，p.533，c20-22。唐時期。

LM20-1521-35-03 《四分律》卷五〇

姚秦佛陀耶舍、竺佛念等譯，CBETA，T22，no.1428，p.936，b27-28。唐時期。

LM20-1521-35-04 《放光般若經》卷一九

西晉無羅叉譯，CBETA，T08，no.221，p.137，b23-24。高昌國時期。

LM20-1521-35-05 《大般涅槃經》卷二九

北涼曇無讖譯，CBETA，T12，no.374，p.536，a25-27。唐時期。

LM20-1521-35-06 佛典殘片

高昌國時期。

LM20-1521-35-07 佛名經

西州回鶻時期。

经册七十二

LM20-1521-35-08　佛典殘片

唐時期。

LM20-1521-35-09　《大般涅槃經》卷二九

北凉曇無讖譯，CBETA，T12，no.374，p.536，a11-13。高昌郡時期。

LM20-1521-35-10　《金剛般若波羅蜜經》

姚秦鳩摩羅什譯，CBETA，T08，no.235，p.749，b24-26。唐時期。

LM20-1521-35-11　佛典殘片

唐時期。

LM20-1521-35-12　佛名經

唐時期。

LM20-1521-35-13　佛典殘片

高昌郡時期。

LM20-1521-35-14　佛典殘片

唐時期。

LM20-1521-35-15　《金光明經》卷四

北凉曇無讖譯，CBETA，T16，no.663，p.356，c29-p.357，a1。唐時期。

LM20-1521-35-16　佛典殘片

高昌國時期。

LM20-1521-35-17　《顯揚聖教論》卷一

唐玄奘譯，CBETA，T31，no.1602，p.482，c5-6，"依"作"於"。唐時期。

LM20-1521-35-18　《妙法蓮華經》卷七

姚秦鳩摩羅什譯，CBETA，T09，no.262，p.61，a21-22。唐時期。

LM20-1521-35-19　《金光明經》卷二

北凉曇無讖譯，CBETA，T16，no.663，p.341，b27-29。唐時期。

LM20-1521-35-20　《佛頂尊勝陀羅尼經》

唐佛陀波利譯，CBETA，T19，no.967，p.350，a25-27。唐時期。

LM20-1521-36-01　佛典殘片

西州回鶻時期。背面有字，無法揭取拍攝。

LM20-1521-36-02　佛典殘片

高昌國時期。

LM20-1521-36-03　《妙法蓮華經》卷二

姚秦鳩摩羅什譯，CBETA，T09，no.262，p.18，c4-6。唐時期。

LM20-1521-36-04　《大般若波羅蜜多經》卷一八四

唐玄奘譯，此段文字多處可見。印本。西州回鶻時期。

參：陳耕 2019，347。

LM20-1521-36-05　佛典注疏

有雙行小字注。西州回鶻時期。

LM20-1521-36-06　《佛說觀藥王藥上二菩薩經》

劉宋畺良耶舍譯，CBETA，T20，no.1161，p.663，b11-12。唐時期。

LM20-1521-36-07a　《大般涅槃經》卷三七

北涼曇無讖譯，CBETA，T12，no.374，p.582，a13-14。高昌國時期。

LM20-1521-36-07b　《妙法蓮華經》卷二

姚秦鳩摩羅什譯，CBETA，T09，no.262，p.11，c28-p.12，a1。高昌國時期。

LM20-1521-36-08　《合部金光明經》卷三

梁真諦譯，隋寶貴合，CBETA，T16，no.664，p.374，c11-12。唐時期。

LM20-1521-36-09　佛典注疏

有雙行小字注。高昌郡時期。背面有字，無法揭取拍攝。

LM20-1521-36-10　佛典殘片

唐時期。

LM20-1521-36-11　《大般若波羅蜜多經》

唐玄奘譯，此段文字多處可見。印本。西州回鶻時期。

LM20-1521-36-12　《妙法蓮華經》卷七

姚秦鳩摩羅什譯，CBETA，T09，no.262，p.57，b19。唐時期。

LM20-1521-36-13　佛典殘片

高昌郡時期。

LM20-1521-36-14　《妙法蓮華經玄贊》卷一

唐窺基撰，CBETA，T34，no.1723，p.652，a25-28。有朱筆句讀。西州回鶻時期。

LM20-1521-36-15　《優婆塞戒經》卷二

北涼曇無讖譯，CBETA，T24，no.1488，p.1040，c29-p.1041，a3。高昌國時期。

LM20-1521-36-16　《大般涅槃經》卷二七

北涼曇無讖譯，CBETA，T12，no.374，p.526，b10-15。高昌國時期。

LM20-1521-36-17　《佛說咒魅經》

作者不詳，CBETA，T85，no.2882，p.1383，c17-22。唐時期。

LM20-1521-37-01r　《金剛般若波羅蜜經》

姚秦鳩摩羅什譯，CBETA，T08，no.235，p.751，b3-7。唐時期。

LM20-1521-37-01v　《金剛般若波羅蜜經》

姚秦鳩摩羅什譯，CBETA，T08，no.235，p.751，a12-16。唐時期。無法揭取拍攝。

LM20-1521-37-02　佛典殘片

高昌郡時期。

LM20-1521-37-03 《中阿含經》卷一二

東晉僧伽提婆譯，CBETA，T01，no.26，p.499，b1-b2。唐時期。

LM20-1521-37-04 佛典殘片

高昌國時期。

LM20-1521-37-05 《優婆塞戒經》卷三

北涼曇無讖譯，CBETA，T24，no.1488，p.1047，a3-5。高昌國時期。

LM20-1521-37-06 佛典殘片

高昌國時期。

LM20-1521-37-07 《大智度論》卷八

姚秦鳩摩羅什譯，CBETA，T25，no.1509，p.116，a12-14。高昌國時期。

LM20-1521-37-08 《大方等大集經》卷一三

北涼曇無讖譯，CBETA，T13，no.397，p.86，b1-2。高昌國時期。

LM20-1521-37-09 殘片

西州回鶻時期。

LM20-1521-37-10 佛教經録

雜寫胡語。唐時期。

LM20-1521-37-11 《大般涅槃經》卷一一

北涼曇無讖譯，CBETA，T12，no.374，p.432，c11-13。高昌國時期。

LM20-1521-37-12 佛典殘片

唐時期。

LM20-1521-37-13 佛典殘片

高昌國時期。

LM20-1521-37-14 佛典殘片

高昌國時期。

LM20-1521-37-15 佛典殘片

高昌國時期。

LM20-1521-37-16 《道行般若經》

後漢支婁迦讖譯，此處文字多處可見。高昌郡時期。

LM20-1521-37-17 佛典殘片

高昌國時期。

LM20-1521-37-18 《大智度論》卷五四

姚秦鳩摩羅什譯，CBETA，T25，no.1509，p.447，a11-13。唐時期。

LM20-1521-37-19 佛典殘片

高昌國時期。

LM20-1521-37-20 佛典殘片

唐時期。

LM20-1521-38-01 佛典殘片

高昌國時期。

LM20-1521-38-02 《大般若波羅蜜多經》

唐玄奘譯，此段文字多處可見。印本。西州回鶻時期。

LM20-1521-38-03 佛典殘片

高昌國時期。

LM20-1521-38-04 《大般涅槃經》卷二一

北涼曇無讖譯，CBETA，T12，no.374，p.489，c4-6。高昌國時期。

LM20-1521-38-05 《大般涅槃經》卷二〇

北涼曇無讖譯，CBETA，T12，no.374，p.483，a21-22。高昌國時期。

LM20-1521-38-06 《妙法蓮華經》卷四

姚秦鳩摩羅什譯，CBETA，T09，no.262，p.32，c10-11。唐時期。

LM20-1521-38-07 《勝天王般若波羅蜜經》卷七

陳月婆首那譯，CBETA，T08，no.231，p.722，c3-4。高昌國時期。

LM20-1521-38-08 《道行般若經》卷九

後漢支婁迦讖譯，CBETA，T08，no.224，p.470，a17-19。高昌郡時期。

LM20-1521-38-09 佛典殘片

唐時期。

LM20-1521-38-10 《大般涅槃經》卷一一

北涼曇無讖譯，CBETA，T12，no.374，p.428，c28-p.429，a1。高昌國時期。

LM20-1521-38-11 《大般涅槃經》卷一

北涼曇無讖譯，CBETA，T12，no.374，p.370，a8-10。高昌國時期。

LM20-1521-38-12 《曇無德律部雜羯磨》

曹魏康僧鎧譯，CBETA，T22，no.1432，p.1049，c19-20。唐時期。

LM20-1521-38-13 《妙法蓮華經》卷四

姚秦鳩摩羅什譯，CBETA，T09，no.262，p.28，c14-16。高昌國時期。

LM20-1521-38-14 《摩訶般若波羅蜜經》卷二四

姚秦鳩摩羅什譯，CBETA，T08，no.223，p.394，b9-12。高昌郡時期。

LM20-1521-38-15 《金剛般若波羅蜜經》

姚秦鳩摩羅什譯，CBETA，T08，no.235，p.749，b12-15。唐時期。

LM20-1521-38-16 《寂調音所問經》

劉宋法海譯，CBETA，T24，no.1490，p.1081，c18-22。高昌國時期。

LM20-1521-38-17　佛典殘片

高昌國時期。

LM20-1521-38-18　佛典殘片

唐時期。

LM20-1521-38-19　《佛説無量清净平等覺經》卷四

後漢支婁迦識譯，CBETA，T12，no.361，p.299，c19-21。唐時期。

LM20-1521-38-20　《大般涅槃經》卷二二

北涼曇無識譯，CBETA，T12，no.374，p.494，a13-14，"井河"作"河井"。高昌國時期。

經册七十三

LM20-1522-01-01 《佛說佛名經》卷二

元魏菩提流支譯，CBETA，T14，no.440，p.121，b23-24。有貼附殘片，無法揭取。唐時期。

LM20-1522-01-02 《妙法蓮華經》卷一

姚秦鳩摩羅什譯，CBETA，T09，no.262，p.5，c10-12。唐時期。

LM20-1522-01-03 《妙法蓮華經》卷三

姚秦鳩摩羅什譯，CBETA，T09，no.262，p.22，a24-26。唐時期。

LM20-1522-01-04 《大般涅槃經》卷六

北涼曇無讖譯，CBETA，T12，no.374，p.402，a27-28。高昌國時期。

LM20-1522-01-05 《大方廣佛華嚴經》卷一六（五十卷本）

東晉佛陀跋陀羅譯，《中華大藏經》第12册，200a14-16；參 CBETA，T09，no.278，p.522，b22-23，"生法"作"生於諸法"。高昌國時期。

LM20-1522-01-06 《大般若波羅蜜多經》

唐玄奘譯，此段文字多處可見。唐時期。

LM20-1522-01-07 《大智度論》卷五

姚秦鳩摩羅什譯，CBETA，T25，no.1509，p.100，c3-5。高昌國時期。

LM20-1522-01-08 佛典殘片

唐時期。

LM20-1522-01-09 《光讚經》卷二

西晉竺法護譯，此段文字多處可見。唐時期。

LM20-1522-01-10 佛典殘片

唐時期。

LM20-1522-01-11a 《阿毗曇心論》卷三

東晉僧伽提婆、惠遠譯，CBETA，T28，no.1550，p.821，a21-22。高昌郡時期。

LM20-1522-01-11b 無字殘片

LM20-1522-01-12 佛名經

西州回鶻時期。

LM20-1522-01-13 佛教戒律

參姚秦弗若多羅譯《十誦律》卷七，CBETA，T23，no.1435，p.49，b25-c1。高昌國時期。

经册七十三

LM20-1522-01-14 《大般涅槃经》卷二二

北凉昙无谶译，CBETA，T12，no.374，p.497，c14-16。高昌国时期。

LM20-1522-01-15 《佛说灌顶拔除过罪生死得度经》

参东晋帛尸梨蜜多罗译《佛说灌顶经》卷一二，CBETA，T21，no.1331，p.533，a18-21。高昌国时期。

LM20-1522-01-16 《大般若波罗蜜多经》

唐玄奘译，此段文字多处可见。唐时期。

LM20-1522-01-17 《妙法莲华经》卷二

姚秦鸠摩罗什译，CBETA，T09，no.262，p.13，c27-p.14，a2。高昌国时期。

LM20-1522-01-18 《大智度论》卷四八

姚秦鸠摩罗什译，CBETA，T25，no.1509，p.408，a2-4。唐时期。

LM20-1522-01-19 《金刚般若波罗蜜经》

姚秦鸠摩罗什译，CBETA，T08，no.235，p.750，a27-28。唐时期。

LM20-1522-01-20 佛典残片

唐时期。

LM20-1522-02-01 道经残片

唐时期。

LM20-1522-02-02 《放光般若经》卷五

西晋无罗叉译，CBETA，T08，no.221，p.35，a6-9。高昌郡时期。背面有回鹘文，无法揭取拍摄。

参：松井太 2012，58。

LM20-1522-02-03 《大般涅槃经》卷四〇

北凉昙无谶译，CBETA，T12，no.374，p.598，c5-6。高昌国时期。

LM20-1522-02-04 《妙法莲华经》卷六

姚秦鸠摩罗什译，CBETA，T09，no.262，p.46，c24-26。唐时期。

LM20-1522-02-05 《贤愚经》卷一一

元魏慧觉等译，CBETA，T04，no.202，p.429，b25-26。高昌国时期。

LM20-1522-02-06 《摩诃般若波罗蜜经》卷二

姚秦鸠摩罗什译，CBETA，T08，no.223，p.225，c20-21。西州回鹘时期。

LM20-1522-02-07 《妙法莲华经》卷一

姚秦鸠摩罗什译，CBETA，T09，no.262，p.2，c6-8。唐时期。

LM20-1522-02-08 《大般若波罗蜜多经》

唐玄奘译，此段文字多处可见。唐时期。

LM20-1522-02-09 《摩诃僧祇律大比丘戒本》

東晉佛陀跋陀羅譯，CBETA，T22，no.1426，p.551，a25-28。高昌國時期。

LM20-1522-02-10　佛典殘片

高昌國時期。

LM20-1522-02-11　《大智度論》卷二

姚秦鳩摩羅什譯，CBETA，T25，no.1509，p.72，a17-18。高昌國時期。

LM20-1522-02-12　《佛説無量壽經》卷上

曹魏康僧鎧譯，CBETA，T12，no.360，p.269，b8-12。高昌國時期。

LM20-1522-02-13　《佛説華手經》卷五

姚秦鳩摩羅什譯，CBETA，T16，no.657，p.164，a29-b1。高昌國時期。

LM20-1522-02-14　《大方廣佛華嚴經》卷一九（五十卷本）

東晉佛陀跋陀羅譯，《中華大藏經》第12册，235c3-5；參 CBETA，T09，no.278，p.542，c26-27。高昌國時期。

LM20-1522-02-15　《妙法蓮華經》卷六

姚秦鳩摩羅什譯，CBETA，T09，no.262，p.47，c7-10。唐時期。

LM20-1522-02-16　《大般若波羅蜜多經》

唐玄奘譯，此段文字多處可見。唐時期。

LM20-1522-02-17　《四分律刪繁補闕行事鈔》卷中

唐道宣撰，CBETA，T40，no.1804，p.73，c16-21。有朱筆句讀、標注。有貼附殘片，可見"攫滋多"等字，無法揭取。唐時期。

LM20-1522-02-18　佛典殘片

唐時期。

LM20-1522-02-19　佛典殘片

唐時期。

LM20-1522-02-20　佛典殘片

高昌國時期。

LM20-1522-03-01　《妙法蓮華經》注疏

參姚秦鳩摩羅什譯《妙法蓮華經》卷一，CBETA，T09，no.262，p.5，b23。高昌國時期。

LM20-1522-03-02　《大乘寶雲經》卷一

梁曼陀羅仙、僧伽婆羅譯，CBETA，T16，no.659，p.246，a4-6。高昌國時期。

LM20-1522-03-03　《大般涅槃經》卷三九

北涼曇無讖譯，CBETA，T12，no.374，p.592，c23-24。高昌郡時期。

LM20-1522-03-04　《大乘寶雲經》卷一

梁曼陀羅仙、僧伽婆羅譯，CBETA，T16，no.659，p.246，b26-27，"不驚畏即"作"不驚不畏即"。高昌國時期。

經册七十三

LM20-1522-03-05 《佛爲心王菩薩説頭陀經》注

唐惠辯注，CBETA，ZW01，no.8，p.296，a4-11。有雙行小字注。唐時期。

LM20-1522-03-06 《大般若波羅蜜多經》卷五二

唐玄奘譯，CBETA，T05，no.220，p.293，c29-p.294，a2。唐時期。

LM20-1522-03-07 《大般若波羅蜜多經》

唐玄奘譯，此段文字多處可見。唐時期。

LM20-1522-03-08 《妙法蓮華經》卷四

姚秦鳩摩羅什譯，CBETA，T09，no.262，p.31，a15-19。高昌國時期。

LM20-1522-03-09 《佛説佛名經》卷一二

元魏菩提流支譯，CBETA，T14，no.440，p.179，a3-5。唐時期。

LM20-1522-03-10 《菩薩地持經》卷四

北涼曇無讖譯，CBETA，T30，no.1581，p.909，a27-28。唐時期。

LM20-1522-03-11 《大般涅槃經》卷三五

北涼曇無讖譯，CBETA，T12，no.374，p.572，a15-16。唐時期。

LM20-1522-03-12 《大般涅槃經》卷三

北涼曇無讖譯，CBETA，T12，no.374，p.381，c27-29。高昌國時期。

LM20-1522-03-13 《放光般若經》卷一三

西晉無羅叉譯，CBETA，T08，no.221，p.92，a8-9。高昌國時期。

LM20-1522-03-14 《大般若波羅蜜多經》卷五七七

唐玄奘譯，CBETA，T07，no.220，p.980，b24-25。唐時期。

LM20-1522-03-15 《妙法蓮華經》卷六

姚秦鳩摩羅什譯，CBETA，T09，no.262，p.48，b19-21。唐時期。

LM20-1522-03-16 《攝大乘論釋》

陳真諦譯，此段文字多處可見。唐時期。

LM20-1522-03-17 《大般若波羅蜜多經》

唐玄奘譯，此段文字多處可見。唐時期。

LM20-1522-03-18 《金剛般若波羅蜜經》

姚秦鳩摩羅什譯，CBETA，T08，no.235，p.752，a28-b4。唐時期。

LM20-1522-03-19 《合部金光明經》卷一

北涼曇無讖譯，隋寶貴合，CBETA，T16，no.664，p.361，c2-6。唐時期。

LM20-1522-03-20 《金剛般若波羅蜜經》

姚秦鳩摩羅什譯，CBETA，T08，no.235，p.750，c12-14。唐時期。

LM20-1522-04-01 佛典殘片

高昌國時期。

旅順博物館藏新疆出土漢文文獻

LM20-1522-04-02 《大般若波羅蜜多經》卷四五六

唐玄奘譯，CBETA，T07，no.220，p.303，b29-c1。唐時期。

LM20-1522-04-03 佛典殘片

高昌國時期。

LM20-1522-04-04 佛典殘片

唐時期。

LM20-1522-04-05 《佛說灌頂經》卷一二

東晉帛尸梨蜜多羅譯，CBETA，T21，no.1331，p.530，b29-c2。唐時期。

LM20-1522-04-06 《佛說灌頂經》卷一二

東晉帛尸梨蜜多羅譯，CBETA，T21，no.1331，p.533，a12-14。唐時期。

LM20-1522-04-07 《佛說咒魅經》

作者不詳，CBETA，T85，no.2882，p.1383，b20-22，"或人"作"或取人"。唐時期。

LM20-1522-04-08 佛典殘片

唐時期。

LM20-1522-04-09 俱舍論疏

參唐普光述《俱舍論記》卷三，CBETA，T41，no.1821，p.60，c18-19。唐時期。背面爲佛經，無法揭取拍攝。

LM20-1522-04-10 佛典注疏

唐時期。

LM20-1522-04-11 《小品般若波羅蜜經》卷五

姚秦鳩摩羅什譯，CBETA，T08，no.227，p.555，c23-25。高昌國時期。

LM20-1522-04-12 《光讚經》卷二

西晉竺法護譯，CBETA，T08，no.222，p.156，b19-23。高昌國時期。

LM20-1522-04-13 《大般涅槃經》卷三一

北涼曇無讖譯，CBETA，T12，no.374，p.551，a26-27。高昌國時期。

LM20-1522-04-14 《妙法蓮華經》卷五

姚秦鳩摩羅什譯，CBETA，T09，no.262，p.41，a4-5。唐時期。

LM20-1522-04-15 《金光明經》卷四

北涼曇無讖譯，CBETA，T16，no.663，p.355，a9-10。高昌國時期。

LM20-1522-04-16 《妙法蓮華經》卷二

姚秦鳩摩羅什譯，CBETA，T09，no.262，p.11，c13-15。唐時期。

LM20-1522-04-17 《道行般若經》卷三

後漢支婁迦讖譯，CBETA，T08，no.224，p.440，a12-13。高昌國時期。

LM20-1522-04-18 《小品般若波羅蜜經》卷九

姚秦鳩摩羅什譯，CBETA，T08，no.227，p.576，b24-25。高昌郡時期。

LM20-1522-04-19 《大方廣佛華嚴經》卷一二（五十卷本）

東晉佛陀跋陀羅譯，《中華大藏經》第12册，144b21-22；參 CBETA，T09，no.278，p.489，a4-7。高昌郡時期。

LM20-1522-04-20 《大方等無想經》卷二

北涼曇無讖譯，CBETA，T12，no.387，p.1084，a19-20。高昌國時期。

LM20-1522-04-21 《伽耶山頂經》經題

元魏菩提流支譯。唐時期。

LM20-1522-05-01 佛教經録

唐時期。

LM20-1522-05-02 殘片

高昌國時期。

LM20-1522-05-03 《金光明最勝王經》卷七

唐義淨譯，CBETA，T16，no.665，p.437，c4-7。唐時期。

LM20-1522-05-04 《大般涅槃經》卷九

北涼曇無讖譯，CBETA，T12，no.374，p.416，c2-4。高昌國時期。

LM20-1522-05-05 佛典殘片

唐時期。

LM20-1522-05-06 佛典殘片

唐時期。

LM20-1522-05-07 《妙法蓮華經》卷二

姚秦鳩摩羅什譯，CBETA，T09，no.262，p.10，c20-22。唐時期。

LM20-1522-05-08 佛典殘片

唐時期。

LM20-1522-05-09 佛典殘片

唐時期。

LM20-1522-05-10 《妙法蓮華經》卷一

姚秦鳩摩羅什譯，CBETA，T09，no.262，p.2，b4-5。唐時期。

LM20-1522-05-11 《大威德陀羅尼經》卷一二

隋闍那崛多譯，CBETA，T21，no.1341，p.807，c28-29。唐時期。

LM20-1522-05-12 《佛說灌頂經》卷一二

東晉帛尸梨蜜多羅譯，CBETA，T21，no.1331，p.533，a12-14。唐時期。

LM20-1522-05-13 《放光般若經》卷二

西晉無羅叉譯，CBETA，T08，no.221，p.10，b24-25。唐時期。

旅順博物館藏新疆出土漢文文獻

LM20-1522-05-14 《金剛般若波羅蜜經》

姚秦鳩摩羅什譯，CBETA，T08，no.235，p.751，c4-5。唐時期。

LM20-1522-05-15 佛名經

唐時期。

LM20-1522-05-16 佛典注疏

參北宋元照撰《觀無量壽佛經義疏》卷上，CBETA，T37，no.1754，p.283，a10-13。高昌國時期。

LM20-1522-05-17 《請觀世音菩薩消伏毒害陀羅尼呪經》

東晉竺難提譯，CBETA，T20，no.1043，p.35，b17-20。高昌國時期。

LM20-1522-05-18 《大方廣佛華嚴經》卷四六（五十卷本）

東晉佛陀跋陀羅譯，《中華大藏經》第12册，560c18-561a1；參 CBETA，T09，no.278，p.747，a17-21。高昌國時期。

LM20-1522-05-19 《金光明經》卷二

北涼曇無讖譯，CBETA，T16，no.663，p.343，a5-7。高昌郡時期。

LM20-1522-05-20 《妙法蓮華經》卷一

姚秦鳩摩羅什譯，CBETA，T09，no.262，p.8，c23-27。唐時期。

LM20-1522-05-21 《大般涅槃經》卷三〇

北涼曇無讖譯，CBETA，T12，no.374，p.547，a16-19。高昌國時期。

LM20-1522-05-22 《十誦比丘波羅提木叉戒本》

姚秦鳩摩羅什譯，CBETA，T23，no.1436，p.475，a12-14。高昌國時期。背面有字，無法揭取拍攝。

LM20-1522-06-01 《妙法蓮華經》卷二

姚秦鳩摩羅什譯，CBETA，T09，no.262，p.15，b18-21。唐時期。

LM20-1522-06-02 殘片

唐時期。

LM20-1522-06-03 佛典注疏

高昌國時期。

LM20-1522-06-04 《大般涅槃經》卷五

北涼曇無讖譯，CBETA，T12，no.374，p.392，b24-26。唐時期。

LM20-1522-06-05 《菩薩藏經》

梁僧伽婆羅譯，CBETA，T24，no.1491，p.1088，c28-29。高昌國時期。

LM20-1522-06-06 佛典殘片

唐時期。

LM20-1522-06-07 《妙法蓮華經》卷七

經册七十三

姚秦鳩摩羅什譯，CBETA，T09，no.262，p.57，c11-15。西州回鶻時期。

LM20-1522-06-08　佛典殘片

參唐慧沼撰《勸發菩提心集》卷下，CBETA，T45，no.1862，p.397，b16-17。有朱筆句讀。高昌國時期。

LM20-1522-06-09　《金剛般若波羅蜜經論》卷下

元魏菩提流支譯，CBETA，T25，no.1511，p.796，b17-18。高昌國時期。

LM20-1522-06-10　《妙法蓮華經》卷一

姚秦鳩摩羅什譯，CBETA，T09，no.262，p.6，b1-3。唐時期。

LM20-1522-06-11r　《南陽和尚問答雜徵義》

唐劉澄集。唐時期。

參：李昀 2019，282、289、303。

LM20-1522-06-11v　佛教戒律

參唐道宣撰《四分律刪繁補闕行事鈔》卷一，CBETA，T40，no.1804，p.29，c2-10。唐時期。無法揭取拍攝。

LM20-1522-06-12　《大般涅槃經》卷三〇

北涼曇無讖譯，CBETA，T12，no.374，p.546，b10-12。唐時期。

LM20-1522-06-13　《大般涅槃經》卷二〇

北涼曇無讖譯，CBETA，T12，no.374，p.481，c25-26。高昌國時期。

LM20-1522-06-14　《金剛般若波羅蜜經》

姚秦鳩摩羅什譯，CBETA，T08，no.235，p.749，b12-13。唐時期。

LM20-1522-06-15　《妙法蓮華經》卷二

姚秦鳩摩羅什譯，CBETA，T09，no.262，p.16，c10-13。唐時期。

LM20-1522-06-16　《小品般若波羅蜜經》卷一

姚秦鳩摩羅什譯，CBETA，T08，no.227，p.540，a19-21。高昌國時期。

LM20-1522-06-17　《金剛般若波羅蜜經》

姚秦鳩摩羅什譯，CBETA，T08，no.235，p.748，c28-p.749，a2。唐時期。

LM20-1522-06-18　《妙法蓮華經》卷三

姚秦鳩摩羅什譯，CBETA，T09，no.262，p.23，c26。唐時期。

LM20-1522-06-19　《大般涅槃經義記》卷二

隋慧遠述，CBETA，T37，no.1764，p.671，a23-24。高昌國時期。

LM20-1522-06-20　《賢愚經》卷九

元魏慧覺等譯，CBETA，T04，no.202，p.410，a11-12；卷一三，CBETA，T04，no.202，p.441，b27-28。唐時期。

LM20-1522-07-01　《大般涅槃經》卷三〇

北凉曇無讖譯，CBETA，T12，no.374，p.546，c21-22。高昌郡時期。

LM20-1522-07-02　殘片

高昌國時期。

LM20-1522-07-03　《大般涅槃經》卷一一

北凉曇無讖譯，CBETA，T12，no.374，p.429，a1-3。高昌國時期。

LM20-1522-07-04　《妙法蓮華經》卷一

姚秦鳩摩羅什譯，CBETA，T09，no.262，p.5，a1-3。唐時期。

LM20-1522-07-05　《摩訶般若波羅蜜經》卷一二

姚秦鳩摩羅什譯，CBETA，T08，no.223，p.310，c19-20。高昌郡時期。

LM20-1522-07-06　《俱舍論頌疏論本序》注

參唐圓暉达《俱舍論頌疏論本》卷一，CBETA，T41，no.1823，p.813，b29-c1。唐時期。

LM20-1522-07-07　《摩訶般若波羅蜜經》卷二三

姚秦鳩摩羅什譯，CBETA，T08，no.223，p.385，a17-18。高昌國時期。

LM20-1522-07-08　《妙法蓮華經》卷一

姚秦鳩摩羅什譯，CBETA，T09，no.262，p.2，a6-8。唐時期。

LM20-1522-07-09　《佛頂尊勝陀羅尼經序》

唐志静述，CBETA，T19，no.967，p.349，b17-20。唐時期。

LM20-1522-07-10　《大般涅槃經》卷九

北凉曇無讖譯，CBETA，T12，no.374，p.417，b16-19。高昌國時期。

LM20-1522-07-11　佛典注疏

第1行"二"右上角有倒乙符號，夾寫小字"須"，左邊夾寫小字"閒明旦"。高昌國時期。

背面有字，無法揭取拍攝。

LM20-1522-07-12　《大般涅槃經》卷二

北凉曇無讖譯，CBETA，T12，no.374，p.376，b20-22。高昌郡時期。

LM20-1522-07-13a　佛典注疏

高昌國時期。

LM20-1522-07-13b　佛典注疏

高昌國時期。

LM20-1522-07-13c　佛典注疏

高昌國時期。

LM20-1522-07-14a　佛典注疏

高昌國時期。

LM20-1522-07-14b　佛典注疏

高昌國時期。

经册七十三

LM20-1522-07-15 《大般若波羅蜜多經》卷五〇九

唐玄奘譯，CBETA，T07，no.220，p.595，b2-4。唐時期。

LM20-1522-07-16 佛典殘片

唐時期。

LM20-1522-07-17 《阿毗曇毗婆沙論》卷五八

北涼浮陀跋摩、道泰譯，CBETA，T28，no.1546，p.402，c4-6，"願相應"作"願不相應"。唐時期。

LM20-1522-07-18 《正法念處經》卷五八

元魏般若流支譯，CBETA，T17，no.721，p.344，a29-b2。唐時期。

LM20-1522-07-19 《金剛般若波羅蜜經》

元魏菩提流支譯，CBETA，T08，no.236a，p.753，a24-26。唐時期。

LM20-1522-07-20 《大寶積經》卷四二

唐玄奘譯，CBETA，T11，no.310，p.243，b3-7。唐時期。

LM20-1522-07-21 《大般涅槃經》卷一九

北涼曇無讖譯，CBETA，T12，no.374，p.474，b2-3，"創"作"瘡臭"。高昌國時期。

LM20-1522-07-22 佛教戒律

唐時期。

LM20-1522-08-01 《佛說觀彌勒菩薩上生兜率天經》

劉宋沮渠京聲譯，CBETA，T14，no.452，p.419，a18-20，"鼓"作"歌"。唐時期。

LM20-1522-08-02 《金剛般若波羅蜜經》

元魏菩提流支譯，CBETA，T08，no.236a，p.755，c5-6。高昌國時期。

LM20-1522-08-03 《大般若波羅蜜多經》

唐玄奘譯，此段文字多處可見。印本。西州回鶻時期。

參：陳耕 2019，355。

LM20-1522-08-04 《妙法蓮華經》卷四

姚秦鳩摩羅什譯，CBETA，T09，no.262，p.35，c27-29。唐時期。

LM20-1522-08-05 《佛頂尊勝陀羅尼經序》

唐志静述，CBETA，T19，no.967，p.349，c6-8。唐時期。

LM20-1522-08-06 《大般涅槃經》卷三六

姚秦鳩摩羅什譯，CBETA，T12，no.374，p.574，b21-22。高昌國時期。

LM20-1522-08-07 《金剛般若波羅蜜經》

姚秦鳩摩羅什譯，CBETA，T08，no.235，p.751，b10-12。有朱點。唐時期。

LM20-1522-08-08 佛典殘片

唐時期。

LM20-1522-08-09 《妙法蓮華經》卷七

姚秦鳩摩羅什譯，CBETA，T09，no.262，p.57，c12-14。唐時期。

LM20-1522-08-10 《陀羅尼集經》卷六

唐阿地瞿多譯，CBETA，T18，no.901，p.838，a17-18。唐時期。

LM20-1522-08-11 《大般涅槃經》卷二二

北涼曇無讖譯，CBETA，T12，no.374，p.493，c12-13。唐時期。

LM20-1522-08-12 《大般涅槃經》卷三七

北涼曇無讖譯，CBETA，T12，no.374，p.585，b29-c1。高昌國時期。

LM20-1522-08-13 佛典殘片

高昌郡時期。

LM20-1522-08-14 《合部金光明經》卷六

隋闍那崛多譯，隋寶貴合，CBETA，T16，no.664，p.386，b12-14。唐時期。

LM20-1522-08-15 《根本說一切有部毗奈耶》卷一一

唐義淨譯，CBETA，T23，no.1442，p.685，b2-3。唐時期。

LM20-1522-08-16 《毛詩·小雅·賓之初筵》鄭氏箋

參《毛詩》卷一四，《四部叢刊初編》，商務印書館，1919年，葉13a。有雙行小字注。第1、2行間夾寫"聖"字。唐時期。

參：徐媛媛 2018，9-10。

LM20-1522-08-17 佛典殘片

唐時期。

LM20-1522-08-18 《大方廣佛華嚴經》卷三二

唐實叉難陀譯，CBETA，T10，no.279，p.172，b29-c1。唐時期。

LM20-1522-08-19 《大般涅槃經》卷二七

北涼曇無讖譯，CBETA，T12，no.374，p.528，b22-24。高昌國時期。

LM20-1522-08-20 佛典殘片

唐時期。

LM20-1522-08-21 佛典殘片

高昌國時期。

LM20-1522-09-01 《大般涅槃經》卷一五

北涼曇無讖譯，CBETA，T12，no.374，p.452，b2-3。高昌國時期。

LM20-1522-09-02 《大智度論》卷四一

姚秦鳩摩羅什譯，CBETA，T25，no.1509，p.358，a18-21。唐時期。

LM20-1522-09-03 《妙法蓮華經》卷一

姚秦鳩摩羅什譯，CBETA，T09，no.262，p.7，b26-28。唐時期。

經册七十三

LM20-1522-09-04　佛典殘片

西州回鶻時期。

LM20-1522-09-05　佛典殘片

高昌國時期。

LM20-1522-09-06　《妙法蓮華經》卷一

姚秦鳩摩羅什譯，CBETA，T09，no.262，p.7，a19-20。唐時期。

LM20-1522-09-07　《摩訶般若波羅蜜經》卷一一

姚秦鳩摩羅什譯，CBETA，T08，no.223，p.297，c2-3。唐時期。

LM20-1522-09-08　《阿毘達磨發智論》卷六

唐玄奘譯，CBETA，T26，no.1544，p.950，a8-10。唐時期。

LM20-1522-09-09　《大般若波羅蜜多經》

唐玄奘譯，此段文字多處可見。唐時期。

LM20-1522-09-10　佛典注疏

高昌國時期。

LM20-1522-09-11　《大般若波羅蜜多經》卷三九五

唐玄奘譯，CBETA，T06，no.220，p.1044，b27-28。唐時期。

LM20-1522-09-12　《大般涅槃經》卷一

北涼曇無讖譯，CBETA，T12，no.374，p.371，b8-10。高昌國時期。

LM20-1522-09-13　《妙法蓮華經》卷五

姚秦鳩摩羅什譯，CBETA，T09，no.262，p.37，b24-26。唐時期。

LM20-1522-09-14　《妙法蓮華經》卷三

姚秦鳩摩羅什譯，CBETA，T09，no.262，p.26，b13-17。唐時期。

LM20-1522-09-15　殘片

有小字注。唐時期。

LM20-1522-09-16　《老子道德經序訣》

舊題吴葛玄造，與敦煌本 S.75 第 35-37 行同。唐時期。

參：游自勇 2017，155-157。

LM20-1522-09-17　《中論》卷二

姚秦鳩摩羅什譯，CBETA，T30，no.1564，p.12，c5-10。高昌郡時期。背面倒書户籍，無法揭取拍攝。

LM20-1522-09-18　《妙法蓮華經》卷七

姚秦鳩摩羅什譯，CBETA，T09，no.262，p.57，b20-22。高昌國時期。

LM20-1522-09-19　佛典殘片

唐時期。

LM20-1522-09-20 《道行般若經》卷二

後漢支婁迦讖譯，CBETA，T08，no.224，p.432，c2-4。高昌國時期。

LM20-1522-09-21 《大般涅槃經》卷三〇

北涼曇無讖譯，CBETA，T12，no.374，p.545，c23-25。高昌國時期。

LM20-1522-09-22 《妙法蓮華經》卷二

姚秦鳩摩羅什譯，CBETA，T09，no.262，p.12，b12-14。唐時期。

LM20-1522-09-23 佛典殘片

唐時期。

LM20-1522-09-24 《成實論》卷六

姚秦鳩摩羅什譯，CBETA，T32，no.1646，p.284，c28-p.285，a1。高昌國時期。

LM20-1522-10-01 佛典殘片

高昌國時期。

LM20-1522-10-02 佛典殘片

唐時期。

LM20-1522-10-03 《大方廣佛華嚴經》卷四五

唐實叉難陀譯，CBETA，T10，no.279，p.237，b21-23。唐時期。

LM20-1522-10-04 《摩訶般若波羅蜜經》卷七

姚秦鳩摩羅什譯，CBETA，T08，no.223，p.268，a16-19。唐時期。

LM20-1522-10-05 《大般涅槃經》卷七

北涼曇無讖譯，CBETA，T12，no.374，p.404，b7-9。唐時期。

LM20-1522-10-06 《大般涅槃經》卷一

北涼曇無讖譯，CBETA，T12，no.374，p.367，b4-7。高昌國時期。

LM20-1522-10-07 《妙法蓮華經》卷七

姚秦鳩摩羅什譯，CBETA，T09，no.262，p.56，c9-11。唐時期。

LM20-1522-10-08 《四分僧戒本》

姚秦佛陀耶舍譯，CBETA，T22，no.1430，p.1023，b10-13。第1，2行間夾寫小字"禁"。

唐時期。

LM20-1522-10-09 佛典殘片

高昌國時期。

LM20-1522-10-10 《天地八陽神咒經》

唐義净譯，CBETA，T85，no.2897，p.1424，b18-20。西州回鶻時期。

LM20-1522-10-11 《大般涅槃經》卷九

北涼曇無讖譯，CBETA，T12，no.374，p.422，a4-5。高昌郡時期。

LM20-1522-10-12 《妙法蓮華經》卷七

姚秦鳩摩羅什譯，CBETA, T09, no.262, p.57, b29-c3。唐時期。

LM20-1522-10-13 佛典殘片

唐時期。

LM20-1522-10-14 《妙法蓮華經》卷七

姚秦鳩摩羅什譯，CBETA, T09, no.262, p.59, b18-20。唐時期。

LM20-1522-10-15a 《佛說灌頂拔除過罪生死得度經》

參東晉帛尸梨蜜多羅譯《佛說灌頂經》卷一二，CBETA, T21, no.1331, p.535, b22。高昌國時期。

LM20-1522-10-15b 《佛說灌頂拔除過罪生死得度經》

參東晉帛尸梨蜜多羅譯《佛說灌頂經》卷一二，CBETA, T21, no.1331, p.535, b22-23。高昌國時期。

LM20-1522-10-16 《佛說未曾有因緣經》卷上

蕭齊曇景譯，CBETA, T17, no.754, p.576, b11-12。高昌國時期。

LM20-1522-10-17 《佛說未曾有因緣經》卷上

蕭齊曇景譯，CBETA, T17, no.754, p.576, b14-15。高昌國時期。

LM20-1522-10-18 《佛說未曾有因緣經》卷上

蕭齊曇景譯，CBETA, T17, no.754, p.576, b16-17。高昌國時期。

LM20-1522-10-19 《佛說未曾有因緣經》卷上

蕭齊曇景譯，CBETA, T17, no.754, p.575, b21-22。高昌國時期。

LM20-1522-10-20 《妙法蓮華經》卷七

姚秦鳩摩羅什譯，CBETA, T09, no.262, p.59, b2-3。有雙行小字注。唐時期。

LM20-1522-11-01 《觀世音經讚》

題金剛藏菩薩撰，據 LM20-1506-C0871c+LM20-1502-C0032 首題定名，參 BD3351。有雙行小字注。唐時期。

參：嚴世偉 2019, 304-340。

LM20-1522-11-02 《請觀世音菩薩消伏毒害陀羅尼呪經》

東晉竺難提譯，CBETA, T20, no.1043, p.35, b20-22。高昌國時期。

LM20-1522-11-03 《妙法蓮華經》卷五

姚秦鳩摩羅什譯，CBETA, T09, no.262, p.38, c24-25。唐時期。

LM20-1522-11-04 《妙法蓮華經》卷二

姚秦鳩摩羅什譯，CBETA, T09, no.262, p.16, c12-14。唐時期。

LM20-1522-11-05 禪籍

唐時期。

LM20-1522-11-06 佛典注疏

高昌國時期。背面有字，無法揭取拍攝。

LM20-1522-11-07 《佛說灌頂經》卷一二

東晉帛尸梨蜜多羅譯，CBETA，T21，no.1331，p.533，a21-23。唐時期。

LM20-1522-11-08 《大般若波羅蜜多經》

唐玄奘譯，此段文字多處可見。唐時期。

LM20-1522-11-09 佛典殘片

高昌國時期。

LM20-1522-11-10 《大般涅槃經後分》卷下

唐若那跋陀羅譯，CBETA，T12，no.377，p.908，a12-14。唐時期。

LM20-1522-11-11 《妙法蓮華經》卷六

姚秦鳩摩羅什譯，CBETA，T09，no.262，p.54，b25-26。高昌國時期。

LM20-1522-11-12 《大般涅槃經》卷九

北涼曇無讖譯，CBETA，T12，no.374，p.422，a1-2。高昌國時期。

LM20-1522-11-13 《大通方廣懺悔滅罪莊嚴成佛經》卷中

作者不詳，CBETA，T85，no.2871，p.1346，c17-19。高昌國時期。

LM20-1522-11-14 佛典殘片

西州回鶻時期。

LM20-1522-11-15 佛典殘片

西州回鶻時期。

LM20-1522-11-16 《大般涅槃經》卷二二

北涼曇無讖譯，CBETA，T12，no.374，p.495，b15-17。高昌郡時期。

LM20-1522-11-17 《大般若波羅蜜多經》

唐玄奘譯，此段文字多處可見。唐時期。

LM20-1522-11-18 《出曜經》卷九

姚秦竺佛念譯，CBETA，T04，no.212，p.654，c27-28。高昌國時期。

LM20-1522-11-19 《大般若波羅蜜多經》

唐玄奘譯，此段文字多處可見。唐時期。

LM20-1522-11-20 《妙法蓮華經》卷七

姚秦鳩摩羅什譯，CBETA，T09，no.262，p.59，c1-3。高昌國時期。

LM20-1522-12-01 佛典注疏

唐時期。背面有字，無法揭取拍攝。

LM20-1522-12-02 《大般若波羅蜜多經》

唐玄奘譯，此段文字多處可見。唐時期。

LM20-1522-12-03 佛典殘片

經册七十三

高昌國時期。

LM20-1522-12-04 《正法華經》卷九

西晉竺法護譯，CBETA，T09，no.263，p.128，a12。高昌國時期。

LM20-1522-12-05 佛典殘片

唐時期。

LM20-1522-12-06 《妙法蓮華經》卷一

姚秦鳩摩羅什譯，CBETA，T09，no.262，p.2，a3-5。高昌國時期。

LM20-1522-12-07 《妙法蓮華經》卷四

姚秦鳩摩羅什譯，CBETA，T09，no.262，p.31，c7-8。唐時期。

LM20-1522-12-08 佛典注疏

高昌國時期。

LM20-1522-12-09 佛典殘片

唐時期。

LM20-1522-12-10 佛典注疏

唐時期。

LM20-1522-12-11 《賢劫經》卷一

西晉竺法護譯，CBETA，T14，no.425，p.8，a3-5。唐時期。

LM20-1522-12-12 《摩訶般若波羅蜜經》卷一五

姚秦鳩摩羅什譯，CBETA，T08，no.223，p.329，a11-13。高昌國時期。

LM20-1522-12-13 《大般若波羅蜜多經》卷五七九

唐玄奘譯，CBETA，T07，no.220，p.991，c22-24。唐時期。

LM20-1522-12-14 《放光般若經》卷七

西晉無羅叉譯，CBETA，T08，no.221，p.45，c20-21。高昌國時期。

LM20-1522-12-15 《大智度論》卷一八

姚鳩摩羅什譯，CBETA，T25，no.1509，p.193，c8-9。唐時期。

LM20-1522-12-16 《妙法蓮華經》卷三

姚秦鳩摩羅什譯，CBETA，T09，no.262，p.19，b7-10。唐時期。

LM20-1522-12-17 《佛說佛名經》

元魏菩提流支譯，此段文字多處可見。唐時期。

LM20-1522-12-18 佛典殘片

唐時期。

LM20-1522-12-19 《阿毘達磨大毘婆沙論》卷五二

唐玄奘譯，CBETA，T27，no.1545，p.269，a27-28。唐時期。

LM20-1522-12-20 佛典殘片

旅順博物館藏新疆出土漢文文獻

唐時期。

LM20-1522-13-01 《大般涅槃經》卷三一

北涼曇無讖譯，CBETA，T12，no.374，p.552，c19-21。高昌國時期。

LM20-1522-13-02 《勝鬘師子吼一乘大方便方廣經》

劉宋求那跋陀羅譯，CBETA，T12，no.353，p.218，c25-27。高昌國時期。

LM20-1522-13-03 《毗尼心》

作者不詳，CBETA，T85，no.2792，p.660，c7-9。唐時期。背面有字，無法揭取拍攝。

LM20-1522-13-04 殘片

高昌國時期。

LM20-1522-13-05 《摩訶般若波羅蜜經》卷九

姚秦鳩摩羅什譯，CBETA，T08，no.223，p.286，b14-15。高昌國時期。

LM20-1522-13-06 《維摩詰所說經》卷上

姚秦鳩摩羅什譯，CBETA，T14，no.475，p.542，a23-24。唐時期。

LM20-1522-13-07 《大方廣佛華嚴經》卷五四

東晉佛陀跋陀羅譯，CBETA，T09，no.278，p.738，c22-23。唐時期。

LM20-1522-13-08 佛典注疏

唐時期。背面有字，無法揭取拍攝。

LM20-1522-13-09 佛典殘片

高昌國時期。

LM20-1522-13-10 殘片

唐時期。

LM20-1522-13-11a 《四分律》卷二八

姚秦佛陀耶舍、竺佛念譯，CBETA，T22，no.1428，p.758，c10。唐時期。

LM20-1522-13-11b 《四分律》卷二八

姚秦佛陀耶舍、竺佛念譯，CBETA，T22，no.1428，p.758，c10-13。唐時期。

LM20-1522-13-12a 《妙法蓮華經》卷二

姚秦鳩摩羅什譯，CBETA，T09，no.262，p.19，a10-11。唐時期。

LM20-1522-13-12b 《妙法蓮華經》卷二

姚秦鳩摩羅什譯，CBETA，T09，no.262，p.19，a9-11。唐時期。

LM20-1522-13-13 《乙巳占》卷一

參唐李淳風撰《乙巳占》，《中國科學技術典籍通彙》，天文卷第四册，河南教育出版社，1997年，465頁。唐時期。

LM20-1522-13-14 《大般涅槃經》卷二一

北涼曇無讖譯，CBETA，T12，no.374，p.493，a10-12。高昌國時期。

經册七十三

LM20-1522-13-15 《大般若波羅蜜多經》卷五一一

唐玄奘譯，CBETA，T07，no.220，p.607，c29-30。印本。西州回鶻時期。

LM20-1522-13-16 《大乘金剛髻珠菩薩修行分》

唐菩提流志譯，CBETA，T20，no.1130，p.566，b13-14。唐時期。

LM20-1522-13-17 《大般若波羅蜜多經》卷八五

唐玄奘譯，CBETA，T05，no.220，p.477，a22-23。唐時期。

LM20-1522-13-18 佛典殘片

唐時期。

LM20-1522-13-19 佛典殘片

高昌國時期。

LM20-1522-13-20 《妙法蓮華經》卷七

姚秦鳩摩羅什譯，CBETA，T09，no.262，p.58，b7-8。唐時期。

LM20-1522-13-21 《梵網經》卷下

姚秦鳩摩羅什譯，CBETA，T24，no.1484，p.1009，c7-9。西州回鶻時期。

LM20-1522-13-22 《合部金光明經》卷八

隋闍那崛多譯，隋寶貴合，CBETA，T16，no.664，p.401，a15-21。唐時期。

LM20-1522-14-01 《摩訶般若波羅蜜經》卷一四

姚秦鳩摩羅什譯，CBETA，T08，no.223，p.323，b9-11。高昌郡時期。

LM20-1522-14-02 佛典殘片

高昌國時期。

LM20-1522-14-03 《大乘理趣六波羅蜜多經》卷一

唐般若譯，CBETA，T08，no.261，p.866，b17-19。西州回鶻時期。

LM20-1522-14-04 殘片

高昌國時期。

LM20-1522-14-05 《大般涅槃經》卷七

北涼曇無讖譯，CBETA，T12，no.374，p.407，c13-16。高昌國時期。

LM20-1522-14-06 《佛說藥師如來本願經》

隋達摩笈多譯，CBETA，T14，no.449，p.404，b29-c2。唐時期。

LM20-1522-14-07 《妙法蓮華經》卷五

姚秦鳩摩羅什譯，CBETA，T09，no.262，p.39，c1-3。唐時期。

LM20-1522-14-08 《金剛般若波羅蜜經》

姚秦鳩摩羅什譯，CBETA，T08，no.235，p.749，a20-22。唐時期。

LM20-1522-14-09 佛典殘片

唐時期。

LM20-1522-14-10 《妙法蓮華經》卷二

姚秦鳩摩羅什譯，CBETA，T09，no.262，p.11，c21-23。唐時期。

LM20-1522-14-11 《佛說灌頂經》卷一二

東晉帛尸梨蜜多羅譯，CBETA，T21，no.1331，p.536，a23-28。西州回鶻時期。

LM20-1522-14-12 佛典殘片

西州回鶻時期。背面有回鶻文，無法揭取拍攝。

參：松井太 2012，58-59。

LM20-1522-14-13 佛典殘片

高昌國時期。

LM20-1522-14-14 佛典殘片

參姚秦鳩摩羅什譯《大智度論》卷四五，CBETA，T25，no.1509，p.383，b1-3；p.460，c12-14。高昌國時期。

LM20-1522-14-15 《佛說阿彌陀經》

姚秦鳩摩羅什譯，CBETA，T12，no.366，p.347，c1-2。唐時期。

LM20-1522-14-16 《妙法蓮華經》卷三

姚秦鳩摩羅什譯，CBETA，T09，no.262，p.22，a8-9，"得佛"作"得作佛"。高昌國時期。

LM20-1522-14-17 《賢愚經》卷七

元魏慧覺等譯，CBETA，T04，no.202，p.402，b12-13。唐時期。

LM20-1522-14-18 《小品般若波羅蜜經》卷二

姚秦鳩摩羅什譯，CBETA，T08，no.227，p.543，b29-c3。唐時期。

LM20-1522-14-19 佛典殘片

唐時期。

LM20-1522-14-20 《妙法蓮華經》卷一

姚秦鳩摩羅什譯，CBETA，T09，no.262，p.2，a11-12。唐時期。

LM20-1522-14-21 殘片

唐時期。

LM20-1522-14-22 《妙法蓮華經》卷七

姚秦鳩摩羅什譯，CBETA，T09，no.262，p.56，a3-4。高昌國時期。

LM20-1522-15-01 《大般涅槃經》卷五

北涼曇無讖譯，CBETA，T12，no.374，p.393，a4-6。高昌郡時期。

LM20-1522-15-02 佛名經

唐時期。

LM20-1522-15-03 《佛說灌頂經》卷一一

東晉帛尸梨蜜多羅譯，CBETA，T21，no.1331，p.529，c27-28。唐時期。

經册七十三

LM20-1522-15-04 《大般涅槃經》卷八

北凉曇無讖譯，CBETA，T12，no.374，p.412，a19-21。高昌國時期。

LM20-1522-15-05 《大智度論》卷三

姚秦鳩摩羅什譯，CBETA，T25，no.1509，p.77，c2-7。高昌郡時期。

LM20-1522-15-06 《大智度論》卷六七

姚秦鳩摩羅什譯，CBETA，T25，no.1509，p.530，b14-15。高昌國時期。

LM20-1522-15-07 《佛說佛名經》卷一

譯者不詳，CBETA，T14，no.441，p.187，c11-15。有朱點。西州回鶻時期。

LM20-1522-15-08 《大方廣佛華嚴經》卷一五（五十卷本）

東晉佛陀跋陀羅譯，《中華大藏經》第12册，158a3-4；參CBETA，T09，no.278，p.513，b27-28。高昌國時期。

LM20-1522-15-09 《十方千五百佛名經》

譯者不詳，CBETA，T14，no.442，p.312，c29-p.313，a2。高昌國時期。

LM20-1522-15-10 《大方等大集經》卷一一

北凉曇無讖譯，CBETA，T13，no.397，p.73，a11-14。唐時期。

LM20-1522-15-11 《摩訶般若波羅蜜經》卷一四

姚秦鳩摩羅什譯，CBETA，T08，no.223，p.326，b15-17。高昌國時期。

LM20-1522-15-12 《四分律刪繁補闕行事鈔》卷下

唐道宣撰，CBETA，T40，no.1804，p.117，a22-25。西州回鶻時期。

LM20-1522-15-13 《太上洞玄靈寶智慧上品大戒》

作者不詳，約出於東晉，與敦煌本P.2461第8-9行同。唐時期。

參：趙洋 2017a，186；趙洋 2017b，195。

LM20-1522-15-14 佛教戒律

高昌國時期。

LM20-1522-15-15 佛典殘片

唐時期。

LM20-1522-15-16 勝鬘經疏

參唐明空述《勝鬘經疏義私鈔》卷六，CBETA，X19，no.353，p.973，a13-15。有雙行小字注。高昌郡時期。

LM20-1522-15-17 佛典殘片

參吴支謙譯《佛說維摩詰經》卷上，CBETA，T14，no.474，p.524，a7-8。有朱點。高昌國時期。

LM20-1522-15-18 佛典殘片

唐時期。

旅順博物館藏新疆出土漢文文獻

LM20-1522-15-19 佛典殘片

高昌國時期。

LM20-1522-15-20 《妙法蓮華經》卷二

姚秦鳩摩羅什譯, CBETA, T09, no.262, p.12, c3-5。高昌國時期。

LM20-1522-16-01 《妙法蓮華經》卷一

姚秦鳩摩羅什譯, CBETA, T09, no.262, p.9, c28-p.10, a4。唐時期。

LM20-1522-16-02 《十方千五百佛名經》

譯者不詳, CBETA, T14, no.442, p.315, b20-22。高昌國時期。

LM20-1522-16-03 佛典殘片

參西晉竺法護譯《等集衆德三昧經》卷中, CBETA, T12, no.381, p.982, c20-21。有勾劃痕跡。西州回鶻時期。

LM20-1522-16-04 殘片

唐時期。

LM20-1522-16-05 《大般若波羅蜜多經》卷二八二

唐玄奘譯, 此段文字多處可見。唐時期。

LM20-1522-16-06 《佛說灌頂經》卷一二

東晉帛尸梨蜜多羅譯, CBETA, T21, no.1331, p.533, a4-5。唐時期。

LM20-1522-16-07 《十方千五百佛名經》

譯者不詳, CBETA, T14, no.442, p.312, b7-9。有水浸痕跡。高昌國時期。

LM20-1522-16-08 《十方千五百佛名經》

譯者不詳, 此段文字多處可見。有水浸痕跡。高昌國時期。

LM20-1522-16-09 《大般涅槃經》卷二

北涼曇無讖譯, CBETA, T12, no.374, p.378, a28-b1。高昌郡時期。

LM20-1522-16-10 《大般涅槃經》卷二

北涼曇無讖譯, CBETA, T12, no.374, p.374, a24-26。高昌郡時期。

LM20-1522-16-11 佛典殘片

高昌國時期。

LM20-1522-16-12a 典籍殘片

西州回鶻時期。

LM20-1522-16-12b 典籍殘片

西州回鶻時期。

LM20-1522-16-13 《般若波羅蜜多心經》

唐玄奘譯, CBETA, T08, no.251, p.848, c15-17。唐時期。

LM20-1522-16-14 《大智度論》卷一七

姚秦鳩摩羅什譯，CBETA，T25，no.1509，p.184，c9-12。高昌國時期。

LM20-1522-16-15 《妙法蓮華經》卷五

姚秦鳩摩羅什譯，CBETA，T09，no.262，p.41，c27-29。唐時期。

LM20-1522-16-16 佛典殘片

高昌國時期。

LM20-1522-16-17 佛教戒律

參佛陀耶舍、竺佛念譯《四分律》卷五，CBETA，T22，no.1428，p.600，c15-16。高昌國時期。

LM20-1522-16-18 佛教戒律

參劉宋佛陀什等譯《五分戒本》，CBETA，T22，no.1422b，p.202，a13-18。高昌國時期。

LM20-1522-16-19 《大般若波羅蜜多經》

唐玄奘譯，此段文字多處可見。唐時期。

LM20-1522-16-20 佛典殘片

高昌國時期。

LM20-1522-17-01 《太上洞玄靈寶真文度人本行妙經》

作者不詳。參北宋張君房輯《雲笈七籤》卷一〇二，中華書局，2003年，2214頁。唐時期。

LM20-1522-17-02 佛典殘片

參北宋施護譯《佛說佛母出生三法藏般若波羅蜜多經》卷二五，CBETA，T08，no.228，p.676，b9-11。高昌國時期。

LM20-1522-17-03 《妙法蓮華經》卷七

姚秦鳩摩羅什譯，CBETA，T09，no.262，p.56，a26-27。唐時期。

LM20-1522-17-04 《妙法蓮華經》卷七

姚秦鳩摩羅什譯，CBETA，T09，no.262，p.61，c9-12。西州回鶻時期。

LM20-1522-17-05 佛名經

高昌國時期。

LM20-1522-17-06 佛典殘片

唐時期。

LM20-1522-17-07 典籍殘片

西州回鶻時期。

LM20-1522-17-08 《佛說佛名經》卷一

元魏菩提流支譯，CBETA，T14，no.440，p.118，c3。西州回鶻時期。

LM20-1522-17-09 《大般涅槃經》卷四〇

北涼曇無讖譯，CBETA，T12，no.374，p.599，b16-19。高昌郡時期。

LM20-1522-17-10 《合部金光明經》卷二

梁真諦譯，隋寶貴合，CBETA, T16, no.664, p.370, c18-19，"故與"作"故悉與"。唐時期。

LM20-1522-17-11　寶積經

參西晉竺法護譯《大寶積經》卷一一八，CBETA, T11, no.310, p.665, b1。高昌國時期。

LM20-1522-17-12　《南陽和尚問答雜徵義》

唐劉澄集。唐時期。背面有字，無法揭取拍攝。

參：李昀 2019，282、286、300。

LM20-1522-17-13　《道行般若經》卷一〇

後漢支婁迦讖譯，CBETA, T08, no.224, p.477, b19-21。高昌國時期。

LM20-1522-17-14　《生經》卷二

西晉竺法護譯，CBETA, T03, no.154, p.83, b18-19。高昌國時期。

LM20-1522-17-15　《大般涅槃經》卷二一

北涼曇無讖譯，CBETA, T12, no.374, p.493, a11-13。高昌國時期。

LM20-1522-17-16　《楞伽師資記》

唐淨覺集，CBETA, T85, no.2837, p.1286, a18-20，"道塲光"作"無所有"。唐時期。

LM20-1522-17-17　書信（？）

唐時期。

LM20-1522-17-18　《金光明經》卷二

北涼曇無讖譯，CBETA, T16, no.663, p.345, b25-26。唐時期。

LM20-1522-17-19　《大般涅槃經》卷四〇

北涼曇無讖譯，CBETA, T12, no.374, p.598, c4-7。高昌郡時期。

LM20-1522-17-20　《大般若波羅蜜多經》卷七

唐玄奘譯，CBETA, T05, no.220, p.36, b29-c1。唐時期。

LM20-1522-18-01　《十地經論義記》卷二

隋慧遠撰，CBETA, X45, no.753, p.61, b10-13。高昌國時期。

LM20-1522-18-02　《大般涅槃經》卷二五

北涼曇無讖譯，CBETA, T12, no.374, p.511, b4-6。高昌國時期。

LM20-1522-18-03r　佛教戒律

參唐定賓撰《四分律疏飾宗義記》卷八，CBETA, X42, no.733, p.244, a14-16。西州回鶻時期。

LM20-1522-18-03v　《南陽和尚問答雜徵義》

唐劉澄集。唐時期。無法揭取拍攝。

參：李昀 2019，282、286、300。

LM20-1522-18-04　《大般涅槃經》卷一八

北涼曇無讖譯，CBETA, T12, no.374, p.471, c12-13。高昌國時期。

LM20-1522-18-05 《妙法蓮華經》卷二

姚秦鳩摩羅什譯，CBETA，T09，no.262，p.14，c12-13。唐時期。

LM20-1522-18-06 《觀世音經讚》

題金剛藏菩薩撰，據 LM20-1506-C0871c+LM20-1502-C0032 首題定名，參 BD3351。

有雙行小字注。唐時期。

參：嚴世偉 2019，304-340。

LM20-1522-18-07 佛典殘片

唐時期。

LM20-1522-18-08 《金剛般若波羅蜜經》

姚秦鳩摩羅什譯，CBETA，T08，no.235，p.752，b12-14。高昌國時期。

LM20-1522-18-09 《維摩經義疏》卷二

隋吉藏撰，CBETA，T38，no.1781，p.924，b17-26。第 5 行夾寫小字"次"。西州回鶻時期。

LM20-1522-18-10 佛經法數

有雙行小字注。唐時期。

LM20-1522-18-11 佛典殘片

唐時期。

LM20-1522-18-12 殘片

西州回鶻時期。背面有字，疑爲户籍，無法揭取拍攝。

LM20-1522-18-13 佛典殘片

高昌國時期。

LM20-1522-18-14 《大通方廣懺悔滅罪莊嚴成佛經》卷中

作者不詳，CBETA，T85，no.2871，p.1345，a36。高昌國時期。

LM20-1522-18-15 《四分律》卷一

姚秦佛陀耶舍、竺佛念譯，CBETA，T22，no.1428，p.567，b26-28。唐時期。

LM20-1522-18-16 《摩訶般若波羅蜜經》卷一四

姚秦鳩摩羅什譯，CBETA，T08，no.223，p.320，c28-p.321，a1。高昌國時期。

LM20-1522-18-17a 佛典殘片

唐時期。

LM20-1522-18-17b 《四分律》卷二三

姚秦佛陀耶舍、竺佛念等譯，CBETA，T22，no.1428，p.722，b14。唐時期。

LM20-1522-18-18 《四分律》卷二三

姚秦佛陀耶舍、竺佛念等譯，CBETA，T22，no.1428，p.722，b12-14，"時以清净"作"以時清净"。唐時期。

LM20-1522-18-19 佛典殘片

参北凉昙無讖譯《大般涅槃經》卷三七，此段文字多處可見。唐時期。

LM20-1522-18-20 佛典殘片

唐時期。

LM20-1522-19-01 《文心雕龍》卷七《情采》

梁劉勰撰。参黄叔琳注、李詳補注、楊明照校注拾遺《增訂文心雕龍校注》卷七，中華書局，2012年，411頁。唐時期。

参：朱玉麒、孟彦弘 2019，48。

LM20-1522-19-02 《大般若波羅蜜多經》卷三〇九

唐玄奘譯，CBETA，T06，no.220，p.576，c16-17。唐時期。

LM20-1522-19-03 佛典殘片

高昌國時期。

LM20-1522-19-04 《大方廣佛華嚴經疏》卷四三

唐澄觀撰，CBETA，T35，no.1735，p.827，a21-24，"知之智"作"知法之智"。唐時期。

LM20-1522-19-05 佛教戒律

唐時期。

LM20-1522-19-06r 《中阿含經》卷二四

東晉僧伽提婆譯，CBETA，T01，no.26，p.579，b27-28。印本。西州回鶻時期。

LM20-1522-19-06v 《妙法蓮華經》卷四

姚秦鳩摩羅什譯，CBETA，T09，no.262，p.35，a26-28。唐時期。無法揭取拍攝。

LM20-1522-19-07 佛典殘片

唐時期。

LM20-1522-19-08 佛典殘片

高昌國時期。

LM20-1522-19-09 《摩訶般若波羅蜜經》卷一八

姚秦鳩摩羅什譯，CBETA，T08，no.223，p.355，a23-25。唐時期。

LM20-1522-19-10a 佛典殘片

高昌國時期。

LM20-1522-19-10b 殘片

高昌國時期。

LM20-1522-19-11 《妙法蓮華經》卷二

姚秦鳩摩羅什譯，CBETA，T09，no.262，p.11，a20-26。細字寫本。唐時期。

LM20-1522-19-12 佛名經

第1行存小字"□□卷□"。高昌國時期。

LM20-1522-19-13 《阿毗曇毗婆沙論》卷四一

經冊七十三

北涼浮陀跋摩、道泰譯，CBETA，T28，no.1546，p.303，b2-4。高昌國時期。背面有字，無法揭取拍攝。

LM20-1522-19-14 《妙法蓮華經》卷二

姚秦鳩摩羅什譯，CBETA，T09，no.262，p.13，c5-7。高昌國時期。

LM20-1522-19-15 《大般涅槃經》卷三六

北涼曇無讖譯，CBETA，T12，no.374，p.578，a9-11。高昌國時期。

LM20-1522-19-16 《佛說佛名經》卷二

元魏菩提流支譯，CBETA，T14，no.440，p.120，c1-2。唐時期。

LM20-1522-19-17 佛典殘片

參吳支謙譯《佛說菩薩本業經》，CBETA，T10，no.281，p.447，a10-12。高昌國時期。

LM20-1522-19-18 佛典殘片

唐時期。

LM20-1522-19-19 《雜阿毘曇心論》卷二

劉宋僧伽跋摩等譯，CBETA，T28，no.1552，p.884，b2-4。高昌國時期。

LM20-1522-19-20 殘片

唐時期。背面爲胡語，有婆羅迷文，無法揭取拍攝。

LM20-1522-20-01 佛典注疏

高昌國時期。背面有字，無法揭取拍攝。

LM20-1522-20-02 《大般涅槃經》卷一三

北涼曇無讖譯，CBETA，T12，no.374，p.440，b23-26。高昌國時期。

LM20-1522-20-03 《佛說寶雨經》卷五

唐達摩流支譯，CBETA，T16，no.660，p.302，a20-21。唐時期。

LM20-1522-20-04 殘片

唐時期。

LM20-1522-20-05 殘片

高昌國時期。

LM20-1522-20-06 《佛說觀無量壽佛經》

劉宋畺良耶舍譯，CBETA，T12，no.365，p.342，a15-16。高昌國時期。

LM20-1522-20-07 《大般涅槃經》卷一八

北涼曇無讖譯，CBETA，T12，no.374，p.474，a7-9。唐時期。

LM20-1522-20-08 《大般涅槃經》卷七

北涼曇無讖譯，CBETA，T12，no.374，p.408，c9-10。高昌國時期。

LM20-1522-20-09 《大般涅槃經》卷二三

北涼曇無讖譯，CBETA，T12，no.374，p.499，b25-26。唐時期。

LM20-1522-20-10 佛典注疏

唐時期。

LM20-1522-20-11 《大般涅槃經》卷三

北涼曇無讖譯，CBETA，T12，no.374，p.384，b17-19。高昌國時期。

LM20-1522-20-12 佛典殘片

高昌國時期。

LM20-1522-20-13 《大般涅槃經》卷一九

北涼曇無讖譯，CBETA，T12，no.374，p.476，a7-8。西州回鶻時期。

LM20-1522-20-14 《大般涅槃經》卷七

北涼曇無讖譯，CBETA，T12，no.374，p.406，b26-28。高昌國時期。

LM20-1522-20-15 《佛說阿彌陀經》

姚秦鳩摩羅什譯，CBETA，T12，no.366，p.347，a16-18。唐時期。

LM20-1522-20-16 《大般涅槃經》卷二二

北涼曇無讖譯，CBETA，T12，no.374，p.497，a6-7。高昌國時期。

LM20-1522-20-17 佛典殘片

西州回鶻時期。

LM20-1522-20-18 殘片

唐時期。

LM20-1522-20-19 《大般涅槃經》卷二一

北涼曇無讖譯，CBETA，T12，no.374，p.492，c25-26。唐時期。

LM20-1522-20-20 佛典殘片

唐時期。

LM20-1522-20-21 《妙法蓮華經》卷五

姚秦鳩摩羅什譯，CBETA，T09，no.262，p.41，a26-b1。唐時期。

LM20-1522-20-22 《妙法蓮華經》卷四

姚秦鳩摩羅什譯，CBETA，T09，no.262，p.32，b20-21。唐時期。

LM20-1522-21-01 《妙法蓮華經》卷六

姚秦鳩摩羅什譯，CBETA，T09，no.262，p.47，c21-24。唐時期。

LM20-1522-21-02 《金剛般若波羅蜜經》

姚秦鳩摩羅什譯，CBETA，T08，no.235，p.752，a4-6。唐時期。

LM20-1522-21-03 佛典殘片

唐時期。

LM20-1522-21-04 佛典殘片

高昌國時期。

經册七十三

LM20-1522-21-05 《佛說灌頂經》卷一二

東晉帛尸梨蜜多羅譯，CBETA，T21，no.1331，p.534，b1-2。唐時期。

LM20-1522-21-06 華嚴經疏

參東晉佛陀跋陀羅譯《大方廣佛華嚴經》卷二〇，CBETA，T09，no.278，p.529，a2。高昌國時期。背面有字，無法揭取拍攝。

LM20-1522-21-07 《大般涅槃經》卷二九

北涼曇無讖譯，CBETA，T12，no.374，p.538，b6-9。高昌國時期。

LM20-1522-21-08 《佛說相好經》

作者不詳，CBETA，ZW03，no.31a，p.409，a5-6。西州回鶻時期。

LM20-1522-21-09a 《妙法蓮華經》卷六

姚秦鳩摩羅什譯，CBETA，T09，no.262，p.46，c28-29。唐時期。

LM20-1522-21-09b 《佛頂尊勝陀羅尼經》

唐佛陀波利譯，CBETA，T19，no.967，p.350，b8-10。唐時期。

LM20-1522-21-10 《大乘本生心地觀經》卷二

唐般若譯，CBETA，T03，no.159，p.298，c6-8。唐時期。

LM20-1522-21-11 《妙法蓮華經》卷二

姚秦鳩摩羅什譯，CBETA，T09，no.262，p.11，a13-15。高昌國時期。

LM20-1522-21-12 《增壹阿含經》卷一五

東晉僧伽提婆譯，CBETA，T02，no.125，p.621，c27-p.622，a1。高昌國時期。

LM20-1522-21-13 《長阿含經》卷一七

姚秦佛陀耶舍、竺佛念譯，CBETA，T01，no.1，p.113，a19-20。高昌國時期。

LM20-1522-21-14 《妙法蓮華經》卷三

姚秦鳩摩羅什譯，CBETA，T09，no.262，p.21，b22-24。高昌國時期。

LM20-1522-21-15 《賢愚經》卷九

元魏慧覺等譯，CBETA，T04，no.202，p.416，c6-8，"欲共"作"欲行共"。唐時期。

LM20-1522-21-16 《月燈三昧經》卷八

高齊那連提耶舍譯，CBETA，T15，no.639，p.602，b20-22。唐時期。

LM20-1522-21-17 醫書殘片

唐時期。

LM20-1522-21-18a 《金光明經》卷二

北涼曇無讖譯，CBETA，T16，no.663，p.345，b7。與 LM20-1522-21-18b 可綴合，據此定名。高昌國時期。

LM20-1522-21-18b 《金光明經》卷二

北涼曇無讖譯，CBETA，T16，no.663，p.345，b8-10。高昌國時期。

旅顺博物馆藏新疆出土汉文文献

LM20-1522-21-19 《妙法蓮華經》卷三

姚秦鳩摩羅什譯，CBETA，T09，no.262，p.19，b16-17。唐時期。

LM20-1522-21-20 唐帳簿

唐時期。

LM20-1522-22-01 典籍殘片

唐時期。

LM20-1522-22-02 佛名經

唐時期。

LM20-1522-22-03 《妙法蓮華經》卷五

姚秦鳩摩羅什譯，CBETA，T09，no.262，p.45，b23-25。唐時期。

LM20-1522-22-04 《大般涅槃經》卷八

北涼曇無讖譯，CBETA，T12，no.374，p.411，c4-6。唐時期。

LM20-1522-22-05 佛名經

唐時期。

LM20-1522-22-06 《金光明經》卷三

北涼曇無讖譯，CBETA，T16，no.663，p.352，a21-23。唐時期。

LM20-1522-22-07 《賢愚經》卷三

元魏慧覺等譯，CBETA，T04，no.202，p.368，b13-14。唐時期。

LM20-1522-22-08 佛典殘片

唐時期。

LM20-1522-22-09 《金光明經》卷三

北涼曇無讖譯，CBETA，T16，no.663，p.350，c26-28。高昌國時期。

LM20-1522-22-10 《妙法蓮華經》卷六

姚秦鳩摩羅什譯，CBETA，T09，no.262，p.49，c27-28。唐時期。背面有回鶻文，無法揭取拍攝。

LM20-1522-22-11 《大般涅槃經》卷二五

北涼曇無讖譯，CBETA，T12，no.374，p.511，c26-27。高昌郡時期。

LM20-1522-22-12 佛典殘片

高昌郡時期。

LM20-1522-22-13 佛典殘片

唐時期。

LM20-1522-22-14 《金剛般若波羅蜜經》

姚秦鳩摩羅什譯，CBETA，T08，no.235，p.749，a16-18。唐時期。

LM20-1522-22-15 《合部金光明經》卷四

经册七十三

梁真谛译，隋宝贵合，CBETA，T16，no.664，p.380，b12-13。高昌国时期。

LM20-1522-22-16 《正法念处经》卷一三

元魏般若流支译，CBETA，T17，no.721，p.76，b27-c1。唐时期。

LM20-1522-22-17 《大般涅槃经》卷六

北凉昙无谶译，CBETA，T12，no.374，p.398，b4-6。高昌国时期。

LM20-1522-22-18a 《大般涅槃经》卷三一

北凉昙无谶译，CBETA，T12，no.374，p.548，c27-28。高昌国时期。

LM20-1522-22-18b 佛典残片

唐时期。

LM20-1522-22-19 《大方广佛华严经》卷四九（五十卷本）

东晋佛陀跋陀罗译，《中华大藏经》第12册，602c6-7；参 CBETA，T09，no.278，p.772，b8-9。高昌国时期。

LM20-1522-22-20 《杂阿毗昙心论》卷六

刘宋僧伽跋摩等译，CBETA，T28，no.1552，p.923，b2-6。有双行小字注。高昌国时期。

LM20-1522-23-01 《大方便佛报恩经》卷一

译者不详，CBETA，T03，no.156，p.125，a20-23。唐时期。

LM20-1522-23-02 佛典注疏

高昌国时期。

LM20-1522-23-03 佛典残片

西州回鹘时期。

LM20-1522-23-04 《大般涅槃经》卷七

北凉昙无谶译，CBETA，T12，no.374，p.408，c16-18。唐时期。

LM20-1522-23-05 佛典残片

高昌国时期。

LM20-1522-23-06 《大般涅槃经》卷三八

北凉昙无谶译，CBETA，T12，no.374，p.587，c1-3。高昌国时期。

LM20-1522-23-07 《菩萨本缘经》卷上

吴支谦译，CBETA，T03，no.153，p.55，c16-18。高昌郡时期。背面有字，无法揭取拍摄。

LM20-1522-23-08 《大般涅槃经》卷一

北凉昙无谶译，CBETA，T12，no.374，p.370，b25-27。唐时期。

LM20-1522-23-09 佛教戒律

第2、3行间夹写小字"律"。唐时期。

LM20-1522-23-10 佛典残片

高昌国时期。

LM20-1522-23-11 《大般涅槃經》卷二四

北涼曇無讖譯，CBETA，T12，no.374，p.507，b11-13。唐時期。

LM20-1522-23-12 佛典殘片

唐時期。

LM20-1522-23-13 《佛說觀佛三昧海經》卷八

東晉佛陀跋陀羅譯，CBETA，T15，no.643，p.685，a21-22。高昌國時期。

LM20-1522-23-14 殘片

高昌國時期。

LM20-1522-23-15 《妙法蓮華經》卷一

姚秦鳩摩羅什譯，CBETA，T09，no.262，p.4，a16-18。唐時期。

LM20-1522-23-16 《金剛般若波羅蜜經》

元魏菩提流支譯，CBETA，T08，no.236a，p.755，b4-5。唐時期。

LM20-1522-23-17 《放光般若經》卷六

西晉無羅叉譯，CBETA，T08，no.221，p.41，a7-8。唐時期。

LM20-1522-24-01 《天地八陽神咒經》

唐義淨譯，CBETA，T85，no.2897，p.1422，b24-26。西州回鶻時期。

LM20-1522-24-02 《佛說觀無量壽佛經》

劉宋畺良耶舍譯，CBETA，T12，no.365，p.346，b7-9。高昌國時期。

LM20-1522-24-03 佛典殘片

唐時期。

LM20-1522-24-04 佛典殘片

唐時期。

LM20-1522-24-05 佛典殘片

高昌國時期。

LM20-1522-24-06 《大般涅槃經》卷二八

北涼曇無讖譯，CBETA，T12，no.374，p.535，b3-6。高昌國時期。

LM20-1522-24-07 法華經寫經題記

高昌國時期。

LM20-1522-24-08 《小品般若波羅蜜經》卷二

姚秦鳩摩羅什譯，CBETA，T08，no.227，p.543，a24-26，"香華"作"花香"。高昌郡時期。

LM20-1522-24-09 《大般涅槃經》卷二

北涼曇無讖譯，CBETA，T12，no.374，p.377，b19-20。高昌國時期。

LM20-1522-24-10 佛典殘片

高昌國時期。

经册七十三

LM20-1522-24-11 残片

唐時期。

LM20-1522-24-12 残片

高昌國時期。

LM20-1522-24-13 《佛說觀無量壽佛經》

劉宋畺良耶舍譯，CBETA，T12，no.365，p.343，b10-12。高昌國時期。

LM20-1522-24-14 《大般涅槃經》卷一一

北涼曇無讖譯，CBETA，T12，no.374，p.432，c3-5。高昌國時期

LM20-1522-24-15 《摩訶般若波羅蜜經》卷八

姚秦鳩摩羅什譯，CBETA，T08，no.223，p.280，a21-23。高昌國時期。

LM20-1522-24-16 《大通方廣懺悔滅罪莊嚴成佛經》卷中

作者不詳，CBETA，T85，no.2871，p.1345，a38。高昌國時期。

LM20-1522-24-17 《大般涅槃經》卷一九

北涼曇無讖譯，CBETA，T12，no.374，p.479，a23-24。唐時期。

經册七十四

LM20-1523-01-01 《金剛般若波羅蜜經》

姚秦鳩摩羅什譯, CBETA, T08, no.235, p.750, a19-24。西州回鶻時期。

LM20-1523-01-02r 《切韻》

參敦煌本 S.2071, 上聲十四賄。有雙行小字注。西州回鶻時期。

參：徐維焱 2018, 15-16, 22。

LM20-1523-01-02v 《爾雅音義・釋鳥》

參唐陸德明撰, 黃焯彙校《經典釋文彙校》卷三〇, 中華書局, 1980 年, 289 頁。西州回鶻時期。

參：徐維焱 2018, 17。

LM20-1523-01-03a 《御注金剛般若波羅蜜經宣演》卷下

唐道氤撰, CBETA, T85, no.2733, p.36, b4-11。唐時期。

LM20-1523-01-03b 殘片

唐時期。

LM20-1523-01-04 殘片

有朱筆句讀。西州回鶻時期。

LM20-1523-01-05 佛典注疏

參唐玄奘譯《佛地經論》卷七, CBETA, T26, no.1530, p.327, c12-13。有雙行小字注。唐時期。

LM20-1523-01-06 《妙法蓮華經》卷七

姚秦鳩摩羅什譯, CBETA, T09, no.262, p.58, b22-26。有雙行小字注。唐時期。

LM20-1523-01-07 類書（？）

有雙行小字注。唐時期。

LM20-1523-01-08 醫書殘片

有朱點, 單行小字注。唐時期。

LM20-1523-01-09 文書殘片

唐時期。

LM20-1523-01-10 殘片

西州回鶻時期。

经册七十四

LM20-1523-01-11 佛典残片

西州回鹘時期。

LM20-1523-01-12r 琵琶譜

西州回鹘時期。

LM20-1523-01-12v 佛典残片

西州回鹘時期。

LM20-1523-02-13r 《普曜經》卷五

西晉竺法護譯，CBETA，T03，no.186，p.517，a12-18，"进"作"散"。高昌郡時期。

LM20-1523-02-13v 佛典残片

西州回鹘時期。

LM20-1523-02-14 《集諸經禮懺儀》卷上

唐智昇譯，CBETA，T47，no.1982，p.464，c21-24。有朱筆劃痕。唐時期。

LM20-1523-02-15 藥方殘片

參唐孫思邈撰《備急千金藥方》卷一〇，李景榮等《備急千金藥方校釋》，人民衛生出版社，1998年，239頁。西州回鹘時期。背面有字，無法揭取拍攝。

LM20-1523-02-16 佛典注疏

高昌國時期。

LM20-1523-02-17 名籍（？）

西州回鹘時期。背面有字，無法揭取拍攝。

LM20-1523-02-18 《大般涅槃經》注疏

參隋慧遠述《大般涅槃經義記》卷九，CBETA，T37，no.1764，p.868，a15-17。高昌國時期。

LM20-1523-02-19 《要行捨身經》

作者不詳，CBETA，T85，no.2895，p.1415，a3-6。西州回鹘時期。背面有字，無法揭取拍攝。

LM20-1523-02-20a 《大方便佛報恩經》卷四

譯者不詳，CBETA，T03，no.156，p.143，b28。西州回鹘時期。背面有字，無法揭取拍攝。

LM20-1523-02-20b 《大方便佛報恩經》卷四

譯者不詳，CBETA，T03，no.156，p.143，b29。西州回鹘時期。背面有字，無法揭取拍攝。

LM20-1523-02-21 殘片

西州回鹘時期。

LM20-1523-02-22 《大般涅槃經》注疏

西州回鹘時期。

LM20-1523-03-23r 琵琶譜

西州回鹘時期。

LM20-1523-03-23v 《辯中邊論》卷上

唐玄奘譯，CBETA，T31，no.1600，p.467，c11-14。西州回鶻時期。無法揭取拍攝。

LM20-1523-03-24　殘片

西州回鶻時期。

LM20-1523-03-25　殘片

高昌國時期。

LM20-1523-03-26　書信

唐時期。

LM20-1523-03-27　《十二時》

西州回鶻時期。

LM20-1523-03-28　文書殘片

唐時期。

LM20-1523-03-29　文書殘片

唐時期。

LM20-1523-03-30　文書殘片

唐時期。

參：《旅博研究》，181，作"交河縣計帳"。

LM20-1523-03-31　《阿毘達磨順正理論》卷七四

唐玄奘譯，CBETA，T29，no.1562，p.741，c5-7。唐時期。

LM20-1523-03-32　《觀世音經讚》

題金剛藏菩薩撰，據 LM20-1506-C0871c+LM20-1502-C0032 首題定名，參 BD3351。有雙行小字注。唐時期。

參：嚴世偉 2019，304-340。

LM20-1523-03-33　文書殘片

唐時期。

參：《旅博研究》，186。

LM20-1523-03-34　《金光明經》卷二

北涼曇無讖譯，CBETA，T16，no.663，p.342，b24-26。唐時期。

LM20-1523-04-35　唐佃人文書

第 1 行旁注小字"昌"，第 2 行旁注小字"平"。有朱筆。唐時期。

參：《旅博研究》，188。

LM20-1523-04-36　文書殘片

唐時期。

LM20-1523-04-37　《御注金剛般若波羅蜜經宣演》卷下

唐道氤集，CBETA，T85，no.2733，p.35，a18-20。唐時期。

經册七十四

LM20-1523-04-38 文書殘片

唐時期。

LM20-1523-04-39 文書殘片

唐時期。

LM20-1523-04-40 鴿子糞分付帳

有朱筆印記。清時期。

參:《旅博研究》, 192; 陳陏、沈澍農 2014, 58; 王興伊、段逸山 2016, 288-289。

LM20-1523-04-41 佛典殘片

欄外有朱書"静"，末行有朱筆印。唐時期。

LM20-1523-05-42 唐田簿

唐時期。

參:《旅博研究》, 182。

LM20-1523-05-43 佛典殘片

唐時期。

LM20-1523-05-44 癸卯年文書殘片

西州回鶻時期。

參:《旅博研究》, 190。

LM20-1523-05-45 《俱舍論頌疏論本序》注

參唐圓暉述《俱舍論頌疏論本》, CBETA, T41, no.1823, p.813, b15-16。唐時期。

參:《旅博研究》, 198。

LM20-1523-05-46 唐天寶二年（七四三）交河郡市估案

唐時期。

參:《旅博研究》, 183。

LM20-1523-05-47 典籍殘片

唐時期。

參:《旅博研究》, 199。

LM20-1523-05-48 佛典注疏

唐時期。

LM20-1523-05-49 佛典殘片

唐時期。

LM20-1523-05-50a 寫經題記

唐時期。

參:《旅博研究》, 200。

LM20-1523-05-50b 佛教戒律

高昌國時期。

参:《旅博研究》，200。

LM20-1523-05-51 佛教戒律

高昌國時期。

LM20-1523-05-52 唐駝馬文書

唐時期。

参:《旅博研究》，184。

LM20-1523-06-53r 佛教經録

唐時期。

参：王振芬、孟彦弘 2017，187。

LM20-1523-06-53v 武周大足元年（七〇一）西州高昌縣籍

唐時期。

参：王振芬、孟彦弘 2017，187；何亦凡、朱月仁 2017，200；孟憲實 2019a，60。

LM20-1523-06-54 唐□勤寺帳

唐時期。

参:《旅博研究》，188。

LM20-1523-06-55 僧坊文書

唐時期。

参:《旅博研究》，188。

LM20-1523-06-56 佛典注疏

唐時期。背面有字，無法揭取拍攝。

LM20-1523-06-57 佛典注疏

唐時期。

LM20-1523-06-58 佛典注疏

唐時期。

LM20-1523-06-59 《妙法蓮華經》卷三

姚秦鳩摩羅什譯，CBETA，T09，no.262，p.20，b5-7。唐時期。

LM20-1523-06-60 殘片

唐時期。

LM20-1523-06-61 祿命書

唐時期。背面有字，無法揭取拍攝。

参:《旅博研究》，190。

LM20-1523-06-62 殘片

西州回鶻時期。背面有字，筆跡與正面相同，無法揭取拍攝。

经册七十四

LM20-1523-06-63 佛典注疏

高昌國時期。背面有"第七品"、"寶坐"等字，無法揭取拍攝。

LM20-1523-06-64 殘片

唐時期。

LM20-1523-06-65 《十住經》卷三

姚秦鳩摩羅什譯，CBETA，T10，no.286，p.515，a1-3。高昌郡時期。

LM20-1523-07-66 《悲華經》卷三

北涼曇無讖譯，CBETA，T03，no.157，p.185，a15-16。唐時期。

參：《旅博研究》，200。

LM20-1523-07-67 文書殘片

唐時期。

參：《旅博研究》，201。

LM20-1523-07-68 《妙法蓮華經》卷二

姚秦鳩摩羅什譯，CBETA，T09，no.262，p.16，b28-c3。高昌國時期。

LM20-1523-07-69 殘片

西州回鶻時期。背面有"般若"等字，爲佛典殘片，無法揭取拍攝。

參：《旅博研究》，201。

LM20-1523-07-70 唐儀鳳二年（六七七）西州都督府案卷爲北館厨請酬價直事

唐時期。

參：《旅博研究》，183；朱玉麒 2019，225。

LM20-1523-07-71 《法句經》卷下

吴維祇難等譯，CBETA，T04，no.210，p.570，a08-12。高昌郡時期。

參：《旅博研究》，202。

LM20-1523-07-72 治婦人帶下方

唐時期。

參：《旅博研究》，193；陳隋、沈澍農 2014，57；王興伊、段逸山 2016，140-141。

LM20-1523-07-73 心痛方

唐時期。

參：陳明 2005，186、212；《旅博研究》，193-194；王興伊、段逸山 2016，172-173。

LM20-1523-07-74 療風黃腹口方

唐時期。

參：陳明 2005，187；《旅博研究》，194；陳隋、沈澍農 2014，57；王興伊、段逸山 2016，244-245。

LM20-1523-07-75 耆羅治痢疾方

唐時期。

參：陳明 2005，188；《旅博研究》，195；陳陏、沈澍農 2014，57；王興伊、段逸山 2016，196-197。

LM20-1523-07-76 心痛方

有朱點。唐時期。

參：陳明 2005，187；《旅博研究》，195-196；陳陏、沈澍農 2014，57；王興伊、段逸山 2016，174-175。

LM20-1523-07-77 寫經題記

高昌國時期。

LM20-1523-07-78 醫方殘片

唐時期。

參：《旅博研究》，197；陳陏、沈澍農 2014，57；王興伊、段逸山 2016，282-283。

LM20-1523-07-79 佛典殘片

高昌國時期。

LM20-1523-08-80 《釋禪波羅蜜次第法門》卷二

隋智顗說，CBETA，T46，no.1916，p.489，c27-p.490，a4。西州回鶻時期。

參：《旅博研究》，206。

LM20-1523-09-81 《文選·祭古塚文一首并序》注

參《六臣注文選》卷六〇，中華書局，1987年，1123頁。有雙行小字注。有朱點。唐時期。

參：《旅博研究》，197；朱玉麒、孟彦弘 2019，49。

LM20-1523-09-82 佛典殘片

唐時期。

LM20-1523-09-83a 道場文書

唐時期。

LM20-1523-09-83b 道場文書

唐時期。

LM20-1523-09-84 殘片

唐時期。

LM20-1523-09-85 殘片

有朱筆勾畫。唐時期。

LM20-1523-09-86 《大般涅槃經》卷一

北涼曇無讖譯，CBETA，T12，no.374，p.369，b21-22。高昌國時期。

LM20-1523-09-87 佛典殘片

唐時期。

LM20-1523-09-88　殘片

有朱筆。西州回鶻時期。

LM20-1523-09-89　唐契約殘片

唐時期。

LM20-1523-09-90　《妙法蓮華經》卷六

姚秦鳩摩羅什譯，CBETA，T09，no.262，p.48，a18-24。高昌國時期。

LM20-1523-10-91　殘片

西州回鶻時期。

LM20-1523-10-92　殘片

有貼附殘片，無法揭取。唐時期。背面第2、3行間倒書二字"死果"，無法揭取拍攝。

LM20-1523-10-93　書儀

唐時期。

LM20-1523-10-94　佛典注疏

有雙行小字注。高昌郡時期。背面有"委付"二字，無法揭取拍攝。

LM20-1523-10-95　《大般涅槃經》卷二〇

北凉曇無讖譯，CBETA，T12，no.374，p.481，b6-7。唐時期。

LM20-1523-10-96　殘片

唐時期。

LM20-1523-10-97　《大般涅槃經義記》卷七

隋慧遠述，CBETA，T37，no.1764，p.789，c10-19。唐時期。

LM20-1523-10-98　殘片

西州回鶻時期。背面有字，無法揭取拍攝。

LM20-1523-10-99　殘片

西州回鶻時期。

LM20-1523-10-100　《大方便佛報恩經》卷四

譯者不詳，CBETA，T03，no.156，p.143，b14-16。西州回鶻時期。背面有字，無法揭取拍攝。

LM20-1523-10-101　殘片

唐時期。

LM20-1523-10-102　醫方殘片

唐時期。

參：《旅博研究》，196；陳陏、沈澍農 2014，57；王興伊、段逸山 2016，284-285。

LM20-1523-11-103　《唐天下諸郡姓氏譜》

有朱筆斷點，第1行末"蘭"與第2行末"韓"爲朱筆書寫。唐時期。

參：《旅博研究》，198；沈琛 2018，38-40，45；朱玉麒、孟彥弘 2019，48。

LM20-1523-11-104 《慧上菩薩問大善權經》卷下

西晉竺法護譯，CBETA，T12，no.345，p.163，a13-15。唐時期。

LM20-1523-11-105 佛典殘片

西州回鶻時期。

LM20-1523-11-106 唐西州名籍

唐時期。

LM20-1523-11-107 佛教經録

唐時期。

LM20-1523-11-108 殘片

唐時期。

LM20-1523-11-109r 殘片

有朱筆勾畫。西州回鶻時期。

參：《旅博研究》，207。

LM20-1523-11-109v 《妙法蓮華經》卷五

姚秦鳩摩羅什譯，CBETA，T09，no.262，p.43，a28-b1。西州回鶻時期。無法揭取拍攝。

LM20-1523-11-110 佛典殘片

唐時期。

LM20-1523-11-111 文書殘片

唐時期。

參：《旅博研究》，202。

LM20-1523-12-112 《菩薩善戒經》卷九

劉宋求那跋摩譯，CBETA，T30，no.1582，p.1009，c11-15。高昌郡時期。

LM20-1523-12-113 文書殘片

唐時期。

LM20-1523-12-114 文書殘片

唐時期。

LM20-1523-12-115 佛典殘片

西州回鶻時期。

LM20-1523-12-116 佛教經録

唐時期。

LM20-1523-12-117 文書殘片

唐時期。

LM20-1523-12-118 佛教經録

西州回鶻時期。

LM20-1523-12-119 《放光般若經》卷四

西晉無羅叉譯，CBETA，T08，no.221，p.27，a25-27，"欲八者欲"作"欲爲佛身不有相好八者欲"。高昌國時期。

LM20-1523-12-120 《春秋後語》

有朱點。唐時期。

參:《旅博研究》，208；劉子凡 2018，31-37。

LM20-1523-12-121 佛典殘片

唐時期。

LM20-1523-12-122 《佛說灌頂拔除過罪生死得度經》

參東晉帛尸梨蜜多羅譯《佛說灌頂經》卷一二，CBETA，T21，no.1331，p.533，c18-20。高昌國時期。

LM20-1523-13-123 擇日占卜文書

西州回鶻時期。

參:《旅博研究》，191；都築晶子等 2010，68。

LM20-1523-13-124 《妙法蓮華經》卷五

姚秦鳩摩羅什譯，CBETA，T09，no.262，p.46，a18-27。唐時期。

LM20-1523-13-125 殘片

唐時期。

參:《旅博研究》，203。

LM20-1523-13-126 文書殘片

唐時期。

參:《旅博研究》，204。

LM20-1523-13-127 《太子須大拏經》（異本）

西秦聖堅譯，CBETA，T03，no.171，p.422，b14-18。有朱點。西州回鶻時期。

參:《旅博研究》，205。

LM20-1523-13-128 宅經

唐時期。

參:《旅博研究》，191；片山章雄、王振芬、孫慧珍 2009，7；游自勇 2019b，55。

LM20-1523-13-129 解夢書

有朱筆勾畫。唐時期。

參:《旅博研究》，204。

LM20-1523-14-130 唐户籍

唐時期。

參:《旅博研究》，184（定名爲"給田文書"）。

旅順博物館藏新疆出土漢文文獻

LM20-1523-14-131 領布帛抄

高昌國時期。

LM20-1523-14-132 納錢抄

第2行爲墨筆塗抹。唐時期。

參:《旅博研究》，206。

LM20-1523-14-133 佛典注疏

高昌國時期。背面有字，無法揭取拍攝。

LM20-1523-14-134a 《妙法蓮華經》卷六

姚秦鳩摩羅什譯，CBETA，T09，no.262，p.47，b19-21。唐時期。

LM20-1523-14-134b 佛教經録

唐時期。

LM20-1523-14-135 唐名籍

人名旁有朱筆勾畫。唐時期。

參:《旅博研究》，184。

LM20-1523-14-136 殘片

唐時期。

參:《旅博研究》，189。

LM20-1523-14-137 《合部金光明經》卷一

梁真諦譯，隋寶貴合，CBETA，T16，no.664，p.365，a7-9。唐時期。

LM20-1523-15-138a 《維摩經義疏》卷二

隋吉藏撰，CBETA，T38，no.1781，p.924，a12-13。西州回鶻時期。

LM20-1523-15-138b 《俱舍論頌疏論本》卷二一

唐圓暉述，CBETA，T41，no.1823，p.937，c23-25。唐時期。

LM20-1523-15-139 殘片

唐時期。

LM20-1523-15-140a 殘片

西州回鶻時期。

LM20-1523-15-140b 《黃仕强傳》

作者不詳，與敦煌本浙敦026第11-13行同。唐時期。背面有字，無法揭取拍攝。

LM20-1523-15-141 佛名經

參德雲集《一切佛菩薩名集》卷三，CBETA，F28，no.1072，p.285，a20-23。西州回鶻時期。

LM20-1523-15-142 《讚僧功德經》

作者不詳，CBETA，T85，no.2911，p.1456，c21-23。西州回鶻時期。

LM20-1523-15-143a 《寶誌和尚大乘讚》

參北宋道原纂《景德傳燈録》卷二九，CBETA，T51，no.2076，p.449，c5-7。唐時期。

LM20-1523-15-143b 醫方殘片

唐時期。

參：陳明 2005，188；陳陏、沈澍農 2014，58。

LM20-1523-15-144 《大般若波羅蜜多經》卷一八九

唐玄奘譯，CBETA，T05，no.220，p.1014，c29-p.1015，a2。西州回鶻時期。

LM20-1523-15-145 《大般涅槃經》卷三九

北涼曇無讖譯，CBETA，T12，no.374，p.597，a18-23。唐時期。

LM20-1523-15-146 《大方廣佛華嚴經》卷七（五十卷本）

東晉佛陀跋陀羅譯，《中華大藏經》第 12 册，86b14-19；參 CBETA，T09，no.278，p.450，c4-8。細字寫本。高昌國時期。

LM20-1523-16-147 《道行般若經》卷二

後漢支婁迦讖譯，CBETA，T08，no.224，p.432，a10-11。高昌郡時期。

LM20-1523-16-148 佛典注疏

高昌國時期。

LM20-1523-16-149 殘片

唐時期。

LM20-1523-16-150 華嚴經注疏

參東晉佛陀跋陀羅譯《大方廣佛華嚴經》卷九，CBETA，T09，no.278，p.449，c23-26。高昌國時期。

LM20-1523-16-151 《大般涅槃經》卷一六

姚秦鳩摩羅什譯，CBETA，T12，no.374，p.460，c17-19。高昌國時期。

LM20-1523-16-152 佛典殘片

西州回鶻時期。背面有大字"等"，無法揭取拍攝。

LM20-1523-16-153 《老子道德經河上公章句》卷四

作者不詳，約出於漢代，參《老子道德經河上公章句》，中華書局，1993 年，255 頁。有雙行小字注。唐時期。

參：游自勇 2017，150。

LM20-1523-16-154 《妙法蓮華經》卷一

姚秦鳩摩羅什譯，CBETA，T09，no.262，p.9，a9-18。唐時期。

LM20-1523-16-155 《佛說灌頂經》卷一二

東晉帛尸梨蜜多羅譯，CBETA，T21，no.1331，p.534，b8-10。唐時期。

LM20-1523-16-156 《大薩遮尼乾子所說經》卷七

元魏菩提留支譯，CBETA，T09，no.272，p.348，c11-16。西州回鶻時期。

LM20-1523-17-157 典籍残片

唐時期。

LM20-1523-17-158 《佛說灌頂經》卷一二

東晉帛尸梨蜜多羅譯, CBETA, T21, no.1331, p.533, a13-18。唐時期。

LM20-1523-17-159 佛典残片

高昌國時期。

LM20-1523-17-160a 唐糧帳

唐時期。

参:《旅博研究》, 187。

LM20-1523-17-160b 唐糧帳

唐時期。

LM20-1523-17-161 《救疾經》

作者不詳, CBETA, T85, no.2878, p.1361, c7-13。唐時期。

参: 馬俊傑 2019, 232。

LM20-1523-17-162 佛典注疏

有朱點。唐時期。

LM20-1523-17-163 佛典残片

西州回鶻時期。

LM20-1523-17-164 帙籤

西州回鶻時期。背面有"第"字, 無法揭取拍攝。

LM20-1523-18-165 佛典残片

西州回鶻時期。

LM20-1523-18-166 《維摩義記》卷三

隋慧遠撰, CBETA, T38, no.1776, p.495, b21-23。高昌國時期。

LM20-1523-18-167 佛典残片

唐時期。

LM20-1523-18-168 文書残片

唐時期。

LM20-1523-18-169 佛典残片

唐時期。

LM20-1523-18-170 佛典残片

唐時期。

LM20-1523-18-171 醫方残片

唐時期。

參：陳隋、沈澍農 2014，58；王興伊、段逸山 2016，286-287。

LM20-1523-18-172 《四分戒本疏》卷二

唐慧述，CBETA，T85，no.2787，p.586，b1-7。唐時期。

LM20-1523-18-173 《南陽和尚問答雜徵義》

唐劉澄集。唐時期。

參：李昀 2019，282、285、299。

LM20-1523-18-174 《摩訶般若波羅蜜經》卷一五

姚秦鳩摩羅什譯，CBETA，T08，no.223，p.329，c20-23。高昌國時期。

LM20-1523-18-175 《注維摩詰經》卷三

姚秦僧肇撰，CBETA，T38，no.1775，p.358，c8-12。有雙行小字注。高昌國時期。

LM20-1523-18-176 《讚僧功德經》

作者不詳。CBETA，T85，no.2911，p.1457，c22-23。西州回鶻時期。

LM20-1523-18-177 《一切經音義》卷二

唐玄應撰，CBETA，C056，no.1163，p.836，a1-a3。唐時期。

參：趙洋 2018，34。

LM20-1523-19-178 《菩提達摩南宗定是非論》卷下

唐獨孤澄撰，參胡適撰《新校定的敦煌寫本神會和尚遺著兩種》，CBETA，B25，no.142，p.57，a7-10。唐時期。

LM20-1523-19-179 《摩訶僧祇律》卷六

東晉佛陀跋陀羅、法顯譯，CBETA，T22，no.1425，p.279，c22-25。西州回鶻時期。

LM20-1523-19-180 佛典注疏

高昌國時期。背面有字，無法揭取拍攝。

LM20-1523-19-181 《列子・楊朱第七》張湛注

參楊伯峻撰《列子集釋》，中華書局，1979 年，223-224 頁。有雙行小字注。唐時期。

參：游自勇 2019a，11-14。

LM20-1523-19-182 《佛說孝經抄》

吴支謙譯，CBETA，T17，no.790，p.731，a14。絹本。高昌郡時期。

LM20-1523-19-183r 《切韻》

參敦煌本 S.2055，上平聲一東。有雙行小字注。

唐時期。

參：徐維焱 2018，16。

LM20-1523-19-183v 《爾雅音義・釋魚》

參唐陸德明撰，黃焯彙校《經典釋文彙校》卷三〇，中華書局，1980 年，287 頁。有雙行小字注。唐時期。

旅顺博物馆藏新疆出土汉文文献

LM20-1523-19-184 《佛说七女观经》

作者不详，CBETA，T85，no.2913，p.1459，a16-17。唐时期。

LM20-1523-19-185 《释教最上乘秘密藏陀罗尼集》卷一一

唐行琳译，此段文字多处可见。西州回鹘时期。

LM20-1523-19-186 《妙法莲华经》卷二

姚秦鸠摩罗什译，CBETA，T09，no.262，p.17，a19-20。唐时期。

LM20-1523-19-187 《大般涅槃经》卷二四

北凉昙无谶译，CBETA，T12，no.374，p.506，c15-17。唐时期。

LM20-1523-19-188 《羯磨》

曹魏昙谛译，CBETA，T22，no.1433，p.1060，c18-19。唐时期。

LM20-1523-19-189 残片

西州回鹘时期。背面有字，无法揭取拍摄。

LM20-1523-20-190 残片

西州回鹘时期。

LM20-1523-20-191 《妙法莲华经》卷三

姚秦鸠摩罗什译，CBETA，T09，no.262，p.22，c8-9。唐时期。

LM20-1523-20-192 《千手千眼观世音菩萨广大圆满无碍大悲心陀罗尼经》

唐伽梵达摩译，CBETA，T20，no.1060，p.111，a4-8，"隐求安"作"求安隐"。唐时期。

LM20-1523-20-193 《赞僧功德经》

作者不详，CBETA，T85，no.2911，p.1457，a8-10。西州回鹘时期。

LM20-1523-20-194 《妙法莲华经》卷四

姚秦鸠摩罗什译，CBETA，T09，no.262，p.27，b12-17。唐时期。

LM20-1523-20-195 残片

西州回鹘时期。

LM20-1523-20-196 《四分律》卷一九

姚秦佛陀耶舍、竺佛念译，CBETA，T22，no.1428，p.694，b22-23。西州回鹘时期。

LM20-1523-20-197 残片

西州回鹘时期。背面有字，无法揭取拍摄。

LM20-1523-20-198 《思惟略要法》

姚秦鸠摩罗什译，CBETA，T15，no.617，p.300，a15-16。西州回鹘时期。

LM20-1523-20-199 残片

西州回鹘时期。

LM20-1523-20-200 残片

西州回鹘时期。

经册七十四

LM20-1523-20-201 佛典残片

西州回鹘時期。

LM20-1523-21-202 残片

唐時期。

LM20-1523-21-203 《注維摩詰經》卷一

姚秦僧肇撰，CBETA，T38，no.1775，p.332，a21-22。高昌國時期。

LM20-1523-21-204 佛典残片

高昌國時期。

LM20-1523-21-205 佛典残片

高昌國時期。背面有"明智"二字，無法揭取拍攝。

LM20-1523-21-206 残片

西州回鹘時期。

LM20-1523-21-207 唐名籍

唐時期。背面有字，無法揭取拍攝。

參:《旅博研究》，187。

LM20-1523-21-208 《優婆塞戒經》卷六

北涼曇無讖譯，CBETA，T24，no.1488，p.1068，c14-16。高昌國時期。

LM20-1523-21-209 回鹘文佛典

夾寫漢字。西州回鹘時期。

LM20-1523-21-210 《開蒙要訓》

唐馬仁壽撰。參鄭阿財撰《敦煌蒙書研究》，甘肅教育出版社，2002年，60頁。唐時期。

LM20-1523-21-211 佛典残片

唐時期。

LM20-1523-21-212 佛典残片

高昌國時期。

LM20-1523-21-213 残片

唐時期。

LM20-1523-21-214 《中觀論疏》卷七

隋吉藏撰，CBETA，T42，no.1824，p.105，c29-p.106，a1。西州回鹘時期。

LM20-1523-21-215 《佛說觀無量壽佛經》

劉宋畺良耶舍譯，CBETA，T12，no.365，p.341，a13-14。高昌國時期。

LM20-1523-21-216 残片

西州回鹘時期。背面有字，無法揭取拍攝。

LM20-1523-21-217 残片

西州回鹘时期。

LM20-1523-22-218 佛典注疏

高昌國時期。

LM20-1523-22-219 佛典注疏

高昌國時期。

LM20-1523-22-220 《維摩義記》卷一

隋慧遠撰，CBETA，T38，no.1776，p.434，c20-23。高昌國時期。

LM20-1523-22-221 佛典殘片

高昌國時期。

LM20-1523-22-222 佛典殘片

唐時期。

LM20-1523-22-223 《佛說相好經》

作者不詳，CBETA，ZW03，no.31a，p.411，a17-20。唐時期。

LM20-1523-22-224 佛教戒律

西州回鹘時期。

LM20-1523-22-225 《新譯華嚴經七處九會頌釋章》

唐澄觀撰，CBETA，T36，no.1738，p.714，b24-27。西州回鹘時期。

LM20-1523-22-226 殘片

西州回鹘時期。

LM20-1523-22-227 殘片

西州回鹘時期。

LM20-1523-22-228 占卜文書

西州回鹘時期。

LM20-1523-22-229 《法句經》卷下

吴維祇難等譯，CBETA，T04，no.210，p.571，a9-16。高昌郡時期。

LM20-1523-23-230 佛典殘片

西州回鹘時期。

LM20-1523-23-231 佛典殘片

高昌國時期。

LM20-1523-23-232 殘片

有朱點。唐時期。

LM20-1523-23-233 文書殘片

有橫向墨綫。高昌國時期。

LM20-1523-23-234 《經典釋文·禮記音義》

参唐陸德明撰《經典釋文》，上海古籍出版社，2012年，729頁。有雙行小字注。唐時期。

背面有字，無法揭取拍攝。

参：朱玉麒、孟彦弘 2019，42。

LM20-1523-23-235 《妙法蓮華經》卷五

姚秦鳩摩羅什譯，CBETA，T09，no.262，p.40，b27-c3。高昌國時期。

LM20-1523-23-236 佛典注疏

高昌國時期。

LM20-1523-23-237 《授大乘菩薩戒儀》

参北宋元照編《芝園遺編》卷中，CBETA，X59，no.1104，p.636，a22-24。西州回鶻時期。

LM20-1523-23-238 《阿毘達磨大毘婆沙論》卷一六六

唐玄奘譯，CBETA，T27，no.1545，p.839，c13。唐時期。

LM20-1523-23-239 占卜文書

唐時期。

LM20-1523-23-240 殘片

西州回鶻時期。

LM20-1523-23-241 佛典殘片

唐時期。

LM20-1523-23-242 佛典殘片

唐時期。

LM20-1523-24-243 佛典殘片

有朱點。西州回鶻時期。

LM20-1523-24-244 殘片

高昌國時期。

LM20-1523-24-245 殘片

唐時期。

LM20-1523-24-246 殘片

唐時期。

LM20-1523-24-247 文書殘片

唐時期。

LM20-1523-24-248 祿命書

唐時期。背面有字，無法揭取拍攝。

LM20-1523-24-249 文書殘片

唐時期。

LM20-1523-24-250 文書殘片

唐時期。

LM20-1523-24-251 佛典殘片

唐時期。

LM20-1523-24-252 文書殘片

唐時期。

LM20-1523-24-253 殘片

唐時期。

LM20-1523-24-254 文書殘片

唐時期。

LM20-1523-24-255 《妙法蓮華經》卷二

姚秦鳩摩羅什譯，CBETA，T09，no.262，p.14，c5-9。唐時期。

LM20-1523-25-256 文書殘片

第1、2行和第2、3行間分別夾寫小字。西州回鶻時期。

LM20-1523-25-257 《菩薩善戒經》卷六

劉宋求那跋摩譯，CBETA，T30，no.1582，p.993，a6-8。高昌國時期。

LM20-1523-25-258 殘片

西州回鶻時期。

LM20-1523-25-259 菩薩像榜題

"菩"、"薩"下各有朱點。絹本。高昌國時期。

LM20-1523-25-260 唐契約殘片

唐時期。

LM20-1523-25-261 佛典殘片

欄外有小字"户公"。印本。西州回鶻時期。

參:《旅博研究》，185。

LM20-1523-25-262 《維摩經義疏》卷二

隋吉藏撰，CBETA，T38，no.1781，p.926，a1-5。唐時期。

LM20-1523-25-263 《盂蘭盆經讚述》

唐慧净撰，CBETA，T85，no.2781，p.540，a23-b1。西州回鶻時期。

LM20-1523-25-264 醫方殘片

唐時期。

LM20-1523-25-265 佛典殘片

參北涼曇無讖譯《大般涅槃經》卷一〇，CBETA，T12，no.374，p.424，a15-17。西州回鶻時期。

LM20-1523-26-266 殘片

西州回鶻時期。

經册七十四

LM20-1523-26-267 《大智度論》卷一

姚秦鳩摩羅什譯，CBETA，T25，no.1509，p.63，a28-b1。高昌國時期。

LM20-1523-26-268 《大智度論》卷四五

姚秦鳩摩羅什譯，CBETA，T25，no.1509，p.383，b6-9。唐時期。

LM20-1523-26-269 文書殘片

唐時期。

LM20-1523-26-270 《大般涅槃經》卷四

北涼曇無讖譯，CBETA，T12，no.374，p.386，a4-6。高昌國時期。

LM20-1523-26-271 《禮記·坊記》鄭玄注

有雙行小字注。唐時期。

參：朱玉麒、孟彥弘 2019，42。

LM20-1523-26-272 《金光明經》卷一

北涼曇無讖譯，CBETA，T16，no.663，p.335，b24-29。唐時期。

LM20-1523-26-273 文書殘片

唐時期。

參：《旅博研究》，209

LM20-1523-26-274 佛典殘片

行間夾寫胡語。唐時期。

LM20-1523-26-275 《維摩義記》卷三

隋慧遠撰，CBETA，T38，no.1776，p.495，b5-9。高昌國時期。

LM20-1523-26-276 佛典殘片

高昌國時期。背面有字，無法揭取拍攝。

LM20-1523-26-277 《南陽和尚問答雜徵義》

唐劉澄集。唐時期。

參：李昀 2019，282、287、302。

LM20-1523-27-278 醫方殘片

唐時期。

LM20-1523-27-279 《妙法蓮華經》卷五

姚秦鳩摩羅什譯，CBETA，T09，no.262，p.45，a1-3。唐時期。

LM20-1523-27-280 《大般涅槃經》卷二九

北涼曇無讖譯，CBETA，T12，no.374，p.537，b25-27。高昌國時期。

LM20-1523-27-281 《駕幸温泉賦》

有朱點。唐時期。

參：朱玉麒、孟彥弘 2019，50。

旅顺博物馆藏新疆出土汉文文献

LM20-1523-27-282 《驾幸温泉赋》

有朱點。唐時期。

参：朱玉麒、孟彦弘 2019，50。

LM20-1523-27-283 醫方殘片

唐時期。

LM20-1523-27-284 《梵摩渝經》

吴支谦譯，CBETA，T01，no.76，p.884，a19-22，"諸"作"請"，"眉"作"楣"。唐時期。

LM20-1523-27-285 佛典注疏

高昌國時期。

LM20-1523-27-286 法數

有雙行小字注。唐時期。

LM20-1523-27-287 《大般涅槃經》卷二〇

北涼曇無讖譯，CBETA，T12，no.374，p.485，a27-b4。高昌國時期。

LM20-1523-27-288 佛典殘片

西州回鶻時期。

LM20-1523-28-289 佛典殘片

高昌國時期。

LM20-1523-28-290 《維摩義記》卷三

隋慧遠撰，CBETA，T38，no.1776，p.495，a25-29，"墻"作"翻"，"弁"作"辨"。高昌國時期。

LM20-1523-28-291 《大寶積經》卷五六

唐義净譯，CBETA，T11，no.310，p.328，b26-28。唐時期。

LM20-1523-28-292 《攝大乘論本》卷下

唐玄奘譯，CBETA，T31，no.1594，p.150，b1-5。唐時期。

LM20-1523-28-293 佛典殘片

有朱點。西州回鶻時期。

LM20-1523-28-294 佛典殘片

西州回鶻時期。

LM20-1523-28-295 《佛頂尊勝陀羅尼經教跡義記》卷上

唐法崇述，CBETA，T39，no.1803，p.1018，a15-20，"五値正法"作"五値佛正法"。唐時期。

LM20-1523-28-296 殘片

有小字注。唐時期。

LM20-1523-28-297 《佛說希有挍量功德經》

隋闍那崛多譯，CBETA，T16，no.690，p.784，a10-13。高昌國時期。

LM20-1523-28-298　残片

西州回鹘時期。

LM20-1523-28-299　残片

西州回鹘時期。背面有字，無法揭取拍攝。

LM20-1523-28-300　残片

夾寫小字"子年"。西州回鹘時期。

LM20-1523-29-301　残片

唐時期。

散存文書

LM20-827-01-01 《金光明最勝王經》卷八

唐義浄譯, CBETA, T16, no.665, p.442, c25-27。唐時期。背面有回鶻文, 無法揭取拍攝。

參: 松井太 2012, 55。

LM20-827-01-02 《佛說相好經》

作者不詳, CBETA, ZW03, no.31e, p.437, a10-14。唐時期。

LM20-827-01-03 《妙法蓮華經》卷六

姚秦鳩摩羅什譯, CBETA, T09, no.262, p.53, b6-10。高昌國時期。

LM20-827-01-04 《大般涅槃經》卷八

北涼曇無讖譯, CBETA, T12, no.374, p.414, c25-28。高昌國時期。

LM20-827-01-05 《妙法蓮華經》卷一

姚秦鳩摩羅什譯, CBETA, T09, no.262, p.7, a20-24。唐時期。

LM20-827-01-06 《妙法蓮華經》卷一

姚秦鳩摩羅什譯, CBETA, T09, no.262, p.7, a18-19。唐時期。

LM20-827-01-07 《妙法蓮華經》卷一

姚秦鳩摩羅什譯, CBETA, T09, no.262, p.6, c26-p.7, a1。唐時期。

LM20-827-01-08 《妙法蓮華經》卷一

姚秦鳩摩羅什譯, CBETA, T09, no.262, p.7, a1-6。唐時期。

LM20-827-01-09 《妙法蓮華經》卷一

姚秦鳩摩羅什譯, CBETA, T09, no.262, p.7, a15-17。唐時期。

LM20-827-01-10 《妙法蓮華經》卷一

姚秦鳩摩羅什譯, CBETA, T09, no.262, p.7, a12-16。唐時期。

LM20-827-01-11 《小品般若波羅蜜經》卷一〇

姚秦鳩摩羅什譯, CBETA, T08, no.227, p.581, c3-5。高昌國時期。

LM20-827-01-12 佛典殘片

唐時期。

LM20-827-01-13 《大般涅槃經》卷八

北涼曇無讖譯, 此段文字多處可見。唐時期。

LM20-827-01-14 《妙法蓮華經》卷四

姚秦鳩摩羅什譯，CBETA，T09，no.262，p.30，b4-8。唐時期。

LM20-827-01-15 《僧伽吒經》卷一

元魏月婆首那譯，CBETA，T13，no.423，p.959，b21-25。唐時期。

LM20-827-01-16 《入阿毘達磨論》卷上

唐玄奘譯，CBETA，T28，no.1554，p.981，a5-12。唐時期。

LM20-827-02-17 《妙法蓮華經》卷一

姚秦鳩摩羅什譯，CBETA，T09，no.262，p.6，b11-13。唐時期。

LM20-827-02-18 《大方廣佛華嚴經》卷三三

東晉佛陀跋陀羅譯，CBETA，T09，no.278，p.612，c12-13。唐時期。

LM20-827-02-19 《金光明最勝王經》卷八

唐義浄譯，CBETA，T16，no.665，p.442，c19-23。唐時期。

LM20-827-02-20 《妙法蓮華經》卷一

姚秦鳩摩羅什譯，CBETA，T09，no.262，p.5，c14-18。唐時期。

LM20-827-02-21 《救疾經》

作者不詳，CBETA，T85，no.2878，p.1361，c14-16。高昌國時期。

參：馬俊傑 2019，446。

LM20-827-02-22 《妙法蓮華經》卷一

姚秦鳩摩羅什譯，CBETA，T09，no.262，p.6，a28-29。唐時期。

LM20-827-02-23 《妙法蓮華經》卷五

姚秦鳩摩羅什譯，CBETA，T09，no.262，p.41，b16-21。唐時期。背面有回鶻文，無法揭取拍攝。

LM20-827-02-24 《佛說觀藥王藥上二菩薩經》

劉宋畺良耶舍譯，CBETA，T20，no.1161，p.661，b21-25。唐時期。

LM20-827-02-25 佛典殘片

唐時期。

LM20-827-02-26 《妙法蓮華經》卷一

姚秦鳩摩羅什譯，CBETA，T09，no.262，p.6，c9-10。唐時期。

LM20-827-02-27 《妙法蓮華經》卷一

姚秦鳩摩羅什譯，CBETA，T09，no.262，p.4，a19-21。唐時期。

LM20-827-02-28 《金光明最勝王經》卷八

唐義浄譯，CBETA，T16，no.665，p.442，a7-10。唐時期。

LM20-827-02-29 《大般涅槃經》卷二二

北涼曇無讖譯，CBETA，T12，no.374，p.498，a15-18，"創"作"瘡"。高昌國時期。

參：王宇、王梅 2006b，49。

旅順博物館藏新疆出土漢文文獻

LM20-827-02-30 《妙法蓮華經》卷五

姚秦鳩摩羅什譯, CBETA, T09, no.262, p.41, c4-6。唐時期。

LM20-827-02-31 《合部金光明經》卷一

梁真諦譯, 隋寶貴合, CBETA, T16, no.664, p.364, c20-23。唐時期。

LM20-827-03-32 《大般涅槃經》卷九

北涼曇無讖譯, CBETA, T12, no.374, p.418, a12-15。高昌國時期。

參: 王宇、王梅 2006b, 49。

LM20-827-03-33 《妙法蓮華經》卷一

姚秦鳩摩羅什譯, CBETA, T09, no.262, p.6, c1-3。唐時期。

LM20-827-03-34 《妙法蓮華經》卷一

姚秦鳩摩羅什譯, CBETA, T09, no.262, p.5, c25-27。唐時期。

LM20-827-03-35 《金光明最勝王經》卷八

唐義淨譯, CBETA, T16, no.665, p.442, a3-8。唐時期。

LM20-827-03-36 《妙法蓮華經》卷一

姚秦鳩摩羅什譯, CBETA, T09, no.262, p.6, c14-18。唐時期。

LM20-827-03-37 《妙法蓮華經》卷五

姚秦鳩摩羅什譯, CBETA, T09, no.262, p.45, b15-19。唐時期。

LM20-827-03-38 《妙法蓮華經》卷五

姚秦鳩摩羅什譯, CBETA, T09, no.262, p.41, b29-c3。唐時期。

LM20-827-03-39 《大智度論》卷三一

姚秦鳩摩羅什譯, CBETA, T25, no.1509, p.293, c23-26。高昌國時期。

LM20-827-03-40 《金光明最勝王經》卷八

唐義淨譯, CBETA, T16, no.665, p.442, a11-13。唐時期。

LM20-827-03-41 《大乘大集地藏十輪經》卷一〇

唐玄奘譯, CBETA, T13, no.411, p.772, c29-p.773, a3。唐時期。

LM20-827-03-42 《大般涅槃經》卷八

北涼曇無讖譯, CBETA, T12, no.374, p.414, c23-26。唐時期。

參: 王宇、王梅 2006b, 49。

LM20-827-03-43 《佛說佛名經》卷五

元魏菩提流支譯, CBETA, T14, no.440, p.139, b20-22。唐時期。

LM20-827-03-44 《佛說佛名經》卷五

元魏菩提流支譯, CBETA, T14, no.440, p.139, b13-16。唐時期。

LM20-827-03-45 《金剛般若波羅蜜經》注

參元魏菩提流支譯《金剛般若波羅蜜經》, CBETA, T08, no.236a, p.754, a23-24。有雙

行小字注。唐時期。

LM20-827-03-46 《金剛般若波羅蜜經》注

參元魏菩提流支譯《金剛般若波羅蜜經》, CBETA, T08, no.236a, p.754, a20-22。唐時期。

LM20-827-04-47 《金剛般若波羅蜜經》注

參元魏菩提流支譯《金剛般若波羅蜜經》, CBETA, T08, no.236a, p.754, a16-18。唐時期。

LM20-827-04-48 《金剛般若波羅蜜經》注

參元魏菩提流支譯《金剛般若波羅蜜經》, CBETA, T08, no.236a, p.754, a19-21。唐時期。

LM20-827-04-49 《金剛般若波羅蜜經》注

參元魏菩提流支譯《金剛般若波羅蜜經》, CBETA, T08, no.236a, p.754, a19-20。唐時期。

LM20-827-04-50 《妙法蓮華經》卷一

姚秦鳩摩羅什譯, CBETA, T09, no.262, p.7, a25-27。唐時期。

LM20-827-04-51 《妙法蓮華經》卷一

姚秦鳩摩羅什譯, CBETA, T09, no.262, p.7, a29-b1。唐時期。

LM20-827-04-52 《妙法蓮華經》卷一

姚秦鳩摩羅什譯, CBETA, T09, no.262, p.7, a26-28。唐時期。

LM20-827-04-53 《大般涅槃經》卷九

北涼曇無讖譯, CBETA, T12, no.374, p.418, a7-12。高昌國時期。

參: 王宇、王梅 2006b, 49。

LM20-827-04-54 《金光明最勝王經》卷八

唐義浄譯, CBETA, T16, no.665, p.442, c5-7。唐時期。

LM20-827-04-55 《金光明最勝王經》卷八

唐義浄譯, CBETA, T16, no.665, p.442, c13-15。唐時期。

LM20-827-04-56a 《大乘大集地藏十輪經》卷一〇

唐玄奘譯, CBETA, T13, no.411, p.772, c24-27。唐時期。

LM20-827-04-56b 《大乘大集地藏十輪經》卷一〇

唐玄奘譯, CBETA, T13, no.411, p.773, a4-8。唐時期。

LM20-827-04-57 《大乘大集地藏十輪經》卷一〇

唐玄奘譯, CBETA, T13, no.411, p.773, a17-20。唐時期。

LM20-827-04-58 《大般涅槃經》卷八

北涼曇無讖譯, CBETA, T12, no.374, p.414, c17-19。高昌國時期。

旅順博物館藏新疆出土漢文文獻

LM20-827-04-59a 《佛說佛名經》卷五

元魏菩提流支譯，CBETA，T14，no.440，p.139，b6。唐時期。

LM20-827-04-59b 《佛說佛名經》卷五

元魏菩提流支譯，CBETA，T14，no.440，p.139，b10。唐時期。

LM20-827-04-60 《佛說佛名經》卷五

元魏菩提流支譯，CBETA，T14，no.440，p.139，b16-17。唐時期。

LM20-827-04-61 《金剛般若波羅蜜經》注

與 LM20-827-03-45 等爲同一寫本，據此定名。有雙行小字注。唐時期。

LM20-827-05-62 《金剛般若波羅蜜經》注

與 LM20-827-03-45 等爲同一寫本，據此定名。有雙行小字注。唐時期。

LM20-827-05-63 《金剛般若波羅蜜經》注

與 LM20-827-03-45 等爲同一寫本，據此定名。有雙行小字注。唐時期。

LM20-827-05-64 《金剛般若波羅蜜經》注

參元魏菩提流支譯《金剛般若波羅蜜經》，CBETA，T08，no.236a，p.754a15-16。唐時期。

LM20-827-05-65 《金剛般若波羅蜜經》注

參元魏菩提流支譯《金剛般若波羅蜜經》，CBETA，T08，no.236a，p.754a22-23。唐時期。

LM20-827-05-66 《金剛般若波羅蜜經》注

與 LM20-827-03-45 等爲同一寫本，據此定名。有雙行小字注。唐時期。

LM20-827-05-67 《大般涅槃經》卷九

北涼曇無讖譯，CBETA，T12，no.374，p.418，a5-8。高昌國時期。

LM20-827-05-68 《妙法蓮華經》卷四

姚秦鳩摩羅什譯，CBETA，T09，no.262，p.30，b5-8。唐時期。

LM20-827-05-69 《妙法蓮華經》卷四

姚秦鳩摩羅什譯，CBETA，T09，no.262，p.30，b1-6。唐時期。

LM20-827-05-70 《妙法蓮華經》卷五

姚秦鳩摩羅什譯，CBETA，T09，no.262，p.41，c6-9。唐時期。

LM20-827-05-71 《妙法蓮華經》卷一

姚秦鳩摩羅什譯，CBETA，T09，no.262，p.4，a20-25。唐時期。

LM20-827-05-72 《妙法蓮華經》卷一

姚秦鳩摩羅什譯，CBETA，T09，no.262，p.4，a27-b2。唐時期。

LM20-827-05-73 佛典殘片

西州回鶻時期。

LM20-827-05-74 佛典殘片

西州回鶻時期。

LM20-827-05-75 《金剛般若波羅蜜經》注

與 LM20-827-03-45 等爲同一寫本，據此定名。唐時期。

LM20-827-06-76 《金光明經》卷一

北凉曇無讖譯，CBETA，T16，no.663，p.339，a27-b1。高昌國時期。

LM20-827-06-77 《金光明經》卷一

北凉曇無讖譯，CBETA，T16，no.663，p.339，a19-26。高昌國時期。

LM20-827-06-78 《大方廣佛華嚴經》外題

東晉佛陀跋陀羅譯。高昌國時期。

LM20-827-06-79 《妙法蓮華經》卷七

姚秦鳩摩羅什譯，CBETA，T09，no.262，p.60，b20-24。唐時期。

LM20-827-06-80 《妙法蓮華經》卷七

姚秦鳩摩羅什譯，CBETA，T09，no.262，p.60，b11-20。唐時期。

LM20-827-06-81 《妙法蓮華經》卷一

姚秦鳩摩羅什譯，CBETA，T09，no.262，p.6，b20-22。唐時期。

LM20-827-06-82 《大般涅槃經》卷一五

北凉曇無讖譯，CBETA，T12，no.374，p.452，c25-28。高昌國時期。

參：王宇、王梅 2006b，49。

LM20-827-06-83 佛典注疏

唐時期。

LM20-827-06-84 《放光般若經》卷二〇

西晉無羅叉譯，CBETA，T08，no.221，p.143，b28-c1。唐時期。

LM20-827-06-85 《文選·夏侯常侍誄》

參《文選》卷五七，中華書局，1977 年，785 頁。唐時期。

參：朱玉麒、孟彦弘 2019，49。

LM20-827-06-86 《無所有菩薩經》卷三

隋闍那崛多譯，CBETA，T14，no.485，p.688，c2-7。唐時期。

LM20-827-06-87 《妙法蓮華經》卷五

姚秦鳩摩羅什譯，CBETA，T09，no.262，p.41，b10-18。唐時期。

LM20-827-06-88 《金光明最勝王經》卷八

唐義淨譯，CBETA，T16，no.665，p.442，a8-11。唐時期。

LM20-827-06-89 《思益梵天所問經》卷一

姚秦鳩摩羅什譯，CBETA，T15，no.586，p.34，a9-13。唐時期。

LM20-827-06-90 《思益梵天所問經》卷一

姚秦鳩摩羅什譯，CBETA，T15，no.586，p.34，a1-4。唐時期。

旅順博物館藏新疆出土漢文文獻

LM20-827-07-91 《思益梵天所問經》卷一

姚秦鳩摩羅什譯, CBETA, T15, no.586, p.34, a14-18。唐時期。

LM20-827-07-92 《大般若波羅蜜多經》卷一二

唐玄奘譯, CBETA, T05, no.220, p.64, a10-11。唐時期。

LM20-827-07-93 《妙法蓮華經》外題

姚秦鳩摩羅什譯。唐時期。

LM20-827-07-94 《佛本行集經》卷二七

隋闍那崛多譯, CBETA, T03, no.190, p.777, c11-14。高昌國時期。

LM20-827-07-95 《金光明經》卷一

北涼曇無讖譯, CBETA, T16, no.663, p.337, a28-b1。高昌國時期。

LM20-827-07-96 《大般涅槃經》卷二五

北涼曇無讖譯, CBETA, T12, no.374, p.516, c6-8。唐時期。

參: 王宇、王梅 2006b, 49。

LM20-827-07-97 《大般若波羅蜜多經》卷二八六

唐玄奘譯, CBETA, T06, no.220, p.455, b23-28。唐時期。

LM20-827-07-98 《妙法蓮華經》卷一

姚秦鳩摩羅什譯, CBETA, T09, no.262, p.7, a5-7。唐時期。

LM20-827-07-99 《天公經》

作者不詳, CBETA, ZW01, no.14c, p.373, a3-5。唐時期。

LM20-827-07-100 《天公經》

作者不詳, CBETA, T85, no.2876, p.1361, a11-13。唐時期。

LM20-827-07-101 《妙法蓮華經》卷五

姚秦鳩摩羅什譯, CBETA, T09, no.262, p.41, c6-7。唐時期。

LM20-827-07-102 《道行般若經》卷一

後漢支婁迦讖譯, CBETA, T08, no.224, p.425, c4-6。高昌郡時期。

LM20-827-07-103 《道行般若經》卷一

後漢支婁迦讖譯, CBETA, T08, no.224, p.425, c8-11。高昌郡時期。

參: 孫傳波 2006, 166。

LM20-827-07-104 《金剛般若波羅蜜經》注

與 LM20-827-03-45 等爲同一寫本, 據此定名。有雙行小字注。唐時期。

LM20-827-07-105 《金剛般若波羅蜜經》注

與 LM20-827-03-45 等爲同一寫本, 據此定名。有雙行小字注。唐時期。

LM20-827-07-106 《金剛般若波羅蜜經》注

參元魏菩提流支譯《金剛般若波羅蜜經》, CBETA, T08, no.236a, p.753a5-6。有雙行小字注。唐時期。

LM20-827-07-107 《金剛般若波羅蜜經》注

與 LM20-827-03-45 等爲同一寫本，據此定名。有雙行小字注。唐時期。

LM20-827-08-108 《金剛般若波羅蜜經》注

與 LM20-827-03-45 等爲同一寫本，據此定名。有雙行小字注。唐時期。

LM20-827-08-109 《金剛般若波羅蜜經》注

與 LM20-827-03-45 等爲同一寫本，據此定名。有雙行小字注。唐時期。

LM20-827-08-110 《金剛般若波羅蜜經》注

參元魏菩提流支譯，CBETA，T08，no.236a，p.753a3。有雙行小字注。唐時期。

LM20-827-08-111 《金剛般若波羅蜜經》注

與 LM20-827-03-45 等爲同一寫本，據此定名。有雙行小字注。唐時期。

LM20-827-08-112 《金剛般若波羅蜜經》注

與 LM20-827-03-45 等爲同一寫本，據此定名。有雙行小字注。唐時期。

LM20-827-08-113 《金剛般若波羅蜜經》注

與 LM20-827-03-45 等爲同一寫本，據此定名。唐時期。

LM20-827-08-114 《金剛般若波羅蜜經》注

與 LM20-827-03-45 等爲同一寫本，據此定名。有雙行小字注。唐時期。

LM20-827-08-115 《佛說佛名經》卷五

元魏菩提流支譯，CBETA，T14，no.440，p.139，a22-23。唐時期。

LM20-827-08-116 《佛說佛名經》卷五

元魏菩提流支譯，CBETA，T14，no.440，p.139，b12-13。右上角有貼附殘片，爲同卷，CBETA，T14，no.440，p.139，b6-7，無法揭取。唐時期。

LM20-827-08-117 《佛說佛名經》

元魏菩提流支譯，此段文字多處可見。與 LM20-827-08-115 爲同一寫本，據此定名。唐時期。

LM20-827-08-118 《妙法蓮華經》卷一

姚秦鳩摩羅什譯，CBETA，T09，no.262，p.5，c6-9。唐時期。

LM20-827-08-119 《妙法蓮華經》卷一

姚秦鳩摩羅什譯，CBETA，T09，no.262，p.5，c29-p.6，a5。唐時期。

LM20-827-08-120 《妙法蓮華經》卷一

姚秦鳩摩羅什譯，CBETA，T09，no.262，p.5，c12-17。唐時期。

LM20-827-08-121 《妙法蓮華經》卷一

姚秦鳩摩羅什譯，CBETA，T09，no.262，p.5，c16-19。唐時期。

LM20-827-08-122a 《金剛般若波羅蜜經》注

與 LM20-827-03-45 等爲同一寫本，據此定名。有雙行小字注。唐時期。

LM20-827-08-122b 《大方廣佛華嚴經》卷八（五十卷本）

東晉佛陀跋陀羅譯，《中華大藏經》第 12 册，98b2-3; 參 CBETA, T09, no.278, p.459, b26-27。高昌國時期。

LM20-827-08-123 《大方廣佛華嚴經》卷八（五十卷本）

東晉佛陀跋陀羅譯，《中華大藏經》第 12 册，100a7-9; 參 CBETA, T09, no.278, p.460, c20-23。高昌國時期。

LM20-827-09-124 《大方廣佛華嚴經》卷八（五十卷本）

東晉佛陀跋陀羅譯，《中華大藏經》第 12 册，100a2-5; 參 CBETA, T09, no.278, p.460, c15-18。高昌國時期。

LM20-827-09-125 《大方廣佛華嚴經》卷八（五十卷本）

東晉佛陀跋陀羅譯，《中華大藏經》第 12 册，100b13-14; 參 CBETA, T09, no.278, p.461, a18-21。高昌國時期。

LM20-827-09-126 《大方廣佛華嚴經》卷八（五十卷本）

東晉佛陀跋陀羅譯，《中華大藏經》第 12 册，100c1-4; 參 CBETA, T09, no.278, p.461, a27-b1。有貼附殘片，無法揭取。高昌國時期。

LM20-827-09-127 《大方廣佛華嚴經》卷八（五十卷本）

東晉佛陀跋陀羅譯，《中華大藏經》第 12 册，100c9-11; 參 CBETA, T09, no.278, p.461, b7-9。高昌國時期。

LM20-827-09-128 《大方廣佛華嚴經》卷八（五十卷本）

東晉佛陀跋陀羅譯，《中華大藏經》第 12 册，100c17-19; 參 CBETA, T09, no.278, p.461, b15-17。高昌國時期。

LM20-827-09-129 《大方廣佛華嚴經》卷九（五十卷本）

東晉佛陀跋陀羅譯，此段文字多處可見。高昌國時期。

LM20-827-09-130a 《大方廣佛華嚴經》卷九（五十卷本）

東晉佛陀跋陀羅譯，此段文字多處可見。高昌國時期。

LM20-827-09-130b 《大方廣佛華嚴經》卷九（五十卷本）

東晉佛陀跋陀羅譯，此段文字多處可見。高昌國時期。

LM20-827-09-131 《大方廣佛華嚴經》卷九（五十卷本）

東晉佛陀跋陀羅譯，《中華大藏經》第 12 册，104c2-3; 參 CBETA, T09, no.278, p.463, a16-18。高昌國時期。

LM20-827-09-132 《大方廣佛華嚴經》卷九（五十卷本）

東晉佛陀跋陀羅譯，《中華大藏經》第 12 册，104a12-14; 參 CBETA, T09, no.278, p.463, a7-9。高昌國時期。

LM20-827-09-133 《大方廣佛華嚴經》卷九（五十卷本）

東晉佛陀跋陀羅譯，此段文字多處可見。有貼附殘片，無法揭取。高昌國時期。

LM20-827-09-134 《大方廣佛華嚴經》卷八（五十卷本）

東晉佛陀跋陀羅譯，《中華大藏經》第12册，100b5-7；參 CBETA，T09，no.278，p.461，a11-13。高昌國時期。

LM20-827-09-135a 《大般涅槃經》卷八

北涼曇無讖譯，CBETA，T12，no.374，p.414，b25-27。唐時期。

參：王宇、王梅 2006b，49。

LM20-827-09-135b 《大般涅槃經》卷八

北涼曇無讖譯，CBETA，T12，no.374，p.414，b27-c4。唐時期。

LM20-827-10-136 《妙法蓮華經》卷七

姚秦鳩摩羅什譯，CBETA，T09，no.262，p.60，b8-10。唐時期。

LM20-827-10-137 《道行般若經》卷一

後漢支婁迦讖譯，CBETA，T08，no.224，p.425，c5-6。高昌郡時期。

LM20-827-10-138 《道行般若經》卷一

後漢支婁迦讖譯，CBETA，T08，no.224，p.425，c14-18。高昌郡時期。

參：孫傳波 2006，166。

LM20-827-10-139 文書殘片

唐時期。

LM20-827-10-140 《道行般若經》卷一

後漢支婁迦讖譯，CBETA，T08，no.224，p.425，c13-16。高昌郡時期。

LM20-827-10-141 《天請問經》

唐玄奘譯，CBETA，T15，no.592，p.124，b27-c1。西州回鶻時期。

LM20-827-10-142 《道行般若經》卷一

後漢支婁迦讖譯，CBETA，T08，no.224，p.425，c16-20。高昌郡時期。

參：《旅博選粹》，32；孫傳波 2006，166。

LM20-827-10-143 《大般涅槃經》卷三〇

北涼曇無讖譯，CBETA，T12，no.374，p.542，a3-9。高昌國時期。

參：王宇、王梅 2006b，49。

LM20-827-10-144 《大般涅槃經》卷八

北涼曇無讖譯，CBETA，T12，no.374，p.414，c7-11。唐時期。

參：王宇、王梅 2006b，49。

LM20-827-10-145 《妙法蓮華經》卷一

姚秦鳩摩羅什譯，CBETA，T09，no.262，p.4，b3-6。唐時期。

旅順博物館藏新疆出土漢文文獻

LM20-827-10-146 《金剛般若波羅蜜經》注

與 LM20-827-03-45 等爲同一寫本，據此定名。有雙行小字注。唐時期。

LM20-827-10-147 《金剛般若波羅蜜經》注

與 LM20-827-03-45 等爲同一寫本，據此定名。有雙行小字注。唐時期。

LM20-827-10-148 《金剛般若波羅蜜經》注

與 LM20-827-03-45 等爲同一寫本，據此定名。有雙行小字注。唐時期。

LM20-827-11-149 《金光明最勝王經》卷八

唐義淨譯，CBETA，T16，no.665，p.441，c16-19。唐時期。

LM20-827-11-150 《金剛般若波羅蜜經》注

與 LM20-827-03-45 等爲同一寫本，據此定名。有雙行小字注。唐時期。

LM20-827-11-151 《金剛般若波羅蜜經》注

與 LM20-827-03-45 等爲同一寫本，據此定名。有雙行小字注。唐時期。

LM20-827-11-152 《金剛般若波羅蜜經》注

與 LM20-827-03-45 等爲同一寫本，據此定名。有雙行小字注。唐時期。

LM20-827-11-153 《天公經》

作者不詳，CBETA，ZW01，no.14a，p.371，a4-7。唐時期。

LM20-827-11-154 《天請問經》

唐玄奘譯，CBETA，T15，no.592，p.124，b14-18。唐時期。

LM20-827-11-155 《天請問經》

唐玄奘譯，CBETA，T15，no.592，p.124，b18-23。唐時期。

LM20-827-11-156 《天請問經》

唐玄奘譯，CBETA，T15，no.592，p.124，b23-26。唐時期。

LM20-827-11-157 《大智度論》卷四五

姚秦鳩摩羅什譯，CBETA，T25，no.1509，p.384，a13-17。高昌國時期。

LM20-827-11-158 《妙法蓮華經》卷一

姚秦鳩摩羅什譯，CBETA，T09，no.262，p.6，c21-25。唐時期。

LM20-827-12-159 《大般涅槃經》卷八

北涼曇無讖譯，CBETA，T12，no.374，p.414，b17-22。唐時期。

參：王宇、王梅 2006b，49。

LM20-827-12-160 《大般涅槃經》卷三〇

北涼曇無讖譯，CBETA，T12，no.374，p.541，c23-27。高昌國時期。

參：王宇、王梅 2006b，49。

LM20-827-12-161 《大般若波羅蜜多經》卷一二二

唐玄奘譯，CBETA，T05，no.220，p.666，c20-24。唐時期。

LM20-827-12-162 《大般涅槃經》卷三〇

北涼曇無讖譯，CBETA，T12，no.374，p.541，c11-15。高昌國時期。

參：王宇、王梅 2006b，49。

LM20-827-12-163 《大般涅槃經》卷八

北涼曇無讖譯，CBETA，T12，no.374，p.414，b13-17。唐時期。

參：王宇、王梅 2006b，49。

LM20-827-12-164 《大方廣佛華嚴經》卷八（五十卷本）

東晉佛陀跋陀羅譯，《中華大藏經》第 12 册，100a11-15；參 CBETA，T09，no.278，p.460，c25-28。高昌國時期。

LM20-827-12-165 《大般若波羅蜜多經》卷一二

唐玄奘譯，CBETA，T05，no.220，p.65，a18-22。唐時期。

LM20-827-12-166 《大方廣佛華嚴經》卷八（五十卷本）

東晉佛陀跋陀羅譯，《中華大藏經》第 12 册，100a16-19；參 CBETA，T09，no.278，p.460，c29-p.461，a4。高昌國時期。

LM20-827-12-167 《大方廣佛華嚴經》卷八（五十卷本）

東晉佛陀跋陀羅譯，《中華大藏經》第 12 册，100a20-b4；參 CBETA，T09，no.278，p.461，a5-10。高昌國時期。

LM20-827-13-168 粟特文殘片

西州回鶻時期。

LM20-827-13-169 《金光明最勝王經》卷八

唐義淨譯，CBETA，T16，no.665，p.441，c20-p.442，a2。唐時期。

LM20-827-13-170 《大般涅槃經》卷三〇

北涼曇無讖譯，CBETA，T12，no.374，p.541，c28-p.542，a2。高昌國時期。

參：王宇、王梅 2006b，49。

LM20-827-13-171 《大般涅槃經》卷三〇

北涼曇無讖譯，CBETA，T12，no.374，p.541，c16-21。有貼附幾片，無法揭取。高昌國時期。

參：王宇、王梅 2006b，49。

LM20-827-13-172 《妙法蓮華經》卷二

姚秦鳩摩羅什譯，CBETA，T09，no.262，p.18，a3-10。唐時期。

LM20-827-13-173 《根本説一切有部苾芻尼毘奈耶》卷一五

唐義淨譯，CBETA，T23，no.1443，p.987，a22-28。唐時期。

LM20-827-14-174 《大方等大集經》卷五六

高齊那連提耶舍譯，CBETA，T13，no.397，p.377，b9-21。唐時期。

LM20-827-14-175 《大般若波羅蜜多經》卷二八六

唐玄奘譯，CBETA，T06，no.220，p.455，b29-c12。唐時期。

LM20-827-14-176 《大般涅槃經》卷八

北涼曇無讖譯，CBETA，T12，no.374，p.414，a25-b8。唐時期。

參：王宇、王梅 2006b，49。

LM20-827-15-177 《妙法蓮華經》卷四

姚秦鳩摩羅什譯，CBETA，T09，no.262，p.34，b5-12。唐時期。

LM20-827-15-178 《大般若波羅蜜多經》卷一二二

唐玄奘譯，CBETA，T05，no.220，p.666，c25-p.667，a2。唐時期。

LM20-827-15-179 《金光明最勝王經》卷八

唐義淨譯，CBETA，T16，no.665，p.443，a2-24。唐時期。

LM20-827-15-180 佛典注疏

西州回鶻時期。背面有回鶻文，無法揭取拍攝。

參：松井文 2012，55。

LM20-827-16-181 《放光般若經》卷二〇

西晉無羅叉譯，CBETA，T08，no.221，p.143，b8-19。唐時期。

LM20-827-16-182 《大智度論》卷六一

姚秦鳩摩羅什譯，CBETA，T25，no.1509，p.487，b23-c4，"伎"作"妓"。唐時期。

LM20-827-17-183 《根本說一切有部苾芻尼毘奈耶》卷一五

唐義淨譯，CBETA，T23，no.1443，p.987，a13-23。唐時期。

LM20-827-17-184 《大般若波羅蜜多經》卷一二

唐玄奘譯，CBETA，T05，no.220，p.65，a3-12。唐時期。

LM20-827-17-185 《金剛般若波羅蜜經》

姚秦鳩摩羅什譯，CBETA，T08，no.235，p.750，b15-24。唐時期。

LM20-827-18-186 《大般若波羅蜜多經》卷一二

唐玄奘譯，CBETA，T05，no.220，p.65，a13-20。唐時期。

LM20-827-18-187 《妙法蓮華經》卷五

姚秦鳩摩羅什譯，CBETA，T09，no.262，p.41，c8-13。唐時期。

LM20-827-18-188a 無字殘片

LM20-827-18-188b 《佛說佛名經》卷四

譯者不詳，CBETA，T14，no.441，p.200，a20-26。唐時期。

LM20-827-19-189 《放光般若經》卷二〇

西晉無羅叉譯，CBETA，T08，no.221，p.143，b18-25。有貼附殘片，無法揭取。唐時期。

LM20-827-19-190 《放光般若經》卷二〇

西晉無羅叉譯，CBETA，T08，no.221，p.143，b9-25。唐時期。

散存文書

LM20-827-19-191 《金剛般若波羅蜜經》注

與LM20-827-03-45等爲同一寫本，據此定名。有雙行小字注。唐時期。

LM20-827-19-192 《妙法蓮華經》卷四

姚秦鳩摩羅什譯，CBETA，T09，no.262，p.34，b1-4。唐時期。

LM20-827-19-193a 《妙法蓮華經》卷一

姚秦鳩摩羅什譯，CBETA，T09，no.262，p.2，b26，b30。唐時期。

LM20-827-19-193b 《妙法蓮華經》卷一

姚秦鳩摩羅什譯，CBETA，T09，no.262，p.2，b26，b31-c2。唐時期。

LM20-827-20-194 《放光般若經》卷二〇

西晉無羅叉譯，CBETA，T08，no.221，p.143，b26-29，"崙"作"倫"。唐時期。

LM20-827-20-195 《放光般若經》卷二〇

西晉無羅叉譯，CBETA，T08，no.221，p.143，b24-26。唐時期。

LM20-827-20-196 《妙法蓮華經》卷一

姚秦鳩摩羅什譯，CBETA，T09，no.262，p.2，b26-29。唐時期。

LM20-827-20-197 《妙法蓮華經》卷一

姚秦鳩摩羅什譯，CBETA，T09，no.262，p.2，b29-c2。唐時期。

LM20-827-20-198 《大般涅槃經》卷八

北涼曇無讖譯，CBETA，T12，no.374，p.414，b8-12。唐時期。

參：王宇、王梅 2006b，49（作 20-827-152-2）。

LM20-1404-01r 唐開元二十三年（七三五）西州都督府案卷

唐時期。

參：《展覽目録》，圖八十二；王珍仁、劉廣堂、孫慧珍 1993，41，圖二十三；《旅博研究》，128。

LM20-1404-01v 彩繪白虎圖

唐時期。

參：大津透、野尻忠、稻田奈津子 2003，62-65。

LM20-1404-02r 唐天寶二年（七四三）交河郡市估案

唐時期。

參：《展覽圖録》，圖八十二；王珍仁、劉廣堂、孫慧珍 1993，40-41，圖二十三；《旅博研究》，151-152；片山章雄、王振芬、孫慧珍 2009，6；片山章雄 2013，326-327。

LM20-1404-02v 無字殘片

存墨跡。

LM20-1404-03r 無字殘片

存墨跡。

参:《展览目録》，图八十二。

LM20-1404-03v 彩绘青龙图

唐时期。

LM20-1405-01r 唐开元二十三年（七三五）西州都督府案卷

唐时期。

参:《展览目録》，图八十四;《旅博研究》，138。

LM20-1405-01v 彩绘青龙图

唐时期。

参:大津透、野尻忠、稻田奈津子 2003，57-60。

LM20-1405-02r 唐开元二十三年（七三五）西州都督府案卷

唐时期。

参:《展览目録》，图八十一;《旅博研究》，142-143（编號作 1407-3）。

LM20-1405-02v 彩绘朱雀图

唐时期。

参:片山章雄 2009c，199-200；大津透、野尻忠、稻田奈津子 2003，61-62；片山章雄、王振芬、孙慧珍 2009，8-10。

LM20-1405-03r 唐开元二十三年（七三五）西州都督府案卷

唐时期。

参:《展览目録》，图八十四;《旅博研究》，139。

LM20-1405-03v 彩绘朱雀图

唐时期。

参:片山章雄 2009c，199-200；大津透、野尻忠、稻田奈津子 2003，61-62；片山章雄、王振芬、孙慧珍 2009，8-10。

LM20-1405-04r 无字残片

存墨迹。

LM20-1405-04v 彩绘云气图

唐时期。

LM20-1406-01r 唐开元二十三年（七三五）西州都督府案卷

钤有"西州都督府之印"。唐时期。

参:《旅博研究》，136。

LM20-1406-01v 彩绘白虎图

唐时期。

LM20-1406-02r 唐天宝二年（七四三）交河郡市估案

钤有"交河郡都督府之印"。唐时期。

散存文書

參:《旅博研究》，149-150；片山章雄 2013，329。

LM20-1406-02v　彩繪

唐時期。

LM20-1406-03r　唐天寶二年（七四三）交河郡市估案

鈐有"交河郡都督府之印"。唐時期。

參:《旅博研究》，149-150；片山章雄 2013，329。

LM20-1406-03v　彩繪

唐時期。

LM20-1406-04r　唐開元二十三年（七三五）西州都督府案卷

唐時期。

參:《旅博研究》，133；孟憲實 2019a，61。

LM20-1406-04v　彩繪

唐時期。

LM20-1407-01r　唐開元二十三年（七三五）西州都督府案卷

存墨跡。唐時期。

參:《展覽目録》，圖八十一；《旅博研究》，147；片山章雄 2009b，64；片山章雄、王振芬、張銘心 2013，9。

LM20-1407-01v　彩繪朱雀圖

唐時期。

LM20-1407-02r　唐開元二十三年（七三五）西州都督府案卷

鈐有"西州都督府之印"。唐時期。

參:《展覽目録》，圖八十一；《旅博研究》，130；片山章雄 2009b，64；孟憲實 2019a，61。

LM20-1407-02v　彩繪朱雀圖

唐時期。

LM20-1407-03r　唐開元二十三年（七三五）西州都督府案卷

存墨跡。唐時期。

參:《展覽目録》，圖八十一；《旅博研究》，147（編號作 1407-4）；片山章雄 2009b，64；片山章雄、王振芬、張銘心 2013，8。

LM20-1407-03v　彩繪朱雀圖

唐時期。

參：片山章雄 2009b，64。

LM20-1407-04r　唐開元二十三年（七三五）西州都督府案卷

鈐有"西州都督府之印"。唐時期。

參:《展覽目録》, 圖八十五;《旅博研究》, 129 (編號作 1407-5); 片山章雄 2009c, 210。

LM20-1407-04v　彩繪玄武圖

唐時期。

參: 片山章雄 2009c, 201-205, 210; 片山章雄 2010, 92。

LM20-1408-01　彩繪雲氣圖

唐時期。

LM20-1408-02　彩繪

唐時期。

LM20-1408-03　彩繪

唐時期。

LM20-1409-01r　無字殘片

LM20-1409-01v　彩繪雲氣圖

唐時期。

LM20-1409-02r　無字殘片

LM20-1409-02v　彩繪朱雀圖

唐時期。

LM20-1409-03r　唐開元二十三年（七三五）西州都督府案卷

唐時期。

參:《旅博研究》, 140。

LM20-1409-03v　彩繪朱雀圖

唐時期。

LM20-1409-04r　無字殘片

LM20-1409-04v　彩繪朱雀圖

唐時期。

參: 片山章雄、王振芬、張銘心 2013, 8。

LM20-1409-05r　無字殘片

LM20-1409-05v　彩繪玄武圖

唐時期。

參: 片山章雄 2010, 84。

LM20-1409-06r　唐開元二十三年（七三五）西州都督府案卷

唐時期。

參:《旅博研究》, 133-134; 片山章雄、王振芬、張銘心 2013, 10; 片山章雄 2019, 461。

LM20-1409-06v　彩繪朱雀圖

唐時期。

LM20-1409-07r 唐開元二十三年（七三五）西州都督府案卷

唐時期。

參:《旅博研究》，137；片山章雄 2009b，63。

LM20-1409-07v 彩繪朱雀圖

唐時期。

參：片山章雄、王振芬、張銘心 2013，8。

LM20-1410-01 彩繪雲氣圖

唐時期。

LM20-1410-02 彩繪雲氣圖

唐時期。

LM20-1410-03 彩繪雲氣圖

唐時期。

LM20-1410-04 彩繪青龍圖

唐時期。

參：大津透、野尻忠、稻田奈津子 2003，57-60。

LM20-1411-01r 唐開元二十三年（七三五）西州都督府案卷

唐時期。

參:《旅博研究》，127；片山章雄 2011，178；片山章雄、王振芬、張銘心 2013，7。

LM20-1411-01v 彩繪朱雀圖

唐時期。

LM20-1411-02r 唐開元二十三年（七三五）西州都督府案卷

鈐有"西州都督府之印"。唐時期。

參:《旅博研究》，140-141；土肥義和 2013，3-5；片山章雄、王振芬、張銘心 2013，11。

LM20-1411-02v 彩繪朱雀圖

唐時期。

LM20-1411-03r 唐開元二十三年（七三五）西州都督府案卷

唐時期。

參:《旅博研究》，141-142。

LM20-1411-03v 彩繪

唐時期。

LM20-1411-04r 唐天寶二年（七四三）交河郡市估案

鈐有"交河郡都督府之印"。唐時期。

參:《旅博研究》，151。

LM20-1411-04v 彩繪

唐時期。

LM20-1412-01r 唐開元二十三年（七三五）西州都督府案卷

唐時期。

参:《展覽目録》，圖七十九;《旅博研究》，131; 片山章雄 2011，178; 片山章雄、王振芬、張銘心 2013，7。

LM20-1412-01v 彩繪朱雀圖

唐時期。

LM20-1412-02r 唐開元二十三年（七三五）西州都督府案卷

唐時期。

参:《展覽目録》，圖七十九;《旅博研究》，143; 土肥義和 2013，3-5; 片山章雄、王振芬、張銘心 2013，11。

LM20-1412-02v 彩繪朱雀圖

唐時期。

LM20-1412-03r 唐開元二十三年（七三五）西州都督府案卷

唐時期。

参:《展覽目録》，圖七十九;《旅博研究》，144; 片山章雄、王振芬、張銘心 2013，10。

LM20-1412-03v 彩繪朱雀圖

唐時期。

LM20-1413r 唐開元二十三年（七三五）西州都督府案卷

唐時期。

参:《旅博研究》，132。

LM20-1413v 彩繪白虎圖

唐時期。

LM20-1414-01r 唐開元二十三年（七三五）西州都督府案卷

唐時期。

参:《旅博研究》，144。

LM20-1414-01v 彩繪

唐時期。

LM20-1414-02r 唐開元二十三年（七三五）西州都督府案卷

唐時期。

参:《旅博研究》，145。

LM20-1414-02v 彩繪朱雀圖

唐時期。

LM20-1414-03r 彩繪雲氣圖

唐時期。

LM20-1414-03v 彩繪雲氣圖

唐時期。

LM20-1414-04r 唐天寶二年（七四三）交河郡市估案

唐時期。

參:《旅博研究》, 148; 片山章雄 2007, 76。

LM20-1414-04v 彩繪

唐時期。

LM20-1415r 唐開元二十三年（七三五）西州都督府案卷

唐時期。

參:《展覽目録》, 圖八十、八十三; 野尻忠、稻田奈津子 2003, 148、163;《旅博研究》, 134。

LM20-1415v 彩繪青龍圖

唐時期。

參: 大津透、野尻忠、稻田奈津子 2003, 57-60。

LM20-1446-01a 唐天寶年間交河郡案卷

唐時期。

參:《旅博研究》, 153-154。

LM20-1446-01b 唐天寶年間交河郡案卷

唐時期。

參:《旅博研究》, 153-154。

LM20-1446-01c 唐天寶年間交河郡案卷

唐時期。

參:《旅博研究》, 153-154。

LM20-1446-02a 唐天寶年間交河郡案卷

唐時期。

參:《旅博研究》, 155。

LM20-1446-02b 唐天寶年間交河郡案卷

唐時期。

參:《旅博研究》, 155。

LM20-1446-02c 唐天寶年間交河郡案卷

唐時期。

參:《旅博研究》, 155。

LM20-1446-03 唐天寶年間交河郡案卷

唐時期。

參:《旅博研究》，158-159。

LM20-1446-04 唐天寶年間交河郡案卷

唐時期。

參:《旅博研究》，156-157。

LM20-1446-05 唐天寶年間交河郡案卷

鈐有"交河郡都督府之印"。唐時期。

參:《旅博研究》，160。

LM20-1446-06 唐天寶年間交河郡案卷

唐時期。

參:《旅博研究》，159。

LM20-1446-07 唐天寶年間交河郡案卷

鈐有"柳中縣之印"。唐時期。

參:《旅博研究》，161-162。

LM20-1446-08 唐天寶年間交河郡案卷

參:《旅博研究》，160-161。

LM20-1446-09 唐天寶年間交河郡案卷

唐時期。

參:《旅博研究》，162。

LM20-1446-10 唐天寶年間交河郡案卷

唐時期。

參:《旅博研究》，157。

LM20-1446-11 唐天寶年間交河郡案卷

唐時期。

參:《旅博研究》，158。

LM20-1446-12 唐天寶年間交河郡案卷

唐時期。

參:《旅博研究》，156。

LM20-1524-02ar 佛典殘片

高昌國時期。背面爲胡語文書。

LM20-1524-02br 殘片

高昌國時期。背面爲胡語文書。

LM20-1524-02cr 佛典殘片

高昌國時期。背面爲胡語文書。

LM20-1524-02dr 佛典殘片

高昌國時期。背面爲胡語文書。

LM20-1524-03a 胡語殘片

正背面抄寫。

LM20-1524-03b 胡語殘片

正背面抄寫。

LM20-1524-04 胡語殘片

LM20-1524-05 胡語殘片

正背面抄寫。

LM20-1524-06r 《悲華經》卷一〇

北涼曇無讖譯，CBETA，T03，no.157，p.228，c28-p.229，a3。高昌國時期。背面爲胡語文書。

LM20-1524-07r 佛典殘片

唐時期。背面爲胡語文書。

LM20-1524-08 胡語殘片

LM20-1524-09r 《別譯雜阿含經》卷一二

譯者不詳，CBETA，T02，no.100，p.455，a24-28。唐時期。背面爲胡語文書。

LM20-1524-10r 《妙法蓮華經》卷五

姚秦鳩摩羅什譯，CBETA，T09，no.262，p.44，a8-13。細字寫本。唐時期。背面爲胡語文書。

LM20-1524-11ar 胡語殘片

LM20-1524-11av 佛典殘片

唐時期。天頭處有胡語文字。

LM20-1524-11br 胡語殘片

LM20-1524-11bv 佛典殘片

唐時期。天頭處有胡語文字。

LM20-1524-12ar 《佛本行集經》卷四五

隋闍那崛多譯，CBETA，T03，no.190，p.863，b14-17。高昌國時期。背面爲胡語文書。

LM20-1524-12b 胡語殘片

正背面抄寫。

LM20-1524-12c 胡語殘片

正背面抄寫。

LM20-1524-13ar 佛典殘片

雜寫回鶻文。唐時期。

LM20-1524-13av　殘片

LM20-1524-13b　胡語殘片

正背面抄寫。

LM20-1524-13c　胡語殘片

正背面抄寫。

LM20-1524-13dr　胡語殘片

LM20-1524-13dv　《妙法蓮華經》卷二

姚秦鳩摩羅什譯，CBETA, T09, no.262, p.15, b22-23。唐時期。

LM20-1524-14a　胡語殘片

正背面抄寫。

LM20-1524-14br　《大方廣佛華嚴經》卷七○

唐實叉難陀譯，CBETA, T10, no.279, p.381, a1-3。唐時期。背面爲胡語文書。

LM20-1524-14c　胡語殘片

正背面抄寫。

LM20-1524-14dr　殘片

唐時期。背面爲胡語文書。

LM20-1524-15a　胡語殘片

正背面抄寫。

LM20-1524-15b　胡語殘片

正背面抄寫。

LM20-1524-15cr　胡語殘片

LM20-1524-15cv　殘片

唐時期。

LM20-1524-15d　胡語殘片

正背面抄寫。

LM20-1524-15e　胡語殘片

正背面抄寫。

LM20-1524-15f　胡語殘片

正背面抄寫。

LM20-1528-01-01　《大般涅槃經》

北涼曇無讖譯，此段文字多處可見。唐時期。

LM20-1528-01-02　《光讚經》卷四

西晉竺法護譯，CBETA, T08, no.222, p.174, c18-19。高昌國時期。

LM20-1528-01-03 《四分律》卷五三

姚秦佛陀耶舍、竺佛念等譯，CBETA，T22，no.1428，p.963，b9-11。唐時期。

LM20-1528-01-04 佛典殘片

高昌郡時期。

LM20-1528-01-05 《維摩經疏》卷六

作者不詳，CBETA，T85，no.2772，p.417，a11-13。唐時期。

LM20-1528-01-06 佛典殘片

唐時期。

LM20-1528-01-07a 《維摩詰所說經》卷中

姚秦鳩摩羅什譯，CBETA，T14，no.475，p.544，b26-29。唐時期。

LM20-1528-01-07b 無字殘片

LM20-1528-01-08 殘片

高昌郡時期。

LM20-1528-01-09 《尊勝菩薩所問一切諸法入無量門陀羅尼經》

高齊萬天懿譯，CBETA，T21，no.1343，p.843，c16-18。唐時期。

LM20-1528-01-10 佛典殘片

高昌郡時期。

LM20-1528-01-11 《大般若波羅蜜多經》卷一一

唐玄奘譯，CBETA，T05，no.220，p.61，c27-29。唐時期。

LM20-1528-01-12 《大般若波羅蜜多經》卷一一

唐玄奘譯，CBETA，T05，no.220，p.61，b29-c2。唐時期。

LM20-1528-01-13 《大般若波羅蜜多經》卷一一

唐玄奘譯，CBETA，T05，no.220，p.62，a12-15。唐時期。

LM20-1528-01-14 《大般若波羅蜜多經》卷一一

唐玄奘譯，CBETA，T05，no.220，p.61，c4-5。唐時期。

LM20-1528-01-15 《大般若波羅蜜多經》卷一一

唐玄奘譯，CBETA，T05，no.220，p.61，c23-25。唐時期。

LM20-1528-01-16 《大般若波羅蜜多經》卷一一

唐玄奘譯，CBETA，T05，no.220，p.61，c25-27。唐時期。

LM20-1528-01-17 《金光明最勝王經》卷九

唐義净譯，CBETA，T16，no.665，p.449，a27-b1。唐時期。

LM20-1528-01-18 《佛說仁王般若波羅蜜經》卷上

姚秦鳩摩羅什譯，CBETA，T08，no.245，p.826，b20-21。高昌國時期。

LM20-1528-01-19 《佛說仁王般若波羅蜜經》卷上

姚秦鳩摩羅什譯，CBETA，T08，no.245，p.826，b18-19。高昌國時期。

LM20-1528-01-20 《摩訶般若波羅蜜經》注

有雙行小字注。有朱筆句讀。與 LM20-1528-03-38 等爲同一寫本，據此定名。高昌國時期。

LM20-1528-01-21 《大般若波羅蜜多經》卷三七八

唐玄奘譯，CBETA，T06，no.220，p.954，c24-26。唐時期。

LM20-1528-02-22 《央掘摩羅經》卷二

劉宋求那跋陀羅譯，CBETA，T02，no.120，p.526，b15-18。高昌國時期。

LM20-1528-02-23 《彌沙塞五分戒本》

劉宋佛陀什等譯，CBETA，T22，no.1422a，p.194，c21-25。高昌國時期。

LM20-1528-02-24 《佛說灌頂經》卷一一

東晉帛尸梨蜜多羅譯，CBETA，T21，no.1331，p.529，c28-29。唐時期。

LM20-1528-02-25 佛典殘片

有朱筆句讀。唐時期。

LM20-1528-02-26 《大唐內典録》卷八

唐道宣撰，CBETA，T55，no.2149，p.307，a14-18。唐時期。

LM20-1528-02-27 佛典注疏

唐時期。背面有字，無法揭取拍攝。

LM20-1528-02-28 《佛說灌頂拔除過罪生死得度經》

參東晉帛尸梨蜜多羅譯《佛說灌頂經》卷一二，CBETA，T21，no.1331，p.532，b15-17。高昌國時期。

LM20-1528-02-29 《妙法蓮華經》卷三

姚秦鳩摩羅什譯，CBETA，T09，no.262，p.24，c13-19，"斜"作"邪"。高昌國時期。

LM20-1528-02-30 《大般涅槃經》卷一二

北涼曇無讖譯，CBETA，T12，no.374，p.435，b24-26，"政"作"正"。高昌郡時期。

LM20-1528-02-31 寺院文書殘片

西州回鶻時期。

LM20-1528-02-32 摩尼文殘片

朱、墨、藍三色書寫。西州回鶻時期。

LM20-1528-02-33 《佛說仁王般若波羅蜜經》卷上

姚秦鳩摩羅什譯，CBETA，T08，no.245，p.826，b21-22。高昌國時期。

LM20-1528-02-34 《大般若波羅蜜多經》卷一一

唐玄奘譯，CBETA，T05，no.220，p.61，c16-22。唐時期。

LM20-1528-02-35 《大般涅槃經》卷二四

北涼曇無讖譯，CBETA，T12，no.374，p.506，c12-15。高昌郡時期。

LM20-1528-02-36 寺院文書殘片

西州回鶻時期。

LM20-1528-02-37 《大般若波羅蜜多經》卷一一

唐玄奘譯，CBETA，T05，no.220，p.62，a2-11。唐時期。

LM20-1528-03-38 《摩訶般若波羅蜜經》注

參姚秦鳩摩羅什譯《摩訶般若波羅蜜經》卷八，此段文字多處可見。高昌國時期。

LM20-1528-03-39 《摩訶般若波羅蜜經》注

參姚秦鳩摩羅什譯《摩訶般若波羅蜜經》卷八，CBETA，T08，no.223，p.282，c16-18。高昌國時期。

LM20-1528-03-40 《摩訶般若波羅蜜經》注

參姚秦鳩摩羅什譯《摩訶般若波羅蜜經》卷八，CBETA，T08，no.223，p.282，c1-2。高昌國時期。

LM20-1528-03-41 《摩訶般若波羅蜜經》注

參姚秦鳩摩羅什譯《摩訶般若波羅蜜經》卷八，此段文字多處可見。與LM20-1528-03-38等爲同一寫本，據此定名。高昌國時期。

LM20-1528-03-42 《摩訶般若波羅蜜經》注

參姚秦鳩摩羅什譯《摩訶般若波羅蜜經》卷八，CBETA，T08，no.223，p.282，b18-19。高昌國時期。

LM20-1528-03-43 《摩訶般若波羅蜜經》注

參姚秦鳩摩羅什譯《摩訶般若波羅蜜經》卷八，CBETA，T08，no.223，p.282，b13-14。高昌國時期。

LM20-1528-03-44 《摩訶般若波羅蜜經》注

參姚秦鳩摩羅什譯《摩訶般若波羅蜜經》卷八，此段文字多處可見。與LM20-1528-03-38等爲同一寫本，據此定名。高昌國時期。

LM20-1528-03-45 《摩訶般若波羅蜜經》注

參姚秦鳩摩羅什譯《摩訶般若波羅蜜經》卷八，CBETA，T08，no.223，p.282，a9-10。高昌國時期。

LM20-1528-03-46 《摩訶般若波羅蜜經》注

參姚秦鳩摩羅什譯《摩訶般若波羅蜜經》卷八，此段文字多處可見。與LM20-1528-03-38等爲同一寫本，據此定名。高昌國時期。

LM20-1528-03-47 《摩訶般若波羅蜜經》注

參姚秦鳩摩羅什譯《摩訶般若波羅蜜經》卷八，CBETA，T08，no.223，p.282，b9-10。高昌國時期。

旅順博物館藏新疆出土漢文文獻

LM20-1528-03-48 《摩訶般若波羅蜜經》注

參姚秦鳩摩羅什譯《摩訶般若波羅蜜經》卷八，CBETA, T08, no.223, p.282, b16-17。高昌國時期。

LM20-1528-03-49 《摩訶般若波羅蜜經》注

參姚秦鳩摩羅什譯《摩訶般若波羅蜜經》卷八，此段文字多處可見。與 LM20-1528-03-38 等爲同一寫本，據此定名。高昌國時期。

LM20-1528-03-50 《摩訶般若波羅蜜經》注

參姚秦鳩摩羅什譯《摩訶般若波羅蜜經》卷八，此段文字多處可見。與 LM20-1528-03-38 等爲同一寫本，據此定名。高昌國時期。

LM20-1528-03-51 《摩訶般若波羅蜜經》注

參姚秦鳩摩羅什譯《摩訶般若波羅蜜經》卷八，此段文字多處可見。與 LM20-1528-03-38 等爲同一寫本，據此定名。高昌國時期。

LM20-1528-03-52 《摩訶般若波羅蜜經》注

參姚秦鳩摩羅什譯《摩訶般若波羅蜜經》卷八，此段文字多處可見。與 LM20-1528-03-38 等爲同一寫本，據此定名。高昌國時期。

LM20-1528-03-53 《摩訶般若波羅蜜經》注

參姚秦鳩摩羅什譯《摩訶般若波羅蜜經》卷八，此段文字多處可見。有雙行小字注。有朱筆句讀。與 LM20-1528-03-38 等爲同一寫本，據此定名。高昌國時期。

LM20-1528-03-54 《摩訶般若波羅蜜經》注

有雙行小字注。有朱筆句讀。與 LM20-1528-03-38 等爲同一寫本，據此定名。高昌國時期。

LM20-1528-03-55 佛典殘片

西州回鶻時期。

LM20-1528-03-56 《摩訶般若波羅蜜經》注

有雙行小字注。有朱筆句讀。與 LM20-1528-03-38 等爲同一寫本，據此定名。高昌國時期。

LM20-1528-03-57 《摩訶般若波羅蜜經》注

有雙行小字注。有朱筆句讀。與 LM20-1528-03-38 等爲同一寫本，據此定名。高昌國時期。

LM20-1528-03-58 《摩訶般若波羅蜜經》注

與 LM20-1528-03-38 等爲同一寫本，據此定名。高昌國時期。

LM20-1528-03-59 《摩訶般若波羅蜜經》注

參姚秦鳩摩羅什譯《摩訶般若波羅蜜經》卷八，CBETA, T08, no.223, p.283a3-4。高昌國時期。

LM20-1528-03-60 《摩訶般若波羅蜜經》注

參姚秦鳩摩羅什譯《摩訶般若波羅蜜經》卷八，此段文字多處可見。與 LM20-1528-03-38 等爲同一寫本，據此定名。高昌國時期。

LM20-1530 《大方等大集經》卷二三

北涼曇無讖譯，CBETA，T13，no.397，p.167，c5-p.168，b20。高昌國時期。

LM20-1531a 《大般涅槃經》卷一九

北涼曇無讖譯，CBETA，T12，no.374，p.478，c17-19。高昌國時期。

LM20-1531b 《大般涅槃經》卷一九

北涼曇無讖譯，CBETA，T12，no.374，p.478，c13-16。高昌國時期。

LM20-1531c 《大般涅槃經》卷一九

北涼曇無讖譯，CBETA，T12，no.374，p.478，c8-12。高昌國時期。

LM20-1531d 《大般涅槃經》卷一九

北涼曇無讖譯，CBETA，T12，no.374，p.478，c5-9。高昌國時期。

LM20-1531e 《大般涅槃經》卷一九

北涼曇無讖譯，CBETA，T12，no.374，p.478，c2-5。高昌國時期。

LM20-1531f 《大般涅槃經》卷一九

北涼曇無讖譯，CBETA，T12，no.374，p.478，c22-25。高昌國時期。

LM20-1531g 《大般涅槃經》卷一九

北涼曇無讖譯，CBETA，T12，no.374，p.478，c20-21。高昌國時期。

LM20-1531h 《大般涅槃經》卷一九

北涼曇無讖譯，CBETA，T12，no.374，p.478，c26-p.480，a1，"乾"作"鍵"，"拔"作"跋"，"修"作"偻"。高昌國時期。

LM20-1531i 《大般涅槃經》卷一九

北涼曇無讖譯，CBETA，T12，no.374，p.480，a2-9。高昌國時期。

LM20-1531j 《大般涅槃經》卷一九

北涼曇無讖譯，CBETA，T12，no.374，p.480，a9-14。高昌國時期。

LM20-1531k 《大般涅槃經》卷一九

北涼曇無讖譯。僅存殘字。與 LM20-1531a 等爲同一寫本，據此定名。高昌國時期。

LM20-1531l 《大般涅槃經》卷一九

北涼曇無讖譯。僅存殘字。與 LM20-1531a 等爲同一寫本，據此定名。高昌國時期。

LM20-1531m 《大般涅槃經》卷一九

北涼曇無讖譯。僅存殘字。與 LM20-1531a 等爲同一寫本，據此定名。高昌國時期。

LM20-1531n 《大般涅槃經》卷一九

北涼曇無讖譯。僅存殘字。與 LM20-1531a 等爲同一寫本，據此定名。高昌國時期。

旅順博物館藏新疆出土漢文文獻

LM20-1531o 《大般涅槃經》卷一九

北涼曇無讖譯。僅存殘字。與 LM20-1531a 等爲同一寫本，據此定名。高昌國時期。

LM20-1531p 《大般涅槃經》卷一九

北涼曇無讖譯。僅存殘字。與 LM20-1531a 等爲同一寫本，據此定名。高昌國時期。

LM20-1531q 《大般涅槃經》卷一九

北涼曇無讖譯。僅存殘字。與 LM20-1531a 等爲同一寫本，據此定名。高昌國時期。

LM20-1531r 《大般涅槃經》卷一九

北涼曇無讖譯。僅存殘字。與 LM20-1531a 等爲同一寫本，據此定名。高昌國時期。

LM20-1531s 《大般涅槃經》卷一九

北涼曇無讖譯。僅存殘字。與 LM20-1531a 等爲同一寫本，據此定名。高昌國時期。

LM20-1532 《薩婆多部毗尼摩得勒伽》卷五

劉宋僧伽跋摩譯，CBETA，T23，no.1441，p.596，a22-p.597，b14，"遮"作"庶"，第9行、第10行"争"作"靜"，"上"作"匕"，"彼"作"破"，第20行、第21行"坐"作"座"。唐時期。

LM20-1533 《大般涅槃經》卷二五

北涼曇無讖譯，CBETA，T12，no.374，p.510，b14-c18，"俞"作"愈"，"集"作"習"。首行有小字"廿五"。唐時期。

LM20-1535a 《大般涅槃經》卷四

北涼曇無讖譯，CBETA，T12，no.374，p.386，c24-p.387，b15，"听"作"邪"，"卅"作"三"，"不"改"所"。高昌國時期。

LM20-1535b 《大般涅槃經》卷四

北涼曇無讖譯，CBETA，T12，no.374，p.387，b16-22，"也"作"耶"。高昌國時期。

LM20-1537-01 《大般涅槃經》卷二七

北涼曇無讖譯，CBETA，T12，no.374，p.523，b23-27。高昌國時期。

LM20-1537-02 佛典殘片

高昌國時期。

LM20-1537-03 《大般涅槃經》卷四〇

北涼曇無讖譯，CBETA，T12，no.374，p.601，a7-8。高昌國時期。

LM20-1537-04 《大般涅槃經》卷四〇

北涼曇無讖譯，CBETA，T12，no.374，p.601，a28-29。高昌國時期。

LM20-1537-05 《大般涅槃經》

北涼曇無讖譯，此段文字多處可見。高昌國時期。

LM20-1537-06 《大般涅槃經》卷四〇

北涼曇無讖譯，CBETA，T12，no.374，p.601，a5-6。高昌國時期。

散存文書

LM20-1537-07 《大般涅槃經》卷四〇

北涼曇無讖譯，CBETA，T12，no.374，p.601，a7。高昌國時期。

LM20-1537-08 《大般涅槃經》卷四〇

北涼曇無讖譯，CBETA，T12，no.374，p.601，a19-21。高昌國時期。

LM20-1537-09 《大般涅槃經》卷四〇

北涼曇無讖譯，CBETA，T12，no.374，p.601，a15；a18。高昌國時期。

LM20-1537-10 《大般涅槃經》卷四〇

北涼曇無讖譯，CBETA，T12，no.374，p.601，a17；a20。高昌國時期。

LM20-1537-11 《大般涅槃經》卷四〇

北涼曇無讖譯，CBETA，T12，no.374，p.601，a27-28。高昌國時期。

LM20-1537-12 《大般涅槃經》卷四〇

北涼曇無讖譯，CBETA，T12，no.374，p.601，a26-27。高昌國時期。

LM20-1537-13 《大般涅槃經》卷四〇

北涼曇無讖譯，CBETA，T12，no.374，p.601，a22-23。高昌國時期。

LM20-1537-14 《大般涅槃經》卷四〇

北涼曇無讖譯，CBETA，T12，no.374，p.601，a16；a19。高昌國時期。

LM20-1537-15 《大般涅槃經》卷四〇

北涼曇無讖譯，CBETA，T12，no.374，p.601，a9。高昌國時期。

LM20-1537-16 《大般涅槃經》卷四〇

北涼曇無讖譯，CBETA，T12，no.374，p.601，a11-12。高昌國時期。

LM20-1537-17 《根本說一切有部毘奈耶雜事》卷六

唐義淨譯，CBETA，T24，no.1451，p.232，b24。唐時期。

LM20-1537-18 《根本說一切有部毘奈耶雜事》卷六

唐義淨譯，CBETA，T24，no.1451，p.232，a28-29。唐時期。

LM20-1537-19 《根本說一切有部毘奈耶雜事》卷六

唐義淨譯，CBETA，T24，no.1451，p.232，a26-27。唐時期。

LM20-1537-20 《根本說一切有部毘奈耶雜事》卷六

唐義淨譯，CBETA，T24，no.1451，p.232，b9-10。唐時期。

LM20-1537-21 《根本說一切有部毘奈耶雜事》卷六

唐義淨譯，CBETA，T24，no.1451，p.232，b11-12。唐時期。

LM20-1537-22 《根本說一切有部毘奈耶雜事》卷六

唐義淨譯，CBETA，T24，no.1451，p.232，b7。唐時期。

LM20-1537-23 《根本說一切有部毘奈耶雜事》卷六

唐義淨譯，CBETA，T24，no.1451，p.232，b2-3。唐時期。

旅順博物館藏新疆出土漢文文獻

LM20-1537-24 《根本說一切有部毘奈耶雜事》卷六
唐義淨譯，CBETA，T24，no.1451，p.232，b18-19。唐時期。

LM20-1537-25 《根本說一切有部毘奈耶雜事》卷六
唐義淨譯，CBETA，T24，no.1451，p.232，b8。唐時期。

LM20-1537-26 《根本說一切有部毘奈耶雜事》卷六
唐義淨譯，CBETA，T24，no.1451，p.232，c6。唐時期。

LM20-1537-27 《根本說一切有部毘奈耶雜事》卷六
唐義淨譯，CBETA，T24，no.1451，p.232，c4-5。唐時期。

LM20-1537-28 《根本說一切有部毘奈耶雜事》卷六
唐義淨譯，CBETA，T24，no.1451，p.232，c10-11。唐時期。

LM20-1537-29 《根本說一切有部毘奈耶雜事》卷六
唐義淨譯，CBETA，T24，no.1451，p.232，c7。唐時期。

LM20-1537-30 《根本說一切有部毘奈耶雜事》卷六
唐義淨譯，CBETA，T24，no.1451，p.232，b25-26。唐時期。

LM20-1537-31 《根本說一切有部毘奈耶雜事》卷六
唐義淨譯，CBETA，T24，no.1451，p.232，b12-13。唐時期。

LM20-1537-32 《根本說一切有部毘奈耶雜事》卷六
唐義淨譯，CBETA，T24，no.1451，p.232，c1-2。唐時期。

LM20-1537-33 《根本說一切有部毘奈耶雜事》卷六
唐義淨譯，CBETA，T24，no.1451，p.232，c1-2。唐時期。

LM20-1537-34 《根本說一切有部毘奈耶雜事》卷六
唐義淨譯，CBETA，T24，no.1451，p.232，b26-27。唐時期。

LM20-1537-35 《根本說一切有部毘奈耶雜事》卷六
唐義淨譯，CBETA，T24，no.1451，p.232，b24-25。唐時期。

LM20-1537-36 《根本說一切有部毘奈耶雜事》卷六
唐義淨譯，CBETA，T24，no.1451，p.232，b16-17。有朱筆勾劃。唐時期。

LM20-1537-37 《根本說一切有部毘奈耶雜事》卷六
唐義淨譯，CBETA，T24，no.1451，p.232，b17-18。唐時期。

LM20-1537-38 《根本說一切有部毘奈耶雜事》卷六
唐義淨譯，CBETA，T24，no.1451，p.232，b5-6。唐時期。

LM20-1537-39 《根本說一切有部毘奈耶雜事》卷六
唐義淨譯，CBETA，T24，no.1451，p.232，c9-10。唐時期。

LM20-1537-40 《根本說一切有部毘奈耶雜事》卷六
唐義淨譯，CBETA，T24，no.1451，p.232，b14。唐時期。

散存文書

LM20-1537-41 《根本說一切有部毘奈耶雜事》卷六

唐義淨譯，此段文字多處可見。唐時期。

LM20-1537-42 《根本說一切有部毘奈耶雜事》卷六

唐義淨譯，CBETA，T24，no.1451，p.232，c3-4。唐時期。

LM20-1537-43 《根本說一切有部毘奈耶雜事》

唐義淨譯，此段文字多處可見。與 LM20-1537-44 爲同一寫本，據此定名。唐時期。

LM20-1537-44 《根本說一切有部毘奈耶雜事》卷六

唐義淨譯，CBETA，T24，no.1451，p.232，c7-9。唐時期。

LM20-1537-45 《根本說一切有部毘奈耶雜事》卷六

唐義淨譯，CBETA，T24，no.1451，p.232，b20-22。唐時期。

LM20-1537-46 《根本說一切有部毘奈耶雜事》卷六

唐義淨譯，CBETA，T24，no.1451，p.232，b3-5。唐時期。

LM20-1537-47 《根本說一切有部毘奈耶雜事》卷六

唐義淨譯，CBETA，T24，no.1451，p.232，b28-29。唐時期。

LM20-1537-48 《根本說一切有部毘奈耶雜事》卷六

唐義淨譯，CBETA，T24，no.1451，p.232，b19-21。唐時期。

LM20-1537-49 《根本說一切有部毘奈耶雜事》卷六

唐義淨譯，CBETA，T24，no.1451，p.232，b20-23。唐時期。

LM20-1537-50 《根本說一切有部毘奈耶雜事》卷六

唐義淨譯，CBETA，T24，no.1451，p.232，c8-9。唐時期。

LM20-1537-51 《根本說一切有部毘奈耶雜事》卷六

唐義淨譯，CBETA，T24，no.1451，p.232，b27-28。唐時期。

LM20-1537-52 《根本說一切有部毘奈耶雜事》卷六

唐義淨譯，CBETA，T24，no.1451，p.232，b14-16。唐時期。

LM20-1537-53 《根本說一切有部毘奈耶雜事》卷六

唐義淨譯，CBETA，T24，no.1451，p.232，b2-4。唐時期。

LM20-1537-54 《根本說一切有部毘奈耶雜事》卷六

唐義淨譯，CBETA，T24，no.1451，p.232，a24-26。唐時期。

LM20-1537-55 《根本說一切有部毘奈耶雜事》卷六

唐義淨譯，CBETA，T24，no.1451，p.232，a26-28。唐時期。

LM20-1537-56 《根本說一切有部毘奈耶雜事》卷六

唐義淨譯，CBETA，T24，no.1451，p.232，a29-b1。唐時期。

LM20-1537-57 《根本說一切有部毘奈耶雜事》卷六

唐義淨譯，CBETA，T24，no.1451，p.232，b22-24。唐時期。

旅順博物館藏新疆出土漢文文獻

LM20-1537-58 《妙法蓮華經》卷三

姚秦鳩摩羅什譯，CBETA，T09，no.262，p.26，b11-12。唐時期。

LM20-1541-01 學幢轉帖

有墨筆標點。敦煌寫本。歸義軍時期。

參：《旅博研究》，211-212。

LM20-1541-02 學郎文書

敦煌寫本。歸義軍時期。

參：《旅博研究》，213。

LM20-1541-03 學幢轉帖

敦煌寫本。歸義軍時期。

參：《旅博研究》，212。

LM20-1541-04 《佛說佛名經》卷二

元魏菩提流支譯，CBETA，T14，no.440，p.123，a18。敦煌寫本。唐時期。

參：《旅博研究》，214。

LM20-1541-05 《佛說佛名經》卷二

元魏菩提流支譯，此段文字多處可見。敦煌寫本。唐時期。

參：《旅博研究》，214。

LM20-1541-06 《般若波羅蜜多心經》

唐玄奘譯，CBETA，T08，no.251，p.848，c22-24，"諦"作"帝"，"般若多心經"作"般若波羅蜜多心經"。敦煌寫本。唐時期。

參：《旅博研究》，215。

LM20-1541-07 寺院納物曆

敦煌寫本。歸義軍時期。

參：《旅博研究》，213。

LM20-1541-08 寺院納物曆

敦煌寫本。歸義軍時期。

參：《旅博研究》，213。

LM20-1548-01-01 《大般涅槃經》卷二九

北涼曇無讖譯，CBETA，T12，no.374，p.537，c6-15。高昌國時期。

LM20-1548-01-02 《大般若波羅蜜多經》卷四六〇

唐玄奘譯，CBETA，T07，no.220，p.325，c27-p.326，a5。唐時期。

LM20-1548-01-03 《阿毘曇八犍度論》卷五

符秦僧伽提婆、竺佛念譯，CBETA，T26，no.1543，p.789，c1-11，"結耶"作"結耶若"。有雙行小字注。高昌郡時期。

散存文書

LM20-1548-01-04 《大般涅槃經》卷三八

北凉曇無讖譯，CBETA，T12，no.374，p.589，a13-20。高昌郡時期。

LM20-1548-02-05a 《顯揚聖教論》卷一

唐玄奘譯，CBETA，T31，no.1602，p.482，a5-14，第2行"慢爲□乃"作"慢爲業如前乃"，第6行"爲業"作"爲業如前"，第7行"說"作"經說"。唐時期。

LM20-1548-02-05b 《顯揚聖教論》卷一

唐玄奘譯，CBETA，T31，no.1602，p.554，b18-19，唐時期。

LM20-1548-02-05c 《摩訶般若波羅蜜經》卷五

姚秦鳩摩羅什譯，CBETA，T08，no.223，p.249，c7-10。高昌國時期。

LM20-1548-02-05d 《顯揚聖教論》卷一

唐玄奘譯，CBETA，T31，no.1602，p.482，a7-8。唐時期。

LM20-1548-02-05e 殘片

唐時期。

LM20-1548-02-05f 《千字文》習字

"陽雲□"爲朱筆。西州回鶻時期。

LM20-1548-03-06 《妙法蓮華經》卷五

姚秦鳩摩羅什譯，CBETA，T09，no.262，p.44，a7-14，第4行"復"作"復有"。唐時期。

LM20-1548-03-07 《大方等大集經》卷四六

高齊那連提耶舍譯，CBETA，T13，no.397，p.298，a18-24。唐時期。

LM20-1548-03-08 《賢劫經》卷二

西晉竺法護譯，CBETA，T14，no.425，p.13，a23-27。唐時期。

LM20-1548-03-09 《禪祕要法經》卷下

姚秦鳩摩羅什譯，CBETA，T15，no.613，p.265，a27-b5。高昌國時期。

LM20-1548-03-10 《大方等大集經》卷一

北凉曇無讖譯，CBETA，T13，no.397，p.5，b16-24。高昌郡時期。

LM20-1548-04-11 《妙法蓮華經》卷五

姚秦鳩摩羅什譯，CBETA，T09，no.262，p.38，b12-19。高昌國時期。

LM20-1548-04-12 《妙法蓮華經》卷五

姚秦鳩摩羅什譯，CBETA，T09，no.262，p.44，b1-4。唐時期。

LM20-1548-04-13 《梵網經》卷下

姚秦鳩摩羅什譯，CBETA，T24，no.1484，p.1008，a2-8。唐時期。

LM20-1548-04-14 《妙法蓮華經》卷一

姚秦鳩摩羅什譯，CBETA，T09，no.262，p.3，a10-15。有朱點。唐時期。

LM20-1548-04-15 《現在十方千五百佛名並雜佛同號》

作者不詳，CBETA，T85，no.2905，p.1448，c17-27。唐時期。

LM20-1548-04-16 《大般若波羅蜜多經》卷三〇四

唐玄奘譯，CBETA，T06，no.220，p.547，c16-22。唐時期。

LM20-1548-05-17 《一切經音義》卷一三

唐玄應撰，CBETA，C56，no.1163，p.1015，c12-20，"帶也"作"帶"。唐時期。

LM20-1548-05-18 《一切經音義》卷一三

唐玄應撰，CBETA，C056，no.1163，p.1015，c5-11。唐時期。

LM20-1548-05-19 《大般涅槃經》卷三八

北涼曇無讖譯，CBETA，T12，no.374，p.590，a19-25，"天人"作"人天"。高昌郡時期。

LM20-1548-05-20 《太子須大拏經》

西秦聖堅譯，CBETA，T03，no.171，p.422，a28-b3。高昌國時期。

LM20-1548-05-21 《大般涅槃經》卷二四

北涼曇無讖譯，CBETA，T12，no.374，p.504，c28-p.505，a3。高昌國時期。

LM20-1548-05-22 《大威德陀羅尼經》卷一三

隋闍那崛多譯，CBETA，T21，no.1341，p.809，a20-25。唐時期。

LM20-1548-05-23 佛典殘片

參東晉佛陀跋陀羅譯《大方廣佛華嚴經》卷五，CBETA，T09，no.278，p.425c1-3。唐時期。

LM20-1548-05-24 《佛說七千佛神符經》

作者不詳，CBETA，T85，no.2904，p.1446，a8-13。唐時期。

LM20-1548-06-25 《金光明經》卷一

北涼曇無讖譯，CBETA，T16，no.663，p.335，b25-c3。唐時期。

LM20-1548-06-26 《摩訶般若波羅蜜經》卷二三

姚秦鳩摩羅什譯，CBETA，T08，no.223，p.391，a21-24。唐時期。

LM20-1548-06-27 《妙法蓮華經》卷七

姚秦鳩摩羅什譯，CBETA，T09，no.262，p.57，a1-9。唐時期。

LM20-1548-06-28 《金剛般若波羅蜜經》

姚秦鳩摩羅什譯，CBETA，T08，no.235，p.751，b3-6。唐時期。

LM20-1548-06-29 佛典殘片

高昌郡時期。

LM20-1548-06-30 《大般涅槃經》卷二六

北涼曇無讖譯，CBETA，T12，no.374，p.518，b13-19。高昌國時期。

LM20-1548-06-31a 《放光般若經》卷一六

西晉無羅叉譯，CBETA，T08，no.221，p.112，a27-b2。高昌國時期。

LM20-1548-06-31b 《放光般若經》卷一六

西晉無羅叉譯，CBETA，T08，no.221，p.112，a25-26。高昌國時期。

LM20-1548-06-32　佛典殘片

高昌國時期。

LM20-1548-06-33　《大般若波羅蜜多經》

唐玄奘譯，此段文字多處可見。印本。西州回鶻時期。

LM20-1548-07-34　《道行般若經》卷二

後漢支婁迦讖譯，CBETA，T08，no.224，p.432，b9-10。高昌郡時期。

LM20-1548-07-35　《大般涅槃經》卷二八

北涼曇無讖譯，CBETA，T12，no.374，p.534，a22-23。唐時期。

LM20-1548-07-36　《大般涅槃經》卷六

北涼曇無讖譯，CBETA，T12，no.374，p.401，b1-2。高昌郡時期。

LM20-1548-07-37　《妙法蓮華經》卷三

姚秦鳩摩羅什譯，CBETA，T09，no.262，p.19，c13-16。高昌郡時期。

LM20-1548-07-38　《妙法蓮華經》卷二

姚秦鳩摩羅什譯，CBETA，T09，no.262，p.15，c14-16。唐時期。

LM20-1548-07-39a　佛名經

高昌國時期。

LM20-1548-07-39b　《薩婆多部毘尼摩得勒伽》卷五

與LM20-1548-39f爲同一寫本，據此定名。唐時期。

LM20-1548-07-39c　佛名經

高昌國時期。

LM20-1548-07-39d　無字殘片

LM20-1548-07-39e　無字殘片

LM20-1548-07-39f　《薩婆多部毘尼摩得勒伽》卷五

劉宋僧伽跋摩譯，CBETA，T23，no.1441，p.597，c15-17。唐時期。

LM20-1548-07-39g　《薩婆多部毘尼摩得勒伽》卷五

劉宋僧伽跋摩譯，CBETA，T23，no.1441，p.597，c18。唐時期。

LM20-1548-07-40　發病書

參敦煌本P.2856《發病書》第26-27行(《法藏敦煌西域文獻》第19冊，136頁)。唐時期。

LM20-1548-07-41　《摩訶僧祇律》卷二七

東晉佛陀跋陀羅、法顯譯，CBETA，T22，no.1425，p.451，c1-4。高昌國時期。

LM20-1548-07-42　《大般涅槃經》卷三二

北涼曇無讖譯，CBETA，T12，no.374，p.557，c5-8。唐時期。

LM20-1548-07-43　《妙法蓮華經》卷二

姚秦鸠摩罗什译，CBETA，T09，no.262，p.13，a24-25。高昌郡时期。

LM20-1548-07-44 《悲华经》卷三

北凉昙无谶译，CBETA，T03，no.157，p.186，b21-24。高昌郡时期。

LM20-1548-07-45 《大般涅槃经》卷五

北凉昙无谶译，CBETA，T12，no.374，p.391，a10-14。高昌郡时期。

LM20-1548-07-46 《大方广佛华严经》卷一二（五十卷本）

东晋佛陀跋陀罗译，《中华大藏经》第12册，144c2-4；参CBETA，T09，no.278，p.489，a8-11。高昌郡时期。

LM20-1548-07-47 《摩诃僧祇律》卷一

东晋佛陀跋陀罗、法显译，CBETA，T22，no.1425，p.228，c28-p.229，a1。高昌郡时期。

LM20-1548-08-48 《大方广佛华严经》卷四七（五十卷本）

东晋佛陀跋陀罗译，《中华大藏经》第12册，573c3-7；参CBETA，T09，no.278，p.754，a26-b3。高昌郡时期。

LM20-1548-08-49r 《道行般若经》注

参后汉支娄迦谶译《道行般若经》卷二，CBETA，T08，no.224，p.431，c21-22。有双行小字注。高昌郡时期。

LM20-1548-08-49v 《肇论》

姚秦僧肇作，CBETA，T45，no.1858，p.156，b23-27。唐时期。无法揭取拍摄。

LM20-1548-08-50 《大智度论》卷一三

姚秦鸠摩罗什译，CBETA，T25，no.1509，p.154，a17-21。高昌郡时期。

LM20-1548-08-51r 藏文《无量寿宗要经》

LM20-1548-08-51v 《尚想黄绮帖》习字

唐时期。

LM20-1548-08-52 佛经扉画

印本。西州回鹘时期。

LM20-1548-08-53 《大般涅槃经》卷二四

北凉昙无谶译，CBETA，T12，no.374，p.504，a23-29。有贴附残片，无法揭取。高昌国时期。

LM20-1548-08-54a 《妙法莲华经》卷二

姚秦鸠摩罗什译，CBETA，T09，no.262，p.18，a15-19。天头处有残笔划。唐时期。

LM20-1548-08-54b 《妙法莲华经》卷四

姚秦鸠摩罗什译，CBETA，T09，no.262，p.36，b15-16。有贴附残片，可辨识出"想""女""龙八部人与"诸字，亦係同经同卷，无法揭取。唐时期。

LM20-1548-08-54c 残片

散存文書

唐時期。

LM20-1548-08-54d 《妙法蓮華經》卷五

姚秦鳩摩羅什譯，CBETA，T09，no.262，p.37，b3-6。有貼附殘片，可辨識出"當云"二字，無法揭取。唐時期。

LM20-1548-08-55 《大般涅槃經》卷三五

北涼曇無讖譯，CBETA，T12，no.374，p.574，a13-17。高昌國時期。

LM20-1548-08-56 《慧上菩薩問大善權經》卷下

西晉竺法護譯，CBETA，T12，no.345，p.165，b17-20。唐時期。

LM20-1548-09-57 殘片

背面有字，無法揭取拍攝。

LM20-1548-09-58 殘片

西州回鶻時期。

LM20-1548-09-59 《刊謬補缺切韻》

參唐王仁昫《刊謬補缺切韻》，平聲四十三尤，周祖謨《唐五代韻書集存》，中華書局，1983年，465頁。唐時期。

LM20-1548-09-60 殘片

西州回鶻時期。

LM20-1548-09-61 佛典注疏

參北宋從芳述《百法論顯幽鈔》卷一，CBETA，X48，no.799，p.249，c21-p.250，a2。唐時期。

LM20-1548-09-62 《大般若波羅蜜多經》卷一二

唐玄奘譯，CBETA，T05，no.220，p.66，c12-14。唐時期。

LM20-1548-09-63 《金剛般若波羅蜜經》

姚秦鳩摩羅什譯，CBETA，T08，no.235，p.749，b8-10。西州回鶻時期。背面有字，無法揭取拍攝。

LM20-1548-09-64 《金剛般若波羅蜜經》

姚秦鳩摩羅什譯，CBETA，T08，no.235，p.749，a28-b1。唐時期。

LM20-1548-09-65 《大般涅槃經》卷一九

北涼曇無讖譯，CBETA，T12，no.374，p.474，b1-6，"創"作"瘡"。高昌國時期。

LM20-1548-09-66 《道行般若經》卷五

後漢支婁迦讖譯，CBETA，T08，no.224，p.449，b7-12，"狹"作"大"。高昌郡時期。

LM20-1528-09-67 《金光明經》卷三

北涼曇無讖譯，CBETA，T16，no.663，p.349，b22-26。唐時期。

LM20-1548-09-68 《大般涅槃經》卷二四

北涼曇無識譯，CBETA，T12，no.374，p.506，c4。高昌國時期。

LM20-1548-09-69 《净名經關中釋抄》卷上

唐道液撰，CBETA，T85，no.2778，p.505，c15-17。唐時期。

LM20-1609 唐建中四年（七八三）七月安西節度使孔目司帖爲配織五年春裝布事

文書分爲兩紙。前紙爲孔目官任選書，有"安西節度使之印"朱印三枚。後紙爲行官趙秦壁書。唐時期。原標出土地"吐峪溝"，實際出土於克孜爾。

參:《西域考古圖譜》下卷"史料"(14); 王珍仁、劉廣堂 1992, 86-89; 小田義久 1993, 5-6; 錢伯泉 1993, 44-50; 陳國燦 1994, 122-136; 凍國棟 1996, 120-139; 吳青雲 1996, 121-124; 馮培紅 1997, 78-79; 荒川正晴 1997, 145-162; 王珍仁 1998, 39-46; 陳國燦 1999, 6-13; Zhang Guangda2000, 147-148; 張廣達 2008, 76-77; 王若、王振芬 2010, 13-27; 慶昭蓉 2017, 141、381; 孟憲實 2019b, 552-568; 孟彦弘 2019, 109-121。

LM20-1854-01a 《佛說彌勒來時經》

譯者不詳，CBETA，T14，no.457，p.434，b20-24。唐時期。

LM20-1854-01b 《中阿含經》卷一五

東晉僧伽提婆譯，此段文字多處可見。印本。唐時期。

LM20-1854-01c 《妙法蓮華經》卷四

姚秦鳩摩羅什譯，此段文字多處可見。高昌郡時期。

LM20-1854-02 《大方廣佛華嚴經》卷六〇

唐實叉難陀譯，CBETA，T10，no.279，p.326，b1-7。唐時期。

LM20-1854-03 《中阿含經》卷一五

東晉僧伽提婆譯，CBETA，T01，no.26，p.521，c17-20。印本。唐時期。

LM20-1854-04 《中阿含經》卷一五

東晉僧伽提婆譯，CBETA，T01，no.26，p.521，c9-14。印本。唐時期。

LM20-1854-05a 《小品般若波羅蜜經》卷七

姚秦鳩摩羅什譯，CBETA，T08，no.227，p.566，a7-14。唐時期。

LM20-1854-05b 《中阿含經》卷一五

東晉僧伽提婆譯，此段文字多處可見。印本。西州回鶻時期。背面有回鶻文，無法揭取拍攝。

LM20-1854-06 《善見律毘婆沙》卷一二

蕭齊僧伽跋陀羅譯，CBETA，T24，no.1462，p.759，c1-5。唐時期。

LM20-1854-07 《善見律毘婆沙》卷一二

蕭齊僧伽跋陀羅譯，CBETA，T24，no.1462，p.759，c1-4。唐時期。

LM20-1854-08a 《妙法蓮華經》卷二

姚秦鳩摩羅什譯，CBETA，T09，no.262，p.17，a15-20。唐時期。

散存文書

LM20-1854-08b 《光讃經》卷八

西晋竺法護譯，CBETA，T08，no.222，p.199，b18-20。唐時期。

LM20-1855-01 《中阿含经》卷一五

東晋僧伽提婆譯，CBETA，T01，no.26，p.521，c6-9。印本。唐時期。

LM20-1855-02 《大般若波羅蜜多經》

唐玄奘譯，此段文字多處可見。第1，2行間夾寫小字"□十三"。西州回鶻時期。

LM20-1855-03 《大般若波羅蜜多經》

唐玄奘譯，此段文字多處可見。印本。西州回鶻時期。

LM20-1855-04 《中阿含經》卷一五

與LM20-1855-01爲同一寫本，據此定名。印本。唐時期。

LM20-1855-05 《大般若波羅蜜多經》

唐玄奘譯，此段文字多處可見。印本。西州回鶻時期。

LM20-1855-06 《大般若波羅蜜多經》

唐玄奘譯，此段文字多處可見。西州回鶻時期。

LM20-1855-07 殘片

印本。西州回鶻時期。

LM20-1855-08 《大般若波羅蜜多經》

唐玄奘譯，此段文字多處可見。西州回鶻時期。

LM20-1855-09 《大般若波羅蜜多經》

唐玄奘譯，此段文字多處可見。印本。西州回鶻時期。

LM20-1855-10 《大般若波羅蜜多經》

唐玄奘譯，此段文字多處可見。印本。西州回鶻時期。

LM20-1855-11 《大般若波羅蜜多經》

唐玄奘譯，此段文字多處可見。印本。西州回鶻時期。

LM20-1855-12 《大般若波羅蜜多經》

唐玄奘譯，此段文字多處可見。印本。西州回鶻時期。

LM20-1855-13 殘片

高昌國時期。

LM20-1855-14 《大般若波羅蜜多經》

唐玄奘譯，此段文字多處可見。印本。西州回鶻時期。

LM20-1855-15 《大般若波羅蜜多經》

唐玄奘譯，此段文字多處可見。印本。西州回鶻時期。

LM20-1855-16 《大般若波羅蜜多經》卷一九六

唐玄奘譯，CBETA，T05，no.220，p.1051，a7-9。印本。西州回鶻時期。

旅顺博物馆藏新疆出土汉文文献

LM20-1855-17 《大般若波羅蜜多經》

唐玄奘譯，此段文字多處可見。印本。西州回鹘時期。

LM20-1855-18 《大般若波羅蜜多經》卷一九六

唐玄奘譯，CBETA，T05，no.220，p.1051，a6-8。印本。西州回鹘時期。

LM20-1855-19 《中阿含經》卷一五

東晉僧伽提婆譯，CBETA，T01，no.26，p.521c16。印本。西州回鹘時期。

LM20-1855-20 《阿毘達磨俱舍論》卷六

唐玄奘譯，CBETA，T29，no.1558，p.35，c24-25。印本。西州回鹘時期。

LM20-1855-21 佛典殘片

西州回鹘時期。

LM20-1855-22 《大般若波羅蜜多經》

唐玄奘譯，此段文字多處可見。印本。西州回鹘時期。

LM20-1855-23 《大般若波羅蜜多經》

唐玄奘譯，此段文字多處可見。印本。西州回鹘時期。

LM20-1855-24 《大般若波羅蜜多經》卷二二五

唐玄奘譯，CBETA，T06，no.220，p.131，b26-27。印本。西州回鹘時期。

LM20-1855-25 《大般若波羅蜜多經》

唐玄奘譯，此段文字多處可見。印本。西州回鹘時期。

LM20-1855-26 《大般若波羅蜜多經》

唐玄奘譯，此段文字多處可見。印本。有貼附殘片，無法揭取。西州回鹘時期。

LM20-1855-27 《大般若波羅蜜多經》

唐玄奘譯，此段文字多處可見。印本。西州回鹘時期。

LM20-1855-28 《大般若波羅蜜多經》

唐玄奘譯，此段文字多處可見。印本。西州回鹘時期。

LM20-1855-29 佛經扉畫

印本。西州回鹘時期。

參考文獻及縮略語

白須淨真2001＝《大谷探檢隊將來資料と旅順博物館と大連圖書館——2000年9月の調查報告》，《東洋史苑》57，1-30頁。

包曉悅2017＝《旅順博物館所藏吐魯番出土〈治禪病秘要法〉殘片研究》，王振芬主編《旅順博物館學苑2016》，吉林出版集團股份有限公司，112-122頁。

陳耕2019＝《刀筆殊途——旅順博物館藏新疆出土佛經"單刻本"實爲寫本考論》，王振芬、榮新江主編《絲綢之路與新疆出土文獻：旅順博物館百年紀念國際學術研討會論文集》，中華書局，341-369頁。

陳國燦1994＝《斯坦因所獲吐魯番文書研究》，武漢大學出版社。

陳國燦1999＝《關於〈唐建中五年（784）安西大都護府孔目司帖〉釋讀中的幾個問題》，《敦煌學輯刊》1999年第2期，6-13頁。

陳明2005＝《殊方異藥——出土文書與西域醫學》，北京大學出版社。

陳陏、沈澍農2014＝《中國藏吐魯番中醫藥文書研究》，《西部中醫藥》2014年第6期，54-58頁。

陳煒軒2016＝《新發現旅順博物館藏法制文書考釋——兼論唐律在西州訴訟和斷獄中的運用》，榮新江主編《唐研究》22，北京大學出版社，181-201頁。

陳煒軒2018＝《旅順博物館新發現的曆史寫本考釋》，《西域研究》2018年第1期，23-31頁。

池田温1988＝《中國で脚光あびる"大谷文書"》，《夕刊讀賣新聞》1988年9月16日4版13面。

大津透、野尻忠、稻田奈津子2003＝《大谷文書唐代田制關係文書群の復原研究》，《東洋史苑》60・61合併號，35-74頁。

《定本法華經》（唐招提寺藏），兜木正亨編，靈友會，1978年。

凍國棟1996＝《旅順博物館藏〈唐建中五年（784）孔目司帖〉管見》，《魏晉南北朝隋唐史資料》14，武漢大學出版社，120-139頁。

兜木正亨1983＝《法華寫經の研究》，《兜木正亨著作集》卷二，大東出版社。

都築晶子等2007＝《大谷文書中の漢語資料の研究：〈大谷文書集成〉IVにむけて》，《龍谷大學佛教文化研究所紀要》46，1-118頁。

都築晶子等2010＝《大谷文書の比較研究：旅順博物館藏トルファン出土文書を中心に》，《龍谷大學佛教文化研究所紀要》49，15-97頁。

段真子2017＝《旅順博物館藏吐魯番出土"律呂書"考釋》，《文史》2017年第4輯，215-228頁。

段真子2019＝《吐魯番出土〈佛本行集經〉殘片研究》，王振芬、榮新江主編《絲綢之路與新疆出土文獻：旅順博物館百年紀念國際學術研討會論文集》，中華書局，138-170頁。

范舒2014＝《吐魯番本玄應〈一切經音義〉研究》，《敦煌研究》2014年第6期，106-115頁。

房學惠、孫慧珍2006＝《旅順博物館新疆出土漢文佛經殘片原始整理狀況分析評述》，旅順博物館、龍谷大學共編《旅順博物館藏新疆出土漢文佛經研究論文集》，龍谷大學佛教文化研究所·西域研究會，35-45頁。

馮培紅1997＝《關於唐代孔目司文書的幾個問題》，《遼寧師範大學學報》1997年第1期，78-79頁。

馮璇2018＝《新見旅順博物館藏新疆出土漢文文獻中的漢史寫本考釋》，《西域研究》2018年第1期，1-13，146頁。

岡野誠2013＝《新たに紹介された吐魯番·敦煌本"唐律""律疏"斷片——旅順博物館及び中國國家圖書館所藏資料を中心に》，土肥義和編《敦煌·吐魯番出土漢文文書の新研究》（修訂版），東洋文庫，83-114頁。

岡野誠2019＝《新介紹的吐魯番、敦煌本〈唐律〉〈律疏〉殘片——以旅順博物館以及中國國家圖書館所藏資料爲中心》（趙晶、劉思皓譯），趙晶主編《法律文化研究》13（敦煌、吐魯番漢文法律文獻專題），社會科學文獻出版社，114-150頁。

關尾史郎2007＝《トゥルファン出土〈菩薩懺悔文承陽三年題記〉について》，《西北出土文獻研究》4，65-73頁。

郭鋒1991＝《敦煌西域出土文獻的一個綜合統計》，《敦煌學輯刊》1991年第1期，63-76頁。

郭富純、王振芬2006＝《旅順館藏西域書跡選》（《書法叢刊》2006年第6期特輯），文物出版社。

何亦凡2019＝《新見旅順博物館藏吐魯番唐寫本鄭玄〈論語〉注》，王振芬、榮新江主編《絲綢之路與新疆出土文獻：旅順博物館百年紀念國際學術研討會論文集》，中華書局，112-137頁。

何亦凡、朱月仁2017＝《武周大足元年西州高昌縣籍拾遺復原研究》，《文史》2017年第4輯，197-214頁。

胡適1968＝《神會和尚語録的第三個敦煌寫本〈南陽和尚問答雜徵義：劉澄集〉》，原載《史語所集刊》外編第4種《慶祝董作賓先生六十五歲論文集》，1960年；此據《胡適校敦煌唐寫本神會和尚遺集》，胡適紀念館，1968年，403-452頁。

參考文獻及縮略語

荒川正晴1997=《クチャ出土〈孔目司文書〉考》,《古代文化》49-3, 145-162頁。

磯邊友美2006=《旅順博物館藏陀羅尼佛典について》, 旅順博物館、龍谷大學共編《旅順博物館藏新疆出土漢文佛經研究論文集》, 龍谷大學佛教文化研究所・西域研究會, 204-217頁。

吉田豐2012=《旅順博物館所藏のソグド語資料》, 旅順博物館、龍谷大學共編《中亞出土的佛教寫本》(《中央アジア出土の佛教寫本》), 龍谷大學佛教文化研究所, 39-54頁。

《淨土集成》=旅順博物館、龍谷大學共編《旅順博物館所藏新疆出土漢文淨土教寫本集成》, 龍谷大學西域文化研究會, 2010年。

橘堂晃一2003=《二樂莊における大谷探檢隊將來佛典斷片の整理と研究: 旅順博物館所藏の所謂 "ブルーノート" の場合》,《東洋史苑》60・61合併號, 239-264頁。

橘堂晃一2006a=《旅順博物館に藏される麴氏高昌國時代の佛教注釋書概觀》, 旅順博物館、龍谷大學共編《旅順博物館藏新疆出土漢文佛經研究論文集》, 龍谷大學佛教文化研究所・西域研究會, 84-103頁。

橘堂晃一2006b=《旅順博物館藏 "大谷探檢隊將來資料" とその周邊》,《東洋史苑》66, 21-47頁。

橘堂晃一2007=《トユク出土〈勝鬘義記〉について——トルファン、敦煌そして飛鳥》,《龍谷大學佛教文化研究所紀要》46, 266-286頁。

橘堂晃一2010=《〈旅順博物館藏トルファン出土佛典選影〉補遺》,《龍谷大學佛教文化研究所紀要》49, 90-97頁。

橘堂晃一2012=《旅順博物館所藏のウイグル語佛典》, 旅順博物館、龍谷大學共編《中亞出土的佛教寫本》(《中央アジア出土の佛教寫本》), 龍谷大學佛教文化研究所, 61-72頁。

李紅揚2020=《〈大谷文書集成〉未命名典籍殘片整理札記》,《西域研究》2020年第1期, 70-78、171頁。

李際寧2002a=《旅順博物館舊藏大谷光瑞本敦煌遺書について》, 高田時雄主編《草創期の敦煌學》, 知泉書館, 225-232頁。

李際寧2002b=《佛經版本》, 江蘇古籍出版社。

李際寧2006=《關於旅順博物館藏吐魯番出土木刻本佛經殘片的考察》, 旅順博物館、龍谷大學共編《旅順博物館藏新疆出土漢文佛經研究論文集》, 龍谷大學佛教文化研究所・西域研究會, 230-244頁。

李淑、孟憲實2017=《麴氏高昌國史新探——以明人胡廣〈記高昌碑〉爲中心》,《文史》2017年第2輯, 105-120頁。

李昀2017=《旅順博物館藏〈金剛經〉注疏小考——附李善注〈文選・七命〉補遺》, 王振芬主編《旅順博物館學苑2016》, 吉林出版集團股份有限公司, 88-111頁。

李昀2019＝《旅順博物館藏〈南陽和尚問答雜徵義〉》，王振芬、榮新江主編《絲綢之路與新疆出土文獻：旅順博物館百年紀念國際學術研討會論文集》，中華書局，282-303頁。

劉廣堂2006＝《旅順博物館藏新疆出土漢文佛經寫本綜述》，旅順博物館、龍谷大學共編《旅順博物館藏新疆出土漢文佛經研究論文集》，龍谷大學佛教文化研究所·西域研究會，1-28頁。

劉子凡2018＝《旅順博物館藏〈春秋後語〉（擬）研究》，《文獻》2018年第5期，30-37頁。

劉子凡2019＝《唐前期兵制中的隊》，王振芬、榮新江主編《絲綢之路與新疆出土文獻：旅順博物館百年紀念國際學術研討會論文集》，中華書局，614-630頁。

《旅博選粹》＝旅順博物館、龍谷大學共編《旅順博物館新疆出土漢文佛經選粹》，法藏館，2006年。

《旅博研究》＝郭富純、王振芬《旅順博物館藏西域文書研究》，萬卷出版公司，2007年。

《旅博研究文集》＝《旅順博物館藏新疆出土文物研究文集》（龍谷大學西域研究叢書2），龍谷大學佛教文化研究所、西域研究會編，1993年。

《旅博研究論文集》＝旅順博物館、龍谷大學共編《旅順博物館藏新疆出土漢文佛經研究論文集》（《旅順博物館藏トルファン出土漢文佛典研究論文集》，龍谷大學西域研究叢書4），龍谷大學佛教文化研究所·西域研究會，2006年。

呂媛媛2019a＝《旅順博物館藏吐魯番寫本〈古文尚書〉殘片》，《中國典籍與文化》2019年第1期，4-11頁。

呂媛媛2019b＝《旅順博物館藏吐魯番出土〈般若波羅蜜多心經〉注疏殘片》，王振芬、榮新江主編《絲綢之路與新疆出土文獻：旅順博物館百年紀念國際學術研討會論文集》，中華書局，271-281頁。

呂媛媛2020＝《吐魯番出土高昌與唐初觚仕悅文書考釋》，中國文化遺產研究院編《出土文獻研究》18，中西書局，388-399頁。

馬俊傑2019a＝《旅順博物館藏西域古文書考察》，朱玉麒主編《西域文史》13，科學出版社，167-177頁。

馬俊傑2019b＝《旅順博物館藏〈救疾經〉殘片考》，王振芬、榮新江主編《絲綢之路與新疆出土文獻：旅順博物館百年紀念國際學術研討會論文集》，中華書局，230-254頁。

馬曼麗1983＝《大谷探險隊與吐魯番敦煌文化》，《新疆大學學報》1983年第4期，70-77頁。

孟憲實2019a＝《旅順博物館藏西域出土公私文書的價值》，王振芬、榮新江主編《絲綢之路與新疆出土文獻：旅順博物館百年紀念國際學術研討會論文集》，中華書局，57-62頁。

孟憲實2019b＝《安史之亂後四鎮管理體制問題——從〈建中四年孔目司帖〉談起》，王振芬、榮新江主編《絲綢之路與新疆出土文獻：旅順博物館百年紀念國際學術研討會論文集》，中華書局，552-568頁。

孟彥弘2018＝《旅順博物館所藏"佛說救護身命經"考》，《文獻》2018年第5期，46-58頁。

孟彦弘2019＝《旅順博物館所藏新疆出土孔目司帖及其所反映的唐代賦役制度》，雷聞、張國旺主編《隋唐遼宋金元史論叢》9，上海古籍出版社，109-121頁。

彭傑2015＝《旅順博物館藏兩件高昌王麴乾固供養寫經殘片探析》，《敦煌研究》2015年第3期，67-73頁。

片山章雄2007＝《旅順博物館所藏の大谷探檢隊將來吐魯番出土物價文書》，《西北出土文獻研究》4，73-78頁。

片山章雄2009a＝《大谷探檢隊將來吐魯番出土物價文書斷片の數點の綴合について》，土肥義和編《敦煌・吐魯番出土漢文文書の新研究》，東洋文庫，315-335頁；修訂本，2013年，315-335頁。

片山章雄2009b＝《大谷文書・旅順博物館文書中の吐魯番出土靈芝雲型文書の一例》，《西北出土文獻研究》7，61-66頁。

片山章雄2009c＝《大谷探檢隊將來斷片資料の追跡をめぐって》，《龍谷大學佛教文化研究所紀要》48，192-212頁。

片山章雄2010＝《大谷探檢隊吐魯番將來〈玄武關係文書〉統考》，《西北出土文獻研究》8，83-94頁。

片山章雄2011＝《世界史教科書掲載の靈芝雲型吐魯番文書の深層》，《東海大學紀要（文學部）》95，188-172頁。

片山章雄2016＝《トゥルファン地域の佛典斷片と諸國の探檢隊》，《東海史學》50，41-55頁。

片山章雄2019＝《唐代吐魯番四神靈芝雲彩畫及田制等相關文書的追蹤與展望》（石井宏明譯），王振芬、榮新江主編《絲綢之路與新疆出土文獻：旅順博物館百年紀念國際學術研討會論文集》，中華書局，446-462頁。

片山章雄、王振芬、孫慧珍2009＝《旅順博物館所藏文書と大谷文書その他の綴合》，《敦煌・トルファン漢語文獻の特性に關する研究——研究成果報告書》，平成18-20年度科學研究費補助金研究成果報告書，東洋文庫，6-10頁。

片山章雄、王振芬、張銘心2013＝《旅順博物館所藏文書と大谷文書における形狀と綴合》（2011年度），《内陸アジア出土4-12世紀の漢語・胡語文獻の整理と研究》，平成22-24年度科學研究費補助金研究成果報告書，7-14頁。

《七寺經》＝《七寺古逸經典研究叢書》（1-6），大東出版社，1994-1998年。

錢伯泉1993＝《〈唐建中伍年孔目司文書〉研究》，《新疆大學學報》1993年第3期，44-50頁。

慶昭蓉2017＝《吐火羅語世俗文獻與古代龜茲歷史》，北京大學出版社。

榮新江2003＝《唐寫本中の"唐律""唐禮"及びその他》，《東洋學報》85-2，1-17頁。

榮新江2007＝《書評：旅順博物館、龍谷大學共編〈旅順博物館藏新疆出土漢文佛經選粹〉》，《敦煌吐魯番研究》10，上海古籍出版社，409-413頁。

榮新江2009＝《唐寫本〈唐律〉〈唐禮〉及其他》，《文獻》2009年第4期，3-10頁。

榮新江2016＝《日本散藏吐魯番文獻知見録》,《浙江大學學報》2016年第4期, 18-26頁。

榮新江2017＝《"康家一切經"考》, 王振芬主編《旅順博物館學苑2016》, 吉林出版集團股份有限公司, 60-73頁。

榮新江2019a＝《旅順博物館藏新疆出土佛典的學術價值》, 王振芬、榮新江主編《絲綢之路與新疆出土文獻: 旅順博物館百年紀念國際學術研討會論文集》, 中華書局, 24-40頁。

榮新江2019b＝《新見敦煌吐魯番寫本〈楞伽師資記〉》, 顧宏義主編《劉永翔教授嚴佐之教授榮休紀念文集》, 上海古籍出版社, 468-475頁。

《沙州文録·附録》,《六經堪叢書》本, 東方學會, 1924年。

三谷真澄2004＝《旅順博物館所藏〈賢愚經〉漢文寫本について》,《印度學佛教學研究》52-2, 236-239頁。

三谷真澄2006＝《旅順博物館所藏〈諸佛要集經〉寫本について》, 旅順博物館、龍谷大學共編《旅順博物館藏新疆出土漢文佛經研究論文集》, 龍谷大學佛教文化研究所·西域研究會, 64-73頁。

三谷真澄2008a＝《旅順博物館所藏の浄土教寫本について》,《龍谷大學國際文化研究》12, 29-44頁。

三谷真澄2008b＝《關於旅順博物館所藏浄土教寫本》(山口貴盛譯), 郭富純主編《旅順博物館學苑》, 吉林文史出版社, 168-186頁。

三谷真澄2010a＝《旅順博物館所藏の漢文〈無量壽經〉寫本》,《宗教研究》83-4, 409-410頁。

三谷真澄2010b＝《龍谷大學と旅順博物館の非漢字資料:その意義と保存狀況》,《龍谷大學アジア佛教文化研究センター》10-04, 159-171頁。

三谷真澄2012＝《旅順博物館と龍谷大學の非漢字資料》, 旅順博物館、龍谷大學共編《中亞出土的佛教寫本》(《中央アジア出土の佛教寫本》), 龍谷大學佛教文化研究所, 31-38頁。

三谷真澄2014＝《龍谷大學と中國旅順博物館及びドイットルファン研究所との學術交流:大谷探檢隊とドイツ隊の本國歸還一〇〇周年を機緣として》,《龍谷大學佛教文化研究所所報》38, 1-6頁。

三谷真澄2015＝《德國吐魯番探險隊收集的早期〈無量壽經〉寫本考釋》(陸帥譯),《魏晉南北朝隋唐史資料》32, 220-241頁。

三谷真澄2019＝《龍谷大學與旅順博物館所藏吐魯番出土佛典研究》(李曼寧譯), 王振芬、榮新江主編《絲綢之路與新疆出土文獻: 旅順博物館百年紀念國際學術研討會論文集》, 中華書局, 14-23頁。

三谷真澄、磯邊友美2006＝《旅順博物館藏大谷探檢隊收集漢文資料についてートルファン出土陀羅尼佛典を中心として》,《龍谷大學佛教文化研究所紀要》45, 114-129頁。

上山大峻、三谷真澄2000=《旅順博物館藏大谷探檢隊將來資料について》,《龍谷大學國際社會文化研究所紀要》3, 407-427頁。

上山大峻2012=《增補敦煌佛教の研究》, 法藏館。

沈琛2018=《旅順博物館藏吐魯番本〈唐天下諸郡姓氏講〉考釋》,《文獻》2018年第5期, 38-45頁。

《十方千五百佛名經》全文=山口正晃《〈十方千五百佛名經〉全文復元の試み》,《敦煌寫本研究年報》5, 2011年, 187-206頁。

辻正博2012=《敦煌・トゥルファン出土唐代法制文獻研究の現在》,《敦煌寫本研究年報》6, 249-272頁。

史睿2017=《旅順博物館藏〈俱舍論頌釋序〉寫本考》, 王振芬主編《旅順博物館學苑2016》, 吉林出版集團股份有限公司, 74-87頁。

史睿2019=《旅順博物館藏新疆出土寫經的書法斷代》, 王振芬、榮新江主編《絲綢之路與新疆出土文獻: 旅順博物館百年紀念國際學術研討會論文集》, 中華書局, 63-87頁。

《絲綢之路與新疆出土文獻: 旅順博物館百年紀念國際學術研討會論文集》, 王振芬、榮新江主編, 中華書局, 2019年。

松井太2012=《旅順博物館所藏のウイグル語世俗文書》, 旅順博物館、龍谷大學編《中亞出土的佛教寫本》(《中央アジア出土の佛教寫本》), 龍谷大學佛教文化研究所, 55-60頁。

孫傳波2006=《旅順博物館藏新疆出土漢文〈道行般若經〉殘片述略》, 旅順博物館、龍谷大學編《旅順博物館藏新疆出土漢文佛經研究論文集》, 龍谷大學佛教文化研究所・西域研究會, 161-203頁。

孫傳波2008=《旅順博物館藏吐魯番出土北朝時期佛經殘片書體探源》,《吐魯番學研究》2008年第2期, 63-73頁。

田衛衛2017=《旅順博物館藏唐户令殘片考——以令文復原與年代比定爲中心》,《中華文史論叢》2017年第3輯, 193-214頁。

田衛衛2018=《大谷探檢隊將來唐户令殘卷に關する一考察——令文の復原と年代の比定を中心として》,《東京大學日本史學研究室紀要》22, 1-15頁。

土肥義和1979=《唐代均田制の給田基準考——とくた吐魯番盆地の實例を中心に》, 唐代史研究會編《隋唐帝國と東アジア世界》, 汲古書院, 215-250頁。

土肥義和2013=《旅順博物館藏靈芝雲型唐代官府文書斷簡（1412-1、1412-2）について》, 《内陸アジア出土4-12世紀の漢語・胡語文獻の整理と研究》, 3-5頁。

王丁2007=《吐魯番出土的唐代唯識學文獻小考》,《敦煌寫本研究年報》創刊號, 145-164頁。

王丁2008=《初論〈開寶藏〉向西域的流傳——西域出土印本漢文佛典研究（二）》, 日本國際佛教學大學院大學、京都大學人文科學研究所、中國台灣南華大學主編《佛教文獻と文學》, 67-96頁。

王梅2006 =《旅順博物館藏吐魯番出土〈維摩經〉漢文寫本殘片整理概述》, 旅順博物館、龍谷大學共編《旅順博物館藏新疆出土漢文佛經研究論集》, 龍谷大學佛教文化研究所·西域研究會, 135-159頁。

王若、王振芬2010 =《旅順博物館藏〈建中五年孔目司帖〉における新解釋》(中田裕子譯),《龍谷史壇》131, 13-27頁。

王衛平2019a =《旅順博物館藏〈列女傳〉初步研究》,《中國典籍與文化》2019年第1期, 18-24頁。

王衛平2019b =《關於〈大唐中興三藏聖教序〉——兼及旅順博物館藏吐魯番出土殘片略考》, 王振芬、榮新江主編《絲綢之路與新疆出土文獻: 旅順博物館百年紀念國際學術研討會論文集》, 中華書局, 255-270頁。

王宇2001 =《中國の大谷コレクション一旅順博物館におけるその整理と研究狀況》,《シルクロードと大谷探檢隊》(《季刊·文化遺產》11春·夏號), 財團法人島根縣並河萬里寫真財團, 36-39頁。

王宇2004 =《對旅順博物館藏大谷探檢隊收集品及其整理研究的評述》, 嵩滿也編《中國北方佛教文化研究における新視座》, 永田文昌堂, 43-56頁。

王宇、劉廣堂1992 =《旅順博物館所藏西域文書》,《西域研究》1992年第2期, 107-110頁。

王宇、王梅2006a =《〈救疾經〉補刊》(一), 郭富純主編《旅順博物館學苑》, 吉林文史出版社, 104-109頁;《〈救疾經〉補刊》, 鄭炳林、樊錦詩、楊富學主編《敦煌佛教與禪宗學術討論會文集》, 三秦出版社, 2007年, 225-266頁。

王宇、王梅2006b =《旅順博物館藏吐魯番出土〈大般涅槃經〉(北本) 早期寫本的綴殘及其他》, 旅順博物館、龍谷大學共編《旅順博物館藏新疆出土漢文佛經研究論文集》, 龍谷大學佛教文化研究所·西域研究會, 46-63頁。

王宇、王智遠2002 =《旅順博物館藏大谷探險隊收集品及其整理研究情況》,《博物館研究》2002年第3期, 71-74頁。

王宇、周一民、孫慧珍1991 =《旅順博物館大谷考察隊文物》,《文物天地》1991年第5期, 41-43頁。

王珍仁1992 =《新疆出土品》, 京都文化博物館編《旅順博物館所藏品展》, 京都文化博物館, 34-37頁。

王珍仁1998 =《對旅順博物館藏〈唐建中五年孔目司公牘〉的再研究》,《敦煌學輯刊》1998年第1期, 39-46頁。

王珍仁、劉廣堂1992 =《新疆出土"孔目司"公牘析》,《西域研究》1992年第4期, 86-89頁。

王珍仁、劉廣堂、孫慧珍1992 =《旅順博物館藏新疆出土的古文書》,《新疆文物》1992年第4

期，115-121頁。

王珍仁、劉廣堂、孫慧珍1993＝《旅順博物館藏新疆出土的古文書》（一），《旅順博物館藏新疆出土文物研究文集》，龍谷大學佛教文化研究所・西域研究會，32-46頁。

王珍仁、孫慧珍1994＝《旅順博物館藏新疆出土的漢文文書概況》，《新疆文物》1994年第4期，49-55頁。

王珍仁、孫慧珍1995a＝《旅順博物館藏新疆出土古文書》（五），《新疆文物》1995年第2期，29-39頁。

王珍仁、孫慧珍1995b＝《旅順博物館所藏新疆出土漢文文書の概況》（木田知生譯），《東洋史苑》45，1-13頁。

王珍仁、孫慧珍1996a＝《旅順博物館藏新疆出土古文書》（六），《新疆文物》1996年第2期，81-86頁。

王珍仁、孫慧珍1996b＝《旅順博物館藏新疆出土古文書》（七），《新疆文物》1996年第3期，66-79頁。

王珍仁、孫慧珍1997a＝《旅順博物館所藏の新疆文物》（木田知生譯），《東洋史苑》48・49合併號，55-78頁。

王珍仁、孫慧珍1997b＝《吐魯番出土文書中所見祖國醫方研究》，《北京圖書館館刊》1997年第4期，93-99頁。

王珍仁、孫慧珍、劉廣堂1994a＝《旅順博物館藏新疆出土的古文書》（二），《新疆文物》1994年第1期，12-20頁。

王珍仁、孫慧珍、劉廣堂1994b＝《旅順博物館藏新疆出土的古文書》（三），《新疆文物》1994年第2期，99-107頁。

王珍仁、孫慧珍、劉廣堂1995a＝《旅順博物館藏新疆出土的古文書》（四），《新疆文物》1995年第1期，61-79頁。

王振芬2006＝《承陽三年〈菩薩懺悔文〉及相關問題》，旅順博物館、龍谷大學共編《旅順博物館藏新疆出土漢文佛經研究論文集》，龍谷大學佛教文化研究所・西域研究會，74-83頁。

王振芬2008＝《旅順博物館藏三件竹織經帙》，《吐魯番學研究》2008年第2期，58-62頁。

王振芬2012＝《旅順博物館藏中亞出土非漢文資料基本情況》，旅順博物館、龍谷大學共編《中亞出土的佛教寫本》（《中央アジア出土の佛教寫本》），龍谷大學佛教文化研究所，27-30頁。

王振芬2014＝《承陽三年〈菩薩懺悔文〉及其相關問題》，《敦煌吐魯番研究》14，上海古籍出版社，467-477頁。

王振芬2017＝《旅順博物館藏新疆出土漢文文獻的入藏與整理》，《吐魯番學研究》2017年第2期，64-73頁。

王振芬、孟彦弘2017=《新發現旅順博物館藏吐魯番經録——以〈大唐内典録・入藏録〉及其比定爲中心》,《文史》2017年第4輯, 171-196頁。

吳青雲1996=《唐"孔目司"文書考略》,《遼寧師範大學學報》1996年第3期, 121-124頁。

《西域考古圖譜》, 香川默識編, 國華社, 1915年。

《西域出土佛典の研究——〈西域考古圖譜〉の漢文佛典》, 井ノ口泰淳編集, 法藏館, 1980年。

小口雅史、片山章雄2013=《在ヘルシンキ・マンネルヘイム断片コレクションの調査と成果概要》,《西北出土文獻研究》11, 37-50頁。

小口雅史、片山章雄2015=《在歐吐魯番出土文字資料の断片接續から見えるもの——ヘルシンキ・マンネルヘイム断片コレクションを主たる素材として》,《唐代史研究》18, 27-40頁。

小田義久1993=《大谷探檢隊將來の庫車出土文書について》,《東洋史苑》40・41合併號, 1-23頁。

小田義久1996=《大谷文書の研究》, 法藏館。

小田義久1997=《旅順博物館所藏の西域出土文物について》,《龍谷大學論集》449, 161-179頁。

小田義久2000a=《旅順博物館所藏の新疆出土文物について》,《龍谷大學佛教文化研究所所報》24, 1-3頁。

小田義久2000b=《旅順博物館收藏的西域出土文物》(王珍仁譯),《新疆文物》2000年第1-2期, 116-123頁。

小田義久2002=《西域出土の寫經断片について——〈大谷文書集成・叁〉を中心に》,《龍谷大學佛教文化研究所紀要》41, 1-41頁。

徐維焱2016=《旅順博物館藏〈劉子〉殘片的新發現及〈劉子〉在西域的流傳》, 榮新江主編《唐研究》22, 北京大學出版社, 357-369頁。

徐維焱2018=《旅順博物館藏〈切韻〉殘片考釋》,《西域研究》2018年第1期, 14-22頁。

徐媛媛2018=《新疆出土寫本〈詩經〉殘片補考》,《文獻》2018年第5期, 4-14頁。

徐媛媛2019=《旅順博物館藏燒經概述》, 郝春文主編《2019敦煌學國際聯絡委員會通訊》, 上海古籍出版社, 134-143頁。

嚴世偉2018=《西州佛寺補苴》,《吐魯番學研究》2018年第1期, 25-32頁。

嚴世偉2019=《新見旅順博物館藏〈觀世音經讀〉復原研究》, 王振芬、榮新江主編《絲綢之路與新疆出土文獻: 旅順博物館百年紀念國際學術研討會論文集》, 中華書局, 304-340頁。

野尻忠、稻田奈津子2003=《大谷文書唐代田制關係文書群の復原研究》(釋文編),《東京大學日本史學研究室紀要》7, 145-165頁。

參考文獻及縮略語

陰會蓮2006 =《旅順博物館藏吐魯番出土〈悲華經〉之整理狀況》，旅順博物館、龍谷大學共編《旅順博物館藏新疆出土漢文佛經研究論集》，龍谷大學佛教文化研究所·西域研究會，104-117頁。

游自勇2017 =《吐魯番所出〈老子道德經〉及其相關寫本》，《中華文史論叢》2017年第3期，139-161頁。

游自勇2019a =《唐寫本〈列子·楊朱〉（張湛注）的文獻價值——從旅順博物藏殘片談起》，《中國典籍與文化》2019年第1期，11-17頁。

游自勇2019b =《旅順博物館藏新疆出土道家、方術及雜家類文獻的學術價值》，王振芬、榮新江主編《絲綢之路與新疆出土文獻：旅順博物館百年紀念國際學術研討會論文集》，中華書局，51-56頁。

《展覽目録》=《敦煌吐魯番資料展覽目録》，北京，1988年。

張廣達2008 =《唐代龜兹地區水利》，氏著《文書、典籍與西域史地》，廣西師范大學出版社，71-79頁。

張娜麗2003 =《西域發見の文字資料（三）：〈大谷文書集成〉所收寫經斷片について》，《學苑》759，65-109頁。

張娜麗2007 =《敦煌トルファン出土〈玄應音義〉寫本について——中國國家圖書館藏王重民所獲寫真、旅順博物館藏斷片を中心として》，相川鐵崖古稀記念書學論文集編輯委員會編《相川鐵崖古稀記念書學論文集》，木耳社，245-258頁。

張新朋2014 =《吐魯番出土四則〈切韻〉殘片考》，《漢語史學報》14，上海教育出版社，117-125頁。

趙洋2017a =《唐代西州道經的流佈》，《中華文史論叢》2017年第3期，163-192頁。

趙洋2017b =《新見旅順博物館藏吐魯番道經敘録》，《敦煌吐魯番研究》17，上海古籍出版社，189-213頁。

趙洋2018 =《新見旅順博物館藏〈一切經音義〉研究——兼論〈玄應音義〉在吐魯番的傳播》，《西域研究》2018年第1期，32-39頁。

鄭阿財2019 =《旅順博物館藏新疆出土〈注維摩詰經〉殘卷初探》，王振芬、榮新江主編《絲綢之路與新疆出土文獻：旅順博物館百年紀念國際學術研討會論文集》，中華書局，171-208頁。

《中亞出土的佛教寫本》（《中央アジア出土の佛教寫本》），旅順博物館、龍谷大學共編，龍谷大學佛教文化研究所，2012年。

朱義德2020 =《道宣律學在長安、敦煌和吐魯番三地的傳播——從P.2041題記談起》，《敦煌研究》2020年第1期，108-114頁。

朱玉麒2019 =《"北館文書"流傳及早期研究史》，朱玉麒著《瀚海零縑——西域文獻研究一集》，中華書局，199-225頁。

朱玉麒、孟彦弘2019＝《旅順博物館藏新疆出土漢文文獻經、史和集部概觀》，王振芬、榮新
江主編《絲綢之路與新疆出土文獻：旅順博物館百年紀念國際學術研討會論文集》，中
華書局，41-50頁。

朱月仁2018＝《西域出土寫本〈春秋左氏傳〉殘卷輯録與探討》，《文獻》2018年第5期，15-
29頁。

笠沙雅章2006＝《西域出土の印刷佛典》，旅順博物館、龍谷大學共編《旅順博物館藏新疆
出土漢文佛經研究論集》，龍谷大學佛教文化研究所・西域研究會，118-134頁。

Mitani, M. 2010. "On the Fragments of Buddhist Cannon in Chinese Character of the Collection of the Lushun Museum", *"The Way of Buddha" 2003: The 100th Anniversary of the Otani Mission and the 50th of the Research Society for Central Asian Cultures*, ed. by Irisawa Takashi, Ryukoku University, pp. 115-119.

Yoshida, Y. 2017. "Relationship between Sogdiana and Turfan during the 10th-11th Centuries as Reflected in Manichaean Sogdian Texts", 李肖主編《絲綢之路研究》1, 三聯書店, 113-125頁。

Yoshida, Y. 2019. *Three Manichaean Sogdian Letters unearthed in Bäzäklik, Turfan*, Kyoto: Rinsen Book Co.

Zhang Guangda, "L' irrigation dans la region de Koutcha", É. Trombert, *Les Manuscrits Chinois de Koutcha. Fonds Pelliot de la Bibilothèque Nationale de France*, Paris, 2000, pp. 143-150.

题名索引

凡 例

1. 本索引根据《旅顺博物馆藏新疆出土汉文文献》编製，包含文献题名及编號，题名在前，编號在後。

2. 本索引按文献题名的音序排列；第一字相同者，依第二字音序排列，以下類推；编號按流水號顺序排列，用逗號隔開。

3. 题名精確至卷數，同一题名但不同卷數者，依卷數顺序分别出條，卷數不明者排在最後。

4. 题名相同但譯者、作者不同時，分别出條，其後括注譯者、作者信息，以示區别；譯者、作者不詳者單列。

A

《阿差末菩薩經》卷四　LM20-1505-C0597b

《阿差末菩薩經》卷五　LM20-1456-28-17

《阿差末菩薩經》卷七　LM20-1506-C0761e

《阿閦佛國經》卷上　LM20-1450-03-01，LM20-1450-06-03，LM20-1452-04-09

《阿彌陀佛說咒》　LM20-1451-32-01，LM20-1456-13-13，LM20-1460-34-06

《阿彌陀經疏》　LM20-1451-30-01，LM20-1451-37-04，LM20-1451-37-18，LM20-1508-C1455a，LM20-1511-CB0054a

《阿彌陀經義述》　LM20-1520-24-16

《阿難陀目佉尼阿離陀經》　LM20-1521-32-21

《阿毘達磨藏顯宗論》卷一八　LM20-1455-29-06r

《阿毘達磨藏顯宗論》卷二五　LM20-1513-CT0340

《阿毘達磨大毘婆沙論》卷一〇　LM20-1501-33-01，LM20-1506-C0926d

《阿毘達磨大毘婆沙論》卷一五　LM20-1517-0585

《阿毘達磨大毘婆沙論》卷三六

题名索引

LM20-1457-13-01

《阿毘達磨大毘婆沙論》卷三八

LM20-1502-C0060a

《阿毘達磨大毘婆沙論》卷四四

LM20-1455-05-16, LM20-1502-C0069

《阿毘達磨大毘婆沙論》卷五二

LM20-1522-12-19

《阿毘達磨大毘婆沙論》卷六八

LM20-1463-24-02, LM20-1463-24-04, LM20-1503-C0209, LM20-1504-C0376

《阿毘達磨大毘婆沙論》卷七九

LM20-1452-38-09

《阿毘達磨大毘婆沙論》卷九〇

LM20-1506-C0765d

《阿毘達磨大毘婆沙論》卷九四

LM20-1520-12-09

《阿毘達磨大毘婆沙論》卷九七

LM20-1456-14-04, LM20-1457-04-14, LM20-1457-07-13, LM20-1458-25-18, LM20-1460-24-09, LM20-1492-15-01, LM20-1501-25-04

《阿毘達磨大毘婆沙論》卷一二〇

LM20-1456-38-03, LM20-1461-15-10, LM20-1490-14-06

《阿毘達磨大毘婆沙論》卷一二八

LM20-1463-28-02

《阿毘達磨大毘婆沙論》卷一五〇

LM20-1521-30-16

《阿毘達磨大毘婆沙論》卷一七六

LM20-1523-23-238,

《阿毘達磨大毘婆沙論》卷一八二

LM20-1460-29-04b, LM20-1469-36-03

《阿毘達磨大毘婆沙論》卷一八七

LM20-1517-0549

《阿毘達磨大毘婆沙論》卷一八八

LM20-1458-02-14

《阿毘達磨大毘婆沙論》卷一九六

LM20-1502-C0060b

《阿毘達磨大毘婆沙論》（多處可見）

LM20-1520-17-12

《阿毘達磨發智論》卷五　LM20-1452-05-26

《阿毘達磨發智論》卷六　LM20-1522-09-08

《阿毘達磨發智論》卷——

LM20-1460-13-19

《阿毘達磨發智論》卷一二（印本）

LM20-1486-17-02, LM20-1486-17-05, LM20-1486-17-06, LM20-1487-03-01, LM20-1487-04-03, LM20-1487-05-01, LM20-1487-05-03, LM20-1487-07-03, LM20-1487-08-02, LM20-1487-30-01, LM20-1487-30-02, LM20-1487-30-03, LM20-1487-31-22

《阿毘達磨倶舍論》卷二　LM20-1493-33-01

《阿毘達磨倶舍論》卷四（印本）

LM20-1486-07-06b

《阿毘達磨倶舍論》卷五（印本）

LM20-1486-06-04, LM20-1486-11-15, LM20-1486-30-07b, LM20-1486-30-09, LM20-1486-33-26a, LM20-1486-35-22b

《阿毘達磨倶舍論》卷六（印本）

LM20-1486-10-13, LM20-1855-20

《阿毘達磨倶舍論》卷一〇（印本）

LM20-1486-18-03

《阿毘達磨倶舍論》卷一三

LM20-1458-07-08

《阿毘達磨倶舍論》卷一五（印本）

LM20-1487-22-07

《阿毘達磨倶舍論》卷一七（印本）

題名索引

LM20-1486-18-04

《阿毘達磨倶舎論》巻一八

LM20-1506-C0971b

《阿毘達磨倶舎論》巻二二（印本）

LM20-1486-15-17b

《阿毘達磨倶舎論》巻二四

LM20-1463-28-01

《阿毘達磨倶舎論》巻三〇

LM20-1517-0337a

《阿毘達磨倶舎論本頌》

LM20-1520-13-05

《阿毘達磨倶舎釋論》巻一五

LM20-1505-C0707c

《阿毘達磨倶舎釋論》巻一六

LM20-1503-C0192, LM20-1505-C0711b, LM20-1509-C1503d, LM20-1520-13-04

《阿毘達磨倶舎釋論》巻二一

LM20-1459-03-02, LM20-1459-04-03j, LM20-1459-04-03nr, LM20-1459-07-02, LM20-1495-11-02, LM20-1498-39-03, LM20-1499-04-03, LM20-1517-0098b

《阿毘達磨品類足論》巻二

LM20-1506-C0907c, LM20-1509-C1581c

《阿毘達磨順正理論》巻一

LM20-1459-25-10

《阿毘達磨順正理論》巻一六

LM20-1458-02-12

《阿毘達磨順正理論》巻二八

LM20-1517-0384

《阿毘達磨順正理論》巻三五

LM20-1455-35-10

《阿毘達磨順正理論》巻四二

LM20-1466-12-32

《阿毘達磨順正理論》巻四三

LM20-1468-14-04

《阿毘達磨順正理論》巻五一

LM20-1452-17-02, LM20-1462-01-05, LM20-1496-24-05, LM20-1517-0165b

《阿毘達磨順正理論》巻五四

LM20-1453-04-01, LM20-1455-01-01, LM20-1490-25-11, LM20-1501-33-06, LM20-1520-13-06a, LM20-1520-13-06b

《阿毘達磨順正理論》巻五八

LM20-1464-24-23

《阿毘達磨順正理論》巻六〇

LM20-1457-02-14, LM20-1507-C1133d, LM20-1507-C1150c, LM20-1520-13-07, LM20-1520-13-08

《阿毘達磨順正理論》巻六四

LM20-1507-C1150c

《阿毘達磨順正理論》巻七二

LM20-1468-09-06

《阿毘達磨順正理論》巻七四

LM20-1523-03-31

《阿毘達磨順正理論》巻八〇（印本）

LM20-1486-03-02, LM20-1486-29-07, LM20-1486-38-04

《阿毘曇八犍度論》巻三

LM20-1464-06-06, LM20-1491-36-03

《阿毘曇八犍度論》巻四

LM20-1508-C1285, LM20-1520-22-08

《阿毘曇八犍度論》巻五　LM20-1548-01-03

《阿毘曇八犍度論》巻七　LM20-1520-12-07

《阿毘曇八犍度論》巻八

LM20-1496-02-03r, LM20-1496-02-03v, LM20-1503-C0152

《阿毘曇八犍度論》巻一三

LM20-1457-13-16r, LM20-1457-13-16v,

題名索引

LM20-1457-13-19r, LM20-1457-13-19v, LM20-1457-17-03r, LM20-1457-17-03v, LM20-1521-09-06r, LM20-1521-09-06v

《阿毘曇八揵度論》卷一四

LM20-1508-C1271b

《阿毘曇八揵度論》卷一五

LM20-1493-36-04, LM20-1507-C1101a, LM20-1521-33-21

《阿毘曇八揵度論》卷一六

LM20-1465-32-06, LM20-1492-21-06, LM20-1517-0448

《阿毘曇八揵度論》卷一八

LM20-1517-0652

《阿毘曇八揵度論》卷二〇

LM20-1460-10-15, LM20-1464-25-08

《阿毘曇八揵度論》卷二二

LM20-1455-37-13, LM20-1496-04-07

《阿毘曇八揵度論》卷二四

LM20-1507-C1086g

《阿毘曇八揵度論》卷二六

LM20-1457-01-12, LM20-1521-31-04

《阿毘曇八揵度論》卷二九

LM20-1493-02-07

《阿毘曇八揵度論》卷三〇

LM20-1493-22-01

《阿毘曇八揵度論》（多處可見）

LM20-1508-C1485e, LM20-1517-0006e

《阿毘曇毘婆沙論》卷一 LM20-1517-0163

《阿毘曇毘婆沙論》卷三

LM20-1450-20-03, LM20-1468-08-08, LM20-1468-08-09, LM20-1505-C0538b, LM20-1505-C0624a, LM20-1505-C0624b, LM20-1521-09-15

《阿毘曇毘婆沙論》卷四

LM20-1458-31-08, LM20-1460-23-05

《阿毘曇毘婆沙論》卷五

LM20-1470-30-03

《阿毘曇毘婆沙論》卷七

LM20-1455-23-09a, LM20-1493-15-01

《阿毘曇毘婆沙論》卷八

LM20-1462-03-05, LM20-1469-20-07

《阿毘曇毘婆沙論》卷一二

LM20-1498-13-04

《阿毘曇毘婆沙論》卷一五

LM20-1467-20-05, LM20-1495-26-01, LM20-1507-C1092e

《阿毘曇毘婆沙論》卷一七

LM20-1464-18-11, LM20-1496-20-04

《阿毘曇毘婆沙論》卷二一

LM20-1454-38-02, LM20-1458-29-06, LM20-1460-24-15, LM20-1488-38-03

《阿毘曇毘婆沙論》卷二七

LM20-1454-25-04b, LM20-1460-08-12, LM20-1462-13-06

《阿毘曇毘婆沙論》卷二八 LM20-1507-C1111b

《阿毘曇毘婆沙論》卷三〇

LM20-1453-01-03, LM20-1461-15-16, LM20-1517-0442

《阿毘曇毘婆沙論》卷三一

LM20-1465-22-05

《阿毘曇毘婆沙論》卷三三

LM20-1461-06-10, LM20-1466-27-03, LM20-1466-34-07, LM20-1466-34-08, LM20-1508-C1430

《阿毘曇毘婆沙論》卷三五

LM20-1453-36-01, LM20-1453-38-03, LM20-1467-23-03, LM20-1514-CT0362

《阿毘曇毘婆沙論》卷三六

题名索引

LM20-1520-12-16

《阿毘曇毘婆沙論》卷三七

LM20-1455-39-04, LM20-1515-CC0002, LM20-1515-CC0003

《阿毘曇毘婆沙論》卷四一

LM20-1498-26-06, LM20-1506-C0764e, LM20-1509-C1615e, LM20-1522-19-13r

《阿毘曇毘婆沙論》卷四三

LM20-1514-CT0381, LM20-1514-CT0394, LM20-1514-CT0517b

《阿毘曇毘婆沙論》卷五三

LM20-1463-17-06, LM20-1466-11-26

《阿毘曇毘婆沙論》卷五七

LM20-1470-31-04

《阿毘曇毘婆沙論》卷五八

LM20-1522-07-17

《阿毘曇心論》卷二　LM20-1520-12-13

《阿毘曇心論》卷三

LM20-1500-22-04, LM20-1504-C0454b, LM20-1520-12-14, LM20-1522-01-11a

《阿毘曇心論》卷四

LM20-1456-25-09, LM20-1520-12-15

《阿毘曇心論經》卷四　LM20-1520-33-03

《阿毘曇心論經》卷五　LM20-1491-31-04

《阿育王經》卷七（印本）

LM20-1486-22-03

《阿育王息壞目因緣經》

LM20-1506-C0772d, LM20-1520-25-12

《阿吒婆拘鬼神大將上佛陀羅尼神咒經》

LM20-1497-10-03

《安樂行道轉經願生净土法事讚》

LM20-1506-C0829b

《安樂集》卷上

LM20-1502-C0100, LM20-1507-C1134c

B

《百論》卷上

LM20-1460-25-11, LM20-1460-25-16

《百論》卷下

LM20-1455-21-04, LM20-1458-32-11, LM20-1458-37-01, LM20-1461-18-17, LM20-1462-02-01, LM20-1465-23-02, LM20-1488-17-07, LM20-1502-C0127, LM20-1505-C0571c

《百論》疏　LM20-1454-04-17

《百喻經》卷一　LM20-1456-11-19

《百喻經》卷一外題　LM20-1456-31-02

《般泥洹經》卷上

LM20-1455-11-13, LM20-1490-15-15, LM20-1492-19-03, LM20-1492-19-05, LM20-1518-01-02

《般泥洹經》卷下

LM20-1457-18-06, LM20-1460-25-05, LM20-1462-33-04, LM20-1466-12-21, LM20-1521-03-08

《般若波羅蜜多心經》（唐玄奘譯）

LM20-1461-12-02, LM20-1474-05A-02, LM20-1474-10A-01, LM20-1474-10A-02, LM20-1474-10A-03, LM20-1474-10A-04, LM20-1474-10A-05, LM20-1474-10B-06, LM20-1474-10B-08, LM20-1488-27-05, LM20-1489-28-11, LM20-1495-18-02, LM20-1500-33-01, LM20-1503-C0284, LM20-1506-C0914c, LM20-1509-C1514, LM20-1509-C1650b, LM20-1513-CT0188, LM20-1513-CT0272, LM20-1513-CT0343, LM20-1514-CT0502, LM20-1518-06-13,

LM20-1518-08-10, LM20-1522-16-13, LM20-1541-06

《般若波羅蜜多心經》注疏

LM20-1460-31-21a, LM20-1460-31-21b, LM20-1474-05B-06r, LM20-1488-03-05

《般若波羅蜜多心經幽贊》卷上

LM20-1453-31-05, LM20-1465-11-06

《般舟三昧經》卷上 LM20-1458-14-09

寶積經

LM20-1452-23-09, LM20-1452-33-04, LM20-1452-38-14, LM20-1452-39-08, LM20-1452-39-16, LM20-1456-17-17, LM20-1456-35-09, LM20-1458-35-08, LM20-1464-25-10, LM20-1464-36-16, LM20-1500-17-03, LM20-1506-C0854d, LM20-1506-C0915a, LM20-1507-C1187d, LM20-1516-CK0084, LM20-1517-0017b, LM20-1517-0255a, LM20-1519-09-07, LM20-1519-09-13, LM20-1519-09-14, LM20-1522-17-11

《寶雲經》卷一

LM20-1460-12-11, LM20-1462-06-09, LM20-1511-CB0060

《寶雲經》卷二

LM20-1521-18-14

《寶誌和尚大乘讚》

LM20-1459-17-01, LM20-1459-30-01, LM20-1506-C0912a, LM20-1507-C1106d, LM20-1517-0096a, LM20-1520-27-05, LM20-1523-15-143a

《悲華經》卷一

LM20-1452-34-06, LM20-1456-10-15, LM20-1456-11-18, LM20-1460-28-06, LM20-1466-28-07, LM20-1466-33-06, LM20-1490-10-01, LM20-1491-07-04, LM20-1502-C0036b, LM20-1504-C0359, LM20-1505-C0694a, LM20-1507-C1106c, LM20-1518-01-12, LM20-1521-10-19

《悲華經》卷二

LM20-1453-34-06, LM20-1462-37-01, LM20-1464-11-11, LM20-1464-37-17, LM20-1470-24-04, LM20-1489-37-16, LM20-1515-CC0005, LM20-1518-01-13

《悲華經》卷三

LM20-1458-23-13, LM20-1465-24-10, LM20-1467-17-12, LM20-1493-02-04, LM20-1507-C1170c, LM20-1517-0094c, LM20-1523-07-66, LM20-1548-07-44

《悲華經》卷四

LM20-1453-18-06, LM20-1508-C1268h, LM20-1517-0340

《悲華經》卷五

LM20-1461-26-16, LM20-1464-14-13, LM20-1493-11-05

《悲華經》卷六

LM20-1464-19-18, LM20-1506-C0932e, LM20-1507-C1116c, LM20-1517-0036, LM20-1518-01-14

《悲華經》卷七

LM20-1454-03-02, LM20-1458-05-05, LM20-1489-38-04, LM20-1498-35-03, LM20-1511-CB0066, LM20-1521-14-15

《悲華經》卷八

LM20-1452-15-10, LM20-1453-26-01b, LM20-1453-38-04, LM20-1462-11-05, LM20-1518-01-15a, LM20-1518-01-15b, LM20-1521-14-03

《悲華經》卷九

题名索引 C

LM20-1453-25-04, LM20-1455-24-11, LM20-1518-01-16

《悲華經》卷一〇

LM20-1461-38-16, LM20-1518-01-17, LM20-1518-01-18, LM20-1524-06r

《悲華經》(多處可見) LM20-1521-12-14

《本事經》卷一 LM20-1470-28-01

比丘尼戒本 LM20-1474-18A-04

比丘弘志寫經題記 LM20-1450-15-05

比丘尼壇文

LM20-1468-29-02, LM20-1468-30-02

《鞞婆沙論》卷四

LM20-1451-03-02, LM20-1451-03-03, LM20-1451-03-04, LM20-1451-08-02, LM20-1506-C0769e, LM20-1509-C1550e

《辯中邊論》卷上

LM20-1451-32-02, LM20-1523-03-23v

《辯中邊論》卷中 LM20-1452-05-20

《別譯雜阿含經》卷一 LM20-1500-25-03

《別譯雜阿含經》卷二(印本)

LM20-1486-07-01a, LM20-1486-07-07a

《別譯雜阿含經》卷五 LM20-1453-05-02

《別譯雜阿含經》卷一一 LM20-1464-25-17

《別譯雜阿含經》卷一二

LM20-1518-01-05, LM20-1518-01-06, LM20-1524-09r

《不空羂索神咒心經》

LM20-1456-36-03b, LM20-1509-C1498d, LM20-1520-03-06

《不空羂索神咒心經》(印本)

LM20-1486-15-04b

《不空羂索神變真言經》卷七

LM20-1507-C1068b

《不空羂索咒經》 LM20-1464-09-16

《不思議光菩薩所說經》

LM20-1461-19-10

C

彩繪

LM20-1406-02v, LM20-1406-03v, LM20-1406-04v, LM20-1408-02, LM20-1408-03, LM20-1411-03v, LM20-1411-04v, LM20-1414-01v, LM20-1414-04v

彩繪白虎圖

LM20-1404-01v, LM20-1406-01v, LM20-1413v

彩繪青龍圖

LM20-1404-03v, LM20-1405-01v, LM20-1415v

彩繪玄武圖

LM20-1407-04v, LM20-1409-04v, LM20-1409-05v

彩繪雲氣圖

LM20-1405-04v, LM20-1408-01, LM20-1409-01v, LM20-1410-01, LM20-1410-02, LM20-1410-03, LM20-1414-03r, LM20-1414-03v

彩繪朱雀圖

LM20-1405-02v, LM20-1405-03v, LM20-1407-01v, LM20-1407-02v, LM20-1407-03v, LM20-1409-02v, LM20-1409-03v, LM20-1409-06v, LM20-1409-07v, LM20-1410-04, LM20-1411-01v, LM20-1411-02v, LM20-1412-01v, LM20-1412-02v, LM20-1412-03v, LM20-1414-02v

題名索引

残片

LM20-1451-20-03v, LM20-1451-20-04v, LM20-1451-27-15, LM20-1451-37-13, LM20-1452-23-07, LM20-1452-35-09av, LM20-1452-35-09bv, LM20-1452-35-16a, LM20-1452-36-07v, LM20-1452-36-15v, LM20-1452-38-10, LM20-1452-39-03v, LM20-1453-02-04, LM20-1453-26-03, LM20-1454-02-13v, LM20-1454-30-02, LM20-1455-05-09r, LM20-1455-05-09v, LM20-1455-06-07v, LM20-1455-09-01b, LM20-1455-09-05b, LM20-1455-10-04, LM20-1455-12-09, LM20-1455-16-07, LM20-1455-24-12, LM20-1455-36-22, LM20-1456-18-23b, LM20-1456-23-19, LM20-1456-24-14v, LM20-1456-25-12a, LM20-1456-25-12b, LM20-1456-25-12c, LM20-1456-27-09, LM20-1456-28-29b, LM20-1457-04-03v, LM20-1457-05-12, LM20-1458-12-14v, LM20-1458-17-12v, LM20-1459-04-03c, LM20-1459-04-03e(a), LM20-1459-04-03e(b), LM20-1459-04-03g, LM20-1459-04-03h, LM20-1459-04-03k, LM20-1459-04-03m, LM20-1459-04-03nv, LM20-1459-07-03, LM20-1459-09-03, LM20-1459-12-09, LM20-1460-05-09v, LM20-1460-07-06, LM20-1460-10-13, LM20-1460-13-12v, LM20-1461-02-24, LM20-1461-09-17v, LM20-1461-21-16r, LM20-1461-21-16v, LM20-1461-31-02v, LM20-1461-31-10v, LM20-1461-33-14, LM20-1462-38-02v, LM20-1463-04-05b, LM20-1463-04-05c, LM20-1463-05-01a, LM20-1463-07-02b, LM20-1463-09-06d, LM20-1463-09-06e, LM20-1463-09-06f, LM20-1463-09-12a, LM20-1463-09-12c, LM20-1463-12-04, LM20-1463-16-03b, LM20-1464-10-05v, LM20-1464-11-08, LM20-1464-11-22v, LM20-1465-26-14, LM20-1465-35-14, LM20-1465-36-07, LM20-1466-10-28, LM20-1466-21-04, LM20-1468-02-01v, LM20-1468-06-08v, LM20-1468-07-08v, LM20-1468-12-01, LM20-1468-13-04, LM20-1468-13-06a, LM20-1468-13-06b, LM20-1468-13-07r, LM20-1468-13-07v, LM20-1468-13-08v, LM20-1469-03-01, LM20-1469-14-06a, LM20-1469-14-06b, LM20-1469-14-06c, LM20-1469-14-06d, LM20-1469-14-06e, LM20-1469-14-06f, LM20-1469-14-06g, LM20-1469-14-06h, LM20-1469-16-04q, LM20-1469-16-04s, LM20-1469-16-04t, LM20-1469-16-04w, LM20-1469-16-04x, LM20-1469-16-04y, LM20-1469-38-12, LM20-1469-38-15, LM20-1469-38-16, LM20-1472-04-05a, LM20-1472-07-01a, LM20-1472-10-01b, LM20-1472-10-01d, LM20-1473-03-04a, LM20-1474-05B-06v, LM20-1486-08-12a, LM20-1486-19-07b, LM20-1486-36-07c, LM20-1487-23-08b, LM20-1490-14-07, LM20-1492-36-01, LM20-1493-05-05, LM20-1493-06-06, LM20-1493-07-07, LM20-1498-07-05, LM20-1500-29-03, LM20-1501-30-06, LM20-1505-C0489a, LM20-1505-C0489b, LM20-1505-C0489c, LM20-1505-C0492b, LM20-1505-C0506a, LM20-1505-C0511b, LM20-1505-C0542a, LM20-1505-C0542c,

题名索引 C

LM20-1505-C0547c, LM20-1505-C0549a, LM20-1517-0003a, LM20-1517-0087d, LM20-1505-C0549b, LM20-1505-C0557d, LM20-1517-0367b, LM20-1518-27-01a, LM20-1505-C0557e, LM20-1505-C0558c, LM20-1518-27-09b, LM20-1518-28-10a, LM20-1505-C0602b, LM20-1505-C0641a, LM20-1519-05-15b, LM20-1520-24-12, LM20-1505-C0650b, LM20-1505-C0650d, LM20-1520-24-17, LM20-1520-26-17, LM20-1505-C0653d, LM20-1505-C0677d, LM20-1520-27-10, LM20-1520-28-18, LM20-1505-C0692b, LM20-1506-C0729c, LM20-1520-29-09, LM20-1520-32-13, LM20-1506-C0731d, LM20-1506-C0734c, LM20-1520-35-06, LM20-1520-36-07, LM20-1506-C0739a, LM20-1506-C0753c, LM20-1520-36-11, LM20-1520-37-10, LM20-1506-C0759c, LM20-1506-C0808a, LM20-1520-38-09, LM20-1520-38-10, LM20-1506-C0824b, LM20-1506-C0824c, LM20-1521-01-10, LM20-1521-02-02, LM20-1506-C0827d, LM20-1506-C0828c, LM20-1521-05-08, LM20-1521-05-10, LM20-1506-C0838d, LM20-1506-C0841b, LM20-1521-09-18, LM20-1521-13-16, LM20-1506-C0857c, LM20-1506-C0859c, LM20-1521-14-06, LM20-1521-14-13, LM20-1506-C0860a, LM20-1506-C0860b, LM20-1521-15-13, LM20-1521-15-17, LM20-1506-C0873a, LM20-1506-C0880c, LM20-1521-17-03, LM20-1521-17-06, LM20-1506-C0917a, LM20-1506-C0947a, LM20-1521-17-09, LM20-1521-18-24, LM20-1506-C0957b, LM20-1506-C0957c, LM20-1521-19-10, LM20-1521-20-04, LM20-1506-C0967b, LM20-1506-C0969c, LM20-1521-24-12, LM20-1521-26-15-ar, LM20-1507-C0993a, LM20-1507-C0998a, LM20-1521-26-15-av, LM20-1521-26-15-br, LM20-1507-C1003c, LM20-1507-C1029ar, LM20-1521-26-15-bv, LM20-1521-28-09, LM20-1507-C1029b, LM20-1507-C1044b, LM20-1521-29-05r, LM20-1521-37-09, LM20-1507-C1051a, LM20-1507-C1074b, LM20-1522-05-02, LM20-1522-06-02, LM20-1507-C1077b, LM20-1507-C1083b, LM20-1522-07-02, LM20-1522-09-15, LM20-1507-C1166b, LM20-1507-C1189b, LM20-1522-13-04, LM20-1522-13-10, LM20-1508-C1322e, LM20-1508-C1334e, LM20-1522-14-04, LM20-1522-14-21, LM20-1508-C1347b, LM20-1508-C1350d, LM20-1522-16-04, LM20-1522-18-12, LM20-1508-C1368c, LM20-1509-C1498b, LM20-1522-19-10b, LM20-1522-19-20, LM20-1509-C1500c, LM20-1509-C1501d, LM20-1522-20-04, LM20-1522-20-05, LM20-1509-C1501e, LM20-1509-C1513c, LM20-1522-20-18, LM20-1522-23-14, LM20-1509-C1566d, LM20-1509-C1567j, LM20-1522-24-11, LM20-1522-24-12, LM20-1509-C1574e, LM20-1509-C1574i, LM20-1523-01-03b, LM20-1523-01-04, LM20-1509-C1575dv, LM20-1509-C1575g, LM20-1523-01-10, LM20-1523-02-21, LM20-1511-CB0033b, LM20-1513-CT0231, LM20-1523-03-24, LM20-1523-03-25,

LM20-1523-06-60, LM20-1523-06-62, LM20-1523-06-64, LM20-1523-07-69, LM20-1523-09-84, LM20-1523-09-85, LM20-1523-09-88, LM20-1523-10-101, LM20-1523-10-91, LM20-1523-10-92, LM20-1523-10-96, LM20-1523-10-98, LM20-1523-10-99, LM20-1523-11-108, LM20-1523-11-109r, LM20-1523-13-125, LM20-1523-14-136, LM20-1523-15-139, LM20-1523-15-140a, LM20-1523-16-149, LM20-1523-19-189, LM20-1523-20-190, LM20-1523-20-195, LM20-1523-20-197, LM20-1523-20-199, LM20-1523-20-200, LM20-1523-21-202, LM20-1523-21-206, LM20-1523-21-213, LM20-1523-21-216, LM20-1523-21-217, LM20-1523-22-226, LM20-1523-22-227, LM20-1523-23-232, LM20-1523-23-240, LM20-1523-24-244, LM20-1523-24-245, LM20-1523-24-246, LM20-1523-24-253, LM20-1523-25-258, LM20-1523-26-266, LM20-1523-28-296, LM20-1523-28-298, LM20-1523-28-299, LM20-1523-28-300, LM20-1523-29-301, LM20-1524-02br, LM20-1524-13av, LM20-1524-14dr, LM20-1524-15cv, LM20-1528-01-08, LM20-1548-02-05e, LM20-1548-08-54c, LM20-1548-09-57, LM20-1548-09-58, LM20-1548-09-60, LM20-1855-13

残片（印本）

LM20-1486-07-07b, LM20-1486-12-11b, LM20-1486-19-16, LM20-1486-20-18, LM20-1486-30-14c, LM20-1486-33-26c, LM20-1486-35-14c, LM20-1486-36-08b, LM20-1486-36-14a, LM20-1487-02-06, LM20-1487-24-13, LM20-1855-07

《禅法要解》卷上

LM20-1456-26-11, LM20-1457-14-01a, LM20-1457-14-01b

禅籍　LM20-1522-11-05

《禅門經》　LM20-1450-09-06

《禅祕要法經》卷上

LM20-1450-28-04, LM20-1456-09-16, LM20-1456-27-06, LM20-1465-33-08

《禅祕要法經》卷中　LM20-1494-09-01

《禅祕要法經》卷下

LM20-1451-33-04, LM20-1463-31-15, LM20-1465-28-10, LM20-1548-03-09

《長阿含經》卷一　LM20-1505-C0502b

《長阿含經》卷四（印本）

LM20-1486-20-01, LM20-1487-19-03a

《長阿含經》卷五　LM20-1503-C0302b

《長阿含經》卷七（印本）

LM20-1486-08-12b

《長阿含經》卷八　LM20-1506-C0922f

《長阿含經》卷八（印本）

LM20-1486-38-14

《長阿含經》卷一〇

LM20-1509-C1605a, LM20-1518-01-01

《長阿含經》卷一四　LM20-1509-C1539c

《長阿含經》卷一五（印本）

LM20-1486-30-22, LM20-1521-22-09

《長阿含經》卷一六　LM20-1520-22-18

《長阿含經》卷一七

LM20-1492-35-06, LM20-1522-21-13

《長阿含經》卷一七（印本）

LM20-1486-28-14b, LM20-1486-38-13, LM20-1487-14-02

题名索引 C

《長阿含經》卷一八（印本）
　　LM20-1486-19-11b, LM20-1487-13-04,
　　LM20-1487-32-09
《長阿含經》卷一九
　　LM20-1452-16-09, LM20-1464-34-16,
　　LM20-1521-08-08
《唱行香説偈文》　LM20-1457-05-09
《稱讃浄土佛攝受經》
　　LM20-1456-27-05, LM20-1471-23-02
《成實論》卷一
　　LM20-1498-33-07, LM20-1511-CB0055a
《成實論》卷二　LM20-1521-27-06
《成實論》卷四　LM20-1467-21-07
《成實論》卷六
　　LM20-1495-10-04, LM20-1507-C1159a,
　　LM20-1520-14-02, LM20-1522-09-24
《成實論》卷七
　　LM20-1458-28-19, LM20-1460-05-10,
　　LM20-1502-C0056
《成實論》卷一五
　　LM20-1453-32-10, LM20-1456-16-14,
　　LM20-1462-34-08
《成實論》卷一六
　　LM20-1456-07-11, LM20-1463-23-01,
　　LM20-1464-03-02, LM20-1464-10-23
《成唯識論》卷四　LM20-1463-18-03
《成唯識論》卷九　LM20-1460-30-01
《成唯識論》注疏　LM20-1469-20-06
《成唯識論述記》卷三
　　LM20-1451-29-01, LM20-1451-29-02,
　　LM20-1451-29-03, LM20-1451-29-06,
　　LM20-1451-34-05, LM20-1503-C0164
《成唯識論述記》卷六
　　LM20-1451-34-02, LM20-1451-34-03,

LM20-1451-34-06
《持世經》卷一
　　LM20-1461-08-06, LM20-1465-16-04
《持心梵天所問經》卷三　LM20-1508-C1437
《出曜經》卷七　LM20-1517-0046
《出曜經》卷八　LM20-1458-23-09
《出曜經》卷九
　　LM20-1521-19-05, LM20-1522-11-18
《出曜經》卷一二
　　LM20-1456-35-01, LM20-1461-09-03,
　　LM20-1504-C0453a, LM20-1505-C0557a,
　　LM20-1519-35-06
《出曜經》卷二二
　　LM20-1464-24-06, LM20-1468-09-08,
　　LM20-1470-12-01, LM20-1472-09-01,
　　LM20-1514-CT0479
《出曜經》卷二八　LM20-1509-C1618d
《出曜經》卷二九
　　LM20-1458-30-08, LM20-1461-26-12
《春秋後語》　LM20-1523-12-120
《春秋後語》（？）　LM20-1456-25-17
《春秋經傳集解・襄公二十一年》
　　LM20-1520-34-05
《春秋經傳集解・襄公三十一年》
　　LM20-1520-20-05r
《春秋經傳集解・昭公二十年》
　　LM20-1461-09-19
《春秋經傳集解・昭公二十四年》
　　LM20-1514-CT0410
《春秋經傳集解・昭公二十五年》
　　LM20-1520-38-01
《春秋經傳集解・昭公二十六年》
　　LM20-1493-03-04
《春秋左氏傳・昭公四年》服虔注

D

LM20-1455-14-12r

《春秋左氏傳·莊公九年》服虔注

LM20-1451-27-11

《達磨大師破相論》 LM20-1490-15-14

《達摩多羅禪經》卷下 LM20-1464-25-04

《大哀經》卷一 LM20-1453-03-01

《大哀經》卷七 LM20-1501-38-04

《大愛道比丘尼經》卷上

LM20-1464-31-07

《大愛道比丘尼經》卷下

LM20-1466-04-06, LM20-1505-C0654a

《大般泥洹經》卷二 LM20-1520-36-15

《大般泥洹經》卷三

LM20-1457-03-11, LM20-1507-C1118a

《大般泥洹經》卷四

LM20-1451-12-06, LM20-1451-12-07, LM20-1451-12-08, LM20-1451-12-09, LM20-1451-12-10, LM20-1451-12-11, LM20-1451-13-08, LM20-1451-13-09, LM20-1451-14-08, LM20-1451-14-09, LM20-1451-14-10, LM20-1451-14-11, LM20-1461-29-08, LM20-1469-16-04i, LM20-1469-16-04p, LM20-1469-16-04u

《大般泥洹經》(多處可見)

LM20-1469-16-04l, LM20-1469-16-04a, LM20-1469-16-04b, LM20-1469-16-04c, LM20-1469-16-04d, LM20-1469-16-04e, LM20-1469-16-04f, LM20-1469-16-04g, LM20-1469-16-04h, LM20-1469-16-04n, LM20-1469-16-04r

《大般涅槃經》卷一（北涼曇無讖譯）

LM20-1450-05-01, LM20-1450-22-01, LM20-1450-34-11, LM20-1451-17-01, LM20-1452-22-19, LM20-1452-26-10, LM20-1452-33-05, LM20-1453-05-08, LM20-1453-16-07, LM20-1453-22-07, LM20-1453-38-02, LM20-1455-01-02, LM20-1455-01-13, LM20-1455-01-14, LM20-1455-10-16, LM20-1455-17-06, LM20-1455-21-05, LM20-1455-33-08, LM20-1456-07-05, LM20-1456-09-12a, LM20-1456-13-17, LM20-1456-20-11, LM20-1457-07-18, LM20-1457-09-07, LM20-1457-11-08, LM20-1457-12-05, LM20-1457-14-04a, LM20-1457-22-04, LM20-1458-05-13, LM20-1458-16-07, LM20-1458-22-05, LM20-1458-31-19, LM20-1461-08-14, LM20-1461-23-03, LM20-1461-31-21, LM20-1462-07-09, LM20-1462-07-16, LM20-1462-37-04, LM20-1464-22-17, LM20-1464-31-05, LM20-1464-33-09, LM20-1465-05-05, LM20-1465-25-10, LM20-1465-35-09, LM20-1465-36-08, LM20-1466-18-10, LM20-1467-12-05, LM20-1468-14-08, LM20-1488-12-01, LM20-1488-36-08a, LM20-1489-15-11, LM20-1489-23-24, LM20-1489-36-07, LM20-1490-09-28, LM20-1492-21-02, LM20-1493-25-04, LM20-1496-33-01, LM20-1496-35-04, LM20-1497-19-05, LM20-1498-04-03, LM20-1500-15-05, LM20-1500-26-02, LM20-1503-C0173, LM20-1503-C0191, LM20-1503-C0324, LM20-1504-C0371, LM20-1504-C0411b, LM20-1504-C0425b,

题名索引 D 1757

LM20-1505-C0528b, LM20-1505-C0556a, LM20-1459-01-01a, LM20-1459-01-01b, LM20-1505-C0655c, LM20-1506-C0770c, LM20-1459-01-02, LM20-1459-01-03, LM20-1506-C0771d, LM20-1506-C0808b, LM20-1459-02-02, LM20-1459-02-03, LM20-1506-C0808d, LM20-1506-C0847a, LM20-1460-08-01, LM20-1460-11-19, LM20-1506-C0903d, LM20-1506-C0914a, LM20-1460-24-03, LM20-1460-30-18, LM20-1506-C0951a, LM20-1506-C0952b, LM20-1463-25-05, LM20-1464-06-05, LM20-1506-C0954c, LM20-1507-C1134a, LM20-1464-06-13, LM20-1464-10-16, LM20-1507-C1169c,LM20-1509-C1553b, LM20-1465-28-09, LM20-1466-11-09, LM20-1509-C1559a, LM20-1509-C1577a, LM20-1466-13-04, LM20-1466-20-19, LM20-1509-C1590e, LM20-1509-C1604b, LM20-1467-16-04, LM20-1467-32-01, LM20-1513-CT0269b, LM20-1513-CT0323a, LM20-1467-34-02, LM20-1470-04-03, LM20-1517-0162b, LM20-1517-0187, LM20-1470-21-07, LM20-1470-38-02, LM20-1517-0195, LM20-1517-0283, LM20-1488-17-05, LM20-1488-37-12, LM20-1517-0297, LM20-1517-0595a, LM20-1493-26-03, LM20-1496-16-05, LM20-1517-0605, LM20-1517-0648b, LM20-1498-34-04, LM20-1499-33-03, LM20-1519-12-01, LM20-1519-12-02, LM20-1500-21-04, LM20-1500-28-07, LM20-1519-12-03, LM20-1519-12-04, LM20-1501-22-03, LM20-1501-27-04, LM20-1519-12-05, LM20-1519-12-06, LM20-1503-C0182, LM20-1505-C0602a, LM20-1519-12-07, LM20-1519-12-08, LM20-1505-C0634b, LM20-1505-C0638a, LM20-1519-12-09, LM20-1519-12-10, LM20-1506-C0720b, LM20-1506-C0723a, LM20-1519-12-11, LM20-1519-12-12, LM20-1506-C0943b, LM20-1507-C0995c, LM20-1519-12-13, LM20-1519-12-14, LM20-1508-C1281, LM20-1508-C1482b, LM20-1520-23-16, LM20-1521-38-11, LM20-1508-C1486a, LM20-1509-C1614e, LM20-1522-09-12, LM20-1522-10-06, LM20-1509-C1633a, LM20-1519-13-01, LM20-1522-23-08, LM20-1523-09-86 LM20-1519-13-02, LM20-1519-13-03,

《大般涅槃經》卷二（北涼曇無讖譯） LM20-1519-13-04, LM20-1519-13-05,

LM20-1452-03-01, LM20-1452-04-13, LM20-1519-13-06, LM20-1519-13-07, LM20-1452-18-10, LM20-1452-22-20, LM20-1519-13-08, LM20-1520-30-03, LM20-1453-04-07, LM20-1455-02-01, LM20-1520-33-07, LM20-1521-08-02, LM20-1455-05-05, LM20-1455-18-11, LM20-1521-11-04, LM20-1521-22-04, LM20-1455-19-04, LM20-1455-26-08, LM20-1521-29-16, LM20-1522-07-12, LM20-1456-04-03, LM20-1456-17-18, LM20-1522-16-09, LM20-1522-16-10, LM20-1456-34-11, LM20-1456-35-12, LM20-1522-24-09

LM20-1458-30-23, LM20-1458-31-06, 《大般涅槃經》卷三（北涼曇無讖譯）

LM20-1450-30-03, LM20-1451-23-04, LM20-1501-24-09, LM20-1504-C0403b, LM20-1452-11-12, LM20-1452-19-05, LM20-1505-C0563a, LM20-1505-C0564a, LM20-1452-20-04, LM20-1452-29-18, LM20-1506-C0775e, LM20-1506-C0898a, LM20-1453-01-09, LM20-1454-26-05, LM20-1506-C0938c, LM20-1507-C1097b, LM20-1455-17-18, LM20-1455-25-01, LM20-1507-C1157a, LM20-1507-C1169b, LM20-1455-32-15, LM20-1456-21-02, LM20-1508-C1269e, LM20-1508-C1361a, LM20-1456-23-24, LM20-1456-25-04, LM20-1508-C1463b, LM20-1508-C1464b, LM20-1456-31-04, LM20-1457-26-04, LM20-1509-C1501a, LM20-1509-C1504d, LM20-1458-03-23, LM20-1458-10-10, LM20-1509-C1556c, LM20-1514-CT0378, LM20-1458-11-08, LM20-1458-21-12, LM20-1514-CT0415, LM20-1517-0357, LM20-1458-37-11, LM20-1459-05-03, LM20-1517-0412, LM20-1519-11-09, LM20-1459-05-04, LM20-1459-05-05, LM20-1519-11-10, LM20-1519-11-11, LM20-1459-09-04, LM20-1459-23-02, LM20-1519-11-12, LM20-1519-11-13, LM20-1460-01-05, LM20-1460-01-13, LM20-1519-13-12a, LM20-1519-13-12b, LM20-1460-03-12, LM20-1460-05-15, LM20-1521-05-20, LM20-1521-10-10, LM20-1460-10-19, LM20-1460-18-09, LM20-1521-11-09, LM20-1521-13-13, LM20-1460-26-05, LM20-1461-32-11, LM20-1521-26-18, LM20-1521-29-06, LM20-1461-33-07, LM20-1462-15-01, LM20-1521-34-04, LM20-1522-03-12, LM20-1462-19-03, LM20-1464-07-03, LM20-1522-20-11 LM20-1464-12-20, LM20-1465-15-03, 《大般涅槃經》卷四（北涼曇無讖譯） LM20-1465-26-03, LM20-1465-31-01, LM20-1450-01-01, LM20-1450-01-03, LM20-1465-33-10, LM20-1467-18-01, LM20-1450-02-03, LM20-1450-15-07, LM20-1467-18-04, LM20-1468-17-01, LM20-1450-25-06, LM20-1451-17-05, LM20-1472-04-01, LM20-1472-05-01, LM20-1452-23-01, LM20-1452-28-02, LM20-1472-05-02, LM20-1472-05-03, LM20-1452-28-04, LM20-1452-28-13, LM20-1472-05-04, LM20-1488-05-06, LM20-1454-12-08, LM20-1454-13-07, LM20-1488-05-08, LM20-1488-09-06, LM20-1454-21-01, LM20-1455-11-03b, LM20-1489-01-01, LM20-1489-01-03, LM20-1455-11-10, LM20-1455-11-16, LM20-1489-03-09, LM20-1489-23-19, LM20-1455-13-05, LM20-1456-02-09, LM20-1493-08-03, LM20-1493-25-05, LM20-1456-11-16, LM20-1456-16-22, LM20-1493-30-02, LM20-1494-08-01, LM20-1456-30-09a, LM20-1456-30-09b, LM20-1494-31-05, LM20-1496-11-06, LM20-1458-18-17, LM20-1458-19-08, LM20-1499-24-02, LM20-1500-22-01, LM20-1458-23-15, LM20-1458-23-18, LM20-1501-06-05, LM20-1501-11-06, LM20-1458-24-13, LM20-1460-26-09,

题名索引 D 1759

LM20-1461-06-01, LM20-1461-10-14a, LM20-1517-0373, LM20-1517-0440, LM20-1461-27-08, LM20-1464-19-17, LM20-1517-0547b, LM20-1517-0564, LM20-1464-23-17, LM20-1464-31-10, LM20-1517-0577, LM20-1517-0596b, LM20-1465-20-11, LM20-1466-21-07, LM20-1517-0604, LM20-1519-13-09, LM20-1466-31-02, LM20-1469-21-02, LM20-1519-13-10, LM20-1519-13-11, LM20-1474-04A-04, LM20-1474-04B-09, LM20-1519-13-13b, LM20-1519-13-14, LM20-1489-06-04, LM20-1489-06-07, LM20-1519-13-15, LM20-1519-13-16, LM20-1489-07-10, LM20-1489-07-11, LM20-1521-10-01, LM20-1521-32-13, LM20-1489-07-15, LM20-1489-09-11, LM20-1523-26-270, LM20-1535a, LM20-1489-09-12, LM20-1489-09-13, LM20-1535b LM20-1489-09-14, LM20-1489-09-17, 《大般涅槃經》卷五（北涼曇無讖譯） LM20-1489-09-18, LM20-1489-09-19, LM20-1450-19-06, LM20-1450-24-01, LM20-1489-09-21, LM20-1489-10-01, LM20-1450-29-04, LM20-1452-09-02, LM20-1489-10-02, LM20-1489-10-03, LM20-1452-25-01, LM20-1452-27-07, LM20-1489-10-04, LM20-1489-10-06, LM20-1452-35-07, LM20-1453-03-04, LM20-1489-10-07, LM20-1489-10-13, LM20-1453-16-09, LM20-1453-31-04, LM20-1489-10-14, LM20-1489-10-16, LM20-1455-01-03, LM20-1455-05-19, LM20-1489-11-23, LM20-1489-22-06, LM20-1455-07-17, LM20-1455-16-09, LM20-1489-22-07, LM20-1489-22-10, LM20-1455-22-15, LM20-1455-31-01, LM20-1489-22-11, LM20-1489-22-12, LM20-1456-21-16, LM20-1457-03-01, LM20-1489-22-13, LM20-1489-24-06, LM20-1458-17-04, LM20-1460-05-08, LM20-1489-24-09, LM20-1489-24-11, LM20-1460-10-12, LM20-1460-13-10, LM20-1489-26-13, LM20-1489-27-28, LM20-1460-13-15, LM20-1460-20-15, LM20-1489-29-25, LM20-1489-29-33, LM20-1460-35-12, LM20-1461-11-06, LM20-1490-06-04, LM20-1490-22-01, LM20-1461-13-25, LM20-1461-36-03, LM20-1491-22-02, LM20-1492-25-02, LM20-1461-36-09, LM20-1464-03-11, LM20-1496-03-06, LM20-1496-05-02, LM20-1464-19-03, LM20-1464-19-08, LM20-1496-06-05, LM20-1502-C0149, LM20-1465-05-01, LM20-1465-26-12, LM20-1504-C0442, LM20-1505-C0571b, LM20-1466-06-06, LM20-1467-17-06, LM20-1505-C0657c, LM20-1506-C0738a, LM20-1468-06-14, LM20-1474-03B-08, LM20-1506-C0773a, LM20-1506-C0807b, LM20-1488-02-01, LM20-1488-07-06, LM20-1506-C0868b, LM20-1506-C0913d, LM20-1488-07-09, LM20-1488-21-13, LM20-1507-C1078d, LM20-1507-C1093a, LM20-1489-11-20, LM20-1489-18-04, LM20-1517-0182, LM20-1517-0317, LM20-1489-38-03, LM20-1490-07-19,

LM20-1490-25-14, LM20-1491-33-05, LM20-1461-27-16, LM20-1464-15-19, LM20-1492-10-05, LM20-1493-07-05, LM20-1464-16-16, LM20-1465-26-11, LM20-1493-28-01, LM20-1495-07-02, LM20-1465-29-04, LM20-1466-20-16, LM20-1495-33-01, LM20-1496-05-01, LM20-1466-21-06, LM20-1466-35-01, LM20-1496-18-05, LM20-1497-37-04, LM20-1467-01-04, LM20-1467-02-04, LM20-1499-15-05, LM20-1500-02-03, LM20-1467-24-05, LM20-1467-25-02, LM20-1501-14-04, LM20-1503-C0196a, LM20-1468-11-01, LM20-1469-25-02, LM20-1503-C0196b, LM20-1504-C0344a, LM20-1470-02-07, LM20-1470-06-04, LM20-1504-C0419c, LM20-1504-C0428, LM20-1470-21-03, LM20-1488-01-03, LM20-1505-C0552b, LM20-1505-C0694b, LM20-1488-19-07, LM20-1488-19-09, LM20-1506-C0729d, LM20-1506-C0744d, LM20-1488-20-04, LM20-1488-38-02, LM20-1506-C0806b, LM20-1506-C0970a, LM20-1489-12-08, LM20-1489-23-22, LM20-1507-C1236, LM20-1508-C1282, LM20-1492-08-03, LM20-1492-22-02, LM20-1508-C1422, LM20-1508-C1468b, LM20-1493-21-02, LM20-1494-06-03, LM20-1508-C1486b, LM20-1509-C1594a, LM20-1494-22-03, LM20-1494-22-04, LM20-1517-0377b, LM20-1517-0545, LM20-1495-09-04, LM20-1495-19-04, LM20-1519-14-01, LM20-1519-14-02, LM20-1496-17-02, LM20-1497-35-05, LM20-1519-14-03, LM20-1519-14-04, LM20-1498-18-03, LM20-1499-38-04, LM20-1519-14-05, LM20-1520-30-13, LM20-1500-20-06, LM20-1501-15-01, LM20-1522-06-04, LM20-1522-15-01, LM20-1501-30-04, LM20-1505-C0698b, LM20-1548-07-45 LM20-1506-C0735a, LM20-1506-C0760a,

《大般涅槃經》卷六（北涼曇無讖譯） LM20-1506-C0768c, LM20-1506-C0828b,

LM20-1450-27-05, LM20-1451-01-02, LM20-1506-C0917d, LM20-1507-C1086h, LM20-1451-01-03, LM20-1451-01-04, LM20-1507-C1232, LM20-1508-C1240, LM20-1452-01-12, LM20-1453-36-06, LM20-1508-C1356b, LM20-1508-C1363d, LM20-1455-10-02, LM20-1455-14-13, LM20-1508-C1376a, LM20-1508-C1486d, LM20-1455-35-02, LM20-1456-11-17, LM20-1509-C1539e, LM20-1509-C1596d, LM20-1456-36-14, LM20-1457-05-06, LM20-1509-C1598d, LM20-1509-C1633d, LM20-1458-15-13, LM20-1458-18-11, LM20-1510-C1662, LM20-1511-CB0041, LM20-1458-31-11, LM20-1460-04-20, LM20-1511-CB0092, LM20-1514-CT0513b, LM20-1460-08-07, LM20-1460-33-21, LM20-1517-0219, LM20-1517-0248, LM20-1460-35-16, LM20-1460-36-06, LM20-1519-14-06, LM20-1519-14-07, LM20-1460-37-01, LM20-1461-01-03, LM20-1519-14-08, LM20-1519-14-09, LM20-1461-05-03, LM20-1461-06-12, LM20-1519-14-10, LM20-1519-14-11,

题名索引 D 1761

LM20-1519-14-12, LM20-1519-14-13, LM20-1470-20-06, LM20-1488-10-02, LM20-1519-14-14, LM20-1520-22-09, LM20-1488-19-08, LM20-1489-09-10, LM20-1520-32-11, LM20-1520-35-17, LM20-1489-26-14, LM20-1491-01-04, LM20-1521-13-12, LM20-1521-26-19, LM20-1491-15-04, LM20-1491-24-02, LM20-1522-01-04, LM20-1522-22-17, LM20-1491-30-02, LM20-1492-13-02, LM20-1548-07-36 LM20-1492-26-05, LM20-1492-26-08,

《大般涅槃經》卷七（北涼曇無讖譯） LM20-1492-29-05, LM20-1495-28-05,

LM20-1452-03-10, LM20-1452-03-15, LM20-1496-01-07, LM20-1496-20-08, LM20-1452-04-01, LM20-1452-32-14, LM20-1496-21-01, LM20-1497-29-05, LM20-1452-33-07, LM20-1453-01-04, LM20-1498-03-02, LM20-1498-18-02, LM20-1453-08-03, LM20-1453-26-04, LM20-1498-20-03, LM20-1498-21-01, LM20-1453-27-06, LM20-1454-07-12, LM20-1498-21-03, LM20-1498-25-04, LM20-1454-12-04, LM20-1454-18-09, LM20-1498-29-04, LM20-1499-26-02, LM20-1454-23-01, LM20-1455-05-04, LM20-1500-09-02, LM20-1500-30-02, LM20-1455-19-01, LM20-1455-19-12, LM20-1501-06-01, LM20-1501-33-09, LM20-1455-19-13, LM20-1455-23-14, LM20-1501-36-04, LM20-1505-C0571a, LM20-1455-33-15, LM20-1455-35-11, LM20-1506-C0758b, LM20-1506-C0848b, LM20-1455-36-18, LM20-1455-37-03, LM20-1506-C0860c, LM20-1506-C0865b, LM20-1456-10-17, LM20-1456-22-01, LM20-1506-C0906a, LM20-1506-C0945d, LM20-1458-26-19, LM20-1458-27-17, LM20-1507-C1063a, LM20-1507-C1124d, LM20-1458-29-20, LM20-1460-05-21, LM20-1507-C1129a, LM20-1508-C1348b, LM20-1460-07-14, LM20-1460-37-09, LM20-1508-C1371a, LM20-1508-C1461c, LM20-1461-08-13, LM20-1461-09-02, LM20-1509-C1539b, LM20-1517-0048, LM20-1461-19-24, LM20-1461-30-02, LM20-1517-0364b, LM20-1517-0396, LM20-1462-06-03, LM20-1462-06-07, LM20-1519-15-01, LM20-1519-15-02, LM20-1462-27-01, LM20-1464-20-18, LM20-1519-15-03, LM20-1519-15-04, LM20-1465-04-09, LM20-1465-25-01, LM20-1519-15-05, LM20-1519-15-06, LM20-1465-30-02, LM20-1465-36-09, LM20-1521-28-12, LM20-1522-10-05, LM20-1466-03-07, LM20-1466-08-05, LM20-1522-14-05, LM20-1522-20-08, LM20-1466-14-02, LM20-1466-19-09, LM20-1522-20-14, LM20-1522-23-04 LM20-1466-19-13, LM20-1467-05-04, 《大般涅槃經》卷八（北涼曇無讖譯） LM20-1467-08-05, LM20-1467-34-07, LM20-827-01-04, LM20-827-01-13, LM20-1468-09-12, LM20-1469-23-05, LM20-827-03-42, LM20-827-04-58, LM20-1470-10-01, LM20-1470-20-01, LM20-827-09-135a, LM20-827-09-135b,

LM20-827-10-144, LM20-827-12-159, LM20-827-12-163, LM20-827-14-176, LM20-827-20-198, LM20-1450-05-02, LM20-1450-07-04, LM20-1450-32-08a, LM20-1450-32-08b, LM20-1451-21-02, LM20-1451-24-06, LM20-1451-26-06, LM20-1452-01-10, LM20-1452-06-12, LM20-1452-13-13, LM20-1452-16-11, LM20-1452-29-03, LM20-1452-37-04, LM20-1453-29-03, LM20-1453-39-07, LM20-1454-18-12, LM20-1454-19-03, LM20-1454-25-11, LM20-1455-23-18, LM20-1456-03-10, LM20-1456-08-18, LM20-1456-23-02, LM20-1456-23-10, LM20-1456-25-10, LM20-1456-25-19, LM20-1456-28-06, LM20-1456-31-01, LM20-1456-35-19, LM20-1457-08-09, LM20-1458-08-07, LM20-1458-24-23, LM20-1458-24-26, LM20-1458-29-10, LM20-1460-28-07, LM20-1461-07-20, LM20-1461-20-07, LM20-1462-03-11, LM20-1464-15-04, LM20-1464-21-03, LM20-1464-23-07, LM20-1464-33-02, LM20-1464-37-13, LM20-1465-12-01, LM20-1467-14-04, LM20-1467-34-06, LM20-1468-16-03, LM20-1469-36-09, LM20-1488-11-04, LM20-1488-38-01, LM20-1489-02-04, LM20-1489-02-07, LM20-1489-03-11, LM20-1489-08-03a, LM20-1489-08-03b, LM20-1489-08-03c, LM20-1489-11-18, LM20-1489-21-12, LM20-1489-24-05, LM20-1489-24-07, LM20-1489-27-31, LM20-1489-28-06, LM20-1493-19-03, LM20-1494-20-04, LM20-1494-24-02, LM20-1495-16-05, LM20-1496-25-04, LM20-1498-35-05, LM20-1500-19-02, LM20-1501-03-01, LM20-1501-34-07, LM20-1504-C0358, LM20-1504-C0412a, LM20-1505-C0560a, LM20-1505-C0712b, LM20-1506-C0719a, LM20-1506-C0891a, LM20-1506-C0930a, LM20-1507-C1146a,LM20-1508-C1325c, LM20-1508-C1345c, LM20-1508-C1384b, LM20-1509-C1508b, LM20-1509-C1530b, LM20-1509-C1597e, LM20-1517-0025b, LM20-1517-0595b, LM20-1519-15-07, LM20-1519-15-08, LM20-1519-15-09, LM20-1519-15-10, LM20-1519-15-11, LM20-1520-34-18, LM20-1521-01-05, LM20-1521-32-15, LM20-1522-15-04, LM20-1522-22-04

《大般涅槃經》卷九（北涼曇無讖譯）

LM20-827-03-32, LM20-827-04-53, LM20-827-05-67, LM20-1450-29-03, LM20-1451-06-01, LM20-1452-02-19, LM20-1452-09-06, LM20-1452-11-14, LM20-1452-17-15, LM20-1452-23-10, LM20-1452-30-14, LM20-1452-32-06, LM20-1453-14-05, LM20-1454-02-16, LM20-1454-32-04, LM20-1454-34-08, LM20-1455-10-05, LM20-1455-13-01b, LM20-1455-16-12, LM20-1455-25-04, LM20-1455-31-13a, LM20-1456-20-22, LM20-1456-21-22, LM20-1456-37-14, LM20-1457-03-15, LM20-1457-22-09, LM20-1458-22-16, LM20-1458-29-07, LM20-1460-19-03, LM20-1460-21-08, LM20-1460-28-01, LM20-1460-32-21,

LM20-1461-05-06, LM20-1461-20-14, LM20-1450-10-06, LM20-1450-10-07, LM20-1461-36-05, LM20-1461-36-18, LM20-1450-10-08, LM20-1450-10-09, LM20-1462-27-04, LM20-1463-17-08, LM20-1450-10-10, LM20-1450-10-11, LM20-1463-37-01, LM20-1464-16-04, LM20-1450-10-12, LM20-1450-10-13, LM20-1464-34-10, LM20-1464-37-12, LM20-1450-10-14, LM20-1450-10-15, LM20-1466-10-18, LM20-1466-18-04, LM20-1451-24-04, LM20-1451-26-03, LM20-1466-20-03, LM20-1466-34-06, LM20-1452-02-12, LM20-1452-02-15, LM20-1467-12-08, LM20-1467-19-03, LM20-1452-26-05, LM20-1452-28-12, LM20-1468-10-03, LM20-1470-28-03, LM20-1455-16-06, LM20-1455-18-06, LM20-1488-12-03, LM20-1488-31-08, LM20-1455-20-01, LM20-1455-29-08, LM20-1489-22-09, LM20-1491-34-06, LM20-1456-26-04a, LM20-1458-08-09, LM20-1492-19-04, LM20-1494-29-01, LM20-1458-10-15, LM20-1458-25-17, LM20-1494-33-01, LM20-1494-37-04, LM20-1458-25-20, LM20-1458-28-01, LM20-1496-12-07, LM20-1497-04-04, LM20-1458-35-02, LM20-1458-38-23, LM20-1497-18-01, LM20-1498-03-01, LM20-1459-23-08, LM20-1460-15-02, LM20-1499-17-06, LM20-1501-12-06, LM20-1460-34-17, LM20-1461-19-13, LM20-1502-C0034a, LM20-1503-C0199, LM20-1461-19-15, LM20-1461-21-07, LM20-1504-C0369, LM20-1504-C0457c, LM20-1461-34-07, LM20-1461-36-04, LM20-1505-C0480a, LM20-1505-C0543c, LM20-1461-38-02, LM20-1462-09-06, LM20-1505-C0545c, LM20-1506-C0935c, LM20-1462-20-04, LM20-1463-01-02, LM20-1506-C0946e, LM20-1507-C0993c, LM20-1464-10-04, LM20-1464-14-07, LM20-1507-C1161b, LM20-1507-C1168a, LM20-1464-25-11, LM20-1464-33-13, LM20-1508-C1363b, LM20-1508-C1476, LM20-1464-37-11, LM20-1465-19-06, LM20-1509-C1641c, LM20-1517-0172, LM20-1465-37-05, LM20-1467-35-04, LM20-1517-0461, LM20-1519-15-12, LM20-1468-37-01, LM20-1469-34-04, LM20-1519-15-13, LM20-1519-15-14, LM20-1470-31-01, LM20-1472-15-01, LM20-1519-15-15, LM20-1519-15-16, LM20-1472-15-02, LM20-1472-15-03, LM20-1519-15-17, LM20-1519-15-18, LM20-1472-15-04, LM20-1472-15-05, LM20-1519-15-19, LM20-1520-22-13, LM20-1472-15-06, LM20-1472-15-07, LM20-1521-11-13, LM20-1521-12-13, LM20-1472-15-08, LM20-1472-15-09, LM20-1522-05-04, LM20-1522-07-10, LM20-1472-15-10, LM20-1473-03-03, LM20-1522-10-11, LM20-1522-11-12 LM20-1473-03-05a, LM20-1473-03-05b, 《大般涅槃經》卷一〇(北涼曇無讖譯) LM20-1473-04-01, LM20-1473-04-02, LM20-1450-10-04, LM20-1450-10-05, LM20-1473-04-03, LM20-1473-04-04,

LM20-1473-04-05, LM20-1473-04-06, LM20-1455-12-02, LM20-1455-12-21, LM20-1488-08-03, LM20-1488-32-07, LM20-1455-28-08, LM20-1456-22-11, LM20-1489-13-10, LM20-1489-36-01, LM20-1456-37-15, LM20-1457-23-04, LM20-1490-08-04, LM20-1490-19-11, LM20-1458-03-03, LM20-1458-27-16, LM20-1492-15-03, LM20-1492-17-04, LM20-1460-05-01, LM20-1460-05-11, LM20-1496-14-04, LM20-1497-15-01, LM20-1461-02-06, LM20-1461-09-01, LM20-1497-37-01, LM20-1498-09-02, LM20-1461-15-12, LM20-1461-23-09, LM20-1499-20-03, LM20-1500-11-04, LM20-1463-29-11, LM20-1464-04-10, LM20-1500-19-05, LM20-1500-31-02, LM20-1464-33-08, LM20-1466-07-01, LM20-1501-14-03, LM20-1501-21-06, LM20-1466-08-04, LM20-1466-16-06, LM20-1501-28-07, LM20-1502-C0039a, LM20-1466-19-06, LM20-1467-01-09, LM20-1503-C0204, LM20-1503-C0282, LM20-1472-09-04, LM20-1472-09-05, LM20-1503-C0322, LM20-1504-C0414a, LM20-1472-09-07, LM20-1472-09-08, LM20-1504-C0439b, LM20-1505-C0490c, LM20-1472-09-09, LM20-1472-09-10, LM20-1505-C0654b, LM20-1505-C0710b, LM20-1472-09-11, LM20-1488-31-13, LM20-1506-C0740a, LM20-1506-C0745d, LM20-1489-22-05, LM20-1491-14-03, LM20-1506-C0823c, LM20-1506-C0887c, LM20-1494-38-04, LM20-1495-20-02, LM20-1507-C0988b, LM20-1507-C1081e, LM20-1495-20-03, LM20-1496-25-02, LM20-1507-C1124a, LM20-1508-C1372b, LM20-1496-38-05, LM20-1497-21-06, LM20-1509-C1513b, LM20-1509-C1588c, LM20-1497-29-07, LM20-1501-13-07, LM20-1511-CB0052, LM20-1511-CB0114, LM20-1501-30-10, LM20-1501-36-05, LM20-1517-0053, LM20-1517-0390, LM20-1502-C0031, LM20-1502-C0101, LM20-1517-0593a, LM20-1519-16-01, LM20-1503-C0205, LM20-1505-C0555c, LM20-1519-16-02, LM20-1519-16-03, LM20-1505-C0641c, LM20-1505-C0642b, LM20-1519-16-04, LM20-1519-16-05, LM20-1505-C0643d, LM20-1505-C0707a, LM20-1519-16-06, LM20-1519-16-07, LM20-1506-C0731b, LM20-1507-C1024c, LM20-1519-16-08, LM20-1521-16-18, LM20-1507-C1052b, LM20-1507-C1088c, LM20-1521-19-15, LM20-1521-21-11, LM20-1507-C1147d, LM20-1508-C1484a, LM20-1521-27-01, LM20-1521-27-19 LM20-1509-C1549c, LM20-1509-C1569d,

《大般涅槃經》卷一一（北涼曇無讖譯） LM20-1509-C1580a, LM20-1509-C1647a,

LM20-1452-27-01, LM20-1452-31-04, LM20-1513-CT0287a, LM20-1519-16-09, LM20-1453-11-06, LM20-1453-16-05, LM20-1519-16-10, LM20-1519-16-11, LM20-1453-20-02, LM20-1454-14-04, LM20-1519-16-12, LM20-1519-16-13, LM20-1454-17-04, LM20-1454-33-05, LM20-1519-16-14, LM20-1520-18-07,

題名索引 D 1765

LM20-1521-03-01, LM20-1521-11-12, LM20-1494-27-03, LM20-1496-30-02, LM20-1521-21-21, LM20-1521-37-11, LM20-1497-02-08, LM20-1497-23-01, LM20-1521-38-10, LM20-1522-07-03, LM20-1499-21-05, LM20-1499-29-01, LM20-1522-24-14 LM20-1501-19-05, LM20-1503-C0278,

《大般涅槃經》卷一二（北涼曇無讖譯） LM20-1504-C0423a, LM20-1504-C0452a,

LM20-1450-18-06, LM20-1450-24-07, LM20-1504-C0462b, LM20-1505-C0553c, LM20-1450-30-21, LM20-1452-06-02, LM20-1506-C0975c, LM20-1507-C1080b, LM20-1452-20-02, LM20-1453-39-08, LM20-1507-C1092d, LM20-1508-C1331c, LM20-1454-14-06, LM20-1454-25-08, LM20-1508-C1368b, LM20-1509-C1565j, LM20-1455-06-02, LM20-1455-25-02, LM20-1509-C1600c, LM20-1510-C1671, LM20-1455-37-20, LM20-1456-02-12, LM20-1511-CB0078, LM20-1517-0365b, LM20-1456-28-04, LM20-1456-34-02, LM20-1517-0445, LM20-1519-16-15, LM20-1457-07-10, LM20-1458-15-05, LM20-1519-16-16, LM20-1519-17-01, LM20-1458-34-03, LM20-1460-13-17, LM20-1519-17-02, LM20-1519-17-03, LM20-1460-20-03, LM20-1460-29-06, LM20-1519-17-04, LM20-1520-30-01, LM20-1460-37-26, LM20-1460-38-23, LM20-1521-26-20, LM20-1528-02-30

LM20-1461-06-11, LM20-1461-28-13, 《大般涅槃經》卷一三（北涼曇無讖譯）

LM20-1461-30-08, LM20-1461-30-19, LM20-1450-30-02, LM20-1451-16-02, LM20-1462-09-03, LM20-1462-19-09, LM20-1452-05-19, LM20-1452-10-08, LM20-1462-27-02, LM20-1462-29-03, LM20-1452-15-09, LM20-1452-29-11, LM20-1462-34-05, LM20-1464-36-17, LM20-1452-31-10, LM20-1453-31-01, LM20-1465-16-07, LM20-1465-19-04, LM20-1454-26-08, LM20-1455-18-10, LM20-1465-22-01, LM20-1466-11-07, LM20-1455-29-05, LM20-1455-35-08, LM20-1466-14-04, LM20-1466-14-05, LM20-1456-19-09, LM20-1456-24-16, LM20-1466-23-04, LM20-1467-17-02, LM20-1456-33-08, LM20-1458-01-08, LM20-1470-20-05, LM20-1470-23-03, LM20-1458-08-12, LM20-1458-13-06, LM20-1472-11-02, LM20-1472-11-05a, LM20-1458-18-08, LM20-1460-03-09, LM20-1472-11-05b, LM20-1475-07A-03, LM20-1460-27-10, LM20-1460-30-03, LM20-1488-01-02, LM20-1488-04-01, LM20-1460-33-13, LM20-1460-35-08, LM20-1488-14-04, LM20-1488-15-09, LM20-1461-21-05, LM20-1461-26-14, LM20-1488-16-01, LM20-1488-21-12, LM20-1461-33-13, LM20-1461-36-24, LM20-1489-33-11, LM20-1490-24-04, LM20-1461-37-16, LM20-1462-32-07, LM20-1492-26-06, LM20-1493-11-01, LM20-1464-13-07, LM20-1464-21-15, LM20-1493-29-03, LM20-1494-21-07, LM20-1465-27-01, LM20-1466-04-02,

LM20-1466-11-14, LM20-1466-34-01, LM20-1460-28-03, LM20-1460-36-05, LM20-1470-37-01, LM20-1475-19B-09, LM20-1460-37-07, LM20-1461-03-15, LM20-1490-02-03, LM20-1492-17-05, LM20-1461-10-02, LM20-1461-11-16, LM20-1493-21-04, LM20-1493-30-05, LM20-1461-36-22, LM20-1462-26-08, LM20-1494-13-02, LM20-1494-31-04, LM20-1462-27-08, LM20-1462-29-07, LM20-1496-03-04, LM20-1496-13-06, LM20-1462-36-05, LM20-1463-17-02, LM20-1496-15-07, LM20-1497-15-03, LM20-1463-18-01, LM20-1463-28-09, LM20-1497-32-04, LM20-1498-36-01, LM20-1463-33-02, LM20-1464-22-15, LM20-1500-21-03, LM20-1501-31-04, LM20-1465-13-05, LM20-1465-32-17, LM20-1501-36-06, LM20-1501-38-01, LM20-1466-14-03, LM20-1466-32-05, LM20-1503-C0217, LM20-1504-C0398a, LM20-1467-20-04, LM20-1468-17-13, LM20-1504-C0419b, LM20-1505-C0616b, LM20-1469-38-08, LM20-1488-08-01, LM20-1505-C0635c, LM20-1505-C0682a, LM20-1489-29-35, LM20-1491-09-01, LM20-1506-C0732a, LM20-1506-C0818d, LM20-1491-28-01, LM20-1492-32-05, LM20-1507-C1103a, LM20-1507-C1112b, LM20-1493-13-04, LM20-1493-19-04, LM20-1507-C1234, LM20-1508-C1351d, LM20-1494-20-02, LM20-1496-02-01, LM20-1509-C1600e, LM20-1509-C1612c, LM20-1497-25-03, LM20-1502-C0124, LM20-1517-0483, LM20-1519-17-05, LM20-1503-C0295, LM20-1505-C0533a, LM20-1519-17-06, LM20-1519-17-07, LM20-1505-C0621a, LM20-1506-C0725c, LM20-1519-17-08, LM20-1519-17-09, LM20-1506-C0732d, LM20-1506-C0743c, LM20-1519-17-10, LM20-1521-05-05, LM20-1506-C0755a, LM20-1506-C0834b, LM20-1521-08-07, LM20-1522-20-02 LM20-1508-C1331d, LM20-1509-C1542e,

《大般涅槃經》卷一四（北涼曇無讖譯） LM20-1509-C1554e, LM20-1509-C1555a,

LM20-1450-03-03, LM20-1450-38-01, LM20-1509-C1571b, LM20-1509-C1587b, LM20-1451-18-04, LM20-1452-04-06, LM20-1509-C1618a, LM20-1517-0123, LM20-1452-23-05, LM20-1452-30-07, LM20-1517-0581, LM20-1517-0647a, LM20-1452-37-18, LM20-1453-32-06, LM20-1519-17-11, LM20-1519-17-12, LM20-1455-16-13, LM20-1455-23-17, LM20-1519-17-13, LM20-1519-17-14, LM20-1455-34-09, LM20-1456-09-11, LM20-1519-17-15, LM20-1519-17-16, LM20-1456-11-21, LM20-1456-25-03, LM20-1519-17-17, LM20-1519-17-18, LM20-1456-26-18, LM20-1456-38-14, LM20-1521-10-15

LM20-1458-06-03, LM20-1458-28-02, 《大般涅槃經》卷一五（北涼曇無讖譯）

LM20-1458-30-15, LM20-1460-01-22, LM20-827-06-82, LM20-1450-16-04, LM20-1460-06-07, LM20-1460-12-14, LM20-1451-19-01, LM20-1452-26-16,

题名索引 D 1767

LM20-1452-29-01, LM20-1453-01-12, LM20-1506-C0920e, LM20-1507-C1079b, LM20-1453-03-05, LM20-1453-06-06, LM20-1507-C1103c, LM20-1507-C1114d, LM20-1453-10-06, LM20-1453-13-02, LM20-1507-C1153c, LM20-1509-C1544c, LM20-1453-32-04, LM20-1453-39-05, LM20-1509-C1553a, LM20-1514-CT0444, LM20-1454-28-03, LM20-1455-12-12, LM20-1517-0232, LM20-1519-18-01, LM20-1455-17-16, LM20-1455-30-02, LM20-1519-18-02, LM20-1519-18-03, LM20-1455-30-13, LM20-1455-36-01, LM20-1519-18-04, LM20-1520-29-15, LM20-1455-39-07, LM20-1456-05-12, LM20-1520-32-12, LM20-1521-28-06, LM20-1456-25-23, LM20-1457-02-09, LM20-1521-32-20, LM20-1522-09-01 LM20-1458-06-05, LM20-1458-10-01, 《大般涅槃經》卷一六（北涼曇無讖譯） LM20-1458-10-08, LM20-1458-12-08, LM20-1450-23-08, LM20-1451-27-05, LM20-1458-25-16, LM20-1458-28-15, LM20-1452-34-12, LM20-1453-05-12, LM20-1458-28-20, LM20-1458-30-21, LM20-1453-22-04, LM20-1454-28-06, LM20-1459-11-07, LM20-1460-08-19, LM20-1455-17-10, LM20-1455-26-11, LM20-1460-12-05, LM20-1460-34-14, LM20-1455-36-17, LM20-1457-03-04, LM20-1460-37-05, LM20-1461-01-02, LM20-1457-06-15, LM20-1458-14-01, LM20-1461-11-21, LM20-1461-12-08, LM20-1458-22-15, LM20-1458-22-19, LM20-1461-13-04, LM20-1461-37-13, LM20-1458-27-10, LM20-1459-26-02c, LM20-1462-16-03, LM20-1462-16-06, LM20-1460-06-05, LM20-1460-11-05, LM20-1462-32-04, LM20-1463-29-06, LM20-1460-18-13, LM20-1461-03-13, LM20-1464-03-01, LM20-1464-15-13, LM20-1461-11-17, LM20-1461-12-29, LM20-1464-16-01, LM20-1464-38-05, LM20-1461-33-21, LM20-1463-22-01, LM20-1465-29-05, LM20-1466-02-04, LM20-1465-09-05, LM20-1466-07-07, LM20-1466-09-01, LM20-1466-33-04, LM20-1466-13-14, LM20-1466-16-07, LM20-1467-36-08, LM20-1467-38-06, LM20-1467-01-13, LM20-1467-37-01, LM20-1467-38-07, LM20-1468-20-07, LM20-1470-02-01, LM20-1470-09-01, LM20-1474-19B-04, LM20-1474-19B-05, LM20-1470-10-03, LM20-1472-10-01e, LM20-1488-18-05, LM20-1488-36-03, LM20-1488-13-05, LM20-1489-12-02, LM20-1491-23-04, LM20-1494-27-05, LM20-1492-04-02, LM20-1492-06-04, LM20-1497-06-05, LM20-1498-38-04, LM20-1496-22-01, LM20-1497-04-06, LM20-1499-20-02, LM20-1499-24-03, LM20-1497-22-06, LM20-1498-13-01, LM20-1500-18-06, LM20-1504-C0356, LM20-1498-42-04, LM20-1502-C042b, LM20-1505-C0582d, LM20-1505-C0585c, LM20-1505-C0493, LM20-1505-C0584c, LM20-1505-C0655e, LM20-1506-C0877a, LM20-1505-C0592b, LM20-1506-C0753e,

LM20-1506-C0764d, LM20-1506-C0765e, LM20-1506-C0801b, LM20-1506-C0813c, LM20-1506-C0924a, LM20-1506-C0937a, LM20-1507-C1158c, LM20-1507-C1178b, LM20-1508-C1363a, LM20-1509-C1631a, LM20-1516-CK0079, LM20-1516-CK0080, LM20-1516-CK0081, LM20-1517-0169, LM20-1517-0204, LM20-1517-0252, LM20-1517-0520, LM20-1519-18-05, LM20-1519-18-06, LM20-1519-18-07, LM20-1519-18-08, LM20-1519-18-09, LM20-1519-18-10, LM20-1519-18-11, LM20-1519-18-12, LM20-1519-18-13, LM20-1519-18-14, LM20-1519-18-15, LM20-1519-18-16, LM20-1520-31-04, LM20-1521-22-07, LM20-1521-32-04, LM20-1523-16-151

《大般涅槃經》卷一七（北涼曇無讖譯）

LM20-1451-02-07, LM20-1452-01-13, LM20-1452-02-08, LM20-1452-33-10, LM20-1452-35-08, LM20-1455-01-17, LM20-1455-18-03, LM20-1456-10-03, LM20-1456-12-09, LM20-1456-33-19, LM20-1457-35-06, LM20-1457-38-04, LM20-1458-02-03, LM20-1458-02-11, LM20-1458-18-04, LM20-1458-28-13, LM20-1458-38-24, LM20-1460-27-08, LM20-1462-10-03, LM20-1462-34-01, LM20-1464-07-07, LM20-1464-14-18, LM20-1465-20-08, LM20-1465-23-04, LM20-1466-02-03, LM20-1466-04-07, LM20-1466-09-05, LM20-1467-15-05, LM20-1467-37-03, LM20-1489-28-15, LM20-1490-03-08, LM20-1490-09-29,

LM20-1490-13-22, LM20-1491-36-04, LM20-1496-26-07, LM20-1497-13-02, LM20-1498-21-02, LM20-1499-33-04, LM20-1504-C0447a, LM20-1506-C0977b, LM20-1508-C1344b, LM20-1509-C1504a, LM20-1517-0387, LM20-1517-0569a, LM20-1519-18-17, LM20-1519-19-01, LM20-1519-19-02, LM20-1519-19-03, LM20-1521-12-16

《大般涅槃經》卷一八（北涼曇無讖譯）

LM20-1450-34-03, LM20-1452-25-03, LM20-1452-32-16, LM20-1452-33-03, LM20-1454-04-21, LM20-1455-35-12, LM20-1455-36-14, LM20-1456-06-24, LM20-1456-15-02, LM20-1458-14-05, LM20-1460-01-09, LM20-1460-11-02, LM20-1460-23-21, LM20-1460-34-01, LM20-1461-04-03, LM20-1461-14-05, LM20-1461-21-09, LM20-1461-34-11, LM20-1461-37-17, LM20-1462-03-07, LM20-1462-06-01, LM20-1462-18-03, LM20-1463-23-03, LM20-1464-11-02, LM20-1464-14-10, LM20-1464-21-11, LM20-1464-22-16, LM20-1467-09-03, LM20-1470-34-03, LM20-1475-09B-03, LM20-1488-11-05, LM20-1489-12-09, LM20-1489-23-23, LM20-1496-25-06, LM20-1504-C0334, LM20-1504-C0426c, LM20-1505-C0715a, LM20-1506-C0747d, LM20-1506-C0925a, LM20-1506-C0938b, LM20-1506-C0948b, LM20-1506-C0970b, LM20-1507-C0982b, LM20-1507-C1027a, LM20-1507-C1091b, LM20-1507-C1095b, LM20-1507-C1149d, LM20-1507-C1151a,

题名索引 D 1769

LM20-1507-C1231, LM20-1508-C1245, LM20-1508-C1255, LM20-1508-C1346b, LM20-1508-1456b, LM20-1509-C1505e, LM20-1509-C1590c, LM20-1517-0051, LM20-1517-0226, LM20-1517-0281a, LM20-1517-0290, LM20-1517-0354a, LM20-1519-19-05, LM20-1519-19-06, LM20-1519-19-07, LM20-1519-19-08, LM20-1519-19-09, LM20-1519-19-10, LM20-1519-19-11, LM20-1519-19-12, LM20-1519-19-13, LM20-1522-18-04, LM20-1522-20-07

《大般涅槃經》卷一九（北涼曇無讖譯）

LM20-1450-08-05, LM20-1450-25-05, LM20-1450-27-02, LM20-1450-31-05, LM20-1452-01-09, LM20-1452-24-06, LM20-1453-14-08, LM20-1453-14-09, LM20-1453-16-06, LM20-1454-07-01, LM20-1455-27-10, LM20-1456-02-03, LM20-1456-06-12, LM20-1456-10-08, LM20-1456-12-01, LM20-1456-12-03, LM20-1456-18-14, LM20-1456-20-24, LM20-1456-21-24, LM20-1456-30-12, LM20-1457-16-07, LM20-1458-06-02, LM20-1458-20-25, LM20-1460-19-17, LM20-1460-29-11b, LM20-1460-33-24, LM20-1461-16-05, LM20-1461-33-03, LM20-1461-38-15, LM20-1463-36-01, LM20-1463-36-02, LM20-1464-16-14, LM20-1464-22-19, LM20-1464-23-26, LM20-1464-37-03, LM20-1465-38-02, LM20-1466-09-08, LM20-1466-10-06, LM20-1466-12-01, LM20-1467-17-08, LM20-1472-06-04, LM20-1472-12-02, LM20-1472-12-04, LM20-1474-13B-07, LM20-1475-07A-01, LM20-1488-19-06, LM20-1488-21-08, LM20-1489-09-20, LM20-1489-09-22, LM20-1489-22-01a, LM20-1491-17-01, LM20-1494-19-01, LM20-1494-21-05, LM20-1494-23-02, LM20-1494-28-05, LM20-1494-31-01, LM20-1498-32-02, LM20-1498-42-06, LM20-1501-33-02, LM20-1504-C0329b, LM20-1504-C0391b, LM20-1504-C0467a, LM20-1506-C0824a, LM20-1506-C0845a, LM20-1507-C1059b, LM20-1507-C1093c, LM20-1507-C1237, LM20-1508-C1359c, LM20-1509-C1555b, LM20-1517-0209, LM20-1517-0289, LM20-1517-0521, LM20-1517-0538, LM20-1517-0573a, LM20-1519-19-04, LM20-1519-20-01, LM20-1519-20-02, LM20-1519-20-03, LM20-1519-20-04, LM20-1519-20-05, LM20-1519-20-06, LM20-1519-20-07, LM20-1519-20-08, LM20-1519-20-09, LM20-1520-16-04, LM20-1520-28-02, LM20-1520-28-11, LM20-1520-38-08, LM20-1521-19-06, LM20-1521-31-03, LM20-1522-07-21, LM20-1522-20-13, LM20-1522-24-17, LM20-1531a, LM20-1531b, LM20-1531c, LM20-1531d, LM20-1531e, LM20-1531f, LM20-1531g, LM20-1531h, LM20-1531i, LM20-1531j, LM20-1531k, LM20-1531l, LM20-1531m, LM20-1531n, LM20-1531o, LM20-1531p, LM20-1531q, LM20-1531r, LM20-1531s, LM20-1548-09-65

《大般涅槃經》卷二〇（北涼曇無讖譯）

LM20-1451-27-16, LM20-1452-22-18, LM20-1450-01-02, LM20-1451-33-08, LM20-1452-24-02, LM20-1452-39-11, LM20-1452-18-12, LM20-1454-05-08, LM20-1453-29-07, LM20-1455-32-02, LM20-1454-18-02, LM20-1455-01-16, LM20-1456-01-01, LM20-1456-28-19, LM20-1455-09-06, LM20-1455-12-20, LM20-1458-01-19, LM20-1458-33-20, LM20-1455-22-10, LM20-1455-24-01, LM20-1460-11-06, LM20-1460-28-04b, LM20-1456-07-13, LM20-1456-26-01, LM20-1460-34-09, LM20-1460-35-06, LM20-1456-34-07, LM20-1457-02-06, LM20-1461-03-14, LM20-1461-15-18, LM20-1457-17-04, LM20-1460-21-04, LM20-1461-17-21, LM20-1461-20-10, LM20-1460-22-08, LM20-1460-23-10, LM20-1462-01-04, LM20-1464-06-04, LM20-1460-24-01, LM20-1460-28-05, LM20-1464-08-02, LM20-1464-09-08, LM20-1460-30-08, LM20-1460-38-15, LM20-1464-19-07, LM20-1464-30-01, LM20-1461-01-14b, LM20-1461-14-03, LM20-1465-28-06, LM20-1466-03-05, LM20-1461-19-07, LM20-1461-22-11, LM20-1466-05-08, LM20-1466-20-17, LM20-1461-28-03, LM20-1461-30-20, LM20-1466-38-06, LM20-1467-29-04, LM20-1462-11-07, LM20-1462-30-02, LM20-1469-38-04, LM20-1470-31-03, LM20-1464-33-03, LM20-1465-23-03, LM20-1489-12-03, LM20-1490-09-20, LM20-1465-36-06, LM20-1466-20-14, LM20-1494-15-02, LM20-1499-32-03, LM20-1469-20-04, LM20-1469-38-13, LM20-1500-20-02, LM20-1501-11-04, LM20-1470-14-04, LM20-1474-03B-09, LM20-1503-C0226, LM20-1505-C0708a, LM20-1474-06B-05, LM20-1489-08-01, LM20-1506-C0767c, LM20-1506-C0768b, LM20-1489-11-29, LM20-1489-20-07, LM20-1506-C0881c, LM20-1507-C1014a, LM20-1489-27-23, LM20-1491-02-02, LM20-1507-C1147b, LM20-1509-C1506d, LM20-1492-03-05, LM20-1492-25-03, LM20-1509-C1578b, LM20-1517-0127, LM20-1494-05-01, LM20-1497-16-02, LM20-1517-0173, LM20-1517-0271, LM20-1501-08-03, LM20-1501-30-01, LM20-1517-0320a, LM20-1517-0324b, LM20-1506-C0797d, LM20-1506-C0822b, LM20-1517-0539, LM20-1517-0569b, LM20-1506-C0899d, LM20-1506-C0953a, LM20-1519-20-10, LM20-1519-20-11, LM20-1506-C0953c, LM20-1507-C1013a, LM20-1519-20-12, LM20-1519-20-13, LM20-1507-C1095c, LM20-1507-C1205, LM20-1519-20-14, LM20-1519-20-15, LM20-1508-C1273e, LM20-1508-C1365a, LM20-1519-20-16, LM20-1521-24-17, LM20-1508-C1463a, LM20-1511-CB0044, LM20-1521-38-05, LM20-1522-06-13, LM20-1517-0005b, LM20-1517-0237, LM20-1523-10-95, LM20-1523-27-287 LM20-1517-0474, LM20-1519-21-10,

《大般涅槃經》卷二一（北涼曇無讖譯） LM20-1519-21-11, LM20-1519-21-12,

题名索引 D 1771

LM20-1519-21-13, LM20-1519-21-14, LM20-1493-14-04, LM20-1493-22-03, LM20-1519-21-15, LM20-1519-21-16, LM20-1494-25-02a, LM20-1496-03-05, LM20-1519-21-17, LM20-1519-21-18, LM20-1497-11-05, LM20-1497-12-05, LM20-1519-21-19, LM20-1520-35-12, LM20-1497-13-06, LM20-1497-22-02, LM20-1521-05-17, LM20-1521-09-20, LM20-1498-23-04, LM20-1499-09-01, LM20-1521-23-16, LM20-1521-28-13, LM20-1499-10-01, LM20-1499-12-02, LM20-1521-30-01, LM20-1521-34-06, LM20-1499-15-03, LM20-1499-24-05, LM20-1521-38-04, LM20-1522-13-14, LM20-1499-30-02, LM20-1499-32-04, LM20-1522-17-15, LM20-1522-20-19 LM20-1499-39-01, LM20-1500-04-04,

《大般涅槃經》卷二二（北涼曇無讖譯） LM20-1501-08-09, LM20-1501-38-03,

LM20-827-02-29, LM20-1450-28-05, LM20-1502-C0107, LM20-1502-C0126, LM20-1451-02-06, LM20-1452-01-01, LM20-1503-C0222, LM20-1505-C0535b, LM20-1452-07-06, LM20-1452-13-04, LM20-1505-C0536b, LM20-1505-C0575b, LM20-1453-09-07, LM20-1453-35-09, LM20-1505-C0633c, LM20-1505-C0669b, LM20-1454-23-07, LM20-1455-02-06, LM20-1505-C0679a, LM20-1506-C0749d, LM20-1455-12-16, LM20-1455-16-08, LM20-1506-C0771b, LM20-1506-C0806d, LM20-1455-26-02, LM20-1455-34-10, LM20-1506-C0815a, LM20-1506-C0881a, LM20-1456-03-09, LM20-1456-14-03, LM20-1506-C0904b, LM20-1507-C0989d, LM20-1456-21-19, LM20-1456-28-26, LM20-1507-C1149c, LM20-1507-C1156a, LM20-1456-36-13, LM20-1457-16-05, LM20-1509-C1540d, LM20-1509-C1593c, LM20-1458-31-15, LM20-1459-12-04, LM20-1509-C1642a, LM20-1514-CT0443, LM20-1460-23-02, LM20-1460-26-23, LM20-1514-CT0494, LM20-1514-CT0526a, LM20-1461-16-13, LM20-1464-01-08, LM20-1517-0148a, LM20-1517-0148b, LM20-1464-05-08, LM20-1464-30-12, LM20-1517-0321, LM20-1518-31-10, LM20-1464-31-12, LM20-1464-35-08, LM20-1519-21-01, LM20-1519-21-02, LM20-1466-18-03, LM20-1466-19-12, LM20-1519-21-03, LM20-1519-21-04, LM20-1467-25-01, LM20-1467-28-05, LM20-1519-21-05, LM20-1519-21-06, LM20-1467-29-01, LM20-1467-38-01, LM20-1519-21-07, LM20-1520-22-03, LM20-1469-35-02, LM20-1470-09-02, LM20-1521-17-13, LM20-1521-38-20, LM20-1470-16-04, LM20-1470-19-03, LM20-1522-01-14, LM20-1522-08-11, LM20-1470-23-02, LM20-1470-33-01, LM20-1522-11-16, LM20-1522-20-16 LM20-1474-17A-02, LM20-1488-02-03, 《大般涅槃經》卷二三（北涼曇無讖譯） LM20-1489-01-06, LM20-1489-24-03, LM20-1450-19-07, LM20-1451-02-01, LM20-1490-04-03, LM20-1493-04-08, LM20-1452-06-01, LM20-1452-28-03,

LM20-1452-31-07, LM20-1452-31-12, LM20-1453-18-04, LM20-1453-19-01, LM20-1453-37-01, LM20-1454-21-06, LM20-1455-14-09, LM20-1455-18-17, LM20-1455-32-06, LM20-1455-35-07, LM20-1456-08-11, LM20-1456-18-04, LM20-1456-20-03, LM20-1456-34-06, LM20-1458-09-12, LM20-1458-25-13, LM20-1458-31-05, LM20-1458-38-13, LM20-1460-08-04, LM20-1460-11-12, LM20-1460-24-23, LM20-1461-14-09, LM20-1461-15-02, LM20-1464-01-02, LM20-1464-08-24, LM20-1464-11-19, LM20-1464-11-25, LM20-1464-14-08, LM20-1464-20-20, LM20-1464-21-09, LM20-1464-21-10, LM20-1464-21-17, LM20-1465-15-01, LM20-1465-32-02, LM20-1465-33-02, LM20-1466-11-03, LM20-1469-35-01, LM20-1470-02-03, LM20-1470-29-03, LM20-1470-31-05, LM20-1472-38-08c, LM20-1488-05-09, LM20-1488-07-08, LM20-1488-38-05, LM20-1489-02-05, LM20-1490-07-14, LM20-1490-07-26, LM20-1492-06-05, LM20-1494-10-02, LM20-1494-28-06, LM20-1495-19-02, LM20-1496-12-06, LM20-1497-01-06, LM20-1497-26-03, LM20-1499-39-04, LM20-1501-17-06, LM20-1505-C0604a, LM20-1505-C0639a, LM20-1506-C0812c, LM20-1506-C0836b, LM20-1506-C0918b, LM20-1508-C1428, LM20-1508-C1466b, LM20-1509-C1500a, LM20-1514-CT0495, LM20-1517-0099a, LM20-1517-0282, LM20-1517-0341, LM20-1517-0496, LM20-1517-0566a, LM20-1519-22-01, LM20-1519-22-02, LM20-1519-22-03, LM20-1519-22-04, LM20-1519-22-05, LM20-1519-22-06, LM20-1519-22-07, LM20-1521-24-14, LM20-1522-20-09

《大般涅槃經》卷二四（北涼曇無讖譯）

LM20-1450-18-05, LM20-1454-29-09, LM20-1454-36-02, LM20-1455-03-09, LM20-1455-19-09, LM20-1455-21-12, LM20-1455-30-16, LM20-1455-37-17, LM20-1456-04-06, LM20-1456-07-07, LM20-1456-12-13, LM20-1456-16-07, LM20-1456-26-14, LM20-1456-29-10, LM20-1458-08-14, LM20-1458-13-01, LM20-1458-20-23, LM20-1458-21-03, LM20-1458-28-16, LM20-1458-37-09, LM20-1458-38-10, LM20-1459-01-05, LM20-1459-04-02, LM20-1459-04-03b, LM20-1459-04-03f, LM20-1459-04-03i, LM20-1459-04-03l, LM20-1459-08-06, LM20-1459-22-03, LM20-1460-02-16, LM20-1460-12-15, LM20-1460-20-07, LM20-1460-22-20, LM20-1461-12-23, LM20-1461-21-18, LM20-1461-25-11, LM20-1461-28-14, LM20-1461-31-16, LM20-1461-31-17, LM20-1461-31-22, LM20-1461-33-05, LM20-1461-37-02, LM20-1462-34-03, LM20-1463-04-06, LM20-1463-04-07, LM20-1463-04-08, LM20-1463-06-10a, LM20-1463-07-07, LM20-1463-09-09a, LM20-1463-09-09b, LM20-1463-09-09c, LM20-1463-09-09d, LM20-1463-09-09e, LM20-1463-09-10,

题名索引 D 1773

LM20-1463-09-11, LM20-1463-09-13, LM20-1463-10-06, LM20-1463-10-07, LM20-1463-10-08, LM20-1463-12-01, LM20-1463-12-02, LM20-1463-12-08, LM20-1463-32-01, LM20-1463-32-02, LM20-1463-32-03, LM20-1463-32-04, LM20-1463-33-01, LM20-1463-33-03, LM20-1463-33-04, LM20-1463-34-01, LM20-1463-34-02, LM20-1464-22-18, LM20-1464-23-06, LM20-1465-34-10, LM20-1467-04-02, LM20-1470-03-01, LM20-1470-27-04b, LM20-1474-04B-07, LM20-1474-10B-09, LM20-1488-15-07, LM20-1488-21-14, LM20-1488-31-14, LM20-1489-06-01, LM20-1489-06-03, LM20-1489-06-05, LM20-1489-06-06, LM20-1489-06-08, LM20-1489-06-09, LM20-1489-07-12, LM20-1489-07-13, LM20-1489-07-14, LM20-1489-07-16, LM20-1489-07-17, LM20-1489-07-18, LM20-1489-07-19, LM20-1489-28-14, LM20-1490-22-02, LM20-1490-22-03, LM20-1490-22-04, LM20-1490-22-06, LM20-1490-22-07, LM20-1490-22-08, LM20-1490-22-09, LM20-1490-22-10, LM20-1490-23-12, LM20-1490-23-13, LM20-1490-23-14, LM20-1490-23-15, LM20-1490-23-16, LM20-1490-23-17, LM20-1492-35-04, LM20-1494-18-04, LM20-1494-18-06, LM20-1496-15-04, LM20-1497-19-06, LM20-1499-07-01, LM20-1499-09-02, LM20-1505-C0572b, LM20-1506-C0870c, LM20-1506-C0967a, LM20-1507-C1047b, LM20-1507-C1084a, LM20-1507-C1095d, LM20-1507-C1098c, LM20-1507-C1130b, LM20-1507-C1157b, LM20-1507-C1174c, LM20-1508-C1275, LM20-1508-C1327d, LM20-1508-C1353a, LM20-1508-C1409, LM20-1508-C1466d, LM20-1509-C1546c, LM20-1511-CB0076, LM20-1515-CC0011, LM20-1517-0500, LM20-1517-0578, LM20-1519-21-08a, LM20-1519-21-09, LM20-1519-22-08, LM20-1519-22-09, LM20-1519-22-10, LM20-1519-22-11, LM20-1519-22-12, LM20-1519-22-13, LM20-1520-28-05, LM20-1521-13-07, LM20-1522-23-11, LM20-1523-19-187, LM20-1528-02-35, LM20-1548-05-21, LM20-1548-08-53, LM20-1548-09-68

《大般涅槃經》卷二五（北涼曇無讖譯）

LM20-827-07-96, LM20-1450-09-02, LM20-1450-20-01, LM20-1450-27-04, LM20-1452-01-05, LM20-1452-08-14, LM20-1452-11-17, LM20-1452-13-01, LM20-1452-17-10, LM20-1452-29-09, LM20-1452-30-02, LM20-1453-10-05, LM20-1454-05-25, LM20-1454-09-07, LM20-1454-11-02, LM20-1454-33-04, LM20-1455-11-06, LM20-1456-03-05, LM20-1456-09-14, LM20-1456-12-18, LM20-1456-17-06, LM20-1456-19-02, LM20-1456-22-02, LM20-1456-35-14, LM20-1457-06-12, LM20-1457-12-01, LM20-1458-01-14, LM20-1458-03-08, LM20-1458-11-04, LM20-1458-30-05, LM20-1458-37-03, LM20-1458-37-18, LM20-1459-10-05, LM20-1459-10-06,

LM20-1459-10-07, LM20-1459-10-08, LM20-1489-04-07, LM20-1489-11-25, LM20-1459-30-02, LM20-1460-14-09, LM20-1489-26-07, LM20-1489-29-23, LM20-1460-18-02, LM20-1460-32-16, LM20-1492-33-01, LM20-1492-33-07, LM20-1460-33-11, LM20-1461-01-16, LM20-1492-38-06, LM20-1493-18-04, LM20-1461-11-15, LM20-1461-13-03, LM20-1496-12-08, LM20-1498-29-06, LM20-1461-20-21, LM20-1461-30-11, LM20-1498-36-03, LM20-1498-40-02, LM20-1462-03-14, LM20-1462-11-08, LM20-1501-02-03, LM20-1501-07-07, LM20-1462-16-08, LM20-1462-38-05, LM20-1501-38-05, LM20-1502-C0051, LM20-1464-10-15, LM20-1464-18-21, LM20-1502-C0055, LM20-1502-C0078, LM20-1464-26-11, LM20-1464-31-14, LM20-1502-C0081, LM20-1502-C0085, LM20-1465-05-06, LM20-1465-25-07, LM20-1502-C0093, LM20-1502-C0117, LM20-1466-01-02, LM20-1466-02-01, LM20-1503-C0225, LM20-1504-C0409a, LM20-1466-03-10, LM20-1466-10-09, LM20-1504-C0439a, LM20-1505-C0662b, LM20-1467-13-03, LM20-1470-37-03, LM20-1505-C0678b, LM20-1506-C0733d, LM20-1472-22-01, LM20-1472-22-02, LM20-1506-C0770d, LM20-1506-C0803c, LM20-1472-22-04, LM20-1472-22-05, LM20-1506-C0812d, LM20-1506-C0908a, LM20-1472-23-01, LM20-1472-23-02, LM20-1506-C0936c, LM20-1506-C0937c, LM20-1472-23-03a, LM20-1472-23-03b, LM20-1506-C0939d, LM20-1507-C1076d, LM20-1472-23-04, LM20-1472-23-05, LM20-1507-C1136b, LM20-1507-C1172b, LM20-1472-25-01, LM20-1472-38-01, LM20-1507-C1179b, LM20-1508-C1268j, LM20-1472-38-02, LM20-1472-38-03, LM20-1508-C1349d, LM20-1508-C1380e, LM20-1472-38-04, LM20-1472-38-05, LM20-1508-C1487a, LM20-1509-C1559d, LM20-1472-38-06, LM20-1472-38-07, LM20-1509-C1635c, LM20-1510-C1658, LM20-1472-38-08a, LM20-1472-38-08b, LM20-1510-C1664, LM20-1510-C1675, LM20-1472-38-09, LM20-1473-03-01, LM20-1514-CT0458, LM20-1517-0034, LM20-1473-05-01, LM20-1473-05-02, LM20-1517-0110, LM20-1517-0307b, LM20-1473-05-03, LM20-1473-05-04, LM20-1517-0312b, LM20-1517-0325, LM20-1473-05-05, LM20-1473-06-01, LM20-1517-0423, LM20-1517-0449, LM20-1473-06-02, LM20-1473-06-03, LM20-1517-0597b, LM20-1519-23-01, LM20-1473-07-01, LM20-1473-07-02, LM20-1519-23-02, LM20-1519-23-03, LM20-1473-09-01, LM20-1473-09-02, LM20-1519-23-04, LM20-1519-23-05, LM20-1473-11-01, LM20-1473-11-02, LM20-1519-23-06, LM20-1519-23-07, LM20-1488-07-07, LM20-1488-10-01, LM20-1519-23-08, LM20-1519-23-09, LM20-1489-01-02, LM20-1489-01-08, LM20-1519-23-10, LM20-1519-23-11,

题名索引 D 1775

LM20-1519-23-12, LM20-1520-25-05, LM20-1458-16-15, LM20-1458-21-17, LM20-1521-27-14, LM20-1522-18-02, LM20-1459-27-02, LM20-1459-27-03, LM20-1522-22-11, LM20-1533 LM20-1460-06-02, LM20-1460-27-15b,

《大般涅槃經》卷二六（北涼曇無讖譯） LM20-1460-30-16a, LM20-1460-33-02,

LM20-1455-17-09, LM20-1455-38-24a, LM20-1460-38-02, LM20-1461-03-04, LM20-1456-18-17, LM20-1456-31-06b, LM20-1461-04-10, LM20-1461-08-20, LM20-1460-25-14, LM20-1460-32-04, LM20-1461-19-23, LM20-1461-20-08, LM20-1461-18-01, LM20-1461-19-01, LM20-1461-28-05, LM20-1461-28-12, LM20-1462-22-01, LM20-1464-26-14, LM20-1461-31-07, LM20-1461-33-08, LM20-1465-18-03, LM20-1468-18-03, LM20-1461-36-13, LM20-1462-07-22, LM20-1488-20-01, LM20-1489-26-08, LM20-1463-25-01, LM20-1463-29-08, LM20-1491-08-02, LM20-1493-04-06, LM20-1464-06-09, LM20-1464-17-16, LM20-1494-12-04, LM20-1496-01-03, LM20-1464-18-15, LM20-1464-26-10, LM20-1497-25-07, LM20-1498-10-02, LM20-1464-28-06, LM20-1464-28-09, LM20-1498-39-05, LM20-1501-20-04, LM20-1464-30-09, LM20-1465-38-14, LM20-1505-C0714b, LM20-1508-C1346e, LM20-1465-38-16, LM20-1466-12-11, LM20-1509-C1543c, LM20-1509-C1560b, LM20-1467-29-03, LM20-1470-04-09, LM20-1517-0164, LM20-1517-0439, LM20-1470-35-01, LM20-1470-36-03, LM20-1517-0482, LM20-1519-23-14, LM20-1472-14-12, LM20-1489-15-06, LM20-1519-23-15, LM20-1519-23-16, LM20-1489-24-08, LM20-1489-25-14, LM20-1548-06-30 LM20-1489-25-15, LM20-1489-25-16,

《大般涅槃經》卷二七（北涼曇無讖譯） LM20-1489-25-17, LM20-1489-25-18,

LM20-1450-35-02, LM20-1450-36-05, LM20-1489-25-19, LM20-1489-25-20, LM20-1452-13-05, LM20-1452-17-07, LM20-1489-25-21, LM20-1489-25-22, LM20-1452-20-03, LM20-1452-21-10, LM20-1489-25-23, LM20-1489-25-24, LM20-1452-36-04, LM20-1452-38-03, LM20-1489-26-15, LM20-1490-04-05, LM20-1453-36-02, LM20-1454-06-11, LM20-1494-23-04, LM20-1495-10-05, LM20-1454-08-02, LM20-1454-35-04, LM20-1497-09-04, LM20-1497-17-02, LM20-1455-05-03, LM20-1455-12-15, LM20-1502-C0098, LM20-1502-C0109, LM20-1455-15-05, LM20-1455-33-13, LM20-1502-C0150, LM20-1503-C0325, LM20-1456-06-19, LM20-1456-28-22, LM20-1504-C0393b, LM20-1504-C0457a, LM20-1456-31-17, LM20-1456-37-13, LM20-1505-C0616a, LM20-1505-C0646e, LM20-1457-15-02, LM20-1457-15-05, LM20-1506-C0769d, LM20-1506-C0881b, LM20-1458-09-17, LM20-1458-13-07, LM20-1507-C1056c, LM20-1507-C1092f,

LM20-1507-C1096e, LM20-1507-C1163a, LM20-1466-17-02, LM20-1467-04-09, LM20-1507-C1195, LM20-1508-C1277, LM20-1467-34-05, LM20-1469-32-01, LM20-1508-C1365b, LM20-1509-C1528, LM20-1470-14-01, LM20-1470-17-01, LM20-1509-C1543a, LM20-1509-C1561a, LM20-1488-01-01, LM20-1488-03-04, LM20-1517-0309, LM20-1517-0393a, LM20-1488-13-04, LM20-1489-16-04, LM20-1517-0563, LM20-1519-23-13, LM20-1489-26-09, LM20-1489-32-01, LM20-1519-23-17, LM20-1519-24-01, LM20-1490-09-22, LM20-1491-26-05, LM20-1519-24-02, LM20-1519-24-03, LM20-1492-21-03, LM20-1496-19-03b, LM20-1519-24-04, LM20-1519-24-05, LM20-1496-21-06, LM20-1496-31-01, LM20-1519-24-06, LM20-1519-24-07, LM20-1497-28-06, LM20-1498-20-01, LM20-1519-24-08, LM20-1519-24-09, LM20-1498-30-03, LM20-1499-24-06, LM20-1519-24-10, LM20-1520-16-10, LM20-1499-37-03, LM20-1500-09-01, LM20-1521-31-10, LM20-1521-31-19, LM20-1500-28-01, LM20-1501-26-07, LM20-1521-36-16, LM20-1522-08-19, LM20-1502-C0115, LM20-1504-C0440, LM20-1537-01 LM20-1506-C0930c, LM20-1506-C0934a,

《大般涅槃經》卷二八（北涼曇無讖譯） LM20-1507-C1154d, LM20-1508-C1336a, LM20-1450-13-02, LM20-1450-31-01, LM20-1508-C1341e, LM20-1509-C1558c, LM20-1451-11-02, LM20-1452-04-19, LM20-1509-C1609e, LM20-1513-CT0280, LM20-1452-05-06, LM20-1452-30-11, LM20-1514-CT0529r, LM20-1517-0018a, LM20-1452-37-05, LM20-1452-38-04b, LM20-1517-0608, LM20-1519-23-18, LM20-1453-33-06, LM20-1454-03-09, LM20-1519-23-19, LM20-1519-24-12, LM20-1456-18-24, LM20-1456-20-06, LM20-1519-24-13, LM20-1519-24-14, LM20-1456-21-04, LM20-1457-02-03, LM20-1519-24-15, LM20-1519-24-16b, LM20-1459-27-07, LM20-1460-07-04, LM20-1519-24-17, LM20-1519-24-18, LM20-1460-19-16, LM20-1460-20-08, LM20-1520-30-09, LM20-1522-24-06, LM20-1460-21-16, LM20-1460-24-21, LM20-1548-07-35

LM20-1460-30-02, LM20-1461-08-03, 《大般涅槃經》卷二九（北涼曇無讖譯） LM20-1461-09-27, LM20-1461-12-30, LM20-1451-22-01, LM20-1452-03-02, LM20-1461-19-22, LM20-1461-26-02, LM20-1452-05-10, LM20-1452-22-09, LM20-1462-07-04, LM20-1462-11-04, LM20-1452-22-10, LM20-1452-24-01, LM20-1464-12-01, LM20-1464-13-11, LM20-1452-26-04, LM20-1452-37-12, LM20-1464-33-01, LM20-1464-34-17, LM20-1453-02-08, LM20-1454-29-03, LM20-1465-24-07, LM20-1465-31-02, LM20-1455-12-04, LM20-1455-15-10, LM20-1465-36-11, LM20-1465-37-06, LM20-1455-25-13, LM20-1455-35-01,

题名索引 D 1777

LM20-1455-36-10b, LM20-1456-10-04, LM20-1522-21-07, LM20-1523-27-280, LM20-1456-18-21, LM20-1456-28-18, LM20-1548-01-01 LM20-1456-28-21a, LM20-1456-28-21b, 《大般涅槃經》卷三〇(北涼曇無識譯) LM20-1456-33-10, LM20-1457-04-06, LM20-827-10-143, LM20-827-12-160, LM20-1457-19-06, LM20-1458-38-08, LM20-827-12-162, LM20-827-13-170, LM20-1460-03-15, LM20-1460-04-02, LM20-827-13-171, LM20-1451-27-02, LM20-1460-29-02, LM20-1460-29-17, LM20-1452-37-19, LM20-1453-05-07, LM20-1461-28-22, LM20-1462-09-02, LM20-1453-11-01, LM20-1453-11-05, LM20-1462-21-09, LM20-1463-22-05, LM20-1453-12-04, LM20-1454-03-08, LM20-1464-02-07, LM20-1465-35-02, LM20-1454-36-01, LM20-1455-07-07, LM20-1465-38-17, LM20-1466-10-13, LM20-1455-31-12, LM20-1455-32-01, LM20-1466-27-02, LM20-1466-38-01, LM20-1455-37-11, LM20-1455-38-15, LM20-1467-23-01, LM20-1470-26-01, LM20-1456-06-22, LM20-1456-07-09, LM20-1472-01-08, LM20-1474-04B-05, LM20-1456-21-20, LM20-1456-28-10, LM20-1488-36-02, LM20-1489-12-06, LM20-1456-32-09, LM20-1456-36-02, LM20-1489-32-03, LM20-1490-15-16, LM20-1458-11-14, LM20-1458-16-02, LM20-1491-03-03, LM20-1491-24-04, LM20-1458-16-10, LM20-1458-16-17, LM20-1492-16-03, LM20-1494-35-06, LM20-1458-33-04, LM20-1460-10-20, LM20-1497-23-07, LM20-1498-16-03, LM20-1460-35-13, LM20-1461-04-12, LM20-1498-33-06, LM20-1499-13-01, LM20-1461-13-02, LM20-1461-14-02, LM20-1501-10-02, LM20-1501-11-01, LM20-1461-19-12, LM20-1461-29-12, LM20-1501-27-02, LM20-1501-33-03, LM20-1461-31-08, LM20-1462-02-06, LM20-1503-C0232, LM20-1504-C0404b, LM20-1462-22-08, LM20-1462-24-05, LM20-1505-C0609a, LM20-1505-C0692c, LM20-1463-28-05, LM20-1464-13-13, LM20-1506-C0768e, LM20-1507-C1000b, LM20-1464-13-19, LM20-1464-28-02, LM20-1507-C1098a, LM20-1507-C1208, LM20-1466-23-02, LM20-1466-34-05, LM20-1508-C1359d, LM20-1508-C1410c, LM20-1466-38-03, LM20-1467-30-01, LM20-1509-C1592c, LM20-1511-CB0074, LM20-1469-16-02, LM20-1469-38-14, LM20-1517-0428, LM20-1517-0630, LM20-1488-20-03, LM20-1488-20-07, LM20-1519-25-01, LM20-1519-25-02, LM20-1489-23-18, LM20-1489-33-09, LM20-1519-25-03, LM20-1519-25-04, LM20-1489-33-13, LM20-1489-38-05, LM20-1519-25-05, LM20-1519-25-06, LM20-1490-13-18, LM20-1492-25-06, LM20-1519-25-07, LM20-1521-05-01, LM20-1493-37-03, LM20-1494-16-02, LM20-1521-35-05, LM20-1521-35-09, LM20-1495-27-03, LM20-1497-34-01,

LM20-1498-27-03, LM20-1499-21-04, LM20-1460-01-10, LM20-1460-06-01, LM20-1503-C0241, LM20-1505-C0488b, LM20-1460-12-12, LM20-1460-16-17, LM20-1506-C0730e, LM20-1506-C0743b, LM20-1460-25-12, LM20-1460-28-18, LM20-1506-C0824d, LM20-1506-C0878b, LM20-1460-34-13, LM20-1460-36-10, LM20-1507-C0992b, LM20-1507-C1056b, LM20-1460-38-12, LM20-1461-13-01, LM20-1507-C1076c, LM20-1507-C1183d, LM20-1461-20-05, LM20-1461-27-03, LM20-1508-C1491, LM20-1509-C1545e, LM20-1462-14-07, LM20-1463-26-03, LM20-1509-C1612d, LM20-1512-CT0123b, LM20-1463-29-03, LM20-1464-10-19, LM20-1514-CT0393, LM20-1517-0025a, LM20-1464-11-04, LM20-1464-14-04, LM20-1517-0227, LM20-1517-0236, LM20-1464-16-09, LM20-1464-32-08, LM20-1517-0410, LM20-1519-25-09, LM20-1465-04-03, LM20-1465-38-08, LM20-1519-25-10, LM20-1519-25-11, LM20-1467-27-02, LM20-1467-36-11, LM20-1519-25-12, LM20-1519-25-13, LM20-1467-37-05, LM20-1468-06-05, LM20-1519-25-14, LM20-1520-38-11, LM20-1468-12-06, LM20-1470-03-07, LM20-1521-31-24, LM20-1522-05-21, LM20-1470-13-02, LM20-1472-01-06, LM20-1522-06-12, LM20-1522-07-01, LM20-1472-01-07, LM20-1489-24-10, LM20-1522-09-21 LM20-1491-30-03, LM20-1491-38-02,

《大般涅槃經》卷三一（北涼曇無讖譯） LM20-1492-32-03, LM20-1494-28-08,

LM20-1450-34-05, LM20-1451-22-03, LM20-1495-31-04, LM20-1496-28-05, LM20-1452-10-15, LM20-1452-32-08, LM20-1497-14-02, LM20-1499-38-02, LM20-1452-36-12, LM20-1453-11-03, LM20-1500-25-04, LM20-1501-04-05, LM20-1453-30-04, LM20-1453-38-07, LM20-1501-04-06, LM20-1501-16-01, LM20-1455-11-02, LM20-1455-15-15, LM20-1501-29-01, LM20-1503-C0319, LM20-1455-21-16, LM20-1455-31-04, LM20-1504-C0338, LM20-1504-C0387a, LM20-1455-38-04, LM20-1456-08-17, LM20-1504-C0465b, LM20-1505-C0478a, LM20-1456-13-11, LM20-1456-18-20, LM20-1505-C0538c, LM20-1505-C0544b, LM20-1456-24-23, LM20-1456-26-19, LM20-1505-C0553a, LM20-1505-C0560c, LM20-1457-04-11, LM20-1457-07-05, LM20-1505-C0568c, LM20-1506-C0852a, LM20-1457-13-06, LM20-1457-13-11, LM20-1506-C0898d, LM20-1506-C0950d, LM20-1457-20-04, LM20-1457-27-02, LM20-1506-C0950e, LM20-1507-C0988a, LM20-1458-05-07, LM20-1458-12-18, LM20-1507-C1050b, LM20-1507-C1117d, LM20-1458-15-06, LM20-1458-20-10, LM20-1508-C1322c, LM20-1508-C1329a, LM20-1458-23-06, LM20-1458-26-05, LM20-1508-C1354d, LM20-1509-C1553c, LM20-1458-29-11, LM20-1460-01-03, LM20-1509-C1594e, LM20-1517-0076,

题名索引 D 1779

LM20-1517-0315, LM20-1517-0328, LM20-1517-0371, LM20-1517-0392, LM20-1517-0492, LM20-1517-0494, LM20-1517-0526, LM20-1517-0622, LM20-1519-10-01, LM20-1519-25-08, LM20-1519-26-01, LM20-1519-26-02, LM20-1519-26-03, LM20-1519-26-04, LM20-1519-26-05, LM20-1519-26-06, LM20-1519-26-07, LM20-1519-26-08, LM20-1519-26-09, LM20-1519-26-10, LM20-1519-26-11, LM20-1519-26-12, LM20-1521-09-19, LM20-1521-18-03, LM20-1522-04-13, LM20-1522-13-01, LM20-1522-22-18a

《大般涅槃經》卷三二（北涼曇無讖譯）

LM20-1452-04-07, LM20-1452-06-11, LM20-1452-06-15, LM20-1452-38-17, LM20-1453-01-11, LM20-1453-20-05, LM20-1453-30-08, LM20-1454-04-07, LM20-1455-03-04, LM20-1455-15-07, LM20-1455-27-18, LM20-1455-32-08, LM20-1456-31-09, LM20-1456-32-02, LM20-1457-01-07, LM20-1457-01-08, LM20-1457-01-10, LM20-1457-19-04, LM20-1458-34-17, LM20-1460-03-20, LM20-1460-05-19, LM20-1460-11-09, LM20-1460-11-11, LM20-1460-11-20, LM20-1460-22-06, LM20-1460-37-20, LM20-1461-07-05, LM20-1461-12-24, LM20-1461-19-06, LM20-1461-37-20, LM20-1462-09-05, LM20-1462-10-09, LM20-1462-28-02, LM20-1462-34-04c, LM20-1463-21-03a, LM20-1463-21-03b, LM20-1463-30-05, LM20-1465-13-04, LM20-1465-13-07, LM20-1465-13-08, LM20-1465-22-06, LM20-1465-25-08, LM20-1466-10-04, LM20-1467-01-03, LM20-1467-10-06, LM20-1467-13-05, LM20-1467-17-04, LM20-1467-22-02, LM20-1467-37-02, LM20-1469-01-01, LM20-1470-38-04, LM20-1474-17A-01, LM20-1488-25-08, LM20-1488-29-09, LM20-1490-10-05, LM20-1491-01-02, LM20-1492-36-07, LM20-1492-38-07, LM20-1495-13-01, LM20-1495-17-01, LM20-1498-21-04, LM20-1499-09-04, LM20-1501-32-04, LM20-1502-C0053, LM20-1502-C0130, LM20-1505-C0584d, LM20-1505-C0595b, LM20-1505-C0678a, LM20-1506-C0728a, LM20-1506-C0731a, LM20-1506-C0761b, LM20-1506-C0830b, LM20-1506-C0933c, LM20-1507-C1125c, LM20-1507-C1154a, LM20-1507-C1175b, LM20-1507-C1187a, LM20-1508-C1460b, LM20-1517-0314b, LM20-1517-0383, LM20-1517-0531, LM20-1519-26-13, LM20-1519-26-14, LM20-1519-26-15, LM20-1519-26-16, LM20-1519-26-17, LM20-1519-26-18, LM20-1520-25-09, LM20-1521-10-14, LM20-1521-21-14, LM20-1521-27-13, LM20-1521-31-02, LM20-1548-07-42

《大般涅槃經》卷三三（北涼曇無讖譯）

LM20-1450-08-06, LM20-1452-29-15, LM20-1454-06-09, LM20-1455-09-09, LM20-1455-38-23, LM20-1456-10-13, LM20-1456-19-06, LM20-1456-33-04, LM20-1457-10-06, LM20-1458-04-07,

LM20-1458-04-20, LM20-1459-23-06, LM20-1473-10-10, LM20-1473-12-03, LM20-1460-27-17, LM20-1460-30-20, LM20-1489-03-10, LM20-1489-29-20, LM20-1460-37-10, LM20-1462-01-01, LM20-1494-17-05a, LM20-1494-17-05b, LM20-1464-25-16, LM20-1465-35-15, LM20-1494-24-01, LM20-1494-32-04, LM20-1466-11-22, LM20-1469-36-05, LM20-1497-04-03, LM20-1497-31-04, LM20-1474-03B-07, LM20-1488-06-04, LM20-1499-13-03, LM20-1499-36-03, LM20-1488-17-03, LM20-1490-08-01, LM20-1503-C0302a, LM20-1505-C0495a, LM20-1492-31-01, LM20-1495-16-01, LM20-1506-C0767e, LM20-1507-C1005b, LM20-1503-C0201, LM20-1504-C0460b, LM20-1507-C1171a, LM20-1509-C1574g, LM20-1505-C0652a, LM20-1505-C0680c, LM20-1509-C1632b, LM20-1517-0168b, LM20-1506-C0820b, LM20-1506-C0927a, LM20-1519-11-04, LM20-1519-27-08, LM20-1506-C0959a, LM20-1507-C1097c, LM20-1519-27-09, LM20-1519-27-10, LM20-1507-C1168d, LM20-1508-C1353b, LM20-1519-27-11, LM20-1521-01-18 LM20-1509-C1582c, LM20-1509-C1601a, 《大般涅槃經》卷三五（北涼曇無讖譯） LM20-1509-C1624d, LM20-1517-0273, LM20-1451-33-01, LM20-1452-08-10, LM20-1517-0548, LM20-1519-27-01, LM20-1453-27-09, LM20-1453-35-05, LM20-1519-27-02, LM20-1519-27-03, LM20-1454-37-06, LM20-1455-02-07, LM20-1519-27-04, LM20-1519-27-05, LM20-1455-03-10, LM20-1455-05-01a, LM20-1519-27-06, LM20-1521-30-03 LM20-1455-05-01b, LM20-1455-05-01c, 《大般涅槃經》卷三四（北涼曇無讖譯） LM20-1455-14-05, LM20-1455-17-14, LM20-1450-15-05, LM20-1450-25-01, LM20-1456-02-22, LM20-1456-26-08, LM20-1452-02-04, LM20-1452-23-03, LM20-1456-28-01, LM20-1457-02-02, LM20-1452-30-04, LM20-1453-10-09, LM20-1457-06-10, LM20-1457-10-11, LM20-1454-09-10b, LM20-1454-11-03, LM20-1458-08-02, LM20-1458-36-13, LM20-1454-26-06, LM20-1454-30-01, LM20-1459-09-01, LM20-1459-20-02, LM20-1456-16-10, LM20-1456-17-09, LM20-1460-11-18, LM20-1460-12-18, LM20-1457-20-06, LM20-1458-20-20, LM20-1460-13-01a, LM20-1460-13-01b, LM20-1458-30-18, LM20-1460-28-17, LM20-1460-13-02a, LM20-1460-13-02b, LM20-1461-17-18, LM20-1464-09-14, LM20-1460-13-03, LM20-1460-13-05a, LM20-1467-22-04, LM20-1467-36-03, LM20-1460-13-05b, LM20-1460-13-06a, LM20-1473-01-01, LM20-1473-01-03, LM20-1460-13-06b, LM20-1460-13-08, LM20-1473-01-04, LM20-1473-10-04, LM20-1460-13-09a, LM20-1460-13-09b, LM20-1473-10-05, LM20-1473-10-06, LM20-1460-13-11a, LM20-1460-13-11b, LM20-1473-10-07, LM20-1473-10-08, LM20-1460-17-15, LM20-1460-32-13,

題名索引　D 1781

LM20-1460-32-18, LM20-1460-33-08, LM20-1491-35-02, LM20-1491-37-01, LM20-1461-29-07, LM20-1461-32-08, LM20-1492-35-01, LM20-1493-34-01, LM20-1464-12-09, LM20-1464-29-08, LM20-1494-04-05, LM20-1496-05-04, LM20-1465-14-03, LM20-1465-37-16, LM20-1496-18-04, LM20-1497-02-06, LM20-1466-02-07, LM20-1466-04-09, LM20-1497-19-01, LM20-1498-23-01, LM20-1466-11-11, LM20-1466-12-07, LM20-1499-03-04, LM20-1499-25-03, LM20-1472-13-05, LM20-1472-13-07, LM20-1504-C0363, LM20-1504-C0418a, LM20-1472-13-08, LM20-1472-13-10, LM20-1504-C0468b, LM20-1505-C0555a, LM20-1472-13-11, LM20-1472-14-02, LM20-1505-C0558b, LM20-1505-C0593a, LM20-1472-14-05, LM20-1472-14-10, LM20-1505-C0622b, LM20-1507-C1035b, LM20-1472-16-01, LM20-1472-16-02, LM20-1507-C1076a, LM20-1508-C1355c, LM20-1472-16-03, LM20-1472-16-04, LM20-1509-C1649c, LM20-1517-0063, LM20-1472-17-01, LM20-1472-17-02, LM20-1517-0068, LM20-1517-0079, LM20-1472-17-03, LM20-1472-17-04, LM20-1517-0190a, LM20-1517-0326, LM20-1472-18-01, LM20-1472-18-02, LM20-1519-27-12, LM20-1519-27-13, LM20-1472-18-03, LM20-1472-18-04, LM20-1519-27-14, LM20-1519-27-15, LM20-1472-19-01, LM20-1472-19-02, LM20-1519-27-16, LM20-1520-36-17, LM20-1472-19-03, LM20-1472-19-04, LM20-1521-16-15, LM20-1521-23-20, LM20-1472-20-01, LM20-1472-20-02, LM20-1521-25-04-01, LM20-1522-03-11, LM20-1472-20-03, LM20-1472-20-04, LM20-1548-08-55 LM20-1472-21-01, LM20-1472-21-02, 《大般涅槃經》卷三六（北涼曇無讖譯） LM20-1472-21-03, LM20-1472-21-04, LM20-1450-35-06, LM20-1452-22-15, LM20-1472-22-03, LM20-1473-01-02, LM20-1452-39-04, LM20-1455-03-02, LM20-1473-01-05, LM20-1473-01-06, LM20-1455-09-07, LM20-1455-23-10, LM20-1473-01-07, LM20-1473-02-01, LM20-1455-30-09, LM20-1456-01-14, LM20-1473-02-02, LM20-1473-02-03, LM20-1456-13-06, LM20-1456-19-07, LM20-1473-02-04, LM20-1473-08-01, LM20-1456-19-10, LM20-1457-07-02, LM20-1473-08-02, LM20-1473-08-03, LM20-1457-10-08, LM20-1458-31-25, LM20-1473-08-04, LM20-1473-08-05, LM20-1460-34-02, LM20-1461-11-13, LM20-1473-08-06, LM20-1473-10-01, LM20-1461-16-17, LM20-1461-35-02, LM20-1473-10-02, LM20-1473-10-03, LM20-1461-36-11, LM20-1462-06-16, LM20-1473-10-09, LM20-1473-12-01, LM20-1465-28-07, LM20-1467-31-04, LM20-1473-12-02, LM20-1490-08-13, LM20-1469-37-09, LM20-1488-31-11, LM20-1491-10-02, LM20-1491-21-01, LM20-1489-27-17, LM20-1489-27-30,

LM20-1489-32-07, LM20-1490-01-01, LM20-1459-23-05, LM20-1460-16-19, LM20-1490-24-05, LM20-1492-28-03, LM20-1460-23-06, LM20-1460-23-20, LM20-1496-15-03, LM20-1498-33-01, LM20-1460-37-22, LM20-1461-01-17, LM20-1498-37-02, LM20-1499-13-04, LM20-1461-08-08, LM20-1461-08-18, LM20-1501-06-07, LM20-1502-C0043a, LM20-1461-19-11, LM20-1461-22-08, LM20-1503-C0183, LM20-1504-C0335, LM20-1461-22-15, LM20-1461-26-17, LM20-1506-C0760b, LM20-1506-C0768d, LM20-1461-28-11, LM20-1461-30-22, LM20-1506-C0804a, LM20-1506-C0812a, LM20-1461-31-19, LM20-1461-31-23, LM20-1506-C0842b, LM20-1506-C0849d, LM20-1462-02-11, LM20-1462-07-21, LM20-1506-C0850a, LM20-1506-C0901c, LM20-1462-25-01, LM20-1464-17-24, LM20-1508-C1283, LM20-1508-C1309, LM20-1465-11-02, LM20-1465-24-12, LM20-1509-C1608c, LM20-1509-C1629, LM20-1466-11-20, LM20-1467-30-02, LM20-1514-CT0520, LM20-1517-0131, LM20-1467-37-06, LM20-1470-17-03, LM20-1517-0284, LM20-1517-0300, LM20-1470-29-04, LM20-1474-06A-03, LM20-1519-27-07, LM20-1519-28-01, LM20-1474-19B-06, LM20-1475-19B-08, LM20-1519-28-02, LM20-1519-28-03, LM20-1488-11-06, LM20-1488-16-02, LM20-1519-28-04, LM20-1519-28-05, LM20-1488-36-05, LM20-1489-08-02, LM20-1519-28-06, LM20-1519-28-07, LM20-1489-19-07, LM20-1489-32-05, LM20-1519-28-08, LM20-1520-32-14, LM20-1489-38-10, LM20-1490-03-10, LM20-1522-08-06, LM20-1522-19-15 LM20-1491-37-03, LM20-1492-05-05,

《大般涅槃經》卷三七（北涼曇無讖譯） LM20-1493-06-08, LM20-1493-09-02,

LM20-1450-05-05, LM20-1450-09-05, LM20-1493-38-01, LM20-1494-04-03, LM20-1452-07-04, LM20-1452-33-14, LM20-1494-37-02, LM20-1496-13-01, LM20-1453-14-02, LM20-1453-21-03, LM20-1496-29-01, LM20-1497-10-04, LM20-1454-03-05, LM20-1454-05-21, LM20-1500-01-04, LM20-1500-20-03, LM20-1455-01-15, LM20-1455-02-03, LM20-1500-34-01, LM20-1501-21-04, LM20-1455-10-14, LM20-1455-17-12, LM20-1502-C0038a, LM20-1505-C0697a, LM20-1455-32-14, LM20-1456-04-01, LM20-1506-C0767b, LM20-1506-C0926c, LM20-1456-11-10, LM20-1456-15-08, LM20-1506-C0929d, LM20-1507-C0997b, LM20-1456-26-17, LM20-1456-35-03, LM20-1507-C1158a, LM20-1508-C1287, LM20-1457-02-05, LM20-1457-04-05, LM20-1508-C1447, LM20-1509-C1613e, LM20-1457-11-11, LM20-1458-03-01, LM20-1514-CT0446, LM20-1517-0014, LM20-1458-04-13, LM20-1458-09-04, LM20-1517-0307a, LM20-1519-05-11, LM20-1458-10-03, LM20-1458-32-16, LM20-1519-29-01, LM20-1519-29-02,

题名索引 D 1783

LM20-1519-29-03, LM20-1519-29-04, LM20-1500-20-05, LM20-1504-C0390b, LM20-1519-29-05, LM20-1519-29-06, LM20-1504-C0451b, LM20-1505-C0527e, LM20-1519-29-07, LM20-1519-29-08, LM20-1505-C0594a, LM20-1505-C0661b, LM20-1519-29-09, LM20-1519-29-10, LM20-1506-C0763b, LM20-1507-C1062b, LM20-1519-29-11, LM20-1519-29-12, LM20-1508-C1313, LM20-1508-C1461d, LM20-1519-29-13, LM20-1520-32-01, LM20-1509-C1498e, LM20-1509-C1603a, LM20-1520-36-13, LM20-1521-03-05, LM20-1517-0379, LM20-1517-0598b, LM20-1521-36-07a, LM20-1522-08-12 LM20-1519-28-09b, LM20-1519-29-14,

《大般涅槃經》卷三八（北涼曇無讖譯） LM20-1519-29-15, LM20-1519-29-16,

LM20-1450-24-06, LM20-1452-04-21, LM20-1519-29-17, LM20-1521-06-15, LM20-1452-27-04, LM20-1454-18-03, LM20-1521-17-11, LM20-1521-35-01, LM20-1454-24-04, LM20-1454-26-03, LM20-1522-23-06, LM20-1548-01-04, LM20-1454-34-03, LM20-1455-02-02, LM20-1548-05-19

LM20-1455-35-05, LM20-1456-30-03, 《大般涅槃經》卷三九（北涼曇無讖譯）

LM20-1457-01-01, LM20-1457-02-01, LM20-1452-02-11, LM20-1452-06-14, LM20-1457-17-07, LM20-1458-03-21, LM20-1452-08-15, LM20-1452-09-08, LM20-1458-04-19, LM20-1458-11-18, LM20-1452-36-11, LM20-1452-40-02, LM20-1460-03-01, LM20-1460-04-17, LM20-1453-02-07, LM20-1453-29-02, LM20-1460-22-15, LM20-1461-35-14, LM20-1454-01-15, LM20-1454-04-05, LM20-1462-03-04, LM20-1462-08-09, LM20-1454-28-01, LM20-1455-11-03a, LM20-1462-18-08, LM20-1462-25-08, LM20-1455-11-22, LM20-1455-21-03, LM20-1463-24-01, LM20-1464-18-08, LM20-1455-27-02, LM20-1455-37-10, LM20-1464-26-16, LM20-1465-08-03, LM20-1456-05-06, LM20-1456-19-04a, LM20-1465-30-08, LM20-1465-38-06, LM20-1456-25-05, LM20-1457-06-17, LM20-1466-02-09, LM20-1466-26-03, LM20-1458-06-14, LM20-1458-14-06, LM20-1466-38-02, LM20-1467-09-04, LM20-1458-36-08, LM20-1459-22-06, LM20-1468-12-05, LM20-1468-13-08r, LM20-1461-05-12, LM20-1461-24-04, LM20-1470-20-03, LM20-1488-17-06, LM20-1461-31-18, LM20-1461-36-06, LM20-1489-13-11, LM20-1489-28-10, LM20-1462-31-06, LM20-1464-11-14, LM20-1491-15-03, LM20-1491-23-05, LM20-1464-27-11, LM20-1465-15-02, LM20-1492-29-01, LM20-1494-08-02, LM20-1465-20-04, LM20-1466-10-03, LM20-1494-19-04, LM20-1494-27-06, LM20-1467-21-02, LM20-1467-36-02, LM20-1496-11-01, LM20-1496-21-02, LM20-1470-08-07, LM20-1488-01-04, LM20-1497-04-01, LM20-1499-39-07, LM20-1489-13-12, LM20-1489-33-14,

LM20-1490-25-09, LM20-1496-09-03, LM20-1492-10-06, LM20-1492-12-02, LM20-1496-10-01b, LM20-1497-35-03, LM20-1496-29-04, LM20-1497-10-02, LM20-1498-09-03, LM20-1499-21-03, LM20-1498-10-01, LM20-1498-26-02, LM20-1501-06-03, LM20-1501-26-04, LM20-1499-05-02, LM20-1500-15-04, LM20-1501-37-05, LM20-1502-C0034b, LM20-1501-16-04, LM20-1502-C0046b, LM20-1502-C0088,LM20-1504-C0432a, LM20-1503-C0163, LM20-1504-C0351, LM20-1505-C0488c, LM20-1505-C0614a, LM20-1505-C0583d, LM20-1506-C0805c, LM20-1506-C0868a, LM20-1507-C1169a, LM20-1506-C0826b, LM20-1506-C0883b, LM20-1510-C1673, LM20-1513-CT0238, LM20-1506-C0932c, LM20-1506-C0932d, LM20-1519-28-10, LM20-1519-28-11, LM20-1507-C1073e, LM20-1507-C1183a, LM20-1519-28-12, LM20-1519-28-13, LM20-1508-C1311, LM20-1513-CT0289, LM20-1519-28-14, LM20-1519-28-15, LM20-1514-CT0437, LM20-1514-CT0503, LM20-1519-28-16, LM20-1519-28-17, LM20-1516-CK0067, LM20-1517-0174, LM20-1519-28-18, LM20-1522-03-03, LM20-1517-0210, LM20-1519-30-01, LM20-1523-15-145 LM20-1519-30-02, LM20-1519-30-03,

《大般涅槃經》卷四〇（北涼曇無讖譯） LM20-1519-30-04, LM20-1519-30-05,

LM20-1450-24-08, LM20-1453-08-07, LM20-1519-30-06, LM20-1519-30-07, LM20-1453-10-01, LM20-1453-29-05, LM20-1519-30-08, LM20-1519-30-09, LM20-1453-38-06, LM20-1454-13-03, LM20-1519-30-10, LM20-1519-30-11, LM20-1454-26-07, LM20-1456-13-02, LM20-1519-30-12, LM20-1520-25-18, LM20-1456-13-03, LM20-1456-24-10, LM20-1520-29-13, LM20-1520-30-18, LM20-1456-26-03, LM20-1457-12-06, LM20-1521-21-10, LM20-1522-02-03, LM20-1457-38-06, LM20-1458-36-15, LM20-1522-17-09, LM20-1522-17-19, LM20-1458-38-20, LM20-1459-22-08, LM20-1537-03, LM20-1537-04, LM20-1460-09-05, LM20-1460-15-15, LM20-1537-06, LM20-1537-07, LM20-1460-37-16, LM20-1461-05-07, LM20-1537-08, LM20-1537-09, LM20-1461-10-13, LM20-1462-23-06, LM20-1537-10, LM20-1537-11, LM20-1464-11-06, LM20-1464-16-25, LM20-1537-12, LM20-1537-13, LM20-1464-32-15, LM20-1464-38-01, LM20-1537-14, LM20-1537-15, LM20-1465-12-05, LM20-1466-13-07, LM20-1537-16 LM20-1468-09-05, LM20-1472-25-06, 《大般涅槃經》不分卷（北涼曇無讖譯） LM20-1472-25-09, LM20-1488-02-02, LM20-1455-34-01, LM20-1458-23-17, LM20-1488-14-01, LM20-1490-06-09, LM20-1460-04-08, LM20-1460-34-07, LM20-1491-31-01, LM20-1492-05-06, LM20-1488-32-01, LM20-1503-C0275,

題名索引　D

LM20-1506-C0766d, LM20-1519-28-09a

《大般涅槃經》（多處可見）（北涼曇無讖譯）

LM20-1460-29-11a, LM20-1468-37-02, LM20-1501-17-03, LM20-1505-C0598c, LM20-1517-0386, LM20-1521-29-09, LM20-1528-01-01, LM20-1537-05

《大般涅槃經》卷二（劉宋慧嚴等譯）

LM20-1458-24-21, LM20-1496-10-01a

《大般涅槃經》卷三（劉宋慧嚴等譯）

LM20-1488-21-11

《大般涅槃經》卷四（劉宋慧嚴等譯）

LM20-1506-C0941a

《大般涅槃經》卷八（劉宋慧嚴等譯）

LM20-1454-23-08, LM20-1462-13-07

《大般涅槃經》卷一〇（劉宋慧嚴等譯）

LM20-1472-12-03

《大般涅槃經》卷一一（劉宋慧嚴等譯）

LM20-1466-28-01

《大般涅槃經》卷一二（劉宋慧嚴等譯）

LM20-1465-17-02

《大般涅槃經》卷一三（劉宋慧嚴等譯）

LM20-1491-02-01

《大般涅槃經》卷一六（劉宋慧嚴等譯）

LM20-1456-24-19

《大般涅槃經》卷一九（劉宋慧嚴等譯）

LM20-1452-07-03

《大般涅槃經》卷二〇（劉宋慧嚴等譯）

LM20-1450-13-01

《大般涅槃經》卷二二（劉宋慧嚴等譯）

LM20-1467-14-02

《大般涅槃經》卷二四（劉宋慧嚴等譯）

LM20-1491-23-03

《大般涅槃經》卷二六（劉宋慧嚴等譯）

LM20-1454-03-21

《大般涅槃經》卷二七（劉宋慧嚴等譯）

LM20-1456-26-04b, LM20-1465-13-06

《大般涅槃經》卷二八（劉宋慧嚴等譯）

LM20-1453-33-03, LM20-1475-19B-07

《大般涅槃經》卷二九（劉宋慧嚴等譯）

LM20-1497-23-02

《大般涅槃經》卷三〇（劉宋慧嚴等譯）

LM20-1461-35-09

《大般涅槃經》卷三六（劉宋慧嚴等譯）

LM20-1454-17-08

《大般涅槃經》卷九（異本）

LM20-1468-10-05

《大般涅槃經》卷上（東晉法顯譯）

LM20-1521-15-12

《大般涅槃經》卷下（東晉法顯譯）

LM20-1521-05-13

《大般涅槃經》經題

LM20-1460-02-12, LM20-1460-30-14, LM20-1468-38-08, LM20-1469-04-07, LM20-1474-04A-01

《大般涅槃經》卷一外題　LM20-1456-04-14

《大般涅槃經》卷三外題　LM20-1488-21-09

《大般涅槃經》卷九外題　LM20-1489-20-01

《大般涅槃經》卷一五外題　LM20-1489-20-06

《大般涅槃經》外題

LM20-1469-05-09, LM20-1488-08-04, LM20-1488-18-01, LM20-1489-20-04, LM20-1489-26-04, LM20-1489-27-21, LM20-1489-29-27

《大般涅槃經》尾題

LM20-1489-26-06, LM20-1489-28-07

《大般涅槃經》卷二七寫經題記

LM20-1504-C0349

《大般涅槃經》寫經題記

LM20-1489-29-19, LM20-1507-C1205

《大般涅槃經》注疏

LM20-1450-18-03, LM20-1452-36-15r, LM20-1453-01-07, LM20-1454-01-20, LM20-1456-03-07, LM20-1456-18-10, LM20-1457-03-07, LM20-1458-04-12, LM20-1458-24-08, LM20-1458-24-09, LM20-1458-34-11, LM20-1460-15-04, LM20-1460-15-06, LM20-1460-16-09, LM20-1460-33-03b, LM20-1460-34-23, LM20-1461-26-15, LM20-1462-02-09, LM20-1462-06-10, LM20-1462-07-23, LM20-1464-08-05, LM20-1464-09-04, LM20-1464-13-02, LM20-1466-11-10, LM20-1469-14-01, LM20-1469-14-02, LM20-1469-14-03, LM20-1469-14-04, LM20-1469-14-05, LM20-1469-15-01a, LM20-1469-15-01b, LM20-1469-15-01c, LM20-1469-15-02, LM20-1469-15-03, LM20-1469-15-04, LM20-1469-15-05a, LM20-1469-15-05b, LM20-1469-15-05c, LM20-1469-16-04k, LM20-1469-16-04m, LM20-1472-13-02, LM20-1472-13-03, LM20-1472-13-04, LM20-1472-13-06, LM20-1472-13-09, LM20-1472-14-03, LM20-1472-14-06, LM20-1472-14-08, LM20-1472-14-09, LM20-1472-14-11, LM20-1472-24-01, LM20-1472-24-02, LM20-1472-24-03, LM20-1472-24-04, LM20-1472-24-05, LM20-1472-24-06, LM20-1472-24-07, LM20-1472-25-04, LM20-1472-25-05, LM20-1472-25-07, LM20-1472-25-08, LM20-1472-28-01, LM20-1472-28-02, LM20-1472-28-04, LM20-1472-28-05, LM20-1472-29-01, LM20-1472-29-02, LM20-1472-29-03, LM20-1472-29-04, LM20-1472-30-01, LM20-1472-30-02, LM20-1472-30-03, LM20-1472-30-04, LM20-1472-31-01, LM20-1472-31-02, LM20-1472-31-03, LM20-1472-31-04, LM20-1489-01-04, LM20-1489-01-07, LM20-1489-04-01, LM20-1489-04-03, LM20-1489-04-04, LM20-1489-04-08, LM20-1489-04-09a, LM20-1489-04-09b, LM20-1489-22-04, LM20-1489-23-15, LM20-1492-31-08, LM20-1496-26-04, LM20-1497-21-03, LM20-1508-C1368d, LM20-1508-C1456e, LM20-1509-C1547b, LM20-1523-02-18, LM20-1523-02-22

《大般涅槃經後分》卷上

LM20-1451-24-02, LM20-1452-14-14, LM20-1459-18-01, LM20-1459-33-02, LM20-1464-32-06, LM20-1488-08-02, LM20-1489-20-02, LM20-1489-21-09, LM20-1489-21-10, LM20-1489-21-11, LM20-1495-02-03, LM20-1503-C0303, LM20-1503-C0317, LM20-1505-C0584b, LM20-1505-C0598b, LM20-1505-C0659b, LM20-1505-C0675b, LM20-1506-C0727c, LM20-1506-C0874a, LM20-1506-C0935d, LM20-1507-C1086a, LM20-1508-C1327b, LM20-1519-30-13

《大般涅槃經後分》卷下

LM20-1464-07-14, LM20-1489-35-11, LM20-1491-33-04, LM20-1497-25-06, LM20-1509-C1624c, LM20-1519-30-14, LM20-1522-11-10

题名索引　　D

《大般涅槃經疏》卷八

LM20-1508-C1449b

《大般涅槃經義記》卷一

LM20-1454-36-06, LM20-1455-16-04,

LM20-1461-15-07, LM20-1520-31-08

《大般涅槃經義記》卷二

LM20-1457-19-03, LM20-1467-21-06,

LM20-1500-07-02, LM20-1502-C0035a,

LM20-1506-C0946b, LM20-1522-06-19

《大般涅槃經義記》卷三　LM20-1462-15-09

《大般涅槃經義記》卷五　LM20-1456-30-08

《大般涅槃經義記》卷七　LM20-1523-10-97

《大般涅槃摩耶夫人品經》

LM20-1489-28-09

《大寶積經》卷二　LM20-1519-09-01

《大寶積經》卷五　LM20-1452-32-07

《大寶積經》卷六　LM20-1454-19-04

《大寶積經》卷七　LM20-1506-C0942c

《大寶積經》卷九

LM20-1454-06-01, LM20-1460-14-05,

LM20-1494-16-04, LM20-1519-09-03

《大寶積經》卷一五　LM20-1462-35-04

《大寶積經》卷一六

LM20-1457-08-01, LM20-1462-10-01,

LM20-1462-32-05, LM20-1462-33-01,

LM20-1492-11-04, LM20-1492-34-05,

LM20-1517-002d, LM20-1519-09-04

《大寶積經》卷一九　LM20-1507-C1035a

《大寶積經》卷二〇

LM20-1460-03-10, LM20-1464-32-07,

LM20-1501-38-10, LM20-1509-C1621a,

LM20-1519-09-05

《大寶積經》卷二一　LM20-1460-36-13

《大寶積經》卷二四　LM20-1507-C1139b

《大寶積經》卷三三　LM20-1457-06-09

《大寶積經》卷三六

LM20-1491-12-01, LM20-1503-C0169,

LM20-1519-09-06

《大寶積經》卷四一

LM20-1453-20-09, LM20-1494-07-02

《大寶積經》卷四二

LM20-1454-02-20, LM20-1472-12-01,

LM20-1505-C0490a, LM20-1522-07-20

《大寶積經》卷四五

LM20-1456-31-07, LM20-1464-18-04,

LM20-1465-13-01, LM20-1506-C0751a,

LM20-1507-C1078a, LM20-1519-09-08,

LM20-1519-09-09

《大寶積經》卷四六　LM20-1464-24-01

《大寶積經》卷四七　LM20-1467-36-01

《大寶積經》卷四八

LM20-1461-34-15, LM20-1498-26-03,

LM20-1502-C0058, LM20-1504-C0430b

《大寶積經》卷五〇

LM20-1467-17-09, LM20-1497-12-02,

LM20-1501-06-06

《大寶積經》卷五一

LM20-1453-16-04, LM20-1457-04-01,

LM20-1501-35-03

《大寶積經》卷五二

LM20-1460-30-22, LM20-1519-09-10

《大寶積經》卷五三　LM20-1455-05-07

《大寶積經》卷五四

LM20-1458-34-16, LM20-1465-15-05,

LM20-1467-37-04, LM20-1474-03B-10

《大寶積經》卷五六　LM20-1523-28-291

《大寶積經》卷六三　LM20-1456-19-03

《大寶積經》卷六四　LM20-1519-09-11

题名索引

《大寶積經》卷六五　LM20-1505-C0655d
《大寶積經》卷六八　LM20-1457-19-08
《大寶積經》卷六九　LM20-1458-37-12
《大寶積經》卷七六　LM20-1495-04-03
《大寶積經》卷七七　LM20-1460-12-16
《大寶積經》卷七九　LM20-1461-31-25
《大寶積經》卷八〇　LM20-1495-37-02
《大寶積經》卷八一　LM20-1521-09-05
《大寶積經》卷八二
　　LM20-1461-38-19, LM20-1496-22-03,
　　LM20-1506-C0832b, LM20-1506-C0925d
《大寶積經》卷八七
　　LM20-1461-38-20, LM20-1507-C1176c
《大寶積經》卷八八　LM20-1460-09-04
《大寶積經》卷九〇　LM20-1451-35-02
《大寶積經》卷九三
　　LM20-1461-14-21, LM20-1465-27-05,
　　LM20-1509-C1601b, LM20-1521-27-17
《大寶積經》卷一〇一
　　LM20-1456-30-11, LM20-1514-CT0465b,
　　LM20-1514-CT0512a
《大寶積經》卷一〇三　LM20-1465-35-10
《大寶積經》卷一〇四　LM20-1457-13-12
《大寶積經》卷一〇七　LM20-1500-10-04
《大寶積經》卷一〇九　LM20-1494-14-05
《大寶積經》卷一一一　LM20-1464-03-15
《大寶積經》卷一一二　LM20-1519-09-12
《大寶積經》卷一一三
　　LM20-1464-08-07, LM20-1496-24-02,
　　LM20-1501-22-04
《大寶積經》卷一一四　LM20-1500-30-01
《大寶積經》卷一一五　LM20-1509-C1623b
《大寶積經》卷一二〇　LM20-1455-36-16
《大寶積經》外題　LM20-1475-09A-01

《大悲經》卷二
　　LM20-1456-36-11, LM20-1517-0632
《大悲經》卷四　LM20-1517-0582
《大比丘三千威儀》卷下
　　LM20-1453-20-08, LM20-1453-25-01,
　　LM20-1453-25-05, LM20-1458-18-16,
　　LM20-1464-28-04r, LM20-1509-C1562c
《大辯邪正經》
　　LM20-1456-02-15, LM20-1462-02-03,
　　LM20-1466-13-05, LM20-1506-C0769c,
　　LM20-1509-C1596a
《大般若波羅蜜多經》卷一
　　LM20-1452-11-04, LM20-1453-02-02,
　　LM20-1468-17-15, LM20-1520-38-19
《大般若波羅蜜多經》卷二
　　LM20-1458-29-02, LM20-1461-37-08,
　　LM20-1518-03-08
《大般若波羅蜜多經》卷三
　　LM20-1462-06-18, LM20-1467-23-05,
　　LM20-1468-03-03
《大般若波羅蜜多經》卷三（印本）
　　LM20-1487-15-02, LM20-1487-29-01,
　　LM20-1487-29-02b
《大般若波羅蜜多經》卷四
　　LM20-1454-22-04a, LM20-1454-22-05,
　　LM20-1454-22-08, LM20-1461-33-11,
　　LM20-1475-16A-02, LM20-1490-21-06,
　　LM20-1505-C0491a
《大般若波羅蜜多經》卷四（印本）
　　LM20-1486-04-10i, LM20-1486-33-13,
　　LM20-1486-33-14a, LM20-1487-01-08a,
　　LM20-1487-28-05, LM20-1487-28-13,
　　LM20-1487-36-26
《大般若波羅蜜多經》卷五

题名索引 D

LM20-1461-31-04

《大般若波羅蜜多經》卷六

LM20-1458-02-13, LM20-1460-20-05

《大般若波羅蜜多經》卷七

LM20-1513-CT0250, LM20-1513-CT0299, LM20-1522-17-20

《大般若波羅蜜多經》卷七（印本）

LM20-1486-14-03a, LM20-1486-27-08, LM20-1487-32-42

《大般若波羅蜜多經》卷八

LM20-1462-14-04, LM20-1469-23-07

《大般若波羅蜜多經》卷八（印本）

LM20-1486-14-08b, LM20-1486-30-14a

《大般若波羅蜜多經》卷九

LM20-1453-35-11

《大般若波羅蜜多經》卷一〇

LM20-1505-C0523a

《大般若波羅蜜多經》卷一一

LM20-1460-02-13, LM20-1491-11-04, LM20-1528-01-11, LM20-1528-01-12, LM20-1528-01-13, LM20-1528-01-14, LM20-1528-01-15, LM20-1528-01-16, LM20-1528-02-34, LM20-1528-02-37

《大般若波羅蜜多經》卷一二

LM20-827-07-92, LM20-827-12-165, LM20-827-17-184, LM20-827-18-186, LM20-1454-08-08, LM20-1460-02-17, LM20-1492-12-03, LM20-1548-09-62

《大般若波羅蜜多經》卷一三

LM20-1455-06-13, LM20-1457-01-09, LM20-1457-24-04, LM20-1464-04-06

《大般若波羅蜜多經》卷一五

LM20-1465-28-13

《大般若波羅蜜多經》卷一五（印本）

LM20-1487-22-10

《大般若波羅蜜多經》卷一七（印本）

LM20-1487-35-07

《大般若波羅蜜多經》卷二〇

LM20-1450-31-07, LM20-1460-18-01

《大般若波羅蜜多經》卷二〇（印本）

LM20-1486-10-10, LM20-1486-12-02b, LM20-1487-25-04, LM20-1487-32-44

《大般若波羅蜜多經》卷二一（印本）

LM20-1487-34-07

《大般若波羅蜜多經》卷二二（印本）

LM20-1486-35-21

《大般若波羅蜜多經》卷二三

LM20-1453-21-07

《大般若波羅蜜多經》卷二五

LM20-1462-26-03, LM20-1474-07B-12, LM20-1513-CT0332

《大般若波羅蜜多經》卷二六

LM20-1457-36-04, LM20-1462-21-03, LM20-1475-16A-04, LM20-1517-0546

《大般若波羅蜜多經》卷二七

LM20-1511-CB0067, LM20-1521-32-06

《大般若波羅蜜多經》卷二八

LM20-1450-35-04, LM20-1462-28-06, LM20-1506-C0882b

《大般若波羅蜜多經》卷三二

LM20-1518-03-14

《大般若波羅蜜多經》卷三三

LM20-1460-20-02, LM20-1466-28-02

《大般若波羅蜜多經》卷三五

LM20-1461-34-19, LM20-1495-35-03

《大般若波羅蜜多經》卷三六

LM20-1459-27-01, LM20-1460-22-11, LM20-1518-03-15, LM20-1518-03-16

题名索引

《大般若波羅蜜多經》卷三七

LM20-1513-CT0283

《大般若波羅蜜多經》卷三七（印本）

LM20-1486-09-05, LM20-1486-09-17, LM20-1486-15-12a, LM20-1487-22-15, LM20-1487-35-03, LM20-1487-35-16

《大般若波羅蜜多經》卷三八

LM20-1456-22-06

《大般若波羅蜜多經》卷三八（印本）

LM20-1486-32-15b

《大般若波羅蜜多經》卷三九

LM20-1457-13-05

《大般若波羅蜜多經》卷四一

LM20-1491-11-02, LM20-1518-06-09

《大般若波羅蜜多經》卷四三

LM20-1458-14-11, LM20-1499-17-02, LM20-1518-03-17, LM20-1521-19-16

《大般若波羅蜜多經》卷四三（印本）

LM20-1487-32-31

《大般若波羅蜜多經》卷四四（印本）

LM20-1487-32-11

《大般若波羅蜜多經》卷四五

LM20-1456-36-06, LM20-1457-34-04, LM20-1469-34-03, LM20-1501-12-01, LM20-1503-C0276

《大般若波羅蜜多經》卷四六（印本）

LM20-1486-15-13b, LM20-1487-12-04, LM20-1487-13-01, LM20-1487-15-03

《大般若波羅蜜多經》卷四七

LM20-1518-04-01

《大般若波羅蜜多經》卷四八

LM20-1497-28-07

《大般若波羅蜜多經》卷四九

LM20-1460-32-02, LM20-1492-17-01

《大般若波羅蜜多經》卷五一

LM20-1467-04-08, LM20-1509-C1557d

《大般若波羅蜜多經》卷五一（印本）

LM20-1486-12-18a, LM20-1486-37-04b, LM20-1487-26-17

《大般若波羅蜜多經》卷五二

LM20-1508-C1238, LM20-1522-03-06

《大般若波羅蜜多經》卷五二（印本）

LM20-1486-11-11b

《大般若波羅蜜多經》卷五三

LM20-1454-01-18, LM20-1499-15-04

《大般若波羅蜜多經》卷五三（印本）

LM20-1487-28-02

《大般若波羅蜜多經》卷五四

LM20-1458-24-24, LM20-1460-05-05, LM20-1460-34-08, LM20-1506-C0747e, LM20-1508-C1376d

《大般若波羅蜜多經》卷五五

LM20-1499-06-03

《大般若波羅蜜多經》卷五八

LM20-1467-06-01

《大般若波羅蜜多經》卷五九

LM20-1452-01-11, LM20-1455-05-15, LM20-1462-10-02, LM20-1465-27-03, LM20-1491-11-01, LM20-1517-0530

《大般若波羅蜜多經》卷五九（印本）

LM20-1486-27-02

《大般若波羅蜜多經》卷六一

LM20-1460-07-14

《大般若波羅蜜多經》卷六二（印本）

LM20-1486-22-01, LM20-1486-22-02, LM20-1486-24-06

《大般若波羅蜜多經》卷六四

LM20-1450-17-02, LM20-1490-05-13

题名索引 D

《大般若波羅蜜多經》卷六四（印本）
LM20-1486-36-07d
《大般若波羅蜜多經》卷六五
LM20-1460-37-18
《大般若波羅蜜多經》卷六五（印本）
LM20-1486-02-01i, LM20-1486-09-13,
LM20-1486-14-10a, LM20-1486-15-11b,
LM20-1486-33-02, LM20-1486-34-16,
LM20-1486-36-04b, LM20-1486-36-12a,
LM20-1487-01-18a, LM20-1487-01-19,
LM20-1487-26-15, LM20-1487-27-02,
LM20-1487-34-11, LM20-1487-36-23
《大般若波羅蜜多經》卷六六
LM20-1462-03-09
《大般若波羅蜜多經》卷六七
LM20-1458-18-15, LM20-1508-C1338c
《大般若波羅蜜多經》卷六七（印本）
LM20-1486-09-14, LM20-1486-15-19
《大般若波羅蜜多經》卷六九
LM20-1458-20-01
《大般若波羅蜜多經》卷七三
LM20-1504-C0348
《大般若波羅蜜多經》卷七六
LM20-1495-37-04, LM20-1504-C0457b
《大般若波羅蜜多經》卷七六（印本）
LM20-1486-06-20d, LM20-1486-11-06b,
LM20-1486-11-09, LM20-1486-32-13b,
LM20-1486-34-07, LM20-1486-35-12a,
LM20-1486-36-11b, LM20-1487-28-04,
LM20-1487-30-06, LM20-1487-31-23,
LM20-1487-32-16
《大般若波羅蜜多經》卷七九
LM20-1493-06-05, LM20-1493-23-02,
LM20-1498-32-06

《大般若波羅蜜多經》卷八二
LM20-1518-04-05
《大般若波羅蜜多經》卷八二（印本）
LM20-1486-05-05
《大般若波羅蜜多經》卷八五
LM20-1522-13-17
《大般若波羅蜜多經》卷八五（印本）
LM20-1487-09-03, LM20-1487-16-03,
LM20-1487-21-01
《大般若波羅蜜多經》卷八六
LM20-1458-15-01, LM20-1461-19-18,
LM20-1465-18-02, LM20-1517-0467
《大般若波羅蜜多經》卷八七
LM20-1456-13-07
《大般若波羅蜜多經》卷八七（印本）
LM20-1486-32-09
《大般若波羅蜜多經》卷八八
LM20-1517-0621b, LM20-1521-04-03
《大般若波羅蜜多經》卷八九
LM20-1464-05-03, LM20-1465-34-15
《大般若波羅蜜多經》卷九〇
LM20-1456-10-09
《大般若波羅蜜多經》卷九一
LM20-1503-C0185, LM20-1506-C0900c
《大般若波羅蜜多經》卷九三
LM20-1459-39-03, LM20-1495-14-04
《大般若波羅蜜多經》卷九三（印本）
LM20-1486-06-13, LM20-1487-16-01,
LM20-1487-22-08
《大般若波羅蜜多經》卷九四
LM20-1455-11-11, LM20-1506-C0809c
《大般若波羅蜜多經》卷九四（印本）
LM20-1487-31-02
《大般若波羅蜜多經》卷九五

LM20-1514-CT0518, LM20-1517-0361

《大般若波羅蜜多經》卷九五（印本）

LM20-1486-18-06

《大般若波羅蜜多經》卷九七（印本）

LM20-1487-31-21

《大般若波羅蜜多經》卷九九

LM20-1456-27-11, LM20-1493-12-01, LM20-1516-CK0099, LM20-1518-04-06

《大般若波羅蜜多經》卷一〇四

LM20-1504-C0452b

《大般若波羅蜜多經》卷一〇五（印本）

LM20-1487-09-05

《大般若波羅蜜多經》卷一〇六

LM20-1453-26-05

《大般若波羅蜜多經》卷一一〇

LM20-1458-20-13, LM20-1489-34-05

《大般若波羅蜜多經》卷一一二

LM20-1456-23-15, LM20-1458-03-11

《大般若波羅蜜多經》卷一一三

LM20-1468-16-09, LM20-1514-CT0397

《大般若波羅蜜多經》卷一一六

LM20-1517-0351

《大般若波羅蜜多經》卷一一七

LM20-1455-23-01, LM20-1521-14-17

《大般若波羅蜜多經》卷一一七（印本）

LM20-1486-15-06c

《大般若波羅蜜多經》卷一一九

LM20-1457-10-03, LM20-1475-18B-09, LM20-1488-37-11, LM20-1489-16-05, LM20-1489-33-10, LM20-1513-CT0232

《大般若波羅蜜多經》卷一二〇

LM20-1455-38-26, LM20-1456-03-03

《大般若波羅蜜多經》卷一二一

LM20-1475-16A-01

《大般若波羅蜜多經》卷一二二

LM20-827-12-161, LM20-827-15-178

《大般若波羅蜜多經》卷一二二（印本）

LM20-1487-18-04

《大般若波羅蜜多經》卷一二四

LM20-1499-19-05, LM20-1518-04-07

《大般若波羅蜜多經》卷一二五

LM20-1456-09-22, LM20-1507-C1152a

《大般若波羅蜜多經》卷一二六

LM20-1500-27-05

《大般若波羅蜜多經》卷一二七

LM20-1450-28-01, LM20-1466-05-03, LM20-1498-13-03

《大般若波羅蜜多經》卷一二八

LM20-1454-20-02, LM20-1454-37-01, LM20-1458-38-05, LM20-1470-26-02

《大般若波羅蜜多經》卷一二九

LM20-1475-19A-05, LM20-1494-34-02

《大般若波羅蜜多經》卷一三〇

LM20-1456-34-09, LM20-1460-38-19

《大般若波羅蜜多經》卷一三〇（印本）

LM20-1486-09-03b

《大般若波羅蜜多經》卷一三一（印本）

LM20-1487-36-08

《大般若波羅蜜多經》卷一三二（印本）

LM20-1487-31-10

《大般若波羅蜜多經》卷一三五（印本）

LM20-1486-29-14

《大般若波羅蜜多經》卷一三七

LM20-1461-34-05, LM20-1488-31-07

《大般若波羅蜜多經》卷一四六

LM20-1489-18-03

《大般若波羅蜜多經》卷一四六（印本）

LM20-1487-03-05

题名索引 D

《大般若波羅蜜多經》卷一四七（印本）
LM20-1486-29-16

《大般若波羅蜜多經》卷一四八
LM20-1458-34-06, LM20-1464-12-13,
LM20-1493-23-01, LM20-1502-C0113

《大般若波羅蜜多經》卷一五八
LM20-1467-11-02, LM20-1467-18-06,
LM20-1500-27-06

《大般若波羅蜜多經》卷一六〇（印本）
LM20-1486-17-07, LM20-1487-08-04b

《大般若波羅蜜多經》卷一六二
LM20-1457-02-11

《大般若波羅蜜多經》卷一六五
LM20-1492-05-03

《大般若波羅蜜多經》卷一六五（印本）
LM20-1486-29-06, LM20-1487-27-11,
LM20-1487-35-11

《大般若波羅蜜多經》卷一六六（印本）
LM20-1486-05-07, LM20-1486-09-08g,
LM20-1487-35-17

《大般若波羅蜜多經》卷一六七（印本）
LM20-1486-06-12, LM20-1486-09-10,
LM20-1486-35-09, LM20-1486-36-01,
LM20-1487-30-04, LM20-1487-35-18

《大般若波羅蜜多經》卷一六八
LM20-1506-C0811c

《大般若波羅蜜多經》卷一七〇
LM20-1455-39-06

《大般若波羅蜜多經》卷一七〇（印本）
LM20-1487-28-07, LM20-1487-33-24

《大般若波羅蜜多經》卷一七一
LM20-1455-30-18

《大般若波羅蜜多經》卷一七二
LM20-1462-02-16, LM20-1498-02-02

《大般若波羅蜜多經》卷一七二（印本）
LM20-1486-08-08b, LM20-1486-11-07,
LM20-1486-12-01e, LM20-1486-13-14b,
LM20-1486-14-02d, LM20-1487-25-02,
LM20-1487-25-12

《大般若波羅蜜多經》卷一七三
LM20-1501-21-01

《大般若波羅蜜多經》卷一七四
LM20-1459-28-11, LM20-1513-CT0329

《大般若波羅蜜多經》卷一七六
LM20-1458-24-16, LM20-1458-25-21

《大般若波羅蜜多經》卷一七八
LM20-1458-22-08, LM20-1467-10-05,
LM20-1518-04-11

《大般若波羅蜜多經》卷一八一
LM20-1460-28-16, LM20-1467-04-03

《大般若波羅蜜多經》卷一八二
LM20-1456-34-20

《大般若波羅蜜多經》卷一八三
LM20-1464-24-22, LM20-1502-C0036a

《大般若波羅蜜多經》卷一八四
LM20-1456-09-07, LM20-1458-16-06,
LM20-1459-05-02, LM20-1467-04-01,
LM20-1467-19-04, LM20-1490-05-11,
LM20-1506-C0928e, LM20-1514-CT0448,
LM20-1514-CT0449, LM20-1516-CK0071,
LM20-1516-CK0075, LM20-1516-CK0082,
LM20-1516-CK0083, LM20-1516-CK0104a,
LM20-1521-23-08

《大般若波羅蜜多經》卷一八四（印本）
LM20-1486-32-16, LM20-1487-20-05a,
LM20-1521-36-04

《大般若波羅蜜多經》卷一八五
LM20-1458-21-02, LM20-1458-24-01

题名索引

《大般若波羅蜜多經》卷一八七
LM20-1454-18-04
《大般若波羅蜜多經》卷一八九
LM20-1454-11-01, LM20-1464-17-08,
LM20-1523-15-144
《大般若波羅蜜多經》卷一九〇（印本）
LM20-1486-28-05, LM20-1486-28-06
《大般若波羅蜜多經》卷一九三
LM20-1504-C0463a
《大般若波羅蜜多經》卷一九五
LM20-1466-10-20, LM20-1468-24-02,
LM20-1517-0576
《大般若波羅蜜多經》卷一九五（印本）
LM20-1486-29-15
《大般若波羅蜜多經》卷一九六
LM20-1490-17-05, LM20-1508-C1327c
《大般若波羅蜜多經》卷一九六（印本）
LM20-1487-14-01, LM20-1855-16,
LM20-1855-18
《大般若波羅蜜多經》卷一九八
LM20-1490-10-06, LM20-1490-11-10,
LM20-1490-11-13, LM20-1517-0519
《大般若波羅蜜多經》卷一九九
LM20-1454-10-09, LM20-1458-08-04,
LM20-1494-04-02, LM20-1508-C1242
《大般若波羅蜜多經》卷二〇〇
LM20-1514-CT0404
《大般若波羅蜜多經》卷二〇一
LM20-1470-04-02
《大般若波羅蜜多經》卷二〇三（印本）
LM20-1487-04-04
《大般若波羅蜜多經》卷二〇四
LM20-1505-C0661a
《大般若波羅蜜多經》卷二〇四（印本）
LM20-1486-25-05, LM20-1487-19-01
《大般若波羅蜜多經》卷二〇五
LM20-1514-CT0361
《大般若波羅蜜多經》卷二〇七（印本）
LM20-1487-13-05, LM20-1487-15-01,
LM20-1487-24-04
《大般若波羅蜜多經》卷二一〇
LM20-1495-30-04
《大般若波羅蜜多經》卷二一一
LM20-1506-C0777e, LM20-1514-CT0433
《大般若波羅蜜多經》卷二一三
LM20-1474-07A-01, LM20-1490-18-02,
LM20-1496-23-04
《大般若波羅蜜多經》卷二二〇
LM20-1462-37-06
《大般若波羅蜜多經》卷二二二
LM20-1489-05-14
《大般若波羅蜜多經》卷二二五（印本）
LM20-1855-24
《大般若波羅蜜多經》卷二三一
LM20-1494-25-01
《大般若波羅蜜多經》卷二三三
LM20-1456-21-03, LM20-1467-24-02,
LM20-1469-23-04, LM20-1499-11-02
《大般若波羅蜜多經》卷二三三外題
LM20-1514-CT0367
《大般若波羅蜜多經》卷二三八
LM20-1458-34-02
《大般若波羅蜜多經》卷二三九
LM20-1462-25-09, LM20-1488-31-06,
LM20-1499-35-01, LM20-1508-C1249
《大般若波羅蜜多經》卷二三九（印本）
LM20-1486-26-10, LM20-1487-03-04,
LM20-1487-30-08

题名索引 D

《大般若波羅蜜多經》卷二四〇

LM20-1453-37-08，LM20-1457-23-07，LM20-1489-15-09

《大般若波羅蜜多經》卷二四四

LM20-1460-20-01

《大般若波羅蜜多經》卷二四五

LM20-1452-20-12，LM20-1488-33-12，LM20-1489-38-09

《大般若波羅蜜多經》卷二四五（印本）

LM20-1487-35-24，LM20-1487-35-25

《大般若波羅蜜多經》卷二四八

LM20-1494-35-04

《大般若波羅蜜多經》卷二四九

LM20-1457-12-04

《大般若波羅蜜多經》卷二五〇

LM20-1459-39-01

《大般若波羅蜜多經》卷二五一

LM20-1456-29-04，LM20-1459-11-02，LM20-1505-C0564c

《大般若波羅蜜多經》卷二五二（印本）

LM20-1487-21-03

《大般若波羅蜜多經》卷二五八

LM20-1456-28-02，LM20-1456-29-07

《大般若波羅蜜多經》卷二五八（印本）

LM20-1486-28-02，LM20-1487-08-05

《大般若波羅蜜多經》卷二六〇

LM20-1500-05-02

《大般若波羅蜜多經》卷二六一

LM20-1490-19-10

《大般若波羅蜜多經》卷二六二（印本）

LM20-1486-01-03，LM20-1486-16-09，LM20-1486-23-04，LM20-1486-24-04，LM20-1486-27-05，LM20-1486-28-01，LM20-1486-31-01a，LM20-1487-10-01，LM20-1487-10-02，LM20-1487-11-01a，LM20-1487-11-01b，LM20-1487-12-03，LM20-1487-18-01，LM20-1487-18-03，LM20-1487-21-04，LM20-1487-21-05，LM20-1487-21-07，LM20-1487-22-06

《大般若波羅蜜多經》卷二六五

LM20-1503-C0272

《大般若波羅蜜多經》卷二七六（印本）

LM20-1487-32-40

《大般若波羅蜜多經》卷二七七

LM20-1454-04-15，LM20-1456-31-13，LM20-1465-30-11，LM20-1469-33-01，LM20-1470-27-05，LM20-1489-17-08，LM20-1494-20-05，LM20-1513-CT0268

《大般若波羅蜜多經》卷二七九

LM20-1509-C1525

《大般若波羅蜜多經》卷二八二

LM20-1490-16-03，LM20-1522-16-05

《大般若波羅蜜多經》卷二八二（印本）

LM20-1486-18-01，LM20-1487-05-06，LM20-1487-09-02，LM20-1487-27-20

《大般若波羅蜜多經》卷二八四

LM20-1460-29-01，LM20-1509-C1585c

《大般若波羅蜜多經》卷二八五

LM20-1455-26-01，LM20-1501-01-05

《大般若波羅蜜多經》卷二八六

LM20-827-07-97，LM20-827-14-175，LM20-1507-C1099d

《大般若波羅蜜多經》卷二八八

LM20-1464-35-06，LM20-1466-18-09，LM20-1498-01-03，LM20-1498-15-05，LM20-1518-05-05

《大般若波羅蜜多經》卷二八九

LM20-1513-CT0196

题名索引

《大般若波羅蜜多經》卷二八九(印本)
LM20-1486-10-05b, LM20-1486-37-03,
LM20-1487-32-12, LM20-1487-34-30b

《大般若波羅蜜多經》卷二九一(印本)
LM20-1486-08-04

《大般若波羅蜜多經》卷二九二
LM20-1454-28-05, LM20-1455-13-07,
LM20-1494-15-01

《大般若波羅蜜多經》卷二九二(印本)
LM20-1486-05-10a

《大般若波羅蜜多經》卷二九四(印本)
LM20-1486-25-06

《大般若波羅蜜多經》卷二九五
LM20-1459-37-02, LM20-1459-38-02,
LM20-1499-11-01

《大般若波羅蜜多經》卷二九七(印本)
LM20-1486-05-10b

《大般若波羅蜜多經》卷二九八
LM20-1466-11-12

《大般若波羅蜜多經》卷三〇〇
LM20-1457-02-16, LM20-1489-16-02,
LM20-1496-18-06, LM20-1514-CT0357,
LM20-1518-05-07

《大般若波羅蜜多經》卷三〇一
LM20-1513-CT0282

《大般若波羅蜜多經》卷三〇四
LM20-1458-06-16, LM20-1548-04-16

《大般若波羅蜜多經》卷三〇五
LM20-1453-14-04, LM20-1454-03-03,
LM20-1493-24-03

《大般若波羅蜜多經》卷三〇六
LM20-1459-11-03, LM20-1460-34-12,
LM20-1508-C1252, LM20-1508-C1480,
LM20-1514-CT0383

《大般若波羅蜜多經》卷三〇六(印本)
LM20-1486-28-13a, LM20-1487-01-13b,
LM20-1487-27-12, LM20-1487-34-26,
LM20-1487-36-03

《大般若波羅蜜多經》卷三〇七
LM20-1458-30-02

《大般若波羅蜜多經》卷三〇九
LM20-1522-19-02

《大般若波羅蜜多經》卷三一〇
LM20-1466-04-03

《大般若波羅蜜多經》卷三一〇(印本)
LM20-1486-14-06c

《大般若波羅蜜多經》卷三一一
LM20-1466-12-08

《大般若波羅蜜多經》卷三一二(印本)
LM20-1486-10-08, LM20-1487-22-16,
LM20-1487-27-10

《大般若波羅蜜多經》卷三一三(印本)
LM20-1486-09-03a, LM20-1486-26-08,
LM20-1486-28-09, LM20-1486-35-11,
LM20-1487-32-17, LM20-1487-33-18

《大般若波羅蜜多經》卷三一四
LM20-1508-C1470

《大般若波羅蜜多經》卷三一七(印本)
LM20-1486-05-02c, LM20-1486-05-06,
LM20-1486-33-15b, LM20-1487-34-18

《大般若波羅蜜多經》卷三一八
LM20-1520-32-18

《大般若波羅蜜多經》卷三一八(印本)
LM20-1487-32-15

《大般若波羅蜜多經》卷三二一
LM20-1513-CT0279

《大般若波羅蜜多經》卷三二四
LM20-1456-38-01, LM20-1461-30-17,

题名索引 D

LM20-1464-04-04, LM20-1490-18-01

《大般若波羅蜜多經》卷三二五（印本）

LM20-1487-34-14

《大般若波羅蜜多經》卷三二六

LM20-1488-30-01, LM20-1507-C1072d

《大般若波羅蜜多經》卷三二六（印本）

LM20-1486-20-12b

《大般若波羅蜜多經》卷三三〇

LM20-1467-21-04, LM20-1488-36-06, LM20-1495-03-02

《大般若波羅蜜多經》卷三三〇（印本）

LM20-1486-34-02a, LM20-1487-27-03, LM20-1487-27-19, LM20-1487-32-43

《大般若波羅蜜多經》卷三三一

LM20-1456-23-18, LM20-1488-23-03

《大般若波羅蜜多經》卷三三二

LM20-1454-18-05, LM20-1459-20-06, LM20-1497-37-03, LM20-1509-C1569b

《大般若波羅蜜多經》卷三三二外題

LM20-1505-C0672a

《大般若波羅蜜多經》卷三三五

LM20-1513-CT0267

《大般若波羅蜜多經》卷三三六

LM20-1514-CT0528r

《大般若波羅蜜多經》卷三三七

LM20-1518-05-12

《大般若波羅蜜多經》卷三三八

LM20-1488-38-06

《大般若波羅蜜多經》卷三四二

LM20-1464-07-01, LM20-1499-04-01

《大般若波羅蜜多經》卷三四二

LM20-1467-21-01

《大般若波羅蜜多經》卷三四五

LM20-1467-03-07, LM20-1507-C1153a

《大般若波羅蜜多經》卷三四五經題（印本）

LM20-1486-21-02

《大般若波羅蜜多經》卷三四六（印本）

LM20-1486-08-07, LM20-1486-34-05a, LM20-1486-36-12b, LM20-1487-33-41, LM20-1487-36-16

《大般若波羅蜜多經》卷三五二

LM20-1452-26-13, LM20-1453-06-01, LM20-1454-09-01, LM20-1458-38-03, LM20-1475-18A-03, LM20-1491-16-02, LM20-1518-05-14

《大般若波羅蜜多經》卷三五三

LM20-1499-23-01, LM20-1521-32-03

《大般若波羅蜜多經》卷三五三（印本）

LM20-1486-20-14

《大般若波羅蜜多經》卷三五七

LM20-1517-0287

《大般若波羅蜜多經》卷三六〇

LM20-1464-22-09

《大般若波羅蜜多經》卷三六〇（印本）

LM20-1486-29-01

《大般若波羅蜜多經》卷三六二（印本）

LM20-1486-26-05

《大般若波羅蜜多經》卷三六三

LM20-1466-10-08, LM20-1466-14-01

《大般若波羅蜜多經》卷三六四

LM20-1518-06-01

.《大般若波羅蜜多經》卷三六六外題

LM20-1489-26-03

《大般若波羅蜜多經》卷三六七

LM20-1456-35-02, LM20-1458-12-11, LM20-1517-0072

《大般若波羅蜜多經》卷三六八

LM20-1502-C0050, LM20-1502-C0090,

LM20-1507-C1067b

《大般若波羅蜜多經》卷三六九

LM20-1514-CT0506d

《大般若波羅蜜多經》卷三七三

LM20-1464-18-16

《大般若波羅蜜多經》卷三七五

LM20-1491-33-02

《大般若波羅蜜多經》卷三七五（印本）

LM20-1486-26-07

《大般若波羅蜜多經》卷三七八

LM20-1456-15-06, LM20-1460-10-14, LM20-1528-01-21

《大般若波羅蜜多經》卷三七九

LM20-1489-12-07, LM20-1491-12-02

《大般若波羅蜜多經》卷三八〇

LM20-1495-18-03

《大般若波羅蜜多經》卷三八一

LM20-1461-12-03, LM20-1509-C1555e, LM20-1518-06-02

《大般若波羅蜜多經》卷三八一（印本）

LM20-1486-07-11, LM20-1486-08-03b, LM20-1486-10-07b, LM20-1486-14-02g, LM20-1486-14-08a, LM20-1486-15-01c, LM20-1486-33-07a, LM20-1486-33-20b, LM20-1487-01-16, LM20-1487-01-17a, LM20-1487-21-02, LM20-1487-26-02, LM20-1487-26-13, LM20-1487-26-19, LM20-1487-28-06, LM20-1487-29-08, LM20-1487-32-04, LM20-1487-32-39, LM20-1487-33-34, LM20-1487-34-10, LM20-1487-34-31, LM20-1487-35-23, LM20-1487-36-02, LM20-1487-36-09

《大般若波羅蜜多經》卷三八六

LM20-1455-36-12, LM20-1455-37-08,

LM20-1463-30-03, LM20-1466-20-06, LM20-1489-11-19

《大般若波羅蜜多經》卷三八七

LM20-1452-11-16

《大般若波羅蜜多經》卷三八七（印本）

LM20-1486-36-06b

《大般若波羅蜜多經》卷三九〇（印本）

LM20-1486-09-01, LM20-1486-09-06, LM20-1486-09-16, LM20-1486-10-05a, LM20-1486-11-04, LM20-1486-14-14c, LM20-1487-28-12, LM20-1487-32-03, LM20-1487-32-07, LM20-1487-32-08, LM20-1487-34-29

《大般若波羅蜜多經》卷三九三

LM20-1509-C1566f

《大般若波羅蜜多經》卷三九四

LM20-1461-28-18

《大般若波羅蜜多經》卷三九五

LM20-1522-09-11

《大般若波羅蜜多經》卷三九六

LM20-1453-14-06, LM20-1453-22-06

《大般若波羅蜜多經》卷三九八

LM20-1509-C1563e

《大般若波羅蜜多經》卷四〇二

LM20-1455-38-16

《大般若波羅蜜多經》卷四〇四（印本）

LM20-1486-25-01, LM20-1486-30-17

《大般若波羅蜜多經》卷四〇五

LM20-1509-C1599d, LM20-1518-03-11

《大般若波羅蜜多經》卷四〇六

LM20-1464-18-20

《大般若波羅蜜多經》卷四〇八

LM20-1490-05-12

《大般若波羅蜜多經》卷四〇九

题名索引 D

LM20-1456-18-01, LM20-1460-28-12

《大般若波羅蜜多經》卷四一二

LM20-1456-33-21, LM20-1460-04-15, LM20-1489-12-01, LM20-1493-22-02, LM20-1513-CT0349

《大般若波羅蜜多經》卷四一四

LM20-1457-26-06, LM20-1474-11B-04

《大般若波羅蜜多經》卷四一六

LM20-1488-37-10

《大般若波羅蜜多經》卷四二〇

LM20-1452-15-14, LM20-1454-12-07, LM20-1460-31-14, LM20-1474-08B-08, LM20-1493-07-10, LM20-1514-CT0376

《大般若波羅蜜多經》卷四二一

LM20-1460-26-04

《大般若波羅蜜多經》卷四二二

LM20-1494-37-06

《大般若波羅蜜多經》卷四二六

LM20-1452-03-11, LM20-1452-24-11, LM20-1458-28-09, LM20-1461-30-23r, LM20-1464-36-03, LM20-1489-37-13, LM20-1491-21-05, LM20-1521-14-14

《大般若波羅蜜多經》卷四二七（印本）

LM20-1486-07-14b, LM20-1487-28-08, LM20-1487-32-10

《大般若波羅蜜多經》卷四二八

LM20-1502-C0042a

《大般若波羅蜜多經》卷四三三

LM20-1450-14-04, LM20-1453-39-09, LM20-1507-C1050a

《大般若波羅蜜多經》卷四三四

LM20-1458-03-20

《大般若波羅蜜多經》卷四三六（印本）

LM20-1486-29-08

《大般若波羅蜜多經》卷四三七（印本）

LM20-1486-36-05a, LM20-1486-36-09, LM20-1486-37-07, LM20-1487-31-18, LM20-1487-32-18, LM20-1487-33-08, LM20-1487-33-31, LM20-1487-36-24b

《大般若波羅蜜多經》卷四四〇

LM20-1457-06-01, LM20-1460-01-02, LM20-1466-20-20

《大般若波羅蜜多經》卷四四一（印本）

LM20-1486-17-09a, LM20-1486-17-09b, LM20-1486-20-02, LM20-1487-13-03

《大般若波羅蜜多經》卷四四二

LM20-1453-21-05

《大般若波羅蜜多經》卷四四三（印本）

LM20-1487-09-06a, LM20-1487-09-07

《大般若波羅蜜多經》卷四四四

LM20-1459-12-03

《大般若波羅蜜多經》卷四四五（印本）

LM20-1486-01-02, LM20-1486-02-02, LM20-1486-03-01, LM20-1486-22-04, LM20-1486-27-07, LM20-1486-30-02, LM20-1487-11-02, LM20-1487-17-03, LM20-1487-18-05, LM20-1487-20-01, LM20-1487-20-03, LM20-1487-24-01, LM20-1487-35-04

《大般若波羅蜜多經》卷四四七

LM20-1458-20-04

《大般若波羅蜜多經》卷四四八（印本）

LM20-1486-24-07, LM20-1518-06-06

《大般若波羅蜜多經》卷四四九

LM20-1453-08-05, LM20-1461-17-06

《大般若波羅蜜多經》卷四五四

LM20-1517-0262

《大般若波羅蜜多經》卷四五五

LM20-1457-03-08

《大般若波羅蜜多經》卷四五六

LM20-1456-14-01, LM20-1522-04-02

《大般若波羅蜜多經》卷四六〇

LM20-1467-05-02, LM20-1469-31-02, LM20-1470-38-03, LM20-1490-02-05, LM20-1505-C0484a, LM20-1506-C0823d, LM20-1516-CK0086, LM20-1516-CK0097, LM20-1516-CK0101a, LM20-1518-06-07, LM20-1518-06-08, LM20-1548-01-02

《大般若波羅蜜多經》卷四六一

LM20-1461-19-19, LM20-1465-21-03, LM20-1490-17-06, LM20-1496-26-03

《大般若波羅蜜多經》卷四六二

LM20-1454-10-05, LM20-1455-23-02, LM20-1455-29-07, LM20-1456-31-05, LM20-1466-05-04, LM20-1466-10-01, LM20-1518-06-10

《大般若波羅蜜多經》卷四六六

LM20-1460-35-14, LM20-1505-C0669a

《大般若波羅蜜多經》卷四六七

LM20-1458-25-24

《大般若波羅蜜多經》卷四六八

LM20-1518-06-11, LM20-1518-06-12

《大般若波羅蜜多經》卷四六九

LM20-1460-21-17, LM20-1462-28-07, LM20-1517-0190b

《大般若波羅蜜多經》卷四六九（印本）

LM20-1487-22-09, LM20-1487-33-32

《大般若波羅蜜多經》卷四七〇（印本）

LM20-1486-27-06, LM20-1487-32-01

《大般若波羅蜜多經》卷四七〇外題

LM20-1514-CT0356

《大般若波羅蜜多經》卷四七一

LM20-1451-35-14, LM20-1454-01-05

《大般若波羅蜜多經》卷四七一（印本）

LM20-1486-01-01, LM20-1486-01-04, LM20-1486-26-09, LM20-1487-17-09, LM20-1487-22-01

《大般若波羅蜜多經》卷四七四

LM20-1452-23-14

《大般若波羅蜜多經》卷四七六

LM20-1453-07-05

《大般若波羅蜜多經》卷四七八

LM20-1455-26-14, LM20-1460-31-17, LM20-1464-20-15, LM20-1465-24-03, LM20-1514-CT0472

《大般若波羅蜜多經》卷四七九

LM20-1499-05-04

《大般若波羅蜜多經》卷四八〇

LM20-1493-30-03

《大般若波羅蜜多經》卷四八三

LM20-1452-37-22

《大般若波羅蜜多經》卷四八三（印本）

LM20-1486-06-20a, LM20-1486-09-07, LM20-1486-11-12j, LM20-1486-15-09, LM20-1486-32-07b, LM20-1486-32-17a, LM20-1487-33-19, LM20-1487-34-28

《大般若波羅蜜多經》卷四八四

LM20-1455-31-05, LM20-1460-23-17, LM20-1491-27-03, LM20-1513-CT0200

《大般若波羅蜜多經》卷四八五

LM20-1518-06-14

《大般若波羅蜜多經》卷四八六

LM20-1505-C0529b

《大般若波羅蜜多經》卷四八七

LM20-1453-02-11

《大般若波羅蜜多經》卷四八七（印本）

题名索引 D 1801

LM20-1487-17-06

《大般若波羅蜜多經》卷四八八

LM20-1457-25-01

《大般若波羅蜜多經》卷四八八（印本）

LM20-1487-24-03

《大般若波羅蜜多經》卷四八九（印本）

LM20-1487-27-08, LM20-1487-29-06

《大般若波羅蜜多經》卷四九一

LM20-1509-C1561b

《大般若波羅蜜多經》卷四九二

LM20-1500-32-02

《大般若波羅蜜多經》卷四九二（印本）

LM20-1486-06-17b

《大般若波羅蜜多經》卷五〇二

LM20-1462-35-07

《大般若波羅蜜多經》卷五〇四

LM20-1459-01-04

《大般若波羅蜜多經》卷五〇八

LM20-1488-35-04

《大般若波羅蜜多經》卷五〇八外題

LM20-1513-CT0319a

《大般若波羅蜜多經》卷五〇九

LM20-1522-07-15

《大般若波羅蜜多經》卷五〇九（印本）

LM20-1487-32-24

《大般若波羅蜜多經》卷五一〇

LM20-1450-26-06, LM20-1452-24-10, LM20-1452-28-01, LM20-1456-29-03, LM20-1489-13-13, LM20-1489-19-08, LM20-1513-CT0248, LM20-1514-CT0405, LM20-1521-20-16

《大般若波羅蜜多經》卷五一〇（印本）

LM20-1486-37-06

《大般若波羅蜜多經》卷五一一

LM20-1452-11-13, LM20-1452-21-02, LM20-1454-02-08, LM20-1496-20-07, LM20-1503-C0174, LM20-1509-C1582d

《大般若波羅蜜多經》卷五一一（印本）

LM20-1486-20-17, LM20-1486-26-02, LM20-1486-33-09b, LM20-1518-07-02, LM20-1522-13-15

《大般若波羅蜜多經》卷五一六

LM20-1500-31-04, LM20-1508-C1457b

《大般若波羅蜜多經》卷五一七

LM20-1453-11-04, LM20-1505-C0611a

《大般若波羅蜜多經》卷五一九

LM20-1470-31-02

《大般若波羅蜜多經》卷五二〇

LM20-1460-04-10

《大般若波羅蜜多經》卷五二二（印本）

LM20-1487-16-04

《大般若波羅蜜多經》卷五二四

LM20-1490-16-01

《大般若波羅蜜多經》卷五二六

LM20-1457-07-19, LM20-1462-30-01, LM20-1505-C0525a

《大般若波羅蜜多經》卷五二六（印本）

LM20-1486-11-01b

《大般若波羅蜜多經》卷五二七

LM20-1454-21-03, LM20-1456-16-08, LM20-1457-06-08, LM20-1466-16-08, LM20-1474-07A-02, LM20-1474-07A-03, LM20-1494-12-01, LM20-1506-C0777d, LM20-1518-07-03

《大般若波羅蜜多經》卷五二八

LM20-1460-35-23, LM20-1507-C1001a, LM20-1507-C1110d

《大般若波羅蜜多經》卷五二九

LM20-1452-11-11, LM20-1470-03-02, LM20-1497-05-05, LM20-1506-C0825a, LM20-1509-C1587e

《大般若波羅蜜多經》卷五三〇

LM20-1468-20-05

《大般若波羅蜜多經》卷五三〇（印本）

LM20-1486-10-15, LM20-1487-07-05

《大般若波羅蜜多經》卷五三一（印本）

LM20-1486-04-02d, LM20-1486-05-08, LM20-1486-06-01a, LM20-1486-09-08e, LM20-1486-11-02, LM20-1486-34-08, LM20-1486-37-08a, LM20-1487-27-15

《大般若波羅蜜多經》卷五三三

LM20-1514-CT0452

《大般若波羅蜜多經》卷五三三（印本）

LM20-1486-18-10b, LM20-1487-06-05

《大般若波羅蜜多經》卷五三四

LM20-1457-22-07, LM20-1509-C1499b

《大般若波羅蜜多經》卷五三四（印本）

LM20-1486-04-03, LM20-1487-25-06, LM20-1487-30-05

《大般若波羅蜜多經》卷五三五

LM20-1461-09-07

《大般若波羅蜜多經》卷五三六

LM20-1456-36-05, LM20-1518-07-05

《大般若波羅蜜多經》卷五三七

LM20-1470-32-04, LM20-1489-38-06, LM20-1506-C0753d

《大般若波羅蜜多經》卷五四〇

LM20-1496-13-04

《大般若波羅蜜多經》卷五四一

LM20-1460-27-21

《大般若波羅蜜多經》卷五四二

LM20-1520-18-05

《大般若波羅蜜多經》卷五四二（印本）

LM20-1486-21-01

《大般若波羅蜜多經》卷五四三

LM20-1489-06-02, LM20-1513-CT0193, LM20-1518-07-08

《大般若波羅蜜多經》卷五四四

LM20-1456-07-12, LM20-1514-CT0451

《大般若波羅蜜多經》卷五四五

LM20-1505-C0558d, LM20-1517-0645a

《大般若波羅蜜多經》卷五四六（印本）

LM20-1486-08-19, LM20-1486-27-01, LM20-1486-29-03, LM20-1486-30-10, LM20-1486-36-13, LM20-1486-38-11, LM20-1517-0075

《大般若波羅蜜多經》卷五四七

LM20-1504-C0437b

《大般若波羅蜜多經》卷五四七（印本）

LM20-1486-05-04

《大般若波羅蜜多經》卷五四八

LM20-1456-36-10, LM20-1506-C0767d, LM20-1517-0571b

《大般若波羅蜜多經》卷五四八（印本）

LM20-1486-02-01h, LM20-1486-34-14, LM20-1487-01-13a, LM20-1487-35-19

《大般若波羅蜜多經》卷五四九

LM20-1456-38-16a, LM20-1458-33-11, LM20-1461-10-07, LM20-1464-08-01

《大般若波羅蜜多經》卷五五〇

LM20-1464-05-01, LM20-1502-C0123

《大般若波羅蜜多經》卷五五三（印本）

LM20-1486-10-17

《大般若波羅蜜多經》卷五五七

LM20-1464-31-01

《大般若波羅蜜多經》卷五六一

LM20-1498-09-05

《大般若波羅蜜多經》卷五六一（印本）

LM20-1486-34-01a

《大般若波羅蜜多經》卷五六三

LM20-1505-C0615a, LM20-1506-C0939a

《大般若波羅蜜多經》卷五六四（印本）

LM20-1486-06-19b, LM20-1486-33-15a

《大般若波羅蜜多經》卷五六五

LM20-1500-26-06, LM20-1509-C1623c

《大般若波羅蜜多經》卷五六六

LM20-1458-11-07, LM20-1462-31-03, LM20-1488-36-01, LM20-1488-37-13, LM20-1491-01-03, LM20-1491-02-05

《大般若波羅蜜多經》卷五六七

LM20-1455-37-21, LM20-1517-0571b

《大般若波羅蜜多經》卷五六七（印本）

LM20-1486-06-08, LM20-1486-31-19, LM20-1487-19-02

《大般若波羅蜜多經》卷五六八

LM20-1466-08-07, LM20-1507-C1065b

《大般若波羅蜜多經》卷五六九

LM20-1458-25-11, LM20-1459-13-02, LM20-1464-18-01, LM20-1495-12-03

《大般若波羅蜜多經》卷五六九（印本）

LM20-1486-31-16

《大般若波羅蜜多經》卷五七〇

LM20-1513-CT0304a

《大般若波羅蜜多經》卷五七一

LM20-1461-36-07, LM20-1510-C1652

《大般若波羅蜜多經》卷五七二

LM20-1509-C1543e, LM20-1509-C1548e, LM20-1509-C1569j, LM20-1509-C1616c

《大般若波羅蜜多經》卷五七三（印本）

LM20-1486-35-04b

《大般若波羅蜜多經》卷五七四

LM20-1454-15-04, LM20-1500-26-04

《大般若波羅蜜多經》卷五七五

LM20-1454-39-02, LM20-1456-16-09, LM20-1461-32-04, LM20-1501-07-08, LM20-1509-C1612b

《大般若波羅蜜多經》卷五七六

LM20-1451-26-11, LM20-1452-12-07, LM20-1456-01-13, LM20-1460-16-11

《大般若波羅蜜多經》卷五七六（印本）

LM20-1486-10-03g, LM20-1486-37-08b

《大般若波羅蜜多經》卷五七七

LM20-1452-16-04, LM20-1452-37-21, LM20-1455-02-05, LM20-1455-14-06a, LM20-1474-07A-05, LM20-1508-C1269d, LM20-1509-C1568i, LM20-1517-0308a, LM20-1517-0553, LM20-1518-07-10, LM20-1518-07-11, LM20-1518-07-12, LM20-1522-03-14

《大般若波羅蜜多經》卷五七七（印本）

LM20-1486-19-06, LM20-1486-34-13, LM20-1487-34-12

《大般若波羅蜜多經》卷五七八

LM20-1452-13-02, LM20-1453-31-06, LM20-1497-31-06, LM20-1506-C0748e

《大般若波羅蜜多經》卷五七九

LM20-1498-32-01, LM20-1522-12-13

《大般若波羅蜜多經》卷五八〇

LM20-1455-21-01

《大般若波羅蜜多經》卷五八三

LM20-1461-03-07

《大般若波羅蜜多經》卷五八三（印本）

LM20-1487-33-37

《大般若波羅蜜多經》卷五八四（印本）

题名索引

LM20-1468-15-05, LM20-1521-27-05

《大般若波羅蜜多經》卷五八五

LM20-1460-04-11, LM20-1460-04-12, LM20-1460-04-13, LM20-1460-04-14, LM20-1460-19-09, LM20-1464-12-15, LM20-1494-23-03, LM20-1502-C0077a, LM20-1521-21-16

《大般若波羅蜜多經》卷五八五（印本）

LM20-1486-31-18

《大般若波羅蜜多經》卷五八六

LM20-1455-01-10

《大般若波羅蜜多經》卷五八六（印本）

LM20-1487-36-10

《大般若波羅蜜多經》卷五八八

LM20-1455-35-04, LM20-1456-09-06, LM20-1505-C0705a, LM20-1517-0098d

《大般若波羅蜜多經》卷五八九

LM20-1506-C0835c, LM20-1518-07-14

《大般若波羅蜜多經》卷五九一

LM20-1459-18-04, LM20-1509-C1524

《大般若波羅蜜多經》卷五九二

LM20-1459-24-06, LM20-1499-33-01, LM20-1520-26-09

《大般若波羅蜜多經》卷五九四

LM20-1467-14-05

《大般若波羅蜜多經》卷五九八

LM20-1456-33-05, LM20-1518-07-15

《大般若波羅蜜多經》卷五九九

LM20-1488-30-05, LM20-1507-C1190c

《大般若波羅蜜多經》卷六〇〇

LM20-1453-35-02

《大般若波羅蜜多經》經籤

LM20-1489-29-26

《大般若波羅蜜多經》經題

LM20-1486-19-01, LM20-1486-34-09, LM20-1487-36-15, LM20-1513-CT0317a, LM20-1514-CT0488, LM20-1520-29-02

《大般若波羅蜜多經》外題

LM20-1469-02-02, LM20-1489-28-13, LM20-1502-C0030, LM20-1507-C1135d, LM20-1513-CT0300, LM20-1513-CT0308a, LM20-1513-CT0308b, LM20-1513-CT0309a, LM20-1513-CT0319b, LM20-1516-CK0098

《大般若波羅蜜多經》（多處可見）

LM20-1451-12-04a, LM20-1451-12-04b, LM20-1451-12-04c, LM20-1451-12-04d, LM20-1451-12-04e, LM20-1451-12-05a, LM20-1451-12-05b, LM20-1451-13-01a, LM20-1451-13-01b, LM20-1451-13-02a, LM20-1451-13-02b, LM20-1451-13-02c, LM20-1451-13-03c, LM20-1451-13-03j, LM20-1451-13-03w, LM20-1452-23-02, LM20-1452-28-09, LM20-1452-35-18, LM20-1455-10-13, LM20-1455-14-04, LM20-1455-22-08, LM20-1455-24-07, LM20-1455-28-11, LM20-1455-39-05, LM20-1457-02-17, LM20-1457-10-04, LM20-1460-33-12, LM20-1461-07-06, LM20-1461-09-15, LM20-1461-20-18, LM20-1461-20-24, LM20-1469-37-10, LM20-1474-14A-02, LM20-1489-10-09, LM20-1489-27-26, LM20-1489-29-17, LM20-1490-04-10, LM20-1491-06-04, LM20-1492-07-02, LM20-1492-14-02, LM20-1492-16-02, LM20-1493-10-02, LM20-1495-25-03, LM20-1497-01-01, LM20-1497-03-02, LM20-1497-14-03, LM20-1497-20-03, LM20-1497-25-05,

题名索引 D 1805

LM20-1498-05-02, LM20-1498-08-05, LM20-1513-CT0339b, LM20-1514-CT0432, LM20-1498-12-03, LM20-1498-25-01, LM20-1514-CT0442, LM20-1514-CT0467, LM20-1498-42-05, LM20-1499-06-02, LM20-1517-0178, LM20-1517-0189a, LM20-1499-26-04, LM20-1499-27-04, LM20-1517-0265, LM20-1517-0298, LM20-1500-24-05, LM20-1500-26-03, LM20-1517-0330, LM20-1517-0561a, LM20-1501-14-05, LM20-1501-24-08, LM20-1518-03-09, LM20-1518-03-10, LM20-1505-C0501b, LM20-1505-C0558a, LM20-1518-03-12, LM20-1518-04-02, LM20-1505-C0561a, LM20-1505-C0574a, LM20-1518-04-03, LM20-1518-04-04, LM20-1505-C0574b, LM20-1505-C0614b, LM20-1518-04-08, LM20-1518-04-09, LM20-1505-C0628b, LM20-1505-C0690c, LM20-1518-04-10, LM20-1518-04-12, LM20-1505-C0701a, LM20-1506-C0723c, LM20-1518-04-13, LM20-1518-04-14, LM20-1506-C0726b, LM20-1506-C0727b, LM20-1518-04-15, LM20-1518-04-16, LM20-1506-C0764b, LM20-1506-C0765b, LM20-1518-04-17, LM20-1518-05-01, LM20-1506-C0772b, LM20-1506-C0811a, LM20-1518-05-02, LM20-1518-05-03, LM20-1506-C0811b, LM20-1506-C0816b, LM20-1518-05-04, LM20-1518-05-06, LM20-1506-C0817c, LM20-1506-C0817d, LM20-1518-05-08a, LM20-1518-05-08b, LM20-1506-C0826d, LM20-1506-C0854b, LM20-1518-05-09, LM20-1518-05-10, LM20-1506-C0857a, LM20-1506-C0865a, LM20-1518-05-13, LM20-1518-06-03, LM20-1506-C0873c, LM20-1506-C0877b, LM20-1518-06-05, LM20-1518-07-01, LM20-1506-C0888c, LM20-1506-C0890c, LM20-1518-07-04, LM20-1518-07-06, LM20-1506-C0929c, LM20-1507-C1002a, LM20-1520-29-04, LM20-1520-29-11, LM20-1507-C1016a, LM20-1507-C1043b, LM20-1520-31-11, LM20-1521-03-07, LM20-1507-C1049b, LM20-1507-C1097d, LM20-1521-05-15, LM20-1521-07-18, LM20-1507-C1145a, LM20-1507-C1184b, LM20-1521-08-10, LM20-1521-14-08, LM20-1507-C1190b, LM20-1508-C1272e, LM20-1521-14-12, LM20-1521-21-05, LM20-1508-C1333d, LM20-1508-C1340b, LM20-1521-21-15, LM20-1521-23-24, LM20-1508-C1349c, LM20-1508-C1361c, LM20-1521-25-11, LM20-1521-32-02, LM20-1508-C1372d, LM20-1508-C1459a, LM20-1522-01-06, LM20-1522-01-16, LM20-1509-C1507d, LM20-1509-C1535b, LM20-1522-02-08, LM20-1522-02-16, LM20-1509-C1539a, LM20-1509-C1548b, LM20-1522-03-07, LM20-1522-03-17, LM20-1509-C1555d, LM20-1509-C1555f, LM20-1522-09-09, LM20-1522-11-08, LM20-1509-C1585a, LM20-1509-C1590a, LM20-1522-11-17, LM20-1522-11-19, LM20-1509-C1603e, LM20-1513-CT0201b, LM20-1522-12-02, LM20-1522-16-19, LM20-1513-CT0260, LM20-1513-CT0292b, LM20-1855-02, LM20-1855-06,

LM20-1855-08

《大般若波羅蜜多經》(多處可見)(印本)

LM20-1486-02-01a, LM20-1486-02-01b, LM20-1486-02-01c, LM20-1486-02-01d, LM20-1486-02-01e, LM20-1486-02-01f, LM20-1486-02-01g, LM20-1486-04-011, LM20-1486-04-02a, LM20-1486-04-02b, LM20-1486-04-02c, LM20-1486-04-02e, LM20-1486-04-02f, LM20-1486-04-02g, LM20-1486-04-02h, LM20-1486-04-02i, LM20-1486-04-02j, LM20-1486-04-02k, LM20-1486-04-11, LM20-1486-05-01, LM20-1486-05-09, LM20-1486-06-01b, LM20-1486-06-03b, LM20-1486-06-05b, LM20-1486-06-06, LM20-1486-06-09b, LM20-1486-06-11, LM20-1486-06-16a, LM20-1486-06-18b, LM20-1486-07-10b, LM20-1486-07-12a, LM20-1486-07-14a, LM20-1486-07-16, LM20-1486-08-01, LM20-1486-08-02a, LM20-1486-08-02b, LM20-1486-08-04, LM20-1486-08-05a, LM20-1486-08-05b, LM20-1486-08-13c, LM20-1486-08-14, LM20-1486-08-15, LM20-1486-08-16, LM20-1486-08-18, LM20-1486-09-02d, LM20-1486-09-08d, LM20-1486-09-15, LM20-1486-09-18a, LM20-1486-10-03b, LM20-1486-10-04c, LM20-1486-10-06, LM20-1486-10-07a, LM20-1486-11-01a, LM20-1486-11-03d, LM20-1486-11-06a, LM20-1486-11-08a, LM20-1486-11-10, LM20-1486-11-12i, LM20-1486-11-13, LM20-1486-11-16, LM20-1486-12-02a, LM20-1486-12-04a, LM20-1486-12-05a, LM20-1486-12-08b, LM20-1486-12-11a, LM20-1486-12-12a, LM20-1486-12-13a, LM20-1486-12-13b, LM20-1486-12-16c, LM20-1486-12-20a, LM20-1486-12-21a, LM20-1486-13-09b, LM20-1486-13-17a, LM20-1486-13-17b, LM20-1486-13-20b, LM20-1486-13-21a, LM20-1486-14-05a, LM20-1486-14-07a, LM20-1486-14-09a, LM20-1486-14-13b, LM20-1486-14-14b, LM20-1486-15-05c, LM20-1486-15-08b, LM20-1486-15-12b, LM20-1486-15-17a, LM20-1486-16-04, LM20-1486-16-06, LM20-1486-16-07, LM20-1486-16-08, LM20-1486-18-07a, LM20-1486-18-07b, LM20-1486-18-09, LM20-1486-18-10a, LM20-1486-18-11a, LM20-1486-18-11b, LM20-1486-18-12, LM20-1486-19-02, LM20-1486-19-03, LM20-1486-19-11a, LM20-1486-19-12, LM20-1486-20-16a, LM20-1486-20-16b, LM20-1486-20-16c, LM20-1486-20-16d, LM20-1486-20-16e, LM20-1486-20-16f, LM20-1486-20-19, LM20-1486-25-03, LM20-1486-28-12, LM20-1486-29-17, LM20-1486-31-05, LM20-1486-31-09, LM20-1486-31-23a, LM20-1486-31-23b, LM20-1486-32-04c, LM20-1486-32-06a, LM20-1486-32-06c, LM20-1486-32-06d, LM20-1486-32-07a, LM20-1486-32-07d, LM20-1486-32-08a, LM20-1486-32-10a, LM20-1486-32-10b, LM20-1486-32-11b, LM20-1486-32-11c, LM20-1486-32-13a, LM20-1486-32-18a, LM20-1486-32-19a, LM20-1486-32-19b, LM20-1486-32-20a, LM20-1486-32-20b, LM20-1486-33-04b,

题名索引 D 1807

LM20-1486-33-07b, LM20-1486-33-09a, LM20-1486-33-12a, LM20-1486-33-14b, LM20-1486-33-16, LM20-1486-33-20a, LM20-1486-33-25b, LM20-1486-34-01b, LM20-1486-34-03a, LM20-1486-34-04b, LM20-1486-34-06b, LM20-1486-34-11, LM20-1486-35-01a, LM20-1486-35-02a, LM20-1486-35-02b, LM20-1486-35-03a, LM20-1486-35-03b, LM20-1486-35-05b, LM20-1486-35-08a, LM20-1486-35-08b, LM20-1486-35-10a, LM20-1486-35-12b, LM20-1486-35-13b, LM20-1486-35-14b, LM20-1486-35-17b, LM20-1486-35-17c, LM20-1486-35-18a, LM20-1486-35-18b, LM20-1486-35-18c, LM20-1486-35-19a, LM20-1486-35-20a, LM20-1486-35-20b, LM20-1486-35-20c, LM20-1486-36-03a, LM20-1486-36-03b, LM20-1486-36-05b, LM20-1486-36-06a, LM20-1486-36-08a, LM20-1486-36-08c, LM20-1486-36-10b, LM20-1486-37-10, LM20-1486-38-01, LM20-1486-38-02, LM20-1486-38-05, LM20-1486-38-15, LM20-1487-02-04, LM20-1487-02-07, LM20-1487-05-05, LM20-1487-05-07, LM20-1487-06-04, LM20-1487-07-04, LM20-1487-08-03, LM20-1487-09-01, LM20-1487-09-08, LM20-1487-12-02, LM20-1487-13-02, LM20-1487-16-02, LM20-1487-17-01, LM20-1487-17-02, LM20-1487-18-02, LM20-1487-20-05b, LM20-1487-21-06, LM20-1487-22-02, LM20-1487-22-03, LM20-1487-22-04, LM20-1487-22-05, LM20-1487-22-11, LM20-1487-22-12, LM20-1487-22-13, LM20-1487-22-14, LM20-1487-22-17, LM20-1487-23-01, LM20-1487-23-04, LM20-1487-23-05, LM20-1487-23-06, LM20-1487-23-09, LM20-1487-24-05, LM20-1487-24-06, LM20-1487-24-09, LM20-1487-24-10, LM20-1487-24-11, LM20-1487-24-14, LM20-1487-24-15, LM20-1487-25-03b, LM20-1487-25-05, LM20-1487-25-07, LM20-1487-25-08, LM20-1487-25-11, LM20-1487-26-05, LM20-1487-26-06, LM20-1487-26-07, LM20-1487-26-14, LM20-1487-26-16, LM20-1487-26-18, LM20-1487-26-20, LM20-1487-27-05, LM20-1487-27-06, LM20-1487-27-07, LM20-1487-27-09, LM20-1487-27-13, LM20-1487-27-14, LM20-1487-27-16, LM20-1487-27-17, LM20-1487-28-01, LM20-1487-28-09, LM20-1487-28-10, LM20-1487-28-11, LM20-1487-30-07, LM20-1487-30-09, LM20-1487-31-06, LM20-1487-31-09, LM20-1487-31-11, LM20-1487-31-13, LM20-1487-31-14, LM20-1487-31-15, LM20-1487-32-02, LM20-1487-32-26, LM20-1487-32-29, LM20-1487-33-04, LM20-1487-33-07, LM20-1518-06-04, LM20-1521-36-11, LM20-1487-34-22b, LM20-1487-34-25, LM20-1487-34-27, LM20-1487-36-17, LM20-1505-C0677a, LM20-1506-C0957d, LM20-1518-06-04, LM20-1521-36-11, LM20-1521-38-02, LM20-1522-08-03, LM20-1548-06-33, LM20-1855-03, LM20-1855-05, LM20-1855-09,

LM20-1855-10, LM20-1855-11, LM20-1855-12, LM20-1855-14, LM20-1855-15, LM20-1855-17, LM20-1855-22, LM20-1855-23, LM20-1855-25, LM20-1855-26, LM20-1855-27, LM20-1855-28

《大般若經》卷一〇八外題

LM20-1469-02-03

《大般若經》外題

LM20-1469-05-02, LM20-1469-05-04

《大乘阿毘達磨雜集論》卷九

LM20-1455-15-11

《大乘阿毘達磨雜集論》卷一一

LM20-1453-22-03, LM20-1503-C0235

《大乘百法明門論開宗義記》

LM20-1458-04-10, LM20-1464-08-17, LM20-1466-20-09, LM20-1493-05-01, LM20-1497-24-02

《大乘百法明門論開宗義決》

LM20-1455-06-07r

《大乘百法明門論疏》卷上

LM20-1462-29-04

《大乘百法明門論疏》卷下

LM20-1521-03-15

《大乘寶雲經》卷一

LM20-1522-03-02, LM20-1522-03-04

《大乘悲分陀利經》卷一

LM20-1464-07-13

《大乘悲分陀利經》卷三　LM20-1458-14-08

《大乘悲分陀利經》卷四　LM20-1456-20-21

《大乘悲分陀利經》卷五　LM20-1465-25-05

《大乘悲分陀利經》卷七　LM20-1487-12-01

《大乘本生心地觀經》卷二

LM20-1522-21-10

《大乘本生心地觀經》卷八

LM20-1466-20-12

《大乘大集地藏十輪經》卷二

LM20-1497-12-06, LM20-1504-C0469a

《大乘大集地藏十輪經》卷四

LM20-1461-09-14

《大乘大集地藏十輪經》卷五

LM20-1505-C0679d

《大乘大集地藏十輪經》卷六

LM20-1519-31-10, LM20-1519-31-11, LM20-1519-31-12

《大乘大集地藏十輪經》卷一〇

LM20-827-03-41, LM20-827-04-56a, LM20-827-04-56b, LM20-827-04-57, LM20-1508-C1367a

《大乘法界無盡藏法釋》

LM20-1493-06-07

《大乘集菩薩學論》卷五

LM20-1505-C0581a

《大乘金剛髻珠菩薩修行分》

LM20-1522-13-16

《大乘理趣六波羅蜜多經》卷一

LM20-1522-14-03

《大乘密嚴經》卷上　LM20-1520-01-08

《大乘密嚴經》卷中　LM20-1508-C1357a

《大乘密嚴經》卷下　LM20-1495-24-01

《大乘起世論》　LM20-1471-28-03

《大乘起信論》序　LM20-1507-C1151b

《大乘起信論》

LM20-1458-38-06, LM20-1452-05-12, LM20-1453-19-05, LM20-1461-27-17, LM20-1506-C0825d, LM20-1506-C0833d, LM20-1517-0529

《大乘起信論》集解　LM20-1453-36-09

题名索引 D 1809

《大乘起信論略述》卷上 LM20-1455-11-04

《大乘起信論義記》卷中

LM20-1507-C1100d

《大乘入道次第》

LM20-1451-30-03, LM20-1451-30-05,

LM20-1451-32-04, LM20-1456-19-18,

LM20-1468-02-02, LM20-1468-03-07,

LM20-1468-07-04, LM20-1468-07-05,

LM20-1468-08-01

《大乘入楞伽經》卷一

LM20-1457-13-20r, LM20-1457-13-20v

《大乘四論玄義》卷七 LM20-1489-14-03

《大乘同性經》卷下 LM20-1468-04-07

《大乘無生方便門》 LM20-1520-20-05v

《大乘義章》卷一四 LM20-1450-38-06

《大乘莊嚴經論》卷四 LM20-1517-0453

《大乘莊嚴經論》卷一三外題

LM20-1458-02-15

《大法鼓經》卷上 LM20-1508-C1328d

《大法鼓經》卷下

LM20-1456-35-18, LM20-1462-06-11r,

LM20-1462-06-11v, LM20-1464-27-09,

LM20-1507-C1096b

《大法鼓經》注疏 LM20-1469-11-05

《大法炬陀羅尼經》卷五

LM20-1499-19-02, LM20-1500-02-01,

LM20-1504-C0357, LM20-1506-C0884a,

LM20-1520-05-12, LM20-1520-05-13,

LM20-1520-05-14

《大法炬陀羅尼經》卷一二

LM20-1468-09-01, LM20-1520-05-15,

LM20-1520-05-16

《大法炬陀羅尼經》卷一三經題

LM20-1507-C1051b

《大法炬陀羅尼經》卷一五

LM20-1520-05-17

《大法炬陀羅尼經》卷一七

LM20-1507-C1057b

《大方便佛報恩經》卷一

LM20-1465-11-08, LM20-1497-22-01,

LM20-1501-26-06, LM20-1505-C0496a,

LM20-1506-C0909d, LM20-1509-C1592a,

LM20-1518-01-09, LM20-1522-23-01

《大方便佛報恩經》卷二

LM20-1461-18-05, LM20-1494-12-02

《大方便佛報恩經》卷三

LM20-1452-26-14, LM20-1517-0591a

《大方便佛報恩經》卷四

LM20-1452-08-02, LM20-1452-14-06,

LM20-1463-17-01, LM20-1466-11-13,

LM20-1505-C0712d, LM20-1518-01-10,

LM20-1519-09-15, LM20-1523-02-20a,

LM20-1523-02-20b, LM20-1523-10-100

《大方便佛報恩經》卷五

LM20-1468-09-09, LM20-1506-C0880a

《大方便佛報恩經》卷六

LM20-1491-06-02

《大方便佛報恩經》卷七

LM20-1458-23-07, LM20-1490-15-13,

LM20-1494-31-02, LM20-1498-37-03,

LM20-1500-19-06, LM20-1504-C0467b,

LM20-1506-C0821d, LM20-1518-01-11

《大方等大集經》卷一

LM20-1475-08A-03, LM20-1548-03-10

《大方等大集經》卷二

LM20-1450-01-04, LM20-1450-23-04,

LM20-1465-38-07, LM20-1488-20-05,

LM20-1501-20-02, LM20-1504-C0456b,

LM20-1505-C0693a, LM20-1509-C1568c

《大方等大集經》卷三

LM20-1457-12-11, LM20-1457-21-06, LM20-1462-23-01, LM20-1497-34-03

《大方等大集經》卷四

LM20-1453-03-02, LM20-1460-02-08, LM20-1494-06-02

《大方等大集經》卷五

LM20-1455-12-10, LM20-1462-04-10, LM20-1462-34-10a

《大方等大集經》卷六

LM20-1456-24-07, LM20-1461-07-09, LM20-1466-36-01, LM20-1493-08-06, LM20-1508-C1336b, LM20-1519-31-01, LM20-1519-31-02

《大方等大集經》卷七

LM20-1450-16-01, LM20-1452-31-01, LM20-1454-07-02, LM20-1456-32-05, LM20-1457-29-02, LM20-1457-29-03, LM20-1459-14-02, LM20-1460-05-14, LM20-1462-24-01, LM20-1464-38-06, LM20-1492-27-06, LM20-1496-21-07, LM20-1501-27-01, LM20-1505-C0527b, LM20-1506-C0958a, LM20-1509-C1579a, LM20-1517-0481, LM20-1520-30-06, LM20-1521-31-17

《大方等大集經》卷八

LM20-1458-31-23, LM20-1459-26-01, LM20-1474-04B-06, LM20-1499-01-02, LM20-1506-C0937d, LM20-1517-0206

《大方等大集經》卷九

LM20-1452-34-01, LM20-1517-0316, LM20-1521-06-03

《大方等大集經》卷一〇

LM20-1456-16-16, LM20-1461-30-06, LM20-1506-C0767a, LM20-1506-C0902d

《大方等大集經》卷一一

LM20-1460-22-12, LM20-1465-31-11, LM20-1466-25-04, LM20-1467-35-06, LM20-1507-C1135b, LM20-1522-15-10

《大方等大集經》卷一二

LM20-1452-33-12, LM20-1454-25-05, LM20-1456-10-07, LM20-1456-24-08, LM20-1466-18-01, LM20-1496-28-04, LM20-1499-28-02, LM20-1504-C0402a, LM20-1507-C1084b, LM20-1508-C1411, LM20-1517-0401, LM20-1519-31-03, LM20-1521-03-03

《大方等大集經》卷一三

LM20-1464-26-13, LM20-1491-34-02, LM20-1505-C0717c, LM20-1519-31-04, LM20-1521-29-08, LM20-1521-37-08

《大方等大集經》卷一四

LM20-1465-19-03, LM20-1475-08A-04

《大方等大集經》卷一五

LM20-1510-C1668, LM20-1519-31-05

《大方等大集經》卷一六

LM20-1455-15-08, LM20-1455-18-07, LM20-1460-11-04, LM20-1494-10-03

《大方等大集經》卷一七

LM20-1455-04-10, LM20-1521-11-14

《大方等大集經》卷一八

LM20-1454-06-03, LM20-1459-12-01, LM20-1461-25-04

《大方等大集經》卷一九

LM20-1505-C0504c, LM20-1506-C0750e

《大方等大集經》卷二〇

LM20-1505-C0552a, LM20-1506-C0778e

题名索引 D 1811

《大方等大集經》卷二一

LM20-1460-18-15, LM20-1462-35-03, LM20-1519-31-07

《大方等大集經》卷二二

LM20-1506-C0905c

《大方等大集經》卷二三

LM20-1461-18-12, LM20-1464-13-03, LM20-1504-C0445b, LM20-1505-C0537b, LM20-1519-31-06, LM20-1530

《大方等大集經》卷二五 LM20-1519-31-08

《大方等大集經》卷二六

LM20-1450-19-02, LM20-1454-02-21, LM20-1456-12-17, LM20-1461-24-08, LM20-1503-C0177

《大方等大集經》卷二七

LM20-1452-34-05, LM20-1455-38-09, LM20-1489-24-01

《大方等大集經》卷二八 LM20-1460-30-15

《大方等大集經》卷三〇 LM20-1452-17-09

《大方等大集經》卷三〇

LM20-1462-09-01, LM20-1506-C0807c

《大方等大集經》卷三三

LM20-1453-33-01, LM20-1497-03-01

《大方等大集經》卷三四

LM20-1451-33-07, LM20-1451-36-08, LM20-1517-0364a

《大方等大集經》卷三八

LM20-1508-C1448

《大方等大集經》卷四〇

LM20-1506-C0870b

《大方等大集經》卷四二

LM20-1506-C0759a

《大方等大集經》卷四六 LM20-1548-03-07

《大方等大集經》卷四七 LM20-1490-09-30

《大方等大集經》卷五一

LM20-1460-26-15, LM20-1460-26-16

《大方等大集經》卷五一 LM20-1454-39-04

《大方等大集經》卷五二

LM20-1507-C1172a

《大方等大集經》卷五五

LM20-1453-26-07, LM20-1461-28-20, LM20-1465-17-07, LM20-1507-C1036a, LM20-1517-0651b

《大方等大集經》卷五六

LM20-827-14-174, LM20-1456-04-02, LM20-1458-30-10, LM20-1517-0096c

《大方等大集經》卷五七

LM20-1506-C0975b

《大方等大集經菩薩念佛三昧分》卷四

LM20-1509-C1554b

《大方等大集經菩薩念佛三昧分》卷五

LM20-1454-18-07, LM20-1508-C1336d

《大方等大集經菩薩念佛三昧分》卷六

LM20-1453-08-10, LM20-1517-0135

《大方等大集經賢護分》卷五

LM20-1452-18-05

《大方等大雲請雨經》

LM20-1458-19-17, LM20-1469-29-02, LM20-1501-31-08

《大方等陀羅尼經》卷一

LM20-1453-12-01, LM20-1454-14-07, LM20-1455-09-12, LM20-1455-10-19, LM20-1455-24-13, LM20-1456-04-11, LM20-1457-17-06, LM20-1464-36-04, LM20-1464-38-08, LM20-1467-38-09, LM20-1496-22-07, LM20-1507-C1184a, LM20-1508-C1330c, LM20-1509-C1647b

《大方等陀羅尼經》卷二

LM20-1450-24-11, LM20-1452-34-07, LM20-1454-34-05, LM20-1455-37-18, LM20-1456-09-08, LM20-1458-14-13, LM20-1458-33-14, LM20-1461-21-14, LM20-1462-34-11, LM20-1466-03-09, LM20-1466-10-05, LM20-1467-02-08, LM20-1490-08-16, LM20-1492-11-05, LM20-1494-26-01, LM20-1506-C0852d, LM20-1514-CT0358, LM20-1517-0147, LM20-1520-05-11

《大方等陀羅尼經》卷三

LM20-1450-05-04, LM20-1453-20-01, LM20-1454-16-04, LM20-1456-02-06, LM20-1506-C0837c, LM20-1509-C1512d, LM20-1517-0559, LM20-1520-22-01

《大方等陀羅尼經》卷四

LM20-1451-11-04, LM20-1452-39-17, LM20-1455-17-03, LM20-1459-23-09, LM20-1461-36-15, LM20-1467-11-01, LM20-1492-28-01, LM20-1505-C0560d, LM20-1505-C0670a, LM20-1509-C1576b, LM20-1509-C1598b, LM20-1514-CT0517a

《大方等陀羅尼經》(異本)

LM20-1452-39-03r

《大方等陀羅尼經》外題 LM20-1521-34-05

《大方等無想經》卷一 LM20-1452-20-09

《大方等無想經》卷二

LM20-1457-03-13, LM20-1457-04-15, LM20-1462-05-05, LM20-1494-08-03, LM20-1522-04-20

《大方等無想經》卷三

LM20-1461-02-01, LM20-1492-31-07, LM20-1520-24-15, LM20-1521-09-02

《大方等無想經》卷四 LM20-1506-C0734e

《大方等無想經》卷五

LM20-1456-36-07, LM20-1461-02-03, LM20-1461-24-01, LM20-1461-25-01, LM20-1498-42-01, LM20-1514-CT0453, LM20-1517-0243, LM20-1521-13-06

《大方等無想經》卷六

LM20-1452-34-14, LM20-1454-11-11, LM20-1461-34-18, LM20-1494-17-04, LM20-1494-29-05, LM20-1504-C0388b

《大方廣佛花嚴經修慈分》經題

LM20-1521-12-07

《大方廣佛華嚴經》卷二（東晉佛陀跋陀羅譯）

LM20-1451-24-08, LM20-1517-0310b

《大方廣佛華嚴經》卷三（東晉佛陀跋陀羅譯）

LM20-1452-27-06, LM20-1460-25-06, LM20-1460-38-17, LM20-1462-29-09, LM20-1464-19-25, LM20-1466-25-01, LM20-1508-C1421, LM20-1519-05-14

《大方廣佛華嚴經》卷五（東晉佛陀跋陀羅譯）

LM20-1460-09-12, LM20-1514-CT0507a

《大方廣佛華嚴經》卷六（東晉佛陀跋陀羅譯）

LM20-1456-33-03, LM20-1464-14-15, LM20-1505-C0650h, LM20-1505-C0717b, LM20-1506-C0839a, LM20-1506-C0946a, LM20-1507-C1153b, LM20-1508-C1450a, LM20-1509-C1584d, LM20-1518-38-07, LM20-1519-06-03

《大方廣佛華嚴經》卷七（東晉佛陀跋陀羅譯）

LM20-1511-CB0112

《大方廣佛華嚴經》卷八（東晉佛陀跋陀羅譯）

LM20-1451-27-18

《大方廣佛華嚴經》卷九（東晉佛陀跋陀羅譯）

LM20-1452-01-18, LM20-1452-04-22, LM20-1503-C0258

題名索引 D 1813

《大方廣佛華嚴經》卷一一(東晉佛陀跋陀羅譯)
LM20-1454-02-18

《大方廣佛華嚴經》卷一三(東晉佛陀跋陀羅譯)
LM20-1460-37-19

《大方廣佛華嚴經》卷一四(東晉佛陀跋陀羅譯)
LM20-1452-14-03, LM20-1454-31-09,
LM20-1519-06-05

《大方廣佛華嚴經》卷一五(東晉佛陀跋陀羅譯)
LM20-1458-05-09, LM20-1460-37-04,
LM20-1462-04-09, LM20-1470-37-02

《大方廣佛華嚴經》卷一七(東晉佛陀跋陀羅譯)
LM20-1490-01-03

《大方廣佛華嚴經》卷一八(東晉佛陀跋陀羅譯)
LM20-1452-05-05

《大方廣佛華嚴經》卷一九(東晉佛陀跋陀羅譯)
LM20-1452-07-09, LM20-1459-28-02,
LM20-1464-20-17

《大方廣佛華嚴經》卷二一(東晉佛陀跋陀羅譯)
LM20-1520-25-10

《大方廣佛華嚴經》卷二二(東晉佛陀跋陀羅譯)
LM20-1452-15-11

《大方廣佛華嚴經》卷二三(東晉佛陀跋陀羅譯)
LM20-1450-07-01, LM20-1463-03-07,
LM20-1475-02A-01

《大方廣佛華嚴經》卷二四(東晉佛陀跋陀羅譯)
LM20-1453-34-10

《大方廣佛華嚴經》卷二五(東晉佛陀跋陀羅譯)
LM20-1491-03-01, LM20-1504-C0340,
LM20-1517-0497

《大方廣佛華嚴經》卷二六(東晉佛陀跋陀羅譯)
LM20-1491-34-05

《大方廣佛華嚴經》卷二七(東晉佛陀跋陀羅譯)
LM20-1452-30-15, LM20-1459-23-03,
LM20-1464-12-23

《大方廣佛華嚴經》卷二八(東晉佛陀跋陀羅譯)
LM20-1461-32-06, LM20-1464-34-04,
LM20-1467-28-04, LM20-1494-07-03

《大方廣佛華嚴經》卷二九(東晉佛陀跋陀羅譯)
LM20-1453-37-07, LM20-1461-03-17,
LM20-1501-06-04, LM20-1508-C1468a

《大方廣佛華嚴經》卷三一(東晉佛陀跋陀羅譯)
LM20-1466-11-17

《大方廣佛華嚴經》卷三三(東晉佛陀跋陀羅譯)
LM20-827-02-18

《大方廣佛華嚴經》卷三四(東晉佛陀跋陀羅譯)
LM20-1458-26-15, LM20-1459-26-08

《大方廣佛華嚴經》卷三六(東晉佛陀跋陀羅譯)
LM20-1456-15-11, LM20-1517-0221

《大方廣佛華嚴經》卷三七(東晉佛陀跋陀羅譯)
LM20-1452-04-18, LM20-1452-30-08,
LM20-1456-19-21, LM20-1506-C0760d,
LM20-1506-C0820d, LM20-1506-C0823a,
LM20-1506-C0826a, LM20-1506-C0828d,
LM20-1506-C0834c, LM20-1506-C0846c,
LM20-1506-C0885d, LM20-1506-C0892d,
LM20-1506-C0904a, LM20-1506-C0907a,
LM20-1506-C0911d, LM20-1506-C0927c,
LM20-1507-C1070a, LM20-1507-C1126b,
LM20-1507-C1235

《大方廣佛華嚴經》卷三九(東晉佛陀跋陀羅譯)
LM20-1461-07-14, LM20-1464-08-22,
LM20-1493-13-06, LM20-1500-04-03,
LM20-1505-C0681c, LM20-1506-C0973a,
LM20-1507-C1080a

《大方廣佛華嚴經》卷四〇(東晉佛陀跋陀羅譯)
LM20-1452-26-09

《大方廣佛華嚴經》卷四一(東晉佛陀跋陀羅譯)
LM20-1509-C1638c

題名索引

《大方廣佛華嚴經》卷四四（東晉佛陀跋陀羅譯）
LM20-1519-07-04

《大方廣佛華嚴經》卷四五（東晉佛陀跋陀羅譯）
LM20-1453-08-02

《大方廣佛華嚴經》卷四七（東晉佛陀跋陀羅譯）
LM20-1502-C0071

《大方廣佛華嚴經》卷四九（東晉佛陀跋陀羅譯）
LM20-1450-02-04, LM20-1450-29-05,
LM20-1450-38-02, LM20-1452-30-06,
LM20-1453-26-09, LM20-1461-16-18,
LM20-1461-33-01, LM20-1462-18-05,
LM20-1497-03-03

《大方廣佛華嚴經》卷五一（東晉佛陀跋陀羅譯）
LM20-1456-28-29a

《大方廣佛華嚴經》卷五二（東晉佛陀跋陀羅譯）
LM20-1454-05-01, LM20-1458-34-13,
LM20-1461-12-31, LM20-1461-14-07

《大方廣佛華嚴經》卷五三（東晉佛陀跋陀羅譯）
LM20-1460-03-07

《大方廣佛華嚴經》卷五四（東晉佛陀跋陀羅譯）
LM20-1522-13-07

《大方廣佛華嚴經》卷五六（東晉佛陀跋陀羅譯）
LM20-1452-31-15, LM20-1457-05-15,
LM20-1468-01-03, LM20-1520-35-14

《大方廣佛華嚴經》卷五七（東晉佛陀跋陀羅譯）
LM20-1452-29-13, LM20-1456-22-24a,
LM20-1461-35-12, LM20-1462-08-08,
LM20-1462-34-06, LM20-1466-28-05

《大方廣佛華嚴經》卷五八（東晉佛陀跋陀羅譯）
LM20-1467-38-02, LM20-1519-07-15

《大方廣佛華嚴經》卷五九（東晉佛陀跋陀羅譯）
LM20-1453-26-08

《大方廣佛華嚴經》卷六〇（東晉佛陀跋陀羅譯）
LM20-1460-06-06, LM20-1460-08-18,

LM20-1460-35-19, LM20-1460-35-21,
LM20-1505-C0632b

《大方廣佛華嚴經》不分卷（東晉佛陀跋陀羅譯）
LM20-1460-06-23a

《大方廣佛華嚴經》（多處可見）（東晉佛陀跋陀羅譯）
LM20-1506-C0885a, LM20-1506-C0892a,
LM20-1506-C0892c, LM20-1506-C0896c,
LM20-1506-C0896d, LM20-1506-C0910d,
LM20-1506-C0915d

《大方廣佛華嚴經》卷二（東晉佛陀跋陀羅譯）
（五十卷本）
LM20-1500-11-02, LM20-1519-05-13

《大方廣佛華嚴經》卷三（東晉佛陀跋陀羅譯）
（五十卷本）
LM20-1462-17-06

《大方廣佛華嚴經》卷四（東晉佛陀跋陀羅譯）
（五十卷本）
LM20-1454-04-06, LM20-1502-C0033c,
LM20-1506-C0920d, LM20-1507-C1074c

《大方廣佛華嚴經》卷五（東晉佛陀跋陀羅譯）
（五十卷本）
LM20-1464-11-13, LM20-1464-19-02,
LM20-1466-01-03, LM20-1467-29-02,
LM20-1468-01-04, LM20-1468-16-08,
LM20-1469-24-02, LM20-1475-06A-01,
LM20-1499-18-04, LM20-1500-02-04,
LM20-1500-06-05, LM20-1501-30-03,
LM20-1502-C0075, LM20-1503-C0251,
LM20-1503-C0302d, LM20-1505-C0530a,
LM20-1505-C0658a, LM20-1505-C0708c,
LM20-1506-C0763e, LM20-1507-C0991c,
LM20-1509-C1537b, LM20-1521-02-16,
LM20-1521-28-11, LM20-1521-30-04,

题名索引 D 1815

LM20-1513-CT0207, LM20-1519-05-15a, LM20-1519-06-01, LM20-1519-06-02

《大方廣佛華嚴經》卷六（東晉佛陀跋陀羅譯）（五十卷本）

LM20-1509-C1584c

《大方廣佛華嚴經》卷七（東晉佛陀跋陀羅譯）（五十卷本）

LM20-1461-15-11, LM20-1469-09-05, LM20-1509-C1634b, LM20-1520-23-17, LM20-1520-27-08, LM20-1523-15-146

《大方廣佛華嚴經》卷八（東晉佛陀跋陀羅譯）（五十卷本）

LM20-827-12-164, LM20-827-12-166, LM20-827-12-167, LM20-827-08-122b, LM20-827-08-123, LM20-827-09-124, LM20-827-09-125, LM20-827-09-126, LM20-827-09-127, LM20-827-09-128, LM20-827-09-134, LM20-1454-12-03, LM20-1455-04-04, LM20-1460-36-25, LM20-1490-06-02, LM20-1506-C0866b

《大方廣佛華嚴經》卷九（東晉佛陀跋陀羅譯）（五十卷本）

LM20-827-09-129, LM20-827-09-130a, LM20-827-09-130b, LM20-827-09-131, LM20-827-09-132, LM20-827-09-133

《大方廣佛華嚴經》卷一〇（東晉佛陀跋陀羅譯）（五十卷本）

LM20-1494-07-01

《大方廣佛華嚴經》卷一一（東晉佛陀跋陀羅譯）（五十卷本）

LM20-1464-12-25, LM20-1501-22-09

《大方廣佛華嚴經》卷一二（東晉佛陀跋陀羅譯）（五十卷本）

LM20-1456-21-15, LM20-1508-C1344a,

LM20-1548-07-46, LM20-1522-04-19

《大方廣佛華嚴經》卷一三（東晉佛陀跋陀羅譯）（五十卷本）

LM20-1454-37-05, LM20-1469-09-06, LM20-1472-01-01, LM20-1472-01-02a, LM20-1472-01-02b, LM20-1472-01-03, LM20-1472-01-04, LM20-1472-01-05, LM20-1472-02-01, LM20-1472-02-02, LM20-1472-02-03, LM20-1472-02-04, LM20-1472-02-05, LM20-1472-02-06, LM20-1472-03-01, LM20-1472-03-02, LM20-1472-03-03, LM20-1472-03-04, LM20-1472-03-05, LM20-1472-03-06, LM20-1472-03-07, LM20-1472-03-08, LM20-1472-03-09, LM20-1472-03-10, LM20-1472-03-11, LM20-1489-31-15

《大方廣佛華嚴經》卷一四（東晉佛陀跋陀羅譯）（五十卷本）

LM20-1454-04-03, LM20-1460-06-14, LM20-1460-06-16a, LM20-1460-06-17a, LM20-1460-06-18a, LM20-1460-06-22a, LM20-1460-14-04, LM20-1460-26-19, LM20-1460-27-15a, LM20-1460-36-24, LM20-1460-37-03, LM20-1460-37-08a, LM20-1460-37-24a, LM20-1460-37-24b, LM20-1460-37-24c, LM20-1460-37-25a, LM20-1460-37-25b, LM20-1460-38-04, LM20-1460-38-08, LM20-1464-08-12, LM20-1464-10-02, LM20-1469-06-01b, LM20-1469-06-01c, LM20-1469-06-04a, LM20-1469-06-04b, LM20-1469-06-05b, LM20-1469-06-07a, LM20-1469-06-07b, LM20-1469-06-08a, LM20-1469-06-09a, LM20-1469-06-09b, LM20-1469-06-09c,

題名索引

LM20-1469-06-10, LM20-1469-07-01, LM20-1469-07-02, LM20-1469-07-03, LM20-1469-07-04, LM20-1469-07-07, LM20-1469-07-08, LM20-1469-08-01, LM20-1469-08-02b, LM20-1469-08-03, LM20-1469-08-04, LM20-1469-08-05, LM20-1469-08-06, LM20-1469-08-07a, LM20-1469-08-07b, LM20-1469-08-08a, LM20-1469-08-08b, LM20-1469-08-08c, LM20-1469-08-09, LM20-1469-08-10, LM20-1469-09-01, LM20-1469-09-03, LM20-1508-C1383a, LM20-1519-06-04, LM20-1519-06-06, LM20-1519-06-07

《大方廣佛華嚴經》卷一五（東晉佛陀跋陀羅譯）（五十卷本）

LM20-1455-25-07, LM20-1455-26-05, LM20-1455-26-06, LM20-1455-26-12, LM20-1455-28-05, LM20-1456-06-17, LM20-1456-28-15, LM20-1460-04-05, LM20-1460-06-13, LM20-1460-06-15a, LM20-1460-06-15b, LM20-1460-06-16b, LM20-1460-06-17b, LM20-1460-06-18b, LM20-1460-06-19, LM20-1460-06-20, LM20-1460-06-21, LM20-1460-06-22b, LM20-1460-06-22c, LM20-1460-06-23b, LM20-1460-06-24a, LM20-1460-06-24b, LM20-1460-06-24c, LM20-1460-07-01, LM20-1460-07-07, LM20-1460-07-08, LM20-1460-08-13, LM20-1460-08-14a, LM20-1460-08-14b, LM20-1460-08-15a, LM20-1460-08-15b, LM20-1460-08-16a, LM20-1460-08-16b, LM20-1460-37-08b, LM20-1460-37-15, LM20-1460-37-21, LM20-1460-38-01a, LM20-1460-38-01b,

LM20-1460-38-01c, LM20-1460-38-07a, LM20-1461-28-09, LM20-1461-28-15, LM20-1464-08-16c, LM20-1464-08-16d, LM20-1464-10-06, LM20-1464-10-17, LM20-1466-13-13, LM20-1469-06-02, LM20-1469-06-06, LM20-1469-06-08b, LM20-1469-07-05, LM20-1469-07-06, LM20-1469-08-02a, LM20-1522-15-08

《大方廣佛華嚴經》卷一六（東晉佛陀跋陀羅譯）（五十卷本）

LM20-1461-34-17, LM20-1464-10-18, LM20-1464-13-18, LM20-1509-C1565b, LM20-1520-30-08, LM20-1522-01-05, LM20-1519-06-08, LM20-1519-06-09, LM20-1519-06-10

《大方廣佛華嚴經》卷一七（東晉佛陀跋陀羅譯）（五十卷本）

LM20-1455-36-03, LM20-1458-18-18, LM20-1458-20-14, LM20-1458-20-16, LM20-1467-06-05, LM20-1504-C0418b, LM20-1521-21-18, LM20-1517-0128

《大方廣佛華嚴經》卷一八（東晉佛陀跋陀羅譯）（五十卷本）

LM20-1460-15-05, LM20-1461-12-32, LM20-1465-30-06, LM20-1497-17-04, LM20-1503-C0310, LM20-1507-C1014b, LM20-1517-0620

《大方廣佛華嚴經》卷一九（東晉佛陀跋陀羅譯）（五十卷本）

LM20-1457-28-01, LM20-1458-06-06, LM20-1491-09-03, LM20-1493-21-03, LM20-1507-C1143a, LM20-1522-02-14, LM20-1519-06-11

《大方廣佛華嚴經》卷二〇（東晉佛陀跋陀羅

譯）（五十卷本）

LM20-1457-02-13, LM20-1497-38-03, LM20-1499-17-04, LM20-1519-06-12

《大方廣佛華嚴經》卷二一（東晉佛陀跋陀羅譯）（五十卷本）

LM20-1454-05-02, LM20-1456-31-10, LM20-1458-01-15, LM20-1458-04-21, LM20-1461-23-04, LM20-1466-13-19, LM20-1490-06-06, LM20-1506-C0743e, LM20-1508-C1410a

《大方廣佛華嚴經》卷二二（東晉佛陀跋陀羅譯）（五十卷本）

LM20-1454-26-04, LM20-1497-27-02, LM20-1519-06-13

《大方廣佛華嚴經》卷二三（東晉佛陀跋陀羅譯）（五十卷本）

LM20-1454-07-03, LM20-1458-29-03, LM20-1494-09-02, LM20-1497-33-02

《大方廣佛華嚴經》卷二四（東晉佛陀跋陀羅譯）（五十卷本）

LM20-1455-07-16, LM20-1505-C0529a

《大方廣佛華嚴經》卷二五（東晉佛陀跋陀羅譯）（五十卷本）

LM20-1500-11-03, LM20-1502-C0119

《大方廣佛華嚴經》卷二六（東晉佛陀跋陀羅譯）（五十卷本）

LM20-1497-02-05, LM20-1519-06-14, LM20-1519-06-15

《大方廣佛華嚴經》卷二八（東晉佛陀跋陀羅譯）（五十卷本）

LM20-1454-27-08, LM20-1456-33-20, LM20-1460-25-04, LM20-1506-C0812b

《大方廣佛華嚴經》卷三〇（東晉佛陀跋陀羅譯）（五十卷本）

LM20-1489-31-14, LM20-1503-C0162, LM20-1503-C0298, LM20-1519-07-01

《大方廣佛華嚴經》卷三一（東晉佛陀跋陀羅譯）（五十卷本）

LM20-1457-37-01, LM20-1458-09-08, LM20-1462-32-06, LM20-1464-35-01, LM20-1466-27-01, LM20-1515-CY0002, LM20-1520-25-16

《大方廣佛華嚴經》卷三二（東晉佛陀跋陀羅譯）（五十卷本）

LM20-1454-04-09, LM20-1464-26-01, LM20-1519-07-02

《大方廣佛華嚴經》卷三三（東晉佛陀跋陀羅譯）（五十卷本）

LM20-1464-34-01, LM20-1470-38-05, LM20-1504-C0400b

《大方廣佛華嚴經》卷三四（東晉佛陀跋陀羅譯）（五十卷本）

LM20-1454-19-01, LM20-1454-34-02, LM20-1464-21-16, LM20-1497-01-02, LM20-1501-15-02, LM20-1519-07-03

《大方廣佛華嚴經》卷三五（東晉佛陀跋陀羅譯）（五十卷本）

LM20-1456-11-24, LM20-1457-34-06, LM20-1458-05-17, LM20-1463-21-01

《大方廣佛華嚴經》卷三六（東晉佛陀跋陀羅譯）（五十卷本）

LM20-1464-21-19, LM20-1464-33-10

《大方廣佛華嚴經》卷三七（東晉佛陀跋陀羅譯）（五十卷本）

LM20-1466-36-02, LM20-1470-14-02, LM20-1470-16-01

《大方廣佛華嚴經》卷三八（東晉佛陀跋陀羅譯）（五十卷本）

LM20-1458-07-09, LM20-1461-14-24, LM20-1467-05-03, LM20-1505-C0540a, LM20-1506-C0886a, LM20-1519-07-05

《大方廣佛華嚴經》卷三九（東晉佛陀跋陀羅譯）（五十卷本）

LM20-1460-13-23, LM20-1506-C0749a

《大方廣佛華嚴經》卷四〇（東晉佛陀跋陀羅譯）（五十卷本）

LM20-1500-24-03, LM20-1519-07-06, LM20-1519-07-07

《大方廣佛華嚴經》卷四一（東晉佛陀跋陀羅譯）（五十卷本）

LM20-1458-22-12, LM20-1458-26-10, LM20-1468-15-07, LM20-1519-07-08

《大方廣佛華嚴經》卷四二（東晉佛陀跋陀羅譯）（五十卷本）

LM20-1464-21-05, LM20-1466-29-04, LM20-1492-20-05, LM20-1505-C0572a, LM20-1507-C1128c, LM20-1519-07-09

《大方廣佛華嚴經》卷四三（東晉佛陀跋陀羅譯）（五十卷本）

LM20-1458-20-18, LM20-1504-C0373

《大方廣佛華嚴經》卷四四（東晉佛陀跋陀羅譯）（五十卷本）

LM20-1457-08-03, LM20-1461-20-09, LM20-1496-03-01, LM20-1496-09-04, LM20-1498-37-01, LM20-1517-0253, LM20-1521-22-02, LM20-1519-07-10

《大方廣佛華嚴經》卷四五（東晉佛陀跋陀羅譯）（五十卷本）

LM20-1464-31-03

《大方廣佛華嚴經》卷四七（東晉佛陀跋陀羅譯）（五十卷本）

LM20-1464-06-08, LM20-1489-31-12, LM20-1496-07-02, LM20-1498-39-01, LM20-1522-05-18, LM20-1519-07-11

《大方廣佛華嚴經》卷四七（東晉佛陀跋陀羅譯）（五十卷本）

LM20-1456-34-19, LM20-1465-08-05, LM20-1470-11-04, LM20-1492-04-04, LM20-1492-31-02, LM20-1548-08-48, LM20-1517-0013b, LM20-1519-07-12

《大方廣佛華嚴經》卷四八（東晉佛陀跋陀羅譯）（五十卷本）

LM20-1452-01-16, LM20-1458-31-01, LM20-1475-06A-02, LM20-1505-C0527c, LM20-1505-C0631a, LM20-1512-CT0139, LM20-1519-07-13, LM20-1519-07-14

《大方廣佛華嚴經》卷四九（東晉佛陀跋陀羅譯）（五十卷本）

LM20-1470-32-01, LM20-1496-11-03, LM20-1522-22-19

《大方廣佛華嚴經》（多處可見）（東晉佛陀跋陀羅譯）（五十卷本）

LM20-1469-06-01a, LM20-1469-06-03a, LM20-1469-06-03b, LM20-1469-06-03c, LM20-1469-06-03d, LM20-1469-06-03e, LM20-1469-06-05a, LM20-1517-0600b

《大方廣佛華嚴經》卷一四（唐般若譯）

LM20-1458-26-21

《大方廣佛華嚴經》卷一七（唐般若譯）

LM20-1506-C0919c

《大方廣佛華嚴經》卷四〇（唐般若譯）

LM20-1508-C1353d

《大方廣佛華嚴經》卷三（唐實叉難陀譯）

LM20-1457-11-09, LM20-1457-35-02, LM20-1495-22-03, LM20-1517-0365a

《大方廣佛華嚴經》卷四（唐實叉難陀譯）

LM20-1521-07-11

《大方廣佛華嚴經》卷五（唐實叉難陀譯）

LM20-1464-38-09, LM20-1470-20-04, LM20-1501-15-08, LM20-1506-C0802b, LM20-1519-08-08

《大方廣佛華嚴經》卷一五（唐實叉難陀譯）

LM20-1458-06-11, LM20-1467-32-03, LM20-1495-01-04

《大方廣佛華嚴經》卷一六（唐實叉難陀譯）

LM20-1475-01-02, LM20-1499-19-03, LM20-1519-08-09

《大方廣佛華嚴經》卷一八（唐實叉難陀譯）

LM20-1454-31-01, LM20-1456-08-13

《大方廣佛華嚴經》卷一九（唐實叉難陀譯）

LM20-1521-02-14

《大方廣佛華嚴經》卷二一（唐實叉難陀譯）

LM20-1489-36-05

《大方廣佛華嚴經》卷二二（唐實叉難陀譯）

LM20-1450-04-02, LM20-1452-07-15, LM20-1470-03-10, LM20-1507-C1013b, LM20-1517-0579

《大方廣佛華嚴經》卷二七（唐實叉難陀譯）

LM20-1497-30-03, LM20-1505-C0649b, LM20-1506-C0779a

《大方廣佛華嚴經》卷二九（唐實叉難陀譯）

LM20-1452-04-04, LM20-1498-12-06

《大方廣佛華嚴經》卷三〇（唐實叉難陀譯）

LM20-1519-08-10

《大方廣佛華嚴經》卷三一（唐實叉難陀譯）

LM20-1506-C0834a

《大方廣佛華嚴經》卷三二（唐實叉難陀譯）

LM20-1522-08-18

《大方廣佛華嚴經》卷三三（唐實叉難陀譯）

LM20-1517-0037, LM20-1519-08-11

《大方廣佛華嚴經》卷三五（唐實叉難陀譯）

LM20-1500-17-05

《大方廣佛華嚴經》卷三九（唐實叉難陀譯）

LM20-1475-09A-02, LM20-1519-08-12

《大方廣佛華嚴經》卷四〇（唐實叉難陀譯）

LM20-1456-36-03a

《大方廣佛華嚴經》卷四二（唐實叉難陀譯）

LM20-1459-38-03, LM20-1459-38-05, LM20-1487-33-21, LM20-1500-12-06, LM20-1500-25-05

《大方廣佛華嚴經》卷四五（唐實叉難陀譯）

LM20-1452-08-03, LM20-1455-38-03, LM20-1459-10-02, LM20-1459-10-03, LM20-1468-21-03, LM20-1468-23-06, LM20-1504-C0404a, LM20-1505-C0490b, LM20-1505-C0521c, LM20-1506-C0751e, LM20-1507-C1144a, LM20-1516-CK0063, LM20-1519-08-13, LM20-1522-10-03

《大方廣佛華嚴經》卷四六（唐實叉難陀譯）

LM20-1509-C1607b

《大方廣佛華嚴經》卷四七（唐實叉難陀譯）

LM20-1458-21-09a

《大方廣佛華嚴經》卷五〇（唐實叉難陀譯）

LM20-1507-C1099a

《大方廣佛華嚴經》卷五一（唐實叉難陀譯）

LM20-1456-15-05, LM20-1458-15-16, LM20-1517-0395

《大方廣佛華嚴經》卷五一（唐實叉難陀譯）（印本）

LM20-1486-36-15

《大方廣佛華嚴經》卷五二（唐實叉難陀譯）

LM20-1459-19-05, LM20-1507-C1139c

《大方廣佛華嚴經》卷五六（唐實叉難陀譯）

LM20-1508-C1338d, LM20-1517-0650,

LM20-1519-08-14

《大方廣佛華嚴經》卷六〇（唐實叉難陀譯）

LM20-1854-02

《大方廣佛華嚴經》卷六一（唐實叉難陀譯）

LM20-1504-C0385b

《大方廣佛華嚴經》卷六三（唐實叉難陀譯）

LM20-1492-21-01,LM20-1508-C1340c,

LM20-1519-08-15, LM20-1521-03-19

《大方廣佛華嚴經》卷六三（唐實叉難陀譯）（印本）

LM20-1486-01-05, LM20-1487-19-05

《大方廣佛華嚴經》卷六四（唐實叉難陀譯）

LM20-1519-08-16

《大方廣佛華嚴經》卷六五（唐實叉難陀譯）

LM20-1505-C0561c, LM20-1520-31-06

《大方廣佛華嚴經》卷六八（唐實叉難陀譯）

LM20-1459-20-05, LM20-1507-C1077d

《大方廣佛華嚴經》卷七〇（唐實叉難陀譯）

LM20-1451-27-10, LM20-1502-C0147,

LM20-1503-C0300, LM20-1524-14br

《大方廣佛華嚴經》卷七二（唐實叉難陀譯）

LM20-1459-22-09, LM20-1492-19-01,

LM20-1506-C0752b

《大方廣佛華嚴經》卷七五（唐實叉難陀譯）

LM20-1463-17-07

《大方廣佛華嚴經》卷七六（唐實叉難陀譯）

LM20-1505-C0532c, LM20-1506-C0859b

《大方廣佛華嚴經》卷八〇（唐實叉難陀譯）

LM20-1516-CK0072, LM20-1519-08-

17, LM20-1521-02-11

《大方廣佛華嚴經》(多處可見)(唐實叉難陀譯)

LM20-1517-0302a

《大方廣佛華嚴經疏》卷四三

LM20-1522-19-04

《大方廣佛華嚴經》外題

LM20-827-06-78, LM20-1506-C0844c

《大方廣佛華嚴經》注疏

LM20-1459-18-02

《大方廣佛華嚴經隨疏演義鈔》卷一七

LM20-1494-34-06

《大方廣佛華嚴經隨疏演義鈔》卷一八

LM20-1520-16-01

《大方廣佛華嚴經隨疏演義鈔》卷二一

LM20-1461-15-19

《大方廣佛華嚴經隨疏演義鈔》卷三九

LM20-1460-06-04

《大方廣佛華嚴經隨疏演義鈔》卷四七

LM20-1493-22-05

《大方廣佛華嚴經隨疏演義鈔》卷五六

LM20-1465-32-11

《大方廣佛華嚴經隨疏演義鈔》卷六四

LM20-1461-34-22

《大方廣佛華嚴經隨疏演義鈔》卷七九

LM20-1458-03-19

《大方廣華嚴十惡品經》

LM20-1455-03-15, LM20-1461-20-01,

LM20-1506-C0746d, LM20-1507-C1202

《大方廣三戒經》卷下

LM20-1488-05-07

《大方廣十輪經》卷一

LM20-1464-11-07

《大方廣十輪經》卷二

LM20-1464-12-17, LM20-1491-24-01,

LM20-1501-07-02

《大方廣十輪經》卷四

LM20-1519-31-09

《大方廣十輪經》卷五

LM20-1495-09-02b, LM20-1499-32-01

題名索引　　　　　　　　　D

《大方廣十輪經》卷八

LM20-1456-04-13, LM20-1458-28-08,

LM20-1491-16-03

《大方廣圓覺修多羅了義經》(印本)

LM20-1486-07-02

《大佛頂如來放光悉怛多般怛羅大神力都攝

一切咒王陀羅尼經大威德最勝金輪三昧咒品》

LM20-1506-C0906c

《大佛頂如來密因修證了義諸菩薩萬行首楞

嚴經》卷二

LM20-1507-C1174b

《大佛頂如來密因修證了義諸菩薩萬行首楞

嚴經》卷四

LM20-1520-23-08

《大佛頂如來密因修證了義諸菩薩萬行首楞

嚴經》卷七

LM20-1466-13-20, LM20-1521-01-04

《大佛頂如來密因修證了義諸菩薩萬行首楞

嚴經》卷八

LM20-1460-07-12

《大佛頂如來密因修證了義諸菩薩萬行首楞

嚴經》卷九

LM20-1454-02-01, LM20-1454-10-01,

LM20-1454-14-01, LM20-1517-0311b

《大佛頂如來密因修證了義諸菩薩萬行首楞

嚴經》卷一○

LM20-1461-27-13

《大灌頂經》卷三　LM20-1458-12-13

《大明度經》卷三

LM20-1453-04-02, LM20-1461-13-20,

LM20-1509-C1609b

《大明度經》卷六　LM20-1505-C0634a

《大明度經》注疏　LM20-1456-19-01

《大品般若經》外題　LM20-1489-18-01

《大日經疏指心鈔》卷一　LM20-1517-0619

《大薩遮尼乾子所說經》卷二

LM20-1521-02-01

《大薩遮尼乾子所說經》卷三

LM20-1460-01-07

《大薩遮尼乾子所說經》卷七

LM20-1523-16-156

《大樹緊那羅王所問經》卷二

LM20-1505-C0683a

《大唐開元釋教廣品歷章》卷七

LM20-1520-16-08

《大唐龍興三藏聖教序》

LM20-1505-C0680b, LM20-1511-CB0079,

LM20-1511-CB0086

《大唐龍興三藏聖教序》(印本)

LM20-1486-29-10

《大唐內典録》序　LM20-1494-18-03

《大唐內典録》卷一

LM20-1517-0366b, LM20-1517-0550

《大唐內典録》卷二　LM20-1467-01-14

《大唐內典録》卷八

LM20-1467-23-07, LM20-1458-25-15,

LM20-1506-C0944, LM20-1508-C1322a,

LM20-1528-02-26

《大唐三藏聖教序》

LM20-1507-C1061a, LM20-1456-28-11

《大唐三藏聖教序》(印本)

LM20-1486-24-03

《大通方廣懺悔滅罪莊嚴成佛經》卷上

LM20-1451-09-07, LM20-1451-27-07,

LM20-1452-04-12, LM20-1452-16-13,

LM20-1452-18-13, LM20-1452-39-15,

LM20-1453-12-06, LM20-1453-30-01,

LM20-1454-06-10, LM20-1455-21-06,

LM20-1457-06-04, LM20-1458-37-17, LM20-1494-14-01, LM20-1494-16-06, LM20-1459-36-02, LM20-1460-28-15, LM20-1494-17-01, LM20-1494-17-03, LM20-1460-36-17, LM20-1462-06-15, LM20-1495-13-04, LM20-1496-32-02, LM20-1462-07-02, LM20-1462-33-02, LM20-1497-16-04, LM20-1499-01-01, LM20-1464-27-01, LM20-1465-16-08, LM20-1499-36-01b, LM20-1500-03-02, LM20-1468-11-05, LM20-1498-40-05, LM20-1501-19-01, LM20-1501-31-01, LM20-1500-13-02, LM20-1502-C0064, LM20-1502-C0092, LM20-1505-C0645e, LM20-1503-C0279, LM20-1505-C0606a, LM20-1506-C0728b, LM20-1506-C0827b, LM20-1505-C0702c, LM20-1506-C00756a, LM20-1506-C0887d, LM20-1511-CB0061b, LM20-1507-C1148c, LM20-1512-CT0041, LM20-1520-21-06, LM20-1520-27-04, LM20-1512-CT0046, LM20-1512-CT0049, LM20-1521-06-14, LM20-1522-11-13, LM20-1512-CT0061, LM20-1512-CT0063, LM20-1522-18-14, LM20-1522-24-16 LM20-1512-CT0069b, LM20-1512-CT0088, 《大通方廣懺悔滅罪莊嚴成佛經》卷下 LM20-1512-CT0121, LM20-1513-CT0334, LM20-1450-26-02, LM20-1451-09-01, LM20-1517-0525, LM20-1517-0555, LM20-1451-33-09, LM20-1452-05-02, LM20-1520-17-05, LM20-1520-21-02, LM20-1454-36-07, LM20-1455-11-08, LM20-1520-21-03, LM20-1520-21-04, LM20-1455-20-16, LM20-1457-30-03, LM20-1520-21-05, LM20-1520-23-15, LM20-1457-31-05, LM20-1458-26-12, LM20-1520-33-06 LM20-1460-25-02, LM20-1460-28-04a, 《大通方廣懺悔滅罪莊嚴成佛經》卷上（印本） LM20-1461-03-06, LM20-1462-11-01, LM20-1490-06-10, LM20-1490-12-12 LM20-1462-14-02, LM20-1463-30-02, 《大通方廣懺悔滅罪莊嚴成佛經》卷中 LM20-1464-04-05, LM20-1464-11-21, LM20-1452-24-03, LM20-1452-31-06, LM20-1464-22-11, LM20-1465-20-01, LM20-1454-03-10, LM20-1454-16-06, LM20-1470-08-08, LM20-1505-C0585b, LM20-1456-16-19, LM20-1456-23-16, LM20-1506-C0833c, LM20-1507-C1055a, LM20-1456-26-20, LM20-1458-03-05, LM20-1510-C1680, LM20-1511-CB0047, LM20-1458-05-14, LM20-1458-05-15, LM20-1517-0093a, LM20-1517-0406, LM20-1461-02-02, LM20-1461-08-04, LM20-1520-21-07, LM20-1520-21-08, LM20-1461-09-10, LM20-1461-09-20, LM20-1520-21-09, LM20-1520-21-10 LM20-1461-36-23, LM20-1461-37-07, 《大王觀世音經》 LM20-1456-15-10b LM20-1462-13-08, LM20-1464-02-01, 《大威德陀羅尼經》卷一一 LM20-1464-15-08, LM20-1466-03-02, LM20-1465-09-02 LM20-1466-13-08, LM20-1494-01-02, 《大威德陀羅尼經》卷一二 LM20-1494-07-04, LM20-1494-10-04, LM20-1496-08-06, LM20-1505-C0562c,

题名索引 D 1823

LM20-1522-05-11

《大威德陀羅尼經》卷一三

LM20-1457-16-09, LM20-1520-05-18,

LM20-1548-05-22

《大威德陀羅尼經》卷一八

LM20-1505-C0586a, LM20-1514-CT0464,

LM20-1516-CK0089

《大威德陀羅尼經》卷一九

LM20-1458-02-04

《大威德陀羅尼經》卷二〇

LM20-1456-34-08

《大威燈光仙人問疑經》

LM20-1500-12-04

《大雲輪請雨經》卷下

LM20-1459-27-04, LM20-1507-C1162a

《大智度論》卷一

LM20-1452-12-03, LM20-1458-32-09,

LM20-1463-30-06, LM20-1500-30-04,

LM20-1503-C0256, LM20-1506-C0810d,

LM20-1506-C0824e, LM20-1508-C1360b,

LM20-1508-C1460e, LM20-1523-26-267

《大智度論》卷二

LM20-1450-25-04, LM20-1450-34-15,

LM20-1450-37-04, LM20-1452-22-12,

LM20-1458-30-04, LM20-1460-31-10,

LM20-1461-17-09, LM20-1462-01-02,

LM20-1462-05-04, LM20-1462-08-04,

LM20-1464-32-09, LM20-1465-30-07,

LM20-1470-19-01, LM20-1489-08-06,

LM20-1489-10-15, LM20-1489-27-33,

LM20-1489-29-21, LM20-1497-05-03,

LM20-1497-18-05, LM20-1499-19-01,

LM20-1508-C1407, LM20-1520-24-06,

LM20-1521-24-09, LM20-1522-02-11

《大智度論》卷三

LM20-1450-38-09, LM20-1454-25-07,

LM20-1461-31-06, LM20-1464-23-11,

LM20-1514-CT0498, LM20-1520-09-01,

LM20-1522-15-05

《大智度論》卷四

LM20-1450-23-06, LM20-1452-09-04,

LM20-1453-38-08, LM20-1454-17-02,

LM20-1464-04-03, LM20-1464-13-01,

LM20-1464-13-10, LM20-1496-18-02,

LM20-1507-C1162c, LM20-1508-C1459b,

LM20-1520-09-02, LM20-1520-09-03

《大智度論》卷五

LM20-1452-30-09, LM20-1455-13-16,

LM20-1464-34-14, LM20-1490-05-15,

LM20-1506-C0844a, LM20-1507-C1163d,

LM20-1520-09-04, LM20-1522-01-07

《大智度論》卷五外題 LM20-1469-04-12

《大智度論》卷六

LM20-1461-37-06, LM20-1462-34-12,

LM20-1464-32-05, LM20-1506-C0730c,

LM20-1507-C1063b

《大智度論》卷七

LM20-1454-02-19, LM20-1455-27-08,

LM20-1520-09-05

《大智度論》卷八

LM20-1464-25-19, LM20-1500-06-01,

LM20-1505-C0660b, LM20-1521-37-07

《大智度論》卷九

LM20-1456-09-18, LM20-1460-01-21,

LM20-1520-09-06

《大智度論》卷一〇

LM20-1452-01-08, LM20-1456-05-14,

LM20-1458-32-02, LM20-1461-27-02,

LM20-1461-31-09, LM20-1466-37-02, LM20-1468-16-07, LM20-1469-37-04, LM20-1495-06-02, LM20-1506-C0890b, LM20-1506-C0943d, LM20-1506-C0950b, LM20-1520-09-07

《大智度論》卷一一

LM20-1453-15-02, LM20-1453-38-10, LM20-1455-39-08, LM20-1456-06-20, LM20-1457-04-10, LM20-1458-15-02, LM20-1458-15-09, LM20-1461-01-06, LM20-1461-22-10, LM20-1462-02-04, LM20-1464-38-07, LM20-1466-12-10, LM20-1496-34-03, LM20-1497-32-06, LM20-1498-17-02, LM20-1506-C0905b

《大智度論》卷一二

LM20-1452-02-16, LM20-1454-32-01, LM20-1456-28-14, LM20-1457-13-14, LM20-1460-34-03, LM20-1470-03-09, LM20-1490-13-14, LM20-1508-C1358d, LM20-1517-0258, LM20-1521-34-02

《大智度論》卷一三

LM20-1453-01-08, LM20-1455-06-16, LM20-1455-11-14, LM20-1494-36-03, LM20-1495-04-02, LM20-1496-28-01, LM20-1500-06-04, LM20-1507-C1054a, LM20-1517-0454, LM20-1521-31-16, LM20-1548-08-50

《大智度論》卷一四　LM20-1508-C1398

《大智度論》卷一五

LM20-1461-24-17, LM20-1462-03-08, LM20-1494-26-02, LM20-1495-11-04, LM20-1517-0408

《大智度論》卷一六

LM20-1456-09-02, LM20-1456-22-16,

LM20-1458-11-13, LM20-1509-C1650a

《大智度論》卷一七

LM20-1450-29-06, LM20-1455-18-13, LM20-1464-16-15, LM20-1496-25-01, LM20-1502-C0037a, LM20-1520-09-08, LM20-1522-16-14

《大智度論》卷一八

LM20-1452-11-06, LM20-1452-39-05, LM20-1457-05-16, LM20-1464-31-08, LM20-1464-36-05, LM20-1492-19-02, LM20-1504-C0398b, LM20-1506-C0852c, LM20-1514-CT0428, LM20-1520-09-09, LM20-1522-12-15

《大智度論》卷一九

LM20-1460-35-17, LM20-1505-C0613b, LM20-1505-C0653f, LM20-1507-C1132b, LM20-1511-CB0071, LM20-1511-CB0073, LM20-1517-0398, LM20-1520-09-10, LM20-1520-09-11

《大智度論》卷二〇

LM20-1454-32-02, LM20-1464-18-03, LM20-1464-24-11, LM20-1468-08-12, LM20-1520-09-12

《大智度論》卷二一

LM20-1458-03-13, LM20-1461-35-18, LM20-1467-31-01, LM20-1506-C0727d, LM20-1517-0599b

《大智度論》卷二二

LM20-1450-30-20, LM20-1463-22-02, LM20-1463-24-03, LM20-1464-24-07, LM20-1520-31-10

《大智度論》卷二三

LM20-1507-C1141c, LM20-1520-22-02

《大智度論》卷二四

题名索引 D 1825

LM20-1454-30-07, LM20-1456-03-13, LM20-1458-10-13, LM20-1458-34-15, LM20-1461-13-17, LM20-1463-31-14, LM20-1464-20-07, LM20-1490-10-03, LM20-1498-08-01, LM20-1506-C0774a, LM20-1509-C1614b, LM20-1517-0610, LM20-1520-09-13, LM20-1521-18-22

《大智度論》卷二五

LM20-1456-34-22, LM20-1458-09-18, LM20-1465-13-02, LM20-1467-04-06, LM20-1507-C1017

《大智度論》卷二六

LM20-1450-34-10, LM20-1456-26-09, LM20-1464-27-16, LM20-1466-14-07, LM20-1520-09-14

《大智度論》卷二七

LM20-1455-04-13, LM20-1463-22-03, LM20-1464-23-04, LM20-1464-23-08, LM20-1499-06-01, LM20-1517-0534, LM20-1521-06-08

《大智度論》卷二八 LM20-1461-23-15

《大智度論》卷二九

LM20-1456-02-02, LM20-1456-02-08, LM20-1456-02-10, LM20-1456-02-14, LM20-1456-04-10, LM20-1456-05-02, LM20-1456-26-15, LM20-1458-22-21, LM20-1458-24-17, LM20-1466-32-02, LM20-1491-02-03, LM20-1505-C0530b, LM20-1505-C0537a, LM20-1505-C0596b, LM20-1506-C0828e, LM20-1507-C1041a, LM20-1507-C1132d, LM20-1508-C1371d, LM20-1509-C1609d, LM20-1517-0590a

《大智度論》卷三〇

LM20-1453-32-09, LM20-1454-04-11,

LM20-1454-09-11, LM20-1457-07-09, LM20-1458-03-09, LM20-1461-38-09, LM20-1492-14-01, LM20-1498-41-05, LM20-1506-C0801a, LM20-1507-C1131b, LM20-1520-09-15, LM20-1521-33-10

《大智度論》卷三一

LM20-827-03-39, LM20-1450-06-01, LM20-1466-05-09, LM20-1475-20-01, LM20-1491-05-02, LM20-1501-30-05, LM20-1506-C0878a, LM20-1514-CT0474, LM20-1520-09-16

《大智度論》卷三二

LM20-1453-05-09, LM20-1464-26-03, LM20-1520-25-06

《大智度論》卷三三

LM20-1452-39-14, LM20-1453-35-04, LM20-1453-35-08, LM20-1461-29-06, LM20-1462-33-06, LM20-1466-10-26, LM20-1489-24-12, LM20-1490-17-09, LM20-1492-14-04, LM20-1493-37-01, LM20-1503-C0316, LM20-1504-C0461b, LM20-1507-C1166f

《大智度論》卷三四

LM20-1452-21-12, LM20-1456-07-16, LM20-1460-35-01, LM20-1461-09-11, LM20-1461-10-10, LM20-1461-10-21, LM20-1461-19-05, LM20-1464-26-15, LM20-1489-09-16, LM20-1491-09-05, LM20-1520-10-01

《大智度論》卷三五

LM20-1455-28-04, LM20-1510-C1682, LM20-1518-18-02

《大智度論》卷三六 LM20-1506-C0924d

《大智度論》卷三七

LM20-1453-15-01, LM20-1455-39-10, LM20-1458-25-05, LM20-1461-21-03, LM20-1488-32-06, LM20-1489-27-25, LM20-1496-08-03, LM20-1520-10-03

《大智度論》卷三八 LM20-1493-01-01

《大智度論》卷三九

LM20-1453-28-01, LM20-1455-29-13, LM20-1465-28-02

《大智度論》卷四〇

LM20-1452-16-14, LM20-1456-24-09, LM20-1462-12-03, LM20-1492-02-06, LM20-1517-0338

《大智度論》卷四一

LM20-1459-29-02, LM20-1461-26-08, LM20-1468-14-07, LM20-1504-C0387b, LM20-1505-C0521b, LM20-1505-C0521d, LM20-1505-C0578b, LM20-1505-C0612a, LM20-1506-C0805b, LM20-1522-09-02

《大智度論》卷四二

LM20-1455-10-10, LM20-1455-34-12, LM20-1460-31-15, LM20-1489-11-17, LM20-1499-26-05, LM20-1507-C1086b

《大智度論》卷四三

LM20-1489-26-05, LM20-1499-35-06

《大智度論》卷四四

LM20-1452-16-12, LM20-1464-19-23, LM20-1474-15A-04, LM20-1520-10-02

《大智度論》卷四五

LM20-827-11-157, LM20-1462-28-04, LM20-1508-C1343c, LM20-1523-26-268

《大智度論》卷四六

LM20-1452-05-24, LM20-1453-07-06, LM20-1455-19-10, LM20-1456-28-28, LM20-1458-24-05, LM20-1460-02-07,

LM20-1513-CT0204

《大智度論》卷四八

LM20-1453-18-08, LM20-1456-32-14a, LM20-1457-36-02, LM20-1514-CT0372, LM20-1514-CT0373, LM20-1514-CT0374, LM20-1514-CT0387, LM20-1520-10-04, LM20-1522-01-18

《大智度論》卷四九

LM20-1455-30-07, LM20-1455-33-06, LM20-1505-C0646b, LM20-1517-0082b, LM20-1520-10-05

《大智度論》卷五〇

LM20-1464-10-21, LM20-1466-19-04

《大智度論》卷五一

LM20-1455-22-13, LM20-1455-28-09, LM20-1458-38-11, LM20-1514-CT0431

《大智度論》卷五二

LM20-1454-04-13, LM20-1460-22-19

《大智度論》卷五三

LM20-1461-05-09, LM20-1503-C0273

《大智度論》卷五四

LM20-1450-30-07, LM20-1501-28-11, LM20-1502-C0099, LM20-1507-C1135c, LM20-1511-CB0056b, LM20-1517-0119, LM20-1520-10-06, LM20-1520-10-07, LM20-1521-04-08, LM20-1521-37-18

《大智度論》卷五五

LM20-1456-26-16, LM20-1460-14-07, LM20-1461-14-25, LM20-1465-16-03, LM20-1513-CT0276, LM20-1517-0339

《大智度論》卷五六

LM20-1452-05-23

《大智度論》卷五七

LM20-1464-16-20, LM20-1501-28-11,

题名索引 D

LM20-1520-10-08

《大智度論》卷五八

LM20-1452-12-02, LM20-1456-05-10a, LM20-1461-24-09, LM20-1517-0349, LM20-1520-10-09

《大智度論》卷五九 LM20-1455-10-03

《大智度論》卷六〇 LM20-1507-C1135c

《大智度論》卷六一

LM20-827-16-182, LM20-1454-02-14, LM20-1503-C0220, LM20-1505-C0515c, LM20-1520-10-10

《大智度論》卷六二

LM20-1453-02-05, LM20-1459-29-04, LM20-1507-C1137b, LM20-1520-31-16

《大智度論》卷六二（印本）

LM20-1486-32-11a

《大智度論》卷六三

LM20-1466-28-03, LM20-1492-23-04, LM20-1514-CT0403

《大智度論》卷六四

LM20-1458-13-04, LM20-1464-17-03

《大智度論》卷六五

LM20-1452-11-09, LM20-1452-29-04, LM20-1452-30-05, LM20-1455-07-14, LM20-1460-38-24, LM20-1464-12-12, LM20-1464-13-09, LM20-1466-13-03, LM20-1513-CT0312b, LM20-1514-CT0359, LM20-1514-CT0406, LM20-1514-CT0511c, LM20-1520-10-12, LM20-1520-10-13

《大智度論》卷六六

LM20-1452-09-14, LM20-1509-C1586d, LM20-1520-31-17

《大智度論》卷六七

LM20-1458-24-25, LM20-1460-38-10, LM20-1462-07-03, LM20-1465-02-06, LM20-1472-08-01, LM20-1472-08-02, LM20-1472-08-03, LM20-1472-08-04, LM20-1472-08-05, LM20-1472-08-06, LM20-1472-08-07, LM20-1472-08-08, LM20-1472-08-09, LM20-1472-08-10, LM20-1472-09-03, LM20-1472-09-06, LM20-1495-12-01, LM20-1505-C0526b, LM20-1506-C0792d, LM20-1509-C1557c, LM20-1513-CT0220b, LM20-1513-CT0297, LM20-1513-CT0330, LM20-1514-CT0469a, LM20-1514-CT0469b, LM20-1514-CT0480a, LM20-1514-CT0480b, LM20-1514-CT0480c, LM20-1514-CT0482, LM20-1514-CT0485, LM20-1514-CT0487, LM20-1514-CT0505a, LM20-1514-CT0505d, LM20-1514-CT0511a, LM20-1521-01-15, LM20-1521-01-16, LM20-1522-15C-06

《大智度論》卷六八

LM20-1506-C0777a, LM20-1517-0374b

《大智度論》卷六九 LM20-1509-C1539d

《大智度論》卷七〇

LM20-1508-C1482a, LM20-1472-04-02, LM20-1474-05A-04, LM20-1474-05B-07, LM20-1520-10-14, LM20-1521-12-08

《大智度論》卷七二

LM20-1450-18-07, LM20-1452-33-08, LM20-1453-39-01, LM20-1455-28-16, LM20-1456-08-22, LM20-1458-04-17, LM20-1458-15-10, LM20-1460-27-05, LM20-1460-30-04, LM20-1462-37-11, LM20-1491-04-04, LM20-1492-01-02, LM20-1517-0177, LM20-1517-0199, LM20-1520-10-16, LM20-1520-11-01,

LM20-1520-34-11

《大智度論》卷七三

LM20-1452-22-17, LM20-1460-10-21, LM20-1461-14-11, LM20-1464-26-07, LM20-1505-C0575c, LM20-1506-C0924c, LM20-1517-0437, LM20-1520-11-02

《大智度論》卷七四

LM20-1489-27-32, LM20-1501-01-01, LM20-1520-11-03

《大智度論》卷七五

LM20-1452-33-13, LM20-1495-04-05, LM20-1506-C0943a, LM20-1521-22-05

《大智度論》卷七六

LM20-1455-32-10, LM20-1461-02-18, LM20-1509-C1627a

《大智度論》卷七七

LM20-1491-33-01, LM20-1492-09-04, LM20-1494-03-03, LM20-1497-09-02, LM20-1506-C0853a, LM20-1514-CT0418

《大智度論》卷七八

LM20-1460-34-18, LM20-1465-38-04, LM20-1490-20-02, LM20-1517-0272, LM20-1520-11-04

《大智度論》卷七九

LM20-1456-19-11, LM20-1458-13-10, LM20-1464-01-04, LM20-1465-24-05, LM20-1507-C1189a

《大智度論》卷八〇

LM20-1453-17-07r, LM20-1453-31-07, LM20-1470-15-01, LM20-1508-C1354b, LM20-1517-0511, LM20-1520-11-05, LM20-1520-11-06, LM20-1521-02-04

《大智度論》卷八一

LM20-1458-34-18, LM20-1514-CT0385, LM20-1520-11-07, LM20-1521-03-13

《大智度論》卷八二

LM20-1455-08-14, LM20-1456-24-21, LM20-1459-33-05, LM20-1503-C0230, LM20-1517-0648a

《大智度論》卷八三　LM20-1505-C0526a

《大智度論》卷八四

LM20-1457-02-04, LM20-1494-21-01, LM20-1517-0479

《大智度論》卷八五

LM20-1461-17-14, LM20-1461-27-12, LM20-1472-36-01, LM20-1472-36-02, LM20-1472-36-03, LM20-1472-36-04, LM20-1472-36-05, LM20-1472-36-06, LM20-1472-36-07, LM20-1472-36-08, LM20-1472-36-09, LM20-1472-36-10, LM20-1472-36-11, LM20-1472-36-12, LM20-1472-36-13, LM20-1472-36-14, LM20-1472-37-01, LM20-1472-37-02, LM20-1472-37-03, LM20-1472-37-04, LM20-1472-37-05, LM20-1472-37-06, LM20-1472-37-07, LM20-1472-37-08, LM20-1472-37-09, LM20-1472-37-10, LM20-1472-37-11, LM20-1472-37-12, LM20-1472-37-13, LM20-1495-19-01, LM20-1514-CT0493a, LM20-1521-26-17

《大智度論》卷八六

LM20-1452-10-12, LM20-1458-16-03, LM20-1499-22-04, LM20-1509-C1623e, LM20-1511-CB0027, LM20-1511-CB0034, LM20-1511-CB0050, LM20-1511-CB0101, LM20-1514-CT0445, LM20-1517-0415

《大智度論》卷八七

LM20-1456-15-09, LM20-1464-03-13,

题名索引　　D 1829

LM20-1494-14-03, LM20-1502-C0033a, LM20-1504-C0408a

《大智度論》卷八八

LM20-1453-27-01, LM20-1464-22-03, LM20-1508-C1352c, LM20-1520-11-08

《大智度論》卷九〇

LM20-1458-36-06, LM20-1461-10-01, LM20-1464-02-15, LM20-1465-12-03, LM20-1467-27-04, LM20-1470-05-02, LM20-1470-33-02, LM20-1496-04-05, LM20-1520-11-10, LM20-1521-20-23

《大智度論》卷九一

LM20-1455-19-07, LM20-1488-30-02, LM20-1491-28-04, LM20-1503-C0236, LM20-1507-C1025b, LM20-1507-C1085b, LM20-1520-11-11

《大智度論》卷九二

LM20-1455-33-04, LM20-1520-11-12

《大智度論》卷九三

LM20-1450-34-14, LM20-1450-37-09, LM20-1504-C0441, LM20-1504-C0449, LM20-1520-11-15

《大智度論》卷九四

LM20-1456-06-09, LM20-1466-08-08, LM20-1466-09-03, LM20-1507-C1165b, LM20-1509-C1536b, LM20-1509-C1602c

《大智度論》卷九五

LM20-1461-10-22, LM20-1517-0230

《大智度論》卷九六

LM20-1452-34-13, LM20-1453-14-10, LM20-1454-05-14, LM20-1458-12-19, LM20-1500-09-04, LM20-1513-CT0243, LM20-1520-11-14, LM20-1521-14-01

《大智度論》卷九八　LM20-1514-CT0398

《大智度論》卷九九　LM20-1457-05-17

《大智度論》卷一〇〇

LM20-1452-37-27, LM20-1458-26-20, LM20-1497-26-04, LM20-1517-0420

《大智度論》不分卷

LM20-1452-20-07, LM20-1453-24-02

《大智度論》經題　LM20-1469-04-10

《大智度論》疏　LM20-1499-31-02

《大周新譯大方廣佛華嚴經總目》

LM20-1460-35-20

《大莊嚴法門經》卷上　LM20-1520-02-06

《大莊嚴法門經》卷下

LM20-1456-14-08, LM20-1460-12-13, LM20-1520-02-07

《大莊嚴論經》卷三　LM20-1506-C0925c

《大莊嚴論經》卷五

LM20-1505-C0596a, LM20-1518-03-02, LM20-1521-27-11

《大莊嚴論經》卷一一　LM20-1517-0097e

道場文書

LM20-1523-09-83a, LM20-1523-09-83b

《道行般若經》卷一

LM20-827-07-102, LM20-827-07-103, LM20-827-10-137, LM20-827-10-138, LM20-827-10-140, LM20-827-10-142, LM20-1450-31-06, LM20-1456-12-04, LM20-1456-17-16, LM20-1460-36-16, LM20-1461-07-07, LM20-1461-13-05, LM20-1464-17-19, LM20-1466-19-05, LM20-1492-22-03, LM20-1497-12-03, LM20-1506-C0910a, LM20-1506-C0911b, LM20-1518-08-11

《道行般若經》卷二

LM20-1452-27-08, LM20-1452-29-08,

LM20-1453-05-06, LM20-1456-17-15, LM20-1457-13-13, LM20-1458-31-10, LM20-1461-01-13, LM20-1461-16-11, LM20-1462-05-11, LM20-1488-33-11, LM20-1491-07-05, LM20-1491-26-02, LM20-1492-30-01, LM20-1496-19-02, LM20-1499-19-06, LM20-1501-09-07, LM20-1501-32-05, LM20-1503-C0296, LM20-1505-C0672c, LM20-1506-C0818c, LM20-1509-C1594c, LM20-1513-CT0195, LM20-1513-CT0288, LM20-1514-CT0382, LM20-1518-11-11, LM20-1520-27-09, LM20-1521-04-11, LM20-1522-09-20, LM20-1523-16-147, LM20-1548-07-34

《道行般若經》卷三

LM20-1455-01-12, LM20-1456-20-13, LM20-1457-09-03, LM20-1457-38-05, LM20-1458-25-19, LM20-1464-27-14, LM20-1466-24-04, LM20-1474-07B-07, LM20-1488-22-01, LM20-1490-07-25, LM20-1493-27-02, LM20-1493-37-02, LM20-1497-11-03, LM20-1508-C1370e, LM20-1514-CT0459, LM20-1518-11-12, LM20-1518-11-13, LM20-1518-11-14, LM20-1520-33-16, LM20-1520-34-04, LM20-1522-04-17

《道行般若經》卷四

LM20-1450-30-05, LM20-1455-20-14, LM20-1461-06-05, LM20-1462-03-10, LM20-1466-12-20, LM20-1467-09-02, LM20-1497-19-07, LM20-1498-10-05, LM20-1498-39-04, LM20-1506-C0913b, LM20-1507-C1173c, LM20-1508-C1323d, LM20-1518-11-15, LM20-1518-12-01

《道行般若經》卷五

LM20-1454-27-03, LM20-1456-06-10, LM20-1458-32-04, LM20-1458-34-04a, LM20-1460-27-03, LM20-1462-15-05, LM20-1463-31-03, LM20-1466-27-06, LM20-1470-21-02, LM20-1470-25-04, LM20-1488-21-10, LM20-1488-25-04, LM20-1489-38-08, LM20-1491-29-03, LM20-1492-09-03, LM20-1493-07-01, LM20-1506-C0737a, LM20-1506-C0750a, LM20-1509-C1627c, LM20-1514-CT0355, LM20-1514-CT0391, LM20-1517-0117, LM20-1518-12-02, LM20-1518-12-03, LM20-1548-09-66

《道行般若經》卷六

LM20-1454-01-12, LM20-1454-14-05, LM20-1454-15-01, LM20-1455-24-15, LM20-1455-30-08, LM20-1457-13-17, LM20-1458-03-12, LM20-1464-23-21, LM20-1465-24-04, LM20-1466-23-03, LM20-1470-18-03, LM20-1489-14-04, LM20-1502-C0041a, LM20-1507-C1001b, LM20-1518-12-04

《道行般若經》卷七

LM20-1454-01-04, LM20-1462-24-09, LM20-1467-27-05, LM20-1489-27-24, LM20-1491-18-02, LM20-1504-C0443a, LM20-1504-C0455b, LM20-1505-C0689a, LM20-1506-C0863a, LM20-1513-CT0274, LM20-1513-CT0320a, LM20-1515-CC0006

《道行般若經》卷八

LM20-1456-24-06, LM20-1458-12-03, LM20-1458-17-11, LM20-1460-27-22, LM20-1460-32-11, LM20-1460-36-07,

题名索引　　D　1831

LM20-1467-11-06, LM20-1490-08-08, LM20-1491-07-02, LM20-1493-35-02, LM20-1497-01-04, LM20-1498-07-04, LM20-1498-24-04, LM20-1498-41-02, LM20-1499-39-05, LM20-1500-08-02, LM20-1508-C1466c, LM20-1513-CT0344, LM20-1513-CT0345, LM20-1520-31-13, LM20-1521-14-16

《道行般若經》卷九

LM20-1454-02-05, LM20-1456-05-08, LM20-1460-31-03, LM20-1466-12-03, LM20-1488-18-03, LM20-1498-28-01, LM20-1501-28-01, LM20-1506-C0831b, LM20-1506-C0851b, LM20-1506-C0902a, LM20-1507-C1177b, LM20-1508-C1333b, LM20-1518-12-05, LM20-1518-12-06, LM20-1520-25-08, LM20-1521-38-08

《道行般若經》卷一〇

LM20-1452-33-06, LM20-1464-19-16, LM20-1499-10-03, LM20-1506-C0906b, LM20-1507-C1023a, LM20-1507-C1046a, LM20-1522-17-13

《道行般若經》不分卷

LM20-1456-34-15

《道行般若經》(多處可見)

LM20-1521-37-16

《道行般若經》外題　LM20-1474-09B-04

《道行般若經》注

LM20-1452-25-08, LM20-1548-08-49r

《道行般若經》注疏

LM20-1462-07-01, LM20-1464-23-25, LM20-1491-15-01, LM20-1506-C0722a, LM20-1513-CT0281a

道教類書　LM20-1452-09-03

道經殘片

LM20-1458-14-15, LM20-1458-24-04, LM20-1461-21-10, LM20-1463-11-07b, LM20-1464-25-18, LM20-1466-04-08, LM20-1466-09-06, LM20-1496-04-03, LM20-1506-C0766a, LM20-1506-C0835d, LM20-1520-37-02, LM20-1522-02-01

《得道梯橙錫杖經》　LM20-1520-18-04v

《得無垢女經》　LM20-1492-07-01

《燈指因緣經》　LM20-1453-08-08

《等集衆德三昧經》卷下

LM20-1455-10-08, LM20-1460-34-15, LM20-1507-C1048b

《地藏菩薩十齋日》　LM20-1458-12-14r

典籍殘片

LM20-1460-28-02, LM20-1461-10-09, LM20-1466-11-01, LM20-1469-12-10, LM20-1469-12-11, LM20-1469-23-03, LM20-1480-04-12, LM20-1499-30-01a, LM20-1501-20-07, LM20-1501-29-06, LM20-1504-C0466b, LM20-1505-C0539d, LM20-1507-C0991b, LM20-1507-C1182a, LM20-1515-CC0014r, LM20-1520-18-08v, LM20-1520-24-07, LM20-1522-16-12a, LM20-1522-16-12b, LM20-1522-17-07, LM20-1522-22-01, LM20-1523-05-47, LM20-1523-17-157

丁谷寺題名　LM20-1520-17-10

《定光佛預言》　LM20-1462-14-01

《東方最勝燈王陀羅尼經》

LM20-1500-14-03

《洞玄靈寶長夜之府九幽玉匱明真科》

LM20-1457-32-04, LM20-1462-31-09, LM20-1468-23-03, LM20-1490-08-12,

LM20-1490-14-03, LM20-1494-23-01, LM20-1520-30-14

《洞玄靈寶天尊說十戒經》

LM20-1520-26-08

E

《餓鬼報應經》

LM20-1461-18-13, LM20-1496-15-01

《爾雅音義・釋鳥》 LM20-1523-01-02v

《爾雅音義・釋魚》 LM20-1523-19-183v

F

發病書 LM20-1548-07-40

《發覺浄心經》卷上

LM20-1450-29-01, LM20-1456-25-06, LM20-1458-23-02, LM20-1464-05-09, LM20-1495-38-05

《發菩提心經論》卷下

LM20-1453-30-07, LM20-1463-03-05, LM20-1464-14-21, LM20-1466-31-01, LM20-1497-17-03

法華經疏

LM20-1451-36-02, LM20-1451-36-07, LM20-1451-37-07, LM20-1490-02-01

《法華經疏義纘》卷五 LM20-1517-0112a

法華經寫經題記 LM20-1522-24-07

《法華經玄贊決擇記》卷下

LM20-1461-14-15

《法華經玄贊攝釋》卷四

LM20-1468-13-01, LM20-1521-30-06

《法華經義記》卷六 LM20-1521-17-21

法華經注疏 LM20-1457-18-03

《法華論疏》

LM20-1464-11-05, LM20-1466-20-01

法華義記 LM20-1508-C1424

《法華義記》卷一

LM20-1453-04-04v, LM20-1456-35-10r, LM20-1457-30-02v, LM20-1461-12-27r, LM20-1464-28-03v, LM20-1467-28-03r

《法華義疏》卷三

LM20-1464-14-20, LM20-1509-C1512b,

《法華義疏》卷五 LM20-1460-37-11

《法界次第初門》卷下 LM20-1451-27-13

《法鏡經》

LM20-1504-C0410b, LM20-1506-C0799b

《法句經序》

LM20-1468-20-03, LM20-1520-06-12

《法句經》卷上

LM20-1461-06-18, LM20-1463-26-05, LM20-1463-28-03, LM20-1500-02-05, LM20-1500-23-06, LM20-1504-C0381v, LM20-1505-C0617c, LM20-1506-C0976a, LM20-1509-C1609a

《法句經》卷下

LM20-1459-15-03, LM20-1464-23-03, LM20-1505-C0583a, LM20-1523-07-71, LM20-1523-22-229

《法句經》注疏 LM20-1455-02-08

《法句譬喻經》卷二 LM20-1463-24-05

《法句譬喻經》卷三

LM20-1464-17-14, LM20-1472-14-07, LM20-1498-05-03, LM20-1498-18-04

《法門名義集》

LM20-1469-12-05, LM20-1509-C1606b

法數

LM20-1453-34-01, LM20-1469-10-01,

题名索引 F 1833

LM20-1469-10-03, LM20-1469-10-04, LM20-1469-10-05, LM20-1469-10-06, LM20-1469-10-07, LM20-1469-10-08, LM20-1522-18-10, LM20-1523-27-286

《法苑珠林》卷三九

LM20-1466-21-09, LM20-1468-07-07

《法住經》注疏

LM20-1474-06B-04, LM20-1474-06B-06

《梵摩渝經》

LM20-1508-C1404, LM20-1523-27-284

《梵網經》卷中 LM20-1520-31-03

《梵網經》卷下

LM20-1450-14-01, LM20-1450-28-03, LM20-1451-08-01, LM20-1452-01-19, LM20-1452-25-10, LM20-1452-38-08, LM20-1453-32-02, LM20-1454-12-05, LM20-1455-16-05, LM20-1455-18-02, LM20-1455-34-13, LM20-1456-18-22, LM20-1456-20-16, LM20-1456-22-08, LM20-1456-24-18, LM20-1456-32-13, LM20-1457-31-01, LM20-1458-01-11, LM20-1458-19-09, LM20-1459-17-02, LM20-1459-21-04, LM20-1460-02-11, LM20-1460-09-07, LM20-1460-32-15, LM20-1461-12-17, LM20-1461-16-02, LM20-1461-21-02, LM20-1462-12-02, LM20-1462-17-02, LM20-1462-32-10, LM20-1464-12-18, LM20-1464-16-07, LM20-1464-30-07, LM20-1466-10-27, LM20-1466-31-03, LM20-1467-31-02, LM20-1468-01-09, LM20-1468-09-03r, LM20-1469-35-05, LM20-1470-01-02, LM20-1493-32-02, LM20-1493-38-03, LM20-1494-36-05, LM20-1495-05-02,

LM20-1495-20-04, LM20-1495-36-03, LM20-1496-09-01, LM20-1499-39-02, LM20-1502-C0129, LM20-1503-C0285, LM20-1504-C0430a, LM20-1505-C0479a, LM20-1505-C0528a, LM20-1505-C0676c, LM20-1505-C0717a, LM20-1506-C0772c, LM20-1506-C0784a, LM20-1506-C0810c, LM20-1506-C0913c, LM20-1506-C0918d, LM20-1507-C1188d, LM20-1508-C1433, LM20-1509-C1547e, LM20-1509-C1572, LM20-1509-C1613a, LM20-1516-CK0065, LM20-1517-0010d, LM20-1517-0141a, LM20-1517-0598a, LM20-1520-07-08, LM20-1520-07-09, LM20-1520-07-10, LM20-1520-07-11, LM20-1520-07-12, LM20-1520-07-13, LM20-1520-07-14, LM20-1520-17-11, LM20-1521-28-07, LM20-1522-13-21, LM20-1548-04-13

《梵網經》(異本) LM20-1452-18-06

《梵網經》注 LM20-1461-12-26

《梵網經菩薩戒序》

LM20-1470-01-01, LM20-1468-27-02, LM20-1521-13-14

《方廣大莊嚴經》卷八 LM20-1517-0238

《方廣大莊嚴經》卷一〇 LM20-1504-C0397b

《方廣大莊嚴經》卷一二 LM20-1466-10-10

《放光般若經》卷一

LM20-1451-08-05, LM20-1461-05-13, LM20-1466-17-04, LM20-1467-26-04, LM20-1490-03-12, LM20-1496-11-02, LM20-1506-C0792c, LM20-1507-C0992d, LM20-1517-0502, LM20-1518-18-01

《放光般若經》卷二

LM20-1452-13-03, LM20-1452-33-09,

LM20-1453-02-12, LM20-1454-01-10, LM20-1455-31-02, LM20-1458-33-12, LM20-1464-28-11, LM20-1465-35-11, LM20-1467-03-02, LM20-1467-25-03, LM20-1475-18B-07, LM20-1475-19B-06b, LM20-1488-30-04, LM20-1489-08-08, LM20-1489-23-14, LM20-1492-28-08, LM20-1492-35-02, LM20-1496-14-01, LM20-1497-24-04, LM20-1497-24-05, LM20-1500-03-01, LM20-1500-08-01, LM20-1501-01-02, LM20-1504-C0336, LM20-1507-C1138b, LM20-1507-C1186d, LM20-1508-C1438, LM20-1509-C1511d, LM20-1513-CT0194a, LM20-1513-CT0233, LM20-1514-CT0454, LM20-1517-0346, LM20-1522-05-13

《放光般若經》卷三

LM20-1454-03-14, LM20-1454-05-04, LM20-1464-15-06, LM20-1466-13-10, LM20-1492-27-03, LM20-1500-30-03, LM20-1504-C0443b, LM20-1507-C1166d, LM20-1508-C1241, LM20-1508-C1366d, LM20-1514-CT0510, LM20-1517-0125, LM20-1518-18-03

《放光般若經》卷四

LM20-1456-10-05, LM20-1458-12-17, LM20-1460-36-14, LM20-1464-17-13, LM20-1494-38-06, LM20-1507-C0979b, LM20-1507-C1011a, LM20-1517-0039, LM20-1518-18-04, LM20-1518-18-05, LM20-1518-18-06, LM20-1518-18-07, LM20-1518-18-08, LM20-1523-12-119

《放光般若經》卷五

LM20-1456-30-01, LM20-1460-13-13,

LM20-1464-33-11, LM20-1495-34-03, LM20-1496-07-01, LM20-1499-31-05, LM20-1501-08-08, LM20-1501-13-03, LM20-1501-35-06, LM20-1501-36-11, LM20-1505-C0657b, LM20-1507-C1138c, LM20-1507-C1164a, LM20-1508-C1395, LM20-1513-CT0318a, LM20-1513-CT0318b, LM20-1516-CK0077, LM20-1516-CK0092, LM20-1521-08-06, LM20-1522-02-02

《放光般若經》卷六

LM20-1450-32-02, LM20-1455-37-12, LM20-1455-38-21, LM20-1456-38-05, LM20-1458-12-15, LM20-1458-22-04, LM20-1468-12-04, LM20-1495-17-03, LM20-1495-34-02, LM20-1496-21-08, LM20-1497-06-02, LM20-1513-CT0192, LM20-1517-0045, LM20-1522-23-17

《放光般若經》卷七

LM20-1453-13-06, LM20-1465-08-04, LM20-1466-15-01, LM20-1466-15-02, LM20-1475-17B-08, LM20-1489-26-01, LM20-1501-10-03, LM20-1517-0355, LM20-1518-18-09, LM20-1518-18-10, LM20-1522-12-14

《放光般若經》卷八

LM20-1458-32-07, LM20-1460-20-09, LM20-1469-36-11, LM20-1490-09-26, LM20-1500-04-01, LM20-1500-31-01, LM20-1505-C0477a, LM20-1505-C0517a, LM20-1505-C0605b, LM20-1505-C0673c, LM20-1517-0211, LM20-1518-18-11

《放光般若經》卷九

LM20-1458-22-02, LM20-1462-31-02, LM20-1463-30-01, LM20-1464-21-01,

题名索引 F 1835

LM20-1491-30-04, LM20-1495-35-04a, LM20-1495-35-04b, LM20-1498-38-06, LM20-1499-34-01, LM20-1509-C1535e

《放光般若經》卷九外題

LM20-1513-CT0273

《放光般若經》卷一〇

LM20-1450-36-07, LM20-1455-06-15, LM20-1456-08-05, LM20-1457-12-09, LM20-1457-13-07, LM20-1457-13-09, LM20-1458-33-08, LM20-1464-15-18, LM20-1474-08A-06, LM20-1488-34-03, LM20-1488-35-05, LM20-1489-26-16, LM20-1491-05-04, LM20-1493-13-07, LM20-1497-16-01, LM20-1506-C0746a, LM20-1508-C1333c, LM20-1509-C1567d, LM20-1513-CT0261, LM20-1513-CT0269a, LM20-1514-CT0416, LM20-1521-08-15

《放光般若經》卷一一

LM20-1458-05-08, LM20-1461-13-23, LM20-1463-31-05, LM20-1468-21-10, LM20-1489-14-02, LM20-1505-C0706a, LM20-1506-C0787, LM20-1506-C0938a, LM20-1507-C1073d, LM20-1507-C1168b, LM20-1520-20-06

《放光般若經》卷一二

LM20-1455-08-02, LM20-1460-22-09, LM20-1461-14-01, LM20-1490-12-10, LM20-1496-17-05, LM20-1509-C1561d

《放光般若經》卷一三

LM20-1450-11-04, LM20-1455-08-07, LM20-1458-02-10, LM20-1458-28-04, LM20-1458-31-21, LM20-1458-32-17, LM20-1459-11-05, LM20-1462-07-12, LM20-1464-22-13, LM20-1465-27-02,

LM20-1466-11-15, LM20-1469-37-07, LM20-1474-05B-08, LM20-1491-32-04, LM20-1492-11-03, LM20-1492-31-09, LM20-1492-32-04, LM20-1506-C0942b, LM20-1509-C1500d, LM20-1509-C1605d, LM20-1513-CT0292a, LM20-1517-0402, LM20-1518-18-14, LM20-1520-32-06, LM20-1522-03-13

《放光般若經》卷一四

LM20-1460-09-13, LM20-1460-30-05, LM20-1461-02-12, LM20-1461-12-28, LM20-1488-31-09, LM20-1495-20-01, LM20-1500-17-04, LM20-1501-18-01, LM20-1505-C0531c, LM20-1506-C0751b, LM20-1507-C1020, LM20-1517-0002a, LM20-1518-18-15, LM20-1518-18-16

《放光般若經》卷一五

LM20-1452-14-11, LM20-1454-12-09, LM20-1456-25-14, LM20-1459-24-02, LM20-1463-30-11, LM20-1464-14-19, LM20-1466-02-08, LM20-1467-28-02, LM20-1490-13-13, LM20-1501-13-02, LM20-1504-C0332, LM20-1504-C0438b, LM20-1509-C1535d, LM20-1514-CT0465a, LM20-1516-CK0087

《放光般若經》卷一六

LM20-1454-03-13, LM20-1461-02-07, LM20-1465-37-15, LM20-1465-37-17, LM20-1466-14-06, LM20-1489-23-16b, LM20-1511-CB0110, LM20-1513-CT0263, LM20-1514-CT0351, LM20-1514-CT0354, LM20-1514-CT0389, LM20-1548-06-31a, LM20-1548-06-31b

《放光般若經》卷一七

LM20-1453-39-03, LM20-1461-16-16, LM20-1461-17-01, LM20-1464-05-04, LM20-1490-12-06, LM20-1492-29-02, LM20-1500-11-01, LM20-1518-18-17, LM20-1518-18-18, LM20-1518-18-19

《放光般若經》卷一八

LM20-1451-27-03, LM20-1453-01-06, LM20-1454-12-02, LM20-1459-30-04, LM20-1460-02-09, LM20-1464-01-05, LM20-1468-36-01, LM20-1490-24-01, LM20-1491-27-04, LM20-1491-37-04, LM20-1494-21-06, LM20-1517-0429, LM20-1518-18-20, LM20-1520-26-15

《放光般若經》卷一九

LM20-1450-34-09, LM20-1454-17-06, LM20-1455-01-06, LM20-1455-39-11, LM20-1457-04-08, LM20-1458-19-10, LM20-1460-24-17, LM20-1461-28-10, LM20-1463-20-02, LM20-1467-01-02, LM20-1467-35-10, LM20-1494-01-01, LM20-1505-C0485b, LM20-1505-C0504a, LM20-1505-C0535a, LM20-1517-0372, LM20-1521-35-04

《放光般若經》卷二〇

LM20-827-06-84, LM20-827-16-181, LM20-827-19-189, LM20-827-19-190, LM20-827-20-194, LM20-827-20-195, LM20-1452-15-15, LM20-1454-06-07, LM20-1454-36-03, LM20-1455-14-08, LM20-1456-12-16, LM20-1460-35-15, LM20-1460-37-13, LM20-1460-37-17, LM20-1465-14-05, LM20-1466-30-01, LM20-1467-36-10, LM20-1467-37-07, LM20-1469-37-06, LM20-1475-19A-04,

LM20-1492-16-04, LM20-1493-01-05, LM20-1499-13-02, LM20-1506-C0837a, LM20-1506-C0872c, LM20-1506-C0873b, LM20-1506-C0966c, LM20-1508-C1414, LM20-1510-C1683, LM20-1518-18-21, LM20-1518-18-22

《放光般若經》(多處可見)

LM20-1506-C0797c, LM20-1517-0280, LM20-1521-12-19

《放光般若經》經題 LM20-1511-CB0075

《放光般若經》注疏

LM20-1454-19-06, LM20-1469-12-07

扉畫(印本)

LM20-1486-35-01b, LM20-1486-35-05a

《分別業報略經》

LM20-1460-01-16, LM20-1520-02-02

《佛般泥洹經》卷上 LM20-1504-C0435a

《佛本行集經》卷一

LM20-1460-04-03, LM20-1467-28-01, LM20-1509-C1650c, LM20-1496-04-06, LM20-1507-C1173b, LM20-1518-02-03, LM20-1520-23-03

《佛本行集經》卷二

LM20-1464-33-07, LM20-1518-02-04

《佛本行集經》卷五

LM20-1450-18-02, LM20-1450-31-03, LM20-1452-15-01, LM20-1452-31-13, LM20-1453-20-03, LM20-1453-33-02, LM20-1454-10-02, LM20-1454-13-01, LM20-1454-19-07, LM20-1454-21-07, LM20-1454-23-05, LM20-1455-20-07, LM20-1455-25-20, LM20-1455-39-15, LM20-1456-07-19, LM20-1456-08-15, LM20-1456-09-03, LM20-1456-10-01,

题名索引

LM20-1456-20-19, LM20-1457-03-12, LM20-1517-0557b, LM20-1518-02-06

LM20-1457-20-02, LM20-1457-30-04, 《佛本行集經》卷一三 LM20-1460-25-03

LM20-1457-33-03, LM20-1458-01-16, 《佛本行集經》卷一五

LM20-1458-06-08, LM20-1458-10-09, LM20-1456-23-06, LM20-1460-26-22,

LM20-1458-10-12, LM20-1458-11-02, LM20-1502-C0096, LM20-1507-C1167d

LM20-1458-11-09, LM20-1458-13-14, 《佛本行集經》卷一六

LM20-1458-18-05, LM20-1458-19-02, LM20-1501-09-05, LM20-1501-14-06,

LM20-1458-20-02, LM20-1458-34-05, LM20-1504-C0342, LM20-1509-C1598e,

LM20-1460-34-16, LM20-1460-35-11, LM20-1518-02-07

LM20-1461-03-08, LM20-1461-07-11, 《佛本行集經》卷一七

LM20-1461-18-15, LM20-1461-18-16, LM20-1489-20-08, LM20-1501-18-06,

LM20-1461-33-17, LM20-1462-20-06, LM20-1506-C0754e, LM20-1507-C1186b

LM20-1462-24-07, LM20-1462-25-05, 《佛本行集經》卷二〇

LM20-1463-31-02, LM20-1464-07-16, LM20-1468-18-12, LM20-1500-22-05,

LM20-1464-34-07, LM20-1465-35-07, LM20-1504-C0396b, LM20-1507-C1103b,

LM20-1466-08-01, LM20-1467-13-01, LM20-1508-C1319, LM20-1508-C1432,

LM20-1467-17-05, LM20-1467-25-04, LM20-1508-C1464c, LM20-1518-02-08

LM20-1467-38-03, LM20-1469-22-01, 《佛本行集經》卷二一

LM20-1470-12-02, LM20-1470-21-05, LM20-1453-13-03, LM20-1454-20-04,

LM20-1470-22-03, LM20-1490-04-08, LM20-1464-16-11, LM20-1505-C0559c,

LM20-1491-03-04, LM20-1491-29-04, LM20-1508-C1471, LM20-1518-02-09

LM20-1492-18-05, LM20-1494-18-05, 《佛本行集經》卷二二

LM20-1494-37-01, LM20-1494-38-02, LM20-1456-05-18, LM20-1456-24-04

LM20-1497-13-05, LM20-1503-C0293, 《佛本行集經》卷二三

LM20-1505-C0522b, LM20-1509-C1530a, LM20-1457-07-20, LM20-1460-17-20,

LM20-1509-C1552d, LM20-1518-02-05 LM20-1500-21-07, LM20-1517-0547a

《佛本行集經》卷七 LM20-1508-C1254 《佛本行集經》卷二四

《佛本行集經》卷一〇 LM20-1452-25-07 LM20-1491-20-04, LM20-1499-10-02,

《佛本行集經》卷一一 LM20-1499-08-01 LM20-1506-C0934b

《佛本行集經》卷一二 《佛本行集經》卷二五 LM20-1467-34-08

LM20-1458-06-15, LM20-1461-33-10, 《佛本行集經》卷二七

LM20-1462-04-03, LM20-1462-07-14, LM20-827-07-94, LM20-1461-05-11,

LM20-1465-35-05, LM20-1497-25-04, LM20-1461-24-02, LM20-1505-C0625b,

LM20-1517-0095a, LM20-1517-0537, LM20-1518-02-10

《佛本行集經》卷二八　LM20-1517-0487

《佛本行集經》卷三〇

LM20-1517-0140b, LM20-1517-0473

《佛本行集經》卷三二

LM20-1456-16-02, LM20-1464-32-11

《佛本行集經》卷三六

LM20-1459-07-05, LM20-1459-20-01, LM20-1507-C1159d, LM20-1508-C1485c

《佛本行集經》卷三七　LM20-1521-26-16

《佛本行集經》卷四〇

LM20-1455-18-04, LM20-1464-11-10, LM20-1497-29-04, LM20-1499-35-02, LM20-1507-C1149a

《佛本行集經》卷四三

LM20-1462-33-07, LM20-1491-04-01, LM20-1504-C0395b, LM20-1509-C1536d, LM20-1517-0594a

《佛本行集經》卷四五

LM20-1507-C1183c, LM20-1524-12ar

《佛本行集經》卷四六

LM20-1452-03-14, LM20-1455-09-15, LM20-1456-26-02, LM20-1462-37-07, LM20-1464-36-08, LM20-1517-0241, LM20-1518-02-11

《佛本行集經》卷四八　LM20-1506-C0793a

《佛本行集經》卷四九　LM20-1506-C0871a

《佛本行集經》卷五〇

LM20-1456-19-08, LM20-1458-07-02, LM20-1494-22-02, LM20-1513-CT0305b, LM20-1518-02-12, LM20-1518-02-13, LM20-1521-24-15

《佛本行集經》卷五一　LM20-1463-01-01

《佛本行集經》卷五二　LM20-1459-01-06

《佛本行集經》卷五三

LM20-1466-05-06, LM20-1520-03-05

《佛本行集經》卷五四

LM20-1464-20-11, LM20-1497-19-03

《佛本行集經》卷五七

LM20-1461-14-19, LM20-1521-26-01

《佛本行集經》卷五九

LM20-1466-29-06, LM20-1507-C0996a, LM20-1509-C1606a

《佛本行集經》卷六〇

LM20-1455-37-07, LM20-1457-13-08, LM20-1462-32-01, LM20-1501-18-07, LM20-1508-C1457a, LM20-1518-02-14

《佛藏經》卷上　LM20-1460-30-19

《佛藏經》卷中

LM20-1507-C1088d, LM20-1507-C1136c, LM20-1513-CT0219

《佛藏經》卷下

LM20-1459-31-01, LM20-1517-0083b

《佛垂般涅槃略說教誡經》

LM20-1452-02-17, LM20-1453-09-01, LM20-1458-35-01, LM20-1461-02-10, LM20-1461-05-10, LM20-1461-09-18, LM20-1462-15-06, LM20-1462-19-05, LM20-1462-30-07, LM20-1464-28-01, LM20-1492-07-03, LM20-1494-38-03, LM20-1501-34-08, LM20-1505-C0534a, LM20-1517-0639, LM20-1519-30-17

《佛垂般涅槃略說教誡經》注疏

LM20-1456-08-16, LM20-1456-33-02

《佛地經論》卷四　LM20-1495-27-02

《佛地經論》卷七　LM20-1499-28-01

佛典殘片

LM20-827-01-12, LM20-827-02-25, LM20-827-05-73, LM20-827-05-74,

题名索引 F 1839

LM20-1450-17-04, LM20-1450-30-08, LM20-1452-37-09, LM20-1452-37-16, LM20-1450-30-15, LM20-1450-34-08, LM20-1452-37-26, LM20-1452-38-23, LM20-1451-04-03, LM20-1451-08-06, LM20-1453-03-07, LM20-1453-07-03, LM20-1451-08-07, LM20-1451-09-04, LM20-1453-08-11, LM20-1453-09-03, LM20-1451-12-01, LM20-1451-12-02, LM20-1453-11-10, LM20-1453-24-08, LM20-1451-12-03a, LM20-1451-12-03b, LM20-1453-29-08, LM20-1453-36-04, LM20-1451-12-03c, LM20-1451-12-03d, LM20-1454-01-01, LM20-1454-01-09, LM20-1451-12-03e, LM20-1451-12-03f, LM20-1454-02-03, LM20-1454-02-07, LM20-1451-12-03g, LM20-1451-12-03h, LM20-1454-02-13r, LM20-1454-03-19, LM20-1451-12-03i, LM20-1451-13-10, LM20-1454-04-12, LM20-1454-04-16, LM20-1451-15-01, LM20-1451-15-04a, LM20-1454-05-03, LM20-1454-05-05, LM20-1451-15-04b, LM20-1451-15-04c, LM20-1454-05-11, LM20-1454-05-26, LM20-1451-21-03, LM20-1451-25-05, LM20-1454-19-02, LM20-1454-20-07, LM20-1451-25-06, LM20-1451-25-07, LM20-1454-33-10, LM20-1454-38-09, LM20-1451-25-10, LM20-1451-26-01, LM20-1455-01-08, LM20-1455-03-01, LM20-1451-26-10, LM20-1451-27-08, LM20-1455-04-16, LM20-1455-05-12, LM20-1451-27-12, LM20-1451-27-19, LM20-1455-06-06, LM20-1455-09-13b, LM20-1451-27-20, LM20-1451-27-21, LM20-1455-11-07, LM20-1455-12-05, LM20-1451-27-22, LM20-1451-27-24, LM20-1455-14-12v, LM20-1455-21-10a, LM20-1451-30-04, LM20-1451-31-05a, LM20-1455-23-07, LM20-1455-24-02, LM20-1451-31-05b, LM20-1451-32-05, LM20-1455-25-09, LM20-1455-25-19v, LM20-1451-35-01, LM20-1451-35-10, LM20-1455-28-15, LM20-1455-29-06v, LM20-1451-35-11, LM20-1451-35-12, LM20-1455-31-08, LM20-1455-32-05, LM20-1451-35-13, LM20-1451-36-05, LM20-1455-32-07, LM20-1455-32-11, LM20-1451-36-06, LM20-1451-37-10, LM20-1455-36-13, LM20-1455-38-05r, LM20-1451-37-11, LM20-1451-37-17, LM20-1455-38-05v, LM20-1456-02-17, LM20-1451-37-19, LM20-1452-03-12, LM20-1456-03-19, LM20-1456-04-09, LM20-1452-03-13, LM20-1452-05-21, LM20-1456-09-10, LM20-1456-09-12b, LM20-1452-07-02, LM20-1452-07-07b, LM20-1456-11-20, LM20-1456-16-01, LM20-1452-09-07, LM20-1452-10-06, LM20-1456-16-21, LM20-1456-17-12, LM20-1452-12-09, LM20-1452-13-07, LM20-1456-18-02, LM20-1456-19-04b, LM20-1452-15-12, LM20-1452-17-08, LM20-1456-21-17, LM20-1456-22-10, LM20-1452-19-09, LM20-1452-22-03, LM20-1456-22-19, LM20-1456-22-24b, LM20-1452-35-02, LM20-1452-35-15, LM20-1456-24-20, LM20-1456-24-24,

题名索引

LM20-1456-25-18, LM20-1456-28-08, LM20-1460-07-10, LM20-1460-08-10, LM20-1456-28-23, LM20-1456-30-04, LM20-1460-09-16, LM20-1460-16-12, LM20-1456-32-06a, LM20-1456-34-18, LM20-1460-18-12, LM20-1460-22-02, LM20-1456-38-16b,LM20-1457-04-03r, LM20-1460-27-14, LM20-1460-27-20, LM20-1457-06-20, LM20-1457-08-08, LM20-1460-31-02, LM20-1460-31-22, LM20-1457-10-09, LM20-1457-10-13, LM20-1460-33-15, LM20-1460-36-19, LM20-1457-11-02, LM20-1457-11-04, LM20-1460-36-20, LM20-1460-38-11, LM20-1457-14-02, LM20-1457-17-02, LM20-1461-01-22, LM20-1461-01-25, LM20-1457-19-01, LM20-1457-20-05, LM20-1461-02-13, LM20-1461-02-20, LM20-1457-21-04, LM20-1457-26-01, LM20-1461-03-19, LM20-1461-03-20, LM20-1457-26-05, LM20-1457-27-07, LM20-1461-04-01, LM20-1461-04-06, LM20-1457-29-09, LM20-1457-37-05, LM20-1461-04-07, LM20-1461-05-01, LM20-1458-01-18, LM20-1458-03-02, LM20-1461-07-15, LM20-1461-07-16, LM20-1458-03-06r, LM20-1458-03-06v, LM20-1461-07-21, LM20-1461-07-22, LM20-1458-04-11, LM20-1458-05-01, LM20-1461-09-24, LM20-1461-10-14b, LM20-1458-07-05, LM20-1458-08-05, LM20-1461-12-05, LM20-1461-13-13, LM20-1458-08-08, LM20-1458-10-11, LM20-1461-13-18, LM20-1461-14-12, LM20-1458-12-02, LM20-1458-16-08, LM20-1461-14-13, LM20-1461-16-01, LM20-1458-17-06, LM20-1458-20-22, LM20-1461-17-08, LM20-1461-17-11, LM20-1458-20-27, LM20-1458-21-18, LM20-1461-17-13, LM20-1461-18-07, LM20-1458-22-14, LM20-1458-27-01, LM20-1461-19-20, LM20-1461-20-15, LM20-1458-31-04, LM20-1458-32-05, LM20-1461-23-12, LM20-1461-24-12, LM20-1458-33-01r, LM20-1458-33-01v, LM20-1461-26-04, LM20-1461-27-05, LM20-1458-33-09, LM20-1458-35-07, LM20-1461-27-06, LM20-1461-27-19, LM20-1458-35-11, LM20-1458-35-15, LM20-1461-30-23v, LM20-1461-31-12, LM20-1458-36-01r, LM20-1458-38-04, LM20-1461-32-05, LM20-1461-33-20, LM20-1458-38-12, LM20-1458-38-26, LM20-1461-35-15, LM20-1461-35-19a, LM20-1458-38-27, LM20-1459-04-03d, LM20-1461-36-12, LM20-1461-37-04, LM20-1459-04-03o,LM20-1459-08-02, LM20-1462-06-04, LM20-1462-06-20, LM20-1459-11-04, LM20-1459-11-06, LM20-1462-10-08, LM20-1462-10-10, LM20-1459-12-05, LM20-1459-21-05, LM20-1462-12-01, LM20-1462-12-05, LM20-1459-24-04, LM20-1459-26-02b, LM20-1462-14-01, LM20-1462-26-04, LM20-1459-28-06, LM20-1459-36-07, LM20-1462-34-10b, LM20-1463-04-03b, LM20-1460-04-19, LM20-1460-05-09r, LM20-1463-04-03d, LM20-1463-06-10b,

题名索引 F 1841

LM20-1463-07-02a, LM20-1463-07-04a, LM20-1464-25-21, LM20-1464-29-04, LM20-1463-09-01b, LM20-1463-09-01c, LM20-1464-29-10, LM20-1464-32-12, LM20-1463-09-02a, LM20-1463-09-02b, LM20-1464-34-15, LM20-1464-36-10, LM20-1463-09-06a, LM20-1463-09-06c, LM20-1464-36-11, LM20-1464-37-09, LM20-1463-09-12b, LM20-1463-10-09a, LM20-1465-04-04, LM20-1465-11-03, LM20-1463-10-09c, LM20-1463-11-04a, LM20-1465-15-07, LM20-1465-16-02, LM20-1463-11-04b, LM20-1463-11-04c, LM20-1465-21-02, LM20-1465-24-06, LM20-1463-11-06, LM20-1463-11-07a, LM20-1465-24-11, LM20-1465-26-08, LM20-1463-11-07c, LM20-1463-11-07e, LM20-1465-26-13, LM20-1465-27-13, LM20-1463-11-07f, LM20-1463-11-07g, LM20-1465-29-15, LM20-1465-30-12, LM20-1463-11-07h, LM20-1463-11-13a, LM20-1465-31-05, LM20-1465-31-08, LM20-1463-12-03a, LM20-1463-17-04, LM20-1465-31-12, LM20-1465-32-18, LM20-1463-29-05c, LM20-1463-30-07, LM20-1465-33-05, LM20-1465-33-06, LM20-1463-30-08, LM20-1463-31-01, LM20-1465-33-12, LM20-1465-34-11, LM20-1463-31-04, LM20-1463-31-07, LM20-1465-34-14, LM20-1465-34-16, LM20-1463-31-10, LM20-1463-31-11, LM20-1465-35-01, LM20-1465-35-13, LM20-1463-31-13, LM20-1464-02-05, LM20-1465-35-16, LM20-1465-36-01, LM20-1464-03-06, LM20-1464-03-08, LM20-1465-37-01, LM20-1465-38-01, LM20-1464-04-01, LM20-1464-06-10, LM20-1465-38-18, LM20-1465-38-19b, LM20-1464-06-12, LM20-1464-06-14, LM20-1466-06-05, LM20-1466-12-16, LM20-1464-07-02, LM20-1464-08-08, LM20-1466-12-17, LM20-1466-12-22, LM20-1464-08-09, LM20-1464-08-10, LM20-1466-12-23, LM20-1466-12-26, LM20-1464-08-14, LM20-1464-08-16b, LM20-1466-13-02, LM20-1466-13-11, LM20-1464-08-19, LM20-1464-09-09, LM20-1466-13-12, LM20-1466-17-05, LM20-1464-09-10, LM20-1464-10-07, LM20-1466-19-02, LM20-1466-19-07, LM20-1464-10-08, LM20-1464-11-01, LM20-1466-20-05, LM20-1466-20-10, LM20-1464-11-18, LM20-1464-11-22r, LM20-1466-20-11, LM20-1466-21-13, LM20-1464-11-23, LM20-1464-12-03, LM20-1467-19-05, LM20-1467-23-04, LM20-1464-12-16, LM20-1464-13-16, LM20-1467-37-08, LM20-1468-02-01r, LM20-1464-14-11, LM20-1464-15-15, LM20-1468-02-05, LM20-1468-03-01, LM20-1464-16-08, LM20-1464-17-01a, LM20-1468-03-05, LM20-1468-04-02, LM20-1464-19-11, LM20-1464-23-02, LM20-1468-04-03, LM20-1468-04-04, LM20-1464-23-05, LM20-1464-23-22, LM20-1468-04-05, LM20-1468-04-09, LM20-1464-24-03, LM20-1464-24-12, LM20-1468-05-03, LM20-1468-05-10,

题名索引

LM20-1468-06-02, LM20-1468-06-09, LM20-1473-03-02b, LM20-1475-14B-10, LM20-1468-06-11, LM20-1468-06-13, LM20-1480-04-11, LM20-1486-29-09, LM20-1468-08-11, LM20-1468-09-07, LM20-1486-33-19b, LM20-1486-36-07b, LM20-1468-09-11, LM20-1468-11-03, LM20-1488-13-06a, LM20-1488-13-06b, LM20-1468-11-09, LM20-1468-11-10, LM20-1489-10-05, LM20-1489-12-05, LM20-1468-13-03, LM20-1468-13-05, LM20-1489-15-12, LM20-1489-29-32, LM20-1468-14-03, LM20-1468-16-05, LM20-1489-29-34, LM20-1489-29-36, LM20-1468-16-06, LM20-1468-17-10, LM20-1490-03-11, LM20-1490-06-13, LM20-1468-17-14, LM20-1468-18-11, LM20-1490-08-17, LM20-1490-25-12, LM20-1468-18-13, LM20-1468-19-04, LM20-1491-16-01, LM20-1491-31-03, LM20-1468-19-05, LM20-1468-22-01, LM20-1492-09-02, LM20-1492-10-02, LM20-1468-22-03, LM20-1468-22-04, LM20-1492-13-04, LM20-1492-20-03, LM20-1468-22-06, LM20-1468-23-02, LM20-1492-22-06, LM20-1492-24-06, LM20-1468-38-06, LM20-1468-38-11, LM20-1492-29-08, LM20-1492-36-03, LM20-1469-02-07, LM20-1469-03-04, LM20-1492-38-01, LM20-1492-38-04, LM20-1469-03-08, LM20-1469-04-03, LM20-1493-01-02, LM20-1493-02-02, LM20-1469-10-02, LM20-1469-13-01b, LM20-1493-04-07, LM20-1493-07-08, LM20-1469-16-03, LM20-1469-16-04j, LM20-1493-07-09a, LM20-1493-07-09b, LM20-1469-16-04o, LM20-1469-16-04v, LM20-1493-07-11, LM20-1493-34-04, LM20-1469-17-01, LM20-1469-17-04, LM20-1493-34-07, LM20-1494-30-06, LM20-1469-17-05a, LM20-1469-17-05b, LM20-1494-34-01, LM20-1494-35-05, LM20-1469-20-01g, LM20-1469-20-01i, LM20-1494-36-02, LM20-1495-05-03, LM20-1469-20-01j, LM20-1469-20-01k, LM20-1495-24-02, LM20-1495-28-01, LM20-1469-20-01p, LM20-1469-20-02c, LM20-1496-01-01, LM20-1496-02-04, LM20-1469-20-02d, LM20-1469-36-08, LM20-1496-04-04, LM20-1496-05-05, LM20-1469-36-12, LM20-1469-38-01, LM20-1496-07-03, LM20-1496-07-04, LM20-1469-38-02, LM20-1469-38-06, LM20-1496-10-04, LM20-1496-12-02, LM20-1469-38-10, LM20-1469-38-11, LM20-1496-18-03, LM20-1496-37-03, LM20-1469-38-19, LM20-1469-38-20, LM20-1497-02-02, LM20-1497-05-07, LM20-1469-38-21, LM20-1470-04-04, LM20-1497-08-04, LM20-1497-09-05, LM20-1470-04-06, LM20-1470-08-06, LM20-1497-12-01, LM20-1497-12-07, LM20-1470-16-03, LM20-1470-32-03, LM20-1498-02-04, LM20-1498-05-01, LM20-1470-35-03, LM20-1471-29-02v, LM20-1498-23-05, LM20-1498-31-01, LM20-1472-10-06b, LM20-1473-03-02a, LM20-1498-32-03, LM20-1498-33-03v,

題名索引

LM20-1498-41-03, LM20-1499-25-02, LM20-1504-C0344b,LM20-1504-C0352, LM20-1500-06-02, LM20-1500-12-01, LM20-1504-C0366, LM20-1504-C0381r, LM20-1500-18-03r, LM20-1500-22-07, LM20-1504-C0384a, LM20-1504-C0392b, LM20-1500-31-07, LM20-1500-32-08, LM20-1504-C0396a, LM20-1504-C0401a, LM20-1501-01-04, LM20-1501-02-06, LM20-1504-C0408b,LM20-1504-C0409b, LM20-1501-03-03, LM20-1501-04-01, LM20-1504-C0411a, LM20-1504-C0413b, LM20-1501-04-03, LM20-1501-05-07, LM20-1504-C0422b,LM20-1504-C0426b, LM20-1501-07-03, LM20-1501-07-06, LM20-1504-C0429a, LM20-1504-C0430c, LM20-1501-08-04, LM20-1501-09-02, LM20-1504-C0436b,LM20-1504-C0447b, LM20-1501-09-08, LM20-1501-11-03, LM20-1504-C0453b, LM20-1504-C0454a, LM20-1501-11-08, LM20-1501-12-03, LM20-1504-C0458a, LM20-1504-C0459b, LM20-1501-13-06, LM20-1501-15-03, LM20-1504-C0461a, LM20-1504-C0464c, LM20-1501-15-09, LM20-1501-16-02, LM20-1504-C0469b, LM20-1504-C0471b, LM20-1501-16-03, LM20-1501-16-06, LM20-1505-C0474d, LM20-1505-C0477b, LM20-1501-17-07, LM20-1501-18-08, LM20-1505-C0478b, LM20-1505-C0480c, LM20-1501-20-05, LM20-1501-21-10, LM20-1505-C0480d, LM20-1505-C0487a, LM20-1501-22-01, LM20-1501-22-07, LM20-1505-C0487b, LM20-1505-C0494b, LM20-1501-22-08, LM20-1501-22-10, LM20-1505-C0495b, LM20-1505-C0500c, LM20-1501-22-11, LM20-1501-23-05, LM20-1505-C0502c, LM20-1505-C0503b, LM20-1501-23-10, LM20-1501-25-08, LM20-1505-C0508a, LM20-1505-C0509c, LM20-1501-26-08, LM20-1501-28-03, LM20-1505-C0510b, LM20-1505-C0510c, LM20-1501-30-07, LM20-1501-30-09, LM20-1505-C0513a, LM20-1505-C0514b, LM20-1501-34-06, LM20-1501-34-09, LM20-1505-C0515b, LM20-1505-C0517b, LM20-1501-35-08, LM20-1501-36-01, LM20-1505-C0517c, LM20-1505-C0518c, LM20-1501-36-03, LM20-1501-36-07, LM20-1505-C0527a, LM20-1505-C0527d, LM20-1501-37-06, LM20-1502-C0034c, LM20-1505-C0528c, LM20-1505-C0537c, LM20-1502-C0068,LM20-1502-C0077b, LM20-1505-C0538a, LM20-1505-C0541a, LM20-1502-C0087, LM20-1502-C0111, LM20-1505-C0541b, LM20-1505-C0541c, LM20-1502-C0128, LM20-1503-C0156, LM20-1505-C0542b, LM20-1505-C0542d, LM20-1503-C0165, LM20-1503-C0202, LM20-1505-C0543b, LM20-1505-C0545a, LM20-1503-C0231, LM20-1503-C0239, LM20-1505-C0546a, LM20-1505-C0546b, LM20-1503-C0252, LM20-1503-C0287, LM20-1505-C0547a, LM20-1505-C0547b, LM20-1503-C0302c, LM20-1503-C0307, LM20-1505-C0547d, LM20-1505-C0548a, LM20-1503-C0308, LM20-1503-C0321, LM20-1505-C0548b, LM20-1505-C0549c,

LM20-1505-C0550a, LM20-1505-C0551a, LM20-1505-C0653e, LM20-1505-C0654e, LM20-1505-C0551b, LM20-1505-C0551c, LM20-1505-C0655a, LM20-1505-C0656a, LM20-1505-C0553b, LM20-1505-C0554a, LM20-1505-C0656c, LM20-1505-C0656d, LM20-1505-C0554b, LM20-1505-C0555b, LM20-1505-C0659a, LM20-1505-C0672b, LM20-1505-C0563b, LM20-1505-C0564b, LM20-1505-C0673a, LM20-1505-C0674b, LM20-1505-C0564d, LM20-1505-C0565a, LM20-1505-C0675d, LM20-1505-C0675e, LM20-1505-C0566a, LM20-1505-C0566b, LM20-1505-C0677b, LM20-1505-C0677c, LM20-1505-C0566c, LM20-1505-C0566d, LM20-1505-C0684a, LM20-1505-C0684b, LM20-1505-C0567b, LM20-1505-C0568b, LM20-1505-C0684c, LM20-1505-C0685b, LM20-1505-C0575a, LM20-1505-C0576b, LM20-1505-C0685c, LM20-1505-C0685d, LM20-1505-C0577b, LM20-1505-C0580a, LM20-1505-C0689c, LM20-1505-C0690b, LM20-1505-C0583b, LM20-1505-C0585a, LM20-1505-C0691a, LM20-1505-C0691c, LM20-1505-C0585d, LM20-1505-C0587b, LM20-1505-C0695b, LM20-1505-C0695c, LM20-1505-C0589b, LM20-1505-C0590b, LM20-1505-C0696b, LM20-1505-C0697b, LM20-1505-C0599c, LM20-1505-C0600a, LM20-1505-C0699a, LM20-1505-C0700b, LM20-1505-C0603a, LM20-1505-C0607b, LM20-1505-C0701b, LM20-1505-C0701c, LM20-1505-C0609b, LM20-1505-C0610a, LM20-1505-C0701d, LM20-1505-C0702b, LM20-1505-C0617b, LM20-1505-C0618c, LM20-1505-C0707b, LM20-1505-C0707d, LM20-1505-C0619c, LM20-1505-C0620a, LM20-1505-C0708b, LM20-1505-C0709a, LM20-1505-C0620b, LM20-1505-C0621b, LM20-1505-C0712a, LM20-1505-C0712c, LM20-1505-C0623a, LM20-1505-C0627a, LM20-1505-C0713a, LM20-1505-C0715b, LM20-1505-C0629b, LM20-1505-C0630a, LM20-1505-C0715c, LM20-1505-C0716a, LM20-1505-C0630b, LM20-1505-C0633a, LM20-1505-C0716b, LM20-1506-C0718c, LM20-1505-C0633b, LM20-1505-C0635b, LM20-1506-C0722b, LM20-1506-C0730d, LM20-1505-C0636e, LM20-1505-C0637a, LM20-1506-C0733a, LM20-1506-C0733c, LM20-1505-C0637b, LM20-1505-C0637c, LM20-1506-C0737b, LM20-1506-C0738b, LM20-1505-C0638b, LM20-1505-C0640b, LM20-1506-C0748a, LM20-1506-C0749b, LM20-1505-C0640c, LM20-1505-C0641b, LM20-1506-C0751c, LM20-1506-C0752d, LM20-1505-C0644c, LM20-1505-C0645d, LM20-1506-C0755c, LM20-1506-C0756b, LM20-1505-C0646c, LM20-1505-C0646d, LM20-1506-C0757c, LM20-1506-C0758c, LM20-1505-C0647c, LM20-1505-C0647f, LM20-1506-C0759e, LM20-1506-C0761d, LM20-1505-C0650e, LM20-1505-C0650f, LM20-1506-C0762c, LM20-1506-C0763a, LM20-1505-C0652b, LM20-1505-C0652c, LM20-1506-C0763d, LM20-1506-C0764c, LM20-1505-C0653a, LM20-1505-C0653c, LM20-1506-C0765c, LM20-1506-C0766b,

题名索引 F 1845

LM20-1506-C0766e, LM20-1506-C0770b, LM20-1506-C0773c, LM20-1506-C0774d, LM20-1506-C0775d, LM20-1506-C0777b, LM20-1506-C0778d, LM20-1506-C0784e, LM20-1506-C0785b, LM20-1506-C0785d, LM20-1506-C0791, LM20-1506-C0795a, LM20-1506-C0796c, LM20-1506-C0796d, LM20-1506-C0798b, LM20-1506-C0808e, LM20-1506-C0809d, LM20-1506-C0813d, LM20-1506-C0819a, LM20-1506-C0819d, LM20-1506-C0822c, LM20-1506-C0825b, LM20-1506-C0827a, LM20-1506-C0836c, LM20-1506-C0839c, LM20-1506-C0840c, LM20-1506-C0841a, LM20-1506-C0843b, LM20-1506-C0854c, LM20-1506-C0858c, LM20-1506-C0859a, LM20-1506-C0859d, LM20-1506-C0862b, LM20-1506-C0869a, LM20-1506-C0875a, LM20-1506-C0880d, LM20-1506-C0886d, LM20-1506-C0887a, LM20-1506-C0889b, LM20-1506-C0891c, LM20-1506-C0893c, LM20-1506-C0893d, LM20-1506-C0894c, LM20-1506-C0899b, LM20-1506-C0902c, LM20-1506-C0905a, LM20-1506-C0907b, LM20-1506-C0915e, LM20-1506-C0916c, LM20-1506-C0917e, LM20-1506-C0918a, LM20-1506-C0918c, LM20-1506-C0920br, LM20-1506-C0921c, LM20-1506-C0921d, LM20-1506-C0922c, LM20-1506-C0922d, LM20-1506-C0922e, LM20-1506-C0924b, LM20-1506-C0927b, LM20-1506-C0928a, LM20-1506-C0928d, LM20-1506-C0930b, LM20-1506-C0938d, LM20-1506-C0943c, LM20-1506-C0946d, LM20-1506-C0947b, LM20-1506-C0949b, LM20-1506-C0950a, LM20-1506-C0953b, LM20-1506-C0954a, LM20-1506-C0956d, LM20-1506-C0956e, LM20-1506-C0957a, LM20-1506-C0957e, LM20-1506-C0964b, LM20-1506-C0966a, LM20-1506-C0966d, LM20-1506-C0972c, LM20-1506-C0973b, LM20-1507-C0989a, LM20-1507-C0992c, LM20-1507-C0993b, LM20-1507-C0995a, LM20-1507-C0995d, LM20-1507-C0996b, LM20-1507-C0997a, LM20-1507-C1006a, LM20-1507-C1007, LM20-1507-C1011b, LM20-1507-C1012a, LM20-1507-C1012b, LM20-1507-C1018, LM20-1507-C1021, LM20-1507-C1023b, LM20-1507-C1024a, LM20-1507-C1024b, LM20-1507-C1025a, LM20-1507-C1028, LM20-1507-C1030b, LM20-1507-C1033a, LM20-1507-C1034a, LM20-1507-C1034b, LM20-1507-C1036b, LM20-1507-C1037b, LM20-1507-C1044a, LM20-1507-C1046b, LM20-1507-C1056a, LM20-1507-C1058c, LM20-1507-C1060b, LM20-1507-C1065a, LM20-1507-C1066a, LM20-1507-C1066b, LM20-1507-C1068a, LM20-1507-C1069a, LM20-1507-C1069b, LM20-1507-C1069c, LM20-1507-C1070b, LM20-1507-C1070c, LM20-1507-C1072a, LM20-1507-C1074a, LM20-1507-C1074d, LM20-1507-C1077c, LM20-1507-C1079d, LM20-1507-C1082a, LM20-1507-C1082c, LM20-1507-C1083c, LM20-1507-C1086e, LM20-1507-C1087c, LM20-1507-C1090b, LM20-1507-C1091d, LM20-1507-C1092c, LM20-1507-C1098b, LM20-1507-C1098d, LM20-1507-C1099b, LM20-1507-C1099c,

题名索引

LM20-1507-C1100b, LM20-1507-C1102c, LM20-1508-C1267f, LM20-1508-C1267g, LM20-1507-C1105b, LM20-1507-C1105c, LM20-1508-C1267h, LM20-1508-C1267j, LM20-1507-C1106a, LM20-1507-C1106b, LM20-1508-C1268a, LM20-1508-C1268b, LM20-1507-C1107a, LM20-1507-C1107e, LM20-1508-C1269b, LM20-1508-C1269c, LM20-1507-C1108b, LM20-1507-C1109c, LM20-1508-C1271c, LM20-1508-C1271e, LM20-1507-C1109d, LM20-1507-C1110a, LM20-1508-C1271l, LM20-1508-C1271m, LM20-1507-C1112a, LM20-1507-C1112e, LM20-1508-C1272a, LM20-1508-C1272b, LM20-1507-C1113d, LM20-1507-C1113e, LM20-1508-C1273a, LM20-1508-C1273c, LM20-1507-C1114c, LM20-1507-C1115a, LM20-1508-C1273d, LM20-1508-C1320, LM20-1507-C1115b, LM20-1507-C1115c, LM20-1508-C1325d, LM20-1508-C1329d, LM20-1507-C1118c, LM20-1507-C1119e, LM20-1508-C1332b, LM20-1508-C1334a, LM20-1507-C1121c, LM20-1507-C1122b, LM20-1508-C1334d, LM20-1508-C1335b, LM20-1507-C1122d, LM20-1507-C1123b, LM20-1508-C1335c, LM20-1508-C1337c, LM20-1507-C1125a, LM20-1507-C1126c, LM20-1508-C1337e, LM20-1508-C1338b, LM20-1507-C1127b, LM20-1507-C1134b, LM20-1508-C1339a, LM20-1508-C1339b, LM20-1507-C1135a, LM20-1507-C1137a, LM20-1508-C1341d, LM20-1508-C1343d, LM20-1507-C1140a, LM20-1507-C1141b, LM20-1508-C1344c, LM20-1508-C1345a, LM20-1507-C1142a, LM20-1507-C1148b, LM20-1508-C1345d, LM20-1508-C1345f, LM20-1507-C1151c, LM20-1507-C1153d, LM20-1508-C1346c, LM20-1508-C1347c, LM20-1507-C1155b, LM20-1507-C1156d, LM20-1508-C1348d, LM20-1508-C1349b, LM20-1507-C1158b, LM20-1507-C1160b, LM20-1508-C1350c, LM20-1508-C1352e, LM20-1507-C1162d, LM20-1507-C1165a, LM20-1508-C1353c, LM20-1508-C1354a, LM20-1507-C1166a, LM20-1507-C1166e, LM20-1508-C1355b, LM20-1508-C1361b, LM20-1507-C1168c, LM20-1507-C1169d, LM20-1508-C1362c, LM20-1508-C1365d, LM20-1507-C1172d, LM20-1507-C1173a, LM20-1508-C1366c, LM20-1508-C1367d, LM20-1507-C1174a, LM20-1507-C1175a, LM20-1508-C1369d, LM20-1508-C1370b, LM20-1507-C1175c, LM20-1507-C1175d, LM20-1508-C1370c, LM20-1508-C1373b, LM20-1507-C1176d, LM20-1507-C1180b, LM20-1508-C1375a, LM20-1508-C1375b, LM20-1507-C1181c, LM20-1507-C1182d, LM20-1508-C1376b, LM20-1508-C1378b, LM20-1507-C1185c, LM20-1507-C1186c, LM20-1508-C1378c, LM20-1508-C1379a, LM20-1507-C1192a, LM20-1507-C1192d, LM20-1508-C1379b, LM20-1508-C1381c, LM20-1507-C1193, LM20-1507-C1203, LM20-1508-C1381d, LM20-1508-C1382a, LM20-1507-C1233, LM20-1508-C1267b, LM20-1508-C1382b, LM20-1508-C1382d, LM20-1508-C1267c, LM20-1508-C1267e, LM20-1508-C1382e, LM20-1508-C1383c,

题名索引 F

LM20-1508-C1410d, LM20-1508-C1426, LM20-1509-C1509d, LM20-1509-C1510c, LM20-1508-C1431, LM20-1508-C1445, LM20-1509-C1511a, LM20-1509-C1511b, LM20-1508-C1449a, LM20-1508-C1449d, LM20-1509-C1511c, LM20-1509-C1511e, LM20-1508-C1450b, LM20-1508-C1450d, LM20-1509-C1512e, LM20-1509-C1520, LM20-1508-C1451a, LM20-1508-C1451b, LM20-1509-C1536e, LM20-1509-C1537c, LM20-1508-C1451c, LM20-1508-C1451d, LM20-1509-C1538a, LM20-1509-C1538c, LM20-1508-C1451e, LM20-1508-C1452b, LM20-1509-C1540a, LM20-1509-C1540b, LM20-1508-C1452d, LM20-1508-C1452e, LM20-1509-C1541d, LM20-1509-C1542c, LM20-1508-C1453a, LM20-1508-C1453b, LM20-1509-C1543d, LM20-1509-C1544a, LM20-1508-C1454a, LM20-1508-C1454e, LM20-1509-C1544b, LM20-1509-C1544d, LM20-1508-C1455d, LM20-1508-C1455e, LM20-1509-C1545d, LM20-1509-C1546b, LM20-1508-C1456a, LM20-1508-C1456c, LM20-1509-C1546d, LM20-1509-C1546e, LM20-1508-C1456d, LM20-1508-C1457d, LM20-1509-C1548c, LM20-1509-C1548d, LM20-1508-C1458a, LM20-1508-C1458b, LM20-1509-C1549b, LM20-1509-C1550a, LM20-1508-C1458e, LM20-1508-C1459d, LM20-1509-C1550d, LM20-1509-C1552e, LM20-1508-C1461e, LM20-1508-C1462a, LM20-1509-C1556a, LM20-1509-C1562d, LM20-1508-C1462b, LM20-1508-C1462c, LM20-1509-C1562e, LM20-1509-C1564a, LM20-1508-C1462d, LM20-1508-C1462e, LM20-1509-C1564c, LM20-1509-C1564d, LM20-1508-C1463c, LM20-1508-C1463d, LM20-1509-C1564e, LM20-1509-C1565a, LM20-1508-C1464e, LM20-1508-C1467b, LM20-1509-C1565d, LM20-1509-C1565e, LM20-1508-C1481b, LM20-1508-C1482c, LM20-1509-C1565h, LM20-1509-C1565k, LM20-1508-C1483b, LM20-1508-C1484b, LM20-1509-C1566a, LM20-1509-C1566b, LM20-1508-C1484c, LM20-1508-C1484d, LM20-1509-C1566c, LM20-1509-C1566h, LM20-1508-C1485a, LM20-1508-C1486e, LM20-1509-C1566i, LM20-1509-C1566j, LM20-1508-C1488a, LM20-1508-C1488d, LM20-1509-C1567a, LM20-1509-C1567c, LM20-1508-C1488e, LM20-1508-C1489a, LM20-1509-C1567e, LM20-1509-C1567f, LM20-1508-C1489b, LM20-1508-C1497, LM20-1509-C1567g, LM20-1509-C1567h, LM20-1509-C1501b, LM20-1509-C1502a, LM20-1509-C1567i, LM20-1509-C1568a, LM20-1509-C1502c, LM20-1509-C1502d, LM20-1509-C1568d, LM20-1509-C1568e, LM20-1509-C1503f, LM20-1509-C1504b, LM20-1509-C1568f, LM20-1509-C1568g, LM20-1509-C1504e, LM20-1509-C1505a, LM20-1509-C1569a, LM20-1509-C1569e, LM20-1509-C1506a, LM20-1509-C1506b, LM20-1509-C1569g, LM20-1509-C1569i, LM20-1509-C1507e, LM20-1509-C1508c, LM20-1509-C1571a, LM20-1509-C1571d, LM20-1509-C1508d, LM20-1509-C1509c, LM20-1509-C1574a, LM20-1509-C1574b,

LM20-1509-C1574c, LM20-1509-C1575b, LM20-1513-CT0306a, LM20-1513-CT0313a, LM20-1509-C1575c, LM20-1509-C1575d, LM20-1513-CT0314b, LM20-1513-CT0314c, LM20-1509-C1575e, LM20-1509-C1575i, LM20-1513-CT0317b, LM20-1513-CT0322a, LM20-1509-C1575j, LM20-1509-C1576a, LM20-1513-CT0326a, LM20-1514-CT0427a, LM20-1509-C1576c, LM20-1509-C1576d, LM20-1514-CT0505b, LM20-1514-CT0505c, LM20-1509-C1576f, LM20-1509-C1576h, LM20-1514-CT0506a, LM20-1514-CT0506b, LM20-1509-C1576iv, LM20-1509-C1576j, LM20-1514-CT0508b, LM20-1514-CT0512b, LM20-1509-C1577c, LM20-1509-C1577d, LM20-1514-CT0512d, LM20-1514-CT0513a, LM20-1509-C1577e, LM20-1509-C1579b, LM20-1514-CT0521a, LM20-1514-CT0521b, LM20-1509-C1580c, LM20-1509-C1582b, LM20-1516-CK0101b, LM20-1517-0001a, LM20-1509-C1583c, LM20-1509-C1585b, LM20-1517-0001c, LM20-1517-0001d, LM20-1509-C1588a, LM20-1509-C1588d, LM20-1517-0002b, LM20-1517-0003c, LM20-1509-C1588e, LM20-1509-C1589a, LM20-1517-0004a, LM20-1517-0004b, LM20-1509-C1591a, LM20-1509-C1591c, LM20-1517-0005c, LM20-1517-0005d, LM20-1509-C1595b, LM20-1509-C1595c, LM20-1517-0005e, LM20-1517-0006b, LM20-1509-C1596b, LM20-1509-C1596c, LM20-1517-0006c, LM20-1517-0006d, LM20-1509-C1596e, LM20-1509-C1599c, LM20-1517-0007a, LM20-1517-0007b, LM20-1509-C1600d, LM20-1509-C1601d, LM20-1517-0007c, LM20-1517-0007d, LM20-1509-C1602b, LM20-1509-C1604c, LM20-1517-0007e, LM20-1517-0008a, LM20-1509-C1612a, LM20-1509-C1612av, LM20-1517-0008b, LM20-1517-0008c, LM20-1509-C1615b, LM20-1509-C1615c, LM20-1517-0008d, LM20-1517-0008e, LM20-1509-C1615d, LM20-1509-C1616d, LM20-1517-0009a, LM20-1517-0009c, LM20-1509-C1617d, LM20-1509-C1621d, LM20-1517-0009d, LM20-1517-0009e, LM20-1509-C1622c, LM20-1509-C1625e, LM20-1517-0010a, LM20-1517-0010b, LM20-1509-C1631d, LM20-1509-C1637a, LM20-1517-0010c, LM20-1517-0010e, LM20-1509-C1637b, LM20-1509-C1637c, LM20-1517-0011a, LM20-1517-0012, LM20-1509-C1638b, LM20-1509-C1649a, LM20-1517-0017a, LM20-1517-0018b, LM20-1509-C1649b, LM20-1510-C1686a, LM20-1517-0019a, LM20-1517-0020a, LM20-1510-C1687, LM20-1511-CB0025, LM20-1517-0020b, LM20-1517-0020c, LM20-1511-CB0053a, LM20-1511-CB0057a, LM20-1517-0020d, LM20-1517-0021, LM20-1512-CT0012b, LM20-1512-CT0019a, LM20-1517-0025c, LM20-1517-0025e, LM20-1512-CT0023, LM20-1512-CT0036a, LM20-1517-0026, LM20-1517-0030, LM20-1512-CT0086, LM20-1513-CT0201a, LM20-1517-0038, LM20-1517-0040a, LM20-1513-CT0262, LM20-1513-CT0275a, LM20-1517-0040b, LM20-1517-0041a,

LM20-1517-0049a, LM20-1517-0049b, LM20-1517-0052a, LM20-1517-0052b, LM20-1517-0055, LM20-1517-0057, LM20-1517-0058, LM20-1517-0059, LM20-1517-0062, LM20-1517-0065, LM20-1517-0069, LM20-1517-0074, LM20-1517-0081b, LM20-1517-0081d, LM20-1517-0081e, LM20-1517-0082a, LM20-1517-0082d, LM20-1517-0082e, LM20-1517-0083e, LM20-1517-0084a, LM20-1517-0084b, LM20-1517-0084c, LM20-1517-0084d, LM20-1517-0085b, LM20-1517-0085c, LM20-1517-0085e, LM20-1517-0085f, LM20-1517-0086c, LM20-1517-0086d, LM20-1517-0087a, LM20-1517-0087c, LM20-1517-0087e, LM20-1517-0088a, LM20-1517-0088b, LM20-1517-0088e, LM20-1517-0089a, LM20-1517-0089c, LM20-1517-0089d, LM20-1517-0089e, LM20-1517-0090a, LM20-1517-0090c, LM20-1517-0090d, LM20-1517-0091a, LM20-1517-0091c, LM20-1517-0091d, LM20-1517-0092a, LM20-1517-0092c, LM20-1517-0092d, LM20-1517-0093c, LM20-1517-0093d, LM20-1517-0094a, LM20-1517-0094d, LM20-1517-0095b, LM20-1517-0095c, LM20-1517-0096b, LM20-1517-0097a, LM20-1517-0097c, LM20-1517-0098a, LM20-1517-0098c, LM20-1517-0099b, LM20-1517-0099c, LM20-1517-0099d, LM20-1517-0099e, LM20-1517-0100a, LM20-1517-0100c, LM20-1517-0100d, LM20-1517-0101, LM20-1517-0102, LM20-1517-0104a, LM20-1517-0104b, LM20-1517-0105, LM20-1517-0106, LM20-1517-0107, LM20-1517-0111, LM20-1517-0112b, LM20-1517-0120a, LM20-1517-0120b, LM20-1517-0121a, LM20-1517-0121b, LM20-1517-0130a, LM20-1517-0136a, LM20-1517-0136b, LM20-1517-0137b, LM20-1517-0142a, LM20-1517-0142b, LM20-1517-0149, LM20-1517-0152, LM20-1517-0153a, LM20-1517-0155a, LM20-1517-0156, LM20-1517-0158b, LM20-1517-0162a, LM20-1517-0168a, LM20-1517-0171, LM20-1517-0175, LM20-1517-0180, LM20-1517-0183, LM20-1517-0185, LM20-1517-0186, LM20-1517-0194a, LM20-1517-0194b, LM20-1517-0212, LM20-1517-0213, LM20-1517-0214, LM20-1517-0215a, LM20-1517-0215b, LM20-1517-0216a, LM20-1517-0216b, LM20-1517-0220, LM20-1517-0224, LM20-1517-0225, LM20-1517-0228, LM20-1517-0233, LM20-1517-0234b, LM20-1517-0239, LM20-1517-0251, LM20-1517-0255b, LM20-1517-0257, LM20-1517-0261, LM20-1517-0263a, LM20-1517-0263b, LM20-1517-0274, LM20-1517-0281b, LM20-1517-0291, LM20-1517-0293a, LM20-1517-0293b, LM20-1517-0301, LM20-1517-0308b, LM20-1517-0311a, LM20-1517-0313b, LM20-1517-0320b, LM20-1517-0327, LM20-1517-0329, LM20-1517-0334, LM20-1517-0336a, LM20-1517-0336b,

LM20-1517-0343, LM20-1517-0344, LM20-1517-0599a, LM20-1517-0606, LM20-1517-0348, LM20-1517-0350, LM20-1517-0616, LM20-1517-0618, LM20-1517-0356, LM20-1517-0358b, LM20-1517-0621a, LM20-1517-0623, LM20-1517-0364c, LM20-1517-0368, LM20-1517-0627, LM20-1517-0629, LM20-1517-0374a, LM20-1517-0376a, LM20-1517-0633, LM20-1517-0634, LM20-1517-0376b, LM20-1517-0378a, LM20-1517-0635, LM20-1517-0638, LM20-1517-0380, LM20-1517-0381, LM20-1517-0640, LM20-1517-0641, LM20-1517-0382, LM20-1517-0404, LM20-1517-0645b, LM20-1517-0649a, LM20-1517-0405, LM20-1517-0407, LM20-1517-0649b, LM20-1518-02-15, LM20-1517-0409, LM20-1517-0414, LM20-1518-03-13, LM20-1518-12-10, LM20-1517-0416, LM20-1517-0426, LM20-1519-13-13a, LM20-1519-21-08b, LM20-1517-0434, LM20-1517-0444, LM20-1519-33-01, LM20-1519-34-15, LM20-1517-0452, LM20-1517-0455, LM20-1520-02-09, LM20-1520-03-18, LM20-1517-0462, LM20-1517-0463, LM20-1520-14-03, LM20-1520-14-04, LM20-1517-0468, LM20-1517-0470, LM20-1520-14-06, LM20-1520-15-06, LM20-1517-0471, LM20-1517-0484, LM20-1520-21-01, LM20-1520-22-06, LM20-1517-0485, LM20-1517-0488, LM20-1520-22-10, LM20-1520-23-12, LM20-1517-0491, LM20-1517-0495, LM20-1520-24-01, LM20-1520-24-05, LM20-1517-0504, LM20-1517-0505, LM20-1520-24-08, LM20-1520-25-11, LM20-1517-0508, LM20-1517-0513, LM20-1520-25-15, LM20-1520-26-13v, LM20-1517-0516, LM20-1517-0517, LM20-1520-27-03, LM20-1520-27-06, LM20-1517-0524, LM20-1517-0527, LM20-1520-27-07, LM20-1520-27-12, LM20-1517-0536, LM20-1517-0540, LM20-1520-27-15, LM20-1520-27-17, LM20-1517-0541, LM20-1517-0543, LM20-1520-27-18, LM20-1520-27-20, LM20-1517-0544, LM20-1517-0554b, LM20-1520-28-01a, LM20-1520-28-01b, LM20-1517-0557a, LM20-1517-0558, LM20-1520-28-09, LM20-1520-29-05, LM20-1517-0561b, LM20-1517-0565, LM20-1520-29-10, LM20-1520-30-04, LM20-1517-0566b, LM20-1517-0567b, LM20-1520-30-15, LM20-1520-31-12, LM20-1517-0571a, LM20-1517-0571c, LM20-1520-31-15, LM20-1520-32-04, LM20-1517-0574b, LM20-1517-0575b, LM20-1520-32-07, LM20-1520-32-09b, LM20-1517-0587a, LM20-1517-0587b, LM20-1520-32-15, LM20-1520-33-11, LM20-1517-0587c, LM20-1517-0590b, LM20-1520-33-17, LM20-1520-34-13, LM20-1517-0592a, LM20-1517-0593b, LM20-1520-35-02, LM20-1520-35-04, LM20-1517-0594b, LM20-1517-0596a, LM20-1520-35-08, LM20-1520-35-09,

题名索引 F

LM20-1520-35-10, LM20-1520-36-01, LM20-1520-36-02, LM20-1520-36-03, LM20-1520-37-03, LM20-1520-37-06, LM20-1520-37-12, LM20-1520-37-15, LM20-1520-37-16, LM20-1520-37-17, LM20-1520-38-06, LM20-1520-38-14, LM20-1520-38-15, LM20-1520-38-16, LM20-1521-01-07, LM20-1521-01-09r, LM20-1521-01-12, LM20-1521-01-13, LM20-1521-03-02, LM20-1521-03-14, LM20-1521-04-07, LM20-1521-05-02, LM20-1521-05-04, LM20-1521-05-06, LM20-1521-05-07, LM20-1521-05-09, LM20-1521-05-19, LM20-1521-06-07, LM20-1521-07-02, LM20-1521-07-06, LM20-1521-07-09, LM20-1521-07-15, LM20-1521-07-17, LM20-1521-08-03, LM20-1521-08-05, LM20-1521-08-09, LM20-1521-08-12, LM20-1521-08-17, LM20-1521-08-20, LM20-1521-09-08, LM20-1521-09-09, LM20-1521-09-10, LM20-1521-09-13, LM20-1521-09-14, LM20-1521-10-03, LM20-1521-10-08, LM20-1521-11-02, LM20-1521-11-06, LM20-1521-11-15, LM20-1521-12-05, LM20-1521-12-06r, LM20-1521-12-09, LM20-1521-12-10, LM20-1521-12-17, LM20-1521-12-20, LM20-1521-13-01, LM20-1521-13-11, LM20-1521-13-17, LM20-1521-14-02, LM20-1521-14-07, LM20-1521-14-10, LM20-1521-14-18, LM20-1521-15-10, LM20-1521-15-11, LM20-1521-15-14, LM20-1521-15-15, LM20-1521-15-16, LM20-1521-15-18, LM20-1521-15-19, LM20-1521-15-20, LM20-1521-15-21, LM20-1521-15-22, LM20-1521-15-23, LM20-1521-15-24, LM20-1521-16-01, LM20-1521-16-02, LM20-1521-16-03, LM20-1521-16-04, LM20-1521-16-05, LM20-1521-16-06, LM20-1521-16-07, LM20-1521-16-09, LM20-1521-16-10, LM20-1521-16-12, LM20-1521-16-13, LM20-1521-16-14, LM20-1521-16-16, LM20-1521-16-20, LM20-1521-16-21, LM20-1521-16-22, LM20-1521-17-01, LM20-1521-17-04, LM20-1521-17-05, LM20-1521-17-07, LM20-1521-17-10, LM20-1521-17-12, LM20-1521-17-14, LM20-1521-17-15, LM20-1521-17-17, LM20-1521-17-19, LM20-1521-17-22, LM20-1521-17-23, LM20-1521-17-24, LM20-1521-18-02, LM20-1521-18-05, LM20-1521-18-06, LM20-1521-18-07, LM20-1521-18-09, LM20-1521-18-11, LM20-1521-18-12, LM20-1521-18-13, LM20-1521-18-15, LM20-1521-18-16, LM20-1521-18-17, LM20-1521-18-19, LM20-1521-18-20, LM20-1521-18-21, LM20-1521-18-23, LM20-1521-19-02, LM20-1521-19-04, LM20-1521-19-07, LM20-1521-19-08, LM20-1521-19-09, LM20-1521-19-11, LM20-1521-19-14, LM20-1521-19-20, LM20-1521-19-22, LM20-1521-19-23, LM20-1521-20-01, LM20-1521-20-05, LM20-1521-20-06, LM20-1521-20-07, LM20-1521-20-08, LM20-1521-20-10, LM20-1521-20-11, LM20-1521-20-12,

LM20-1521-20-13, LM20-1521-20-15, LM20-1521-28-08, LM20-1521-28-10, LM20-1521-20-17, LM20-1521-20-18, LM20-1521-28-14, LM20-1521-28-15, LM20-1521-20-19, LM20-1521-20-20, LM20-1521-28-16, LM20-1521-28-17, LM20-1521-20-21, LM20-1521-20-22, LM20-1521-28-18, LM20-1521-29-01, LM20-1521-21-01, LM20-1521-21-03, LM20-1521-29-04, LM20-1521-29-10, LM20-1521-21-06, LM20-1521-21-07, LM20-1521-29-11r, LM20-1521-29-13, LM20-1521-21-08, LM20-1521-21-12, LM20-1521-29-17, LM20-1521-30-12, LM20-1521-21-19, LM20-1521-21-23, LM20-1521-30-13, LM20-1521-30-14, LM20-1521-22-03, LM20-1521-22-08, LM20-1521-31-01, LM20-1521-31-08, LM20-1521-22-11, LM20-1521-22-12, LM20-1521-31-11, LM20-1521-31-20, LM20-1521-22-14, LM20-1521-22-16, LM20-1521-31-21, LM20-1521-31-23, LM20-1521-23-03, LM20-1521-23-04, LM20-1521-32-01, LM20-1521-32-07, LM20-1521-23-07, LM20-1521-23-09, LM20-1521-32-08, LM20-1521-32-10r, LM20-1521-23-10, LM20-1521-23-11, LM20-1521-32-11, LM20-1521-32-16, LM20-1521-23-17, LM20-1521-23-19, LM20-1521-32-18, LM20-1521-32-19, LM20-1521-23-21, LM20-1521-23-22, LM20-1521-32-22, LM20-1521-33-04, LM20-1521-24-03, LM20-1521-24-04, LM20-1521-33-06, LM20-1521-33-09, LM20-1521-24-05, LM20-1521-24-06, LM20-1521-33-12, LM20-1521-33-13, LM20-1521-24-10, LM20-1521-24-11, LM20-1521-33-15, LM20-1521-33-19, LM20-1521-25-02, LM20-1521-25-04-02, LM20-1521-33-20, LM20-1521-33-24, LM20-1521-25-05, LM20-1521-25-06, LM20-1521-34-03, LM20-1521-34-08, LM20-1521-25-08r, LM20-1521-25-10, LM20-1521-35-06, LM20-1521-35-08, LM20-1521-25-12, LM20-1521-25-14, LM20-1521-35-11, LM20-1521-35-13, LM20-1521-25-18, LM20-1521-25-20, LM20-1521-35-14, LM20-1521-35-16, LM20-1521-25-21, LM20-1521-25-23, LM20-1521-36-01r, LM20-1521-36-02, LM20-1521-25-24, LM20-1521-26-02, LM20-1521-36-10, LM20-1521-36-13, LM20-1521-26-05r, LM20-1521-26-06, LM20-1521-37-02, LM20-1521-37-04, LM20-1521-26-07, LM20-1521-26-09, LM20-1521-37-06, LM20-1521-37-12, LM20-1521-26-10, LM20-1521-26-12, LM20-1521-37-13, LM20-1521-37-14, LM20-1521-26-13, LM20-1521-26-14, LM20-1521-37-15, LM20-1521-37-17, LM20-1521-27-02, LM20-1521-27-03, LM20-1521-37-19, LM20-1521-37-20, LM20-1521-27-10, LM20-1521-27-16, LM20-1521-38-01, LM20-1521-38-03, LM20-1521-28-01, LM20-1521-28-02, LM20-1521-38-09, LM20-1521-38-17, LM20-1521-28-03, LM20-1521-28-05, LM20-1521-38-18, LM20-1522-01-08,

题名索引

LM20-1522-01-10, LM20-1522-01-20, LM20-1522-02-10, LM20-1522-02-18, LM20-1522-02-19, LM20-1522-02-20, LM20-1522-04-01, LM20-1522-04-03, LM20-1522-04-04, LM20-1522-04-08, LM20-1522-05-05, LM20-1522-05-06, LM20-1522-05-08, LM20-1522-05-09, LM20-1522-06-06, LM20-1522-06-08, LM20-1522-07-16, LM20-1522-08-08, LM20-1522-08-13, LM20-1522-08-17, LM20-1522-08-20, LM20-1522-08-21, LM20-1522-09-04, LM20-1522-09-05, LM20-1522-09-19, LM20-1522-09-23, LM20-1522-10-01, LM20-1522-10-02, LM20-1522-10-09, LM20-1522-10-13, LM20-1522-11-09, LM20-1522-11-14, LM20-1522-11-15, LM20-1522-12-03, LM20-1522-12-05, LM20-1522-12-09, LM20-1522-12-18, LM20-1522-12-20, LM20-1522-13-09, LM20-1522-13-18, LM20-1522-13-19, LM20-1522-14-02, LM20-1522-14-09, LM20-1522-14-12, LM20-1522-14-13, LM20-1522-14-14, LM20-1522-14-19, LM20-1522-15-15, LM20-1522-15-17, LM20-1522-15-18, LM20-1522-15-19, LM20-1522-16-03, LM20-1522-16-11, LM20-1522-16-16, LM20-1522-16-20, LM20-1522-17-02, LM20-1522-17-06, LM20-1522-18-07, LM20-1522-18-11, LM20-1522-18-13, LM20-1522-18-17a, LM20-1522-18-19, LM20-1522-18-20, LM20-1522-19-03, LM20-1522-19-07, LM20-1522-19-08, LM20-1522-19-10a, LM20-1522-19-17, LM20-1522-19-18, LM20-1522-20-12, LM20-1522-20-17, LM20-1522-20-20, LM20-1522-21-03, LM20-1522-21-04, LM20-1522-22-08, LM20-1522-22-12, LM20-1522-22-13, LM20-1522-22-18b, LM20-1522-23-03, LM20-1522-23-05, LM20-1522-23-10, LM20-1522-23-12, LM20-1522-24-03, LM20-1522-24-04, LM20-1522-24-05, LM20-1522-24-10, LM20-1523-01-11, LM20-1523-01-12v, LM20-1523-04-41, LM20-1523-05-43, LM20-1523-05-49, LM20-1523-07-79, LM20-1523-09-82, LM20-1523-09-87, LM20-1523-11-105, LM20-1523-11-110, LM20-1523-12-115, LM20-1523-12-121, LM20-1523-16-152, LM20-1523-17-159, LM20-1523-17-163, LM20-1523-18-165, LM20-1523-18-167, LM20-1523-18-169, LM20-1523-18-170, LM20-1523-20-201, LM20-1523-21-204, LM20-1523-21-205, LM20-1523-21-211, LM20-1523-21-212, LM20-1523-22-221, LM20-1523-22-222, LM20-1523-23-230, LM20-1523-23-231, LM20-1523-23-241, LM20-1523-23-242, LM20-1523-24-243, LM20-1523-24-251, LM20-1523-25-265, LM20-1523-26-274, LM20-1523-26-276, LM20-1523-27-288, LM20-1523-28-289, LM20-1523-28-293, LM20-1523-28-294, LM20-1524-02ar, LM20-1524-02cr, LM20-1524-02dr, LM20-1524-07r, LM20-1524-11av, LM20-1524-11bv, LM20-1524-13ar, LM20-1528-01-04, LM20-1528-01-06, LM20-1528-01-10, LM20-1528-02-25,

F

LM20-1528-03-55, LM20-1537-02, LM20-1548-05-23, LM20-1548-06-29, LM20-1548-06-32, LM20-1855-21

佛典殘片（印本）

LM20-1486-04-01a, LM20-1486-04-01b, LM20-1486-04-01c, LM20-1486-04-01d, LM20-1486-04-01e, LM20-1486-04-01f, LM20-1486-04-01g, LM20-1486-04-01h, LM20-1486-04-01i, LM20-1486-04-01j, LM20-1486-04-01k, LM20-1486-04-01m, LM20-1486-04-01n, LM20-1486-04-01o, LM20-1486-04-01p, LM20-1486-04-01q, LM20-1486-04-01r, LM20-1486-04-01s, LM20-1486-04-01t, LM20-1486-04-01u, LM20-1486-04-01v, LM20-1486-04-01w, LM20-1486-04-01x, LM20-1486-04-01y, LM20-1486-04-01z, LM20-1486-04-01z(a), LM20-1486-04-01z(b), LM20-1486-04-01z(c), LM20-1486-04-01z(d), LM20-1486-04-01z(e), LM20-1486-04-01z(f), LM20-1486-04-01z(g), LM20-1486-04-01z(h), LM20-1486-04-10a, LM20-1486-04-10b, LM20-1486-04-10c, LM20-1486-04-10d, LM20-1486-04-10e, LM20-1486-04-10f, LM20-1486-04-10g, LM20-1486-04-10h, LM20-1486-04-10j, LM20-1486-04-10k, LM20-1486-04-10l, LM20-1486-05-02a, LM20-1486-05-02b, LM20-1486-05-02d, LM20-1486-05-02e, LM20-1486-05-02f, LM20-1486-05-02g, LM20-1486-05-02h, LM20-1486-05-03, LM20-1486-05-10c, LM20-1486-06-03a, LM20-1486-06-05a, LM20-1486-06-05c, LM20-1486-06-10a, LM20-1486-06-10b, LM20-1486-06-10c, LM20-1486-06-14a, LM20-1486-06-14b, LM20-1486-06-15a, LM20-1486-06-15b, LM20-1486-06-16b, LM20-1486-06-17a, LM20-1486-06-18a, LM20-1486-06-19a, LM20-1486-06-20b, LM20-1486-06-20c, LM20-1486-06-21a, LM20-1486-06-21b, LM20-1486-07-01b, LM20-1486-07-01c, LM20-1486-07-01d, LM20-1486-07-01e, LM20-1486-07-04a, LM20-1486-07-04b, LM20-1486-07-04d, LM20-1486-07-04e, LM20-1486-07-04f, LM20-1486-07-04g, LM20-1486-07-04h, LM20-1486-07-04i, LM20-1486-07-05b, LM20-1486-07-06a, LM20-1486-07-08c, LM20-1486-07-08d, LM20-1486-07-08e, LM20-1486-07-09a, LM20-1486-07-09b, LM20-1486-07-10a, LM20-1486-07-12b, LM20-1486-07-13, LM20-1486-08-03a, LM20-1486-08-05c, LM20-1486-08-06, LM20-1486-08-08a, LM20-1486-08-09a, LM20-1486-08-09b, LM20-1486-08-09c, LM20-1486-08-10a, LM20-1486-08-10b, LM20-1486-08-11a, LM20-1486-08-11b, LM20-1486-08-13a, LM20-1486-08-13b, LM20-1486-08-17a, LM20-1486-08-17b, LM20-1486-09-02a, LM20-1486-09-02b, LM20-1486-09-02c, LM20-1486-09-02e, LM20-1486-09-04a, LM20-1486-09-04b, LM20-1486-09-04c, LM20-1486-09-08a, LM20-1486-09-08b, LM20-1486-09-08c, LM20-1486-09-08f, LM20-1486-09-08h, LM20-1486-09-08i, LM20-1486-09-09, LM20-1486-09-11a, LM20-1486-09-11b, LM20-1486-09-12a, LM20-1486-09-12b, LM20-1486-09-18b, LM20-1486-09-19a,

题名索引

LM20-1486-09-19b, LM20-1486-10-02a, LM20-1486-10-02b, LM20-1486-10-02c, LM20-1486-10-02d, LM20-1486-10-02e, LM20-1486-10-02f, LM20-1486-10-03a, LM20-1486-10-03c, LM20-1486-10-03d, LM20-1486-10-03e, LM20-1486-10-03f, LM20-1486-10-04a, LM20-1486-10-04b, LM20-1486-10-12, LM20-1486-10-14a, LM20-1486-10-14b, LM20-1486-10-14c, LM20-1486-10-14d, LM20-1486-10-16b, LM20-1486-11-03a, LM20-1486-11-03b, LM20-1486-11-03c, LM20-1486-11-03e, LM20-1486-11-03f, LM20-1486-11-03g, LM20-1486-11-03h, LM20-1486-11-03i, LM20-1486-11-05, LM20-1486-11-08b, LM20-1486-11-11a, LM20-1486-11-12a, LM20-1486-11-12b, LM20-1486-11-12c, LM20-1486-11-12d, LM20-1486-11-12e, LM20-1486-11-12f, LM20-1486-11-12g, LM20-1486-11-12h, LM20-1486-11-14a, LM20-1486-11-14b, LM20-1486-11-14c, LM20-1486-11-14d, LM20-1486-11-14e, LM20-1486-11-14f, LM20-1486-11-17a, LM20-1486-11-18, LM20-1486-11-19a, LM20-1486-11-19b, LM20-1486-11-20, LM20-1486-12-01a, LM20-1486-12-01b, LM20-1486-12-01c, LM20-1486-12-01d, LM20-1486-12-03, LM20-1486-12-04b, LM20-1486-12-04c, LM20-1486-12-05b, LM20-1486-12-05c, LM20-1486-12-05d, LM20-1486-12-05e, LM20-1486-12-06a, LM20-1486-12-06b, LM20-1486-12-06c, LM20-1486-12-06d, LM20-1486-12-06e, LM20-1486-12-07a, LM20-1486-12-07b, LM20-1486-12-07c, LM20-1486-12-07d, LM20-1486-12-08a, LM20-1486-12-09a, LM20-1486-12-09b, LM20-1486-12-09c, LM20-1486-12-10a, LM20-1486-12-10b, LM20-1486-12-10c, LM20-1486-12-10d, LM20-1486-12-10e, LM20-1486-12-12b, LM20-1486-12-14a, LM20-1486-12-14b, LM20-1486-12-14c, LM20-1486-12-15a, LM20-1486-12-15b, LM20-1486-12-15c, LM20-1486-12-15d, LM20-1486-12-16a, LM20-1486-12-16b, LM20-1486-12-17a, LM20-1486-12-17b, LM20-1486-12-18b, LM20-1486-12-19a, LM20-1486-12-19b, LM20-1486-12-19c, LM20-1486-12-20b, LM20-1486-12-20c, LM20-1486-12-21b, LM20-1486-13-01a, LM20-1486-13-01b, LM20-1486-13-02a, LM20-1486-13-02b, LM20-1486-13-02c, LM20-1486-13-03a, LM20-1486-13-03b, LM20-1486-13-03c, LM20-1486-13-04a, LM20-1486-13-04b, LM20-1486-13-04c, LM20-1486-13-05a, LM20-1486-13-05b, LM20-1486-13-05c, LM20-1486-13-06a, LM20-1486-13-06b, LM20-1486-13-06c, LM20-1486-13-07a, LM20-1486-13-07b, LM20-1486-13-08a, LM20-1486-13-08b, LM20-1486-13-08c, LM20-1486-13-09a, LM20-1486-13-09c, LM20-1486-13-09d, LM20-1486-13-10a, LM20-1486-13-10b, LM20-1486-13-10c, LM20-1486-13-11a, LM20-1486-13-11b, LM20-1486-13-12a, LM20-1486-13-12b, LM20-1486-13-13a, LM20-1486-13-13b, LM20-1486-13-14a, LM20-1486-13-15a, LM20-1486-13-15b, LM20-1486-13-16a,

LM20-1486-13-16b, LM20-1486-13-18a, LM20-1486-14-05b, LM20-1486-14-06a, LM20-1486-13-18b, LM20-1486-13-19a, LM20-1486-14-06b, LM20-1486-14-06d, LM20-1486-13-19b, LM20-1486-13-19c, LM20-1486-14-06e, LM20-1486-14-06f, LM20-1486-13-19d, LM20-1486-13-19e, LM20-1486-14-06g, LM20-1486-14-06h, LM20-1486-13-19f, LM20-1486-13-20a, LM20-1486-14-06i, LM20-1486-14-06j, LM20-1486-13-21b, LM20-1486-13-22a, LM20-1486-14-07b, LM20-1486-14-07c, LM20-1486-13-22b, LM20-1486-13-22c, LM20-1486-14-08c, LM20-1486-14-09b, LM20-1486-13-22d, LM20-1486-13-23a, LM20-1486-14-09c, LM20-1486-14-10b, LM20-1486-13-23b, LM20-1486-13-23c, LM20-1486-14-10c, LM20-1486-14-11a, LM20-1486-13-24a, LM20-1486-13-24b, LM20-1486-14-11b, LM20-1486-14-11c, LM20-1486-13-25a, LM20-1486-13-25b, LM20-1486-14-11d, LM20-1486-14-11e, LM20-1486-14-01a, LM20-1486-14-01b, LM20-1486-14-11f, LM20-1486-14-11g, LM20-1486-14-01c, LM20-1486-14-01d, LM20-1486-14-11h, LM20-1486-14-11i, LM20-1486-14-01e, LM20-1486-14-01f, LM20-1486-14-12a, LM20-1486-14-12b, LM20-1486-14-01g, LM20-1486-14-01h, LM20-1486-14-13a, LM20-1486-14-14a, LM20-1486-14-01i, LM20-1486-14-01j, LM20-1486-15-01a, LM20-1486-15-01b, LM20-1486-14-01k, LM20-1486-14-01l, LM20-1486-15-02a, LM20-1486-15-02b, LM20-1486-14-01m, LM20-1486-14-01n, LM20-1486-15-02c, LM20-1486-15-03, LM20-1486-14-01o, LM20-1486-14-01p, LM20-1486-15-04a, LM20-1486-15-05a, LM20-1486-14-01q, LM20-1486-14-01r, LM20-1486-15-05b, LM20-1486-15-05d, LM20-1486-14-01s, LM20-1486-14-01t, LM20-1486-15-06a, LM20-1486-15-06b, LM20-1486-14-02a, LM20-1486-14-02b, LM20-1486-15-07a, LM20-1486-15-07c, LM20-1486-14-02c, LM20-1486-14-02e, LM20-1486-15-08a, LM20-1486-15-10a, LM20-1486-14-02f, LM20-1486-14-02h, LM20-1486-15-10b, LM20-1486-15-11a, LM20-1486-14-02i, LM20-1486-14-02j, LM20-1486-15-13a, LM20-1486-15-14a, LM20-1486-14-03b, LM20-1486-14-03c, LM20-1486-15-14b, LM20-1486-15-16a, LM20-1486-14-03d, LM20-1486-14-03e, LM20-1486-15-16b, LM20-1486-15-18a, LM20-1486-14-03f, LM20-1486-14-03g, LM20-1486-15-18b, LM20-1486-16-02a, LM20-1486-14-03h, LM20-1486-14-03i, LM20-1486-16-02b, LM20-1486-16-02c, LM20-1486-14-04a, LM20-1486-14-04b, LM20-1486-16-03a, LM20-1486-16-03b, LM20-1486-14-04c, LM20-1486-14-04d, LM20-1486-18-02, LM20-1486-18-05, LM20-1486-14-04e, LM20-1486-14-04f, LM20-1486-18-08a, LM20-1486-18-08b, LM20-1486-14-04g, LM20-1486-14-04h, LM20-1486-18-08c, LM20-1486-19-05, LM20-1486-14-04i, LM20-1486-14-04j, LM20-1486-19-07a, LM20-1486-19-10,

题名索引 F 1857

LM20-1486-19-13, LM20-1486-19-14, LM20-1486-31-14a, LM20-1486-31-14b, LM20-1486-20-03, LM20-1486-20-04, LM20-1486-31-14c, LM20-1486-31-15b, LM20-1486-20-05, LM20-1486-20-06b, LM20-1486-31-17a, LM20-1486-31-17b, LM20-1486-20-07, LM20-1486-20-09, LM20-1486-31-21, LM20-1486-31-22, LM20-1486-20-10, LM20-1486-20-11, LM20-1486-31-24a, LM20-1486-31-24b, LM20-1486-20-12a, LM20-1486-20-13, LM20-1486-31-25a, LM20-1486-31-25b, LM20-1486-20-15, LM20-1486-21-03, LM20-1486-31-26a, LM20-1486-31-26b, LM20-1486-21-04, LM20-1486-21-05, LM20-1486-32-01a, LM20-1486-32-01b, LM20-1486-21-06a, LM20-1486-21-06b, LM20-1486-32-01c, LM20-1486-32-01d, LM20-1486-21-07, LM20-1486-21-09a, LM20-1486-32-01e, LM20-1486-32-02a, LM20-1486-21-10, LM20-1486-21-11, LM20-1486-32-02b, LM20-1486-32-02c, LM20-1486-21-12, LM20-1486-21-13a, LM20-1486-32-02d, LM20-1486-32-02e, LM20-1486-21-13b, LM20-1486-21-14, LM20-1486-32-03a, LM20-1486-32-03b, LM20-1486-21-15a, LM20-1486-21-15b, LM20-1486-32-03c, LM20-1486-32-03d, LM20-1486-21-16, LM20-1486-21-17a, LM20-1486-32-03e, LM20-1486-32-03f, LM20-1486-21-17b, LM20-1486-21-17c, LM20-1486-32-04a, LM20-1486-32-04b, LM20-1486-24-02, LM20-1486-26-03, LM20-1486-32-04d, LM20-1486-32-05a, LM20-1486-27-10, LM20-1486-28-03, LM20-1486-32-05b, LM20-1486-32-05c, LM20-1486-28-10, LM20-1486-28-11, LM20-1486-32-05d, LM20-1486-32-06b, LM20-1486-28-13b, LM20-1486-29-11, LM20-1486-32-07c, LM20-1486-32-08b, LM20-1486-29-12, LM20-1486-30-05, LM20-1486-32-11d, LM20-1486-32-12a, LM20-1486-30-07a, LM20-1486-30-08, LM20-1486-32-12b, LM20-1486-32-12c, LM20-1486-30-11, LM20-1486-30-12, LM20-1486-32-12d, LM20-1486-32-14a, LM20-1486-30-13, LM20-1486-30-16, LM20-1486-32-14b, LM20-1486-32-14c, LM20-1486-30-18, LM20-1486-30-20, LM20-1486-32-15a, LM20-1486-32-17b, LM20-1486-30-21, LM20-1486-31-01b, LM20-1486-32-18b, LM20-1486-33-01a, LM20-1486-31-03, LM20-1486-31-04, LM20-1486-33-01b, LM20-1486-33-01c, LM20-1486-31-06, LM20-1486-31-08a, LM20-1486-33-01d, LM20-1486-33-03a, LM20-1486-31-08b, LM20-1486-31-08c, LM20-1486-33-03b, LM20-1486-33-04a, LM20-1486-31-08d, LM20-1486-31-08e, LM20-1486-33-05a, LM20-1486-33-05b, LM20-1486-31-08f, LM20-1486-31-08g, LM20-1486-33-05c, LM20-1486-33-06a, LM20-1486-31-08h, LM20-1486-31-08i, LM20-1486-33-06b, LM20-1486-33-06c, LM20-1486-31-08j, LM20-1486-31-08k, LM20-1486-33-07c, LM20-1486-33-08a, LM20-1486-31-10, LM20-1486-31-12, LM20-1486-33-08b, LM20-1486-33-10a,

題名索引

LM20-1486-33-10b, LM20-1486-33-10c, LM20-1486-37-14, LM20-1486-38-09, LM20-1486-33-10d, LM20-1486-33-11a, LM20-1487-01-01a, LM20-1487-01-01b, LM20-1486-33-11b, LM20-1486-33-11c, LM20-1487-01-01c, LM20-1487-01-01d, LM20-1486-33-11d, LM20-1486-33-12b, LM20-1487-01-02a, LM20-1487-01-02b, LM20-1486-33-17a, LM20-1486-33-17b, LM20-1487-01-02c, LM20-1487-01-02d, LM20-1486-33-17c, LM20-1486-33-17d, LM20-1487-01-03a, LM20-1487-01-03b, LM20-1486-33-18a, LM20-1486-33-18b, LM20-1487-01-03c, LM20-1487-01-04a, LM20-1486-33-19a, LM20-1486-33-21b, LM20-1487-01-04b, LM20-1487-01-05a, LM20-1486-33-21c, LM20-1486-33-22a, LM20-1487-01-05b, LM20-1487-01-06a, LM20-1486-33-22b, LM20-1486-33-22c, LM20-1487-01-06b, LM20-1487-01-07a, LM20-1486-33-22d, LM20-1486-33-23a, LM20-1487-01-07b, LM20-1487-01-07c, LM20-1486-33-23b, LM20-1486-33-24a, LM20-1487-01-07d, LM20-1487-01-08b, LM20-1486-33-24b, LM20-1486-33-25a, LM20-1487-01-09a, LM20-1487-01-09b, LM20-1486-33-26b, LM20-1486-34-02b, LM20-1487-01-09c, LM20-1487-01-10, LM20-1486-34-03b, LM20-1486-34-03c, LM20-1487-01-11a, LM20-1487-01-11b, LM20-1486-34-04a, LM20-1486-34-05b, LM20-1487-01-11c, LM20-1487-01-12a, LM20-1486-34-05c, LM20-1486-34-06a, LM20-1487-01-12b, LM20-1487-01-12c, LM20-1486-34-10, LM20-1486-34-12, LM20-1487-01-14a, LM20-1487-01-14b, LM20-1486-34-15, LM20-1486-35-04a, LM20-1487-01-15a, LM20-1487-01-15b, LM20-1486-35-06a, LM20-1486-35-06b, LM20-1487-01-17b, LM20-1487-01-18b, LM20-1486-35-06c, LM20-1486-35-07a, LM20-1487-08-04a, LM20-1487-09-04, LM20-1486-35-07b, LM20-1486-35-07c, LM20-1487-09-06b, LM20-1487-15-04, LM20-1486-35-10b, LM20-1486-35-13a, LM20-1487-15-05, LM20-1487-15-06, LM20-1486-35-14a, LM20-1486-35-14d, LM20-1487-16-05, LM20-1487-17-04, LM20-1486-35-15a, LM20-1486-35-15b, LM20-1487-17-05, LM20-1487-19-03b, LM20-1486-35-17a, LM20-1486-35-19b, LM20-1487-19-06, LM20-1487-24-02, LM20-1486-35-22a, LM20-1486-36-02a, LM20-1487-24-12, LM20-1487-25-01a, LM20-1486-36-02b, LM20-1486-36-04a, LM20-1487-25-01b, LM20-1487-25-01c, LM20-1486-36-07a, LM20-1486-36-10a, LM20-1487-25-01d, LM20-1487-25-03a, LM20-1486-36-11a, LM20-1486-36-14b, LM20-1487-25-03c, LM20-1487-25-09a, LM20-1486-36-14c, LM20-1486-37-01, LM20-1487-25-09b, LM20-1487-25-09c, LM20-1486-37-02a, LM20-1486-37-02b, LM20-1487-25-09d, LM20-1487-25-09e, LM20-1486-37-04a, LM20-1486-37-04c, LM20-1487-25-10a, LM20-1487-25-10b, LM20-1486-37-05a, LM20-1486-37-05b, LM20-1487-25-13a, LM20-1487-25-13b,

题名索引 F 1859

LM20-1487-26-01, LM20-1487-26-03, LM20-1487-33-29, LM20-1487-33-30, LM20-1487-26-04, LM20-1487-26-08a, LM20-1487-33-33, LM20-1487-33-35, LM20-1487-26-08b, LM20-1487-26-09, LM20-1487-33-36, LM20-1487-33-38, LM20-1487-26-10, LM20-1487-26-11, LM20-1487-33-39, LM20-1487-33-40, LM20-1487-26-12, LM20-1487-27-01, LM20-1487-33-42, LM20-1487-33-43, LM20-1487-27-04, LM20-1487-27-18, LM20-1487-34-01, LM20-1487-34-02, LM20-1487-28-03, LM20-1487-29-02a, LM20-1487-34-03, LM20-1487-34-04, LM20-1487-29-03, LM20-1487-29-04, LM20-1487-34-05, LM20-1487-34-06, LM20-1487-29-05, LM20-1487-29-07, LM20-1487-34-08, LM20-1487-34-09, LM20-1487-31-01, LM20-1487-31-03, LM20-1487-34-13a, LM20-1487-34-13b, LM20-1487-31-04, LM20-1487-31-05, LM20-1487-34-15, LM20-1487-34-16a, LM20-1487-31-07, LM20-1487-31-08, LM20-1487-34-16b, LM20-1487-34-19, LM20-1487-31-12, LM20-1487-31-16, LM20-1487-34-20, LM20-1487-34-21, LM20-1487-31-17, LM20-1487-31-19, LM20-1487-34-22a, LM20-1487-34-23, LM20-1487-31-20, LM20-1487-32-05, LM20-1487-34-24, LM20-1487-34-30a, LM20-1487-32-06, LM20-1487-32-19, LM20-1487-35-01a,LM20-1487-35-01b, LM20-1487-32-20, LM20-1487-32-21, LM20-1487-35-01c, LM20-1487-35-02a, LM20-1487-32-22a,LM20-1487-32-22b, LM20-1487-35-02b, LM20-1487-35-05a, LM20-1487-32-23, LM20-1487-32-25, LM20-1487-35-05b, LM20-1487-35-06, LM20-1487-32-27, LM20-1487-32-28, LM20-1487-35-08, LM20-1487-35-09, LM20-1487-32-30, LM20-1487-32-32, LM20-1487-35-10, LM20-1487-35-12, LM20-1487-32-33, LM20-1487-32-34, LM20-1487-35-13a, LM20-1487-35-13b, LM20-1487-32-35, LM20-1487-32-36, LM20-1487-35-14, LM20-1487-35-15a, LM20-1487-32-37, LM20-1487-32-38, LM20-1487-35-15b, LM20-1487-35-20, LM20-1487-33-01, LM20-1487-33-02, LM20-1487-35-21, LM20-1487-36-01, LM20-1487-33-03, LM20-1487-33-05, LM20-1487-36-04, LM20-1487-36-05, LM20-1487-33-06, LM20-1487-33-09, LM20-1487-36-06, LM20-1487-36-07a, LM20-1487-33-10, LM20-1487-33-11, LM20-1487-36-07b, LM20-1487-36-11, LM20-1487-33-12, LM20-1487-33-13, LM20-1487-36-12, LM20-1487-36-13, LM20-1487-33-14, LM20-1487-33-15, LM20-1487-36-14a, LM20-1487-36-14b, LM20-1487-33-16, LM20-1487-33-17, LM20-1487-36-14c,LM20-1487-36-14d, LM20-1487-33-20, LM20-1487-33-22, LM20-1487-36-18, LM20-1487-36-19, LM20-1487-33-25, LM20-1487-33-26, LM20-1487-36-20a, LM20-1487-36-20b, LM20-1487-33-27, LM20-1487-33-28, LM20-1487-36-21, LM20-1487-36-22,

LM20-1487-36-24a, LM20-1487-36-25, LM20-1456-12-07, LM20-1456-28-05, LM20-1487-36-27, LM20-1487-36-28, LM20-1456-30-06, LM20-1456-31-16, LM20-1487-36-29, LM20-1487-36-30, LM20-1456-34-14, LM20-1457-06-14, LM20-1505-C0650a, LM20-1517-0234a, LM20-1457-07-01, LM20-1457-10-07, LM20-1521-22-13, LM20-1523-25-261 LM20-1457-15-06, LM20-1457-19-11r,

佛典論疏 LM20-1457-20-01v, LM20-1457-23-01,

LM20-1450-11-01, LM20-1452-38-11, LM20-1457-25-07, LM20-1457-33-04, LM20-1454-36-04, LM20-1455-28-02, LM20-1458-01-09, LM20-1458-05-16, LM20-1458-16-09, LM20-1464-14-16, LM20-1458-13-15, LM20-1458-16-19a, LM20-1491-25-03, LM20-1500-20-04v, LM20-1458-16-19b, LM20-1458-17-05, LM20-1511-CB0055b, LM20-1516-CK0085, LM20-1458-17-12r, LM20-1458-23-14, LM20-1521-03-16r, LM20-1521-06-17, LM20-1458-38-02, LM20-1458-38-22, LM20-1521-14-11 LM20-1459-28-03, LM20-1460-02-19,

佛典雜抄 LM20-1455-38-10 LM20-1460-06-08, LM20-1460-10-11,

佛典注疏 LM20-1460-17-08, LM20-1460-19-18,

LM20-827-06-83, LM20-827-15-180, LM20-1460-20-04, LM20-1460-22-04, LM20-1450-14-07, LM20-1451-07-02, LM20-1460-22-18, LM20-1460-24-05, LM20-1451-28-02r, LM20-1451-28-02v, LM20-1460-29-08, LM20-1461-09-08, LM20-1451-28-03, LM20-1451-29-04, LM20-1461-09-17r, LM20-1461-10-05v, LM20-1451-29-05, LM20-1451-31-02, LM20-1461-12-12, LM20-1461-13-26, LM20-1451-31-03, LM20-1451-31-04, LM20-1461-14-14, LM20-1461-24-15, LM20-1451-34-01, LM20-1451-35-07, LM20-1461-31-10r, LM20-1462-19-01v, LM20-1451-36-03, LM20-1451-37-02, LM20-1462-23-07, LM20-1462-35-06, LM20-1451-37-12, LM20-1451-38-02a, LM20-1464-08-06, LM20-1464-12-06, LM20-1451-38-02b,LM20-1452-04-05r, LM20-1464-18-12, LM20-1464-27-10, LM20-1452-28-08, LM1452-35-09ar, LM20-1464-29-06, LM20-1464-35-03, LM20-1452-36-02, LM20-1452-37-03, LM20-1464-35-05, LM20-1464-36-13, LM20-1452-37-07, LM20-1453-30-05, LM20-1464-37-04, LM20-1465-03-04, LM20-1453-34-04, LM20-1454-14-03, LM20-1466-12-27, LM20-1466-21-01, LM20-1454-21-04, LM20-1454-25-02, LM20-1466-21-02, LM20-1468-18-04r, LM20-1454-28-04, LM20-1454-32-03, LM20-1468-18-07, LM20-1469-11-08, LM20-1454-35-05, LM20-1455-12-11, LM20-1469-12-01, LM20-1469-38-03, LM20-1455-20-18, LM20-1455-22-12v, LM20-1474-11B-09,LM20-1492-24-04, LM20-1455-23-15, LM20-1456-07-15, LM20-1492-36-05, LM20-1493-03-02,

LM20-1494-02-02, LM20-1494-11-02, LM20-1494-19-03, LM20-1495-11-03, LM20-1495-17-05, LM20-1495-21-03, LM20-1496-06-04, LM20-1496-08-02, LM20-1497-01-05, LM20-1497-38-04, LM20-1498-01-05, LM20-1498-08-02, LM20-1499-14-02, LM20-1499-27-01, LM20-1500-07-03, LM20-1503-C0190, LM20-1505-C0509b, LM20-1505-C0523b, LM20-1505-C0531b, LM20-1505-C0536c, LM20-1505-C0570b, LM20-1505-C0611b, LM20-1505-C0613a, LM20-1505-C0673b, LM20-1505-C0698a, LM20-1506-C0875c, LM20-1506-C0894b, LM20-1506-C0963b, LM20-1507-C1072b, LM20-1507-C1089a, LM20-1507-C1190d, LM20-1509-C1569c, LM20-1509-C1580d, LM20-1509-C1591d, LM20-1509-C1617e, LM20-1510-C1656, LM20-1511-CB0053b, LM20-1511-CB0054b, LM20-1511-CB0085, LM20-1517-0044, LM20-1517-0088c, LM20-1517-0342, LM20-1517-0388b, LM20-1517-0597a, LM20-1517-0601, LM20-1517-0612, LM20-1520-17-13, LM20-1520-23-13, LM20-1520-24-04, LM20-1520-26-11, LM20-1520-27-01, LM20-1520-27-11, LM20-1520-32-05, LM20-1520-32-16, LM20-1520-34-07, LM20-1520-34-08, LM20-1520-35-11, LM20-1520-36-05, LM20-1521-02-06, LM20-1521-03-17, LM20-1521-05-16, LM20-1521-09-16, LM20-1521-18-10, LM20-1521-22-10, LM20-1521-22-15, LM20-1521-33-22r, LM20-1521-36-05, LM20-1521-36-09r, LM20-1522-04-10, LM20-1522-05-16, LM20-1522-06-03, LM20-1522-07-11, LM20-1522-07-13a, LM20-1522-07-13b, LM20-1522-07-13c, LM20-1522-07-14a, LM20-1522-07-14b, LM20-1522-09-10, LM20-1522-11-06, LM20-1522-12-01r, LM20-1522-12-08, LM20-1522-12-10, LM20-1522-13-08, LM20-1522-20-01r, LM20-1522-20-10, LM20-1522-23-02, LM20-1523-01-05, LM20-1523-02-16, LM20-1523-05-48, LM20-1523-06-56, LM20-1523-06-57, LM20-1523-06-58, LM20-1523-06-63, LM20-1523-10-94, LM20-1523-14-133, LM20-1523-16-148, LM20-1523-17-162, LM20-1523-19-180, LM20-1523-22-218, LM20-1523-22-219, LM20-1523-23-236, LM20-1523-27-285, LM20-1528-02-27, LM20-1548-09-61

《佛頂尊勝陀羅尼經序》

LM20-1450-34-13, LM20-1452-12-08, LM20-1454-26-02, LM20-1457-13-18, LM20-1458-15-08, LM20-1469-33-02, LM20-1497-14-05, LM20-1499-15-01, LM20-1502-C0142, LM20-1520-02-11, LM20-1522-07-09, LM20-1522-08-05

《佛頂尊勝陀羅尼經》

LM20-1456-14-16, LM20-1450-19-05, LM20-1452-37-01, LM20-1453-12-07, LM20-1453-22-01, LM20-1454-17-03, LM20-1455-22-06, LM20-1455-27-01, LM20-1456-11-04, LM20-1456-25-25, LM20-1456-28-30, LM20-1456-31-15, LM20-1456-32-06b, LM20-1457-04-07, LM20-1457-06-19, LM20-1457-22-06,

LM20-1457-29-07, LM20-1457-35-04, LM20-1457-37-02, LM20-1458-01-04, LM20-1458-22-22, LM20-1458-25-25, LM20-1461-23-06, LM20-1461-34-01, LM20-1462-12-04, LM20-1462-27-07, LM20-1465-02-04, LM20-1465-27-09, LM20-1466-16-02, LM20-1466-21-08, LM20-1467-01-01, LM20-1470-06-03, LM20-1470-26-03, LM20-1488-18-04, LM20-1489-37-08, LM20-1490-10-02, LM20-1491-11-03, LM20-1492-07-04, LM20-1492-14-05, LM20-1492-15-05, LM20-1492-18-04, LM20-1492-24-02, LM20-1497-24-01, LM20-1498-05-04, LM20-1500-13-03, LM20-1500-25-02, LM20-1500-28-04, LM20-1500-29-02, LM20-1501-24-04, LM20-1503-C0326, LM20-1504-C0399b, LM20-1504-C0424a, LM20-1505-C0643c, LM20-1505-C0663a, LM20-1506-C0777c, LM20-1506-C0801d, LM20-1506-C0802c, LM20-1506-C0830d, LM20-1506-C0890d, LM20-1506-C0961b, LM20-1507-C1075b, LM20-1507-C1092a, LM20-1507-C1105a, LM20-1507-C1136d, LM20-1508-C1357b, LM20-1508-C1361d, LM20-1509-C1505f, LM20-1509-C1507b, LM20-1509-C1598c, LM20-1517-0229, LM20-1517-0572a, LM20-1520-02-12, LM20-1520-02-13, LM20-1520-02-14, LM20-1520-02-15, LM20-1520-32-02, LM20-1521-13-05, LM20-1521-21-09, LM20-1521-35-20, LM20-1522-21-09b

《佛頂尊勝陀羅尼經教跡義記》卷上

LM20-1496-35-02r, LM20-1523-28-295

《佛華嚴入如來德智不思議境界經》卷下

LM20-1458-24-06, LM20-1469-16-01

佛教戒律

LM20-1450-30-13, LM20-1451-32-06, LM20-1451-33-06, LM20-1452-09-16, LM20-1454-07-09, LM20-1455-21-10b, LM20-1456-30-14, LM20-1456-35-13, LM20-1456-38-17, LM20-1457-08-04, LM20-1458-25-07, LM20-1458-26-07, LM20-1460-08-09, LM20-1460-12-17v, LM20-1460-16-04, LM20-1460-21-11, LM20-1460-30-11, LM20-1460-35-03, LM20-1461-01-04, LM20-1461-07-02, LM20-1461-14-04, LM20-1463-15-07, LM20-1463-26-04, LM20-1463-36-03, LM20-1464-09-06, LM20-1464-10-20, LM20-1464-24-04, LM20-1465-24-08, LM20-1466-12-09, LM20-1466-29-03, LM20-1468-01-02, LM20-1493-36-03, LM20-1494-22-05, LM20-1495-11-01, LM20-1496-29-02, LM20-1498-19-02, LM20-1499-02-02, LM20-1499-03-01, LM20-1499-27-03, LM20-1501-11-02, LM20-1505-C0515a, LM20-1506-C0781, LM20-1506-C0819c, LM20-1506-C0844b, LM20-1506-C0848c, LM20-1506-C0888a, LM20-1506-C0903a, LM20-1506-C0920c, LM20-1506-C0965a, LM20-1507-C1119b, LM20-1507-C1190a, LM20-1507-C1210, LM20-1508-C1267a, LM20-1508-C1339d, LM20-1508-C1341a, LM20-1508-C1417, LM20-1508-C1449c, LM20-1508-C1488b, LM20-1509-C1587c, LM20-1510-C1685, LM20-1514-CT0530r, LM20-1517-0093b,

題名索引　F　1863

LM20-1517-0097b, LM20-1517-0132, LM20-1517-0196, LM20-1517-0360, LM20-1517-0411, LM20-1520-07-04, LM20-1520-33-14, LM20-1521-02-08, LM20-1521-11-07, LM20-1521-30-11, LM20-1522-01-13, LM20-1522-06-11v, LM20-1522-07-22, LM20-1522-15-14, LM20-1522-16-17, LM20-1522-16-18, LM20-1522-18-03r, LM20-1522-19-05, LM20-1522-23-09, LM20-1523-05-50b, LM20-1523-05-51, LM20-1523-22-224

佛教戒律注疏

LM20-1452-35-09br

佛教經録

LM20-1451-38-01r, LM20-1464-19-20, LM20-1464-19-22, LM20-1469-02-01, LM20-1469-02-05, LM20-1469-04-02, LM20-1469-04-13, LM20-1494-29-03, LM20-1507-C1130c, LM20-1511-CB0091, LM20-1512-CT0160, LM20-1521-37-10, LM20-1522-05-01, LM20-1523-06-53r, LM20-1523-11-107, LM20-1523-12-116, LM20-1523-12-118, LM20-1523-14-134b

佛教咒語（印本）

LM20-1486-02-03a, LM20-1486-02-03b, LM20-1486-02-03c, LM20-1486-02-03d, LM20-1486-03-03a, LM20-1486-03-03b, LM20-1486-04-04, LM20-1486-04-05, LM20-1486-04-06, LM20-1486-04-07, LM20-1486-04-08, LM20-1486-04-09, LM20-1486-05-11, LM20-1486-05-12a, LM20-1486-05-12b, LM20-1486-05-13a, LM20-1486-05-13b, LM20-1486-05-14a, LM20-1486-05-14b, LM20-1486-05-15a,

LM20-1486-05-15b, LM20-1486-05-16a, LM20-1486-05-16b, LM20-1486-10-16a, LM20-1486-15-07b, LM20-1486-15-15a, LM20-1486-15-15b, LM20-1486-31-07, LM20-1486-31-11, LM20-1486-31-13

佛經扉畫（印本）

LM20-1463-03-03, LM20-1486-21-09b, LM20-1548-08-52, LM20-1855-29

佛經經題

LM20-1468-37-03, LM20-1468-37-04, LM20-1468-38-05, LM20-1468-38-07, LM20-1521-33-18

佛教論釋　LM20-1506-C0786

佛經疏釋

LM20-1451-34-04, LM20-1451-35-08

佛經題記　LM20-1452-31-11

佛經外題

LM20-1457-14-04b, LM20-1468-38-02, LM20-1468-38-03, LM20-1468-38-09, LM20-1468-38-10, LM20-1469-02-04, LM20-1469-03-03, LM20-1469-04-01, LM20-1469-04-04, LM20-1469-04-05, LM20-1469-04-09, LM20-1469-04-11, LM20-1469-04-14, LM20-1469-05-01, LM20-1469-05-06, LM20-1469-05-11, LM20-1489-20-03, LM20-1497-36-02, LM20-1500-33-05, LM20-1505-C0484b, LM20-1505-C0525b, LM20-1507-C1026a, LM20-1507-C1053b, LM20-1513-CT0307b, LM20-1514-CT0447

佛經尾題

LM20-1461-20-19, LM20-1469-05-10, LM20-1469-36-10, LM20-1506-C0940b

佛經音義（？）　LM20-1520-22-11

佛名經

LM20-1450-38-10, LM20-1452-02-01, LM20-1501-31-07, LM20-1501-35-02, LM20-1452-06-10, LM20-1452-30-03, LM20-1502-C0036c, LM20-1502-C0067, LM20-1454-20-06, LM20-1454-29-04, LM20-1502-C0137, LM20-1502-C0141, LM20-1455-02-16, LM20-1455-21-13, LM20-1504-C0372, LM20-1505-C0473b, LM20-1455-27-04, LM20-1455-31-13b, LM20-1505-C0500b, LM20-1505-C0622a, LM20-1455-38-12, LM20-1457-03-10, LM20-1505-C0628a, LM20-1505-C0653b, LM20-1458-16-12, LM20-1458-20-03, LM20-1505-C0654f, LM20-1505-C0656b, LM20-1459-15-01, LM20-1459-34-01, LM20-1505-C0667a, LM20-1505-C0697c, LM20-1459-34-03, LM20-1459-36-01, LM20-1506-C0799c, LM20-1506-C0818a, LM20-1459-36-04, LM20-1459-36-06, LM20-1506-C0820a, LM20-1506-C0834d, LM20-1460-05-18, LM20-1460-17-09, LM20-1506-C0853d, LM20-1507-C0983b, LM20-1461-01-23, LM20-1461-20-20, LM20-1507-C1039a, LM20-1507-C1039b, LM20-1461-38-21, LM20-1462-07-19, LM20-1507-C1045a, LM20-1507-C1045b, LM20-1462-38-04, LM20-1464-08-13, LM20-1507-C1080c, LM20-1507-C1105e, LM20-1464-16-22, LM20-1464-24-18, LM20-1507-C1116b, LM20-1507-C1130a, LM20-1464-34-13, LM20-1465-25-04, LM20-1507-C1152d, LM20-1508-C1268d, LM20-1465-37-02, LM20-1466-11-27, LM20-1508-C1363c, LM20-1508-C1367b, LM20-1466-21-05, LM20-1468-08-03, LM20-1508-C1380d, LM20-1508-C1423, LM20-1468-15-08, LM20-1468-17-04, LM20-1508-C1440, LM20-1508-C1453c, LM20-1468-22-02, LM20-1469-03-09, LM20-1508-C1464d, LM20-1508-C1481a, LM20-1469-38-05, LM20-1470-08-04, LM20-1508-C1481c, LM20-1508-C1489c, LM20-1475-03B-04, LM20-1475-03B-10, LM20-1508-C1489d, LM20-1508-C1489e, LM20-1475-03B-11, LM20-1475-04B-06, LM20-1509-C1534a, LM20-1509-C1534b, LM20-1475-04B-09, LM20-1475-05A-02, LM20-1509-C1534c, LM20-1509-C1534d, LM20-1492-12-01, LM20-1495-37-03, LM20-1509-C1547d, LM20-1509-C1611e, LM20-1496-15-06, LM20-1496-19-03a, LM20-1509-C1622b, LM20-1509-C1642b, LM20-1498-01-04, LM20-1498-17-04, LM20-1512-CT0004, LM20-1512-CT0009, LM20-1498-24-02, LM20-1498-28-04, LM20-1512-CT0011c, LM20-1512-CT0014a, LM20-1498-28-05, LM20-1498-28-06, LM20-1512-CT0018, LM20-1512-CT0021, LM20-1498-30-01, LM20-1500-17-01, LM20-1512-CT0024, LM20-1512-CT0025, LM20-1500-21-06, LM20-1500-24-02, LM20-1512-CT0031a, LM20-1512-CT0032b, LM20-1500-27-01, LM20-1501-06-08, LM20-1512-CT0033b, LM20-1512-CT0035b, LM20-1501-19-03, LM20-1501-22-02, LM20-1512-CT0043, LM20-1512-CT0044, LM20-1512-CT0045, LM20-1512-CT0047,

题名索引 F 1865

LM20-1512-CT0048, LM20-1512-CT0058, LM20-1512-CT0062, LM20-1512-CT0066, LM20-1512-CT0067, LM20-1512-CT0069a, LM20-1512-CT0070a, LM20-1512-CT0070b, LM20-1512-CT0075, LM20-1512-CT0079, LM20-1512-CT0080, LM20-1512-CT0083, LM20-1512-CT0085, LM20-1512-CT0094, LM20-1512-CT0095, LM20-1512-CT0096, LM20-1512-CT0097, LM20-1512-CT0105, LM20-1512-CT0109, LM20-1512-CT0116, LM20-1512-CT0120, LM20-1512-CT0124, LM20-1512-CT0140, LM20-1512-CT0147, LM20-1512-CT0149, LM20-1512-CT0152, LM20-1512-CT0153, LM20-1512-CT0163, LM20-1512-CT0169, LM20-1512-CT0173, LM20-1512-CT0180, LM20-1512-CT0181, LM20-1512-CT0183, LM20-1517-0066, LM20-1517-1033a, LM20-1517-0134a, LM20-1517-0154, LM20-1517-0165a, LM20-1517-0250, LM20-1517-0528, LM20-1517-0570a, LM20-1517-0617, LM20-1519-32-10, LM20-1520-24-02, LM20-1520-26-12, LM20-1521-01-11, LM20-1521-02-17, LM20-1521-04-06, LM20-1521-09-07, LM20-1521-09-12, LM20-1521-10-13, LM20-1521-11-08, LM20-1521-14-19, LM20-1521-30-17, LM20-1521-34-16, LM20-1521-35-07, LM20-1521-35-12, LM20-1522-01-12, LM20-1522-05-15, LM20-1522-15-02, LM20-1522-17-05, LM20-1522-19-12, LM20-1522-22-02, LM20-1522-22-05, LM20-1523-15-141, LM20-1548-07-39a, LM20-1548-07-39c

佛名經題記 LM20-1451-31-01

佛名經外題

LM20-1512-CT0168, LM20-1519-32-03

《佛母大孔雀明王經》卷中

LM20-1459-12-02, LM20-1474-15A-09

《佛母經》

LM20-1498-02-03, LM20-1498-06-01

《佛昇忉利天爲母説法經》卷中

LM20-1492-26-07

《佛説阿闍世王經》卷上 LM20-1517-0306

《佛説阿彌陀佛根本祕密神咒經》

LM20-1520-25-03

《佛説阿彌陀經》

LM20-1450-27-08, LM20-1457-29-08, LM20-1458-28-07, LM20-1459-19-01, LM20-1460-34-06, LM20-1461-17-16, LM20-1471-16-01, LM20-1471-16-02, LM20-1471-16-03, LM20-1471-16-04, LM20-1471-17-01, LM20-1471-17-02, LM20-1471-17-03, LM20-1471-17-04, LM20-1471-17-05, LM20-1471-18-01, LM20-1471-18-02, LM20-1471-18-03, LM20-1471-19-01, LM20-1471-19-02, LM20-1471-20-01, LM20-1471-20-02, LM20-1471-20-03, LM20-1471-20-04, LM20-1471-21-01, LM20-1471-21-02, LM20-1471-21-03, LM20-1471-22-01, LM20-1471-22-02, LM20-1471-22-03, LM20-1471-22-04, LM20-1471-22-05, LM20-1471-23-01, LM20-1490-15-12, LM20-1497-31-01, LM20-1502-C0133, LM20-1503-C0151, LM20-1506-C0784b, LM20-1506-C0923b, LM20-1506-C0936b, LM20-1514-CT0476, LM20-1517-0192,

LM20-1519-10-13, LM20-1519-10-14, LM20-1520-16-09, LM20-1522-14-15, LM20-1522-20-15

《佛說阿彌陀三耶三佛薩樓佛檀過度人道經》卷下

LM20-1453-17-03, LM20-1519-10-12

《佛說安宅神呪經》

LM20-1458-16-21, LM20-1458-20-15, LM20-1458-24-19, LM20-1461-08-12

《佛說八正道經》 LM20-1517-0115

《佛說百佛名經》

LM20-1506-C0819b, LM20-1512-CT0074

《佛說寶網經》 LM20-1464-31-17

《佛說寶雨經》卷三 LM20-1457-11-15

《佛說寶雨經》卷四

LM20-1451-24-07, LM20-1506-C0780d, LM20-1519-36-05

《佛說寶雨經》卷五

LM20-1519-36-06, LM20-1522-20-03

《佛說寶雨經》卷六

LM20-1456-20-05, LM20-1460-38-22

《佛說寶雨經》卷八 LM20-1509-C1561c

《佛說寶雨經》卷九

LM20-1492-03-04, LM20-1506-C0976b

《佛說字經抄》

LM20-1491-26-01, LM20-1520-02-04, LM20-1523-19-182

《佛說稱揚諸佛功德經》卷中

LM20-1454-16-01

《佛說稱揚諸佛功德經》卷下

LM20-1460-28-13, LM20-1517-0061

《佛說成具光明定意經》

LM20-1457-19-11v, LM20-1462-19-01r, LM20-1521-27-09

《佛說除蓋障菩薩所問經》 LM20-1521-13-09

《佛說出家功德經》

LM20-1454-03-20, LM20-1460-08-02

《佛說大愛道般泥洹經》 LM20-1464-11-17

《佛說大安般守意經》卷下

LM20-1450-26-05, LM20-1452-38-06, LM20-1463-29-05a, LM20-1463-29-05b, LM20-1466-12-12, LM20-1470-30-05

《佛說大乘造像功德經》卷上

LM20-1505-C0601b, LM20-1511-CB0081

《佛說大乘造像功德經》卷下

LM20-1492-30-05

《佛說大方等頂王經》 LM20-1493-06-09

《佛說大方廣菩薩十地經》

LM20-1505-C0590a

《佛說大淨法門經》 LM20-1502-C0132

《佛說大輪金剛總持陀羅尼經》

LM20-1462-19-06

《佛說他真陀羅所問如來三昧經》卷下

LM20-1504-C0433a, LM20-1504-C0433b

《佛說法集經》卷一

LM20-1521-03-11, LM20-1521-23-01

《佛說法句經》

LM20-1452-05-03, LM20-1452-15-07, LM20-1453-35-10, LM20-1455-27-05, LM20-1455-27-14a, LM20-1455-27-14b, LM20-1456-17-19, LM20-1456-27-18, LM20-1456-35-08, LM20-1458-02-07, LM20-1460-04-06, LM20-1460-10-04, LM20-1461-07-13, LM20-1462-06-02, LM20-1462-08-01, LM20-1462-15-04, LM20-1464-27-13, LM20-1465-36-02, LM20-1466-12-05, LM20-1466-12-15, LM20-1468-08-05, LM20-1469-26-01,

LM20-1489-37-14, LM20-1500-03-04, LM20-1500-18-04, LM20-1503-C0234, LM20-1506-C0744c, LM20-1509-C1581d, LM20-1509-C1623a, LM20-1511-CB0062

《佛說法王經》

LM20-1452-24-07, LM20-1457-08-07, LM20-1458-17-13, LM20-1461-37-12, LM20-1491-25-02, LM20-1500-10-05a, LM20-1500-33-04, LM20-1505-C0516b, LM20-1508-C1362d, LM20-1517-0071, LM20-1520-20-09r, LM20-1520-20-09v

《佛說方等般泥洹經》卷下

LM20-1464-04-07

《佛說佛地經》

LM20-1460-23-03, LM20-1493-09-06, LM20-1509-C1610d, LM20-1520-01-07

《佛說佛名經》卷一（譯者不詳）

LM20-1460-07-09, LM20-1504-C0420a, LM20-1522-15-07

《佛說佛名經》卷二（譯者不詳）

LM20-1456-37-01, LM20-1497-18-04, LM20-1506-C0727a, LM20-1512-CT0081

《佛說佛名經》卷三（譯者不詳）

LM20-1493-09-01

《佛說佛名經》卷四（譯者不詳）

LM20-827-18-188b, LM20-1452-35-17, LM20-1455-06-08, LM20-1456-20-07, LM20-1500-18-01, LM20-1512-CT0060, LM20-1517-0292, LM20-1521-18-08

《佛說佛名經》卷八（譯者不詳）

LM20-1493-10-03, LM20-1519-32-05

《佛說佛名經》卷九（譯者不詳）

LM20-1468-14-02

《佛說佛名經》卷一〇（譯者不詳）

LM20-1493-38-04

《佛說佛名經》卷一一（譯者不詳）

LM20-1468-22-07, LM20-1497-36-01, LM20-1517-0141c

《佛說佛名經》卷一五（譯者不詳）

LM20-1464-36-14, LM20-1464-38-03, LM20-1475-03B-06, LM20-1497-05-02, LM20-1504-C0402b, LM20-1512-CT0114

《佛說佛名經》卷一六（譯者不詳）

LM20-1458-03-14, LM20-1458-03-15, LM20-1475-04B-08, LM20-1489-23-21, LM20-1491-34-01, LM20-1494-26-04, LM20-1511-CB0072, LM20-1512-CT0071b

《佛說佛名經》卷一八（譯者不詳）

LM20-1456-02-23, LM20-1475-04B-10, LM20-1512-CT0056

《佛說佛名經》卷一九（譯者不詳）

LM20-1465-20-10, LM20-1496-06-01, LM20-1512-CT0126, LM20-1512-CT0134

《佛說佛名經》卷二二（譯者不詳）

LM20-1512-CT0033a

《佛說佛名經》卷二三（譯者不詳）

LM20-1457-12-07, LM20-1460-36-23, LM20-1465-05-03

《佛說佛名經》卷二七（譯者不詳）

LM20-1512-CT0089

《佛說佛名經》卷二八（譯者不詳）

LM20-1463-26-01, LM20-1466-11-16, LM20-1512-CT0144

《佛說佛名經》卷二九（譯者不詳）

LM20-1512-CT0010, LM20-1512-CT0017

《佛說佛名經》卷三〇（譯者不詳）

LM20-1455-23-03, LM20-1493-07-06, LM20-1497-28-01, LM20-1498-29-01,

LM20-1498-31-03, LM20-1512-CT0020, LM20-1512-CT0050, LM20-1512-CT0052, LM20-1512-CT0130, LM20-1519-32-06 LM20-1512-CT0054, LM20-1512-CT0078,

《佛說佛名經》（多處可見）（譯者不詳） LM20-1512-CT0092, LM20-1512-CT0104,

LM20-1469-04-08, LM20-1502-C0072 LM20-1512-CT0115, LM20-1512-CT0185,

《佛說佛名經》卷一（元魏菩提流支譯） LM20-1519-32-02

LM20-1458-07-07, LM20-1460-16-14, 《佛說佛名經》卷四（元魏菩提流支譯）

LM20-1462-32-03, LM20-1468-05-05, LM20-1459-35-04, LM20-1459-36-03,

LM20-1475-03B-03, LM20-1502-C0114, LM20-1475-04A-01, LM20-1475-04B-07,

LM20-1506-C0790, LM20-1506-C0897b, LM20-1498-24-01, LM20-1506-C0803a,

LM20-1506-C0912d, LM20-1508-C1483d, LM20-1512-CT0099, LM20-1512-CT0101,

LM20-1512-CT0001, LM20-1512-CT0007, LM20-1512-CT0119, LM20-1512-CT0170

LM20-1512-CT0022, LM20-1512-CT0042, 《佛說佛名經》卷五（元魏菩提流支譯）

LM20-1512-CT0122a, LM20-1512-CT0137, LM20-827-03-43, LM20-827-03-44,

LM20-1517-0126, LM20-1520-22-17, LM20-827-04-59a, LM20-827-04-59b,

LM20-1522-17-08 LM20-827-04-60, LM20-827-08-115,

《佛說佛名經》卷二（元魏菩提流支譯） LM20-827-08-116, LM20-1456-24-12,

LM20-1452-16-07, LM20-1455-19-16, LM20-1456-35-15, LM20-1458-37-15,

LM20-1458-34-08, LM20-1459-35-01, LM20-1460-07-20, LM20-1466-13-15,

LM20-1491-35-03, LM20-1491-38-04, LM20-1475-03B-08, LM20-1475-04B-11,

LM20-1508-C1427, LM20-1512-CT0035a, LM20-1502-C0061, LM20-1507-C1172c,

LM20-1512-CT0073, LM20-1512-CT0091, LM20-1508-C1358a, LM20-1508-C1453e,

LM20-1512-CT0186, LM20-1514-CT0525v, LM20-1511-CB0058, LM20-1512-CT0014b,

LM20-1521-33-01, LM20-1522-01-01, LM20-1512-CT0031b, LM20-1512-CT0032a,

LM20-1522-19-16, LM20-1541-04, LM20-1512-CT0034b, LM20-1512-CT0093,

LM20-1541-05 LM20-1512-CT0102, LM20-1512-CT0103,

《佛說佛名經》卷三（元魏菩提流支譯） LM20-1512-CT0111, LM20-1512-CT0122b,

LM20-1453-23-07, LM20-1455-30-11, LM20-1512-CT0145, LM20-1512-CT0154,

LM20-1467-23-09, LM20-1493-18-01, LM20-1512-CT0177

LM20-1496-08-07, LM20-1500-23-01, 《佛說佛名經》卷六（元魏菩提流支譯）

LM20-1502-C0103, LM20-1502-C0108, LM20-1454-02-12, LM20-1455-27-07,

LM20-1508-C1276, LM20-1512-CT0002, LM20-1461-13-09, LM20-1466-13-16,

LM20-1512-CT0008, LM20-1512-CT0012c, LM20-1469-03-02, LM20-1475-03B-07,

LM20-1512-0015c, LM20-1512-CT0034a, LM20-1507-C1072e, LM20-1512-CT0029,

LM20-1512-CT0036b, LM20-1512-CT0040, LM20-1512-CT0037, LM20-1512-CT0112,

LM20-1512-CT0118, LM20-1512-CT0136, LM20-1512-CT0141, LM20-1512-CT0148, LM20-1512-CT0171, LM20-1517-0518, LM20-1519-32-09

《佛說佛名經》卷七（元魏菩提流支譯）

LM20-1462-21-05, LM20-1469-03-10, LM20-1475-03B-05, LM20-1497-22-05, LM20-1500-05-04, LM20-1512-CT0003, LM20-1512-CT0030, LM20-1512-CT0150, LM20-1517-0130b

《佛說佛名經》卷八（元魏菩提流支譯）

LM20-1468-11-02, LM20-1468-15-04, LM20-1469-03-07, LM20-1494-33-02, LM20-1505-C0650c, LM20-1505-C0662a, LM20-1508-C1326a, LM20-1508-C1481d, LM20-1512-CT0051, LM20-1512-CT0053, LM20-1512-CT0164

《佛說佛名經》卷九（元魏菩提流支譯）

LM20-1466-15-04, LM20-1475-04B-05, LM20-1503-C0211, LM20-1505-C0694c, LM20-1506-C0774b, LM20-1506-C0804d, LM20-1508-C1481e, LM20-1512-CT0076, LM20-1512-CT0155, LM20-1512-CT0178

《佛說佛名經》卷一〇（元魏菩提流支譯）

LM20-1452-12-05, LM20-1459-36-09, LM20-1466-31-05, LM20-1512-CT0006, LM20-1512-CT0065, LM20-1512-CT0113, LM20-1512-CT0117, LM20-1512-CT0125, LM20-1512-CT0129, LM20-1512-CT0159, LM20-1512-CT0165, LM20-1519-32-11, LM20-1520-38-05

《佛說佛名經》卷一一（元魏菩提流支譯）

LM20-1459-35-03, LM20-1467-04-04, LM20-1490-24-02, LM20-1499-08-02, LM20-1507-C1019, LM20-1509-C1593b, LM20-1512-CT0039, LM20-1512-CT0064, LM20-1512-CT0077, LM20-1512-CT0084, LM20-1512-CT0087, LM20-1512-CT0098, LM20-1512-CT0110, LM20-1512-CT0151, LM20-1512-CT0166, LM20-1512-CT0175, LM20-1512-CT0176, LM20-1519-32-04, LM20-1521-08-11

《佛說佛名經》卷一二（元魏菩提流支譯）

LM20-1458-03-07, LM20-1459-36-05, LM20-1460-30-12, LM20-1467-30-03, LM20-1468-17-02, LM20-1490-12-02, LM20-1502-C0138, LM20-1512-CT0157, LM20-1512-CT0174, LM20-1512-CT0182, LM20-1522-03-09

《佛說佛名經》（多處可見）（元魏菩提流支譯）

LM20-827-08-117, LM20-1469-03-05, LM20-1505-C0607c, LM20-1512-CT0012a, LM20-1512-CT0057, LM20-1517-0249, LM20-1517-0607, LM20-1522-12-17

《佛說佛名經》卷四（作者不詳）

LM20-1457-10-05, LM20-1512-CT0100, LM20-1512-CT0138, LM20-1512-CT0184

《佛說佛名經》卷七（作者不詳）

LM20-1469-05-03

《佛說佛名經》卷一〇（作者不詳）

LM20-1507-C1197

《佛說佛名經》卷一一（作者不詳）

LM20-1495-10-03

《佛說婦人遇辜經》

LM20-1458-10-04, LM20-1517-0432

《佛說觀佛三昧海經》卷一

LM20-1450-24-04, LM20-1452-16-05, LM20-1452-34-08, LM20-1453-15-05,

LM20-1453-19-07, LM20-1455-17-11, LM20-1455-27-15, LM20-1456-29-16, LM20-1460-20-11, LM20-1460-38-26, LM20-1464-08-11, LM20-1464-11-16, LM20-1491-18-05, LM20-1492-23-06, LM20-1492-38-03, LM20-1497-15-02, LM20-1499-30-04, LM20-1500-10-03, LM20-1505-C0521a, LM20-1508-C1356a, LM20-1519-35-10

《佛說觀佛三昧海經》卷二

LM20-1461-18-08, LM20-1461-23-07, LM20-1466-11-04, LM20-1468-20-01, LM20-1470-15-02, LM20-1496-15-05, LM20-1506-C0864b, LM20-1506-C0926a, LM20-1507-C1016b, LM20-1508-C1356c, LM20-1509-C1601c, LM20-1519-35-13

《佛說觀佛三昧海經》卷三

LM20-1452-10-13, LM20-1455-05-14, LM20-1455-06-10, LM20-1458-19-03, LM20-1460-03-05, LM20-1461-05-08b, LM20-1462-13-04, LM20-1465-33-07, LM20-1467-24-03, LM20-1467-35-01, LM20-1491-17-05, LM20-1496-10-05, LM20-1499-23-02, LM20-1502-C0145, LM20-1508-C1450e, LM20-1517-0133b, LM20-1519-35-14, LM20-1519-35-15, LM20-1519-35-16

《佛說觀佛三昧海經》卷四

LM20-1502-C0105

《佛說觀佛三昧海經》卷五

LM20-1450-22-03, LM20-1452-05-04, LM20-1455-25-10, LM20-1456-10-06, LM20-1456-24-27, LM20-1460-36-08, LM20-1461-09-21, LM20-1505-C0604b,

LM20-1517-0157, LM20-1519-35-17

《佛說觀佛三昧海經》卷六

LM20-1454-09-06, LM20-1460-32-22, LM20-1462-18-02, LM20-1462-29-06, LM20-1464-38-11, LM20-1498-11-03, LM20-1508-C1483c, LM20-1509-C1551a, LM20-1517-0244, LM20-1521-10-06

《佛說觀佛三昧海經》卷七

LM20-1494-34-05

《佛說觀佛三昧海經》卷八

LM20-1467-36-07, LM20-1505-C0696c, LM20-1507-C1110b, LM20-1507-C1145b, LM20-1519-35-18, LM20-1522-23-13

《佛說觀佛三昧海經》卷九

LM20-1454-18-08, LM20-1458-28-10, LM20-1461-10-06, LM20-1496-06-03, LM20-1506-C0808c, LM20-1507-C0989b, LM20-1521-19-24

《佛說觀佛三昧海經》卷一○

LM20-1459-29-05

《佛說觀佛三昧海經》不分卷

LM20-1463-23-02

《佛說觀彌勒菩薩上生兜率天經》

LM20-1450-25-02, LM20-1453-37-02, LM20-1459-29-01, LM20-1461-08-05, LM20-1461-08-19, LM20-1464-10-22, LM20-1464-21-06, LM20-1489-04-10, LM20-1489-04-11, LM20-1489-04-12, LM20-1489-22-01b, LM20-1489-22-02, LM20-1489-22-03, LM20-1505-C0576a, LM20-1508-C1326d, LM20-1522-08-01

《佛說觀彌勒菩薩上生兜率天經》(印本)

LM20-1486-38-08

《佛說觀普賢菩薩行法經》

题名索引　　F　1871

LM20-1509-C1507a

《佛說觀無量壽佛經》

LM20-1452-04-25, LM20-1453-16-08, LM20-1455-05-11, LM20-1455-38-02, LM20-1456-13-09, LM20-1456-23-23, LM20-1456-31-12, LM20-1458-07-14, LM20-1464-03-07, LM20-1471-08-01, LM20-1471-08-02, LM20-1471-08-03, LM20-1471-08-04, LM20-1471-09-01, LM20-1471-09-02, LM20-1471-09-03, LM20-1471-09-04, LM20-1471-10-01, LM20-1471-10-02, LM20-1471-10-03, LM20-1471-10-04, LM20-1471-11-01, LM20-1471-11-02, LM20-1471-11-03, LM20-1471-11-04, LM20-1471-12-01, LM20-1471-12-02, LM20-1471-12-03, LM20-1471-12-04, LM20-1471-13-01, LM20-1471-13-02, LM20-1471-13-03, LM20-1471-13-04, LM20-1471-13-05, LM20-1471-14-01, LM20-1471-14-02, LM20-1471-14-03, LM20-1471-14-04, LM20-1488-36-04, LM20-1503-C0195, LM20-1503-C0207, LM20-1503-C0266, LM20-1504-C0413a, LM20-1505-C0688c, LM20-1506-C0761a, LM20-1506-C0930d, LM20-1507-C1006b, LM20-1517-0231, LM20-1517-0285, LM20-1517-0427, LM20-1517-0572b, LM20-1517-0637a, LM20-1519-11-01, LM20-1519-11-02, LM20-1519-11-03, LM20-1520-18-03, LM20-1520-29-08, LM20-1521-01-03, LM20-1522-20-06, LM20-1522-24-02, LM20-1522-24-13, LM20-1523-21-215

《佛說觀無量壽佛經》外題　LM20-1471-02-01

《佛說觀藥王藥上二菩薩經》

LM20-827-02-24, LM20-1451-20-02, LM20-1452-04-16, LM20-1452-08-08, LM20-1452-15-04, LM20-1452-34-09, LM20-1453-01-15, LM20-1453-05-03, LM20-1453-08-06, LM20-1453-18-02, LM20-1453-33-05, LM20-1453-36-03, LM20-1454-32-05, LM20-1455-15-06a, LM20-1455-15-06b, LM20-1455-22-09, LM20-1456-04-04, LM20-1456-21-23, LM20-1456-37-05, LM20-1457-04-04, LM20-1457-06-16, LM20-1457-06-18, LM20-1457-26-08, LM20-1458-01-03, LM20-1458-09-16, LM20-1458-20-07, LM20-1458-24-10, LM20-1458-26-13, LM20-1458-26-18, LM20-1459-24-03, LM20-1460-03-06, LM20-1460-15-10, LM20-1460-16-18, LM20-1460-26-11, LM20-1461-19-25, LM20-1461-38-05, LM20-1462-04-06, LM20-1462-08-10, LM20-1462-17-07, LM20-1463-03-01, LM20-1463-26-02, LM20-1464-32-01, LM20-1465-30-10, LM20-1466-08-02, LM20-1466-30-02, LM20-1470-08-01, LM20-1488-04-02, LM20-1488-05-05, LM20-1491-29-02, LM20-1491-36-02, LM20-1492-18-08, LM20-1492-22-01, LM20-1492-35-03, LM20-1494-06-04, LM20-1494-30-03, LM20-1495-08-01, LM20-1497-14-04, LM20-1497-24-08, LM20-1498-02-05, LM20-1499-05-01, LM20-1499-16-01, LM20-1499-26-03, LM20-1500-03-03, LM20-1501-23-07, LM20-1503-C0274, LM20-1504-C0427,

LM20-1505-C0507a, LM20-1505-C0507b, LM20-1505-C0520, LM20-1505-C0560b, LM20-1505-C0600b, LM20-1506-C0732c, LM20-1506-C0743a, LM20-1506-C0756c, LM20-1506-C0829c, LM20-1506-C0861a, LM20-1506-C0881d, LM20-1507-C1078c, LM20-1507-C1143d, LM20-1507-C1160a, LM20-1508-C1308, LM20-1508-C1357d, LM20-1508-C1483a, LM20-1509-C1500b, LM20-1509-C1503e, LM20-1509-C1533, LM20-1517-0305, LM20-1517-0388a, LM20-1517-0472, LM20-1517-0560, LM20-1517-0651a, LM20-1520-03-07, LM20-1520-03-08, LM20-1520-03-09, LM20-1520-03-10, LM20-1520-03-11, LM20-1520-03-12, LM20-1520-03-13, LM20-1520-03-14, LM20-1520-03-15, LM20-1520-03-16, LM20-1520-03-17, LM20-1521-04-12, LM20-1521-06-09, LM20-1521-07-07, LM20-1521-36-06

《佛說灌頂拔除過罪生死得度經》

LM20-1451-01-05, LM20-1452-38-22, LM20-1455-27-06, LM20-1460-23-09, LM20-1460-23-18, LM20-1460-31-01, LM20-1463-15-04, LM20-1464-15-20, LM20-1465-28-01, LM20-1463-27-05, LM20-1474-15A-07, LM20-1474-15B-13, LM20-1491-06-05, LM20-1494-02-05, LM20-1497-16-05, LM20-1501-36-09, LM20-1504-C0470a, LM20-1506-C0949a, LM20-1507-C1113c, LM20-1507-C1120a, LM20-1507-C1146b, LM20-1508-C1403, LM20-1517-0083d, LM20-1520-04-10, LM20-1520-05-01, LM20-1520-05-03,

LM20-1520-05-07, LM20-1520-05-08, LM20-1521-23-13, LM20-1521-23-15, LM20-1522-01-15, LM20-1522-10-15a, LM20-1522-10-15b, LM20-1523-12-122, LM20-1528-02-28

《佛說灌頂百結神王護身咒經》卷四

LM20-1456-24-15

《佛說灌頂經》卷一

LM20-1466-16-03, LM20-1467-20-08

《佛說灌頂經》卷二

LM20-1453-21-06, LM20-1464-03-14, LM20-1520-04-01

《佛說灌頂經》卷四

LM20-1468-21-02, LM20-1502-C0097, LM20-1506-C0837b, LM20-1507-C1081c, LM20-1507-C1081d, LM20-1508-C1460a, LM20-1520-04-02

《佛說灌頂經》卷五

LM20-1462-07-20, LM20-1462-08-06, LM20-1501-19-06

《佛說灌頂經》卷六

LM20-1450-07-03, LM20-1454-28-02a, LM20-1455-14-06b, LM20-1458-09-10

《佛說灌頂經》卷七

LM20-1458-35-14, LM20-1494-22-06

《佛說灌頂經》卷八

LM20-1453-28-08, LM20-1497-23-04

《佛說灌頂經》卷九

LM20-1464-15-16, LM20-1467-06-06

《佛說灌頂經》卷一○

LM20-1453-30-02, LM20-1456-35-16, LM20-1509-C1498c

《佛說灌頂經》卷一一

LM20-1451-10-01, LM20-1452-08-09,

题名索引 F 1873

LM20-1452-19-13，LM20-1454-05-10，LM20-1451-35-09，LM20-1451-38-03，LM20-1454-12-01，LM20-1454-12-06，LM20-1452-04-15，LM20-1452-07-11，LM20-1454-29-07，LM20-1455-04-03，LM20-1452-14-07，LM20-1452-18-08，LM20-1455-04-08，LM20-1455-10-18，LM20-1452-20-11，LM20-1452-22-05，LM20-1455-12-06，LM20-1456-27-23，LM20-1452-23-13，LM20-1452-28-07，LM20-1456-38-11，LM20-1457-17-11，LM20-1452-34-04，LM20-1452-38-02，LM20-1457-23-08，LM20-1457-24-05，LM20-1453-04-05，LM20-1453-18-07，LM20-1457-29-04，LM20-1460-12-10，LM20-1453-22-09，LM20-1453-24-05，LM20-1460-24-18，LM20-1460-26-03，LM20-1453-34-07，LM20-1454-02-10，LM20-1460-38-07b，LM20-1461-17-17，LM20-1454-06-02，LM20-1454-15-05，LM20-1461-19-03，LM20-1461-27-01，LM20-1454-16-05，LM20-1454-23-09，LM20-1462-14-09，LM20-1464-02-11，LM20-1454-38-08，LM20-1455-07-09，LM20-1464-16-03，LM20-1465-25-12，LM20-1455-07-11，LM20-1455-09-08，LM20-1466-01-05，LM20-1466-10-11，LM20-1455-12-07，LM20-1455-17-15，LM20-1469-33-03，LM20-1474-19B-07，LM20-1455-20-11，LM20-1455-20-17，LM20-1491-32-01，LM20-1492-13-05，LM20-1455-30-12，LM20-1455-35-03，LM20-1492-27-07，LM20-1492-34-06，LM20-1455-37-02，LM20-1455-38-06，LM20-1494-19-02，LM20-1495-10-01，LM20-1456-04-08，LM20-1456-11-22，LM20-1495-23-04，LM20-1496-11-04，LM20-1456-12-05，LM20-1456-13-08，LM20-1496-19-04，LM20-1500-04-02，LM20-1456-17-05，LM20-1456-24-03，LM20-1501-15-07，LM20-1501-36-08，LM20-1456-24-25，LM20-1456-25-07，LM20-1503-C0155，LM20-1504-C0405a，LM20-1456-25-08，LM20-1456-25-11，LM20-1505-C0679c，LM20-1505-C0687a，LM20-1456-25-15，LM20-1456-25-27，LM20-1507-C1031a，LM20-1507-C1091c，LM20-1456-29-13，LM20-1456-37-08，LM20-1507-C1206，LM20-1508-C1321d，LM20-1457-01-18，LM20-1457-05-05，LM20-1517-0201，LM20-1517-0499，LM20-1457-07-16，LM20-1457-12-14，LM20-1520-04-03，LM20-1520-04-04，LM20-1457-22-08，LM20-1457-34-08，LM20-1520-04-05，LM20-1520-04-06，LM20-1458-04-02，LM20-1458-06-01，LM20-1520-04-07，LM20-1520-04-08，LM20-1458-07-06，LM20-1458-09-06，LM20-1520-04-09，LM20-1520-33-12，LM20-1458-15-15，LM20-1458-16-14，LM20-1522-15-03，LM20-1528-02-24 LM20-1458-18-01，LM20-1458-19-07，

《佛說灌頂經》卷一二 LM20-1458-21-01，LM20-1458-29-21，

LM20-1450-36-02，LM20-1451-09-05，LM20-1458-37-14，LM20-1458-38-18，LM20-1451-23-02，LM20-1451-26-12，LM20-1459-26-07，LM20-1460-07-16，

題名索引

LM20-1460-12-02, LM20-1460-14-10, LM20-1474-14B-13, LM20-1474-15A-02, LM20-1460-27-18, LM20-1460-33-17, LM20-1474-15A-03, LM20-1474-15A-05, LM20-1460-38-20, LM20-1461-01-15, LM20-1474-15A-06, LM20-1474-15A-08, LM20-1461-07-10, LM20-1461-12-13, LM20-1474-15B-10, LM20-1474-15B-11, LM20-1461-16-08, LM20-1461-21-04, LM20-1489-34-02, LM20-1490-13-16, LM20-1461-23-01, LM20-1461-28-02, LM20-1491-10-03, LM20-1491-12-03, LM20-1461-28-07, LM20-1461-28-19, LM20-1491-32-02, LM20-1492-08-04, LM20-1461-29-01, LM20-1461-30-03, LM20-1492-20-07, LM20-1492-24-03, LM20-1461-33-16, LM20-1461-34-09, LM20-1492-32-06, LM20-1493-33-02, LM20-1461-36-20, LM20-1462-19-08, LM20-1494-16-05, LM20-1494-24-05, LM20-1462-20-03, LM20-1462-21-07, LM20-1494-37-05, LM20-1495-14-03, LM20-1462-23-08, LM20-1462-25-02, LM20-1496-36-02, LM20-1496-37-04, LM20-1462-26-07, LM20-1462-32-08, LM20-1497-04-02, LM20-1497-08-01, LM20-1462-34-07, LM20-1462-37-05, LM20-1497-11-07, LM20-1497-21-04, LM20-1462-37-09, LM20-1463-27-02, LM20-1497-28-03, LM20-1498-36-04, LM20-1464-11-12, LM20-1464-16-13, LM20-1499-07-04, LM20-1499-11-04, LM20-1464-17-06, LM20-1464-17-22, LM20-1499-20-05, LM20-1499-25-06, LM20-1464-25-22, LM20-1464-28-08, LM20-1499-26-07, LM20-1499-28-03, LM20-1465-10-01, LM20-1465-14-04, LM20-1500-01-05, LM20-1500-07-05, LM20-1465-22-02, LM20-1465-27-08, LM20-1500-10-02, LM20-1500-15-06, LM20-1465-28-11, LM20-1465-31-04, LM20-1500-21-02, LM20-1500-24-06, LM20-1465-35-08, LM20-1465-37-07, LM20-1501-15-06, LM20-1501-21-03, LM20-1466-01-06, LM20-1466-05-05, LM20-1501-29-02, LM20-1501-30-08, LM20-1466-11-19, LM20-1466-12-18, LM20-1501-37-07, LM20-1504-C0343, LM20-1466-24-02, LM20-1467-11-03, LM20-1504-C0378, LM20-1504-C0395a, LM20-1468-13-02, LM20-1468-16-10, LM20-1505-C0556c, LM20-1506-C0721b, LM20-1468-21-09, LM20-1470-21-04, LM20-1506-C0744e, LM20-1506C-0779b, LM20-1470-24-01, LM20-1470-30-02, LM20-1506-C0799d, LM20-1506-C0831d, LM20-1470-35-04, LM20-1474-13B-03, LM20-1506-C0840b, LM20-1506-C0841e, LM20-1474-13B-05, LM20-1474-14A-01, LM20-1506-C0884c, LM20-1506-C0916e, LM20-1474-14A-04, LM20-1474-14A-05, LM20-1506-C0919a, LM20-1507-C1043a, LM20-1474-14A-06, LM20-1474-14A-07, LM20-1507-C1086c, LM20-1507-C1128d, LM20-1474-14A-08, LM20-1474-14B-09, LM20-1507-C1174d, LM20-1508-C1272c, LM20-1474-14B-10, LM20-1474-14B-12, LM20-1508-C1346d, LM20-1509-C1522,

LM20-1509-C1535a, LM20-1509-C1545b, LM20-1509-C1551c, LM20-1509-C1557a, LM20-1509-C1558a, LM20-1509-C1582a, LM20-1509-C1583d, LM20-1509-C1593a, LM20-1509-C1605c, LM20-1509-C1608b, LM20-1509-C1618e, LM20-1509-C1623d, LM20-1509-C1624e, LM20-1510-C1678, LM20-1507-C1087d, LM20-1511-CB0030, LM20-1511-CB0045, LM20-1511-CB0068, LM20-1511-CB0104, LM20-1511-CB0115, LM20-1512-CT0016, LM20-1513-CT0208, LM20-1513-CT0270, LM20-1517-0023, LM20-1517-0024b, LM20-1517-0077, LM20-1517-0366a, LM20-1517-0413, LM20-1517-0435, LM20-1517-0441, LM20-1517-0510, LM20-1517-0535, LM20-1517-0600a, LM20-1517-0624, LM20-1519-11-08, LM20-1520-04-11, LM20-1520-04-12, LM20-1520-04-13, LM20-1520-04-14, LM20-1520-04-15, LM20-1520-04-16, LM20-1520-05-02, LM20-1520-05-04, LM20-1520-05-05, LM20-1520-05-06, LM20-1520-05-09, LM20-1520-22-12, LM20-1521-20-03, LM20-1521-26-03, LM20-1521-26-04, LM20-1521-29-14, LM20-1521-34-09, LM20-1521-35-02, LM20-1522-04-05, LM20-1522-04-06, LM20-1522-05-12, LM20-1522-11-07, LM20-1522-14-11, LM20-1522-16-06, LM20-1522-21-05, LM20-1523-16-155, LM20-1523-17-158

《佛說灌頂經》尾題　LM20-1451-27-14

《佛說灌頂章句拔除過罪生死得度經》

LM20-1456-19-19, LM20-1458-02-09

《佛說廣博嚴浄不退轉輪經》卷一

LM20-1450-23-02, LM20-1454-23-10, LM20-1454-26-09, LM20-1455-18-08, LM20-1456-20-17, LM20-1458-37-05, LM20-1458-37-20, LM20-1462-04-01, LM20-1462-21-02, LM20-1462-26-01, LM20-1462-32-02, LM20-1464-16-21, LM20-1464-29-05, LM20-1455-27-13, LM20-1475-08A-01, LM20-1513-CT0310b, LM20-1513-CT0312a, LM20-1513-CT0316a, LM20-1513-CT0316b, LM20-1514-CT0511b

《佛說廣博嚴浄不退轉輪經》卷二

LM20-1454-07-08

《佛說廣博嚴浄不退轉輪經》卷三

LM20-1500-28-05, LM20-1508-C1454b, LM20-1517-0144

《佛說廣博嚴浄不退轉輪經》卷五

LM20-1496-08-04, LM20-1506-C0928b

《佛說廣博嚴浄不退轉輪經》卷六

LM20-1466-13-18, LM20-1453-37-03, LM20-1471-29-01, LM20-1519-05-12

《佛說護浄經》

LM20-1461-26-03, LM20-1497-29-03

《佛說弘道廣顯三昧經》卷一

LM20-1506-C0749c, LM20-1506-C0845d

《佛說弘道廣顯三昧經》卷三

LM20-1492-28-05

《佛說護身命經》

LM20-1492-31-05, LM20-1501-17-02, LM20-1509-C1563d, LM20-1509-C1613c

《佛說華手經》卷二

LM20-1452-38-07, LM20-1454-01-11, LM20-1456-14-13, LM20-1456-14-18, LM20-1464-12-22, LM20-1512-CT0123a

題名索引

《佛說華手經》卷三

LM20-1453-01-14, LM20-1497-20-02

《佛說華手經》卷四　LM20-1457-17-08

《佛說華手經》卷五

LM20-1450-37-05, LM20-1458-32-13, LM20-1512-CT0013b, LM20-1520-24-09, LM20-1522-02-13

《佛說華手經》卷六

LM20-1461-20-06, LM20-1519-36-03

《佛說華手經》卷七

LM20-1464-34-05, LM20-1508-C1286

《佛說華手經》卷九

LM20-1453-12-08, LM20-1492-33-02, LM20-1506-C0811d, LM20-1506-C0940a, LM20-1519-36-04

《佛說華手經》卷一〇

LM20-1452-15-02, LM20-1461-07-19, LM20-1461-37-03

《佛說華手經》不分卷　LM20-1462-22-07

《佛說華手經》（多處可見）

LM20-1507-C1161d, LM20-1521-19-17

《佛說迴向輪經》

LM20-1450-35-08, LM20-1454-17-01, LM20-1455-34-02, LM20-1456-22-07, LM20-1457-06-06, LM20-1505-C0682c, LM20-1506-C0769a, LM20-1507-C1140e, LM20-1521-05-03

《佛說諫王經》

LM20-1464-11-03, LM20-1464-16-24

《佛說解節經》　LM20-1460-23-13

《佛說浄業障經》　LM20-1461-03-03

《佛說救病苦厄經》外題

LM20-1475-10A-01

《佛說救護身命經》

LM20-1452-23-12, LM20-1454-14-02, LM20-1455-09-02, LM20-1457-24-01, LM20-1461-20-03, LM20-1465-34-06, LM20-1466-35-04, LM20-1489-38-02, LM20-1492-31-03, LM20-1495-29-03, LM20-1500-29-06, LM20-1500-31-06, LM20-1500-32-04, LM20-1517-0054

《佛說救疾病經》　LM20-1475-10A-02

《佛說決罪福經》卷下

LM20-1494-35-01, LM20-1501-15-05

《佛說離垢施女經》　LM20-1511-CB0102

《佛說力士移山經》

LM20-1455-08-11, LM20-1456-11-08, LM20-1461-13-16, LM20-1461-20-17

《佛說輪轉五道罪福報應經》

LM20-1465-29-06, LM20-1517-0430

《佛說羅摩伽經》卷上　LM20-1517-0335b

《佛說羅摩伽經》卷中　LM20-1521-34-14

《佛說彌勒大成佛經》

LM20-1452-05-13, LM20-1461-17-10

《佛說彌勒來時經》　LM20-1854-01a

《佛說彌勒下生成佛經》

LM20-1450-30-06, LM20-1453-04-03, LM20-1453-27-07, LM20-1458-01-02, LM20-1468-21-01, LM20-1491-32-05, LM20-1500-06-03, LM20-1502-C0104, LM20-1517-0246, LM20-1519-32-16, LM20-1520-16-06, LM20-1520-16-07

《佛說彌勒下生成佛經》（印本）

LM20-1486-38-03, LM20-1486-38-07

《佛說滅十方冥經》　LM20-1493-04-05

《佛說摩訶衍寶嚴經》

LM20-1488-20-02, LM20-1489-26-11, LM20-1507-C1119c

题名索引 F 1877

《佛說摩利支天陀羅尼咒經》
LM20-1497-33-03

《佛說魔嬈亂經》 LM20-1456-16-05

《佛說普門品經》
LM20-1493-13-01, LM20-1505-C0704a

《佛說普門品經》(印本) LM20-1486-10-09

《佛說菩薩本業經》 LM20-1519-08-02

《佛說菩薩行方便境界神通變化經》卷下
LM20-1456-08-07, LM20-1509-C1543b

《佛說七俱胝佛母心大准提陀羅尼經》
LM20-1452-26-11, LM20-1452-27-03,
LM20-1456-23-13, LM20-1460-17-03,
LM20-1520-03-04

《佛說七千佛神符經》
LM20-1451-25-04, LM20-1453-13-01,
LM20-1456-18-15, LM20-1460-04-01,
LM20-1461-11-11, LM20-1464-24-15,
LM20-1464-24-17, LM20-1466-11-05,
LM20-1490-07-20, LM20-1490-07-23,
LM20-1492-22-07, LM20-1494-25-02b,
LM20-1505-C0483a, LM20-1508-C1352b,
LM20-1520-20-12, LM20-1521-04-13,
LM20-1521-21-24, LM20-1548-05-24

《佛說七女觀經》
LM20-1492-04-01, LM20-1517-0556a,
LM20-1520-19-01, LM20-1523-19-184

《佛說千佛因緣經》
LM20-1457-13-15, LM20-1460-36-02

《佛說仁王般若波羅蜜經》卷上
LM20-1451-11-05, LM20-1451-12-03j,
LM20-1452-08-12, LM20-1452-09-12,
LM20-1452-11-19, LM20-1452-13-11,
LM20-1452-25-05, LM20-1452-35-14,
LM20-1453-01-01, LM20-1453-16-10,

LM20-1453-23-08, LM20-1454-34-01,
LM20-1455-27-12, LM20-1456-15-10a,
LM20-1456-19-17, LM20-1456-28-07,
LM20-1458-32-14, LM20-1458-32-15,
LM20-1458-35-12, LM20-1458-36-03,
LM20-1458-37-19, LM20-1460-01-08,
LM20-1460-30-07, LM20-1460-32-07,
LM20-1460-34-04, LM20-1461-09-05,
LM20-1461-10-15, LM20-1461-16-20,
LM20-1461-17-07, LM20-1461-22-06,
LM20-1461-25-16, LM20-1463-06-09,
LM20-1463-35-01, LM20-1463-35-02,
LM20-1464-20-21, LM20-1464-22-05,
LM20-1464-34-11, LM20-1465-34-07,
LM20-1466-10-02, LM20-1466-20-13,
LM20-1467-14-03, LM20-1467-15-04,
LM20-1468-01-07, LM20-1474-10B-07,
LM20-1475-18A-04, LM20-1489-23-20,
LM20-1490-17-08, LM20-1490-22-11,
LM20-1492-23-05, LM20-1493-29-04,
LM20-1495-14-01, LM20-1496-19-05,
LM20-1496-20-10, LM20-1497-05-06,
LM20-1500-19-03, LM20-1501-03-04,
LM20-1502-C0039c, LM20-1503-C0229,
LM20-1505-C0553d, LM20-1505-C0681a,
LM20-1506-C0794a, LM20-1506-C0849c,
LM20-1506-C0856b, LM20-1506-C0912b,
LM20-1507-C1125d, LM20-1508-C1345b,
LM20-1508-C1405, LM20-1509-C1645a,
LM20-1509-C1645b, LM20-1511-CB0048,
LM20-1511-CB0105, LM20-1513-CT0214,
LM20-1514-CT0509a, LM20-1517-0013a,
LM20-1517-0299, LM20-1518-17-01,
LM20-1518-17-02, LM20-1518-17-03,

LM20-1518-17-04, LM20-1518-17-05, LM20-1518-17-06, LM20-1518-17-07, LM20-1518-17-08, LM20-1520-15-01, LM20-1520-15-02, LM20-1528-01-18, LM20-1528-01-19, LM20-1528-02-33

《佛說仁王般若波羅蜜經》卷下

LM20-1452-03-03, LM20-1452-05-27, LM20-1452-10-11, LM20-1452-29-05, LM20-1452-34-03, LM20-1453-03-08, LM20-1453-37-05, LM20-1454-25-09, LM20-1454-31-06, LM20-1455-13-14, LM20-1455-33-12, LM20-1456-05-11, LM20-1456-22-05, LM20-1456-27-24, LM20-1456-28-24, LM20-1457-17-05, LM20-1458-03-22, LM20-1460-02-02, LM20-1460-13-07, LM20-1460-23-23, LM20-1460-25-09, LM20-1460-29-09, LM20-1460-36-11, LM20-1461-01-07, LM20-1461-06-17, LM20-1461-10-08, LM20-1461-15-08, LM20-1462-02-07, LM20-1462-02-10, LM20-1464-03-09, LM20-1464-08-18, LM20-1464-15-12, LM20-1464-22-10, LM20-1465-27-12, LM20-1465-32-12, LM20-1465-33-09, LM20-1465-35-17, LM20-1466-22-01, LM20-1467-17-11, LM20-1470-22-02, LM20-1474-07B-13, LM20-1474-08B-16, LM20-1475-15B-05, LM20-1488-26-04, LM20-1489-28-02, LM20-1489-34-07, LM20-1490-21-07, LM20-1492-29-04, LM20-1492-30-08, LM20-1492-35-05, LM20-1494-02-01, LM20-1494-26-05, LM20-1494-27-01, LM20-1495-06-01, LM20-1495-23-02, LM20-1496-13-07,

LM20-1496-17-03, LM20-1497-08-03, LM20-1497-23-05, LM20-1497-30-04, LM20-1499-25-01, LM20-1500-32-03, LM20-1500-33-02, LM20-1501-09-03, LM20-1501-19-04, LM20-1501-25-09, LM20-1504-C0394b, LM20-1505-C0479b, LM20-1505-C0664b, LM1506-C0726c, LM20-1506-C0735c, LM20-1506-C0748b, LM20-1507-C1009, LM20-1507-C1187b, LM20-1513-CT0218, LM20-1513-CT0242, LM20-1514-CT0440, LM20-1517-0022, LM20-1517-0476, LM20-1518-17-09, LM20-1520-15-03, LM20-1520-15-04, LM20-1520-15-05, LM20-1520-33-01

《佛說如來不思議祕密大乘經》卷二〇

LM20-1451-27-04

《佛說朕子經》 LM20-1461-29-14

《佛說勝天王般若波羅蜜經》經題

LM20-1468-02-04

《佛說施燈功德經》 LM20-1454-15-07

《佛說十地經》卷一 LM20-1520-27-13

《佛說十地經》卷八 LM20-1462-36-01

《佛說十地經》卷九 LM20-1453-06-03

《佛說十一面觀世音神咒經》

LM20-1461-25-06, LM20-1461-26-10, LM20-1501-11-07, LM20-1505-C0501a, LM20-1517-0254, LM20-1517-0646, LM20-1520-03-03

《佛說首楞嚴三昧經》卷上

LM20-1451-25-08, LM20-1454-07-04, LM20-1454-37-02, LM20-1456-38-06, LM20-1458-36-05, LM20-1462-22-09, LM20-1464-13-04, LM20-1503-C0170, LM20-1506-C0784d, LM20-1520-27-02

題名索引

《佛說首楞嚴三昧經》卷下

LM20-1456-08-12, LM20-1461-14-22, LM20-1490-13-21, LM20-1491-34-04, LM20-1514-CT0508a, LM20-1519-35-08, LM20-1519-35-09

《佛說首楞嚴三昧經》注疏

LM20-1520-22-16

《佛說四輩經》

LM20-1454-10-07, LM20-1454-33-07, LM20-1497-03-06

《佛說四不可得經》

LM20-1455-08-05, LM20-1455-12-01, LM20-1456-16-11, LM20-1456-29-23, LM20-1460-10-16, LM20-1460-10-17, LM20-1460-16-06, LM20-1460-24-04, LM20-1460-27-01, LM20-1460-33-05, LM20-1460-33-06, LM20-1464-10-03, LM20-1464-10-10

《佛說四願經》 LM20-1520-02-03

《佛說隨願往生十方净土經》

LM20-1505-C0576d

《佛說太子慕魄經》 LM20-1459-24-10

《佛說陀羅尼集經》卷九 LM20-1509-C1602a

《佛說維摩詰經》卷上

LM20-1475-06B-07, LM20-1521-25-09

《佛說維摩詰經》卷下

LM20-1468-15-06, LM20-1498-34-07, LM20-1506-C0832d, LM20-1506-C0884b, LM20-1507-C1073b, LM20-1519-34-08

《佛說未曾有因緣經》卷上

LM20-1458-34-10, LM20-1461-05-08a, LM20-1461-22-12, LM20-1462-37-10, LM20-1522-10-16, LM20-1522-10-17, LM20-1522-10-18, LM20-1522-10-19

《佛說未曾有因緣經》卷下 LM20-1452-13-09

《佛說溫室洗浴衆僧經》

LM20-1452-05-14, LM20-1459-25-06, LM20-1508-C1342d

《佛說無常經》

LM20-1459-04-01, LM20-1468-03-06, LM20-1468-05-02, LM20-1468-05-04, LM20-1468-05-06, LM20-1468-05-08, LM20-1468-07-02, LM20-1468-17-03, LM20-1469-36-06, LM20-1451-25-01, LM20-1451-35-04, LM20-1451-35-06, LM20-1451-37-03, LM20-1461-11-09, LM20-1497-34-02, LM20-1500-02-06, LM20-1501-21-05, LM20-1506-C0763c, LM20-1506-C0774c, LM20-1506-C0961a, LM20-1507-C1079c, LM20-1507-C1109a, LM20-1508-C1485b, LM20-1511-CB0095, LM20-1520-02-05, LM20-1520-21-12, LM20-1520-26-04, LM20-1521-03-12

《佛說無常經》(印本) LM20-1486-27-09

《佛說無常三啓經》 LM20-1454-17-11

《佛說無反復經》 LM20-1521-27-04

《佛說無垢賢女經》

LM20-1460-38-16, LM20-1506-C0872a, LM20-1514-CT0523

《佛說無量清净平等覺經》卷三

LM20-1454-08-07, LM20-1462-29-01, LM20-1462-35-01, LM20-1490-14-01

《佛說無量清净平等覺經》卷四

LM20-1521-38-19

《佛說無量壽經》卷上

LM20-1452-14-12, LM20-1461-37-01, LM20-1467-01-07, LM20-1469-33-06, LM20-1471-02-02, LM20-1471-02-03,

LM20-1471-03-01, LM20-1471-03-02, LM20-1471-03-03, LM20-1471-03-04, LM20-1506-C0758e, LM20-1506-C0778c, LM20-1506-C0784c, LM20-1506-C0799a, LM20-1509-C1612e, LM20-1509-C1622a, LM20-1509-C1622d, LM20-1509-C1622f, LM20-1519-11-05, LM20-1521-16-24, LM20-1522-02-12

《佛說無量壽經》卷下

LM20-1452-06-07a, LM20-1456-03-16, LM20-1457-11-03, LM20-1461-17-12, LM20-1464-27-17, LM20-1465-34-01, LM20-1461-33-19, LM20-1471-04-01, LM20-1471-04-02, LM20-1471-04-03, LM20-1471-05-01, LM20-1471-05-02, LM20-1471-05-03, LM20-1471-06-01, LM20-1493-10-04, LM20-1493-11-04, LM20-1500-28-02, LM20-1506-C0923a, LM20-1507-C1032a, LM20-1507-C1074e, LM20-1517-0027, LM20-1517-0103, LM20-1519-11-06, LM20-1519-11-07, LM20-1520-38-13, LM20-1521-21-22, LM20-1521-31-07

《佛說無上依經》卷上　LM20-1460-35-18

《佛說無希望經》　LM20-1450-08-04

《佛說無言童子經》卷上　LM20-1457-31-03

《佛說五王經》

LM20-1458-22-01, LM20-1460-31-23, LM20-1464-10-12, LM20-1469-13-01a, LM20-1469-13-02, LM20-1469-13-03, LM20-1469-13-04, LM20-1469-13-05, LM20-1469-13-06, LM20-1469-13-07, LM20-1469-13-08, LM20-1509-C1576e, LM20-1517-0631

《佛說五無返復經》

LM20-1462-35-05r, LM20-1506-C0910c

《佛說希有按量功德經》

LM20-1456-16-18, LM20-1458-17-01, LM20-1465-14-01, LM20-1513-CT0286, LM20-1523-28-297

《佛說相好經》

LM20-827-01-02, LM20-1457-02-07, LM20-1458-02-08, LM20-1460-22-21, LM20-1468-06-10, LM20-1469-17-02a, LM20-1469-17-02b, LM20-1469-17-02c, LM20-1469-17-02d, LM20-1469-17-02e, LM20-1469-17-02f, LM20-1469-17-02g, LM20-1469-17-03a, LM20-1469-17-03b, LM20-1469-17-03c, LM20-1469-17-03d, LM20-1469-17-03e, LM20-1469-17-06, LM20-1469-17-07a, LM20-1469-17-07b, LM20-1469-17-08, LM20-1469-18-01, LM20-1469-18-02, LM20-1469-18-03, LM20-1469-18-04, LM20-1469-19-01, LM20-1469-19-02, LM20-1469-19-03, LM20-1502-C0091, LM20-1507-C1185b, LM20-1519-35-11, LM20-1519-35-12, LM20-1520-23-01, LM20-1522-21-08, LM20-1523-22-223

《佛說須摩提菩薩經》(西晉竺法護譯)

LM20-1465-04-06, LM20-1470-24-05, LM20-1507-C1090c

《佛說須摩提菩薩經》(姚秦鳩摩羅什譯)

LM20-1506-C0813e

《佛說蓐蝎髻經》　LM20-1517-0570b

《佛說藥師琉璃光佛本願功德經》

LM20-1474-13B-04

《佛說藥師如來本願經》

LM20-1452-37-11, LM20-1461-02-14, LM20-1461-27-04, LM20-1464-02-04, LM20-1464-04-02, LM20-1464-09-12, LM20-1464-17-01b, LM20-1474-16A-01, LM20-1493-34-02, LM20-1499-03-03, LM20-1509-C1545a, LM20-1519-32-15, LM20-1520-29-18, LM20-1522-14-06

《佛說一切法高王經》 LM20-1453-05-01

《佛說一向出生菩薩經》 LM20-1521-06-04

《佛說盂蘭盆經》

LM20-1451-18-01, LM20-1464-20-10, LM20-1494-04-04, LM20-1508-C1323a, LM20-1517-0019b, LM20-1520-01-09, LM20-1520-01-10

《佛說盂蘭盆經》注疏 LM20-1464-16-12

《佛說浴像功德經》

LM20-1456-21-08, LM20-1456-33-09, LM20-1458-04-04, LM20-1460-29-07

《佛說旃陀越國王經》

LM20-1457-05-10, LM20-1493-05-04

《佛說造塔功德經》

LM20-1520-01-11, LM20-1520-01-12a, LM20-1520-01-12b

《佛說咒魅經》

LM20-1454-05-19, LM20-1511-CB0083, LM20-1511-CB0089, LM20-1517-0094b, LM20-1520-21-11, LM20-1521-36-17, LM20-1522-04-07

《佛說諸法勇王經》 LM20-1508-C1268f

《佛說轉女身經》

LM20-1455-09-11, LM20-1455-28-17, LM20-1456-32-01, LM20-1457-06-11, LM20-1459-31-02, LM20-1460-17-07, LM20-1460-17-10, LM20-1460-17-11,

LM20-1460-17-12a, LM20-1460-17-12b, LM20-1460-17-13, LM20-1460-17-17a, LM20-1460-19-02, LM20-1460-19-13, LM20-1461-25-13, LM20-1461-31-02r, LM20-1461-37-09, LM20-1465-31-07, LM20-1465-32-03, LM20-1465-37-08, LM20-1474-11B-11, LM20-1492-29-03, LM20-1496-10-06, LM20-1501-21-08, LM20-1501-34-04, LM20-1504-C0446b, LM20-1507-C1059a, LM20-1521-10-07, LM20-1521-33-17

《佛說自誓三昧經》

LM20-1458-38-19, LM20-1458-38-21

《佛說最上根本大樂金剛不空三昧大教王經》(印本)

LM20-1486-16-05

《佛說罪福報應經》 LM20-1470-01-04

《佛說罪業應報教化地獄經》

LM20-1461-29-17

《佛所行讚》卷三

LM20-1452-04-20, LM20-1459-28-01, LM20-1460-01-19, LM20-1460-31-19, LM20-1461-13-10, LM20-1466-22-02, LM20-1466-24-05, LM20-1496-10-03

《佛爲心王菩薩說頭陀經》

LM20-1454-07-06, LM20-1457-25-08, LM20-1521-18-04

《佛爲心王菩薩說頭陀經》注

LM20-1522-03-05

《佛性海藏智慧解脫破心相經》

LM20-1520-20-10

《父母恩重經》 LM20-1464-03-12

G

高昌國僧願寫經題記

LM20-1465-37-11, LM20-1502-C0131, LM20-1503-C0203, LM20-1504-C0346, LM20-1504-C0347, LM20-1504-C0374, LM20-1505-C0636a, LM20-1507-C0985a

高昌國帳曆 LM20-1451-37-06

高昌王麴乾固寫經題記 LM20-1467-32-05

高僧傳記(?) LM20-1500-27-04

《根本薩婆多部律攝》卷一三

LM20-1456-06-05, LM20-1492-10-01

《根本說一切有部苾芻尼毘奈耶》卷四

LM20-1455-18-09

《根本說一切有部苾芻尼毘奈耶》卷一四

LM20-1463-05-01b, LM20-1463-05-02, LM20-1463-05-03, LM20-1463-05-04, LM20-1463-05-05, LM20-1463-05-07, LM20-1463-05-08a, LM20-1463-05-08b, LM20-1463-05-08c, LM20-1463-05-09a, LM20-1463-05-09b, LM20-1463-05-10, LM20-1463-05-11, LM20-1463-05-12a, LM20-1463-05-12b, LM20-1463-11-08, LM20-1463-11-09, LM20-1463-11-10, LM20-1463-11-13b, LM20-1463-12-09, LM20-1463-12-10, LM20-1463-12-11, LM20-1463-12-12, LM20-1491-22-01

《根本說一切有部苾芻尼毘奈耶》卷一五

LM20-827-13-173, LM20-827-17-183, LM20-1452-22-08, LM20-1460-35-22, LM20-1496-35-01, LM20-1506-C0916a

《根本說一切有部毘奈耶》卷一

LM20-1470-02-08

《根本說一切有部毘奈耶》卷七

LM20-1456-24-22

《根本說一切有部毘奈耶》卷一一

LM20-1522-08-15

《根本說一切有部毘奈耶》卷一四

LM20-1470-01-06

《根本說一切有部毘奈耶》卷四六

LM20-1498-38-07

《根本說一切有部毘奈耶破僧事》卷一一

LM20-1489-36-03

《根本說一切有部毘奈耶雜事》卷三

LM20-1468-31-02, LM20-1506-C0945a, LM20-1508-C1373c, LM20-1511-CB0096

《根本說一切有部毘奈耶雜事》卷六

LM20-1537-17, LM20-1537-18, LM20-1537-19, LM20-1537-20, LM20-1537-21, LM20-1537-22, LM20-1537-23, LM20-1537-24, LM20-1537-25, LM20-1537-26, LM20-1537-27, LM20-1537-28, LM20-1537-29, LM20-1537-30, LM20-1537-31, LM20-1537-32, LM20-1537-33, LM20-1537-34, LM20-1537-35, LM20-1537-36, LM20-1537-37, LM20-1537-38, LM20-1537-39, LM20-1537-40, LM20-1537-41, LM20-1537-42, LM20-1537-44, LM20-1537-45, LM20-1537-46, LM20-1537-47, LM20-1537-48, LM20-1537-49, LM20-1537-50, LM20-1537-51, LM20-1537-52, LM20-1537-53, LM20-1537-54, LM20-1537-55, LM20-1537-56, LM20-1537-57

题名索引 G

《根本説一切有部毘奈耶雜事》卷三三（印本）
LM20-1487-16-06，LM20-1487-16-07
《根本説一切有部毘奈耶雜事》卷三八
LM20-1505-C0480b
《根本説一切有部毘奈耶雜事》卷四〇
LM20-1460-17-17b，LM20-1460-17-18a，
LM20-1460-17-18b，LM20-1460-17-21，
LM20-1460-17-23，LM20-1465-37-09，
LM20-1474-11B-07，LM20-1501-03-06，
LM20-1501-03-08，LM20-1501-18-05，
LM20-1507-C1052a
《根本説一切有部毘奈耶雜事》（多處可見）
LM20-1537-43
工具單 LM20-1480-04-20
《古文尚書·畢命》孔安國傳
LM20-1461-27-15
《古文尚書·盤庚下》 LM20-1468-06-08r
《古文尚書·湯誓》孔安國傳
LM20-1458-13-05，LM20-1509-C1617a，
LM20-1521-11-10，LM20-1521-30-07
《觀佛三昧海經》尾題 LM20-1490-09-23
《觀世音經》外題 LM20-1519-32-07
《觀世音經讚》
LM20-1468-05-11，LM20-1469-05-07，
LM20-1469-09-02，LM20-1469-09-04，
LM20-1469-09-08，LM20-1469-11-01，
LM20-1469-11-03，LM20-1469-11-04，
LM20-1469-12-02，LM20-1469-12-06，
LM20-1502-C0032，LM20-1503-C0193，
LM20-1503-C0221，LM20-1504-C0354，
LM20-1506-C0862a，LM20-1506-C0871c，
LM20-1507-C1072c，LM20-1507-C1090a，
LM20-1508-C1279，LM20-1509-C1506c，
LM20-1509-C1537e，LM20-1518-38-15，

LM20-1519-01-02，LM20-1519-01-04，
LM20-1519-01-14，LM20-1520-26-18，
LM20-1520-30-10，LM20-1520-33-02，
LM20-1520-34-03，LM20-1520-35-05，
LM20-1520-37-08，LM20-1521-11-16，
LM20-1521-12-03，LM20-1521-19-12，
LM20-1521-19-13，LM20-1521-23-05，
LM20-1521-23-14，LM20-1522-11-01，
LM20-1522-18-06，LM20-1523-03-32
《觀世音三昧經》
LM20-1454-10-06，LM20-1455-21-11，
LM20-1455-24-06，LM20-1457-21-03，
LM20-1458-09-11v，LM20-1459-12-07，
LM20-1462-36-02，LM20-1466-11-28，
LM20-1496-01-06，LM20-1506-C0798c，
LM20-1517-0198
《觀無量壽佛經疏》卷一 LM20-1455-06-04
《觀無量壽佛經疏》卷三 LM20-1464-35-04
《觀無量壽佛經疏》卷四 LM20-1480-04-05
《觀無量壽經義疏》
LM20-1452-35-06，LM20-1458-13-13，
LM20-1464-09-13，LM20-1509-C1505c，
LM20-1509-C1505d
《觀虛空藏菩薩經》 LM20-1460-19-10
《光讚經》卷一
LM20-1453-24-07，LM20-1455-19-06，
LM20-1455-19-18，LM20-1457-12-03，
LM20-1461-34-02，LM20-1464-03-03，
LM20-1465-33-03，LM20-1469-37-01，
LM20-1489-26-02，LM20-1491-21-04，
LM20-1493-04-02，LM20-1493-32-04，
LM20-1494-29-02，LM20-1518-11-01，
LM20-1518-11-02
《光讚經》卷一（印本） LM20-1486-28-04

题名索引

《光讃經》卷二

LM20-1458-29-13, LM20-1461-35-10, LM20-1463-23-04, LM20-1467-03-05, LM20-1469-32-02, LM20-1472-13-01, LM20-1472-14-01, LM20-1493-16-04, LM20-1493-21-05, LM20-1498-41-01, LM20-1502-C0041c, LM20-1505-C0561b, LM20-1505-C0584a, LM20-1505-C0706b, LM20-1507-C1156b, LM20-1518-11-03, LM20-1522-01-09, LM20-1522-04-12

《光讃經》卷三

LM20-1456-34-10a, LM20-1463-18-02, LM20-1466-22-03, LM20-1493-02-06, LM20-1495-07-03, LM20-1495-37-01, LM20-1496-12-04, LM20-1507-C0998b, LM20-1508-C1335d, LM20-1517-0399, LM20-1518-11-04, LM20-1518-11-05

《光讃經》卷四

LM20-1455-26-16, LM20-1456-38-09, LM20-1458-02-18, LM20-1497-18-03, LM20-1497-30-08, LM20-1500-20-01, LM20-1502-C0046a, LM20-1505-C0623b, LM20-1507-C1148d, LM20-1514-CT0417, LM20-1517-0446, LM20-1518-11-06, LM20-1518-11-07, LM20-1520-38-07, LM20-1528-01-02

《光讃經》卷五

LM20-1450-20-02a, LM20-1450-20-02b, LM20-1450-20-02c, LM20-1450-20-02d, LM20-1450-20-02e, LM20-1450-20-02f, LM20-1455-38-07, LM20-1458-13-08, LM20-1458-33-19, LM20-1458-36-16, LM20-1460-15-13, LM20-1460-26-10, LM20-1466-03-06, LM20-1466-07-02,

LM20-1467-37-09, LM20-1472-28-03, LM20-1472-32-01, LM20-1472-32-02, LM20-1472-32-03, LM20-1472-32-04, LM20-1472-32-05, LM20-1472-33-01, LM20-1472-33-02, LM20-1472-33-03, LM20-1472-33-04, LM20-1472-33-05, LM20-1472-33-06, LM20-1472-34-01, LM20-1472-34-02, LM20-1472-34-03, LM20-1472-34-04, LM20-1472-34-05, LM20-1472-34-06, LM20-1472-34-07, LM20-1472-35-01, LM20-1472-35-02, LM20-1472-35-03, LM20-1472-35-04, LM20-1472-35-05, LM20-1475-19A-03, LM20-1499-12-01, LM20-1507-C1207, LM20-1514-CT0402, LM20-1521-03-04

《光讃經》卷六

LM20-1453-01-13, LM20-1454-01-06, LM20-1460-20-06, LM20-1463-25-06, LM20-1464-23-19, LM20-1467-11-04, LM20-1517-0202

《光讃經》卷七

LM20-1453-05-04, LM20-1455-18-05, LM20-1459-27-10, LM20-1461-24-06, LM20-1472-11-01, LM20-1499-22-05, LM20-1501-20-01, LM20-1505-C0665a, LM20-1506-C0740c, LM20-1506-C0741b, LM20-1506-C0762e, LM20-1506-C0800d, LM20-1508-C1466a, LM20-1513-CT0234, LM20-1514-CT0524b, LM20-1515-CC0013, LM20-1518-11-08

《光讃經》卷八

LM20-1497-36-03, LM20-1498-09-01, LM20-1500-07-01, LM20-1854-08b

《光讃經》卷九

LM20-1452-39-10, LM20-1465-21-01, LM20-1507-C1163c, LM20-1518-11-09, LM20-1521-04-05

《光讚經》卷一〇

LM20-1466-25-03, LM20-1505-C0483b, LM20-1514-CT0492

《光讚經》經題 LM20-1513-CT0307a

《廣大寶樓閣善住祕密陀羅尼經》卷中(印本)

LM20-1486-10-01, LM20-1486-30-15

《廣弘明集》卷一七 LM20-1521-33-14

癸卯年文書殘片 LM20-1523-05-44

《過去現在因果經》卷一

LM20-1506-C0867a, LM20-1520-18-06

《過去現在因果經》卷二

LM20-1456-19-05, LM20-1460-29-03

《過去現在因果經》卷三

LM20-1452-17-05, LM20-1459-13-01, LM20-1464-13-08, LM20-1491-20-01, LM20-1495-12-04, LM20-1506-C0870a, LM20-1509-C1565f, LM20-1509-C1568j, LM20-1517-0081a, LM20-1518-02-02

《過去現在因果經》卷四

LM20-1455-26-03, LM20-1456-11-14

《過去莊嚴劫千佛名經》

LM20-1459-36-08, LM20-1509-C1577b

H

《漢紀》卷二六《孝成帝紀三》

LM20-1452-05-30, LM20-1455-07-01

漢紀

LM20-1499-30-01b, LM20-1501-14-08

《合部金光明經序》

LM20-1457-36-05, LM20-1458-05-22,

LM20-1493-35-04, LM20-1498-11-07, LM20-1501-07-01, LM20-1508-C1331a, LM20-1521-08-04, LM20-1521-10-12

《合部金光明經》卷一

LM20-827-02-31, LM20-1450-07-02, LM20-1452-08-13, LM20-1453-35-07, LM20-1453-39-02, LM20-1453-39-06, LM20-1455-04-05, LM20-1455-28-01, LM20-1457-23-02, LM20-1458-07-11, LM20-1458-25-06, LM20-1460-12-19, LM20-1460-14-14, LM20-1460-27-12, LM20-1460-29-20, LM20-1460-34-19, LM20-1461-24-07, LM20-1462-02-13, LM20-1462-31-08, LM20-1462-33-05, LM20-1464-24-24, LM20-1464-33-14, LM20-1466-18-02, LM20-1467-06-04, LM20-1468-24-01, LM20-1469-27-02, LM20-1489-05-16, LM20-1489-35-10, LM20-1492-01-01, LM20-1492-13-01, LM20-1493-22-04, LM20-1493-23-05, LM20-1495-29-02, LM20-1496-17-06, LM20-1497-02-03, LM20-1503-C0280, LM20-1506-C0878c, LM20-1506-C0884d, LM20-1508-C1484e, LM20-1509-C1545c, LM20-1509-C1551b, LM20-1509-C1613b, LM20-1516-CK0104b, LM20-1517-0556b, LM20-1519-37-17, LM20-1519-37-18, LM20-1519-38-01, LM20-1521-32-12, LM20-1522-03-19, LM20-1523-14-137

《合部金光明經》卷二

LM20-1450-01-05, LM20-1450-12-01, LM20-1450-23-07, LM20-1450-27-06, LM20-1450-27-07, LM20-1450-30-01, LM20-1450-32-01, LM20-1450-34-12,

LM20-1450-35-01, LM20-1452-05-01, LM20-1474-12B-10, LM20-1474-12B-11, LM20-1452-05-15, LM20-1452-06-13b, LM20-1474-12B-13,LM20-1474-12B-14, LM20-1452-22-21, LM20-1452-32-03, LM20-1488-17-04, LM20-1488-24-02, LM20-1453-12-03, LM20-1453-14-03, LM20-1488-26-01, LM20-1488-26-02, LM20-1454-22-06, LM20-1455-19-02, LM20-1488-27-06, LM20-1488-27-07, LM20-1455-23-16, LM20-1455-31-06, LM20-1488-28-01, LM20-1488-28-02, LM20-1455-38-25, LM20-1456-07-10, LM20-1488-28-03, LM20-1488-28-04, LM20-1456-11-03, LM20-1456-11-11, LM20-1488-28-05, LM20-1488-29-07, LM20-1456-13-18, LM20-1457-02-08, LM20-1488-29-08, LM20-1488-32-02, LM20-1457-27-04, LM20-1460-08-11, LM20-1488-32-03, LM20-1488-33-09, LM20-1460-25-08, LM20-1461-12-06, LM20-1488-33-10, LM20-1488-34-01, LM20-1461-31-20, LM20-1463-05-13, LM20-1488-34-02, LM20-1489-02-01, LM20-1463-05-14, LM20-1463-05-15, LM20-1489-02-02, LM20-1489-02-03, LM20-1463-06-01, LM20-1463-06-02, LM20-1489-29-22, LM20-1490-03-07, LM20-1463-06-03, LM20-1463-06-04, LM20-1493-29-01, LM20-1497-01-08, LM20-1463-06-05, LM20-1463-06-06, LM20-1498-34-02, LM20-1501-37-04, LM20-1463-06-07, LM20-1463-06-08, LM20-1503-C0311, LM20-1506-C0856e, LM20-1463-07-01, LM20-1463-07-02c, LM20-1506-C0955d, LM20-1506-C0969a, LM20-1463-07-03, LM20-1463-07-04b, LM20-1508-C1373a, LM20-1513-CT0295, LM20-1463-07-05, LM20-1463-07-06, LM20-1517-0332, LM20-1517-0643, LM20-1463-08-01, LM20-1463-08-02, LM20-1519-38-02, LM20-1519-38-03, LM20-1463-08-03, LM20-1463-08-04d, LM20-1521-17-18, LM20-1522-17-10 LM20-1463-08-06, LM20-1463-09-03, 《合部金光明經》卷二（印本） LM20-1463-09-04, LM20-1463-09-05, LM20-1486-29-04 LM20-1463-09-07, LM20-1463-09-08, 《合部金光明經》卷二經題 LM20-1463-10-01, LM20-1463-10-02, LM20-1474-12B-12 LM20-1463-10-03, LM20-1463-10-04, 《合部金光明經》卷三 LM20-1463-10-05, LM20-1463-10-09b, LM20-1450-05-03, LM20-1450-08-01, LM20-1463-11-11, LM20-1463-11-12, LM20-1450-08-02a, LM20-1450-08-02b, LM20-1463-12-06, LM20-1463-12-07, LM20-1452-06-13a, LM20-1452-07-10, LM20-1467-27-03, LM20-1470-03-03, LM20-1452-37-14, LM20-1453-23-03, LM20-1470-34-05, LM20-1470-36-02, LM20-1453-38-01, LM20-1454-03-01, LM20-1472-10-08, LM20-1472-10-09a, LM20-1454-24-05, LM20-1454-39-03, LM20-1474-12B-08,LM20-1474-12B-09, LM20-1455-07-04, LM20-1455-24-04,

题名索引

LM20-1455-31-09, LM20-1456-13-01, LM20-1456-25-21, LM20-1456-28-03, LM20-1458-09-01, LM20-1458-18-13, LM20-1458-20-26, LM20-1458-32-06, LM20-1458-33-07, LM20-1458-33-10, LM20-1460-15-16, LM20-1460-30-17, LM20-1460-36-09, LM20-1461-23-11, LM20-1461-34-13, LM20-1464-03-04, LM20-1464-13-05, LM20-1464-19-09, LM20-1464-27-15, LM20-1465-01-01, LM20-1465-10-02, LM20-1467-12-03, LM20-1469-25-01, LM20-1470-06-01, LM20-1465-36-13, LM20-1466-30-03, LM20-1474-05B-09, LM20-1474-11A-01, LM20-1490-01-04, LM20-1491-12-04, LM20-1492-06-03, LM20-1492-29-06, LM20-1501-19-07, LM20-1501-21-09, LM20-1501-29-05, LM20-1501-38-08, LM20-1506-C0911a, LM20-1506-C0921b, LM20-1507-C0987c, LM20-1507-C1088a, LM20-1507-C1095a, LM20-1509-C1532, LM20-1510-C1674, LM20-1517-0391, LM20-1519-38-04, LM20-1519-38-06, LM20-1519-38-07, LM20-1519-38-08, LM20-1519-38-09, LM20-1520-30-16, LM20-1520-34-02, LM20-1520-34-12, LM20-1520-37-18, LM20-1521-28-04, LM20-1521-36-08

《合部金光明經》卷三尾題

LM20-1474-11B-06

《合部金光明經》卷四

LM20-1450-06-02, LM20-1453-18-01, LM20-1456-01-07, LM20-1456-08-10, LM20-1456-17-02, LM20-1456-36-09, LM20-1458-26-16, LM20-1460-38-14, LM20-1464-23-24, LM20-1492-14-06, LM20-1504-C0429b, LM20-1504-C0459a, LM20-1506-C0935a, LM20-1507-C1138a, LM20-1510-C1654, LM20-1513-CT0301b, LM20-1519-38-10, LM20-1519-38-11, LM20-1521-25-01, LM20-1522-22-15

《合部金光明經》卷五

LM20-1452-19-04, LM20-1454-01-21, LM20-1454-03-16, LM20-1456-25-24, LM20-1474-12A-01, LM20-1504-C0464a, LM20-1504-C0464b, LM20-1505-C0711c, LM20-1506-C0755d

《合部金光明經》卷六

LM20-1450-24-10, LM20-1450-37-03, LM20-1452-10-01, LM20-1452-12-10, LM20-1453-02-01, LM20-1453-22-08, LM20-1454-33-08, LM20-1456-16-17, LM20-1458-05-12, LM20-1458-31-17, LM20-1460-32-12, LM20-1461-29-19, LM20-1464-21-14, LM20-1466-09-07, LM20-1468-22-05, LM20-1470-38-01, LM20-1474-12B-07, LM20-1489-36-02, LM20-1492-18-03, LM20-1505-C0663b, LM20-1516-CK0068, LM20-1506-C0802a, LM20-1506-C0901a, LM20-1507-C1115d, LM20-1508-C1331b, LM20-1513-CT0342b, LM20-1517-0506, LM20-1519-38-12, LM20-1519-38-13, LM20-1519-38-14, LM20-1522-08-14

《合部金光明經》卷六（印本）

LM20-1486-29-05

《合部金光明經》卷七

LM20-1450-35-10, LM20-1456-34-21,

LM20-1460-26-17, LM20-1474-13A-01, LM20-1490-04-01, LM20-1490-04-02, LM20-1490-11-08, LM20-1493-10-01, LM20-1506-C0866a, LM20-1519-38-15, LM20-1519-38-16, LM20-1519-38-17

《合部金光明經》卷八

LM20-1452-09-05, LM20-1453-01-10, LM20-1458-14-10, LM20-1460-17-04, LM20-1460-17-05, LM20-1460-17-14, LM20-1469-26-02, LM20-1517-0465, LM20-1519-38-19, LM20-1519-38-20, LM20-1522-13-22

《合部金光明經》(多處可見)

LM20-1472-10-09b

《弘明集》卷二 LM20-1455-27-16

胡語殘片

LM20-1450-37-02v, LM20-1453-17-07v, LM20-1468-09-03v, LM20-1468-18-09v, LM20-1478-15-02v, LM20-1484-02-05v, LM20-1514-CT0529v, LM20-1520-29-12, LM20-1524-02bv, LM20-1524-03a, LM20-1524-03b, LM20-1524-04, LM20-1524-05, LM20-1524-08, LM20-1524-11ar, LM20-1524-11br, LM20-1524-12b, LM20-1524-12c, LM20-1524-13b, LM20-1524-13c, LM20-1524-13dr, LM20-1524-14a, LM20-1524-14bv, LM20-1524-14c, LM20-1524-14dv, LM20-1524-15a, LM20-1524-15b, LM20-1524-15cr, LM20-1524-15d, LM20-1524-15e, LM20-1524-15f

胡語殘片（印本） LM20-1486-30-03

護首 LM20-1507-C1196, LM20-1507-C1211

《華嚴經論》卷一〇 LM20-1488-15-05

《華嚴經明法品内立三寶章》卷下

LM20-1500-22-06

華嚴經疏 LM20-1522-21-06

《華嚴經行願品疏鈔》卷四

LM20-1517-0176

《華嚴經疏注》卷八八 LM20-1521-30-10

華嚴經注疏 LM20-1523-16-150

《黄帝針灸甲乙經》卷一〇 LM20-1455-31-15

《黄仕强傳》

LM20-1507-C1107d, LM20-1520-37-14, LM20-1523-15-140b

回鶻文殘片

LM20-1452-24-08v, LM20-1483-27-01v, LM20-1521-33-07

回鶻文佛典 LM20-1523-21-209

《慧上菩薩問大善權經》卷下

LM20-1456-19-15, LM20-1505-C0714c, LM20-1506-C0857d, LM20-1519-10-03, LM20-1519-10-04, LM20-1519-10-05, LM20-1523-11-104, LM20-1548-08-56

J

《急就篇》 LM20-1505-C0617a

《集諸經禮懺儀》卷上

LM20-1452-11-15, LM20-1454-01-08, LM20-1459-34-04, LM20-1471-25-01r, LM20-1475-05A-01, LM20-1523-02-14

《集諸經禮懺儀》卷下

LM20-1471-24-01, LM20-1520-18-04r

《寂調音所問經》

LM20-1461-29-11, LM20-1505-C0658b, LM20-1507-C0992a, LM20-1508-C1321b,

题名索引 J 1889

LM20-1521-38-16

《迦丁比丘說當來變經》

LM20-1458-36-01v, LM20-1466-09-04, M20-1468-32-01

《伽耶山頂經》經題 LM20-1522-04-21

《駕幸温泉賦》

LM20-1523-27-281, LM20-1523-27-282

《漸備一切智德經》卷四

LM20-1508-C1328e

《揭磨》

LM20-1452-32-11, LM20-1456-18-13, LM20-1461-05-02, LM20-1465-17-06, LM20-1506-C0941b, LM20-1523-19-188

揭磨文

LM20-1452-15-13, LM20-1453-04-04r, LM20-1456-35-10v, LM20-1457-27-03, LM20-1457-30-02r, LM20-1460-21-03, LM20-1461-12-27v, LM20-1462-18-01, LM20-1464-28-03r, LM20-1467-28-03v, LM20-1468-30-01, LM20-1495-15-03, LM20-1520-22-07

解夢書 LM20-1523-13-129

《解深密經》卷一

LM20-1489-02-06, LM20-1489-03-13, LM20-1489-09-15, LM20-1489-10-10, LM20-1489-10-10, LM20-1489-10-11, LM20-1489-11-21, LM20-1489-11-24, LM20-1489-11-27, LM20-1489-11-28, LM20-1489-11-30, LM20-1489-27-19

《解深密經》卷二 LM20-1457-35-01

《解深密經疏》卷一 LM20-1455-12-14r

《解脫道論》卷一 LM20-1506-C0855a

《金剛般若疏》 LM20-1456-01-11

《金剛般若波羅蜜經》(姚秦鳩摩羅什譯)

LM20-827-17-185, LM20-1450-15-01, LM20-1450-17-05, LM20-1450-30-09, LM20-1450-34-04, LM20-1450-35-11, LM20-1451-04-02, LM20-1451-16-03, LM20-1451-16-04, LM20-1451-27-01, LM20-1451-33-02, LM20-1451-37-16, LM20-1452-02-05, LM20-1452-02-09, LM20-1452-03-17, LM20-1452-04-02, LM20-1452-04-10, LM20-1452-04-17, LM20-1452-05-22, LM20-1452-08-17, LM20-1452-11-03, LM20-1452-16-02, LM20-1452-17-16, LM20-1452-18-02, LM20-1452-18-04, LM20-1452-19-01, LM20-1452-19-03, LM20-1452-20-06, LM20-1452-21-04, LM20-1452-24-12, LM20-1452-25-12, LM20-1452-27-12, LM20-1452-28-05, LM20-1452-31-05, LM20-1452-31-08, LM20-1452-37-20, LM20-1452-38-01, LM20-1453-05-11, LM20-1453-08-09, LM20-1453-12-05, LM20-1453-20-04, LM20-1453-20-07, LM20-1453-30-09, LM20-1454-03-12, LM20-1454-04-02, LM20-1454-04-14, LM20-1454-19-05, LM20-1455-01-18, LM20-1455-03-06, LM20-1455-03-07, LM20-1455-05-13, LM20-1455-06-05, LM20-1455-06-12, LM20-1455-08-13, LM20-1455-10-11, LM20-1455-14-14, LM20-1455-15-12, LM20-1455-16-01b, LM20-1455-20-09, LM20-1455-21-02, LM20-1455-22-03, LM20-1455-24-10, LM20-1455-24-19, LM20-1455-24-21, LM20-1455-25-18, LM20-1455-29-09, LM20-1455-34-05, LM20-1455-37-14,

题名索引

LM20-1455-38-08, LM20-1455-39-16, LM20-1460-03-14, LM20-1460-03-22, LM20-1456-01-05, LM20-1456-03-15, LM20-1460-04-09, LM20-1460-05-16, LM20-1456-04-05, LM20-1456-05-09, LM20-1460-08-17, LM20-1460-09-14, LM20-1456-06-11, LM20-1456-06-14, LM20-1460-10-07, LM20-1460-10-08, LM20-1456-10-10, LM20-1456-14-02, LM20-1460-11-10, LM20-1460-18-05, LM20-1456-14-06, LM20-1456-19-12, LM20-1460-19-11, LM20-1460-20-12, LM20-1456-21-01, LM20-1456-21-21, LM20-1460-24-08, LM20-1460-32-14, LM20-1456-23-21, LM20-1456-24-11, LM20-1460-33-01, LM20-1460-33-16, LM20-1456-24-13, LM20-1456-26-13, LM20-1461-04-11, LM20-1461-06-04, LM20-1456-28-25, LM20-1456-29-05, LM20-1461-06-06, LM20-1461-06-13, LM20-1456-30-07, LM20-1456-30-10, LM20-1461-06-19, LM20-1461-08-11, LM20-1456-32-11, LM20-1456-33-15, LM20-1461-09-12, LM20-1461-10-19, LM20-1456-34-17, LM20-1456-35-11, LM20-1461-11-05, LM20-1461-15-01, LM20-1456-36-01, LM20-1456-36-15, LM20-1461-16-06, LM20-1461-17-20, LM20-1456-37-04, LM20-1456-38-13, LM20-1461-20-04, LM20-1461-21-01, LM20-1457-01-02, LM20-1457-01-11, LM20-1461-24-13, LM20-1461-25-05, LM20-1457-01-17, LM20-1457-07-17, LM20-1461-25-08, LM20-1461-27-10, LM20-1457-12-08, LM20-1457-13-10, LM20-1461-28-17, LM20-1461-29-05, LM20-1457-14-10, LM20-1457-21-05, LM20-1461-31-11, LM20-1461-31-26, LM20-1457-26-07, LM20-1457-27-06, LM20-1461-32-13, LM20-1461-33-15, LM20-1457-33-01, LM20-1458-01-05, LM20-1461-34-04, LM20-1461-35-01, LM20-1458-01-10, LM20-1458-02-05, LM20-1461-35-13, LM20-1461-37-18, LM20-1458-04-05, LM20-1458-04-08, LM20-1461-38-01, LM20-1461-38-17, LM20-1458-08-03, LM20-1458-09-02, LM20-1462-02-18, LM20-1462-03-03, LM20-1458-12-12, LM20-1458-14-07, LM20-1462-05-06, LM20-1462-06-08, LM20-1458-14-19, LM20-1458-16-05, LM20-1462-07-15, LM20-1462-15-02, LM20-1458-19-01, LM20-1458-19-06, LM20-1462-16-09, LM20-1462-26-05, LM20-1458-19-12, LM20-1458-22-11, LM20-1462-28-05, LM20-1462-38-01, LM20-1458-22-17, LM20-1458-25-23, LM20-1463-15-06, LM20-1463-16-06, LM20-1458-26-06, LM20-1458-27-09, LM20-1463-17-10, LM20-1463-25-04, LM20-1458-28-06, LM20-1458-29-01, LM20-1463-28-04, LM20-1463-29-09, LM20-1458-30-28, LM20-1458-36-07, LM20-1464-11-09, LM20-1464-12-11, LM20-1459-17-04, LM20-1459-24-11, LM20-1464-15-10, LM20-1464-17-15, LM20-1459-25-07, LM20-1460-03-04, LM20-1464-19-06, LM20-1464-20-14,

题名索引 J

LM20-1464-26-09, LM20-1464-27-02, LM20-1489-18-05, LM20-1489-23-17, LM20-1464-35-12, LM20-1464-36-07, LM20-1489-27-18, LM20-1489-27-27, LM20-1465-02-02, LM20-1465-03-01, LM20-1489-27-29, LM20-1489-28-01, LM20-1465-10-03, LM20-1465-26-06, LM20-1489-28-12, LM20-1489-29-16, LM20-1465-27-07, LM20-1465-29-11, LM20-1489-29-29, LM20-1489-35-08, LM20-1465-29-12, LM20-1466-03-03a, LM20-1490-07-16, LM20-1490-12-08, LM20-1466-03-03b, LM20-1466-11-08, LM20-1490-16-02, LM20-1490-17-04, LM20-1466-12-06, LM20-1466-16-05, LM20-1490-17-07, LM20-1490-18-05, LM20-1466-21-11, LM20-1467-03-04, LM20-1490-25-07, LM20-1491-10-01, LM20-1467-04-10, LM20-1467-06-02, LM20-1491-15-05, LM20-1491-28-02, LM20-1467-09-05, LM20-1467-12-07, LM20-1492-02-03, LM20-1492-13-03, LM20-1467-13-04, LM20-1467-18-03, LM20-1492-15-04, LM20-1492-27-02, LM20-1467-18-05, LM20-1467-19-06, LM20-1492-32-02, LM20-1492-32-07, LM20-1467-27-01, LM20-1467-35-07, LM20-1493-03-03, LM20-1493-15-04, LM20-1467-38-14, LM20-1468-07-10, LM20-1493-17-04, LM20-1493-20-03, LM20-1468-07-13, LM20-1468-10-01, LM20-1493-23-03, LM20-1493-25-03, LM20-1468-14-06, LM20-1468-18-05, LM20-1493-26-05, LM20-1493-33-04, LM20-1469-24-01, LM20-1469-28-01, LM20-1494-11-01, LM20-1494-19-05, LM20-1469-38-07, LM20-1469-38-17, LM20-1494-23-06, LM20-1495-15-04, LM20-1470-03-08, LM20-1470-05-04, LM20-1495-22-02, LM20-1495-31-03, LM20-1470-11-02, LM20-1470-20-02, LM20-1495-33-04, LM20-1495-38-01, LM20-1474-05A-03, LM20-1474-05A-05, LM20-1495-38-04, LM20-1496-14-05, LM20-1474-08A-05, LM20-1474-09A-01, LM20-1496-26-06, LM20-1496-27-01, LM20-1474-09A-03, LM20-1475-07A-04, LM20-1496-34-01, LM20-1496-37-02, LM20-1475-16B-07, LM20-1475-17A-03, LM20-1497-05-04, LM20-1497-08-02, LM20-1475-17A-04, LM20-1475-17A-05, LM20-1497-17-06, LM20-1497-20-01, LM20-1475-18B-05, LM20-1475-19A-02, LM20-1497-30-09, LM20-1498-06-02, LM20-1488-24-01, LM20-1488-24-03, LM20-1498-06-03, LM20-1498-06-04, LM20-1488-25-05, LM20-1488-29-10, LM20-1498-13-02, LM20-1498-14-03a, LM20-1488-30-03, LM20-1488-36-07, LM20-1498-14-03b, LM20-1498-15-01, LM20-1489-04-05, LM20-1489-04-06, LM20-1498-29-02, LM20-1498-32-07, LM20-1489-05-15, LM20-1489-11-22, LM20-1498-42-07, LM20-1499-04-04, LM20-1489-13-14, LM20-1489-15-05, LM20-1499-16-04, LM20-1499-20-04, LM20-1489-16-01, LM20-1489-17-10, LM20-1499-23-04, LM20-1499-27-05,

LM20-1499-29-03, LM20-1500-19-01, LM20-1507-C1055b, LM20-1507-C1062a, LM20-1500-27-02, LM20-1500-29-04, LM20-1507-C1065c, LM20-1507-C1068c, LM20-1500-30-05, LM20-1501-05-05, LM20-1507-C1073c, LM20-1507-C1082e, LM20-1501-23-08, LM20-1501-24-06, LM20-1507-C1085a, LM20-1507-C1086f, LM20-1501-37-01, LM20-1502-C0062, LM20-1507-C1087a, LM20-1507-C1088e, LM20-1502-C0125, LM20-1502-C0136, LM20-1507-C1093e, LM20-1507-C1094, LM20-1503-C0168, LM20-1503-C0212, LM20-1507-C1100a, LM20-1507-C1104a, LM20-1503-C0227, LM20-1503-C0237, LM20-1507-C1108d, LM20-1507-C1111c, LM20-1503-C0254, LM20-1503-C0255, LM20-1507-C1113a, LM20-1507-C1114a, LM20-1503-C0259, LM20-1503-C0286, LM20-1507-C1118b, LM20-1507-C1121b, LM20-1503-C0290, LM20-1504-C0341, LM20-1507-C1140c, LM20-1507-C1163b, LM20-1504-C0353, LM20-1504-C0388a, LM20-1507-C1171b, LM20-1507-C1201, LM20-1504-C0407, LM20-1505-C0492c, LM20-1508-C1291, LM20-1508-C1307, LM20-1505-C0513b, LM20-1505-C0519a, LM20-1508-C1317, LM20-1508-C1328f, LM20-1505-C0558e, LM20-1505-C0565b, LM20-1508-C1330a, LM20-1508-C1336c, LM20-1505-C0608a, LM20-1505-C0618a, LM20-1508-C1343b, LM20-1508-C1348a, LM20-1505-C0634c, LM20-1505-C0644e, LM20-1508-C1358c, LM20-1508-C1381e, LM20-1505-C0647b, LM20-1505-C0681b, LM20-1508-C1397, LM20-1508-C1400, LM20-1505-C0690a, LM20-1506-C0718b, LM20-1508-C1410e, LM20-1508-C1439, LM20-1506-C0730b, LM20-1506-C0731e, LM20-1508-C1454d, LM20-1508-C1457c, LM20-1506-C0736b, LM20-1506-C0754b, LM20-1508-C1490, LM20-1509-C1503c, LM20-1506-C0754d, LM20-1506-C0759d, LM20-1509-C1542d, LM20-1509-C1556d, LM20-1506-C0764a, LM20-1506-C0771c, LM20-1509-C1574d, LM20-1509-C1586b, LM20-1506-C0800a, LM20-1506-C0816d, LM20-1509-C1604a, LM20-1509-C1614d, LM20-1506-C0821a, LM20-1506-C0842d, LM20-1509-C1616a, LM20-1509-C1616e, LM20-1506-C0856d, LM20-1506-C0858b, LM20-1509-C1620a, LM20-1509-C1621e, LM20-1506-C0869d, LM20-1506-C0895c, LM20-1509-C1625b, LM20-1509-C1628, LM20-1506-C0898b, LM20-1506-C0898c, LM20-1509-C1639a, LM20-1513-CT0190, LM20-1506-C0903b, LM20-1506-C0919d, LM20-1513-CT0198, LM20-1513-CT0202, LM20-1506-C0931a, LM20-1506-C0958b, LM20-1513-CT0209, LM20-1513-CT0212, LM20-1506-C0964a, LM20-1506-C0965b, LM20-1513-CT0213, LM20-1513-CT0217, LM20-1507-C0986c, LM20-1507-C0988d, LM20-1513-CT0226, LM20-1513-CT0240, LM20-1507-C0994a, LM20-1507-C1002b, LM20-1513-CT0247, LM20-1513-CT0251, LM20-1507-C1026b, LM20-1507-C1037a, LM20-1513-CT0254, LM20-1513-CT0255a,

题名索引 J

LM20-1513-CT0259b, LM20-1513-CT0264, LM20-1518-12-15, LM20-1518-13-01, LM20-1513-CT0277, LM20-1513-CT0281b, LM20-1518-13-02, LM20-1518-13-03, LM20-1513-CT0303a, LM20-1513-CT0304b, LM20-1518-13-04, LM20-1518-13-05, LM20-1513-CT0306b, LM20-1513-CT0310a, LM20-1518-13-06, LM20-1518-13-07, LM20-1513-CT0313b, LM20-1513-CT0314a, LM20-1518-13-08, LM20-1518-13-09, LM20-1513-CT0315a, LM20-1513-CT0315b, LM20-1518-13-10, LM20-1518-13-11, LM20-1513-CT0323b, LM20-1513-CT0325b, LM20-1518-13-12, LM20-1518-13-13, LM20-1513-CT0331, LM20-1513-CT0348, LM20-1518-13-14, LM20-1518-14-01, LM20-1513-CT0350, LM20-1514-CT0363, LM20-1518-14-02, LM20-1518-14-03, LM20-1514-CT0380, LM20-1514-CT0386, LM20-1518-14-04, LM20-1518-14-05, LM20-1514-CT0392, LM20-1514-CT0400, LM20-1518-14-06a, LM20-1518-14-06b, LM20-1514-CT0407, LM20-1514-CT0411, LM20-1518-14-07, LM20-1518-14-08, LM20-1514-CT0413, LM20-1514-CT0419, LM20-1518-14-09, LM20-1518-14-10, LM20-1514-CT0435, LM20-1514-CT0441, LM20-1518-14-11, LM20-1518-14-12, LM20-1514-CT0457, LM20-1514-CT0462, LM20-1518-14-13, LM20-1518-14-14, LM20-1514-CT0466, LM20-1514-CT0475, LM20-1518-15-01, LM20-1518-15-02, LM20-1514-CT0490, LM20-1514-CT0491, LM20-1518-15-13, LM20-1519-05-10, LM20-1514-CT0496, LM20-1514-CT0499, LM20-1519-10-08, LM20-1519-10-10, LM20-1514-CT0509b, LM20-1514-CT0515b, LM20-1520-08-09, LM20-1520-08-10, LM20-1514-CT0516, LM20-1514-CT0524a, LM20-1520-14-05, LM20-1520-14-08, LM20-1514-CT0525r, LM20-1514-CT0527r, LM20-1520-14-12, LM20-1520-15-08, LM20-1515-CC0007, LM20-1517-0002c, LM20-1520-15-09, LM20-1520-15-10, LM20-1517-0029, LM20-1517-0090b, LM20-1520-17-01, LM20-1520-23-06, LM20-1517-0124, LM20-1517-0160a, LM20-1520-26-14, LM20-1520-29-07, LM20-1517-0167b, LM20-1517-0259, LM20-1520-30-11, LM20-1520-30-12, LM20-1517-0378b, LM20-1517-0385, LM20-1520-31-05, LM20-1520-32-08, LM20-1517-0393b, LM20-1517-0424, LM20-1520-34-01, LM20-1520-35-13, LM20-1517-0458, LM20-1517-0460, LM20-1521-02-05, LM20-1521-06-13, LM20-1517-0469, LM20-1517-0503, LM20-1521-07-05, LM20-1521-07-12, LM20-1517-0573b, LM20-1517-0603, LM20-1521-08-13, LM20-1521-08-19, LM20-1517-0614, LM20-1518-07-13, LM20-1521-10-02, LM20-1521-10-05, LM20-1518-11-10, LM20-1518-12-09, LM20-1521-25-03, LM20-1521-25-16, LM20-1518-12-11, LM20-1518-12-12, LM20-1521-29-12, LM20-1521-31-05, LM20-1518-12-13, LM20-1518-12-14, LM20-1521-31-06, LM20-1521-32-17,

LM20-1521-34-13, LM20-1521-35-10, LM20-1458-28-12, LM20-1458-28-18, LM20-1521-37-01r, LM20-1521-37-01v, LM20-1458-30-22, LM20-1459-12-08, LM20-1521-38-15, LM20-1522-01-19, LM20-1459-22-01, LM20-1459-27-09, LM20-1522-03-18, LM20-1522-03-20, LM20-1460-05-02, LM20-1460-08-05, LM20-1522-05-14, LM20-1522-06-14, LM20-1460-09-02, LM20-1460-10-02, LM20-1522-06-17, LM20-1522-08-07, LM20-1460-18-06, LM20-1460-18-08, LM20-1522-14-08, LM20-1522-18-08, LM20-1460-19-06, LM20-1460-21-07, LM20-1522-21-02, LM20-1522-22-14, LM20-1460-29-14, LM20-1460-32-06, LM20-1523-01-01, LM20-1548-06-28, LM20-1461-01-12, LM20-1461-05-05, LM20-1548-09-63, LM20-1548-09-64 LM20-1461-06-09, LM20-1461-11-19,

《金剛般若波羅蜜經》(元魏菩提流支譯) LM20-1461-15-04, LM20-1461-19-09,

LM20-1450-33-01, LM20-1450-34-01, LM20-1461-19-14, LM20-1461-25-07, LM20-1451-22-04, LM20-1452-15-06, LM20-1461-32-10, LM20-1461-33-12, LM20-1452-19-07, LM20-1452-20-08, LM20-1461-35-17, LM20-1462-03-06, LM20-1452-20-13, LM20-1452-23-06, LM20-1462-04-04, LM20-1462-10-05, LM20-1452-24-04, LM20-1452-32-17, LM20-1462-29-10, LM20-1464-01-03, LM20-1452-39-19, LM20-1453-02-06, LM20-1464-02-06, LM20-1464-10-01, LM20-1453-31-08, LM20-1454-06-05, LM20-1464-15-01, LM20-1464-15-07, LM20-1454-19-08, LM20-1454-24-01, LM20-1464-18-10, LM20-1464-20-16, LM20-1455-02-15, LM20-1455-05-06, LM20-1464-32-14, LM20-1464-34-02, LM20-1455-05-10b, LM20-1455-14-02, LM20-1465-04-07, LM20-1465-16-05, LM20-1455-15-04, LM20-1455-18-14, LM20-1465-16-06, LM20-1465-17-08, LM20-1455-18-15, LM20-1455-19-08, LM20-1465-17-09, LM20-1465-18-05, LM20-1455-37-06, LM20-1456-01-04, LM20-1465-25-02, LM20-1465-25-09, LM20-1456-01-15, LM20-1456-02-07, LM20-1465-25-11, LM20-1465-27-10, LM20-1456-03-12, LM20-1456-05-13, LM20-1465-28-03, LM20-1465-32-16, LM20-1456-17-04, LM20-1456-18-19, LM20-1465-34-04, LM20-1465-36-05, LM20-1456-20-23, LM20-1456-26-12, LM20-1465-37-10, LM20-1465-38-05, LM20-1456-30-02, LM20-1456-32-12, LM20-1466-14-08, LM20-1466-18-11, LM20-1457-02-12, LM20-1457-09-04, LM20-1466-29-05, LM20-1467-03-09, LM20-1457-29-01, LM20-1458-01-17, LM20-1467-31-03, LM20-1467-35-09, LM20-1458-04-14, LM20-1458-05-23, LM20-1468-17-07, LM20-1469-27-01, LM20-1458-07-12, LM20-1458-10-14, LM20-1470-02-05, LM20-1474-07A-04, LM20-1458-12-06, LM20-1458-25-22, LM20-1474-07A-06, LM20-1474-07B-09,

题名索引 J

LM20-1474-08A-02, LM20-1474-11A-02, LM20-1501-35-09, LM20-1502-C0073, LM20-1475-15B-07, LM20-1475-17A-01, LM20-1503-C0242, LM20-1503-C0244, LM20-1475-17A-02, LM20-1475-18B-08, LM20-1504-C0362, LM20-1504-C0386a, LM20-1475-19A-01, LM20-1486-33-18c, LM20-1505-C0580b, LM20-1505-C0582c, LM20-1488-31-12, LM20-1489-03-08, LM20-1505-C0589a, LM20-1506-C0723b, LM20-1489-08-09, LM20-1489-16-03, LM20-1506-C0753b, LM20-1506-C0788, LM20-1489-16-07, LM20-1489-19-06, LM20-1506-C0804c, LM20-1506-C0809a, LM20-1489-23-16a, LM20-1489-38-07, LM20-1506-C0815e, LM20-1506-C0846a, LM20-1490-06-03, LM20-1490-07-24, LM20-1506-C0911c, LM20-1506-C0937b, LM20-1490-09-27, LM20-1490-18-03, LM20-1507-C1127a, LM20-1507-C1130d, LM20-1490-18-04, LM20-1490-19-07, LM20-1507-C1136a, LM20-1507-C1171d, LM20-1490-19-08, LM20-1490-20-01, LM20-1508-C1312, LM20-1508-C1316, LM20-1490-20-03, LM20-1490-20-04, LM20-1508-C1338a, LM20-1508-C1371c, LM20-1490-20-05, LM20-1490-21-09, LM20-1508-C1402, LM20-1508-C1406, LM20-1491-09-02, LM20-1491-13-01, LM20-1508-C1464a, LM20-1509-C1501c, LM20-1491-14-04, LM20-1492-02-01, LM20-1509-C1553d, LM20-1509-C1555c, LM20-1492-02-05, LM20-1492-03-02, LM20-1509-C1565g, LM20-1509-C1594d, LM20-1492-05-02, LM20-1492-20-02, LM20-1509-C1595e, LM20-1509-C1603c, LM20-1492-26-09, LM20-1493-12-02, LM20-1509-C1618b, LM20-1509-C1624a, LM20-1493-12-03, LM20-1493-19-02, LM20-1509-C1646a, LM20-1513-CT0191, LM20-1493-27-04, LM20-1494-06-05, LM20-1513-CT0205, LM20-1513-CT0206, LM20-1495-01-02, LM20-1495-14-02, LM20-1513-CT0215, LM20-1513-CT0222, LM20-1496-20-09, LM20-1496-23-02, LM20-1513-CT0236, LM20-1513-CT0239, LM20-1496-26-05, LM20-1497-08-06, LM20-1513-CT0249, LM20-1513-CT0255b, LM20-1497-12-04, LM20-1497-17-07, LM20-1513-CT0271, LM20-1513-CT0278, LM20-1497-35-04, LM20-1498-08-06, LM20-1513-CT0291, LM20-1513-CT0293, LM20-1498-11-04, LM20-1498-11-06, LM20-1513-CT0296, LM20-1513-CT0298, LM20-1498-15-03, LM20-1498-20-04, LM20-1513-CT0301a, LM20-1513-CT0320b, LM20-1498-23-03, LM20-1498-24-05, LM20-1513-CT0325a, LM20-1513-CT0327, LM20-1498-35-01, LM20-1498-38-02, LM20-1513-CT0335, LM20-1513-CT0337, LM20-1499-21-01, LM20-1500-10-05b, LM20-1513-CT0338, LM20-1514-CT0401, LM20-1500-23-02, LM20-1501-01-06, LM20-1514-CT0423, LM20-1514-CT0425, LM20-1501-03-05, LM20-1501-09-01, LM20-1514-CT0427b, LM20-1514-CT0455, LM20-1501-25-03, LM20-1501-28-10, LM20-1514-CT0489, LM20-1514-CT0500,

LM20-1514-CT0501, LM20-1514-CT0506c, LM20-1514-CT0522b, LM20-1516-CK0066, LM20-1516-CK0076, LM20-1517-0264, LM20-1517-0584, LM20-1517-0602, LM20-1517-0653, LM20-1518-12-07, LM20-1518-12-08, LM20-1518-15-03, LM20-1518-15-04, LM20-1518-15-05, LM20-1518-15-06a, LM20-1518-15-06b, LM20-1518-15-07, LM20-1518-15-08, LM20-1518-15-09, LM20-1518-15-10, LM20-1518-15-11, LM20-1518-15-12, LM20-1518-15-14, LM20-1519-08-01, LM20-1520-08-08, LM20-1520-08-11, LM20-1520-14-07, LM20-1520-14-09, LM20-1520-14-10, LM20-1520-14-11, LM20-1520-14-13, LM20-1520-22-15, LM20-1520-37-01, LM20-1520-38-02, LM20-1521-22-06, LM20-1521-24-16, LM20-1522-07-19, LM20-1522-08-02, LM20-1522-23-16

《金剛般若波羅蜜經》經題

LM20-1468-07-01

《金剛般若波羅蜜經》外題

LM20-1513-CT0241

《金剛般若波羅蜜經》尾題

LM20-1474-09A-02, LM20-1489-08-04

《金剛般若波羅蜜經》抉注

LM20-1452-38-21, LM20-1452-39-13, LM20-1461-08-15, LM20-1461-10-12, LM20-1462-06-17, LM20-1493-13-05

《金剛般若波羅蜜經》注

LM20-827-03-45, LM20-827-03-46, LM20-827-04-47, LM20-827-04-48, LM20-827-04-49, LM20-827-04-61, LM20-827-05-62, LM20-827-05-63, LM20-827-05-64, LM20-827-05-65, LM20-827-05-66, LM20-827-05-75, LM20-827-07-104, LM20-827-07-105, LM20-827-07-106, LM20-827-07-107, LM20-827-08-108, LM20-827-08-109, LM20-827-08-110, LM20-827-08-111, LM20-827-08-112, LM20-827-08-113, LM20-827-08-114, LM20-827-08-122a, LM20-827-10-146, LM20-827-10-147, LM20-827-10-148, LM20-827-11-150, LM20-827-11-151, LM20-827-11-152, LM20-827-19-191

《金剛般若波羅蜜經》注疏

LM20-1458-04-03, LM20-1464-36-15, LM20-1500-33-06, LM20-1502-C0065, LM20-1507-C1082b

《金剛般若波羅蜜經論》卷上（元魏菩提流支譯）

LM20-1465-28-08, LM20-1468-28-01, LM20-1502-C0044b, LM20-1511-CB0037, LM20-1511-CB0103, LM20-1513-CT0253

《金剛般若波羅蜜經論》卷中（元魏菩提流支譯）

LM20-1450-36-01, LM20-1521-23-02

《金剛般若波羅蜜經論》卷下（元魏菩提流支譯）

LM20-1452-32-18, LM20-1494-05-03, LM20-1507-C1181d, LM20-1522-06-09

《金剛般若波羅蜜經論》卷中（隋達摩笈多譯）

LM20-1454-20-03

《金剛般若波羅蜜經論》卷下（隋達摩笈多譯）

LM20-1489-28-03

《金剛般若波羅蜜經略疏》卷上

题名索引 J 1897

LM20-1503-C0257, LM20-1503-C0281

《金刚般若经疏》

LM20-1455-11-01, LM20-1507-C1164c

《金刚般若经注序》 LM20-1456-11-09

《金刚般若论》卷上 LM20-1506-C0854a

《金刚般若论会释》卷上

LM20-1452-09-19, LM20-1461-01-21

金刚经集注 LM20-1451-16-01

《金刚经疏》

LM20-1452-36-08, LM20-1455-09-01ar, LM20-1461-24-03, LM20-1466-38-07, LM20-1517-0033

金刚经疏 LM20-1517-0275v

《金刚经注》 LM20-1493-08-07

金刚经注疏

LM20-1455-09-01av, LM20-1460-21-06, LM20-1475-18B-06, LM20-1506-C0886b, LM20-1513-CT0230, LM20-1514-CT0436

《金刚祕密善门陀罗尼咒经》

LM20-1453-34-08, LM20-1492-26-03, LM20-1492-32-01

《金刚三昧经》

LM20-1451-33-05, LM20-1465-38-19a, LM20-1517-0116r, LM20-1517-0116v

《金刚仙论》卷二 LM20-1511-CB0029

《金刚仙论》卷八

LM20-1451-09-06a, LM20-1451-09-06b, LM20-1463-12-13, LM20-1520-08-12

《金刚仙论》卷八（异本）

LM20-1466-17-03, LM20-1468-27-03, LM20-1506-C0797b

《金刚映》卷上 LM20-1480-04-08

《金光明经》卷一

LM20-827-06-76, LM20-827-06-77,

LM20-827-07-95, LM20-1450-16-03, LM20-1452-04-14, LM20-1452-14-04, LM20-1452-17-04, LM20-1452-28-10, LM20-1452-31-09, LM20-1452-35-04, LM20-1453-01-02, LM20-1453-07-02, LM20-1453-23-04, LM20-1453-27-03, LM20-1454-35-09, LM20-1455-07-18, LM20-1456-02-19, LM20-1456-05-03, LM20-1456-06-16, LM20-1456-15-04, LM20-1456-15-14, LM20-1456-15-16, LM20-1456-16-13, LM20-1456-21-14, LM20-1456-22-09, LM20-1456-29-09, LM20-1456-33-17, LM20-1456-34-03, LM20-1457-10-10, LM20-1457-30-06, LM20-1458-03-10, LM20-1458-09-15, LM20-1458-17-09, LM20-1458-18-07, LM20-1458-20-19, LM20-1458-22-18, LM20-1458-22-20, LM20-1458-23-10, LM20-1458-38-07, LM20-1458-38-25, LM20-1460-01-18, LM20-1460-05-13, LM20-1460-07-05, LM20-1460-13-21, LM20-1460-18-07, LM20-1460-19-12, LM20-1460-23-08, LM20-1460-30-16b, LM20-1461-03-09, LM20-1461-07-01, LM20-1461-07-03, LM20-1461-17-02, LM20-1461-27-09, LM20-1461-34-24, LM20-1461-36-01, LM20-1462-10-06, LM20-1462-12-08, LM20-1462-13-02, LM20-1462-13-09, LM20-1464-04-08, LM20-1464-14-02, LM20-1464-15-03, LM20-1464-21-18, LM20-1464-22-08, LM20-1464-38-04, LM20-1465-30-04, LM20-1466-10-22, LM20-1466-30-04, LM20-1466-33-01, LM20-1466-38-04,

LM20-1467-02-05, LM20-1469-34-05, LM20-1456-05-16, LM20-1456-15-18, LM20-1470-05-05, LM20-1470-07-01, LM20-1456-17-14, LM20-1456-22-03, LM20-1470-25-05, LM20-1470-26-04, LM20-1456-27-16, LM20-1456-34-04, LM20-1474-12A-04,LM20-1474-13A-02, LM20-1457-03-14, LM20-1457-06-13, LM20-1492-12-05, LM20-1492-34-03, LM20-1457-11-14, LM20-1458-02-21, LM20-1493-11-02, LM20-1493-15-02, LM20-1458-14-02, LM20-1458-23-11, LM20-1494-35-03, LM20-1495-18-01, LM20-1458-27-05, LM20-1458-29-05, LM20-1495-23-03, LM20-1496-17-04, LM20-1458-29-15, LM20-1458-30-06, LM20-1496-24-01, LM20-1496-29-03, LM20-1458-31-07, LM20-1458-36-17, LM20-1498-42-08, LM20-1501-12-05, LM20-1459-13-03, LM20-1459-28-09, LM20-1501-30-02, LM20-1504-C0455a, LM20-1460-02-04, LM20-1460-09-01, LM20-1505-C0516a, LM20-1507-C1054b, LM20-1460-09-08, LM20-1460-13-14, LM20-1508-C1268e, LM20-1508-C1324b, LM20-1460-17-16, LM20-1460-17-19, LM20-1508-C1348c, LM20-1509-C1510d, LM20-1460-23-16, LM20-1460-26-07, LM20-1509-C1549a, LM20-1509-C1600a, LM20-1460-27-04, LM20-1460-30-21, LM20-1509-C1614c, LM20-1509-C1636b, LM20-1460-38-05, LM20-1461-03-18, LM20-1517-0011b, LM20-1517-0138b, LM20-1461-04-08, LM20-1462-17-08, LM20-1517-0160b, LM20-1517-0333, LM20-1464-06-16, LM20-1464-12-10, LM20-1517-0352, LM20-1517-0363, LM20-1464-15-05, LM20-1464-16-10, LM20-1517-0377a, LM20-1517-0433, LM20-1464-18-07, LM20-1464-27-08, LM20-1517-0475, LM20-1519-08-07, LM20-1465-11-05, LM20-1465-27-06, LM20-1519-36-07, LM20-1519-36-08, LM20-1465-33-11, LM20-1465-35-04, LM20-1519-36-09, LM20-1519-36-10, LM20-1466-19-03, LM20-1467-16-03, LM20-1519-36-11, LM20-1520-31-02, LM20-1467-36-05, LM20-1468-09-14, LM20-1521-02-13, LM20-1521-03-06, LM20-1470-06-05, LM20-1474-12A-06, LM20-1521-13-04, LM20-1523-26-272, LM20-1490-05-16, LM20-1490-06-11, LM20-1548-06-25 LM20-1491-19-01, LM20-1492-12-06,

《金光明經》卷二 LM20-1492-19-06, LM20-1492-20-01,

LM20-1451-08-03, LM20-1451-27-09, LM20-1492-30-06, LM20-1494-27-04, LM20-1452-05-07, LM20-1452-11-10, LM20-1496-20-03, LM20-1496-23-05, LM20-1452-17-06, LM20-1452-18-11, LM20-1498-30-04, LM20-1499-02-03, LM20-1452-38-04a, LM20-1453-14-01, LM20-1499-18-02, LM20-1500-01-02, LM20-1454-22-07, LM20-1455-16-10, LM20-1500-15-02, LM20-1501-26-05, LM20-1455-22-11, LM20-1455-24-14, LM20-1501-32-06, LM20-1504-C0424b,

题名索引 J

LM20-1505-C0497b, LM20-1505-C0533c, LM20-1455-10-17, LM20-1455-15-01, LM20-1505-C0539a, LM20-1505-C0546c, LM20-1455-15-09, LM20-1455-15-13, LM20-1505-C0561d, LM20-1505-C0575e, LM20-1455-15-14, LM20-1455-36-08, LM20-1505-C0645a, LM20-1505-C0675a, LM20-1456-14-12, LM20-1456-15-01, LM20-1505-C0714a, LM20-1506-C0756d, LM20-1456-33-13, LM20-1458-04-16, LM20-1506-C0757a, LM20-1506-C0795c, LM20-1458-06-04, LM20-1458-11-16, LM20-1506-C0806c, LM20-1506-C0815d, LM20-1458-16-18, LM20-1458-20-06, LM20-1506-C0935b, LM20-1507-C1038a, LM20-1458-23-04, LM20-1458-31-20, LM20-1507-C1128b, LM20-1507-C1154c, LM20-1458-33-05, LM20-1458-33-18, LM20-1507-C1160d, LM20-1508-C1257, LM20-1458-37-06, LM20-1458-37-10, LM20-1508-C1284, LM20-1508-C1444, LM20-1458-38-16, LM20-1460-05-04, LM20-1509-C1509b, LM20-1509-C1536a, LM20-1460-15-11, LM20-1460-16-08, LM20-1509-C1649d, LM20-1510-C1657, LM20-1460-18-11, LM20-1460-21-05, LM20-1511-CB0049, LM20-1511-CB0107, LM20-1460-25-15, LM20-1460-29-19, LM20-1513-CT0346, LM20-1517-0043, LM20-1460-32-17, LM20-1460-33-04, LM20-1517-0153b, LM20-1517-0375a, LM20-1460-35-02, LM20-1461-02-19, LM20-1517-0591b, LM20-1517-0611, LM20-1461-09-26, LM20-1461-35-06, LM20-1517-0625, LM20-1519-36-12, LM20-1462-20-02, LM20-1462-28-01, LM20-1519-36-13, LM20-1519-36-14, LM20-1464-17-18, LM20-1464-19-12, LM20-1519-36-15, LM20-1519-36-16, LM20-1464-30-05, LM20-1465-05-04, LM20-1519-37-01, LM20-1519-37-02, LM20-1467-05-01, LM20-1468-27-01, LM20-1519-37-03, LM20-1519-37-04, LM20-1469-24-03, LM20-1469-30-02, LM20-1521-02-20, LM20-1521-10-20, LM20-1469-33-04, LM20-1469-36-13, LM20-1521-14-04, LM20-1521-14-20, LM20-1469-38-18, LM20-1470-27-03, LM20-1521-27-20, LM20-1521-33-05, LM20-1470-29-01, LM20-1474-04A-03, LM20-1521-35-19, LM20-1522-05-19, LM20-1474-12A-02, LM20-1490-06-05, LM20-1522-17-18, LM20-1522-21-08a, LM20-1490-07-21, LM20-1492-34-04, LM20-1522-21-08b, LM20-1523-03-34 LM20-1492-36-02, LM20-1493-18-02,

《金光明經》卷三 LM20-1493-24-04, LM20-1495-12-02,

LM20-1450-01-06, LM20-1450-25-07, LM20-1495-28-03, LM20-1495-28-04, LM20-1450-25-09, LM20-1452-01-17, LM20-1496-07-05, LM20-1496-12-03, LM20-1452-08-01, LM20-1454-10-08, LM20-1496-14-02, LM20-1497-03-04, LM20-1454-19-09, LM20-1454-20-08, LM20-1497-03-05, LM20-1497-07-02, LM20-1455-04-06, LM20-1455-08-03, LM20-1497-13-03, LM20-1497-32-05,

LM20-1498-33-02, LM20-1500-17-06, LM20-1455-38-18, LM20-1456-05-10b, LM20-1501-28-02, LM20-1501-38-02, LM20-1456-06-02, LM20-1456-06-07, LM20-1503-C0313, LM20-1505-C0482b, LM20-1456-13-04, LM20-1456-17-10, LM20-1505-C0529c, LM20-1505-C0540b, LM20-1456-21-10, LM20-1456-21-18, LM20-1505-C0559b, LM20-1505-C0682b, LM20-1456-29-19, LM20-1457-01-14, LM20-1505-C0691b, LM20-1506-C0754a, LM20-1457-05-14, LM20-1457-09-09, LM20-1506-C0809b, LM20-1506-C0835a, LM20-1457-10-14, LM20-1457-15-03, LM20-1506-C0839b, LM20-1506-C0845b, LM20-1457-22-01, LM20-1458-11-10, LM20-1506-C0849b, LM20-1506-C0875b, LM20-1458-20-17, LM20-1460-02-18, LM20-1506-C0891d, LM20-1506-C0934d, LM20-1461-06-07, LM20-1461-09-13, LM20-1506-C0936d, LM20-1507-C0983c, LM20-1461-09-23, LM20-1461-37-15, LM20-1507-C1084c, LM20-1507-C1089d, LM20-1461-38-06, LM20-1462-17-03, LM20-1507-C1149b, LM20-1507-C1155a, LM20-1462-24-06, LM20-1464-02-12, LM20-1508-C1332d, LM20-1509-C1578d, LM20-1464-07-04, LM20-1464-07-06, LM20-1509-C1584a, LM20-1510-C1686b, LM20-1464-16-06, LM20-1464-25-05, LM20-1510-C1686c, LM20-1510-C1686d, LM20-1464-29-03, LM20-1464-29-09, LM20-1510-C1686e, LM20-1510-C1686f, LM20-1464-32-10, LM20-1464-37-14, LM20-1510-C1686g, LM20-1510-C1686h, LM20-1465-09-06, LM20-1465-22-04, LM20-1510-C1686i, LM20-1510-C1686j, LM20-1466-07-03, LM20-1466-10-12, LM20-1517-0193, LM20-1519-37-05, LM20-1467-32-05, LM20-1467-36-06, LM20-1519-37-06, LM20-1519-37-07, LM20-1468-06-12, LM20-1470-04-01, LM20-1519-37-08, LM20-1519-37-09, LM20-1474-12A-05, LM20-1489-30-01, LM20-1519-37-10, LM20-1520-28-17, LM20-1489-30-02, LM20-1489-30-03a, LM20-1521-33-02, LM20-1522-22-06, LM20-1489-30-03b, LM20-1489-30-04a, LM20-1522-22-09, LM20-1548-09-67 LM20-1489-30-04b, LM20-1489-30-05a,

《金光明經》卷四 LM20-1489-30-05b, LM20-1489-30-06,

LM20-1451-23-01, LM20-1452-04-11, LM20-1489-30-07, LM20-1489-30-08, LM20-1452-07-13, LM20-1452-16-08, LM20-1489-30-09, LM20-1489-30-10, LM20-1452-22-04, LM20-1452-37-02, LM20-1489-34-01, LM20-1490-11-11, LM20-1452-38-20, LM20-1453-11-02, LM20-1490-13-20, LM20-1491-23-01, LM20-1454-02-06, LM20-1454-03-17, LM20-1492-22-05, LM20-1492-37-02, LM20-1454-35-06, LM20-1455-12-08, LM20-1494-05-02, LM20-1494-06-01, LM20-1455-17-07, LM20-1455-23-08, LM20-1494-34-03, LM20-1496-11-05, LM20-1455-33-11, LM20-1455-38-14, LM20-1496-28-03, LM20-1497-33-01,

LM20-1499-15-02, LM20-1500-23-04, LM20-1501-07-04, LM20-1501-07-05, LM20-1501-25-02, LM20-1502-C0076, LM20-1504-C0389a, LM20-1505-C0548c, LM20-1505-C0550b, LM20-1505-C0561e, LM20-1505-C0599a, LM20-1505-C0619a, LM20-1505-C0646a, LM20-1505-C0709b, LM20-1506-C0773d, LM20-1506-C0882d, LM20-1507-C1047a, LM20-1507-C1123a, LM20-1507-C1124c, LM20-1507-C1178a, LM20-1508-C1351b, LM20-1508-C1377d, LM20-1508-C1459c, LM20-1508-C1482e, LM20-1509-C1575h, LM20-1509-C1587a, LM20-1509-C1597b, LM20-1509-C1597d, LM20-1509-C1644a, LM20-1509-C1644b, LM20-1514-CT0364, LM20-1516-CK0088, LM20-1517-0002e, LM20-1517-0108, LM20-1517-0134b, LM20-1517-0296, LM20-1517-0302b, LM20-1517-0592b, LM20-1519-37-11, LM20-1519-37-12, LM20-1519-37-13, LM20-1519-37-14, LM20-1519-37-15, LM20-1519-37-16, LM20-1519-38-18, LM20-1520-18-14, LM20-1520-35-03, LM20-1521-25-07, LM20-1521-30-02, LM20-1521-35-15, LM20-1522-04-15

《金光明經》卷五　LM20-1504-C0385a

《金光明經懺悔滅罪傳》　LM20-1509-C1515

《金光明最勝王經》卷一

LM20-1459-18-03, LM20-1460-19-08, LM20-1460-35-07, LM20-1462-07-10, LM20-1468-15-09, LM20-1495-13-03, LM20-1497-05-01, LM20-1500-15-07, LM20-1501-23-06, LM20-1507-C1058b

《金光明最勝王經》卷二

LM20-1452-08-05, LM20-1506-C0928c, LM20-1509-C1538e, LM20-1509-C1613d

《金光明最勝王經》卷三

LM20-1452-16-10, LM20-1454-06-04, LM20-1456-37-03, LM20-1457-16-06, LM20-1461-20-02, LM20-1463-29-10, LM20-1489-11-26, LM20-1489-37-15

《金光明最勝王經》卷三(印本)

LM20-1486-07-04c, LM20-1486-07-15, LM20-1487-23-02

《金光明最勝王經》卷四

LM20-1453-28-05, LM20-1455-16-03, LM20-1456-27-14, LM20-1457-28-04, LM20-1458-02-06, LM20-1458-22-03, LM20-1460-26-02, LM20-1461-18-10, LM20-1461-20-11, LM20-1461-32-02, LM20-1464-27-18, LM20-1466-10-14, LM20-1468-23-07, LM20-1491-05-03, LM20-1491-08-04, LM20-1494-33-03, LM20-1502-C0070, LM20-1509-C1620d, LM20-1517-0313a, LM20-1517-0443, LM20-1517-0575a, LM20-1517-0609, LM20-1519-38-05, LM20-1520-01-01, LM20-1521-11-01

《金光明最勝王經》卷五

LM20-1468-29-01, LM20-1492-37-06, LM20-1497-21-01, LM20-1502-C0045a, LM20-1510-C1684

《金光明最勝王經》卷五(印本)

LM20-1486-23-02

《金光明最勝王經》卷六

LM20-1457-32-05, LM20-1459-37-01, LM20-1459-38-04, LM20-1465-23-01,

LM20-1475-15A-04, LM20-1495-02-02, LM20-1505-C0669c, LM20-1507-C1171c, LM20-1507-C1191c, LM20-1508-C1354c, LM20-1509-C1595d, LM20-1510-C1660

《金光明最勝王經》卷七

LM20-1454-25-10, LM20-1461-16-04, LM20-1501-27-03, LM20-1507-C1151d, LM20-1520-01-02, LM20-1520-17-04, LM20-1522-05-03

《金光明最勝王經》卷八

LM20-827-01-01, LM20-827-02-19, LM20-827-02-28, LM20-827-03-35, LM20-827-03-40, LM20-827-04-54, LM20-827-04-55, LM20-827-06-88, LM20-827-11-149, LM20-827-13-169, LM20-827-15-179, LM20-1458-27-04, LM20-1464-07-08, LM20-1509-C1513e, LM20-1512-CT0162, LM20-1520-01-03, LM20-1520-01-04

《金光明最勝王經》卷九

LM20-1455-24-18, LM20-1467-23-06, LM20-1508-C1270b, LM20-1528-01-17

《金光明最勝王經》卷一〇

LM20-1450-24-09, LM20-1491-08-01, LM20-1517-0331

《金光明最勝王經》卷一〇（印本）

LM20-1486-07-05a

《金光明最勝王經疏》卷五

LM20-1493-26-04

《金光明最勝王經疏》卷六（印本）

LM20-1487-02-05

晉史 LM20-1496-38-01

《經典釋文·禮記音義》 LM20-1523-23-234

經籤 LM20-1506-C0869c

《經律異相》卷二七 LM20-1520-18-09

《經律異相》卷二八

LM20-1453-10-04, LM20-1467-14-01

《經律異相》卷四三 LM20-1520-18-10

經題

LM20-1508-C1289, LM20-1508-C1302, LM20-1508-C1335a, LM20-1508-C1380b, LM20-1508-C1461b

經帙籤題 LM20-1468-17-09

《净名經關中釋抄》卷上

LM20-1455-08-12, LM20-1458-03-17, LM20-1460-04-04, LM20-1496-18-01, LM20-1505-C0570a, LM20-1506-C0817a, LM20-1517-0081c, LM20-1521-06-16, LM20-1548-09-69

《净名經集解關中疏》卷上

LM20-1450-11-02, LM20-1451-35-03, LM20-1458-11-06, LM20-1458-22-10, LM20-1509-C1574f, LM20-1521-04-10

《净名經集解關中疏》卷下

LM20-1464-25-02, LM20-1468-07-06, LM20-1494-26-08

《净土論》卷中 LM20-1507-C1077a

《净土論》卷下 LM20-1465-20-03

《净土五會念佛誦經觀行儀》卷中

LM20-1497-24-07, LM20-1520-26-10

《净土五會念佛誦經觀行儀》卷下

LM20-1457-03-09, LM20-1462-31-04, LM20-1494-27-07, LM20-1520-38-12

《鳩摩羅什法師誦法》

LM20-1454-09-08, LM20-1502-C0082, LM20-1507-C1075a, LM20-1507-C1131d

《究竟一乘寶性論》卷一 LM20-1517-0501

《救疾經》

LM20-827-02-21, LM20-1450-29-02, LM20-1450-35-03, LM20-1451-17-03, LM20-1451-17-04, LM20-1452-05-09, LM20-1453-23-02, LM20-1454-25-01, LM20-1455-38-17, LM20-1456-04-15, LM20-1456-22-20, LM20-1456-24-02, LM20-1456-29-02, LM20-1457-34-02, LM20-1458-26-09, LM20-1458-35-13, LM20-1460-21-01, LM20-1460-34-11, LM20-1461-02-16, LM20-1461-20-13, LM20-1461-22-16, LM20-1461-25-02, LM20-1463-29-02, LM20-1464-10-13, LM20-1464-10-14, LM20-1466-34-02, LM20-1467-18-02, LM20-1469-28-03, LM20-1469-34-01, LM20-1469-37-11, LM20-1489-26-10, LM20-1490-12-07, LM20-1490-14-02, LM20-1494-13-01, LM20-1495-25-04, LM20-1495-26-02, LM20-1496-22-05, LM20-1498-25-05, LM20-1500-16-02, LM20-1501-35-10, LM20-1502-C0059, LM20-1503-C0198, LM20-1503-C0249, LM20-1503-C0301, LM20-1503-C0312, LM20-1504-C0386b, LM20-1505-C0502a, LM20-1506-C0848a, LM20-1506-C0923c, LM20-1506-C0942a, LM20-1506-C0960b, LM20-1507-C1138d, LM20-1508-C1321a, LM20-1508-C1425, LM20-1509-C1498a, LM20-1509-C1509a, LM20-1510-C1651, LM20-1510-C1669, LM20-1517-0551, LM20-1520-19-03, LM20-1520-19-04, LM20-1520-19-05, LM20-1520-19-06, LM20-1520-28-14, LM20-1520-38-03, LM20-1521-01-20, LM20-1523-17-161

《救疾經》題記　LM20-1469-09-07

俱舍論疏

　　LM20-1458-30-03, LM20-1522-04-09r

《俱舍論疏》卷五　LM20-1521-01-06

《俱舍論頌疏論本序》注

　　LM20-1454-06-12, LM20-1522-07-06, LM20-1523-05-45

《俱舍論頌疏論本》卷二

　　LM20-1468-09-13, LM20-1517-0319b, LM20-1520-34-06

《俱舍論頌疏論本》卷三　LM20-1455-12-17

《俱舍論頌疏論本》卷四

　　LM20-1451-35-05, LM20-1460-31-12

《俱舍論頌疏論本》卷二一

　　LM20-1523-15-138b

《俱舍論頌疏論本》卷二八

　　LM20-1505-C0668a

《決罪福經》卷下

　　LM20-1457-19-10, LM20-1458-30-13, LM20-1462-18-04, LM20-1462-34-09, LM20-1464-28-07, LM20-1517-0158a

K

《開蒙要訓》　LM20-1523-21-210

"康家一切經" 外題　LM20-1454-11-07

空號

　　LM20-1455-07-06, LM20-1456-06-06, LM20-1458-15-11, LM20-1458-20-09, LM20-1458-30-12, LM20-1459-32, LM20-1467-11-05, LM20-1468-35, LM20-1471-01, LM20-1471-030, LM20-1471-031, LM20-1471-032, LM20-1471-033, LM20-1471-034,

LM20-1471-035, LM20-1471-036, LM20-1471-037, LM20-1471-038, LM20-1471-07, LM20-1471-15, LM20-1471-26, LM20-1471-27, LM20-1475-07B, LM20-1475-08B, LM20-1475-10B, LM20-1475-11A, LM20-1475-11B, LM20-1475-12A, LM20-1475-12B, LM20-1476-01, LM20-1476-12, LM20-1476-13, LM20-1476-26, LM20-1476-27, LM20-1476-33, LM20-1476-35, LM20-1476-38, LM20-1477-01, LM20-1477-12, LM20-1477-13, LM20-1478-01, LM20-1478-04, LM20-1478-05, LM20-1478-08, LM20-1478-10, LM20-1478-11, LM20-1478-16, LM20-1478-17, LM20-1478-19, LM20-1478-20, LM20-1478-21, LM20-1478-24, LM20-1478-25, LM20-1478-30, LM20-1478-31, LM20-1479-01, LM20-1479-23, LM20-1480-01, LM20-1480-05, LM20-1480-23, LM20-1481-01, LM20-1481-03, LM20-1481-05, LM20-1481-06, LM20-1481-07, LM20-1481-22, LM20-1481-23, LM20-1481-30, LM20-1481-31, LM20-1481-38, LM20-1482-01, LM20-1482-02, LM20-1482-03, LM20-1482-04, LM20-1482-05, LM20-1482-09, LM20-1482-10, LM20-1482-11, LM20-1482-16, LM20-1482-17, LM20-1482-27, LM20-1482-28, LM20-1482-29, LM20-1482-30, LM20-1482-31, LM20-1482-32, LM20-1482-33, LM20-1482-34, LM20-1482-35, LM20-1482-36, LM20-1482-37, LM20-1482-38, LM20-1483-01, LM20-1483-02, LM20-1483-03, LM20-1483-04, LM20-1483-05, LM20-1483-06, LM20-1483-07, LM20-1483-08, LM20-1483-09, LM20-1483-10, LM20-1483-12, LM20-1483-13, LM20-1483-14, LM20-1483-15, LM20-1483-16, LM20-1483-17, LM20-1483-18, LM20-1483-19, LM20-1483-20, LM20-1483-21, LM20-1483-22, LM20-1483-23, LM20-1483-24, LM20-1483-25, LM20-1483-28, LM20-1483-29, LM20-1483-32, LM20-1483-33, LM20-1483-36, LM20-1483-37, LM20-1483-38, LM20-1484-01, LM20-1484-06, LM20-1484-07, LM20-1484-14, LM20-1484-15, LM20-1484-24, LM20-1484-25, LM20-1484-38, LM20-1485-01, LM20-1485-04, LM20-1485-05, LM20-1485-10, LM20-1485-11, LM20-1485-13, LM20-1485-14, LM20-1485-15, LM20-1485-18, LM20-1485-19, LM20-1485-21, LM20-1485-22, LM20-1485-23, LM20-1485-24, LM20-1485-25, LM20-1485-26, LM20-1485-27, LM20-1485-28, LM20-1485-29,

LM20-1485-30, LM20-1485-31, LM20-1485-32, LM20-1485-33, LM20-1485-35, LM20-1485-36, LM20-1485-37, LM20-1485-38, LM20-1487-17-08, LM20-1488-09-05, LM20-1488-28-06, LM20-1490-26, LM20-1490-27, LM20-1490-28, LM20-1490-29, LM20-1490-30, LM20-1490-31, LM20-1490-32, LM20-1490-33, LM20-1490-34, LM20-1490-35, LM20-1490-36, LM20-1490-37, LM20-1490-38, LM20-1503-C0299, LM20-1506-C0789, LM20-1507-C1214, LM20-1507-C1215, LM20-1507-C1216, LM20-1507-C1217, LM20-1507-C1218, LM20-1507-C1219, LM20-1507-C1220, LM20-1507-C1221, LM20-1507-C1222, LM20-1507-C1223, LM20-1507-C1224, LM20-1507-C1225, LM20-1507-C1226, LM20-1507-C1227, LM20-1507-C1228, LM20-1507-C1229, LM20-1507-C1230, LM20-1508-C1246, LM20-1508-C1258, LM20-1508-C1259, LM20-1508-C1260, LM20-1508-C1261, LM20-1508-C1262, LM20-1508-C1263, LM20-1508-C1264, LM20-1508-C1265, LM20-1508-C1266, LM20-1508-C1294, LM20-1508-C1295, LM20-1508-C1296, LM20-1508-C1297, LM20-1508-C1298, LM20-1508-C1299, LM20-1508-C1300, LM20-1508-C1301, LM20-1508-C1303, LM20-1508-C1305, LM20-1508-C1385, LM20-1508-C1386, LM20-1508-C1387, LM20-1508-C1388, LM20-1508-C1389, LM20-1508-C1390, LM20-1508-C1391, LM20-1508-C1392, LM20-1508-C1393, LM20-1508-C1394, LM20-1508-C1401, LM20-1508-C1419, LM20-1508-C1434, LM20-1508-C1435, LM20-1508-C1436, LM20-1508-C1465, LM20-1508-C1472, LM20-1508-C1477, LM20-1508-C1478, LM20-1508-C1479, LM20-1508-C1495, LM20-1509-C1619, LM20-1509-C1640, LM20-1513-CT0199, LM20-1518-07-07

L

《老子道德經河上公章句》卷四

LM20-1523-16-153

《老子道德經序訣》

LM20-1506-C0734a, LM20-1509-C1582e, LM20-1520-27-14, LM20-1522-09-16

《老子道德經》注疏

LM20-1452-37-17, LM20-1455-17-04

《老子道經上》

LM20-1453-09-06, LM20-1454-08-06, LM20-1458-23-08, LM20-1499-27-06, LM20-1520-24-13, LM20-1520-34-14

《老子德經下》

LM20-1452-18-07, LM20-1453-11-07, LM20-1464-17-07, LM20-1498-41-04, LM20-1504-C0330, LM20-1505-C0497a, LM20-1508-C1487b

類書(?) LM20-1523-01-07

《楞伽阿跋多羅寶經》卷一

LM20-1452-29-02

《楞伽阿跋多羅寶經》卷二

LM20-1456-38-12, LM20-1505-C0693b,

題名索引

LM20-1506-C0746c

《楞伽阿跋多羅寶經》卷四

LM20-1493-20-04, LM20-1505-C0704b

《楞伽阿跋多羅寶經》注

LM20-1497-02-04

楞伽經注 LM20-1453-06-05

《楞伽師資記》

LM20-1454-05-18, LM20-1522-17-16

《楞嚴經》注疏 LM20-1458-12-20

禮懺文

LM20-1457-20-03, LM20-1460-17-01, LM20-1461-32-01, LM20-1462-38-02r, LM20-1465-23-05, LM20-1471-24-02, LM20-1471-25-02, LM20-1471-28-02a, LM20-1471-28-02b, LM20-1495-21-02, LM20-1495-29-01, LM20-1498-15-02, LM20-1507-C1152b, LM20-1521-06-10

禮懺文（印本） LM20-1486-30-14b

《禮記·坊記》鄭玄注 LM20-1523-26-271

曆日殘片 LM20-1520-18-12

《梁朝傅大士夾頌金剛經》（印本）

LM20-1487-32-13, LM20-1487-32-41

《梁朝傅大士頌金剛經序》

LM20-1468-16-04

《梁朝傅大士頌金剛經》

LM20-1457-08-05, LM20-1459-19-04, LM20-1459-38-01, LM20-1459-39-02, LM20-1490-19-09, LM20-1490-25-06, LM20-1506-C0900a

《量處輕重儀》 LM20-1468-25-01

療風黃腹口方 LM20-1523-07-74

《列女傳》 LM20-1452-37-06

《列子·楊朱第七》張湛注

LM20-1523-19-181

領布帛抄 LM20-1523-14-131

靈驗記 LM20-1521-04-09

《劉子》卷三九 LM20-1464-10-09

《六度集經》卷二

LM20-1458-29-14, LM20-1501-08-06

《六度集經》卷四 LM20-1495-28-02

《六度集經》卷七

LM20-1459-25-03, LM20-1464-18-18, LM20-1521-12-15

《六度集經》外題 LM20-1469-02-09

《六門陀羅尼經》 LM20-1460-38-06

《龍樹菩薩爲禪陀迦王說法要偈》

LM20-1456-38-15, LM20-1461-25-15, LM20-1506-C0750d, LM20-1506-C0842c

《龍王兄弟經》 LM20-1521-10-11

祿命書

LM20-1521-02-15, LM20-1523-06-61, LM20-1523-24-248

祿命書（印本） LM20-1486-07-08b

《論語·子罕》鄭氏注 LM20-1505-C0705b

《論語·子路》鄭氏注

LM20-1461-06-02, LM20-1461-12-18

《論語集解》卷五 LM20-1460-06-09

《論語集解》卷六 LM20-1506-C0941c

《論語義疏》卷二 LM20-1464-12-21

《羅云忍辱經》

LM20-1458-27-12, LM20-1492-17-06, LM20-1507-C0980b

《律戒本疏》

LM20-1460-09-10a, LM20-1460-09-10b, LM20-1505-C0713b, LM20-1520-20-04, LM20-1521-29-11v

律呂書 LM20-1456-23-22

M

《毛詩·小雅·賓之初筵》鄭氏箋
　　LM20-1522-08-16

《毛詩·小雅·采芑》　LM20-1480-04-10

《毛詩·小雅·谷風》鄭氏箋
　　LM20-1504-C0472b

《毛詩·小雅·四月》鄭氏箋
　　LM20-1469-12-04

《毛詩·周頌·閔予小子》鄭氏箋
　　LM20-1466-12-14, LM20-1520-26-06

《彌勒菩薩所問本願經》
　　LM20-1458-18-14, LM20-1507-C1117a

《彌勒菩薩所問經論》卷一
　　LM20-1450-04-01

《彌勒菩薩所問經論》卷六
　　LM20-1464-11-24

《彌勒菩薩所問經論》卷九
　　LM20-1520-12-05

《彌沙塞部和醯五分律》卷一
　　LM20-1517-0184

《彌沙塞部和醯五分律》卷二
　　LM20-1469-34-02, LM20-1507-C1078b

《彌沙塞部和醯五分律》卷六
　　LM20-1508-C1329b

《彌沙塞部和醯五分律》卷一二
　　LM20-1504-C0383, LM20-1520-22-14

《彌沙塞部和醯五分律》卷二〇
　　LM20-1507-C1110c

《彌沙塞部和醯五分律》卷二三
　　LM20-1517-0318

《彌沙塞部和醯五分律》卷二九
　　LM20-1508-C1372a

《彌沙塞五分戒本》
　　LM20-1456-07-08, LM20-1456-18-16,
　　LM20-1469-11-02, LM20-1494-24-04,
　　LM20-1504-C0377, LM20-1508-C1396,
　　LM20-1520-06-01, LM20-1528-02-23

《蜜莊嚴施一切普讚》　LM20-1451-31-01

《妙法蓮華經》卷一
　　LM20-827-01-05, LM20-827-01-06,
　　LM20-827-01-07, LM20-827-01-08,
　　LM20-827-01-09, LM20-827-01-10,
　　LM20-827-02-17, LM20-827-02-20,
　　LM20-827-02-22, LM20-827-02-26,
　　LM20-827-02-27, LM20-827-03-33,
　　LM20-827-03-34, LM20-827-03-36,
　　LM20-827-04-50, LM20-827-04-51,
　　LM20-827-04-52, LM20-827-05-71,
　　LM20-827-05-72, LM20-827-06-81,
　　LM20-827-07-98, LM20-827-08-118,
　　LM20-827-08-119, LM20-827-08-120,
　　LM20-827-08-121, LM20-827-10-145,
　　LM20-827-11-158, LM20-827-19-193a,
　　LM20-827-19-193b, LM20-827-20-196,
　　LM20-827-20-197, LM20-1450-02-01,
　　LM20-1450-18-01, LM20-1450-25-03,
　　LM20-1450-30-04, LM20-1450-33-02,
　　LM20-1450-38-03, LM20-1451-01-01,
　　LM20-1451-06-02, LM20-1451-20-03r,
　　LM20-1451-21-04, LM20-1451-22-02,
　　LM20-1451-25-09, LM20-1451-26-05,
　　LM20-1452-02-02, LM20-1452-03-09,
　　LM20-1452-03-18, LM20-1452-05-28,
　　LM20-1452-06-07b, LM20-1452-07-08,
　　LM20-1452-09-13, LM20-1452-12-06,
　　LM20-1452-19-06, LM20-1452-19-12,

LM20-1452-21-09, LM20-1452-26-03, LM20-1456-16-20, LM20-1456-17-01, LM20-1452-29-14, LM20-1452-31-14, LM20-1456-20-02, LM20-1456-22-12, LM20-1452-32-09, LM20-1452-33-15, LM20-1456-23-07, LM20-1456-24-05, LM20-1452-38-12, LM20-1452-38-13, LM20-1456-27-03, LM20-1456-27-12, LM20-1452-38-19, LM20-1453-03-03, LM20-1456-27-17, LM20-1456-27-20, LM20-1453-07-07, LM20-1453-17-04, LM20-1456-27-21, LM20-1456-28-12, LM20-1453-24-06, LM20-1453-28-06, LM20-1456-33-06, LM20-1456-35-06, LM20-1453-29-06, LM20-1453-29-09, LM20-1456-36-12, LM20-1456-37-11, LM20-1454-04-10, LM20-1454-05-09, LM20-1457-01-16, LM20-1457-03-02, LM20-1454-15-08, LM20-1454-21-02b, LM20-1457-03-16, LM20-1457-04-16, LM20-1454-23-03, LM20-1454-24-03, LM20-1457-07-07, LM20-1457-11-07, LM20-1454-27-02, LM20-1454-31-02, LM20-1457-24-03, LM20-1457-25-02, LM20-1454-31-04, LM20-1454-31-07, LM20-1457-25-03, LM20-1457-25-04, LM20-1454-32-06, LM20-1454-32-07, LM20-1457-25-05, LM20-1457-35-05, LM20-1454-34-07, LM20-1454-37-08, LM20-1458-04-09, LM20-1458-05-03, LM20-1454-39-05, LM20-1455-02-04, LM20-1458-07-04, LM20-1458-09-07, LM20-1455-02-09, LM20-1455-02-17, LM20-1458-10-06, LM20-1458-11-17, LM20-1455-03-11, LM20-1455-11-05, LM20-1458-13-09, LM20-1458-14-04, LM20-1455-12-03, LM20-1455-13-11, LM20-1458-15-07, LM20-1458-16-20, LM20-1455-13-13a, LM20-1455-13-13b, LM20-1458-18-02, LM20-1458-20-28, LM20-1455-14-07, LM20-1455-16-02, LM20-1458-21-15, LM20-1458-23-12, LM20-1455-17-13, LM20-1455-19-03, LM20-1458-24-07, LM20-1458-24-18, LM20-1455-23-06, LM20-1455-24-17, LM20-1458-26-11, LM20-1458-26-14, LM20-1455-26-09, LM20-1455-27-11, LM20-1458-27-06, LM20-1458-30-09, LM20-1455-27-17, LM20-1455-28-06, LM20-1458-30-11, LM20-1458-30-19, LM20-1455-30-03, LM20-1455-33-01, LM20-1458-30-25, LM20-1458-33-02, LM20-1455-34-04, LM20-1455-34-11, LM20-1458-33-13, LM20-1458-36-14, LM20-1455-36-10a, LM20-1455-37-15, LM20-1459-14-03, LM20-1459-14-04, LM20-1455-38-11, LM20-1456-02-13, LM20-1459-14-05, LM20-1459-16-03, LM20-1456-02-21, LM20-1456-06-04, LM20-1459-21-02, LM20-1460-07-11, LM20-1456-08-02, LM20-1456-08-09, LM20-1460-12-03, LM20-1460-15-14, LM20-1456-08-21, LM20-1456-10-14, LM20-1460-19-05, LM20-1460-21-18, LM20-1456-13-05, LM20-1456-13-14, LM20-1460-22-10, LM20-1460-22-13, LM20-1456-15-13, LM20-1456-15-17, LM20-1460-23-19, LM20-1460-24-11,

题名索引 M 1909

LM20-1460-25-10, LM20-1460-30-13, LM20-1464-33-15, LM20-1464-36-12, LM20-1460-33-20, LM20-1460-37-12, LM20-1464-37-02, LM20-1464-38-02, LM20-1460-37-23, LM20-1460-38-13, LM20-1465-09-03, LM20-1465-14-02, LM20-1460-38-25, LM20-1461-01-08, LM20-1465-21-04, LM20-1465-26-02, LM20-1461-01-14a, LM20-1461-02-05, LM20-1465-27-14, LM20-1465-28-12, LM20-1461-02-15, LM20-1461-02-21, LM20-1465-29-13, LM20-1465-30-03, LM20-1461-04-04, LM20-1461-08-10, LM20-1465-30-05, LM20-1465-32-05, LM20-1461-11-20, LM20-1461-12-04, LM20-1465-34-17, LM20-1465-37-14, LM20-1461-12-09, LM20-1461-12-20, LM20-1465-38-12, LM20-1465-38-13, LM20-1461-13-14, LM20-1461-15-06, LM20-1466-02-05, LM20-1466-03-01, LM20-1461-15-15, LM20-1461-16-10, LM20-1466-05-07, LM20-1466-07-04, LM20-1461-16-14, LM20-1461-18-09, LM20-1466-09-10, LM20-1466-10-16, LM20-1461-21-11, LM20-1461-21-13, LM20-1466-11-24, LM20-1466-12-30, LM20-1461-22-09, LM20-1461-24-05, LM20-1466-13-09, LM20-1466-18-07, LM20-1461-26-09, LM20-1461-27-07, LM20-1466-35-03, LM20-1467-02-03, LM20-1461-28-01, LM20-1461-28-06, LM20-1467-08-03, LM20-1467-10-03, LM20-1461-30-01, LM20-1461-30-15, LM20-1467-10-07, LM20-1467-14-06, LM20-1461-31-01, LM20-1461-33-09, LM20-1467-16-06, LM20-1467-19-02, LM20-1461-34-20, LM20-1461-35-04, LM20-1467-20-02, LM20-1467-34-04, LM20-1461-36-02, LM20-1461-36-19, LM20-1467-38-05, LM20-1468-08-02, LM20-1461-38-03, LM20-1462-02-14, LM20-1468-11-07, LM20-1469-12-08, LM20-1462-03-02, LM20-1462-07-07, LM20-1469-31-01, LM20-1470-18-02, LM20-1462-11-06, LM20-1462-22-04, LM20-1470-24-02, LM20-1470-25-01, LM20-1462-24-02, LM20-1462-26-02, LM20-1474-15B-12, LM20-1475-08A-02, LM20-1462-33-03, LM20-1462-33-08, LM20-1477-02-01, LM20-1477-02-02, LM20-1462-34-04a, LM20-1463-31-09, LM20-1477-02-03, LM20-1477-02-04, LM20-1464-02-10, LM20-1464-06-15, LM20-1477-03-01, LM20-1477-03-02, LM20-1464-09-03, LM20-1464-11-20, LM20-1477-03-03, LM20-1477-04-01, LM20-1464-15-21, LM20-1464-17-09, LM20-1477-04-02, LM20-1477-04-03, LM20-1464-17-12, LM20-1464-17-21, LM20-1477-04-04, LM20-1477-05-01, LM20-1464-18-22, LM20-1464-19-13, LM20-1477-05-02, LM20-1477-05-03, LM20-1464-20-02, LM20-1464-20-19, LM20-1477-05-04, LM20-1477-05-05, LM20-1464-27-19, LM20-1464-30-06, LM20-1477-06-01, LM20-1477-06-02, LM20-1464-30-08, LM20-1464-32-02, LM20-1477-06-03, LM20-1477-06-04,

题名索引

LM20-1477-06-05, LM20-1477-07-01, LM20-1477-07-02, LM20-1477-07-03, LM20-1477-07-04, LM20-1477-07-05, LM20-1477-08-01, LM20-1477-08-02, LM20-1477-08-03, LM20-1477-09-01, LM20-1477-09-02, LM20-1477-09-03, LM20-1477-10-01, LM20-1477-10-02, LM20-1477-10-03, LM20-1477-10-04, LM20-1477-11-01, LM20-1477-11-02, LM20-1477-11-03, LM20-1477-11-04, LM20-1477-11-05, LM20-1479-02-01, LM20-1479-02-02, LM20-1479-02-03, LM20-1479-02-04, LM20-1479-02-05, LM20-1479-02-06, LM20-1479-02-07, LM20-1479-03-01, LM20-1479-03-02, LM20-1479-03-03, LM20-1479-03-04, LM20-1479-03-05, LM20-1479-04-01, LM20-1479-04-02, LM20-1479-04-03, LM20-1479-05-01, LM20-1479-05-02, LM20-1479-05-03, LM20-1479-06-01, LM20-1479-06-02, LM20-1479-07-01, LM20-1479-08-01, LM20-1479-08-02, LM20-1479-08-03, LM20-1479-08-04, LM20-1479-09-01, LM20-1479-09-02, LM20-1479-09-03, LM20-1479-10-01, LM20-1479-10-02, LM20-1479-10-03, LM20-1479-10-04, LM20-1479-11-01, LM20-1479-11-02, LM20-1479-11-03, LM20-1479-11-04, LM20-1479-11-05, LM20-1479-12-01, LM20-1479-12-02, LM20-1479-12-03, LM20-1479-12-04, LM20-1479-12-05, LM20-1479-12-06r, LM20-1479-12-06v, LM20-1479-13-01, LM20-1479-13-02, LM20-1479-13-03, LM20-1479-14-01, LM20-1479-14-02, LM20-1479-14-03, LM20-1479-15-01, LM20-1479-15-02, LM20-1479-15-03, LM20-1479-15-04, LM20-1479-15-05, LM20-1479-16-01, LM20-1479-16-02, LM20-1479-16-03, LM20-1479-16-04, LM20-1479-17-01, LM20-1479-17-02, LM20-1479-17-03, LM20-1479-17-04, LM20-1479-17-05, LM20-1479-17-06, LM20-1479-18-01, LM20-1479-18-02, LM20-1479-18-03, LM20-1479-18-04, LM20-1479-18-05, LM20-1479-18-06, LM20-1479-19-01, LM20-1479-19-02, LM20-1479-19-03, LM20-1479-19-04, LM20-1479-19-05, LM20-1479-19-06, LM20-1479-20-01, LM20-1479-20-02, LM20-1479-20-03, LM20-1479-21-01, LM20-1479-21-02, LM20-1479-21-03, LM20-1479-21-04, LM20-1479-21-05, LM20-1479-22-01, LM20-1479-24-01, LM20-1479-24-02, LM20-1479-24-03, LM20-1479-25-01, LM20-1479-25-02, LM20-1479-26-01, LM20-1479-26-02, LM20-1479-26-03, LM20-1479-26-04, LM20-1479-27-01, LM20-1479-27-02, LM20-1479-27-03, LM20-1479-27-04, LM20-1479-28-01, LM20-1479-28-02, LM20-1479-28-03, LM20-1479-29-01, LM20-1479-29-02, LM20-1479-30-01, LM20-1479-31-01, LM20-1479-32-01, LM20-1479-33-01, LM20-1479-34-01, LM20-1479-34-02, LM20-1479-34-03, LM20-1479-34-04, LM20-1479-35-01, LM20-1479-35-02, LM20-1479-35-03,

题名索引 M 1911

LM20-1479-35-04, LM20-1479-36-01, LM20-1495-22-01, LM20-1495-24-03, LM20-1479-36-02, LM20-1479-36-03, LM20-1495-31-02, LM20-1495-35-01, LM20-1479-37-01, LM20-1479-37-02, LM20-1496-01-05, LM20-1496-05-06, LM20-1479-37-03, LM20-1479-37-04, LM20-1496-05-07, LM20-1496-16-01, LM20-1488-04-04, LM20-1488-10-03, LM20-1496-16-02, LM20-1496-19-01, LM20-1488-12-02, LM20-1489-28-05, LM20-1496-25-05, LM20-1496-34-04, LM20-1489-37-09, LM20-1490-04-06, LM20-1497-02-01, LM20-1497-06-01, LM20-1490-06-08, LM20-1490-08-11, LM20-1497-07-01, LM20-1497-23-03, LM20-1490-12-03, LM20-1490-13-19, LM20-1497-24-03, LM20-1498-01-01, LM20-1490-13-23, LM20-1491-01-01, LM20-1498-02-01, LM20-1498-03-03, LM20-1491-06-03, LM20-1491-13-02, LM20-1498-08-07, LM20-1498-11-05, LM20-1491-13-03, LM20-1491-21-03, LM20-1498-12-05, LM20-1498-13-05, LM20-1491-22-04, LM20-1491-25-04, LM20-1498-14-01, LM20-1498-15-04, LM20-1491-26-04, LM20-1491-27-01, LM20-1498-16-04, LM20-1498-16-05, LM20-1491-27-02, LM20-1491-27-05, LM20-1498-18-07, LM20-1498-19-01, LM20-1491-30-01, LM20-1492-03-01, LM20-1498-22-03, LM20-1498-23-02, LM20-1492-05-01, LM20-1492-09-06, LM20-1498-29-03, LM20-1498-30-02, LM20-1492-17-03, LM20-1492-18-07, LM20-1498-31-04, LM20-1498-34-01, LM20-1492-20-04, LM20-1492-21-05, LM20-1498-38-01, LM20-1499-21-02, LM20-1492-25-04, LM20-1492-27-05, LM20-1499-25-05, LM20-1499-34-05, LM20-1492-31-04, LM20-1492-33-06, LM20-1500-07-04, LM20-1500-13-04, LM20-1493-02-05, LM20-1493-03-06, LM20-1500-14-01, LM20-1500-23-05, LM20-1493-04-03, LM20-1493-05-02, LM20-1500-24-04, LM20-1500-27-03, LM20-1493-08-01, LM20-1493-15-03, LM20-1500-29-01, LM20-1500-32-01, LM20-1493-17-02, LM20-1493-24-01, LM20-1500-32-07, LM20-1500-34-07, LM20-1493-25-02, LM20-1493-31-01, LM20-1501-09-04, LM20-1501-10-05, LM20-1493-32-01, LM20-1494-02-04, LM20-1501-11-05, LM20-1501-12-04, LM20-1494-08-04, LM20-1494-12-03, LM20-1501-13-05, LM20-1501-16-05, LM20-1494-22-01, LM20-1494-26-03, LM20-1501-17-01, LM20-1501-27-05, LM20-1494-29-04, LM20-1494-30-04, LM20-1501-29-04, LM20-1502-C0094, LM20-1494-37-03, LM20-1495-01-05, LM20-1502-C0148, LM20-1503-C0187, LM20-1495-09-01, LM20-1495-09-02a, LM20-1503-C0210, LM20-1503-C0218, LM20-1495-18-04, LM20-1495-19-03, LM20-1504-C0329a, LM20-1504-C0333, LM20-1495-19-05, LM20-1495-21-05, LM20-1504-C0393a, LM20-1504-C0394a,

LM20-1504-C0412b, LM20-1504-C0417, LM20-1507-C1033b, LM20-1507-C1053a, LM20-1504-C0420c, LM20-1504-C0421b, LM20-1507-C1071b, LM20-1507-C1089c, LM20-1504-C0460a, LM20-1504-C0471a, LM20-1507-C1116d, LM20-1507-C1120c, LM20-1504-C0472a, LM20-1505-C0499b, LM20-1507-C1122a, LM20-1507-C1143b, LM20-1505-C0500a, LM20-1505-C0503c, LM20-1507-C1150b, LM20-1507-C1167a, LM20-1505-C0505b, LM20-1505-C0508b, LM20-1507-C1170a, LM20-1507-C1177d, LM20-1505-C0539b, LM20-1505-C0573a, LM20-1507-C1179c, LM20-1507-C1189c, LM20-1505-C0579, LM20-1505-C0619b, LM20-1508-C1248, LM20-1508-C1271g, LM20-1505-C0642c, LM20-1505-C0651a, LM20-1508-C1288, LM20-1508-C1310, LM20-1505-C0667b, LM20-1505-C0686a, LM20-1508-C1323c, LM20-1508-C1340a, LM20-1505-C0687c, LM20-1505-C0700a, LM20-1508-C1342a, LM20-1508-C1345e, LM20-1506-C0719b, LM20-1506-C0722c, LM20-1508-C1357c, LM20-1508-C1364d, LM20-1506-C0754c, LM20-1506-C0761c, LM20-1508-C1374a, LM20-1508-C1379c, LM20-1506-C0762b, LM20-1506-C0768a, LM20-1508-C1382c, LM20-1508-C1412, LM20-1506-C0780b, LM20-1506-C0780c, LM20-1508-C1415, LM20-1508-C1455b, LM20-1506-C0785a, LM20-1506-C0801c, LM20-1508-C1458c, LM20-1508-C1460c, LM20-1506-C0810b, LM20-1506-C0814e, LM20-1508-C1463e, LM20-1509-C1512a, LM20-1506-C0816c, LM20-1506-C0826c, LM20-1509-C1547a, LM20-1509-C1551e, LM20-1506-C0843a, LM20-1506-C0843c, LM20-1509-C1554a, LM20-1509-C1560c, LM20-1506-C0846d, LM20-1506-C0849a, LM20-1509-C1567b, LM20-1509-C1568b, LM20-1506-C0850b, LM20-1506-C0850c, LM20-1509-C1573, LM20-1509-C1588f, LM20-1506-C0851c, LM20-1506-C0855d, LM20-1509-C1600b, LM20-1509-C1606c, LM20-1506-C0858a, LM20-1506-C0858d, LM20-1509-C1610b, LM20-1509-C1610e, LM20-1506-C0876a, LM20-1506-C0879b, LM20-1509-C1632c, LM20-1509-C1635b, LM20-1506-C0879c, LM20-1506-C0889d, LM20-1509-C1641b, LM20-1511-CB0032, LM20-1506-C0895d, LM20-1506-C0903c, LM20-1511-CB0042, LM20-1511-CB0057c, LM20-1506-C0908c, LM20-1506-C0916b, LM20-1511-CB0087, LM20-1511-CB0088, LM20-1506-C0922a, LM20-1506-C0929b, LM20-1511-CB0098, LM20-1513-CT0324a, LM20-1506-C0931b, LM20-1506-C0940c, LM20-1513-CT0324b, LM20-1514-CT0484, LM20-1506-C0945b, LM20-1506-C0949c, LM20-1514-CT0507b, LM20-1516-CK0090a, LM20-1506-C0954b, LM20-1506-C0974b, LM20-1517-0001b, LM20-1517-0009b, LM20-1506-C0975a, LM20-1506-C0976c, LM20-1517-0024a, LM20-1517-0032, LM20-1507-C0979a, LM20-1507-C0981a, LM20-1517-0064, LM20-1517-0270, LM20-1507-C0994b, LM20-1507-C0999, LM20-1517-0294, LM20-1517-0337b,

题名索引 M 1913

LM20-1517-0375b, LM20-1517-0480, LM20-1517-0533, LM20-1517-0580, LM20-1518-19-01, LM20-1518-19-02, LM20-1518-19-03, LM20-1518-19-04, LM20-1518-19-05, LM20-1518-19-06, LM20-1518-19-07, LM20-1518-19-08, LM20-1518-19-09, LM20-1518-19-10, LM20-1518-19-11, LM20-1518-19-12, LM20-1518-19-13, LM20-1518-19-14, LM20-1518-19-15, LM20-1518-19-16, LM20-1518-20-01, LM20-1518-20-02, LM20-1518-20-03, LM20-1518-20-04, LM20-1518-20-05, LM20-1518-20-06, LM20-1518-20-07, LM20-1518-20-08, LM20-1518-20-10, LM20-1518-20-11, LM20-1518-20-12, LM20-1518-20-13, LM20-1518-20-14, LM20-1518-20-15, LM20-1518-20-16, LM20-1518-21-01, LM20-1518-21-02, LM20-1518-21-03, LM20-1518-21-04, LM20-1518-21-05, LM20-1518-21-06, LM20-1518-21-07, LM20-1518-21-08, LM20-1518-21-09, LM20-1518-21-10, LM20-1518-21-11, LM20-1518-21-12, LM20-1518-21-13, LM20-1518-21-14, LM20-1518-21-15, LM20-1518-22-01, LM20-1518-22-03, LM20-1518-22-04, LM20-1518-22-05, LM20-1518-22-06, LM20-1518-22-07, LM20-1518-22-08, LM20-1518-22-09, LM20-1518-22-10, LM20-1518-22-11, LM20-1518-22-12, LM20-1518-22-13, LM20-1518-22-14, LM20-1518-22-15, LM20-1518-22-16, LM20-1518-22-17, LM20-1518-22-18, LM20-1519-04-04, LM20-1519-04-05, LM20-1519-04-06, LM20-1519-10-02, LM20-1520-02-08, LM20-1520-02-10, LM20-1520-15-11, LM20-1520-23-02, LM20-1520-23-18, LM20-1520-26-07, LM20-1520-26-19a, LM20-1520-26-19b, LM20-1520-26-19c, LM20-1520-26-19d, LM20-1520-26-19e, LM20-1521-03-09, LM20-1521-05-12, LM20-1521-06-05, LM20-1521-07-13, LM20-1521-15-01, LM20-1521-24-08, LM20-1521-24-13, LM20-1521-25-15, LM20-1521-27-07, LM20-1521-27-15, LM20-1521-29-07, LM20-1521-32-05, LM20-1521-33-16, LM20-1522-01-02, LM20-1522-02-07, LM20-1522-05-10, LM20-1522-05-20, LM20-1522-06-10, LM20-1522-07-04, LM20-1522-07-08, LM20-1522-09-03, LM20-1522-09-06, LM20-1522-12-06, LM20-1522-14-20, LM20-1522-16-01, LM20-1522-23-15, LM20-1523-16-154, LM20-1548-04-14

《妙法蓮華經》卷一（印本）

LM20-1486-23-01, LM20-1486-28-07, LM20-1486-30-01, LM20-1486-37-11a, LM20-1486-37-11b, LM20-1486-37-12, LM20-1486-37-13, LM20-1486-37-15

《妙法蓮華經》卷二

LM20-827-13-172, LM20-1450-12-03, LM20-1450-23-09, LM20-1450-33-07, LM20-1450-37-06, LM20-1451-22-06, LM20-1451-26-02, LM20-1451-26-09a, LM20-1451-26-09b, LM20-1451-27-06, LM20-1452-01-07, LM20-1452-01-20, LM20-1452-02-03, LM20-1452-04-24,

LM20-1452-10-09, LM20-1452-10-10, LM20-1456-14-07, LM20-1456-14-10, LM20-1452-10-17, LM20-1452-14-08, LM20-1456-15-12, LM20-1456-21-13, LM20-1452-14-09, LM20-1452-15-05, LM20-1456-22-04, LM20-1456-22-17, LM20-1452-17-03, LM20-1452-17-11, LM20-1456-23-12, LM20-1456-25-26, LM20-1452-18-03, LM20-1452-20-05, LM20-1456-29-14, LM20-1456-31-14, LM20-1452-22-16, LM20-1452-26-01, LM20-1456-34-05, LM20-1456-35-17, LM20-1452-27-02, LM20-1452-27-05, LM20-1456-37-02, LM20-1456-38-10, LM20-1452-29-16, LM20-1452-37-13, LM20-1457-03-06, LM20-1457-05-11, LM20-1453-04-06, LM20-1453-05-10, LM20-1457-12-10, LM20-1457-24-02, LM20-1453-11-08, LM20-1453-11-09, LM20-1457-25-09, LM20-1457-28-03, LM20-1453-13-07, LM20-1453-18-03, LM20-1457-31-04, LM20-1458-01-06, LM20-1453-23-05, LM20-1453-26-06, LM20-1458-01-13, LM20-1458-06-07, LM20-1453-29-01, LM20-1453-32-11, LM20-1458-09-05, LM20-1458-11-15, LM20-1454-01-03, LM20-1454-02-04, LM20-1458-12-07, LM20-1458-14-18, LM20-1454-02-17, LM20-1454-03-06, LM20-1458-15-03, LM20-1458-15-12, LM20-1454-03-15, LM20-1454-04-04, LM20-1458-16-16, LM20-1458-19-14, LM20-1454-05-06, LM20-1454-05-12, LM20-1458-20-05, LM20-1458-22-13, LM20-1454-05-23, LM20-1454-08-01, LM20-1458-24-15, LM20-1458-24-20, LM20-1454-08-04, LM20-1454-16-02, LM20-1458-25-04, LM20-1458-25-09, LM20-1454-16-07, LM20-1454-20-01, LM20-1458-26-01, LM20-1458-29-12, LM20-1454-21-05, LM20-1454-25-06, LM20-1458-31-14, LM20-1458-32-12, LM20-1454-31-08, LM20-1454-34-10, LM20-1458-35-09, LM20-1458-36-02, LM20-1454-38-03, LM20-1455-01-07, LM20-1458-37-08, LM20-1458-38-09, LM20-1455-01-19, LM20-1455-04-07, LM20-1459-20-03, LM20-1459-25-05, LM20-1455-07-12, LM20-1455-07-13, LM20-1459-26-05, LM20-1459-27-05, LM20-1455-09-05a, LM20-1455-11-21, LM20-1459-33-01, LM20-1460-02-01, LM20-1455-15-03, LM20-1455-16-01a, LM20-1460-03-18, LM20-1460-05-20, LM20-1455-19-17, LM20-1455-20-13a, LM20-1460-07-02, LM20-1460-08-08, LM20-1455-23-19, LM20-1455-24-08, LM20-1460-12-08, LM20-1460-17-24, LM20-1455-29-12, LM20-1455-30-20, LM20-1460-19-01, LM20-1460-21-10, LM20-1455-36-04, LM20-1455-37-19, LM20-1460-22-03, LM20-1460-22-14, LM20-1455-38-24b, LM20-1455-39-12, LM20-1460-22-16, LM20-1460-24-14, LM20-1456-01-09, LM20-1456-05-04, LM20-1460-24-20, LM20-1460-25-18, LM20-1456-07-21, LM20-1456-10-11, LM20-1460-26-18, LM20-1460-31-16,

题名索引 M 1915

LM20-1460-32-08, LM20-1460-34-20, LM20-1465-26-09, LM20-1465-28-04, LM20-1460-34-21, LM20-1460-34-22a, LM20-1465-31-10, LM20-1465-32-14, LM20-1460-34-22b, LM20-1460-36-01, LM20-1465-33-01, LM20-1465-34-09, LM20-1460-36-15, LM20-1461-03-12, LM20-1465-34-13, LM20-1465-35-06, LM20-1461-06-15, LM20-1461-10-20, LM20-1466-05-01, LM20-1466-06-04, LM20-1461-11-03, LM20-1461-11-10, LM20-1466-10-21, LM20-1466-11-06, LM20-1461-11-18, LM20-1461-13-12, LM20-1466-11-23, LM20-1466-13-06, LM20-1461-14-10, LM20-1461-14-18, LM20-1466-16-01, LM20-1466-18-08, LM20-1461-17-15, LM20-1461-19-21, LM20-1466-20-15, LM20-1466-33-02, LM20-1461-21-15, LM20-1461-22-07, LM20-1466-35-05, LM20-1467-07-01, LM20-1461-22-14, LM20-1461-23-10, LM20-1467-08-04, LM20-1467-34-01, LM20-1461-23-14, LM20-1461-28-08, LM20-1467-35-02, LM20-1467-35-03, LM20-1461-29-10, LM20-1461-29-15, LM20-1467-35-05, LM20-1467-35-08, LM20-1461-31-13, LM20-1461-34-12, LM20-1467-36-09, LM20-1467-38-11, LM20-1461-36-10, LM20-1461-36-14, LM20-1468-10-04, LM20-1468-10-06, LM20-1461-38-13, LM20-1462-02-17, LM20-1468-21-12, LM20-1468-23-08, LM20-1462-08-05, LM20-1462-10-07, LM20-1469-22-04, LM20-1469-35-08, LM20-1462-12-09, LM20-1462-15-03, LM20-1469-36-04, LM20-1470-01-07, LM20-1462-16-05, LM20-1462-18-06, LM20-1470-04-05, LM20-1470-05-03, LM20-1462-18-07, LM20-1462-19-02, LM20-1470-08-05, LM20-1470-11-03, LM20-1462-22-05, LM20-1462-24-08, LM20-1470-27-04a, LM20-1470-33-05, LM20-1462-30-03, LM20-1462-30-05, LM20-1474-14B-11, LM20-1475-20-02, LM20-1462-32-11, LM20-1463-29-01, LM20-1476-02-01, LM20-1476-02-02, LM20-1463-31-12, LM20-1464-02-13, LM20-1476-02-03, LM20-1476-03-01, LM20-1464-03-05, LM20-1464-03-10, LM20-1476-03-02, LM20-1476-03-03, LM20-1464-12-07, LM20-1464-15-02, LM20-1476-03-04, LM20-1476-03-05, LM20-1464-19-04, LM20-1464-19-15, LM20-1476-03-06, LM20-1476-03-07, LM20-1464-23-23, LM20-1464-24-13, LM20-1476-04-01, LM20-1476-04-02, LM20-1464-25-07, LM20-1464-25-14, LM20-1476-04-03, LM20-1476-05-01, LM20-1464-30-02, LM20-1464-30-03, LM20-1476-05-02, LM20-1476-05-03, LM20-1464-31-02, LM20-1464-35-11, LM20-1476-06-01, LM20-1476-06-02, LM20-1464-37-05, LM20-1465-08-08, LM20-1476-06-03, LM20-1476-06-04, LM20-1465-15-04, LM20-1465-17-03, LM20-1476-06-05, LM20-1476-06-06, LM20-1465-24-13, LM20-1465-26-07, LM20-1476-07-01, LM20-1476-07-02,

题名索引

LM20-1476-07-03, LM20-1476-07-04a, LM20-1477-16-02, LM20-1477-16-03, LM20-1476-07-04b,LM20-1476-07-04c, LM20-1477-17-01, LM20-1477-17-02, LM20-1476-08-01, LM20-1476-08-02a, LM20-1477-17-03, LM20-1477-18-01, LM20-1476-08-02b, LM20-1476-08-03, LM20-1477-18-02, LM20-1477-18-03, LM20-1476-08-04, LM20-1476-08-05, LM20-1477-19-01, LM20-1477-19-02, LM20-1476-09-01, LM20-1476-10-01a, LM20-1477-20-01, LM20-1477-21-01, LM20-1476-10-01b, LM20-1476-10-02, LM20-1477-21-02, LM20-1477-21-03, LM20-1476-10-03, LM20-1476-10-04, LM20-1477-22-01, LM20-1477-22-02, LM20-1476-11-01a, LM20-1476-11-01b, LM20-1477-22-03, LM20-1477-22-04, LM20-1476-11-01c, LM20-1476-11-01d, LM20-1477-23-02, LM20-1477-23-03, LM20-1476-11-02, LM20-1476-14-01, LM20-1477-23-04, LM20-1477-24-01, LM20-1476-14-02, LM20-1476-14-03, LM20-1477-24-02, LM20-1477-24-03, LM20-1476-14-04, LM20-1476-14-05, LM20-1477-24-04, LM20-1477-24-05, LM20-1476-15-01, LM20-1476-15-02, LM20-1477-25-01, LM20-1477-25-02, LM20-1476-16-01, LM20-1476-16-02, LM20-1477-25-03, LM20-1477-25-04, LM20-1476-16-03, LM20-1476-17-01, LM20-1477-25-05, LM20-1477-26-01, LM20-1476-17-02, LM20-1476-17-03, LM20-1477-26-02, LM20-1477-26-03, LM20-1476-18-01, LM20-1476-18-02, LM20-1477-27-01, LM20-1477-27-02, LM20-1476-18-03, LM20-1476-19-01, LM20-1477-28-01, LM20-1477-28-02, LM20-1476-19-02, LM20-1476-19-03, LM20-1477-28-03, LM20-1477-28-04, LM20-1476-19-04, LM20-1476-20-01, LM20-1477-29-01, LM20-1477-29-02, LM20-1476-20-02, LM20-1476-20-03, LM20-1477-29-03, LM20-1477-29-04, LM20-1476-20-04, LM20-1476-21-01, LM20-1477-30-01, LM20-1477-30-02, LM20-1476-21-02, LM20-1476-21-03, LM20-1477-30-03, LM20-1477-30-04, LM20-1476-22-01, LM20-1476-22-02, LM20-1477-30-05, LM20-1477-31-01, LM20-1476-22-03, LM20-1476-22-04, LM20-1477-31-02, LM20-1477-31-03, LM20-1476-23-01a,LM20-1476-23-01b, LM20-1477-31-04, LM20-1477-31-05, LM20-1476-23-02, LM20-1476-24-01, LM20-1477-32-01, LM20-1477-32-02, LM20-1476-24-02, LM20-1476-25-01, LM20-1477-32-03, LM20-1477-32-04, LM20-1476-25-02, LM20-1477-14-01, LM20-1477-32-05, LM20-1477-33-01, LM20-1477-14-02, LM20-1477-14-03, LM20-1477-33-02, LM20-1477-33-03, LM20-1477-14-04, LM20-1477-14-05, LM20-1477-33-04, LM20-1477-33-05, LM20-1477-15-01, LM20-1477-15-02, LM20-1477-34-01, LM20-1477-34-02, LM20-1477-15-03, LM20-1477-16-01, LM20-1477-34-03, LM20-1477-34-04,

LM20-1477-35-01, LM20-1477-35-02, LM20-1501-37-02, LM20-1501-38-09, LM20-1477-35-03, LM20-1477-35-04, LM20-1502-C0044a, LM20-1502-C0063, LM20-1477-35-05, LM20-1477-36-01, LM20-1502-C0074, LM20-1502-C0083, LM20-1477-36-02, LM20-1477-36-03, LM20-1502-C0140, LM20-1503-C0158, LM20-1477-36-04, LM20-1477-37-01, LM20-1503-C0171, LM20-1503-C0176, LM20-1477-37-02, LM20-1477-37-03, LM20-1503-C0181, LM20-1503-C0213, LM20-1477-37-04, LM20-1486-28-14a, LM20-1503-C0223, LM20-1503-C0238, LM20-1486-29-13, LM20-1488-14-03, LM20-1503-C0288, LM20-1503-C0309, LM20-1489-16-06, LM20-1489-31-11, LM20-1504-C0360, LM20-1504-C0361, LM20-1490-02-02, LM20-1490-11-12, LM20-1504-C0370, LM20-1504-C0380, LM20-1490-25-10, LM20-1491-15-02, LM20-1504-C0401b, LM20-1504-C0406a, LM20-1491-26-03, LM20-1492-04-05, LM20-1504-C0422c, LM20-1504-C0432b, LM20-1492-08-01, LM20-1492-12-04, LM20-1504-C0434, LM20-1504-C0436a, LM20-1493-36-02, LM20-1493-36-06, LM20-1504-C0446a, LM20-1504-C0458b, LM20-1494-14-04, LM20-1494-28-03, LM20-1505-C0474a, LM20-1505-C0481a, LM20-1494-30-05, LM20-1495-02-04, LM20-1505-C0485a, LM20-1505-C0488a, LM20-1495-15-02, LM20-1495-30-05, LM20-1505-C0491b, LM20-1505-C0504b, LM20-1495-33-02, LM20-1496-03-03, LM20-1505-C0511a, LM20-1505-C0512a, LM20-1496-26-02, LM20-1496-27-04, LM20-1505-C0514a, LM20-1505-C0526c, LM20-1496-32-03, LM20-1496-37-01, LM20-1505-C0576c, LM20-1505-C0586b, LM20-1497-15-04, LM20-1497-26-01, LM20-1505-C0594b, LM20-1505-C0595a, LM20-1497-27-03, LM20-1497-31-02, LM20-1505-C0623c, LM20-1505-C0638d, LM20-1498-11-02, LM20-1498-18-05, LM20-1505-C0647d, LM20-1505-C0654c, LM20-1498-22-01, LM20-1498-25-02, LM20-1505-C0666, LM20-1505-C0683b, LM20-1498-42-02, LM20-1499-17-03, LM20-1505-C0686b, LM20-1505-C0699b, LM20-1499-22-03, LM20-1499-29-04, LM20-1505-C0702a, LM20-1506-C0725b, LM20-1499-30-03, LM20-1499-32-02, LM20-1506-C0729a, LM20-1506-C0733b, LM20-1499-34-03, LM20-1499-35-03, LM20-1506-C0735b, LM20-1506-C0739b, LM20-1499-36-02, LM20-1500-22-02, LM20-1506-C0745b, LM20-1506-C0747b, LM20-1500-26-08, LM20-1500-34-03, LM20-1506-C0748c, LM20-1506-C0755b, LM20-1500-34-05, LM20-1501-05-08, LM20-1506-C0772e, LM20-1506-C0775a, LM20-1501-14-01, LM20-1501-14-02, LM20-1506-C0779d, LM20-1506-C0804b, LM20-1501-23-01, LM20-1501-23-03, LM20-1506-C0814c, LM20-1506-C0822a, LM20-1501-26-03, LM20-1501-33-04, LM20-1506-C0832c, LM20-1506-C0845c,

LM20-1506-C0847c, LM20-1506-C0852b, LM20-1509-C1642c, LM20-1510-C1659, LM20-1506-C0871b, LM20-1506-C0880b, LM20-1511-CB0035, LM20-1513-CT0258, LM20-1506-C0883c, LM20-1506-C0883d, LM20-1513-CT0321, LM20-1513-CT0342a, LM20-1506-C0886c, LM20-1506-C0887b, LM20-1515-CC0008, LM20-1516-CK0090b, LM20-1506-C0889a, LM20-1506-C0899a, LM20-1517-0070, LM20-1517-0080, LM20-1506-C0901d, LM20-1506-C0919b, LM20-1517-0083a, LM20-1517-0083c, LM20-1506-C0922b, LM20-1506-C0926b, LM20-1517-0085a, LM20-1517-0100b, LM20-1506-C0939e, LM20-1507-C1004a, LM20-1517-0114, LM20-1517-0137a, LM20-1507-C1067e, LM20-1507-C1085c, LM20-1517-0146, LM20-1517-0218, LM20-1507-C1085d, LM20-1507-C1117b, LM20-1517-0245, LM20-1517-0268, LM20-1507-C1125b, LM20-1507-C1131c, LM20-1517-0304, LM20-1517-0353, LM20-1507-C1139d, LM20-1507-C1142d, LM20-1517-0397, LM20-1517-0421, LM20-1507-C1150d, LM20-1507-C1155c, LM20-1517-0438, LM20-1517-0456, LM20-1507-C1159b, LM20-1507-C1170d, LM20-1517-0459, LM20-1517-0514, LM20-1507-C1187c, LM20-1507-C1198, LM20-1517-0522, LM20-1517-0532, LM20-1508-C1271d, LM20-1508-C1271f, LM20-1517-0568, LM20-1517-0586, LM20-1508-C1271j, LM20-1508-C1273b, LM20-1517-0647b, LM20-1518-22-02, LM20-1508-C1314, LM20-1508-C1318, LM20-1518-23-01, LM20-1518-23-02, LM20-1508-C1324a, LM20-1508-C1341b, LM20-1518-23-03, LM20-1518-23-04, LM20-1508-C1342b, LM20-1508-C1346a, LM20-1518-23-05, LM20-1518-23-06, LM20-1508-C1347a, LM20-1508-C1351c, LM20-1518-23-07, LM20-1518-23-08, LM20-1508-C1359b, LM20-1508-C1371b, LM20-1518-23-09, LM20-1518-23-10, LM20-1508-C1373d, LM20-1508-C1376c, LM20-1518-23-11, LM20-1518-23-12, LM20-1508-C1377a, LM20-1508-C1381b, LM20-1518-23-13, LM20-1518-23-14, LM20-1508-C1416, LM20-1508-C1467a, LM20-1518-23-15, LM20-1518-23-16, LM20-1509-C1513d, LM20-1509-C1521, LM20-1518-24-01a, LM20-1518-24-01b, LM20-1509-C1523, LM20-1509-C1540e, LM20-1518-24-02, LM20-1518-24-03, LM20-1509-C1554c, LM20-1509-C1554d, LM20-1518-24-04, LM20-1518-24-05, LM20-1509-C1564b, LM20-1509-C1576g, LM20-1518-24-06, LM20-1518-24-07, LM20-1509-C1580b, LM20-1509-C1593e, LM20-1518-24-08, LM20-1518-24-09, LM20-1509-C1599b, LM20-1509-C1602e, LM20-1518-24-10, LM20-1518-24-11, LM20-1509-C1608a, LM20-1509-C1610c, LM20-1518-24-12, LM20-1518-24-13, LM20-1509-C1624b, LM20-1509-C1627d, LM20-1518-24-14, LM20-1518-24-15, LM20-1509-C1634a, LM20-1509-C1639b, LM20-1518-24-16, LM20-1518-25-01,

题名索引 M 1919

LM20-1518-25-02, LM20-1518-25-03, LM20-1518-25-04, LM20-1518-25-05, LM20-1518-25-06, LM20-1518-25-07, LM20-1518-25-08, LM20-1518-25-09, LM20-1518-25-10, LM20-1518-25-11, LM20-1518-25-12, LM20-1518-25-13, LM20-1518-25-14, LM20-1518-25-15, LM20-1518-25-16, LM20-1518-26-01, LM20-1518-26-02, LM20-1518-26-03, LM20-1518-26-04, LM20-1518-26-05, LM20-1518-26-06, LM20-1518-26-07, LM20-1518-26-08, LM20-1519-04-07, LM20-1519-04-08, LM20-1519-04-09, LM20-1519-13-17, LM20-1520-23-07, LM20-1520-26-16, LM20-1520-29-17, LM20-1520-30-17, LM20-1520-33-08, LM20-1520-34-15, LM20-1520-34-17, LM20-1521-02-09, LM20-1521-03-20, LM20-1521-05-14, LM20-1521-09-01, LM20-1521-12-01, LM20-1521-13-02, LM20-1521-13-15, LM20-1521-19-03, LM20-1521-20-02, LM20-1521-21-20, LM20-1521-24-07, LM20-1521-29-02, LM20-1521-30-05, LM20-1521-30-09, LM20-1521-33-23, LM20-1521-34-01, LM20-1521-36-03, LM20-1521-36-07b, LM20-1522-01-17, LM20-1522-04-16, LM20-1522-05-07, LM20-1522-06-01, LM20-1522-06-15, LM20-1522-09-22, LM20-1522-11-04, LM20-1522-13-12a, LM20-1522-13-12b, LM20-1522-14-10, LM20-1522-15-20, LM20-1522-18-05, LM20-1522-19-11, LM20-1522-19-14, LM20-1522-21-11, LM20-1523-07-68,

LM20-1523-19-186, LM20-1523-24-255, LM20-1524-13dv, LM20-1548-07-38, LM20-1548-07-43, LM20-1548-08-54a, LM20-1854-08a

《妙法蓮華經》卷二（印本）

LM20-1486-27-03, LM20-1486-28-08

《妙法蓮華經》卷二外題

LM20-1469-02-08, LM20-1455-05-17, LM20-1456-22-13, LM20-1468-38-04,

《妙法蓮華經》卷三

LM20-1450-03-02, LM20-1450-08-03, LM20-1450-14-05, LM20-1450-15-04, LM20-1450-17-06, LM20-1450-30-10, LM20-1450-35-09, LM20-1450-36-06, LM20-1450-38-08, LM20-1451-11-01, LM20-1451-11-03, LM20-1451-26-08, LM20-1451-27-17, LM20-1452-01-14, LM20-1452-03-20, LM20-1452-05-29, LM20-1452-06-04, LM20-1452-07-17, LM20-1452-11-01, LM20-1452-13-10, LM20-1452-16-06, LM20-1452-20-10, LM20-1452-21-01, LM20-1452-23-08, LM20-1452-29-06, LM20-1452-29-12, LM20-1452-33-02, LM20-1452-34-16, LM20-1452-36-01, LM20-1452-37-15, LM20-1452-37-24, LM20-1453-17-05, LM20-1453-19-06, LM20-1453-25-03, LM20-1453-26-01a, LM20-1453-35-03, LM20-1454-05-17, LM20-1454-06-08, LM20-1454-17-07, LM20-1454-18-11, LM20-1454-29-08, LM20-1454-33-09, LM20-1455-02-14, LM20-1455-09-04, LM20-1455-13-10, LM20-1455-17-08, LM20-1455-19-15, LM20-1455-20-08,

LM20-1455-24-05, LM20-1455-25-06, LM20-1460-13-04, LM20-1460-16-13, LM20-1455-30-04, LM20-1455-30-05, LM20-1460-21-12, LM20-1460-22-07, LM20-1455-30-15, LM20-1455-32-09, LM20-1460-24-07, LM20-1460-25-19, LM20-1455-33-05, LM20-1455-36-20, LM20-1460-29-04a, LM20-1460-31-08, LM20-1455-37-09, LM20-1456-01-12, LM20-1460-32-01a, LM20-1460-32-01b, LM20-1456-06-01, LM20-1456-07-02, LM20-1460-32-01c, LM20-1460-33-03a, LM20-1456-08-04, LM20-1456-11-05, LM20-1460-33-03c, LM20-1460-35-04, LM20-1456-11-23, LM20-1456-12-08, LM20-1460-35-05, LM20-1460-35-09, LM20-1456-16-06, LM20-1456-18-11, LM20-1461-03-05, LM20-1461-03-16, LM20-1456-18-23a, LM20-1456-21-09, LM20-1461-04-02, LM20-1461-07-12, LM20-1456-28-20, LM20-1456-29-21, LM20-1461-07-17, LM20-1461-12-01, LM20-1456-30-05, LM20-1456-31-11, LM20-1461-15-09, LM20-1461-16-15, LM20-1456-37-12, LM20-1457-03-03, LM20-1461-18-04, LM20-1461-18-14, LM20-1457-07-12, LM20-1457-07-15, LM20-1461-22-03, LM20-1461-35-11, LM20-1457-09-05, LM20-1457-10-12, LM20-1461-36-21, LM20-1461-38-04, LM20-1457-12-12, LM20-1457-12-13, LM20-1461-38-10, LM20-1462-04-07, LM20-1457-14-09, LM20-1457-15-07, LM20-1462-15-08, LM20-1462-21-08, LM20-1457-19-09, LM20-1457-23-06, LM20-1462-23-03, LM20-1462-25-07, LM20-1457-29-05, LM20-1457-38-03, LM20-1462-26-06, LM20-1462-31-01, LM20-1458-01-12, LM20-1458-04-01, LM20-1462-36-03r, LM20-1462-36-03v, LM20-1458-05-10, LM20-1458-05-20, LM20-1463-31-06, LM20-1464-02-16, LM20-1458-08-11, LM20-1458-11-03, LM20-1464-07-05, LM20-1464-07-18, LM20-1458-14-14, LM20-1458-18-03, LM20-1464-12-05, LM20-1464-12-14, LM20-1458-19-04, LM20-1458-21-05, LM20-1464-14-17, LM20-1464-18-06, LM20-1458-24-02, LM20-1458-24-11, LM20-1464-19-01, LM20-1464-20-08, LM20-1458-25-02, LM20-1458-27-11, LM20-1464-23-16, LM20-1464-24-20, LM20-1458-31-18, LM20-1458-32-03, LM20-1464-26-02, LM20-1464-27-12, LM20-1458-35-19, LM20-1458-36-12, LM20-1464-28-13, LM20-1464-30-04, LM20-1458-38-14, LM20-1459-16-01, LM20-1464-31-04, LM20-1464-35-13, LM20-1459-22-02, LM20-1459-24-05, LM20-1464-36-01, LM20-1464-37-18, LM20-1460-01-17, LM20-1460-02-06, LM20-1465-05-02, LM20-1465-08-06, LM20-1460-03-13, LM20-1460-03-19, LM20-1465-12-02, LM20-1465-20-09, LM20-1460-05-22, LM20-1460-07-13, LM20-1465-25-13, LM20-1465-26-04, LM20-1460-08-06, LM20-1460-12-20, LM20-1465-30-01, LM20-1465-31-09,

题名索引 M 1921

LM20-1465-32-09, LM20-1465-32-15, LM20-1465-34-03, LM20-1465-36-15, LM20-1465-38-10, LM20-1466-02-10, LM20-1466-07-06, LM20-1466-10-24, LM20-1466-17-01, LM20-1466-29-02, LM20-1466-37-01, LM20-1467-03-03, LM20-1467-12-06, LM20-1467-31-05, LM20-1468-01-05, LM20-1468-19-06, LM20-1468-21-08, LM20-1468-21-11, LM20-1468-23-01, LM20-1469-35-04, LM20-1469-37-03, LM20-1470-21-06, LM20-1470-23-04, LM20-1472-24-08, LM20-1472-25-02, LM20-1472-25-03, LM20-1474-04A-02, LM20-1474-11B-05, LM20-1474-11B-10, LM20-1474-19A-02, LM20-1476-28-01, LM20-1476-28-02, LM20-1476-28-03, LM20-1476-28-04, LM20-1476-29-01, LM20-1476-29-02, LM20-1476-29-03, LM20-1476-29-04, LM20-1476-30-01, LM20-1476-30-02, LM20-1476-30-03, LM20-1476-30-04, LM20-1476-30-05, LM20-1476-31-01, LM20-1476-31-02, LM20-1476-31-03, LM20-1476-32-01, LM20-1476-32-02, LM20-1476-36-02, LM20-1476-36-03, LM20-1476-36-04, LM20-1476-37-01, LM20-1476-37-02, LM20-1476-37-03, LM20-1476-37-04, LM20-1480-02-01, LM20-1480-02-02, LM20-1480-02-03, LM20-1480-03-01, LM20-1480-03-02, LM20-1480-06-01, LM20-1480-06-02, LM20-1480-06-03, LM20-1480-07-02, LM20-1480-07-03, LM20-1480-08-01, LM20-1480-08-02, LM20-1480-08-03, LM20-1480-08-04, LM20-1480-09-01, LM20-1480-09-02, LM20-1480-09-03, LM20-1480-09-04, LM20-1480-10-01, LM20-1480-10-02, LM20-1480-11-01, LM20-1480-11-02, LM20-1480-11-03, LM20-1480-11-04, LM20-1480-12-01, LM20-1480-12-02, LM20-1480-12-03, LM20-1480-12-04, LM20-1480-13-01, LM20-1480-13-02, LM20-1480-14-01, LM20-1480-14-02, LM20-1480-14-03, LM20-1480-15-01, LM20-1480-15-02, LM20-1480-15-03, LM20-1480-15-04, LM20-1480-16-01, LM20-1480-16-02, LM20-1480-16-03, LM20-1480-17-01, LM20-1480-17-02, LM20-1480-17-03, LM20-1480-17-04, LM20-1480-18-01, LM20-1480-18-02, LM20-1480-18-03, LM20-1480-19-01, LM20-1480-19-02, LM20-1480-19-03, LM20-1480-20-01, LM20-1480-20-02, LM20-1480-20-03, LM20-1480-21-01, LM20-1480-21-02, LM20-1480-21-03, LM20-1480-22-01a, LM20-1480-22-01b, LM20-1480-22-01c, LM20-1480-22-01d, LM20-1480-22-02r, LM20-1480-24-01, LM20-1480-24-02, LM20-1480-24-03, LM20-1480-25-01, LM20-1480-25-02, LM20-1480-25-03, LM20-1480-26-01, LM20-1480-26-02, LM20-1480-26-03a, LM20-1480-26-03b, LM20-1480-26-04, LM20-1480-26-05, LM20-1480-27-01, LM20-1480-27-02, LM20-1480-27-03, LM20-1480-27-04, LM20-1480-28-01, LM20-1480-28-02, LM20-1480-28-03, LM20-1480-28-04,

題名索引

LM20-1480-28-05, LM20-1480-29-01, LM20-1480-30-01, LM20-1480-30-02, LM20-1480-31-01, LM20-1480-31-02, LM20-1480-31-03, LM20-1480-31-04, LM20-1480-32-01, LM20-1480-32-02, LM20-1480-32-03, LM20-1480-32-04, LM20-1480-32-05, LM20-1480-32-06, LM20-1480-33-01, LM20-1480-33-02, LM20-1480-33-03, LM20-1480-33-04, LM20-1480-33-05, LM20-1480-34-01, LM20-1480-34-02, LM20-1480-34-03, LM20-1480-34-04, LM20-1480-34-05, LM20-1480-34-06, LM20-1480-34-07, LM20-1480-34-08, LM20-1480-35-01, LM20-1480-35-02, LM20-1480-35-03, LM20-1480-35-04, LM20-1480-35-05, LM20-1480-35-06, LM20-1480-35-07, LM20-1480-35-08, LM20-1480-36-01, LM20-1480-36-02, LM20-1480-36-03, LM20-1480-36-04, LM20-1480-36-05, LM20-1480-36-06, LM20-1480-37-01, LM20-1480-37-02, LM20-1480-37-03, LM20-1480-37-04, LM20-1480-37-05, LM20-1480-37-06, LM20-1480-37-07, LM20-1480-37-08, LM20-1484-02-01, LM20-1484-02-02, LM20-1484-02-03, LM20-1484-02-04, LM20-1484-02-05r, LM20-1484-02-06, LM20-1484-03-01, LM20-1484-03-02, LM20-1484-03-03, LM20-1484-03-04, LM20-1484-03-05, LM20-1484-03-06, LM20-1484-03-07, LM20-1484-03-08, LM20-1484-04-01, LM20-1484-04-02, LM20-1484-04-03, LM20-1484-04-04, LM20-1484-04-05r, LM20-1484-04-06, LM20-1484-04-07, LM20-1484-04-08, LM20-1484-05-01, LM20-1484-05-02, LM20-1484-05-03, LM20-1484-05-04, LM20-1488-06-02, LM20-1488-27-08, LM20-1489-04-02, LM20-1489-13-16, LM20-1489-20-05, LM20-1489-29-28, LM20-1489-32-04, LM20-1489-34-06, LM20-1490-02-04, LM20-1490-03-09, LM20-1490-08-03, LM20-1490-14-08, LM20-1491-05-01, LM20-1491-07-03, LM20-1491-17-03, LM20-1491-17-04, LM20-1491-20-03, LM20-1491-35-01, LM20-1492-18-01, LM20-1492-20-06, LM20-1492-25-07, LM20-1492-34-01, LM20-1492-36-06, LM20-1492-38-05, LM20-1493-01-04, LM20-1493-08-04, LM20-1493-09-05, LM20-1493-11-03, LM20-1493-14-02, LM20-1493-16-02, LM20-1493-16-03, LM20-1493-25-01, LM20-1493-36-01, LM20-1494-01-04, LM20-1494-11-03, LM20-1494-12-05, LM20-1494-25-04, LM20-1494-28-07, LM20-1494-30-02, LM20-1495-02-05, LM20-1495-21-04, LM20-1495-23-05, LM20-1495-26-03, LM20-1496-02-05, LM20-1496-06-06, LM20-1496-20-02, LM20-1496-20-06, LM20-1496-26-01, LM20-1496-30-01, LM20-1497-11-01, LM20-1497-13-01, LM20-1497-32-03, LM20-1497-33-04, LM20-1498-10-04, LM20-1498-12-04, LM20-1498-17-03, LM20-1498-19-03, LM20-1498-20-02, LM20-1498-24-03, LM20-1498-34-06, LM20-1499-04-02,

题名索引 M 1923

LM20-1499-09-03, LM20-1499-12-03, LM20-1506-C0838c, LM20-1506-C0839d, LM20-1499-14-01, LM20-1499-35-05, LM20-1506-C0851a, LM20-1506-C0879a, LM20-1499-39-03, LM20-1500-21-01, LM20-1506-C0882c, LM20-1506-C0892b, LM20-1500-23-03, LM20-1500-31-05, LM20-1506-C0894a, LM20-1506-C0902b, LM20-1501-02-02, LM20-1501-03-07, LM20-1506-C0905d, LM20-1506-C0909a, LM20-1501-05-04, LM20-1501-17-05, LM20-1506-C0915c, LM20-1506-C0917c, LM20-1501-20-08, LM20-1501-21-11, LM20-1506-C0945c, LM20-1506-C0947c, LM20-1501-22-06, LM20-1501-25-06, LM20-1506-C0952a, LM20-1506-C0971a, LM20-1501-34-02, LM20-1501-34-03, LM20-1507-C1080d, LM20-1507-C1081b, LM20-1502-C0043b, LM20-1502-C0089, LM20-1507-C1082d, LM20-1507-C1084e, LM20-1502-C0120, LM20-1503-C0167, LM20-1507-C1091e, LM20-1507-C1101c, LM20-1503-C0178, LM20-1503-C0208, LM20-1507-C1126a, LM20-1507-C1133a, LM20-1503-C0261, LM20-1503-C0270, LM20-1507-C1140d, LM20-1507-C1144c, LM20-1503-C0297, LM20-1503-C0315, LM20-1507-C1161c, LM20-1507-C1176a, LM20-1504-C0368, LM20-1504-C0416a, LM20-1507-C1178c, LM20-1507-C1184c, LM20-1504-C0416c, LM20-1504-C0448a, LM20-1507-1C188b, LM20-1508-C1247, LM20-1505-C0511c, LM20-1505-C0530c, LM20-1508-C1267d, LM20-1508-C1268g, LM20-1505-C0531a, LM20-1505-C0562a, LM20-1508-C1271h, LM20-1508-C1271i, LM20-1505-C0597a, LM20-1505-C0606b, LM20-1508-C1271k, LM20-1508-C1272d, LM20-1505-C0618b, LM20-1505-C0625a, LM20-1508-C1326c, LM20-1508-C1328b, LM20-1505-C0627b, LM20-1505-C0632a, LM20-1508-C1329c, LM20-1508-C1368a, LM20-1505-C0644a, LM20-1505-C0645c, LM20-1508-C1370a, LM20-1508-C1374d, LM20-1505-C0649a, LM20-1505-C0656e, LM20-1508-C1450c, LM20-1508-C1488c, LM20-1505-C0671a, LM20-1505-C0674a, LM20-1509-C1504c, LM20-1509-C1552a, LM20-1505-C0675c, LM20-1505-C0699c, LM20-1509-C1554f, LM20-1509-C1556e, LM20-1506-C0742b, LM20-1506-C0746e, LM20-1509-C1607d, LM20-1509-C1620c, LM20-1506-C0752c, LM20-1506-C0761f, LM20-1509-C1621b, LM20-1509-C1631c, LM20-1506-C0765a, LM20-1506-C0770e, LM20-1509-C1632a, LM20-1511-CB0031, LM20-1506-C0775c, LM20-1506-C0780a, LM20-1511-CB0061a, LM20-1511-CB0077, LM20-1506-C0783, LM20-1506-C0795d, LM20-1511-CB0117, LM20-1513-CT0259a, LM20-1506-C0796b, LM20-1506-C0797a, LM20-1513-CT0302a, LM20-1513-CT0302b, LM20-1506-C0800c, LM20-1506-C0802d, LM20-1513-CT0309b, LM20-1514-CT0352, LM20-1506-C0807a, LM20-1506-C0812e, LM20-1514-CT0353, LM20-1514-CT0414, LM20-1506-C0829d, LM20-1506-C0838b, LM20-1514-CT0519, LM20-1515-CC0009,

LM20-1516-CK0102, LM20-1517-0006a, LM20-1522-12-16, LM20-1522-14-16, LM20-1517-0118, LM20-1517-0143, LM20-1522-21-14, LM20-1522-21-19, LM20-1517-0166, LM20-1517-0295, LM20-1523-06-59, LM20-1523-20-191, LM20-1517-0314a, LM20-1517-0403, LM20-1528-02-29, LM20-1537-58, LM20-1517-0574a, LM20-1518-26-09, LM20-1548-07-37

《妙法蓮華經》卷三（印本）

LM20-1518-26-10, LM20-1518-26-11, LM20-1486-17-04, LM20-1486-19-15, LM20-1518-26-12, LM20-1518-26-13, LM20-1486-20-08, LM20-1486-38-10

LM20-1518-26-14, LM20-1518-26-15, 《妙法蓮華經》卷四

LM20-1518-26-16a, LM20-1518-26-16b, LM20-827-01-14, LM20-827-05-68, LM20-1518-27-01b, LM20-1518-27-02, LM20-827-05-69, LM20-827-15-177, LM20-1518-27-03, LM20-1518-27-04, LM20-827-19-192, LM20-1450-15-06, LM20-1518-27-05, LM20-1518-27-06, LM20-1450-17-03, LM20-1450-18-04, LM20-1518-27-07, LM20-1518-27-08, LM20-1450-23-05, LM20-1450-32-03, LM20-1518-27-09a, LM20-1518-27-10, LM20-1450-32-09, LM20-1450-37-07, LM20-1518-27-11, LM20-1518-27-12, LM20-1451-10-04, LM20-1451-26-07, LM20-1518-27-13, LM20-1518-27-14, LM20-1452-02-14, LM20-1452-05-25, LM20-1518-27-15, LM20-1518-27-16, LM20-1452-07-05, LM20-1452-07-12, LM20-1518-27-17, LM20-1518-28-01, LM20-1452-08-06a, LM20-1452-09-11, LM20-1518-28-02, LM20-1518-28-03, LM20-1452-09-18, LM20-1452-09-20, LM20-1518-28-04, LM20-1518-28-05, LM20-1452-10-02, LM20-1452-14-13, LM20-1518-28-06, LM20-1518-28-07, LM20-1452-17-13, LM20-1452-19-10, LM20-1518-28-08, LM20-1518-28-09, LM20-1452-19-14, LM20-1452-22-11, LM20-1518-28-10b, LM20-1518-28-11, LM20-1452-23-04, LM20-1452-24-09, LM20-1518-28-12, LM20-1518-28-13, LM20-1452-25-02, LM20-1452-25-11, LM20-1518-28-14, LM20-1518-28-15, LM20-1452-27-09, LM20-1452-27-10, LM20-1518-28-16, LM20-1518-28-17, LM20-1452-28-06, LM20-1452-28-11, LM20-1519-04-10, LM20-1519-24-11, LM20-1452-32-01, LM20-1452-32-02, LM20-1520-16-02, LM20-1520-23-04, LM20-1452-32-13, LM20-1452-35-03, LM20-1520-26-05, LM20-1520-36-09, LM20-1452-36-03, LM20-1453-21-02, LM20-1520-37-05, LM20-1521-01-19, LM20-1453-32-07, LM20-1454-01-16, LM20-1521-03-10, LM20-1521-09-17, LM20-1454-02-15, LM20-1454-04-19, LM20-1521-12-04, LM20-1521-17-02, LM20-1454-05-07a, LM20-1454-05-24, LM20-1521-33-03, LM20-1522-01-03, LM20-1454-08-03, LM20-1454-08-09, LM20-1522-06-18, LM20-1522-09-14,

题名索引 M 1925

LM20-1454-09-05, LM20-1454-17-05, LM20-1457-04-13, LM20-1457-05-02, LM20-1454-17-09, LM20-1454-23-02, LM20-1457-05-13, LM20-1457-08-11, LM20-1454-25-03, LM20-1454-26-01, LM20-1457-11-01, LM20-1457-13-03, LM20-1454-27-01, LM20-1454-29-06, LM20-1457-22-05, LM20-1457-25-06, LM20-1454-34-04, LM20-1454-34-09, LM20-1457-30-05, LM20-1457-32-06, LM20-1455-01-09, LM20-1455-02-12, LM20-1457-32-07, LM20-1457-34-05, LM20-1455-06-11, LM20-1455-07-03, LM20-1458-05-24, LM20-1458-08-01, LM20-1455-07-08, LM20-1455-08-04, LM20-1458-09-13, LM20-1458-10-05, LM20-1455-10-06, LM20-1455-10-15, LM20-1458-14-16, LM20-1458-18-12, LM20-1455-11-18, LM20-1455-13-06, LM20-1458-20-11, LM20-1458-21-08, LM20-1455-20-05, LM20-1455-21-14, LM20-1458-21-10, LM20-1458-24-14, LM20-1455-22-04, LM20-1455-23-11, LM20-1458-25-03, LM20-1458-27-07, LM20-1455-25-14, LM20-1455-28-10, LM20-1458-28-11, LM20-1458-28-17, LM20-1455-28-12, LM20-1455-30-19, LM20-1458-29-18, LM20-1458-31-09, LM20-1455-32-12, LM20-1455-33-09, LM20-1458-31-13, LM20-1458-33-06, LM20-1455-33-14, LM20-1455-33-16, LM20-1458-35-10, LM20-1458-36-10, LM20-1455-38-22, LM20-1455-39-17, LM20-1458-36-11, LM20-1458-37-04, LM20-1456-02-01, LM20-1456-02-25, LM20-1459-08-01, LM20-1459-08-03, LM20-1456-03-02, LM20-1456-03-18, LM20-1459-15-02, LM20-1459-16-04, LM20-1456-05-17, LM20-1456-11-07, LM20-1459-17-03, LM20-1459-19-06, LM20-1456-11-12, LM20-1456-12-02, LM20-1459-20-04, LM20-1459-22-04, LM20-1456-12-10, LM20-1456-13-16, LM20-1459-24-09, LM20-1459-25-08, LM20-1456-14-05, LM20-1456-17-08, LM20-1459-25-09, LM20-1459-26-03, LM20-1456-18-03, LM20-1456-18-18, LM20-1459-27-06, LM20-1459-28-10, LM20-1456-20-15, LM20-1456-22-18, LM20-1459-33-03, LM20-1460-02-03, LM20-1456-25-13, LM20-1456-26-06, LM20-1460-02-20, LM20-1460-05-06, LM20-1456-27-13, LM20-1456-27-19, LM20-1460-08-03, LM20-1460-10-05, LM20-1456-28-16, LM20-1456-29-06, LM20-1460-10-06, LM20-1460-11-07, LM20-1456-29-11, LM20-1456-31-03, LM20-1460-12-07, LM20-1460-12-21, LM20-1456-32-08, LM20-1456-33-07, LM20-1460-14-11, LM20-1460-15-08, LM20-1456-34-01, LM20-1456-36-04, LM20-1460-16-15, LM20-1460-21-02, LM20-1456-36-08, LM20-1456-37-07, LM20-1460-24-10, LM20-1460-26-12, LM20-1456-37-16, LM20-1456-38-02, LM20-1460-31-06, LM20-1460-32-10, LM20-1456-38-04, LM20-1457-04-02, LM20-1460-32-20, LM20-1461-01-11,

LM20-1461-03-10, LM20-1461-05-04, LM20-1465-29-07, LM20-1465-29-09, LM20-1461-06-14, LM20-1461-06-16, LM20-1465-32-19, LM20-1465-33-04, LM20-1461-08-01, LM20-1461-12-10, LM20-1465-34-12, LM20-1465-36-10, LM20-1461-12-22, LM20-1461-13-11, LM20-1465-36-12, LM20-1465-38-03, LM20-1461-13-19, LM20-1461-13-21, LM20-1466-10-15, LM20-1466-10-19, LM20-1461-21-06, LM20-1461-30-12, LM20-1466-12-29, LM20-1466-32-03, LM20-1461-30-13, LM20-1461-31-24, LM20-1467-03-01, LM20-1467-03-06, LM20-1461-32-16, LM20-1461-33-02, LM20-1467-10-04, LM20-1467-17-03, LM20-1461-34-03, LM20-1461-38-08, LM20-1468-07-11, LM20-1468-09-04, LM20-1461-38-18, LM20-1462-06-14, LM20-1468-12-03, LM20-1468-21-06, LM20-1462-06-19, LM20-1462-08-07, LM20-1468-26-02, LM20-1469-21-03, LM20-1462-14-03, LM20-1462-21-06, LM20-1469-22-02, LM20-1469-36-07, LM20-1462-27-06, LM20-1463-04-01, LM20-1469-37-08, LM20-1470-05-01, LM20-1463-04-02, LM20-1463-04-03a, LM20-1470-19-02, LM20-1472-09-02, LM20-1463-04-04, LM20-1463-04-05a, LM20-1472-26-01, LM20-1472-26-02, LM20-1463-08-04a, LM20-1463-08-04b, LM20-1472-26-03, LM20-1472-26-04, LM20-1463-08-04c, LM20-1463-08-05, LM20-1472-26-05, LM20-1472-26-06, LM20-1463-09-01a, LM20-1463-11-01, LM20-1472-27-01, LM20-1472-27-02, LM20-1463-11-02, LM20-1463-11-03, LM20-1472-27-03, LM20-1472-27-04, LM20-1463-11-05, LM20-1463-12-03b, LM20-1472-27-05, LM20-1472-27-06, LM20-1463-12-05, LM20-1463-19-01, LM20-1474-14B-14, LM20-1474-15A-01, LM20-1463-25-02, LM20-1464-02-09, LM20-1481-02-01, LM20-1481-02-02, LM20-1464-02-14, LM20-1464-05-10, LM20-1481-04-01, LM20-1481-08-01, LM20-1464-11-15, LM20-1464-14-09, LM20-1481-08-02, LM20-1481-09-01, LM20-1464-17-10, LM20-1464-19-10, LM20-1481-09-02, LM20-1481-09-03, LM20-1464-20-01, LM20-1464-20-09, LM20-1481-09-04, LM20-1481-10-01, LM20-1464-20-13, LM20-1464-21-12, LM20-1481-10-02, LM20-1481-10-03, LM20-1464-23-01, LM20-1464-23-18, LM20-1481-10-04, LM20-1481-10-05, LM20-1464-23-20, LM20-1464-25-03, LM20-1481-11-01, LM20-1481-11-02, LM20-1464-25-23, LM20-1464-26-12, LM20-1481-11-03, LM20-1481-11-04, LM20-1464-28-05, LM20-1464-30-11, LM20-1481-11-05, LM20-1481-12-01, LM20-1464-37-01, LM20-1465-02-01, LM20-1481-12-02, LM20-1481-13-01, LM20-1465-21-06, LM20-1465-22-07, LM20-1481-13-02, LM20-1481-13-03, LM20-1465-26-10, LM20-1465-28-05, LM20-1481-14-01, LM20-1481-14-02,

LM20-1481-14-03, LM20-1481-14-04, LM20-1484-13-03, LM20-1484-16-01, LM20-1481-15-01, LM20-1481-15-02, LM20-1484-16-02, LM20-1484-16-03, LM20-1481-15-03, LM20-1481-16-01, LM20-1484-16-04, LM20-1484-16-05, LM20-1481-16-02, LM20-1481-16-03, LM20-1484-17-01r, LM20-1484-17-01v, LM20-1481-16-04, LM20-1481-17-01, LM20-1484-17-02, LM20-1484-17-03, LM20-1481-17-02, LM20-1481-17-03, LM20-1484-17-04, LM20-1484-18-01, LM20-1481-18-01, LM20-1481-18-02, LM20-1484-18-02, LM20-1484-18-03, LM20-1481-18-03, LM20-1481-19-01, LM20-1484-19-01, LM20-1484-19-02, LM20-1481-19-02, LM20-1481-19-03, LM20-1484-19-03, LM20-1484-20-01, LM20-1481-19-04, LM20-1481-20-01, LM20-1484-20-02, LM20-1484-20-03, LM20-1481-21-01, LM20-1481-24-01, LM20-1484-20-04, LM20-1484-21-01, LM20-1481-24-02, LM20-1481-24-03, LM20-1484-21-02, LM20-1484-21-03, LM20-1481-25-01, LM20-1481-25-02, LM20-1484-22-01, LM20-1484-23-01, LM20-1481-26-01, LM20-1481-26-02, LM20-1484-26-01, LM20-1484-26-02, LM20-1481-26-03, LM20-1481-27-01, LM20-1484-26-03, LM20-1484-26-04, LM20-1481-27-02, LM20-1481-27-03, LM20-1484-26-05, LM20-1484-27-01, LM20-1481-27-04, LM20-1481-28-01, LM20-1484-27-02, LM20-1484-27-03, LM20-1481-29-01, LM20-1481-32-01, LM20-1484-27-04, LM20-1484-28-01, LM20-1481-32-02, LM20-1481-33-01, LM20-1484-28-02, LM20-1484-29-01, LM20-1481-33-02, LM20-1481-33-03, LM20-1484-29-02, LM20-1484-29-03, LM20-1481-34-01, LM20-1481-34-02, LM20-1484-29-04, LM20-1484-30-01, LM20-1481-35-01, LM20-1481-35-02, LM20-1484-30-02, LM20-1484-30-03, LM20-1481-36-01, LM20-1481-36-02, LM20-1484-30-04, LM20-1484-31-01, LM20-1481-37-01, LM20-1484-08-02, LM20-1484-31-02, LM20-1484-31-03, LM20-1484-08-03, LM20-1484-08-04, LM20-1484-31-04, LM20-1484-32-01, LM20-1484-08-05, LM20-1484-09-01, LM20-1484-32-02, LM20-1484-32-03, LM20-1484-09-02, LM20-1484-09-03, LM20-1484-33-01, LM20-1484-33-02, LM20-1484-09-04, LM20-1484-10-01, LM20-1484-33-03, LM20-1484-34-01, LM20-1484-10-02, LM20-1484-10-03, LM20-1484-35-01, LM20-1484-36-01, LM20-1484-10-04, LM20-1484-11-01, LM20-1484-37-01, LM20-1488-06-03, LM20-1484-11-02, LM20-1484-11-03, LM20-1488-14-02, LM20-1488-15-06, LM20-1484-11-04, LM20-1484-12-01, LM20-1489-03-12, LM20-1489-14-01, LM20-1484-12-02, LM20-1484-12-03, LM20-1489-18-02, LM20-1489-33-08, LM20-1484-13-01, LM20-1484-13-02, LM20-1490-01-02, LM20-1490-04-09,

LM20-1490-05-17, LM20-1490-06-07, LM20-1503-C0189, LM20-1503-C0215, LM20-1490-07-15, LM20-1490-09-21, LM20-1503-C0233, LM20-1504-C0331, LM20-1490-10-04, LM20-1490-12-05, LM20-1504-C0339, LM20-1504-C0438a, LM20-1490-14-05, LM20-1491-06-01, LM20-1504-C0444, LM20-1504-C0456a, LM20-1491-17-02, LM20-1491-22-03, LM20-1504-C0462a, LM20-1505-C0506c, LM20-1491-31-02, LM20-1492-07-06, LM20-1505-C0509a, LM20-1505-C0519b, LM20-1492-11-01, LM20-1492-15-07, LM20-1505-C0533b, LM20-1505-C0565c, LM20-1492-17-02, LM20-1492-18-06, LM20-1505-C0599b, LM20-1505-C0607a, LM20-1492-19-07, LM20-1492-23-01, LM20-1505-C0607d, LM20-1505-C0608b, LM20-1492-27-01, LM20-1492-35-07, LM20-1505-C0615b, LM20-1505-C0626a, LM20-1492-36-04, LM20-1493-02-01, LM20-1505-C0635a, LM20-1505-C0636d, LM20-1493-17-03, LM20-1493-28-04, LM20-1505-C0639c, LM20-1505-C0650i, LM20-1493-29-02, LM20-1493-34-06, LM20-1505-C0651b, LM20-1505-C0655b, LM20-1494-09-03, LM20-1494-13-03, LM20-1505-C0685a, LM20-1505-C0695a, LM20-1494-28-02, LM20-1494-32-01, LM20-1505-C0696a, LM20-1505-C0703b, LM20-1494-36-04, LM20-1495-01-03, LM20-1505-C0710a, LM20-1506-C0744a, LM20-1495-07-04, LM20-1495-36-01, LM20-1506-C0745c, LM20-1506-C0762d, LM20-1496-32-04, LM20-1496-36-01, LM20-1506-C0766c, LM20-1506-C0773b, LM20-1497-23-06, LM20-1497-24-06, LM20-1506-C0776e, LM20-1506-C0792a, LM20-1497-27-04, LM20-1498-04-01, LM20-1506-C0792b, LM20-1506-C0805a, LM20-1498-07-01, LM20-1498-12-02, LM20-1506-C0813b, LM20-1506-C0814d, LM20-1498-27-02, LM20-1498-33-03r, LM20-1506-C0828a, LM20-1506-C0840d, LM20-1498-42-03, LM20-1499-02-05, LM20-1506-C0856c, LM20-1506-C0861b, LM20-1499-07-02, LM20-1499-33-05, LM20-1506-C0897a, LM20-1506-C0897c, LM20-1499-37-02, LM20-1500-01-01, LM20-1506-C0900b, LM20-1506-C0914d, LM20-1500-09-03, LM20-1500-18-03v, LM20-1506-C0916d, LM20-1506-C0927d, LM20-1501-02-05, LM20-1501-04-04, LM20-1506-C0933d, LM20-1506-C0934c, LM20-1501-21-12, LM20-1501-23-02, LM20-1506-C0939b, LM20-1506-C0939c, LM20-1501-31-06, LM20-1501-32-07, LM20-1506-C0951b, LM20-1506-C0959b, LM20-1501-33-08, LM20-1501-38-07, LM20-1506-C0968a, LM20-1506-C0977a, LM20-1502-C0047, LM20-1502-C0057, LM20-1507-C0984b, LM20-1507-C1030a, LM20-1502-C0086, LM20-1502-C0102, LM20-1507-C1061b, LM20-1507-C1066c, LM20-1503-C0157, LM20-1503-C0159, LM20-1507-C1070d, LM20-1507-C1081a, LM20-1503-C0160, LM20-1503-C0186, LM20-1507-C1091a, LM20-1507-C1093d,

题名索引 M 1929

LM20-1507-C1096c, LM20-1507-C1098e, LM20-1517-0323, LM20-1517-0345, LM20-1507-C1117c, LM20-1507-C1119a, LM20-1517-0359, LM20-1517-0367a, LM20-1507-C1119d, LM20-1507-C1124e, LM20-1517-0425, LM20-1517-0515, LM20-1507-C1129b, LM20-1507-C1142c, LM20-1517-0567a, LM20-1518-20-09, LM20-1507-C1144b, LM20-1507-C1146c, LM20-1518-29-01, LM20-1518-29-02, LM20-1507-C1147c, LM20-1507-C1164d, LM20-1518-29-03, LM20-1518-29-04, LM20-1507-C1167b, LM20-1507-C1173d, LM20-1518-29-05, LM20-1518-29-06, LM20-1507-C1192c, LM20-1508-C1269a, LM20-1518-29-07, LM20-1518-29-08, LM20-1508-C1271a, LM20-1508-C1306, LM20-1518-29-09, LM20-1518-29-10, LM20-1508-C1327a, LM20-1508-C1344d, LM20-1518-29-11, LM20-1518-29-12, LM20-1508-C1352d, LM20-1508-C1364a, LM20-1518-29-13, LM20-1518-29-14, LM20-1508-C1378d, LM20-1508-C1452c, LM20-1518-29-15, LM20-1518-29-16, LM20-1508-C1454c, LM20-1508-C1493, LM20-1518-30-01, LM20-1518-30-02, LM20-1509-C1509e, LM20-1509-C1517, LM20-1518-30-03, LM20-1518-30-04, LM20-1509-C1542b, LM20-1509-C1544e, LM20-1518-30-05, LM20-1518-30-06, LM20-1509-C1546a, LM20-1509-C1548a, LM20-1518-30-07, LM20-1518-30-08, LM20-1509-C1559b, LM20-1509-C1565i, LM20-1518-30-09, LM20-1518-30-10, LM20-1509-C1581a, LM20-1509-C1589c, LM20-1518-30-11, LM20-1518-30-12, LM20-1509-C1590b, LM20-1509-C1595a, LM20-1518-30-13, LM20-1518-30-14, LM20-1509-C1597c, LM20-1509-C1598a, LM20-1518-30-15, LM20-1518-30-16, LM20-1509-C1604d, LM20-1509-C1607a, LM20-1518-31-01, LM20-1518-31-02, LM20-1509-C1607c, LM20-1509-C1631b, LM20-1518-31-03, LM20-1518-31-04, LM20-1509-C1633c, LM20-1509-C1638a, LM20-1518-31-05, LM20-1518-31-06, LM20-1509-C1643a, LM20-1510-C1665, LM20-1518-31-07, LM20-1518-31-08, LM20-1511-CB0026, LM20-1511-CB0028, LM20-1518-31-09, LM20-1519-04-11, LM20-1511-CB0033a, LM20-1511-CB0046, LM20-1519-04-12, LM20-1520-16-05, LM20-1511-CB0056a, LM20-1511-CB0063, LM20-1520-23-05, LM20-1520-34-10, LM20-1511-CB0108, LM20-1511-CB0109, LM20-1520-34-16, LM20-1520-35-16, LM20-1511-CB0113, LM20-1513-CT0197, LM20-1520-36-10, LM20-1521-01-01, LM20-1516-CK0070, LM20-1517-0056, LM20-1521-02-10, LM20-1521-04-14, LM20-1517-0067, LM20-1517-0073, LM20-1521-07-03, LM20-1521-14-05, LM20-1517-0078, LM20-1517-0122, LM20-1521-15-09, LM20-1521-21-02, LM20-1517-0139, LM20-1517-0181, LM20-1521-27-12, LM20-1521-30-15, LM20-1517-0222, LM20-1517-0277, LM20-1521-31-12, LM20-1521-31-13,

LM20-1521-31-14, LM20-1521-31-18, LM20-1521-31-22, LM20-1521-34-12, LM20-1521-38-06, LM20-1521-38-13, LM20-1522-03-08, LM20-1522-08-04, LM20-1522-12-07, LM20-1522-19-06v, LM20-1522-20-22, LM20-1523-20-194, LM20-1548-08-54b, LM20-1854-01c

《妙法蓮華經》卷四（印本）

LM20-1486-31-15a

《妙法蓮華經》卷四經題

LM20-1484-08-01

《妙法蓮華經》卷四外題

LM20-1483-11-01, LM20-1507-C1212a

《妙法蓮華經》卷五

LM20-827-02-23, LM20-827-02-30, LM20-827-03-37, LM20-827-03-38, LM20-827-05-70, LM20-827-06-87, LM20-827-07-101, LM20-827-18-187, LM20-1450-25-08, LM20-1450-30-14, LM20-1450-30-17, LM20-1450-35-05, LM20-1450-38-04, LM20-1451-07-03, LM20-1451-21-01, LM20-1451-23-05, LM20-1451-23-07, LM20-1451-27-23, LM20-1452-05-08, LM20-1452-06-05, LM20-1452-06-08, LM20-1452-07-19, LM20-1452-09-09a, LM20-1452-09-09b, LM20-1452-14-02, LM20-1452-17-17, LM20-1452-18-09, LM20-1452-19-02, LM20-1452-21-03, LM20-1452-21-05, LM20-1452-21-06, LM20-1452-24-08r, LM20-1452-27-11, LM20-1452-29-07, LM20-1452-31-03, LM20-1452-34-02, LM20-1452-38-05, LM20-1453-02-09, LM20-1453-04-09, LM20-1453-07-04, LM20-1453-07-08, LM20-1453-21-04, LM20-1453-23-06, LM20-1453-27-08, LM20-1453-28-07, LM20-1453-30-03, LM20-1453-34-03, LM20-1453-34-05, LM20-1453-34-09, LM20-1454-02-22, LM20-1454-05-20, LM20-1454-07-07, LM20-1454-15-02, LM20-1454-18-01, LM20-1454-24-07, LM20-1454-25-04a, LM20-1454-30-03, LM20-1455-03-18, LM20-1455-05-18, LM20-1455-06-03, LM20-1455-08-10, LM20-1455-13-02, LM20-1455-13-03, LM20-1455-13-04, LM20-1455-13-09, LM20-1455-13-12, LM20-1455-13-15, LM20-1455-20-15, LM20-1455-25-11, LM20-1455-26-07, LM20-1455-27-09, LM20-1455-29-02, LM20-1455-39-03, LM20-1455-39-18, LM20-1456-02-05, LM20-1456-02-11, LM20-1456-02-16, LM20-1456-03-04, LM20-1456-06-21, LM20-1456-06-25, LM20-1456-07-03, LM20-1456-07-14, LM20-1456-09-01, LM20-1456-09-17, LM20-1456-11-13, LM20-1456-13-15, LM20-1456-17-07, LM20-1456-20-08, LM20-1456-20-09, LM20-1456-20-18, LM20-1456-22-25, LM20-1456-26-07, LM20-1456-27-02, LM20-1456-29-17, LM20-1456-29-20, LM20-1456-30-16, LM20-1456-32-18, LM20-1456-37-10, LM20-1456-38-08, LM20-1457-02-10b, LM20-1457-04-12, LM20-1457-06-05, LM20-1457-11-13, LM20-1457-16-01, LM20-1457-16-02, LM20-1457-16-04, LM20-1457-17-10r, LM20-1457-17-10v,

题名索引 M 1931

LM20-1457-18-05, LM20-1457-27-01, LM20-1461-10-18, LM20-1461-12-19, LM20-1457-31-06, LM20-1457-32-02, LM20-1461-12-34, LM20-1461-13-08, LM20-1457-34-01, LM20-1457-37-06, LM20-1461-14-06, LM20-1461-14-17, LM20-1458-02-17, LM20-1458-05-02, LM20-1461-20-22, LM20-1461-21-17, LM20-1458-05-04, LM20-1458-05-18, LM20-1461-24-14, LM20-1461-29-13, LM20-1458-15-04, LM20-1458-20-24, LM20-1461-30-07r, LM20-1461-30-07v, LM20-1458-23-05, LM20-1458-26-02, LM20-1461-31-05, LM20-1461-33-06, LM20-1458-26-08, LM20-1458-27-14, LM20-1461-37-14, LM20-1461-37-19, LM20-1458-29-17, LM20-1458-30-26, LM20-1462-02-08, LM20-1462-07-05, LM20-1458-31-16, LM20-1458-33-16, LM20-1462-16-07, LM20-1462-22-03, LM20-1458-34-07, LM20-1458-35-06, LM20-1462-23-04, LM20-1462-24-03, LM20-1458-35-18, LM20-1458-38-01, LM20-1462-26-09, LM20-1462-34-04b, LM20-1458-38-17, LM20-1459-03-01, LM20-1463-30-09, LM20-1464-05-12, LM20-1459-17-06, LM20-1459-23-10, LM20-1464-06-02, LM20-1464-07-09, LM20-1460-01-01, LM20-1460-01-11, LM20-1464-07-15, LM20-1464-07-19, LM20-1460-03-03, LM20-1460-03-11, LM20-1464-14-03, LM20-1464-14-14, LM20-1460-03-16, LM20-1460-06-03, LM20-1464-15-22, LM20-1464-16-02, LM20-1460-09-11, LM20-1460-10-09, LM20-1464-21-02, LM20-1464-22-14, LM20-1460-14-02, LM20-1460-14-12, LM20-1464-24-09, LM20-1464-25-20, LM20-1460-16-01, LM20-1460-16-07, LM20-1464-27-07, LM20-1464-29-02, LM20-1460-17-06a, LM20-1460-17-06b, LM20-1464-33-05, LM20-1464-34-03, LM20-1460-18-03, LM20-1460-18-10, LM20-1464-35-14, LM20-1464-37-10, LM20-1460-19-07, LM20-1460-21-13, LM20-1465-21-05, LM20-1465-24-01, LM20-1460-23-11, LM20-1460-23-12, LM20-1465-29-08, LM20-1465-29-10, LM20-1460-23-15, LM20-1460-24-12, LM20-1465-31-14, LM20-1465-32-13, LM20-1460-26-08, LM20-1460-26-20, LM20-1465-37-12, LM20-1466-12-02, LM20-1460-27-07, LM20-1460-27-19, LM20-1466-12-04, LM20-1466-16-04, LM20-1460-28-10, LM20-1460-31-09, LM20-1466-17-06, LM20-1466-20-02, LM20-1460-32-19, LM20-1460-32-23, LM20-1466-20-07, LM20-1466-22-04, LM20-1460-33-18, LM20-1460-34-05, LM20-1466-23-01, LM20-1466-24-03, LM20-1460-36-03, LM20-1460-36-22, LM20-1466-27-04, LM20-1466-29-01, LM20-1461-01-05, LM20-1461-02-23, LM20-1466-33-03, LM20-1467-02-02, LM20-1461-06-08, LM20-1461-07-18, LM20-1467-13-02, LM20-1467-19-01, LM20-1461-09-25, LM20-1461-10-04, LM20-1467-20-07, LM20-1467-32-02,

LM20-1467-38-12, LM20-1468-01-08, LM20-1482-21-04, LM20-1482-22-01, LM20-1468-07-14, LM20-1468-11-04, LM20-1482-22-02, LM20-1482-22-03, LM20-1468-18-08, LM20-1468-26-01, LM20-1482-22-04, LM20-1482-23-01, LM20-1468-32-03, LM20-1468-33-01b, LM20-1482-23-02, LM20-1482-23-03, LM20-1470-03-06, LM20-1470-11-01, LM20-1482-23-04, LM20-1482-24-01, LM20-1470-23-06, LM20-1470-27-01, LM20-1482-24-02, LM20-1482-24-03, LM20-1470-34-04, LM20-1474-01-01, LM20-1482-24-04, LM20-1482-25-01, LM20-1474-01-02, LM20-1474-01-03, LM20-1482-25-02, LM20-1482-25-03, LM20-1474-02A-01, LM20-1474-02A-02, LM20-1482-25-04, LM20-1482-26-01, LM20-1474-02A-03, LM20-1474-02B-05, LM20-1483-26-01, LM20-1483-26-02, LM20-1474-02B-06, LM20-1474-02B-07, LM20-1483-26-03, LM20-1483-26-04, LM20-1474-02B-08, LM20-1474-02B-09, LM20-1483-27-01r, LM20-1483-30-01, LM20-1474-03A-01, LM20-1474-03A-02, LM20-1488-05-10, LM20-1488-06-01, LM20-1474-03A-03, LM20-1474-03A-04, LM20-1488-06-05, LM20-1489-05-13, LM20-1474-03A-05, LM20-1474-03A-06, LM20-1489-12-04, LM20-1489-32-02, LM20-1474-06A-01, LM20-1474-06A-02, LM20-1489-35-12, LM20-1490-04-04, LM20-1474-12A-03, LM20-1476-34-01, LM20-1490-08-02, LM20-1490-08-14, LM20-1482-06-01, LM20-1482-06-02, LM20-1490-12-04, LM20-1490-12-09, LM20-1482-06-03, LM20-1482-07-01, LM20-1490-13-25, LM20-1490-15-11, LM20-1482-07-02, LM20-1482-07-03, LM20-1491-03-02, LM20-1491-09-04, LM20-1482-08-01r, LM20-1482-08-02, LM20-1491-18-01, LM20-1491-19-03, LM20-1482-12-01, LM20-1482-12-02, LM20-1491-20-05, LM20-1491-29-01, LM20-1482-12-03, LM20-1482-12-04, LM20-1492-11-06, LM20-1492-33-04, LM20-1482-12-05, LM20-1482-13-01, LM20-1493-16-05, LM20-1493-37-04, LM20-1482-13-02, LM20-1482-13-03, LM20-1494-03-02, LM20-1494-04-01, LM20-1482-14-01, LM20-1482-14-02, LM20-1494-09-04, LM20-1494-26-07, LM20-1482-14-03, LM20-1482-14-04, LM20-1495-02-01, LM20-1495-05-01, LM20-1482-15-01, LM20-1482-15-02, LM20-1495-05-06, LM20-1495-06-03, LM20-1482-18-01, LM20-1482-18-02, LM20-1496-21-03, LM20-1496-21-04, LM20-1482-19-02, LM20-1482-19-03, LM20-1496-30-04, LM20-1497-10-05, LM20-1482-19-04, LM20-1482-20-01, LM20-1497-11-04, LM20-1497-14-01, LM20-1482-20-02, LM20-1482-20-03, LM20-1497-19-04, LM20-1497-25-02, LM20-1482-20-04, LM20-1482-21-01, LM20-1497-26-02, LM20-1497-30-07, LM20-1482-21-02, LM20-1482-21-03, LM20-1497-35-01, LM20-1498-08-03,

题名索引 M 1933

LM20-1498-35-04, LM20-1498-35-06, LM20-1506-C0901b, LM20-1506-C0917b, LM20-1498-39-02, LM20-1498-40-03, LM20-1506-C0931c, LM20-1506-C0940d, LM20-1499-03-02, LM20-1499-16-03, LM20-1506-C0955b, LM20-1506-C0960a, LM20-1499-18-03, LM20-1499-37-04, LM20-1506-C0968b, LM20-1506-C0972a, LM20-1500-05-03, LM20-1500-14-05, LM20-1507-C0978a, LM20-1507-C1027b, LM20-1500-18-05, LM20-1500-24-01, LM20-1507-C1042a, LM20-1507-C1064a, LM20-1501-19-08, LM20-1501-20-09, LM20-1507-C1071d, LM20-1507-C1096d, LM20-1501-22-05, LM20-1501-30-11, LM20-1507-C1101b, LM20-1507-C1102a, LM20-1501-31-05, LM20-1501-33-07, LM20-1507-C1107b, LM20-1507-C1112c, LM20-1501-34-01, LM20-1501-35-01, LM20-1507-C1114b, LM20-1507-C1143c, LM20-1502-C0018, LM20-1502-C0019, LM20-1507-C1147a, LM20-1507-C1157c, LM20-1502-C0020, LM20-1502-C0027, LM20-1507-C1166c, LM20-1507-C1170b, LM20-1502-C0084, LM20-1502-C0106, LM20-1507-C1183b, LM20-1507-C1186a, LM20-1503-C0179, LM20-1503-C0240, LM20-1507-C1188c, LM20-1507-C1191a, LM20-1503-C0245, LM20-1503-C0262, LM20-1508-C1322b, LM20-1508-C1332a, LM20-1503-C0263, LM20-1503-C0291, LM20-1508-C1351a, LM20-1508-C1418, LM20-1503-C0305, LM20-1504-C0379, LM20-1508-C1475, LM20-1508-C1482d, LM20-1504-C0437a,LM20-1505-C0475b, LM20-1508-C1483e, LM20-1508-C1496, LM20-1505-C0486a, LM20-1505-C0496b, LM20-1509-C1519, LM20-1509-C1531, LM20-1505-C0508c, LM20-1505-C0510a, LM20-1509-C1541e, LM20-1509-C1552c, LM20-1505-C0512b, LM20-1505-C0514c, LM20-1509-C1566e, LM20-1509-C1575a, LM20-1505-C0518b, LM20-1505-C0536a, LM20-1509-C1591b, LM20-1509-C1602d, LM20-1505-C0556b, LM20-1505-C0568a, LM20-1509-C1610a, LM20-1509-C1616b, LM20-1505-C0569b, LM20-1505-C0573b, LM20-1509-C1620e, LM20-1509-C1625a, LM20-1505-C0588a, LM20-1505-C0588b, LM20-1509-C1625c, LM20-1509-C1635a, LM20-1505-C0591a, LM20-1506-C0732b, LM20-1510-C1661, LM20-1510-C1672, LM20-1506-C0741a, LM20-1506-C0742a, LM20-1511-CB0036, LM20-1511-CB0051, LM20-1506-C0750b, LM20-1506-C0758a, LM20-1511-CB0064, LM20-1511-CB0070, LM20-1506-C0759b, LM20-1506-C0770a, LM20-1511-CB0084, LM20-1511-CB0111, LM20-1506-C0793b, LM20-1506-C0794b, LM20-1513-CT0189, LM20-1513-CT0235, LM20-1506-C0803b, LM20-1506-C0811e, LM20-1514-CT0460, LM20-1515-CC0004, LM20-1506-C0814b, LM20-1506-C0831c, LM20-1515-CC0012, LM20-1515-CY0001, LM20-1506-C0837d, LM20-1506-C0864a, LM20-1515-CY0003, LM20-1515-CY0005, LM20-1506-C0876b, LM20-1506-C0885c, LM20-1517-0016, LM20-1517-0031,

LM20-1517-0089b, LM20-1517-0188, LM20-1517-0256, LM20-1517-0324a, LM20-1517-0417, LM20-1517-0419, LM20-1517-0447, LM20-1517-0509, LM20-1517-0554a, LM20-1517-0562, LM20-1518-31-12, LM20-1518-31-13, LM20-1518-31-14, LM20-1518-31-15, LM20-1518-31-16, LM20-1518-32-01, LM20-1518-32-02, LM20-1518-32-03, LM20-1518-32-04, LM20-1518-32-05, LM20-1518-32-06, LM20-1518-32-07, LM20-1518-32-08, LM20-1518-32-09, LM20-1518-32-10, LM20-1518-32-11, LM20-1518-32-12, LM20-1518-32-13, LM20-1518-32-14, LM20-1518-32-15, LM20-1518-32-16, LM20-1518-33-01, LM20-1518-33-02, LM20-1518-33-03, LM20-1518-33-04, LM20-1518-33-05a, LM20-1518-33-05b, LM20-1518-33-06, LM20-1518-33-07, LM20-1518-33-08, LM20-1518-33-09, LM20-1518-33-10, LM20-1518-33-11, LM20-1518-33-12, LM20-1518-33-13, LM20-1518-33-14, LM20-1518-33-15, LM20-1518-33-16, LM20-1518-34-01, LM20-1518-34-02, LM20-1518-34-03, LM20-1518-34-04, LM20-1518-34-05, LM20-1518-34-06, LM20-1519-04-13, LM20-1519-04-14, LM20-1520-35-07a, LM20-1520-35-07b, LM20-1521-16-23, LM20-1521-19-18r, LM20-1521-23-18, LM20-1521-24-01, LM20-1521-26-08, LM20-1521-32-24, LM20-1522-04-14, LM20-1522-09-13, LM20-1522-11-03, LM20-1522-14-07, LM20-1522-16-15, LM20-1522-20-21, LM20-1522-22-03, LM20-1523-11-109v, LM20-1523-13-124, LM20-1523-23-235, LM20-1523-27-279, LM20-1524-10r, LM20-1548-03-06, LM20-1548-04-11, LM20-1548-04-12, LM20-1548-08-54d

《妙法蓮華經》卷五（印本）

LM20-1486-11-17b, LM20-1486-38-06, LM20-1486-38-12

《妙法蓮華經》卷六

LM20-827-01-03, LM20-1450-10-01, LM20-1450-10-02, LM20-1450-10-03a, LM20-1450-10-03b, LM20-1450-26-04, LM20-1450-30-16, LM20-1450-31-04, LM20-1450-34-07, LM20-1450-36-04, LM20-1451-23-03, LM20-1451-24-05, LM20-1451-25-03, LM20-1452-03-07, LM20-1452-05-18, LM20-1452-06-09, LM20-1452-07-01, LM20-1452-08-11, LM20-1452-11-07, LM20-1452-12-01, LM20-1452-14-05, LM20-1452-15-03, LM20-1452-19-08, LM20-1452-21-07, LM20-1452-21-08, LM20-1452-21-11, LM20-1452-24-13, LM20-1452-32-05, LM20-1452-35-01, LM20-1452-39-01, LM20-1452-39-02, LM20-1452-39-06, LM20-1453-03-06, LM20-1453-10-07, LM20-1453-10-08, LM20-1453-17-06, LM20-1453-20-06, LM20-1453-24-03, LM20-1453-30-06, LM20-1453-31-02, LM20-1453-34-02, LM20-1453-39-04, LM20-1454-01-13, LM20-1454-04-01, LM20-1454-04-18, LM20-1454-05-16, LM20-1454-05-27, LM20-1454-07-05,

题名索引 M 1935

LM20-1454-07-10, LM20-1454-07-11, LM20-1458-16-13, LM20-1458-16-22, LM20-1454-11-06, LM20-1454-11-09, LM20-1458-17-03, LM20-1458-17-07, LM20-1454-18-06, LM20-1454-24-06, LM20-1458-17-08, LM20-1458-19-15, LM20-1454-28-08, LM20-1454-30-05, LM20-1458-25-10, LM20-1458-25-14, LM20-1454-38-04, LM20-1455-03-08, LM20-1458-28-14, LM20-1458-29-04, LM20-1455-05-02, LM20-1455-05-08, LM20-1458-32-01, LM20-1458-33-03, LM20-1455-06-09, LM20-1455-07-05, LM20-1458-34-12, LM20-1458-36-04, LM20-1455-09-10, LM20-1455-11-19, LM20-1459-22-05, LM20-1459-27-08, LM20-1455-14-10, LM20-1455-15-02, LM20-1459-29-03, LM20-1460-01-12, LM20-1455-17-02, LM20-1455-17-05, LM20-1460-01-20, LM20-1460-03-02, LM20-1455-18-01, LM20-1455-19-05, LM20-1460-03-08, LM20-1460-05-03, LM20-1455-20-04, LM20-1455-21-07, LM20-1460-05-07, LM20-1460-07-03, LM20-1455-22-02, LM20-1455-24-09, LM20-1460-09-15, LM20-1460-10-10, LM20-1455-24-20, LM20-1455-28-07, LM20-1460-14-01, LM20-1460-19-14, LM20-1455-32-03, LM20-1455-38-01, LM20-1460-21-09, LM20-1460-23-01, LM20-1455-38-19, LM20-1455-39-13, LM20-1460-24-16, LM20-1460-25-07, LM20-1455-39-14, LM20-1456-01-10, LM20-1460-27-09, LM20-1460-29-18, LM20-1456-03-17, LM20-1456-04-12, LM20-1460-31-04, LM20-1460-31-18, LM20-1456-05-07a, LM20-1456-09-13, LM20-1460-32-03, LM20-1460-35-10, LM20-1456-11-01, LM20-1456-11-06, LM20-1461-01-24, LM20-1461-03-11, LM20-1456-12-06, LM20-1456-23-11, LM20-1461-04-05, LM20-1461-06-03, LM20-1456-25-02, LM20-1456-25-20, LM20-1461-07-08, LM20-1461-08-21, LM20-1456-28-27, LM20-1456-29-12, LM20-1461-09-06, LM20-1461-13-06, LM20-1456-31-08, LM20-1456-32-07, LM20-1461-17-19, LM20-1461-22-02, LM20-1456-32-17, LM20-1456-33-18, LM20-1461-23-05, LM20-1461-28-04, LM20-1456-35-04, LM20-1456-37-09, LM20-1461-33-18, LM20-1461-37-05, LM20-1457-01-04, LM20-1457-01-15, LM20-1461-38-14, LM20-1462-04-05, LM20-1457-05-04, LM20-1457-09-02, LM20-1462-05-01, LM20-1462-05-08, LM20-1457-11-10, LM20-1457-12-02, LM20-1462-05-10, LM20-1462-07-11, LM20-1457-13-04, LM20-1457-14-05, LM20-1462-07-13, LM20-1462-08-02, LM20-1457-14-06, LM20-1457-14-08, LM20-1462-12-07, LM20-1462-15-07, LM20-1457-19-02, LM20-1457-36-03, LM20-1462-19-07, LM20-1462-22-06, LM20-1458-05-06, LM20-1458-08-16, LM20-1462-25-03, LM20-1462-25-06, LM20-1458-11-11, LM20-1458-16-01, LM20-1462-27-05, LM20-1462-29-05,

LM20-1462-37-02, LM20-1463-27-04, LM20-1478-02-01, LM20-1478-02-02, LM20-1464-05-11, LM20-1464-07-10, LM20-1478-02-03, LM20-1478-03-01, LM20-1464-10-11, LM20-1464-13-15, LM20-1478-06-02, LM20-1478-06-03, LM20-1464-14-12, LM20-1464-17-02, LM20-1478-07-01, LM20-1478-12-01, LM20-1464-19-05, LM20-1464-20-04, LM20-1478-12-03, LM20-1478-12-04, LM20-1464-22-06, LM20-1464-23-12, LM20-1478-12-05, LM20-1478-13-01, LM20-1464-24-08, LM20-1464-25-09, LM20-1478-13-02, LM20-1478-13-03, LM20-1464-30-10, LM20-1464-31-11, LM20-1478-14-01, LM20-1478-14-02, LM20-1464-34-12, LM20-1464-35-09, LM20-1478-15-01, LM20-1478-15-02r, LM20-1464-36-02, LM20-1464-38-12, LM20-1478-18-01, LM20-1478-18-02, LM20-1465-08-07, LM20-1465-13-03, LM20-1478-22-02, LM20-1478-22-03, LM20-1465-24-14, LM20-1465-26-05, LM20-1478-22-04, LM20-1478-23-01, LM20-1465-29-03, LM20-1465-38-11, LM20-1478-23-02, LM20-1483-35-01, LM20-1466-11-02, LM20-1466-12-24, LM20-1483-35-02, LM20-1483-35-03, LM20-1466-18-05, LM20-1466-21-10, LM20-1483-35-04, LM20-1485-34-01, LM20-1466-26-04, LM20-1467-04-07, LM20-1488-07-10, LM20-1489-15-08, LM20-1467-34-03, LM20-1467-38-04, LM20-1489-37-10, LM20-1490-04-07, LM20-1468-10-02, LM20-1468-12-02, LM20-1490-07-18, LM20-1490-07-27, LM20-1468-19-01, LM20-1468-20-04, LM20-1490-09-18, LM20-1491-06-06, LM20-1468-23-04, LM20-1468-31-01, LM20-1491-14-02, LM20-1491-23-06, LM20-1469-14-07, LM20-1469-15-06, LM20-1491-29-05, LM20-1491-37-02, LM20-1469-15-07, LM20-1469-29-01, LM20-1491-38-01, LM20-1492-01-03, LM20-1469-32-03, LM20-1470-03-04, LM20-1492-02-04, LM20-1492-08-02, LM20-1470-16-02, LM20-1470-27-02, LM20-1492-10-03, LM20-1492-24-01, LM20-1470-35-02, LM20-1474-04B-08, LM20-1492-24-05, LM20-1492-25-01, LM20-1474-11B-03, LM20-1475-08A-05, LM20-1492-26-02, LM20-1492-27-04, LM20-1475-13A-01, LM20-1475-13A-02, LM20-1492-28-07, LM20-1493-06-03, LM20-1475-13A-03, LM20-1475-13A-04, LM20-1493-06-11, LM20-1493-23-04, LM20-1475-13A-05, LM20-1475-13B-06, LM20-1493-29-05, LM20-1494-01-03, LM20-1475-13B-07, LM20-1475-14A-01, LM20-1494-02-03, LM20-1494-03-05, LM20-1475-14A-02, LM20-1475-14B-03, LM20-1494-16-01, LM20-1495-05-05, LM20-1475-14B-05, LM20-1475-14B-06, LM20-1495-25-02, LM20-1496-04-01, LM20-1475-14B-07, LM20-1475-14B-08, LM20-1496-09-02, LM20-1496-14-03, LM20-1475-14B-09, LM20-1475-20-03, LM20-1496-18-07, LM20-1496-20-01,

题名索引 M 1937

LM20-1496-33-03, LM20-1496-36-04, LM20-1505-C676b, LM20-1506-C0718a, LM20-1497-06-06, LM20-1497-11-08, LM20-1506-C0732e, LM20-1506-C0736a, LM20-1497-22-07, LM20-1497-31-05, LM20-1506-C0740b, LM20-1506-C0747a, LM20-1498-11-01, LM20-1498-15-06, LM20-1506-C0772a, LM20-1506-C0785e, LM20-1498-25-03, LM20-1498-26-01, LM20-1506-C0805d, LM20-1506-C0814a, LM20-1499-03-06, LM20-1499-16-02, LM20-1506-C0816a, LM20-1506-C0821b, LM20-1499-39-06, LM20-1500-02-02, LM20-1506-C0833b, LM20-1506-C0841d, LM20-1500-13-05, LM20-1500-14-02, LM20-1506-C0846b, LM20-1506-C0942d, LM20-1500-17-02, LM20-1500-19-04, LM20-1507-C0985c, LM20-1507-C1004b, LM20-1500-21-05, LM20-1500-24-07, LM20-1507-C1049a, LM20-1507-C1067a, LM20-1500-26-05, LM20-1500-28-06, LM20-1507-C1088b, LM20-1507-C1097a, LM20-1500-32-06, LM20-1501-05-01, LM20-1507-C1108c, LM20-1507-C1123e, LM20-1501-10-06, LM20-1501-13-08, LM20-1507-C1161a, LM20-1507-C1162b, LM20-1501-16-08, LM20-1501-19-02, LM20-1507-C1165c, LM20-1507-C1167c, LM20-1501-21-02, LM20-1501-21-07, LM20-1507-C1209, LM20-1508-C1267i, LM20-1501-26-01, LM20-1501-32-02, LM20-1508-C1338f, LM20-1508-C1340d, LM20-1501-32-08, LM20-1502-C0005, LM20-1508-C1374b, LM20-1508-C1378a, LM20-1502-C0006, LM20-1502-C0007, LM20-1508-C1381a, LM20-1508-C1408, LM20-1502-C0008, LM20-1502-C0009, LM20-1508-C1420, LM20-1509-C1499d, LM20-1502-C0010, LM20-1502-C0011, LM20-1509-C1512c, LM20-1509-C1552b, LM20-1502-C0012, LM20-1502-C0013, LM20-1509-C1563a, LM20-1509-C1565c, LM20-1502-C0014, LM20-1502-C0015, LM20-1509-C1589b, LM20-1509-C1597a, LM20-1502-C0016, LM20-1502-C0017, LM20-1509-C1599e, LM20-1509-C1603d, LM20-1502-C0146, LM20-1503-C0153, LM20-1509-C1620b, LM20-1509-C1641d, LM20-1503-C0154, LM20-1503-C0224, LM20-1510-C1655, LM20-1511-CB0065, LM20-1503-C0243, LM20-1503-C0264, LM20-1511-CB0093, LM20-1511-CB0094, LM20-1503-C0267, LM20-1503-C0269, LM20-1511-CB0099, LM20-1511-CB0116, LM20-1503-C0289, LM20-1503-C0323, LM20-1513-CT0225, LM20-1513-CT0294, LM20-1504-C0345, LM20-1504-C0391a, LM20-1514-CT0430, LM20-1514-CT0450, LM20-1504-C0403a, LM20-1504-C0406b, LM20-1515-CY0004, LM20-1517-0041b, LM20-1504-C0448b, LM20-1505-C0474c, LM20-1517-0047, LM20-1517-0085g, LM20-1505-C0526d, LM20-1505-C0534b, LM20-1517-0145, LM20-1517-0189b, LM20-1505-C0575d, LM20-1505-C0577c, LM20-1517-0266, LM20-1517-0267, LM20-1505-C0635d, LM20-1505-C0670b, LM20-1517-0286, LM20-1517-0322,

LM20-1517-0436, LM20-1517-0507, LM20-1518-38-05, LM20-1518-38-06, LM20-1517-0589, LM20-1517-0636, LM20-1519-04-15, LM20-1519-04-16, LM20-1517-0642, LM20-1518-31-11, LM20-1520-26-01, LM20-1520-26-03, LM20-1518-34-07, LM20-1518-34-08, LM20-1520-28-06, LM20-1520-33-04, LM20-1518-34-09, LM20-1518-34-10, LM20-1520-35-15, LM20-1520-38-18, LM20-1518-34-11, LM20-1518-34-12, LM20-1521-01-14, LM20-1521-04-02, LM20-1518-34-13, LM20-1518-34-14, LM20-1521-04-16a, LM20-1521-04-16b, LM20-1518-34-15, LM20-1518-34-16, LM20-1521-07-04, LM20-1521-07-16, LM20-1518-35-01, LM20-1518-35-02, LM20-1521-08-01, LM20-1521-10-04, LM20-1518-35-03, LM20-1518-35-04, LM20-1521-11-05, LM20-1521-16-11, LM20-1518-35-05, LM20-1518-35-06, LM20-1521-18-18r, LM20-1521-19-18v, LM20-1518-35-07, LM20-1518-35-08, LM20-1521-23-23, LM20-1521-31-09, LM20-1518-35-09, LM20-1518-35-10, LM20-1521-32-14, LM20-1522-02-04, LM20-1518-35-11, LM20-1518-35-12, LM20-1522-02-15, LM20-1522-03-15, LM20-1518-35-13, LM20-1518-35-14, LM20-1522-11-11, LM20-1522-21-01, LM20-1518-35-15, LM20-1518-35-16, LM20-1522-21-09a, LM20-1522-22-10, LM20-1518-36-01, LM20-1518-36-02, LM20-1523-09-90, LM20-1523-14-134a LM20-1518-36-03, LM20-1518-36-04, 《妙法蓮華經》卷六外題 LM20-1518-36-05, LM20-1518-36-06, LM20-1478-23-03, LM20-1483-34-01 LM20-1518-36-07, LM20-1518-36-08, 《妙法蓮華經》卷七 LM20-1518-36-09, LM20-1518-36-10, LM20-827-06-79, LM20-827-06-80, LM20-1518-36-11, LM20-1518-36-12, LM20-827-10-136, LM20-1450-09-04, LM20-1518-36-13, LM20-1518-36-14, LM20-1450-11-03, LM20-1450-19-04, LM20-1518-36-15, LM20-1518-36-16, LM20-1450-36-03, LM20-1450-37-02r, LM20-1518-37-01, LM20-1518-37-02, LM20-1451-09-03, LM20-1451-10-02, LM20-1518-37-03, LM20-1518-37-04, LM20-1451-18-02, LM20-1451-18-03, LM20-1518-37-05, LM20-1518-37-06, LM20-1451-20-01, LM20-1451-22-05, LM20-1518-37-07, LM20-1518-37-08, LM20-1451-24-03, LM20-1451-26-04, LM20-1518-37-09, LM20-1518-37-10, LM20-1452-01-06, LM20-1452-04-03, LM20-1518-37-11, LM20-1518-37-12, LM20-1452-06-06, LM20-1452-08-04, LM20-1518-37-13, LM20-1518-37-14, LM20-1452-10-04, LM20-1452-10-07, LM20-1518-37-15, LM20-1518-37-16, LM20-1452-12-12, LM20-1452-13-06, LM20-1518-38-01, LM20-1518-38-02, LM20-1452-15-08, LM20-1452-16-01, LM20-1518-38-03, LM20-1518-38-04, LM20-1452-17-14, LM20-1452-19-11,

题名索引 M 1939

LM20-1452-20-01, LM20-1452-24-05, LM20-1458-02-19, LM20-1458-05-21, LM20-1452-30-10, LM20-1452-32-04, LM20-1458-06-10, LM20-1458-07-15, LM20-1452-34-11, LM20-1452-35-10, LM20-1458-10-02, LM20-1458-10-07, LM20-1452-37-23, LM20-1453-02-03, LM20-1458-11-01, LM20-1458-12-16, LM20-1453-19-04, LM20-1453-23-01, LM20-1458-13-12, LM20-1458-14-03, LM20-1453-26-02, LM20-1453-36-07, LM20-1458-19-13, LM20-1458-21-04, LM20-1453-38-05, LM20-1454-06-14, LM20-1458-23-01, LM20-1458-25-01, LM20-1454-11-05, LM20-1454-18-13, LM20-1458-27-13, LM20-1458-30-01, LM20-1454-26-10, LM20-1454-29-05, LM20-1458-31-02, LM20-1458-31-03, LM20-1454-30-04, LM20-1454-33-06, LM20-1458-31-12, LM20-1458-31-22, LM20-1454-37-07, LM20-1455-02-10, LM20-1458-35-05, LM20-1459-08-05, LM20-1455-03-16, LM20-1455-03-17, LM20-1459-15-04, LM20-1459-15-05, LM20-1455-04-09, LM20-1455-20-12, LM20-1459-22-07, LM20-1459-25-01, LM20-1455-22-05, LM20-1455-23-12, LM20-1459-25-04, LM20-1459-27-11, LM20-1455-23-13, LM20-1455-29-04, LM20-1459-39-04, LM20-1459-40-01, LM20-1455-30-17, LM20-1455-31-10, LM20-1459-40-02, LM20-1459-40-03, LM20-1455-31-14, LM20-1455-33-10, LM20-1459-40-04, LM20-1460-01-14, LM20-1455-34-07, LM20-1455-34-08, LM20-1460-02-05, LM20-1460-02-14, LM20-1455-36-21, LM20-1455-38-20, LM20-1460-02-15, LM20-1460-04-18, LM20-1455-39-09, LM20-1456-01-02, LM20-1460-12-01, LM20-1460-12-06, LM20-1456-01-06, LM20-1456-02-04, LM20-1460-13-18, LM20-1460-13-20, LM20-1456-06-23, LM20-1456-09-21, LM20-1460-15-03, LM20-1460-15-09, LM20-1456-10-12, LM20-1456-10-16, LM20-1460-22-05, LM20-1460-24-02, LM20-1456-11-02, LM20-1456-13-12, LM20-1460-24-13, LM20-1460-24-19, LM20-1456-14-15, LM20-1456-19-20, LM20-1460-28-11, LM20-1460-29-12, LM20-1456-25-16, LM20-1456-25-22, LM20-1460-32-05, LM20-1460-36-12, LM20-1456-27-07, LM20-1456-27-15, LM20-1460-36-21, LM20-1460-38-21, LM20-1456-28-31, LM20-1456-29-01, LM20-1461-03-02, LM20-1461-08-16, LM20-1456-30-13, LM20-1456-33-11, LM20-1461-11-04, LM20-1461-11-08, LM20-1456-33-16, LM20-1456-36-16, LM20-1461-12-07, LM20-1461-12-11, LM20-1457-05-07, LM20-1457-06-02, LM20-1461-12-14, LM20-1461-14-23, LM20-1457-06-03, LM20-1457-06-07, LM20-1461-16-12, LM20-1461-16-19, LM20-1457-08-10, LM20-1457-09-01, LM20-1461-29-02, LM20-1461-29-16, LM20-1457-10-02, LM20-1457-17-01, LM20-1461-32-07, LM20-1461-32-17,

LM20-1461-34-16, LM20-1461-34-21, LM20-1478-28-03, LM20-1478-29-01, LM20-1461-35-03, LM20-1461-38-07, LM20-1478-29-02, LM20-1478-29-03, LM20-1462-02-02, LM20-1462-07-18, LM20-1478-29-04, LM20-1478-29-05, LM20-1462-08-11, LM20-1462-22-02, LM20-1478-32-02, LM20-1478-32-03, LM20-1463-07-08, LM20-1463-13-01, LM20-1478-32-04, LM20-1478-32-05, LM20-1463-28-07, LM20-1463-28-08, LM20-1478-33-01, LM20-1478-33-02, LM20-1463-30-04, LM20-1463-36-04, LM20-1478-33-03, LM20-1478-33-04, LM20-1464-04-09, LM20-1464-06-03, LM20-1478-34-01, LM20-1478-34-02, LM20-1464-06-07, LM20-1464-09-17, LM20-1478-34-03, LM20-1478-34-04, LM20-1464-12-02, LM20-1464-15-11, LM20-1478-34-05, LM20-1478-35-01, LM20-1464-15-14, LM20-1464-17-05, LM20-1478-35-02, LM20-1478-35-03, LM20-1464-18-14, LM20-1464-20-05, LM20-1478-35-04, LM20-1478-36-01, LM20-1464-20-12, LM20-1464-23-13, LM20-1478-36-02, LM20-1478-36-03, LM20-1464-24-10, LM20-1464-24-16, LM20-1478-37-01, LM20-1478-37-02, LM20-1464-25-06, LM20-1464-31-06, LM20-1478-37-03, LM20-1485-02-01, LM20-1464-37-06, LM20-1465-18-04, LM20-1485-02-02, LM20-1485-02-03, LM20-1465-29-01, LM20-1465-34-05, LM20-1485-02-04, LM20-1485-03-01, LM20-1465-37-04, LM20-1465-38-15, LM20-1485-03-02, LM20-1485-03-03, LM20-1466-03-04, LM20-1466-04-04, LM20-1485-03-04, LM20-1485-06-01, LM20-1466-06-02, LM20-1466-11-21, LM20-1485-06-02, LM20-1485-06-03, LM20-1466-12-25, LM20-1466-18-06, LM20-1485-06-04, LM20-1485-06-05, LM20-1466-20-18, LM20-1466-27-05, LM20-1485-06-06, LM20-1485-07-01, LM20-1467-04-05, LM20-1467-06-03, LM20-1485-07-02, LM20-1485-07-03, LM20-1467-26-01, LM20-1467-38-10, LM20-1485-07-04, LM20-1485-08-01, LM20-1468-17-05, LM20-1468-17-11, LM20-1485-08-02, LM20-1485-09-01, LM20-1468-18-06, LM20-1469-20-05, LM20-1485-09-02, LM20-1485-09-03, LM20-1469-23-06, LM20-1469-30-03, LM20-1485-12-01, LM20-1485-12-02, LM20-1469-33-05, LM20-1469-35-06, LM20-1485-12-03, LM20-1485-12-04r, LM20-1469-36-01, LM20-1469-36-02, LM20-1485-16-01, LM20-1485-16-02, LM20-1470-02-02, LM20-1470-14-03, LM20-1485-16-04, LM20-1485-17-01, LM20-1470-33-03, LM20-1474-02A-04, LM20-1485-17-02, LM20-1485-20-03, LM20-1478-26-01, LM20-1478-26-02, LM20-1488-18-02, LM20-1488-20-06, LM20-1478-27-01, LM20-1478-27-02, LM20-1489-35-13, LM20-1489-37-11, LM20-1478-28-01, LM20-1478-28-02, LM20-1489-38-01, LM20-1490-05-14,

题名索引 M

LM20-1490-07-17, LM20-1490-07-22, LM20-1501-32-03, LM20-1501-35-05, LM20-1490-10-07, LM20-1490-22-05, LM20-1501-38-06, LM20-1502-C0001, LM20-1490-24-03, LM20-1490-25-13, LM20-1502-C0003, LM20-1502-C0021, LM20-1491-07-01, LM20-1491-19-04, LM20-1502-C0022, LM20-1502-C0023, LM20-1491-23-02, LM20-1491-31-05, LM20-1502-C0024, LM20-1502-C0025, LM20-1492-03-03, LM20-1492-05-04, LM20-1502-C0026a, LM20-1502-C0026b, LM20-1492-06-01, LM20-1492-06-02, LM20-1502-C0037b, LM20-1502-C0038b, LM20-1492-08-05, LM20-1492-09-05, LM20-1502-C0040a, LM20-1502-C0041b, LM20-1492-21-07, LM20-1492-26-01, LM20-1502-C0045b, LM20-1502-C0079, LM20-1492-28-06, LM20-1492-33-05, LM20-1502-C0112, LM20-1503-C0194, LM20-1492-37-04, LM20-1493-19-01, LM20-1503-C0253, LM20-1503-C0260, LM20-1493-19-05, LM20-1493-30-04, LM20-1503-C0265, LM20-1504-C0328, LM20-1493-35-01, LM20-1493-38-02, LM20-1504-C0350, LM20-1504-C0367, LM20-1494-21-03, LM20-1494-33-04, LM20-1504-C0400c, LM20-1504-C0410a, LM20-1495-08-04, LM20-1495-10-02, LM20-1504-C0435b, LM20-1504-C0453c, LM20-1496-06-02, LM20-1496-13-02, LM20-1505-C0473a, LM20-1505-C0494a, LM20-1496-13-05, LM20-1496-21-05, LM20-1505-C0498b, LM20-1505-C0499a, LM20-1496-22-04, LM20-1496-27-02, LM20-1505-C0503a, LM20-1505-C0505c, LM20-1496-34-02, LM20-1496-35-03, LM20-1505-C0524b, LM20-1505-C0556d, LM20-1496-38-03, LM20-1497-04-05, LM20-1505-C0562b, LM20-1505-C0581b, LM20-1497-07-04, LM20-1497-09-01, LM20-1505-C0605a, LM20-1505-C0636c, LM20-1497-12-08, LM20-1497-22-03, LM20-1505-C0711a, LM20-1506-C0721a, LM20-1497-28-04, LM20-1497-31-03, LM20-1506-C0730a, LM20-1506-C0749e, LM20-1497-31-07, LM20-1497-38-02, LM20-1506-C0752e, LM20-1506-C0757e, LM20-1498-01-02, LM20-1498-05-05, LM20-1506-C0762a, LM20-1506-C0778b, LM20-1498-16-02, LM20-1498-27-01, LM20-1506-C0793d, LM20-1506-C0794d, LM20-1498-40-04, LM20-1499-06-04, LM20-1506-C0795b, LM20-1506-C0798a, LM20-1499-35-04, LM20-1500-15-01, LM20-1506-C0815c, LM20-1506-C0821c, LM20-1500-15-03, LM20-1500-26-07, LM20-1506-C0829a, LM20-1506-C0832a, LM20-1501-02-04, LM20-1501-06-02, LM20-1506-C0835b, LM20-1506-C0836a, LM20-1501-12-02, LM20-1501-18-03, LM20-1506-C0838a, LM20-1506-C0847b, LM20-1501-20-06, LM20-1501-23-09, LM20-1506-C0851d, LM20-1506-C0853c, LM20-1501-24-03, LM20-1501-28-05, LM20-1506-C0874d, LM20-1506-C0888d, LM20-1501-31-09, LM20-1501-32-01, LM20-1506-C0895a, LM20-1506-C0895b,

LM20-1506-C0896b, LM20-1506-C0904d, LM20-1509-C1551d, LM20-1509-C1575f, LM20-1506-C0908d, LM20-1506-C0913a, LM20-1509-C1583b, LM20-1509-C1603b, LM20-1506-C0932a, LM20-1506-C0933a, LM20-1509-C1606e, LM20-1509-C1618c, LM20-1506-C0936a, LM20-1506-C0962b, LM20-1509-C1626, LM20-1509-C1643b, LM20-1506-C0974a, LM20-1507-C0984a, LM20-1510-C1666, LM20-1510-C1679, LM20-1507-C0994c, LM20-1507-C0994d, LM20-1510-C1681, LM20-1511-CB0001, LM20-1507-C0995b, LM20-1507-C1008, LM20-1511-CB0002a, LM20-1511-CB0002b, LM20-1507-C1015, LM20-1507-C1032b, LM20-1511-CB0003, LM20-1511-CB0004, LM20-1507-C1040b, LM20-1507-C1060a, LM20-1511-CB0005, LM20-1511-CB0006, LM20-1507-C1067c, LM20-1507-C1076b, LM20-1511-CB0007, LM20-1511-CB0008, LM20-1507-C1102b, LM20-1507-C1108a, LM20-1511-CB0009, LM20-1511-CB0010, LM20-1507-C1116a, LM20-1507-C1128a, LM20-1511-CB0011, LM20-1511-CB0012, LM20-1507-C1134d, LM20-1507-C1141a, LM20-1511-CB0013, LM20-1511-CB0014, LM20-1507-C1150a, LM20-1507-C1155d, LM20-1511-CB0015, LM20-1511-CB0016, LM20-1507-C1157d, LM20-1507-C1177c, LM20-1511-CB0017, LM20-1511-CB0018, LM20-1507-C1180a, LM20-1507-C1180c, LM20-1511-CB0019, LM20-1511-CB0020, LM20-1507-C1182e, LM20-1507-C1185d, LM20-1511-CB0021a, LM20-1511-CB0021b, LM20-1507-C1188ar, LM20-1507-C1188av, LM20-1511-CB0022, LM20-1511-CB0023, LM20-1507-C1189d, LM20-1507-C1213, LM20-1511-CB0024, LM20-1511-CB0039, LM20-1508-C1270a, LM20-1508-C1280a, LM20-1511-CB0059, LM20-1514-CT0461, LM20-1508-C1292, LM20-1508-C1293, LM20-1516-CK0001, LM20-1516-CK0002, LM20-1508-C1325b, LM20-1508-C1328a, LM20-1516-CK0003, LM20-1516-CK0004, LM20-1508-C1337b, LM20-1508-C1350a, LM20-1516-CK0005, LM20-1516-CK0006, LM20-1508-C1352a, LM20-1508-C1359a, LM20-1516-CK0007, LM20-1516-CK0008, LM20-1508-C1360d, LM20-1508-C1365c, LM20-1516-CK0009, LM20-1516-CK0010, LM20-1508-C1372e, LM20-1508-C1380a, LM20-1516-CK0011, LM20-1516-CK0012, LM20-1508-C1383b, LM20-1508-C1384a, LM20-1516-CK0013, LM20-1516-CK0014, LM20-1508-C1413, LM20-1508-C1443, LM20-1516-CK0015, LM20-1516-CK0016, LM20-1508-C1455c, LM20-1508-C1458d, LM20-1516-CK0017, LM20-1516-CK0018, LM20-1508-C1485d, LM20-1508-C1492, LM20-1516-CK0019, LM20-1516-CK0020, LM20-1509-C1499c, LM20-1509-C1502b, LM20-1516-CK0021, LM20-1516-CK0022, LM20-1509-C1527, LM20-1509-C1535c, LM20-1516-CK0023, LM20-1516-CK0024, LM20-1509-C1536c, LM20-1509-C1542a, LM20-1516-CK0025, LM20-1516-CK0026, LM20-1509-C1547c, LM20-1509-C1550b, LM20-1516-CK0027, LM20-1516-CK0028,

LM20-1516-CK0029a, LM20-1516-CK0029b, LM20-1519-01-11, LM20-1519-01-12, LM20-1516-CK0030a, LM20-1516-CK0030b, LM20-1519-01-13, LM20-1519-01-15, LM20-1516-CK0031, LM20-1516-CK0032, LM20-1519-01-16, LM20-1519-02-01, LM20-1516-CK0033a, LM20-1516-CK0033b, LM20-1519-02-02, LM20-1519-02-03, LM20-1516-CK0034, LM20-1516-CK0035, LM20-1519-02-04, LM20-1519-02-05, LM20-1516-CK0036, LM20-1516-CK0037, LM20-1519-02-06, LM20-1519-02-07, LM20-1516-CK0038, LM20-1516-CK0039, LM20-1519-02-08, LM20-1519-02-09, LM20-1516-CK0040, LM20-1516-CK0041, LM20-1519-02-10, LM20-1519-02-11, LM20-1516-CK0042, LM20-1516-CK0043, LM20-1519-02-12, LM20-1519-02-13, LM20-1516-CK0044, LM20-1516-CK0045, LM20-1519-02-14, LM20-1519-02-15, LM20-1516-CK0046, LM20-1516-CK0047, LM20-1519-02-16, LM20-1519-02-17, LM20-1516-CK0048, LM20-1516-CK0049, LM20-1519-02-18, LM20-1519-03-01, LM20-1516-CK0050, LM20-1516-CK0051, LM20-1519-03-02, LM20-1519-03-03, LM20-1516-CK0052, LM20-1516-CK0053, LM20-1519-03-04, LM20-1519-03-05, LM20-1516-CK0054, LM20-1516-CK0055, LM20-1519-03-06, LM20-1519-03-07, LM20-1516-CK0056, LM20-1516-CK0057, LM20-1519-03-08, LM20-1519-03-09, LM20-1516-CK0058, LM20-1516-CK0059, LM20-1519-03-10, LM20-1519-03-11, LM20-1516-CK0060, LM20-1516-CK0061, LM20-1519-03-12a, LM20-1519-03-12b, LM20-1516-CK0062, LM20-1517-0025d, LM20-1519-03-13, LM20-1519-03-14, LM20-1517-0028, LM20-1517-0035, LM20-1519-03-15, LM20-1519-03-16, LM20-1517-0086b, LM20-1517-0091b, LM20-1519-05-01, LM20-1519-05-02, LM20-1517-0113, LM20-1517-0155b, LM20-1519-05-03, LM20-1519-05-04, LM20-1517-0167a, LM20-1517-0308c, LM20-1519-05-05, LM20-1519-05-06, LM20-1517-0319a, LM20-1517-0335a, LM20-1519-05-07, LM20-1519-05-08, LM20-1517-0347, LM20-1517-0393c, LM20-1519-05-09, LM20-1520-15-12, LM20-1517-0450, LM20-1518-38-08, LM20-1520-17-06, LM20-1520-23-10, LM20-1518-38-09, LM20-1518-38-10, LM20-1520-23-14, LM20-1520-25-17, LM20-1518-38-11, LM20-1518-38-12, LM20-1520-31-01, LM20-1520-35-01, LM20-1518-38-13, LM20-1518-38-14, LM20-1520-38-04, LM20-1521-01-02, LM20-1518-38-16, LM20-1518-38-17, LM20-1521-02-03, LM20-1521-03-18, LM20-1519-01-01, LM20-1519-01-03, LM20-1521-04-04, LM20-1521-08-16, LM20-1519-01-05, LM20-1519-01-06, LM20-1521-08-18, LM20-1521-09-11, LM20-1519-01-07, LM20-1519-01-08, LM20-1521-12-18, LM20-1521-13-08, LM20-1519-01-09, LM20-1519-01-10, LM20-1521-15-03, LM20-1521-20-24,

LM20-1521-21-13, LM20-1521-22-01, LM20-1521-25-13, LM20-1521-29-03, LM20-1521-34-07, LM20-1521-35-18, LM20-1521-36-12, LM20-1522-06-07, LM20-1522-08-09, LM20-1522-09-18, LM20-1522-10-07, LM20-1522-10-12, LM20-1522-10-14, LM20-1522-10-20, LM20-1522-11-20, LM20-1522-13-20, LM20-1522-14-22, LM20-1522-17-03, LM20-1522-17-04, LM20-1523-01-06, LM20-1548-06-27

《妙法蓮華經》卷七外題　LM20-1478-32-01

《妙法蓮華經》卷八外題

LM20-1485-20-01, LM20-1485-20-02

《妙法蓮華經》卷九外題

LM20-1502-C0029

《妙法蓮華經》卷一○　LM20-1508-C1486c

《妙法蓮華經》（多處可見）

LM20-1476-36-01, LM20-1485-16-03, LM20-1518-17-10

《妙法蓮華經》卷四（八卷本）

LM20-1480-07-01

《妙法蓮華經》卷五（八卷本）

LM20-1460-15-01, LM20-1462-13-03, LM20-1481-37-02

《妙法蓮華經》卷六（八卷本）

LM20-1478-09-01, LM20-1483-34-02

《妙法蓮華經》卷七（八卷本）

LM20-1478-06-01, LM20-1502-C0002, LM20-1502-C0004

《妙法蓮華經》卷三（十卷本）

LM20-1452-33-16, LM20-1469-37-05

《妙法蓮華經》卷四（十卷本）

LM20-1464-06-11

《妙法蓮華經》卷七（十卷本）

LM20-1482-18-03, LM20-1482-18-04, LM20-1482-19-01

《妙法蓮華經》卷九（十卷本）

LM20-1472-11-03, LM20-1478-12-02

《妙法蓮華經》經題　LM20-1469-05-08

《妙法蓮華經》寫經題記

LM20-1454-39-06, LM20-1457-15-01, LM20-1453-19-02, LM20-1456-07-01, LM20-1460-26-01

《妙法蓮華經》外題

LM20-827-07-93, LM20-1483-11-02, LM20-1483-30-02, LM20-1483-30-03, LM20-1483-31-01, LM20-1505-C0583c, LM20-1507-C1199, LM20-1507-C1212b

《妙法蓮華經》注

LM20-1491-04-02, LM20-1501-24-02, LM20-1508-C1442

《妙法蓮華經》注疏

LM20-1464-19-19, LM20-1505-C0654d, LM20-1506-C0891b, LM20-1507-C1089b, LM20-1522-03-01

《妙法蓮華經度量天地品》

LM20-1466-28-06, LM20-1502-C0121, LM20-1503-C0216, LM20-1503-C0246, LM20-1504-C0337, LM20-1506-C0729b, LM20-1516-CK0064, LM20-1516-CK0078

《妙法蓮華經馬明菩薩品第三十》

LM20-1458-04-15, LM20-1458-29-08, LM20-1461-03-01, LM20-1462-17-05, LM20-1462-20-01, LM20-1462-24-10, LM20-1462-35-02, LM20-1464-09-05, LM20-1465-32-08, LM20-1465-34-02, LM20-1466-24-06, LM20-1470-24-03,

题名索引 M 1945

LM20-1493-21-01, LM20-1497-22-04, LM20-1495-03-04, LM20-1498-10-03, LM20-1517-0020e, LM20-1520-19-02, LM20-1501-28-09, LM20-1504-C0459c, LM20-1520-21-13 LM20-1505-C0703c, LM20-1506-C0734b,

《妙法莲華經入疏》卷六 LM20-1490-06-12 LM20-1508-C1337a, LM20-1509-C1541b,

《妙法蓮華經玄贊》卷一 LM20-1521-36-14 LM20-1514-CT0365, LM20-1514-CT0388,

名籍(?) LM20-1523-02-17 LM20-1516-CK0100, LM20-1517-0362,

《冥報記》卷中 LM20-1457-10-01 LM20-1518-08-04, LM20-1520-38-17,

《摩訶般若波羅蜜經》卷一 LM20-1522-02-06

LM20-1450-33-03, LM20-1450-37-08, 《摩訶般若波羅蜜經》卷三

LM20-1452-08-16, LM20-1454-37-09, LM20-1452-02-18, LM20-1453-22-05,

LM20-1455-04-11, LM20-1455-18-12, LM20-1454-06-13, LM20-1456-09-15,

LM20-1456-19-14, LM20-1457-01-13, LM20-1457-32-01, LM20-1460-04-07,

LM20-1457-07-06, LM20-1458-19-11, LM20-1460-29-15, LM20-1463-20-01,

LM20-1458-33-17, LM20-1460-13-16, LM20-1463-21-02, LM20-1464-19-14,

LM20-1460-33-22, LM20-1461-07-04, LM20-1467-01-11, LM20-1467-03-08,

LM20-1461-08-02, LM20-1461-08-17, LM20-1493-26-02, LM20-1493-28-02,

LM20-1461-14-08, LM20-1462-24-04, LM20-1502-C0135, LM20-1502-C0144,

LM20-1463-16-01b, LM20-1463-16-01h, LM20-1505-C0506b, LM20-1506-C0745a,

LM20-1463-16-02, LM20-1463-16-03c, LM20-1506-C0809e, LM20-1507-C0987a,

LM20-1463-16-04, LM20-1463-16-05, LM20-1513-CT0237, LM20-1517-0278,

LM20-1464-25-13, LM20-1465-36-14, LM20-1518-08-05, LM20-1518-08-06,

LM20-1493-18-03, LM20-1497-30-06, LM20-1518-08-07

LM20-1501-17-08, LM20-1506-C0794c, 《摩訶般若波羅蜜經》卷四

LM20-1507-C1181a, LM20-1517-0042, LM20-1452-16-03, LM20-1453-32-03,

LM20-1518-08-01, LM20-1518-08-02, LM20-1455-38-13, LM20-1457-05-01,

LM20-1518-08-03 LM20-1460-31-07, LM20-1462-02-12,

《摩訶般若波羅蜜經》卷二 LM20-1462-29-02, LM20-1463-27-03,

LM20-1455-22-12r, LM20-1456-23-14, LM20-1465-19-01, LM20-1466-11-18,

LM20-1458-02-01, LM20-1458-13-03, LM20-1475-15A-01, LM20-1475-19B-06a,

LM20-1458-21-11, LM20-1458-27-02, LM20-1492-37-01, LM20-1494-14-02,

LM20-1461-10-05r, LM20-1462-07-17, LM20-1494-31-03, LM20-1518-08-08,

LM20-1466-09-09, LM20-1467-12-02, LM20-1518-08-09, LM20-1521-09-03

LM20-1474-08A-01, LM20-1489-24-13, 《摩訶般若波羅蜜經》卷五

LM20-1490-03-06, LM20-1490-08-06, LM20-1452-07-18, LM20-1452-10-14,

LM20-1454-27-07, LM20-1456-02-24, LM20-1456-05-15, LM20-1457-09-08, LM20-1456-07-18, LM20-1456-21-12, LM20-1460-01-04, LM20-1460-12-04, LM20-1456-34-12, LM20-1456-34-13, LM20-1461-22-01, LM20-1464-08-03, LM20-1458-08-06, LM20-1458-14-12, LM20-1464-27-06, LM20-1465-14-06, LM20-1460-16-05, LM20-1461-29-04, LM20-1488-32-08, LM20-1499-08-03, LM20-1462-05-02, LM20-1463-02-04, LM20-1501-10-01, LM20-1508-C1360c, LM20-1463-02-05, LM20-1463-03-06, LM20-1508-C1460d, LM20-1511-CB0080, LM20-1464-01-01, LM20-1464-37-16, LM20-1513-CT0224, LM20-1517-0354b, LM20-1465-27-04, LM20-1466-28-04, LM20-1517-0369, LM20-1518-08-12, LM20-1489-08-05, LM20-1489-24-02, LM20-1518-08-13, LM20-1518-08-14, LM20-1492-10-04, LM20-1493-06-10, LM20-1522-10-04

LM20-1494-18-02, LM20-1495-26-04, 《摩訶般若波羅蜜經》卷七（印本）

LM20-1496-36-03, LM20-1499-22-01, LM20-1486-07-03

LM20-1506-C0785c, LM20-1507-C1083e, 《摩訶般若波羅蜜經》卷八

LM20-1508-C1244, LM20-1509-C1608d, LM20-1453-35-06, LM20-1455-12-13, LM20-1509-C1609c, LM20-1511-CB0097, LM20-1455-18-16, LM20-1456-07-17, LM20-1514-CT0375, LM20-1514-CT0384, LM20-1456-28-13, LM20-1458-15-17, LM20-1514-CT0434, LM20-1548-02-05c LM20-1458-19-16, LM20-1460-36-04,

《摩訶般若波羅蜜經》卷六 LM20-1464-12-08, LM20-1466-21-12,

LM20-1452-01-15, LM20-1456-34-16, LM20-1467-15-06, LM20-1493-24-02, LM20-1457-07-03, LM20-1460-20-14, LM20-1494-20-01, LM20-1504-C0355, LM20-1460-37-02, LM20-1463-02-01, LM20-1506-C0906d, LM20-1507-C0986b, LM20-1463-02-02, LM20-1463-02-03, LM20-1507-C0990a, LM20-1514-CT0478, LM20-1463-30-10, LM20-1465-33-13, LM20-1514-CT0483, LM20-1517-0310a, LM20-1467-38-08, LM20-1502-C0139, LM20-1518-09-01, LM20-1522-24-15

LM20-1505-C0640a, LM20-1506-C0833a, 《摩訶般若波羅蜜經》卷九

LM20-1509-C1540c, LM20-1509-C1599a, LM20-1451-17-02, LM20-1454-09-04, LM20-1513-CT0245, LM20-1514-CT0399, LM20-1456-05-07b, LM20-1457-13-02, LM20-1514-CT0421, LM20-1517-0240 LM20-1458-22-07, LM20-1462-03-13,

《摩訶般若波羅蜜經》卷六外題 LM20-1464-07-17, LM20-1465-17-05,

LM20-1513-CT0252 LM20-1466-10-23, LM20-1494-03-04,

《摩訶般若波羅蜜經》卷七 LM20-1495-04-04, LM20-1495-16-04,

LM20-1452-10-03, LM20-1453-01-05, LM20-1495-21-01, LM20-1503-C0283, LM20-1454-27-05, LM20-1454-35-01, LM20-1504-C0463b, LM20-1505-C0494c,

题名索引 M 1947

LM20-1505-C0610b, LM20-1506-C0760c, LM20-1520-10-11, LM20-1520-25-07, LM20-1507-C1152c, LM20-1509-C1615a, LM20-1522-09-07 LM20-1517-0088d, LM20-1518-09-02, 《摩訶般若波羅蜜經》卷一二 LM20-1518-09-03, LM20-1520-32-17, LM20-1452-04-08, LM20-1460-11-17, LM20-1521-21-04, LM20-1522-13-05 LM20-1467-19-07, LM20-1489-01-05,

《摩訶般若波羅蜜經》卷一〇 LM20-1489-28-08, LM20-1492-14-03,

LM20-1452-10-05, LM20-1457-01-05, LM20-1494-21-02, LM20-1495-08-02, LM20-1458-09-03, LM20-1460-15-17, LM20-1496-27-05, LM20-1496-28-02, LM20-1461-26-05, LM20-1461-32-14, LM20-1501-24-07, LM20-1505-C0642a, LM20-1462-03-01, LM20-1462-05-07, LM20-1505-C0668b, LM20-1509-C1611d, LM20-1465-09-01, LM20-1465-37-13, LM20-1513-CT0220a, LM20-1513-CT0244b, LM20-1470-01-03, LM20-1470-36-01, LM20-1513-CT0257, LM20-1513-CT0284, LM20-1489-29-31, LM20-1505-C0686c, LM20-1514-CT0371, LM20-1514-CT0439, LM20-1506-C0907d, LM20-1507-C1103d, LM20-1514-CT0514b, LM20-1517-0197, LM20-1514-CT0360, LM20-1514-CT0412, LM20-1518-09-06, LM20-1520-28-04, LM20-1518-09-04 LM20-1521-04-17, LM20-1522-07-05

《摩訶般若波羅蜜經》卷一一 《摩訶般若波羅蜜經》卷一三

LM20-1453-09-05, LM20-1454-03-18, LM20-1456-08-01, LM20-1456-08-03, LM20-1454-05-13, LM20-1456-11-15, LM20-1452-06-03, LM20-1452-17-12, LM20-1456-23-01, LM20-1458-32-10, LM20-1460-19-15, LM20-1460-28-09, LM20-1459-30-03, LM20-1460-23-07, LM20-1461-01-20, LM20-1461-30-18, LM20-1462-14-08, LM20-1464-32-13, LM20-1463-26-06b, LM20-1463-26-07, LM20-1468-17-08, LM20-1469-23-08, LM20-1464-22-07, LM20-1464-28-10, LM20-1470-25-02, LM20-1490-19-06, LM20-1468-15-03, LM20-1463-26-06a, LM20-1497-07-03, LM20-1499-18-01, LM20-1494-38-05, LM20-1505-C0671c, LM20-1499-25-04, LM20-1499-29-05, LM20-1508-C1278, LM20-1513-CT0228, LM20-1503-C0294, LM20-1505-C0498a, LM20-1513-CT0266, LM20-1514-CT0422, LM20-1505-C0612b, LM20-1506-C0807d, LM20-1514-CT0481, LM20-1514-CT0497, LM20-1506-C0910b, LM20-1507-C1158d, LM20-1514-CT0504, LM20-1514-CT0515a, LM20-1509-C1562a, LM20-1509-C1590d, LM20-1517-0129, LM20-1518-09-09, LM20-1509-C1592d, LM20-1511-CB0100, LM20-1518-18-12, LM20-1520-30-07, LM20-1513-CT0322b, LM20-1513-CT0333, LM20-1520-37-07, LM20-1521-06-02 LM20-1514-CT0471, LM20-1517-0260, 《摩訶般若波羅蜜經》卷一四 LM20-1518-09-05, LM20-1518-18-13, LM20-1452-32-10, LM20-1454-31-05,

LM20-1455-31-03, LM20-1455-34-03, LM20-1456-24-17, LM20-1458-04-06, LM20-1458-16-11, LM20-1462-06-13, LM20-1466-02-02, LM20-1466-10-17, LM20-1475-15A-02, LM20-1489-24-04, LM20-1496-30-03, LM20-1498-16-01, LM20-1501-17-04, LM20-1501-18-02, LM20-1502-C0110, LM20-1507-C1182c, LM20-1508-C1341c, LM20-1509-C1581b, LM20-1518-09-10, LM20-1522-14-01, LM20-1522-15-11, LM20-1522-18-16

《摩訶般若波羅蜜經》卷一五

LM20-1451-09-02, LM20-1452-11-08, LM20-1456-06-15, LM20-1458-09-11r, LM20-1458-24-12, LM20-1459-26-06, LM20-1461-28-16, LM20-1466-12-31, LM20-1468-06-04, LM20-1475-18A-02, LM20-1488-32-04, LM20-1489-10-08, LM20-1489-22-08, LM20-1489-29-18, LM20-1494-30-01, LM20-1502-C0080, LM20-1502-C0122, LM20-1503-C0247, LM20-1506-C0894d, LM20-1509-C1505b, LM20-1518-09-07, LM20-1518-09-08, LM20-1522-12-12, LM20-1523-18-174

《摩訶般若波羅蜜經》卷一六

LM20-1450-30-19, LM20-1451-20-04r, LM20-1453-02-10, LM20-1453-25-06, LM20-1493-08-02, LM20-1496-08-01, LM20-1501-20-03, LM20-1501-28-04, LM20-1503-C0214, LM20-1503-C0304, LM20-1506-C0932b, LM20-1508-C1457e, LM20-1513-CT0216, LM20-1513-CT0339a, LM20-1517-0205, LM20-1518-09-11, LM20-1518-09-13, LM20-1518-09-14,

LM20-1519-10-11, LM20-1520-10-15, LM20-1521-16-17

《摩訶般若波羅蜜經》卷一七

LM20-1457-38-02, LM20-1458-04-18, LM20-1458-30-24, LM20-1460-32-24, LM20-1464-18-13, LM20-1465-31-06, LM20-1493-06-04, LM20-1507-C1105d, LM20-1509-C1562b, LM20-1509-C1622e, LM20-1510-C1653, LM20-1518-09-15

《摩訶般若波羅蜜經》卷一八

LM20-1454-15-03, LM20-1455-10-07, LM20-1457-37-03, LM20-1458-30-14, LM20-1458-35-03, LM20-1460-02-10, LM20-1461-29-18, LM20-1489-27-20, LM20-1495-03-01, LM20-1495-38-03, LM20-1498-26-04, LM20-1504-C0421a, LM20-1505-C0578a, LM20-1505-C0582a, LM20-1505-C0650g, LM20-1505-C0688a, LM20-1506-C0852e, LM20-1514-CT0470, LM20-1517-0203, LM20-1517-0418, LM20-1518-10-01, LM20-1522-19-09

《摩訶般若波羅蜜經》卷一九

LM20-1450-09-03, LM20-1453-09-08, LM20-1454-34-06, LM20-1455-34-06, LM20-1464-18-09, LM20-1465-36-03, LM20-1489-19-09, LM20-1495-17-04, LM20-1501-05-02, LM20-1501-08-02, LM20-1506-C0855c, LM20-1518-10-02, LM20-1518-10-03, LM20-1520-25-14

《摩訶般若波羅蜜經》卷二〇

LM20-1452-26-15, LM20-1452-33-11, LM20-1454-10-04, LM20-1455-01-05, LM20-1455-12-18, LM20-1455-31-07, LM20-1456-03-01, LM20-1456-20-14,

LM20-1461-19-17, LM20-1462-30-04, LM20-1457-37-07, LM20-1467-20-01, LM20-1462-31-05, LM20-1466-33-05, LM20-1467-20-06, LM20-1489-01-09, LM20-1466-35-02, LM20-1494-36-06, LM20-1492-30-02, LM20-1492-31-06, LM20-1500-14-04, LM20-1506-C0778a, LM20-1493-14-03, LM20-1494-35-02, LM20-1514-CT0424, LM20-1517-0389, LM20-1495-34-01, LM20-1500-05-01, LM20-1518-10-04 LM20-1501-02-01, LM20-1501-29-08,

《摩訶般若波羅蜜經》卷二一

LM20-1452-36-09, LM20-1456-23-04, LM20-1459-29-06, LM20-1460-11-01, LM20-1460-11-03, LM20-1460-11-08, LM20-1463-15-05, LM20-1464-20-06, LM20-1464-20-22, LM20-1465-11-07, LM20-1467-02-07, LM20-1467-24-01, LM20-1474-07B-08, LM20-1489-13-15, LM20-1489-28-04, LM20-1489-29-24, LM20-1496-03-02, LM20-1504-C0450a, LM20-1506-C0731c, LM20-1506-C0831a, LM20-1507-C1058a, LM20-1509-C1566g, LM20-1513-CT0287b, LM20-1513-CT0305a, LM20-1513-CT0347, LM20-1518-10-05, LM20-1518-10-06

《摩訶般若波羅蜜經》卷二二

LM20-1454-33-03, LM20-1454-35-07, LM20-1455-04-14, LM20-1461-01-09, LM20-1462-13-05, LM20-1464-15-17, LM20-1474-08B-07, LM20-1474-08B-09, LM20-1474-08B-10, LM20-1474-08B-11, LM20-1474-08B-12, LM20-1474-08B-13, LM20-1474-08B-15, LM20-1493-28-03, LM20-1502-C0118, LM20-1506-C0820c, LM20-1507-C1083d, LM20-1508-C1342c, LM20-1508-C1358b, LM20-1514-CT0512c

《摩訶般若波羅蜜經》卷二三

LM20-1452-14-10, LM20-1455-13-17,

LM20-1504-C0465a, LM20-1506-C0885b, LM20-1507-C0984c, LM20-1507-C1022, LM20-1508-C1339c, LM20-1508-C1459e, LM20-1513-CT0326b, LM20-1513-CT0336, LM20-1514-CT0526b, LM20-1522-07-07, LM20-1548-06-26

《摩訶般若波羅蜜經》卷二四

LM20-1452-11-02, LM20-1452-39-12, LM20-1453-28-04, LM20-1454-22-03, LM20-1455-10-20, LM20-1456-03-14, LM20-1460-31-05, LM20-1460-33-10, LM20-1461-14-16, LM20-1461-26-07, LM20-1462-21-01, LM20-1465-36-04, LM20-1467-21-05, LM20-1492-21-04, LM20-1493-14-01, LM20-1494-38-01, LM20-1496-31-02, LM20-1501-16-07, LM20-1506-C0810e, LM20-1506-C0822d, LM20-1506-C0857b, LM20-1506-C0889c, LM20-1507-C1003b, LM20-1507-C1071a, LM20-1507-C1141d, LM20-1507-C1154b, LM20-1508-C1366b, LM20-1508-C1369b, LM20-1509-C1574h, LM20-1509-C1587d, LM20-1518-10-07, LM20-1518-10-08, LM20-1520-11-09, LM20-1521-38-14

《摩訶般若波羅蜜經》卷二五

LM20-1450-24-03, LM20-1450-38-07, LM20-1452-09-17, LM20-1453-12-02, LM20-1454-16-03, LM20-1454-33-01,

LM20-1454-38-05, LM20-1455-35-09, LM20-1455-36-09, LM20-1456-12-11, LM20-1456-16-04, LM20-1456-32-10, LM20-1457-02-10a, LM20-1458-07-01, LM20-1458-12-01, LM20-1458-13-11, LM20-1458-37-07, LM20-1459-09-02, LM20-1460-01-06, LM20-1460-10-01, LM20-1460-38-18, LM20-1461-15-14, LM20-1461-35-08, LM20-1462-01-06, LM20-1462-37-03, LM20-1464-02-02, LM20-1464-26-04, LM20-1465-37-03, LM20-1466-04-01, LM20-1466-05-02, LM20-1466-22-05, LM20-1466-30-05, LM20-1467-09-01, LM20-1467-17-07, LM20-1467-24-04, LM20-1468-34-01, LM20-1468-35-01, LM20-1470-01-05, LM20-1470-25-03, LM20-1470-25-06, LM20-1474-07B-10, LM20-1474-11B-08, LM20-1475-15B-06, LM20-1475-16A-03, LM20-1475-17B-07, LM20-1488-31-10, LM20-1488-35-06, LM20-1489-05-17, LM20-1489-17-09, LM20-1492-37-03, LM20-1494-10-01, LM20-1496-01-02, LM20-1496-24-04, LM20-1496-38-02, LM20-1497-21-02, LM20-1498-38-05, LM20-1499-28-04, LM20-1501-36-10, LM20-1505-C0482a, LM20-1508-C1469, LM20-1508-C1474, LM20-1513-CT0229, LM20-1513-CT0246, LM20-1513-CT0265, LM20-1513-CT0285, LM20-1514-CT0395, LM20-1514-CT0486, LM20-1517-0489

《摩訶般若波羅蜜經》卷二六

LM20-1450-14-03, LM20-1452-23-15, LM20-1452-26-07, LM20-1454-05-28, LM20-1461-10-17, LM20-1462-02-05, LM20-1464-16-19, LM20-1464-17-17, LM20-1464-27-03, LM20-1464-33-12, LM20-1466-08-03, LM20-1466-08-06, LM20-1493-03-05, LM20-1498-40-01, LM20-1499-05-03, LM20-1499-22-02, LM20-1505-C0647e, LM20-1507-C103lb, LM20-1513-CT0211, LM20-1514-CT0369, LM20-1514-CT0473, LM20-1517-0170, LM20-1518-10-09, LM20-1518-10-10, LM20-1520-11-13

《摩訶般若波羅蜜經》卷二七

LM20-1452-12-04, LM20-1456-12-15, LM20-1456-25-01, LM20-1457-19-12, LM20-1458-25-12, LM20-1458-28-03, LM20-1464-17-04, LM20-1467-01-05, LM20-1467-15-03, LM20-1474-08A-04, LM20-1489-37-12, LM20-1492-30-07, LM20-1492-37-05, LM20-1493-35-03, LM20-1495-06-04, LM20-1495-24-04, LM20-1496-32-01, LM20-1497-17-01, LM20-1501-11-09, LM20-1502-C0134, LM20-1504-C0382, LM20-1505-C0664a, LM20-1505-C0679b, LM20-1506-C0720a, LM20-1507-C1000a, LM20-1508-C1330d, LM20-1508-C1355d, LM20-1518-10-11, LM20-1518-10-12, LM20-1518-10-13, LM20-1518-10-14, LM20-1520-15-07, LM20-1520-22-04, LM20-1520-30-05

《摩訶般若波羅蜜經》（多處可見）

LM20-1452-08-07, LM20-1497-01-03, LM20-1502-C0033b, LM20-1505-C0713c, LM20-1506-C0823b, LM20-1509-C1586a, LM20-1521-17-20

题名索引 M 1951

《摩訶般若波羅蜜經》注

LM20-1516-CK0105, LM20-1528-01-20, LM20-1528-03-38, LM20-1528-03-39, LM20-1528-03-40, LM20-1528-03-41, LM20-1528-03-42, LM20-1528-03-43, LM20-1528-03-44, LM20-1528-03-45, LM20-1528-03-46, LM20-1528-03-47, LM20-1528-03-48, LM20-1528-03-49, LM20-1528-03-50, LM20-1528-03-51, LM20-1528-03-52, LM20-1528-03-53, LM20-1528-03-54, LM20-1528-03-56, LM20-1528-03-57, LM20-1528-03-58, LM20-1528-03-59, LM20-1528-03-60

《摩訶般若鈔經》卷一 LM20-1465-29-02

《摩訶般若鈔經》卷三 LM20-1506-C0850d

《摩訶般若鈔經》卷五

LM20-1492-26-04, LM20-1497-13-07, LM20-1505-C0687b, LM20-1518-09-12

《摩訶僧祇比丘尼戒本》

LM20-1460-16-03, LM20-1470-30-04, LM20-1498-38-03

《摩訶僧祇律》卷一 LM20-1548-07-47

《摩訶僧祇律》卷二

LM20-1493-34-05, LM20-1496-01-08, LM20-1505-C0532b

《摩訶僧祇律》卷三

LM20-1462-04-08, LM20-1463-28-06, LM20-1506-C0920a, LM20-1507-C1104b, LM20-1509-C1604e

《摩訶僧祇律》卷四

LM20-1455-08-09, LM20-1507-C1113b

《摩訶僧祇律》卷五

LM20-1451-03-01, LM20-1492-30-04, LM20-1521-32-09

《摩訶僧祇律》卷五（印本）

LM20-1486-17-01, LM20-1486-17-03, LM20-1487-02-01, LM20-1487-02-02, LM20-1487-02-03, LM20-1487-03-02, LM20-1487-03-03, LM20-1487-04-01, LM20-1487-04-02, LM20-1487-05-02, LM20-1487-06-01, LM20-1487-06-02, LM20-1487-06-03, LM20-1487-07-01, LM20-1487-07-02, LM20-1487-07-06, LM20-1487-08-01

《摩訶僧祇律》卷六 LM20-1523-19-179

《摩訶僧祇律》卷七

LM20-1497-02-07, LM20-1520-06-02

《摩訶僧祇律》卷八

LM20-1454-08-05, LM20-1499-25-07, LM20-1504-C0420b

《摩訶僧祇律》卷九

LM20-1454-29-01, LM20-1456-33-01, LM20-1461-22-13

《摩訶僧祇律》卷一八 LM20-1497-18-06

《摩訶僧祇律》卷二一

LM20-1455-11-20, LM20-1457-19-05

《摩訶僧祇律》卷二二 LM20-1451-08-04

《摩訶僧祇律》卷二四 LM20-1509-C1593d

《摩訶僧祇律》卷二七

LM20-1460-28-08, LM20-1462-03-12, LM20-1463-05-06, LM20-1468-10-08, LM20-1511-CB0057b, LM20-1548-07-41

《摩訶僧祇律》卷二九 LM20-1464-23-14

《摩訶僧祇律》卷三〇（印本）

LM20-1486-11-19c

《摩訶僧祇律》卷三一

LM20-1461-31-14, LM20-1496-17-01

《摩訶僧祇律》卷三八（印本）

LM20-1486-19-04

《摩訶僧祇律》卷三九

LM20-1450-30-12, LM20-1520-25-01

《摩訶僧祇律大比丘戒本》

LM20-1451-13-03a, LM20-1451-13-03b, LM20-1451-13-03d, LM20-1451-13-03e, LM20-1451-13-03f, LM20-1451-13-03g, LM20-1451-13-03h, LM20-1451-13-03i, LM20-1451-13-03k, LM20-1451-13-03l, LM20-1451-13-03m, LM20-1451-13-03n, LM20-1451-13-03o, LM20-1451-13-03p, LM20-1451-13-03q, LM20-1451-13-03r, LM20-1451-13-03s, LM20-1451-13-03t, LM20-1451-13-03u, LM20-1451-13-03v, LM20-1451-13-03x, LM20-1451-13-03y, LM20-1451-13-03z, LM20-1451-13-04a, LM20-1451-13-04b, LM20-1451-13-05a, LM20-1451-13-05b, LM20-1451-13-06a, LM20-1451-13-06b, LM20-1451-13-07a, LM20-1451-13-07b, LM20-1451-14-01, LM20-1451-14-02a, LM20-1451-14-02b, LM20-1451-14-03a, LM20-1451-14-03b, LM20-1451-14-04a, LM20-1451-14-04b, LM20-1451-14-05a, LM20-1451-14-05b, LM20-1451-14-06a, LM20-1451-14-06b, LM20-1451-14-07, LM20-1460-16-10, LM20-1461-18-02, LM20-1461-24-11, LM20-1461-25-14, LM20-1461-29-09, LM20-1461-30-10, LM20-1494-15-03, LM20-1506-C0825c, LM20-1507-C1120b, LM20-1509-C1614a, LM20-1520-06-03, LM20-1520-06-04, LM20-1522-02-09

《摩訶僧祇律大比丘戒本》經題

LM20-1461-25-09

摩尼教讚文 LM20-1500-01-03

摩尼文殘片 LM20-1528-02-32

N

捺印佛像殘片

LM20-1517-0644b, LM20-1521-17-08, LM20-1521-20-14

《南陽和尚問答雜徵義》

LM20-1451-37-14, LM20-1506-C0782, LM20-1506-C0967c, LM20-1507-C0983a, LM20-1509-C1585d, LM20-1519-33-02, LM20-1520-01-05, LM20-1520-36-04, LM20-1521-16-08r, LM20-1522-06-11r, LM20-1522-17-12, LM20-1522-18-03v, LM20-1523-18-173, LM20-1523-26-277

《念佛三昧寶王論》卷上 LM20-1460-14-06

《涅槃經會疏》卷一一 LM20-1455-23-09b

《涅槃經會疏》卷二六 LM20-1501-13-04

《涅槃經會疏》卷三〇 LM20-1454-37-04

《涅槃經疏》

LM20-1464-14-05, LM20-1520-24-10

涅槃經疏

LM20-1456-14-17, LM20-1458-32-18, LM20-1458-33-15, LM20-1460-22-17, LM20-1461-02-17, LM20-1464-14-01, LM20-1498-07-02, LM20-1508-C1324c, LM20-1520-27-19, LM20-1520-28-03, LM20-1520-28-07, LM20-1520-28-10, LM20-1520-28-13, LM20-1520-29-14

涅槃經義記 LM20-1508-C1350b

涅槃經注疏

LM20-1453-08-04, LM20-1456-27-10

《涅槃論》

LM20-1493-03-01, LM20-1500-20-04r

《涅槃義記》卷一 LM20-1460-15-07

《涅槃義記》卷七 LM20-1451-32-03

P

《毗尼母經》卷一

LM20-1467-26-03, LM20-1489-36-06

《毗尼心》

LM20-1452-35-12, LM20-1461-35-19b, LM20-1462-06-05, LM20-1522-13-03

《毗耶婆問經》卷下

LM20-1466-07-05, LM20-1499-20-01, LM20-1505-C0557b, LM20-1506-C0843d

琵琶譜

LM20-1523-01-12, LM20-1523-03-23

《辟支佛因緣論》卷上

LM20-1495-32-01, LM20-1506-C0964c

婆羅謎文殘片 LM20-1521-33-08

菩薩像榜題（絹本） LM20-1523-25-259

《菩薩本行經》卷中 LM20-1499-11-03

《菩薩本行經》卷下

LM20-1455-33-03, LM20-1496-22-02

《菩薩本緣經》卷上

LM20-1521-06-11, LM20-1522-23-07

《菩薩本緣經》卷中 LM20-1490-11-09

《菩薩藏經》 LM20-1522-06-05

《菩薩從兜術天降神母胎説廣普經》卷二

LM20-1505-C0518a

《菩薩處胎經》卷六 LM20-1457-07-08

《菩薩地持經》卷一

LM20-1457-31-02, LM20-1507-C1057a

《菩薩地持經》卷二

LM20-1492-29-07, LM20-1506-C0888b,

LM20-1506-C0904c, LM20-1507-C1083a, LM20-1507-C1179a, LM20-1517-0159

《菩薩地持經》卷三

LM20-1461-12-21, LM20-1461-20-23, LM20-1466-32-06, LM20-1498-12-01, LM20-1499-36-01a, LM20-1499-37-01, LM20-1505-C0657a, LM20-1506-C0724b, LM20-1506-C0912c, LM20-1508-C1332c, LM20-1509-C1583a, LM20-1520-13-11a, LM20-1520-13-11b, LM20-1520-13-12, LM20-1520-13-13

《菩薩地持經》卷四

LM20-1454-01-02, LM20-1455-06-14, LM20-1462-07-08, LM20-1462-17-04, LM20-1462-19-04, LM20-1464-38-10, LM20-1522-03-10

《菩薩地持經》卷五

LM20-1455-07-19, LM20-1456-35-07, LM20-1499-05-05, LM20-1499-07-03

《菩薩地持經》卷六 LM20-1470-03-05

《菩薩地持經》卷七

LM20-1452-22-07, LM20-1453-17-02, LM20-1464-10-05r, LM20-1465-04-08, LM20-1489-35-09, LM20-1505-C0716c, LM20-1507-C1194, LM20-1517-0493

《菩薩地持經》卷八

LM20-1455-04-12, LM20-1456-20-10, LM20-1456-35-05, LM20-1461-32-03, LM20-1464-27-05, LM20-1464-31-15, LM20-1497-28-05, LM20-1503-C0277, LM20-1513-CT0275b, LM20-1520-13-14

《菩薩地持經》卷九

LM20-1454-24-09, LM20-1456-21-06, LM20-1456-33-14, LM20-1458-05-11,

LM20-1465-17-04

《菩薩地持經》卷一〇

LM20-1452-10-16, LM20-1460-29-05, LM20-1464-26-06, LM20-1464-35-07, LM20-1465-20-02, LM20-1496-23-06, LM20-1499-27-02, LM20-1520-13-15

《菩薩地持經》抄 LM20-1468-20-06

《菩薩戒》 LM20-1468-06-06

《菩薩戒本》

LM20-1457-27-05, LM20-1474-17B-06

《菩薩戒要略勸善文》 LM20-1454-36-05

《菩薩善戒經》卷一

LM20-1452-03-06, LM20-1455-25-19r, LM20-1460-27-11, LM20-1465-04-01, LM20-1467-01-08, LM20-1467-22-01, LM20-1467-22-03, LM20-1468-22-08, LM20-1490-14-04, LM20-1499-26-01, LM20-1493-27-03, LM20-1495-01-06, LM20-1504-C0405b

《菩薩善戒經》卷二 LM20-1521-06-06

《菩薩善戒經》卷三

LM20-1456-05-01, LM20-1458-27-08, LM20-1520-22-05

《菩薩善戒經》卷四 LM20-1505-C0544a

《菩薩善戒經》卷五 LM20-1453-16-03

《菩薩善戒經》卷六 LM20-1523-25-257

《菩薩善戒經》卷七

LM20-1460-11-13, LM20-1460-11-14, LM20-1460-11-15, LM20-1460-11-16, LM20-1460-11-21, LM20-1460-11-22, LM20-1460-11-23, LM20-1460-11-24, LM20-1460-26-21, LM20-1460-26-24, LM20-1460-27-02, LM20-1462-29-08, LM20-1463-14-01, LM20-1463-14-02,

LM20-1463-14-03, LM20-1463-14-04, LM20-1463-14-05, LM20-1463-14-06, LM20-1463-14-07, LM20-1463-14-08, LM20-1463-14-09, LM20-1463-14-10, LM20-1463-14-11, LM20-1463-14-12, LM20-1463-14-13, LM20-1463-14-14, LM20-1463-15-01, LM20-1463-15-02, LM20-1463-15-03, LM20-1464-31-13, LM20-1489-34-03, LM20-1492-15-06, LM20-1506-C0746b, LM20-1507-C1005a, LM20-1509-C1648a, LM20-1509-C1648b, LM20-1520-13-16

《菩薩善戒經》卷八

LM20-1452-03-04, LM20-1466-31-07, LM20-1498-08-04, LM20-1501-33-05

《菩薩善戒經》卷九

LM20-1465-25-03, LM20-1459-12-06, LM20-1460-07-19, LM20-1460-23-14, LM20-1523-12-112

《菩薩瓔珞本業經》卷上

LM20-1475-03A-01, LM20-1513-CT0244a

《菩薩瓔珞本業經》卷下

LM20-1469-28-02, LM20-1470-06-02, LM20-1501-37-08, LM20-1517-0217

《菩薩瓔珞經》卷六 LM20-1517-0097d

《菩薩瓔珞經》卷七 LM20-1455-10-01

《菩薩瓔珞經》卷一四

LM20-1493-20-05, LM20-1519-36-01

《菩提達摩南宗定是非論》卷下

LM20-1523-19-178

《菩提資糧論》卷二

LM20-1465-38-09, LM20-1508-C1253

《普遍光明清净熾盛如意寶印心無能勝大明王大隨求陀羅尼經》卷下

LM20-1504-C0468a

《普曜經》卷一 LM20-1500-25-01

《普曜經》卷二 LM20-1519-04-01

《普曜經》卷五 LM20-1523-02-13

《普曜經》卷六 LM20-1458-23-16

Q

《七佛八菩薩所說大陀羅尼神咒經》卷一

LM20-1454-06-06, LM20-1460-06-12, LM20-1461-26-06, LM20-1492-15-02, LM20-1501-24-05, LM20-1505-C0647a, LM20-1508-C1323b, LM20-1520-05-10

《七佛八菩薩所說大陀羅尼神咒經》卷三

LM20-1456-34-10b

器物帳 LM20-1521-04-15

《千手千眼觀世音菩薩廣大圓滿無礙大悲心陀羅尼經》

LM20-1450-06-06, LM20-1450-15-02, LM20-1450-32-06, LM20-1452-01-03, LM20-1454-22-02, LM20-1458-14-17, LM20-1461-31-15, LM20-1461-37-21, LM20-1467-17-01, LM20-1489-33-12, LM20-1504-C0365, LM20-1506-C0776a, LM20-1506-C0779c, LM20-1508-C1330b, LM20-1508-C1349a, LM20-1510-C1688, LM20-1512-CT0005, LM20-1523-20-192

《千手千眼觀世音菩薩姥陀羅尼身經》

LM20-1508-C1449e

《千眼千臂觀世音菩薩陀羅尼神咒經》卷上

LM20-1466-13-17, LM20-1500-34-04

《千眼千臂觀世音菩薩陀羅尼神咒經》卷下

LM20-1454-09-10a, LM20-1456-27-25, LM20-1464-23-09, LM20-1472-10-02a,

LM20-1472-10-02b, LM20-1472-10-02c, LM20-1472-10-03, LM20-1472-10-04a, LM20-1472-10-04b, LM20-1472-10-04c, LM20-1472-10-04d, LM20-1472-10-04e, LM20-1472-10-04f, LM20-1472-10-05a, LM20-1472-10-05b, LM20-1472-10-07a, LM20-1472-10-07b, LM20-1491-36-01, LM20-1507-C1038b, LM20-1508-C1343a

《千眼千臂觀世音菩薩陀羅尼神咒經》（多處可見）

LM20-1472-10-01a, LM20-1472-10-01c

《千字文》

LM20-1468-18-10, LM20-1468-19-02, LM20-1468-19-03, LM20-1505-C0639b, LM20-1548-02-05f

《切韻》

LM20-1508-C1334c, LM20-1521-12-11r, LM20-1521-12-11v, LM20-1523-01-02r, LM20-1523-19-183r, LM20-1548-09-59

《請觀世音菩薩消伏毒害陀羅尼咒經》

LM20-1451-22-07, LM20-1452-13-08, LM20-1452-32-12, LM20-1453-19-03, LM20-1454-11-04, LM20-1454-38-07, LM20-1455-26-13, LM20-1455-28-18, LM20-1455-36-19, LM20-1456-06-08, LM20-1456-13-10, LM20-1456-29-18, LM20-1458-09-09, LM20-1458-19-05, LM20-1458-27-15, LM20-1459-28-07, LM20-1460-05-12, LM20-1460-26-06, LM20-1461-30-21, LM20-1462-13-01, LM20-1462-28-03, LM20-1464-26-05, LM20-1465-31-03, LM20-1466-32-04, LM20-1467-12-04, LM20-1490-09-24, LM20-1491-24-03, LM20-1493-20-01,

LM20-1494-32-03, LM20-1499-29-02, LM20-1506-C0855b, LM20-1506-C0859e, LM20-1507-C1111d, LM20-1507-C1165d, LM20-1509-C1579d, LM20-1517-0005a, LM20-1517-0486, LM20-1519-09-02, LM20-1520-03-01, LM20-1520-03-02, LM20-1520-24-11, LM20-1521-10-17, LM20-1522-05-17, LM20-1522-11-02

麴氏高昌國義和某年寫經題記

LM20-1461-24-10, LM20-1461-24-16

麴孝亮寫經題記　LM20-1498-17-01

《勸發諸王要偈》　LM20-1456-17-11

《勸善經》　LM20-1501-29-07

《勸善文》

LM20-1456-08-20, LM20-1456-27-01, LM20-1456-32-14b, LM20-1456-32-15, LM20-1456-32-19

R

《人本欲生經》

LM20-1450-34-02a, LM20-1450-34-02b, LM20-1456-06-18, LM20-1461-34-10, LM20-1518-01-03, LM20-1518-01-04

《仁王般若經疏》卷中　LM20-1493-06-02

《仁王般若經疏》卷下　LM20-1459-28-05

《仁王經疏》卷下　LM20-1460-38-03

仁王經疏

LM20-1464-09-01, LM20-1491-14-01

《如來在金棺嚫累清浄莊嚴敬福經》

LM20-1503-C0188, LM20-1508-C1355a

《入阿毘達磨論》卷上　LM20-827-01-16

《入大乘論》卷上　LM20-1506-C0774e

《入法界體性經》　LM20-1497-06-04

《入楞伽經》卷一

LM20-1454-02-11, LM20-1454-37-03

《入楞伽經》卷二　LM20-1520-01-06

《入楞伽經》卷四　LM20-1461-34-08

《入楞伽經》卷五

LM20-1458-13-02, LM20-1459-26-04, LM20-1459-28-08, LM20-1461-30-09

《入楞伽經》卷六　LM20-1455-11-15

《入楞伽經》注疏

LM20-1469-12-03, LM20-1466-34-04

S

《薩婆多部毘尼摩得勒伽》卷五

LM20-1472-06-01a, LM20-1472-06-01b, LM20-1472-06-02, LM20-1472-06-03, LM20-1472-06-05, LM20-1472-06-06, LM20-1472-07-01b, LM20-1532, LM20-1548-07-39b, LM20-1548-07-39f, LM20-1548-07-39g

《薩婆多毘尼毘婆沙》卷四

LM20-1460-12-17r, LM20-1466-12-28

《薩婆多毘尼毘婆沙》卷六

LM20-1461-32-09

《薩婆多毘尼毘婆沙》卷八

LM20-1504-C0470b

《三無性論》卷上　LM20-1521-24-02

僧坊文書　LM20-1523-06-55

僧傳　LM20-1506-C0867b

《僧伽吒經》卷一

LM20-827-01-15, LM20-1450-32-05, LM20-1453-07-09

《僧伽吒經》卷二

LM20-1453-25-02, LM20-1458-01-07,

LM20-1460-08-20, LM20-1519-10-09, LM20-1519-31-13

《僧伽吒經》卷三　LM20-1507-C1159c

《僧伽吒經》卷四

LM20-1457-26-03, LM20-1460-17-25, LM20-1461-35-05, LM20-1464-05-05, LM20-1465-34-18, LM20-1467-23-02, LM20-1469-23-02, LM20-1490-06-01, LM20-1519-31-14

《僧羯磨》　LM20-1506-C0734d

僧羯磨

LM20-1460-13-20, LM20-1466-19-11, LM20-1491-19-02, LM20-1492-28-04

《沙彌羅經》

LM20-1506-C0869b, LM20-1507-C1200

《沙彌羅經》(印本)　LM20-1486-24-01

《沙彌十戒法並威儀》　LM20-1495-32-03

《善惡因果經》

LM20-1452-05-11, LM20-1452-05-16, LM20-1455-22-01, LM20-1463-06-11, LM20-1464-20-03, LM20-1464-34-06, LM20-1469-35-07, LM20-1495-30-02, LM20-1500-08-03, LM20-1503-C0250, LM20-1507-C0982a, LM20-1520-20-07, LM20-1520-20-08

《善慧大士語録》卷三　LM20-1451-15-05

《善見律毘婆沙》卷一〇

LM20-1456-29-22, LM20-1457-15-04, LM20-1462-01-03, LM20-1462-04-02, LM20-1465-20-06, LM20-1470-34-01, LM20-1491-34-03, LM20-1492-27-08, LM20-1492-37-07, LM20-1495-07-01, LM20-1496-16-06, LM20-1499-31-01, LM20-1501-36-02, LM20-1520-08-01

《善見律毘婆沙》卷一二

LM20-1854-06, LM20-1854-07

《善思童子經》卷下　LM20-1467-15-02

《尚想黃綺帖》習字　LM20-1548-08-51v

《舍利弗阿毘曇論》卷五

LM20-1453-15-04, LM20-1466-31-04

《舍利弗阿毘曇論》卷六

LM20-1455-20-10, LM20-1494-26-06, LM20-1517-0464

《舍利弗阿毘曇論》卷八　LM20-1520-12-10

《舍利弗阿毘曇論》卷一三

LM20-1458-30-07

《舍利弗阿毘曇論》卷一六

LM20-1455-07-15

《舍利弗阿毘曇論》卷二三

LM20-1460-16-02

《舍利弗問經》　LM20-1467-12-01

社邑文書　LM20-1468-05-07

《攝大乘論》卷上(陳真諦譯)

LM20-1455-25-05

《攝大乘論》卷下(陳真諦譯)

LM20-1509-C1644c

《攝大乘論》卷上(元魏佛陀扇多譯)

LM20-1462-32-09, LM20-1505-C0505a

《攝大乘論本》卷下　LM20-1523-28-292

《攝大乘論釋》卷二(唐玄奘譯)

LM20-1467-29-05

《攝大乘論釋》卷四(陳真諦譯)

LM20-1452-18-01, LM20-1460-05-23, LM20-1492-18-02, LM20-1492-23-03

《攝大乘論釋》卷七(陳真諦譯)

LM20-1456-03-06

《攝大乘論釋》卷八(陳真諦譯)

LM20-1453-10-03, LM20-1457-34-03,

LM20-1460-17-22, LM20-1501-24-01

《攝大乘論釋》卷九（陳真諦譯）

LM20-1505-C0590c, LM20-1508-C1374c

《攝大乘論釋》卷一一（陳真諦譯）

LM20-1458-35-04, LM20-1462-37-08, LM20-1521-06-01

《攝大乘論釋》卷一二（陳真諦譯）

LM20-1520-14-01

《攝大乘論釋》卷一四（陳真諦譯）

LM20-1494-13-05, LM20-1494-16-03

《攝大乘論釋》（多處可見）（陳真諦譯）

LM20-1522-03-16

攝大乘論疏 LM20-1514-CT0530v

《生經》卷二 LM20-1522-17-14

《生經》卷四

LM20-1450-14-06, LM20-1450-22-02

勝鬘經疏

LM20-1452-26-06, LM20-1455-36-05, LM20-1460-14-13, LM20-1464-08-23, LM20-1474-18A-03, LM20-1520-29-03, LM20-1522-15-16

勝鬘經注疏 LM20-1497-29-01

《勝鬘經》注疏 LM20-1517-0366c

《勝鬘師子吼一乘大方便方廣經》

LM20-1488-04-03, LM20-1496-33-02, LM20-1500-34-06, LM20-1519-10-06, LM20-1519-10-07, LM20-1522-13-02

《勝鬘義記》卷中

LM20-1452-39-09, LM20-1455-26-04, LM20-1458-26-04, LM20-1465-06-01, LM20-1465-06-02, LM20-1465-06-03, LM20-1465-06-04, LM20-1465-06-05, LM20-1465-06-06, LM20-1465-06-07, LM20-1465-07-01, LM20-1465-07-02,

LM20-1465-07-03, LM20-1465-07-04, LM20-1465-07-05, LM20-1465-08-01, LM20-1465-08-02, LM20-1520-28-12

勝鬘義記 LM20-1502-C0048

《勝鬘義疏本義》

LM20-1451-25-02, LM20-1458-21-16, LM20-1466-19-01, LM20-1460-10-18, LM20-1494-21-04, LM20-1520-37-04

《勝思惟梵天所問經》卷一

LM20-1509-C1541a, LM20-1516-CK0096

《勝思惟梵天所問經》卷二

LM20-1454-04-08, LM20-1519-35-02, LM20-1520-12-06

《勝思惟梵天所問經》卷五

LM20-1455-17-01

《勝思惟梵天所問經論》卷二

LM20-1493-31-02

《勝思惟梵天所問經論》卷四

LM20-1467-08-01, LM20-1509-C1557b

《勝天王般若波羅蜜經》卷一

LM20-1452-23-11, LM20-1453-04-10, LM20-1456-03-11, LM20-1459-26-02a, LM20-1462-11-03, LM20-1464-09-11, LM20-1464-17-25, LM20-1488-32-05, LM20-1494-18-01

《勝天王般若波羅蜜經》卷二

LM20-1500-12-02, LM20-1506-C0948a, LM20-1506-C0956b, LM20-1518-17-11, LM20-1518-17-12, LM20-1521-02-19

《勝天王般若波羅蜜經》卷三

LM20-1451-10-03, LM20-1464-28-12, LM20-1488-38-04, LM20-1504-C0389b, LM20-1505-C0569a, LM20-1506-C0752a, LM20-1507-C1087b, LM20-1509-C1507c,

LM20-1509-C1646b, LM20-1514-CT0409, LM20-1472-11-04, LM20-1472-11-06a, LM20-1518-17-13, LM20-1518-17-14 LM20-1472-11-06b

《勝天王般若波羅蜜經》卷四 《十地經論》卷二

LM20-1450-06-05, LM20-1450-16-05, LM20-1472-12-05, LM20-1493-12-05, LM20-1452-07-07a, LM20-1452-25-06, LM20-1506-C0800b, LM20-1509-C1571e LM20-1458-07-13, LM20-1474-05A-01, 《十地經論》卷三 LM20-1501-25-01 LM20-1475-15A-03, LM20-1475-15B-08, 《十地經論》卷四 LM20-1475-18A-01, LM20-1509-C1630a, LM20-1496-05-03, LM20-1517-0082c, LM20-1514-CT0438 LM20-1520-12-01

《勝天王般若波羅蜜經》卷五 《十地經論》卷五

LM20-1452-26-02, LM20-1453-13-08, LM20-1455-01-04, LM20-1494-13-04, LM20-1456-08-14, LM20-1456-16-12, LM20-1506-C0856a LM20-1457-03-05, LM20-1458-21-14, 《十地經論》卷七 LM20-1491-18-03, LM20-1494-32-02, LM20-1461-30-14, LM20-1475-03A-02 LM20-1508-C1494, LM20-1517-0451, 《十地經論》卷八 LM20-1517-0422 LM20-1451-23-06, LM20-1454-11-10,

《勝天王般若波羅蜜經》卷六 LM20-1507-C1003a

LM20-1458-21-13, LM20-1461-27-18, 《十地經論》卷一〇 LM20-1461-36-08, LM20-1505-C0601a, LM20-1452-03-05, LM20-1461-37-11, LM20-1507-C1118d, LM20-1518-07-09 LM20-1490-12-11, LM20-1517-0279

《勝天王般若波羅蜜經》卷七 《十地經論》卷一一

LM20-1452-02-13, LM20-1453-13-05, LM20-1465-04-02, LM20-1499-34-04, LM20-1453-32-01, LM20-1455-20-03, LM20-1516-CK0073, LM20-1516-CK0093 LM20-1456-08-08, LM20-1457-32-03, 《十地經論》卷一二 LM20-1458-36-09, LM20-1458-38-15, LM20-1453-16-01, LM20-1460-09-03, LM20-1460-25-17, LM20-1490-13-15, LM20-1460-09-06, LM20-1460-09-09, LM20-1501-03-02, LM20-1505-C0476a, LM20-1460-09-17, LM20-1460-38-09, LM20-1521-38-07 LM20-1462-07-06, LM20-1464-07-11,

《聖多羅菩薩梵讚》(印本) LM20-1497-08-05, LM20-1497-10-01,

LM20-1487-24-07 LM20-1505-C0492a, LM20-1505-C0665b,

《聖善住意天子所問經》卷上 LM20-1514-CT0429, LM20-1520-12-02

LM20-1454-15-06, LM20-1458-06-09 《十地經論》注疏 LM20-1465-16-01

《十地經論》卷一 《十地經論不動地》卷八 LM20-1466-19-10

LM20-1466-04-05, LM20-1472-10-06a, 《十地經論義記》卷一

LM20-1461-26-13, LM20-1469-09-09

《十地經論義記》卷二

LM20-1454-03-11, LM20-1461-34-06, LM20-1463-22-04, LM20-1499-34-02, LM20-1504-C0419a, LM20-1505-C0677e, LM20-1506-C0937e, LM20-1520-33-09, LM20-1521-11-11, LM20-1522-18-01

《十地經論義記》卷三 LM20-1507-C1071c

《十地經論義記》卷四 LM20-1457-19-07

《十地義記》卷三 LM20-1458-35-16

《十二門論》

LM20-1455-09-03, LM20-1461-19-02, LM20-1461-20-12

《十二時》 LM20-1523-03-27

《十方千五百佛名經》

LM20-1452-12-11, LM20-1452-39-18, LM20-1453-33-04, LM20-1455-02-13, LM20-1455-11-17, LM20-1455-29-03, LM20-1455-32-13, LM20-1456-07-20, LM20-1456-14-11, LM20-1456-18-05, LM20-1456-18-08, LM20-1456-18-12, LM20-1456-20-01, LM20-1456-21-07, LM20-1456-21-11, LM20-1456-22-21, LM20-1456-22-22, LM20-1456-22-23, LM20-1456-30-15, LM20-1457-21-02, LM20-1458-12-10, LM20-1458-17-10, LM20-1458-21-07, LM20-1458-25-26, LM20-1459-34-02, LM20-1459-35-02, LM20-1460-21-19, LM20-1460-24-22, LM20-1460-27-06, LM20-1460-28-14, LM20-1461-19-04, LM20-1461-25-03, LM20-1462-34-02, LM20-1464-08-04, LM20-1464-12-24, LM20-1464-19-21, LM20-1464-21-04, LM20-1464-35-10,

LM20-1464-36-09, LM20-1465-12-06, LM20-1466-19-08, LM20-1466-21-03, LM20-1468-21-07, LM20-1473-03-04b, LM20-1475-03B-09, LM20-1475-03B-12, LM20-1475-03B-13, LM20-1475-04A-02, LM20-1475-04A-04, LM20-1475-05A-03, LM20-1492-16-01, LM20-1492-18-19, LM20-1492-24-07, LM20-1492-25-05, LM20-1493-04-04, LM20-1493-34-03, LM20-1494-20-03, LM20-1494-28-04, LM20-1495-13-05, LM20-1495-27-01, LM20-1497-17-05, LM20-1497-19-02, LM20-1498-30-05, LM20-1500-28-03, LM20-1501-08-05, LM20-1501-35-04, LM20-1501-35-07, LM20-1501-37-03, LM20-1502-C0040b, LM20-1502-C0052, LM20-1503-C0228, LM20-1504-C0451a, LM20-1505-C0660a, LM20-1506-C0750c, LM20-1506-C0840a, LM20-1506-C0844d, LM20-1506-C0950c, LM20-1507-C0985b, LM20-1507-C1048a, LM20-1507-C1115e, LM20-1507-C1122c, LM20-1507-C1145d, LM20-1507-C1191b, LM20-1508-C1333a, LM20-1508-C1367c, LM20-1508-C1453d, LM20-1508-C1489f, LM20-1509-C1563b, LM20-1509-C1584b, LM20-1509-C1611a, LM20-1509-C1611b, LM20-1509-C1627b, LM20-1509-C1641a, LM20-1510-C1667, LM20-1511-CB0043, LM20-1512-CT0015a, LM20-1512-CT0015b, LM20-1512-CT0019b, LM20-1512-CT0026, LM20-1512-CT0027, LM20-1512-CT0028, LM20-1512-CT0038, LM20-1512-CT0055, LM20-1512-CT0068, LM20-1512-CT0071a, LM20-1512-CT0072,

LM20-1512-CT0082, LM20-1512-CT0090, LM20-1512-CT0106, LM20-1512-CT0107, LM20-1512-CT0108, LM20-1512-CT0122c, LM20-1512-CT0127, LM20-1512-CT0128, LM20-1512-CT0131, LM20-1512-CT0132, LM20-1512-CT0135, LM20-1512-CT0142, LM20-1512-CT0146, LM20-1512-CT0156, LM20-1512-CT0158, LM20-1512-CT0161, LM20-1512-CT0167, LM20-1512-CT0172, LM20-1512-CT0179, LM20-1512-CT0187, LM20-1519-32-01, LM20-1519-32-12, LM20-1519-32-13, LM20-1519-32-14, LM20-1519-36-02, LM20-1520-20-02, LM20-1520-23-09, LM20-1520-24-14, LM20-1520-31-14, LM20-1520-36-06, LM20-1520-37-09, LM20-1521-01-17, LM20-1521-15-02, LM20-1521-15-04, LM20-1521-15-05, LM20-1521-15-06, LM20-1521-15-07, LM20-1521-22-17, LM20-1521-32-23, LM20-1521-34-15, LM20-1522-15-09, LM20-1522-16-02, LM20-1522-16-07, LM20-1522-16-08

《十誦比丘波羅提木叉戒本》

LM20-1450-32-07, LM20-1452-02-07, LM20-1452-36-05, LM20-1452-36-10, LM20-1454-09-09, LM20-1455-06-01, LM20-1455-10-12, LM20-1455-16-11, LM20-1455-21-15, LM20-1456-01-08, LM20-1456-03-08, LM20-1461-15-05, LM20-1464-21-07, LM20-1490-15-10, LM20-1495-23-01, LM20-1496-16-03, LM20-1508-C1356d, LM20-1522-05-22r

《十誦比丘尼波羅提木叉戒本》

LM20-1455-36-11

十誦羯磨　LM20-1456-06-13

《十誦律》卷一　LM20-1464-08-20

《十誦律》卷二　LM20-1509-C1578c

《十誦律》卷七　LM20-1452-29-19

《十誦律》卷八

LM20-1461-21-08, LM20-1507-C1133b, LM20-1517-0242

《十誦律》卷一〇

LM20-1505-C0645b, LM20-1506-C0817b, LM20-1506-C0893a

《十誦律》卷一四

LM20-1506-C0893b, LM20-1509-C1538b

《十誦律》卷一九　LM20-1451-06-03

《十誦律》卷二〇　LM20-1501-28-08

《十誦律》卷二一

LM20-1520-33-05, LM20-1521-12-12

《十誦律》卷二五

LM20-1517-0223, LM20-1517-0247

《十誦律》卷二七　LM20-1458-08-13

《十誦律》卷二八

LM20-1493-16-01, LM20-1506-C0743d, LM20-1507-C1204, LM20-1517-0151, LM20-1521-11-03

《十誦律》卷三三

LM20-1497-11-02, LM20-1505-C0636b, LM20-1520-07-07

《十誦律》卷三七

LM20-1492-28-02, LM20-1506-C0815b

《十誦律》卷四五　LM20-1493-33-03

《十誦律》卷四六

LM20-1455-20-06, LM20-1507-C1107c, LM20-1508-C1338e

《十誦律》卷五一　LM20-1509-C1606d

《十誦律》卷五三　LM20-1456-09-04

题名索引

《十诵律》卷五四

LM20-1461-09-04, LM20-1461-10-03

《十诵律》卷五六 LM20-1520-26-13r

《十诵律》卷五八 LM20-1451-07-04

《十诵律》卷五九 LM20-1520-34-09

《十诵律》卷六○

LM20-1466-26-01, LM20-1466-26-02

《十诵律》卷六一

LM20-1455-20-13b, LM20-1457-08-06, LM20-1457-14-11, LM20-1465-17-01, LM20-1509-C1541c

《十诵律》(别本)

LM20-1452-38-15, LM20-1455-36-07, LM20-1457-18-01, LM20-1457-23-03, LM20-1464-25-15, LM20-1511-CB0090

《十王经》 LM20-1507-C1010

《十一面神咒心经》

LM20-1450-30-22, LM20-1460-06-11

《十住断结经》卷九 LM20-1456-09-20

《十住经》卷一

LM20-1450-03-04, LM20-1453-06-07, LM20-1455-27-03, LM20-1464-29-07, LM20-1470-02-04, LM20-1508-C1268c

《十住经》卷二

LM20-1452-03-16, LM20-1455-25-16, LM20-1457-01-03, LM20-1457-02-15, LM20-1460-04-16, LM20-1460-26-13, LM20-1495-36-04, LM20-1519-08-03, LM20-1520-33-13

《十住经》卷三

LM20-1455-36-02, LM20-1468-08-10, LM20-1523-06-65

《十住经》卷四

LM20-1452-11-18, LM20-1453-27-05,

LM20-1517-0208, LM20-1519-08-04

《十住经》卷一○ LM20-1497-27-01

《十住经》(多处可见)

LM20-1519-08-05

《十住毗婆沙论》卷一 LM20-1503-C0200

《十住毗婆沙论》卷二 LM20-1517-0140a

《十住毗婆沙论》卷四 LM20-1502-C0095

《十住毗婆沙论》卷五

LM20-1451-37-08, LM20-1461-08-07, LM20-1466-20-04, LM20-1471-29-02r, LM20-1512-CT0133

《十住毗婆沙论》卷八

LM20-1458-37-13, LM20-1497-25-01

《十住毗婆沙论》卷一○

LM20-1501-29-09, LM20-1520-12-08

《示所犯者瑜伽法镜经》

LM20-1451-24-01, LM20-1455-28-14, LM20-1458-26-17, LM20-1459-08-04, LM20-1461-01-19, LM20-1465-03-03, LM20-1465-11-04, LM20-1488-15-08, LM20-1492-02-02, LM20-1492-07-05, LM20-1520-20-11

《释禅波罗蜜次第法门》卷二

LM20-1461-38-12, LM20-1464-23-10, LM20-1494-31-06, LM20-1523-08-80

《释教最上乘秘密藏陀罗尼集》

LM20-1523-19-185

《释净土群疑论》卷六

LM20-1520-17-14, LM20-1520-18-02

《释净土群疑论》卷七 LM20-1504-C0400a

《释摩诃衍论》卷二(印本)

LM20-1488-15-08

《释摩诃衍论》卷四

LM20-1492-30-03, LM20-1498-34-05

题名索引 S

受菩薩戒文（？） LM20-1500-26-01

《受十善戒經》

LM20-1466-01-07, LM20-1505-C0522a,

LM20-1520-08-02

《授大乘菩薩戒儀》 LM20-1523-23-237

書信

LM20-1468-03-02, LM20-1505-C0631b,

LM20-1522-17-17, LM20-1523-03-26

書儀 LM20-1523-10-93

書狀 LM20-1480-04-01, LM20-1480-04-03

《順權方便經》卷上 LM20-1452-02-06

《說無垢稱經》卷一

LM20-1457-08-02, LM20-1464-36-06,

LM20-1465-29-14, LM20-1468-15-01,

LM20-1505-C0692a, LM20-1507-C1064b

《說無垢稱經》卷六 LM20-1466-03-08

《說無垢稱經疏》卷一 LM20-1464-08-16a

《思惟略要法》 LM20-1523-20-198

《思益梵天所問經》卷一

LM20-827-06-89, LM20-827-06-90,

LM20-827-07-91, LM20-1450-19-01,

LM20-1450-23-03, LM20-1452-14-01,

LM20-1452-31-02, LM20-1452-39-07,

LM20-1453-09-09, LM20-1456-29-08,

LM20-1457-05-08, LM20-1457-30-01,

LM20-1458-08-10, LM20-1458-09-14,

LM20-1459-10-04, LM20-1460-35-24,

LM20-1462-05-03, LM20-1462-16-04,

LM20-1462-17-01, LM20-1464-05-02,

LM20-1475-10A-03, LM20-1475-10A-04,

LM20-1495-17-02, LM20-1499-17-05,

LM20-1499-31-04, LM20-1503-C0184,

LM20-1506-C0915b, LM20-1507-C1090d,

LM20-1508-C1366a, LM20-1519-35-01,

LM20-1520-32-09a, LM20-1520-32-10

《思益梵天所問經》卷二

LM20-1453-15-03, LM20-1455-08-06,

LM20-1501-04-02, LM20-1501-13-01,

LM20-1504-C0416b

《思益梵天所問經》卷三

LM20-1464-31-16, LM20-1504-C0414b,

LM20-1517-0200, LM20-1520-33-10

《思益梵天所問經》卷四

LM20-1456-24-14r, LM20-1457-17-09,

LM20-1495-31-01, LM20-1499-33-02

《四分比丘尼鈔》卷中 LM20-1456-26-10

《四分比丘尼戒本》

LM20-1454-13-05, LM20-1455-13-08,

LM20-1461-33-04, LM20-1462-20-05,

LM20-1462-23-02, LM20-1470-34-02,

LM20-1491-21-02, LM20-1510-C1670,

LM20-1520-07-06

《四分戒本疏》卷二

LM20-1461-15-17, LM20-1520-25-04,

LM20-1521-07-08r, LM20-1523-18-172

《四分戒本疏》卷三 LM20-1452-36-06

四分戒本疏 LM20-1457-18-04

《四分律》卷一

LM20-1496-22-06, LM20-1503-C0248,

LM20-1520-06-05, LM20-1522-18-15

《四分律》卷二

LM20-1455-24-03, LM20-1461-25-17,

LM20-1520-06-06

《四分律》卷五

LM20-1455-39-02, LM20-1456-06-03,

LM20-1458-25-08, LM20-1495-36-02,

LM20-1504-C0390a, LM20-1509-C1589d

《四分律》卷六

LM20-1451-36-04, LM20-1507-C0981b, LM20-1507-C1073a

《四分律》卷七

LM20-1508-C1429, LM20-1509-C1558b

《四分律》卷八

LM20-1464-24-05, LM20-1520-07-01

《四分律》卷九

LM20-1457-38-01, LM20-1500-16-05

《四分律》卷九（印本） LM20-1487-23-08a

《四分律》卷一一

LM20-1458-08-15, LM20-1520-06-07

《四分律》卷一二 LM20-1514-CT0522a

《四分律》卷一三 LM20-1520-06-08

《四分律》卷一五

LM20-1461-31-03, LM20-1467-26-02, LM20-1474-13B-06, LM20-1506-C0966b, LM20-1508-C1466e, LM20-1520-06-09

《四分律》卷一六 LM20-1464-34-08

《四分律》卷一七

LM20-1450-30-11, LM20-1464-09-07

《四分律》卷一八 LM20-1461-17-04

《四分律》卷一九 LM20-1523-20-196

《四分律》卷二〇

LM20-1454-33-02, LM20-1461-35-20

《四分律》卷二一 LM20-1461-16-07

《四分律》卷二二

LM20-1494-03-01, LM20-1507-C1145c

《四分律》卷二三

LM20-1458-03-18, LM20-1460-06-10, LM20-1464-24-02, LM20-1464-37-15, LM20-1495-16-02, LM20-1495-25-01, LM20-1517-0457, LM20-1522-18-17b, LM20-1522-18-18

《四分律》卷二四

LM20-1454-31-03, LM20-1465-27-11, LM20-1466-24-01, LM20-1466-38-05, LM20-1517-0583

《四分律》卷二五

LM20-1452-22-02, LM20-1452-26-08, LM20-1455-09-13a, LM20-1456-27-22, LM20-1464-18-02, LM20-1504-C0426a, LM20-1520-06-11

《四分律》卷二七 LM20-1464-17-23

《四分律》卷二八

LM20-1522-13-11a, LM20-1522-13-11b

《四分律》卷二九 LM20-1456-05-19

《四分律》卷三〇 LM20-1458-11-12

《四分律》卷三二

LM20-1450-02-02, LM20-1452-33-01, LM20-1453-22-02, LM20-1457-05-03, LM20-1462-10-04, LM20-1464-26-08, LM20-1505-C0629a, LM20-1509-C1537a

《四分律》卷三三

LM20-1453-16-02, LM20-1453-24-01

《四分律》卷三四 LM20-1508-C1330e

《四分律》卷三五 LM20-1506-C0756e

《四分律》卷三六

LM20-1465-03-02, LM20-1506-C0830c

《四分律》卷三七 LM20-1455-30-10

《四分律》卷三八 LM20-1465-25-06

《四分律》卷四〇

LM20-1454-05-22, LM20-1467-17-10, LM20-1495-08-03, LM20-1495-30-01, LM20-1517-0628, LM20-1520-06-13

《四分律》卷四二 LM20-1508-C1325a

《四分律》卷四三

LM20-1452-01-04, LM20-1464-33-06

《四分律》卷四四 LM20-1456-08-19

《四分律》卷四五 LM20-1469-37-02

《四分律》卷四八 LM20-1520-06-14

《四分律》卷四九

LM20-1452-02-10, LM20-1453-06-02, LM20-1460-16-16, LM20-1461-13-22, LM20-1470-05-06, LM20-1470-32-02

《四分律》卷五〇

LM20-1504-C0392a, LM20-1521-35-03

《四分律》卷五二 LM20-1507-C1148a

《四分律》卷五三

LM20-1455-13-01a, LM20-1517-0477, LM20-1528-01-03

《四分律》卷五五 LM20-1454-02-02

《四分律》卷五六 LM20-1520-06-15

《四分律》卷五七

LM20-1455-07-10, LM20-1456-15-03, LM20-1474-18A-02, LM20-1501-31-03, LM20-1506-C0755e

《四分律》卷五八 LM20-1496-04-02

《四分律》(多處可見)

LM20-1520-06-10, LM20-1521-07-19

《四分律》注疏 LM20-1455-26-10

《四分律比丘含注戒本》卷下

LM20-1454-03-04, LM20-1517-0288

《四分律比丘戒本》

LM20-1452-36-13, LM20-1453-13-09, LM20-1455-09-14, LM20-1456-07-06, LM20-1456-22-14, LM20-1457-01-06, LM20-1457-33-05, LM20-1460-27-16, LM20-1461-27-14, LM20-1464-24-14, LM20-1465-24-02, LM20-1467-16-05, LM20-1468-02-03, LM20-1468-05-01, LM20-1468-14-01, LM20-1474-17B-04, LM20-1474-17B-05, LM20-1474-18A-01,

LM20-1489-27-22, LM20-1491-16-04, LM20-1492-16-06, LM20-1496-29-05, LM20-1503-C0206, LM20-1503-C0306, LM20-1509-C1503a, LM20-1509-C1510e, LM20-1509-C1516, LM20-1511-CB0106, LM20-1520-07-02, LM20-1520-07-03

《四分律比丘尼戒本》 LM20-1510-C1676

《四分律比丘尼鈔》卷中 LM20-1462-05-09

《四分律藏》外題 LM20-1469-04-06

四分律戒本 LM20-1461-32-19

四分律戒本疏 LM20-1452-35-13

《四分律開宗記》卷五 LM20-1517-0150

《四分律刪補隨機羯磨序》

LM20-1456-23-17, LM20-1464-27-04, LM20-1467-10-01

《四分律刪補隨機羯磨》卷上

LM20-1452-29-17, LM20-1454-09-02, LM20-1454-23-04, LM20-1455-31-11, LM20-1491-38-05, LM20-1501-18-04

《四分律刪補隨機羯磨》卷下

LM20-1455-02-18

《四分律刪繁補闕行事鈔序》

LM20-1460-29-16

《四分律刪繁補闕行事鈔》卷上

LM20-1468-06-07, LM20-1495-09-03, LM20-1498-31-02, LM20-1500-12-07, LM20-1502-C0049, LM20-1504-C0399a, LM20-1520-17-07

《四分律刪繁補闕行事鈔》卷中

LM20-1451-31-06, LM20-1451-36-01, LM20-1456-02-20, LM20-1456-28-09, LM20-1464-25-12, LM20-1469-20-01l, LM20-1469-20-01q, LM20-1469-20-02b, LM20-1469-20-02e, LM20-1469-20-02f,

LM20-1469-20-03a, LM20-1469-20-03b, LM20-1469-21-01a, LM20-1469-21-01b, LM20-1469-21-01c, LM20-1503-C0166, LM20-1506-C0760e, LM20-1508-C1280b, LM20-1520-17-08, LM20-1520-17-09, LM20-1520-26-02, LM20-1520-28-08, LM20-1520-28-15, LM20-1520-28-16, LM20-1522-02-17

《四分律刪繁補闕行事鈔》卷下

LM20-1505-C0703a, LM20-1520-33-18, LM20-1522-15-12

《四分僧戒本》

LM20-1450-28-02, LM20-1451-07-01, LM20-1451-15-02, LM20-1453-37-09, LM20-1455-21-09, LM20-1456-32-16, LM20-1457-09-06, LM20-1457-21-01, LM20-1457-26-02, LM20-1459-24-01, LM20-1464-15-09, LM20-1465-35-03, LM20-1468-08-06, LM20-1468-09-02, LM20-1468-09-10, LM20-1454-10-03, LM20-1494-24-03, LM20-1496-25-03, LM20-1498-33-05, LM20-1498-35-02, LM20-1506-C0883a, LM20-1507-C1084d, LM20-1509-C1617b, LM20-1509-C1636a, LM20-1520-07-05, LM20-1522-10-08

《四分僧戒本》疏 LM20-1462-27-03

四田施食文 LM20-1457-34-07

寺院納物曆 LM20-1541-07, LM20-1541-08

寺院文書殘片

LM20-1528-02-31, LM20-1528-02-36

粟特文殘片

LM20-827-13-168, LM20-1480-22-02v, LM20-1482-08-01v, LM20-1514-CT0528v

T

《太上洞玄靈寶三元玉京玄都大獻經》

LM20-1454-29-10

《太上洞玄靈寶昇玄內教經》卷一

LM20-1460-25-01

《太上洞玄靈寶昇玄內教經》卷九

LM20-1468-33-01a, LM20-1458-20-12, LM20-1463-25-03, LM20-1465-02-03, LM20-1498-32-04, LM20-1498-32-05, LM20-1498-36-02, LM20-1498-37-04, LM20-1499-19-04, LM20-1508-C1274, LM20-1509-C1569f

《太上洞玄靈寶無量度人上品妙經》

LM20-1455-03-05, LM20-1456-17-13, LM20-1461-09-16, LM20-1461-11-07, LM20-1461-26-11, LM20-1462-14-05, LM20-1497-37-02, LM20-1498-28-03, LM20-1503-C0175, LM20-1508-C1243, LM20-1520-27-16

《太上洞玄靈寶業報因緣經》卷一

LM20-1506-C0748d

《太上洞玄靈寶業報因緣經》卷六

LM20-1450-23-01, LM20-1456-29-15, LM20-1456-35-20, LM20-1462-36-04, LM20-1467-20-03

《太上洞玄靈寶業報因緣經》卷九

LM20-1521-25-22

《太上洞玄靈寶真文度人本行妙經》

LM20-1501-23-04, LM20-1520-29-06, LM20-1520-37-11, LM20-1521-27-18, LM20-1522-17-01

《太上洞玄靈寶智慧本願大戒上品經》

LM20-1468-20-02

唐佃人文書　LM20-1523-04-35

《太上洞玄靈寶智慧定志通微經》

LM20-1468-18-02

唐告身　LM20-1480-04-06

唐户籍

《太上洞玄靈寶智慧上品大戒》

LM20-1461-11-14, LM20-1509-C1588b,

LM20-1522-15-13

LM20-1452-04-05v, LM20-1523-14-130

《唐護法沙門法琳別傳》卷上

LM20-1463-17-03

《太上洞玄靈寶智慧罪根上品大戒經》卷下

LM20-1501-08-01, LM20-1520-36-18

《唐護法沙門法琳別傳》卷中

LM20-1456-27-04, LM20-1521-02-18

《太上洞淵神呪經》卷三　LM20-1493-14-05

《太上洞淵神呪經》卷六

LM20-1470-22-01, LM20-1497-06-03

唐建中四年（七八三）七月安西節度使孔目司

帖爲配織五年春裝布事

LM20-1609

《太上靈寶諸天內音自然玉字》卷下

LM20-1464-21-13

唐開元三年（七一五）《户令》

LM20-1453-13-04

《太玄真一本際經》卷一

LM20-1468-33-02, LM20-1465-20-07

唐開元二十三年（七三五）西州都督府案卷

LM20-1404-01r, LM20-1405-01r,

《太玄真一本際經》卷二

LM20-1452-04-23, LM20-1456-01-03,

LM20-1464-33-04

LM20-1405-03r, LM20-1406-01r,

LM20-1406-04r, LM20-1407-01r,

LM20-1407-02r, LM20-1407-04r,

《太玄真一本際經》卷四　LM20-1452-05-17

《太玄真一本際經》卷四（五卷本）

LM20-1460-37-14

LM20-1409-03r, LM20-1409-06r,

LM20-1409-07r, LM20-1411-01r,

LM20-1411-02r, LM20-1411-03r,

《太子瑞應本起經》卷上　LM20-1462-27-09

《太子瑞應本起經》卷下

LM20-1456-09-19, LM20-1464-31-09

LM20-1412-01r, LM20-1412-02r,

LM20-1412-03r, LM20-1413r,

LM20-1414-01r, LM20-1414-02r,

《太子須大拏經》

LM20-1465-22-03, LM20-1492-34-02,

LM20-1498-28-02, LM20-1506-C0909c,

LM20-1548-05-20

LM20-1415r

唐開元二十九年（七四一）前後西州高昌縣欠

田簿

LM20-1480-04-17

《太子須大拏經》（異本）

LM20-1460-03-17, LM20-1523-13-127

《唐開元律疏·名例》

LM20-1493-04-01, LM20-1507-C0988c,

《曼無德律》尾題　LM20-1501-09-06

《曼無德律部雜羯磨》

LM20-1509-C1578a, LM20-1521-38-12

LM20-1507-C1176b, LM20-1509-C1571c

唐康田允等名籍

LM20-1480-05-07, LM20-1480-04-13

唐大惠辭爲男重差事　LM20-1480-04-16

《唐律》

LM20-1452-35-05, LM20-1506-C0921a, LM20-1508-C1268i, LM20-1509-C1625d, LM20-1520-36-14

唐糧帳

LM20-1523-17-160a, LM20-1523-17-160b

唐律令 LM20-1509-C1611c

唐名籍

LM20-1506-C0923d, LM20-1514-CT0527v, LM20-1521-10-16, LM20-1523-14-135, LM20-1523-21-207

唐某隊名籍 LM20-1468-33-03

唐判集（？） LM20-1465-02-05

唐契約殘片

LM20-1523-09-89, LM20-1523-25-260

唐僧籍 LM20-1517-0588

唐天寶二年（七四三）交河郡市估案

LM20-1404-02r, LM20-1406-02r, LM20-1406-03r, LM20-1411-04r, LM20-1414-04r, LM20-1464-06-01, LM20-1523-05-46

唐天寶年間交河郡案卷

LM20-1446-01a, LM20-1446-01b, LM20-1446-01c, LM20-1446-02a, LM20-1446-02b, LM20-1446-02c, LM20-1446-03, LM20-1446-04, LM20-1446-05, LM20-1446-06, LM20-1446-07, LM20-1446-08, LM20-1446-09, LM20-1446-10, LM20-1466-11, LM20-1466-12

《唐天下諸郡姓氏譜》 LM20-1523-11-103

唐田簿 LM20-1523-05-42

唐駝馬文書 LM20-1523-05-52

唐西州牒狀爲迴造般運事 LM20-1405-02r

唐西州高昌縣户籍 LM20-1464-28-04v

唐西州高昌縣寧泰鄉仁義里等名籍

LM20-1455-12-14v

唐西州户籍

LM20-1496-35-02v, LM20-1505-C0689b, LM20-1520-18-08r, LM20-1521-25-08v

唐西州名籍

LM20-1471-25-01v, LM20-1523-11-106

唐西州某縣知禮等辯辭 LM20-1480-04-15

唐西州蒲昌縣渠黎鄉籍 LM20-1462-35-05v

唐西州青苗簿 LM20-1480-04-14

唐西州諸寺名籍 LM20-1480-04-18

唐西州諸縣寺名簿 LM20-1480-04-02

唐儀鳳三年（六七七）西州都督府案卷爲北館廳請酬價直事

LM20-1523-07-70

《唐永徽律疏·賊盜律》 LM20-1457-20-01r

唐張抱義等田畝帳 LM20-1480-04-07

唐帳薄 LM20-1522-21-20

唐口勒寺帳 LM20-1523-06-54

題記殘片

LM20-1469-12-09, LM20-1510-C1677, LM20-1520-24-03

《天地八陽神咒經》

LM20-1452-07-14, LM20-1453-37-04, LM20-1454-20-05, LM20-1455-03-03, LM20-1455-08-08, LM20-1455-11-12, LM20-1456-14-14, LM20-1456-21-25, LM20-1457-16-08, LM20-1458-03-16, LM20-1458-20-08, LM20-1458-37-16, LM20-1459-23-04, LM20-1459-25-02, LM20-1460-12-09, LM20-1460-24-06, LM20-1462-12-06, LM20-1463-29-07, LM20-1470-28-02, LM20-1497-11-06, LM20-1503-C0180, LM20-1506-C0757b,

LM20-1507-C1029av, LM20-1508-C1369a, LM20-1508-C1369c, LM20-1517-0370, LM20-1520-19-11, LM20-1520-19-12, LM20-1522-10-10, LM20-1522-24-01

《天公經》

LM20-827-07-100, LM20-827-07-99, LM20-827-11-153, LM20-1472-04-03, LM20-1472-04-04, LM20-1472-04-06a, LM20-1472-04-06b

《天請問經》

LM20-827-10-141, LM20-827-11-154, LM20-827-11-155, LM20-827-11-156, LM20-1455-14-11, LM20-1455-19-14, LM20-1460-18-04, LM20-1462-31-07, LM20-1472-04-05b, LM20-1472-04-07, LM20-1472-04-08, LM20-1490-08-10, LM20-1490-08-15, LM20-1519-35-03, LM20-1519-35-04, LM20-1521-34-17

《添品妙法蓮華經序》

LM20-1453-32-05, LM20-1455-10-09, LM20-1461-36-16, LM20-1519-04-03

《添品妙法蓮華經》序、卷一

LM20-1509-C1560d

《添品妙法蓮華經》卷一

LM20-1505-C0688b

《添品妙法蓮華經》卷二

LM20-1458-30-16, LM20-1505-C0598a, LM20-1509-C1568h

《添品妙法蓮華經》卷三

LM20-1455-28-13, LM20-1456-27-08, LM20-1456-33-12, LM20-1458-31-24, LM20-1458-34-04b, LM20-1461-23-08, LM20-1490-25-08, LM20-1491-35-04

《添品妙法蓮華經》卷五

LM20-1452-01-02, LM20-1468-11-06, LM20-1517-0269

《添品妙法蓮華經》卷六

LM20-1464-18-05, LM20-1466-09-02, LM20-1475-14B-04, LM20-1478-22-01

《添品妙法蓮華經》卷七

LM20-1454-29-02, LM20-1499-24-01, LM20-1517-0613

陀羅尼

LM20-1458-07-03, LM20-1460-14-03, LM20-1460-15-12, LM20-1460-37-06, LM20-1461-11-01, LM20-1461-26-01, LM20-1461-32-20, LM20-1466-13-21, LM20-1468-05-09, LM20-1469-38-09, LM20-1497-32-01, LM20-1505-C0474b, LM20-1506-C0771a, LM20-1507-C1041b, LM20-1507-C1133c, LM20-1508-C1461a, LM20-1509-C1499a, LM20-1509-C1499f, LM20-1517-0092b, LM20-1521-07-20

陀羅尼集

LM20-1450-17-01, LM20-1451-37-09, LM20-1452-34-15, LM20-1453-28-02, LM20-1453-33-08, LM20-1454-13-02, LM20-1454-13-04, LM20-1454-13-06, LM20-1455-22-07, LM20-1455-23-05, LM20-1455-28-03, LM20-1458-02-16, LM20-1458-12-05, LM20-1458-18-09, LM20-1458-24-22, LM20-1458-29-09, LM20-1458-29-16, LM20-1458-29-19, LM20-1461-32-15, LM20-1464-09-02, LM20-1464-32-04, LM20-1465-04-05, LM20-1467-02-01, LM20-1467-21-03, LM20-1468-04-01, LM20-1468-07-03, LM20-1468-15-02, LM20-1470-04-07,

LM20-1470-08-02, LM20-1517-0303

《陀羅尼集經》卷六　LM20-1522-08-10

《陀羅尼雜集》卷三　LM20-1470-08-03

《陀羅尼雜集》卷四

LM20-1459-33-04, LM20-1451-15-03, LM20-1508-C1256, LM20-1509-C1538d, LM20-1509-C1630b

《陀羅尼雜集》卷六　LM20-1461-35-07

《陀羅尼雜集》卷八　LM20-1504-C0422a

《陀羅尼雜集》卷九　LM20-1497-30-01

W

外題　LM20-1506-C0955a

《往生禮讚偈》

LM20-1456-23-20, LM20-1468-16-01

《唯識論》

LM20-1450-09-01, LM20-1509-C1570

唯識論疏　LM20-1451-30-02

維摩詰經疏

LM20-1462-23-05, LM20-1463-31-08

《維摩詰經序》　LM20-1520-19-10

維摩詰經注　LM20-1502-C0035b

《維摩詰經》注疏

LM20-1505-C0680a, LM20-1508-C1377c

維摩詰經注疏

LM20-1452-35-16b, LM20-1506-C0847d, LM20-1506-C0873d, LM20-1521-13-03

《維摩詰所說經》卷上

LM20-1450-02-05, LM20-1450-35-07, LM20-1452-08-06b, LM20-1452-09-01, LM20-1452-09-15, LM20-1452-25-09, LM20-1452-32-15, LM20-1452-38-18, LM20-1453-07-01, LM20-1453-09-04, LM20-1453-33-07, LM20-1453-36-08, LM20-1454-02-09, LM20-1454-17-10, LM20-1454-28-07, LM20-1455-03-12, LM20-1455-03-14, LM20-1455-04-02, LM20-1455-17-17, LM20-1456-14-09, LM20-1456-20-20, LM20-1456-22-15, LM20-1456-24-01, LM20-1457-07-14, LM20-1457-11-12, LM20-1457-33-02, LM20-1457-36-01, LM20-1458-20-21, LM20-1458-24-03, LM20-1458-26-03, LM20-1459-06-01, LM20-1459-06-02, LM20-1459-18-05, LM20-1459-21-06, LM20-1459-23-01, LM20-1460-21-14, LM20-1460-33-09, LM20-1461-01-01, LM20-1461-11-02, LM20-1461-13-07, LM20-1461-13-15, LM20-1461-22-04, LM20-1461-29-03, LM20-1462-36-06, LM20-1463-27-01, LM20-1464-01-06, LM20-1464-22-04, LM20-1464-24-19, LM20-1467-01-10, LM20-1467-15-01, LM20-1467-23-08, LM20-1470-21-01, LM20-1475-06B-03, LM20-1475-07A-05, LM20-1475-07A-07, LM20-1489-31-13, LM20-1489-36-04, LM20-1491-18-04, LM20-1491-33-03, LM20-1493-13-02, LM20-1494-02-06, LM20-1494-23-05, LM20-1494-25-03, LM20-1495-15-01, LM20-1495-25-05, LM20-1496-15-02, LM20-1496-33-04, LM20-1497-09-03, LM20-1497-34-04, LM20-1497-38-01, LM20-1498-33-08, LM20-1499-10-04, LM20-1499-12-04, LM20-1499-31-03, LM20-1500-10-01, LM20-1500-33-03, LM20-1501-25-05, LM20-1501-31-02,

题名索引 W 1971

LM20-1502-C0116, LM20-1503-C0271, LM20-1455-21-17, LM20-1455-23-04, LM20-1504-C0415a, LM20-1504-C0431b, LM20-1455-25-03, LM20-1455-37-05, LM20-1505-C0486b, LM20-1505-C0559a, LM20-1456-05-05, LM20-1456-23-03, LM20-1505-C0592a, LM20-1506-C0733e, LM20-1456-23-05, LM20-1456-23-09, LM20-1506-C0751d, LM20-1506-C0769b, LM20-1457-33-06, LM20-1458-02-20, LM20-1506-C0796a, LM20-1506-C0870d, LM20-1458-15-14, LM20-1458-30-27, LM20-1506-C0925b, LM20-1506-C0929a, LM20-1458-34-14, LM20-1459-14-01, LM20-1506-C0962a, LM20-1506-C0972b, LM20-1459-19-02, LM20-1459-28-04, LM20-1507-C0986a, LM20-1507-C1040a, LM20-1460-01-15, LM20-1460-26-14, LM20-1507-C1132c, LM20-1508-C1290, LM20-1460-30-09, LM20-1460-31-11, LM20-1508-C1304, LM20-1508-C1379d, LM20-1460-33-23, LM20-1461-09-22, LM20-1509-C1537d, LM20-1509-C1621c, LM20-1461-30-04, LM20-1461-30-05, LM20-1509-C1632d, LM20-1509-C1645c, LM20-1461-32-12, LM20-1461-33-22, LM20-1517-0015, LM20-1517-0096d, LM20-1461-37-10, LM20-1462-34-13, LM20-1517-0312a, LM20-1517-0542, LM20-1463-17-05, LM20-1464-25-01, LM20-1517-0552, LM20-1517-0637b, LM20-1467-33-02, LM20-1467-36-04, LM20-1519-30-15, LM20-1519-33-03, LM20-1470-13-01, LM20-1475-06B-04, LM20-1519-33-04, LM20-1519-33-05, LM20-1475-06B-05, LM20-1475-06B-06, LM20-1519-33-06, LM20-1519-33-07, LM20-1475-06B-08, LM20-1475-07A-06, LM20-1519-33-08, LM20-1519-33-09, LM20-1489-17-11, LM20-1489-26-12, LM20-1519-33-10, LM20-1519-33-11, LM20-1489-32-06, LM20-1491-25-01, LM20-1519-33-12, LM20-1519-33-13, LM20-1493-07-04, LM20-1493-09-03, LM20-1520-16-03, LM20-1520-18-01, LM20-1493-36-05, LM20-1494-34-04, LM20-1520-36-16, LM20-1521-20-09, LM20-1495-01-01, LM20-1495-13-02, LM20-1521-23-12, LM20-1521-34-10, LM20-1495-30-03, LM20-1495-32-02, LM20-1522-13-06 LM20-1496-10-02, LM20-1496-23-01,

《维摩詰所說經》卷中 LM20-1496-24-03, LM20-1497-01-07,

LM20-1452-25-13, LM20-1452-37-10, LM20-1497-21-05, LM20-1498-07-03, LM20-1452-40-01, LM20-1453-08-01, LM20-1498-22-02, LM20-1499-02-01, LM20-1453-09-02, LM20-1453-24-04, LM20-1499-17-01, LM20-1499-22-06, LM20-1454-01-19, LM20-1454-05-07b, LM20-1500-08-04, LM20-1501-26-02, LM20-1454-22-01, LM20-1454-36-08, LM20-1502-C0039b, LM20-1505-C0476b, LM20-1454-38-06, LM20-1455-03-19, LM20-1505-C0577a, LM20-1506-C0724a, LM20-1455-04-15, LM20-1455-14-01, LM20-1506-C0726a, LM20-1506-C0798d,

LM20-1506-C0818b, LM20-1506-C0896a, LM20-1504-C0445a, LM20-1505-C0562d, LM20-1507-C1042b, LM20-1507-C1156c, LM20-1505-C0676a, LM20-1506-C0744b, LM20-1507-C1185a, LM20-1509-C1605b, LM20-1506-C0747c, LM20-1506-C0793c, LM20-1511-CB0038, LM20-1514-CT0390, LM20-1506-C0866c, LM20-1506-C0963a, LM20-1519-33-14, LM20-1519-33-15, LM20-1507-C0980a, LM20-1507-C1092b, LM20-1519-34-01, LM20-1519-34-02, LM20-1507-C1131a, LM20-1509-C1513a, LM20-1519-34-03, LM20-1519-34-04, LM20-1515-CC0010, LM20-1517-0060, LM20-1519-34-05, LM20-1519-34-06, LM20-1517-0512, LM20-1519-34-09, LM20-1519-34-07, LM20-1520-16-12, LM20-1519-34-10, LM20-1519-34-11, LM20-1520-16-13, LM20-1521-30-08, LM20-1519-34-12, LM20-1519-34-13, LM20-1521-31-15, LM20-1528-01-07a LM20-1519-34-14, LM20-1520-17-03,

《維摩詰所説經》卷下 LM20-1521-18-01

LM20-1452-03-19, LM20-1453-10-02, 《維摩詰所説經》尾題 LM20-1499-24-04 LM20-1456-12-12, LM20-1456-12-14, 《維摩詰所説經》注疏 LM20-1457-22-02, LM20-1458-06-12, LM20-1450-19-03, LM20-1464-09-15, LM20-1458-06-13, LM20-1458-30-17, LM20-1464-17-20 LM20-1459-19-03, LM20-1460-19-04, 《維摩經疏》卷六 LM20-1461-11-12, LM20-1461-12-15, LM20-1451-31-07, LM20-1520-19-08, LM20-1461-17-03, LM20-1461-34-14, LM20-1528-01-05 LM20-1462-02-15, LM20-1462-06-06, 維摩經疏 LM20-1464-02-08, LM20-1464-12-04, LM20-1460-14-08 LM20-1464-13-14, LM20-1464-14-06, 《維摩經文疏》卷一五 LM20-1464-06-17 LM20-1464-18-17, LM20-1464-18-19, 《維摩經義疏》卷二 LM20-1465-20-05, LM20-1467-38-13, LM20-1451-36-09, LM20-1451-37-15, LM20-1468-20-09, LM20-1468-21-04, LM20-1468-08-07, LM20-1469-12-12, LM20-1472-14-04, LM20-1475-07A-02, LM20-1506-C0874b, LM20-1506-C0965c, LM20-1490-09-25, LM20-1497-28-02, LM20-1507-C1124b, LM20-1507-C1127c, LM20-1498-04-02, LM20-1498-09-04, LM20-1507-C1160c, LM20-1508-C1328c, LM20-1498-14-02, LM20-1498-22-04, LM20-1508-C1399, LM20-1508-C1441, LM20-1498-26-05, LM20-1498-27-04, LM20-1520-17-02, LM20-1522-18-09, LM20-1498-29-05, LM20-1500-12-05, LM20-1523-15-138a, LM20-1523-25-262 LM20-1500-13-01, LM20-1500-18-07, 《維摩經義疏》卷三 LM20-1450-33-08 LM20-1500-29-05, LM20-1500-34-02, 《維摩經義疏》卷五 LM20-1460-31-13 LM20-1501-28-06, LM20-1502-C0066, 《維摩經義疏》卷六 LM20-1503-C0197

题名索引 W 1973

维摩经义疏 LM20-1504-C0364

《维摩义記》卷一（隋慧遠撰）

LM20-1470-04-08, LM20-1496-09-05, LM20-1505-C0567c, LM20-1520-16-15, LM20-1523-22-220

《维摩義記》卷二（隋慧遠撰）

LM20-1460-13-12r

《维摩義記》卷三（隋慧遠撰）

LM20-1468-18-04v, LM20-1523-18-166, LM20-1523-26-275, LM20-1523-28-290

《维摩義記》卷四（隋慧遠撰）

LM20-1493-12-04, LM20-1495-16-03

《维摩義記》（敦煌本）

LM20-1452-30-01, LM20-1456-04-07, LM20-1457-22-03, LM20-1457-38-07, LM20-1461-01-10, LM20-1462-16-01, LM20-1462-16-02, LM20-1464-22-02, LM20-1468-21-05, LM20-1470-23-01, LM20-1497-13-04

维摩義記 LM20-1511-CB0069

《未來星宿劫千佛名經》 LM20-1464-16-18

《温室經義記》 LM20-1452-40-04

《文殊師利佛土嚴净經》卷下

LM20-1521-07-01

《文殊師利普超三昧經》卷中外題

LM20-1457-11-06

《文殊師利所說般若波羅蜜經》

LM20-1505-C0643a

《文殊師利所說摩訶般若波羅蜜經》卷上

LM20-1454-18-10, LM20-1456-02-18, LM20-1457-29-06, LM20-1458-12-09, LM20-1464-19-24, LM20-1469-22-05, LM20-1488-23-04, LM20-1492-11-02, LM20-1493-17-01, LM20-1496-20-05,

LM20-1499-14-03, LM20-1505-C0638c, LM20-1506-C0827c, LM20-1508-C1377b, LM20-1513-CT0194b, LM20-1513-CT0203, LM20-1514-CT0493b

《文殊師利所說摩訶般若波羅蜜經》卷下

LM20-1450-13-03, LM20-1454-30-09, LM20-1458-35-17, LM20-1459-16-02, LM20-1464-16-23, LM20-1465-34-08, LM20-1488-36-09, LM20-1499-38-03, LM20-1505-C0539c, LM20-1506-C0803d, LM20-1507-C0991a, LM20-1507-C1104d

《文殊師利問經》卷上 LM20-1489-15-10

《文殊師利問菩薩經》注 LM20-1454-22-04b

《文殊師利問菩薩署經》 LM20-1466-15-03

《文殊師利問菩提經》 LM20-1460-13-22

《文殊師利問菩提經》注

LM20-1508-C1326b, LM20-1508-C1473

《文殊師利問菩提經》注疏

LM20-1456-18-07, LM20-1456-20-12

文書殘片

LM20-827-10-139, LM20-1407-03r, LM20-1454-05-15, LM20-1464-08-15, LM20-1469-20-01n, LM20-1469-20-01o, LM20-1469-20-01r, LM20-1469-20-02h, LM20-1469-20-02i, LM20-1480-04-09, LM20-1480-04-19, LM20-1507-C1140b, LM20-1508-C1446, LM20-1509-C1510b, LM20-1517-0523, LM20-1521-10-09, LM20-1521-29-15, LM20-1521-32-10v, LM20-1523-01-09, LM20-1523-03-28, LM20-1523-03-29, LM20-1523-03-30, LM20-1523-03-33, LM20-1523-04-36, LM20-1523-04-38, LM20-1523-04-39, LM20-1523-07-67, LM20-1523-11-111,

LM20-1523-12-113, LM20-1523-12-114, LM20-1523-12-117, LM20-1523-13-126, LM20-1523-18-168, LM20-1523-23-233, LM20-1523-24-247, LM20-1523-24-249, LM20-1523-24-250, LM20-1523-24-252, LM20-1523-24-254, LM20-1523-25-256, LM20-1523-26-269, LM20-1523-26-273

《文心雕龍》卷七《情采》

LM20-1522-19-01

《文選·祭古塚文一首并序》注

LM20-1523-09-81

《文選·七命》李善注 LM20-1517-0275r

《文選·夏侯常侍誄》 LM20-827-06-85

《無量大慈教經》

LM20-1451-15-01, LM20-1506-C0969b, LM20-1506-C0973c, LM20-1508-C1321c, LM20-1508-C1347d, LM20-1509-C1526, LM20-1509-C1617c

《無量壽經優波提舍願生偈》

LM20-1460-33-19, LM20-1520-12-03, LM20-1520-12-04

《無量壽宗要經》(藏文) LM20-1548-68-51r

《無上內祕真藏經》卷一 LM20-1491-02-04

《無所有菩薩經》卷三

LM20-827-06-86, LM20-1516-CK0091

無字殘片

LM20-827-18-188a, LM20-1404-02v, LM20-1404-03r, LM20-1405-04r, LM20-1409-01r, LM20-1409-C02r, LM20-1409-04r, LM20-1409-05r, LM20-1459-04-03a, LM20-1463-04-03c, LM20-1463-04-05d, LM20-1463-09-06b, LM20-1463-11-07d, LM20-1463-16-01a, LM20-1463-16-01c, LM20-1463-16-01d,

LM20-1463-16-01e, LM20-1463-16-01f, LM20-1463-16-01g, LM20-1463-16-03a, LM20-1464-08-21, LM20-1469-20-01a, LM20-1469-20-01b, LM20-1469-20-01c, LM20-1469-20-01d, LM20-1469-20-01e, LM20-1469-20-01f, LM20-1469-20-01h, LM20-1469-20-01m, LM20-1469-20-01s, LM20-1469-20-01t, LM20-1469-20-01u, LM20-1469-20-02a, LM20-1469-20-02g, LM20-1486-07-08a, LM20-1486-20-06a, LM20-1486-29-02, LM20-1500-18-02, LM20-1505-C0481b, LM20-1505-C0487c, LM20-1505-C0545b, LM20-1505-C0556e, LM20-1505-C0557c, LM20-1505-C0685e, LM20-1506-C0827e, LM20-1506-C0955c, LM20-1506-C0956a, LM20-1506-C0956c, LM20-1506-C0957f, LM20-1507-C1164b, LM20-1508-C1337d, LM20-1508-C1337f, LM20-1508-C1370d, LM20-1509-C1499e, LM20-1509-C1508a, LM20-1509-C1559c, LM20-1512-CT0013a, LM20-1512-CT0019c, LM20-1517-0085d, LM20-1519-24-16a, LM20-1519-28-09c, LM20-1522-01-11b, LM20-1528-01-07b, LM20-1548-07-39d, LM20-1548-07-39e

無字殘片(印本) LM20-1486-30-06

《五分戒本》

LM20-1455-05-10a, LM20-1464-29-01, LM20-1493-07-02, LM20-1499-02-04, LM20-1505-C0706c, LM20-1506-C0830a, LM20-1506-C0863b, LM20-1506-C0882a, LM20-1506-C0933b, LM20-1509-C1592b

《五分律》卷二三 LM20-1469-22-06

《五分律》卷二四 LM20-1465-36-16

X

《五分律》卷三○

LM20-1458-22-09, LM20-1468-07-09

《五事毘婆沙論》卷下 LM20-1455-03-13

武周大足元年（七○一）西州高昌縣籍

LM20-1451-38-01v, LM20-1523-06-53v

X

《賢劫經》卷一

LM20-1461-21-12, LM20-1470-19-04, LM20-1517-0138a, LM20-1522-12-11

《賢劫經》卷二 LM20-1548-03-08

《賢劫經》卷三

LM20-1450-37-01, LM20-1468-11-08, LM20-1507-C1067d

《賢劫經》卷五

LM20-1461-13-24, LM20-1507-C1093b

《賢愚經》卷一

LM20-1452-25-04, LM20-1460-18-16, LM20-1460-36-18, LM20-1461-02-11, LM20-1517-0191

《賢愚經》卷二

LM20-1455-24-16, LM20-1520-25-13r

《賢愚經》卷三

LM20-1520-25-13v, LM20-1522-22-07

《賢愚經》卷四 LM20-1508-C1452a

《賢愚經》卷五

LM20-1464-32-03, LM20-1492-33-03, LM20-1497-18-07

《賢愚經》卷六

LM20-1454-24-08, LM20-1455-19-11, LM20-1455-35-06, LM20-1459-10-01

《賢愚經》卷七

LM20-1505-C0507c, LM20-1507-C1112d,

LM20-1512-CT0011a, LM20-1512-CT0011b, LM20-1522-14-17

《賢愚經》卷八

LM20-1451-04-01, LM20-1453-05-05, LM20-1456-18-06, LM20-1460-10-03, LM20-1462-38-03, LM20-1465-30-09, LM20-1517-0644a, LM20-1518-03-03, LM20-1521-05-18

《賢愚經》卷九

LM20-1455-29-01, LM20-1465-32-04, LM20-1490-13-17, LM20-1495-12-05, LM20-1506-C0935e, LM20-1507-C1100c, LM20-1509-C1510a, LM20-1518-03-04, LM20-1518-03-05, LM20-1521-34-18, LM20-1522-06-20, LM20-1522-21-15

《賢愚經》卷一○

LM20-1452-36-07r, LM20-1499-26-06

《賢愚經》卷一一

LM20-1459-21-01, LM20-1508-C1364b, LM20-1518-03-06, LM20-1522-02-05

《賢愚經》卷一二 LM20-1508-C1334b

《賢愚經》卷一三

LM20-1494-28-01, LM20-1495-38-02, LM20-1509-C1500e, LM20-1521-25-19r

《顯揚聖教論》卷一

LM20-1457-07-11, LM20-1464-01-07, LM20-1521-35-17, LM20-1548-02-05a, LM20-1548-02-05d

《顯揚聖教論》卷三

LM20-1455-25-17, LM20-1464-16-17, LM20-1470-29-02, LM20-1475-01-01, LM20-1475-02B-02, LM20-1517-0626

《顯揚聖教論》卷一○ LM20-1466-06-03

《顯揚聖教論》卷一五 LM20-1548-02-05b

题名索引

《现在十方千五百佛名并雜佛同號》

LM20-1451-02-02a, LM20-1451-02-02b, LM20-1451-02-03, LM20-1451-02-04, LM20-1451-02-05a, LM20-1451-02-05b, LM20-1451-02-05c, LM20-1451-02-05d, LM20-1451-03-05a, LM20-1451-03-05b, LM20-1451-03-05c, LM20-1451-03-05d, LM20-1455-12-19, LM20-1456-23-08, LM20-1457-14-07, LM20-1457-37-04, LM20-1458-07-10, LM20-1471-28-01, LM20-1475-04A-03, LM20-1492-19-08, LM20-1493-32-03, LM20-1497-30-02, LM20-1499-38-01, LM20-1507-C0990b, LM20-1508-C1250, LM20-1512-CT0143, LM20-1517-0400, LM20-1519-32-08, LM20-1520-20-01a, LM20-1520-20-01b, LM20-1520-20-03, LM20-1548-04-15

《现在十方千五百佛名并雜佛同號》外題

LM20-1503-C0318

《象頭精舍經》外題 LM20-1469-03-06

《像法決疑經》

LM20-1457-07-04, LM20-1459-02-01, LM20-1459-03-03, LM20-1467-01-06, LM20-1467-01-12, LM20-1467-08-02, LM20-1467-10-02, LM20-1467-16-01, LM20-1493-30-01, LM20-1505-C0644b, LM20-1506-C0757d, LM20-1506-C0853b, LM20-1512-CT0059

《小品般若波羅蜜經》卷一

LM20-1452-11-05, LM20-1452-22-01, LM20-1453-29-04, LM20-1456-26-05, LM20-1474-07B-11, LM20-1496-19-06, LM20-1504-C0423b, LM20-1505-C0567a, LM20-1513-CT0223, LM20-1522-06-16

《小品般若波羅蜜經》卷二

LM20-1455-22-14, LM20-1455-26-15, LM20-1458-16-04, LM20-1458-34-01, LM20-1460-07-17, LM20-1465-03-05, LM20-1465-18-01, LM20-1467-33-01, LM20-1474-08A-03, LM20-1475-17B-06, LM20-1501-05-06, LM20-1502-C0038c, LM20-1504-C0384b, LM20-1506-C0842a, LM20-1507-C0978b, LM20-1508-C1410b, LM20-1513-CT0311, LM20-1517-0478, LM20-1518-16-01, LM20-1518-16-02, LM20-1522-14-18, LM20-1522-24-08

《小品般若波羅蜜經》卷三

LM20-1456-16-03, LM20-1461-02-04, LM20-1461-02-09, LM20-1461-09-28, LM20-1465-32-10, LM20-1468-08-04, LM20-1475-16B-05, LM20-1489-15-07, LM20-1493-01-06, LM20-1496-12-05, LM20-1499-23-03, LM20-1506-C0736c, LM20-1507-C1177a, LM20-1514-CT0477, LM20-1518-16-03, LM20-1518-16-04

《小品般若波羅蜜經》卷四

LM20-1450-32-04, LM20-1453-17-01, LM20-1453-32-08, LM20-1455-36-15, LM20-1456-32-03, LM20-1466-10-25, LM20-1475-17B-09, LM20-1488-26-03, LM20-1489-29-30, LM20-1491-38-03, LM20-1505-C0643b, LM20-1506-C0775b, LM20-1506-C0899c, LM20-1508-C1362b, LM20-1508-C1380c, LM20-1513-CT0210, LM20-1513-CT0328, LM20-1514-CT0370, LM20-1514-CT0420, LM20-1514-CT0463, LM20-1518-16-05, LM20-1518-16-06, LM20-1518-16-15

《小品般若波羅蜜經》卷五

LM20-1450-24-02, LM20-1450-26-03, LM20-1458-12-04, LM20-1459-23-07, LM20-1460-32-09, LM20-1465-15-08, LM20-1469-30-01, LM20-1469-35-03, LM20-1490-12-01, LM20-1497-32-02, LM20-1500-12-03, LM20-1504-C0431a, LM20-1514-CT0366, LM20-1516-CK0074, LM20-1516-CK0094, LM20-1516-CK0095, LM20-1516-CK0103, LM20-1518-16-07, LM20-1518-16-08, LM20-1518-16-09, LM20-1518-16-10, LM20-1518-16-11, LM20-1518-16-17, LM20-1522-04-11

《小品般若波羅蜜經》卷六

LM20-1453-35-01, LM20-1456-20-04, LM20-1457-14-03, LM20-1457-28-02, LM20-1463-38-01, LM20-1465-19-02, LM20-1465-35-12, LM20-1466-15-05, LM20-1469-23-01, LM20-1495-22-04, LM20-1497-36-04, LM20-1501-37-09, LM20-1505-C0644d, LM20-1517-0235, LM20-1518-16-12, LM20-1518-16-13

《小品般若波羅蜜經》卷七

LM20-1450-14-02, LM20-1454-24-02, LM20-1456-09-09, LM20-1461-19-16, LM20-1465-12-04, LM20-1474-14A-03, LM20-1500-16-06, LM20-1500-22-03, LM20-1503-C0292, LM20-1508-C1322d, LM20-1514-CT0408, LM20-1517-0109, LM20-1521-23-06, LM20-1854-05a

《小品般若波羅蜜經》卷八

LM20-1455-32-04, LM20-1458-22-06, LM20-1459-11-01, LM20-1505-C0499c, LM20-1505-C0582b, LM20-1514-CT0368, LM20-1514-CT0377, LM20-1514-CT0456, LM20-1518-16-14

《小品般若波羅蜜經》卷九

LM20-1452-30-13, LM20-1452-37-25, LM20-1455-20-02, LM20-1456-16-23, LM20-1456-24-26, LM20-1461-18-11, LM20-1462-08-03, LM20-1462-25-04, LM20-1470-33-04, LM20-1475-16B-08, LM20-1488-22-02, LM20-1489-08-07, LM20-1489-10-12, LM20-1490-13-24, LM20-1490-21-08, LM20-1491-28-03, LM20-1492-22-04, LM20-1493-27-01, LM20-1496-38-04, LM20-1507-C1126d, LM20-1516-CK0069, LM20-1517-0394, LM20-1521-19-01, LM20-1522-04-18

《小品般若波羅蜜經》卷一○

LM20-827-01-11, LM20-1450-33-04, LM20-1452-30-12, LM20-1452-37-08, LM20-1453-28-03, LM20-1453-37-06, LM20-1454-11-08, LM20-1454-27-04, LM20-1456-17-03, LM20-1456-21-05, LM20-1458-21-09b, LM20-1458-28-05, LM20-1461-10-16, LM20-1461-17-05, LM20-1461-23-02, LM20-1462-17-09, LM20-1462-21-04, LM20-1465-19-05, LM20-1466-20-08, LM20-1475-16B-06, LM20-1488-25-06, LM20-1488-25-07, LM20-1493-06-01, LM20-1497-29-02, LM20-1501-08-07, LM20-1501-34-05, LM20-1506-C0753a, LM20-1506-C0914b, LM20-1507-C1079a, LM20-1507-C1127d, LM20-1513-CT0227, LM20-1513-CT0341, LM20-1514-CT0426, LM20-1518-16-16

寫經題記

LM20-1457-18-02, LM20-1463-17-09, LM20-1464-13-17, LM20-1468-38-01, LM20-1468-38-12, LM20-1504-C0375, LM20-1504-C0384c, LM20-1506-C0872b, LM20-1506-C0900d, LM20-1521-08-14, LM20-1523-05-50a, LM20-1523-07-77

心痛方　LM20-1523-07-73, LM20-1523-07-76

《新集藏經音義隨函録》(印本)

LM20-1486-16-10

《新刪定四分僧戒本》

LM20-1453-31-03, LM20-1468-17-12, LM20-1460-33-07

《新譯大乘入楞伽經序》　LM20-1501-15-04

《新譯華嚴經七處九會頌釋章》

LM20-1523-22-225

《信力入印法門經》卷三　LM20-1464-02-03

《信力入印法門經》卷五

LM20-1452-17-01, LM20-1462-11-02, LM20-1466-06-01

《修行本起經》卷上　LM20-1468-17-06

《修行本起經》卷下　LM20-1458-05-19

《修行道地經》卷二

LM20-1458-09-19, LM20-1458-11-05, LM20-1458-18-10, LM20-1465-32-07, LM20-1466-02-06, LM20-1491-20-02, LM20-1513-CT0256, LM20-1519-35-05

《修行道地經》卷四　LM20-1450-27-03

《修習止觀坐禪法要》　LM20-1455-11-09

《虛空藏菩薩經》　LM20-1507-C1111a

《虛空藏菩薩神咒經》

LM20-1464-37-07, LM20-1497-35-02, LM20-1509-C1634c

學郎文書　LM20-1541-02

學幢轉帖　LM20-1541-01, LM20-1541-03

Y

薴羅治痢疾方　LM20-1523-07-75

《央掘魔羅經》卷一

LM20-1453-38-09, LM20-1461-38-11, LM20-1474-17A-03

《央掘魔羅經》卷二

LM20-1528-02-22, LM20-1518-01-07

《央掘魔羅經》卷四

LM20-1456-09-05, LM20-1497-29-06, LM20-1521-13-10

《養生經》　LM20-1494-09-05

《要行捨身經》

LM20-1458-01-01, LM20-1466-01-01, LM20-1467-16-02, LM20-1509-C1557e, LM20-1514-CT0468, LM20-1520-19-13, LM20-1520-19-14, LM20-1520-19-15, LM20-1523-02-19

《藥師經疏》　LM20-1519-30-16

《藥師琉璃光七佛本願功德經》卷上

LM20-1453-04-08, LM20-1460-23-04, LM20-1514-CT0396

《藥師琉璃光七佛本願功德經》卷下

LM20-1493-08-05

《藥師琉璃光如來本願功德經》

LM20-1450-31-02, LM20-1450-33-05a, LM20-1450-33-05b, LM20-1452-38-16, LM20-1454-09-03, LM20-1458-30-20, LM20-1460-30-10, LM20-1464-13-06, LM20-1474-16A-02, LM20-1474-16A-03, LM20-1474-16B-04, LM20-1493-09-04, LM20-1504-C0466a, LM20-1509-C1594b, LM20-1515-CC0001, LM20-1520-29-01a,

LM20-1520-29-01b

《一切經音義》卷一

LM20-1457-16-03, LM20-1469-05-05, LM20-1506-C0897d, LM20-1507-C1096a, LM20-1507-C1132a, LM20-1519-08-06, LM20-1520-23-11, LM20-1521-09-04

《一切經音義》卷二　LM20-1523-18-177

《一切經音義》卷三　LM20-1521-25-17

《一切經音義》卷五

LM20-1456-15-07, LM20-1464-13-12, LM20-1474-19A-01, LM20-1474-19A-03

《一切經音義》卷六　LM20-1521-27-08

《一切經音義》卷八

LM20-1452-26-12, LM20-1456-32-04, LM20-1469-02-06, LM20-1507-C1144d, LM20-1508-C1362a, LM20-1517-0141b, LM20-1520-18-11

《一切經音義》卷一三

LM20-1502-C0054, LM20-1517-0112c, LM20-1548-05-17, LM20-1548-05-18

《一切經音義》卷一八　LM20-1509-C1633b

《一切經音義》卷二一　LM20-1456-37-06

《一切智光明仙人慈心因緣不食肉經》

LM20-1456-10-02, LM20-1518-02-01

醫方殘片

LM20-1523-07-78, LM20-1523-10-102, LM20-1523-15-143b, LM20-1523-18-171, LM20-1523-25-264, LM20-1523-27-278, LM20-1523-27-283

藥方殘片

LM20-1469-11-07, LM20-1505-C0648b, LM20-1509-C1569h, LM20-1521-02-12, LM20-1521-14-09, LM20-1521-19-21, LM20-1523-02-15

醫書殘片

LM20-1451-32-07, LM20-1451-36-10, LM20-1451-37-01, LM20-1464-07-12, LM20-1465-32-01, LM20-1506-C0758d, LM20-1507-C0989c, LM20-1507-C1109b, LM20-1507-C1120d, LM20-1507-C1121d, LM20-1507-C1123d, LM20-1507-C1180d, LM20-1517-0615, LM20-1522-21-17, LM20-1523-01-08

《乙巳占》卷一　LM20-1522-13-13

《遺教經論》　LM20-1455-29-11

《因明入正理論》

LM20-1459-07-01, LM20-1461-12-16, LM20-1493-05-03, LM20-1494-17-02, LM20-1499-01-03, LM20-1501-05-03, LM20-1501-10-04, LM20-1506-C0776b

《寅朝禮》

LM20-1468-01-01, LM20-1468-03-04

《優婆塞戒經》卷一

LM20-1450-30-18, LM20-1452-22-13, LM20-1453-17-08, LM20-1456-31-06a, LM20-1458-17-02, LM20-1493-13-03, LM20-1495-04-01, LM20-1495-33-03, LM20-1496-12-01, LM20-1503-C0268, LM20-1506-C0725a, LM20-1508-C1239, LM20-1520-08-03, LM20-1520-08-04, LM20-1520-08-05, LM20-1520-30-02

《優婆塞戒經》卷二

LM20-1454-04-20, LM20-1461-36-17, LM20-1463-03-02, LM20-1463-03-04, LM20-1464-16-05, LM20-1466-25-02, LM20-1501-14-07, LM20-1517-0207, LM20-1517-0431, LM20-1520-08-06, LM20-1520-08-07, LM20-1520-29-16,

LM20-1521-36-15

《優婆塞戒經》卷三

LM20-1454-03-07, LM20-1461-23-13, LM20-1461-30-16, LM20-1464-23-15, LM20-1517-0003b, LM20-1521-37-05

《優婆塞戒經》卷五

LM20-1459-09-05, LM20-1461-34-23, LM20-1521-33-11

《優婆塞戒經》卷六

LM20-1462-06-12, LM20-1462-30-06, LM20-1496-23-03, LM20-1523-21-208

《優婆塞戒經》卷七

LM20-1450-38-05, LM20-1464-05-06, LM20-1498-33-04

《孟蘭盆經讚述》 LM20-1523-25-263

《瑜伽師地論》卷六

LM20-1505-C0648a, LM20-1508-C1324d

《瑜伽師地論》卷九（印本）

LM20-1486-19-09

《瑜伽師地論》卷四三 LM20-1517-0087b

《瑜伽師地論》卷四五 LM20-1460-29-13

《瑜伽師地論》卷五〇 LM20-1501-29-03

《瑜伽師地論》卷七五 LM20-1459-05-01

《瑜伽師地論》卷八七 LM20-1453-21-01

《御製道德真經疏》卷七

LM20-1468-23-05, LM20-1521-06-12

《御注金剛般若波羅蜜經》

LM20-1456-15-15, LM20-1460-18-14, LM20-1464-35-02, LM20-1498-34-03, LM20-1504-C0415b, LM20-1504-C0425a, LM20-1514-CT0379, LM20-1520-19-07

《御注金剛般若波羅蜜經宣演》卷下

LM20-1451-28-01, LM20-1451-28-04, LM20-1468-04-08, LM20-1480-04-04,

LM20-1523-04-37, LM20-1521-34-11, LM20-1523-01-03a

《元始五老赤書玉篇真文天書經》卷上

LM20-1453-18-05, LM20-1493-38-05, LM20-1496-08-05, LM20-1506-C0868c, LM20-1507-C1086d, LM20-1520-36-12

《圓覺道場修證禮懺文》卷一八

LM20-1451-05-01

《圓覺經道場修證儀》卷三

LM20-1468-06-01

《圓覺經道場修證儀》卷一〇

LM20-1461-20-16

《緣生初勝分法本經》卷上

LM20-1453-36-05, LM20-1470-18-01

願文

LM20-1452-04-26, LM20-1464-22-20, LM20-1468-07-08r, LM20-1468-16-02, LM20-1469-22-03, LM20-1494-11-04, LM20-1503-C0320, LM20-1520-37-13

《月燈三昧經》卷三

LM20-1450-06-04, LM20-1455-14-03, LM20-1470-23-05

《月燈三昧經》卷四 LM20-1507-C1181b

《月燈三昧經》卷五

LM20-1461-14-20, LM20-1494-27-02

《月燈三昧經》卷六

LM20-1464-37-08, LM20-1519-35-07

《月燈三昧經》卷八 LM20-1522-21-16

《月燈三昧經》卷九 LM20-1465-26-01

《樂瓔珞莊嚴方便品經》

LM20-1450-27-01, LM20-1455-02-11, LM20-1455-21-08, LM20-1456-18-09, LM20-1456-38-07, LM20-1458-34-09, LM20-1461-12-25, LM20-1465-31-13,

LM20-1470-30-01, LM20-1496-13-03, LM20-1502-C0143, LM20-1506-C0810a, LM20-1508-C1364c, LM20-1521-01-08, LM20-1519-34-16

LM20-1495-35-02, LM20-1503-C0161, LM20-1504-C0450b, LM20-1505-C0524a, LM20-1505-C0593b, LM20-1509-C1518, LM20-1509-C1601e

Z

《雜阿含經》卷三六　LM20-1521-02-07

《雜阿含經》卷三八（印本）

LM20-1486-10-11

《雜阿含經》卷一（印本）

LM20-1486-27-04

《雜阿含經》卷二　LM20-1503-C0172

《雜阿含經》卷三（印本）

LM20-1486-25-04

《雜阿含經》卷四　LM20-1517-0358a

《雜阿含經》卷五（印本）

LM20-1486-17-08, LM20-1487-05-04

《雜阿含經》卷七　LM20-1452-03-08

《雜阿含經》卷八　LM20-1466-01-04

《雜阿含經》卷九（印本）

LM20-1486-19-08

《雜阿含經》卷一〇　LM20-1461-10-11

《雜阿含經》卷一二　LM20-1505-C0587a

《雜阿含經》卷一二（印本）

LM20-1486-22-05, LM20-1486-25-02

《雜阿含經》卷一七（印本）

LM20-1486-26-01

《雜阿含經》卷一八

LM20-1468-10-07, LM20-1468-10-09, LM20-1521-05-11

《雜阿含經》卷二四　LM20-1466-31-06

《雜阿含經》卷二八　LM20-1517-0179

《雜阿含經》卷三〇　LM20-1454-01-17

《雜阿含經》卷三〇（印本）

LM20-1486-06-02, LM20-1486-33-21a

《雜阿含經》卷三一

《雜阿含經》卷四一（印本）

LM20-1486-26-06, LM20-1487-20-02

《雜阿含經》卷四五

LM20-1453-06-04, LM20-1460-05-17

《雜阿含經》卷四七　LM20-1470-17-02

《雜阿含經》注疏　LM20-1462-04-11

《雜阿毘曇心論》卷一

LM20-1451-33-03, LM20-1452-13-12, LM20-1452-29-10, LM20-1453-27-04, LM20-1455-01-11, LM20-1455-30-06, LM20-1455-37-04, LM20-1460-27-13, LM20-1461-16-03, LM20-1461-18-06, LM20-1464-17-11, LM20-1489-34-04, LM20-1490-08-05, LM20-1496-31-03, LM20-1497-18-02, LM20-1500-16-04, LM20-1501-01-03, LM20-1503-C0219, LM20-1507-C1139a, LM20-1511-CB0040, LM20-1517-0490, LM20-1520-13-02, LM20-1520-13-03, LM20-1520-25-02, LM20-1520-31-07

《雜阿毘曇心論》卷二

LM20-1459-21-03, LM20-1508-C1251, LM20-1521-15-08, LM20-1522-19-19

《雜阿毘曇心論》卷三　LM20-1520-13-01

《雜阿毘曇心論》卷四　LM20-1496-01-04

《雜阿毘曇心論》卷五

LM20-1454-30-06, LM20-1454-35-02,

LM20-1454-35-08, LM20-1461-22-05, LM20-1490-09-19, LM20-1520-31-09

《雜阿毘曇心論》卷六

LM20-1455-25-12, LM20-1460-34-10, LM20-1464-05-07, LM20-1466-13-01, LM20-1498-41-06, LM20-1522-22-20

《雜阿毘曇心論》卷七

LM20-1468-01-06, LM20-1501-25-07

《雜阿毘曇心論》卷九 LM20-1455-07-02

《雜阿毘曇心論》卷一〇

LM20-1490-15-09, LM20-1509-C1503b

《雜阿毘曇心論》卷一一

LM20-1460-33-14, LM20-1467-02-06, LM20-1493-01-03

《雜寶藏經》卷一

LM20-1461-04-09, LM20-1511-CB0082

《雜寶藏經》卷二

LM20-1464-22-12, LM20-1521-26-11

《雜寶藏經》卷四 LM20-1518-03-07

《雜寶藏經》卷五 LM20-1459-24-07

《雜寶藏經》卷六 LM20-1454-28-02b

《雜寶藏經》卷八 LM20-1450-15-03

《雜寶藏經》卷九 LM20-1460-25-13

雜寫

LM20-1502-C0028, LM20-1503-C0327

《讚僧功德經》

LM20-1450-11-05, LM20-1451-37-05, LM20-1458-02-02, LM20-1459-17-05, LM20-1459-24-08, LM20-1461-12-33, LM20-1467-32-04, LM20-1468-07-12, LM20-1468-18-01, LM20-1496-02-02, LM20-1496-27-03, LM20-1505-C0543a, LM20-1510-C1663, LM20-1520-19-09, LM20-1520-36-08r, LM20-1520-36-08v,

LM20-1523-15-142, LM20-1523-18-176, LM20-1523-20-193

擇日占卜文書 LM20-1523-13-123

《增壹阿含經》卷二

LM20-1450-12-02, LM20-1463-01-03

《增壹阿含經》卷三

LM20-1460-21-15, LM20-1461-27-11, LM20-1492-23-02

《增壹阿含經》卷五 LM20-1509-C1586c

《增壹阿含經》卷七（印本）

LM20-1486-06-07, LM20-1486-18-13

《增壹阿含經》卷一二 LM20-1521-07-10

《增壹阿含經》卷一三（印本）

LM20-1486-23-03, LM20-1486-24-05, LM20-1486-24-08

《增壹阿含經》卷一五 LM20-1522-21-12

《增壹阿含經》卷一六

LM20-1517-0466, LM20-1521-04-01

《增壹阿含經》卷一六（印本）

LM20-1487-17-07

《增壹阿含經》卷一八（印本）

LM20-1487-24-08

《增壹阿含經》卷二二 LM20-1518-01-08

《增壹阿含經》卷二五

LM20-1455-25-08, LM20-1460-20-10, LM20-1461-18-03

《增壹阿含經》卷二八（印本）

LM20-1486-21-08, LM20-1487-32-14

《增壹阿含經》卷三〇（印本）

LM20-1487-20-04

《增壹阿含經》卷三一（印本）

LM20-1486-26-04

《增壹阿含經》卷三四 LM20-1455-25-15

《增壹阿含經》卷三四（印本）

题名索引 Z

LM20-1487-23-03

《增壹阿含經》卷三五 LM20-1521-07-14

《增壹阿含經》卷三八

LM20-1454-27-06, LM20-1458-18-06,

LM20-1458-37-02, LM20-1462-14-06,

LM20-1513-CT0221

《增壹阿含經》卷三八（印本）

LM20-1486-07-06c

《增壹阿含經》卷四〇（印本）

LM20-1487-16-08

《增壹阿含經》卷五一 LM20-1468-18-09r

《增壹阿含經》卷五一（印本）

LM20-1486-16-01b, LM20-1486-31-20

《齋法清净經》

LM20-1450-33-06, LM20-1452-09-10,

LM20-1458-21-06, LM20-1517-0498

《齋經》 LM20-1505-C0475a

齋文

LM20-1506-C0813a, LM20-1506-C0908b,

LM20-1508-C1315

齋願文（?） LM20-1517-0086a

宅經 LM20-1523-13-128

占卜文書

LM20-1461-19-08, LM20-1507-C1123c,

LM20-1507-C1142b, LM20-1523-22-228,

LM20-1523-23-239

占風法 LM20-1458-27-03

張衡《歸田賦》習字 LM20-1515-CC0014v

《肇論》

LM20-1452-36-14, LM20-1460-22-01,

LM20-1493-20-02, LM20-1548-08-49v

鎮店氣之法 LM20-1468-06-03

《正法華經》卷一 LM20-1452-07-16

《正法華經》卷二 LM20-1509-C1529

《正法華經》卷五 LM20-1468-01-10

《正法華經》卷七 LM20-1500-33-07

《正法華經》卷九

LM20-1456-07-04, LM20-1519-04-02,

LM20-1522-12-04

《正法念處經》卷一

LM20-1452-22-06, LM20-1456-08-06,

LM20-1461-16-09, LM20-1506-C0909b

《正法念處經》卷一三 LM20-1522-22-16

《正法念處經》卷二七 LM20-1490-08-07

《正法念處經》卷三一 LM20-1509-C1576i

《正法念處經》卷三三 LM20-1503-C0314

《正法念處經》卷四二 LM20-1505-C0591b

《正法念處經》卷四六 LM20-1509-C1556b

《正法念處經》卷五二 LM20-1490-08-09

《正法念處經》卷五四

LM20-1452-22-14, LM20-1493-26-01

《正法念處經》卷五五

LM20-1457-04-09, LM20-1461-25-10

《正法念處經》卷五七 LM20-1455-30-01

《正法念處經》卷五八

LM20-1518-05-11, LM20-1522-07-18

《正法念處經》卷六二

LM20-1454-26-11, LM20-1455-04-01,

LM20-1464-22-01, LM20-1468-20-08

《正法念處經》卷六三 LM20-1460-29-10

《正法念處經》（多處可見）

LM20-1520-02-01

《證契大乘經》卷下

LM20-1461-08-09, LM20-1493-16-06

《止觀輔行傳弘決》卷三 LM20-1450-34-06

帙籤 LM20-1523-17-164

治婦人帶下方 LM20-1523-07-72

《治禪病祕要法》卷上

LM20-1450-24-05, LM20-1455-33-07, LM20-1455-37-16, LM20-1455-39-01, LM20-1461-32-18, LM20-1466-36-03, LM20-1506-C0946c, LM20-1505-C0671b

《中阿含經》卷一　LM20-1461-01-18

《中阿含經》卷三　LM20-1509-C1560a

《中阿含經》卷三（印本）

LM20-1486-06-09a, LM20-1486-16-01a

《中阿含經》卷六

LM20-1455-08-01, LM20-1456-19-16

《中阿含經》卷六（印本）　LM20-1487-19-07

《中阿含經》卷七　LM20-1496-16-04

《中阿含經》卷九（印本）　LM20-1486-30-04

《中阿含經》卷一一

LM20-1468-14-05, LM20-1491-04-03

《中阿含經》卷一二　LM20-1521-37-03

《中阿含經》卷一五（印本）

LM20-1854-01b, LM20-1854-03, LM20-1854-04, LM20-1854-05b, LM20-1855-01, LM20-1855-04, LM20-1855-19

《中阿含經》卷一七　LM20-1469-11-06

《中阿含經》卷一八　LM20-1455-24-22

《中阿含經》卷二四

LM20-1460-30-06, LM20-1468-32-02, LM20-1521-10-18

《中阿含經》卷二四（印本）

LM20-1522-19-06r

《中阿含經》卷二六

LM20-1457-23-05, LM20-1507-C1192b, LM20-1520-35-18, LM20-1520-35-18

《中阿含經》卷二八　LM20-1517-0161

《中阿含經》卷二九　LM20-1521-16-19

《中阿含經》卷三〇　LM20-1521-17-16

《中阿含經》卷三五（印本）

LM20-1506-C0874c

《中阿含經》卷三九（印本）

LM20-1486-30-19

《中阿含經》卷四〇　LM20-1521-19-19

《中阿含經》卷四八　LM20-1513-CT0290

《中阿含經》卷四九　LM20-1466-34-03

《中阿含經》（多處可見）（印本）

LM20-1486-37-09

《中本起經》卷上

LM20-1454-35-03, LM20-1464-12-19, LM20-1466-10-07, LM20-1495-05-04, LM20-1496-18-08, LM20-1506-C0890a

《中本起經》卷下　LM20-1493-02-03

《中邊分別論》卷下　LM20-1514-CT0514a

《中觀論疏》卷一　LM20-1451-36-11

《中觀論疏》卷七　LM20-1523-21-214

《中論》卷一　LM20-1505-C0626b

《中論》卷二

LM20-1520-13-09, LM20-1522-09-17

《中論》卷三

LM20-1508-C1360a, LM20-1520-13-10

《中天竺舍衛國祇洹寺圖經》卷下

LM20-1466-12-19, LM20-1470-02-06, LM20-1492-09-01

《衆經目録》卷二　LM20-1520-18-13

《衆事分阿毘曇論》卷二

LM20-1507-C1104c

《衆事分阿毘曇論》卷三　LM20-1461-15-13

《衆事分阿毘曇論》卷六　LM20-1464-21-08

《肘後備急方》　LM20-1506-C0771e

《諸法無行經》卷上

LM20-1455-29-10, LM20-1457-35-0, LM20-1466-11-25

题名索引 Z 1985

《诸法无行经》卷下

LM20-1450-35-12, LM20-1453-27-02, LM20-1466-32-01, LM20-1507-C1182b

《诸法最上王经》

LM20-1454-30-08, LM20-1455-30-14, LM20-1461-09-09, LM20-1507-C0987b

《诸佛要集经》卷上

LM20-1454-38-01, LM20-1458-03-04, LM20-1470-10-02

《诸佛要集经》卷下

LM20-1450-26-01, LM20-1450-27-09, LM20-1452-34-10, LM20-1452-35-11, LM20-1455-33-02, LM20-1455-36-06, LM20-1455-37-01, LM20-1456-16-15, LM20-1458-32-08, LM20-1460-07-18, LM20-1464-24-21, LM20-1464-34-09, LM20-1466-12-13, LM20-1493-07-03

《诸经日诵集要》(印本)

LM20-1486-35-16

《注维摩诘经序》 LM20-1459-07-04

《注维摩诘经》卷一

LM20-1460-03-21, LM20-1463-29-04, LM20-1492-16-05, LM20-1523-21-203

《注维摩诘经》卷二 LM20-1517-0276

《注维摩诘经》卷三

LM20-1460-17-02, LM20-1461-02-22, LM20-1523-18-175

《注维摩诘经》卷四

LM20-1454-16-08, LM20-1458-23-03, LM20-1461-28-21, LM20-1495-03-03, LM20-1507-C1179d

《注维摩诘经》卷五

LM20-1463-13-02, LM20-1507-C1178d

《注维摩诘经》卷六

LM20-1454-01-07, LM20-1460-20-13, LM20-1465-09-04, LM20-1498-14-04, LM20-1498-18-01, LM20-1498-18-06, LM20-1517-0050

《注维摩诘经》卷七

LM20-1456-19-13, LM20-1461-35-16, LM20-1504-C0397a, LM20-1506-C0806a, LM20-1509-C1579c, LM20-1520-16-11

《注维摩诘经》卷八

LM20-1450-16-02, LM20-1461-15-03, LM20-1468-28-02

《注维摩诘经》卷九

LM20-1457-11-05, LM20-1500-31-03, LM20-1521-21-17

《注维摩诘经》卷一○ LM20-1520-16-14

《撰集百缘经》卷一 LM20-1491-08-03

《撰集百缘经》卷二 LM20-1500-16-01

《撰集百缘经》卷四

LM20-1454-23-06, LM20-1518-03-01

《撰集百缘经》卷五

LM20-1452-40-03, LM20-1465-24-09, LM20-1491-32-03, LM20-1492-38-02

《撰集百缘经》卷七 LM20-1461-02-08

《撰集百缘经》卷一○

LM20-1454-21-02a, LM20-1454-39-01, LM20-1500-16-03

字书 LM20-1520-33-15, LM20-1521-12-02

《宗四分比丘随门要略行仪》

LM20-1465-11-01, LM20-1497-16-03

《最胜佛顶陀罗尼净除业障咒经》

LM20-1454-01-14, LM20-1492-04-03, LM20-1501-32-09, LM20-1508-C1372c

《最胜问菩萨十住除垢断结经》卷四

LM20-1505-C0532a

《最勝問菩薩十住除垢斷結經》卷六

LM20-1520-31-18, LM20-1520-32-03

《最勝問菩薩十住除垢斷結經》卷七

LM20-1460-23-22

《尊婆須蜜菩薩所集論》卷三

LM20-1461-25-12

《尊婆須蜜菩薩所集論》卷七

LM20-1463-30-12, LM20-1520-12-11

《尊婆須蜜菩薩所集論》卷九

LM20-1462-09-04, LM20-1465-15-06, LM20-1500-32-05, LM20-1520-12-12

《尊勝菩薩所問一切諸法入無量門陀羅尼經》

LM20-1528-01-09

《坐禪三昧經》卷上

LM20-1474-08B-14, LM20-1507-C1121a

《坐禪三昧經》卷下

LM20-1494-36-01, LM20-1509-C1563c, LM20-1509-C1630c